中国黄金海岸年鉴

1996

群 言 出 版 社

图书在版编目(CIP)数据

中国黄金海岸年鉴 1996/《中国黄金海岸年鉴》编辑部编.—北京:群言出版社,1996.10

ISBN 7-80080-185-3

Ⅰ.中… Ⅱ.中… Ⅲ.沿海-地区经济-经济发展-1996-年鉴 Ⅳ.F127-54

中国版本图书馆CIP数据核字(96)第19169号

群言出版社出版发行

(北京东城区东厂胡同北巷1号)

济南翰林印务有限公司印刷

各地新华书店经销

*

787×1092毫米 16开本 34.5印张 29插页 1168千字

1996年10月第1版 1996年10月济南第1次印刷

印数:1-5000册

*

F·9 定价:120.00元(国外美元120元)

编辑说明

一、本年鉴是反映中国沿海12省、自治区、直辖市改革开放和经济、贸易、企业以及对外经济合作等方面情况的资料书、工具书，每年出版一卷，基本上不重复上一年内容。

二、本年鉴内的论文和专题分析部分的稿件，系由国务院有关部委和科研部门供稿，但实行个人署名，文责自负。

三、本年鉴内富有大量沿海省市的统计资料，均由国家统计局供稿，大部分系首次发表，带有公报性质，具有权威性。

四、排列顺序：文稿部分直辖市按北京、上海、天津排列；省、自治区按地理位置，由北往南、自东到西顺序排列；省、自治区所属各沿海城市按政府颁布的行政区划顺序排列；统计资料按行政区划顺序排列。

五、本年鉴所含资料时间界限是1995年。

六、各部类的资料数据，除特别说明者外，都未包括台湾省。文、表中各项产值，除特别说明者外，都是按当年价格计算的，比上年增长速度，都是按可比价格计算的。

七、本年鉴所刊载的文稿和统计资料，均系独家首次发表。自1996年版起，凡非独家发表之文稿、资料原则上不重复刊载，为此，本版已将“特载”、“国民经济统计”两个栏目删去。

進一步推進改革開放

發展社會主義市場經濟

江澤民

一九九三年四月九日

江泽民总书记为《中国黄金海岸年鉴》创刊号题词

北京西客站外景

宋连峰摄

黄金海岸是改革
开放的前沿阵地
李鹏
一九九三年
元月十八日

李鹏总理为『中国黄金海岸年鉴』创刊号题词

烟台渔港

李　锦摄

主 办 单 位　中国社会经济文化交流协会

联合主编单位　国家统计局综合司

名 誉 主 编　费孝通

总　顾　问　谷　牧

顾　　　问　(按姓氏笔画顺序)

马　洪	马万祺	万国权	王光英
王郁昭	王春正	乌　杰	叶迪生
孙孚凌	厉以宁	卢瑞华	刘　江
刘中一	刘国光	阮崇武	陆宇澄
何　康	张家坤	张瑞凤	张文学
沙　麟	陈立友	陈焕友	吴　仪
吴　振	汪道涵	谷永江	李延龄
经叔平	房维中	胡　平	高国珠
陶大镛	徐鹏航	顾秀莲	程思远
韩培信	鲁松庭	戴相龙	

主　　　编　罗涵先

副　主　编　叶　震

特 邀 编 委

(一) 经 济 学 界

胡锡骥　北京农学院农业经济系教授
胡邦定　国务院物价局编审
胡政光　全国政协委员
赵　靖　全国政协委员、北京大学经济系教授
姜　习　全国政协委员、原商业部副部长
高尚全　全国政协委员、国家体改委原副主任
徐更生　社会科学院世界经济研究所副所长
陶文达　中国人民大学教授
陶建华　天津大学教授
黄正岩　《远东经济画报》总编辑
韩　雷　中国农村金融学会会长
裘元伦　中国社会科学院世界经济研究所研究员
潘履孚　中国人民保险公司常务董事

(二) 市长及省市机关

(按姓氏笔画顺序)

于　生　潍坊市外经贸委主任
马延利　鞍山市市长
王志泉　晋江市副市长
王和先　淄博市副市长
王永春　三亚市市长
王德和　烟台市副市长
韦强明　钦州市副市长
邓文初　南海市政协主席
叶　耀　东莞市市长
叶　坚　江苏省外经贸委主任
刘金廷　南京市政府对外开放办主任
司徒捷　江门市副市长
刘玉池　中山市政府秘书长
孙剑锋　滨州市副市长
朱亚衍　厦门市副市长
许德立　中共汕头市委书记
庄礼祥　湛江市市长

米克勤　丹东市副市长
李近维　惠州市市长
李贻彬　合浦县县长
肖洪昌　朝阳市副市长
李曼影　广西壮族自治区外经贸厅副厅长
李景垣　佛山市政府秘书长
应国根　镇江市副市长
张　庆　北京市政府研究室副主任
张东生　葫芦岛市市长
张先平　青岛市副市长
张　健　福建省特区办主任
张　和　唐山市市长
张景杰　威海市外经贸委主任
余茂桂　泉州市副市长
杨任远　南通市市长
杨基常　中共广西壮族自治区党委副书记、北海市委书记、市长
陈开枝　广州市副市长
陈来立　秦皇岛市副市长
吴凤鸣　河北省对外贸易经济合作厅厅长
吴寿炎　茂名市副市长
吴新雄　无锡市副市长
宋福民　南宁市市长
周学志　营口市副市长
赵少麟　中共淮阴市市委书记
赵友六　嘉兴市副市长
袁振兴　江阴市副市长
夏阿国　舟山市市长
徐　力　山东省外经贸委副主任
徐　燕　江苏省外经贸委副主任
徐守盛　连云港市市长
徐其耀　盐城市市长
龚　雄　福州市副市长
章新胜　苏州市市长
梁伟发　肇庆市市长

黄　静　中共珠海市委顾问
韩兆春　常州市副市长
曾浩荣　海口市市长
褚光宇　锦州市副市长
蒋云峰　温州市副市长
蒋宏坤　张家港市副市长
蒋月明　广东省政府副秘书长、办公厅主任
谢建邦　宁波市副市长
谭荣尧　浙江省政府办公厅副主任
潘景阳　深圳市政府办公厅副主任
滕化迎　东营市副市长
薄熙来　大连市市长
薄绍铨　河北省沧州市市长

(三) 企　业　界

(按姓氏笔画顺序)

王基铭　上海石油化工股份有限公司董事长兼总经理
王炳新　北京金谷旅游资源开发公司总经理
王继徵　西东管理顾问(深圳)有限公司总经理
王文松　浙江近江集团公司董事长兼总经理
陆林兴　江苏省江阴市马镇农工商联合总公司董事长
李庆振　中国人民建设银行信托投资公司总经理
李晓华　北京华达公司董事长
吴正林　上海市第一百货商店股份有限公司总经理
吴邦胜　上海三峡实业公司总经理
邱　晴　全国人大常委、光大实业公司董事长兼总经理
严瑞藩　全国政协委员、中国广联实业公司董事长兼总经理
张　杰　北京共同家庭用品有限公司董事长兼总经理
张宏伟　全国政协委员、东方企业集团公司董事长兼总裁
张庆民　军神集团实业有限公司董事长兼总裁
张达夫　上海华联商厦股份有限公司董事长兼总经理
杨仁忠　江苏银玲集团公司董事长
陈森辉　全国人大代表、江苏双沟酒厂厂长

周芝石　上海市政协常委、中信实业银行上海分行行长
洪积明　上海大众汽车股份有限公司总经理
赵光学　河北大洋集团公司总经理
郝　枫　珠海珠宝首饰进出口总公司总经理
姚美良　全国政协委员、永芳集团公司董事长兼总经理
殷　俭　龙德行有限公司董事长兼总裁
夏晓梅　上海金龙塑料有限公司总经理
唐嘉明　江苏省浏家港港口开发区发展总公司总经理
高永海　葫芦岛市立交桥管理服务中心总经理
梅显利　发景集团公司总经理
曹　顺　北京市北芪生物养植公司总经理
葛子平　全国政协委员、天津立达集团公司董事长兼总经理
韩民权　上海施湾实业总公司总经理
韩相卿　深圳金帝食品有限公司董事长
鲁冠球　浙江万向集团公司董事长
蔡伊兰　上海富达文化企业有限公司常务副董事长
蔡伊强　上海富达文化企业有限公司总经理
戴凤举　中国人民保险公司副总经理

目　录

〔财政收支与物价指数〕

〔对外经济贸易〕

〔农村经济〕

〔工业经济〕

〔运输和邮电通讯业〕

沿海开放城市选介

举措与经验(海岸城市专题介绍)

附　录

附录1　台湾省主要社会经济指标

附录2　香港主要社会经济指标

Contents

我国现在的经济规模已经相当可观，主要工农业产品产量已位居世界前列，粮食、棉花、煤炭、水泥产量居世界第一位，发电量、钢铁产量居世界第二位。但由于产品的加工程度低、技术含量少、物质消耗高，我国的工业增加值和国民生产总值远远落在经济发达国家的后面。我国用相同数量的能源、原材料消耗所创造出来的价值，只相当于发达国家的15～25％。国内生产总值的增长不是主要靠努力降低物质消耗、提高劳动生产率，而是越来越依赖于固定资产投资的拉动。“六五”期间，国内生产总值年均增长10.8％，投资率(固定资产投资占国内生产总值的比率)年均24.5％;“七五”期间，国内生产总值年均增长7.9％，投资率年均27.8％;“八五”期间，国内生产总值年均增长11.8％，投资率年均达32.2％。而投资使用效率则不断下降。国有单位基本建设的固定资产交付使用率，“六五”平均为74％，“七五”平均为70％，“八五”降为60％左右。不少项目建成后又由于市场、资金等原因而不能正常开工生产。现有企业的经济效益也越来越差。独立核算的工业企业资金利税率，由1980年的25.2％，下降到1985年的23.76％，1990年的12％，1994年的10.21％。每百元销售收入实现利润，由1990年的15.86元，下降到1985年的11.76元，1990年的3.33元，1994年的4.24元。

这种高投入、低产出的状况，不仅给我国的资源和环境带来巨大的压力，而且为支撑经济持续、快速增长的局面，不得不年复一年地依赖高投入，形成粗放型的不良循环，并由此造成社会总需求与总供给的失衡，进而成为引发通货膨胀和经济波动的重要原因。再从国际竞争来看，一方面，我国长期以来主要依靠以较低廉的产品价格扩大出口数量，换取有限的外汇，还屡屡遭到国外的反倾销制裁，引起纷争。另一方面，近几年资金、技术密集型进口产品和外资企业产品在我国市场上的占有率迅速提高，有十几种机电产品按销售额计算的市场占有率已达60％～80％，有的基本上被外商产品垄断，致使我国一些行业、企业已处于生存困难的状态。

事实告诉我们: 实现经济增长方式从粗放型向集约型转变，已经成为有效解决当前经济生活中的深层次矛盾，全面提高国民经济整体素质和效益的迫切要求;实现经济增长方式转变，是在我国人口与资源、环境的矛盾日益突出的情况下，实施可持续发展战略，促进国民经济持续、稳定、协调发展，顺利实现跨世纪宏伟蓝图的必由之路;实现经济增长方式转变，是在国际经济竞争日益激烈的形势下，提高我国竞争能力，使我国立于不败之地、昂首阔步前进的必然选择。

三、转变经济增长方式的若干问题

转变经济增长方式固然是一项长期的战略任务，需要有个过程，但从今年开始就要迈出坚实的步伐，使经济工作出现一个新的气象。

转变经济增长方式，首要的是转变思想观念。多少年来，大家习惯于粗放经营。片面追求产值、追求速度，盲目上新项目、铺新摊子，已经成为发展经济的一种传统观念和习惯势力。迄今为止，仍有不少同志的思想认识不到位，还是把转变经济增长方式仅仅停留在口头上，口头上讲要集约经营、以提高经济效益为中心，实际上搞的还是粗放经营那一套。他们或者认为我国经济发展总体水平仍然很低，还没有到要求实现“转变”的阶段;或者认为各个地区经济发展水平不同，实现“转变”是发达地区的事情，对本地区来讲还主要是个多上项目、加快发展的问题，只有等经济发展起来了再“转变”;或者认为本行业是国民经济发展的“瓶颈”产业，首要的是增加投资、扩大生产能力，“转变”是个次要问题。这些思想认识，严重障碍着“转变”的贯彻落实。在今年八届全国人大四次会议期间，不少地区的主要负责同志白天在会上讨论转变经济增长方式，表示坚决拥护中央的决策，发展经济一定要立足于充分利用现有基础，而晚上则争先恐后地往国务院有关负责同志家里跑，以种种“理由”要求上新项目。这不能不令人担心，如果思想观念不转变，则“九五”转变经济增长方式又可能走了过场。因此，为推进经济增长方式的转变，当前首先要使各级干部特别是领导干部的思想真正统一到中共十四届五中全会和八届全国人大四次会议的精神上来，深刻认识转变经济增长方式的必要性和紧迫性，真正把转变经济增长方式作为今后经济发展的最重要的任务。无论是工业还是农业，是新兴产业还是传统产业，也无论是生产、建设还是流通领域，是东部沿海发达地区还是中西部内陆欠发达地区，尽管转变增长方式的重点和要求可以有所差异，但是都应当毫无例外地将之作为决定自身命运的重大问题认真抓住不放，并且切实抓出成效来。

加快经济体制改革，充分发挥市场机制的作用。加快从传统的计划经济体制向社会主义市场经济体制转变，充分发挥市场机制的作用，是转变经济增长方式的主要动力。市场机制的本质是通过相互竞争提高效率，实现优胜劣汰，使资源得到优化配置。实践表明，技术先进、管理科学的企业，产品开发和产业技术进步比较快，市场占有率逐步提高，在国内外市场的激烈竞争下，能够站稳脚跟不断前进;而技术落后、管理混乱、效益低下的企业，则在竞争中处于被动“挨饿”的境地，以至逐渐失去生存的余地。要通过深化改革，形成有利于节约资源、降低消耗、增加效益的企业经营机制，有利于自主创新的技术进步机制，有利于市场公平竞争和资源优化配置的经济运行机制。企业真正成为市场竞

论　　文

大力推进经济增长方式的转变

周之英

中共十四届五中全会通过的《中共中央关于制定国民经济和社会发展"九五"计划和2010年远景目标的建议》提出，实现"九五"和2010年的奋斗目标，关键是实行两个具有全局意义的根本性转变，一是经济体制《传统的计划经济体制向社会主义市场经济体制的转变，一是经济增长方式从粗放型向集约型转变。这是中共中央认真总结多年以来我国经济建设的经验教训，全面分析我国经济和社会发展现状及其客观趋势基础上作出的重大决策。我们在今后的经济工作中，一定要将这一重大决策真正落到实处。

一、转变经济增长方式方针的提出

转变经济增长方式，与中共中央多年来强调的以提高经济效益为中心，精神是一致的。早在1982年9月中共十二大报告中即提出，"从1981年到本世纪末的20年，我国经济建设总的奋斗目标是，在不断提高经济效益的前提下，力争使全国工农业的年总产值翻两番"(当时在计划、统计中尚未使用国民生产总值这个指标);要"把全部经济工作转到以提高经济效益为中心的轨道上来"。1987年10月中共十三大报告中明确提出，实现第二步奋斗目标(第一步国民生产总值比1980年翻一番的任务，当时已基本实现，第二步到本世纪末要使国民生产总值再翻一番),"必须坚定不移地贯彻执行注重效益、提高质量、协调发展、稳定增长的战略"，这个战略"就是要从粗放经营为主逐步转上集约经营为主的轨道"。1992年10月中共十四大报告进一步提出，"努力提高科技进步在经济增长中所占的含量，促进整个经济由粗放经营向集约经营转变"。

根据中共十二大、十三大、十四大报告的精神，我国经全国人大审议批准的"六五"、"七五"、"八五"计划都强调了要提高经济效益。"六五"计划提出，计划规定的社会总产品和国民收入的增长速度，是以提高经济效益为前提的。所有领导机关、经济管理部门和基层经济单位，都要把提高经济效益放在首要地位。"七五"计划提出，坚持把提高经济效益特别是提高产品质量放到十分突出的位置上来，正确处理好效益和速度、质量和数量的关系。"八五"计划提出，努力保持社会总需求与社会总供给基本平衡，在控制通货膨胀的前提下，以提高经济效益为中心，促进经济的适度增长。

经过上述三个五年计划的实施，我国的改革开放和社会主义现代化建设取得了举世瞩目的历史性成就，国民生产总值提前五年实现翻两番的目标，社会生产力，综合国力和人民生活水平显著提高。许多地区和部门在优化结构、科技进步、提高质量、增进效益等方面进行了很大的努力，并取得了一定的成绩。但是，由于传统的经济体制和运行机制的障碍，不合理的产业结构和落后的工艺技术水平的制约，宏观管理缺乏有效的政策措施，以及各级干部思想认识上的不到位等原因，从总体上看，无论在生产、建设和流通等各个领域，资源消耗高，资金周转慢，损失浪费严重，经济效益低下，粗放经营的问题仍然很突出。这是当前我国经济生活中许多矛盾和问题的症结所在。

二、目前我国经济增长方式面临严峻局面

目前我国仍然主要依靠外延型粗放经营来扩大经济规模，基本上还是走的高投人、低产出的路子，与我国改革开放和现代化建设进入新的发展阶段的客观要求很不适应，面临着严峻的局面。

争的主体，才会有追求科技进步、提高集约化水平的内在动力。企业改革的深化，要求进一步转变政府职能，真正实行政企分开。目前政府机构改革滞后，政府与企业的职能错位，职责不清，使企业无法成为自主经营的实体，使市场机制难以发挥作用。为此，要继续改革政府机构，加快政府职能的转变，推进政企职责分开。同时，要使企业真正成为市场主体，实现经济增长方式由以外延为主转为以内涵为主，必须认真贯彻落实中共十四届三中全会的决定，建立起法人投资责任制。特别是竞争性项目，应以企业为基本的投资主体，投资由企业自主决策，自担风险。企业投资所需贷款，由商业银行自主决定、自负盈亏。企业法人对项目的筹划、筹资、建设直至生产经营、归还贷款本息以及资产的保值增值，实行全过程负责。

经济的增长要立足于现有基础，充分发挥现有企业的作用。在我国的经济发展中，正如李鹏总理在中共十四届五中全会上对制定“九五”计划和2010年远景目标的建议所作的说明中指出的，“多年来存在着一种矛盾现象：一方面，不少企业因缺乏资金得不到技术改造，不能适应市场需求变化的要求，生产能力放空闲置；另一方面，各地各部门却热衷于铺新摊子，搞了许多低水平的重复建设项目。”实现经济增长方式的转变，一定要正确处理好新上项目与利用现有基础的关系，切实改变上述这种很不合理的现象。今后，根据国家的产业政策和区域规划，继续新建一些能够缓解“瓶颈”制约的基础设施和基础工业重点项目，能够带动经济结构优化和产业技术进步的重点项目，还是必要的。但经济的增长必须主要依靠现有基础，充分发挥现有企业特别是国有大中型企业的作用，能够依托现有企业通过改革、改组、改造或者扩建提高生产能力、满足市场需要的，就不要再铺新摊子。要把各地方、各部门加快发展经济的积极性，引导到充分搞好现有企业的技术改造、充分挖掘潜力上来。目前在国有单位固定资产投资总额中，技术改造投资所占的比重不仅大大低于基本建设投资所占的比重，而且由“七五”期间的31.8%，下降为“八五”的25%，今后要逐步提高技术改造投资的比重。当然，对现有企业的改造或在扩建，也不能是简单地扩大原有产品的生产能力，而主要应当是提高技术水平、增加产品品种、提高产品质量、增进经济效益。农业，在大力开发宜农荒地的同时，要加快现有中低产田的改造，逐步改变那里长期以来投入高、产出低的状况。

加快科技进步，努力提高科技进步在经济增长中所占的含量。实现经济增长方式的转变，归根到底，是要依靠科技进步和提高劳动者素质。多年来，国家和企业在技术引进、技术开发等方面投入了大量的人力、物力和财力，取得了相当成绩。但从整体看，我国技术落后的局面仍未改变，技术方面的效率潜力很大。目前我国科技进步对经济增长的贡献率只有30%左右，不仅远远低于发达国家水平，甚至还低于一些同等发展程度的发展中国家。“九五”期间应逐步缩小劳动、资本等要素投入对经济增长的贡献率，努力提高科技进步对经济增长的贡献率。一是加快科技成果向现实生产力的转化。80年代以来获省部级以上奖励的科技成果有十几万项，用于生产建设的不到10%。要围绕提高产品质量、开发新的品种、降低物质消耗、提高劳动生产率等方面，抓好一大批投入少、效益好、见效快的科技成果的推广应用，推动企业技术改造和设备更新，促进产品结构的调整和科技水平的提高。农业方面也要大力推广节水、节肥等先进适用的技术，突出抓好“种子工程”，促进高产、优质、高效农业的发展。二是扶持和鼓励重大技术装备立足于国内。目前我国每年从国外进口的机电产品，相当于国内市场的三分之一左右，其中金属切削、锻压机床占国内市场的二分之一以上，花费大量的外汇。今后要组织使用部门和制造部门双方联手进行重大成套技术装备的研制开发和引进技术的消化、吸收、创新，尽快形成我国科技自主开发能力。三是着力提高国有大中型企业，特别是国家计划单列大型企业集团的技术开发能力、要推动科研单位进入企业集团或与企业联合，鼓励大中型企业建立技术开发中心，使企业尽快成为科技进步和科技投入的主体。

加强科学管理，大幅度提高资源利用效率。我国在世界上虽号称“地大、物博”，但耕地、水和矿产等资源的人均占有量都比较低。资源严重不足，而目前各个行业、各个领域却普遍存在着大量浪费资源的现象。比如，现在地方国有煤矿和乡镇煤矿的产量占到全国煤炭总产量的近60%，这些煤矿生产手段落后，资源回收率不到10%，浪费极大。在能源开发出来以后的利用方面，目前我国的能源利用效率仅为30%，而一般工业化国家为50%以上。我国单位国民生产总值的能耗，是发达国家的3～5倍，甚至高于印度；所消耗的钢材、木材、水泥，分别比国外先进水平高几倍甚至几十倍。以节约求增产、向节约要效益的潜力很大。随着经济规模越来越大，再靠消耗大量资源来求得经济的增长，是难以为继的。各地方、各部门都必须坚持开发与节约并举，把节约放在首位。要通过采用先进技术，加强科学管理，努力节水、节能、节材、节粮、节地，千方百计减少资源的占用和消耗，减少资金占用，堵塞浪费漏洞。各行各业都要研究制定节约和综合利用资源的目标和措施，大幅度提高能源、原材料的利用效率。要把调整产品结构、抓好产品的质量品种，作为节约资源的重要途径。下决心淘汰那些质量很差的落后产品，打击那些损害消费者利益的假冒伪劣产品，停止生产那些没有销路的产品。农业生产也要充分注意合理使用耕地，大力节约用水用肥用种，改变过去那种一味追求提高资源利用量的做法，着重提高资源利用率。

优化企业组织结构，大力提高规模经济效益。目前我国企业多数达不到经济规模，加工深度浅，综合利用率低。比如，去年我国汽车产量仅150万辆，而汽车制造厂却多达130多家，80％的厂家年产量只有1000辆，最大的东风汽车公司年产量也只有20万辆左右。日本现在年产汽车1300万辆，80％的产量集中在5家大型汽车企业。韩国年产汽车几百万辆，也是集中在少数几家大公司。又如，我国现有和在建的乙烯装置中，90万吨以上较大型规模的占40％左右，10万吨以下中小型规模的占60％左右。而发达国家30万吨以上的占三分之二以上。国外乙烯装置副产品回收的价值一般可以抵销乙烯生产成本的50％以上，而我国大型乙烯副产品回收的价值只能抵销乙烯生产成本的35％，中型乙烯回收的价值只能抵销15％。今后要提倡和鼓励打破地区、部门和行业界限，通过联合投资、联合生产、组织专业化协作，发展规模经济，取得规模效益。当前要突出抓好规模经济效益显著的火力发电、钢铁、机械、电子、石油化工、汽车等行业的经济规模。对现有企业，通过联合、兼并、加快存量资产的优化重组，发展企业集团，实现规模经营；对新建项目，凡不符合规模经济要求的，一律不予批准上马。农业生产，在有条件的地方，逐步发展多种形式的适度规模经营，促进土地向种田能手集中，提高农业劳动生产率。

正确运用宏观调控手段，为促进经济增长方式转变创造有利条件。中共十四届五中全会的《建议》指出，在经济快速增长和经济体制转轨时期，要特别注意加强和改善宏观调控，正确运用宏观调控手段，把握好调控的时机和力度，保持宏观经济环境的稳定。通过加强和改善宏观调控，既能有效解决当前经济生活中的问题，又有利于市场机制作用的充分发挥，这对促进经济增长方式转变来说，是至关重要的。要认真总结经验，更好地发挥国家计划的总体指导和综合协调作用，使计划、金融、财政这三大宏观调控手段形成相互配合、相互制约的机制，主要运用经济手段、法律手段，并辅之以必要的行政手段，保持经济总量的基本平衡和经济结构的优化，抑制通货膨胀，为企业转变经济增长方式创造一个良好的社会经济环境。要充分运用税收、利率、贴息、价格和折旧等经济政策、经济手段，限制粗放经营，鼓励集约经营。那种认为加强宏观调控，在主要运用经济、法律手段的同时，也采取必要的行政手段，就是“恢复旧体制”的观点，是不符合中央精神的，因而是不正确的，要注意排除这种思想干扰。计划部门还要认真组织调查研究，进一步制定实施转变经济增长方式的具体规划和措施。同时，要研究改进干部考核标准，有效地克服“数字出干部，干部出数字”的不正常现象，促使各级干部切实转变工作之风，把领导和管理经济的注意力转移到扎扎实实地抓好经济增长的质量和效益上来。

我们在积极推进经济增长方式《粗放型向集约型转变的时候，也要清醒地看到，我国现在是一个发展中的国家，目前还处于水平比较低的经济发展阶段，特别是劳动力多，就业压力大，资源和资金相对不足。在这种情况下，我们既要坚定不移地朝着集约经营的方向前进，大力发展资金、技术密集型产业，又要从实际出发，继续在一些地区尤其是经济欠发达地区发展劳动密集型产业。要在加速科技进步的前提下，实行合理的技术结构政策，通过资金、技术、劳动力在不同地区、不同产业和不同企业之间的合理组合，多层次地推进经济增长方式的转变，促进国民经济持续、快速、健康发展，保证我国跨世纪的宏伟目标的实现。

（作者所在单位：国家计委研究中心）

我国经济与社会发展对世界经济的影响

余芳东

“八五”时期，随着改革开放的深入和宏观经济政策的有效实施，我国经济充满活力，取得了巨大成就，经济与社会发展实力不断增强，对国际经济产生了重大影响，引起国际社会的普遍关注。

一、经济增长率居世界之首，规模扩大

90年代上半期，世界经济处于周期性波动之中，主要发达国家经济增长迟缓，甚至停滞，发展中国家经济

发展不平衡，亚洲地区经济发展保持强劲势头，拉美和非洲地区经济处于低速增长，东欧和原苏联国家经济衰退。在这种国际背景下，我国经济持续高涨，1992年、1993年、1994年、1995年连续四年保持10％以上的增长速度，居世界首位。1991－1995年，我国经济年均增长率为12.0％，世界同期平均增长2.4％，发达国家平均增长1.9％，发展中国家平均增长5.6％，经济增长较快的国家如韩国为6.8％，新加坡为8.3％，马来西亚为8.4％，泰国为7.8％，印度尼西亚为6.7％，印度为3.8％，均低于中国。我国经济增长速度在世界上遥遥领先。

世界主要国家和地区经济增长率(％)

	1990年	1991年	1992年	1993年	1994年	1995年[①]
世界平均	2.2	0.8	1.4	2.3	3.1	3.6
发达国家	2.0	0.3	2.0	1.8	2.7	2.7
美国	0.8	－1.1	2.6	3.1	3.7	2.5
日本	4.8	4.1	1.3	0.1	0.7	1.9
德国	4.9	3.6	0.8	－2.1	2.3	2.8
英国	0.4	－2.2	－0.6	2.0	3.3	3.0
法国	2.5	0.8	1.2	－1.0	1.9	3.0
意大利	2.1	1.3	0.9	－0.7	2.2	2.7
发展中国家	3.5	3.9	5.6	6.1	5.6	5.6
中国	3.9	8.0	13.6	13.4	11.8	10.2
印度	4.9	1.0	4.6	4.5	5.2	5.5
韩国	9.5	9.1	5.1	5.5	7.6	7.3
新加坡	8.3	7.0	6.1	9.9	10.1	8.5
马来西亚	9.7	8.7	8.5	8.0	8.6	8.3
印度尼西亚	7.2	6.9	6.3	6.7	7.0	7.2
泰国	9.1	6.8	8.2	7.9	8.2	8.8
巴西	－4.1	1.2	－0.9	4.1	4.5	4.0

注：① 为预测数。

随着经济高速增长，我国经济总规模不断扩大，成为世界发展中国家的经济大国。根据世界银行《世界发展报告》三年价格调整汇率平均计算，1992年我国国内生产总值为5061亿美元，排在美国、日本、德国、法国、意大利、英国、西班牙之后，居世界第八位，1993年为5811亿美元，超过西班牙，居第七位，1994年为6302亿美元。如果按1987年美元不变价格计算，我国国内生产总值占世界的比重从1990年的2.3％，升至1994年的3.2％，美国和日本分别占27％和15％。我国经济总量相当于美国的比例从8.5％升至11.9％，相当于日本的比例从14.6％升至20.9％，在世界经济中的作用逐渐增强。(由于受人民币对美元汇率大幅度贬值的影响，按汇率计算的我国经济总量在一定程度上不能真实地反映我国经济实际发展规模。)

但是我国是一个人口大国，人均收入十分低下。根据世界银行《世界发展报告》公布的资料，1994年我国人均国内生产总值为530美元，高于印度、巴基斯坦、孟加拉国，低于韩国、泰国、巴西以及中等收入国家的平均水平(为2490美元)，属于低收入国家。美国、日本、德国、法国、意大利等发达国家人均收入在20000美元以上。我国与发达国家和东南亚新兴工业国之间经济水平实际差距还是很大的。

二、主要工农业产品产量稳居世界前列

1994年，我国主要农产品产量如谷物、棉花、油菜籽、肉类、蛋类居世界首位，茶叶产量居世界第二位，仅次于印度，大豆产量居世界第三位，次于美国和巴西。主要工业品如水泥、棉布、煤产量保持世界第一位；粗钢产量居世界第三位，次于美国和日本；发电量居第四位，次于美国、日本和俄罗斯；食糖产量居第三位，次于印度和巴西；化肥产量居第二位，仅次于美国；原油产量居世界第五位，次于沙特阿拉伯、俄罗斯、美国和伊朗。我国主要传统工农业产品生产总量在世界上表现出超强的实力。

我国人口众多，按人口平均，工农业生产水平处于较弱的地位。主要农产品以及煤、水泥人均产量接近于或略超过世界平均水平，粗钢人均产量仅为世界的一半，原油、发电量、食糖等人均产量不到世界平均水平的三分之一，与发达国家相比相去甚远。人均产量低，说明我国在国内市场的供应程度和居民消费品的满足程度方面不如发达国家。

我国主要产品产量居世界位次工农业人均产量国际比较(公斤)

	1994年总产量在世界位次	中国(1994年)	世界平均(1993年)	发达国家平均(1992年)	发展中国家平均(1992年)
谷物	1	329	339	700.4	252.5
棉花	1	3.5	3.2	5.0	2.9
油菜籽	1	6.2		9.8	2.4
肉类	1	36	33.4	80.3	19
蛋	1	10	6.6	14.6	4.2
茶叶	2	0.48	0.46	0.16	0.54
大豆	3	12.9	19.9	50.7 (美国)	11.8 (印度)
食糖	4	4.9	20	27.4	16.6
棉布(米)	1	16.7		14.5	15.8
粗钢	3	76	127	337.7	19.2
煤	1	1010	656	3324	278.3
原油	5	122	529	1338.9	30
电(度)	4	768	2154	11189	366
水泥	1	338	212	286.5	63.6
化肥	2	19	26.5	97.2	11.4

我国在汽车、半导体、电子等高科技、高附加值的现代工业领域比较薄弱，生产技术水平落后，现代技术产品产量低、质量差，在国际上缺乏竞争能力。

三、我国经济结构有所改善，但在世界上较为落后

“八五”时期，我国经济结构有所改善，但与世界发展水平相比，结构仍不甚合理，各产业发展不平衡，第三产业发展不足，第二产业效益不高，第一产业基础不稳。1995年我国第三产业占国内生产总值比重为31.3%，低于低收入国家平均水平(45%)；第二产业比重为49.0%，高于中等偏下国家平均水平(30%)；第一产业比重为19.7%，接近于发展中国家平均水平(17%)，低于低收入国家水平(33%)。从产业结构看，我国仍是一个以农业和工业为主的发展中国家。

产业结构失衡，不利于我国社会劳动生产率的有效提高和社会资源的充分利用，影响我国经济总体质量的提高。农业集中了我国60%的劳动力资源，现代化水平低，而发达国家农业具有十分雄厚的现代基础设施，农业占总就业人数的比重不到10%。第二产业发展虽然非常迅速，但劳动生产率增长缓慢，效益差，国有企业改革成为当前一项紧迫任务。第三产业发展薄弱，社会化服务水平低下，居民消费质量差，第一产业和第二产业发展得不到充分必要的服务，也是生产部门经济效益差的重要原因之一。

产业结构比较

	第一产业	第二产业	第三产业
中国(1995年)	19.7	49.0	31.3
发达国家平均(1993年)	2	26	64
发展中国家平均(1993年)	17	28	55
其中:			
中等偏上国家	8	28	64
中等偏下国家	16	30	54
低收入国家	33	22	45

需求结构方面，1994年我国投资率(即投资总额占国内生产总值比重)为36%，属于世界高投资率的国家之一。投资率高于我国的国家有莫桑比克、坦桑尼亚、不丹、乌兹别克斯坦、泰国、新加坡。投资成为我国经济高速发展的主要推动力。但投资规模过大，对国民经济发展会产生不良的影响。当经济发展进入到一定阶段，投资率应保持适度稳定为宜。美、英、法、意等老牌发达国家长期以来投资率一直保持在20%－25%之间，处于较稳定的水平。我国一般认为应保持在30%

左右。

从经济结构看，我国经济主要依靠大量的劳动和资本投入来推动，属于外延粗放型经济，社会劳动生产率偏低，能源消耗率高。目前我国社会劳动生产率低于俄罗斯、巴西、印度，是世界上劳动生产率较低的国家之一，单位能源消耗所生产的国内生产总值甚至低于低收入国家平均水平，仅相当于发达国家的15％。

四、我国跻身于世界贸易大国行列

1994年，我国进出口贸易总额2367亿美元，占世界进出口总额2.59％，居美国、德国、日本、法国、英国、意大利、加拿大、荷兰、比利时－卢森堡、香港之后世界第十一位。其中，出口额为1210亿美元，占世界出口额的2.47％，居世界第十一位，进口额为1157亿美元，占世界进口额的2.68％，居第十一位。1991－1994年我国进出口贸易总额年均增长率为19.7％，远远高于世界同期4.5％的增长速度。

进出口贸易规模扩大，对国民经济的作用不断增强，出口成为我国经济高速增长的主要因素之一。1994年我国进出口额相当于国内生产总值比重为45％，如果考虑目前我国国内生产总值中第三产业低估以及进出口额统计口径与国外不甚一致等因素，这一比重可能偏大，一般认为我国目前进出口额相当于国内生产总值比重在20％左右。我国国民经济对国际贸易的依赖程度增大，但低于韩国、新加坡、马来西亚、泰国等出口推动型国家的水平。

从进出口贸易结构看，我国进口以高附加值的技术产品为主，出口以增值低的劳动密集型产品为主，进出口贸易结构仍较落后，产品在国际市场上的竞争能力低。1993年，在出口方面，我国初级产品出口比重为18.2％，低于上中等收入国家48％的平均水平，服装，纺织品出口比重为35.3％，低收入国家平均水平仅为26％，机械与运输设备出口比重为16.7％，接近于中等收入国家的平均水平，高收入国家平均达43％；在进口方面，我国机械运输产品进口比重为43％，高于中等收入国家38％平均水平。

五、科学、教育、卫生等社会事业居世界中等偏上水平

我国科技人才规模较大，具有一定的科技实力。1994年全国国有企事业单位专业技术人员数为2658万人，居世界首位，研究与发展经费占国内生产总值的比重为0.5％，美、日、德、英、法等国家在2％－3％之间，韩国为2％，新加坡为1％，印度也在0.9％。与世界主要国家相比，我国科技投入相对不足，尤其是在基础、试验、应用研究方面分配不平衡，在一定程度上阻碍科技成果迅速转化为生产力。

教育是科技实力强弱的基础。1992年，我国成人识字率为73％，居世界中上水平。从教育结构看，我国教育普及率较高，但高等教育薄弱。据联合国教科文组织统计，1992年，小学生入学率为96％，中学生入学率为54％，基础教育达到世界平均水平，大学生入学率仅为1.6％，远远低于发展中国家4.1％的平均水平，甚至低于印度。

1992年大学生入学率(％)

中国	1.6		
世界平均	13.9	发展中国家	4.1
发达国家	15.8	菲律宾	27.8
美国	76.2	韩国	24.0
德国	33.3	泰国	19.0
日本	31.5	巴西	11.7
英国	28	印度尼西亚	10.1
法国	45.6	马来西亚	7.3
意大利	33.7	印度	6.1

在医疗、卫生、保健和居民健康水平方面，1992年我国婴儿死亡率为31‰，低于上中等收入国家的平均水平(40‰)，更低于印度(79‰)、巴基斯坦(95‰)、孟加拉国(91‰)，与菲律宾、哈萨克斯坦、泰国水平相当，在世界上处于中等偏上的水平，发达国家婴儿死亡率一般在5‰以下；1994年我国拥有医生人数为188.2万人(含中、西医)，居世界首位，平均每一医生服务人数为637人，低于上中等收入国家平均水平(1140人)；平均预期寿命为69岁，达到上中等收入国家的平均水平。我国医疗卫生条件和居民健康状况在世界上具有较高的水平。

六、居民消费生活水平处于世界中下等地位

“八五”时期，我国居民消费水平年均增长9.0％，居世界首位。但我国居民消费结构中食品消费比重高，占50％以上，交通、卫生、文化、娱乐等消费比重低，在15％左右。在发达国家居民消费结构中，食品消费支出约占20％，交通、卫生、文化、娱乐等消费支出约占30％，韩国分别为32％和46％，泰国分别为40％和25％。目前，我国居民消费结构与印度(分别为55％和18％)较为相似，处于由温饱向小康过渡的阶段。

居民吃的方面，据联合国粮农组织《生产年鉴》统计，1992年我国每人每天食物热值为2727大卡，摄入蛋白质含量为64.7克，脂肪含量51.9克，相当于世界平均水平。文化生活方面，1993年每百户居民拥有彩色电视机为80台，立体声收音机34台，高于世界平均水平。但在现代交通和通讯方面，我国每千居民汽车拥有量不到2辆，电话拥有量也不到2部，在世界上处于很低的

水平；在居住条件和环境方面，虽有较大改善，但与世界水平相比，我国居民总体住房面积小，质量较低，居民住宅在供水、供电、卫生设备、绿化环境等基础设施方面远不及发达国家和中等收入国家的水平。

综观上述，“八五”时期，我国经济发展速度快，经济总规模大，进入世界经济大国行列；但人均收入仍属于低收入国家水平，社会发展在世界上处于中等水平；与世界主要国家相比，我国经济结构和消费结构落后，具有明显的发展中国家特征。

“九五”时期，我国经济仍将保持高速发展势头，预计增长率在9％左右，将继续保持世界领先地位，经济总量将不断扩大，与世界发达国家的差距缩小，人均收入有所提高，争取达小康水平。1997年香港回归祖国，将使我国进出口贸易进一步扩大，成为世界前十名贸易大国之一。随着“科教兴国”和大力发展第三产业政策相继出台，我国教育水平将大幅度提高，科学技术不断进步，经济结构和消费结构不断升级，总体经济质量得到改善。到2000年，我国经济与社会发展在量和质上都将实现新的飞跃，在世界上的地位将进一步提高。

(作者所在单位：国家统计局国际统计信息中心)

关于对外经济贸易工作情况

刘向东

一、1995年我国对外经贸事业发展情况

在党中央、国务院的领导下，在各级地方政府和国务院各部门的支持和配合下，全国对外经贸战线广大干部职工以改革为动力，努力奋斗，克服困难，我国外经贸事业得到了迅速发展。

进出口贸易高速增长。1995年我国进出口总额达到2808.5亿美元，比上年增长18.6％，实行改革开放政策17年中，每年平均增长16.6％，其中“八五”期间进出口总额累计比“七五”期间增长1倍。在世界贸易中的位次由第15位上升到第11位；其中，出口1487.7亿美元，比上年增长22.9％，改革开放17年中每年平均增长17.4％；进口1320.8亿美元，增长14.2％，改革开放17年中每年平均增长15.8％。1995年底我国外汇结存达730多亿美元。进出口商品结构进一步优化，工业制成品出口占出口总额的比重1978年为45.3％、1990年为74.5％，1995年上升到85.6％，机电产品出口额1995年达438.6亿美元，超过纺织品，占出口总额的比重提高到29.5％，成为我国最大的出口商品类别。工业制成品进口比重有所下降，1995年为81.5％。贸易方式更加多样化，比较原始的易货贸易大幅度下降，现汇贸易成为主要方式，同时发展了多边转口贸易，来料加工装配，进料加工，加工贸易占我国出口总额的47％。我国利用国际国内两种资源两个市场水平提高，优势互补能力增强。

利用外资发展较快，吸收外商直接投资质量有所提高。1995年共批准外商投资项目37126个，协议外资金额902.88亿美元，实际使用外资金额377.36亿美元。新批项目数和协议外资金额比上年有所下降，外商实际投资金额增长11.69％；投资结构有所改善。新批项目中的资金密集型和技术密集型项目明显增加，国家鼓励投资类项目增加较多，限制类项目减少，基础产业和基础设施项目成为外商投资的热点。来华投资的世界大跨国公司增多，大项目继续增加，项目平均协议外资金额由上年的177万美元上升到245万美元。截至1995年底，我国累计批准外商投资项目25.9万个，协议外资金额3948.60亿美元，实际使用外资金额1333.70亿美元。其中“八五”期间批准22.98万家，外商投入金额1147亿美元，分别比“七五”期间增长9.1倍、6.84倍。至1995年底，外商投资企业开业超过12万余家，就业人数达1600多万人。这些企业绝大多数经营状况良好，销售额和利润额逐年增加，出口增长很快。1995年外商投资企业出口额468.8亿美元，占我国出口总额的31.5％。外商投资企业外汇总体平衡有余，去年1—11月统计调出外汇141.9亿美元，调入外汇91.6亿美元，调出调入相抵，净调出外汇50.3亿美元。1—12月涉外税收约550亿元人民币。不少地方外商投资企业上缴利税所占比例超过其在工业总产值中所占比例。1995年，我使用外国各种贷款按有关部门商定的小口径统计为130亿美元，17年来，累计使用外国贷款1030亿美元，投资建设起一批大型骨干工程。

援外工作改革有新的发展。1995年5月，国务院就改革援外工作作了批复；10月，我部受国务院委托召开了全国援外改革工作会议，就贯彻国务院“批复”，进一步做好援外工作进行了部署。各有关部门和企业认真贯彻国务院“批复”精神，积极推行政府贴息与银行提供商业贷款相结合的援助方式，推动我与受援国企业开展合资、合作。1995年，我与11个受援国签署了政府贴息优惠贷款框架协议，占当年新签援外协议总金额

的47%，已开始实施的援外合资、合作项目近20个；为26个国家新承担成套项目58个，其中生产性项目34个，社会福利及其他项目24个；向亚、非、拉、美、东欧及南太地区的51个国家提供了多边援助，包括在华举办15个专业技术培训班，381人来华参加培训。1950年到1995年，我国对外援助已交付使用的金额共600多亿元，帮助受援国建设起一批重要项目，对其增强自力更生能力发挥重要作用。也带动了我国同这些国家多方面的经济合作。

对外承包工程与劳务输出业务取得较大成绩。承包劳务市场进一步拓展，经济效益有所提高。亚、非市场稳步发展；中东市场在逐步恢复的基础上，又有新的突破；原苏东地区承包劳务业务下滑的局面有所扭转。1995年新签合同金额77.1亿美元，增长18.06%，完成营业额53.2亿美元，增长11.78%。11月底在外执行合同28.2万人，比1994年同期增加6.2万人。对外承包工程和劳务合作是改革开放后发展起来的一项崭新事业，从无到有，不断壮大，17年我国公司在外签订的承包工程和劳务合作合同额累计达480亿美元，完成营业额308亿美元。其中“八五”期间累计签订合同额336亿美元，完成营业额214.7亿美元，输出劳务人员71万人次，分别比“七五”期间增长2.34倍、2倍和2.1倍以上。现有490多家公司从事承包工程和劳务合作，有的已进入世界大承包商行列。

技术进出口有新的起色。1995年共签技术进口合同3629项、合同金额130.3亿美元，合同金额比1994年同期增长217.8%。改革开放以来共引进先进技术9517项，合同金额579.25亿美元。其中“八五”期间累计签订引进技术合同额230多亿美元，比“七五”期间增长48%。引进的技术涉及能源、机械、电子、石化、冶金、城建、航空、邮电、纺织等各个领域。技术出口共签订合同533项、合同金额25.23亿美元，合同金额比上年增长57.7%。技术出口是改革开放后才起步，17年来共出口技术2929项，合同金额113.24亿美元。其中“八五”期间累计签订技术出口合同额80多亿美元，比“七五”期间增长2.7倍。出口的技术涉及机械、电力、建材、轻工、船舶、航空、电子等行业。出口技术市场扩大到50多个国家和地区，既有发展中国家，也有发达国家。

多边经贸关系持续发展。中美经贸关系在矛盾和摩擦中发展。美国新一届国会1995年1月开始运作，一些极右翼议员政治上反华、亲台，使中美关系不断出现险情。根据中央的部署，1995年2月，我与美方就知识产权保护问题进行了艰苦谈判，最终达成协议，避免了贸易战发生。嗣后，美贸易代表访华，双方就双边经贸关系和复关问题进行磋商，并达成八点协议。这对改善双边关系气氛、扭转经贸关系下滑起到积极作用，也为最惠国待遇问题的解决排除了障碍。中日经贸关系基本上是好的，日本仍是我国最大的贸易伙伴。我国与西欧的经贸关系在1995年得到全面恢复，并有了新的发展。欧盟各国重视发展同我合作，相继调整对华政策。欧盟去年公布了《欧中关系长期政策》白皮书，强调全面加强与中国的友好合作。1995年我与西欧的贸易额再创历史最高水平。我与欧盟的财政合作全面恢复，欧盟国家对中国提供的优惠贷款额度已恢复到“六四”以前的水平。欧盟国家的企业来华投资踊跃，近两年的投资额相当于前十几年的总和。我与原苏东国家的双边贸易去年有了回升。俄罗斯大幅调整对华政策，希望与中国建立战略伙伴关系。中俄经贸关系大大加强，1995年，双边贸易额达54.6亿美元，比上年增长7.6%。我同周边国家及广大发展中国家的经贸关系也有进一步的发展。1995年我国的对外贸易伙伴由上年的221个国家和地区增加到227个。在发展多边经贸关系方面，1995年，我国积极参加了亚太经合组织的活动。大阪会议通过了《大阪宣言》和《行动议程》，为指导亚太地区贸易、投资自由化和便利化，制订了一整套基本原则。江主席出席大阪会议并发表了重要讲话，阐述了我国关于亚太经济合作的5点主张，宣布中国在1996年推进贸易与投资自由化进程的5项行动，引起强烈反响，进一步树立了中国对外开放的形象，增强了中国的吸引力，为我们继续发展与亚太国家的经贸关系创造了条件。在复关和加入世界贸易组织的谈判中，我们坚持以乌拉圭回合协议为基础、以确立中国的发展中国家地位为前提的原则立场，维护了国家的根本利益，开展了有理、有利、有节的斗争，取得了一定的进展。

实行改革开放政策后，我国本着有给有取的方针，在向联合国发展系统捐款的同时，接受其援助。至1995年，对我承诺的援款24.04亿美元，执行金额22.6亿美元，建设448个项目。同时我国还接受了一些国家的双边无偿援助。我国通过接受多边援助，取得了一些用一般贸易方式难以取得的先进技术。在各方面的共同努力下，我国外经贸事业取得很大成绩。现在存在的主要问题是：外经贸宏观管理还没有转变到以经济手段和法律手段为主来进行，许多管理还不规范；各地外经贸发展不平衡，沿海与内地的差距有拉大的趋势；出口商品质量和外经贸秩序仍不理想，国外对我反倾销案件增多；外经贸企业改革还没有取得突破性进展，相当多的企业还有“等、靠、要”的思想，经营机制、竞争能力不适应市场经济的要求；整个外经贸工作尚未转到以经济效益为中心的轨道上来，特别是外贸出口效益下滑，企业亏损面较大。这些问题必须在今后解决。

二、1996年对外经济贸易面临的形势和任务

党的十四届五中全会通过的《关于国民经济和社会发展九五计划和2010年远景目标建议》提出，"九五"期间，要适应我国社会主义市场经济发展需要和国际经济通行规则，初步建立统一规范的对外经济体制。以促进我国经济增长和提高质量效益为目标，扩大对外贸易和对外经济技术交流与合作。根据这个要求，对外贸易进出口总额2000年要达4000亿美元，出口和进口各2000亿美元，其它各项对外经贸业务都要有相应的发展。今年必须起好步，完成进出口总额2700亿美元的任务(出口和进口各1350亿美元)，比1995年计划增长12.5%；要按照积极、合理、有效地利用外资的方针，把引进外资工作提高到新的水平，全年实现实际使用外商投资250亿—300亿美元；要加大技术引进的规模和力度，以适应"九五"时期大规模建设的需要；要大力推进援外工作改革，扩大承包劳务业务；还要大力加强多、双边经贸关系，争取对我有利的国际环境。

当前以至今后一段时期对外经济贸易发展的有利因素是：1. 国际环境总体趋向缓和，和平与发展主题更加突出，一些战争热点地区开始降温，转向经济恢复和建设，各国主要精力转向综合国力的竞争。我国周边环境相对稳定。2. 世界经济在起伏中增长，国际市场需求较旺。发达国家经济已进入新的增长周期。据国际货币基金组织预测，1996年世界经济将增长4%，工业国增长2.4%，发展中国家增长6.3%。亚太地区经济仍保持很强的活力。世界贸易将增长7%。乌拉圭回合谈判《最后文件》的逐步实施和世界贸易组织的成立，将会推动世界贸易向自由贸易的方向发展，这也为我发展对外经济贸易提供了便利条件。发达国家普遍看重中国市场。前苏联、东欧国家我经济互补性增强，对我商品、技术、劳务的需求增加。发展中国家对中国改革开放促进经济大发展的做法很感兴趣，大多愿意发展与我的友好合作关系。3. 我国改革开放事业的深入发展和国际威望的提高，将为对外经济贸易事业的发展创造更为良好的内外部环境。特别是五中全会提出要不断扩大对外开放程度、提高对外开放水平，江泽民主席去年在亚太经合组织大阪会议上宣布的中国参与亚太区域贸易与投资自由化的一系列措施，在全世界引起巨大反响，更增强了中国的吸引力。4. 我国社会主义市场经济体制稳步建立，国民经济持续、快速、健康发展，为外经贸的发展提供了日趋完善的国内体制环境和重要的物质基础。如：可供出口的货源增加，商品结构有所改善，国内市场不断扩大，基础条件不断完善。5. 地方政府发展外经贸的积极性很高，很多地方都把它作为当地经济发展的支柱产业来抓。对外经济贸易在国民经济发展中的重要作用已普遍为社会所认识，并得到广泛的支持。6. 经过几年市场竞争的锻炼，部分外经贸企业有了较强的应变能力和发展活力，有对外经营权的生产企业和科研院所已经逐渐成为我国发展对外经贸的生力军。7. 我国具有市场巨大、劳动力充足且素质较高的优势，有利于发展对外经贸事业，特别是吸引外资。

也有一些不利因素，主要是：1.我国加入世界贸易组织的问题未解决，不能享受世界贸易组织多边协议的权利，使我在国际竞争中处于不平等地位。如，在乌拉圭回合新的纺织品协议生效后，与我签订纺织品双边协议的美国、加拿大、欧盟等对我出口设限越来越多，1995年设限类别数量达250个，总金额124亿美元，比1993年增加40%，使我国40—50%的出口纺织品受到国外配额限制。2. 国际经济政治化趋势给我们带来很大困难。3. 区域经济集团化加快，尽管有益于促进世界经济的发展，但在这一进程中产生的排它性和贸易保护主义，对我外贸出口影响很大。如欧盟强化对从盟外进口产品的共同管理制度，对我出口产品实行数量限制的趋势加重，对我出口商品的反倾销增多。4. 台湾的"弹性外交"、"务实外交"，对我发展外经贸带来不利影响。5. 资金紧张。今年国家仍实行适度从紧的财政、货币政策，加上出口退税欠退金额很大，95年应退未退税款550亿，外经贸企业资金紧张的状况难有根本的改观，将影响出口收购、利用外资的配套资金和带资承包境外工程等。6. 出口成本较高，削弱了我出口商品的竞争能力。今后对成本的压力加大。一是国内物价上涨，这个因素给外贸出口造成的压力今年依旧不小；二是汇率、利率、出口退税率的变化使得外贸经营的宏观环境趋紧。三是运费、税费等费用增加。7. 相当一些国有外经贸企业经营机制转换滞后，不能适应变化了的形势，市场竞争能力不强。宏观管理制度和管理水平跟不上，企业行为不规范，外经贸秩序仍比较混乱。

尽管面临很多困难，但有基本的发展条件。我们要抓住机遇，趋利避害，按照五中全会的精神，以实现两个转变为指针，努力克服困难，变不利因素为有利因素，争取外经贸事业在1996年以至今后取得较大发展。

三、围绕实现两个转变的要求，把外经贸工作做得更好

实行经济体制从传统的计划经济体制向社会主义市场经济体制转变和经济增长方式从粗放型向集约型转变，是十四届五中全会《建议》提出的关系到"九五"和2010年奋斗目标能否实现的两个带有全局意义和战略意义的关键性转变。对外经济贸易作为国民经济的重要组成部分，也必须尽快实现两个转变。

(一) 继续深化外经贸体制改革，加快体制的转变

1. 把国有外经贸企业改革作为改革的中心环节来抓，积极推进现代企业制度试点，加速外经贸企业机制转换。

要按照"产权清晰、权责明确、政企分开、管理科学"的要求，抓好中央和省两级现代企业制度试点。同时在全行业继续深入开展"转机制、抓管理、练内功、增效益"的活动，在形成适应市场经济要求的经营机制、建设善于经营管理的领导班子、建立科学的组织和管理制度、开发适销对路的商品上下功夫。

目前要着重抓基础，加强企业内部管理，完善并严格执行各项管理制度，如投资决策制度、财务核算制度、劳动人事制度、分配制度、审计制度和客户档案管理制度等，重点是加强财务管理，核心是抓资金管理。要抓"四个清理"，即抓紧清理库存、清理债权债务、清理投资项目、清理经济案件，抓"三挖潜"，即大力挖掘资金潜力、挖掘费用潜力、挖掘市场潜力，尽快完善决策机制、激励机制和约束机制，尽快提高企业的整体素质和竞争能力。

2. 进一步完善以经济、法律手段为主的外经贸间接调控体系。

在全国实行统一的对外经贸制度和政策，配合有关部门进一步完善汇率机制，调整关税结构，完善退税机制，规范涉外税收、信贷扶持措施，逐步实现主要运用关税、汇率、利率、信贷、税收和其他符合国际通行规则的政策措施调节对外经贸，搞好外经贸运行的监测、预测和调控，不断提高外经贸增长的质量。

3. 改革外经贸行政管理体制，外经贸行政主管机关要进一步转变职能，强化宏观管理，最大限度地弱化一事一批的微观事务管理，提高政府机关的决策水平和效率。

机关工作重点转变到调查研究和制订发展战略、规划、方针政策上来。确需保留的少量直接行政管理也要做到制度化和规范化。要减少统一经营和核定公司经营的进出口商品，规范和调整经营办法，适当引进竞争机制；按照公开、公平、科学、合理的原则，进一步完善出口配额招标与拍卖的办法，扩大出口配额招标与拍卖的商品范围。要加快赋予符合条件的地、县和生产企业、科研单位以进出口经营权，抓紧研究和探索外贸企业自动登记制试点的问题，抓好中外合资企业经营对外贸易的试点已批准在上海浦东成立三四家合资外贸公司，为外贸经营权逐步全面放开、由审批制向依法登记制转变创造条件。

4. 全面开展事业单位的改革，完善外经贸中介服务体系，强化协调服务机制。

要全国开展事业单位的改革，包括商会、协会、学会、研究机构、律师事务所、会计师事务所以及公证、评估、咨询等机构。要从改革思路上彻底摆脱传统计划经济体制的束缚，改变国家对事业单位大包大揽的作法，坚持社会化的方向，按照政事分开的原则，把政府部门服务性、咨询性、协调性职能转给事业单位承担，同时赋予事业单位必要的内设机构和中层人事管理的自主权、业务经营与发展的自主权，使其成为自主管理、自我发展、自我约束的法人实体，强化外经贸中介服务体系。通过改革，加强中介服务体系的功能，使得它们在维护外经贸经营秩序和会员企业的利益方面，在为会员、为企业、为社会服务发挥更大的作用。从而，使外经贸管理、经营、服务三个方面的改革协同配套，加快实现外经贸体制向适应社会主义市场经济体制的方向转变。

5. 大力推行进出口代理制，加快由收购制为主向代理制转变。

在进出口经营主体多元化的情况下，以流通领域经营为主的外贸企业在出口成本和对市场的灵活反映上很难同有经营权的生产企业、科研院所、外商投资企业竞争，必须利用自己人才多、经营渠道广、有信誉的优势，广泛实行代理制。我国建立社会主义市场经济体制的进展，既对代理制提出迫切要求，也为之创造了必要的条件和环境。为此，外贸企业必须转变观念，克服官僚作风，改进服务，以吸引更多委托代理业务。

6. 深化援外工作改革，加快推行新的援外方式。

在援助方式上，进一步推行政府贴息优惠贷款的新方式，鼓励双方企业就援助项目开展合资、合作经营；在援助结构上，从单一由国家财政提供长期无息贷款转到以政府贴息优惠贷款为主上来，并增加了灵活多样的小额赠送；在援助项目选择上，重点转移到中小型生产性项目上；在管理体制上，实行政企职责分开，建立完善企业总承包责任制。援外方式的改革，关键是一个"快"字。要抓紧搞成一批在政府优惠贴息贷款项下的项目，避免新老援外方式之间出现脱节和空档。要进一步推动我国企业与受援国企业就我援外项目开展合资合作，将对外援助与投资、贸易和其他形式的互利合作结合起来，调动政府和企业两个方面的积极性，扩大资金来源和项目规模，提高援助效益。

7. 加快对外经贸行业的立法进程，尽快完善对外经济贸易法律体系。

在《外贸法》的基础上，抓紧《反倾销条例》、《反补贴条例》、《保障措施条例》、《进出口商会条例》等法规的颁布与施行，抓紧起草与制订《出口管制条例》、《技术出口条例》、《对外加工装配管理办法》、《出口货物配额管理办法》、《对台湾地区贸易管理办法》、《对外贸易发展基金管理办法》、《对外贸易保险基金管理办法》等法规。进一步完善外经贸法律体系，把外经贸的发展纳入法制化轨道，促使各级外经贸管理部门依据法律、法规对行业实行管理，促使各类外经贸企业增强法制观念，做到依法经营。

(二) 加快转变增长方式，把对外经济贸易的增长转到以经济效益为中心的轨道上来 对外经济贸易增长方式如何、宏观经济效益高低，直接关系到国家财富的增加和流失，具有特殊重要的意义。

1. 推动企业改组、联合，实现经济要素的最佳组合，走规模经营的路子。

我国现有外贸经营权的各类国有企业约1万多家、开业的外商投资企业12万多家，但进出口额超过2亿美元的企业仅133家，超过10亿美元的仅22家；出口额超过1亿美元的仅120家，超10亿美元的仅7家。为适应世界经济集团化发展而出现的更为激烈的竞争，许多国家的企业都在实行兼并，增强竞争实力。我国外经贸企业如不实行改组、联合，很难与之抗衡，走规模经营之路非常紧迫。要根据业务发展的需要，在自愿的基础上，形成一批有竞争实力的集团公司。不仅要推动贸、贸之间的联合，更要推动贸、工、农、技、银的联合，将几方面的优势结合为整体竞争优势。可以实行强强联合，利用已有较好基础的外经贸企业或大型生产企业的优势，通过参股、联合，在自愿的基础上形成有更强竞争能力的综合性大企业集团，实现优势互补，形成规模经营优势。即使小型外经贸企业，如地、县公司，也应从本地优势出发，选择好主业和主营方向，在此基础上实行多种经营、规模经营。也可以实行强弱联合，即通过兼并、收购等形式，以强带弱、以弱补强。要本着"搞好大的、放活小的"和以大带小的原则，对经营困难的小型外经贸企业，采取兼并、租赁、承包等形式，增强其活力。从而形成以大型集团公司为骨干、大中小企业相结合的企业体系。

2. 走科技兴贸的道路，大力调整和优化出口商品结构，提高对外经济贸易发展的科学技术含量。

我国出口商品结构的第一步调整，即由主要出口初级产品转向以出口工业制成品为主，已在80年代末完成。目前，正在进行出口商品结构的第二步调整，即由主要出口初级加工制成品向主要出口深加工制成品转变。要认真贯彻科技兴贸战略，依靠科技进步，提高出口产品的质量、档次和加工深度，不断提高技术含量高、附加值高的制成品的出口比重，特别要扩大机电产品、成套设备出口。要管好、用好商标，努力创自己的名牌，用名牌提高出口商品的附加值。通过出口商品质量、档次的提高和结构的优化，促使外贸出口向集约型、效益型转变。同时，优化进口商品结构，避免盲目重复引进，用尽可能少的外汇换取尽可能多的使用价值。要大力发展技术出口和对外承包劳务业务，加大服务贸易比重。通过技术进步和科学管理，提高对外承包工程的质量，降低造价，提高工程的创汇额和利润率；通过提高出国劳务人员的素质与技术层次，优化劳务人员结构，以尽可能少的资源、资金和劳动，换回尽可能多的外汇。加快办公自动化进程，提高管理工作的软科学含量。

3. 深入贯彻以质取胜战略，推动外经贸向质量效益型发展。

贯彻以质取胜战略，不仅要提高有形商品的质量，也要提高对外承包工程的质量、外派劳务的质量、援外工程的质量和机电产品售后服务的质量。全国对外经贸行业的干部职工都应牢固树立质量意识，从自己所在的岗位做起，认真贯彻这一战略，推动外经贸向质量效益型的方向发展。外经贸部门要与工商、税务、海关、商检、旅游、公安、司法、生产等部门配合与合作，对质量问题进行综合治理，狠狠打击制售伪劣产品和掺杂使假行为，严把出口商品、援外物资和对外承包工程、劳务合作所带设备、物资的生产、包装、收购、运输、仓储等环节，把质量问题消灭在国门之内、厂门之内。

4. 大力调整市场结构，进一步推动市场多元化战略的实施。

近几年，市场多元化工作取得一定的进展，我对非洲、拉美、亚洲国家的贸易额均有较大增长。但对这些市场的出口绝对值仍很小，我国出口过于倚重发达国家市场的局面尚未根本改变。

要进一步提高对实施市场多元化战略重要性和紧迫性的认识，实行中央与地方相结合、政府与企业相结合、各项外经贸业务相结合，加强有关部门和地方政府之间的协调与配合，推动市场多元化战略的实施。对开拓非洲市场，要继续做好重点市场的调研工作，研究制订进一步落实市场多元化战略的策略与办法。利用欧美在农产品贸易、美日在汽车贸易方面的矛盾，挤占发达国家市场。重点开拓独联体、东欧市场和亚非拉广大发展中国家市场，我部将会同国务院有关部门尽快研究制订开拓原苏联、东欧市场的政策与规划。合理规划海外企业的布局，大力推动有实力、信誉好的大企业进入这些市场，开展有一定规模、有较深层次的经贸活动。支持对外承包工程与劳务合作实行区域化经营，即某一省重点在一个国家开展承包、劳务，进而辐射到邻近国家，逐渐形成规模效益。加重驻外使馆经商参处的协调、指导责任，维护好当地市场。在我市场多元化战略全局和整个对外经贸工作中，台港澳地区具有特殊意义。要按照中央的有关指示精神，大力促进两岸直接通商，继续扩大对台经贸交流，积极做好对港经贸工作。

5. 注重外商投资的质量，提高利用外资的水平。

要大力改善利用外资的环境，特别是软环境。要根据国民待遇的原则，将外商投资企业外汇买卖统一纳入银行结售汇体系，对内外资企业实行统一的出口退税政策，妥善解决外资企业的自由兑汇和参与出口配额招标等问题。要按照国务院去年发布的《指导外商投资方向暂行规定》和《外商投资产业指导目录》，加强对外商投资的政策引导，在注重外商投资的质量上下功夫。积极引导外资投向基础设施、基础产业、支柱产业、高新技术产业、国有企业技术改造项目和中低档住宅项目，鼓励外商向中西部地区投资，鼓励沿海地区的三资企业将劳动密集型项目和资源开发类项目向中西部地区转移，使外商投资按照我国国民经济发展和现代化建设的需要发展。同时，加强对现有三资企业的管理，使它们做到守法经营、照章纳税。

6. 整顿外经贸经营秩序。制止对内抬价抢购、对外削价竞销行为。

完善并坚决执行外贸经营权许可与核查制度，改进和完善进出口许可证和原产地证发放制度，避免发证的随意性。继续会同有关部门加速实施"金关"工程，完善外经贸管理的技术手段。进一步加强出口商会的职能，使商会成为经营秩序的有力监督与维护者。进一步完善进出口管理的规章与制度，抓紧公布与实施《关于处罚低价出口行为的有关规定》，支持与配合海关加强审价工作，对抬价抢购、低价竞销和竞相以高价进口国内紧俏商品的行为进行综合治理。继续整顿边、地贸经营秩序，不允许把国有企业的进出口经营权以各种形式转借给尚未获得经营权的企业，严禁转借给私人。

严厉打击骗取出口退税的违法犯罪行为。要从打击和防范两方面入手，认真查处已经发生的骗税行为。不管是什么类型的公司，一经查实有骗税行为。我部将配合税务等部门坚决依法严惩，绝不姑息。同时，密切注意骗税的新动向，及时研究制定防范措施，同骗取出口退税的行为作坚决的斗争，以维护国家和企业的根本利益，保障出口退税政策的顺利实施和外贸出口的健康发展。

继续整顿出国展销、出国招商秩序和国际货运代理市场，完善并严格执行资格审查制度，保证出国展销和出国招商的质量与实效，巩固国有企业在国际货运代理市场上的主体地位。

加强对承包工程和劳务输出业务的协调，发挥承包商会及各对外承包、劳务协调小组的作用，制止企业在国际承包劳务市场上竞相压价、自相残杀，做到联合对外，维护国家及企业的整体利益，维护外派劳务人员的合法权益。

(三) 坚持两手抓，大力加强外经贸队伍的自身建设 对外经济贸易工作所处的环境十分复杂，在实现两个转变过程中，必须把精神文明建设放到突出的地位，切实抓好。

1. 领导干部要"进一步提高政治、业务素质、特别是政治素质"。

最近江泽民总书记强调在对干部教育中要讲政治。他指出，讲政治对共产党人来说是任何时候都必须坚持的。讲政治包括政治方向、政治立场、政治观点、政治纪律、政治鉴别力和政治敏锐性。外经贸工作是在政治、业务环境比较复杂的情况下进行的。从事外经贸工作的干部更要讲政治，始终保持清醒的头脑。在国际交往特别是国际经济交往中，要自觉地维护国家的主权和利益；在国内工作中要顾大局、识大体，局部服从全局，对工作要有高度的政治责任感。要做到讲政治，一靠学习，二靠自觉进行党性锻炼，三靠严格约束自己的言行、严格要求自己，四要从政治方向、立场、观点、纪律、鉴别力和敏锐性的高度来认识自己的工作，做好自己的工作。

2. 要坚持对广大职工进行爱国主义、职业道德和奉献精神的教育，反对民族虚无主义、拜金主义、享乐主义和极端个人主义。

要克服存在的讲物质待遇多，做思想政治工作少的倾向，发扬我们党思想政治工作的优势，加强有中国特色的社会主义理论学习，运用英雄模范人物和身边的好典型，对广大职工进行经常性的爱国主义和艰苦奋斗教育，讲政治、讲正气、讲奉献。要加强外经贸系统党的基层组织建设，发挥基层党组织的战斗保垒作用和党员的先锋模范带头作用。依靠党组织、广大党员的言传身教，造就一支政治强、业务精的过硬队伍。

3. 要充分发挥纪检、监察、审计部门的作用，结合外经贸行业特点，深入开展反腐败斗争，加强党风廉政建设。

要充实和完善廉政措施，定期检查执行情况，务求抓出实效。要结合政府职能转换和机构改革，努力改进机关作风，大兴调查研究之风，力戒形式主义，压缩"文山会海"，培养机关公务人员务实、勤奋、敬业的精神。各级外经贸管理机关要树立为基层服务、为企业服务的思想，提高工作质量、办事效率和服务水平，千方百计为企业排忧解难，推动各项外经贸工作取得实实在在的进展。

(作者所在单位：对外经济贸易合作部)

“八五”期间对外经济贸易硕果累累

黄大忠　崔晓红　张晓露

随着改革开放的不断扩大和深入，“八五”期间我国对外经济贸易硕果累累，对外贸易发展迅速，利用外资规模扩大，对外经济合作成效显著，国际旅游事业兴旺发达。

一、进出口规模不断扩大，商品结构继续改善

1995年我国进出口总额达到2808亿美元，比1990年增长1.4倍，“八五”时期我国进出口总额累计达10143亿美元，比“七五”时期增长1.1倍。

“八五”期间，我国对外贸易发展主要有四个特点:

(一) 外贸体制改革取得积极进展　“八五”期间我国外贸体制改革进入新阶段，在调动中央、地方和企业三方面积极性的前提下，调整和改革人民币汇率政策，为外贸企业自负盈亏创造外部条件，改革外汇留成制度，实行了银行结售汇制，实行出口退税，取消了出口补贴，促使企业自负盈亏、平等竞争，同时不断大面积，调降进口关税税率，改革完善外贸宏观管理体制，进一步放开进出口商品经营权，以提高出口质量和经济效益为中心，建立适应国际通行规则的外贸运行机制。

(二) 对外贸易的地位和作用增强　随着我国进出口规模的不断扩大，对外贸易在世界贸易中的位次也逐步提高，由1990年的第15位上升到1992年的第11位，连续保持至1995年。1990年出口额在世界贸易总额中的比重为1.8%，从1994年起上升到3%。同时，对外贸易在国民经济中的地位不断加强，出口总值占国内生产总值的比重由1990年的16.9%上升到1995年的21.6%，进口总值相当于国内生产总值的比例也由14.6%提高到19.1%。

(三) 对外贸易市场多元化取得进展　“八五”期间为实施市场多元化战略，推动外贸企业开拓新市场，国家在制定有关政策措施，组织国内大型外贸公司在境外举办中国出口商品展览会，组建国外贸易中心、分拨中心方面取得新进展，提高了中国商品的信誉，重点市场开拓成效显著。“八五”期间在保持对日、美、西欧及港澳等传统市场出口的同时，我国大力发展与欠发达国家、地区的贸易往来。1995年对非洲和拉丁美洲的进出口额合计首次突破100亿美元，其中对非洲地区出口24.9亿美元，对拉美地区出口31.5亿美元，分别比1990年增长92.3%和3倍。至1995年，我国已与227个国家和地区开展贸易往来，比1990年增加47个国家和地区，出口额及进口额达亿美元以上的国家和地区分别由40个和39个增加到67个和53个。

(四) 进出口商品结构继续改善　“八五”期间，我国对外贸易在规模扩大的同时，进出口商品结构也在不断改善。出口商品中，工业制成品比重由1990年的74.4%上升到1995年的85.6%，初级产品比重则由25.6%下降到14.4%，机电产品出口比重由1990年的17.9%上升到29.5%。1990年我国出口额在1亿美元以上的商品只有84种，1995年增加到253种，其中超过10亿美元的有16种。进口商品在总构成变动不大的情况下，资源性物资和机电产品的进口增幅较大。1995年与1990年相比，进口合成橡胶增长2.7倍，棉花增长1倍，合成纤维纱线增长5.2倍，钢材增长2.9倍，机电产品则增长1.7倍。

二、利用外资发展迅速规模扩大质量提高

“八五”期间，我国利用外资的发展进入高潮阶段，利用外资规模继续扩大，1991年至1995年，共签订利用外资项目23万个，协议外资额4092.6亿美元，实际使用外资额1610.6亿美元，分别比整个“七五”时期增长8.9倍、5.5倍和2.5倍。

“八五”时期，我国利用外资的特点主要有以下几个方面:

(一) 吸收外商投资成为利用外资的主要方式　“八五”时期，外商在华投资迅速发展，吸收外商直接投资开始进入实质性发展阶段。1991年至1995年间，共签订外商投资协议额3555亿美元，实际外商投入资金1141.8亿美元，分别比“七五”时期增长13.8倍和7倍，占全部利用外资总额的比重分别由“七五”的37.9%和30.8%上升到86.9%和70.9%，我国利用外资的方式已由“七五”时期的对外借款为主转为吸收外商投资为主。

(二) 优惠贷款在对外借款中的比重上升　五年来，我国共签订对外借款协议额511.3亿美元，实际使用贷款额455.8亿美元，分别比“七五”增长40.8%和51.3%。其中签订外国政府贷款和国际金融组织贷款协议额317.2亿美元，在全部对外借款总额中的比重由“七

五”时期的46%上升到62%，这些优惠贷款支持兴建了大批的农业、能源、交通、原材料等国家产业政策鼓励的基础产业和基础设施项目，其中外国政府贷款项目543个，国际金融组织贷款项目87个，项目总数比“七五”增加175个。

(三) 平均项目规模有所扩大 到1995年底来华投资的外商来自世界各大洲的150多个国家和地区，比“七五”增加了2倍多，特别是跨国公司及欧美等国家的投资项目增加，如1991年至1995年间，欧共体及美国的投资项目约占到总数的10%，比“七五”提高近4个百分点。外商投资的项目规模有较大的提高，“八五”期间，外商投资项目的平均规模为154.7万美元，比“七五”时期增加49万美元。

(四) 外商投资的产业结构开始改善 “八五”时期，特别是1994年以来，外商投资的产业结构有所改善，资金技术密集型的基础产业项目，高附加值的机电产品项目明显增加，基础设施、基础产业、原材料工业正在成为外商投资的热点。1990年，外商投资工业项目占总项目的84.4%，1995年为67.5%，工业项目比重下降，但技术含量提高，大项目明显增多，1995年工业平均项目规模由1990年的84.5万美元上升到222.7万美元。1990年交通运输邮电业签订的外资协议额不足4千万美元，1995年达17亿美元。“八五”时期，第三产业项目也有了长足的发展。

(五) 利用外资已形成沿海、沿江、沿边、沿线的全方位开放的态势 “八五”期间，利用外资的浪潮已在全中国的各个角落涌起，特别是广大的内陆地区正以高速发展的经济和全方位开放的新形势大量吸引着外资。利用外资最早、数量金额最多的广东、福建两省，1985年外商投资项目占总数的69.4%，1990年占56.5%，1995年下降为37.9%，其他各省份吸收外资比重正在上升，特别是内地增势趋旺，同沿海12个省区市相比，新签协议外商投资额所占比重1995年比1990年上升了4.3个百分点，正有越来越多的外商瞩目中西部地区的开发建设。

(六) 利用外资在国民经济中的地位增强 到1995年末，在国家工商管理部门注册登记的外商投资企业已达23.4万户，比1990年末增加20.8万户，注册资本总额达3991.2亿美元，增加14倍多，投产开业的外商投资企业达12万多家，吸收就业人数超过1600万人。1994年外商投资工业企业的总产值(按90年不变价格计算)达5934.7亿元，比1990年增长近12倍，占全国工业总产值的比重由1990年的2.2%上升到13.9%。随着外商投资企业的增加，进出口额也连年增长，1995年达1098.2亿美元，比1990年增长4.5倍，占全国进出口总额的比重由1990年的17.4%上升到39.1%，其中出口额468.8亿美元，所占比重由1990年的12.6%上升到31.5%，外商投资企业已成为中国国民经济的重要组成部分。

三、对外经济合作业务扩展迅速
劳务承包市场向高层次发展

“八五”期间，我国对外经济合作业务发展迅速，成效显著。1991年至1995年间签订承包工程和劳务合作合同66260份，合同总金额346.5亿美元，实际完成营业额225.2亿美元，分别比“七五”时期增长4.2倍、2.4倍和2.1倍。其中，对外承包工程合同6988份，合同金额264.7亿美元，完成营业额180.3亿美元，分别比“七五”增长1倍、2.1倍和1.9倍;对外劳务合同58906份，合同金额80亿美元，完成营业额43.5亿美元，分别比“七五”增长5.3倍、3.8倍和3.8倍，设计咨询合同366分，合同金额1.8亿美元，完成营业额1.3亿美元。

目前，我国已有300多个经济技术合作公司与亚、非、拉美、欧等180多个国家和地区开展了劳务承包合作业务。对外承包劳务业务已初步形成全方位、多行业的格局，特别是一批国内具有雄厚实力的设计院参与国际劳务承包的设计、咨询、监督等业务，使我国的国际公司角逐国际市场具备了从设计、工程承包、项目监理等一条龙服务功能。对外劳务承包业务的发展也带动了国产设备材料的出口业务的发展。几年来，我国的劳务承包工程业务从规模上始终保持较快的增长态势，在流向和结构上发生了新的变化：即从经济发展迟缓的地区转向发展迅猛的地区;从劳务价格低，支付能力弱的市场转向劳务价格高、支付能力强且信誉好的市场;从技术含量小、单一普通的劳务，发展到技术含量高、以技术型和智能型劳务为重点的多层次、多行业的劳务工程业务，劳务承包市场正在向高层次、高技术方向发展。

四、国际旅游事业蓬勃发展
旅游基础设施日臻完善

“八五”时期，我国旅游事业蓬勃发展、成效显著。1991年至1995年，来我国游览观光、探亲访友以及从事各种商务活动的国际游客达2.03亿人，平均每年递增11.1%，其中外国人2244.1万人，占总数的11.1%;华侨69.6万人，占0.3%;港澳台胞17992.6万人，占88.6%，其中台湾同胞671.4万人。国际旅游外汇收入累计达275.3亿美元，平均每年递增31.5%。1995年，我国接待国际游客4638.6万人，旅游外汇收入87.3亿美元，分别比1990年增长68.9%和2.9倍。中国的国际旅游业正成为世界旅游业中一个不可忽视的大市场。

随着国际旅游事业的发展，旅游基础设施建设日臻完善，旅游接待能力不断加强。到1995年末，全国共有旅游涉外饭店3720家，客房48.6万间，床位98.6万张，

与1990年相比，涉外饭店增加1733家，客房增加19.2万间，床位增加35.2万张；旅行社3759家，比1990年增加2126家，其中能接待国际游客的一、二类旅行社达968家，比1990年增长7.3%。

对外经济技术合作及交流的不断扩大，也促进了民航事业的发展。到1995年底，中国空中航线达797条，其中国内航线694条，地区航线18条，国际航线85条，通航世界33个国家和地区的53个城市，仅1995年，就新增国内航线116条，国际航线6条，大大提高了航空客运能力，为大力发展国际旅游事业创造了良好的条件。

（作者所在单位：国家统计局贸易外经统计司）

关于农业和农村经济工作情况

张延喜

一、1995年农业和农村经济发展情况

1995年，按照中央"抓住机遇，深化改革，扩大开放，促进发展，保持稳定"的基本方针，在农村经济工作中，我们紧紧围绕增加农副产品有效供给和增加农民收入两大任务，突出粮棉、"菜篮子"、乡镇企业三大重点，立足抗灾夺丰收，启动并落实新增"四个一千"(以1994年为基数，到本世纪末新增1000亿斤粮食、1000万担棉花、1000万吨肉、1000万吨水产品)的关键措施。经过全国上下共同努力，实现了全年农业增产，农民增收，农村经济全面增长。

第一，粮食等农产品获得好收成 粮食总产量达到4.55亿吨以上(国家统计局预计为4.6亿多吨)。棉花总产量8800多万担，比上年略增。油料总产量超过2100万吨，创历史最高水平。糖料总产量7700多万吨，比上年增长5.4%。

第二，"菜篮子"产品稳步增长 肉、蛋、奶产量分别为4700万吨、1500万吨、620万吨，与上年相比，分别增长4.4%、2.1%、1.8%。水产品产量2350万吨，增长10%。蔬菜产量2.4亿吨，增长5%。水果产量超过3500万吨，增长10%。

第三，乡镇企业保持健康发展势头 实现营业收入5.04万亿元，比上年增长28.3%；实现利润3090亿元，增长20%；出口交货值4400亿元，增长40%。从业人员1.26亿，比上年增加580万人。

第四，农民收入继续增长 农民人均纯收入达到1550元，扣除价格因素，比上年增长5%，是"八五"时期增长较快的一年。

1995年是"八五"的最后一年，现在可以说，"八五"农业和农村经济发展计划已胜利地完成。"八五"与"七五"相比，粮食年均产量从8000亿斤增加到近9000亿斤，生产能力上了一个新台阶；肉类年均产量从2460万吨增加到3930万吨，水产品年均产量从1040万吨增加到1840万吨，出现了高速增长；乡镇企业持续快速发展，总产值已占农村社会总产值的四分之三，五年累计新增就业3300多万人。总的看，"八五"是我国农业和农村经济发展较快的时期，是农副产品供给比较丰富的时期，对维护全党全国工作大局，保证重大改革措施顺利实施，实现国家宏观调控目标作出了重要贡献。

1995年农业和农村经济发展之所以取得这样的成绩，首先是党中央、国务院高度重视。江泽民总书记年初在河北省视察工作时就指示要立足抗灾夺丰收。李鹏总理在八届人大全国三次会议上的《政府工作报告》中，提出了加强农业的十项政策措施。1995年中央农村工作会议和全国粮棉肥购销工作会议，出台了一系列促进粮棉和"菜篮子"产品生产的政策措施，如增加农业投入，完善粮食购销体制，实行"米袋子"省长负责制等。国务院连续两次召开全国电视电话会议，部署抗灾救灾工作。这些，对夺取全年农业丰收起到了至关重要的作用。其次是各地、各级党政认真贯彻党中央、国务院的决策，加强领导，加大工作力度，积极划定基本农田保护区，狠抓粮棉面积落实，增加农业投入，稳定农技推广机构和队伍等。第三，各级农业部门扎扎实实开展工作。去年，我部和各级农业部门组织广大干部和科技人员，深入第一线，加强调查研究，精心指导生产，狠抓各项措施落实。突出的是立足抗灾夺丰收，狠抓夏粮、早稻、秋粮三大战役，一环紧扣一环，抓面积落实，抓重大技术推广，抓商品基地建设，抓抗灾救灾工作。同时，在启动种子工程、切实保护耕地、实施新一轮"菜篮子"工程和"乡镇企业东西合作"示范工程，以及深化农村改革、争取农业投入、稳定农技推广机构和队伍等方面，做了大量工作，发挥了重要作用。第四，各行各业重视农业，大力支援农业。第五，农产品市场价格看好，粮食购、销、调体制进一步完善，调动了农民生产积极性。1995年国家提高了棉花收购价格，全国有10多个省实行定购粮价外补贴，10多个省实行粮肥挂钩，还

有一些省实行棉肥挂钩，从中央到地方进一步完善粮食储备制度和风险基金制度等，都促进了农业生产。

1995年农村经济总体形势尽管不错，但存在的问题也不容忽视：一是"一高一低一重"的问题突出，即农业生产资料价格高、粮食定购价格低、农民负担重，农民反映强烈。1995年农资价格在高位上继续上涨，涨幅高达28.6％，其中化肥价格上涨33％，大大高于同期社会商品零售价格上升幅度。相对于农资价格来说，粮食定购价格偏低，与市场价差拉大，1995年每斤粮食定购价与市场价相差0.4元以上。农民负担出现"反弹"，乡镇企业负担沉重，"三乱"现象有所抬头。据百县调查，1995年农民社会负担比上年增长20％。二是农业基础设施薄弱，抗御自然灾害能力差。1995年各种自然灾害造成7.6亿亩农作物受灾，3.9亿亩成灾。特别是西北地区干旱持续时间之长为历史罕见，给农业生产带来了重大损失。三是部分农产品产销波动较大。由于饲料价格涨幅大，一些地方生猪、家禽生产一度滑波，也有一些地方出现了蚕茧积压卖不掉，油菜籽价格下跌，卖水果难等，这都要求进一步加强市场体系建设和完善宏观调控。四是制约农业发展的一些深层次矛盾依然存在。如农业投入总量不足，科技进步缓慢，服务体系建设滞后等。总之，农产品供给形势有所好转，但供需趋紧的矛盾仍然存在，1995年人均粮食占有量不仅低于历史最高的1984年，也低于大丰收的1993年。农业仍是国民经济最薄弱环节。

二、1996年农业和农村经济工作设想

(一)"九五"农业和农村经济发展的目标和重点 按照中央要求，到本世纪末，我国粮食总产量必须达到4.9－5亿吨，棉花500万吨，肉类5200万吨，水产品2850万吨，乡镇企业增加值年递增20％以上，农民人均纯收入按1990年不变价达到1200元。实现以上目标，我们在指导农村经济工作中牢牢把握好以下三点：

第一，始终把粮食生产作为农村经济的重中之重。从目前看，到本世纪末实现粮食总产5亿吨的目标，在播种面积稳定在16.5亿亩的前提下，年均亩产需提高10斤左右，这是"八五"时期所没有达到的。从未来发展和需求看，我国粮食紧平衡的弦仍然松不下来。即使维持目前的消费水平，到2000年，人口按13亿算，需要粮食5亿吨；到2010年，人口按14亿算，需要粮食5.56亿吨；到2030年，人口按16亿算，需要粮食6.5亿吨。而解决我国粮食问题，又必须立足于国内基本自给。这就要求倍加重视粮食生产，稳定增加粮食生产。

第二，千方百计增加农民收入，努力实现小康目标。稳定增加农民收入、实现小康目标是本世纪末我国农村发展的两大任务之一。从目前看，实现农民收入增长目标的难度很大。按照小康要求，今后5年农民人均纯收入必须年递增7％以上，这是近10年来所没有过的，特别是解决近7000万农村贫困人口的温饱问题，难度更大。因此，在农业和农村经济工作中必须把增加农民收入放在突出位置，切实抓紧抓好。

第三，积极推进农村经济体制和农业增长方式的根本性转变。党的十四届五中全会提出的"两个转变"，是实现"九五"和2010年我国经济和社会发展目标的关键，也是实现农村经济发展目标的必由之路。围绕"两个转变"，我们要积极探索农村经济改革与发展的新思路、新办法，通过深化改革建立起与社会主义市场经济体制相适应的农村经济管理体制和运行机制，通过优化农村经济结构、推动科技进步、提高资源利用率、发展适度规模经营、实行贸工农一体化等转变农业增长方式。

(二) 做好1996年农业和农村经济工作的主要措施 1996年是"九五"的第一年，开好头，起好步，对于顺利完成"九五"计划非常关键。我们的工作指导思想是，以邓小平同志建设有中国特色社会主义理论和党的基本路线为指导，认真贯彻落实党的十四届五中全会、中央经济工作会议和中央农村工作会议精神，以增加农副产品有效供给和增加农民收入为目标，突出粮棉、"菜篮子"和乡镇企业三个重点，积极推进农村经济体制和农业增长方式的转变，促进农业增产、农民增收、农村经济发展和农村社会稳定，为实现"九五"计划奠定良好基础。主要目标是，农业增加值增长4％以上，粮食产量46250万吨以上，棉花力争450万吨，肉类4900万吨，水产品2450万吨，乡镇企业增加值增长20％以上，农民人均纯收入有较多的增加(这是根据我部1995年的统计基数制定的，最后以国家正式批准的计划为准)。按照上述指导思想和目标，在工作上突出抓好三个重点。

种植业突出抓粮食。粮食生产按照扩大面积、提高单产、增加总产的思路来安排，抓主要作物、重点地区、重大措施和关键环节。作物上，突出抓水稻、玉米和小麦。水稻、玉米、小麦三大作物，面积和产量分别占粮食作物的75％和85％，1996年力争面积扩大800万亩。区域上，着重抓南方水稻区、北方玉米区和黄淮海小麦区。依靠科技进步，在提高粮食单产上下大力气，力争亩产提高4公斤。同时，面向整个国土资源，广辟食物来源，积极稳妥地探索种植业"三元结构"调整，减少粮食的损失和浪费，减轻粮食供给压力。棉花生产重点恢复面积、提高单产、增加总产，在稳定老棉区生产的同时，着重抓好新棉区的开发建设。

新一轮"菜篮子"工程建设，在调整品种结构和生产基地布局、加强以批发市场为中心的市场体系建设、

发展多种形式的农民合作购销组织和贸工农一体化经营等几个方面，实实在在地推进。畜牧业在稳定生猪存栏、提高出栏的同时，大力发展节粮型畜禽、食草型家畜。工作上突出四个方面：一抓生产保护，加强兽医和防疫工作，控制重大疫病流行;二抓良种和技术推广;三抓饲料，提高配合饲料的入户率和秸秆利用率;四抓调控，加强对畜产品生产流通情况的监控。在有条件的地方，发展适度规模饲养。渔业重点扩大淡水和近海养殖，加快荒水荒滩开发，积极发展远洋渔业;面向市场调整结构，完善水产品市场体系，积极发展精深加工;加强渔政管理，保护渔业资源。蔬菜生产按照稳定面积、主攻淡季、增加品种、均衡上市的要求，重点抓南菜北运、西菜东调和反季节蔬菜三大基地建设。加强水果生产指导，调整果品结构，严禁发展林果占用耕地。

乡镇企业突出四个方面：一是继续推进以股份合作制为重要形式的产权制度改革;二是围绕“质量、效益、环保、安全”八个字，推动科技进步，加强企业管理，提高整体素质;三是突出抓好“东西合作”示范工程，推动中西部乡镇企业发展;四是大力发展外向型经济，促进农业对外开放。

在工作措施上，1996年重点抓好五个方面：

第一，加快科教兴农步伐，推进农业增长方式转变　依靠科技进步，提高劳动者素质，是转变经济增长方式的重点，也是我国农业和农村经济持续稳定发展的根本出路。加快科教兴农步伐，目前最迫切的是把已被实践证明增产增效显著的重大实用技术大面积推广应用到生产中去。经过认真筛选确定，从1996年开始，全国重点推广十大农业实用技术，包括：水稻旱育稀植和抛秧、玉米地膜覆盖、良种及配套技术、精量半精量播种、平衡配套施肥(包括化肥深施)、病虫害综合防治、节水旱作农业、稻田养鱼、畜禽快速高效饲养、水产优质高效增养殖等。初步安排，1996年水稻旱育秧稀植和抛秧分别比上年增长60%和1倍，精量半精量播种增长20%，种子包衣增长65%，平衡配套施肥面积增长10%，杂交水稻、杂交玉米面积分别增长4%和5%，农作物主要病虫害综合防治面积的覆盖率提高10个百分点。

同时，按照中央农村工作会议的要求，积极争取各方面的支持，力争年内完成基层农技站“三定”工作。集中优势力量，加强科研攻关，增加科技储备。同有关部门一起，切实抓好1000项先进技术的引进工作。全面实施“绿色证书工程”，大力发展农业职业教育和农村成人教育，组织全国300多所农业中专面向农村基层、农业干部、农技人员和广大农民开展培训。1996年冬和1997年春，与有关部门一起，以《农民思想政治教育读本》、《农民实用技术教育读本》为基本教材，组织好对农民的培训，大力提高农民素质。

第二，精心组织实施种子工程，加快种子产业化进程　为了充分发挥良种在农业增产中的重要作用，我们把组织实施种子工程，积极推进种子产业化，作为今年科教兴农的一项重点工作来抓，目标是达到“五化”，即：生产标准化、经营企业化、管理法制化、育繁推销一体化、种子商品化。力争5年内使粮棉油等主要作物品种更新1－2次，良种覆盖率达到95%以上，小麦、水稻等常规用种统一供种率由20%提高到60%，畜禽和水产养殖良种化程度也要有较大提高，使种子在农业增产中的贡献份额达到36%。

种子工程去年已经起步，1996年在继续抓好突破口的同时，全面推进，力求取得实质性进展。一是继续抓好种子加工、包装和标牌供种，力争1996年小麦统供率达到35%，常规水稻达到38%，玉米达到90%，棉花达到35%;二是继续开展新品种筛选、区试、扩繁和主推品种的提纯、统供工作，提高种源质量;三是组建一批种子集团公司，开展一体化试点和示范;四是建设一批国家级的种子质量监督监测中心、原种场、区试网和种子生产基地;五是开展种子质量认证制度试点，实行全面质量控制;六是强化执法监督，严格种子“三证”管理，严肃查处坑农害农的假冒伪劣种子案件，保护农业生产和农民利益。

第三，管好用好农业投资，开辟新的投资渠道　国家用于农业的投资重点向粮棉生产、科教兴农、重大基础设施建设、综合服务体系建设倾斜，向中西部和增产潜力大的地区倾斜。进一步加强投资项目管理，提高资金使用效益。目前，我部已初步建立了农业建设项目储备库，并将不断充实和完善，逐步做到不入库的项目原则上不予安排。对已列入投资计划的项目，主动与有关部门衔接，力争资金及时、足额到位，对项目执行情况加强跟踪监督，提高资金使用效益。

同时，认真总结各地经验，积极探索多渠道增加农业投人的新思路、新办法。当前，一批大中型工商企业进入农业开发领域，扮演“龙头”角色，实行贸工农、产加销一体化经营，发展高效农业，是一个可喜的社会投资新动向。这既增加了农业投人，也有利于企业长期稳定发展，有利于工农、城乡协调发展，是具有较大社会效益和经济效益的好事。对此，我们要因势利导，积极参与，加强服务，为其创造良好环境。农业投人的主体是农民，我们要积极引导农村集体组织和农民增加农业投入，认真推广乡镇企业实行以工补农，以工建农、以工带农的经验;引导农村合作基金会增加对农业的投入;引导农民处理好积累与消费的关系，将更多的资金用于农业生产;组织广大农民和农村集体经济组织，扩大劳动积累，大搞农业基本建设，改善农业生产条件。

第四，进一步深化农村改革，加快农业法制建设和对外开放步伐　稳定和完善农村基本经营制度。目前，全国已有半数以上的村组完成了新一轮土地承包，总的看进展情况是好的。今明两年，还有一些村组承包合同将陆续到期，我们要把工作重点放在这些地方，加强指导，保证土地承包期延长工作顺利进行。在稳定农村基本经营制度的前提下，正确引导有条件的地方积极探索土地、水面使用权流转和适度规模经营的新形式。及时总结各地拍卖"四荒"使用权的经验，加强指导，规范拍卖行为，做到既维护使用权购买者以及投资开发者的合法权益，又防止集体资产流失和将来发生新的产权纠纷。

积极探索乡村集体企业产权制度改革。在总结试点经验和完善、规范的基础上，积极推进股份合作制。鼓励和提倡符合条件的企业组建有限公司、股份有限公司或企业集团。对"微小亏"企业实行不动产租赁、动产拍卖或企业整体拍卖、企业兼并等，或采取企业资产增值承包等其他改革形式。在产权制度改革中，加强集体资产管理，防止流失。

积极推进贸工农一体化经营。这种新型的产业组织形式，既是生产方式的变革，又是经营体制的创新，不仅发达地区可以搞，欠发达地区也可以搞。我们要推动有条件的农口企业和乡镇企业采取"公司＋农户"的方式，率先实行贸工农一体化经营；加强优质农产品生产基地建设，逐步形成与资源特点相适应的区域化经济格局，为一体化经营提供充足的原料；围绕一体化经营的各个环节，开展多层次的技术服务；加强指导，使企业和农户真正结成利益共同体。

加强农业法制建设。近期，重点抓好《农业法》配套法规和《农业投资法》、《种子法》、《动物防疫法》、《农机管理条例》、《农药管理条例》、《饲料管理条例》等的起草工作，抓紧《渔业法》、《草原法》的修订工作，做好《乡镇企业法》提请全国人大审议的准备工作。加强和改善执法，努力提高执法水平。

加快农业对外开放步伐。积极开展双边、多边、官方和民间的国际经济、科技合作和贸易往来，以发展外向型农业、扩大引进规模和提高效益为重点，开创农业对外开放工作新局面。充分发挥我国农业的比较优势，依托名特优农产品基地，组织批量生产，参与国际竞争。加快我国农业与国际农业接轨步伐，遵循国际标准与国际惯例，提高农产品竞争能力。鼓励和引导有条件的农口企业和乡镇企业，面向国际市场，积极发展外向型经济，包括以劳务、技术输出为主，利用境外资源，创办境外企业。

第五，大力增加农民收入，切实减轻农民负担，调动和保护农民积极性　通过大力发展高产、优质、高效、低耗农业，大力发展多种经营和庭院经济，大力发展乡镇企业，积极发展集体经济，组织劳务输出，转移农村富余劳动力，走贸工农、产供销一体化的路子，努力增加农民收入。积极配合有关部门实施"八七扶贫攻坚计划"，重点抓好"温饱工程"，抓好武陵山区对口扶贫、三峡库区移民和援助西藏建设等工作。

在多渠道增加农民收入的同时，切实做好减轻农民负担工作。一是认真贯彻落实中央提出的减轻农民负担各地党政一把手亲自抓、负总责的制度。当前的重点是抓县一级，把减轻农民负担工作的好坏与县委书记、县长的政绩挂起钩来。二是严格审核把关，堵住加重农民负担的源头。严格按照《农业法》和《农民承担费用及劳务管理条例》的规定，凡涉及农民负担的收费、集资、基金等项目，必须经过省级以上农民负担监督管理、财政、计划(物价)部门的审批，绝不允许乱开口子。三是实行"一个漏斗向下"的管理体制，建立健全监督管理机制。重点推行三项制度，即：预决算制度、农民负担监督卡制度、农民负担专项审计制度。四是加强法制建设，强化执纪执法。抓紧制定《农民承担费用及劳务管理条例》实施办法，建立健全农民负担执法检查制度、群众举报制度和案件查处制度。对涉及农民负担的案件，发现一件，查处一件，绝不姑息。

(作者所在单位：农业部)

稳定发展的国内商业

罗卫华　王克臣

"八五"时期，在我国国民经济持续、稳定发展的大环境下，国内市场保持了繁荣活跃、稳步增长的运行状态。市场需求旺盛，供给总体充裕，各类市场主体竞相发展，竞争激烈，同时，流通领域深化体制改革，加速了国内市场的建设和发展。

一、发展的基本情况

(一) 流通领域深化改革，市场主体呈现多层次、全方位发展 "八五"时期，我国的流通体制在社会主义市场经济导向的改革中迈开了大步。特别是在小平同志视察南方讲话后，解放思想，突破传统体制改革禁区，使国内市场更加适应新的运行环境，逐步向大流通、大市场的方向发展。

首先是深化国有企业的改革。商业体制改革的重点之一是如何搞活国有大中型企业，既能使其继续发挥市场主渠道作用，同时又要以经济主体平等参与市场竞争。"八五"期间，主要围绕扩权转制，搞活经营，深化了大中型企业的改革，原商业部颁布了《全民所有制商业企业转换经营机制实施办法》，扩大国有商业企业14个方面的自主权，1992年开始试点企业经营、价格、用工、分配"四放开"改革，随后全面推开，使改革向纵深发展了一大步，同时新的一轮国有大中型企业承包经营已普遍推开。为从根本上改革企业经营管理体制，从1994年起部分企业开始现代企业制度改革试点，这是目前企业改革的中心议题。

对为数众多的国有小型企业，除继续完善承包和租赁经营外，又实行了国有民营改革，并公开拍卖了少数小型企业。国有小型企业的经营管理体制，已基本实现了由计划管理型向市场经营型的转变。

其次，放开粮油等重要商品经营，使消费品市场上由市场定价的商品比重达到90%以上。"八五"期间，国家在全面放开工业消费品价格以后，又逐步放开了粮食和食用植物油等主要农副产品的市场经营，这是我国市场商品管理上的一个历史性突破，随着粮油市场经营的放开，市场商品的供求基本上是通过市场机制自身去调节，从而进一步改善了商品价格形成机制，促进了国内市场的市场化发展趋势。

第三，促进市场多种经济成分发展。"八五"时期，市场多种经济成份发展呈现新格局，非国有经济发展迅速，销售规模不断上升。1991年，非国有经济在市场销售中所占比重达到60%，1995年更上升到70%，相反，国有经济所占比重逐年下降。"八五"期间还打破了外资不得进入商业零售领域的限制，在经济特区和京、津、沪等大城市引进国际著名商业集团，合资或独资经营零售商业和餐饮业企业，使市场主体构成出现历史性变化。

第四，积极探索并建立新的市场组织形式，促进市场主体向多层次发展。重点是加强综合性批发市场和专业市场的建设，目前，全国已建成各类商品交易市场约10万个，其中农副产品批发市场2000多个，批发市场已形成一个大中小相结合的多层次批发商业体系。与此同时，集贸市场也获得快速发展，到1995年末全国城乡集贸市场个数已达8万多个，年成交额达1.2万亿元，集贸市场已成为供应居民菜篮子的主渠道。此外，市场建设中还引进了一些新的商业组织形式，如仓储式商店，连锁经营店等，随着流通体制改革的深入和市场商品流通总量增加，市场建设进一步上档次、上规模，形成一个大中小型相结合，多种经济成分和运行方式的商品市场网络。

(二) 市场需求旺盛，供给总体充裕 市场需求的增长是保证市场繁荣活跃的重要因素。"八五"时期，我国城乡居民收入获得了较快增长，城镇居民人均生活费收入由1990年的1387元增加到1995年的3893元，增长了2.8倍；农民人均纯收入由1990年的686元提高到1995年的1578元，增长2.3倍，扣除物价因素年内增长分别为7.7%和4.5%。均快于"七五"时期。

"八五"时期居民收入增长速度还呈现前慢后快的特点，特别是城镇居民收入保持了持续较快增长的势头，这个收入变化特点，在整个国民经济持续增长和市场物价较长时期高价位运行的大环境下，增强了居民购买欲望，加速了收入转化为即期需求的速度。

此外，不可忽视的公款消费对市场需求也有一定的拉动作用。

从市场供给看，"八五"时期总体上保持了供给充裕状态，品种丰富，质量、档次大大提高。据有关部门测算，近两年消费品市场上供过于求和供求基本平衡的商品占90%左右。

"八五"期间我国工农业生产势头良好，农业保持了常年丰收，国家调高农副产品收购价格后，提高了农民生产积极性，使市场农副产品供应保持了总体稳定。上市农副产品质量、档次提高，品种丰富，特别是大量鲜活产品源源上市，常年供应不衰，极大地丰富了居民"菜篮子"商品供应。

轻工业生产保持了快速增长，主要轻工产品产量提高，结构也有所改善，特别是"三资"企业发展迅速，其产品在市场同类产品中独占鳌头。同时，加上"八五"期间消费品进口增加，市场上吃、穿、用各类商品琳琅满目。

在生产规模扩大的同时，规格、档次不断提高。21英寸彩电国产名牌已接近世界名牌质量标准。近年来25英寸以上大屏幕彩电的生产也有很大进展。电冰箱中多开门、大冷冻室、分体式和无氟冰箱已成潮流。此外，家用空调器、摄象机、音响等高档家用电器及品种繁多的小家电，供应也甚为丰富。

穿的商品供应更是多彩纷呈，各种新面料、新款式不断出现，并突出个性化、多样化和时代感。

吃的商品供应已完全由量的满足转化为突出营

养、方便和合理搭配，各种传统美食和新开发的品种以及具有海外风味的食品大量上市，各种补、疗、健食品和儿童食品丰富多彩。

除传统商品外，随着人民消费水平的提高，消费领域不断扩大。住房、汽车等超大件商品以及电脑、健身器材等高档教育、体育用品走向普通消费品市场，使商品市场品种档次向更高层次发展。

“八五”时期，国内市场供不应求商品主要集中在优质名牌商品。“八五”后期，粮食、食用植物油、猪肉、糖等出现结构性和地区性短缺，但市场未出现大的被动，短缺品种脱销现象少现，总体供求格局是稳定的。

（三）商品销售持续、稳定增长，市场繁荣活跃 “八五”时期市场销售为建国以来的高增长时期，并呈现持续、稳定增长的运行态势。“八五”期间社会消费品零售额累计达到67297亿元，扣除物价因素，年均增长12.6%，大大高于“七五”时期3.2%的水平。

“八五”期间市场销售的一个明显特点是持续稳定增长，淡旺季节不分明，月度之间，年度之间没有大的波动。分年度看，1991年增长13.7%，1992年17.7%，1993年26%，1994年达到31.2%，1995年增长26.8%。

分城乡市场看，城市市场增势强劲，农村市场前三年较平淡，后期增速加快，城乡市场差距有缩小之势。

1991年城镇消费品零售额比上年增长17%，城乡市场增幅差约7个百分点，1992年差距与1991年相同，1993年则扩大到11个百分点。但1994年缩小到5个百分点，1995年缩小到了3个百分点。

从全国各地区市场发展看，销售普遍增长，东、中、西三个经济区的市场增长差距有所缩小，1991年，东、中、西三个地区市场销售增长速度分别为14.4%、12.1%和12.6%；东中西1995三个地区分别为27.4%、25.9%和25.6%。

由于市场的开放式发展，市场竞争十分激烈，从商品规格、质量，到定价的方式和可靠的售后服务，从良好的购物环境到商业文化和企业形象的推销，近年来出现的仓储式商场，直销平价商场等商业形式，使竞争范围进一步扩展，层次不断提高，手段更加多样化。

“八五”时期，由于我国城乡居民在收入提高的同时，城乡之间、地区之间、居民之间收入差距不断扩大，从而使国内市场在整体发展的同时，出现了不同的消费层次，工薪阶层的购物天地与面向高薪阶层的名牌精品店并立。同时，居民消费观念改变，消费心理日趋稳定，冲击型抢购现象大大减少，这是“八五”期间市场稳定运行的一个重要原因。

二、问题、对策及“九五”发展趋势

“八五”时期，国内市场在持续稳定发展的同时，也存在着亟待解决的问题。

（一）市场秩序问题 伴随着市场的放开搞活，市场秩序问题迅速突出，特别是市场法制化建设未能跟上市场的快速发展，从而形成市场的“活”总是伴随着不同程度的“乱”，无序竞争现象严重，加上地方和部门利益作梗，造成商品流通梗阻，并人为增加流通环节，使商品流通环节过高加价，市场物价上扬，增加消费者负担，出现生产者和消费者“两头叫”和商家“中间笑”的不正常现象。

（二）主渠道问题 市场多种经济成份的发展，在“八五”时期表现为非国有经济发展迅速，而国有经济受到很大冲击。国有大中型商业企业尚不能以独立的经济主体地位参与市场竞争，供销合作社在体制改革上虽有突破，但目前在“还社于民”、振兴农村市场方面还有较多困难，“八五”期间，对关系市场稳定的居民“米袋子”和“菜篮子”商品，国有经济主渠道的调控作用十分乏力。

（三）农村市场问题 “八五”期间农村市场虽有一定发展，但与我国农村市场的巨大容量比较，发展速度十分缓慢。从市场角度看，一方面农民收入的增长速度制约着市场的发展。“八五”时期城乡市场的发展差距在很大程度上是城乡居民收入增长差距的反映。城市人均生活费收入与农民人均纯收入比较，1990年为2：1，1991年2.2：1，1995年扩大到2.5：1；另一方面是流通渠道不畅，作为农村市场主渠道的供销合作社企业，大多缺乏进一步开拓农村市场的经营能力，在组织工业品下乡方面，仍然存在着品种不对路，甚至有推销城市滞销积压商品的偏向。

因此，纵观“入五”时期的国内市场，虽然持续稳定发展是主流，但发展中的问题不容忽视。“九五”是我国社会经济发展的关键时期，根据国民经济整体发展的速度和发展战略，国内市场“九五”时期将呈现新的发展势头，市场发育程度将进一步提高，对生产和消费的影响作用将更突出。市场销售仍将以稳定发展为主流，城乡市场差距可望进一步缩小。城乡居民在整体消费水平提高的同时，不同消费层次差距仍将较大。

“九五”时期要注意解决的几个问题，一是要加紧市场的法制建设。市场经济是法治的经济，必须加紧市场立法和司法建设，建立起经常性的市场监管系统，以保护经营者的正常利益和消费者合法权益，保证市场健康有序发展。

二是抓好市场主渠道建设，这是市场稳定因素之一，有关部门已经制定了国有企业在市场经营中对一些重要商品的占有率，要实现这一目标，必须改变完全依靠行政手段的习惯，要在国家政策扶持下，深化改革，探索适合新的市场环境的经营方式，提高竞争能力。

三是注意对国内市场发展的整体协调，改变一哄而起，全民办商业的混乱状况。内贸部制定了《全国商品市场发展纲要》，确立了2000年前我国商品市场发展的战略目标，只有在整体协调，有效宏观调控的前提下，才有可能建立起统一、开放、有序竞争的新型市场。

(作者所在单位：国家统计局贸易外经统计司)

我国交通运输业取得长足的发展

耿　勤

自1978年我国实行改革开放政策后，伴随着国民经济建设的飞速发展，“八五”期间交通运输业有长足的发展。过去长期滞后的交通运输业，因其基础设施能力严重不足，曾经历了长期疲于应付的艰难时期，一度成为制约国民经济健康发展的瓶颈产业。在“六五”、“七五”时期，曾经出现了多次因交通运输紧张，导致工农业生产频频告急的局面。为此，国家曾多次将交通运输业做为国民经济优先发展的重要产业，不断加大投入力度，力图改善运能运力。经过各方面的努力，交通运输严重滞后的局面有了很大改变。“八五”期间是建国以来，交通运输业投资最大、发展最快的时期。

一、基础设施建设投入大幅度增加，综合运输能力大大增强

长期以来，交通运输紧张状况一直困扰着国民经济的健康发展，尤其是改革开放以后，伴随经济高速成长，运输能力严重不足的矛盾更是捉襟见肘。为彻底改变这种状况，“八五”期间，国家采取了一系列措施，以促进交通运输业的快速发展。

(一) 投资比重明显增加，投资主体趋于多元化　在长期计划体制下，交通运输业投资主要以国家和各级政府投入为主，这种单一的投资主体，因其资金数量有限，使交通运输业基础设施建设不能得到充分的保证。自建国以来到80年代末，交通运输固定资产投资占国有单位固定资产投资比重平均只有7.8%，最高也仅达到过11.3%，这与许多发达国家在经济高速发展时期对交通运输业投资比重在20%～25%的水平相比，差距非常之大，必然导致基础设施落后、能力严重不足。进入90年代，随着我国社会主义市场经济的培育与发展，市场经济规律促使经济健康发展必须要建立快速、方便、高效的运输体系。增加投入、提高运输能力成为迫切需要解决的主要问题。从1991年开始，交通运输业的投资开始出现大幅度增加，当年固定资产投资额达到407亿元，比1990年增长46.4%，占国有单位固定资产投资总额的比重也由1990年的10.2%上升到12.1%。1993年，交通运输业的投资额达到963亿元，所占比重进一步上升到12.6%，1995年投资额增长到1741亿元，所占比重达到了16%。连续大幅度增加对交通运输业的投入，使“八五”期间成为我国交通运输业发展最快的时期。从1991年至1995年，交通运输业固定资产投资平均增幅达44.3%，比“七五”期间平均增幅提高了10.7个百分点，所占比重也由“七五”期间平均8.6%上到“八五”期间的13.8%。

在国家投入大幅度增长的同时，交通运输业的投资主体开始朝着多元化方向发展。“八五”期间，国家出台了一系列政策，鼓励集资、合资、利用外资等方式，以加快交通运输基础设施建设。从1991年至1995年，交通运输基础设施建设投资额中，国家投入所占比重已由“七五”期间的72.8%下降到“八五”期间的55.4%，地方投资、集资、合资、利用外资等投入比重大幅度上升。特别是利用外资，“八五”期间达到近百亿美元，比“七五”期间增长2倍多。合资铁路、合资公路、合资码头等相继出现，形成了我国交通运输业发展的新局面。

(二) 运输能力大幅度提高、运输紧张状况有所缓解　随着我国交通运输基础设施建设投入的大量增加，综合运输能力得到大幅度提高。

铁路建设进一步加强。“八五”期间，铁路营业里程新增3000多公里，比“七五”新建铁路多1千多公里。铁路线路质量也有明显提高，铁路复线里程比重由1990年的24.4%提高到1995年的31.0%，电气化铁路1995年比1990年净增了2000多公里，所占比重也由13.0%提高到17.8%。“京九”铁路建设进度明显加快，第二条连接南北的大动脉可望提前投入运营。广州－深圳准高速铁路正式开通运营，使我国铁路建设有了质的飞跃。

公路建设在数量和质量方面均有了明显改善。公路线路里程1995年底已达115.7万公里，5年间新增公路近13万公里，比“七五”期间新增公路多近三分之一。高等级公路在“八五”期间得到了飞速发展，汽车专用公路1995年已达1.5万公里，比1990年增长2.5倍，其中高速公路2140多公里，比“七五”末期增长3.1倍。

民用航空航线里程迅速增长，到1995年底已拥有112.9万公里，比1990年增长1.7倍，5年间的增长量超

过了90年以前40年的增长量。

在运输线路稳步增长的同时，运输工具数量与质量也得到了改善。

截止1995年底，铁路机车拥有量达到15146台，比1990年增长11.5%，其中，内燃和电力机车拥有量所占比重达到71.3%，比1990年提高18.1个百分点。

民用汽车拥有量突破1000万辆，比1990年增长72.3%，“八五”期间平均每年新增汽车100多万辆，超过“七五”期间每年平均增幅的1倍多。汽车作为新的家庭消费品，在“八五”期间已出现大量增长的趋势，五年间私人汽车拥有量净增168.4万辆，超过了90年代以前的总和的2倍。特别是私人拥有的载客汽车，2年间净增90.1万辆，是自建国到90年末累计数量的3.8倍，其中私人轿车到1995年底已达40多万辆，比1990年增长4倍多。

民用运输船舶通过调整结构，增加大中型船舶比例，使船舶的载重吨位得到大幅度提高。1995年底，机动运输船舶净载重吨位已突破4000万吨，比1990年增长14.1%。

港口吞吐能力继续朝着大型化、专业化方向发展，五年间沿海主要港口新增码头泊位80多个，其中新增万吨级泊位占90%以上。

民用航空运输能力得到较大幅度提高，机场数量由1990年的94个增加到1995年的149个，其中，大中型机场增加15个。民用飞机五年间增加了300多架，其中，大中型飞机增加了220多架，分别是“七五”期间新增数量的5.2倍和6.8倍。

随着运输能力的大幅度提高，运输紧张状况得到了相应的缓解。铁路货物运输车皮申请满足率已由“七五”期间的64.8%上升到1995年的72.8%。公路和水路运输的供需矛盾也有较大缓解，有些地区甚至出现了运力相对过剩的现象。民航运输除旅游热线外，已初步形成了买方市场，特别是许多地方航空公司的建立，在一定程度上促进了民航运输竞争机制的形成，服务质量有所提高。

二、客货运输量稳步增长，运输结构继续朝着公路运输倾斜

“八五”期间，伴随着社会主义市场机制的逐步建立，时间、效率的观念越来越成为商品经济的主导，运输需求大量增加，各级运输部门积极扩能挖潜，增加运输能力。到1995年底，全社会各种运输方式完成的货运量达到123.5亿吨，货物周转量35730亿吨公里，分别比1990年增长27.3%和36.3%；完成客运量117.3亿人，旅客周转量9001.9亿人公里，分别比1990年增长51.7%和60.0%。(各种运输量完成情况见附表)

在运输量稳步增长的同时，运输结构继续得到改善。铁路运输仍保持着大通路、主干道的重要作用，承担着中长距离和大宗货物的运输任务。但在各种运输方式中完成的客、货运输量所占比重已有所下降，货物运输量和货物周转量所占比重由1990年的15.5%和40.5%，分别下降到1995年的13.4%和36.0%，客运量和旅客周转量所占比重也由1990年的12.4%和46.4%下降到1995年的8.8%和39.4%。而公路运输所占比重继续上升，客、货运输量所占比重由1990年的83.9%和74.6%上升到1995年的88.8%和76.2%，客、货运输周转量所占比重则由1990年的46.6%和12.8%上升到1995年的51.1%和13.2%。民航运输在客运中所占比重也明显上升，客运量和旅客周转量所占比重分别由1990年的0.2%和4.1%上升到1995年的0.4%和7.6%。

三、“八五”期间交通运输业发展中的主要问题

(一) 运输设备数量不足 因长期以业交通运输滞后于国民经济发展，欠账过多，从运输设备数量上来讲，远远满足不了经济建设和社会发展的需要。比之发达国家差距甚大，比之许多发展中国家，我们仍显落后。5万多公里的铁路线路，有40%的区段运输能力达到或超过饱和状况，旅客运输超员现象仍很严重。公路道路还没有形成干线网络，断头路大量存在，一半以上的公路交通量超过设计能力，机动车、非机动车混行的现象十分普遍。港口接卸能力和疏运能力不配套，压船压港的现象经常发生。民用机场数量少，全国50万以上人口的城市，还有一多半没有通航。

(二) 运输设施质量不高，技术水平低 运输设施不仅数量严重不足，技术装备水平也远远落后于发达国家。铁路运输仍有三分之一在使用蒸汽机车，公路道路二级以上标准的仅占全国通车里程的7.1%，等外路比重高达23%，货运汽车大部分是4～5吨的中型货车，缺少大吨位和专业化的运输设施。内河船舶老旧程度严重，水运优势难于有效发挥。

(三) 运输组织管理水平不高，运输企业经营十分困难 长期计划经济体制下形成了我国各自为政，分散经营的运输管理模式，很难组织有效的跨地区、多方式的运输一条龙服务体系，无法适应瞬息万变的市场经济发展的需要，也给运输企业经营造成很大困难。铁路运输因运价长期偏低，已连续两年出现全行业运输亏损；公路和水运企业因无法形成区域性运输网络体系，导致局部范围客、货源不足，车辆和船舶的空驶率偏高，运输成本增加，企业亏损现象严重。

四、“九五”期间，交通运输基础设施建设仍将保持高速发展的势头，客、货运输将朝着快速、舒适、方便、灵活、优质化方向发展

纵观“八五”，为我国交通运输的快速发展开创了新的局面，“九五”期间将是交通运输持续高速发展的辉煌时期。据有关部门预计，1995年至2000年，全社会旅客运输量和货物运输量将保持年均9％和7.5％的增长速度，客货运输在基本保证国民经济发展需求的前提下，重点解决大通路、主干线运能不足的矛盾，以提高运输效率，改善道路状况，加强安全保障，提高服务质量为主要发展方向。

“九五”期间，铁路建设将重点解决主要干线能力不足的矛盾，积极推动我国高速铁路系统的建设规划，充分发挥各级地方政府的积极性，利用外资、合资的形式，加快铁路网络的建设步伐。到2000年，拟新建铁路9000多公里，营业里程达到6.5万公里，铁路复线率和电气化率分别比现有水平提高50％以上。在客流集中的大中城市间，规划建设高速铁路、以解决中长距离迅猛增长的客运需求。

公路建设将以“三纵两横”汽车专用国道为重点，大力提高现有公路质量，解决大中城市间道路能力不足的矛盾。到2000年，公路通车里程将达到125万公里左右，其中，汽车专用高等级公路4.5万公里左右。同时，深化公路运输企业改革，形成一大批专业化程度高，跨地区经营的骨干运输企业。

大力加强沿海、内河港口建设，提高港口专业化作业水平。到2000年，拟新建沿海主要港口泊位300个，使其吞吐能力达到12亿吨。

航空运输以改造现有机场，提高运输安全和服务水平为重点，“九五”期间，拟新建和改造40个骨干机场，增加大中型运输飞机300架，基本上满足对民航运输需求的增长需要。

回顾“八五”，展望“九五”，随着我国交通运输的飞速发展，对实现经济现代化和人民生活达到小康水平必将创造十分有利的条件，我们应把握机遇，艰苦奋斗，彻底改变长期以来交通运输严重滞后的面貌，为国民经济持续、稳步增长打下坚实的基础。

“八五”期间客货运量

指标	单位	1991	1992	1993	1994	1995
货运量	万吨	985793	1045899	1115771	1180272	1234810
铁路	万吨	152893	157627	162663	163093	165854
公路	万吨	733907	780941	840256	894914	940387
水运	万吨	83370	92490	97938	107091	113194
民航	万吨	45.20	57.53	69.39	82.9	101.1
管道	万吨	15578	14783	14845	15092	15274
货物周转量	亿吨公里	27986	29218	30510	33261	35730
铁路	亿吨公里	10972	11576	11954	12458	12870
公路	亿吨公里	3428	3755	4071	4486	4695
水运	亿吨公里	12956	13256	13861	15687	17552
民航	亿吨公里	10.1	13.4	16.6	18.6	22.3
管道	亿吨公里	621	617	608	612	590
客运量	万人	806048	860855	996634	1092883	1172596
铁路	万人	95080	99693	105458	108738	102745
公路	万人	682681	731774	860719	953940	1040810
水运	万人	26109	26502	27074	26165	23924
民航	万人	2178	2886	3383	4039	5117
旅客周转量	亿人公里	6178.41	6949.4	7858.1	8591.45	9001.89
铁路	亿人公里	2828	3152	3483.3	3636.1	3545.70
公路	亿人公里	2871.8	3192.7	3700.7	4220.3	4603.10
水运	亿人公里	177.2	198.4	196.4	183.5	171.80
民航	亿人公里	301.3	406.1	477.6	551.6	681.30

(作者所在单位：国家统计局工交司)

中国汽车工业现状和前景展望

胡 信 民

为把中国汽车工业尽快建设成为国民经济的支柱产业，争取有个较快的发展，已经引起当今中国和世界各国的普遍关注。现将建国以来至1995年，中国汽车工业的现状和2010年的发展前景，进行简要的回顾和展望。

一、中国汽车工业的现状

中国汽车工业经过四十二年的建设和发展，特别是改革开放以来，围绕汽车工业现代化建设这个中心，加快了发展速度，使汽车工业的技术水平、产品质量水平、品种数量和经济效益都有明显的提高和增长。

(一) 确立了汽车工业的战略地位 1985年，中共中央在"七五"计划建议中首次提出了要把汽车制造业作为重要支柱产业，争取有一个较大的发展。1987年，国务院在北戴河召开会议，讨论并确定了汽车工业发展要实行战略重点转移，从以生产载货汽车为主导逐步转为以生产轿车为主导的战略方针，明确了一汽、二汽、上海等六个轿车生产厂点，随后又增加了两个微型轿车生产项目。1992年，党的十四大又进一步重申要振兴汽车制造业，使它成为国民经济的支柱产业。这一战略地位和战略方针的确立，对加速中国汽车工业特别是轿车工业的大发展具有重要的现实和深远的意义。

(二) 投资力度和集中度明显加强 1995年汽车工业固定资产投资约151亿元，"八五"时期累计投资约588亿元，是改革前24年总投资53亿元的11倍，是"六五"时期总投资44.4亿元的13倍，是"七五"时期总投资167亿元的3.5倍。投资力度和集中度有了较大的加强。几个轿车生产基地、轻型车和微型车生产基地以及重型车生产基地的建设取得了显著的进展，已形成一定的生产能力。

(三) 技术和产品有了很大进步 为了解决"缺重少轻"和轿车近乎空白，以及产品老化、工艺装备落后、开发能力薄弱，管理水平低等问题，汽车行业抓住改革开放有利时机，有重点有选择地引进国外先进技术300多项，其中包括引进和合资的重型车、轻型车、微型车、轿车、吉普车、客车、矿用车等整车的设计制造技术26项，主要总成技术25项，关键零部件的设计制造技术150多项，以及工艺、装备、科研试验等先进技术90多项。并建立了350多家合资企业，共利用外资15亿美元左右。与此同时，汽车行业和一些骨干企业集团，以销售额1%左右，用于研究开发的投资，建立了技术研究中心，把技术引进和技术开发、技术改造紧密结合起来，全面推进新产品开发和换型更新工作，有力地促进了各类载货汽车升级换代和车型品种的发展。全行业已有载货汽车、客车、轿车、越野车、自卸车、牵引车六大类120多种，专用汽车750多种。

(四) 产品结构产业结构发生了重大变化 1995年汽车总产量143.5万辆，其中轿车32万辆，客车37.7万辆，货车73.7万辆，轿、客、货三类汽车产品的结构比为22.3%、26.3%、51.4%。而"七五"末为8.3%、25%、66.7%。轿车比重显著上升，货车比重下降。在货车中1995年的重、中、轻结构比为4%、33.9%、47.4%，而"七五"末为3.9%、33.5%、24%，中型货车比重相对稳定，轻型货车比重有明显上升。柴油货车比重从"七五"末的14.9%上升到1995年的42.6%。今后，轿车、客车、轻型货车和柴油车的比重将继续上升。零部件工业也正在从为货车配套为主的单一品种向为轿车为主的多品种车型配套发展。

(五) 调整和改善了企业组织结构 八十年代以来，汽车行业以中心城市和工业基地为依托，以大型骨干企业为主体，以优质产品系列为龙头，通过联合、改组和改造，先后组建了解放、东风、重型、南京等汽车工业企业联营公司和零部件联营公司。随着经济体制改革的进展，1986年又在联营的基础上发展成为解放、东风、重型三大汽车企业集团。同时，天津、上海、北京、沈阳也相继建立了汽车工业公司。还建立了一些零部件企业集团和摩托车企业集团。现在一汽集团公司、东风汽车公司、重型企业集团公司，正在进行企业集团试点，一汽集团收购兼并了金杯公司，是汽车工业企业强工联合的突破；上海、天津汽车公司正在进行现代企业制度试点；有些地方的汽车工业公司和摩托车企业集团以及汽车总成零部件企业集团也在进行股份制企业试点和公司改组、改制、改造。这些汽车、摩托车和零部件企业集团公司具有强大的生命力，必将推动汽车企业组织结构的调整、优化和升级，改变低水平、分散、重复的小生产格局，建立起高水平、专业化、大规模、现代化的大生产体系。

(六) 人才培养和职工教育培训得到了加强 为了

全面提高职工素质，尽快建立一支能够进行现代化设计、试验、制造和经营管理的队伍，汽车行业和企业把加强职工教育作为振兴汽车工业一项重要战略任务来抓，建立了教育培训中心和高等院校、职工大学、普通中学、职工中专以及技工学校等不同层次相结合的教育体系，采用正规教育，职工培训和"请进""派出"专家进行技术交流等方式，为汽车行业企业培养和造就了大量人才，增强了职工的素质。

(七) 汽车产销和经济效益持续快速增长 由于以上主要方针政策和措施的推动，解放和发展了生产力，汽车工业产销和经济效益保持快速增长的势头。1995年底预计，全国生产企业完成工业总产值(不变价)1900亿元，比"六五"末的199.4亿元增长16倍，比"七五"末的468亿元增长4倍。销售收入(现价)2100亿元，比"六五"末的223.6亿元增长9.4倍，比"七五"末的441.9亿元增长4.8倍。汽车产量达到143.5万辆，比1978年的产量14.9万辆，增长9.6倍，比"六五"末的44.34万辆，增长3.2倍，比"七五"末的50.9万辆，增长2.8倍，"八五"年均增长23.3%；其中轿车产量达到32万辆，"八五"年均增长42%；摩托车年产量从1983年的28万辆，增长到1995年的783万辆，"八五"年均增长52%。同时，实现利税总额233.20亿元，比"六五"末的56.72亿元，增长4.1倍，比"七五"末的42.8亿元，增长5.4倍。出口创汇从1984年的2952万美元，到1995年达到7.2亿美元，增长24倍。出现了产销和效益同步持续快速增长的新局面。

到目前为止，全行业现有整车和零部件生产企业2500多家，科研院所30多家，高等院校3所，职工近200万人，形成200万辆汽车及400亿元汽车零部件产值的生产能力和摩托车783万辆的生产能力，基本建成大中小企业相结合、主机厂与零部件厂相结合、生产与科研教育相结合的具有门类比较齐全的汽车工业体系，为振兴中国汽车工业打下坚实的基础。

但是，应该看到，目前中国汽车工业与国际汽车工业先进水平相比，差距还很大，无论是在产品的数量、品种、质量，还是成本价格，都缺乏竞争力，远不能适应我国经济和社会发展以及扩大出口的需要。尤其是轿车工业刚起步；零部件工业和相关产业发展滞后；资金严重不足和使用分散；产品结构、企业组织结构和产业结构不够合理；没有形成应有的规模经济；人才短缺；自主开发能力薄弱。这些问题和难点，都是制约中国汽车工业振兴的重要因素。

中国必将加入世贸组织，汽车市场的开放，使中国汽车工业面临着国际竞争的直接挑战，也带来加快发展的机遇。如果在有限的时间内，不抓紧时机，对新车型的开发、质量水平、品种系列、规模结构以及降低成本价格实施重点突破，把汽车特别是轿车工业尽快搞上去，中国巨大的汽车市场必将被世界汽车工业列强所瓜分和占领，中国汽车工业也将沦为世界汽车工业列强的附庸。所以说，目前中国汽车工业正处在振兴和发展的历史性转折时期。这个关键时期发展得好坏，不仅是关系着能否迎接未来的机遇和挑战，而且是直接决定着中国汽车工业的兴衰存亡。对此，国务院经过多方面的调查、预测和论证，于1994年，制定和颁布了中国《汽车工业产业政策》，这对指导中国汽车工业持续、快速、健康发展，实现汽车工业成为支柱产业的战略目标将起重要的作用。

二、"九五"至2010年汽车需求预测及发展态势

汽车的需求与国民经济的发展，人民生活水平的提高和公路运输等各种使用条件的改善以及汽车价格水平，有着密切的关系。

(一) 从国民生产总值GNP的增长速度来分析 自九十年代开始，中国国民经济已进入持续快速发展阶段。据国家有关部门预测，"九五"期间，中国国民生产总值GNP将保持9%左右的年均增长速度，2001至2010年将保持8%左右的年均增长速度。到2000年人均GNP可望达到800～1000美元，2005年可望达到1800～2000美元，2010年可望达到2800～3000美元。沿海经济较发达地区，经济特区和大城市的人均GNP可望以较高的速度增长。随着人均GNP和人均收入水平的大幅度提高，必将促使中国汽车特别是轿车需求量的快速上升。

(二) 从公路运输业发展速度来分析 发达国家公路货运量占社会货运总量的比重达90%以上，公路货物周转量占社会货物周转量的比重达25～50%。

目前中国公路货运量占社会货运总量的比重为75%，公路货物周转量占社会货物周转总量的比重为14%；公路客运量占社会客运总量的85%，公路客运周转量占社会客运周转总量的比重为45%。随着市场经济的发展，商品流通不断扩大和现代化，货流量和客流量更加广泛和频繁，这必将直接促进公路运输业的迅速发展。据有关部门测算，"九五"期间，公路货运量、公路货物周转量、公路客运量、公路客运周转量分别保持年均10%、15%、12%、11%的增长速度，到2000年，公路货运量、公路货物周转量、公路客运量、公路客运周转量占社会总量的比重将分别提高到79%、19.3%、89.7%、53.5%。2001～2010年期间，公路货运量、公路货物周转量、公路客运量、公路客运周转量将分别保持年均5.5%、7%、7.5%、8.5%的增长速度。到2010年，公路货运量、公路货物周转量、公路客运量、公路客运周转量各占社会总量的比重，将分别提高到82%、23%、

92%、56.5%。公路运输规模的急剧扩大，必然使汽车保有量和需求量的持续快速增长。

(三) 从公路里程与汽车保有量、城市车均占有道路面积和道路汽车密度的对比关系来分析 1993年中国公路里程108万公里，汽车保有量为820万辆，车均公路里程为131.7米，是日本1990年车均公路里程19.3米的7倍，美国1989年车均公路里程33.1米的4倍，预测到2000年中国车均公路里程可达65.8米。再以北京市1991年的数据为例，其车均占有道路面积为137m²，相当纽约八十年代车均道路面积43.2m²的3.2倍，东京八十年代26.1m²的5.3倍；北京市道路汽车密度(辆/公里)为56辆，低于纽约450辆的8倍，东京294辆的5.3倍。从以上对比的总体上看，中国公路和城市道路的现状与发展，是能够容纳汽车工业的发展，同时又存在不完善的问题和留有巨大发展的余地和空间。今后全国公路和城市建设的进一步发展和完善，将促进汽车工业的蓬勃发展，同样的汽车工业的大发展也必将带动公路运输和城市建设的发达繁荣。

(四) 汽车及卡车保有量和需求量的增长态势 据预测，"九五"期间，汽车保有量与需求量，将分别保持年均12%和9%的增长速度，到2000年汽车保有量和需求量将分别达到1800～2100万辆和250～300万辆，其中卡车保有量和需求量分别保持年均8%和9%的增长速度，到2000年，卡车保有量和需求量将分别达到900多万辆和90万辆以上，约占汽车总保有量和总需求量的51%和35%。2001至2010年期间，汽车保有量和需求量分别保持年均9%和8%的增长速度，到2010年汽车保有量和需求量将分别达到4400～5000万辆和550～650万辆，其中卡车保有量和需求量分别保持5.5%和4.5%的增长速度，到2010年卡车保有量和需求量将分别达到1500万辆和140万辆，约占汽车总保有量和总需求量的35%和25%。从以上可以看出，卡车需求量虽保持稳步增长，但所占比重却呈现逐年下降的趋势。而卡车内部结构中重型卡车和轻型卡车的比重将明显增大，预计重型卡车在卡车中的比重到2000年和2010年将升高到10%和15%～20%；轻型卡车在卡车中的比重到2010年将升高到60%左右。

(五) 客车和轿车需求量和保有量的增长态势 从中国国情出发，形成公共交通和私人轿车并举的多元化客运交通结构，是城市和农村交通发展的必然趋势，适合城市和农村多层次需求的各种客车将以较快速度增长，预计，到2000年客车当年需求量和保有量将分别达到40万辆和250万辆。到2010年客车当年需求量和保有量可望分别达到60万辆和600万辆。

轿车需求量和保有量将保持大幅度增长的态势。预计到2000年，轿车当年需求量和保有量将分别达到130～160万辆和600～700万辆，各占汽车总需求量和总保有量的52.5%和33%左右。到2005年轿车当年需求量和保有量将分别达到220—270万辆和1200～1400万辆，各占汽车总需求量和总保有量58%～61%和41%～42%。到2010年当年需求量和保有量可望分别达到350～440万辆和2200～2700万辆，各占汽车总需求量和总保有量的64%～68%和50%～54%。

以上预测，中国轿车的增长速度和占汽车总量的比重，将逐年超过卡车的发展速度和所占比重，并居汽车工业发展的主导地位。今后十年内，中国轿车市场还处于公务、商务和出租用车为主的阶段。各类公务、商务和出租用车将大量增加。经济型轿车市场，2000年以前进入起步阶段，主要购买对象是少数高收入的家庭，私人购买轿车的需求水平虽然较低，但是随着居民收入水平的提高，轿车价格的下降以及使用条件的逐步改善，私人购买轿车的需求将急剧增长，这是社会发展的大趋势。

(六) 私人购买轿车需求量和保有量的增长态势 据统计，1984年全国私人购车的保有量和需求量由17万辆和11万辆，上升到1994年的205万辆和50万辆，年均增长速度为28%和18%。"八五"时期预计年均增长速度为50%。私人购买汽车急剧上升。虽然目前私人拥有轿车的数量仅5万辆，但是其发展潜力是巨大的。

国际上衡量家庭对轿车的购买和使用的能力，通常以轿车价格与人均GNP的比值R来表示。根据一些国家的经验，当轿车大量进入私人购买时，千人轿车保有量在20辆以上，人均GNP约为3000美元左右，其R值一般处于1.4至4.0之间。经过国家信息中心的调查预测并与国外进行类比，到2000年，中国人均GNP将达800～1000美元；经济型轿车价格约高于人均收入6～10倍，轿车大量由私人购买还不可能，私人购买轿车的需求量和保有量将分别达到40～60万辆和130～160万辆，各占轿车的比重为31%和22%，千人轿车保有量为4.5～5.5辆，约相当于日本1959年和韩国1978年水平，轿车开始以一定数量进入私人消费。到2005年，人均GNP将达1800～2000美元，经济型轿车价格将下降为人均收入的4.5～7.5倍、私人购买轿车需求量和保有量将分别达到120～160万辆和500～650万辆，各占轿车的比重为55%和42%，千人轿车保有量为9～10.5辆，约相当于日本1962年和韩国1983年的水平，轿车将开始批量进入私人消费；大城市、沿海和经济发达地区将率先较大批量进入私人消费。到2010年，人均GNP将达2800～3000美元，经济型轿车价格又将下降为人均收入的3～5倍，即R值为2～3，私人购买轿车需求量和保有量将分别达到230～300万辆和1300～1700万辆，各占轿车的比重为66%和59%，千人轿车保有量为

16～20辆，约相当于日本1964年和韩国1987年的水平。这时候，轿车将开始大批量进入私人消费，一些沿海经济发达地区和大城市将率先大量进入私人消费，形成巨大的轿车市场，牵引着轿车工业的大发展。

从以上汽车工业现状和需求预测的动态来分析，中国轿车大量进入私人消费市场是一个渐进的过程，又是社会经济发展的必然结果，现在已呈现出正在改变着中国汽车工业的十大发展趋势：

一是私人购车和农村用车急剧增长，汽车从以公款购买为主，向公私结合，以私人购买为主的多元化消费结构发展。

二是中国加入世贸组织后，汽车市场从国内保护、封闭、盲目竞争，向国际开放、公平、激烈竞争发展。

三是从单一面向国内市场，以内销为主，逐步向国内和国际两个市场发展，汽车和零部件出口将迅速扩大。

四是汽车产品结构从以生产卡车为主导，向以生产轿车为主导，进而向以生产经济型轿车为主导的方向发展，轿车、客车、货车三类产品分别以快速、适度和稳步的节奏增长。

五是卡车结构从以生产中型卡车为主，向轻型化、微型化和重型化的方向发展，尤其适合农村需求的多层次经济型汽车将高速发展。

六是零部件工业从单一为货车配套为主的品种结构，向为轿车为主的包括轿、客、货各类车型全方位配套的多品种结构发展，将形成比较完整的高水平、优质量、大规模和标准化、系列化、通用化、系统化的零部件配套体系。

七是汽车技术从传统技术向高新技术发展，从以引进国外先进技术为主走向联合开发进而朝着自主开发创新的方向发展。

八是企业组织结构从"小而全"、"大而全"和工厂制，逐步走向专业化、集团化，进而向大公司大集团的方向发展。

九是生产从低水平、小批量、分散重复的小生产格局向高水平、集中化、现代化的大生产体系发展。

十是资金来源从以国家为主体的单一投融资渠道，向以企业为主体境内外相结合的多元化、多方式的投融资渠道发展。

三、振兴中国汽车工业的战略构思

为了推动十大发展趋势，如期实现汽车工业成为国民经济的支柱产业，必须有明确和有效的指导思想、发展模式、发展方针、发展重点和发展目标。

(一) 指导思想 要从中国国情和汽车工业实际出发，紧紧围绕社会主义现代化建设的总目标和建立社会主义市场经济体制的总体规划以及《汽车工业产业政策》的总要求，瞄准、利用、推进国内国际两个市场、两种资源、两种联合，敢于和善于走自己的路，深化改革、扩大开放、加快发展，努力建设具有中国特色的现代化汽车工业。

(二) 发展战略模式 发展中国家，振兴汽车工业有两种发展战略模式，其一以本国市场为主，实行进口替代和内销的发展战略模式；其二以国际市场为主，实行出口导向的发展战略模式。从总体上说，要根据各国不同情况和各个不同发展阶段，选择不同的发展战略模式。从中国的实际出发，振兴汽车工业要立足国内市场以进口替代和内销为过渡，以出口导向为目标，在实行进口替代战略模式取得国产化和自主开发新车型的实质性发展的有利时机，及时地瞄准国际市场，向出口导向战略模式转变，使中国汽车工业走向国际化，参与跨国经营和国际市场竞争，在竞争中提高中国汽车工业的技术开发水平、规模经济水平、市场规模水平和国际竞争实力，这是具有中国特色的汽车工业发展战略模式。

(三) 发展战略方针 要沿着高起点、专业化、大批量、优质量和联合发展的道路，以轿车特别是经济型家用轿车为重点，以零部件工业国产化和全方位配套体系为基础，调整和优化产业结构；以大型集团公司为主体，推进联合重组，建立大规模生产体系和出口体系，实现规模经济；以我为主，吸收国外先进技术，联合开发，进而形成独立自主开发新技术新车型的能力，建立起具有中国特色的自主开发、自主发展的民族汽车工业体系。

(四) 发展战略目标 按照《汽车工业产业政策》的总要求和汽车需求预测的客观可能性，未来15年中国汽车工业发展战略目标展望如下：到2000年，汽车年产量将达到270万辆以上，其中卡车产量90万辆，占汽车总产量35%，轿车产量130万辆，占汽车总产量50%，家用轿车产量40万辆，占轿车年产量32%左右。到2010年汽车年产量将达550万辆以上，其中卡车产量135万辆，占汽车总产量25%，轿车年产量350万辆以上，占汽车总产量66%以上，家用轿车产量230万辆，占轿车年产量66%。摩托车达到1600万辆以上。汽车总产值达到11000亿元，汽车增加值达到4440亿元，占当年国民生产总值的3%。汽车特别是轿车，主要总成和关键零部件以及模具，形成强大的自主开发创新能力。主要汽车和轿车产品的技术性能和质量、品种、成本价格水平，达到或接近当代世界先进水平。既能满足国内市场需求，又能大批量出口，参加国际市场竞争。实现这个目标，中国汽车工业将成为国民经济的支柱产业和出口产业。

(五) 发展战略重点 首先是按经济规模，集中资资金发展轿车特别是经济型轿车及其关键零部件;大力发展适合农村多层次需求的各类经济型汽车;积极发展适用于高速公路中长途和城市交通的大中型客车和豪华型客车以及能面向国际市场的高水平高质量的经济型客车;着力发展模具,重点是引进和消化吸收车身模具的设计、制造技术和发展大中型冲压模具;强化科技能力的建设和人才教育培训中心的建设,形成强大的科技研究开发体系和智力开发人才培养体系。

(六) 发展战略步骤 日本和韩国振兴汽车工业,分别从1955年和1972年起步,经过成长期,发展到1965年和1987年,轿车开始大量进入家庭,各历时10年和15年。借鉴国际经验,结合中国实际,振兴和发展步骤大致分为三个阶段,一是"九五"期间为振兴起步和打基础阶段,主要是抓好结构调整和优化,进行经济规模建设,强化新车型和关键零部件的自主开发能力,为下一步发展打好基础。二是2001至2005年为振兴的成长阶段,建立起轿车和零部件的大规模生产体系,自主开发体系和出口基地,以适应轿车批量进入家庭和出口的需求。三是2005年至2010年为振兴的大发展阶段,建立起以轿车为主导各类汽车合理配置的现代化大规模生产体系和大量出口基地,开发具有独自特色的生产方式和具有中国风格的各类新车型,满足轿车大量进入私人购买市场和扩大出口规模的需求,参与跨国经营和国际市场竞争。

四、主要战略措施意见

第一,以轿车及零部件规模建设、规模生产和规模经营为重点,加速产品结构和产业结构的调整、优化和升级。

我国汽车工业要在激烈的国际竞争中占据有利地位,其关键是提高轿车规模经济实力和科技水平。有鉴于此,振兴和发展汽车工业的当务之急,是着力实施规模生产经营战略,迅速集中优势资金和人力物力,确保轿车和关键零部件等重点项目的规模建设,加速实现规模经济目标。同时,重点扶持几家轻型车基地、重型车基地的建设,使其向经济规模发展,对各类客车也要根据市场需求,重点扶持几家骨干企业,达到适度的经济规模,建立起以生产轿车为主,轿、货、客各类车型配置合理、结构优化的现代化大规模生产体系,提高中国汽车工业的整体水平和国际竞争实力。

为了实现轿车工业的规模经济目标,当前,必须确保国家重点,首先把几个15万辆规模的轿车项目加快建成,同时抓紧适合中国国情的经济型轿车的开发、建设和发展,以现有生产轿车的企业集团为依托,以产品为龙头,以产权为联结纽带,采取外引内联的方式,一方面推进国内汽车集团与国外著名公司或研究开发机构的联合开发,吸纳国外先进技术,借以增强自主开发能力;一方面建立国内企业集团之间的联合开发体制,聚集足够的开发技术力量和科研手段,发挥各自的特长,共同开发。把两者紧密结合起来,尽快研制出适合中国国情的新车型。进而联合起来,按年产30万辆,一次规划,合理分工,分期改造和建设,再逐步扩大生产规模,形成具有国际水平的规模经济实力。

实现轿车工业规模经济目标的关键,是优先把轿车零部件的规模经济搞上去。为此,要按高起点、专业化、大批量、优质量的方针和标准化、系列化、通用化、系统化的原则,集中力量加紧60种关键零部件尤其是25种轿车关键零部件的规模建设,并力争把50家重点零部件骨干企业建设成为具有强大产品开发创新能力、规模经济实力、现代化管理水平,能够开拓国际市场,参与国际竞争的零部件骨干企业集团,以带动零部件工业结构的优化和升级,提高零部件工业整体水平,确保轿车工业发展的整体性、同步性、先进性和规模经济目标的实现。

第二,大力培育国内私人买车市场和开拓国际市场。发展轿车,首先要看有没有市场销路,私人买车用车是最大的潜在市场,大量和多样的市场需求,是牵动轿车工业发展的巨大动力。所以说,大力培育私人购买轿车市场是发展轿车工业的前提条件,也是使中国汽车工业成为国民经济支柱产业的关键。当今世界上每生产4辆汽车,有3辆是轿车,其中2.5辆以上是私用轿车。目前中国国内轿车市场与世界市场最大的区别,是以公费购车为主的消费结构。随着社会经济的快速发展和人民生活水平的日益提高,集体企业、乡镇企业、外商和港澳台投资的三资企业、私人企业、个体经济以及其他高收入的私人用户的购买力正在日益增长,逐步从以公费购车为主的消费结构,向以私人购车为主的多元化消费结构转变,我国必将成为世界上最大的轿车市场。对此,要有足够的估计和重视,在继续培育公费购车市场的同时,大力培育和开拓私人购车市场,促使轿车需求的持续快速增长,为轿车工业的大发展创造良好的国内市场条件和社会条件。

同时,还要十分重视研究如何构造中国轿车工业,是把视野扩大到国际市场,按国际通行的技术标准、质量、规模、效率、成本价格来建立中国自主发展的轿车工业,使其具有国际市场竞争力;还是把眼睛只盯住国内市场,以低要求、低标准、低水平,去满足国内市场的需求。这是关系中国汽车工业发展的命运和前途的大问题。如果国产汽车不具备国际市场竞争能力,最终也无法在国内市场立足。更谈不上进入国际市场。因此,在培育国内私人购车市场的同时,也要着力提高中国轿车工业的国际竞争能力,开拓国际市场,走向世界,参与跨国经营和国际竞争，在竞争中不断发展和壮大中国民族轿车工业。

应当看到，中国轿车大量进入私人消费和进入国际市场，既是一个渐进的过程，又是国家经济发展、社会进步和汽车振兴的必然趋势。对此，必须把培育私人购车市场和开拓国际市场置于重要的战略高度。首先是从过去那种把轿车视为奢侈品的旧消费观念，向轿车是现代社会高效交通工具的消费观念转变，进而对轿车从限制消费转变为鼓励私人消费;改革计划经济体制下以社团公款购买和使用轿车的销售体制和消费结构，建立起适应市场经济的营销体制;培育和放开轿车市场，促进汽车企业集团加快提高质量、品种、水平，降低成本和价格，以适应私人购买的需求;鼓励轿车生产企业集团与流通企业建立轿车生产、营销、服务、配件供应和维修等一条龙的产销联合体，构造大中小相结合和各种营销方式并存、功能完备的轿车市场网络和售后服务体系。政府宏观调控要实行鼓励和引导个人购买、使用轿车的消费政策和特殊培训驾驶制度;减少流通环节，简化购买和使用手续;改变国产轿车价格严重扭曲现象，逐步降低价格;进行税费改革，把购置附加费改为燃油税，取消不合理的价外税费，严格制止乱收费;严格实施老旧汽车报废更新;并有步骤地组织轿车生产企业，汽车贸易公司会同工商银行，开展赊销、购车储蓄、贷款购车和分期付款等营销业务。逐步建立由市场主导价格的机制，形成统一、开放、竞争、有序的大市场，促使汽车开发、生产、销售、购买、使用、更新、报废、回收等全流程的良性循环。同时，下功夫开拓国际市场，建立国际营销服务网点，培养和造就一支熟悉国际贸易、掌握跨国经营之道的外贸经销队伍，制定鼓励和扶持汽车出口优惠政策为扩大出口规模创造良好条件。

第三，采取扶持政策，积极探索投融资体制改革的新路，拓宽汽车工业多元化筹措资金的渠道，加大重点项目的投资力度和集中度。

汽车工业是技术密集、资金密集、大投入、大产出的典型规模经产业，需要投入巨额资本金。据有关部门投资测算，“九五”规划，汽车工业建设总规模约需新增投资1300～1500亿元，每年约需300亿元，相当“八五”投资的2.2倍，到2010年汽车工业建设总规模约需新增投资4000～5000亿元，每年约需400～500亿元，增幅都很大。如何筹措这样巨额资金，可以说，这是实现汽车工业产业政策总目标的关键，也是最大的难点。为了解决这个问题，国家要采取扶持政策，积极探索投融资体制改革的新路，拓宽汽车工业多元化筹措资金的渠道。

一是要改革投资结构。国家要加强投资总量、结构和规模的调控，适当向汽车支柱产业倾斜，从过去对汽车工业投资只占国家同期总投资不到1%，提高到3%以上，特别要把对零部件工业投资只占整车投资的30%，提到1：1或2：1的比重。

二是改革以国家投资为主体的投融资体制，建立以企业为主体的多元化、多渠道、多方式为特征的投融资新体制。可按照汽车工业产业政策关于《国家鼓励汽车工业企业利用多渠道筹集发展资金》的规定，赋予骨干企业和企业集团投融资自主权，扩大试点企业集团财务公司的融投资范围，充分发挥企业集团的融资功能和投资功能。也可根据汽车工业产业政策关于建立汽车行业非银行金融机构的精神，由国家投资入股和政策性银行参股，并吸纳境外产业资本和金融资本参股，组建中国汽车国际投融资公司，成为中国汽车工业的投融资决策中心，为汽车工业企业拓宽一条新的筹资渠道。

通过以上措施，从深层次解决汽车工业长期资金不足和使用分散的矛盾，开辟长期、稳定、大量、集中的资金来源，拉动轿车、客车、货车和零部件重点项目尽快形成规模经济实力和自主开发能力，把汽车工业建设成为支柱产业。

第四，精心实施开发创新战略，建立具有自主开发国内国际名牌产品能力的科技体系。

中国汽车工业能否振兴成为支柱产业，并赶上世界先进水平，主要取决于自己能不能根据国内国际市场的需求，不断地进行技术创新和产品创新，自主开发和生产具有民族风格和国际竞争能力的新车型，建立起自主发展的民族汽车工业体系。

长期以来，由于重引进轻开发、重生产轻研制，使中国目前生产的汽车，除中型车外，其他车型特别是轿车和关键零部件都是靠引进和合资生产的，缺乏自主开发新技术、新产品的能力，在发展上受制于人，难以成为自主发展和具有国际竞争能力的民族汽车工业。

造成这种局面的根本原因是对科研和产品开发的投入甚少和缺乏高新技术力量。据调查，日本汽车工业的技术开发人员占职工总数达到7%，而中国的汽车骨干企业只占3%左右。国外汽车厂用于研究开发费用占其年销售额的3%－5%，零部件厂用于研究开发费用占其年销售额的5%－10%。而中国长期以来企业于研究开发费用只占其年销售额的1%。建国以来国家用于汽车工业科技能力建设的总投资仅3亿人民币，而美国通用公司每年用于研究开发的经费高达50亿美元。相比之下，中国汽车技术水平和产品水平远远落后于世界先进水平，而且差距有越来越拉大的趋势。

为此，要精心实施自主开发创新战略，切实加大科技和人才开发的投资力度，培育和聚集优势的科技力量，强化产品开发关键技术和高新技术的攻关，建立开发研究的科技体系，形成自主开发国内国际名牌产品的能力，才能从根本上改变中国汽车工业技术落后状况，实现自主发展目标，参与国际竞争。

从我国国情出发，需要有新的思路，在广泛吸收消化国外先进技术的基础上走出以我为主的创新之路；实行科技经济一体化，推进产、学、研三结合，鼓励汽车骨干企业、企业集团与高等院校、科研单位联合创办新技术、新产品、新工艺、新材料、新能源的研究开发机构，或者与境外拥有先进产品技术和制造技术的企业和技术开发公司合作合资建立技术研究开发公司，加强国内国际的技术合作、交流和联合开发，培养和造就一批能进入世界汽车高科技前沿和制高点的科研技术领导人、技术尖子和骨干队伍；要开辟境内外多渠道筹集科技研究开发资金，国家、部门、地方、企业都要大幅度增加科技投入，把用于产品开发费用只占年销售额的1%提高到3%～5%，重点整车企业要用新增投资3%以上，重点零部件企业要用新增投资的5%以上，进行产品开发基地的建设，国家应建立汽车工业科技发展基金，优先安排科技投资规模和优惠贷款规模，加大科研经费和人才培养投资。通过以上措施，建立起汽车工业现代化科技研究开发体系，特别是建立起零部件工业研究开发体系，形成国际水平的汽车和零部件自主开发创新能力，这是实现中国自主的民族汽车工业的基础和关键。

第五，建立以汽车和零部件大公司大集团为主体的现代化大生产体系。

中国汽车工业能否升级为支柱产业，在很大程度上取决于能否建造起一批具有国际水准的汽车和零部件大公司大集团。

建立大公司大集团，不仅要考虑国内市场的竞争力，站稳国内市场，而且要考虑到国际市场竞争力，开辟国外新的市场领域；不仅要鼓励国内强强联合，联手抗争，而且要有选择地与国外的大公司联合，来扩充抗争实力；不仅要把国内有限的资金、人力和物力聚集起来，优化配置，加快建设和发展，而且要抓住扩大开放的机遇，充分利用境外丰富的资金、技术、智力和经营管理经验，以利于“借鸡下蛋”、“借脑生智”、“借船出海”，参与跨国经营和国际竞争。

按照这个新思路，对企业集团试点，要加强重点引导，推动大型企业集团、骨干企业之间的强强联合和优化重组，避免单个企业集团封闭式的全方位、全系列发展。采取开放式的联优补缺、采长补短、优势互补、合理分工的办法，推进境内外强强联合的全方位、全系列发展。通过授权经营，母子公司制改建，采用资金投入、技术入股、资产划转、购买股权，进行兼并、合并、参股、投股等途径和方式，强化产权联结纽带，实现资产一体化，建立子公司、关联公司，构成母子公司关系以及生产协作企业关系，把改组、改制和改造紧密结合起来，形成一批名牌轿车、客车、货车和名牌零部件企业集团公司。

第六，加快实施人才开发战略，培养和造就跨世纪的宏大企业家队伍和科技队伍。

科技和管理人才，是创造、开发、掌握科学技术和管理技术的主体，是汽车工业现代化建设的骨干力量。

目前，中国汽车工业优秀和杰出的经营管理人员、科技人员和高级技工紧缺，这是导致经营管理领域和产品开发技术、生产制造技术、高新技术等三大核心技术领域处于落后状态的主要因素。为了尽快改变这种被动局面，提高中国汽车工业在研究开发、生产制造、科学管理、营销服务等领域在国际上的竞争力，必须从根本上实施多层次人才开发战略，加速培养和造就大批优秀和杰出的经营管理人才、科技人才和专业技工人才，建设跨世纪的社会主义企业家队伍和高水平的科技专家队伍以及高级专业技术能手和能工巧匠队伍，这是一项十分紧迫的战略任务。

实施多层次人才开发战略，要实行企业、科研院所、高等院校各类学校相结合，以企业和科研院所为主战场，以高等院校各类学校为主渠道和基础的人才开发培养体系。高等院校各类学校要为企业和科研院所不断输送大量高质量的人才；企业和科研院所要在技术开发、研究试验、生产制造、科学管理、营销服务等重要工作实践中，打破常规，精心发现、选拔、培养和造就中青年一代的各类优秀经营管理人才和科技人才。还要注重从工人中发现，选拔和培养科技人才以及各类专业技术能手、能工巧匠。

要提倡尊重知识、尊重人才的良好风气，为激励优秀和杰出人才脱颖而出和茁壮成长，创造良好的社会环境。要改革旧体制，建立适应市场经济发展的人才培养和竞争机制，对企业家要从行政干部阶层脱离出来，形成职业化，他们的社会地位和经济收入以及荣誉的取得，主要取决于企业的经营效果，不依赖行政职务和级别的升迁，以激励他们真正对企业负责。对科技人员的招聘、使用、晋升，要形成公平竞争，协同合作、合理流动、人尽其才、才尽其用的科技人员管理制度；要打破平均主义，建立科技人员的收入同经济效益、工作业绩、科技成果挂钩的分配制度；要完善科技奖励制度；对发明、创造、革新和推广成果作出贡献的科技人员和能工巧匠，加大奖励力度。通过激励、竞争的人才机制，使大批具有真才实学的优秀和杰出科技人才加速茁壮成长起来。

第七，抓住政企分开这一中心环节，改善和加强宏观调控，促进汽车工业持续、快速、健康发展。

改善和加强宏观调控，是推行各项实施战略，促进中国汽车工业健康发展的重要保证。

政府加强和改善宏观调控，主要是搞好行业规划、政策法规、综合协调、检查监督、提供信息和服务工作。政府对汽车工业发展的总量、布局、投资规模和合理建设周期等方面，要通观全局，统筹考虑，真正起到治理散乱，确保重点项目上经济规模上自主开发能力的宏观导向作用；要大力培育、规范市场，进一步完善公平竞争的外部环境；完善和严格执行汽车产品、质量认证标准，以及有关控制噪音、排气污染和安全保障等各项法规；加强对节能、低污染、安全等新技术的研究开发的宏观指导和协调工作；深入研究探索财税、金融、投融资、计划、流通、价格等体制的改革和完善，建立起适应市场经济和社会化大生产要求的宏观调控体系，并加强对相关产业、轿车使用条件、基础设施、道路建设、交通管理等衔接平衡和同步发展的综合协调工作，形成一个良好的配套体系和外部环境，以促进民族汽车工业沿着正确方向持续、快速、健康发展。

（作者单位：汽车工业协会）

在改革开放中大步前进的船舶工业

范　斌

中国是个拥有1.8万公里海岸线，300多万平方公里海域的海洋大国，发展船舶水运事业有着良好的条件。经过几十年的建设，中国船舶工业已经具备了雄厚的基础，特别是自党的十一届三中全会以来，中国船舶工业深化改革，扩大开放，不断增强自身实力，经受住了国内外船舶市场的起伏变化和严峻考验，成为世界重要造船国家之一，向世界先进造船水平大步迈进。

中国船舶工业总公司是中国船舶工业的骨干力量。1982年5月，作为中国经济体制改革的一次重大尝试，为打破部门、地区和企业隶属关系的限制，国家对中国船舶工业企业进行了重新组合，国务院批准原六机部全部直属单位和交通部部分单位共153个企事业单位合并组建了中国船舶工业总公司。船舶总公司的成立，改变了所属企业原来的隶属关系，打破了部门、地区界限，集中了中国造修船骨干力量，实行工贸结合、军民结合、造修结合、科研生产结合，是生产、科研、经营和教育的综合体。

一、改革开放以来船舶工业发展情况

十几年来，中国船舶工业总公司遵照邓小平同志“中国船舶要打进国际市场”的指示精神，在面向国民经济发展的战略重点，为国内能源、运输、交通业发展服务的同时，主动面向国际市场，以出口为导向，以船舶出口为突破口，在果断挺进国际船舶市场的同时，实施有重点地引进国外先进技术的发展战略，先后引进国际先进船用设备制造技术近50项，积极采用国际标准和国外先进技术标准，走“出口—引进—提高—再出口”的路子，取得了显著的成就。十几年来，船舶总公司系统累计造船达1300多万吨，为建国后前三十年造船总量的三倍多，平均年递增达14.6%。在出口船舶方面，累计承接出口船近900万吨，约占全部成交总量的一半，船舶产品已出口到世界五大洲40多个国家和地区，中国年造船产量在世界的名次和份额，已分别由1982年的第16位、0.8%，上升到1994年的第4位，5%。

“八五”期间，经过船舶总公司30万职工的艰苦努力，总公司“八五”计划的主要指标全部提前并超额完成，使船舶工业获得了持续、快速、协调发展。

工业生产持续增长。工业总产值完成587亿元，超过“八五”计划46.7%，比“七五”增长1.2倍，平均年递增16.1%。与历史上各个五年计划相比，“八五”是船舶工业发展最快的时期。

造船生产快速发展。造船产量完成667万吨，超过“八五”计划33%，比“七五”增长近一倍，平均每年递增22.5%。在完工船舶中，国内船约占54%，出口船占46%；万吨级以上大型船舶占88%，比“七五”增长22%，自行设计的我国迄今建造的最大吨位的15万吨散货船已批量建造并出口。造船周期有了大幅度的缩短。全公司万吨级以上船台从1990年平均一个船台建造1.2条船提高到1994年的2.5条船；万吨级以上船舶从平均生产周期559天，平均船台周期201天，分别缩短为不到500天和160天。成绩突出的广州广船国际股份有限公司1994年与1990年相比，由年完工1条，2万吨船舶提高到5条、18.9万吨，并创下3.8万吨货船建造周期330天，船台、下水至交船周期双56天的好成绩。由于造船周期的不断缩短，造船产量有了较大的提高。1992年结束了造船产量长期徘徊在60－80万吨的状况，实现了年造船产量110万吨的重大突破，1994年造船产量又达164万吨，比1990年增长100万吨。在周期缩短的同时，完工交船的情况大有好转，相当一部分船厂完工船舶均能做到签字交船后即离开码头投入营运，交船完整性大为提高。在船用关键设备制造方面，自主开发能力提高，更新换代加快，在性能、标准等方面逐步实现了与国际接轨。在完工船舶中，除个别船东有特殊要求外，绝大多数都配装了国产船用主机，不但替代进口为国家节约了大量外汇，还实现了船用大功率柴油机的单机直接出口。

外贸出口成绩显著。累计出口创汇26亿美元，比“六五”、“七五”两个五年计划总和高出28%。出口船完成306万吨，比“七五”增加151万吨，增长近一倍，平均年递增14.6%，形成了以船舶大宗产品出口为主，外轮修理和机电产品出口为辅，多元化发展的外向型新格局。船舶外贸出口已成为全公司生存和发展的重要依托，出口额在工业总产值中的比重由“七五”末的24%提高到“八五”末的33%。船舶出口在巩固和发展香港、挪威和美国等出口市场的基础上，在开辟日本、韩国、加拿大、比利时、希腊和台湾等新的出口市场方面迈出了较大的步伐，船舶出口的国际市场日益广阔。

修船生产增长较快。完成各类船舶修理5100艘，产值55亿元，实现利润11亿元，产值和利润分别为“七五”期间的2.4倍和2.8倍。总公司修船能力特别是大型船舶修理能力迅速提高，正在向大型化和国际化方向迈进。作为修船主要考核指标的坞修期，通过“八五”期间狠抓技术进步，已经达到或接近先进修船国家水平，一般为5～6天，最短的只有4天，在周期和质量上都具备了一定的国际竞争力。各船厂承接了世界30多个国家和地区的上百家公司外轮修理业务，完成了包括货轮、油轮和集装箱船、滚装船、渔业加工母船、工程船等一批现代化、技术附加值较高的船舶修理和改装工程。

非船舶产品稳步增长。非船舶产品完成172亿元，超过“八五”计划指标56%，比“七五”增长1.3倍，年均递增14.6%。发展非船舶产品是振兴船舶工业的一项战略任务。根据国家产业政策和国民经济发展的需要，各企业充分发挥自身的经济技术特点和优势，以科技进步为先导，开发出了二十四大类、几千个品种的非船舶产品并形成了一批支柱性重点产品，进入了冶金、电力、石化、水电、煤炭、城建、烟草、轻工等十多个行业和领域。发挥集团优势，承接和完成了一批国家大型重点工程项目和技术装备，先后完成或承接了867－Ⅱ卫星发射塔架及成套系统，上海南浦、杨浦和徐浦大桥全部或大部分钢结构，长江西陵大桥、广东虎门大桥钢结构，宝钢三期工程150吨电炉构件、250吨转炉部件，美国超级超导对撞机量能器“样块”等一大批国家重点工程和装备，承接了清江隔河岩升船机成套设备、福建水口升船机大部分成套设备，积极参与三峡工程有关项目的投标。

基本建设和技术改造步伐加快。在“控制总量、调整结构、整顿秩序、提高效益”的方针指导下，船舶总公司集中财力，突出重点，抓住船舶工业重大基础设施建设和骨干老企业的更新改造，重点解决制约船舶工业发展的薄弱环节，努力提高大型船舶造修能力，建设工作取得了较大进展，在投资总量，项目安排，建设速度，形成的生产能力等方面都实现了原定规划目标。全公司固定资产投资完成83.8亿元，比“七五”增加62.9亿元，年平均增长30.9%。重点建设了一批新的大型造、修船设施，完成了大连造船新厂20万吨级船坞、文冲船厂15万吨级修船坞、澄西船厂10万吨级浮船坞，沪东造船厂10万吨级浮船坞和山海关船厂10万吨级修船码头等重点项目，重点安排了江南、大连、沪东、上海和广州造船厂等五大船厂的技术改造，加强了对军工科研院所的建设和改造。“八五”建设和改造有力地提高了骨干企业和院所的技术装备水平，促进了产品结构调整，扩大了船舶出口的能力，取得了良好的经济效益。根据对51个项目的初步统计。每投入1元钱可新增销售收入3.12元，社会效益也十分明显。“八五”末，全公司已具备年造船250万载重吨的生产能力，比原有能力增加了三分之二，基本形成超大型油轮的生产条件。修船新增年修大型船舶100余艘的能力，结束了不能进坞修理6万吨级以上大型船舶的局面。

船型开发取得显著成绩。“八五”期间，总公司把开发新船型特别是高附加值船型作为主要工作，本着“生产建造一代，改进设计一代，预研开发一代”的原则，成功研制了一批新船型。自主开发的“江南型”巴拿马型货轮和“大连型”油轮在国际上创立了声誉。中国迄今建造的最大吨位的15万吨散货船已销往比利时、香港等国家和地区。4200立方米半冷半压式液化石油气船，2700箱冷风集装箱船，全浸式水翼高速客船等高附加值船型已出口到德国、香港等地，被国际上认为是中国造船业的一个重大突破。目前，总公司又承接了液化石油气船、自卸船、化学品船等高附加值船舶订单。总公司不但能够自行设计建造中国国内需要的各类船舶，而且能自行设计和建造符合任何一种国际规范、航行世界各类航区的多种类型船舶。在满足国内船舶需要方面，总公司在“八五”期间承担了国家重大技术装备的研制任务，完成了3.5万吨肥大型浅吃水运煤船的研制及优化。目前该型船已建造了26艘，产值达28亿元，成为中国北煤南运的主力船型，得到了李鹏总理的赞扬。研制成功1.2万吨江海直达煤/矿运输船，解决了国内江船不能入海、海船不能进江的技术难题，为中国发展江海联运将起到重大的作用。

二、1995年船舶工业发展特点和存在的问题

(一) 1995年，中国船舶工业总公司系统各企事业单位认真贯彻党的十四届四中、五中全会精神，抓住机遇，深化改革，真抓实干，开拓进取，生产、经营、科技、建设和改革等各项工作都取得较好成绩，发展步伐明显加快。

生产稳步增长。全年工业总产值完成151亿元，比1994年增长13.3%。主要有以下几个特点:

第一，造船生产稳定增长。全年造船完工175万吨，比1994年增长6.5%；造船开工165万吨，比1994年增长3.1%，这两项指标均超额完成了年初第七次工作会议提出的各为160万吨的目标。各企业造船开工、上船台、下水、交船四个节点实现率，在1994年80%的基础上提高到90%以上。一些骨干企业造船产量增幅较大。大连造船新厂完工船舶超过50万吨，增幅达68%，江南造船厂和沪东造船厂完工船舶量均超过30万吨，增幅较大。在全年完工船舶中，大型船舶增长较快，特别是3万吨以上的大船在艘数比1994年减少4艘的情况下，吨位却增加20万吨，表明总公司造船正在向大型化发展。造船周期不断缩短。总公司于5月份召开了第二次缩短造船周期会议，对骨干船厂提出了"转换造船模式，深化造船生产设计两年内基本到位"的要求。各骨干船厂转换造船模式力度加大，使造船周期不断缩短。大连造船新厂15万吨散货船4号比3号建造周期缩短128天，大连造船厂4.4万吨油轮6号比5号缩短31天，江南造船厂7万吨散货船7号比5号缩短30天，新港船厂2.9万吨散货船4号比3号缩短26天，沪东造船厂今年完工的40万吨船均比合同期提前交船。

第二，修船发展较快。"八五"技改项目中的两个10万吨级修船坞的建成投产，大大提高了总公司整体修船能力。全年完成修船产值13.4亿元，比1994年增长20%，增幅较大。在外轮修理方面取得突破性进展，全年创汇1.06亿美元，比1994年增长51.4%，其中直接创汇8659万美元，比1994年增长80.4%。全年外轮修理产值占修船总产值的54.8%，北海船厂、澄西船厂外轮修理所占比重分别高达78.5%和70.7%，标志着骨干修船企业在开拓国际修船市场方面取得了显著的成绩。

第三，非船舶产品生产有喜有忧。全年非船舶产品实现产值44.5亿元，比1994年增长8.9%，增长幅度与造船、修船相比还不高，非船产值占全部工业总产值的比重不足30%，表明非船产品生产增长不快。作为主要非船产品之一的集装箱，在近年有所下滑的情况下，1995年又开始上升，全年产量达4.5万只，超过年计划32.9%，比1994年增长5.6%，表明集装箱产品市场已经开始上升。由于受市场竞争日益激烈的影响，加上产品本身在品种、性能、质量和成本等方面还存在问题，电冰箱、液压支架和摩托车等主要非船产品继续下降，少数产品降幅还较大。

经营工作成绩显著。全年共完成销售产值151.7亿元，比1994年增长达17.3%，超过工业总产值的增长幅度。在国内船舶订单数量急剧减少的困难形势下，大力开拓国际市场，共承接新船订单248万吨，大大超过了160万吨的原定目标，比1994年增加85万吨，创历史最高水平。其中出口船达244万吨，占全部新接船舶订单量的98.4%，超过"七五"期间5年承接出口船订单的总和，成交额达17亿美元，其中90%以上的订单来自发达国家和地区，表明中国在国际船舶市场上的竞争能力有所提高。目前，全公司累计手持船舶订单量已超过400万吨，沿海的几个骨干船厂近两年的造船任务已基本落实。全年出口创汇5亿美元，超额完成计划。

非船舶产品经营取得新的成绩。以集团的方式夺得了水口升船机的总承包权。703所通过激烈的竞争承接了苏州高达燃气轮机电厂的一期工程总承包合同，金额达1亿多元人民币。在钢结构、冶金设备、港口机械等方面也有多个项目中标，合同金额均超过1亿元，其中钢结构共承接6亿元的任务，使这些产品成为总公司新的非船支柱产品和新的经济增长点。

在拓宽对外融资渠道方面取得突破。为缓解资金紧缺的矛盾，根据李岚清副总理的指示精神，争取到由加拿大皇家银行牵头的国外银团提供贷款，第一笔总计4500万美元已经签字。

科技进步取得新成绩。完成了一批国家重点项目。首次承担的国家重大科技攻关项目"船舶优化设计及关键技术研究"已基本完成。该项目以几种技术复杂的新船型为对象，重点对基础性和共性关键技术进行比较系统的研究，增加了船舶设计及建造的技术储备。在重大技术装备研制方面取得新成果。第二艘1.2万吨江海直达船性能和质量有了很大的提高，载重100吨被动式气垫运输平台研制成功。无水冷发动机等几项重点产品的开发取得突破。高速船开发有新进展，已完成100客位水翼船的方案设计并签订了建造协议。

新工艺、新技术的开发和推广应用成效显著。船舶焊接高效化率不断提高，平均达到68%，重点船厂已达到80%以上。船舶涂装技术水平有所进步，涂装工时效率提高了4%左右，每人年涂装率由93年的0.03万吨提高到0.08万吨，涂料消耗系数已降低到1.9左右，接近1.6－1.8的国际水平。计算机应用普及率进一步提高。几大船厂应用计算机平均缩短设计周期1/3，缩短建造周期1～2个月，大连船用柴油机厂、沪东造船厂应用计算机平均缩短造机技术准备周期2个月。

工程研究中心、企业技术中心和重大装备国产化

基地建设取得进展。船舶设计技术国家工程研究中心已正式推复立项，四个企业技术中心和3.5万吨浅吃水运煤船、万吨级江海直达船国产化基地已获准建立、建设工作进展顺利。

重点建设和改造取得重大成果。全年共完成固定资产投资24.4亿元。继澄西船厂10万吨级浮船坞建成投产之后，文冲船厂15万吨级修船坞、沪东造船厂10万吨级浮船坞和大连造船新厂20万吨级造船坞相继投产，提高了大型船舶的造修能力。其中，沪东造船厂采取几方合资成立股份制公司改建10万吨级浮船坞，在没要国家投资的情况下，仅用9个月就在滩涂上改建成功。江南造船厂等五大船厂技术改造工程大部分已竣工投产。骨干企业技术装备现代化水平有较大提高。四川柴油机厂斯太尔发动机等25个项目已竣工验收，武汉重型铸锻厂增加年产厚壁管2万吨的能力，填补了国家空白。北海、江南、广州、大连造船厂及武汉船用机械厂、昆船公司等"双加"技改工程的前期工作已完成并开始实施。

企业改革不断深化。各企业全面贯彻"转机条例"，不断深化企业内部改革，在劳动、人事、分配制度改革等方面迈出了新的步伐。全公司已有80%以上的企业实行了全员劳动合同制。正茂集团试行了企业经营者年薪制。在企业改制方面，江南造船厂作为总公司系统全国百家试点企业，方案已经国家经贸委批准。431厂作为全国首批30家委派监事会的试点单位，已建立了包括国家经贸委、国资局、财政部等有关部门参加的监事会。镇江锚链总厂在取得较快发展的基础上，组建了正茂集团有限责任公司。天津造船公司继续加大改革力度，已被列为天津市1996年现代企业制度试点单位，准备组建国有独资集团公司。

(二) 1995年，总公司在生产经营方面主要存在以下几个突出问题:

一是国内船舶订单较少。由于多种原因，近年来国内船舶订单有所下降，特别是1995年全年只接到2万吨，使船舶经营工作比较严峻，只能依靠开拓国际市场承接出口船来维持船舶工业的稳定发展，极大地增加了经营压力和风险。

二是部分配套企业和中小船厂任务不足。一些内地配套企业承接的生产任务还比较少，不能满足正常发展的要求。在船舶订单承接方面，1995年虽然创下248万吨的新纪律，但绝大多数集中在几家大船厂和沿海船厂，内地中小船厂接的订单量仍很少。在非船舶产品方面，铁路敞车、摩托车等产品生产下降幅度较大，除了国家宏观经济形势的影响外，更主要的是在品种、性能和质量等方面还不能很好地适应激烈的市场竞争的要求。

三是经济效益不理想。1995年全公司盈利企业63户，亏损企业23户，盈亏相抵，实现利润很低，总的经济效益还不高，有些企业亏损比较严重，扭亏工作很艰巨。

四是外贸出口遇到了新的问题。1995年，中国外贸体制改革力度加大，人民币汇率稳中有升，贷款利率调高，出口退税率降低，加大了出口换汇成本，削弱了外贸出口的竞争力，这对以出口为主的船舶工业将产生严重的影响。

五是资金普遍紧张，三角债问题依然严重，已威胁到企业的正常生产。从世纪之交的世界造船市场和国内外经济形势来分析，中国船舶工业面临着难得的发展机遇。据预测，九十年代后期的新船需求量继续呈现增长的趋势，总体态势是活跃的。从中国国内来看，国内船舶订单有望逐步增加，沿海省市对发展造船更加重视，有一个较好的地区经济发展环境。随着国民经济"九五"计划的执行，将给船舶工业带来更为广阔的国内市场。但是，也面临着突出的困难和问题。国际造船市场竞争日趋激烈，先进造船国家不断加大投入，继续保持并扩大竞争优势，世界造船能力不断扩大，总体上仍是供过于求的格局，竞争将更为激烈。

面对新的形势，中国船舶工业总公司确定了"九五"发展的指导思想，在建设有中国特色社会主义理论指导下，抓住机遇，迎接挑战，积极推进经济体制和增长方式两个根本性转变，扩大对外开放，以市场为导向，以科技进步为先导、管理进步为基础，以调整结构为重点，以提高经济效益为中心，以改革为动力，团结奋进，真抓实干，实现船舶工业持续、快速、健康发展。

"九五"发展的总目标是全面提高竞争能力，提高经济效益，增强经济实力，基本适应国防建设和国民经济发展的需要，逐步扩大在国际船舶市场上的份额。按照这样的目标，总公司将继续面向国内外两个市场，以市场需求为导向，加快产业结构和产品结构调整，发展规模经济;提高对外开放的水平，使更多的企业进入国际市场，在市场运作、经营方式、技术标准、财务管理等方面，与国际惯例全面衔接;立足于发挥现有基础的作用，通过改革、改组、改造增加生产能力;提高科技进步对发展的贡献度，使企业真正成为科技投入和技术进步的主体;狠抓造船模式的转换和成本降低，提高生产效率和竞争能力，提高经济效益;强化企业管理，把改革与发展有机地结合起来，努力加快船舶工业的发展步伐，争取再上一个新台阶，以新的面貌跨入二十一世纪。

(作者所在单位: 船舶总公司政策研究室)

改革开放促进了我国能源工业的发展

崔 丽 芳

“八五”期间，我国能源工业继续贯彻“开发与节约并重”的方针，不断深化体制改革，发展规模和速度进一步趋于良性循环，供需形势较为平稳，能源利用效益有所提高，有力地支持了国民经济的快速增长。但是，能源发展后劲还需增强，能源利用率低的矛盾仍很突出，周期性发生能源供应紧张的状况并未完全摆脱，能源工业各项改革措施有待于进一步完善。

一、“八五”期间能源工业发展回顾

(一) 加快改革步伐，能源工业发展政策和体制的改革取得明显进展 长期以来，中国的能源部门是典型的传统计划经济的代表，改革严重滞后。但进入九十年代后，随着中国的经济改革进入建立市场经济的新阶段，价格、财税、金融、投资、外贸等重大体制改革措施的出台和实施，有力地推动了受传统计划经济束缚最深的能源工业部门走向开放的竞争性市场。

能源管理体制的变化“八五”期间，为适应新一轮市场经济的改革，转变政府职能，能源管理机构再次改组。撤销了原能源部，成立了煤炭工业部和电力工业部。国务院还批准五大跨省电网组建了电力企业集团。各项管理体制的变化是能源工业经济政策改革和实施的有效保证。

能源价格改革取得突破性进展。国务院于1993年决定三年内全部放开指令性计划煤炭价格，同时逐步取消亏损补贴，促使国有煤矿走向市场，总体实现扭亏增盈，竞争性的煤炭市场正在逐步形成。石油价格的改革则抓住流通体制改革的环节，从统一计划价格为主导过渡到由中国石油天然气总公司按接近国际市场价格收购计划内原油。1994年5月开始全面贯彻“国务院批转国家计委、国家经贸委关于改革原油、成品油流通体制意见的通知”，原油基本实现了统一配置，价格逐步与国际市场油价接轨，从而扭转了陆上石油连续六年亏损的局面，整顿了流通秩序，开放有序的石油流通体制正在形成。

能源价格改革是中国能源部门走向市场经济的重要标志，它初步理顺了比价关系，使长期以来能源价格和价值严重背离的状况有了明显改善。

加强乡镇煤矿管理“八五”期间，煤炭工业继续坚持国家、集体、个人一齐上的方针，确保了煤炭总量的供应，同时针对个体办矿存在的问题和弊端采取了多项措施。国务院颁布实施了“煤炭生产许可证管理办法”和“乡镇煤矿管理条例”，明确了发展乡镇煤矿的“扶持、改造、整顿、联合、提高”的十字方针，全面进行了乡镇煤矿的清理整顿工作。到目前为止，全国共关停非法无证小矿井1.3万多处。

(二) 能源建设继续发展 “八五”期间，能源工业抓住改革机遇，加快建设步伐，投资力度有所加大。“八五”期间国有单位能源工业固定资产投资达7800亿元，占国有单位固定资产投资总额的比重约为21.1%。同时生产能力和技术装备水平都大大提高。“八五”期间基本建设新增原煤开采能力13755万吨，国有重点煤矿采煤机械化程度由1990年的62.92%提高到1994年的71%。投产新井137处，平均井型52万吨；新增原油开采能力5318万吨；天然气开采新增能力44.26亿立方米。“八五”以来，陆上石油工业坚持把油气勘探放在首位，在东西部地区都取得了一批具有战略意义的成果。1994年新增探明石油储量达7亿吨，是近十年来最多的一年。“八五”期间天然气勘探取得突破性进展，储量大幅度增长，预计可超过“八五”计划指标1.7倍。石油开发技术水平不断提高，大庆油田创造性地实施“稳油控水”工程，已持续十年稳产在5500万吨以上。西部地区“八五”期间平均每年增产原油130万吨左右，为陆上原油产量稳定增长发挥了重要作用。“八五”期间电力工业新增发电装机容量6722万千瓦，比“七五”期间多增加2090万千瓦，增长45.1%。1995年全国发电装机达到21722万千瓦，比1990年增长57.5%。核电事业从无到有，广东大亚湾核电站投入商业运行后状态良好，1994年上网电量达108亿千瓦时。秦山核电站也于1994年4月开始正式投入商业运行。随着核电站和抽水蓄能电站的投产发电，改变了中国电源单一的结构。目前全国百万千瓦以上电厂达34座，大电网已覆盖了全国的所有城市和大部分乡村。到1994年底，全国35千伏及以上线路达到54万公里，变电设备容量5.7亿千伏安。

(三) 能源生产稳定增长，供应较为宽松 “八五”时期，能源生产量保持稳定增长，一次能源生产总量为56.6亿吨标准煤，年平均增长3.4%，比“七五”时期增加8.5亿吨，增长17.5%。原煤生产量58.95亿吨，年平均增长3.5%，比“七五”时期增加9.5亿吨，增长19%。原油

7.23亿吨，年平均增长1.5%，比“七五”时期增加0.45亿吨，增长6.7%。天然气832亿立方米，比“七五”时期增长16%。发电量增长速度最快，“八五”时期总计为41993亿千瓦时，年平均增长9.8%，比“七五”时期增加15013亿千瓦时，增长55.3%。其中，火电发电量34052亿千瓦小时，年平均增长10.2%，比“七五”时期增长58.7%，占总发电量的比重由“七五”时期的79.7%上升为81.4%；水电“八五”时期总计7782亿千瓦小时，比“七五”时期增长38.5%，但水电占总发电量的比重逐年下降，由“七五”时期的20.3下降为18.8%。广东大亚湾核电站的运行使我国核电初具规模，1994年核电量已达到140亿千瓦小时。

“八五”期间能源供求形势总体观察比较平稳。与“七五”时期相比，供需矛盾较为缓和，供应相对宽松，基本保证了国民经济持续快速增长的需要。预计“八五”期间能源消费总量共计57.9亿吨标准煤，年平均增长5.6%，高于能源生产的平均增长幅度。总消费量比“七五”时期增加12.3亿吨标准煤，增长27%。平均每年增加消费量6000万吨标准煤。其中：煤炭消费60.5亿吨，增长24%；石油消费7.2亿吨，增长32%。长期以来，我国能源市场随着经济增长的周期性而发生周期性波动，主要表现在煤炭市场的时而紧缺、时而滞销。进入“八五”时期以来，这种波动趋于平缓，没有出现能源全面紧缺的局面。煤炭由卖方市场转变为买方市场，社会资源充裕。整个能源对国民经济的支撑除了产量保持稳定增长外，还有这样几方面的因素：

一是大量进口石油和高耗能产品，“八五”期间，我国石油进出口政策进行了调整，在保持石油出口创汇需要的同时，大量增加石油进口，以补充国内油料的缺口，我国石油进口量每年已达千万吨水平。预计“八五”时期石油进口达到9000万吨左右，均为“七五”时期的3倍。1993年我国首次由石油净出口国变为净进口国，部分缓解了国内石油的紧缺。另一方面，增加高耗能产品的进口，相对减少了国内能源的消耗。例如，钢材进口量预计比“七五”增加3100万吨，铜材增加120万吨，铝材增加40万吨。按目前其单位产量综合能耗计算，仅这三项，约少用能源5200万吨标准煤。

二是经济结构变化形成的节能。工业内部，随着经济体制进一步向市场化推进，单位产值能耗较低的乡村企业和“三资”企业急剧增加，成为全国工业的主要增长源。占全部工业总产值的比重分别由1990年的19.9%和2.1%增加到1994年的35.1%和11.1%。第三产业发展也很迅速，第三产业占全部国内生产总值的比重由1990年的28%提高到1994年的32.7%，也形成较大的间接节能量。每万元国内生产总值能源消耗量由1990年的5.3吨标准煤下降到1994年的4.18吨标准煤，累计节能约28000万吨标准煤。平均每年节能约7000万吨标准煤。

三是加强能源管理，重视技术进步，大力推广和采用节能新技术、新工艺，提高能源利用效益。自国务院1986年制定了“节约能源管理暂行条例”和1987年颁布“关于进一步加强节约用电的若干规定”以后，尽快使节能法制化、造成一个强制节能的法律环境得到各方面的共识。“八五”期间在各部门的积极配合下，节能立法工作加快了步伐。与此同时，在市场经济推动作用下，包括放开和提高能源价格，使各部门节能意识进一步增强。主要产品能源消耗水平逐步降低。其中下降幅度较大的有：冶金工业重点企业吨钢综合能耗由1990年的1.201吨标准煤下降到1995年的1.156吨标准煤，下降3.7%；地方骨干企业由1.436吨标准煤下降到1.230吨标准煤，下降14.3%。铁路机车综合能耗由1990年的84.1千克标准煤下降到1995年的60.3千克标准煤，下降28.3%。

二、能源工业发展面临的困难和存在的问题

(一) 能源供应总量不足，周期性发生能源供应紧张的状况并未完全摆脱 中国的能源结构形成以煤炭为主体的格局，煤炭供应状况决定能源平衡的大局。“八五”期间煤炭占整个一次能源的比重又略有上升。近几年由于煤价调整及煤炭市场的放开，刺激了地方煤炭的发展，加上能源及载能体进口增加，煤炭供应较为缓和，但多年来国有重点煤矿建设欠账较多，从外部环境到内部条件还存在许多矛盾。增支因素多，煤炭货款拖欠等造成资金极度紧张，总体实现扭亏的任务仍十分艰巨。地方小煤矿的发展又存在不少问题，因此煤炭供应潜伏着危机。

石油工业面临的挑战也十分严峻。由于已投入开发的油田大多数已进入高含水、高采出程度、高投入的“三高”阶段，稳产难度越来越大。近几年原油产量增长幅度小，石油以及天然气供应紧张的局面越来越突出，进口原油已大于出口。

电力工业虽然以较高的增长速度持续稳定发展，但仍没有达到与经济同步增长的要求。“八五”期间的电力生产弹性系数始终未超过1。面对日益增长的用电需要，电力工业的发展严重滞后。长期存在的缺电局面不会在短期内根本缓解。

(二) 能源工业投入低，发展后劲不足 尽管能源工业的投资额逐年增长，但其占全社会投资总额比重仍然偏低。“八五”期间煤炭工业、石油工业、电力工业固定投资占全部投资的比重大约分别为1.9%、4.2%和7.7%，整个能源工业投资比重为14.3%，按中国的实际

情况，这一比例应在20%左右，才能保证能源与国民经济协调发展。但是"八五"期间能源工业投资占总投资的比重比"七五"时期有所下降，投资倾斜力度仍然不够。

由于投入不足，国有煤矿"八五"时期计划开工规模72处，能力8055万吨，实际开工规模为70处，能力7671万吨;计划投产99处，能力11465万吨，实际投产56处，能力5706万吨。在投产新井中，国有重点煤矿所占比重不断降低，致使整个新增煤炭开采能力逐年下降。资金不足，用于更新、技术改造资金更是匮乏，因此，国有重点煤矿采煤机械化程度亦呈逐年下降态势。随着老井、老区减产报废增多，对新区的依赖程度增加。矿井建设任务重，建设周期长，要保证煤炭长期发展后劲，尽早提高对煤炭工业的投资比重是十分重要的。石油工业后备可采储量严重不足，储量任务完成不够好。近几年新探明的可采储量还抵偿不了采出量，资源接替紧张严重制约着石油工业的发展后劲。

(三) 能源利用率仍低，经济效益差 据有关专家测算，能源利用总效率，即从能源生产、加工、转换、运输、储存到最终消费的全过程效率来看，我国只有30%，比发达国家低10－20个百分点。主要产品的单位产量能耗，我国比国外先进水平高出30%－90%，如发电煤耗要高三分之一。

三、"九五"能源工业发展展望

展望本世纪最后五年，国民经济的加速增长对能源工业发展提出了更高的要求，能源问题解决的好坏对2000年我国经济发展战略目标的实现起着重要的制约作用。

随着国内经济形势的发展，国务院对国民经济增长速度指标由原来的平均每年6%调高到8%－9%。要保持这样的增长速度，有关专家综合各方面因素，预计2000年一次能源需求总量将达到14.5亿吨标准煤。国内生产计划安排到2000年原煤产量达到15亿吨，原油1.65亿吨，天然气250亿立方米，水电2400亿千瓦小时。一次能源生产总量为14.37亿吨标准煤，不足部分由进口石油平衡需净进口石油1000万吨左右。

按照这一预计，"九五"期间能源消费弹性系数将低于"八五"时期0.5的平均值。这就是说能源需求的一半以上要靠节能实现，这对节能工作提出了更艰巨的任务。由于我国能源利用效率水平低，节能潜力很大。据测算，如果能将目前30%的水平提高到40%，就相当于直接节能2.5亿吨标准煤。因此，今后几年更应坚持把节能放在优先地位，增加节能投资比重，对节能采取鼓励和倾斜政策。

考虑能源工业建设工期长，造价高，劳动生产率较低，资源勘探程度低的情况，必须确定能源工业在国民经济中的先行地位，提前采取措施，大力增加能源工业的投入，把投资比重提高到20%以上。

虽然我国能源资源丰富，但人均占有量很低。据测算中国人均拥有的煤、油、气探明储量仅为世界平均值的50%，其中石油人均储量远低于世界平均水平。因此"九五"期间进一步调整能源进出口政策也是必要的。按目前原油开发成本上升幅度，到1998年国内原油平均成本将达到或超过届时的国际油价。利用国内煤炭发电，包括运输和环保投资，成本也接近国际水平。因此，根据国际市场的供求状况调整进出口政策，适当增加能源进口，应成为今后我国能源发展的一个重要方面。

(作者所在单位: 国家统计局工交司)

我国建筑业蓬勃发展

戴桂芳

"八五"期间，建筑业继续深化管理体制改革，转换企业经营机制，建立现代企业制度，促使建筑业有了很大的发展。目前建筑业增加值在国内生产总值中，仅次于农业、工业和商业列第四位。建筑业为国家为社会创造了大量的物质财富，为国民经济各部门的发展提供了物质技术基础，将成为一支门类齐全能打硬仗的产业大军。但建筑业在发展的进程中还存在一些问题，需要在深化改革中解决。

一、"八五"期间我国建筑业取得的重大成就

(一) 建筑业生产高速发展 "八五"期间，全国城镇以上建筑业企业完成建筑业总产值17439.3亿元，平均每年递增33.6%，比"七五"时期高出10.4个百分点。五年完成建筑业增加值4910.7亿元，平均每年递增32.9%，比"七五"时期高出10.3个百分点。五年竣工各类房屋建筑面积14.2亿平方米，比"七五"时期增加4.8亿平方米;其中完成住宅建筑面积6.2亿平方米，比"七

五”时期增加2.6亿平方米，为改善城镇居民的居住环境做出了贡献。

我国建筑业除了承担国内建设任务外，还积极进入国际市场，开展对外承包工程和劳务合作业务。1995年已与178个国家及地区签订了承包工程和劳务合同，比1990年增加56个；签定合同份数为19321份，比1990年增加2.7倍；合同金额达96.7亿美元，比1990年增加2.7倍；年完成营业额65.9亿美元，比1990年增加2.5倍。

(二) 建筑施工队伍不断扩大 随着建筑市场经济的发展，改变了过去单一国有经济占据建筑市场的状况，初步形成以国有和集体经济的建筑业企业为主体，多种经济类型的建筑业企业并存的局面。1995年全国城镇以上各种经济类型的建筑业企业个数为24135个，从业人员达1497.9万人。其中国有经济的建筑业企业个数为7531个，从业人员824.3万人，分别比1990年增加3256个，增长27.9%；集体经济的建筑业企业个数为15348个，从业人员631.9万人，分别比1990年增加6296个、增长65.6%；联营经济的建筑业企业个数为82个，从业人员2.8万人；股份制经济的建筑业企业个数为451个，从业人员27.5万人；外商投资经济的建筑业企业个数为312个，从业人员5.4万人；港澳台投资经济的建筑业企业个数为329个，从业人员5.0万人；其他经济类型的建筑业企业个数为26个，从业人员0.3万人。

随着农村经济的发展，农村建筑队伍仍发展较快。1995年已组建的农村建筑队伍7.1万个，从业人员达到980.4万人，比1990年分别增加1万个和274.4万人，已成为我国城乡建设中一支重要力量。

勘察设计力量迅速发展。1995年全国有综合性和专业性的勘察设计机构11150个，比1990年增加1988个；从业人员达76.3万人，比1990年增长11.4%。从业人员中：有高级职称的技术人员11.4万人，占从业人员的14.9%；有中级职称的技术人员21.6万人，占从业人员的28.3%；有初级职称的技术人员24.6万人，占从业人员的32.3%。工程技术人员占全部从业人员的75.5%，由此看出，勘察设计队伍是一只技术力量雄厚的高科技专业技术队伍。

(三) 技术装备水平有所增强 “八五”期间，建筑业拥有的建筑机械设备逐步增加，装备水平不断提高。1995年城镇以上各种经济类型的建筑业企业拥有的各种挖掘机、铲运机、起重、装卸、运输等各种机械设备348.3万台，比“七五”时期末的1990年增加104.9万台；机械设备净值638.6亿元，比1990年增加1.6倍以上，技术装备率也由1990年人均2467元增加到4264元，增长72.8%。

(四) 设计和施工技术水平显著提高 随着建筑业技术力量的壮大和技术装备的增加，设计施工技术水平也不断提高。过去我国建筑业不能承担的许多重大的、技术复杂的建设项目，现在已能自行设计和施工了。“八五”期间，我国建设规模空前宏大，一大批规模大，技术复杂的能源、交通、原材料和城市公用设施项目相继建成，标志着我国的设计和施工技术水平又上了一个新台阶。如冶金工业建筑中，大冶170无缝钢管厂的建成，填补了我国特殊钢厚壁管生产的空白；建成的洛阳石油化工总厂是我国第一座单系列加工原油能力为500万吨的大型煤油厂；北京西单地铁车站工程是一座三拱两柱双层结构的岛式车站，犹如一座京广大厦横卧在交通频繁的长安街上，覆盖厚度只有6米，在不中断交通的条件下完成了世界罕见的工程；主跨602米的双塔双索面迭合梁斜拉桥——上海杨浦大桥的建成，创造了世界桥梁跨度之最；京九铁路勘察设计和施工创造了我国的高速度；首都机场高速公路是我国目前高速公路中标准最高的一条。在民用建筑方面，贯彻了适用、坚固、经济的原则，并注意了美观和多样化，创新了不少丰富多采，具有各种特色的设计施工项目。“八五”时期城市中的高层建筑，犹如雨后春笋，拔地而起，其数量之多、规模之大、外型之复杂、设计施工之新颖，绝非过去所能比拟的。

建筑业的施工技术也有许多新的突破。在房屋建筑方面已从低层建筑为主变为高层建筑为主，几年来已总结出一系列先进的支模方法，主要有大模、台模、滑模、爬模等新技术、新工艺；高层建筑的脚手也已改变了一支到顶的传统搭设方法，而采取以随建筑物升降的局部脚手，如悬挑式脚手、悬挂式脚手以及与模板设备结合在一起的爬升脚手等新方法。地基处理方面也研究开发出具有中国特色的强夯加固、预压加固、深层搅拌、挤压加固等地基处理的新技术。

(五) 招标投标制稳步发展 为了适应社会主义市场经济体制的需要，加强政府对工程建设施工的管理，使建设单位和施工企业进入建筑市场进行公平交易、平等竞争，达到控制建设工期、确保工程质量和提高投资效益的目的，“八五”期间建筑业继续大力推行建设工程招标投标制。1995年，城镇以上各种经济类型的建筑业企业实行招标投标的工程个数为12.9万个，占全部施工工程个数的27.8%，比1990年增加9.8个百分点；实行招标投标的房屋建筑面积为3.4亿平方米，占全部施工面积的38.5%，比1990年增加9个百分点。

(六) 经济效益有所提高 建筑业管理体制的深化改革，促进了经济效益的提高。

1. *劳动生产率增长较快*。1995年城镇以上各种经济类型的建筑业企业以建筑业增加值计算的劳动生产率为11140元，比1990年的3766元增长1.9倍，平均每年递增24.2%。其中国有经济的建筑业企业的劳动生产率为13414元，比1990年提高2.2倍，平均每年递增26.1%；

集体经济的建筑业企业的劳动生产率为7985元，比1990年增长1.6倍，平均每年递增21.5%。

2. 利税总额显著增加。1995年城镇以上各种经济类型的建筑业企业实现的利税总额为242.2亿元，比1990年增长2.4倍，平均每年递增28.1%，人均利税也由685元上升到1617元。其中国有经济的建筑业企业实现的利税总额为134.7亿元，比1990年增长2.5倍，平均每年递增28.4%；人均利税也由604元上升到1634元；集体经济的建筑业企业的实现利税总额为94.1亿元，比1990年增长3.5倍，平均每年递增35.4%，人均利税由542元上升到1489元。

3. 利润总额也快速增长。1995年城镇以上各种经济类型的建筑业企业实现的利润总额为74.2亿元，比1990年增长1.9倍。平均每年递增23.6%，人均创利由251元上升到495元。其中国有经济的建筑业企业实现的利润总额为30.9亿元，比1990年增长86.3%，平均每年递增13.3%，人均创利由257元上升到375元；集体经济的建筑业企业实现的利润总额为36.6亿元，比1990年增长3倍，平均每年递增32%，人均创利由239元上升到579元。

二、当前建筑业存在的问题

"八五"期间，建筑业虽然有了较大的发展，但在前进中仍存在一些问题；

(一) 工程质量不高，工程质量优良品率徘徊不前 1995年城镇以上各种经济类型的建筑业企业的工程质量优良品率为32.2%，与1990年持平。其中国有经济的建筑业企业的工程质量优良品率为44%，与1990年持平；城镇集体经济的建筑业企业的工程质量优良品率为22.7%，比1990年上升2.8个百分点。近几年工程质量一直徘徊在30%左右，重大质量事故增多，质量通病长期得不到根治。

(二) 施工战线较长，竣工率下降 1994年全国城镇以上各种经济类型的建筑业企业的产值竣工率为62.3%，房屋建筑面积竣工率为41.5%，分别比1990年下降16.7个百分点和10.1个百分点。其中国有经济的建筑业企业的产值竣工率为58.2%，房屋建筑面积竣工率为35.9%，分别比1990年下降18.7个百分点和10.2个百分点；城镇集体建筑业企业的产值竣工率为69.1%，房屋建筑面积竣工率为47.8%，分别比1990年下降14.8个百分点和10个百分点。

(三) 企业亏损面有增无减，经济效益欠佳 1994年全国城镇以上各种经济类型的建筑业企业亏损个数为3852个，亏损面为16.5%，比1990年的亏损面增加0.5个百分点；产值利润率也由1990年的1.9%下降到1994年的1.6%。其中1994年国有经济建筑业企业亏损个数为1211个，亏损面为16.7%，产值利润率为1.1%；城镇集体建筑业企业亏损个数为2397个，亏损面为15.8%，产值利润率为2.2%。

三、存在问题的原因及主要建议

建筑业存在的以上问题，既有外部原因，也有内部原因，主要有：

(一) 建筑产品价格背离价值 建国以来，我国工程造价按照计划经济的模式一直实行的是概(预)算加系数为主要形式的计价方式，并实行了低价微利的政策，实际上是计划价格。改革开放以后，虽下力量抓了工程造价的改革问题，如调整了建筑安装费用组成，实行了工程差别费率和利润率，修订了费用定额等措施，但价格背离价值的现象仍然比较突出。目前按国家规定，企业生产的建筑产品虽有7%的计划利润率，但扣除3%的技术装备费，实际上也只有4%的计划利润率，是各产业中利润率最低的行业，远低于社会平均利润水平。

(二) 建筑市场混乱 建筑业是走向市场比较早的行业之一，早在1984年，国务院就提出建筑业要作为城市改革的突破口进入市场。但是随着市场经济发展的不断深入，一些相应的法规、管理制度滞后。因此，目前建筑市场体制不健全，市场行为不规范，市场秩序混乱，没有形成一个统一开放、平等竞争、运行有序的建筑市场环境。如施工工程的行政干预较多，一些管理部门和个别领导写条子、打招呼指定设计、施工单位，用指令方式确定企业上"重点工程"，一些建设单位不遵守市场管理的规定，任意将工程发包给"关系户"，或强行要求垫资承包，并进行不合理的压低标价(一般压3%－7%)；一些施工企业无证或越级承包设计施工任务，出卖证照或图签，不按施工规范施工，使用不合格材料，安全措施不严，质量保证措施无力，使重大质量事故增多，质量通病得不到根治；投标招标中的不正之风，有的工程建设单位过早的泄露标底，有的工程名义上是招投标，实际上是关系单位中标，行贿受贿现象严重，只讲造价低，不管质量好坏。

(三) 企业负担沉重 目前建筑业企业尤其是历史较长的国有大中型企业负担沉重，严重影响企业的竞争能力。其主要负担：一是债务负担，企业资产负债率过高。1995年全国城镇以上各种经济类型的建筑业企业的负债总额为5164.3亿元，资产负债率为76.9%，其中流动资产负债率为98.2%，大大超过世界发达国家企业资产负债率一般保持在45%－50%的额度。二是企业富余人员难以分流，造成人员负担严重。由于在计划经济体制下实行的"低工资、高就业"的固定工就业制度，在当前固定资产投资规模的起伏波动，施工力量大于施工任务的局面得不到扭转的情况下，企业的富余人员有增无减，有的企业富余人员高达30%以上。三是外界向企业摊派多。由于市场管理体制不完善，管理层次多、乱，这些单位大多都向企业伸手，企业上交的费用项目繁多。一个企业承担一个建设项目必须向当地和总部所在地的定额站、建行、审计、工商、公安等部门交纳一定的管理费用，交纳的各种费用多达几十种，如检查评比费、治安联防费、绿化费、修理费、市场管理费、噪音污染费、垃圾清运费、集资费等等。

(四) 企业整体素质不高 随着改革开放的逐步深入和社会主义市场经济的发展，大批新的大大小小的建筑业企业应运而生。目前城镇以上各种经济类型的建筑业企业个数已由1980年的6604个增加到24133个，增长2.5倍，从业人员也迅速增长。企业内部存在的主要问题一是企业管理水平较低。企业经营效益的好坏与企业管理水平有着密切的关系，目前企业都程度不同的存在着管理粗放的问题，管理费用过高。1994年全国城镇以上各种经济成分的建筑业企业管理费用高达303.92亿元，占工程结算利润的75.8%，使施工工程的盈利绝大部分用于企业管理费用。三是管理制度不健全。企业在改革过程中，管理意识浅薄，一味追求扩大经营规模而忽视科学管理和集约化经营，因此，在旧的管理体制打破后，新的管理体制又未能及时建立起来，出现了管理的空档。如项目承包，只强调项目经营的承包，而忽视相应的管理职责，因此出现"以包代管"，"以奖代管"的现象，搞成"包字当头"，层层承包，放弃了行之有效的基础管理制度，更没有建立起现代企业管理制度。

按照党的十四届五中全会提出振兴建筑业使之成为支柱产业的指导思想，必须使建筑业的发展适应社会主义市场经济的需要。必须逐步解决当前建筑业中存在的诸多问题。因此，建议：

—— 国家在宏观经济调控方面应把建筑业作为支柱产业来对待。在保持长期稳定的固定资产投资规模的前提下，逐步理顺施工企业的建筑产品价格背离价值的局面，规范建筑市场，为建筑业的发展和走向市场创造良好的外部环境。

—— 继续深化建筑业管理体制改革，提高企业经营管理水平和企业整体素质。要使建筑业适应市场经济的需要，必须逐步实现企业管理由粗放经营向集约经营、由生产速度型向质量效益型的转变，促使企业以质量求生存，以市场求发展，不断增强自身的竞争机制。

—— 逐步试点现代化管理制度，建立和完善社会保障体系，减轻企业办社会的负担。使建筑业企业达到产权清晰、权责明确、政企分开、管理科学的目标。争取在解除企业历史包袱、产权重组、结构调整、冗员分流、剥离企业办社会职能等各方面有所突破，从而为建筑业企业改制探索新路，积累经验。

—— 建立健全工程质量保证体系，提高建筑产品质量。要搞好工程质量，必须建立健全起一个政府监督、社会监理、企业保证相结合的质量保证体系。作为政府监督，要对施工工程的各环节，包括规划设计、建筑材料、设备安装、装饰装修等各个环节，各个方面来实施全面的质量监督；社会监理首先要建立健全监理机构，建立和完善监理法规；企业内部必须建立严格周密的自检互检制度，不合格的工序决不能进入下一道工序。

—— 培育和发展建筑市场体系，给企业创造一个良好的外部环境。培育和发展建筑市场：一是要全方位管理市场，规范市场中承包方和发包方的交易行为，保证合同的全面履行；二是要进一步扩大招标投标的范围，规范招投标的方式，改进平标、定标的方法；三是加强中介组织的管理，建立对中介组织的资格认证制度和管理制度。

(作者所在单位：国家统计局固定资产投资统计司)

我国住房制度改革问题

陈学斌

八届人大四次会议审议批准了《国民经济和社会发展"九五"计划和2010年远景目标纲要》，明确提出要实现经济体制和经济增长方式的转变。住房制度改革是经济体制改革的重要组成部分。把住房制度改革搞好了，有利于加快住房建设，解决住房困难，保持社会稳定和政治安定；有利于减轻国有企业的社会负担，转换国有企业经营机制，建立现代企业制度；有利于带动房地产业和相关产业的发展，推动建筑业发展成为重要的支柱产业，调整产业结构，促进国民经济持续、快速、健康发展。因而，加快房改，尽快建立住房新制度，对于实现"两个转变"具有十分重要的意义。同时，由于住房制度改革牵涉到千家万户和不同阶层老百姓的切身利益，是当前社会的一大热点问题，因而房改政策的制定、推行必须十分慎重。

一、"八五"期间住房制度改革的进展情况

早在1980年4月，邓小平同志就提出了城镇住房制度改革的总体设想。他说：关于住宅问题，要考虑城市建筑住宅、分配房屋的一系列政策。城镇居民个人可以购买房屋，也可以自己盖。不但新房子可以出售，老房子也可以出售。可以一次付款，也可以分期付款，10年、15年付清。住宅出售以后，房租恐怕要调整。要联系房价调整房租，使人们考虑到买房合算。因此要研究逐步提高房租。房租太低，人们就不买房子了。以邓小平同志的房改总体构想为指南，从80年代初开始，房改进入了探索试点阶段，先后在郑州、沙市、四平、常州等城市进行了公有住房补贴出售、全价出售的试点。1986年，住房制度改革作为经济体制改革的重要组成部分，特别是作为分配制度改革的重要内容，进入了整体方案设计和试点阶段。1987至1988年，国务院先后批复同意了烟台、唐山、蚌埠市的提租补贴试点方案，并在总结试点城市经验的基础上召开了第一次全国房改工作会议。会后，各地采取了新房新租、先售后租、交纳租赁保证金等方式进行了多种形式的单项改革试验。与此同时，理论界对住房究竟是福利还是商品的大讨论也出现了新的突破。总体看，住房制度改革在八十年代主要是以部分城市试点或单项改革为特征，还没有在全国范围内形成大气候。

1991年，国务院下发了《关于继续积极稳妥地进行城镇住房制度改革的通知》(国发[1991]30号)，十月召开了第二次全国房改工作会议，会后，国务院办公厅转发了《国务院住房制度改革领导小组关于全面推进城镇住房制度改革的意见》(国办发[1991]73号)，有力地推动了全国房改的进程，使房改进入了全国范围内的租售建并举、全面推进的阶段。

党的十四大确定的建立社会主义市场经济体制的目标，对城镇住房制度改革是一个巨大的推进。经过十多年的房改探索，特别是社会主义市场经济理论的提出，各级政府和广大城镇居民对住房制度改革的意义、方针等逐步形成了以下共识：

第一，低租金、福利制不是社会主义优越性的体现。建国初期，全国城镇居民人均居住面积为4.6平方米，经过近30年的社会主义建设，到1978年，城镇居民人均居住面积不仅没有增加，反而下降到3.6平方米。尽管原因是多方面的，但应该承认，以低租金、福利制为特征的旧的住房制度不是成功的制度。它使政府和单位背上了解决职工住房的无限责任，负担越来越重，难以为继，不能有效地解决职工的住房问题，同时也带来了住房分配过程中的诸多不正之风。住房作为必需的生活资料，应该作为商品进入市场，发挥市场机制在住房资源配置中的基础性作用，逐步实现住房商品化。也就是说，计划经济时期的旧的住房制度必须进行改革。

第二，改革的同时，必须逐步增加职工工资构成中住房消费含量，增强职工购、建房能力。在实现住房商品化的同时，要历史地分析职工工资中住房消费含量及其变化，实事求是地判断职工的经济承受能力。在房改讨论中，许多老同志、老教授、老工人尖锐地提出，我们赞成住房逐步商品化，但几十年的低工资制度，要我们拿什么去买房？革命工作了几十年为什么还没有自己的住房？这些问题表明，一是过去政策不允许人们拥有房产，二是计划经济时期的传统体制对职工工资中住房消费因素作了统一扣除，职工工资中住房消费含量不足。因此，在改革中应通过建立住房公积金制度或房租补贴的办法予以适当补偿，增加职工的住房消费工资，增强职工购、建房能力。

第三，新房子应当出售，老房子也可以出售。按照三者共同负担的原则，以合理的价格出售公有住房，不是国有资产流失。在旧体制下，现有的存量公房(全国大约30亿平方米)每年以2%的正常折旧速度损耗，最终房倒屋塌，不仅从不增值，而且为维护、管理这些住房，国家和单位每年还要投入大量的费用，据测算在80亿元以上。由于这批公房已经以实物形式分配给职工，职工实际上拥有了占有权、使用权，甚至继承权，因而即便把它看作是国有资产，也是虚有的国有资产；不仅不是财富，最终的净值为零，而且是个沉重的包袱。因此应该稳步向职工出售公有住房，盘活住房存量，促进房地产市场的健康发育。当然，要严格控制公房售价，防止贱价售房，防止刮风，防止国有资产流失。

第四，住房制度早改早主动，越晚将越难推进，改革成本越大。李鹏总理在第二次房改工作会议上指出，房改贵在起步，早改早主动，晚改则被动。李铁映同志在去年底召开的房改经验交流会上也指出，"住房制度改革越早越主动，越晚越被动，越晚付出的改革成本越大。据有关专家测算，1988年到1992年，由于新建住房不断进入旧体制和房价上升，实现住房商品化的改革成本要由317亿元上升到910亿元，年均递增148亿元"。

第五，各级党政主要领导同志对住房制度改革深远意义的认识有了进一步的提高，各级政府都把住房制度改革摆到了重要议事日程。朱镕基同志在全国房改经验交流会上指出，"我确实很关心房改工作，因为我当过市长，知道住房问题关系到城市的繁荣和稳定，关系到调动职工的劳动生产积极性，关系到人民群众的切身利益，是一个非常重要的问题。房改工作搞好了，虽然不一定感受到它的直接影响，但实际上它的意义非常大。人是生产力发展中最活跃的因素，关心人、体贴人，解决好群众的切身利益问题，必然会调动人民

群众无限的积极性和创造性。房改工作确实需要抓得更快一点，更好一点”。目前，全国城镇居民储蓄已达近3万亿元，如何正确引导居民消费，防止冲击市场，是改革过程中的一个重大课题。各级领导都认为住房这种高价值量的商品，是吸纳居民手中资金的最佳手段。大家对房改与社会稳定的关系，对房改与经济增长的关系，对房改与建立现代企业制度的关系都有了新的认识，不再把房改看成是得罪老百姓、丢选票的事。领导认识的提高，是推进房改的一个重要基础。

按照建立社会主义市场经济体制的要求，在总结十几年改革实践经验、借鉴市场经济国家成功做法的基础上，1994年7月，国务院印发了《国务院关于深化城镇住房制度改革的决定》(国发[1994]43号，以下简称《决定》)。《决定》明确了城镇住房制度改革的根本目的，要求“到本世纪末初步建立起新的城镇住房制度，使城镇居民住房达到小康水平”，同时对住房新制度的基本框架作了描述，共七个方面内容，通称“三改四建”。具体说：一是把住房建设投资由国家、单位统包的体制改变为国家、单位、个人三者合理负担的体制；二是把各单位建设、分配、维修、管理住房的体制改变为社会化、专业化运行的体制；三是把住房实物福利分配的方式改变为以按劳分配为主的货币工资分配方式；四是建立以中低收入家庭为对象、具有社会保障性质的经济适用住房供应体系和以高收入家庭为对象的商品房供应体系；五是建立住房公积金制度；六是发展住房金融和住房保险，建立政策性和商业性并存的住房信贷体系；七是建立规范化的房地产交易市场发展社会化的房屋维修、管理市场，逐步实现住房资金投入产出的良性循环，促进房地产业和相关产业的发展。

为尽快建立适应社会主义市场经济体制要求的城镇住房新制度，《决定》对房改政策也进行了统一规范。主要有四个方面：

(一) 全面推行住房公积金制度 所有行政和企事业单位及其职工均应按照“个人存储，单位资助，统一管理，专项使用”的原则交纳住房公积金，建立住房公积金制度。目前单位和个人住房公积金的缴交率分别掌握在5%，已超过这个比例的可以不变。按照“权责一致，利留地方”的原则，加强住房公积金的管理。各地人民政府负责制定住房公积金的归集、使用、管理等有关政策，审定住房公积金的使用计划和财务收支预决算。住房公积金管理机构负责住房公积金的归集、支付、核算和编制使用计划等管理工作，住房公积金的存贷款等金融业务一律由当地政府委托指定的专业银行办理。

(二) 积极推进租金改革 要在职工家庭合理住房支出范围内加大租金改革力度。改革开放以来，职工工资收入逐年增加，1978年全国职工人均工资为615元，1995年上升到5500元。随着职工工资的增长，住房消费支出也应该增加，因而《决定》提出：“九五”期末各城市或地区住房租金原则上达到占双职工家庭平均工资的15%；有条件的城市、地区或单位，应根据实际情况较快实现向成本租金和市场租金的过渡。租金调整后，各地要对租金支出超出家庭收入合理负担比例的部分给予资助，对老同志、老干部和一些经济困难家庭要制定租金减、免政策。(如北京市规定：职工住房在规定标准内的部分，凡租金支出超过家庭合理负担比例的金额，在职职工可以用住房公积金单位资助部分抵交；离退休职工由原单位发放补贴；失业职工可申请免交；社会救济户、优抚户免交新增租金。)

(三) 稳步出售公有住房 城镇公房，除各级人民政府认为不宜出售的，均可向城镇职工出售。向高收入职工家庭出售公房实行市场价，向中低收入职工家庭出售公房实行成本价。目前以成本价售房确有困难的城市或地区，可以实行标准价作为过渡。标准价包括两部分：一是个人用现金支付的房价，按房价与家庭工资性收入的合理倍数关系确定(目前规定不低于所在城市双职工家庭平均工资性收入的三倍)；二是个人在工作年限内得到的住房补贴和公积金，其中一部分应抵交成房价。这样既使房价的确定能适应职工的承受能力，使售房工作稳步推进，又防止低价售房和国有资产流失。职工以市场价、成本价购买的住房，产权归个人所有；以标准价购买的住房，拥有部分产权。要积极发展房产交易市场，规范住房交易行为；发展住房管理、维修、装饰市场，加强售后服务和管理。

(四) 加快经济适用住房的开发建设，建立面向中低收入职工家庭的住房保障体系，满足中低收入职工家庭基本的住房需求 经济适用住房用地，原则上采取行政划拨方式供应。对经济适用住房建设项目，要在计划、规划、拆迁、税费等方面予以政策扶持。

为配合《决定》的贯彻落实，加快房改步伐，国务院办公厅于1995年2月转发了国务院住房制度改革领导小组《国家安居工程实施方案》。从1995年开始，国家每年安排50亿元国家安居工程贷款。实施国家安居工程的指导思想，主要是结合房改，推动房改。作为住房新体制的示范工程，国家安居工程极大地推动了房改进程，受到了城市政府和广大城镇居民的拥护。

《决定》的颁布施行，标志着房改进入了建立城镇住房新制度的新阶段。《决定》发布后，得到了各级政府的拥护，各地出现了深化房改的良好势头。1994年底到1995年初，各地按照《决定》的规定，结合当地的实际情况，加紧制订了深化住房制度改革方案。目前，军队系统、(除西藏外)26个省、区和京、津、沪等35个大中城市以及煤炭、石油、铁路三大系统的深化房改方案均已出台实施，从各地方案看，房改力度普遍加大。

一是公积金制度得到了普遍推行。截止1995年6月底，全国35个大中城市中已有33个建立了住房公积金制度，已筹集公积金110亿元。上海市和江苏、浙江省相当一批城市的住房公积金归集率达到了98%以上;上海市住房公积金截止去年底已归集77亿元，预计1996年将突破100亿元，支持全市四分之一的住宅建设。

二是公房租金进一步提高，公有住房稳步出售。各地普遍加大了租金改革力度，制定了到2000年租金改革方案。租金已从八十年代的每平方米几分钱，提到92年的0.30元/平米左右，95年又提高到了0.60～1.20元/平米;租金支出占家庭收入的比重提高到了5%左右。北京、天津等城市租金一定三年，租金缴交率都达到95%以上，这反映广大城镇居民是通情达理的，积极支持和参与房改，心理承受能力也大大增强了。深圳、大庆等城市已基本达到了成本租金。

与此同时，公房出售工作进展平稳，房价有了动态调整机制，逐年提高，折扣政策得到了规范，产权界定明晰。不同价格购买的房屋，获得的产权不一样。市场价购房获得全部产权;成本价购房也获得全部产权。但五年后才可以进入市场;标准价购房只能获得部分产权。前些年个别地区出现的低价售房问题得到了制止和纠正，并按《决定》的政策进行衔接。

三是政策性住房金融体系开始建立，物业管理开始起步。上海、北京、天津、广州等城市利用住房公积金等房改资金，向购房职工发放政策性抵押贷款。深圳、广州、上海、青岛等城市进行物业管理试点，取得了良好的效果。

四是企业房改进一步展开，出现了一些加快房改步伐的典型。张家港港务局、淮海水泥厂等一些企业将住房补贴理人工资，职工月工资平均增加90多元，租金提高到了成本水平(每平方米5元左右)，售房实行成本价，结果90%的职工都购买住房，减少了租金改革的难度，探索出了企业加快房改的成功经验。目前江苏省正在省内100家企业推广这一经验。经济效益较差的企业如天津重型机器厂，虽然一时难以实行补贴理人工资的办法，但通过成立与生产经营相对独立的房产经营公司，采取逐步过渡的方式推进房改，也大大加快了住房建设速度。成都、武汉等城市的一批企业，按地域或行业联合起来，将住房管理和生产经营相分离，成立股份制、社会化的住房经营管理公司，也取得了良好的效果。

五是各地普遍重视经济适用住房的开发建设，结合国家安居工程的实施，加快了普通民用住宅的建设。《决定》下发后，特别是国务院决定实施安居工程后，各地经济适用住房的开发建设明显加快。1995年，国务院确定59个城市和单位进行国家安居工程试点，进展顺利，实现了国务院领导同志要求的“首战必胜”的目标。到95年底，国家安居工程实际施工面积达到1569万平方米，为计划建设规模1369.5万平方米的114.6%;竣工面积818万平方米，为计划建设规模的59.8%;已销售371.95万平方米，为竣工面积的45%。国家安居工程住房按照房改政策，以成本价直接向中低收入住房困难户出售，为建立城镇住房新体制提供了示范，取得了社会、经济、改革多重效益(石家庄、徐州等城市效果非常明显)。

在房改的推动下，普通民用住宅得到了发展。目前，我国人均居住面积已从房改前的3.6平方米达到7.9平方米。

二、“九五”期间住房制度改革的目标和任务

按照《决定》的要求和全国房改经验交流会的部署，“九五”期间住房制度改革的基本目标是，加快住房制度改革步伐，2000年初步建立起城镇住房新体制。具体内容有：全面建立住房公积金制度;积极推进租金改革，稳步出售公有住房，加快住房商品化进程;逐步扩大经济适用住房供应能力，初步建立社会保障住房供应体系;加快发展住房金融，为住房建设和消费提供全面服务;加快市场体系建设，实现市场管理法制化;逐步建立社会化的住房投资、分配和政府管理体制。

1996年是“九五”的第一年。按照国务院住房制度改革领导小组的部署，全国所有城镇的房改工作要全部纳入《决定》规定的政策轨道，力争在一些重点问题、难点问题上取得突破，为实现房改“九五”目标打下基础。具体说，1996年的房改工作重点是:

(一) 全面建立住房公积金制度，加强住房公积金的管理　目前尚未建立住房公积金制度的城市、地区和中央各部门，都要在一季度内把住房公积金制度建立起来。经济发展较快的城市或地区，1996年职工住房公积金归集率都要达到90%以上，其他地区要努力达到70%以上。各级政府都认识到住房公积金制度建立后，任何一个城市都将归集一笔数额很大的资金。去年全国工资总额为8100亿元，如按10%归集到位，一年就有800多亿元，两年就会达到近两千亿元。据了解，各地挪用住房公积金的现象屡有发生，因此，要进一步完善住房公积金管理体制，力争在规范化、科学化、电算化方面迈出较大步伐。最近，上海市人大已经通过了上海市公积金管理条例。在国家一级，国家体改委也已经将公积金管理条例列入国家立法计划。

(二) 结合工资调整和住房公积金制度建立，加快租金改革　各地在1996年内必须制定并公布2000年以

前的租金改革规划，各城市、各地区的住房租金水平到2000年原则上要达到双职工上一年平均工资的15%。对离、退休职工家庭、社会救济户、优抚户以及失业职工要落实好减免补政策。协调房管部门完善租金使用管理办法和维修服务标准，使群众得到房改的实惠。协调物价部门将租金改革纳入价格改革规划，予以统筹安排。

（三）继续稳步出售公有住房，建立健全售房资金管理和使用制度，完善政策衔接。

（四）搞好国家安居工程，加快经济适用住房建设，建立住房投资、分配、管理的新体制 “九五”期间，每年国家安排的安居工程信贷规模不少于50亿元，并随经济增长逐年有所增加。1996年度的国家安居工程将在88个城市和单位实施，总投资125.5亿元，建设规模1427.8万平方米。要在继续搞好1995年国家安居工程结转项目的基础上，抓紧1996年国家安居工程的实施工作，力争当年开工、当年竣工、当年进户、当年见效。

（五）结合住房公积金制度的全面推行，加快建立政策性住房抵押贷款制度，提高家庭购买住房的支付能力。

（六）总结、推广上海市按城镇居民家庭收入线确定购房对象的办法 各地要根据住房价格和职工收入状况，在1996年制订并出台划分家庭收入线办法。国家安居工程住房和经济适用住房优先保证住房困难户和中低收入家庭，防止出现新的不正之风。

（七）大力推广先行试点企业的成功经验，结合建立现代企业制度试点工作，重点抓好国有大中型企业住房补贴理入工资和住房社会化工作，初步实现住房和企业生产经营的分离。

三、当前房改的几个问题

总的看，城镇住房制度改革进展顺利，取得了很大成绩，进入了建立适应社会主义市场经济体制要求的新的城镇住房制度的新阶段。国务院领导同志对住房制度改革比较满意，今年李鹏总理的《政府工作报告》指出，“住房制度改革有了新的进展”。但是，房改的道路并不平坦，从实际工作看，还存在以下问题：

一是随着住房制度改革的深化，和其它改革一样越来越受到部门利益的影响 房改的主要特点是以城市为单元进行推进，因为解决居民住房问题的直接责任在城市政府，房改的快慢也与城市的经济发展水平、职工收入状况、居民观念直接相关。因此房改政策不能全部搞一刀切，只能统一大的政策，有许多问题还需要城市政府因地制宜、根据实际情况做出决断。许多问题涉及地方利益和中央部门利益的调整，需要恰当处理。《决定》发布后，各地认为目标清晰、措施有力，符合各地的实际情况，是推进房改的好文件。但去年推进售房时，规定售房款要按一定比例上缴财政，企业上缴10%，直管公房上缴85%，纳入财政预算管理，从而严重挫伤了各地的售房积极性，几乎所有单位都不愿意再卖房子。另如，随着住房公积金制度的建立，如何管理这笔个人性质的住房资金才能让老百姓放心，有关部门意见分歧，都想争夺资金管理权，使建立住房公积金这项重要工作进展迟缓。此外，部门利益在城市也时有反映。一些城市公房出售后办理手续十分困难，某市房管部门强调照章收费，测量、评估、办证等各种费用加起来要260多元，房改部门核定才125元。实际上，各部门应树立全局观念，站在推进住房制度改革的高度研究制定政策。早在1993年8月，朱镕基副总理就明确批示，各部门要支持住房制度改革，不要去抓权争利。但尽管如此，这些问题仍时有发生。我们发现房改中出现问题后立即向国务院领导报告，及时调整政策，得到了各地的拥护。1995年12月，国务院房改领导小组在上海召开了全国房改经验交流会，朱镕基、李铁映等国务院领导同志听取了代表们的汇报，并对上述问题作了明确表态：售房款不再上缴，不搞平调；公积金不是财政资金，不由财政直接管理，实行“房委会决策，中心运作，银行专户，财政监督”的管理体制。目前，按照国务院领导同志的意见，正在制定文件下发。上海会议的召开，解决了房改遇到的困难，为1996年乃至“九五”期间房改的深化奠定了基础。有的市长反映1996年将是房改的春天。然而必须看到，房改的道路还会是曲折的。

二是加快房改必须考虑单位、个人的实际承受能力，并兼顾公平 改革开放以来，城镇居民收入快速增长，为加快房改创造了条件，使加快房改具有现实的经济基础。但同时也应看到，相当一批国有企业还处于亏损或半亏损状态，而与住房制度改革同时推行的还有医疗、养老等多项社会保障制度改革，在短期内都需要企业承担一部分费用，这样，单位用于建立住房公积金的资助资金难以落实。与此同时，城镇职工收入差距拉大，一部分收入较高的职工对房改的承受能力较强，但也确有相当一批低收入职工难以承担新增租金的支出。因此，住房制度改革中必须考虑针对不同收入阶层采取不同的政策。目前，公有住房出售采取租买自愿的原则，体现了对部分收入水平较低、尚无购房能力的职工的照顾。各地在租金改革中也都根据实际情况制订了较为具体的减、免、补政策。关键是有关部门要真正落实补助资金的来源，以便确保不要因为改革而影响职工的生活水平。

考虑到过去长期实行低工资制度、而住房分配却并不十分公平，有些人住大房、住好房，有些人无房住；考虑到老职工和年轻职工、有房户和无房户的利益平衡,《决定》明确规定了售房中工龄折扣、现住房折扣和一次付款折扣等政策,力争体现公平原则。但是,和其它任何改革一样,住房制度改革也会涉及到现有利益格局的调整,绝对的公平是无法实现的。只能做到大体上公平,大多数人赞成。因而,还需要进行大量的宣传、解释工作。

三是企业房改作为建立现代企业制度的重要配套改革内容,它的深化需要有关部门的支持 企业将住房补贴理人工资、实现分配货币化后,会使企业工资总额增长,各种以职工工资总额为基数计提的社会统筹费用、税收等,如养老、医疗保险、工会、教育等方面统筹费也将随之增加。这样,客观上会增加企业的负担。因此,需要协调财政、劳动、人事等部门共同研究,提出办法。再者,企业住房补贴、住房公积金进成本后,在起步阶段会减少企业利润,从而影响财政税收,但必须看到,企业通过改革搞活后,最终是会增加财税收入的。另外,由于体制原因,企业住房社会化、把住房经营由企业中分离出来,成为独立的一级法人,有很大困难。目前煤炭、石油等部门都是以局为核算单位,如果不允许企业房产经营、管理机构成为独立核算单位,必然是吃"大锅饭",将会挫伤这些机构的积极性,从而影响企业住房社会化的进程。

四是要加强房改理论研究,继续做好房改的宣传工作 房改的深化,有赖于房改理论研究的深化。目前,一些重大理论问题,如存量住房属性问题、国有资产流失问题,专家学者、政府部门还存在着不同认识,有待进一步探讨,形成共识。另外,房改是一项重大社会制度变革,牵涉千家万户的切身利益。计划经济几十年形成的住房观念,要想根据新的改革形势进行更新,决非是一件简单的工作,不是短时间内可以完成的。因此需要进一步加大宣传力度,形成宣传合力,为住房制度改革的成功共同努力。

(作者所在单位: 国务院住房制度改革领导小组办公室)

[“八五”回顾与“九五”展望专辑]

“八五”改革回顾与“九五”改革目标

乌 杰

一、“八五”时期改革的回顾与总结

（一）我国的改革进入第18个年头，大体经历了三个阶段 第一阶段是改革的起步阶段。从1978年至1984年9月。1978年12月，中国共产党召开了十一届三中全会，在深刻分析国际形势和总结国内经济建设经验的基础上，作出经济对内搞活、对外开放的重大战略决策。当时的改革重点在农村，普遍实行了多种形式的家庭联产承包责任制，调动了农民发展商品生产的积极性，使农业生产结束了长期徘徊的局面，为解决农民的温饱问题创造了良好的条件。在城市，主要进行了企业改革试点，扩大企业经营自主权，使企业活力有了一定的提高。与此同时，开始兴办深圳、汕头、厦门、珠海4个经济特区，开放了14个沿海港口城市。

第二阶段是改革的展开阶段。从1984年10月至1991年12月。1984年10月，中国共产党召开了十二届三中全会，制定了《中共中央关于经济体制改革的决定》。这个《决定》标志着改革重点从农村转移到了城市。这一阶段，以增强企业活力为中心，配套推进市场发育和价格改革，全面推进城市、农村以及科技、教育改革。进一步扩大对外开放，先后开放了珠江三角洲、长江三角洲、闽南三角地带和山东半岛、辽东半岛，以及整个沿海地区，并建立了海南经济特区。这中间经历了三年治理整顿，但经济继续发展，改革的总体进程也在推进。

第三阶段是改革的全面推进阶段。可以暂定为1992年1月至2000年。邓小平同志1992年春天视察南方发表重要谈话拉开了新阶段的序幕。当年10月，中国共产党召开十四大，1993年党的十四届三中全会制定了关于建立社会主义市场经济体制的决定，1995年十四届五中全会又提出“九五”计划和2010年规划的《建议》，这都标志着中国的经济体制改革进入了全面建立社会主义市场经济体制的新时期，改革从微观领域进入宏观领域，改革的广度、深度、力度和难度都超过以往任何阶段。对外开放也由沿海向沿江、沿边和内陆纵深推进，形成了全方位、多层次对外开放的新格局。

（二）改革18年里，“八五”改革进展步伐最快，目标也最明确 “八五”的经济体制改革，正处于改革从第二阶段转入第三阶段的承上启下的时期，或者说是由计划经济到社会主义市场经济的一个分水岭。“八五”时期，全面系统地提出了社会主义市场经济的理论，制定了建立社会主义市场经济体制框架的重要决定。这一时期改革的主要特征是：由重点打破旧体制转向全面建立新体制；由政策调整转向更深层次的改革，由单项改革为主转向综合配套整体推进。无论从改革目标的明晰或是从进展的速度来看，都是前所未有的。

“八五”时期的改革基本上处于三年治理整顿的结束阶段。“七五”后期，在国民经济经历三年治理整顿，较高的通货膨胀得到有效抑制的情况下，我们在总结前些年改革经验的基础上，曾经着手研究了“八五”改革纲要。这个纲要虽然在改革的理论思考方面没有作出新的重大的突破，但在如何取消价格“双轨制”以及加快企业改革进程等方面进行了积极探索。1992年春天邓小平同志视察南方发表重要谈话，理论上出现具有重大历史意义的突破，实践上也出现了飞跃，“八五”改革全面进入高潮。具体地讲，1992年到1993年底，侧重于理论突破和目标的制定，1994年和1995年侧重于体制创新的实际推进，包括价格改革于1993年上半年取得突破性进展，1994年的宏观改革取得巨大成功，1995年又不失时机地提出改革重点转向国有企业，配套推进其它各项配套改革和继续完善宏观体制改革，等等。

回顾“八五”，改革是在邓小平同志建设有中国特色社会主义理论和党的基本路线的指引下，按照党的十四届三中全会《决定》所描绘的蓝图全面展开的，方向和目标明确，步伐快，成绩也更显著。

(三) “八五”时期的改革取得了多方面的新进展

“八五”改革的成就，总的来讲是：国民经济市场化、社会化程度显著提高；政府管理经济的方式正在从直接调控转向间接调控；对外开放的总体格局基本形成；社会主义市场经济的体制框架开始建立；“八五”改革在理论和实践都取得显著突破与进展。

“八五”时期改革理论的突破主要是：创立了社会主义市场经济的理论，明确了改革的目标是建立社会主义市场经济体制。

社会主义市场经济理论的创立，是我们十多年来改革的最重要的成果。自中国共产党十一届三中全会以来，我们在探索经济的社会化、市场化过程中，一直伴随着思想解放和观念的更新，其中需要更新的一个传统观念，就是认为计划经济是社会主义的基本特征，市场经济是资本主义的基本特征。但国内外经济发展的实践都证明，市场在资源配置中起基础性作用，是社会化大生产所必需的，与社会制度并没有本质的联系。这就要求我们从传统观念中解放出来，大胆探索新的社会主义经济理论。邓小平同志在这方面作出了巨大的杰出的贡献。

邓小平同志1979年就指出：“社会主义也可以搞市场经济。”1985年又指出：“社会主义和市场经济之间不存在根本矛盾。”随着对实践的思考与总结，终于在1992年初再一次明确提出：“计划经济不等于社会主义，资本主义也有计划；市场经济不等于资本主义，社会主义也有市场。计划和市场都是手段。”这就对社会主义可不可以搞市场经济这个长期争论不已的问题，作了清楚、透彻、精辟的结论，奠定了建立社会主义市场经济体制的最重要的理论基石。

邓小平关于社会主义市场经济的理论思考很快化为全党全国人民的思想。1992年6月，江泽民总书记在中央党校高级班讲话中，明确提出把“社会主义市场经济体制”作为我国改革的目标。中国共产党的十四大也明确提出建立社会主义市场经济体制。十四届三中全会的《决定》全面勾画了建立社会主义市场经济体制的具体蓝图，从理论、方针到政策进一步明确和完善了社会主义市场经济理论的基本框架。这一理论的创立，是邓小平同志对马克思主义政治经济学的重大发展，使社会主义市场经济理论完成了从实践到理论的第一次飞跃，并启动了再由理论到实践的第二次飞跃。

邓小平同志创立的社会主义市场经济理论，是我们改革的强大思想理论武器，内涵丰富，具有强烈的实践性和开创性。其主要内容概括为：

1. 社会主义市场经济是社会主义公有制与市场机制相结合的一种新型的经济制度。它既不同于过去的社会主义计划经济，也不同于资本主义市场经济。它既要克服市场的盲目性和计划僵化的缺点，又要充分发挥市场有效性和计划宏观性稳定性的长处。

2. 社会主义市场经济体制，就是要使市场机制在国家宏观调控下对资源配置起基础作用，使经济活动遵循价值规律的要求，适应供求关系的变化。

3. 社会主义市场经济体制是一种与社会主义基本制度相结合的新体制。它必须坚持以公有制为主体，国有经济为主导，多种经济成份共同发展；必须坚持以按劳分配为主体、多种分配方式同时并存。

4. 社会主义市场经济体制条件下的各类企业都要有充分的自主权，国有企业、集体企业和其他企业都有适应市场平等竞争的内在机制，在竞争中壮大发展国有企业和国有经济。

5. 社会主义市场经济是法制经济，其宏观调控以经济、法律手段为主，辅以必要的行政手段。要正确处理好当前利益与长远利益、局部利益与整体利益。以及国家、集体和个人之间的利益关系。

6. 建立社会主义市场经济体制是我国的一个伟大创举，世界上没有现成的模式可以借鉴，需要经过全党、全国人民的共同努力，通过解放思想、大胆探索来逐步实现。

“八五”时期改革理论的突破还表现在以下几个方面：

1. 中国共产党的十四届三中全会提出必须建立现代企业制度，实现企业制度创新，并把现代企业制度的基本特征概括为“产权清晰、权责明确、政企分开、管理科学”十六个字。

2. 1995年夏天江泽民总书记视察长春、上海时的重要讲话，不仅提高了我们对国有企业改革的信心，也明确提出了“抓大放小”，对国有企业实行战略性改组。

3. 中国共产党的十四届三中全会决定提出，“效率优先、兼顾公平”，为社会主义市场经济的生产分配奠定了新的符合当前实际的政策基石。

4. 中国共产党的十四届三中全会《决定》中还提出了“资本”的概念和劳动力市场的概念，十四届五中全会《建议》中也提出了资本市场的概念，这也是一个重大突破。正是由于这些突破，我们在发展各类要素市场以及重新认识失业与就业的市场关系等方面，开阔了新的视野。

“八五”期间，关于公司制、股份制以及股份合作制的理论实践探索也取得较大进展。

“八五”改革在实践中的成就主要体现在以下几个

方面:

1. 国有企业改革取得了新进展。这一时期，企业改革由一般的放权让利政策调整转向内部经营机制转换和企业制度创新。在坚持以公有经济为主体，充分发挥国有经济主导作用的前提下，提出了建立现代企业制度的目标模式，提出了由搞活单个国有企业转向搞活整个国有经济，提出了集中力量抓好国有大中企业同时放开放活国有小企业的重要决策。

1994年以来，国务院确定100家国有大中型企业建立现代企业制度试点，同时确定3家国家控股公司和1家综合商社试点，以及57家大型企业集团的规范化试点。制定了《现代企业制度试点方案》，公布和实施了《公司法》，并通过多种形式，探索减轻企业历史包袱的具体途径。

目前，全党、全国进一步坚定了搞好国有企业的信心，对企业改革的重大方针、主要任务和基本工作思路形成了共识。中央抓的100家现代企业制度试点和各地抓的2000家现代企业制度试点工作正在全面展开，大部分试点方案审批工作已结束，一半以上的试点企业已进入方案实施，此外，发展企业集团，企业兼并、联合或引进外资进行重组，企业的搬迁与转产改造相结合，以及企业拍卖、破产等，继续取得进展。通过结构调整，盘活了部分国有资产，为企业改革的进一步深化探索了新路子，积累了新经验。在18个资本结构优化城市中，161户企业进入或正在进入破产程序。各地在国有小企业放开放活方面也积累了一定的经验。

2. 所有制结构有所调整，以公有制为主体、多种经济成份共同发展的新格局正在形成。据统计，从1978年到1994年，纯国有工业企业(即不包括国有经济与其他经济成分混合的企业)的产值占全部工业的比重，由81.56%下降到38.23%，纯集体工业企业(即不包括集体经济与其他经济成分混合的企业)从18.44%上升到38.24%；纯国有企业的劳动力比重从50.07%降至28.24%，纯集体企业则从49.93%降至46.99%；纯国有企业的资产比重从87.98%降到55.59%，纯集体企业从12.02%上升为25.80%。所有制结构的这种调整变化，十多年来具有连续性，但由于股份制与股份合作制的发展，"八五"期间的变化更大些。以股份制企业为例，目前已达3.3万户，股本总额5971亿元，国家以43%的资本控制了57%的社会资本。在"抓大放小"的过程中，一些小型国企也改组为股份合作制。按此情况，到2000年，属于公有经济的产出比重仍将保持在50%以上，其资产比重比产出比重还要高。公有经济的主体地位不会动摇，但纯国有工业企业的产出比重可能会下降到20%左右。

3. 价格改革取得重大突破，市场体系正在全面发育，市场机制在经济发展中开始发挥重要作用，在沿海地区已起决定作用。国家管理的零售物价已由1979年占销售总额比重的95%以上，下降到7.2%。1994年放开了统配煤炭价格，适当提高了电价，较大幅度地提高了原油及粮食和棉花的收购价格。相应改革了原油、成品油、粮食、棉花和化肥的流通体制与管理办法。加快了国有企业、物资和粮食企业组织结构的调整。新的适应市场经济需要的流通企业集团和连锁店以及现代配送中心开始出现，代理制试点、综合商社试点开始起步。有形市场和无形市场都在加速发育。市场配置资源的基础作用明显增强。全国现有生产资料市场4100多个，工业消费品批发市场1000多个，农副产品批发市场1600多个，城乡集市贸易市场8300多个。在"八五"期间，要素市场也发展很快，目前，全国有证券交易所2家，以国债、地方企业债券、投资基金为主要交易品种的区域性证券交易中心17家，证券公司86家，信托投资公司的证券部370多家，上市公司322家，累计发行股票380多亿元，股市总值达4029亿元，全国经国家和省认证的县以上地价评估事务所540多家。劳动部门开办的职业介绍所1.3万家。全国挂牌的人才交流市场1145个。科技贸易机构近5万家，技术合同认定机构1019个。各类信息服务机构3万家。

4. 宏观调控体制包括财税、金融、外汇、投资体制新框架初步形成。原有的以行政手段为主的直接调控体制向综合运用经济、法律等手段为主的间接调控体制转变。1994年，成功地实现了新旧财政体制的平稳过渡，逐步调整了国家与企业、中央与地方的分配关系；建立了分税制；改革了财政预算，初步建立复式预算制度。在税收方面，实行了以增值税为主体的流转税制；统一了内资企业所得税；进一步完善个人所得税法；调整了一些税种。在金融改革方面，逐步建立了以中央银行为领导，国家专业银行为主体，多种金融机构并存的金融体系。逐步建立以银行信用为主体的信用体系。逐步建立了一批保险机构和建立多种保险制度。随着国家开发银行等三家政策性银行的组建，政策性金融和商业性金融开始分离，专业银行向商业银行的转变开始起步。1995年在五个城市里开始了城市合作银行转向商业银行的试点。在投资体制改革方面，在加强国家对基本建设宏观管理的同时，简化审批手段；建立基本建设基金制；推行工程建设招标投标制和法人负责制；实行多元化投资；建立资本金注入制度和逐步建立法人投资和银行信贷的风险责任。此外，按照不同投资主体的投资范围和各项建设项目的投资效益，开始将投资划分为基础性、竞争性和公益性三种类型，并由国家开发银行承担基础项目政策性投融资职能。

5. 社会保障体系的改革正在稳步推进，以养老和失业保险为主要内容的社会保障改革有了新进展。全国已有占城镇职工71.8%和占退休职工80%以上的离退休人员参加了地方退休费用社会统筹。目前，参加失业保险的企业已有50多万个，职工8000万人，占城镇职工的一半以上。一些城市配合企业改革推出了再就业工程。就业规模逐年扩大，1994年比1990年增长8.3%。就业结构改善，1994年末在私营企业、外企及个体劳动的人数达4830万人，占7.9%。医疗保险方面普遍实行了公费、劳保医疗费用与个人挂钩的做法。挂钩面已达到享受对象的80%以上。221个市县的260万职工加入了大病医疗费用统筹。医疗保险试点工作在镇江、九江进入实施阶段，正在扩大试点范围。房改工作有了很大进展。《国务院关于深化城镇住房制度改革的决定》提出了适应社会主义市场经济体制要求的城镇住房新体制的基本框架，要求全面建立住房公积金制度，加快经济适用住房的建设，规范了提租和售房办法。此外，积极探索住房建设、维修、管理的新体制，并建立面向中低收入家庭的、具有社会保障性质的经济适用住房供应体系，实施了国家安居工程计划。经过一年的实践，35个大中城市已有33个建立了公积金制度。上海市每年用于住房建设的公积金已占建房总资金的四分之一以上。公房租金进一步提高，租金已从每平方米0.3元提高到0.6—1.2元。租金支出占家庭收入的比重已从1993年的1.04%上升到5%左右。

6. 农村经济体制在80年代成功的基础上进行了新的探索。家庭联产承包责任制和双层经营责任制得到进一步巩固。乡镇企业已经越过原始积累期，成为推动我国经济持续、快速、健康发展的重要基础，成为许多地区经济发展的新的增长点。1994年全国乡村企业总产值4258亿元，创利润2572亿元，上交税金1591亿元，出口交货值3398亿元。乡镇企业产值已占工农业总产值的26%，占工业总产值的44%，并吸纳了1.62亿农村剩余劳动力。在稳定家庭联产承包责任制的同时，“公司加农户”等社会化、产业化生产方式也有了新的发展。股份合作制在乡镇企业改组中加快推行。正在开展的小城镇试点工作，促进了土地的有偿流转和规模经营，为解决农村剩余劳动力和提高农民收入开辟了新途径。

7. 全方位对外开放新格局已基本形成。1992年以来，中国在沿海开放的基础上，扩大了沿边、沿江和内地对外开放的步伐，已形成了全方位对外开放的新格局。17年来，我们坚持“统一政策，放开经营，平等竞争，自负盈亏，工贸结合，推行代理制”的方向，通过改革，已逐步建立起符合国际通行规则的外贸管理体制。1991年以来取消了所有的出口补贴。1994年改革了外汇管理体制，取消双轨汇率制度，建立起有管理的人民币浮动汇率制度，实现人民币在经营项目下的有条件可兑换。按照公开、公正、效益的原则，实行配额的招标、拍卖或规范化分配。在大幅度降低关税的基础上，1995年又一次降低了多种进口商品的关税。近几年来，我国在建立与国际规则相吻合的涉外经济法律制度方面也取得重大进展。例如，我国制定了涉外投资法，对外商投资的组织形式、鼓励措施、保护办法、经营自主权、争议解决途径等，都按照国际通行的规则作了明确的规定。我国还制定了对外贸易法、涉外合同法，1995年又发布了《指导外商投资方向暂行规定》和《外商投资产业指导目录》，使外商投资与我国国民经济的发展及产业结构的调整更好地衔接起来。

8. 适应社会主义市场经济的需要，我国经济立法进程加快。从1991—1995年，全国人大及其常委会通过法律和法律决定108件，国务院颁布的行政法规116件，大部分是经济法律和法规。特别是近两年，经济立法的进程明显加快。1994年先后通过《台资保护法》、《预算法》、《对外贸易法》、《国家赔偿法》、《劳动法》、《城市房地产管理法》、《审计法》、《广告法》、《仲裁法》等18件法律。1995年上半年，八届全国人大又审议通过了11个法律及有关法律问题的决定，如《中国人民银行法》、《商业银行法》、《保险法》、《担保法》等。国务院发布的行政法规中包括《国家赔偿费用管理办法》、《制止牟取暴利的暂行规定》、《指导外商投资方向暂行规定》等。全国人大目前正在加紧制定的法律有《商会法》、《反垄断法》、《国债法》、《社会保险法》、《计划法》等。经济法律体系的健全为改革开放提供了强有力的保证和法律环境。

9. 科技教育改革稳步推进。科技、教育都制定了发展纲要，1995年提出科技兴国的战略方针，对改革与发展都具有深远的意义。

改革开放的顺利推进，极大地解放了生产力，我国经济连续几年实现了持续、快速、健康增长。1991—1995年国民经济(GNP)增长率平均达到11%，成为世界上发展最快的国家，比世界同期平均的2%高出5倍。尤其是农业，由于各级领导的重视，增加了投入，强化了责任，保持了良好的发展势头。1993年粮食产量达到4500亿公斤，创历史最高纪录。1995年在战胜自然灾害的基础上产量达4600多亿公斤，超过1993年的历史最高水平。1994年以来，针对严峻的通货膨胀，国家在抓紧推进宏观调控体制改革的同时，不断加强和改善宏观调控，在保持经济较快增长的同时，明显降低了物价涨幅，1995年国民生产总值达5.77万亿元，同比增长11.2%。工业增加值2.3万亿元，增长14%。农业增加值1.1万亿元，增长4.5%。到年底，物价指数实现了控制在15%以内的目标，为14.8%。五年来，我国外贸进出口总额增长了1.25倍，1995年进出口总额2800亿美元。国家外汇储备已达到740亿美元。外商投资企业已达23.7万多户。去年外商直接投资实际到位约370多亿美元。人民生活继续改善，城乡居民实际收入稳步增长，储蓄存款今年预计新增8000亿元左右。1995年城镇人均生活费收入3855元，增加4%，农村人均收入1550元，增加5%。

(四)“八五”期间，我们在经济体制改革方面也积累了一些成功的经验

1. 改革要以理论突破、思想解放为先导。改革是一场深刻的社会变革，从农村改革到城市改革、从微观领域的改革到宏观领域的改革、从经济体制改革到科技、教育和社会各个方面的改革，无一不与理论突破和思想解放紧密联系。“八五”期间同样如此。由于提出了社会主义市场经济理论，大大解放了我们的思想，开阔了我们的眼界。可以肯定地说，如果没有理论上的突破和思想的进一步解放，就不可能有今天改革的大好形势。

2. 改革必须与发展和稳定相结合。改革、发展、稳定三者之间是互为条件、相互依存、相互促进的关系，是一个辨证统一的关系。改革是经济和社会发展的强大动力，是为了进一步解放和发展生产力。改革的不断深化，为经济发展和社会稳定创造良好的体制条件。发展是硬道理，中国要实现三步走的战略目标，跻身于现代化国家行列，必须依靠发展。经济发展了，人民生活提高了，可以为社会稳定打下坚实基础，为改革创造一个更为宽松的环境。稳定是改革和发展的前提，改革和发展必须要有稳定的政治和社会环境。“八五”初期，新旧体制的碰撞开始加剧，经济生活中出现了新问题，中央及时提出改革必须与经济发展和社会稳定相结合，必须正确处理改革、发展、稳定三者的关系。近年来，随着改革的深度、广度、力度进一步加大和权力利益格局的重新调整，以及经济生活中深层次的矛盾开始凸现，党中央又及时提出“抓住机遇、深化改革、扩大开放、促进发展，保持稳定”的工作大局与基本方针，使各项改革措施紧紧围绕抑制通货膨胀、调整经济结构，提高经济效益、增加有效供给来进行。可以说，正确处理改革、发展、稳定的关系，是通过改革来调整生产关系解放生产力所必须掌握的治国安邦之策。

3. 改革必须尊重群众的首创精神，要重视法律规范和政策引导。改革中出现的一些新事物、新经验，一般都是由基层和群众创造的。如农村的家庭联产承包责任制、乡镇企业和国有企业改革中的厂长(经理)负责制等等。“八五”期间，群众继续创造了很多经验，例如北京一轻改革，农业向社会化、产业化方向发展，国有大企业通过兼并、改组形成集团化优势等等。对这些经验要很好地进行总结提高。可以说，“八五”改革过程既是动员群众、组织群众的过程，也是发挥群众积极性和创造性的过程。

但是，在总结群众创造的改革经验的同时，还要抓紧制定建立社会主义市场经济体制的总体规划，积极制定法律、法规和条例。对企业的改组，对各种要素市场的发展等，都必须注意运用法律和政策手段加以规范，以更好地引导好、保护好、发挥好群众的积极性。特别是涉及到群众切身利益的改革，如用工制度改革、分配制度改革、住房制度改革和社会保障制度改革，更要广泛听取群众的意见，得到大多数群众理解和支持。

4. 改革必须重点突破与整体推进相结合。重点突破和整体推进，是改革的一种工作方法。是点和面的关系，也是局部和全局的关系。它们之间相互依存、相互促进。没有专项改革的突破，不可能有整体推进。没有点上改革经验的积累，也不可能有面上改革全面展开。在“八五”期间，由于十分注意重点突破与整体推进相结合，所以在价格改革、宏观体制改革方面取得了前所未有的进展。这些方面改革的推进，也将有力地促进企业改革。

重点突破也需要整体推进来扶持。整体推进的实质是要为专项改革的突破创造一个良好的外部环境。如企业制度创新是专项改革，这方面的改革要取得突破，就需要在政府职能转换、完善市场体系、加快社会保障制度改革等方面配套进行。国家体改委目前抓的18个城市综合改革试点、20个综合改革县的试点和57个小城镇发展试点，都是力图体现重点突破与整体推进相结合思路的重要试点。

总之，“八五”改革是成功的，成绩也是显著的。在建立社会主义市场经济新体制方面已经迈出了实质性的步伐。国民经济连续五年保持高速增长，宏观经济形势进一步好转，也充分证明改革的方向和基本步骤是正确的。目前经济和社会生活中仍然存在着诸多矛盾和困难，例如，物价上涨幅度仍然较大，产业结构调整缓慢，国有企业经营效益较差，农业基础不稳，地区差别扩大等等，其原因是多方面的，需要认真分析研究，更需要通过改革逐步解决。党的十四届五中全会提出具有全局意义的两个转变，将是我们进一步解决经济生活深层次矛盾和问题，促进经济持续、快速、健康、发展的关键，也是推进“九五”改革的最重要的保证。

二、“九五”时期的改革目标和任务

(一) 中央关于制定“九五”计划和2010年远景目标的《建议》，在经济体制转变方面提出了两个阶段的目标：一是到2000年，要初步建立社会主义市场经济体制；二是到2010年，要形成比较完善的社会主义市场经济体制 也就是说，前五年的目标是“初步建立”，后十年的目标是“比较完善”。《建议》对这两个阶段目标还做出了进一步的界定，前五年是：“要加大改革力度，理顺经济关系，推动科技进步，调整产业结构，提高经济效益，增强发展后劲，为下世纪开始实施第三步战略部署奠定更好的物质技术和经济体制基础”；后十年是：“要进一步推进管理体制和运行机制的规范化、法制化，更好地优化资源配置，显著提高国民经济的技术水平和整体素质，实现经济和社会的继续发展。”

毫无疑问，只有先实现“初步建立”，才能再实现“比较完善”。在今后五年的时间里初步建立起社会主义市场经济体制，是中央分析国内国际形势，通观经济社会发展全局后作出的重大决策。这个目标绝不能动摇，因为动摇这个目标，就意味着双重体制并存造成的各种消极问题久拖不决，就会贻误我国现代化大业的宝贵时机。也不能降低标准来实现这个目标，因为这个目标是符合实际的，降低标准就等于目标落空，虽然我们会遇到种种困难和挑战，但是实现这个目标的各种基本条件是具备的，这也是我们的历史机遇。

(二) 初步建立起社会主义市场经济体制，意味着从计划经济向市场经济的过渡基本完成，经济运行机制发生根本性转变，市场在国家宏观调控下对资源配置起基础性作用。其基本标准应当是 1. 公有制为主体、多种经济成份共同发展的格局从制度上得以巩固，各种经济成份平等竞争，国家能够基本做到对各类企业一视同仁，企业优胜劣汰机制初步形成。

2. 国有经济的产业布局基本符合国民经济发展要求，在市场竞争的条件下充分发挥主导作用，国有大中型企业基本上建立起适应市场经济的经营机制和现代企业制度，运行效率有显著改善，国有企业历史遗留问题基本解决。

3. 全国统一开放、竞争有序的市场体系初步形成，商品市场体系趋于完善，重要商品的流通体制较为成熟；以银行融资为主的金融市场比较健全；劳动力市场大体形成；土地市场比较规范；技术和信息实现商品化、市场化；各种商品和要素的价格都能基本反映市场供求关系。

4. 政府管理经济的职能有实质性转变，机构设置基本符合市场经济的要求，能够适应我国经济快速增长时期发挥政府积极主导作用的需要，以间接手段为主的宏观调控体系初步确立，能够保证国民经济的健康运行。

5. 以按劳分配为主体，效率优先、兼顾公平的个人收入分配制度初步形成，分配关系的扭曲现象得到明显改革，各种收入基本实现货币化，主要福利项目工资化，个人所得税和财产税成为有力的调节工具。

6. 基本确立起社会统筹和个人帐户相结合的城镇职工养老、医疗保险制度，失业保险和工伤保险体制较为完善，符合社会主义市场经济需要的多层次的社会保障体系基本形成。

7. 建立起较为完善的以家庭联产承包为主的双层经营体制，农业生产因地制宜的规模经营和产业化程度达到一定水平，建立起较为完善的农产品流通体制和政府对农业的保护调控体系。

8. 全方位、多层次、多形式的对外开放格局进一步发展，适应国际经济规则和惯例的对外经济的运行机制基本建立，能够更好地利用国内与国际两种资源和两个市场。

9. 初步建立适应社会主义市场经济要求的法律体系框架。

社会主义市场经济体制初步建立之后，按照邓小平同志的设想，再经过二、三十年的努力才能够在各方面形成一套更加成熟更加定型的制度。

在2010年要基本形成比较完善的社会主义市场经济体制。初步设想的标志是：现代企业制度基本完善，国有经济的产业布局和结构进一步合理，主导作用进一步加强，形成一批具有较强国际竞争力的大企业、大集团和跨国公司；市场体系进一步成熟，商品市场发达，要素市场完善，人民币完全可兑换；货币政策和财政政策的功能比较健全，国家对经济总量和结构的调控达到较为灵敏有效的程度；按劳分配为主体，多种分配方式并存的制度较为完善；有中国特色的多层次的社会保障体系趋于定型；经济管理的法制化程度达到较高水平。

(三) “九五”改革要达到目标任务十分艰巨，必须抓住关键环节，在一些深层次领域取得突破，解决现阶段改革面临的各种难题，或者说是闯过经济体制转轨的若干“关口”

1. 以国有企业改革为中心环节，搞活整个国有经济。这是“九五”改革攻坚的主要难点与重点。如果国有企业和国有经济不能在市场经济条件下发展壮大，我国的基础产业、支柱产业和高技术产业就会萎缩，新经济体制就难以建立起来，公有制为主体和国有经济为主导就会成空话。近些年的改革实践表明，市场机制并不排斥公有制，而是要求国有经济的具体实现形式有所创新，国有经济的微观组织形式和产业分布结构需要进行重大调整。

国有经济的主导作用，表现为以下几个方面：一是对经济社会的协调发展具有支撑功能；二是对产业结构的调整和优化具有引导功能；三是对技术进步和经济素质提高具有先导功能；四是对整个国民经济的运行具有稳定功能。国有经济主导作用发挥得如何，既取决于国有经济的数量，更取决于国有经济分布的结构和质量水平。要保持和巩固国有经济的主导作用，必须把国有资本主要集中于银行、铁路、民航、公路、港口、水利、邮政、电信、兵器、航空、航天、重要装备、基础原材料工业和尖端性电子工业等领域。国有资本掌握了这些命脉领域，其主导地位就不会动摇。需要指出的是，即使在这些行业，也并非需要保持百分之百的国有资本。国有资本通过控股、参股，可以成倍扩大实际支配的资产规模。

搞活国有经济必须搞活其分布的行业和企业。国有企业不只是工业企业，还包括国有商业、外贸、交通、通信和其它服务业企业。国有银行和金融机构，严格说来也是企业，而且是更重要的国有企业。由于国有金融企业和生产流通企业之间还存在着相互制约、相互影响的特殊关系，因此"九五"时期必须把国有企业改革和国有银行改革紧密结合起来，使两者在机制转换中协同步调，互相促进。

搞活国有经济的要领是搞活国有资本，而不是搞活每一个国有企业。因此，中央提出，要通过存量资产的流动和重组，对国有企业实施战略性改组。搞活国有资本，必须解决国家所有权的落实问题，改革国有资产管理体制，建立健全国有资产的管理、监督和营运体系。国有企业靠债务形成的大量资产，并不是国有资本，只有企业净资产才是国家作为所有者的权益。国有资本和其它资本一样，必须获得收益，但是，许多企业资本金严重不足，有的从建立之初就没有注入资本金，而且还背负着冗员和"办社会"等历史包袱。只有统筹考虑这些因素，才能找到促使国有资本结构合理化的有效办法。

国有企业改革是一项系统工程，涉及到政府职能、市场体系和社会保障等各个方面，需要从计划、投资、财税、金融、价格流通、外贸外汇等各个领域采取综合配套措施来推进。江泽民同志说："中央关于国有企业改革的方向、目标、原则和要求都已明确，关键是要进一步解放思想，统一认识，大胆探索，勇于实践。胆子要大一些，步子要快一些"。只要我们坚定不移地贯彻中央的精神，"九五"期间就一定能够实现国有企业机制的根本性转变，就一定能做到按照市场规律的要求搞活整个国有经济。

2. 建立适合我国国情的市场化的农业经济。农业是国民经济的基础。加强农业，保证农产品的供给能力适应国民经济发展和人民生活水平提高的要求，是今后我国改革和发展面临的一个十分严峻的挑战。到本世纪末，农业要达到"四个一千"的战略目标，即粮食年产增加1000亿斤，棉花增加1000万担，肉和水产增加1000万吨，农民人均收入要超过1200元。过去17年农业取得的历史性大发展是在改革中实现的，今后农业要再上新台阶，关键仍在于深化改革。

把农业纳入统一的市场经济体系，必须充分考虑农产品生产和流通的特殊规律。我国改革是从农村最先开始的，而且是最早在农业产出上见到显著成效的。但是，建立市场化的农业经济，实践证明并不是轻而易举的。国家不能通过简单放开对农业的管制，使农产品的生产和流通自动有序地进入市场经济的轨道。农业是一个非常特殊的产业，除了要有灵活的生产经营机制之外，还要有健全的农业保险体系、发达的社会化服务体系和完善的政策调控体系。当前，我国农业的市场化程度已经达到相当水平，即使是粮食的生产经营，大部分也已不受政府的直接干预了。但是现阶段我们还必须实行"米袋子"省长负责制和"菜篮子"市长负责制，粮食企业搞"两条线运行"，占商品粮三分之一的定购粮还要由国家制定统一的购销政策，棉花还继续保留国家的统购统销。与之相对应，部分农业生产资料的生产和销售还要受严格的行政性控制。矛盾和问题必然产生出来。然而，这是实际条件所限，不能不这样做，各级政府必须不折不扣地执行国家的现行政策。从今后的方向来看，农业体制仍然需要按照发展社会主义市场经济的要求，逐步创造条件，建立起有国家政策调控的市场化农业体制。

"九五"期间，农村改革要围绕一些深层次的重点和难点问题展开，在解决小生产与大市场的矛盾发展产业化经营方面，在建立农产品的国家宏观调控和保护制度方面，在与国际市场相衔接利用国际市场资源调节国内市场供求关系方面，在发展小城镇以吸纳更多的农业劳动力形成规模效益方面，一定要有所突破，走出一条符合中国国情的农业现代化路子。

3. 实现生产要素的价格并轨，建立完整的市场体系。资金、土地、劳动力、技术、信息等生产要素的市场化，已经迈出重要的步伐，由此带来的积极变化是明显的，但是目前大都处于"双轨"或"多轨"运行的状态，各种弊病也愈演愈烈。例如资金方面，由于利率不统一，目前将近一半左右的社会融资活动，是在国家计划的银行信贷和证券发行规模之外进行的。这种格局在"九五"时期是不能再持续下去的。市场体系的发育还直接制约着国有企业改革，直接决定着理顺收入分配等各方面的经济关系。因此，国有企业改革的一个重要配套是加快培育市场体系，其中特别要加快培育资本市场和劳动力市场。

统一要素价格是下一步发展要素市场的关键。五中全会《建议》指出："逐步实现主要由市场形成要素价格，是发挥市场对资源配置基础性作用的关键。要素市场发展对法律、管理等方面要求高，对经济和社会稳定影响较大，因此既要积极，又要稳妥。"加快培育市场体系，我们已经积累较为丰富的经验教训，还可以认真借鉴发达国家比较成熟的规则和办法。但要实现利率、工资、地价、租金和其他无形资产价格的市场化，不同地区、不同行业和不同人群的承受能力有较大差别，这就需要采取一定的过渡性照顾措施来实现并轨。

4. *建立健全效率优先、兼顾公平的个人收入分配体制和多层次的社会保障体系。*在市场经济条件下，全部经济活动和经济关系可以区分为两个大的范畴，一是生产体制，一是分配体制，前者完全遵循效率原则，后者则要体现效率优先、兼顾公平的原则。按照社会主义市场经济的要求理顺收入分配关系，首先是使商品的价格和生产要素的价格由市场来形成。目前存在收入分配不合理问题，在很大程度上是由于初次分配关系的混乱造成的，工资、利息、租金不反映真实的市场供求。价格市场化、收入货币化、货币收入透明化，是理顺初次分配关系的基本内容，"九五"期间务必要取得突破性进展。

建立以个人所得税和财产税为主要手段的再分配调节机制也是一件迫在眉睫的事情。"九五"期间要建立健全法人对支付个人收入的申报制、个人收入申报制和储蓄存款实名制。加强个人所得税征管，有效调节过高收入。适时开征财产税、遗产税和赠与税，调节社会成员间财富积累的差异。完善城乡社会保障制度，建立全国统一项目的最低生活保障、救济制度，保障低收入者以及生活困难者的基本生活。

社会保障体系的建设，也要体现效率优先、兼顾公平的原则。"九五"期间要以建立、充实个人帐户为重点，深化养老、医疗保险改革，扩大失业保险的覆盖面，强化失业救济功能，同时要积极发展互助保险和补充保险及个人储蓄积累保障。社会保险要实现法制化，统一管理机构也要在"九五"时期形成。此外，还要落实解决社会保障资金积累不足问题的妥善办法。住房制度要基本完成商品化、社会化改革。

5. *转变政府职能，形成以间接方式为主的宏观调控体系。*首先，要建立起与经济发展和市场化进程相适应的财政政策的功能和手段。提高财政收入在国民生产总值的比重和中央财政收入占全国财政收入的比重，基本消除财政赤字，控制债务规模，振兴国家财政。在合理划分中央和地方、地方各级政府之间事权的基础上，实行科学规范的转移支付制度。完善复式预算体系，在支出和返还上逐步实现零基预算。逐步将企业所得税按隶属关系征收改为按比例共享；个人所得税由分项税制转向综合税制；清理税收减免，统一税制；实现税收征管的程序化和法制化。

其次，是以货币政策工具代替直接的信贷规模控制。必须强化中央银行的调控功能，基本形成有效运行的现代金融体系，运用货币政策工具调节货币供应量，防止通货膨胀。完善政策性银行经营机制，基本实现国有专业银行向国有商业银行的转变，稳步发展城乡合作银行体系。有步骤地放开对利率的直接管制，基本形成以中央银行基准利率为基础、以拆借利率为核心的市场利率体系。全面推行资产负债比例管理，建立中央银行对各类金融机构资产负债比例管理的监控指标体系和金融机构的自律性管理机制，强化风险管理。对银行、证券、信托和保险业实行分业经营，依法管理。

第三，建立适应市场经济新体制的政府机构体系。五中全会已经明确，下一阶段的机构改革，要与建立国有资产管理运营体系、建立合理的行业管理体系相结合，按照精简、统一、效能的原则，把综合经济部门逐步调整和建设成为职能统一、具有权威的宏观调控部门；把专业经济管理部门逐步改组为不具有政府职能的经济实体，或改为国家授权经营国有资产的单位和自律性行业管理组织；对其他政府部门也要进行合理调整。

第四，统一国内经济体制，提高对外开放水平。

在市场经济条件下，要建立并维持统一开放、竞争有序的市场，必须实现国内经济体制的统一，这是企业平等竞争、资源优化配置的基本前提。同时，这也是实现国内外经济互接互补的必然要求。

统一国内经济体制是指在全国各地区、各行业为各种市场主体创造相同的制度环境。最基本的是，同种商品的价格形成机制要一致，企业在市场上的行为准则要统一，税收负担要公平，融资机会要平等。有关的法律、法规和政策必须统一。国内经济体制统一，也并不排斥不同行业自身的运行特点，更不影响企业内部多种多样的组织和管理形式。

"九五"期间统一国内经济体制主要抓住几个重点环节：首先是在同一产业领域，要形成相同的运行规范。其次是清理和消除根据所有制成份确定的体制差异，对外商投资企业逐步实行国民待遇，为各类企业创造平等竞争环境。第三是积极缩小地区之间的体制与发展的差异。

中央多次申明：经济特区和上海浦东新区的基本政策不变。李鹏同志在五中全会讲话中指出:“经济特区要增创新优势，更上一层楼。所有地区都要按照税制改革的有关规定和实施步骤执行。今后吸引外资应当主要靠创造优越的投资环境，靠健全的法制和高效的管理，靠有吸引力的市场。”

“九五”期间要基本建立适应国际惯例的对外经贸体制。从促进我国经济发展的需要出发，把握好我国对外承担的义务和自主权利之间的平衡;适时调整对外经济政策，提高统一性和透明度;逐步减少非关税壁垒，分产业、有步骤地开放国内市场;降低名义关税总水平，提高实际关税征收能力;实现人民币在经常项下的完全可兑换。

(作者所在单位：国家经济体制改革委员会)

“八五”我国宏观经济发展回顾与“九五”展望

郑京平　张英香　严于龙

“八五”计划时期(1991—1995年)是我国改革开放和现代化建设事业均取得巨大发展的时期。以建立有中国特色的社会主义市场经济体制为目标的经济体制改革迈出了一系列重大步伐：财政税收体制、金融体制、外汇外贸体制、价格管理体制、现代企业制度等一系列重大改革举措陆续推出，一些改革已取得一定的成果，还有一些改革正在积极试点之中。在对外开放方面打破了国外反华势力曾企图对我形成的孤立和封锁局面，进一步向广度和深度发展，初步形成了全方位、多层次的大开放格局。以1988年8月到1991年8月三年治理整顿后的新秩序为基础，国民经济和社会发展呈现出快速、稳定增长的勃勃生机：生产力得到进一步地发展;综合国力显著增强;人民生活水平又迈上了一个新台阶。由于市场经济机制作用的明显增强和宏观调控技巧的日臻成熟，虽说“八五”期间出现了较严重的通货膨胀，但是，经过精心调控在避免经济大波动的前提下，基本实现了阶段性的“软着陆”。然而，由于社会主义市场经济体制改革尚未到位，经济生活中的矛盾和问题，特别是一些深层次问题依然存在，在某些方面甚至还很突出，例如：通货膨胀问题、农业问题、国有企业问题、社会分配问题等。“九五”计划时期(1996—2000年)正值承上启下的世纪之交的五年，继续保持稳定快速的经济增长速度(9%左右)，避免出现中高度(10%以上)的通货膨胀，仍应是宏观调控所追求的主要目标。为此，必须积极推进社会主义市场经济体制改革，初步实现由传统的计划经济体制向社会主义市场经济体制的转换，奠定现代化建设的体制基础;并大力推进经济结构调整，实现社会资源的最佳配置和合理充分有效的利用，促进国民经济增长方式从粗放型向集约型的转变，为下个世纪我国经济的进一步发展，顺利实现第三步战略目标创造条件。

一、“八五”计划时期宏观经济的回顾

在“八五”计划时期的五年中，我国的改革开放和现代化建设事业均获得了巨大的发展。对外开放进一步向广度和深度发展，初步形成了全方位、多层次的大开放格局。充满勃勃生机的中国现代化进程再一次向世人昭示了我们建立社会主义市场经济体制，继续扩大开放的坚强决心，以及将发展经济放在首位的战略目标。彻底打破了国外反华势力曾企图对我形成的孤立和封锁的局面。当然，在发展的过程中，再次出现了中高度的通货膨胀;农业发展滞后，国有企业改革进展不快等问题也变得日益突出起来。

(一) 经济体制改革取得突破性进展　1992年初，邓小平同志不顾年事已高，视察上海、深圳等南方城市，并对中国改革开放的一系列重大问题发表了纲领性的意见，提出了衡量改革开放成功与否的“三个有利于准则”，即是否有利于提高综合国力，是否有利于发展生产力，是否有利于提高人民生活水平。随后召开的中国共产党第十四次全国代表大会，向全世界宣布了中国建立社会主义市场经济体制的总体目标，从而进一步明确了我国经济体制改革的方向。1993年底，中国共产党第十四届三中全会通过的《中共中央关于建立社会主义市场经济体制若干问题的决定》更是系统地提出了中国经济体制改革的总体框架。这一系列重大决策，使我国的经济体制改革在“八五”计划期间推出了一项又一项重大的举措。经济体制发生了一个又一个重大的转变。

价格管理体制改革取得显著进展。在商品市场上，已初步形成了由市场供求关系决定价格的新机制。生产要素市场的发育也不断加快。

财政税收改革向着社会主义市场经济体制方向迈

出了重要的一步。"八五"计划时期，我们本着"简化税种，统一税率，便于管理的原则"进行了较大规模的税制改革，成功地完成了新旧财税体制的平稳过渡，实现了以增值税为主的流转税制，统一了内资企业所得税率，进一步完善了个人所得税法。实行了复式预算，打破过去的财政分级包干体制，实行中央与地方分税财政管理体制。

金融体制改革稳步推进。通过改革，我们初步确立了中国人民银行作为独立执行货币政策的中央银行宏观调控体系。组建了国家开发银行、农业发展银行和进出口银行等政策性银行。从而，使政策银行与商业银行的分离已初步形成，专业银行向商业银行的转变开始起步。金融立法取得突破，1995年初，我国公布了《中国人民银行法》和《商业银行法》。金融市场有所发展，国债发行初步实现了市场化。建立包括汇率并轨、实行结售汇制和改进汇率形成机制等在内的外汇管理体制取得实质性进展。

国家计划体制改革进一步深入。国家计划开始转向以市场为基础，变指令为指导，实现由直接调控为主向间接调控为主的转变，计划的重点放在中长期计划上。

外贸管理体制改革已主要转变到运用法律和经济手段的轨道上。国家改进了重要商品的进出口配额管理，对相当一部分出口商品配额实行了市场招标。此外，按照国际贸易准则，调整了关税税率。

企业改革正在积极试点。"八五"计划期间以现代企业制度为主要内容的国有企业改革已开始试点。为此，国务院确定100家试点企业、56家企业集团和3家控股公司。各省市、各部门也选定一些企业作为试点。

社会保障体系、住房制度、教育体制、科技体制等改革也取得了一些新的进展。

(二) 国民经济迅速增长　在整个"八五"计划期间，我国的国民经济发展以1988年8月到1991年8月三年治理整顿后的新秩序和积蓄的经济发展动力为基础，借1992年初邓小平同志视察南方之东风，在中国共产党十四大精神的鼓舞下，呈现出快速、稳定增长的勃勃生机：生产力水平得到进一步的提高;综合国力显著增强;人民生活水平又迈上了一个新台阶。在对外开放方面打破了国外反华势力曾企图对我形成的孤立和封锁，进一步向广度和深度发展，初步形成了全方位、多层次的大开放格局。尽管在1992年末和1993年上半年曾一度出现了经济秩序混乱和经济发展过热的局面，但由于市场经济机制作用的明显增强和宏观调控技巧的日臻成熟，在1993年下半年中央及时出台了整顿金融秩序的"十六条"。并推出了一系列重大的经济体制改革举措。此后，中央始终坚持了"抓住机遇、深化改革，扩大开放、促进发展、保持稳定"的方针，较好地处理了改革、发展、稳定之间的关系。加上实行了适度偏紧的宏观调控政策。从而，实现了在控制通货膨胀，避免经济过热的前提下，保持经济快速稳定发展的目标。

1. 国民经济快速、稳定增长。80年代末期"治理经济环境，整顿经济秩序，全面深化改革"的经济大调整为"八五"初期的经济恢复和后期的快速增长打下了良好基础。实现了国民经济快速稳定增长的目标。"八五"时期，国内生产总值无论在总量上还是在增长速度上都达到历史上的最高水平。1995年，国内生产总值达到57733亿元，按可比价格计算，比1990年增长75.9%，实际年均增长速度达12.0%，比"七五"时期的年均增长率高近4个百分点，经济增长速度在世界经济中独领风骚。同一时期世界经济的增长速度平均为2%，发达国家的经济增长速度平均为1.8%，发展中国家的经济增长速度平均为5.4%，即使是经济增长较快的亚太国家的增长速度也低于我国。在经济总量上提前五年完成了比1988年翻两番的战略目标(见表一)。

表一　"八五"时期国内生产总值年增长率(%)

	1991	1992	1993	1994	1995	"八五"平均
内生产总值	9.3	14.2	13.5	12.6	10.2	12.0
第一产业	2.4	4.7	4.7	4.0	4.5	4.1
第二产业	13.3	21.7	20.7	18.4	13.6	17.5
第三产业	10.0	11.6	9.5	9.6	8.0	9.7

从产业结构看，"八五"时期三次产业发展不平衡仍较突出，经济快速增长是依靠第二产业拉动的，主要产品产量登上一个新的台阶。但第一产业发展不尽如人意，与"七五"相比，年均增速有所下降，第三产业的增速与"七五"期间的增幅基本持平，略低于计划10%的目标。

2. 固定资产投资保持高速增长。固定资产投资高速增长，全社会固定资产投资五年累计完成61637亿元，比"七五"时期增加41893亿元，年均增长36.1%，比"七五"年均增速高21.1个百分点。"八五"时期国有单位投资累计达36704亿元，年均实际增长22.9%，大大高于"七五"年均增长4.1%的水平。能源、交通、通信等投资明显增强，对增强国民经济实力起了积极的推动作用。商品房投资大幅度增长，"七五"期间只投资185.6亿元，而"八五"期间累计投资达4835亿元。

3. 城乡人民生活水平显著提高。城乡居民收入水平稳定增长。城镇居民家庭人均生活费收入实际年均增长7.7%，与"七五"期间平均每年递增4.1%的速度相比，增速明显加快。"八五"期间，农村居民人均纯收入实际年均增长4.5%，比"七五"时期年均增长速度高

1.6个百分点。伴随居民收入的不断提高，居民的生活水平有了进一步改善。从商品销售角度看，"八五"期间，社会消费品零售总额累计达67275亿元，扣除物价因素，实际年均增长10.6%，比"七五"时期的3.3%高7.3个百分点。城乡居民储蓄大幅度增加，到1995年末达29662万亿元，比"七五"末的7034亿元增加了3倍多。"八五"期间国家在城镇顺利地实行了五天工作制，缩短了职工的劳动工时，使劳动者有了更多的时间安排自己的学习、休息和娱乐，提高了生活质量。

4. 对外开放的总体格局基本形成。"八五"期间，我国的对外开放领域明显扩大，地区上由沿海向内地拓展，产业上由农业、加工工业为主向基础产业、基础设施和金融、保险、商业等领域延伸，形成了全方位、多层次的大开放格局，促进了对外经济的加速发展。

对外贸易发展迅速。"八五"期间进出口贸易总额累计达10145亿美元，比"七五"累计总额4864亿美元增长一倍多。"八五"期间年均增幅为19.5%，比"七五"的10.9%高近一倍。其中，进口年均增长21.5%，出口年均增长18.5%。累计贸易顺差近100亿美元。"八五"期间年出口额突破1000亿美元大关，进入世界十大出口国家行列，占世界商品贸易的比重已经由"七五"期末的1.6%上升为1995年的3.3%。出口结构有所改善，1994年，初级产品出口额占出口总额的比重为16.3%，比"七五"末期下降了9.3个百分点；工业制成品所占比重已由"七五"末的74.4%上升到1994年的83.7%。利用外资增长迅速。"八五"时期累计批准外商直接投资项目23.4万多个，仅1993年一年就是整个"七五"时期的3.66倍；协议外资金额达4084亿美元，"七五"期间仅有272亿美元；"八五"期间外商实际投资累计1144亿美元，是"七五"实际投资的8倍。对外经济合作步伐加快。到1995年末，签订合同的国家和地区数达170多个。五年累计合同金额346.5亿美元，完成营业额225亿美元，比"七五"末增加2.1倍。国家外汇储备连年增加。1995年末国家外汇储备达736亿美元，比"七五"末的111亿美元增长了近5.6倍。

二、"八五"计划时期存在的主要问题

"八五"时期，我国改革开放和经济发展均取得了巨大成就。但是，由于引发经济过热和通货膨胀的体制性因素尚未根除，在国民经济持续高速发展、综合国力迅速增强的同时，出现了严重的通货膨胀。农业问题在工业化、现代化加速过程中再次暴露出来。国有企业改革的滞后也已到了不容再拖下去的时刻。

(一) 物价上涨幅度高持续时间长 从表面看来，"八五"计划时期出现的主要问题是通货膨胀率过高，通货膨胀持续的时间过长。"八五"计划期间，全国零售物价总水平平均每年上涨11.4%，其中1994年高达21.7%，居民消费价格水平年均上涨12.9%，其中1994年高达24.1%，是改革开放以来涨幅最高的时期(包括经济震荡最大的1988年在内的"七五"计划时期年均只上涨10.1%和10.6%)。而且，这次通货膨胀率持续上涨的时间也较长。物价上涨幅度持续攀高的时间曾一度达到26个月，比1988年那次物价上涨时涨幅连续攀高20个月要长6个月。过高的通货膨胀率，不仅影响了经济持续高速发展质量，也给国民经济发展和宏观调控增加了难度，加大了城乡居民特别是低收入居民的生活负担，成为国民经济持续稳定发展和经济体制改革进一步深化的巨大障碍。对此，中央从1993年下半年便开始给予了高度重视，及时出台了整顿金融秩序的"十六条"。并推出了一系列重大的经济体制改革举措。此后，中央始终坚持了"抓住机遇、深化改革、促进发展、扩大开放、保持稳定"的方针，实行了偏紧的信贷政策，特别是1994年下半年以来，进一步加大了治理通货膨胀的力度，并取得了明显的效果。使1995年社会商品零售物价涨幅回落到14.8%，居民消费品价格的涨幅回落到17.1%。但尽管如此，"八五"计划时期仍然成为新中国历史上物价涨幅最高的时期。

"八五"期间，物价上涨幅度高，除了"八五"期间经济体制改革所必然引起的物价上涨(如汇率并轨、人民币贬值、税制改革、价格管理体制改革等)，以及政府直接调高主要农副产品和基础工业品的价格等原因外，更深层次的原因是，农业发展滞后，市场秩序混乱，特别是诱发经济过热和通货膨胀的体制性根源尚未根除。

(二) 农业问题再次被推出 中国的农业问题实际上包括两方面的内容，一是农业生产的发展，主要指农副产品供给的增长速度。另一方面是占全国劳动力50%多的农民收入问题。后者与农副产品的价格直接相关。就农业生产发展而言，70年代末开始的农业生产责任制，把农业劳动者的切身利益与土地生产经营的好坏直接联系起来，解决了农民生产积极性的问题，农业生产逐步由传统的粗放经营向精耕细作转变，农业生产连年丰收。但是，由于土地承包制所固有的局限性和国家财力所限，农业生产的发展后劲受到严峻挑战：一是耕地减少及农民对土地只种不养的掠夺性种植。二是对大江大河及其它农业基础设施的兴修严重滞后。三是农业科研的开展和农业科技的进步受到制约。"八五"期间，农业投入明显不足。尽管中央一再强调加大农业投入，受财力限制，对农业的投资在绝对量上虽有增加，但若剔除物价因素，无论是所占比重还是实际投资，均呈负增长(见表二)。企业和个人对农业的投入也缺乏长远考虑。农业投入不足，使农业生产条件没有

得到明显改善，“靠天吃饭”格局仍未改变，影响了农业生产的稳定发展，农副产品供应偏紧的矛盾仍较突出。就农民的收入而言，由于人多地少，难以形成规模。要仅仅依靠人均1.1亩耕地（每个劳动力7－8亩耕地），来保证农民收入不至于过多地落后于城镇，在目前种植业收入仍占农民人均纯收入一半左右的前提下，农副产品价格上涨就成了重要的出路之一。加上农业生产资料价格大幅度上涨，农业生产成本大幅度上升，农副产品的价格上涨就成为必然。这又必然推动食品价格的上升，影响市场物价总水平的稳定。关于农民收入意义上的农业问题在今后的5－15年中仍将会继续影响我国的物价稳定。尽可能地使农业劳动力逐步从农业转移出来是解决这一问题的唯一出路。

表二　国有单位农业固定资产投资情况

时　期	国有单位固定资产投资(亿元)		
	投资总额	农　业	所占比重(%)
“七五”时期	12493.3	303.9	2.4
1986	1978.5	43.3	2.2
1987	2298.0	54.9	2.4
1988	2762.8	63.3	2.3
1989	2535.5	62.2	2.5
1990	2918.6	80.3	2.8
“八五”时期	36076.3	745.4	2.1
1991	2628.1	101.4	2.8
1992	5273.6	132.3	2.5
1993	7658.0	64.3	0.8
1994	8694.6	183.4	1.6
1995	10822.0	264.0	2.4

（三）国有企业改革滞后问题　增强国有企业活力，提高国有企业经济效益，是多年来国有企业改革始终追求的目标，但由于这一改革涉及面太宽，难度大，始终没有找到有效的途径。“八五”期间，国有企业活力不足、经济效益不高的问题仍未得到有效的解决，国有企业资产负债率过高，影响着金融体制改革乃至整个经济体制改革的顺利进行。国有资产的流失也不断引起人们的不满。例如国有工业企业的资产利税率从1990年的10.1％下降到1994年的7.5％。国有企业的亏损也在逐年加重。工业企业亏损面1985年仅为9.6％，而1995年已超过30％。企业亏损额也是逐年增加的，1990年为348.8亿元，1994年已高达438亿元。

1994年国有资产管理局对部分国有企业清产核资的情况表明，国有企业的资产负债率为75.1％，若以损失挂账冲抵所有者权益后，企业的实际负债率为83.3％。1994年清产核资企业资产清查结果表明，清产核资12.4万户企业的全部资产损失达2231.1亿元，全部资金挂账2206.9亿元，这两项之和占清产核资国有企业全部资产的10.7％。也就是说有大约十分之一的国有资产已经流失。国有资产流失的渠道一般是企业的初次分配向个人倾斜、盲目投资造成资产闲置、中外合资企业中国有资产流向外方、股份制改造中的流失，以及国有银行资产被企业蚕食等。在这过程中形成的种种腐败行为更是令人难以容忍，对社会稳定造成了极其恶劣的影响，群众反应极大。此外，国有企业冗员过大，由于体制所限无法逐步裁员，长期拖延，对社会稳定也是一大隐患。

（四）财政金融问题依然突出　“八五”期间，尽管国家对财税体制进行了一系列重大改革，如分税制、复式预算、税制改革等等。但由于这些改革是以兼顾当前利益，重在建立机制为目的的，改革所带来的效应尚未显现出来。加上税收和其它财政收入征收方面的漏洞较大，以及政府支出的刚性增长，势必造成入不敷出的尴尬局面。财政赤字逐年扩大（见表三），加剧了需求的扩张，推动了物价上涨。

表三　“八五”以来我国财政收支状况

单位：亿元

时　期	总收入	总支出	名义赤字	债务收入	实际赤字
“六五”时期	6830.8	6952.0	121.2	403.6	524.8
“七五”时期	13517.7	13978.3	460.6	1237.2	1697.9
“八五”时期	23905.6	25708.9	1803.3	4545.3	6379.6
1991	3610.9	3813.6	202.7	461.4	664.1
1992	4153.1	4389.7	236.6	669.7	906.3
1993	5088	5287	199	739.2	938.2
1994	5218	5793	575.0	1175.0	1750.0
1995	6188.0	6809.0	621.0	1500.0	2121.0

金融系统市场发育程度低，金融改革相对滞后。“八五”期间，随着改革的深入，金融系统也陆续进行了一系列重大改革措施：组建国家政策性开发银行，如国家开发银行、农业发展银行、进出口银行等；专业银行商业化；积极培育资金市场，完善金融体系，股票市场、债券市场逐步建立、发展起来；外汇管理体制改革取得较大进展，变官方和市场双轨汇率为依靠市场调节的单一汇率等等。但相对于持续快速发展的国民经济和其他方面的改革来说，金融改革仍显缓慢，改革远没到位：一是中央银行的独立性依然较差，政府干预和政府行为仍较严重，专业银行自负盈亏的商业化机制也未形成，贷款损失率较大。二是利率制度改革不到位，利率的确立仍需要靠行政命令。存贷款利率也远远低

于市场物价涨幅，形成负利率格局，助长了企业间的相互拖欠。加之金融领域管理秩序尚不健全，资金体外循环和资金黑市信贷较严重。四是货币发行超经济发展仍较严重。“八五”期间，货币净投放5244亿元，比“七五”时期增长2.2倍，年均增长26.1%。狭义货币M1和广义货币M2的年均增长幅度也分别达到30%和32%，均大大高于GDP现价增长速度。五是金融系统市场发育程度太低，尤其是民间金融十分落后，资金市场还不发达，满足不了市场经济的需要。所有这些，都刺激了物价的上涨。

三、“九五”计划期间宏观经济发展展望

“八五”计划时期已经成为过去。“九五”计划时期作为世纪之交的最后一个五年计划时期，作为国民经济发展战略“三步走”的关键转换时期，倍受世人瞩目。今后5年，我国国民经济发展的环境如何？我国国民经济应遵循一个什么样的发展轨迹比较适宜？在经济发展过程中又应注意一些什么样的问题？

(一)“九五”计划期间宏观经济的基本格局 “九五”计划期间我国经济面临着一定的机遇，也存在着严峻的挑战。宏观经济面临的有利条件是：经济体制改革的总体方向已经明确；明显的增长阶段优势；广阔的国内外市场前景；较高的储蓄率和“八五”计划时期大规模的固定资产投资；等等。面临的不利因素是：改革相对滞后；经济增长方式仍未摆脱“高投入、高消耗、低效益”的路子；经济的快速发展与通货膨胀的矛盾仍比较尖锐；基础产业发展滞后；日益激烈的国际竞争；庞大的人口与就业压力；等等。但是，只要我们能够趋利除弊，认真处理好发展、改革、稳定三者之间的关系，处理好经济增长与通货膨胀的关系，我们完全可以在将年通货膨胀率控制在一位数的基础上，继续使国民经济保持9%的年均增长速度，再次创造出令世人叹服的奇迹。

我们面临的有利条件是：

1. 最根本的有利条件是我们已确定了经济改革的总体方向，明确了建设有中国特色的社会主义市场经济道路，可以避免方向不确定带来的损失。此外，紧紧扭住经济发展不放，也已成为全党和全国人民的共识。

2. 明显的增长阶段优势。根据发展经济学理论，当一个国家的人均国民收入超过300美元时，意味着开始进入经济起飞和结构发生迅速变化的阶段，这一经济的起飞过程可以持续20－30年，直到基本完成工业化进程。我国已开始步入这一起飞阶段，在今后的15年内，我国仍将处于这一阶段。

3. 规模更大、层次更高、内容更丰富的广阔市场前景。

4. 较高的储蓄率为支持经济的高增长提供了重要的资金来源。受居民收入持续增长较快以及中华民族传统节俭美德等多方面因素的影响，自70年代以来我国国民储蓄一直保持在高水平上。1978－1995年我国国民储蓄占国民生产总值的比重高达35%以上，居世界前列。估计这种高储蓄倾向在未来相当长的一段时间内将继续得到保持。

5. 对外开放的扩大，与国际经济的接轨，可以为中国经济发展开创更大的空间，资源、资金、技术的广泛交流，对改善中国经济的成长系统是十分有利的。

6. 香港、澳门的回归，海峡两岸关系的改善，有利于中国经济发展，可以分享统一后的共同文明成果。

此外，较为稳定的国际国内环境、城乡之间、地区之间发展的梯度推进模式、丰富的劳动力资源都将成为保持和促进整体国民经济在未来5年及更长一段时间内持续、快速增长的重要因素。

我们面临的不利因素是：

1. 经济体制改革相对滞后。应该说，近几年我们在改革方面已经迈出了许多坚定的步伐，特别是1994年各项宏观改革举措的顺利出台和所取得的预期成果，为建立一个新体制的初步框架奠定了基础。但是，也应看到，与快速发展的国民经济需求相比经济体制改革的任务依然艰巨，离胜利的彼岸还有一段相当长的距离。

2. 经济增长方式仍未摆脱“高投入、高消耗、低效益”的路子。改革16年来，经济增长方式较改革前有了很大的改变，但它仍沿袭了部分老模式的套路。

3. 经济的快速发展与通货膨胀的矛盾日益尖锐。

4. 基础产业、基础设施发展不足。

5. 经济的快速发展与国外竞争压力增大的矛盾。

6. 巨大的人口和就业压力。

综合我国国民经济的发展现状及资源的约束，考虑到经济体制改革的艰巨性，结合对世界经济发展的趋势预测，我们认为“九五”期间国民经济发展可以实现在避免出现中高度通货膨胀(如居民消费价格总水平年均上涨幅度低于10%)的基础上，保持国内生产总值年均增长9%左右(其中第一产业年均增长3.5%左右，第二产业年均增长12%左右，第三产业年均增长10%左右)的总体目标。与此同时，并切实加强结构调整，实现资源最佳配置和合理充分有效利用，争取初步实现由速度型、粗放型经济向效益型、集约型经济的转变，提高经济发展的质量，为国民经济发展战略第二步目标的实现创造条件。

(二)“九五”计划期间经济发展应注意的几个问题 我们认为要实现上述经济发展的总体目标，在“九五”计划时期和今后15年应特别注意以下几点：

1. 认识改革的必要性与艰巨性，抓紧时机继续推进改革。“八五”时期，我国国民经济之所以能始终保持

勃勃生机，达到了12%的增长速度，主要动力之一就是经济体制改革。今后5年，要使经济继续保持旺盛的活力，并逐步消除引发经济过热和通货膨胀的体制性因素，仍必须依靠经济体制改革。然而，我们也必须看到，新时期的改革相对前16年改革，难度要大的多。不仅要继续解决老体制下的一些弊端，而且还要校正一些已有改革的不足甚至失误。解决渐进式改革中伴生的不规范矛盾，涉及既得利益的再调整，势必有更大的阻力和摩擦。如国有企业的改革、专业银行的商业化、社会保障制度的改革、政府行政管理体制的改革等等。对此，我们只能知难而上，积极稳妥地推进改革，再次创造让世人叹服的中国奇迹。逐步实现由传统的计划经济体制向社会主义市场经济体制的过渡。

2. 转变经济增长方式，走集约、高效型的经济发展道路。"八五"期间，我国的经济增长方式始终未摆脱高投入、高消耗、粗放型的特征。随着经济的不断发展，这种经济增长方式的弊端逐渐暴露出来，已到了非改不可的地步。经济效益差，资源短缺的制约日益严重。经济增长的稳定性差，波动频繁。环境日益恶化，商品的国际竞争力差等等。根据对我国未来15年经济增长环境有利、不利因素的综合分析，结合吸取世界其他国家经济增长的经验教训，我们认为，未来5－15年我国的经济增长方式应该是在逐步建立和完善社会主义市场经济体制的基础上，以市场需求为导向，以提高经济效益为中心，以产业结构的调整升级和技术进步为动力，充分发挥我国资金、市场和增长阶段优势，努力提高规模经济效益和外向型经济的质量，促进区域经济协调发展，保护和优化生态环境，走出一条"高增长、中度通胀、高效益"的经济增长道路。这一增长方式的具体内容可归纳为以下几个方面：一是高储蓄，高投资，中消耗，高增长；二是以结构优化为重点，增量上大力加强农业、能源、交通等基础产业和基础设施，改善薄弱环节，增强经济发展后劲；存量上加快调整进程，形成规模经济和高技术含量经济；三是对外经济要从单纯量的扩张转为巩固数量，提高质量；四是继续进行体制改革，进一步激发经济的活力，规范经济行为，消除造成通货膨胀、经济不稳定的体制性因素。但我们也必须看到，即使是这样一个增长模式，要真正实现也是相当困难的。在转变过程中一定要注意渐进性，需分两个阶段完成，先从数量增长型向数量、质量并重型转变，最后转到质量增长型；由粗放增长型向粗放、集约并重型转变，最后转入集约增长型。为了实现经济增长方式的转变，最重要的是实现指导思想由只求快到快与好兼顾，在好中求快的转变。以往由于国民经济基础薄弱，发展水平过低，国际环境恶劣，因而在指导思想上偏重于追求速度的加快和数量的扩张，以满足并不算高但却是日益增长的社会需求，难以同时兼顾效益和质量。如今，经过四十六年的建设发展，特别是经过十六年的改革开放，经济总量有了很大提高，综合国力有了显著增强，人民生活水平有了大幅度提高，经济已有相当基础。加上通过卓有成效的外交努力，争取到了一个相对有利的国际环境，已为我们指导思想上实现经济发展只求快到快与好兼顾、在好中求快创造了必要的条件。求好，就是实现经济结构的全面优化，提高各种资源的利用效率，增强国际竞争能力，减少直至杜绝各种浪费和无效劳动。求快，就是实现整个国民经济在协调、稳定、高效基础上的快速增长。只有这样的增长，才是健康的增长。

3. 继续保持高储蓄率，防止超前消费。象亚洲"四小龙"与日本一样，高储蓄率是我国经济得以持续稳定发展的原动力之一。1978年以来，我国的储蓄率平均为36%，最高的年份达到41.7%。近几年物价的大幅度上涨使的储蓄存款的利率为负数。少数大款和公款消费的示范作用也使的居民消费在某些方面超出了经济发展阶段所应有的水平。如果再考虑到我国政府部门储蓄率的下降事实，则对一个发展中的大国这无疑是一个值得引起高度重视的问题。"九五"期间，应采取适当的政策，如维持实际利率为正值或零，逐步降低通货膨胀率，严格控制公款高消费，加强个人所得税的征管等。继续维持35%以上的高储蓄率，保证经济持续发展的原动力。

4. 应注意协调好本国经济与世界经济的关系。"八五"期间，随着我国对外开放步伐的加快，进一步密切了我国经济同世界经济的联系，国际交往日趋增多，在促进经济发展的同时，也对我国的国民经济发展带来了一些负面影响。特别是人民币汇率并轨，人民币初步实现了在经常项目下的有条件可自由兑换，使大量外资涌人我国。这一方面是我国经济高速发展、充满活力，市场巨大，对外资的吸引作用。另一方面，则是因为相当一部分以投机为目的的国际游资，看准了中国汇率的相对稳定和人民币利率大大高于国外的特点，流人中国的债券、期货、资金借贷等市场，从事投机活动，牟取暴利。大量外资的涌人，固然对国民经济起到了重要的促进作用。但与此同时，也向我国的金融管理部门提出了新的挑战？特别是1995年初爆发的墨西哥金融危机，更是从现实的角度给我们敲响了警钟。不可一味地崇尚外资。更不可在大量内资闲置的情况下，去利用融资成本和风险均很高的商业性外资。如何把握外资流入的数量、结构和速度，如何在外资大量流入的情况下控制好基础货币的投人，进而保证国家的货币信贷政策得以落实，已成为摆在金融调控部门面前亟待解决的课题。此外，作为一个拥有12亿人中的大国，我们完全可以凭借巨大的国内市场来实现规模经济，而不必一味地盲目扩大和依靠进出口。应该采取措施，真正将对外开放从量的扩张转变到质的提高方面来。

5. 妥善处理好人口与就业问题。“八五”期间，我国的人口的自然增长率为12‰，比“七五”时期下降近4个千分点，这对人均经济水平的提高，缓解资源的不足起到了重要作用。但控制人口过快增长作为一项长期国策，远没有达到预期的目标，庞大的人口基数容不得我们有丝毫的松懈。“九五”计划和2010年规划仍需把进一步抓好控制人口增长工作作为一项重要工作。此外，“九五”期间就业压力也会变得更加突出，城镇失业水平在经济年均增长12%的情况下尚且有所上升，1995年达到2.9%，经济增长速度降低后，压力会更大。农村1亿多剩余劳动力的就业问题，也变得越来越突出。8000多万游动农民民工如不能得到逐步的安置，对社会安定将带来无法预测的不利影响。而且如果大量剩余劳动力生活水平的提高仅依赖于有限的耕地和农副产品的话，农副产品价格上涨的压力也始终无法消除。对此，城镇，特别是大中城市绝不可从局部利益出发，采取偏激的管理措施，加剧这一利益集团与城镇居民的矛盾。国家也应通过适当的法律和行政措施，尽可能使这部分人有工可做。如加快公路网、铁路网等基础设施的建设，采取优惠政策加快荒山、荒地的开垦等等。

6. 节约资源与环境保护问题。人均资源稀缺一直是我国经济发展、人民生活水平提高的主要障碍。例如，我国人均水资源占有量仅为世界平均水平的28.1%；人均耕地面积仅为世界平均水平的33.3%。随着人口和经济的不断增长，资源的限制会更加突出，特别是一些无法再生的自然资源。另外，带有国际性的环境污染问题，也日益突出地摆在我们面前。如，北京、上海、沈阳、西安、广州等大城市空气中的悬浮微粒、二氧化硫浓度等，分别超过世界卫生组织卫生标准的3－5倍和1－3倍，被划入世界污染最严重的城市之列。众所周知，环境保护是要耗费大量资金的，但是，尽管如此，环境保护的费用还是要大大低于治理环境污染的费用。而且，对一些无法治理的环境污染则不仅仅是费用的问题，而是人类生活空间和生活质量的问题。作为一个发展中大国在经济起飞阶段我国还难以投入大量的资金来节约资源，保护环境。但是，为了子孙后代，为了顺利地实现国民经济发展第二步战略目标，我们应将这一问题纳入中长期规划。即象《中华人民共和国国民经济和社会发展“九五”计划和2010年远景目标纲要》指出的那样，要“实现经济和社会的可持续发展”。尽可能地采取一些行政管理措施和法律法规手段，节约资源，提高资源利用率，保护环境，提高人民生活质量。

(作者所在单位：国家统计局综合司)

“八五”时期财政情况和“九五”时期财政工作基本思路

李延龄

一、“八五”时期国家财政的基本情况

“八五”期间，在邓小平同志建设有中国特色社会主义理论和党的基本路线指引下，我国经济改革取得重要进展，对外开放总体格局基本形成，经济和社会全面发展，综合国力显著增强，人民生活水平不断提高。在此期间，国家财政改革与发展的形势也是好的：

（一）财税体制改革取得了突破性进展，进一步理顺了财税分配关系 “八五”时期，按照建立社会主义市场经济体制的改革目标，国家财政进行了一系列重大改革，初步建立了符合社会主义市场经济要求的财税管理体制和运行机制。

1992年，为了硬化经常性预算约束，并在建设性预算支出中真正贯彻量财为用的理财原则，加强预算执行情况的效益分析和检查监督，国家财政对传统的单式预算进行改革，初步实行了由经常性预算和建设性预算构成的复式预算制度，这是我国预算管理制度的一项重大改革。

1993年，我们从7月1日起实行了《企业财务通则》和《企业会计准则》，统一了中国境内所有企业的财务会计制度，改变了长期以来按企业所有制、部门和行业，设置财务会计制度的做法，采用了国际通行的会计语言。这项改革是中国财会管理与国际惯例接轨的重大举措，为企业的平等竞争和促进对外开放创造了重要条件。

1994年，是“八五”时期财税改革最重要的年份。这一年，按照党中央、国务院的统一部署，我们对财税体制进行了较为全面的改革。改革主要涉及三个方面内容：一是按照统一税法、公平税负、简化税制、合理分权的原则，改革了税收制度。首先，在普遍征收增值税的基础上，建立了以增值税为主体，消费税和营业税为补充的新型流转税制度。克服了原来不同产品不同税率和社会化协作过程中重复征税的弊端。其次，统一了内资企业所得税和个人所得税制度。此外，根据经济发展

和宏观调控需要，开征了一些新税，对原有税种进行了归并、简化，并对征收范围和税率水平等作了适当调整。二是在税制改革的基础上，将原来对地方实行的财政包干体制改为合理划分中央税、地方税和中央与地方共享税的分税制体制，初步建立了中央和地方税收体系及其相应的税收征管机构。三是改革了国有企业利润分配制度。主要是在税制改革和实施《企业会计准则》、《企业财务通则》的前提下，对所有内资企业统一征收税率为33%的企业所得税，同时取消利税承包办法及对国有企业征收的能源交通重点建设基金和预算调节基金，逐步建立国有资产投资收益按股分红、按资分利或税后利润上交的分配制度。两年来新体制运行的实践表明，以上三个方面的改革是成功的，充分调动了各个方面开源节流的积极性，促进了财税管理工作的改进和加强，同时，多年来税收减免和流失过多的状况也得到了明显改观。

总的看，“八五”时期的财税改革有两个突出特点。一是改革的动作比较大，不仅涉及财税管理体制和管理制度的各个主要方面，而且是具有实质性的改革，重在转换机制，不再是对利益分配格局进行的小的调整。二是改革遵循了市场经济下财税管理的一般原则，并较多地借鉴了国际上成功的管理经验和通行做法，从而为我国建立社会主义市场经济体制和提高对外开放水平创造了基础性条件。以上两个特点说明，“八五”时期的财税改革是我国财税管理体制和管理制度的根本性改革，这是“八五”时期财税工作最重要的成就。

(二) 国家财政实力显著增强，重点支出投入明显增加 在国民经济持续、快速、健康发展和经济体制改革不断深化的基础上，“八五”期间，我国的财政收入保持了较高的增长幅度。据初步统计，1991—1995年，财政收入累计完成22387.63亿元，比计划增加4872.63亿元，超过计划27.8%；财政收入年均增幅达到16.1%，比“七五”时期提高了8.2个百分点。特别是1993－1995年，因为财税体制实行了重大改革，财政收入增加额每年都在800亿元以上。国家财力的显著增强，使财政在促进改革开放、推动经济发展和社会进步方面发挥了重要的作用。“八五”期间，财政支出累计完成24372.93亿元，比计划增加6541.93亿元，超过计划36.7%，财政支出年均增长17.2%。在财政支出中，除了保证政府机构运转和国防需要等国家政权建设支出的必要增长外，还对关系到国计民生的重点支出项目作了较多安排。“八五”期间，财政预算内安排基本建设投资4833.88亿元，比计划增加1992.88亿元，挖潜改造资金和新产品试制费1724.89亿元，比计划增加769.89亿元；支援农业生产支出和各项农业事业费1684.77亿元，比计划增加369.77亿元；文教科学卫生事业费5202.69亿元，比计划增加1517.69亿元；国防费2321.45亿元，比计划增加1321.45亿元。与此同时，财政还通过实施一系列优惠政策支持和促进了各项改革事业的发展。

(三) 加强财政法制建设，使市场经济下的财政法规体系不断健全 “八五”期间，我们根据改革开放和经济发展的需要，有重点地进行了财政管理基本法律和配套法规建设。在此期间，经全国人大立法或国务院颁布实施的法律法规共计61件。其中，《预算法》、《会计法》以及税收征管的一些重要法律，都是在这一时期颁布实施的。

1995年是“八五”计划的最后一年。按照党中央、国务院的统一部署，1995年我们主要抓了完善和深化财税改革，加强各项管理体制和相关制度的建设，确保完成全年预算任务等方面的工作。这一年，各项财政工作都取得了新的进展。

1995年中央和地方预算执行情况良好，新体制对预算执行产生的积极效应已经越来越明显。根据初步汇总的数字，全国财政收入6187.73亿元，完成预算的108.7%，比上年增加969.63亿元，增长18.6%；全国财政支出6809.17亿元，完成预算的107.1%，比上年增加1016.55亿元，增长17.6%。全国财政收支相抵，支出大于收入621.44亿元，其中，中央财政赤字664.42亿元，没有突破预算确定的666.8亿元的数额；地方财政结余42.98亿元。此外，中央财政债务收入1537.69亿元，完成了年初确定的预算。1995年预算执行的特点，一是全国财政收入在1993年增收865亿元，1994年增收869亿元的基础上，继续保持了较高增幅。不仅增值税、消费税等与经济增长密切相关的主要税收稳定增长，一些过去征管难度较大的地方税收，也出现了较大幅度的增长。二是在重点支出适度增长的同时，中央和地方财政支出增幅均低于收入增幅，贯彻适度从紧财政政策收到了初步成效。1995年，全国财政支援农业生产支出和各项农业事业费比上年增加50亿元；文教科学卫生事业费支出比上年增加187.6亿元；生产性基本建设支出增加110.53亿元；企业挖潜改造和新产品试制费增加68.82亿元，在此基础上，全国财政支出增幅低于收入增幅一个百分点，地方财政还出现了40多亿元的结余。以上情况表明，新财税体制对于加强财税管理工作已经产生出积极的促进作用。

1995年在财税改革方面，我们主要对增值税专用发票的防伪识伪功能作了进一步改进，建立健全了有关增值税专用发票管理的法律法规；初步解决了出口退税中的征少退多问题；在取消原体制上解的递增率，相对稳定各地留解水平的同时，积极推进省以下分税制改革，以解决省内地区间分配不平衡问题，缓解县乡财政困难。此外，我们还对中央与地方政府的事权划分，规范化转移支付制度过渡性政策的选择，优惠政策到期恢复征税后特殊问题的处理以及在新税制中更好地贯彻市场经济的公平竞争原则等问题，都作了大量细致的研究，某些方面已取得重要进展。

1995年，随着财税改革的不断完善，财税管理工作普遍得到重视和加强。去年以来，由于新财税体制较好地调动了各级政府开源节流的积极性，各地在开辟新兴财源、加强收入征管和严格控制支出方面的积极性、主动性明显增强，不少地方的党政领导亲自主持研究财税问题，召开财源建设大会，明确提出要调整工作重点，转变理财观念。同时，各级财税部门也在改进税收征管手段、健全征管制度和控制支出增长等方面采取了很多切实可行的措施。如一些地区试行了以纳税人自核自缴为基础的申报制度，推广了计算机等先进征管手段，保证了中央和地方财政收入的平稳增长。一些地方积极改进支出管理，在省本级试行零基预算制度，规范财政资金供应范围，改革修缮费、差旅费、电话费管理，加强了《预算法》的宣传和贯彻力度。所有这些，不仅保证了1995年中央和地方预算的圆满完成，也为进一步加强和规范财税管理奠定了好的基础。

综上所述，“八五”时期国家财政在推进自身改革、改进和加强管理方面，取得了较好的成效，并为促进国家改革开放和经济社会发展做出了一定贡献。但是也要看到，由于我们正处在由传统计划经济体制向社会主义市场经济体制转轨的过程中，财政运行中还存在一些不容忽视的问题，有些问题还比较突出。一是财力严重不足，国家财政特别是中央财政还相当困难。“八五”时期，国家财政收入虽然明显增加，但与经济增长水平相比，财政收入增长则严重滞后。在过去的五年中，GDP每增长1%，财政收入仅增长0.61%，财政收入占GDP的比重已经从1990年的15.8%下降到1995年的10.7%，平均每年下降幅度超过一个百分点。与此同时，“八五”期间的财政支出增幅持续高于收入增幅，致使中央财政赤字从1990年的115亿元扩大到1995年的664.42亿元，增长4.8倍；中央财政债务规模从1990年的197亿元增加到1995年的1537.69亿元，增长近7倍；中央财政内债依存度从1991年的21%上升到1995年的52%。也就是说，目前中央财政的支出安排中，有一半是靠借债来维持的。即使如此，国家财力与经济和社会发展的资金需要相比，仍有比较大的距离，不仅重点建设投入严重不足，一些本应由政府出资解决的公共设施和基础设施建设没有足够的财力保障，不少基层政府甚至无法保证正常发放工资和必要的办公经费。二是国家财政在调节社会分配，促进地区协调发展和优化资源配置方面，宏观调控能力减弱。由于国家财力不足，预算缺乏必要的回旋余地，财政按照宏观经济政策要求调整资金供需总量和结构的能力非常有限。同时，由于游离于预算之外的各方面建立的“基金”过多，预算外资金增长过快，这些“基金”直接间接地参与了财政分配，而且日益严重，造成国家财权和财力分散，在很大程度上抵消了财政调控效应，财政政策缺乏统一性和完整性，使之对经济的影响力大大减弱。

此外，财政法制建设虽然在“八五”期间取得了重要进展，但仍然滞后于社会主义市场经济发展的需要。有些在传统体制下制定的法规，需要按照新的要求进行清理、修订，有些在新形势下出现的新问题，还需要用法律的形式加以规范。特别是在财政执法中，有法不依、执法不严的情况比较普遍，财经秩序在某些方面还比较混乱。

二、“九五”期间财政工作的思路与设想

党的十四届五中全会通过的《中共中央关于制定国民经济和社会发展“九五”计划和2010年远景目标的建议》(以下简称《建议》)，把缓解财政困难、做好财政工作摆在了重要的位置，并且明确提出了振兴国家财政的任务。《建议》第28条指出：“为解决国家财力严重不足，宏观调控能力减弱的问题，必须调整国民收入分配格局，通过深化财税改革，健全财政职能，加强税收征管，提高财政收入占国民生产总值的比重和中央财政收入占全国财政收入的比重。”去年年底召开的中央经济工作会议，中央领导同志又反复强调了重视和解决财政问题的重要性和紧迫性。这不仅是由于目前的财政困难十分突出，更重要的是，妥善解决好财政问题，事关改革与发展的大局，事关“九五”计划和2010年远景目标的实现。因此，以振兴国家财政为中心，深化财税改革，加强财政管理，健全财政职能，是“九五”时期财政工作的基本任务。

根据以上情况，我们提出了“九五”期间财政工作的基本思路，还要根据八届全国人大四次会议通过的经济和社会发展《纲要》，进一步调整完善。初步考虑，“九五”期间财政工作的主要目标是：继续实行适度从紧的财政政策，从开源和节流两个方面采取措施，基本消除财政赤字，控制债务规模，为下个世纪初实现振兴国家财政的目标奠定基础。实现上述目标，虽然有利条件不少，但难度也是相当大的。主要是财税改革还处在完善过程当中，传统体制下形成的分配格局还具有较强的刚性；政府职能转变和财政管理责任的相应调整还需要一个过程；企业效益不高和税收优惠政策的存在还制约着财政收入增长；大量的债务负担和财政欠帐还需要相当长的时间逐步消化。而且在深化改革的过程中，很可能还会对财政带来一些负面影响。因此，要落

实《建议》确定的目标，必须从多方面采取切实措施。

(一) 大力发展经济，不断开辟和壮大财源 经济发展是财力壮大和财政振兴的基础，要正确处理好“取”和“予”的关系。“九五”期间，国家财政仍将尽力安排资金支持农业和农村经济的发展，支持国家重点建设。要认真落实党在农村的各项经济政策，中央财政在按《农业法》要求，安排好本级支农支出的同时，将督促地方各级财政增加支农支出安排，合理调整投入结构，保证资金的及时足额到位。同时，我们将充分运用价格补贴、财政贴息等政策手段，引导农村集体和农民加大农业投入力度;要围绕经济社会发展目标和产业政策，增加国家战略重点方面的投入，积极实施科教兴国战略，促进经济增长中科技含量的提高。要重视加强和改善财政宏观调控，促进企业加强内部管理，加快改革、改组、改造步伐，切实转变经济增长方式。

(二) 健全财政职能，转变理财观念，提高政府的公共服务水平和宏观调控能力 健全财政职能首先要按照建立社会主义市场经济体制的要求，保证国家财政职能的完整和统一，使国家财政在充分行使公共财政职能的同时，能够通过实施财政政策，运用预算、税收手段和预算内外的综合财力，促进国民经济和社会的协调发展。同时，要适应政府职能转变的需要，合理调整财政支出供应范围。国家财政预算内投资要逐步退出“竞争性”投资领域，通过压缩一般性项目投资，增加对农业、能源、交通等基础设施、基础产业和某些支柱产业、高新技术产业等方面的投资。在支持社会事业发展方面，要以“社会公共需要”标准重新界定国家财政的负担范围。

(三) 理顺分配关系，调整理财权限 “九五”期间，在巩固和完善已经出台的改革措施基础上，我们将通过深化改革，进一步规范中央与地方分配关系。一是按照中央与地方事权划分，建立比较规范的转移支付制度。分税制财政体制运行两年来，初步形成了由体制补助、专项补助和税收返还构成的转移支付体系。但是，这一体系还不够完善和规范。从国际经验看，建立规范化的转移支付制度，不仅要明确划分中央与地方政府事权，而且在测算方法和统计数据完整性方面都有比较高的技术要求，目前的主客观条件尚未完全成熟。特别是中央财政目前仍处于紧运行状态，赤字较大，债务负担较重，近期内可用于转移支付的财力有限。因此，从今年起，我们准备从现有条件出发，选择一些客观性、政策性因素，采用相对规范的办法，进行有限的转移支付，重点缓解民族地区和困难地方财政的突出矛盾和问题。同时抓紧研究规范化转移支付办法的实施方案。二是根据经济发展和税源、税制变化情况，适当调整中央与地方收入范围，逐步完善中央和地方税收体系，并视条件成熟情况，赋予地方政府一定的税政管理权限。

(四) 实行适度从紧的财政政策，努力消除财政赤字和控制债务规模 随着新财税体制和运行机制的建立与完善，“九五”期间需要进一步加强财税管理，建立与其相适应的管理制度，使财政管理工作逐步走上科学、规范的轨道。同时，为了消除财政赤字，需要继续实行适度从紧的财政政策，调整支出结构，在保证重点支出适度增长的同时，压缩一般性开支，努力做到支出增长平均低于收入增长的幅度。完成上述任务，需要做好以下工作：一是改革和完善复式预算制度，使国家预算反映国家财政资金收支的整体情况。要改进目前的预算编制办法，编制政府公共预算、国有资产经营预算和社会保障预算。编制国有资产经营预算旨在加强国有资产管理，防止国有资产流失，同时，通过对国有企业有计划的再投资，贯彻国家产业政策和实施地区经济发展战略。在财政统一管理政府内外债务以后，要将债务收支纳入预算管理，并设立中央偿债基金。二是要继续完善税制，适当调整税率，扩大税基，开征新税，防止收入流失。要按照市场经济的公平竞争原则清理、调整税收优惠政策，对不同所有制、不同地区的企业实行公平税负，以促进企业平等竞争;要严格控制个人收入的不合理增长，改进和加强个人所得税征管工作，缓解个人收入分配不公的矛盾，增强财政收入增长的内在稳定机制;要进一步完善流转税体系，逐步提高经济增长的税收贡献能力。三是按照《预算法》的要求，严格各项预算管理制度，坚持自下而上编制和审批预算，保持预算的真实性。要坚持按税政权限划分和管理收入，逐步取消任何形式的税收减免，严格税收征管;坚持对财政支出的严格管理，按程序审批预算追加，杜绝随意开支出口子的做法;要淡化和改变一些重点支出增长与国内生产总值或财政支出增幅挂钩的做法，逐步实行零基预算，根据财力可能，统筹安排各项支出。

(五) 健全财政法制，强化财政监督，实现以法理财 “九五”期间及到2010年，我们要逐步建立《财政法》、《税收基本法》、《国有资产法》、《国债法》、《财政监督法》等一些财税管理的基本法规，用法律的形式规范中央与地方事权划分、税政权限划分以及转移支付制度等大的体制关系，并且要抓好相关法规的配套建设，把改革中行之有效的管理措施用法律的形式固定下来，使我们的财政运行进一步纳入法制化的轨道。在加强法制建设的同时，要加大严格执法的力度，建立起日常监督与重点监督相结合的完备的财政监督体系，重视社会监督机构的建设和人员素质的提高。

振兴国家财政，是今后十五年国民经济和社会发展中一项举足轻重的任务，也是一项复杂的系统工程，

"九五"期间关键是创造条件，打好基础，积累经验。从以往历次财税改革的情况看，要落实上述各项措施是有相当难度的。因为目前财政体制中的难点问题，是在多年形成的利益格局下积累起来的，每一项改革措施的出台不仅会要求管理制度和管理方法作相应调整，更会直接触及到各方面的利益。因此，要顺利推行各项措施，必须在全社会范围内统一认识，达成共识，争取各方面的理解、支持和配合。

(作者所在单位：财政部)

当前的金融形势和"九五"期间金融改革和发展的基本思路

戴相龙

一、我国金融业在改革中发展

"八五"期间，我国金融业在改革开放中不断发展壮大，各项工作取得很大成绩，金融业在促进国民经济发展和治理通货膨胀中发挥了重大作用。到1995年末，国内金融机构存款约53900亿元，比1990年末增加约4万亿元，年均增长30.9%；贷款余额为50500多亿元，比1990年末增加约33000亿元，年均增长23.4%。其中：国家银行存款余额约38700亿元，比1990年末增加27000多亿元，年均增长27.2%；贷款余额为39170亿元，比1990年末增加24030亿元，年均增长20.9%。1995年底流通中现金约7900亿元。"八五"时期，现金投放共增加5241亿元，年均增长24.4%；狭义货币供应量M1(流通中现金＋企业活期存款，通称M1)年平均增长26%；广义货币供应量M2(狭义货币供应量＋企业定期存款＋储蓄存款等，通称M2)年平均增长29.7%。经过努力，1995年零售物价增长降为14.8%，达到预定控制目标。同时，金融改革也取得了重大进展。以中国人民银行为领导，国家政策性银行和国有独资商业银行为主体的、多种金融机构并存、分工协作的金融体系基本形成。初步实现了政策性金融业务与商业性金融业务分离，组建了三家政策性银行，国有专业银行开始向国有独资商业银行转化。按照分业经营、分业管理的原则，规范了金融市场。外汇体制改革取得了突破性进展，实现了经常项目下的人民币有条件可兑换，外汇储备增加、人民币汇率平稳、金融立法有重大突破，《中华人民共和国中国人民银行法》、《中华人民共和国商业银行法》等几部重要法规已颁布实施，中国的金融业改革和发展开始步入法制化轨道。

1995年，金融运行平稳，金融形势稳定，有效地支持促进了国民经济持续、快速、健康发展。

(一)执行适度从紧的货币政策取得成效，金融宏观调控水平进一步提高

1. 现金投放明显减少，货币供应量增幅平稳回落。1995年底，流通中现金约7900亿元，当年净投放600亿元，比上年少投放820多亿元，比计划少投放900亿元；狭义货币供应量(流通中现金＋企业活期存款，通称M1)约为24000亿元，比上年增长16.8%，比上年增幅低10个百分点；广义货币供应量(狭义货币供应量＋企业定期存款＋储蓄存款等，通称M2)约60800亿元，比上年增长29.5%，比上年增幅下降近5个百分点。货币供应量增幅下降，对抑制通货膨胀起了重要作用。去年现金投放减少，反映控制固定资产投资和消费基金增长有成效。但是，去年现金投放，是在连续几年高投放和大量使用银行卡的基础上增加的，并不意味着银根太紧，广义货币M2的增长幅度仍然高达29.5%，流通中货币存量仍然偏高。

2. 存贷款持续增加。1995年金融机构存款增加近13000亿元，其中，城乡居民储蓄存款增加8130亿元，年底余额29700亿元。金融机构贷款比上年增加9340亿元。在全部金融机构存贷款中，国家银行各项存款比年初增加9375亿元；各项贷款比年初增加6703亿元，扣除农副产品收购超计划316亿元，全年新增贷款6387亿元，控制在调整计划6400亿元以内。全年保费收入556亿元，比1994年增加116亿元。

3. 人民币汇率稳定，国家外汇储备达735亿美元，比上年末增加219亿美元。

4. 中央银行调控方式进一步改进。1995年1月1日、7月1日中央银行调高贷款利率，对金融机构办理特种存款、融资券407亿元，全年资金运用比上年少增1000亿元。经国务院批准，对有市场、有效益的工业生产和将要竣工的重点建设及时追加贷款300亿元。这些调控措施对于抑制过旺的资金需求，促进国民经济持续、快速、健康地发展，发挥了重要作用。

(二)金融监管明显加强，金融秩序明显好转

1995年《中国人民银行法》、《商业银行法》、《保险法》和《票据法》四部金融法律相继出台，标志着我国金融法律体系基本框架已经形成。按照《中国人民银行法》的要求，人民银行在加强日常监管的同时，集中力量对部分地区金融机构外汇业务进行全面检查，及时打击了非法套购外汇和骗取出口退税等违法行为；对商业银行资金来源与资金运用、房地产信贷业务和绕规模贷款进行了专项清理；制止了证券回购业务中的“卖空”行为，组织推进债务清偿工作；清理并撤销了部分越权批设的商业银行办事处；工商银行、建设银行所办的89家信托投资公司，59家已经撤销，其余的股份制公司正在按有关规定办理股权转让，对非银行金融机构重新登记，并对中银信托投资公司进行接管。

（三）金融体制改革和对外开放迈出新的步伐 国家专业银行自政策性业务划分出去以后，正在向商业银行逐步转变。国家开发银行、农业发展银行、进出口银行在政策性银行资金筹集和运用、内部管理和业务委托方面进行了有益的探索，分别在支持国家重点建设、加强农副产品收购资金管理、推进机电产品出口方面发挥越来越大的作用。城市合作银行试点工作进展顺利，已批准组建16家，其中3家已正式开业。中国人民保险公司分设财险、寿险、再保险三个子公司的改革正在顺利进行。经过认真准备，全国同业拆借市场已于今年1月3日联网运行。

1995年底，在华外资营业性金融机构139家，总资产近200亿美元。我国国有商业银行境外设立的分支机构也不断增加。到1995年底，工、农、中、建、交五家银行在境外设立营业性机构522个，人保公司在境外设立机构32个。

（四）调整信贷结构，改进金融服务，有力地支持了国家重点建设、大中型企业、农业等方面的合理的资金需要

1995年，金融系统围绕抑制通货膨胀这一中心任务，从严控制信贷总量，按照国家产业政策和信贷政策，把握信贷投向，集中资金支持了重点地区、重点行业、重点企业和重点项目的资金需要。人民银行会同经贸委和有关银行建立了千户大型企业生产经营信息网络。国有独资商业银行支持企业依法破产，当年核销呆帐准备金86亿元。1995年，农业银行和信用社发放农业贷款、乡镇企业贷款比年初增加1154亿元，比上年多增加371亿元，其中，农业银行按计划增加了对粮棉生产基地县的贷款；国家银行工业流动资金贷款比年初增加1525亿元，比上年多增加224亿元；固定资产贷款比年初增加2024亿元，比上年多增加162亿元，有力地支持了农业、大中型企业和国家重点建设。

（五）银行业经营管理水平有所提高，利润上升 各家银行认真贯彻《商业银行法》，把工作重点转移到加强经营管理和提高资产质量上来，在降低经营成本、积极推进资产负债比例管理和风险管理方面取得了新的成绩，全年实现利润300多亿元，其中，工、农、中、建四家大的国有独资商业银行，1995年国内实现利润231.8亿元，比上年增加61.5亿元。国有独资商业银行总行对全行资金调度能力普遍加强，撤并了一些业务量过低、亏损严重的营业机构，其中农业银行撤并、转迁了2000多个营业机构。交通银行进一步完善了统一法人体制。其他商业银行在改革中稳步发展，取得了较好的经营成果。中国人民保险公司实现扭亏为盈。

（六）金融队伍建设进一步加强，金融犯罪下降 1995年，金融系统干部职工认真学习党的基本路线和邓小平同志关于建设有中国特色的社会主义理论，取得较好成果。推广工商银行济南分行文明用语和文明服务经验，受到社会好评。金融系统深入开展反腐败斗争，取得了阶段性成果。特别是“七行一司”联合下发有关文件，禁止用公款“吃喝玩乐”，清理超标准用车，取得明显效果。各银行分支行主要领导干部的交流工作已经开始。1995年，金融系统立案查处两千元以上经济案件2351件，比1994年下降8.7％。“三防一保”取得成绩，查处诈骗、盗窃、抢劫案件862件，比上年下降40％，其中堵截住481件，堵截率55％。

尽管当前的金融形势比较平稳，但还要清醒地看到，我国正处在一个转轨和变革的时期，经济运行中的深层次矛盾、金融体制本身的不完善，都不可避免地在金融宏观调控和金融运行中反映出来。当前主要的，一是货币供应总量增长仍然过高，通货膨胀压力依然很大。二是金融机构违规违章现象仍比较严重。三是国有商业银行经营管理水平较低。四是金融服务跟不上经济与社会形势发展要求。以上这些问题急需要认真解决。

二、近几年来金融工作的基本经验和教训

“八五”期间，在党中央、国务院的领导下，金融系统干部职工在促进经济发展、治理通货膨胀、深化金融改革方面做了大量工作，取得很大成绩，获得许多重要经验。同时，也有不少教训。认真总结这些经验和教训，对我们做好“九五”时期金融工作是十分必要的。

（一）执行适度从紧的货币政策，保持货币币值稳定，是促进经济增长的基本条件 1992年下半年和1993年上半年，由于投资和消费增长过猛，引发严重通货膨胀。这次通货膨胀，尽管没有导致居民抢购食品和提取银行存款，但是，因此而造成的投资损失、债务拖欠、社会成员收入差别扩大和金融风险的积聚扩大，都是无法估计的。去年仅保值储蓄和保值国债共贴补近300亿元。近几年，党中央、国务院决定实行适度从紧的财政和货币政策，控制通货膨胀取得很大成绩。但要清醒地看到，当前我国出现的通货膨胀，原因比较复杂，

特别是由于固定资产投资体制尚未得到根本改革，对消费基金过快增长还缺少有效控制办法，国有企业的困难短期内不会有重大改变，农业生产基础薄弱，因此，通货膨胀的压力在较长时间内依然存在。去年底，全部金融机构企业存款17323亿元，比上年底增长30%，说明企业存款增长幅度很大。当前，不少企业资金紧张，主要是企业挤占流动资金用于固定资产投资和经营管理落后。解决这个问题，除了银行要对有市场、有效益的生产经营适当增加贷款外，主要靠深化企业改革，不能靠放松银根。至于军工、森工、煤炭等行业的困难，原因十分复杂，也不能依赖增加贷款来解决。党的十四届五中全会决定，在"九五"计划期间，仍然要执行适度从紧的财政和货币政策，把抑制通货膨胀放在首位，对此，我们金融界要坚决执行。对执行适度从紧货币政策，保持货币币值稳定，也要有一个正确理解。适度从紧的货币政策包括以下主要内容：一是控制货币供应量，今后几年使货币供应量M1增长幅度控制在经济增幅与物价增幅之和以内。二是维护银行经营自主权，建立贷款责任制，使贷款质量比过去逐年提高。同时，调整信贷结构，盘活贷款存量，增加有效供给。三是把物价上涨控制在社会和居民可以承受的范围内。今后，把物价上涨控制在10%左右，"九五"时期要把平均物价上涨率控制在比经济增长率低一、二个百分点，是比较适宜的。四是充分发挥中央银行间接调控作用。五是把适度从紧货币政策看成全国宏观调控的重大经济政策，人民银行从紧控制货币供应量，需要财政、投资、消费、物价、贸易等政策的协调配合。

(二) 加强金融监管，维护金融业合法稳健运行，是金融业改革和发展的重要保证　我们要清醒地认识到，在目前金融平稳运行的背后，还潜伏和聚积着很大的风险，归纳起来有以下十个方面：一是银行信贷资金周转慢，1994年全部信贷资金一年周转只有1.08次，1995年尚未好转；二是金融机构资产质量下降，不良贷款比例上升；三是国家银行经营效益较差，应收未收利息大量增加，资产利润率和资本充足率下降；四是非银行金融机构违规经营严重，用虚假资产来掩盖日益增加的未偿负债，掩盖了巨额亏损"黑洞"；五是国有商业银行帐外经营数额大，有相当部分投资和拆出资金收不回来，金融风险逐步暴露；六是一些金融机构境外投资失控，资产流失严重；七是金融衍生产品交易损失严重；八是在清理违规证券回购业务中有几百亿元债务尚未偿还；九是商业银行在代理发行企业债券中，由于企业不能按期归还，迫使银行垫付资金；十是金融业大案、要案出现上升趋势。除去这些，国际金融市场的动荡将会影响到国内金融业的平稳发展。总结近几年教训，加强金融监管要正确处理好几个关系。一是金融监管和金融业改革发展的关系。金融体制改革是一个系统工程，需要进行必要的试点。但是，所有试点要符合金融法规，要有管理办法，要经过批准，要承担民事责任。增设金融机构，包括增设外资金融机构，要考虑我国金融监管的实际能力。二是分业管理和综合服务的关系。根据我国法规，商业银行必须和保险、信托投资、证券分业经营，银行要按规定与所办的信托、证券等公司脱钩。同时，商业银行可经人民银行批准，开办本外币的长短期信贷业务和其他中间业务。三是金融机构总行(总公司)和分支机构的关系。商业银行对其分支机构实行全行统一核算、统一调度资金、分级管理财务制度。商业银行分支机构不具有法人资格，只能在总行授权范围内依法开展业务。跨区贷款应报上级行批准或备案。四是中央银行依法监管和金融机构自我约束的关系。各个金融机构都要健全内部管理制度，切实加强内部稽核和各项业务监督。人民银行特别是分支行，要把主要精力转移到对金融机构的监督管理上来，逐步建立健全在金融机构自我约束基础上的严密、严格的金融监控系统，确保在"九五"时期，不要出现系统性、区域性金融风波。

(三) 实现金融体制和资金经营方式的转变，是我国金融业发展的必由之路　根据党的十四届五中全会的决定，中央经济工作会议提出，安排今年经济工作，要把着重点切实放在经济体制和经济增长方式的转变上。金融系统除了通过改进金融服务，发挥信贷、利率、汇率的作用，促进全社会实现"两个转变"外，还要推进金融业的"两个转变"，即传统计划经济体制下的金融体制向社会主义市场经济体制下的新的金融体制转变，信贷资金使用从粗放型经营方式向集约型经营方式转变。经营方式转变是金融体制深化改革的重要标志，金融体制转变是实现经营方式转变的根本保证，其核心是金融机构再改造。建立与社会主义市场经济相适应的新的金融体制，包括金融机构、金融市场、金融宏观调控三个方面，建立规范化的金融机构是完善金融市场和金融宏观调控的重要前提条件。因此，要把工作重点放在建立有自我发展和自我约束能力的各种金融机构上，在此基础上才可以完善金融市场，才可以更好地发挥以间接调控为主的宏观调控体系。金融业的资金使用，从粗放经营向集约经营转变，必须彻底改变按行政机关办金融企业的办法，逐步做到按业务量和经济效益设置分支机构；必须树立正确的经营方针，执行国家金融法规和国家产业政策，充分维护金融机构经营自主权，实行资产负债比例管理和风险管理，在提高资金使用安全性、流动性的基础上，提高资金盈利水平；必须综合运用好全社会资金，打破资金条块分割使用，促进资金横向流动，推动经济、产业、企业结构调整；必须树立我国银行业发展的远大目标，争取到本世纪末或更长一些时间，把国有独资商业银行建成具有世界先进经营管理水平的商业银行。

三、“九五”期间金融改革和发展的基本思路和主要的政策措施

根据《中共中央关于制定国民经济和社会发展“九五”计划和到2010年远景目标的建议》和对“八五”时期经济金融改革和发展形势的分析，“九五”时期，金融改革和发展的总的指导思想是：把抑制通货膨胀作为金融宏观调控的首要任务，实行适度从紧的货币政策，改进金融宏观调控手段，把过高的通货膨胀率明显降下来；加强金融监管，维护金融业合法稳健运行，防止出现系统性、区域区金融风波；调整信贷结构，优化资金配置，努力提高信贷资金的安全性、流动性、盈利性；深化金融体制改革，改善金融服务，促进国民经济从传统计划体制向社会主义市场经济体制、从粗放经营向集约经营方式的转变，支持国民经济的持续、快速、健康发展，为全面实现“九五”国民经济和社会发展计划而努力，为下世纪我国经济和社会发展奠定良好的基础。具体奋斗目标是：抑制通货膨胀，把通货膨胀率降到年均7%以下；依法监管，维护金融业合法、稳健运行，使我国金融秩序有根本性好转；深化金融、外汇体制改革，初步建立适应社会主义市场经济体制的金融体制。其主要的政策措施是：

(一) 继续执行适度从紧的货币政策，严格控制货币信贷总规模，保持人民币币值稳定 “九五”期间，根据国民经济发展的有关指标和金融行业规划确定的金融机构发展总规模，确定货币供应量M2的增长幅度，以此制定社会信用计划和金融机构信贷计划，控制货币供应量的过快增长，抑制通货膨胀。根据我们测算：现金M0年平均增长15%左右，五年共增10000亿元左右；狭义货币M1年平均增长16%－18%；广义货币M2年平均增长20%－23%。

1996年现金发行控制在1000亿元以内；狭义货币供应量增幅控制在18%以内；广义货币供应量增幅控制在25%以内。1996年金融机构贷款计划增加9500亿元，其中，国家银行6500亿元。

(二) 改革货币政策工具，建立以间接调控为主的货币政策体系，增强金融宏观调控能力 “九五”期间，中央银行要逐步加大间接调控手段运用的比重，从以贷款限额控制为主过渡到运用货币政策工具控制货币供应量。开办以国债为主要交易工具的中央银行公开市场业务，逐步压缩信用放款，增加中央银行再贴现数额。按照利率市场化的改革方向，逐步改革利率管理体制。在我国，各种生产要素还不能充分流动，各行业、各地区，甚至一个行业、一个地区内的不同企业，其资金利税率相差几倍、十几倍。因此，利率市场化改革只能采取渐进的方式。今年，在统一银行间同业拆借市场的基础上，逐步形成由市场资金供求决定的、有管理的同业拆借利率。允许商业银行根据客户的不同信誉、效益、期限和风险，在一定的浮动幅度内自行决定贷款利率。根据物价变动和资金供求情况，及时调整利率，使物价同存款利率、存款和贷款利率、贷款和债券利率保持合理水平。同时，组建货币政策委员会，使货币政策的制定、实施更加科学有效。

(三) 健全金融监管体系，维护金融业合法稳健运行，防止出现系统性、地区性金融风险 建立有透明度、公平的金融机构设立审批制度。完善各类金融监管法规和监管指标。健全中央银行金融监管组织体系，对金融机构市场准入、业务范围、金融风险实行系统管理。银行和所办信托、保险、证券公司以及各种经济实体脱钩。加强金融机构风险监管，要从目前的以行政手段为主转到以法律和行政手段的有效配合，逐步把对金融机构的监管纳入法制化、规范化的轨道，并逐步与国际接轨。今年监管重点是对非银行金融机构重新登记、查处帐外经营，规范证券回购，深入查处金融犯罪活动。

(四) 深化金融体制改革，促进金融事业发展 “九五”期间，要进一步完善由各类金融机构组成的、分工协作的、有自我发展和自我约束能力的金融服务体系。逐步完善政策性银行的管理体制和经营机制，完善业务代理制。国有商业银行的经营管理方式逐步与国际接轨，到本世纪末或更长一些时期，建成具有国际经营管理水平的大型商业银行。加快农村金融体制改革，理顺农村各类金融机构的关系。基本完成城市合作商业银行和农村合作商业银行的组建工作。加快保险事业的发展，形成适度有序竞争的保险市场。“九五”期间，要积极培育和规范金融市场，充分发挥金融市场对资金的合理流动和配置的基础性作用。1996年金融体制改革主要内容是改进对国有商业银行信贷规模的管理，加快农村信用社管理体制改革，完善政策性银行业务委托代理制，完成35个大中城市的城市合作银行组建工作，每个省选择一、二个经济发达县级市组建农村合作银行。适当增建保险公司。

(五) 改进金融服务，支持国有企业改革 “九五”时期要进一步改善结算服务，总结推广“不给钱不发货、不见票(商业票据)不发货、不还旧欠不发货”的结算原则，推广商业票据，减少企业相互托欠。完善1000户大型企业和企业集团的经济信息网络，组织“银团”贷款，建立主办银行制度，支持办好财务公司。支持企业

依法兼并和破产，同时要揭露和纠正假兼并、假破产，增强信用观念。改进出纳服务，提高人民币清洁度。

(六) 加强银行内部管理，努力提高信贷资金使用的流动性、安全性、盈利性 公布《贷款通则》和《特定贷款管理办法》，切实维护金融机构经营自主权，建立贷款责任制，提高资金使用效益。建立健全银行稽核制度及其他内部管理制度。制定业务经营计划，使国家银行不良贷款比例降到15%以内，资产盈利率有较大提高。按业务量和经济效益撤并分支机构。控制行员增加。改革干部人事制度，完善行长负责制和行员制。提高金融职业道德水平。

(七) 加快金融对外开放，提高开放水平 “九五”期间，要适应我国社会主义市场经济发展需要和国际通行规则，初步建立统一规范的对外开放金融体制。适当扩大金融开放的地域，有计划、有步骤地增加和引进营业性金融机构的数量和种类。经过试点，逐步批准外资金融机构经营本币业务。完善结售汇制，逐步将三资企业纳入结售汇体系，严格资本项目管理，加强外债管理，加快人民币在经常项目下可兑换的改革进程。改进和加强中央银行外汇储备经营管理制度，保证国家外汇储备的保值增值。密切与外国中央银行的友好往来，建立与周边和重要国家中央银行共同应付国际性金融危机的通报、协商、配合干预的渠道。支持香港保持国际金融中心地位，确保香港、澳门金融业的平稳过渡。支持国内有条件的金融机构到海外设立分支机构，扩大境外业务。

(八) 建设现代化的金融支付清算系统和金融信息网络，改善金融服务，提高工作效率 进一步完善和改进电子联行系统，实现“天地”对接，完成中国国家现代化支付系统的试点工程，并在重要城市和地区推广应用，使银行结算达到快速、安全、方便、高效。同时，大力推广票据结算，加强结算纪律，加快资金周转。

(作者所在单位：中国人民银行)

“八五”时期农村经济发展成就与“九五”发展展望

黄加才

1991－1995年，中国农村经济在稳定家庭联产承包责任制、深化农村改革中持续健康发展，农村经济各项主要指标都完成或超额完成了“八五”计划所规定的目标。主要农产品有效供给增加，畜牧、水产养殖业保持高速增长，城乡市场农产品货源充足；乡镇企业由超常规高速增长转向效益型较高速度的增长，非农行业在农村经济中的比重进一步提高；农民收入进一步增长，生活水平逐步提高，扶贫工作取得阶段性成果。农业和农村经济的较快发展，有力地支撑了快速发展的国民经济。但是，农村经济发展过程中仍然存在一些突出的问题：农民收入增长缓慢，2000年农村实现小康目标难度加大；农业生产资料价格过快增长的势头得不到抑制；农业的可持续发展能力提高不快，农业发展的相对滞后仍然制约着国民经济的协调发展；东西部地区差距进一步扩大。为保证“九五”计划的实现，国家应在宏观政策上针对存在的问题进行相应的调整，农业和农村自身要通过制度变革和组织创新来建立适应市场经济规律的生产经营机制，进一步促进农村经济的发展，为21世纪我国经济的腾飞奠定良好的基础。

一、“八五”时期农村经济发展的主要成就

(一) 主要农产品有效供给增加，除棉花基本完成计划外，其它都超额完成“八五”计划 1995年，粮食总产量4.67亿吨，创历史最高纪录，比1990年增加2038万吨，增长4.6%，年均增长0.9%。“八五”时期粮食总产出为22.56亿吨，比“七五”时期增产2.14亿吨，增长10.5%；年均粮食产量4.51亿吨，高出“七五”时期年均产量4270万吨，超额完成“八五”计划。

1995年棉花产量476.8万吨，比1990年增加26万吨，增长5.8%，年均增长1.1%。“八五”时期棉花总产量为2302万吨，比“七五”时期多产棉花279万吨，增长13.8%。“八五”时期年均产棉461万吨，比“七五”时期增加56万吨，略低于“八五”计划年均产棉464万吨的目标。

1995年油料总产量为2250万吨，比1990年增加637万吨，增长39.5%，年均增长6.9%，是三大农作物中增长最快的。“八五”时期，油料生产连年增产，累计产量达9323万吨，比“七五”时期增加2093万吨，增长28.9%；年均产量1864万吨，高出“七五”时期年均产量420万吨，提前两年超额完成计划。

1995年糖料产量为7940万吨，“八五”总产量超过4亿吨，达4.01亿吨，比“七五”时期增加9828万吨，增长31%，超额完成计划。

(二) 畜牧、水产养殖业持续高速发展 “八五”时期，各级政府十分重视城乡居民“菜篮子”工程建设，畜牧、水产养殖业保持了强劲的增长势头，生产连年上台

阶，创纪录，为丰富城乡人民的生活做出卓越的贡献，改善了我国人民的食物结构。

1995年，肉类总产量达到5260万吨，比1990年增加2403万吨，增长84.1％，年平均增长速度达到13％，超过了“七五”时期年均增长8.2％的速度，同时也超额完成了国家计划。按人口平均的肉类总产量达到约43公斤，比1990年增加约15公斤。由于畜牧业生产注重调整产品结构，优化品质，使畜禽的投入产出率有很大提高，特别是养牛业和家禽饲养业获得了较快的发展。畜产品结构进一步改善，1995年猪肉在肉类总产量中的比重第一次降到70％以下，为69.4％，比1990年下降10.6个百分点，牛肉、禽肉及其它肉类在总产量中的比重由1990年的20％上升到30.6％。蛋奶等其它畜产品产量也获得了长足发展。

1995年，水产品产量为2509万吨，比1990年增加1272万吨，增长1.03倍，年均增长15.2％，高于“七五”时期年均增长11.9％的速度。“八五”时期累计生产水产品9383万吨，比“七五”时期增加4154万吨。海水、淡水产品均衡发展，养殖技术水平提高，单产增加，为水产品超额完成计划做出重要贡献。1995年人均占有的水产品产量达到20.5公斤，比1990年增加近10公斤。

（三）农村经济全面发展，产业结构进一步优化 随着社会主义市场经济体制逐步建立和完善，我国农村经济适应新的市场经济规律的要求，在改革中不断发展，产业结构进一步优化。农村经济总量增加，占国民经济的比重不断上升；农、林、牧、渔业全面发展，种植业结构逐步调整；农村非农产业发展迅速，产品质量和经济效益进一步提高。

第一、农村经济全面发展。1995年，农林牧渔业总产值20328亿元，按可比价格计算（下同），比1990年增长42.7％，年平均增长速度达7.3％。其中，农业产值达到11877亿元，增长23.3％；林业产值710亿元，增长43.5％，牧业产值6040亿元，增长75.6％；渔业产值1701亿元，增长1.1倍。“八五”时期，我国乡镇企业继续高速增长。1995年，乡镇企业营业收入达到5.73万亿元，按当年价格计算，比1990年增长近10倍，年平均增长速度达到60％；1995年全国乡镇企业完成增加值14595亿元，比1994年增长33.6％，占全国国内生产总值的25.3％，乡镇工业完成增加值10804亿元，占全国工业增加值总量的30.8％；乡镇企业完成出口交货值5395亿元，占全国出口总额的33.7％。通过实施乡镇企业西进战略，我国中西部地区乡镇企业已经开始起步，吸纳了大量农村剩余劳动力，为农村经济发展做出了重要贡献。

第二、农村产业结构进一步优化。在农村产业结构中，农业比重进一步下降，农村工业、建筑业、运输业和商业比重持续上升。1995年，在农村各业总产值中，农业的比重为22.9％，比1990年下降23.2个百分点，非农行业的比重为77.1％，相应地上升23.2个百分点。在农林牧渔业总产值中，农业和林业比重不断下降，牧业和渔业比重大幅度上升。从1990年到1995年，农业的比重由64.7％下降到58.4％；林业比重由4.3％下降到3.5％；牧业比重由25.6％上升到29.7％，渔业比重由5.4％上升到8.4％。在非农行业中，工业比重占到75％以上。

第三、农村产业结构的优化为全国产业结构的合理化创造了条件。首先是农业的丰收，为以农业产品为原料的工业生产部门的发展打下了基础，为丰富人民生活做出了贡献。其次农村工业的发展，是对国有和集体工业的补充，同时在一定程度上促进了国有和集体工业的发展。1990年农村工业占全国工业的比重为28.1％，1994年已经达到40％以上，农村工业已经成为城市工业的基础层次。最后是农村其它非农行业的发展也促进了我国经济结构的合理化，加速了我国城乡经济一体化进程。

第四、农村产业结构的调整带来了农村就业结构的变化。九十年代以来，随着我国农村产业结构的调整，农村就业结构也发生了很大变化。1995年，我国农村劳动力总数已达44950万人，比1990年增加了2940万人，增长7％。分行业来看，农业劳动力32248万人，比1990年减少1089万人，下降3.3％，非农行业劳动力12702万人，增加4029万人，增长46.5％，其中工业劳动力3970万人，增加741万人，增长23％。特别值得提出的是，农业劳动力在1992年出现了历史性转折，绝对数开始逐年下降。从比重上看，1995年我国农村一二三产业劳动力就业比重为1：0.19：0.20，而1990年相应为1：0.14：0.12。因此，“八五”时期，我国农村劳动力出现了一产业下降，二三产业增加，而三产业增长速度又快于二产业的趋势。

（四）农民收入增加，生活水平明显提高 1995年，农民人均纯收入为1578元，比1990年增长1.3倍，扣除物价因素影响，实际增长23.4％，年平均递增4.3％。走出了“七五”时期低速甚至负增长的徘徊局面。随着农村产业结构的调整，农民增加收入的渠道开始呈多元化趋势，在生产性收入中，非农产业收入占纯收入的比重上升到32.6％，比1990年提高8.2个百分点。

农民收入的增加，促进了农民生活消费水平的提高，改善了生活质量。1995年，农民人均生活消费支出达1310元，比1990年增加725元，增长1.2倍，扣除价格因素，实际增长23％，年均增长4.2％。农村居民消费结构序列在“七五”末期的温饱型的基础上，进入九十年代进一步优化，更加注重消费的质量和方式。农村居民消费结构中，恩格尔系数在1994年首次降到60％以下，1995年农民人均食物消费支出占生活消费总支出的比重为58.6％；居住占13.9％，衣着占6.9％，用品、服务性支出及其它占20.6％。农民生活已经进入由温饱到小康的过渡阶段。农民生活消费质量提高，主要表现：从1990年到1995年，在食物消费中，细粮每人消费量由165公斤增加到211公斤，粗粮则由97公斤减少到45公斤；肉禽类增长54.9％，蛋类增长33.2％，鱼虾增长43.7％；在衣着消费中，1995年每人购买的成衣比1990年多近1件，且呢绒、绸绒、化纤服装增长57.6％；人均住房面积由17.8平方米增加到21平方米，且砖木结构和钢筋混凝土结构住房面积达71.4％；1995年农村每百户居民拥有电视机80.3台，比1990年增加35.9台，其中彩电16.8台，增加12.2台；洗衣机16.8台，增加7.7台，电冰箱、录像机、空调器等许多高档耐用品也进入了寻常农家。"八五"时期，我国共减少贫困人口2000万人，使贫困人口从"七五"末期的8500万人降到现在的6500万人，农村贫困发生率由1990年的9.4％下降到1995年的7.2％。目前，我国农村92.8％的人口已经摆脱贫困步入温饱有余的生活，部分地区农民已经提前实现小康。

(五) 农村物质装备和现代化水平又有新的提高

1995年，全国农业机械总动力达到36060万千瓦，比1990年增长25.6％，其中，各种小型农用拖拉机863.3万台，增长23.7％；农用载重汽车80万辆，增长28.2％；农产品加工动力机械4637万千瓦，增长7％；联合收割机7.53万台，增长93.1％。在农业生产中，现代化农业物质技术投入大量增加，促进了农业的丰产丰收。1995年，农用化肥施用量(折纯)3592万吨，比1990年增长38.7％；农用塑料薄膜使用量91.5万吨，增长33.6％；农村用电量1656亿千瓦小时，增长96％；农田有效排灌面积49119千公顷，增长3.6％。

二、"八五"时期农村经济发展的经验与问题

"八五"时期，中国农村经济取得了辉煌的成就，其中有许多值得我们在以后工作中可资借鉴的经验，特别是一些农村经济政策在今天仍有重要的意义。同时，在农村经济活动中许多深层次问题仍然没有得到解决，而且还出现了一些新问题。

(一) "八五"时期农村经济工作的经验与启示

1. 行政手段仍然是保障我国农产品供给的有效方法，但同时必须辅之市场调节的作用。进入九十年代以来，我国主要农产品中除油料保持稳定增长以外，粮食、棉花、糖料都出现了比较大的波动，导致了这些农产品供求紧张的局面。在"八五"时期前四年中，粮食产量两年增产两年减产，而且有三年的产量低于1990年，特别是1994年减产1139万吨，而此间粮食的社会消费量却增加了2670万吨，以致国家不得不在1995年大量进口粮食，进口量为历年之最。而棉花产量在1992、1993两年连续大幅度减产，产量分别下降20.3％和17％，致使1994年出现了16万吨的缺口，直到1995年仍未达到1991年的水平，导致了棉花进口量的增加，糖料产量1993、1994年欠收，食糖进口量也有所增加。为了扭转这种情况，国家在1994年大幅度提高了粮棉收购价格，使当年的农产品收购价格指数达到139.9％，比1993年上升26.4个百分点，其中粮食收购价格指数达146.6％，棉花达160.4％。这些提价措施大大激发了农民的生产积极性。为了使1995年主要农产品取得好收成，中央进一步实施了"米袋子省长负责制，菜篮子市长负责制"，同时对棉花除新疆由中央统一调拨外，也要求各地自求平衡。适当提高收购价格和省长负责制的实行，促进了1995年农业生产创纪录的丰收。因此，对于中国这样一个人口大国来说，农业生产不能完全依靠市场来调节，市场只能起辅助作用，国家必须保证对农业生产的行政领导，以确保主要农产品能基本满足需求。

2. 国家仍然是促进落后地区经济发展的主要力量。在九十年代以前，广大中西部地区的乡镇企业发展远远落后于东部地区，为了使中西部农村经济尽快发展起来，国家在"八五"时期实施了乡镇企业西进战略，每年用100亿元贷款扶持中西部地区乡镇企业发展，中西部地区乡镇企业发展速度明显加快，1994年的发展速度高于东部地区20个百分点，推动了全国乡镇企业的发展步伐。同时，在国家农业发展银行的支持下，对产粮大县、产棉大县以及成片的中低产田改造进行了重点扶持，取得了明显的经济效益。从1990年到1995年，在国家的重点扶持下，全国农村有2000万贫困人口脱贫，为实现"八七"扶贫攻坚计划打下了一定基础。因此，在"九五"计划期间，国家仍需在上述三个方面加大工作力度，争取缩小我国东西部间发展的差距，实现共同富余的目标。

3. 科技和物质技术投入的增加是农村经济发展的有力保证。"八五"时期，我国农村加大了科技工作力度，农民应用科技知识致富的意识普遍增强，一大批先进技术在农村经济中得到运用，加上农村物质技术装备水平继续提高，这些对农村生产力水平的提高起到了举足轻重的作用。但技术进步在农村经济中的贡献率仍然大大落后于先进国家，比如农业还处在由传统农业向现代农业的转变过程之中，农业增长中科技贡献率仍处在很低的水平；农村工业特别是中西部地区仍处在简单的规模扩张阶段，因而大多是经济效益低下，难以在市场竞争中取胜。

(二) "八五"时期农村经济工作中的主要问题

1. 国民收入再分配仍在向城市和工业倾斜，农村和城市仍然存在着不等价交换。依照国际经验，我国已经处在工业化中期阶段，即工业应该通过自身积累寻求发展，而在一些发达地方工业应该"反哺"农业。而事实并非如此，根据中国社会科学院农村发展研究所研究人员的测算，"八五"时期，我国农村资金净流出达6156亿元，平均每年达1231亿元。其中通过金融渠道净流出2557亿元，通过财政渠道流出3599亿元，这是导致农业和农村经济发展滞后和农民收入实际增长缓慢的重要原因。国民经济现存的分配格局一方面导致农业投入减少和高素质农村劳动力向城市流动；另一方面导致了工农业两大门类资金投入比例失调。

2. 农业基础地位脆弱，可持续发展能力不强。这主要表现：(1)"八五"时期全国耕地减少了约1100万亩，人均耕地面积仅有1.2亩，仅为世界平均水平的三分之一，粮食播种面积已经跌破16.5亿亩的警戒线；(2)高素质的农业劳动力向非农行业转移，使农业生产的技术水平难以提高；(3)农业基础建设投入总量严重不足，"八五"时期，国家用于农业基本建设的投资占全国基本建设投资的比重已经不足3%，比"七五"时期降低0.6个百分点，1995年已经降到1.8%；同时，地方对农业的投入也在不断下降，全国省级预算内农业基建投资占预算内基建总投资的比重1990年至1995年依次为12.7%、10.6%、8.6%、7.2%、6.9%，五年间比重几乎下降一半。

3. 农业生产资料价格过快增长的势头得不到抑制，严重阻碍了农业投入的增加。从1990年到1995年，全国农业生产资料价格上涨了88.6%，而同期农副产品收购价格上升了87.7%。由于生产资料价格上涨带动了生产成本的上升，给完成国家农产品定购计划增加了难度，同时也影响了农民的生产积极性，迫使国家不得不提高农副产品的收购价格，但这在很大程度上又加大了通货膨胀的压力。我国许多农产品的价格已经高于国际价格，在国际市场上已经失去了竞争优势。不仅如此，高价格的农业生产资料还造成了农业比较利益低下，收益下降。

4. 农民收入增长缓慢，"八七"扶贫攻坚计划任务艰巨。按照本世纪末农村实现小康的要求，农民人均纯收入按1990年不变价格要达到1200元，即要求从1991年到2000年农民人均纯收入年均增长5.7%，而前五年的实际增长率只有4.3%，增长速度低于目标要求1.4个百分点。如果2000年计划的目标不变，则要求后五年的年均增长速度达到7.2%，即比"八五"期间快近3个百分点，这是十分艰巨的任务，如果没有特殊措施的实施，我国农民实现小康将推迟到2000年以后，按"八五"时期的速度，可能会推迟到2004年。与此同时，全国农村还有6500万贫困人口，今后五年平均每年必须脱贫1300万人，比"八五"时期年均脱贫人数多900万人，而且还不能出现返贫人口，才能实现到本世纪末消除贫困的目标，这同样是一个需要付出艰苦努力才能完成的目标。

5. 东中西三大经济地带农村经济发展水平差距进一步扩大。1995年，东中西部地区农民人均纯收入分别为2127元、1403元和1061元，比1990年分别增长1.51倍、1.22倍和99%，以西部地区农民人均纯收入为100，从1991年到1995年，东部、中部与西部的差距分别扩大41.4%和13.5%，东部与中部的差距扩大了27.9%。同时，农村居民生活消费水平的差距也在扩大，1990年东中西三个地带农村居民生活消费之比为150：107：100，而1995年则扩大为170：121：100。

三、"九五"时期农村经济展望及政策建议

"九五"时期，农村经济发展需要实现三个重要目标，这就是到2000年，粮食产量要达到5亿吨，满足人民生活的需要；农民人均纯收入按1990年不变价格达到1200元，绝大多数农民生活实现小康；促使现有的6500万贫困人口脱贫，在我国消灭绝对贫困。分解到每一年，即从1996年到2000年，每年需要增产粮食670万吨，农民人均纯收入的年均增长速度达到7.2%，每年要有1300万贫困人口脱贫。从"八五"的发展情况来看，除了粮食产量外，实现其余两个目标的难度是非常大的，但只要我们有信心，措施得力，实现目标也是可能的。

(一) 实现"九五"计划的有利条件和不利因素

1. 有利条件　首先，"八五"时期农村经济发展为"九五"目标的实现打下了良好基础。"八五"期间，我国农业生产除了棉花基本完成计划外，各项指标都完成或超额完成了国家计划，农业综合生产能力有了很大增强，特别是1995年农业的大丰收为农村经济和国民经济的发展打下良好的基础。同时，中西部地区乡镇企业的初具规模为加快农民收入的增长速度提供了有力的保证。

其次，有比较有利的农村经济政策。一是各级政府对农业的高度重视，比如"米袋子"、"菜篮子"省(市)长负责制的实行，确保了对农业的坚强领导；适当提高粮棉收购价格、延长土地承包期等保护了农民的生产积极性；建立基本农田保护区、支持对中低产田进行改造、扶持粮棉大县生产是农业生产增长的基础；支持中西部地区乡镇企业发展、扶持贫困县发展经济是我国大多数农民实现小康的希望。这些政策的实行必将对农村经济的发展产生重要的作用。

最后，国民经济的持续发展为农业和农村经济的发展提供了广阔的市场前景。国民经济的发展，居民收入水平的提高，对农产品的需求必定增加，对我国相对短缺的农产品市场将产生巨大的推动力，从而刺激农民增加投入，提高产品产量。因此，国民经济的发展对

农业来说既是压力又是机遇。同时宏观经济的发展，不光是要求农业提供充足的初级产品，对以农产品为原料的加工品需求量也会大大增加，这也为农村拓宽就业渠道提供了有效途径。

2. 不利因素　“九五”时期我国农村经济发展虽然有许多有利因素，但确实也存在着许多不利因素，对此我们必须要有清醒的认识。

首先是实现目标的难度比“八五”时期更大。在三大任务中，除粮食产量任务相对比较好完成外，其它两项是非常艰巨的。粮食产量只要每年平均能增产670万吨就可完成任务，而“八五”时期比“七五”时期年均增产粮食1400多万吨，因此只要农业的有效投入能有所增加，完成计划是不成问题的。而到2000年农民实现小康和消灭绝对贫困目标的实现则很困难，因为它要求“九五”时期农民人均纯收入的实际增长率要达到7.2%，要比“八五”时期实际增长率高2.9个百分点，每年脱贫的人口1300万人，比“八五”时期年均脱贫人数多900万人。

其次是“八五”时期农村经济存在的诸多问题将影响到“九五”时期农村经济的发展。除了以前提到的主要问题外，还有经济的发展，人口的增加与耕地减少的矛盾在加剧；农业的综合生产能力虽然有所提高，但随着全球气候的变化自然灾害对农业的危害可能会进一步加深，而我们抗御自然灾害的能力依然很低，国家和农户对农业生产基础投入都严重不足，农业生产后劲乏力，特别是土地肥力的下降将阻碍农业的持续发展。

(二) 未来五年农村经济发展的政策建议　对于“九五”时期农村经济的发展，必须围绕增加农产品有效供给和增加农民收入两大主题，扎扎实实地开展工作，为21世纪我国经济的腾飞打下坚实的基础。从宏观政策上讲，第一、国家要利用这五年时间，逐步理顺工农关系和城乡关系。要力争改变工农产品的不等价交换，消除工业发展对农业的依赖，使工业和农业在平等的条件下自求发展，在经济发达的地方，要推动工业对农业“反哺”；要允许城乡间生产要素的自由流动，创造城乡间平等竞争的环境，从而实现整个国民经济的优化重组，促进国民经济的健康发展。第二、国家有必要重新调整利益分配格局，使农业这一基础产业获得更多的发展资金，并为农村其它产业的发展提供必要的资金和其它支持。第三、国家在继续支援农业发展的同时，还必须注重宏观调控，努力使工农业的增长速度之比保持在3∶1的水平。

服从于“九五”发展目标，农村经济的发展具体政策有以下几点：

1. 切实增加农业投入，提高农业综合生产能力。首先，要认真执行《农业法》，各级财政用于农业的支出必须按法律规定的比例执行，任何人不得擅自更改，以扭转财政支农支出比重和农业基本建设投资比重不断下降的局面，争取在“九五”期间国家基本建设投资中农业的比重达到7%。其次，要发挥国家投入在整体投入中的资金和政策导向作用，带动地方，引导集体和农民增加农业投入。第三，要积极在农业领域引进国际资金和外资，同时在政策上给予一定的优惠。第四，增加农业基础建设的信贷资金投入，确保农业投入有足够的资金来源。

2. 国家牵头开展农业重点工程建设，培养农业的新增长点。这些重点工程包括以黄淮海平原为主的中低产田改造；继续执行对粮棉大县的专项贷款扶持发展政策；国家投资适当垦荒，扩大商品粮棉生产基地。另外，要加强以水利为重点的农业基础设施建设，增强农业的抗灾能力、减少灾害造成的损失以达到增产的目的。同时根据我国的实际情况，要积极研究和推广旱作农业和节水农业。还要加强农业科技的推广工作，在本世纪末使科技进步在我国农业增产中的贡献率达到50%。

3. 调整农业生产模式，促进农业增长方式的变革。在完善家庭联产承包责任制的前提下，积极探索农业生产的新模式。公司＋农户是近年来涌现出来的一种农业经营模式，它克服了一家一户生产的许多缺点，使农业生产的市场目的性更加明确，有利于生产水平的提高。要促进我国农业由传统农业向现代农业的转变，提高农业的装备水平，在有条件的地区，推广适度规模经营，提高农产品质量，做到增产增收。此外，国家要通过适当的优惠政策，引导外资和国内经济实体进入农业领域，加速农业产业化进程。

4. 从扶持中西部地区二三产业发展入手来加速农民收入增长方式的转变。依靠增加农产品供给来增加农民收入几乎已经直走到极限，农民收入的增长必须向稳定发展农业，积极发展二三产业的方式转变。从目前我国农村的情况来看，农村发展非农产业的重点在东部地区是控制第二产业数量、提高质量和大力发展第三产业，中西部地区则是要在国家的扶持下，大力进行规模扩张，力争在本世纪末达到相当的规模。只有当中西部地区农村非农产业发展起来了，那么我国农民实现小康也就有了希望。

5. 继续减轻农民负担，使农业和农民得以修养生息。减轻农民负担要从两个方面入手，一是减轻生产费用负担，也就是说国家必须严格控制农业生产资料价格，降低农业生产成本，为农产品价格与生产资料价格确定一个合理的比价；二是规范农业税费制度，坚决杜绝各种不合理的摊派。

(作者所在单位：国家统计局农村社会经济调查总队)

“八五”工业发展回顾和“九五”基本思路

徐 鹏 航

一、“八五”时期工业发展回顾

“八五”时期，国家加快推进了财政、金融、税收、外汇、外贸、价格等方面的重大改革，为工业发展创造了较好的外部环境，确保了我国工业的快速发展，并在世界各国工业发展速度中处于领先地位。“八五”时期我国工业发展成就主要表现在以下方面：

（一）工业生产保持快速平稳增长 “八五”时期，既是建国以来我国国民经济增长最快的一个时期，国内生产总值年平均增长速度达到了11.8%；也是国民经济发展最平稳的一个时期，和前七个五年计划执行结果相比，经济增长率的离散系数（即每个时期内各年度经济增长最高与最低水平之差）最小。在这一大的宏观经济环境下，“八五”时期工业生产保持了快速平稳的增长，1991－1995年工业增加值增长速度分别为13.8%、21.8%、21%、18%和14%，累计增长1.26倍，年年平均增长17.7%，高于改革以来“六五”和“七五”时期15.3%和12.1%的平均增长水平，且其增长的波动也小于这两个时期。

（二）工业生产能力进一步提高，技术装备逐步改善 随着我国工业经济的快速发展，“八五”时期，一批关系到国计民生的消费品和重要生产资料的生产迈上新的台阶，一些主要产品产量进入世界前列。原煤、水泥、电视机、布四种重要工业产品的产量名列世界第一位；钢产量由1990年的第四位上升到第二位，仅次于日本；发电量也由1990年的第四位上升到仅次于美国的第二位；居第二位的还有化学纤维；原油保持世界第五位的水平等。大大提高了我国工业乃至国民经济在国际上的地位。

截止1994年末，我国工业固定资产原值达到33441.5亿元，比1990年末增加19051.5亿元，增长1倍多，相当于“七五”时期固定资产增加额的2.5倍，平均每年递增23.5%。人均装备系数由1990年的19234元提高到1994年的40148元，提高1倍多，年均增长20.2%。1995年固定资产净值平均余额增长25%左右，经济实力进一步增强。

（三）以公有制为主，多种经济成分工业共同发展 坚持以公有制为主，多种经济成分共同发展的方针，“八五”时期，公有制工业年平均增长12.9%左右，其中国有工业年均增长7.1%，集体工业年均增长28%；“三资”工业年均增长95.6%。在全部工业增加值中，公有制工业占63%，非公有制工业占37%；在全部工业资产总额中，公有制工业占79.7%；在全部工业实现利税中，公有制工业占80.6%。

随着其它经济类型工业的快速发展，以及国有经济产业结构加快调整，近年来，国有工业在全部工业增加值中所占比重由1990年的54.6%下降到1995年的40%左右。但是，在一些关系国计民生的重要的基础产业和支柱产业中，国有工业仍然占有主导地位。在煤炭采选业中占96.5%，石油和天然气开采业中占99.8%，石油加工及炼焦业中占89.1%，黑色金属冶炼及压延加工业中占71%，电力蒸汽热水生产供应业中占79.8%，煤气生产供应业中占93.8%。国有企业尤其是国有大中型企业在推动我国工业技术进步、提高生产技术水平、增强国家的经济实力、促进产业结构调整方面仍发挥着十分重要的作用，其经济效益整体水平也保持明显的优势。

（四）工业对国民经济的发展做出了重要贡献 “八五”时期，工业经济保持稳定快速增长，为国民经济的发展提供了重要的物质技术支持，为人民生活提供了丰富的消费品，为对外贸易提供了主要的出口货源，为国家财政提供了主要的税收。

经过各方面的共同努力，到“八五”末期，长期制约我国经济发展的能源、原材料等“瓶颈”产业供求关系得到初步缓解。这期间，原煤增长20%；原油增长7.7%；发电量增长58.7%；钢材增长54.1%，水泥增长1.12倍。汽车增长1.9倍，大型成套设备生产能力提高，产品质量技术改善，不少产品已具备国际竞争力。支农工业品中化肥、农药、薄膜、小型拖拉机等增产较快，化肥增长37.6%，化学农药增长58.3%，有力地支援了农业生产的发展。

生活消费品不仅在数量上基本满足了人民生活需要，而且质量上了新台阶。化纤增长74.4%，达到288.5万吨；电冰箱增长1倍，达到930万台；家用洗衣机增长42.7%，达到945万台；电视机增长29.2%，达到3469.9万台，其中彩电增长89.5%，达到1958万台，照相机增长10倍，达到2357万架。目前，国内市场90%以上的消费品供求平衡或供大于求，买方市场已初步形成。

工业制成品出口由1990年的462.05亿美元提高到1995年的1272.8亿美元，累计增长1.75倍，年均增长

28.8%，比同期出口总额增幅高4.2个百分点。在全部出口总额中所占比重由1990年的74.4%提高到1995年的85.6%。尤其是机电、轻纺产品出口增长强劲，“八五”时期累计机电、轻纺出口4200亿美元，年均增长30%。换汇率也明显提高，纺织吨纤维创汇由“七五”末的0.57万美元提高到“八五”末的1万美元左右。

工业为国家财政和社会就业做出了重要贡献。1991－1994年，工业提供的国家财政收入达7620亿元，占全部财政收入的42.2%，比“七五”时期的37.9%提高4.3个百分点。整个“八五”时期达1万多亿元，比“七五”时期增长50%以上。“八五”时期，工业为全社会提供了近1亿个就业机会，缓解了全社会的就业压力。

回顾“八五”时期，我国工业发展之所以能够取得上述的成就，我们体会，主要有以下几条经验。

一是工业战线积极贯彻落实各项改革开放政策，抓住机遇，促进了工业发展。经过十多年的改革，邓小平同志建设有中国特色社会主义理论已经深入人心，特别是邓小平同志南巡讲话、党的十四大和十四届三中全会召开以后，整个工业战线日趋明确了建设社会主义市场经济的目标，摆脱了姓“资”姓“社”的观念束缚，进一步解放思想，坚持实事求是，按照“三个有利于”的标准指导和检验工业的发展，实现了工业经济的持续、快速、健康发展。

二是按照建立社会主义市场经济体制的要求，把企业改革作为经济体制改革的中心环节，以改革为主要动力，促进工业和国民经济发展。在前15年改革的基础上，1994年宏观经济体制改革措施全面出台，顺利实施，为进一步深化企业改革创造了有利的经济体制环境。企业改革由过去减税让利为主要手段，对不同所有制或单个企业进行政策调整，转向以实现公平竞争、优胜劣汰和资源优化配置为政策取向，将国有企业的改革与改组、改造和加强企业管理相结合，从而为工业和国民经济发展提供了根本的动力。

三是注重加强和改善宏观调控，重点抓好经济运行的综合协调。实践证明，社会主义市场经济条件下，在发挥市场对资源配置起基础性作用的同时，必须加强和改善宏观调控。改革开放17年来，我国国民经济经历了三次大的调整，而随着宏观调控的手段与方式的不断改进，使得国民经济运行环境逐步改善。“八五”初期，国民经济发展一度过热，但由于中央明确提出“抓住机遇、深化改革、扩大开放、促进发展、保持稳定”的方针，认真处理改革、发展、稳定三者的关系，在全面推进宏观经济体制改革的同时，注重加强和改善宏观调控，取得较好的成效，有效地避免了经济在调整中的大起大落。为了做好经济运行的综合协调和即期宏观调控工作，国家经贸委制定了宏观经济调控方案，进一步健全了经济运行例会制度和片会制度，与有关部门相配合，围绕社会总供求平衡关系的变化情况和市场发展态势，针对经济运行方面的一些重要问题，协调解决经济运行中出现的矛盾和问题，及时进行小调、微调，以避免大的调整。工业增长在回落中保持了平稳的增长，没有出现大起大落，有利于保障国民经济调控目标的实现。

四是结合产业结构调整，加大企业技术改造力度，提高了工业生产能力、市场适应能力和发展能力。“八五”时期，根据国民经济发展需要和市场需求变化，国家一直把能源、原材料等基础工业作为发展重点，在多方面给予了支持。“八五”时期，国有单位技术改造投资超过1万亿元，高于前两个五年计划时期的总和，年均投资增长速度为31%，按实际完成的工作量计算，比“七五”增长69%。共实施技改项目14.3万个，到1995年底可建成投产12万个。其中国家批准的限额以上项目471项，总投资993.1亿元，可完成374项；国家重点专项项目1.3万个，安排专项贷款约2000亿元。轻工纺织、机械电子、医药、建材等行业新增效益中技术进步贡献率约占60%－70%。通过技术改造，大力发展名优产品，增加有效供给。如纺织工业结合压锭改造实施结构调整，增加了品种，提高了质量；“八五”期间共发展新型消费品20余万种，部分产品产量跃居世界前列，质量达到国际先进水平并批量出口。

当然，“八五”时期我国工业经济在高速平稳增长的同时也存在一些矛盾和问题，如与市场需求变化相比，工业产品的供给无论从总量还是从结构上讲还不相适应，工业库存总量居高不下，资金周转不畅且相互拖欠的问题十分突出，部分国有企业生产经营困难。概括起来看，主要矛盾和问题有以下两个方面：

1. 工业经济的整体素质还不高。自1989年以来，我国工业亏损呈增加的态势，“八五”前四年，我国工业企业亏损额以每年14.2%的速度递增，四年亏损合计达2356亿元，相当于“六五”和“七五”时期亏损总额的2倍。在全部亏损额中，国有工业企业的亏损所占比重高达71%，前4年累计为1670亿元。

导致国有工业企业亏损的原因是多方面的，首先，国有企业与非国有企业竞争条件不平等，其资产负债率近70%，冗员矛盾突出，办社会负担沉重，企业利润的流失严重。其次，国有企业承担的税负长期高于非国有企业，初步匡算改革17年来相对于非国有企业而言，国有工业企业由于流转税率高、上交所得税率高等多交纳各种利税费累计达6500－7000亿元，相当于同时期企业实现利润总额的四分之三。可以说，国有企业主要承担了17年改革的成本支出。第三，1993年7月实施《企业会计准则》和《企业财务通则》以后，改变了成本核算方法，利润的初次分配关系相应发生了变化，企业利润下降并不能全面反映企业的实际经营状况。按旧财会制度规定，新增工资、奖金、长期贷款利息都是从利润中支出，现在则全部列入成本。成本增加了，相应地冲减了利润，部分微利企业就体现在帐面上的亏损增加。新财会制度规定企业可以增提折旧，以国有工业企业现有近2万亿元固定资产匡算，每增提折旧1个百分点相应减少利润近200亿元。

从整体看，我国工业劳动生产率相对较低、投入高产出低。我国钢产量已达到9300万吨，但平均每个钢铁工人产钢只有30吨，日本、美国已达到了600吨；我国能源综合利用率只有30%，发达国家是50%；火电、水泥、合成氨和钢的单位能耗比国外高30%－80%。这些都影响到企业经济效益的提高。

2. 国有企业改革滞后。在宏观经济体制全面改革步伐加快、改革成效逐步显现的同时，企业改革由于种种原因相对滞后，使国有企业的困难增多。首先，国有企业对宏观经济体制改革不适应。随着宏观经济体制改革的深入，管理体制、运行方式、分配关系都发生了较大变化，对企业生产经营带来了不可忽视的影响。其次，一些在经济过热、需求膨胀、市场信号混乱状况下盲目发展起来的国有企业，不是在转换经营机制，在“三改一加强”上下功夫，而是继续抱有“等、靠、要”的思想观念，必然出现停产、半停产和经营不畅，困难增大的局面。第三，由于相应的社会保障体制建立的滞后，使得国有企业实行大规模破产、兼并与重组的条件不成熟。由于有效的资金结构调整、资本金补充机制尚未形成，导致产业结构、企业组织结构的调整缓慢。

在我国经济转轨过程中，企业的种种矛盾和问题集中体现在经济关系不协调、发展不同步、结构不合理，导致企业的经济效益不高、困难增多。解决这些矛盾和问题的根本出路在于，加大企业改革力度，坚持以提高经济效益为中心，加快两个根本性转变和建立“三个机制”。企业是实现两个转变的主体，企业只有转变了经济增长方式，才能提高国民经济增长的质量和效益。企业只有超越传统计划经济体制，才能实现经济增长方式的转变。因此，搞好国有企业改革，既是经济体制改革的重要内容，也是实现经济增长方式的基础。

当然，总的看“八五”时期我国工业的发展，成就还是主要的，而且是十分显著的。所取得的成就为“九五”时期工业和国民经济的进一步发展奠定了较为扎实的基础，再加上国际国内各方面有利条件为经济发展提供了良好的机遇，对下一个五年计划时期我国的工业和国民经济发展我们充满信心。

二、“九五”时期工业发展的基本思路

党的十四届五中全会《建议》提出了“九五”时期和未来15年国民经济和社会发展的主要奋斗目标和指导方针，以及经济建设的主要任务和战略布局。要求把提高经济效益作为经济工作的中心，积极推进“体制转轨”和“增长转型”两个具有全局意义的根本性转变，加快建立有利于节约资源、降低消耗、增加效益的企业经营机制、有利于自主创新的技术进步机制、有利于市场公平竞争和资源优化配置的经济运行机制。向制度创新要效益，向结构优化要效益，向规模经济要效益，向科技进步要效益，向科学管理要效益。据此，“九五”时期工业发展的基本思路是以提高经济效益为中心，积极推进两个转变，加快建立“三个机制”，把工业发展的重点突出地放在提高增长的质量和效益上，从而促进工业和整个国民经济的持续、快速、健康发展。

具体到产业发展上，要坚决贯彻五中全会《建议》中提出的“优化产品结构，着力加强第一产业，调整和提高第二产业，积极发展第三产业”的方针。国家初步确定“九五”时期第二产业年均增长10%，其中工业年均增长11%。这一调控目标，既符合我国工业化和现代化的要求，也是保证国民经济实现年均增长8%所必须的。

长期以来，我国经济增长高速度主要是以高投入支撑的，走的是外延扩大再生产的路子，粗放经营，效益低下。“九五”时期要重点解决我国工业特别是国有工业在发展中的一些深层次矛盾和问题。例如，国有工业虽在资产总额、职工人数、实现利税等方面占主要比重，而国有工业企业制度落后、设备陈旧、效益不高，有待于通过进一步深化改革、改组、改造和加强内部管理，使其重新焕发生机和活力；工业内部结构还有待进一步调整，能源、原材料等基础工业仍然薄弱，其对经济发展的“瓶颈”制约仍未根本消除，加工工业在技术装备、经营规模、产品的品种规格与质量性能、市场营销、增长方式等方面与发展社会主义市场经济、实现第二步战略目标的要求还不相适应。只有通过进一步深化企业改革，向制度创新要效益；加快工业企业技术改造和技术进步，向技术进步要效益；加快产业结构、企业组织结构和产品结构调整，向结构优化要效益；加强工业企业内部管理，向科学管理要效益。才能解决这些矛盾和问题，才能从根本上提高工业经济增长的质量和效益，促进工业和国民经济持续、快速、健康发展。

从工业发展需要和我委工作实际出发，我们认为，“九五”时期推动工业发展仍然要围绕国有企业改革、技术改造两条主线，进一步加强市场建设、法制建设、进出口协调和内外贸衔接。对这几方面，我们已经或正

在进行“九五”的工作思路研究。其中，关于“九五”期间的国有企业改革和企业技术改造、技术进步工作，我们已经有了初步思路和设想，下面我就着重从这两个方面向各位委员汇报，以征询各位的意见和建议。

(一)“九五”时期国有企业改革的重点 在国务院的统一领导下，自1994年9月以来，经过各方面的共同努力，企业改革已经取得了积极进展。一年多来的主要工作有，通过召开一系列会议，统一思想，形成共识；调查研究；摸清情况，制定政策，加强引导；积极推进各项改革试点；按照点面结合的原则，及时总结典型经验，指导企业改革工作；坚持“三改一加强”的方针，在见实效上下功夫。

当前的企业改革形势有如下特点：一是企业改革的指导思想和基本方针已经明确，改革已进入扎实推进的实施阶段。二是国务院确定的百户建立现代企业制度试点、18城市企业“优化资本结构”试点、56户企业集团试点和3户国家控股公司试点，以及各省、区、市确定的2000户建立现代企业制度试点全面展开，取得新的进展。三是企业改革的重点、难点问题已经理清，在试点中开始有所突破，各地结合实际，制定措施，摸索经验，积极推进，各有特色。四是坚持“三改一加强”的方针，在如何推进面上企业转换机制、走向市场和放开放活小型企业等方面取得了新的经验。

总的看，国有企业改革的形势是好的。当然，也必须认识到，企业改革的重点、难点问题从全局上看还没有取得突破性进展，与建立社会主义市场经济体制的要求相比，国有企业改革滞后的矛盾越来越突出，为企业改革配套的其它领域的改革还难以适应要求，深化企业改革的任务仍然十分艰巨、繁重。

十四届五中全会《建议》提出把国有企业改革作为“九五”乃至更长一段时期我国经济体制改革的中心环节，要求“国有企业改革要开阔思路，大胆试验，勇于探索，使大多数骨干企业在本世纪末初步建立现代企业制度，成为自主经营、自负盈亏、自我发展、自我约束的法人实体和市场竞争主体。”为了实现这一改革目标，“九五”时期，必须坚持以提高经济效益为中心，积极推进“体制转轨”和“增长转型”两个根本性转变，加快建立新的企业经营机制、技术进步机制与经济运行机制。

按照三中全会《决定》、江泽民同志讲话和五中全会《建议》的精神，国家经贸委在国务院的领导下，经过深入调查研究，综合了各方面的意见，在一些重大问题上理清了深化国有企业改革的基本思路：

改革的目的是解放和发展社会生产力，提高经济增长的质量和效益，提高人民的生活水平，充分发挥社会主义制度的优越性；

建立现代企业制度是发展社会化大生产和市场经济的必然要求，是国有企业改革的方向；

国有企业改革只能采取循序渐进的方式，这是由我国国情决定的；

以建立现代企业制度为目标，坚持实行“三改一加强”的方针，构造结构优化和运行高效的微观基础，从根本上提高国有企业的整体素质；

改革要着眼于搞好整个国有经济，用有限的增量，带动国有资产的存量调整，优化产业结构、产品结构和企业组织结构，促进国有资产保值增值，对国有企业进行战略性改组；

国有企业改革要取得实质性的进展，关键要在重点、难点问题上取得突破；

国有企业改革必须与各项改革配套推进；

随着现代企业制度的建立，政府不再直接干预企业的日常生产经营活动，国家作为所有者维护自己的合法权益的一个重要手段是用人。

按照上述基本思路，“九五”时期企业改革必须重点探索和解决以下六个方面的问题。

1、进一步转换国有企业的经营机制。从根本上说，转换企业经营机制，就是要使大多数国有大中型骨干企业具备现代企业制度的特征，形成符合现代化大生产要求、与市场经济相适应的法人财产制度、有限责任制度和科学的治理结构，成为自主经营、自负盈亏、自我发展、自我约束的法人实体和市场竞争主体。通过加快现代企业制度建设，建立新的企业领导体制和组织制度，促使企业经营机制发生根本性转变。首先，改变国家与企业的债务责任关系，企业自负盈亏，国家只承担有限责任；其次，形成流动性的资本结构，使资产重组和资本的注入及出资者的增减、更易能顺畅进行；第三，拓宽企业资本金注入渠道，改变只能依赖财政注入资本金的体制；第四，通过自负盈亏和优胜劣汰，促使企业以追求经济效益为目标，形成制度创新、管理创新、技术创新的内在动力；第五，企业与职工依据《劳动法》建立契约关系，为企业不再包揽职工生活、福利创造条件；第六，形成企业约束机制，所有者代表进入企业，形成科学的治理结构，所有者、经营者、劳动者相互激励、相互制衡，使三者的权利得到保障，三者的行为受到约束。

2. 实施战略性改组，加速国有经济的结构调整。“九五”时期，国家继续实行适度从紧的财政和货币政策，这是进行结构调整的有利时机。要按照“搞好大的，放活小的”的原则，以市场和产业政策为导向，着眼于搞好整个国有经济，对国有企业实施战略性改组。

搞好大的，主要是要集中力量搞好国家重点联系的1000户企业，从实际出发，突出重点，分类指导。1000

户中有878户工业企业，可分为三类。第一类企业，生产经营正常，基本具备自我发展能力，要采取有力措施，促其迅速、健康地发展。第二类企业，生产经营基本正常，要指导其加大技改力度，加强企业管理，多渠道增资减债，创造条件逐步进入第一类企业的行列。第三类企业，生产经营困难，多为微利或亏损企业，但属于关系国计民生、行业中的重点企业。对这类企业，要精心诊断、综合整治，必要时国家要采取更加灵活的措施，予以扶持或促其转化。

放活小的，主要是要采取改组、联合、兼并、股份合作制、租赁、承包经营、引资嫁接及出售等多种企业组织形式和更加灵活的措施，予以改革改组，尽快放开放活。当然，放开放活决不是一放了之，更不是一卖了之，要加强领导，出现问题及时解决；在中小企业改革过程中，还要特别加强对国有资产的监管，防止国有资产的流失。

3. 解决历史遗留的不良债务问题。国有企业的不良债务即银行的不良资产问题，是国有企业改革和银行商业化的难点所在。“九五”时期，拟采取以下三个方面的具体措施，积极探索多渠道增资减债、处理银行不良资产问题。一是切实加大兼并、破产的力度，把优胜劣汰机制真正建立起来，同时通过被兼并企业的部分债务实行免息、停息和推迟偿还资本金，依法冲销破产企业的债务，消化掉一部分不良债务。二是把符合条件的中央和地方的“拨改贷”资金本息余额转为国家投资。三是在充分调查研究的基础上，制定可行方案，选择适当时机，探索综合解决国有企业不良债务的处理办法。

为了从机制上解决不良债务负担问题，要科学地界定不良债务的范围，通过建立现代企业制度，形成内部制衡机制，抑制投资饥渴，实现科学决策，使企业对自己的债务承担全部责任；同时通过深化金融体制改革，扩大企业融资渠道，改变国有企业、银行和财政三者紧紧捆在一起的局面。

4. 有步骤地分流富余人员，分离企业办社会职能。我们考虑，“九五”时期要分流1000万人。分流安置富余人员的重点，要逐步由企业内部消化为主转向由劳动力市场配置为主。按《公司法》改建为各类公司的企业，有条件的应基本完成企业非生产性后勤服务单位、自办中小学、医院的分离工作，逐步移交给社会管理。

安置富余人员，一方面要加快社会保障体系建设；另一方面，更重要的是要开辟再就业渠道。要积极推行再就业工程，建立健全劳动力市场。鼓励社会各界积极创办多形式、多层次的职业介绍和转岗培训等中介机构，增强劳动力市场调剂的能力。以大企业和企业集团为依托，广泛吸收社会和个人资金，大力发展各种所有制的中小企业，特别是股份合作制企业。国家要制定相应的扶植政策，鼓励开办安置富余人员的企业，增加再就业机会。

在加快社会保障体系建设，开辟再就业渠道的同时，要全面推行劳动合同制度，依据《劳动法》建立职工与企业的契约关系，实行统一、开放的劳动用工制度。在企业内部形成择优、竞争上岗的机制，允许在生产经营中遇到严重困难的企业，依法实行经济性裁员，政府有关部门予以必要的支持。

5. 推进各项配套改革。实践证明，深化国有企业改革，在重点难点问题上取得突破，必须同步推进各项配套改革。“九五”时期如何抓好国有资产管理体制、金融体制、投资体制、财税体制、社会保障体系改革与企业改革的配套协调，是一项十分艰巨复杂的任务。从目前情况看，最紧迫的任务是抓好国有资产管理体制和社会保障体系两个方面的配套改革。

为了解决国有资产管理中存在的问题，防止国有资产的流失，确保国有资产所有者的权益，国务院于1994年7月颁布了《监管条例》。《监管条例》颁布以来，国家经贸委、国有资产管理局一起召开了一系列会议，进行宣传培训，部署落实。目前已有25个专业经济管理部门和6个全国性总公司经国务院授权为监督机构，并向首批20户企业派出了监事会。作为贯彻实施《监管条例》的配套文件，制定并下发了《国有资产经营责任制暂行办法》和《关于监督机构对国有企业派出的监事会工作规范意见》。首批向20户企业委派监事会具有很强的探索性质，国家经贸委将和有关部门一起及时追踪、解决有关问题，探索总结经验。在此基础上，拟分期分批地向1000户左右的国有企业和国有独资公司派出监事会。

“九五”时期要在继续贯彻《监管条例》的同时，探索国有资产管理体制改革的途径。国有资产管理体制改革，要坚持政府的社会经济管理职能与经营性国有资产所有者职能分开的原则，落实企业国有资产经营责任制。

社会保障体系改革需要着重解决两方面的问题。一是按照社会保障体系的统一性和社会性的要求，增强社会保障能力。要建立统一的社会保障机构，实行统一的社会保障政策，完善统一的社会保障法律制度。逐步取消行业统筹，转向社会统筹，为企业根据生产经营需要灵活配置劳动力资源创造条件。二是要多渠道筹集社会保障基金，摆脱靠增加成本支撑改革的局面。要逐步增大个人交纳社会保险的比例，提高职工个人自我保障意识。

6. 兼顾改革、发展和稳定，解决一些有特殊困难的行业和企业面临的紧迫问题。在国家财政状况仍很紧张，无力给一些有特殊困难的企业直接注资，银行正在逐步走向商业化，按《商业银行法》运作，也不能向产品无销路，没有效益的困难企业提供贷款支持，社会保障体系又不具备接纳和安置企业富余劳动力的情况下，如何兼顾改革、发展和稳定，帮助企业解决困难，是“九五”时期企业改革中一个急需解决的难点问题。

从改革发展和稳定大局出发，必须处理好困难企业职工问题。关心困难企业职工的生活是维护社会稳定的大事，是党和政府义不容辞的责任。我国的工人阶级是支持改革的，他们表现出的顾全改革大局的精神是很可贵的，全心全意依靠工人阶级，才能搞好企业，搞好改革。我们要十分关心职工的疾苦，切实帮助他们解决一些问题。1994年9月，劳动部、国家经贸委、全国总工会共同制定了《关于做好困难企业职工生活保障、生产自救和分流安置工作的若干意见》。从当前看，我们要抓紧解决困难企业职工生活的问题，在问题没有得到解决之前，进行必要的生活补助和救济，帮助他们度过难关。当然从长远看，要从根本上解决亏损企业职工生活困难问题，还是要靠企业转换机制、调整结构、改善管理、提高效益。

(二)“九五”时期企业技术改造和技术进步工作设想 “九五”时期企业技术改造和技术进步要实现的目标：一是初步建立符合市场经济要求的技术改造管理体制，包括推进技术改造管理体制的规范化、法制化；逐步建立项目投资风险责任机制；简化项目审批程序，提高办事效率；制定导向性计划和有关措施；对全国技术改造逐步实行全口径管理。二是优化产业结构，促进支柱产业的形成，通过采用高新技术改造传统产业，着重提高制造业的新产品开发能力和专业化生产水平，大力振兴机械电子、石油化工、汽车制造和建筑业等行业，使其在国民经济中发挥支柱作用；重点支持和培育一批大企业、大集团和促进地区经济的协调发展。为实现上述目标我们必须重点做好以下几个方面的工作。

1. 依托现有企业进行技术改造，切实转变经济增长方式。搞好整个国有经济，实现经济增长方式的转变，必须加大技术改造的投资力度。从我国企业特别是国有工业企业技术改造现状看，还存在着很多不容忽视的问题。国有企业中亟待改造的老企业比重仍然很大，特别是在国有大中型企业中，经过比较全面改造的仅占20％左右。与发达国家相比，我国工业企业技术装备水平仍很落后，重点企业的关键设备达到和接近国际先进水平的仅占15％，三分之二的设备属国内一般水平或落后水平。我国工业的技术水平大约比发达国家落后15－20年，其中机械、电子制造业差距更大。“九五”时期，要切实做到以现有企业为依托，能够通过改造、改组、改造来提高企业生产能力的，就不再铺新摊子。要充分利用现有基础，挖掘潜力，提高生产能力与投资效益。引导企业用新工艺、新设备、新材料和新技术，创造出新的产品，提高市场竞争力。

2. 加大技术进步和技术改造的投资力度。“九五”时期要改变主要靠外延投资拉动的增长方式，必须增加对企业技术进步和技术改造的投入。“八五”时期，技术改造投资的两个重要的比重呈逐年下降趋势。其中，技改投资占国有单位固定资产投资比重为27.1％，比计划数35.1％低8个百分点；技改投资中国家安排的银行贷款所占比重平均为33.74％，1995年仅为23.9％左右，降至历史最低点。

“九五”时期，要做到基建项目主要集中于基础设施和瓶颈产业，部分原材料工业、一般加工工业等均以技术改造为主，促进产业技术进步，提高其技术装备水平，进而提高产品档次、质量和效益。为此，“九五”时期，技改投资占全社会固定资产投资比重平均应增加到30％，在国有单位固定资产投资中的比重增加到40％，比“八五”实际提高13个百分点，技改贷款在技改投资中的比重增加到40％，提高6个百分点。同时要制定必要的优惠政策，加强政策引导，运用资本金注入、贷款贴息、财政拨款等宏观调控手段，加大技术进步和技术改造投资力度，引导企业重视自身积累和技术改造，逐步成为真正的投资主体，增强企业发展的后劲。

在增加技改投入的同时，要深化技术改造投融资管理体制的改革，逐步建立新时期企业技术进步机制；对国家重点技术改造项目实行资本金制度试点，逐步实现技改项目审批、管理的规范化、法制化；千方百计多渠道筹集资金，鼓励企业提足提高折旧；鼓励有条件的地方建立并完善技术改造基金制度。

3. 技改要与企业改革相结合，择优扶强，向重点产业和优势企业倾斜。按国家“九五”时期国有企业改革整体进程的要求，技术改造资金的使用要优先支持改革、改组好的企业，促进企业优化资本结构，转换经营机制，建立现代企业制度。按照国务院搞好1000户重点企业的要求，集中力量抓一批影响大、带动作用强、代表我国工业经济主体水平的骨干企业，通过重点扶持滚动改造，使这批企业或企业集团迅速壮大，促进产品结构和企业组织结构的调整，提高主导产品的生产集中度，优化配置生产要素，优化企业资本结构，培育新的经济增长点。

在技改投资安排上，要集中资金加大重点项目的贷款比重，把资金集中投入到工业化进程中的关键领域，重点支持优势产品、优势企业和优势产业，使优势企业按规模经济的原则组织生产，使其尽快提高技术与装备水平；在技改项目选择上，要注意把存量合理调整与增量优化调整结合起来，坚持引进技术与消化创新相结合；在技改投资管理上，要使投资主体由政府为主转为以企业为主，管理方式以项目审批为主转为以政策引导为主，加强宏观调控，做到重要技改项目资金集中，搞规模经济；在技改工作方法上，要加强部门、地方、银行的协调配合，坚持联合服务，支持企业技术改造。

4. 贯彻科教兴国战略，大力推动企业技术进步。我国科技进步对经济增长的贡献率只有30％左右，不仅远低于发达国家50％－70％的水平，也低于发展中国家30％－40％的水平。"九五"时期，以建立自主创新的技术进步机制为核心，实施"技术创新工程"，把技术开发、推广、产学研、工业性试验、技术中心、重大装备等各项工作结合起来，形成一个整体。重点抓好"产学研"联合工作，建立有效的"产学研"合作机制，继续推动在大型企业建立技术中心，加强企业的研究开发能力，探索、吸取国际上行之有效的经验，加快科技成果产业化。同时要加强技术引进、消化吸收和重大技术装备的国产化工作，缩短与发达国家间的技术差距，要继续在政策上鼓励新产品开发，带动企业技术进步。加强企业科技人才队伍建设。开展多渠道的国际合作，建立企业技术创新的国际合作渠道。

（作者所在单位：国家经济贸易委员会）

"八五"期间商品流通工作的基本情况和"九五"的改革发展思路

陆　江

一、"八五"期间和1995年的商品市场情况

"八五"期间，全国内贸部门和企业认真贯彻执行党中央、国务院一系列方针和政策，大胆改革，努力工作，开拓市场，保证供应，较好地完成了商品流通工作的各项任务，为国民经济的持续、快速、健康发展创造了有利条件。

首先保持了市场的繁荣和稳定。1995年社会消费品零售总额20598亿元，"八五"期间年平均增长22.5％，扣除价格因素，实际增长近10％；1995年社会生产资料销售总额达到27500亿元，"八五"期间年平均约增长27％。

第二，提高了商品流通的市场化水平。"八五"期间，逐步缩小了计划分配调拨的数量和范围，对部分物资实行了国家订货。调整和放开了商品的价格。到"八五"末期，90％以上的商品资源已通过市场配置，由国家定价的商品不到总量的5％。目前，国家仅对煤炭、钢材、铜、铝、木材、水泥和载重汽车的部分国产资源进行计划分配。生活资料中仅对粮食实行国家订购。国家和地方已初步建立起重要商品的储备制度和粮食、副食品的风险基金制度。商品统计信息工作得到了发展，初步建立了重要商品市场监控体系。初步整顿了流通秩序，市场秩序开始好转。

第三，商品市场体系正逐步形成。到1995年，全国已建成各类市场近10万多个，其中农副产品批发市场2100多个，日用工业品批发市场600多个，生产资料批发市场800多个。一批大中城市新建了一批上档次、上规模的窗口式网点。1995年全国拥有商业网点达1400万个，比"八五"初期增加近200万个，增长14％。初步形成了多层次、多功能、多形式的全国市场网络。

第四，增强了流通企业的市场竞争能力。"八五"期间，全国内贸企业努力转换经营机制，各类企业在财务、人事、工资、经营等方面的改革都取得了较大进展。各种形式的股份企业已达500多家，上市公司近40家。全国已组建20多个大型物资企业集团。有9家企业被列入全国百家现代企业制度试点单位。商业连锁企业已发展到400多家，各种连锁店已达6000多个。一些国营小商业通过采取"改、租、包、卖"等多种措施，增强了活力。集体、股份合作制商业企业也发展很快。商办工业和饮食服务业继续得到发展。

第五，扩大了商品流通的对外开放。到1994年，全国内贸系统进出口贸易额达到100多亿美元，比"八五"初期有较大幅度的增长；三资企业约5200家，协议外商投资约55亿美元；境外投资企业预计达到800家，境外投资约1.2亿美元。已经批准建立了14家中外合资经营的商业零售企业。已经赋予206家流通企业进出口经营权，其进出口业务已初见成效。

第六，发展了科技教育事业。"八五"期间，完成了一批科研项目，应用推广了大批科技成果，提高了流通产业的科技水平。培养了一大批受过高等教育和中专教育的商品流通经营管理人才。

第七，流通法制工作取得了较大进展。原商业和物资两部先后发布了100余件部颁规章。特别是国内贸易部成立后，发布了《拍卖管理办法》、《批发市场管理

办法》、《城市商业网点建设管理规定》、《生猪集中屠宰条例》、《立法工作程序规定》、《商品流通企业法律顾问工作试行办法》、《行政复议工作办法》等部颁规章和《全国商品市场规划纲要》等重要文件。抓紧进行了一些法律法规草案的起草工作。狠抓了法制宣传教育、流通法制机构建设和人才培养。

第八，提高了流通产业的现代化水平。“八五”期间，电子计算机技术已在企业经营管理、现货和期货交易、流通加工和生产等方面开始应用。商品储运业的机械化程度有所提高。内贸系统的集装化运输、动力配煤加工、再生资源综合利用等方面的能力进一步扩大。五年间，全国商品流通行业基本建设投资共420.4亿元，其中：中央投资51.8亿元，地方投资368.6亿元。相继建成了一批粮库、油库、糖库和其它商品仓储设施，流通产业的现代化水平有所提高。

1995年是商品流通工作发展较快的一年。我部坚决执行党中央、国务院的方针政策和各项部署，急中央之所急，想老百姓之所想，努力实施部党组提出的“五三一”工程，即“抓好以粮油肉菜糖五大商品为重点的资料和生产资料市场供应，深化以粮食部门政策性业务和商业性经营两条线运行、连锁经营、代理和配送制三项改革为突破口的流通改革，加强以批发市场为重点的商品市场体系建设”，建设大市场、发展大贸易、搞活大流通，努力实现中央确定的降低物价上涨幅度的目标，重点开展了以下几项工作，保持了市场繁荣、购销两旺、物价涨幅回落和其它各项任务的完成。

(一) 落实国家宏观调控措施，控制物价涨幅，保持了市场稳定　1994年的物价涨幅中，食品的涨价因素占到60％左右。去年，我们把组织好粮油肉菜糖的市场供应，作为稳定市场、稳定物价的首要任务，抓紧抓好。

首先是做好收购和进出口工作，确保重要商品的总量平衡。去年主要农产品产量增加，各级内贸部门克服收购资金不足、国家定购粮牌市差价大等困难，小麦、早稻超额完成定购计划，秋粮定购计划完成情况好于上年，议购数量也有所增加。食油收购比上年同期有较大增长，生猪、食糖等收购情况良好。对存在一定缺口的重要消费品和生产资料，及时向国务院有关部门反映情况，控制出口，增加进口，有效地弥补了国内资源的不足。

其次是建立健全重要商品储备制度，吞吐调节，稳定价格。去年，中央和29个省区市共筹集粮食和副食品风险基金近百亿元，经国务院批准新建食油国家专项储备37.5万吨，银行迅速安排资金，财政部及时增加储备费用补贴，使储备粮、储备肉、储备糖都有所增加，对增强调控能力发挥了重要作用。去年为了平抑饲料粮价，我们执行国务院的指示，及时组织调运200万吨国家专储玉米，到生猪主产区限价定向投放，同时扩大生猪收购，增加猪肉储备，保护了农民的积极性。去年还动用了65亿斤专储粮，用于城市挂牌销售和救灾。

第三是减少流通环节，降低费用，稳定价格。内贸部门坚决执行国家物价政策，对重要商品采取公布指导价、限制进销差率等措施；建立配送中心，开展直供直销和连锁经营。各地蔬菜公司努力做好本地菜供应，并进行异地调运，基本实现了淡季不淡，价格上涨幅度也低于上年。

经过努力，重要农副产品持续两年供需紧张的状况已得到好转，去年的物价涨幅也明显回落。粮食由1994年的上涨48％降为上涨32％，食油由上涨60％转为下降10％，肉禽及制品由上涨41.6％降为上涨26.4％，蔬菜由上涨38.2％降为上涨27.6％，食糖由上涨40％降为上涨20％，生产资料价格只上涨1.7％。稳定了市场、稳定了物价。

(二) 努力做好物资供应工作，保证了生产建设和国民经济的正常运行　1995年，物资系统在自身遇到严重困难的情况下，努力搞好产需衔接，积极促销保供。通过计划分配供应安排了煤炭4.78亿吨、重油2421.2万吨、钢材1310万吨、木材468万立方米、水泥1500万吨、铜15万吨、铝25万吨、汽车5万辆，主要保证农业、农机、发电设备制造、铁路、交通、煤炭、国防军工等国民经济的重点行业。几年来，我部共为京九铁路建设安排钢材90万吨、木材17.21万立方米、水泥175.45万吨，为三峡工程安排钢材13.1万吨、木材2.5万立方米、水泥68万吨，并优先保供军工科研生产、装备维修和国防工程所需的批量小、技术要求高的专用料，保证了国家重点建设和军工生产的顺利进行。同时努力通过市场配置资源，探索新的交易形式。适应指令性计划减少的新形势，物资部门提出了“控制短线、放开长线，减少户头、保证重点，扩大定点、简化分配方式”的钢材订货改革思路。各地物资企业探索用市场配置资源的组织形式，试办生产资料展销会、批发市场等，对调控市场价格、搞活物资流通发挥了积极作用。经国务院和国家计委批准，去年共安排接收国家储备入库物资8.96万吨，出库物资12.49万吨，对调控市场、调节生产起到了一定的作用。

(三) 两线运行、连锁经营、代理制和配送制的改革取得了实质性的进展　粮食部门的“两条线运行”经过几年的试点和准备，去年国务院正式下发文件，部署实行。在各地粮食部门深入调查研究、广泛征求意见、起草实施方案的基础上，两条线已经开始分开，政策性业务逐步规范，商业性经营正在发展。到目前为止，已有26个省市政府批准了改革方案，19个省市已同财政部签定责任书，落实了挂帐停息政策。

连锁经营进展很快。据统计，全国现在已有连锁公司400多个，各种形式的直营店、加盟店6000多个。这些连锁企业坚持“为民、便民、利民”的指导思想，发挥了“方便、放心、价廉、创效”的优势，受到消费者的欢迎，也得到有关部门和社会各界的大力支持。去年，国务院决定将城镇国有粮油零售网点的房产划转粮食部门管理，全国工商银行系统共向各地连锁商店贷款12亿元，这些都大大推动了连锁经营的发展。

1995年国务院正式确定对钢材和汽车两个品种进行代理制的试点，并成立了由国家经贸委牵头的试点工作协调小组。我们配合有关部门，多次到生产和流通企业调查研究，召开各种会议进行部署，提出试点实施方案，研究配套政策，确定了第一批试点的生产和流通企业名单，试点工作已经取得进展。物资配送也在前几年试点的基础上有所发展，去年利用国家安排的1亿元技改贷款，重点组织了25个投资少、工期短、具有一定规模的加工配送项目，并开始着手建立配送试点企业的信息交流、统计报表制度。

（四）商品市场体系和流通设施建设有了进一步的发展 为了推进商品市场的发展，我部去年着重抓了市场体系建设的基础性工作，如请地方政府明确市场主管部门，改变多头管市场的现象；工作重点由以建市场为主转为建管结合、以管为主，抓好已建市场的巩固、完善和提高；颁布了《城市商业网点建设管理规定》等行政规章，由我部负责起草的《中华人民共和国拍卖法》已提交全国人大常委会审议通过。国务院还相继做出决定，禁止个体和私营企业经营食糖批发业务，由国有商业负责外轮商品供应，以我部为主做好畜禽定点屠宰工作和屠宰冷藏加工的行业管理，使市场秩序有所好转。清除假冒伪劣商品的力度加大，消费者的权益进一步得到保障。

当前，我国商品流通工作中存在的主要问题：一是市场发展中条块分割、行业垄断、地区封锁以及市场管理政出多门的状况还比较严重，流通立法滞后，市场秩序和市场管理还比较混乱。二是工商、农贸关系不规范，商品流通的中间环节过多，造成一些商品流通不畅。三是国家对市场的宏观调控能力薄弱。重要商品的储备制度还不完善，市场风险基金等调控手段也很不健全，调控市场的难度较大。四是一些国有流通企业机制转换缓慢，历史包袱沉重，适应市场和自我发展的能力依然较弱，有些企业亏损严重，国有流通企业的主渠道作用明显下降。五是流通基础设施落后，国家对流通设施的建设和改造投人较少，远远不能满足经济发展的需要。六是科技教育投入严重不足，发展严重滞后。

二、“九五”的目标和任务

（一）“九五”的指导思想 根据中共中央十四届五中全会精神和国家《“九五”计划和2010年远景目标纲要(草案)》，结合国内商品流通发展的实际，“九五”期间，必须坚持以搞好粮、油、肉、菜、糖和重要生产资料的平衡供应，推进两线运行、连锁经营、代理和配送制，发展粮油商品、菜篮子商品、生产资料、工业消费品的流通体系为商品流通改革发展的中心任务，急中央之所急，想老百姓之所想，加快商品流通工作的改革开放步伐，继续发展大市场、大流通、大贸易，积极促进经济体制和经济增长方式转变，努力稳定市场，稳定物价，切实加强对全社会商品流通的统一管理，提高商品流通产业的现代化水平，初步建立起统一开放、竞争有序的商品流通体系，更好地满足人民生活和生产建设的需要，促进国民经济持续、快速、健康发展。

（二）“九五”的奋斗目标 根据“九五”国家安排总盘子，到2000年，力争实现社会消费品零售总额48000亿元，平均每年增长18.5%，扣除物价因素年均增长10%左右。大中城市国有食品企业肉禽蛋经营量争取达到社会流通量的40%以上；国有蔬菜企业的经营量争取达到20%以上；国有食糖经营企业批发经营量达50%以上；国有粮油企业争取掌握商品粮源和油源总量的70%。全国商办工业产值达到1600亿元，年均增长5.7%。饮食服务业营业收入达到7500亿元，年均增长20%。全社会生产资料销售总额达到4.5万亿元左右，年均增长12%。争取到“九五”末期，建成一批销售额在500亿元的物资企业集团和50亿元以上的商业企业集团。连锁企业发展到1500个，各种形式的连锁店达到6万个，连锁经营的销售额达到1200亿元。流通基础设施的建设和改造要取得重大进展。内贸企业要努力提高经济效益。

（三）“九五”的主要任务 为实现“九五”期间国内商品流通的奋斗目标，全国内贸部门和企业必须完成以下任务：

1. 坚持以市场配置资源为主，同时加强对市场的宏观调控，建立有效的商品供需调节机制，进一步深化重要商品计划管理体制的改革，保持社会供需总量的基本平衡。

2. 初步建立以全国性的大型批发市场为中心，以地方批发市场为骨干，以中小型市场、集贸市场和商业零售网点为基础的全国统一的商品市场网络体系。

3. 进一步深化商品购销体制改革，按照市场经济的要求，建立起新型的工商、农贸关系，促进两个方式转变。

4. 努力深化流通企业改革，逐步建立现代企业制度，提高国有流通企业的主体地位。

5. 进一步推进粮食企业两线运行、连锁经营、代理和配送制改革，加大商品流通体制和流通企业改革的力度。

6. 继续扩大商品流通的对外开放，增强流通企业的国际市场竞争能力，逐步实现国内外市场接轨。

7. 坚持科教兴贸，提高流通产业的科技含量，培养有较高水平的管理和经营人才，促进商品流通产业的加快发展。

8. 加快草拟出台主要商品流通法规，初步建立商品流通法制体系。

9. 以现有的商品流通设施为基础，以技术改造为主，适当进行新建，加快改造和建设，提高流通产业的现代化水平。

10. 积极稳妥地推进商品流通行业管理机构改革，切实履行内贸部门管理全社会商品流通的职能，基本实现对全社会商品流通的有效管理。

三、"九五"期间流通体制改革与产业发展的主要思路

(一) 努力建立商品流通宏观调控体系 建立新的商品计划管理体制。强化总量平衡和间接调控手段。继续实行"米袋子"省长负责制和"菜篮子"市长负责制。完善计划收购、国家定购、国家订货、合同订货和进出口贸易等多种计划调节形式，使国家掌握一定比例的关系国计民生的重要商品资源，用于保证重点和调控市场的需要。以建立大型中心批发市场为重点，大力发展新的可调控的流通组织形式。建立肉、糖等商品区域间的余缺调剂制度。逐步建立稳定价格的制度和办法。按照有利于生产和流通共同发展，加快商品流通速度的原则，建立新型的工商、农贸关系，深化重要商品购销体制改革，保证货畅其流。

增强国家对市场供需的调控实力。建立和完善粮食、食油、猪肉、食糖、钢材、有色金属、橡胶、纸张、成品油等重要商品储备制度，形成中央地方两级储备体系。按照不同的调控目标，把国家储备分为战略储备和市场调节储备。由流通主管部门管理市场调节储备，在市场发生较大波动时，用以平抑价格、稳定市场。继续建立完善粮食、副食品风险基金制度，同时逐步建立其他重要商品的风险基金。通过建立这些制度，增加国家对市场的调控能力，解决农民的各种"卖难"问题，保持市场供需和价格大体稳定。

发展完善市场监控体系。继续加强商品统计信息工作，逐步改革完善统计调查办法、统计制度和服务功能。进一步建立和完善重要商品市场供需分析、市场动态监测和价格监控制度。定期分析发布重要商品的供需信息和价格信息，引导生产和消费，为各级政府调控市场和企业经营决策提供依据。

(二) 继续发展完善商品市场体系 根据市场建设的任务，搞好商品市场总体布局，完善商品市场的内部运行机制，深入开发市场组织流通的功能，理顺有关部门管理市场的职责。根据《全国商品市场规划纲要》，继续发展完善综合和专业、全国性、区域性和地方性等各类各层次的市场形式。有计划地发展拍卖、实物租赁、废旧物资市场。努力提高现有市场的管理水平。重点发展大型中心批发市场。

1. 农副产品市场建设。以培育、发展与人民群众生产、生活密切相关，同时又适合进行大宗农副产品批发的市场为重点，在3－4年时间内，首先抓紧建成北京、上海、成都、海口四个大型的、现代化的农副产品中心批发市场。同时，选择一批大中城市，集中力量组建一批全国性的糖类、肉禽蛋类、蔬菜、水果、水产品等大型中心批发市场。

2. 粮油市场建设。在粮食销区、大中城市和粮食产区，建设完善一批大、中型粮油批发交易市场。

3. 日用工业品市场建设。为改变目前我国日用工业品市场数量多、规模小、交易方式落后的状况，选择日用工业品生产和消费较集中的城市，在现有纺织、服装、鞋帽、烟酒和五交化市场的基础上，继续提高档次，完善服务功能，建立一批中心批发市场。

4. 生产资料市场建设。重点抓好现有生产资料市场的巩固、提高和完善。继续办好已建的煤炭、钢材、木材、建材、化工、汽车、废旧金属批发市场，提高批发市场的交易量和知名度，继续改革完善生产资料订货会和交易会，逐步把批发市场变成常年订货交易的场所。

(三) 积极促进经济体制和经济增长方式的转变 努力探索建立重要商品流通体系。重点通过逐步建立完善粮油产品、"菜篮子"产品、工业消费品、生产资料的流通体系，改变由于这些商品产需脱节、市场分割、流通环节多，造成生产成本高、效益低的状况，努力实现以最快的速度、最低的成本和最好的效益组织商品流通，促进两个转变。

大力发展连锁经营和代理制。主要通过运用先进的商品流通方式和技术，提高商品流通的科技水平，推动两个转变。商业连锁经营是当前国际上普遍采用的一种先进的经营方式，在世界范围内获得了巨大发展，在我国实践的效果也很好。各类流通服务企业要解放思想，因地制宜，积极发展连锁经营。鼓励有特色的行业发展国际连锁经营。商品销售代理制是当今国际上惯用的一种营销方式，有利于工商双方利益共享，风险共担，促进产品的合理流通，优化资源配置，扩大企业

的经营规模，实现生产和流通的有机结合。大中型流通企业要采取多种措施推行代理制。通过大力发展连锁经营和代理制，同时推广应用其它先进的流通方式和技术，提高商品流通的科技水平，为完成两个转变创造条件。

切实转变流通企业效益增长方式。各类商品流通企业和服务加工生产企业，要正确处理一业为主和多种经营的关系、速度和效益的关系、新建设施和利用现有设施的关系，充分发挥现有经营优势和流通设施的潜力，主要通过集约规模经营、优化资产结构、盘活资产存量、发展流通加工、设施潜能开发、运用先进流通技术和提供各种优质新型服务，努力提高流通效益。防止不顾主业、盲目开展多种经营、分散资金、参与投机、决策失误。

（四）加快内贸企业的改革步伐　继续转换流通企业的经营机制。以建立现代流通企业制度为目标，按照改革、改组、改造和加强管理的原则，继续深入开展企业内部人事、分配、管理等项制度改革，使企业真正成为自主经营、自负盈亏、自我改造、自我约束的经济实体和市场主体。对国家和地方确定为现代企业制度试点的企业，要结合内贸企业自身的特点，加快改革步伐，及时总结试点经验。其他企业也要根据建立现代企业制度的基本要求，积极推进改革。

努力优化企业组织结构。按照“抓大放小”的原则，优化企业组织结构，搞活各类内贸企业。通过试办综合商社、发展连锁经营，或以资产为纽带组建发展企业集团、试行股份制等形式，实现商品流通企业的集约重组，促进企业组织结构、经营规模、管理水平的升级换代，尽快培养出一批具有相当实力、市场占有率高、能发挥主导作用的大型国有流通企业。通过深化企业内部改革，提高市场竞争能力，完善新的经营机制，继续发展一批具有经营特色和相当实力的中型流通企业。对经营困难的中小内贸企业，主要是利用连锁经营和代理制的形式，通过收购、兼并、联合、转让等办法，将其改造为连锁超市、连锁便民店或是代理销售点；对有条件的可以进行股份制改造，发展为股份合作企业；可以将边、小、微、亏的企业承包、租赁给集体或者职工个人；对长期亏损、资不抵债的，要依法实行兼并或破产。保持稳定国有粮店、粮站、菜店及主产区食品收购站的组织形式，搞活其经营机制。继续在竞争中发挥国有流通企业的主渠道作用。在国有流通企业的改组改造过程中，要做好资产评定工作，严防国有资产流失。

积极转变经营方式。批发企业要通过扩大代理、加速周转、试办连锁、发展配送、批零兼营、扩展多元化经营等多种方式，增强活力。继续发展零售商业。主要通过扩大经营品种，提高服务质量，降低交易成本，完善企业经营机制，增强零售商业的活力。合理调整布局零售商业网点，有计划有步骤地发展大型商厦，防止盲目建设，重复建设。粮食企业要按照“统一领导，两线运行，分别核算，搞活经营”的原则，加快发展。加大县级商品流通企业、中小城市燃料经营企业、再生资源回收加工企业的改革力度，采取必要的扶持政策，开辟新的经营门路，增强和恢复其市场竞争能力。

继续发展各类商品经营企业。保护依法经营的中外合资、个体、私营、民营等经济成分的流通企业平等参与市场竞争，发挥其有益的补充作用，完善有关法规政策，加强管理和引导。

（五）努力满足人民生活和生产建设的需要　“九五”期间，实现重要商品供需总量的基本平衡、保持市场繁荣稳定，满足人民生活和生产建设的需要，仍是各级内贸工作的首要任务。按照“九五”期间国民生产总值年均增长8％左右，固定资产投资率年均为30％，实现人均国民生产总值比1980年翻两番等指标进行测算，到2000年，工业品市场货源充裕，各种市场主体竞争将更加激烈，居民消费结构进一步改善。如果不能有效调整产品结构，有些商品将滞销积压。主要农副产品供需矛盾将逐步缓解，但部分品种供需仍然偏紧。粮食到2000年总产即使达到1万亿斤，供需将仍有缺口，品种结构也存在一定矛盾，仍需保持适量进口。食油供需仍有缺口，食糖供需缺口也较大，每年都需适量进口才能满足国内消费。随着规模化养猪的发展，猪肉供需状况有可能逐步改善，但“九五”期间养猪仍将以个体为主，影响农民养猪的积极性的因素较多，对猪肉的供需状况，还不能掉以轻心。蛋类、蔬菜等农产品，随着生产的发展和市场体系的完善，供应将能够满足社会需要。工业生产资料中，大多数供求可以基本平衡，部分钢材品种、铜、橡胶、木材等物资供应不足，仍需一定数量的进口。煤炭、重油有一定缺口。在这一时期，各级内贸部门和企业要千方百计保持总量平衡，安排好重点需要，保证市场繁荣和物价大体稳定。

（六）积极扩大流通产业的对外开放　继续做好赋予内贸企业进出口权工作，争取使更多的内贸企业有进出口权。得到进出口权的内贸企业，要采取建立出口基地、开辟客户渠道、培养专业人才等实际步骤，扩大出口能力。积极同有关部门协商，使已获得进出口权的企业能经营主营业务，平等参与对外贸易。没有进出口权的内贸企业，要积极采取与有进出口权的企业联合联营等方式，参与外贸经营，扩大进出口业务。有计划、有步骤地向外商开放商品零售业和生产资料经营业务。抓好六个城市和五个特区的中外合资、合作经营商业零售企业试点工作。在总结经验的基础上，逐步扩大试点范围。开展中外合资、合作经营商业批发和物资批发企业试点，取得经验，逐步推广。开展中外合资联锁企业试点。加快引进国外先进的流通技术和经营管理方式，引导外资向高新技术、高附加值经营生产领域投入，促进流通产业结构和产品结构的调整，加快流通设施的改造和建设。

（七）继续加强流通法制建设 加快建立流通法制体系，抓紧起草出台《商品交易法》、《粮食法》、《批发市场法》、《生产资料经营管理条例》、《酒类管理条例》、《家畜家禽屠宰管理条例》、《连锁商店管理条例》、《代理制经营管理条例》、《拆船业管理条例》、《废旧物资回收加工利用管理条例》、《饮食服务业管理办法》等法律、行政法规和部颁规章。对制定全国性法律、法规条件尚不成熟的，根据实际需要和可能，先行制定地方性流通法规或地方政府规章。继续深入开展法制教育，做好“三五”普法工作，提高全行业的法律意识和法制观念。加强执法工作，切实注重法制工作机构和队伍建设，尽快建立和完善行政复议机构和制度。

（八）加强对全社会商品流通的行业管理 继续建立健全各级商品流通管理机构，完善各级商品流通部门的各种管理职能，转变工作方式，提高管理效能，加大规划指导全社会商品流通产业发展的工作力度，促进生产和流通的合理分工。切实加强对县级商品流通企业改革发展的指导。完善审计、监督工作和制度。发挥流通行业协会在行业管理中的纽带和桥梁作用。全面加强对全社会商品流通的统一管理。

（九）继续提高服务质量和职业道德水平 以提高服务质量为中心，加强职业道德教育，坚持文明经商，搞好商业文化建设。把提高服务质量做为流通企业发展的根本措施，继续坚持一系列行之有效的优质服务措施，积极探索适应人民生活水平提高和生产发展需要的新的服务形式，增强全行业的服务意识，保护消费者利益。继续加强职业道德教育，坚持文明经商，牢固树立艰苦创业精神和敬业精神，坚决反对损人利己、损公肥私、金钱至上、以权谋私等不良思想和行为，坚决打击欺行霸市、商业欺诈、制售假冒伪劣商品等行为，同时努力探索在社会主义市场条件下加强职业道德教育和开展文明经商的新思路、新办法，努力建立新的商业职业道德规范。继续发展商业文化，举办不同形式的商业文化活动，增强全行业的向心力。把流通产业的服务质量和职业道德提高到一个新水平，促进全行业的精神文明建设。

（十）加快商品流通产业的现代化建设 按照自我积累、自我发展、注重效益的原则，争取必要的政策和资金支持，集中各方面的财力、物力，采用与各类企业联合建设、联合开发、联合经营等多种形式，加快商品流通产业的现代化建设，努力缩小同经济发达国家的差距。大力提高商品储运设施和废旧物资综合利用的技术水平。继续发展散装水泥和商品流通集装化运输。重点通过对存量资产的重组配套、提高科技含量，提高流通产业的现代化水平。同时适当建设一批新的流通设施。

上述对“九五”期间商品流通改革发展的一些意见和看法还很不成熟。“九五”商品流通发展计划是第一个在社会主义市场条件下商品流通发展的中长期计划，也是建国以来第一次搞这种计划。总的来看，这一时期商品流通发展中需要研究探讨的问题比较多，需要不断完善。

四、1996年商品流通工作的主要任务和重点工作

1996年是“九五”计划的第一年，对我国今后五年的发展具有关键性的意义。根据中央经济工作会议的部署，预计今年工业消费品货源充足，市场活跃，但仍存在商品的结构性矛盾；主要农副产品供需继续偏紧，控制国内市场粮价过快上涨的任务仍然很重；重要生产资料大多数供需平衡，部分品种需要进口。预计今年全社会消费品零售总额将达到25300亿元，比去年增长23%；全社会生产资料销售总额将达到31000亿元，比去年增长13%。

部党组根据商品流通工作面临的形势和中央对今年经济工作的总体要求，把今年工作的主要任务确定为：坚决贯彻党的十四届五中全会和中央经济工作会议精神，积极推进经济体制和经济增长方式的转变，急中央之所急，想老百姓之所想，全面实施“五三一”工程，深入进行流通企业改革，认真落实科教兴贸战略，努力提高对外开放水平，进一步降低物价上涨幅度，促进国民经济持续、快速、健康发展和社会全面进步，为实现“九五”计划各项任务奠定良好的基础。

今年商品流通工作的几项重点任务是：

（一）努力抓好粮油肉菜糖及重要生产资料的市场供应工作，保持市场和物价稳定 由于全国上下高度重视农业，实行“米袋子”省长负责制，去年粮食获得丰收。今年如果不发生大的灾害，继续适量进口并控制出口，供需总量可望基本平衡，但个别地区、个别品种的平衡有一定难度。目前国家专储粮库存下降幅度较大，国际市场粮源减少、粮价上涨，今年还要提高国家定购粮的收购价格，并相应调整销售价格，这些因素必然会对市场粮价产生影响。为了保持粮食市场的基本稳定，首先必须搞好总量平衡，密切注视粮食生产和市场变化情况，及时预测供需动向和价格走势。要抓住市场粮价变化的有利时机，抓紧完成上个粮食年度的国家收购计划，掌握必要的商品粮源。及早研究同提高粮食定

购价格相配套的政策措施，完善县及县以上粮食批发市场，充分做好今年粮食收购工作的各项准备。结合进口和收购，有计划地增加储备数量。建立并完善地方粮食储备和风险基金，今后发生一般灾害不再动用国家专储粮，主要由地方安排灾民生活。加强粮食价格管理，城市粮食部门要在农贸市场中设立销售点，稳定粮油价格，在大城市还要结合街道基层组织建设，研究对低收入者实行国家补贴粮油定向供应的具体办法。去年油料作物创历史最高水平，全国粮食系统食油库存比上年增加一倍。我们已向国务院建议增加国家食油储备，力争多收购多储备。

目前，生猪货源充足，价格基本稳定，预计今年产需大体平衡。当前存在的突出问题是冻肉销售不畅，产销区库存都很大，个别主产区调出困难，收购价格下跌。我们要积极支援农业，通过国有食品企业采取“公司加农户”等多种形式，把农民散养的生猪组织起来，稳定上市资源。要完善储备制度，并根据市场需求调整储备肉结构，增加分割肉和活体储备的比重，把白条肉的比重降到储备量的三分之一左右。进一步组织好全国或区域性的猪肉产销衔接及调拨制度，重点解决主产区的压库问题。同时，积极配合农牧部门研究“节粮型”的养猪方法，减少饲料工作产品用粮，大力发展食草型的牲畜，缓解饲料紧缺的困难。经过部里的争取，财政部已同意继续使用中央副食品风险基金，对国有食品企业发展生猪产销一体化、猪肉省间调拨和产销区的衔接给予扶持。

要坚定不移地贯彻落实江泽民总书记、李鹏总理和李岚清副总理指示精神，按照国务院办公厅(1995)10号文件和去年12月紧急通知的规定，采取行之有效的措施，加强对畜禽屠宰加工冷藏业的行业管理，主动配合农牧、卫生、工商等部门，共同做好这项利国利民的工作。国务院办公厅要求确定屠宰定点时充分利用国有大中型屠宰企业，要深化国有食品企业改革，千方百计为农民养殖户服好务，同时适应消费者的需求，增加鲜肉、冷却肉和小包装上市的比重。

蔬菜市场当前供应充裕，品种丰富，但价格波动较大。要继续落实“菜篮子”市长负责制，完善蔬菜生产和流通的各项补贴和扶持政策，加快蔬菜基地建设，建立蔬菜跨区域运输的“绿色通道”。建好管好蔬菜批发市场，建立全国几大批发市场的信息联网，优化蔬菜资源配置。大力发展和推进蔬菜直供直销，深化国有蔬菜公司改革，推广上海、南昌、长春、抚顺等地的经验，建立配送中心，发展连锁经营，在农贸市场中设点卖菜，支持国有企业发挥主渠道作用。今年的食糖供需总量平衡有余，价格总体上将相对平稳。要进一步整顿食糖流通秩序，完善储备管理办法，同生产部门联合建立食糖批发市场，规范交易行为。

重要生产资料供需去年比较平稳，价格没有大的波动，但丝毫不能盲目乐观。生产资料供应直接关系到国家经济建设的发展，一旦发生供需缺口，需要较长时间的生产周期才能弥补，事关重大。从今年的供需形势分析，煤炭、钢材、铜、铝、橡胶等重要物资，在总量或品种上都有一定缺口，冷轧薄板、冷轧硅钢片、马口铁、镀锌板以及发电设备用钢材等仍然紧缺，除增加生产和利用库存外，需适量进口并限制出口，才能实现平衡。特别是去年大量处理库存物资，使利用库存调节市场的能力下降。因此，今年主要物资的供需预计以平稳为主调，但不能忽视少数品种可能产生的波动。对于购销活动中出现的一些新情况，如民用煤加工、供应网点大幅度减少，造成群众“买煤难”问题，一些重要生产资料流通秩序混乱的问题，也必须引起足够的重视，国务院领导同志最近指示，重要生产资料要加强管理，经营单位要有限制，要资格审查，要保证质量。我们要会同有关部门，对汽车、钢材、煤炭流通秩序进行整顿。除做好国家战略储备工作外，要探索建立调节储备的有关政策，发挥调控市场、调节生产的积极作用。

工业消费品要继续加快商品结构调整，清除假冒伪劣商品，组织好人民群众日常生活必需的消费品，重要开拓农村市场，扩大销售。

搞好民族地区市场供应，积极争取民贸网点建设贴息贷款、民贸商品运费补贴等扶持政策，促进民族团结和社会稳定。

饮食服务业要坚持面向大众、多档次并举的经营原则，满足不同层次的需求，发挥名店优势，开发名优产品，提高服务质量，开发家庭服务等新的服务领域。

(二) 进一步发展“两条线运行”、连锁经营、代理制和配送制，推动流通体制和流通企业的改革 “两条线运行”、连锁经营、代理制和配送制，既是流通方式和组织形式的改革，也带动了企业经营观念的转变和经营机制的改革。我们要以这三项改革为契机，推进整个流通体制和流通企业的改革。

1. 总结经验，扩大试点，把三大改革进一步推向前进。

粮食部门的“两条线运行”，今年要按照国务院通知的要求，进一步完善、规范、深化。政策性业务的重点是建立健全规范化的粮食价格、资金、管理和财政补贴制度等，保持粮价基本稳定。商业性经营要加快机制转换，开展多种经营，在市场竞争中增强实力和活力。推行“两条线运行”要加强统一领导，保留和稳定各级粮食行政管理部门，正确处理稳定市场和搞活企业的关系，确保这项改革的顺利进行。

连锁经营的试点工作，要继续坚持“为民、便民、利民”的宗旨，稳步推进。今年的工作重点，一是继续以连锁超级市场、便民店为发展方向和政策扶持对象，增加蔬菜等鲜活商品的经营量，同时适当开展餐饮业、服务业和生产资料销售的连锁经营；二是加快配送中心建设，发挥规模效益；三是加强规范化管理，务求实现统一采购、统一配送，采购与销售相分离；四是抓紧人才培训工作，提高管理人员的素质；五是加快制定有关法规，使连锁经营有所遵循；六是继续同有关部门进行协调，争取各项扶持政策及早落实。

代理制试点的有关扶持政策已经发布，起步形势较好。今年在试点工作中，要进一步统一思想，建立代理网络，强化推销；制定代理合同的规范文本，采取各种措施保证合同的顺利执行；配合国务院和各地政府有关部门，抓紧落实有关扶持政策，及时总结试点经验，示范推广；结合代理制的试点，深化汽车和钢材的流通体制改革。发达国家的经验证明，发展配送可以帮助用户解决仓储、运输、加工问题，发挥社会化大流通的优越性，有着很大的市场需求。要充分利用现有设施进行改造，抓好钢材剪切加工、动力配煤、商品混凝土、机电仪零部件、木材加工配送，以及连锁企业和批发市场的配送中心建设，力争投资小、工期短、见效快。

2. 按照现代企业制度要求，建立一批有相当规模和竞争实力的大型流通企业。

我国的流通企业普遍规模不大，经营分散，“治小、治散、治差”的任务十分艰巨。国有大中型流通企业，要立足于未来国内外市场的激烈竞争，重点发展企业集团或连锁经营。部党组研究，准备通过五到十年的努力，建成一批年销售额50亿元以上的商业企业集团，年销售额500亿元以上的物资企业集团。

建立国有流通企业的“集团军”，可以通过投资、掺股建立资产联系，渗透生产环节，建立实业化的企业集团；可以利用沿海、沿江、沿边等区位优势，建立以大型流通企业为龙头的区域化流通组织；可以打破部门和行业界限，创办互通有无、联购分销或分购联销式的经营联合体；也可以利用大流通企业的商誉和进货渠道，发展连锁经营或开办分店，统一进货，分散经营。

3. 因地制宜，实事求是，放开放活小型流通企业。

内贸系统绝大部分是小型企业，其中不少经营困难，搞活小企业有着特别重要和现实的意义。具备条件的小型流通企业，要建立和形成同大中型流通企业联合、从事专业或配套经营的企业群体，如地处黄金地段和居民区的小店铺，可以通过联合或由大中型企业兼并、收购等办法，改造成连锁店或分店；有一定客户和辐射能力的小流通企业，可以成为代理制试点企业的下伸网点。对那些适应市场需求、活力较强的小型企业，要进一步放开经营，继续发展；其他小企业要因地制宜，采取改组、联合、兼并、股份合作制、租赁、承包经营、“国有民营”、出售等形式，进一步放开放活。提倡多兼并、少破产，尽量减少社会震动。确实扭亏无望需要破产的企业，要妥善安置好企业职工。

(三) 以批发市场为重点，促进商品市场体系的完善和发展　中央“九五”计划的建议中指出：以批发市场为重点，积极发展现代流通组织形式，逐步形成统一开放、竞争有序的市场体系。为了实现这个目标，要抓好当前任务和长远建设这两方面的工作。

努力探索符合社会主义市场经济体制要求的商品流通模式，用最低的成本、最快的速度、最好的效益组织全社会的商品流通，是我们面临的长期任务。当前流通领域中存在的一些长期困扰我们的问题，如一些重要商品“少了少了多了多了”的现象反复发生，反映了国民经济运行中较深层次上的矛盾，不是“头痛医头、脚痛医脚”的方法所能奏效的。部党组经过研究，决定从今年起着手研究建立粮油商品、“菜篮子”商品、生产资料、工业消费品这四大类商品的流通体系。

从市场建设当前工作来看，主要是要完善批发市场功能、加强市场建设规划管理、发展多种市场形式和加快市场立法步伐。

全国较大规模的各类批发市场数量不少，但大多数模式单一、功能狭窄，或是只注重“硬件”而忽视“软件”，迫切需要进行规范和提高，作为现代流通组织形式的批发市场，应当具备交易中心、展销中心、价格中心、物资中心、加工中心、结算中心、信息中心等功能。要按照这样的方向，逐步开发批发市场的各项功能。

在商品市场建设上，当前存在的另一个问题是缺乏统一规划和协调，有的地方市场重复建设，造成有场无市，有的城市零售商业设施过于集中化、大型化、高档化，消费者不方便，企业经营也很困难。大中城市建几个高档商场是必要的，但同时也必须清醒地认识到，销售网点的分布、流通设施的标准，受到我国经济发展速度、人民群众实际生活水平和城市发展整体规划的制约，不能不顾实际需要与可能，盲目建设，盲目发展。

随着经济的发展，市场交易形式也要多样化。《拍卖法》审议通过后，要抓紧制定实施细则，规范和发展拍卖市场；租赁市场、旧货回收市场有很大的需求，要在城市中逐步发展；经纪业以及邮购、电视购物等，条件具备的地方也可以适当发展。

要加快流通立法，今年争取将我部负责起草的《批发市场法》、《商品交易法》、《粮食法》等列入全国人大立法计划，将《畜禽屠宰管理条例》、《酒类管理条例》、《连锁商店管理条例》、《生产资料管理条例》、《代理制管理条例》等列为由国务院发布或经国务院批准、由我部发布的行政法规。

(四) 提高经济效益，把扭亏增盈作为全行业经营管理的中心任务 近两年内贸系统连续发生全行业亏损，去年粮食、物资系统继续亏损，商业系统虽有盈利，但盈利额也大幅度下降。从今年来看，企业的外部环境仍不容乐观，如果不尽快采取措施止亏、减亏和扭亏，不但谈不到发挥主渠道作用，连企业生存都会发生问题。今年要加大扭亏增盈工作的力度，把它作为全行业经营管理的中心工作，重点抓好以下几项工作：一是亏损企业今年都要建立扭亏责任制，制定扭亏具体措施，明确规定扭亏进度，并把完成情况同企业员工特别是企业经营者的切身利益紧密挂钩。二是以资金管理为重点，建立健全企业管理的各项规章制度。企业的财务和资金要集中统一管理，严格限制参与股票、期货等高风险业务，努力清理在联营、房地产等项目上形成的包袱，不准再用短期融资从事风险大、回报慢的长期投资。三是坚持一业为主、多种经营、立足贸易、兴办实业、发挥优势、减少风险的经营方针，重点发展主业延伸性业务，开拓市场，扩展经营。四是转变观念，放下架子，真正树立吃市场饭、竞争饭、服务饭的意识，为消费者和生产者提供及时、周到、优质、高效的服务，向服务要效益。五是深化企业改革，精简富余人员，充实经营第一线；推进企业联合、兼并、提高组织化程度，促使亏损企业尽快走出困境。

(五) 实施科教兴贸战略，促进商品流通产业发展 为了实现经济增长方式由粗放型向集约型的转变，我们要坚决实行“经济建设必须依靠科学技术，科学技术工作必须面向经济建设”的战略方针，主要依靠科技进步和提高劳动者素质促进商品流通产业的发展，实现商品流通的现代化。要强化商品流通技术开发和推广工作，围绕流通改革与发展中的重大关键问题，组织科研攻关活动，并加速科学技术成果商品化、产业化的进程，使其尽早转化为现实的生产力。要积极发展现代流通组织形式和经营方式，应用现代化的商流、物流、信息流技术，缩短我国商品流通产业同发达国家的差距。要开展同商品流通相关的加工技术研究，促进加工环节产品质量的提高、产品结构的调整及合理生产规模的形成。

振兴科技和繁荣经济，必须坚持以教育为本。内贸系统的教育工作，要以培养跨世纪合格人才为目标，全面贯彻《教育法》和《中国教育改革和发展纲要》精神，立足贸易、面向社会，积极发展适应社会主义市场经济体制需要的职业教育和成人教育。

(六) 加强领导班子、领导机关和职工队伍建设，全面做好各方面的工作 在1996年各地各级内贸部门要把党的建设摆到重要位置，按照民主集中制原则健全党的组织生活制度，加强党的思想建设、组织建设、作风建设和基层组织建设。认真贯彻中纪委六次全会精神，进一步抓好领导干部的廉洁自律，狠刹用公款吃喝玩乐的歪风，加强案件查处，纠正行业不正之风。进一步贯彻落实《审计法》，把提高经济效益作为审计工作的重点。加强理论研究和新闻宣传工作，为流通改革与发展提供带有前瞻性、指导性、预见性的研究成果，更好地发挥理论和舆论的正确导向作用。积极稳妥地推进流通领域的对外开放，扩大中外合资合作开办零售商业企业的试点范围，研究并提出商业批发、物资供销和连锁企业对外开放的试点方案。

(作者所在单位：国内贸易部)

我国农村居民生活消费特点与展望

唐 平

改革开放十几年来，我国农村居民生活发生了翻天覆地的变化。“八五”时期，农村居民生活消费整体已完成了由勉强度日到温饱有余的历史性过渡，正向着更高的小康目标迈进。

一、“八五”以来农村居民生活消费改善特征

随着农村经济体制改革的深化和农村经济的发展，“八五”时期，农村居民收入水平又有了一个新的提高。1995年，农村居民人均纯收入1578元，比1990年的686元增加892元，年平均增加178元，年递增18.1%，扣除物价因素影响，平均每年实际递增4.3%。在收入增加的基础上，农村居民生活消费进一步改善，整体生活质量不断提高。

(一) 整体生活消费跨入温饱有余阶段 改革以来，随着我国农村经济改革的深化和农村居民收入的不断增长，农村居民生活消费水平不断提高，整体生活消费已由贫困跨入到温饱有余阶段。1990－1995年，农村居民人均生活消费支出由585元增加到1310元，增加725元，增长1.2倍，年平均增加145元，年递增17.5%；扣除物价因素，每年实际递增4.2%。

在农村居民生活消费支出中，其他吃、穿、住、用等消费也都成倍增长。1995年，平均每个农村居民食品支出768元，比1990年增长1.2倍；衣着支出90元，增长75.8%；居住支出182元，增长80%；用品、服务性支出及其他270元，增长1.9倍。1985年，全国约有8500万农村居民生活处于贫困状态，到1995年末，全国已有92%以上的农村居民过上了温饱有余生活，其中部分农户的生活已达到了较为宽裕的水平。

(二) 消费结构序列优化，基本生存费用份额有所下降 1990年，农村居民生活消费结构序列吃穿住为温饱型，和过去比较，消费结构序列已经越过了由满足基本生存到温饱的质的界线，不仅居住、用品、服务性支出及其他份额有较大上升，而且农村居民的恩格尔系数降到了60%以下。其中吃58.8%；居住17.3%；用品、服务性支出及其他16.1%；穿7.8%。1995年，农村居民生活消费结构序列进一步优化为吃58.6%；用品、服务性支出及其他20.6%；居住13.9%；穿6.9%。进入温饱到小康的过渡阶段。

(三) 货币性支出增多，家庭消费趋向社会化、商品化 在农村居民货币收入增多和购买力提高的基础上，农村居民生活消费支出额中，货币性消费与实物性消费发生了较为明显的此长彼消的变化。实物性消费由多到少，货币性消费由少到多。1995年，全国每一农村居民的货币性生活消费支出额达到859元，比1990年增长了1.3倍，年平均递增18.0%；货币性生活消费支出额占生活消费支出总额的比重由1990年的64.1%提高到1995年的65.6%，提高了1.5个百分点。与此同时，实物性生活消费支出额的比重则由35.9%下降到34.4%。在农村居民生活消费的吃穿用住等费用支出中，农村居民人均用于购买食物的现金支出额由156元增加到353元，支出水平增长1.3倍；食品的货币性支出占全部食品支出额的比重为46.0%；其他穿住用等则基本上实现了商品化，1995年人均货币性支出比重衣着达到98.9%，居住达到81.3%，家庭设备用品及服务支出达到99.4%，医疗保健、交通通讯等支出达到100%。家庭对社会的依赖程度增强。

(四) 消费质量进一步提高，传统的消费观念逐步改变 随着农村居民收入的大幅度提高，多数农村居民在追求优化消费质量时逐步改变了传统性消费观念，各种生活物品的消费均表现出较为明显的优质化、高档化趋向。

1. 食物消费质量提高、数量优化 食品消费在吃饱基础上向吃好转化，是改革以来农村居民消费变化的普遍现象。1990年，农村居民人均主食支出占食品支出的比重达39.4%，1995年，人均主食支出额水平在食品支出中的比重为41.2%。在主食用粮内部构成中，细粮的比重已提高到82.3%；在部分先富起来的农村，居民消费粗粮成为人们调节口味的食品。

从消费食物的数量角度分析，主要食物消费的质量变化明显，营养丰富的油脂类食物和享用性食物增长较多。1990－1995年，农村居民人均粮食消费数量变化不大，但其中粗细粮结构继续变化，细粮由165公斤增加到211公斤，粗粮由97.1公斤减少到45.3公斤；油脂类食物增长12.2%；肉禽类增长54.9%；蛋类增长33.6%；鱼虾增长43.7%。

主要食物消费的营养水平变化，热量摄入以由营养贫困的不协调状况变化到基本满足人体需要标准。人均每日摄入的热量由1990年的2562千卡变化到1995年的2492千卡；热量中，来源于淀粉类食物的比重下降，来源于水产品、禽蛋产品等高蛋白食物及其他精制食品的比重上升。

2. 衣着消费趋于成衣化、高档化 改革以来，农村居民衣着消费的突出变化是由穿暖向穿好转化。这主要表现在一是对原布的购买量逐步下降，对成衣的购买量逐步增加，二是越来越讲究穿着的款式、花色、质量和装饰，且趋于高档化。1995年，农村居民人均衣着支出90元，比1990年增加45元，增长1倍，年平均增长14.9%。从购买量看，1995年，人均购买棉布0.44米，比1990年的0.90米减少0.46米；人均购买化纤布1.70米，比1990年的1.74米减少0.04米；与此同时，购买成衣则增加较多，人均购买成衣服装0.99件，比1990年增加0.31件；从购买的品种来看，这期间农村居民人均购买的棉布服装减少了40%，而购买的化纤布、呢绒、绸缎服装则增长了57.6%。并且款式趋于新颖，质量向中高档发展，部分经济比较发达的地区农村居民更加追求服装的成衣化、高档化。

3. 住房条件改善、质量提高 改革以来，农村最直观、最明显的变化是广大农村居民的居住条件得到了明显改善。农村居民在满足了基本生存温饱后，用于住房建设的支出额增加很多。1995年，农村居民人均居住支出182元，比1990年高出80%。住房面积扩大，平均每户年末使用住房面积由1990年的17.8平方米增加到1995年的21.0平方米，增长17.8%。住房质量显著改善，1995年，农村居民人均住房面积中，砖木结构和钢筋混泥土结构住房面积达到15.0平方米，占人均住房面积的71.4%；部分富裕农村居民的住房已向楼房庭院式方向发展，房屋内部装饰和便利的卫生设施也开始进入农家。

4. 家庭设备、用品和文教用品等显著增加 1990－1995年，全国农村居民人均家庭设备、用品、服务和文教用品及服务类支出增长了1.9倍，大大高于整个生活消费额增长1.2倍的增幅。用品趋于高档、名牌，购买数量成倍增加。其中，自行车、缝纫机、钟表、收音机等老四件已基本饱合，成为农村居民生活中平常的东西；新的家用电器则以越来越快的速度进入农家。1995年，平均每百户农村居民家庭拥有电视机80.3台，其中彩色电视机16.8台；每百户农村居民拥有收录机28.1台，电风扇88.5台，洗衣机16.8台，录像机、照像机、电冰箱、甚至吸尘器、抽油烟机、空调器等高档耐用物品也进入了寻常百姓家。

5. 不同经济地区农村居民生活普遍改善　1995年，我国东部地区农村居民的人均生活消费额达到1671元，比1990年增长1.4倍，年递增19.5%；中部地区为1187元，增长1.2倍，年递增16.9%；西部地区为982元，增长1.1倍，年递增16.2%。

二、农村居民生活消费不平衡的矛盾依然存在

“八五”以来农村居民生活消费水平的提高是明显的，但农村居民生活消费在取得明显改善的同时，也还存在一些问题，主要表现在以下几个方面：

(一) 消费水平层次不高，仍然是生存性的消费模式　1990年以来，广大农村居民的生活水平虽然较之过去有了普遍提高，但是，从总体上说，现阶段我国农村居民生活水平层次不高，农村居民生活消费仍然是以必需品为主的生存性消费模式，以至于多数农村居民至今仍将收入的绝大部分用于满足基本生存需要的食品支出。比如，这期间，农村居民生活消费的恩格尔系数一直在0.58左右波动，1995年，由于受粮食价格放开和食品价格上涨过快的影响，农村居民生活消费的恩格尔系数为0.5862，比1990年的0.5880略低。

(二) 消费结构不尽合理、消费水平差异较大　一是消费食物的动物性食物摄入量偏低。1995年，农村居民平均每人每日摄入的热量为2492大卡，蛋白质66克，脂肪42克，与现期我国营养部门推荐的营养标准比较，除热量摄入高于标准外，蛋白质和脂肪分别减少9克和26克；每人每日摄入的热量、蛋白质和脂肪中，来自动物性的比重分别占6.6%、8.8%和46.5%，与八十年代初的世界平均水平比较，除脂肪的动物性比重接近外，热量和蛋白质的动物性的比重分别低50.7%和74.7%。这说明，总体农村居民食品消费质量还有待于进一步提高。

二是不同经济地带、尤其是东、西部地区农村居民的生活消费差距在扩大。若以西部地区为1比较，1990年，在东、中、西三地带，农村居民生活消费额的比率为1.50：1.17：1，1995年则扩大为1.70：1.21：1。

三是仍有部分地区、部分农户的温饱问题没有解决。还存在相当比例的贫困地区和贫困户。按照近年对农村贫困问题的研究，1995年，全国仍有6500万农村居民基本温饱未达满足，生活在贫困线以下。

(三) 城乡居民消费差距扩大　80年代以来，农村居民人均生活消费水平虽然在不断提高，但与城市居民比较，消费差距仍在扩大。

从国民收入消费额中居民的消费份额看，农村居民的消费份额下降，非农村居民的消费份额上升。1990－1993年，农村居民消费额由4713亿元增加到7123亿元，增长了51.1%，非农村居民的消费额由3489亿元增加到6403亿元，增长了83.5%。农村居民消费额占全体居民消费额的比重由1990年的57.5%下降为1993年的52.7%，非农村居民消费额占全体居民消费额的比重则由1990年的42.5%上升为1995年的47.3%。从农村居民生活消费与城镇居民生活消费额比较(以城市居民为1)，1990年的消费比为1：0.46，1995年的消费比为1：0.37。

(四) 农村居民生活仍比较贫乏、单调，不健康消费依然存在　由于历史和其他诸多原因，我国多数地区农村居民生活消费至今仍比较单调贫乏。1995年农村抽样调查资料反映出，即便是20%最高收入层次的农户用于教育、文化、娱乐等非商品消费支出占生活消费支出的比重也不足10%。此外，部分地区农村居民受传统封建意识和社会不良风气的影响，在生活意识和行为方式上都存在着一定的盲目性和愚昧性，如一些地区农村居民婚丧嫁娶大操大办，赌博及封建迷信死灰复燃，人情风愈演愈烈等等，严重影响了农村精神文明建设的正常发展。这些问题均有待于在改革的进程中加以综合治理、逐步解决。

(五) 农村生活消费价格的较快上涨，加重了低收入农户的生活负担　1995年，农产品收购价格、农用生产资料价格以及农村消费价格比上年分别上涨20%、27.4%和17.5%。农村价格的大幅度上涨，对农村居民收支产生了巨大影响。农村居民人均纯收入比上年增长29%，扣除物价因素，实际增长5.3%，即其中有20%以上的通货膨胀因素，据此，如按人均纯收入增长在15%以下为减收户，1995年全国有相当部分的农村居民人均纯收入在扣除价格因素影响后实际纯收入低于上年。

三、“九五”农村居民生活消费发展的前景判断

“九五”时期是我国经济发展的关键时期，随着这个时期国家经济的全面发展，农村居民收入的增加，农村居民总体生活消费将在现有基础上逐步实现向小康水平的转化。根据对改革以来农村居民生活消费变化状况的分析，今后几年，农村居民的生活消费特征将可能发生如下变化：

(一) 吃的方面，由吃饱向吃好转变，对主食的需求将下降，对副食的需求增加；对原粮、粗粮的需求将下降，对细粮、加工食品、营养食品和方便食品等的需求

将上升。农村居民的在外饮食费用将明显增加。

(二) 穿的方面，越来越讲究穿着的款式、花色、质量和装饰。对低档穿着用品的需求逐步下降，对中高档穿着用品的需求将逐步上升。对原布的需求量将会下降，对成衣、针织服装和时装的需求量将上升。部分高收入农户和相当部分农村青年将追求时髦和名牌。

(三) 居住方面，将由满足基本居住面积的需要向逐步讲究设施配套、室内装饰、住房质量和居住环境转变。对建筑装修器材的需求量将逐渐加大。

(四) 用品方面，将逐步由对一般日用品的需求转向对耐用消费品的需求；对一般耐用消费品的需求转为中高档耐用物品和其他享受发展用品的需求；由对手工业产品、半机械产品的需求转向为对机电产品、电子产品、光电产品的需求；由对单一功能用品的需求转向对多功能产品的需求。农村居民用品消费比重的明显上升将为必然。

(五) 非商品消费方面，农村居民对文化服务、生活服务和精神服务的需求将不断上升，农村第三产业的拓展大有可为。

四、改善农村居民生活的几点思考

(一) 正视现实，千方百计提高农村居民收入水平，确保农村居民生活稳定改善 确保农村居民总体生活消费在现有基础上逐步实现向小康水平的转化，收入是关键因素。根据近十年农村居民生活消费及其各项对纯收入的弹性系数分析，纯收入每增长1%，平均导致生活消费支出增长1.03%。换句话说，生活消费总支出的变动，有99%可以由收入的变动来说明。按照本世纪末我国农村居民生活达到小康水平的战略目标要求，应确保农村居民人均实际纯收入年增长5.4%以上，这是一个十分艰巨的任务，因此，正视现实，千方百计提高农村居民收入，是确保农村居民生活稳定逐年改善的关键。具体来说：

1. 要强化农业的国民经济基础地位，保证农村居民收入稳定、合理增长。农业是国民经济的基础，也是农村居民的立家之本，农村居民消费要取得稳步提高，有赖于农村居民收入的稳步增加；而农村居民收入的增加则基于有一个稳固的农业。前几年，我国农业虽然有较大发展，但其基础仍比较脆弱，因此，强化农业的国民经济基础地位，是保证农村居民实际收入逐年有所增长，生活消费水平逐年有所提高的首要问题。

2. 要正确处理好农村居民的经济利益关系。过去较长一段时间，由于过分注重农村居民作为生产者提供廉价农产品的功能，忽视了农村居民作为利益主体而对收入增长的要求，以至在不同程度上影响了农村经济的发展及农村居民收入的增长和生活的改善。农村改革初期，鉴于长期以来农村居民收入偏低和农村经济发展缓慢的局面，国家下决心让农村居民休养生息，并通过提高农副产品收购价格和推行联产承包责任制，使工农产品价格剪刀差缩小，城乡居民收入差距缩小，农业生产和农村经济发展成为最快的时期。但1985年后，全方位的经济体制改革亦带来了工农关系和城乡关系的一些新的利益摩擦，城乡居民收入差距和工农产品价格剪刀差又开始拉大，农村经济发展速度也降低了。这种阶段性的变化并非偶然，它说明农村居民的利益问题在农村经济发展中具有十分重要的地位。在现阶段，要促进农村居民生活稳定提高，应在利益关系上向农村适度倾斜。

(二) 加强对农村居民生活消费的阶段性和层次性研究，适时调整，优化农村产业结构和产品结构，扩大农村居民消费范围 随着农村经济的深层发展和农村居民收入的提高，农村居民对物质生活和精神生活的需求将全面发展，要把人民的需要、农村居民的生活作为一个重要的内容加以重视，就要强化最终需求对产业结构的导向作用。

1. 要发展生产，加快以提供消费品为主的农村商品生产和轻工业生产的步伐，增加适销对路的消费品数量和种类，保证有更多量和更多种类的消费品供应农村居民，满足农村居民的物质文化需要。

2. 要恰当估计农村居民因生活水平提高、生存环境改善所引起的需求结构变化，适时调整、优化农村产业结构和产品结构，重视农村居民所需的各种社会服务，使农村居民的生活得到更多的满足。

(三) 科学引导农村居民消费 要科学引导农村居民消费，就要适当鼓励和引导消费。一方面教育农村居民破除陈旧的消费观，鼓励有支付能力的合理性消费。同时指导农村居民克服一些不讲效益的消费现象，做到适度消费，均衡消费，使之形成健康的消费心理，提高消费效果。另一方面应采取相应措施引导农村居民拓宽消费领域，提高消费质量及消费层次，这包括引导农村居民食物消费更加丰富，更加科学，同时指导其优化消费结构，增加文化教育等方面的投入，由以重生存向重发展转变，重短期现实消费向重长期稳定提高过渡，重实物消费向重文教智力等无形消费方面转换，提高消费的社会效益，使我国农村居民的消费既能得到尽可能大的自然生理满足，又能得到尽可能大的社会心理满足。

(作者所在单位：国家统计局农调总队)

中国区域经济(三类地区)发展趋势和对策研究

徐国弟 刘 源 邱天朝

一、我国区域经济发展的历史及现状

(一) 我国经济总体发展战略及区域经济发展的实践 我国区域经济的形成与发展，主要是由国家的总体经济发展战略尤其是工业布局战略所推动的。从50年代到90年代初，我国工业布局大体上可以划分为前后两种战略，即改革开放前的“均衡布局战略”和改革开放后的“非均衡布局战略”。与此相应，我国区域经济的发展也经历了两个阶段。

1. 改革开放前的“均衡布局战略”及区域经济发展 建国以来到改革开放以前，我国采取的总体经济发展战略基本上是“加速发展战略”。这种战略以实现工业总产值的最快增长为目标，旨在通过工业的高速增长，带动其他部门的发展，从而从根本上改变贫困落后的面貌。由于多种原因，工业的地区布局主要采取了“均衡布局战略”，强调内地与沿海均衡发展，国家投资重点指向中西部地区。

新中国成立时所面临的是极不平衡的工业区域发展格局。全国70％以上的工业和交通运输设施集中于占全国面积不到12％的东部沿海狭长地带。建国后，经过3年的经济恢复，从1953年开始实施的第一个五年计划规定：为了改变原来的工业地区布局不合理的状况，必须建立新的工业基地。在这一指导思想下，“一五”时期苏联援建的156项工业基本建设项目中有五分之四布局在内地;694项限额以上重点工程(含156项苏联援建项目)有472项在中、西部，占68％。按省市分，辽宁、黑龙江、吉林、北京、山西、河北、河南、湖北、四川、陕西、甘肃11个省市的基本建设投资占全国的55.5％。很显然，当时建设的重点在北方和内地。“一五”时期建设项目的选择初步改变了我国区域经济的格局。1957年同1952年相比，中西部地区工业总产值在全国所占的比重上升了3.4个百分点，地区差距呈缩小趋势。

“二五”时期(即大跃进时期)国家投资重点进一步向内地倾斜，中西部地区基建投资占全国的56％。至1962年，中西部地区工业总产值占全国的比重比1957年又提高了2个百分点。

“大跃进”时期的遍地开花，盲目追求高指标高速度使我国经济蒙受了巨大损失。经过3年调整，从1966年开始实施第三个五年计划。当时，从备战的需要出发，提出了建设战略大后方的方针。三年调整时间，三线地区在全国基本建设投资中的比重为38.2％，“三五”计划时期提高到52.7％，中西部合计占全国基建总投资的64.7％。“四五”时期，中西部基本建设投资占全国的比重仍达54.4％。到1978年，中西部地区工业产值占全国的比重达到39.1％，比1952年上升了9个百分点;固定资产原值占全国的比重也从1952年的28％上升到56.1％。

改革开放以前的均衡布局战略，使得中西部地区在非常落后基础上得到了较为迅速的发展，促进了我国工业布局的趋向均衡。但是均衡布局战略影响了对东部沿海原有经济、技术存量优势的充分利用;而在中西部地区，由于工业化的起点太低，传统落后的农牧业与现代的工业并存，落后的农牧区和现代化中心城市并存，落后的自然经济形态与集中的计划经济形态并存，而且两者之间缺少联系，经济呈典型的“二元结构”，因此宏观经济效果不理想。在此期间，中西部地区虽然取得了较快的发展速度，但与东部地区的差距却仍然拉大了。以人均国民收入衡量，1953年东、中、西之比为1：0.78：0.64，1979年为1：0.6：0.56。

改革开放以前，我国区域经济的组织和运行带有浓厚的计划经济色彩，垂直关系高度强化，横向联系十分微弱。在管理体制上基本是按指令性计划实行条条管理，以各行业部门的合理布局为主要依据，主要是从自然资源优势出发，较少考虑行业间的协作联合和地方利益。由此形成的区域分工体系也是垂直的：中、西部提供原材料，东部进行加工。部门经济和区域经济都是在较为封闭的条件下运行的，形成条块双重分割的经济格局。一段时期内又强调各大区乃至一些省区建立比较完整的国民经济体系，主要生产要素力求区内平衡，因此各区域之间的商品和要素流通量很小，经济联系薄弱，与国际市场的联系更是微乎其微。所以，在一定程度上说，改革开放以前我国地区经济发展是被动的，部门和地区间产业发展关联度小，各地区基本上没有形成合理的、有效率的分工格局。全国区域经济发展缓慢，并形成了计划经济和行政割据的刚性结构。

2. 改革开放以来的“非均衡布局战略”及区域经济新形势　1979年，我国开始进行经济体制改革和实行对外开放，对经济资源配置和地区发展政策也开始作相应的调整。从强调地区均衡发展转而着重整体发展速度和宏观经济效益。着重充分发挥和利用各地区优势尤其是沿海地区的经济技术区位优势，按三大地带序列分阶段、有重点、求效益地展开布局，总体上实施了“非均衡的发展战略”。“六五”计划明确指出，要积极利用沿海地区的现有基础，“充分发挥它们的特长，带动内地经济进一步发展”；同时，提出“努力发展内地经济”，“继续积极支持和切实帮助少数民族地区发展生产、繁荣经济”。“七五”计划提出，我国经济发展水平客观上存在着东、中、西三大地带的差异，发展的总体目标是“要加速东部沿海地带的发展，同时把能源、原材料建设的重点放到中部，并积极地做好进一步开发西部的准备”。并“继续鼓励一部分地区、一部分企业和一部分人先富起来”。1988年以后，我国又提出并实施了“沿海地区经济发展战略”，对东部沿海开放地区从财政、税收、信贷、投资等方面进一步提供优惠。这标志着我国区域经济发展政策有了重大的调整。

与改革开放后我国生产力布局政策的调整相适应，“六五”以来，国家投资的重点也大幅度向沿海地区倾斜。“六五”期间沿海地区的基本建设投资(全民所有制)比重为47.7%，比“五五”上升了5.5个百分点，1986－1989年达到52.5%，1990年为50.9%，1991年为48.7%，1992年为50.2%(详见下表)。同时，由于国家在财政、税收、信贷等方面给予了沿海地区更多优惠和自主权，使沿海省市的自我发展能力大大增强，投资渠道多元化，地方政府和企业在地区经济发展中起着越来越重要的作用。

各个时期三大地带基本建设投资比重(全民所有制)　　单位：%

时期 地区	一五时期	二五时期	1963－1965年	三五时期	四五时期	五五时期	六五时期	1986－1989年	1990年	1991年	1992年
东部	36.9	38.4	34.9	26.9	35.5	42.2	47.7	52.5	50.9	48.7	50.2
中部	28.8	34.0	32.7	29.8	29.9	30.1	29.3	25.5	23.3	24.4	24.7
西部	18.0	22.0	25.6	34.9	24.5	19.9	17.2	15.9	16.8	17.1	16.5
未分地区	16.3	5.6	6.8	8.4	10.1	7.8	5.8	6.1	9.0	9.8	8.6

改革开放以来实施的非均衡发展战略，加快了东部沿海地区的发展，并在一定程度上带动了中部和西部地区的开发和建设。沿海地区在改革开放的形势下，得益于国家赋予的特殊优惠政策，通过建立经济特区、开放沿海港口城市、兴办经济技术开发区等，积极引进国外资金和先进技术，大力发展外向型经济，对促进整个国民经济的发展起到了很大的推动作用。但同时，地区间发展水平的差距进一步拉大了。

80年代以来我国区域政策的另一个方面是实施了区域补偿政策，加强对“老、少、边、穷”地区及经济落后地区的扶持。国家先后设立了“支援不发达地区发展基金”，“三西地区专项建设基金”。1985年起，财政部、人民银行、农业银行等每年向“老、少、边、穷”地区和经济不发达地区发放专项贷款、低息贷款和专项贴息贷款，以支持贫困地区的经济发展。国家并从1984年开始实施“以工代赈”计划，扶持贫困地区建设了一批基础设施工程，以解决这些地区经济发展的主要制约因素，促进其经济繁荣。

(二) 我国区域经济的现状特点

1. 旧的区域分工格局已被突破，新的区域分工格局尚未形成　发挥比较优势，优化资源配置，是实现区域经济增长和协调发展的首要原则。而区域比较优势的发挥和资源优化配置的实现是以地区间的合理分工为前提的。改革开放引入了市场机制，价格机制开始发挥作用，原已形成的垂直分工体系——中西部提供原材料，东部进行加工——80年代以来受到了极大的冲击。以扩大地方和企业自主权为中心的经济体制改革，使地方的经济活力大大提高，但由于国家宏观调控体系很不健全，致使一些地区不顾条件地发展价高利大的加工工业，对本地工业进行保护，对市场进行分割、封锁，导致地区产业结构趋同，阻碍了全国统一市场的建立、区域合理分工格局的形成和实现资源优化配置。虽然改革开放以来我国各地区间的横向经济联合和协作有了长足的发展，形成了一些各具特色的经济协作区、区域合作网络和一些跨区域的企业集团，但这种联合和协作主要是“东东”合作或“西西”合作，所追求的不是比较利益，而是规模经济效益。分工协作的双方发展水平、生产要素禀赋相近，优势互补很不明显，分工协作关系比较松散。因此，建立新型的有效率的能够充分发挥我国各地区比较优势，并实现资源优化配置的地区分工格局，是我国区域经济进一步发展的首要任务。

2. 已形成了几条经济发展轴线和若干经济核心区，构成了我国未来生产力布局的初步框架

沿海开放地带是我国最早实施对外开放的地区，也是80年代投资和政策倾斜所指向的地区，构成了我国经济布局的第一条轴线。在这条轴线上，分布有以上海为中心的长江三角洲地区，以广州、深圳为中心的珠江三角洲地区，以及闽南三角地区、山东半岛、京津唐地区、辽中南地区等国家级的经济核心地区。这些地区区位条件优越，经济实力雄厚，科技、人才优势突出，发展水平明显高于全国其他地区，在带动全国经济发展、推动产业结构“高度加工化”和“技术知识密集化”方面将发挥更加重要的作用。沿长江干流地带构成了我国经济布局的第二条轴线。这条轴线以上海为龙头，形成了以上海为中心的长江三角洲地区、以武汉为中心的长江中游沿岸地区和以重庆为中心的川东地区等经济核心区。其中长江三角洲是沿海和沿江轴线的结合部，以武汉为中心的长江中游地区和川东地区自然条件优越，农业发达，水陆交通方便，经济和技术基础比较雄厚，已形成门类比较齐全、具有相当规模的工业体系。陇海—兰新沿线和黄河中上游地带是我国经济布局的第三条轴线。陇海—兰新线是我国东西交通的主要干道，也是亚欧大陆桥的组成部分；黄河中上游地区是我国能矿资源最密集的地带之一，已形成一批工业基地并拥有一些综合性的区域经济中心(如郑州、洛阳、西安、兰州等)。这一地带，以山西为中心的能源重化工基地，以兰州为中心的水能、有色金属和化工基地，以西安、洛阳、郑州为中心的原材料和电子机械工业基地已初具规模，是我国未来战略西移的一个主战场。上述三条轴线初步构成了我国生产力布局的“π”字型主框架。

3. 多层次、全方位的对外开放为我国区域经济的发展注入了新的活力

1978年以后，中国把对外开放确立为基本国策和经济发展战略的重要组成部分。对外开放模式是以区域性开放为主，即主要以沿海地区为战略重点，分阶段、分层次逐步向内陆地区推进。到80年代末90年代初，已经基本形成了经济特区－沿海开放城市－沿海经济技术开放区－内地，包括不同开放层次，具有不同开放功能的梯度推进格局。

1979年7月，中共中央、国务院原则同意广东、福建两省对外经济活动实行特殊政策和灵活措施。1980年8月第五届全国人大常委会第十五次会议批准在深圳、珠海、汕头、厦门设置经济特区和《广东省经济特区条例》。1984年5月，中央和国务院决定进一步开放大连、秦皇岛、天津、烟台、青岛、连云港、南通、上海、宁波、温州、福州、广州、湛江、北海(包括防城港区)14个沿海港口城市，同时在这些城市逐步兴办经济技术开发区。1985年初，又确定将长江三角洲、珠江三角洲、闽南厦漳泉三角地区，以及胶东半岛、辽东半岛开辟为经济开放区。1988年，决定兴办海南经济特区。1990年4月，党中央、国务院作出了开发、开放上海浦东的重大战略决策。至此，中国沿海地区多层次的对外开放的格局基本形成。

80年代沿海地区的对外开放，对我国地区经济格局产生了重大影响。沿海开放地带成为我国最具有活力的经济高速增长区。并通过大力发展外向型经济，为内陆地区腾出了部分发展空间，带动了全国对外开放和国民经济的整体发展。在沿海开放取得了巨大成就之后，我国政府决定90年代将对外开放扩大到沿江、沿边地区，并向广大内陆地区推进。1992年，国务院决定在内陆沿边省区建立沿边开放区，内蒙古、黑龙江、吉林、云南、广西、新疆、西藏7个省区的13个陆地边境城市正式开放；在长江沿岸建立沿江开发开放区，涉及沿江的28个城市和8个地区，其中重庆、武汉、岳阳、九江、芜湖5个城市实行沿海开放城市的优惠政策；同时，内陆18个省区的省会(首府)城市也都享受沿海开放城市的有关优惠政策待遇。我国形成了沿海、沿江、沿边和内陆开放城市等全方位、多层次的对外开放新格局。这一对外开放格局将进一步影响我国区域经济的格局，沿江和沿陇海兰新线地区作为全国生产力布局轴线的地位将得到加强。

4. 地区间经济发展水平差距在加速扩大　改革开放以来，东部沿海地区原有的经济发展潜能和对外开放的区位优势得到了发挥。在吸引外资、引进技术、对外贸易方面占有得天独厚的有利条件，使之获得了中西部难以取得的附加利益。同时，国家为了从整体上提高投资效益，增加了东部地区的投资比例，而且在体制和政策上给予优惠，使本来基础较好，经济实力比较雄厚，固定资产规模较大，投资收益率较高的东部地区加速发展。东部与中西部的绝对差距和相对差距加速扩大，既包括生产总量和生产效率方面的差异，也包括人

民生活和社会、文化水平方面的差异。

1992年中西部地区工业总产值占全国的份额为34.3%，比1979年下降了近5个百分点。东部、中部、西部地区人均国民收入相对比值由1979年为1∶0.60∶0.56扩大为1∶0.58∶0.50。而且东部地区、中部地区、西部地区内部的不同省区之间，经济发展速度和水平也存在着很大差距。在中西部地带的老、少、边地区及其他自然环境恶劣、交通不便的山区，仍存在着相对和绝对贫困，一部分人的温饱问题还没有解决。

我国目前刚进入工业化的中期阶段，即使东部地区也未完全达到中等发达国家水平。按照区域经济发展的一般规律，地区间差距扩大是不可避免的。过早地追求地区间的公平，会造成总体经济效率方面的损失和影响整体的发展速度。但是，地区间经济发展水平差距过大也会影响地区合理分工的实现，影响产业的空间转移与扩散，同样会影响区域经济的运行效率并进一步影响国民经济整体的发展。国内外的经济发展证明，如果两个地区间的人均国民生产总值相似，则其需求结构和消费偏好也会相似，市场之间的隔离度就小，区域分工和贸易的机会增长。反之则需求、供给关系就会松弛。由此可见，如果我国东部和中西部地区的经济差距进一步扩大，那么中西部地区对加工品的需求增长必然缓慢，使东部地区缺少市场，而中西部地区由于没有能力加快企业技术改造的步伐，原材料产品的成本将会高于国外的成本，从而迫使东部地区从国外进口原材料。这种趋势目前已经出现，其结果将损失我国从区域分工中获得的效益。

5. 区域发展的宏观调控体系尚未健全，区域经济发展在一定程度上失控 改革开放以来，随着放权让利，国家的资金、物资、外汇分配权越来越分散，财力，物力集中度越来越低，主要表现在国家预算内投资的地位急剧下降。另一方面，地方政府的财力不断扩大，在地区经济发展中日益起主导作用。然而，国家和地方的事权、财权又没有明确的划分与制约，没有建立起完善的分级调控体系，国家对地区经济运行的调控能力大大削弱。其后果：一是一些地方在地区利益最大化的驱动下，盲目发展加工工业，小规模、低水平的重复建设加剧，地区产业结构不合理趋同，从而抑制了地区比较优势的发挥，丧失了地区分工效益和规模经济效益；二是地区封锁与市场分割比较严重。由于地方利益强化，地方政府可以利用行政、价格、信贷、商检、土地和物资供应等多种手段，树立名目繁多的非关税壁垒，对资源、技术、人才、信息和商品流动实行封锁和垄断，人为割据，成为形成全国统一市场的障碍。

二、我国区域经济发展的趋势预测

区域经济是经济发展战略、产业政策、生产力布局在地域空间上的集中体现。发展区域经济，是社会主义市场经济的必然趋势，是我国继50年代、60年代以来我国社会生产力的第三大布局的重要方面，是国家为了缩小东西差距、实现共同繁荣而采取的重大步骤，是落实社会主义现代化建设分三步走战略，加速经济发展而采取的重大举措。

（一）区域经济发展的大环境 影响或者说左右我国区域经济发展的因素是多方面的，从大环境来说主要有如下四个方面。

1. 世界经济区域化、集团化的影响 当今世界，“和平与发展”是主题。冷战结束后，世界的政治、军事格局发生了巨大变化，全球的经济结构调整正在加速进行，竞争也将更加激烈。各国为了保护自身的利益，增加在国际经济中的竞争能力，经济区域化、集团化的趋势加强。在这方面，欧美各国处在领先地位。欧洲经济共同体12国于1991年12月签署了货币统一协定，欧洲统一大市场也已开始实施。美国、加拿大、墨西哥三国已签署协议，“北美自由贸易区”也将形成。亚太地区的经济合作也在发展，日本、韩国、新加坡和东盟国家及我国的台湾、香港事实上正以多种形式实行经济合作。南美、非洲、伊斯兰各国的经济合作圈也在酝酿之中。

从小范围来说，在我国周边的几个经济合作圈也将形成。一是：“东北亚经济圈”在联合国开发计划署和亚洲银行的帮助下正在筹建之中。参与国有中国、朝鲜、韩国、俄罗斯、蒙古和日本等国，东北亚经济圈建成后将成为全球贸易与物流中心之一，是有相当实力的跨国经济技术合作区。二是“中亚经济圈”：目前有意参与合作的已有包括中国在内的10个国家，其中土耳其、伊朗、巴基斯坦三国已率先建立“经济合作组织”，并正式接纳吉尔吉斯坦、塔吉克斯坦、乌兹别克斯坦以及阿塞拜疆等国，哈萨克斯坦和阿富汗也有可能加入该组织。三是“东南亚经济合作圈”，目前东盟六国(印尼、马来西亚、新加坡、泰国、菲律宾、文莱)已在项目投资、贸易互惠等领域取得了进展，据分析，越南、老挝也将加入该组织。

从以上情况看，世界经济区域化、集团化发展的大趋势已经明朗，世界经济将形成欧洲、北美、亚太三足鼎立之势。我国周边也将构成东北亚、中亚、东南亚经济三角的态势。这一形势对我国经济发展既是挑战也是机遇。特别是在发展区域经济时必须考虑这方面的因素，从全球来看，我们应该密切与亚太各国合作，参与国际竞争。这方面，我国东部沿海地区和长江三角洲及长江沿江地区肩负着重要任务。环渤海地区和内蒙古东部地区，应该积极促进“东北亚经济圈”的形成；我国新疆及西北部分地区，应发展与中亚、西亚各国经济合作的关系;我国西南和华南部分地区应该把发展与“东南亚经济合作圈”的关系作为对外开放的重点。

2. 社会主义市场经济体制的建立　党的十四大明确提出建立社会主义市场经济体制。根据这一体制的要求,我国资源配置的机制将发生重大变化,市场将在国家宏观调控下对资源配置起基础作用。国家将主要通过运用经济政策、经济法规、计划指导和必要的行政管理,引导市场健康发展。

应该注意的是,我国市场经济是在新旧体制转换过程中运行的,企业间所有制结构、地区间发展水平是不同的,并缺乏完善的市场规则,因而,从这些方面来说,市场竞争是不太公平的,不公平竞争带来了负效应。从地域上来说,有两个方面的问题值得我们研究:

一是中心城市和国有企业发展速度、经济效益赶不上小城镇和集体企业。上海、天津、北京三大直辖市国民生产总值占全国的比重,已由1990年的10.8%,下降到1992年的9.1%。全国国有企业的工业总产值占全国的比重,由1990年的54.6%,下降到1992年的48.4%。与此同时,乡镇企业的工业总产值占全国的比重,由1990年的30%,上升到1992年的34%。这种情况,在珠江三角洲和长江三角洲等发达地区尤为明显。小城镇和乡镇企业发展是令人鼓舞的,但是中心城市和国有企业的落后也是需要深思的。中心城市、国有企业的经济,在我国仍占有主导地位,在市场经济的条件下,如何更好地发挥其作用,是需要很好研究的。

二是东西部的经济发展差距拉大,地区“带沟”越来越明显。由于一个时期以来,国家对东部沿海地区实施经济优惠政策,西部地区的资金、技术、人才等经济要素东流,这是东部沿海地区加快发展的一个重要因素。但对西部地区的发展带来了困难。在资源开发上,由于东部沿海地区经济发展的需要,粮食、糖类、煤炭等一些工农业初级产品有战略西移的趋势,这对西部地区的经济发展显然有重要促进作用,但是由于西部地区投资不足,企业改造乏力,加上这些产品的价格被扭曲,运输费用的成本日益加大,比较优势大大降低,生产获利不多。我国人民虽然已基本解决温饱问题,但贫富的差距正在扩大。我国西部与东部地区的人均国民收入水平绝对差距,1952年为70元,1978年上升到106元,1985年为477元,1992年达到1164元。这种不平衡现象,发达国家都曾经历过,不需要也不应该去人为地拉平,但要防止差距悬殊,两极分化。

3. 区域经济形势的变化　近些年来,我国实施的是非均衡布局战略。这一战略的实施,大大加快了我国经济的发展,一些地区特别是东部沿海地区得到了比全国其他地区更快的发展。但是,从另一个角度讲,我国区域经济发展中的地区分工被弱化了,各地区的比较优势难以得到充分发挥。具体表现:一是各地区的产业结构趋向雷同。据1990年的统计,在30个省区市中,有27个有彩电生产线,26个有洗衣机生产线,23个有电冰箱生产线,28个有汽车装配厂。二是地区协作进展缓慢,全国统一市场尚未形成。目前虽然已经成立了数以百计的各种形式的区域经济协作组织,但协作内容、规模还很小,国家所掌握的协作资金只有区区1亿元,无力调动各地区的合作积极性。三是地区间的贸易关系的失衡。一些地区往往是要求开放别的地区市场多,考虑开放自己的市场少,地区间争夺资源、封锁市场的现象时有发生。由于地区间的贸易不平衡,互通有无就变得困难了,相互的依存度降低了。

在对外开放方面,我国长期奉行的是进口替代战略。这一战略的实施,已经取得了较好的效果。从中长期发展看,我国一些发达地区已经不再满足于仅仅靠进口替代战略来发展经济了,已在考虑改变这种策略,实施进口替代和出口加工相结合的发展战略。在这种情况下,沿海发达地区的产业结构正在向高度化方向加速调整,以便更大程度上参与国际分工和国际经济竞争,在利用国外资金、资源和开拓国际市场方面步伐将加大、加快。这就为中、西部地区让出了某些产品的市场和资源的需求量,创造中、西部地区加快发展的条件。同时,要求区域合作和地区联合的内在要求提高了。

国际形势和周边国家的经济发展,促进了我国区域合作的要求。联合起来走向东南亚,联合起来走西口和联合起来走向太平洋的呼声,正在变为有关省区的行动。我国西南–华南部分省区、环渤海–东北地区、西北–西藏地区、华东–中原地区等新的协作区已经初具雏形,要求统一规划、分工协作的要求变得强烈。

4. 重大工程的兴建　目前我国正在和将要兴建一批重大工程,主要的有上海浦东新区、长江三峡水利枢纽、北京九龙铁路、南昆铁路、兰新复线铁路、沿江铁路(上海–武汉)、北京丹东国际高速公路、北京广州高速公路、哈尔滨宁波高速公路、海南洋浦经济开发区、吉林珲春(图们江三角洲)开发区、晋陕蒙接壤地区能源基地、南水北调工程等,这些工程的建设将对我国区域经济的发展产生巨大影响,各地区、各省区市都将因此而受益。“三西”(广西、江西、陕西)和山东、新疆、吉林等省区将迎来前所未有的发展机遇,是研究区域经济发展规划时需要特别重视的因素。

(二) 区域经济发展的新动向　90年代和下个世纪初,随着改革开放的深入和现代化建设步伐的加快,各个地区经济发展的速度加快,区域之间的关系将得到改善,但同时也会出现一些新矛盾、新问题。

1. 新的区域经济运行机制将逐步完善　企业将成

为区域经济活动的主体，它们根据市场条件和资金约束，自行决定投资方向和投资数量、产品的生产和销售。政府部门减少对经济运行的行政干预，而通过制定区域发展规划、区域产业政策以及财政、信贷、投资、税收等经济杠杆对区内经济活动进行合理的引导和调控；通过培育市场体系、健全市场规则、维护市场秩序等手段为区域经济发展创造良好的市场条件；通过发展基础产业、基础设施、提供公共服务，为企业提供适宜的发展环境。整个区域经济系统处于高效、有序、协调的运行状态，以各个区域经济活动的高涨来推动整个国民经济的迅速发展。

2. 区域产业结构将趋于合理　区域比较优势成为区域产业结构建立和调整的重要依据。东部沿海各省、区、市，将利用其优越的区位条件、较高的经济技术水平、雄厚的科技实力及相对宽裕的资金供应，进一步扩大对外经济合作与交流，利用国际产业结构调整的有利时机，吸纳、接受国外的先进技术、管理经验、资金及生产原料，及时实施产业结构升级战略，将区域产业向技术密集化、资金密集化方向推进。广大中、西部地区将充分发挥其自然资源优势和大存量的重化工工业优势，建立“多元主导型”产业结构，以以下产业为主导产业：满足国民经济发展需要、支持产业结构协调化、并为进一步发展积累后劲的能源、原材料工业；已有相当基础，通过结构调整和内涵式发展而得到加强的重型加工工业；建立在对区内优势资源产品进行深度加工基础上的轻工业；此外，还有以航空航天、仪器仪表、通信设备等为主的技术密集型产业。

3. 区域经济将向一体化方向发展　随着各具特色的经济区域的形成，区域共同市场的建立和完善，区域经济向一体化发展。一是同质型区域(经济发展水平、生产要素禀赋、产业结构及发展方向大体类似)，通过区域协调或联合，实行“水平分工”，从而可减少分散、重复建设所造成的浪费，获得规模经济效益；二是异质型区域，通过区域协调或联合，实行“互补性分工”，各展所长、互补优劣，充分发挥各自的比较优势。

4. 区域之间的磨擦将主要表现为对资金、人才、资源等要素的争夺　按照市场经济活动的一般规律，资金、人才、生产原料等生产要素总是要流向边际收益最大的行业或地区。于是，这些生产要素便向经济技术水平较高、产业结构层次较高、经济效益较高的发达省区集中，主要是东部沿海地区，使其经济实力得到进一步增强，顺利实现产业结构向资金－技术密集型方向转换。由于我国的资金、人才和资源等生产要素在相当长的一段时期内都将是供不应求的，中、西部广大省区由于综合经济实力较弱，投资环境较差，对生产要素的吸引力远不如东部发达省区。为了求得发展的机会，这些省区一方面依靠国家的宏观调控手段或优惠政策获得这些稀缺的生产要素；另一方面，可能采取逃避市场等不规范的非经济行为来达到自己的目的。这样，区域之间的摩擦就集中体现在对资金、人才、资源等生产要素的激烈争夺上。

5. 地区差距先是继续扩大，然后开始逐步缩小　过去多年形成的沿海与内地经济发展水平的差距依然存在，并且有继续扩大的趋势。但是，地区差距的扩大并非会一直持续下去。首先，国家应采取各种政策措施，减小地区差距扩大的幅度。其次，对外开放由沿海向沿江、沿边、内陆中心城市推进，形成全方位、多层次的对外开放格局，这为广大中、西部地区提供了较好的发展机会。第三，国家在今后10年将加强能源、交通、重要原材料等基础工业和基础设施的建设，新建、扩建和改建一批大中型基础工业和基础设施项目，这为中西部资源富集省区的开发建设创造了良好的条件。第四，国家将逐步理顺价格体系，减少生产初级产品的中西部省、区的利益流失，增强其自我积累和自我发展能力。因此，下世纪初，中、西部的发展步伐将大大加快，与东部发达地区的经济差距将开始缩小。

(三) 区域经济发展的新格局　80年代以来，我国区域经济发展明显加快。一个由东到西，从沿海到沿江、沿边以至内陆地区新的经济发展和对外开放格局已经初步形成。与此同时，我国原来的经济结构发生了重大变化，地区结构也在重新组合和调整，一批新的各具特色的经济增长极和增长带已经出现，并且在国民经济发展中发挥重要的先导作用。

本世纪末和下世纪初，我国区域经济发展可能形成如下新格局：

1. 沿海地区　沿海地区是我国区域经济格局中最具有活力的经济高速增长区。今后应该实行以发挥地区总体优势和提高宏观经济效益为宗旨，以发展外向型经济为驱动，以产业结构高度化、经济发展集约化为主要内容的经济发展总体战略。据预测，沿海开放地区到2010年的经济发展目标是：人均国民生产总值达到或接近中等发达国家和地区的水平；外向型经济逐步在国民经济中占居主导地位，外贸依存度达到50％－60％以上，形成与国际市场相衔接的经济运行机制，在环太平洋经济圈和亚太地区的国际经济合作中能够发挥积极的作用；产业结构基本进入高加工度化阶段，高新技术产业形成一定的规模和水平，金融、贸易和信息等现代化第三产业成为经济发展的主动力；经济发展的集约化程度明显提高，地区经济形成合理分工和城乡经济高度一体化的发展格局；以环渤海、长江三角洲、珠江三角洲为核心产业密集带，及以经济特区、开放城市和其他沿海城市为核心的对外开放带取得更快的发展，并发挥对内对外辐射的枢纽作用。

2. 沿江地区　沿江地区是我国经济战略格局中占有举足轻重地位的经济、科技、文化发达地区。这一地区将成为继沿海开放地区之后一个开发潜力最大、有可能上得最快的经济发展的先行区。该地区实行双向发展战略，即实行对外对内双向开放、利用国际国内两种资源和开拓国际国内两个市场的发展战略。沿江地区在更高层次上推动区域产业结构调整，促进区域经济素质的提高。扩大对外开放要“分层推进”和“东西联动”相结合，根据本地区客观存在的对外开放多层次格局，由东向西逐步拓展，以浦东的开发开放和长江三角洲的外向型经济的发展，以建设三峡水利枢纽工程为契机，带动中上游沿江地区的对外开放；中上游沿江地区要积极呼应浦东的开发开放，利用有利时机，积极开辟开放城市和各类投资开发区，不断扩大开放领域。据预测，沿江地区2010年经济发展目标是：国民生产总值平均年增长速度高于全国平均水平，达到10％左右；外向型经济长足发展，进出口总额占全区国民生产总值的比重由1990年的25％－30％提高到2010年的50％左右；科技进步对经济增长的贡献份额显著提高，单位国民生产总值中的能耗、物耗下降，产品在国际国内市场上的竞争能力进一步增加；产业发展，农业生产继续在全国占有领先地位和相当的比重，乡镇企业的外向度大为提高，能源、原材料工业形成一批拳头产业，机电装备工业成为地区的主导产业，成套设备工业产品达到国际同期先进水平，新兴高技术产业和产品、第三产业得到较快的发展；产业的地域发展方向和布局上，要“点面结合，以点带面”，依托中心城市和若干工业基础好、资源富集的区段，作为开发开放的重点，形成钢铁、汽车、电子、石化、机械等工业密集区；充分利用长江“黄金水道”和长江三角洲海运优势，形成以水运、铁路为主体的，公路、航空、管道为配套的现代化的交通运输体系，做到货畅其流，客随其行。

3. 沿边地区　沿边地区是我国资源开发和全方位扩大对外开放的又一重点地区。这一地区包括8个边境省区和20多个边境民族，与毗邻的12国有着长期和平相处的密切交往的关系。该地区要以对外开放为契机，扩大优势资源开发规模，加速工业化发展进程；要扩大与沿海和内陆省区的经济交流、协作，吸引区外经济要素的流入，以强化在国际分工中的竞争优势；要根据不同地区的地域差异和边境邻国的市场需求，制定相应的产业发展政策。据预测，到2010年沿边地区经济发展目标是：能源、主要原材料开发在全国所占比重，要有明显的提高；居民生活由小康加快向富裕过渡，生活质量大为提高，城市化进程大大加快。沿边地区对外开放格局已形成北、西、南的三向格局。北部以东北经济区为依托，以面向朝鲜、韩国、日本、俄罗斯、蒙古和东欧开放为重点，参与“东北亚经济圈”的建设；西部以西北经济区为依托，以南疆为前沿和穆斯林群众聚居区为基础，重点向中亚五国和西亚“伊斯兰经济圈”开放，并参与“中亚经济圈”筹建；南部以西南和华南部分省区为依托，重点向东南亚、南亚地区开放，并支持建设东南亚经济合作圈，发展与正在筹划中的“东盟自由贸易区”的合作关系。

4. 内陆地区　内陆地区是我国沿海、沿江、沿边地区经济发展和对外开放必需依托的重要经济腹地。这一地区包括12个省区，是我国农业、能源(煤炭、水电)、主要原材料工业产品的主产地和商品供应地，三线工业实力雄厚，发展前景广阔。该地区要以交通运输通道建设为先导，调整产业结构和地区布局，提高国际、国内经济的参与能力和竞争能力；大力发展优质、高产、高效农业，全面振兴农村经济，确定其农产品在全国的重要地位；加强以煤炭、电力、冶金、石化、建材为主的能源、原材料工业，形成在全国有一定影响力的主导产业，为国家和世界市场提供更多的能源、原材料；发展机电、食品、纺织为重点的加工工业，不断提高其产品在国内外市场的占有率；发展高新技术产业和第三产业，提高内陆地区产业的整体素质。据预测，到2010年内陆地区经济发展目标是：农业、能源、原材料产品的质量大大提高，产品附加值相应大幅度增加；外向型经济明显提高，外贸依存度达到30％－40％左右；交通运输面貌大大改善，不再成为经济发展的重要制约因素。内陆地区三大经济重心区的发展方向是：以武汉市为中心的江汉平原，要充分发挥资源丰富、地理位置适中和有长江为依托的综合优势，切实加强农业、电力、交通通信、原材料和城市基础设施建设，运用先进技术改造传统产业，开拓新兴产业，形成以新兴工业为先导，重化工为主体，钢铁、基本化工、汽车制造、发电设备、纺织、食品等行业为支柱的产业体系；以西安为中心的关中地区，要以机械、电子、纺织等加工工业为主导产业，参与国内外市场交换，带动能源、原材料工业以至整个经济的发展，以旅游业为中心带动第三产业的发展；以成都、重庆为中心的成渝地区，已形成了以军工、冶金、机械、化工、电子、建材、煤炭、轻纺为主体的综合工业体系，是西南地区的经济核心区。要建设以粮食生产为重点的农副业商品基地，发展以电力为中心的能源工业，改造以钢铁和化工为重点的原材料工业，提高以机械、电子、纺织、食品、皮革为重点拳头产品的档次和市场占有率，振兴为整个大西南经济发展服务的第三产业。

三、我国区域经济协调发展的对策及措施

区域经济协调发展是今后一个时期内我国区域经济工作的一项核心任务，这对于实现国民经济持续、快

速、健康地发展，建设有中国特色的社会主义，达到各个地区共同富裕的目标，具有重要意义。

(一) 正确处理发达地区与不发达地区的关系

1. 把平等与效率的结合作为生产力布局的重要原则 我国生产力布局政策的目标是由效率和平等两个基本取向所决定的。效率指适度的增长速度和综合效益;平等指各个区域在全国经济总格局中发展机会的平等，也兼顾发展结果的相对平等。要满足区域经济协调发展的要求，就应寻求效率与平等的合理“结合区间”，即: 区间的一端，以保证国家第二步目标得以实施为界限;区间的另一端，以不致出现两极分化、区际差距急剧扩大，保障社会安定为限。具体说，在90年代我国区际差距的扩大幅度要小于80年代的扩大幅度，下世纪初的10年，区际差距的扩大幅度应低于本世纪90年代或差距开始缩小。

我国是一个经济文化发展很不平衡、区域差异很大的发展中大国。虽然经过40多年的建设，经济实力还很薄弱，不可能在全国范围里进行大规模的开发建设，在短时期内使各个地区的经济全面高涨。只能按照生产力布局的规律，将有限的生产要素有重点地集中投放到现有经济技术基础和综合发展条件较好的地区，通过利用其已有的优势，率先发展起来，发挥其“骨干区域”的作用，迅速增强国家的经济实力和财力。一个区域的发展，大体上都要经过由不发达阶段发展到成长阶段、由成长阶段进入成熟阶段的过程。到了成熟阶段后期，又面临新的转折点: 或者由成熟走向相对衰退以至绝对衰退，或者经过二次创业，向更高阶段发展或延长繁荣期。不同区域经历某个发展阶段所需的时间各异，表现为区域间发展的不平衡性，区域的超前发展是可能的，但这并不意味着区域发展可以跨越某一或某些发展阶段而一步登天。否定区域发展客观存在的阶段性，仅仅从主观的善良愿望出发，急于实现区域间的均衡，只会事与愿违，欲速不达。但先发展起来的地区，也应在平等互利互惠互补的基础上，利用其强大的经济实力，带动、促进、支持不发达、欠发达地区，使其跟上发达地区的前进步伐。贫穷不是社会主义;少数地区、少数人富裕起来，而多数地区、多数人长期贫困，同样不是社会主义。因此，先富后富，共同富裕，这是国家宏观布局战略的正确目标取向，也是处理区域关系的总体指导思想。

2. 在投资和资金筹措方面为各个地区尤其是贫困地区提供发展的条件 生产力布局最终要通过资金的投入来实现，资金不足是我国经济进一步发展的制约因素之一。从目前情况看，解决地区资金问题的原则，应当是多管齐下、区别对待。对整个国民经济有重大影响的能源原材料工业、大型交通通信设施、大江大河的综合整治项目等，主要靠国家投资;重大技术装备、机电仪一体化产品的发展，主要依靠现有骨干企业基础;地方经济的发展主要依靠政策投入、社会集资和地方财政。

我国区域经济发展的不平衡，集中表现为地区自我发展能力的不同。资金匮乏，不仅突出地表现在西部各省区，中部、东部的低谷区也同样存在。这些省区正是我国能矿资源丰富和比较丰富、能源原材料工业生产建设任务繁重的地区。能源原材料工业一次性投资大、回收期长、占用资金多。因此，国家的空间投资政策应较多地向这类地区的这类产业倾斜，其倾斜度以基本平衡地区可提供的固定资产积累与地区全民所有制单位固定资产投资需求之间的缺口为依据，争取满足地区全社会固定资产投资总需求的一半以上，其余的需要由地区来筹措，通过内外结合，以外力启动内部的经济活力，增强造血机能和发展能力。

放宽政策，调动区域内部集体投入的积极性，并将个人手中的剩余购买力更多地转化为地区建设资金，这应成为筹措资金的一个重要手段。因此，要大力培育证券市场，创造良好的个人投资环境。国家宏观经济管理部门应把发行股票、债券为生产建设筹集长期稳定的资金，作为金融改革的内容之一。国家在金融政策上，应在保持国家证券市场筹资主体地位的同时，积极鼓励支持企业参与股市集资，适当扩大证券投资的比重。发达地区可以走在前面，步子迈得大一些;不发达地区可选择大、中企业集中的地区和大城市，先进行股市试点，集中建设一些股票交易所，但重点还是扩大企业内部股票的发行。

3. 扩大对外开放，促进不发达地区的发展 目前，我国的对外开放事业已由沿海向沿江、沿边和内陆地区大规模推进，初步形成了多层次、全方位的对外开放新格局。今后，还应加大开放力度，继续向纵深发展。其中重要的一步，就是引导外资逐步向内地、边疆能矿富集区延伸，利用外资发展内地、边疆地区的能源原材料工业，把有限的外资和国内配套资金用于我国最为薄弱的基础工业，更有力地促进产业结构和空间结构的优化，为区域经济协调发展创造良好的条件。

下游加工工业与上游工业相比，利润率较高;沿海同内地相比，经济技术条件好，交通方便，劳动力素质较高，经济效益较好。因此，以追求利润为目的的外资在产业投向和空间投向上，自然会选择轻加工工业和沿海城市。在开放初期，外资投向的这种自然趋势是可以接受的，但长此下去，则不利于我国的产业结构和空间结构的调整，也不符合我国全方位开放的要求和长远战略目标。因此，要综合运用产业政策和区域政策对外资投向进行引导，使之符合我国经济发展的总体目标。在鼓励外资投向加工工业的同时，还应引导外资投向我国国民经济的薄弱环节——基础产业和基础设施，改善我国的经济结构。以能源原材料为主体的基础产业主要分布在经济发展水平较低的中、西部广大地区，加大这些地区的开放程度，不仅可以促进全国的产业结构合理化，增加经济发展的后劲，而且还有利于区域比较优势的发挥，缩小与发达地区的差距，实现区域经济的协调发展。以交通、通信业为代表的基础设施的落后是制约中、西部地区发展的重要因素，致使资源优势难于形成经济优势。利用外资大力加强基础设施建设，一方面可以为这些地区的经济发展创造机会；另一方面又形成了良好的投资硬环境，与优惠政策、优质服务等软环境结合起来，为外商前来投资提供良好的条件，有利于我国开放事业向纵深推进。

4. 鼓励发达地区和贫困地区按照平等互利的原则开展联合协作　东部地区的轻纺企业，采取参股或组建企业集团等方式带动内地轻纺企业的发展，不仅有利于增强内地的自我发展能力，而且还可推动东部地区的轻纺工业更多的朝高档次、外向型发展；一、三线企业加强横向联合，利用经济特区、开放城市及开放区的窗口优势，向内地提供技术与市场信息，促进三线企业设备、人才等潜在优势转化为现实优势；将东部的能源原材料工业向中、西部的富能富矿地区转移，于东部、中部、西部地区都有利，而且可大大减少运输压力；鼓励发达地区和大中城市向不发达地区和贫困地区输出资金、技术和人才，承包或租赁企业，独资或联合兴办开发性的产业，并鼓励不发达地区和贫困地区向发达地区输出劳务。

5. 扶持少数民族地区和贫困地区的发展　依靠外部投入启动内在活力，充分利用丰富的劳动力资源和自然资源，进行开发式的生产建设。国务院各部门和有关省、自治区要针对这些地区的自然资源状况，采取倾斜的扶持政策，有计划、有重点地安排能够开发和利用当地资源、带动区域经济发展的骨干项目。继续增加各项低息或贴息贷款的投放，并延长偿还期限，保障配套物资的供应。国务院有关部门对某些贫困地区给予资金、物资、税收等方面的照顾；扶持乡镇企业的发展；把“以工代赈”搞水、电、路等基础设施建设项目坚持下去。此外，还要注重发展教育，更新观念，传播科技，推动地区的全面发展。

(二) 正确处理区域综合发展与合理分工的关系　主要是要搞好经济区划工作，建立合理的地域分工体系。经济区划是以经济协作和区域分工为前提的，经济协作、区域分工只有建立在合理的经济区划的基础上才能得以顺利实施。经济区划要考虑经济布局的层次和宏观调控的任务来进行。从90年代和21世纪初我国经济发展的战略目标来考虑，我国经济以建立分级调控的体制为宜。即实行中央、省区市二级调控，大经济区作为中央级调控的一个方面。中央级的调控，主要任务是考虑重大的、跨区域的基础设施和基础产业，以及投资规模大、资金密集度高、规模经济效益明显的产业和新兴高技术战略产业；大经济区级调控，主要任务是根据大区域的资源和市场条件、经济技术基础、国家总体布局的要求，确定大经济区的专业化发展和经济协作方向、产业结构的特点和在全国劳动地域分工中所起的作用，形成各具特色的开放型的地域经济联合体和区域大市场。省区市级调控，主要任务是根据国家总体布局和大经济区布局的要求，按照充分发挥各省区市优势的原则，选择和确定本地区的主导产业，对其发展给以重点扶持，同时大力发展基础产业。

我国目前大经济区分为华北、东北、华东、中南、西南和西北6个大区。从各大区的协作关系和分工要求来看，应该进行适当的调整才能适应发展需要。同时，国家应该赋予大经济区实质性的职能，并成为相应的协调机构来实施，这样经济区划才有实际意义。

七大经济区的调整方案如下：

(1) 华北区：包括北京、天津、河北、山西和山东。即将原来属于华东区的山东省改划为本区，把原属于本区的内蒙古划为西北区。内蒙古自治区可以在华北、东北、西北三个大区中分别发挥应有的作用。这样的划分有利于建立环渤海经济圈。

(2) 东北区：包括辽宁、吉林、黑龙江省。这个区原则上维持原状。这一块已形成明显的经济专业化，区内各地域单元和国民经济各部门之间，已形成比较紧密的经济技术联系，经济的统一性和综合性好，是我国比较成熟的一个一级综合经济区。

(3) 华东区：包括上海、江苏、浙江。即将原来属于本区的山东省、福建省、安徽省和江西省分别划入华北、华南和中原三个经济区。这个地区是我国的精华所在，是未来发展的重要依托。

(4) 中原区：包括河南、湖北、湖南、安徽、江西。这个区由原来分别属于华东和中南的五个省组成。这五个省的资源条件和经济结构相似，在全国劳动地域分工中所起的作用大致相同，今后将通过长江及京广、陇海、京九、沿江铁路紧密联系在一起。

(5) 华南区：包括广东、福建、海南。以广州为中心的珠江三角洲是全区也是全国最具经济活力的经济核心区。闽南三角洲是发展势头大的后起的重要经济小区。这个地区，临近港澳和东南亚，侨资、侨汇、侨技是一支可资利用的建设力量；集中了全国5个经济特区、3个沿海开放城市和2个经济开放区，可作为外引内联的桥梁和技术转移、信息传递的跳板。

(6) 西南区：包括四川、贵州、云南、广西和西藏。

即把原属于中南区的广西自治区划归本区，便于建设西南出海大通道，发挥该地区沿海、沿江、沿边的“三沿”优势。

(7) 西北区：包括陕西、甘肃、宁夏、内蒙古、青海和新疆。这一块，煤水油气多种能源资源都较丰富，镍、钼、铂族金属、铍、锂、铌、钽、钾盐、硼、钠、硝石、石棉、镁等资源富集，又是全国空间广阔，土地资源特别是草原资源丰富的地区。

上述七大经济区的相互关系也是密切的。其中华北、西北分别毗邻四大区，华东、华南、西南分别毗邻三大区，东北毗邻二大区，中原毗邻五大区。这样划分可以有五大区靠海，三大区沿边，其中东北、西南两大区都既靠海又沿边，中原区沿江。这样，全国各大区、各省区市都可以在沿海、沿江、沿边的三沿经济布局战略和对外开放的格局中有用武之地，发挥应有的作用。

(三) 正确处理区域政策与产业政策的关系 产业政策与区域政策相结合，搞好产业政策区域化和区域政策产业化，是实现产业发展和地区发展相协调的前提，也是促进产业结构整体优化和地区综合发展的重要手段。产业政策区域化，是指制定产业政策必须充分考虑发挥地区优势和地区合理分工，避免条块失衡和二元经济。地区政策产业化，是指制定区域政策必须充分考虑产业专业化、高度化和经济规模，避免重复建设和地区壁垒。

国家产业政策是从全局出发，指出总体目标导向，规定全国产业的发展序列，明确当前支持和限制的重点。同时，还应对各个产业，尤其是主导产业在全国的布局，确定出总体框架，将全国产业发展序列按照地域分工和比较优势的原则，分解、落实到各个区域，明确不同区域产业结构的调整方向及产业发展序列，鼓励、支持各区域建立各具特色的区域产业结构，从不同方面来充实、完善全国的总体结构。在制定、执行产业政策时，要立足于区域特色和区域发展不平衡的实际，有一定的差异性和灵活性，在不影响实现国家产业政策总体目标要求的前提下，给予各地区产业结构的选择、调整有一定的自由度。各区域要在国家产业政策的基本要求下，从地区的实际出发，正确确定自己在全国区域总格局中的地位，因地制宜地进行区域经济增长、结构演进战略的设计和地区布局模式的选择。

(四) 完善中央和地方分级调控体系 首先，要明确中央政府和地方政府的财权与事权。财权与事权的划分是中央与地方关系最主要的方面。通过深化经济体制改革，合理划分中央和地方的财权，以便同其事权相适应；提高财政收入在国民收入中所占的比重及中央财政收入在整个财政中所占的比重，使中央和地方掌握有力的调控手段。中央政府经济工作的主职责是：掌管宏观经济运行，把握金融的宏观调控，制定市场管理规则和国家发展政策，协调区域关系；负责跨省区的基础设施和关系到国计民生的特大建设项目的投资；通过关键的方向性投资，引导预算外资金，实现全国投资规模的合理化。地方政府经济工作的重点是：根据中央的经济方针、政策及宏观调控的要求，管理地方经济的运行，建立区域产业结构及辖区内分工体系，负责地方性基础设施的建设。

其次，要完善中央和地方两级调控体系。中央一级调控主体的调控目标是，经济总量增长速度、投资和信贷总规模、产业结构优化、地区协调发展、物价总水平、就业总水平、收入分配的公平等。中央政府的调控手段主要是经济的、法律的，主要是指导性的。地方政府在中央政策的指导下，制定地区的产业发展规划、经济发展规划、投资计划等。加强中央对地方的宏观经济调控，是健全和完善分级调控体系的关键，主要内容包括：

——中央对地方的计划调控。中央要通过国民经济中长期发展规划、年度计划和国土规划等，指导、调节和协调地方的经济活动。

——中央对地方的投资调控。中央按照国家的产业政策和区域的比较优势，采取“拼盘”投资方式，引导地方资金投向，使之符合国家的经济发展目标；中央投资兴建的重大项目，要与地区的关联产业和辅助产业相配合，形成与地方紧密相联的利益共同体。

——中央对地方的财政调控。通过实行分税制，划分中央同地方的事权及财政收支范围，中央财政集中主要税种和60％以上的收入，通过转移支付调控地区经济发展。中央还可以通过低税、高税、免税、特别税等税收杠杆来调节地区经济活动。

——中央对地方的金融调控。中央银行通过实行差别利率政策调节各地区的产业发展；对地方在国内乃至国外市场上发行债券、股票等活动，制定相应的政策措施，进行必要的引导。

(五) 制订区域整治法的探讨 我国区域发展缺少比较稳定和系统的政策指导，经济区的划分也比较乱，六大经济区目前只是个名义，同时也已经不适应经济发展的需要。由于这些原因，加上其他因素，致使我国地区发展方向不明，重点多变，区域结构不协调，区域发展不平衡。在实行社会主义市场经济体制的今天，上述问题如不能及时得到解决，势必严重影响到全国经济效益的提高和中长期经济发展的稳定，各地区的矛盾也会进一步加剧。借鉴国外的经验，根据我国的实际情况，制订我国的区域整治法已是大势所趋，势在必行。区域整治法，应该明确区域整治的任务和目的，区域整治的原则，经济区的划分，区域规划的制订，区域整治的组织管理，特殊区域的政策，等等。

——区域整治的任务和目的。区域整治是我国一项长期的重要任务，一是要使国土逐步得到充分利用和全国空间上得到普遍的发展；二是要正确处理经济发展与人和自然之间的协调关系；三是要根据全国整治的需要，充分发挥各地的优势，引导各地区的合理分工；四是要建立生产发展、生态良好、生活舒适和城乡协调的区域环境。其主要目的是为了加强区域整治管理，促进国土资源的有效利用和生产力的合理布局，生态环境的综合整治；五是要为我国与邻国空间上的合作创造条件并促进这种合作。

——区域整治的原则。区域结构应有利于改善生产和生活的条件；有利于合理的交通布局和最有效的交通设施的服务和利用；有利于加快中西部地区经济、社会和文化的发展；有利于保障和改善农业发展的基本条件；有利于生态环境和自然景观的保护；有利于国防的需要。

——经济区的划分。我国大经济区在传统上是分为华北、东北、华东、中南、西南和西北六大区，随着经济的发展、交通条件的改善、区域环境的变化，需要作出及时的调整。否则各地区在维护各自利益的驱使下，区域经济发展的盲目性很大，也难以形成于全国和地区都有利的经济区构架。

——区域规划的制定。目前我国区域规划的种类比较多，相互重复和矛盾屡见不鲜，既浪费了人力和财力，也难以真正发挥区域规划的作用，应该明确有中国特色的区域规划体系，并赋于各项规划的任务、地位及实施的条件。有些规划也应该撤、并、改。

——区域整治的组织管理。区域整治涉及经济、社会、文化各个领域，没有一个有权威的机构进行有效管理，是难以达到预期目的。区域整治的决策要民主化科学化，区域整治政策的监督实施，都需要有相应的组织保证。

——特殊区域的政策。在我国主要是“老、少、边、穷”地区和重点开发开放地区，国家一方面要给予这两类地区发展的优惠政策扶持，同时也要正确处理这两类地区的相互关系。这也是区域整治法中需要明确的。

四、我国区域经济发展的基本思路

（一）1996－2010年我国区域经济发展的方针和政策

1. *地区经济发展的大环境*　1996－2010年我国区域经济的发展，既面临严峻的挑战，又迎来难得的机遇。总的来说，前景看好。这15年，国内外将会有许多重大的事件发生，对我国地区经济发展会有较大影响。不利的方面：一是世界范围内的经济结构调整仍将加速进行，经济区域化、集团化趋势将不断加强，因而竞争更加激烈和捉摸不定，我国各地区经济的应变能力将经受巨大的考验；二是从总体上来说，我国东、西部经济发展差距将是继续拉大的趋势，地区间协调发展和公平与效率的问题将更加突出；三是环境问题将变得十分严重，资源短缺将制约地区经济协调发展，特别是水资源紧缺的问题将变得更加突出，土地使用价格逐年上涨，环保费用也会大大增加，各地的生产成本，因此会大幅度提高。有利的方面：一是全球局部战乱热点虽然难以完全消除，但全球性的战争一时还可能打不起来，“和平与发展”仍将是世界政治、经济的主导趋势，世界相对和平的环境，对我国的经济，特别是沿海、沿边一些敏感地区的经济发展极为有利；二是香港、澳门将分别于1997、1999年回归祖国，台湾海峡两岸有可能实现和平统一；三是我国与周边国家的睦邻友好关系将进一步发展，与我国的经贸合作将逐步扩大，因而将加速我国沿边地区的经济发展；四是我国经济实力大大加强，全国各地区进一步发展的基础将大大改善。

2. *地区经济发展的基本方针*　在加快改革开放和经济发展的新形势下，1996－2010年我国地区经济发展的基本方针是：坚持以邓小平同志建设有中国特色的社会主义理论为指导，进一步解放思想，实事求是，增强社会主义市场经济意识和发展机遇意识；突破条块分割、互相封锁、自成体系的地区经济发展模式，以合理调整地区经济结构和提高经济效益为目标，搞好国土开发和整治，大力发展区域经济；加速中西部地区的交通等基础设施的建设，努力发展中西部地区的乡镇企业；加强地区经济的联合和协作，发挥各地优势和中心城市的作用，提高地区经济和整体素质，促进各地区经济的合理分工；扶持贫困地区和少数民族地区的经济发展，发达地区要对口支援贫困地区，建立反贫困基金和中西部地区发展基金，努力缩小中、西部地区与东部沿海地区经济发展水平的差距；重视研究、制定区域政策和区域经济发展规划，以促进各地区经济的健康发展。

3. *地区经济协调发展的政策措施*

(1) 正确处理国家、地区和企业的相互关系。关键是要改革现行财政体制，实行经济分级管理和企业自主经营。财政体制要向分税制转轨，逐步改变因利益驱动而形成的地区壁垒；实行两级调控的经济管理体制，各级调控都要为落实和贯彻执行中央的经济方针、政策、规划提供保障，并充分发挥地方的优势；企业的自主经营权是社会主义市场经济对资源配置起基础作用的集中体现，也是形成全国统一大市场和区域市场的根本所在。

(2) 正确处理地区发展和产业发展的关系。应当实行地区发展和产业发展相结合的原则，促进产业结构和空间结构的优化。全国产业发展的序列要按照地域分工和地区优势，分解、落实到具体地域上，以明确不同区域的产业结构调整方向及产业发展重点；各地区要在国家产业政策的基本要求下，从实际出发，确定本地区在全国区域经济总格局中的地位，因地制宜地进行区域经济增长、产业结构演进的战略设计和布局模式的选择。

(3) 正确处理东部沿海地区和中西部地区发展的关系。我国东部沿海地区和中西部地区发展水平的差距是历史形成的，要缩小相互差距进而达到全国各地区经济的平衡增长，是一个长期的任务。今后国家建设的重点应该放在优势地区的优势产业上。各地区的发展应该有平等竞争的环境，以利于全国产业结构的优化和科学技术的进步；今后15年内，我国地区经济的发展在总体上仍应以全国经济总量的增长为中心任务，并为保持全国较高的发展速度和较好的经济效益作出贡献。同时，把地区差距扩大的幅度控制在一定范围之内。

(4) 继续完善和发展区域合作。区域合作以省、自治区和直辖市为基础，以跨省、自治区的横向联合为补充，发展各具特色、分工合理的经济协作区，巩固、完善和发展区域合作组织。区域合作组织应坚持“自愿参加、平等协商、互惠互利、共担风险、共同发展”的原则，积极推进区域内物资、资金、技术、人才等生产要素的合理流动，实现区域间的优势互补，促进区域经济和社会的协调发展。

(5) 加快少数民族地区和贫困地区的经济发展。少数民族地区和贫困地区的某些产业，可以变通执行国家规模经济标准和技术标准；对国家产业政策鼓励的项目，经国务院有关部门批准，可以免交投资方向调节税；制订扶贫计划，增加“以工代赈”投入，扩大“以工代赈”范围，加强基础设施建设；加强领导，有组织、有计划地积极推进“对口支援”工作，提倡和支持社会各界开展科技扶贫、智力支边等对口支援活动。

(二)“九五”期间我国区域经济发展的总体目标和主要任务

1. 总体目标　“九五”期间，我国地区经济要以各地区的协调发展为总体目标，继续加速东部沿海地区的发展，努力加快沿江地区、沿边地区和内陆地区的开发和开放，大力缩小中西部地区与东部地区的发展差距，正确处理效率与平等、重点与一般、局部与整体、近期与长远的关系，促进全国生产力合理布局和各地区合理分工，逐步实现各地区的共同富裕。

2. 区域经济的主要任务　——长江三角洲及长江沿江地区。这个地区东起上海，西到重庆，涉及七省一市，是我国精华所在，是我国经济、科技、文化发达的地区之一。该地区水资源丰富，农村经济发达，工业门类比较齐全，在钢铁、汽车、电子、石化、机械等领域实力雄厚，是我国最大的东西向经济通道，加上城市密集，人才众多，交通方便等许多有利因素，在全国的经济和社会发展中占有举足轻重的地位。该地区东西跨度很大，各地段在自然资源、经济技术基础、科技水平等方面存在着差异，也各有所长，形成了各具特色的产业体系，并多是以长江“黄金水道”作为经济发展的依托，因此发展一体化经济的条件十分优越，可以通过联合协作达到共同发展。90年代，该地区将成为继沿海开放地区之后一个开发潜力最大，有可能上得最快的经济发展的先行区。“九五”期间，要以开发开放浦东为龙头，建设三峡工程为契机，依托上海、南京、武汉、重庆等中心城市对若干工业基础好、资源富集的区、段进行重点开发。产业发展要继续加强和发展农业，加快农村工业的发展，加强能源、钢铁、化工等基础工业，增强工业整体实力；积极发展以机电装备工业为主体的主导产业；有重点地开拓高新技术产业的产品；大力发展商业物资、内外贸易、金融保险、旅游和房地产等第三产业。地区经济要按照上海—长江三角洲—皖江和长江中上游沿江地区三个区段不同的特点和水平进行综合开发，以带动整个长江流域及其纵深腹地的经济发展。重点建设项目是浦东开发、三峡、沿江交通三大工程。

——珠江三角洲及闽东南三角地区。珠江三角洲和闽东南三角地区是我国开放时间长、开放程度高的先行地区，全区共有4个经济特区、1个沿海开放城市和2个对外开放地区，而且具有毗邻我国港、澳、台的区位优势，发展外向型经济的条件优越。这个地区是广东、福建两省重要的经济核心区，已建立起以技术水平较高的轻型加工工业为骨干的产业结构，第三产业也比较发达。“九五”期间，这个地区要充分发挥自身的优势，建立外向型的经济结构，加强与港澳台及国外的经济技术联系，调整产业结构，进一步增强经济实力，争取成为我国率先达到小康水平并进入世界中等发达地区行列；同时，将技术、产品、信息、资金等向周围地区扩散，带动大片地区的经济发展。主要任务，一是对传统工业进行全面系统的技术改造，积极发展微电子、生物工程、海洋工程等新兴产业，促进产品的升级换代；二是利用区外、国外资源，适当发展石油化工等上游工业，并创造条件发展造船、机械制造等重工业，促进轻重工业协调发展；三是有计划地将某些比较效益逐渐减退的产业向区外转移，为本区留下应有的发展空间；四是加速第三产业的发展，重点是商业贸易、金融保险、咨询服务、旅游业和科学文化教育事业，力争建成国际性的贸易中心、金融中心、信息中心、经济技术交流中心；五是加强能源、交通、通信等基础设施建设，创造良好的投资环境。

——环渤海地区。这个地区以渤海沿岸地区为核心，包括辽宁、北京、天津、河北、山东、山西四省二市的广大地区，是我国政治、文化和国际交往中心以及北方经济发展的精华所在，是我国最大的能源产地和正在形成中的东北亚经济圈的前沿阵地。环渤海地区区位优势明显，自然资源丰富，经济基础雄厚，科技开发能力较强，海洋经济发达，交通条件便利，是我国华北、东北、西北部分地区的出海通道。区内交通运输、能源供应、水资源开发利用、对外开放布局、市场体系相互关联，不可分割，通过统筹规划，联合协作，使各省市分散的优势形成整体的经济合力，可以大大提高本区的综合经济实力，带动“三北”地区和全国经济更好更快地发展。“九五”期间，全区国民生产总值、国民收入和工农业总产值的增长速度，要略高于全国平均水平，争取率先达到小康水平，力争用20年或稍长一些时间，经济发展总体水平赶上亚洲“四小龙”经济的平均水平。在产业结构合理化和逐步走向高度化方面取得明显进展，高新技术产业形成一定规模，北京、天津两市第三产业和高技术产业的发展走在全国前列。产业发展重点，一是要依靠科技进步，挖掘钢铁、石油化工、重型机械等优势产业的潜力，提高其整体技术水平和开发高档次、高质量产品的能力，进一步发挥其冶金、能源、化工基地和机床、重型机械、交通运输机械生产基地在国内的优势作用；二是要积极发展汽车、电子和高新技术产业，使之逐步成为重要产业部门，支持、促进产业结构逐步走向现代化，增强其工业出口创汇的后劲；三是加快发展第三产业，特别是要尽快使交通、通信干线得到适度超前发展，金融贸易、科技开发、信息咨询、房地产、旅游事业赶上经济发展步伐；四是加强农业，保证农业从总体上能适应本地区国民经济发展和人民生活提高的要求；五是加强供水工程建设，逐步缓解全区性的、越来越成为经济发展制约因素的水资源供需矛盾。生产力布局，今后一方面要继续把辽中南、京津唐和山东半岛地区作为第三产业和新技术产业布局的重点；另一方面要将国土开发和新建的运量大、耗水多、占地多的能源、原材料工业项目以及以出口为主的工业项目的布局重点推移到滨海地带，把滨海地带建成功能齐全的组合城市带、强大的基础产业和发达的外向型经济的密集产业带。逐步使本区生产力总体布局形成以滨海地带和铁路沿线为主要轴线的基本框架，并按照轴线带动、梯度推进的模式，促进生产力布局向广大内陆腹地的转移。重点建设项目是南水北调、环渤海交通、大型电站三大工程。

——西南和华南部分省区地区。这个地区南濒北部湾和南中国海，北踞长江上游，有漫长的陆地边界，涉及四川、云南、贵州、广西、海南以及广东西部的湛江、茂名和肇庆三市，是我国唯一的沿海、沿江、沿边三兼的经济区域，地缘位置重要，区位优势明显，在90年代全国经济发展和对外开放的大格局中，具有重要的战略地位。本地区的川、滇、黔三省，是我国资源最丰富的地区之一，也是较典型的内陆省份，由于受交通条件的限制特别是缺少出海通道，资源开发和经济发展受到严重制约；而广西、海南、粤西拥有较大的海岸线和良好的港口条件，背靠大西南，面向东南亚，处于对外开放的前沿地带。全区少数民族人口占全国少数民族总人口的41％，是我国少数民族人口最集中的地区之一。“九五”期间，本区经济发展及对外开放的指导方针和原则：一是进一步解放思想，加快改革开放的步伐，使本区在90年代经济有一个较大的发展，缩小与东部沿海发达地区的差距；二是牢固树立市场观念，开拓市场，使之成为我国开拓东南亚、南亚市场的主要阵地；三是联合协作，发挥整体优势，把分散于五省区的资源、农业、三线工业、旅游、区位五大优势充分发挥出来；四是坚持交通先行的方针，通过交通运输业的发展带动整个区域的经济发展和对外开放；五是按照提高效益的原则进行生产力布局，要在不断充实现有沿路、沿江产业带的同时，有重点、有步骤地开发海南和北部湾沿海地区，有选择地在沿边地区培育若干经济增长极。本区联合开发的重点产业是交通运输和邮电通信业，电力和煤炭工业，钢铁、有色金属和石化、化学工业，外贸、边贸、旅游等第三产业。联合开发的重点地区是以重庆为中心的长江上游产业带，以成都为中心的川西经济区，以昆明为中心的滇东地区，以贵阳－遵义－安顺为中心的黔中产业带，在南宁－柳州－桂林为中心的桂中产业带。2005年前，六省区要在国家适当的支持下，集中必要的力量，对七个跨省区的基地进行重点开发：攀西－六盘水冶金、能源、化工基地，澜沧江中游电力、有色金属基地，乌江电力和黔中铝、磷基地，红水河电力和桂西北有色金属基地，海南、北部湾沿海地区，云南、广西边境地区，西江干流沿岸地区。

——西北地区。这个地区包括陕西、甘肃、青海、宁夏、新疆和西藏六省区，土地面积占全国国土总面积的45％，而全区人口仅占全国的7.2％，是我国典型的地广人稀的经济区。六省区的自然条件相近，交通运输、资源开发、工业布局和商品流通等方面联系密切，今后的发展又面临相似的机遇和问题。该地区的整体优势在于，自然资源比较丰富，分布相对集中，开发潜力大，是我国重要的能源、原材料后备基地，有一定的经济技术基础，已基本形成了以能源、有色金属、石油化工、机械电子为主体的工业体系；其制约因素也比较突出，如交通、通信设施落后，农业基础薄弱，生态环境差。充分发挥西北地区的整体优势，加快其资源开发和经济发展，对我国整个国民经济发展具有重要作用，特别是在为全国经济发展提供资源保证，建立多层次、全方位的对外开放格局和实施贸易多元化战略，改善我国地区经济发展不平衡的状况，加强民族团结、国家安定等方面意义重大。西北地区经济发展的基本思路是：抓住当前有利时机，加快改革开放步伐；以市场为纽带，以外贸为突破口，联合起来打通西北通道，进入中亚市场，逐步走向世界，以此带动资源开发、基础设施建设和第三产业的发展，实现整个区域的经济发展和繁荣。“九五”期间，全区产业发展的重点：一是以水利建设为中心，对水资源进行统筹规划，合理解决工业、农业和城市用水问题；二是加强交通、通信等基础设施建设，重点是铁路干线、公路干线、机场和通信枢纽的建设，以适应全方位开放和资源开发由东部向西部转移的需要；三是大力发展能源、原材料工业，重点是煤炭、原油、电力、有色金属、石油化工和盐化工等；四是加快对传统产业结构的调整和机电、轻纺工业产品结构的调整，优化生产要素组合，同时大力发展第三产业，进一步搞活商品流通，加快资金积累。地区开发的重点是建设好“两带”和“四区”。“两带”是亚欧大陆桥西北沿线经济带和西北边境开放经济带。“四区”是以西安为中心的关中地区、以兰州为中心的黄河干流沿岸地区和以乌鲁木齐为中心的天山北坡地区、以拉萨为中心的“一江两河”中部地区。本世纪内西北地区建设重点是水利、交通、能源和原材料四个行业，“九五”期间重点抓好15个主要大中型项目的建设，其中包括黑山峡河段的开发、兰新复线和西安至安康铁路的建设，乌鲁木齐、兰州、银川等机场的扩建，陕西黄陵、彬长煤炭基地开发，宝鸡、平凉火电基地和公伯峡、拉西瓦水电站等项目建设。

——东北地区，包括辽宁、吉林、黑龙江三省及内蒙古自治区东部。本区处于东北亚经济圈的中心位置，与俄罗斯、蒙古、朝鲜接壤，并可通过图们江口和辽东半岛进入太平洋，与日本、韩国等发展海上贸易关系，兼有沿边和沿海的双重区位优势；该区石油、煤炭、有色金属、森林、土地等自然资源丰富，其中石油和林业生产在全国占有重要地位。农业发达，是我国主要商品粮生产基地之一；工业尤其是重化工业基础雄厚，是我国重要的重工业基地；科技教育水平较高。“九五”期间，东北地区要充分利用自身的地缘和地理优势，“南联北开，东出西进”，大力推进区域经济外向化，积极发展边境贸易；要加快老工业基地的改造和综合配套改革，重点放在大中型企业转移经营机制和培育市场体系两方面，使之焕发出新的活力，发挥在地区经济中的支柱作用；发挥科技力量优势，实行“科技兴区”，坚持高起点、高强度地进行石化、机电、冶金三个主导产业和轻纺、建材等骨干产业的技术改造，有重点地开发高新技术产品，促进高新技术产业的形成和壮大；加速优化和调整产业结构，稳步发展农业；强化交通运输等基础设施，逐步完善区内外交通运输网络；加强能源工业，加快蒙东能源基地建设，稳定石油产量；在重点发展三大主导产业和兼顾骨干产业的同时，大力发展乡镇企业，积极发展商业、物资、外贸、信息咨询等第三产业，逐步建立国际与国内市场连接、畅通便捷的销售渠道和信息网络；要加快实施“北水南调”工程，解决辽中南地区的水源短缺问题；在地区布局上，重点发展以大连为中心的沿海地带，以丹东、满洲里、黑河、绥芬河和珲春等城市为重点的沿边经济开放开发带和哈大铁路沿线地带，并加快西部的资源开发，以“三带一区”的发展带动区域经济起飞，并力争形成几个新的经济增长极。

——中部地区。包括河南、湖北、湖南、安徽、江西五省区。本区地处我国中部，交通便利，是全国几大主要铁路干线的交汇地带，并有长江水道连接沿海；煤炭、铝土矿、磷矿、铁矿、黑色和有色金属矿等自然资源丰富；农业发展条件得天独厚，农业生产发达，是我国重要的商品粮棉基地；本区工业基础好，有一批具有全国意义的能源、原材料工业基地，冶金、机械、化工、建材等工业实力雄厚，并已形成门类比较齐全的工业体系。“九五”期间，要充分利用地区优势，巩固发展农业，进一步强化全国农副产品生产基地的地位，增加农业投入，改善农业生产条件，向着高产、优质、高效的集约化农业方向发展；利用能矿资源丰富的优势，继续加强能源、原材料工业基地的建设，支持全国的经济发展，并适度发展后续配套加工工业；在价格体系完全理顺之前，国家对中部地区农业、能源和原材料工业的发展要实施适度倾斜和补贴政策；依托大中城市，利用现有工业基础，加快老工业企业的技术改造步伐，促进产品更新换代，积极发展知识、技术密集型产业，加速产业结构合理化和高级化；利用本区铁路干线交汇兼有长江黄金水道的优势，加强区内横向联合，增强与区外的经济技术交流，扩大对外开放；以京九铁路、沿江铁路的建设为重点，加快交通运输及通信设施的建设，以适应区内经济发展和加强对区外联系的需要；大力发展乡镇企业，尤其是依托本地资源优势的农副产品加工和资源开发、粗加工等劳动密集型工业，活跃农村经济，吸纳农村剩余劳动力。

3. 政策措施

(1) 统筹规划，培育区域共同市场。要以大中城市为依托，培育区域共同市场，推动要素和商品的跨区域流动。与建立市场经济体制的改革相适应，进一步发展区域共同市场，促进全国统一市场的形成，为实现区域经济一体化创造良好的条件。

(2) 提倡联合，搞好地区经济协作。按照各展所长、互惠互利的原则，各地方政府在国家的指导下，自愿自主地建立不同层次、不同形式的地区联合协作组织，消除地区分割和地区封锁，促进区域之间物资、商品、人才和科技的交流。

(3) 科学地划分跨省区的综合经济区。以市场为先导，以自然资源赋存、经济发展水平、经济结构、发展方向、经济技术联系等指标为依据，科学划分跨省区的综合经济区，以其作为较高层次的宏观生产力布局的地域单元和联结中央同省、区、市的纽带，促进各区域之间形成联合的整体优势，并有利于区域的协调发展。

(4) 遵循经济规律，理顺价格体系。逐步取消价格特别是生产资料价格双轨制，让市场的供求关系决定产品价格，减少生产初级产品的企业和地区的价值流失，增强其发展能力，从而巩固国民经济发展的基础。

(5) 积极利用国外资源，缓解我国能源、原材料供需矛盾。有计划、有步骤地将我国能源、原材料工业向生产条件较好的中、西部地区转移。但能源、原材料工业投资大、建设周期长，因此，在中、西部大量的能源、原材料工业企业正常运行之前，为解决"时滞"矛盾，还应创造条件，利用东部沿海港口的优势，积极利用国外的能源、原材料产品，发展加工工业。

(6) 重视小城镇的发展。乡镇工业是推动我国工业化进程的一支生力军，而小城镇是乡镇工业的主要载体。因此，要重视小城镇的发展，尤其是要加快中、西部地区小城镇的发展。地方政府要从财政、土地使用、基础设施方面扶持小城镇的发展，把它们建成带动地区经济增长的基层核心。

(7) 加快全国高速交通运输体系的建设。集中力量建设在铁路网中起骨架作用的11条铁路干线、"两纵两横"公路国道主干线、主要内河航道、沿海主要港口及重机场，形成以铁路为骨干、各种运输方式配套发展的快速综合运输网络。要积极发展高速铁路、高速公路，使之成为我国区域间交通的主干道。城市内部交通也要向立体、高速的方向发展。

(8) 扶持少数民族地区和贫困地区的发展。主要依靠外部投入来启动内在活力，充分利用丰富的劳动力资源和自然资源，进行开发性的生产建设。各部门和各省、区、市要采取倾斜的扶持政策，有计划、有重点地安排能够开发和利用当地资源，并能带动区域经济发展的骨干项目；对一些地区实行照顾和优惠政策，继续发放各项低息或贴息贷款；适当延长偿还期限，并保证配套物资的供应；扶持乡镇企业的发展；把"以工代赈"搞水、电、路等基础设施建设项目坚持下去，并扩大其规模和范围；鼓励发达地区对少数民族地区和贫困地区开展对口支援。此外，还应注重发展教育、更新观念、传播科技，推动少数民族和贫困地区经济、社会、文化的全面发展。

(作者所在单位：国家计委国土经济研究所)

关于地区间经济发展不平衡的分析与研究

郑京平　张英香　严于龙

我国是一个幅员辽阔、人口众多、气候和自然资源条件迥异的多民族的大国，地区发展不平衡是基本国情，由来已久。随着改革开放的不断深入，国民经济飞速发展并不断跃上新的台阶，取得了举世瞩目的成就，各地区经济都有了长足的发展。但是，地区经济发展的速度是不均衡的，加上改革开放以前地区间原有经济基础的差异，十多年来，地区差距呈逐步扩大之势。但其程度如何，发展趋势怎样？是否会引发一系列诸如社会稳定、民族团结和经济发展放慢等问题，越来越受到各级党政领导的关注。本文试图通过对地区差距的定量分析回答以下几个问题：如何衡量地区间发展差异，地区经济发展差异的现状究竟如何？导致地区发展不平衡的原因何在，对整个国家经济和社会发展的积极和消极影响是什么？如何在效率优先，兼顾公平的原则下，协调地区间经济发展，逐步缩小地区间发展差距。

一、地区发展不平衡的现状及演变趋势

(一) 指标的选取　地区间经济发展差异的内涵十分丰富，因研究者的理解和偏好不同，往往有不同的侧重，并由此得出不同的研究结果。本文是基于地区间已实现的人均经济发展水平之间的差异来研究该问题的。据此，我们选取了如下五个指标来考察地区间发展差异：人均国内生产总值、城镇居民、农村居民人均生活消费支出、小学入学率和每百万人口中卫生技术人员数等。其中，人均国内生产总值是从总的经济发展状况来衡量经济的发展；人均生活消费支出，则是从居民消费的角度考察地区经济发展差距造成的居民实际生

活的差异；小学入学率体现了居民受基础教育程度；每百万人口中卫生技术人员数反映居民基本卫生条件。前三个指标是从生产、消费两个方面考察地区发展差异，后两个指标的选取主要是基于以下两个原因：一是居民的基础教育和基本卫生保障是国家在兼顾公平的原则下，必须向每个社会成员提供的，不能差异过大。二是这两个方面均体现了居民的素质，是促进经济发展、保证今后地区发展差距不再扩大的重要因素。

根据以上选出的五个指标，我们采用了三种指数来衡量地区经济发展的差异：

1. 标准差差异系数S。首先，分别计算五个指标的相对离差，即标准差除以均值。其次，用加权平均法将五个标准差差异系数综合为一个地区间的综合差异系数，各指标的权数依次为0.6、0.15、0.15、0.05和0.05。标准差差异系数S越大，表明地区间差异程度越大；反之亦然。

2. 最好最差地区差异系数R1。即最差地区占最好地区的比重。计算过程也分为两步。首先，分别计算五个指标最好最差地区差异指数。其次，用加权平均法对这五个指标的最好最差地区差异指数进行综合，得出最好最差地区差异综合指数(权数与上同)。最好最差地区差异系数R1越大，表明地区间发展差异越小；反之则越大。

3. 相对最好最差地区差异系数R5。即以5个最差的地区作为最差地区与5个最好的地区作为最好地区，计算出的最好最差地区差异系数。相对最好最差地区差异系数R5越大，表明地区间发展差异越小；反之则越大。

以上三种指数中，第一种指数反映的是地区间发展水平的平均差异状况；第二种指数反映的是最好地区和最差地区的差异状况，说明了极端情况下的地区差异程度；第三种指数克服了第二种指数的偶然性和极端性，选择前5名和后5名作为最好最差的代表进行比较，来衡量最好最差地区的差异，相对来说比较合理。

此外，为了剔除城市与农村之间的差异，我们分别对包括京、津、沪三大直辖市和不包括京、津、沪三大直辖市的情况计算了以上三种指数，从而使我们对问题的判断更加合理。

(二) 计算的结果 根据以上方法，我们分别对1978年、1985年、1990年和1994年分地区的有关数据计算了各个指数。需要说明的是，我们所用数据都是以各地区1978年的价格作为不变价计算的，增强了各年、各地数据的可比性，从而比许多研究地区差异的分析中使用各地现价进行比较的结果更接近客观实际，更科学。我们的计算结果如下：

标准差差异系数(包括直辖市)

表一　　单位：%

	N1	N2	N3	N4	N5	综合指数
1978	99.4	17.6	24.7	4.8	50.9	68.8
1985	80.3	14.9	34.6	4.8	46.8	58.2
1990	66.1	17.7	36.5	3.8	47.4	50.4
1994	63.7	21.2	38.6	2.7	45.2	49.6

其中：N1代表人均GDP

N2代表城镇居民人均消费支出(1978年为城镇居民消费水平)

N3代表农村居民人均消费支出(1978年为农村居民消费水平)

N4代表小学入学率

N5代表每百万人口中拥有的卫生技术人员数

下同

标准差差异系数(不包括直辖市)

表二　　单位：%

	N1	N2	N3	N4	N5	综合指数
	1978	32.0	14.2	15.8	4.9	27.1
25.3	1985	28.3	11.2	18.3	4.9	26.2
23.0	1990	28.2	12.3	23.4	3.9	26.6
23.8	1994	37.3	17.6	27.6	2.8	26.4

最好最差地区差异系数(包括直辖市)

表三　　单位：%

	N1	N2	N3	N4	N5	综合指数
1978	7.0	73.7	34.8	85.0	28.0	26.1
1985	9.1	69.7	30.3	95.3	28.4	26.6
1990	13.2	54.5	32.7	91.4	29.8	27.1
1994	10.9	58.2	26.5	95.1	30.8	25.5

最好最差地区差异系数(不包括直辖市)

表四　　单位：%

	N1	N2	N3	N4	N5	综合指数
1978	26.4	88.5	53.2	86.4	53.9	44.1
1985	28.5	102.7	59.6	96.9	46.1	48.6
1990	32.2	81.6	63.4	91.9	46.8	48.0
1994	24.3	101.9	49.1	96.0	44.4	44.3

相对最好最差地区差异系数(包括直辖市)

表五　　　　单位：%

	N1	N2	N3	N4	N5	综合指数
1978	17.8	73.4	56.9	94.0	33.8	36.6
1985	20.2	83.8	52.7	94.0	38.8	39.2
1990	24.6	72.3	47.1	96.0	37.8	39.4
1994	23.8	75.7	48.3	97.4	40.5	39.8

相对最好最差地区差异系数(不包括直辖市)

表六　　　　单位：%

	N1	N2	N3	N4	N5	综合指数
1978	44.5	81.5	71.2	98.7	53.9	57.2
1985	45.4	97.1	72.9	95.1	71.9	61.1
1990	46.8	83.9	64.4	96.7	64.0	58.4
1994	38.0	79.6	56.2	97.6	76.1	42.9

由表一可以看出：人均国内生产总值N1、小学入学率N4和每百万人口中卫生技术人员数N5三个指标标准差差异系数均明显缩小，说明这三个指标的包括直辖市的地区差异在缩小。而城镇居民人均生活消费支出和农村居民人均生活消费支出则呈扩大之势，分别由1978年的17.6%和24.7%增大到1994年的21.2%和38.6%，且农村人均生活消费支出上升幅度高于城镇，这说明包括直辖市的人均消费支出地区差异在扩大，其中农民的差异更大。经加权综合后的综合标准差差异系数呈缩小趋势，即包括直辖市的地区差异在缩小。这个结论似乎与人们的感觉不一致，我们在下边再解释。

由表二可以看出：五大指标变化各异。其中，人均国内生产总值N1、城镇人均生活消费支出N2的标准差异系数呈先缩小再扩大趋势；农村人均生活消费支出N3一直趋于扩大；小学入学率N4趋于缩小；每百万人口中卫生技术人员数N5基本稳定。就总体过程来看，除小学入学率N4和每百万人口中卫生技术人员数N5外，1994年其他三个指标标准差差异系数(地区差距)比1978年明显地扩大。经加权综合后的综合标准差差异系数呈先缩小再扩大趋势，但1994年仍比1978年扩大了5.3个百分点。说明不包括直辖市的地区差异在扩大。这个结论与表一的结论正好相反，对此，我们认为并不矛盾，因为各直辖市基础虽较好，但十多年的改革开放政策，使各省的发展有机会快于直辖市的发展，省与直辖市的差距缩小了，自然，反映地区差异平均状况(包括直辖市)的地区发展差异指数就缩小了。而如果剔除城市的影响，则各省之间的经济发展差距在扩大。这恐怕正是人们所强烈地感受到的。

由表一与表二相比较，包括直辖市的地区发展差异程度明显大于不包括直辖市的地区发展差异程度。1978年，前者为68.8%，后者为25.3%；1994年，前者为49.6%，后者为30.6%。但它们的逆向变动使得包括直辖市的地区发展差异与不包括直辖市的地区发展差异相接近了，这也同样说明在从总体上看，省的发展要快于直辖市的发展。

由表三、表四可以看出：最好最差地区差异系数的综合指数稍有波动，基本保持不变，特别是1994年与1978年更加接近，包括直辖市的综合指数介于25%到27%之间，1994年与1978年只相差0.6个百分点；不包括直辖市的综合指数介于44%到49%之间，1994年与1978年只相差0.2个百分点。这说明极端情形下的地区发展差异，呈相对稳定状态，并没有扩大。

由表五可以看出：包括直辖市的相对最好最差地区差异系数略有增大，相对平稳，表明以此衡量的地区差异略有缩小，这与表一的结果相近。

由表六可以看出：不包括直辖市的相对最好最差地区差异系数的综合指数先增大、后缩小，由1978年的57.2%增大到1985年的61.1%、再缩小到1994年的42.9%，表明以此系数衡量的地区差异先缩小、后扩大，特别是在进入90年代以后，这种扩大趋势比较明显。

综上所述，我们至少可以得出以下结论：

1. 如果将三大直辖市和省(区)作为一个整体来考察，16年来地区经济发展差异呈缩小之势。用相对最好最差地区差异指数来衡量，缩小了8.7%。而仅仅考察省(区)的经济发展差异，则16年来地区经济发展差异呈不断扩大之势，用同期的相对最好最差地区差异指数衡量，扩大了25%。这是值得我们引起重视的。

2. 包括直辖市的地区发展差异程度大于不包括直辖市的地区发展差异程度，但两者之间的差距呈缩小之势，用相对最好最差地区差异指数衡量，1978年二者相差20.6个百分点，到1994年而二者仅相差3.1个百分点。

3. 极端情形下，用最好最差地区差异指数来衡量，不管包括直辖市与否，地区差异都基本上没有变化。

还有一点需要补充说明的是，人均GDP和每百万人口中卫生技术人员数均是按户籍管理制度下统计的人口计算的。但近年来，广州、深圳、海南等东南沿海地区外来无户籍的常住人口越来越多。这样便形成了较多的人口创造的国内生产总值，被较少的人口来平均的事实，从而在某种程度上夸大了地区间发展的差异。

二、地区发展不平衡的根源

在中国，各地经济发展不平衡问题，是一个历史性问题。改革开放以来，尽管各地区经济都在发展，但是有些省经济的发展快于另外一些省，因此，地区之间的差距进一步扩大，地区经济不平衡问题变得突出起来。究其原因，既有政府行为，也有经济因素，既有历史原因，也有地缘关系、自然条件等方面的差异。

(二) 政策因素 改革开放前的三十年间，为了迅速恢复被战乱破坏的中国经济，发展民族工业，粉碎西方国家和前苏联对中国进行的经济封锁，保证国家安全，中国政府采取了优先发展重工业和军工工业的发展战略。这一时期，国民经济发展的重点明显地在内陆省区。特别是三线地区的开发和建设，在很大程度上带动了这些省区经济的发展，缩小了地区之间的经济发展差异。为此，我们付出了昂贵的代价。随着冷战的结束，许多处于深山老林，交通不便地区的军(重)工企业，遇到了严重的困难。

1978年，面对高度集中、僵化的经济体制和脆弱的国民经济，一场宏伟的改革开放工程在我国正式动工。改革旧的体制，对高速发展的世界实行开放，势必要进行一些政策调整。这些政策中有些本身就具有地区倾斜性质，有些尽管是全国统一的，但恰巧适应了某些地区的需要，促使这些地区的经济得到了快速发展。

1. 具有地区倾斜特殊性的政策因素：我国是一个具有12亿人口的发展中国家，地区间经济发展极不平衡。改革之初经济发展又比较脆弱。在这样一个国度里进行前无古人的经济体制改革没有任何现成的经验可供借鉴。“摸着石头过河”，政策的试验性、渐进性、双轨乃至多轨性，便自然而然地成了决策者的选择。尽管当时的一些政策的试验具有一定的风险，但为了使其成功，难免给予了一些优惠。

(1) 经济特区、沿海开放城市的特殊政策。1980年，深圳、珠海、汕头、厦门等沿海地区率先成为经济特区，随后又加入了海南省这一最大的特区。此外，在1984年，又相继确定了14个沿海开放城市。作为试点，这些特区和沿海开放城市确实在财政、税收、投资决策权、外贸自主权、利用外资审批权等方面得到了许多优惠政策。如在特区投资的外资生产性企业可以享受“免二减三”的所得税优惠。即使征收所得税，税率也仅为15%，大大低于非特区企业。又如，当时外汇留成比例，特区、沿海开放城市和其它地区依次为100%，50%和25%。其中广东、福建两省的比例为70%。在外商投资审批权方面，特区有权批准3000万美元以下的项目，而其它地区的权限却小得多。

(2) 财政体制的改革。为了调动地方积极性，激励先进，实行了财政包干、“分灶吃饭”的一系列改革，也使经济发达地区能够得到更多。如当时规定广东省只要上缴固定数额，福建省可得到固定数额的补贴。江苏省按固定比例与中央财政分成等等。

2. 全国统一的一些政策因素：在改革开放的过程中有许多政策，并没有任何地区倾斜性质。但是，由于沿海等经济发达省区的各种条件很适应这些政策。因而这些政策所产生的效益，更多地被这些省区所得到。

(1) 产业政策。1978年以来，我国一改传统体制下重生产、轻生活、重重工业、轻轻工业的做法，转而发展与人民生活密切相关的轻工业，使以能源和原材料工业见长的内陆省区丧失了产业优势。相反，以能源相对短缺，但加工工业见长的东南沿海省区得产业政策之先迅速发展起来。事实上，上海、江苏、浙江、广东、福建等早在70年代中期，就已经悄悄地在发展以加工工业和轻工业生产为主的乡镇企业，1978年以后国家产业政策调整，则正好使这些地区如鱼得水。

(2) 对外开放政策。对外开放的两个主要方面，一是进出口贸易，二是引进外资。要搞进出口贸易，就必须进行海、陆、空的口岸建设，而在我国最为重要的通商口岸是海路口岸，因而，具有港口优势的沿海省区便自然成了这一政策的主要受益者。不仅自己的产品出口便利、成本低，而且，其它内陆省份要搞进出口贸易也必须经过沿海省份的港口进行。就引进外资而言，由于沿海省区特殊的地理位置，使得这些省份有大量的人口在海外定居，一旦有机会回国投资，便首选自己的家乡，而且，外商进关的第一站一般也是沿海城市，这就是为何在过去10多年中，沿海省区能比内地吸引到更多的外资的重要原因之一。

(3) 由计划配置资源向市场配置资源的改革，客观上也为沿海经济发达省区的经济高速发展起到了巨大的促进作用。改革前我国的生产要素如资金、劳动力、原材料等，主要是依靠高度集中的计划来进行配置的。而十多年来的改革，资源配置已经逐步转向了由市场来进行。因此，资金、人才等的趋利向发达省区流动也就成为必然。一是户籍管理制度的放松，以及鼓励人才流动的一系列政策，加速了沿海等经济发达省份的经济发展。东南沿海省区开放灵活的经济发展和管理政策，为各类人才提供了施展才华的机会，而较高的薪金，富有挑战性、风险性和刺激性的工作，唯才是用的人才管理制度，无疑吸引了大批的人才，从而为东南沿海发达省区经济发展提供了人才保障。二是资金流动靠市场机制的作用。尽管目前的资金管理仍未完全摆脱计划控制，即使在现有的体制下，资金向沿海地区流动也是比较明显的。沿海开发开放地区，在金融机构的设置上，较一般内陆地区更灵活多样，金融机构和金融设施远比其它地区多，金融业本身发展较快。相对发达的金融业和经济高增长带来的回报率较高，使东南沿海省地区吸储能力大大增强，造成“资金东南流”现象，有利地支持了这些地区经济的发展。三是固定资产投资作为资源配置的结果，也显示出市场机制的作用。1982、1985、1990、1994年广东、福建两省固定资产投资占全国固定资产投资的比重分别为6.6%和1.7%、7.7%和2.2%、9.1%和2.4%、13.3%和3.3%，呈明显增加之势。

(二) 历史原因和地缘因素

1. 中国是一个泱泱大国，幅员广、跨度大、人口多、气候条件和民俗习惯迥异，各地经济发展不平衡问题由来已久。早在清朝时期，部分沿海城市就已成为通商口岸。战乱时期东部沿海地区经济得到进一步发展。作为东部动脉的京广铁路，把东部沿海各省贯穿在一起，四通八达的水上运输，纵横交错的公路，初具规模的邮电通讯设施，较完备的工业基础设施，为改革开放以后东部沿海地区经济的高速发展打下了坚实的物质基础。更重要的是，东南沿海地区人们的思想观念更具有现代意识，教育水平也较高，这些都为改革开放后东部沿海省区发展经济提供了基础条件和社会背景。

2. 东部沿海省区历来是人多地少，人口稠密，自古就有下南洋之说。因此，在新加坡、菲律宾、美国、韩国、日本等亚太地区，广东、福建、山东籍贯的华裔和侨民较多，而且凭着中国人的勤劳和智慧，许多人都积攒了一些钱。人们在考虑投资方向时，除了盈利，很重要的一个因素就是为自己的故乡尽一份心，出一把力。而我国的改革开放恰巧提供了这一机遇，因此，大批的海外华人怀着报效祖国，为家乡父老干点实事的情怀，在家乡投资。可以说，中国对外资的引进，最初就是从回国探亲的华侨和华裔开始的。随着改革的深入，利用外资规模逐步扩大，并由东南沿海向内地逐步推进，促进了地方经济发展(见表七)。

表七　　经济发达省份利用外资基本情况

省份	利用外资绝对数(万美元)			占全国的比重(%)		
	1992	1993	1994	1992	1993	1994
辽宁	68012	139693	151471	3.5	3.6	3.5
江苏	146324	284371	378568	7.6	7.3	8.8
浙江	27664	103175	115650	1.4	2.6	2.7
广东	474641	984313	1092758	24.7	25.3	25.3
山东	102685	188267	260143	5.3	4.8	6.0
福建	14656	290599	372328	7.6	7.5	8.6

3. 地缘因素。广东、福建等地地理位置十分优越，这些地区不仅位于北回归线附近，气候温热，白昼时间长，光照充足，有利于农作物和热带、亚热带农产品及经济作物生长，而且均背靠祖国大陆，面向太平洋，拥有长长的海岸线，通过海上交通发展对外贸易，有得天独厚的地理条件。南面紧邻香港国际大市场，优良的港口、便利的交通、灵活的信息，成为东南沿海省区加速经济发展的重要因素。这些都是内陆省份无法比拟的。

三、对16年来地区经济发展差异变化的看法

如何看待地区经济发展差异的变化，真可谓仁者见仁，智者见智，有褒有贬。结合造成这种差异扩大的原因分析，以及国民经济发展和改革开放的实践，我们认为这种变化既有积极的一面，又有消极的一面，但总体上看，仍然是积极的。

首先，它为成功地实现渐进性的经济体制改革作出了贡献。到目前为止我国渐进性的经济体制改革之所以能从农村到城市，从生产领域到金融、保险等领域，取得初步成功;经济体制改革的总体模式，之所以能从十一届三中全会提出的“在计划体制框架下，充分运用价值规律”，到十二届三中全会的“计划经济与市场调节相结合”，从十三大提出的“国家调控市场，市场引导企业”，到十四大提出的“社会主义市场经济”体制，最终选定主要依靠市场机制来配置资源，是与打破地区平均，在特区进行试点，鼓励各地发挥主动性大胆地探索分不开的。在某种意义上说，如果没有经济特区这一综合试验田的示范作用，如果不打破地区平均就不可能使我国的改革开放如此迅速地进入正确的轨道。

其次，有力地推动了经济的快速发展。“不患寡，患不均”是中国人两千年来的传统意识。改革前，正是由于我们忽视了劳动效果的差异，过分强调平均，企业吃国家的“大锅饭”，个人吃企业的“大锅饭”。结果严重阻碍了生产力发展。通过改革和试验，特别是特区的试验，使人们看到了适当拉开差距，打破平均给经济带来的活力。有差别才有竞争，有竞争才有发展。16年来，我国人均GDP年均增长速度达到8.3%，总体经济实力在世界上的位次由1978年的第20几位提升到第7位的事实，与适当拉开经济发展差距，鼓励一部分人先富起来，激励先进，鞭策后进是分不开的。

当然，在看到地区经济发展差异扩大的积极作用的同时，我们也应看到它的消极作用。

一是作为一个国家，特别是象我国这样一个集中度仍然较高的社会主义国家，应该尽可能地保持地区间的均衡发展。因为居民承受“不均”的能力是有限的，地区间经济发展差异过大，有可能引发社会动荡。特别是在我国发展较慢的省份大多数是少数民族地区和边疆地区。事实上，这些矛盾在一些地区已开始有所显露。

二是由于造成地区间差异的主要原因之一是政策因素。尽管国家实行这些政策的初衷是试验性的，而且实施起来有风险;而有些政策本身也并没有地区差异，但是事到如今，人们只注意造成的结果，总认为中央给

某些地区吃了偏饭，因而产生了埋怨，甚至抵触情绪，影响了一些地区的工作积极性，进而影响了国民经济的发展。

三是地区发展不平衡，使得落后省份的市场日趋狭小，资源开发受阻，反过来也影响了发达地区乃至全国经济的发展。

四、地区经济发展不平衡的变化趋势及其对策建议

上述分析表明，改革开放以来，尽管各省经济发展速度普遍加快，各省与三大直辖市的经济差距在逐步缩小，但省际之间经济发展差异不断扩大，由此导致地区居民收入水平和生活质量差距的扩大。这是改革开放和战略重心转移的必然结果。对此我们既不能视而不见，听之任之，也不应以偏概全，夸大其词。而应按照效率优先，兼顾公平的原则，采取积极、慎重的态度来对待这一问题。目前我国仍处在经济起飞阶段，地区间经济发展出现不平衡是难免的，而且只要这种差异适度，对国民经济的发展还有一定的促进作用。实际上就连美国这样已经很发达的国家，地区间经济发展的差异仍是难免的。据对1990年美国50个州人均GDP数据的分析，最好最差地区差异系数和相对最好最差地区差异系数分别为26.2%和42.0%，与我国相应指标相差无几，说明其洲际之间的经济发展不均的程度也较大。即使是国际公认的福利国家加拿大，1990年人均GDP的最好最差地区差异指数也为43.3%。当然我们也不应该仅仅看到积极的一面，特别是作为经济体制转轨的发展中国家，我们应该花更多的精力监测和研究这一问题，在加快经济发展的同时，注意将地区经济发展的差异，特别是在居民基本生活和基础教育、基本卫生保障等方面的差异控制在可接受的范围内，以求得国民经济和社会的长期、均衡、稳定发展。

就经济落后地区地方政府而言：首先，要端正认识，增强信心。面对地区间经济发展差异的现实，怨天忧人是解决不了问题的。不能只看到特殊政策带来的结果，而应平心静气地想想改革开放当初进行试验所可能承担的风险。特别是时至今日中央已经决定在经济发展政策上一视同仁，甚至在某些方面适度向落后地区倾斜。我们更应该从正面向本地区人民解释造成这种差距的主观原因，通过鼓动，增强搞好本地区经济的信心。其次，要辩证地看待落后，发掘自己的优势。落后意味着被动、意味着贫困。对一个国家、一个民族是这样，对一个地区也同样如此。但是，落后是相对的，不是绝对的。只要我们辩证看问题，扬长避短，就能够变落后为先进，逐步缩小甚至消除这种发展差距，挤身于发达地区之列。就目前情况看，经济相对落后的一些省区的优势主要有：一是潜在的人均资源优势。一般来讲我国的相对落后省区地广人稀，自然资源十分丰富，各种矿物资源蕴藏量大。例如：山西的煤炭资源、铝土矿资源，新疆的石油资源、干鲜果品资源，陕甘宁的油气资源，四川、云南、贵州等地的有色金属资源等，均居全国首位。人均耕地资源也远远高于全国平均水平。二是相对落后省区工业化、城市化程度较低，形成了大量的剩余劳动力。加之这些地区消费水平相对偏低，劳动力价格较低，竞争优势大。三是相对落后省区老企业少，与之相伴而来的老企业问题：诸如社会负担、原有机器设备及厂房的改造等问题少，有利于开发建设高起点、大规模的现代化企业。四是相对落后省区，特别是以陕西、四川、湖南、湖北等地为中心的三线地区军工企业多，技术力量比较雄厚。五是对国外资金的吸引力较大。如果说前几年外商(华侨)投资沿海省区由于投资成本低，回乡报国的话，那么，随着时间的推移，沿海地区的这种优势已逐渐减弱。而内陆等落后省区却恰巧具备了投资成本低、资源丰富、易于拓展市场等优势。因此，对资金特别是外资的吸引力会越来越大。六是经济相对发达地区先行试验所经历的发展实践为落后地区提供了借鉴的经验。改革开放以来，东部沿海地区在对外开放、经济体制、宏观调控、物价管理及微观搞活等多方面进行了大胆的探索，既有成功的经验，也有失败的教训，这是经济发展起步阶段不可缺少的宝贵财富。第三，要认真研究，制定出切实可行的经济发展战略和实施方案。要有“为官一任，造福一方”的思想和“无功即为过”的紧迫感，在正确认识落后和深入进行调查研究的基础上，解放思想，实事求是，结合发达地区经济发展的经验教训和本地区的优势，制定出切实可行的经济发展战略和实施方案。

就经济发达地区而言：首先是要以整体利益为重，以国家利益为重，以提高综合经济实力为重，本着“先富帮后富”的原则，主动向经济欠发达地区提供发展经验，包括帮助落后地区分析国际国内形势和当地实际情况、制定发展战略，培训专业技术人员，协助选择、开发新的项目，提供信息服务及打通国际市场等等。其次是在市场经济条件下，从互惠互利的原则出发，通过产业转移、技术转让和联合、联营及合作等形式发展生产，促进和带动经济欠发达地区经济的发展。从而达到扩大市场，扩大原材料渠道，实现共同发展的目的。

就中央政府而言：应着重做好以下几方面工作：

1. 继续坚定不移地以经济建设为中心，紧紧扭住经济发展这一关键问题不放松，正确处理改革、发展与稳定的辩证关系，在社会稳定，人民安居乐业的基础上求改革、求发展，在改革中发展国民经济，保持社会稳定。只有经济发展了，蛋糕做大了，各地区，各方面分得

的份额才会更多，中央调控能力才能大大增强，才有可能有更多的财力支持落后地区发展经济。

2. 建立地区经济发展差异监测系统，加强宏观监控，特别是要加强对收入差距，以及居民基本生活水平、受教育水平、享受基本医疗服务等极易引起的社会安定、民族问题和地区矛盾等问题的监控，及时发现问题，将不安定因素消除在萌芽状态。

3. 调整有关方针政策，变改革开放以来投资、信贷、财政、税收、贸易、外汇管理等方面政策的地区倾斜为产业倾斜，在地区间的产业政策上一视同仁。在近期，甚至可以采取适当的政策鼓励，外资和内资到落后地区架桥铺路，发展邮电通讯等基础设施。大力发展沿江、沿路、沿边及能源基地周边地区经济，加快对荒山荒地的开发利用，使落后地区的资源优势得以充分发挥。

4. 充分发挥财政兼顾公平的功能。一要增加财政收入。财政收入占GDP的比重过低是我国经济稳定发展的潜在危险之一，它直接降低了宏观调控的能力。因此，要采取适当措施提高财政收入占国内生产总值的比重以及中央财政收入占全部财政收入的比重，使中央财力有能力发挥兼顾公平的作用。二要充分发挥财政对收入分配的调节作用，特别是对保障经济落后地区贫困居民基本生活的需要，逐步建立起贫困保障体系。同时，加强对个人收入调节税的征管工作，加强对高收入阶层的调节。三要利用财政兼顾公平的功能，对落后地区进行投资或补贴，以确保全体国民在基本温饱、基础教育、基本卫生条件等涉及公民基本生存和发展条件等方面享受同等待遇。否则不但难以保证居民的基本权利，也难以从根本上缩小地区间的差距。

(作者所在单位: 国家统计局综合司)

加快天津经济发展　重塑北方经济中心

冯之浚

1. 天津面临难得的发展机遇。中国改革开放的发展机遇，与世界经济格式的变化密切相关。每一次国际产业的转移都为发展中国家和地区提供了大好机遇。改革开放以来，我国南部沿海地区因具有接受海外劳动密集型产业转移的最佳区位条件，就接过这根接力棒迅跑一阵，实力大增。邓小平同志视察南方后，浦东开发提上日程，上海进程加快，加上周围苏、锡、常、通、杭、嘉、湖、甬八员大将，华东经济中心的实力不让华南经济中心。

目前已进入全面开放时期，改革力度渐趋北移，环渤海地区的战略地位日益突出。从国家经济布局看，也需要尽快形成华北经济中心，与华南、华东构成鼎足之势，带动华北，均衡国力。这里面就产生了天津加快发展的机遇。

2. 亚洲新兴工业化群体的产业不是一个孤立的现象。战后世界经济的持续增长，发达国家进行重大经济转变，第三次科技浪潮的影响，世界性的产业结构调整，国际性的剩余资本的转移流动，发达国家间的竞争与摩擦，都为后起工业化国家造成了某些有利自身经济发展的国际环境。这些国家和地区正是顺应了世界经济的发展趋势，把握机会，为自己赢得了宝贵的发展机遇。

从宏观上看，30多年来，亚洲新兴工业化国家与地区至少有三次大的发展机遇。

3. 第一次机遇是60年代至70年代之间，亚洲"四小龙"由"进口替代型"经济转向"出口主导型"经济。新科技革命的兴起，推动了西方发达国家的产业结构升级，开始转移和淘汰资本有机构成低的劳动密集型产业，并向海外开放市场和投资，形成战后第一次全球性的海外投资浪潮。这对苦于自身市场狭小、实行"进口替代型"战略没有取得经济自主预期成果的韩国、台湾等地，无疑是提供了大力发展劳动密集型产业、发展外向型经济的天赐良机。

韩国遂实行"以出养进"战略，大量引进外资，发展轻纺工业。台湾制定种种优惠政策，进出口率增长高达33.2%和41.5%，台湾的雨伞、鞋、帽、自行车和香港的电子表，玩具等的外销量世界第一。

4. 第二次机遇是70年代的石油危机迫使发达国家向外转移粗放型重化工业，产生了新一轮产业传递浪潮。"四小龙"又一次抓住机会，韩国重点发展钢铁、造船等10大产业，台湾也及时进入"重化工业时期"，同时大搞基础设施建设。"四小龙"将部分劳动密集型产业转向东盟等发展中国家，共同分享国际分工效益。

5. 第三次机遇是80年代以来出现的战后第三次投资高潮。"四小龙"充分利用外资大力发展高新技术产业，电子电器、通讯、汽车制造等行业的出口比重迅速上升。东盟国家借助劳动密集型产业实现快速发展，泰国1988年以来经济连续保持两位数增长，马来西亚经济增长率上升到10%，印度尼西亚也走上了外向型工业化道路。这样，东盟国家已被列入准新兴工业化国家的行列。

6. 亚太新兴工业化国家和地区抓住机遇高速发展的历史经验，给我们以深刻的启示：机遇是不可逆的，也是难以重复的，往往只有一次，稍纵即逝。60、70年代两次世界性产业结构大调整，本来为我国经济发展提供了与“四小龙”同样的机遇，但我们坐失良机，而在50年代与我国经济水平大致相当的“四小龙”却一下子与我们拉开了距离。80年代以来我国经济所以能持续高速增长，也恰恰是赶上并抓住了第三次世界产业结构调整的浪潮。

7. 党的十一届三中全会以来，我国改革开放由南向北、由东向西形成梯次推进，为各地的加快发展提供着机遇　我国北方环渤海湾地区与珠江三角洲和长江三角洲的经济发展虽有一定差距，但环渤海地区工业基础较好，交通便利，区内各省市在历史上就有天然联系，具有较强的互补性和较大发展潜力。为加快环渤海地区的发展，党中央把这一地区的开放与开发写入了十四大报告，十四届三中全会再次为这一地区的发展指明了方向。

8. 党的十四大提出加快扩大开放和现代化建设，特别要求上海、广东、海南和环渤海地区率先加快开放开发，对加快发展环渤海地区的经济联合产生了巨大的推动作用。它促使环渤海区域经济从原有的16市地扩展到四省两市的战略升级，从一种自发的经济现象，上升为全党全国90年代10项战略任务的新高度；从零星自发的小动作，小范围开始步入由国家统一规划、全面指导的新阶段。

9. 最近，天津市委书记高德占提出优势互补、联合发展、共建“京津大经济圈”的设想，强调天津要从三个方面积极做好工作：一是借鉴上海浦东新区开放开发的路子，加快开发建设天津滨海新区；二是京津冀联合，共建“京津大经济圈”；三是扩展服务的辐射面，推动环渤海地区和北方经济加快发展。这三个方面既是总体布局的梯次展开，又是互相融合、互相促进的。市长张立昌也多次强调，要搞好同环渤海各省市的联合与协作，在服务中促联合，求发展。这表明了天津具有抓住机遇加快发展的眼光和决心。

10. 要使天津能最大限度地利用机遇，首先要认清天津自身的条件和特点。

天津的工业、科技有一定的基础，拥有一批在全国有影响的科研成果，发展了一批以高新技术为主体的“三资”企业，通过引进外资又改造和新上了一批大型骨干企业；

天津是个口岸城市，有国内能力最大的集装箱码头，有全国建设较早、发展较快的保税区，目前外国商社驻津机构已达500多家，外资银行已有8家。

京津唐高速公路的建成，把京津两大直辖市的优势连接起来，正在形成一个综合性的高新技术开发带；

天津已经建立和正在筹建一批面向全国和区域性的商品和要素交易市场，为开展大流通、充分发挥口岸作用创造了良好的条件。

11. 天津有独特的区位优势。从区域经济的角度看，一个地区的协调而快速的发展，缺不了口、腹、心这三者当中的任何一方。

口就是口岸，出口；

腹就是腹地，幅员宜广，物资要丰；

心就是核心，就是中心城市，对腹地起辐射、扩散、带动作用。

12. 口、腹、心要很好地结合起来。有“腹”无“口”，腹中鼓胀，难以吐纳；有“口”无“腹”，囊中空空，何谈吞吐？口惠而腹实，加上正常的心脏功能，元气才盛，底气才足。

北方地区中口、腹、心三者条件皆优越的看来是天津。

13. 天津拥有优良的港口。从历史上看，天津经济的发展是由港口起家的。早在一百多年前，由于天津是华北地区唯一的通商口岸，又是漕运必经之处，故被辟为商埠，逐渐成为三北地区的经济中心。从1868年到1937年的70年间，天津的外贸总值平均占全国对外贸易的10%以上，最高年份达25%。

经过一百多年的建设，天津港已成为我国目前最大的集装箱运输港，拥有万吨级泊位48个，年吞吐量5000万吨。现在我国通过天津港与世界160多个国家和地区保持经济联系。1991年，被确定为我国国际集装箱枢纽港。

14. 天津拥有广阔的腹地。天津的腹地广阔，资源丰富。直接腹地主要包括天津、北京、河北、山西、内蒙古中西部、宁夏全部；交叉腹地包括豫北、陕西、甘肃、新疆、青海及东北的部分地区。两者范围达250万平方公里，占全国总面积1/4多，涉及13个省、市、自治区，人口2亿多。腹地资源相当丰富，仅直接腹地就拥有全国3/5的煤炭资源，1/6的石油资源，1/7的铁矿资源，以及取之不尽的海盐资源。

天津港直接依托的城镇经济实力雄厚，天津港背靠京、津两大直辖市。两市不仅经济实力雄厚，也是我国北方最大的消费中心。每年都有大批产品需要经港口转运国内外各地区，又需经港口运进大量的生产资料和消费资料，加之腹地的工农业生产迅速发展，是大宗产品集中的发送地和原料的输入地。这种广阔的腹地和特大城市的依托，为天津港稳定而持续地发展提供了可靠的保证。

15. 天津有比较好的经济基础。天津工业门类齐全，技术比较先进，配套能力强。冶金、汽车、电力、机械、化工、纺织、轻工、电子、医药、食品等十几个行业在全国占有重要地位。在10万多种工业产品中，有千余种产品达到国内国际先进水平。目前形成的小汽车、机械装备为重点的机械工业，以微电子、通信设备为重点的电子工业，以海洋化工、石油化工、精细化工为重点的化学工业，以优质钢管、高档金属制品、耐用钢材为重点的冶金工业等四大支柱产业，有相当强的竞争力。近几年，天津经济建设取得重大进展，国民经济步入了全国发展较快地区行列。1995年全市国内生产总值完成950亿元，比上年增长14.5％，自1994年以来超过全国平均增长水平，进入发展较快地区行列。

16. 天津科技力量比较雄厚。天津现有各类科研单位900多个，科研和专业技术人员约60多万人。平均每万名职工中拥有自然科学专业技术人员上千人。

1985年以来，天津上报登记的重大科技成果有5000多项，其中国际和国内首创成果领先的占相当大的比例。特别是在石油和海洋化工、内燃机、电气传动工程、电子设备、机械工程、合成材料等开发应用方面有明显优势；在有机化学、高分子化学、物理化学、元素化学，现代光学等基础研究领域处于国内领先地位。天津现有大专院校26所，各种专业齐全，高、中、初级教育配套。

17. 天津拥有较为完备的基础设施。天津的交通通讯便捷，是华北地区交通通信枢纽，是全国重要的交通咽喉要道。目前海港、空港、铁路、公路运输形成了立体交叉网络。天津港是中国对外通航历史最早，也是最大的人工贸易港，有定期班轮航线40多条，与世界上160个国家和地区的300多个港口保持着货运往来业务，港区面积200多平方公里，陆地面积18平方公里。天津港有万吨级以上深水泊位48个，1995年港口货物吞吐量达5786.7万吨，可以停靠国际上较先进的第四代集装箱货轮。天津机场辟有国内外航线30条，年吞吐货物8万吨，每小时承运旅客可达千人，是我国第一个大型民航货运基地。随着天津铁路枢纽工程改造、天津机场扩建，市内以“三环十四射”为骨架的城市道路网络的建成和京津唐高速公路投入使用，天津已初步形成了以港口为中心的海、陆、空连为一体的交通体系。天津邮电通讯比较发达，市内电话、长途电话、微波和卫星通讯传递齐备，可与国内600多个城市，世界197个国家和地区直接通话。

18. 天津的利用外资具有良好前景。1993年，天津新签利用外资项目，协议投资总额和利用外资额分别比上年增长100％、82％和84.6％。1994年，在全国利用外资增幅明显回落，许多地区大幅度下降的形势下，天津市仍保持了强劲增长势头。一是直接利用外资额创历史最好水平；二是大项目增多创历史最好水平；三是以危陋平房改造为重点的房地产项目利用外资的增长创历史最好水平，此外，还在外资到位率和外资企业投资效益等方面均创历史最好水平。目前，天津已成为国际投资热点地区之一。继摩托罗拉、奥的斯、NEC之后，美国的GE、美孚，德国的汉高、SEW，英国的DOC，日本的三菱、三井，韩国的三星，以及东南亚、香港和台湾的一些大公司、大财团纷纷来津，目前仅在天津投资的跨国公司就逾120家。

19. 在看到上述优势的同时，制约天津发展的主要问题应受到足够重视。

一是国有企业包袱沉重。1994年末预算内国有工业企业亏损418户，亏损额8.78亿元，相当一部分企业欠发职工基本工资和退休费。

二是城市建设欠帐多。全市现有1000万平方米的危陋平房需要改造，1993年人均住宅面积仅6.9平方米，在全国30个省市区中居末位。

三是发展后劲不足。主要表现为工业大项目少，企业生产设备老化严重。现有设备的70％属于五六十年代水平，得到较大改造者只占6％。

四是财政比较困难。市内有的区几年借款发工资。实行分税制后，上解中央比例过高，增支因素多，收支仍难平衡。

20. 为此，天津经济的发展战略目标可浓缩表达为：建立北方经济中心。为实现这一目标，可确定三个战略要点，即金融中心、国际商埠、自由港口。

21. 现代经济中心的主要标志有三。

带动综合国力迅速增长的“发展极”。有关预测认为，中国的经济总量有可能在50年内达到美国的水平。这个发展势头不是水平式提高，而是首先形成若干个发展极，即经济中心城市的超前发展，尔后对周边地区乃至全国产生带动作用。天津当是华北乃至更大范围内具有特殊意义的发展极。

融入世界经济的桥头堡。二战以后，资本的国际化已成为国际投资主流，各国资本市场正争相融入全球资本市场中去。这不仅使各国间资金流动的幅度更大，且促使各国资本价格趋于接近。我国经济融入世界经济，归根结底是要进入国际资本市场。天津国际金融中心的重建，将为我国在国际金融事务中争取更主动的地位，亦将加快国际金融渠道与我国资本市场的沟通。

资源配置和权威价格的信号台。在计划经济手段逐步退出对经济的直接控制、资源配置依照价值规律进行后，必然提出对中心城市、权威市场的要求。若没有能提供权威价格信号的中心市场，众多分散的、即时的价格将导致整个市场的紊乱。而权威的信号台，只能在交易最集中的大型批发、转口或期货交易市场中才能形成。

22. 经济中心的形成条件分为三个方面。

形成期货中心的条件。目前世界上公认的期货中心是伦敦和芝加哥。在亚太地区，东京和香港都尝试过，但未能形成足够的规模。一般认为这可能与这些城市的岛屿经济效应有关。在期货市场全球24小时运行中，天津与伦敦、芝加哥形成时间三角区，地理位置十分优越，加之天津自身就是一个产业综合配套的城市，又依托幅员辽阔的腹地和国内巨大的市场，期货交易的发展的确得天时地利之便。

形成证券交易中心的条件。中国的改革从商品市场化进入到要素市场化的阶段，股市会有非常大的发展。由于香港实际上在币种方面与国内是一国两制，很难形成这样的中心。大陆股市三年中走过了香港近百年的路程，就是因为有全国的强劲依托。继华南经济和华东经济相继崛起并呼唤出深圳、上海两个证券交易中心后，华北地区的加快发展将呼唤天津作为又一个证券交易中心担负起相应的使命。

形成贸易中心的条件。腹地广阔，出口便捷，加上比较完善的市场网络，长年健旺的商贸活动机制，是形成贸易中心的几个主要因素。1994年，天津仅举办春季全国商品交易会等全国性商贸活动就达10余次。赴津客商数量之多，参交团组规格之高，交易规模之大，交易场面之火爆，都是前所未有。天津正在重振昔日国际商埠的风采，并会有更大发展。

23. 产业结构的调整是建立经济中心的基础。在城市功能定位和未来发展的方向确立后，天津面临的是一系列重大转折问题。其中一个重要举措，应是实行产业结构的战略转移，在三次产业的发展顺序上，由“二、三、一”转向“三、二、一”。

在历史上，天津作为一个港口城市，曾是华北地区最大的经济、金融、贸易中心。建国后到改革开放前，由于经济发展模式的变化，天津走了一条“闭关锁城，重工轻商”的路子，第三产业萎缩，城市日渐成为单一的工业基地。

如今，以建立我国统一的大市场为目标，天津的产业布局不能局限于城市内部产业结构的均衡。一个长期未能廓清的认识是：以工业为主导的生产中心城市，不可能承担起经济中心的使命。惟有第三产业繁荣之日，才是天津的国际经济、金融、贸易中心地位的确立之时。

24. 三产发展的三个层次和六个重点。第一层次是把金融保险业和商品贸易业作为主导性产业加以扶持和发展；第二层次是把交通通讯业作为基础产业大力改善和提高；第三层次是把房地产业、旅游业、信息咨询业、科研教育事业作为配套产业进行开发，发挥它们对经济和社会发展的服务、引导和促进功能。

六大重点产业依次是金融保险、商业贸易、通讯运输、房地产、旅游、信息。

按照这样的发展层次和产业排序，天津的第三产业结构将明显地向高度化、现代化发展。

25. 三产发展，特别是证券、外汇、资金市场，期货市场的崛起，将使天津作为经济中心的聚集效应和辐射功能大为加强。一个经济中心城市，其聚集与辐射功能是相辅相成的，聚集的能量越大，辐射的范围越广，对其他地区的影响越大。在计划经济时代，天津主要通过商品调拨、技术和资金的输出发挥作用，在市场经济条件下，这种作用更多地表现为市场的覆盖、资源的配置、价格的信号作用。

26. 金融中心的国际标志。一个金融中心基本上是国际金融业务的集散地。其国际标志大体有如下几点：

需有一个强大的境内金融背景，国际收支有盈余，有对外投资能力；

必须有稳定的货币制度和较充足的作为国际支付手段的货币；

实行自由外汇制度；

拥有健全发达的国内金融市场；

具有现代化通讯设施；

拥有一支经过专业训练并能高效率地处理各种金融交易业务的专业人才队伍。

27. 从目前情况看，建立天津金融中心的重点应在于短期资金市场，证券市场，外汇市场，期货市场。短期资金市场包括：(1)银行之间的票据拆借和企业的汇票及商业票据向银行贴现，以及专业银行向中央银行的再贴现；(2) 代理发行转让一年期以下的国库券；(3)试办可转让的短期定期存款证；(4)开展银行同业拆放业务。

证券市场包括：(1)银行代理发行和推销债券、股票；(2)建立证券交易所代理买卖证券和股票转让。

外汇市场包括：(1)进行外汇调剂；(2)银行代客进行远期外汇买卖；(3)银行代客在国际金融市场上进行利率掉期和货币互换交易等。

28. 优化经济中心的总体环境。总体环境即地理位置、历史经验、市场配套、人文观念等，对于高层次市场生长发育至关重要。

金融环境。比较明显的表现是资金的融通量扩大和银行资金的相对宽松。

信息环境。主要是与信息交换有关的多媒体通讯、计算机网络及终端设施的发展。

服务环境。主要是一系列社会中介机构的建立、配套及其合法的高效运作。

如何有选择地引进国外服务贸易，从整体上提高天津服务业的素质和水平，是天津努力建成经济中心工作中一个亟待开拓的新领域。

29. 关于加快天津发展的若干建议。从金融中心之建设起步，逐步形成经济中心。现代经济的金融中心分为两大类，一类为功能型的，通过长期的金融市场的活跃营运演进而成；另一类为非功能型，借助人为因素和专项政策推动而成。对天津需要采取后一种方式。为此，提出如下建议：

建立天津证券交易所；

鼓励招商、中信、光大等银行将总行迁往天津；

促使将来成立的全国性银行或非银行金融机构的总部设在天津；

尽早允许天津经营境外人民币业务。

此外，为使天津早成“中心”以利全国，有必要给天津一些类似特别市的特殊政策。

30. 国务院曾批复天津要成为开放型、多功能的经济中心，做到这一点，需要在过去的基础上进一步具体化，例如把属于经济中心应具备的条件落实在天津，把不适于首都从事的经济活动转移到天津，把有利于在天津发挥更大作用的一些全国性、区域性总部、大公司迁到天津，做到京津两市合理分工，联手协作，带动环渤海地区的经济起飞。

31. 按照建设经济中心的要求，合理调整天津的产业结构。国家在制订“九五”计划和2010年规划时，可考虑将一些符合国家产业政策的重大项目放到天津。最近，天津已经过较充分的论证确定了一批重点项目，计划到2000年，汽车形成30万辆的生产能力；乙烯达到20至45万吨生产能力；再上一套50万吨无缝钢管项目；建设天津综合电子工业园地，等等，建议国家列入计划，给予支持。

32. 大力开发建设天津滨海新区。开发建设滨海新区是天津跨世纪的发展战略之一，也是实施加快环渤海地区开发开放的重要一环。天津东部滨海地区有2270平方公里的土地面积，滨海新区是由天津港、经济技术开发区、保税区、塘沽区、汉沽区、大港区、东丽区和津南区的部分区域组成。1994年3月天津市十二届人大二次会议通过决议，天津将用10年左右的时间，首先在350平方公里的范围内基本建成新区。为使滨海新区像上海浦东新区一样快速发展，发挥应有作用，建议中央政府对天津滨海新区予以明确肯定，实行类似浦东新区的政策。同时，可考虑允许天津港实行某些自由港的政策，按照国际惯例运作。

33. 在狠抓经济发展的同时不忘文化建设，形成经济与文化双环联动、互相促进的机制，打破天津文化的现有弱势，开经济与文化齐头并进的一代新风。天津在文化上曾有过值得夸耀的历史，即本世纪30年代。当时，《大公报》、《益世报》影响不凡，宫白羽、刘云若全国叫响，“南张(恨水)北刘”之说传遍文坛。在南开大学，仅外文系就荟萃了柳无忌、李唐晏、赵诏熊、司徒月兰、罗皑岚等留美学人，加上名家梁宗岱、罗文伯、张彭春、黄佐临、段茂澜等，阵容之强，堪与任何一所国内一流大学匹敌。当时，文化繁荣，经济亦强盛，30年代天津的经济实力仅次于上海，居全国第二。

后来，这种格局发生变化。直至今日，在大型的中外文化交流活动中，对于城市的选择依次是北京、上海、广州、深圳，而少有天津。同时，在地域文化的讨论中，“京派”、“海派”、“岭南”的声浪此伏彼起，也有少人提及天津。这种局面应该在天津跨世纪的发展中得到根本性的改观。一方水土养一方人，在以经济建设为中心的现代化进程中，是少不了文化的发展的。有了文化的发展，才有高素质的公民。有了高素质的公民，才有高素质的经济与社会发展。今天的经济就是明天的文化。今天的文化就是明天的经济。

(作者所在单位：全国人大常委会)

［问 题 研 讨］

“八五”期间我国就业形势和“九五”展望

宋 长 青

“八五”期间，我国在经济快速稳定发展的同时，劳动就业工作也取得了显著成绩，城乡新就业人数大量增加，城镇失业率保持低水平，就业结构有所改善，劳动效率进一步提高。但劳动力供大于求的矛盾日趋尖锐，城乡大量存在的不充分就业问题尚很突出，劳动力素质亟待提高，就业机制须逐步完善，我国未来的劳动就业工作仍然是长期而艰巨的。

一、“八五”期间就业的基本形势

(一) 就业规模逐年扩大　据人口资料测算，从90年代初开始，我国劳动力资源(即16岁以上有劳动能力的人口)以每年1000万人左右的速度增加，到1995年末总数接近8.3亿人，劳动力资源占人口的比重为69%。由于1975年到1984年是我国人口出生率较低的时期，因此到90年代劳动力资源的增长速度比80年代有所降低。但由于我国人口基数很大，因此劳动力资源的总数也很大，同人口数一样，我国劳动力资源数也相当于世界总数的22%，我国是世界上劳动力资源最丰富的国家。

在劳动力资源中，扣除不能或不要求参加社会经济活动的人口(如16岁以上在校学生和家务劳动者等)后即为经济活动人口(即劳动力)。据测算，到1995年末全国经济活动人口有6.8亿人。我国的劳动力参与率(即经济活动人口与劳动力资源之比)比发达市场经济国家略高，主要是我国16岁以上人口中就学的比例较低所致。

据统计，1995年末在经济活动人口中，从业人员有6.7亿人，比1990年增加近5千万人，增长8.3%，平均每年递增约2%。1995年末城镇失业人员数，按劳动部门的失业登记(登记范围为城镇户口)统计有520万人，失业率为2.9%；按国家统计局的人口抽样调查(调查范围为城镇常住人口)推算有750万人，失业率为4.0%。“八五”期间各年我国城镇登记失业率均在3%以内，调查失业率也没超过4%，这个水平与绝大部分市场经济国家相比都是较低的。在一个劳动力如此众多的国家里，失业率保持这样低的水平，这不能不说是政府劳动工作的一项重大成果。

(二) 就业结构逐步改善　就业结构是由经济结构决定的，但就业结构对经济结构又有重要的反作用。“八五”时期是我国经济快速发展的时期，在经济发展的同时，就业结构也发生了一些变化。主要表现在：

1. 女性就业人数所占比重呈增加趋势。据测算，在1995年末的全部从业人员中，女性占44.8%，比1990年的44.6%有所提高。这主要是政府重视女性就业问题，且随着生产率的发展，特别是新技术的大量采用，各行业各岗位的劳动强度有所降低，适合女性就业的劳动岗位相应增加，第三产业的发展更为女性就业开辟了广阔的天地。在上海、北京等经济发达地区，女性——尤其是年轻女性就业比男性要容易得多，在某些职业上还出现了女性劳动力相对短缺的现象。

2. 在公有制单位就业的人数占主体，但在非公有制单位就业的人数增加很快。据统计，1995年末在全部从业人员中，在国有、集体(含乡村集体)等公有制性质的单位就业的劳动力占91.7%；在私营企业、外商独资企业及从事个体经营的占8.3%，比1990年的4.1%上升了4.2个百分点，即平均每年上升近1个百分点。1995年末，全国城乡私营、个体从业人员为5569.5万人，比1990年增长1.5倍；注册资金达4434.8亿元，是1990年的9倍；私营业主平均每户经营资金为40万元，为1990年的4倍，注册资金在100万元以上的有4.6万户，其中500万元以上的有7000多户。1995年私营个体工业建筑业总产值达5086.4亿元，是1990年的8倍；销售总额或营业收入达10471.7亿元，是1990年的6倍。到1995年末，全国私营、个体户数达2593.9

万户，比1990年末增加1255.8万户；平均每户从业人员(含雇主，下同)2.1人，比1990年的1.7人有所增加。全国雇工100人以上的私营企业有4000多户，其中雇工500人以上的有近300户。全国已形成私营企业集团近500家。“八五”期间，我国城镇私营和个体从业人员增加了2200万人，相当于城镇新增劳动力的40%；乡村私营和个体从业人员增加了2100万人，占乡村新增劳动力的三分之一。私营个体经济已成为吸纳劳动力的主渠道之一。

3. 就业的产业结构逐步改善。据测算，在1995年的全部从业人员中，从事第一产业的占54.3%，比1990年下降5.7个百分点，从事第二产业的占22.7%，上升1.3个百分点；从事第三产业的占23%，比1990年上升4.6个百分点。“八五”期间是我国产业结构调整的重要时期，在城镇，不少工厂改建成商店宾馆，大批企业富余人员转向第三产业；在乡村，近几年新增的劳动力有60%被非农产业的乡镇企业吸纳。我国就业结构方面第一二产业过重第三产业过轻的状况正在逐步改善。

(三) 劳动效率明显提高，就业弹性系数逐期降低 按人均创造国内生产总值计算的社会劳动生产率，1994年(现价)为8500元，比1990年的3158元增长1.7倍，平均每年递增21.8%；按可比价计算平均每年提高9%，是建国以来劳动生产率提高最快的时期之一。按实物量计算的各种主要产品的劳动生产率也都有不同程度的提高。

从反映生产与就业关系的重要指标——就业增长弹性系数(社会劳动者增长国内生产总值(gdp)增长)看，我国就业增长弹性系数在逐期降低。详见下表：

近15年来我国的就业增长弹性

年　份	国内生产总值(gdp)增长%	就业增长%	就业增长弹　性
1978—1980	7.7	2.7	0.351
1981—1985	10.7	3.3	0.308
1986—1990	7.9	2.6	0.326
1991—1995	11.3	1.3	0.110

注：表中gdp和就业均是年平均增长速度。

上表所显示的资料表明，改革开放的15年来，我国的就业增长弹性是逐期降低的，其中“八五”期间降低更为明显。这说明在计划经济体制下，我国主要实行高就业的政策，政府多从政治角度考虑就业问题，往往不论企业生产是否需要，均按计划向企业安置分配劳动力，因此就业增长弹性值较高；但到80年代后期，企业改革逐步深化，企业用工自主权扩大，内涵扩大再生产成为企业的经营基本指导思想，多数企业实现了多增产少增人或不增人；进入90年代以来，随着市场机制的逐步确立，企业内部管理更加强化，绝大部分企业不仅不需要增加劳动力，还要将大批富余人员推向社会，因而就业增长弹性值更低。因此与一般的市场经济国家不同，我国在体制转轨时期，生产增长同就业增长的相关性很小(从企业看可能是负相关)。难以用就业弹性增长系数来对我国的就业效率进行较确切的分析。

(四) 劳动力流动性增大，促进了与劳动资料的有效结合 从市场经济的角度看，劳动力的流动是促进劳动力与劳动资料有效结合的基本手段。在计划经济条件下，受多种因素及传统观念的制约，劳动力的流动性很低。在向市场经济转变过程中，劳动者的就业观念正逐步改变，寻找能施展自己才干和收入较高的工作岗位成为大部分劳动力的强烈愿望，劳动力流动大大加快。我国劳动力大规模流动的主要标志是劳动力大量流向城镇和沿海。在八十年代前期，成千上万乡村劳动力涌向沿海城市务工经商，他们挣到钱又学到技术开了眼界，带动更多的农民外出。到“八五”期间，外出农民工已形成一股巨大的潮流，据测算，每年外出做工的乡村劳动力超过5000万人，其中跨省流动的有3000多万人。劳动力净流出的地区主要有四川、湖北、湖南、安徽、江西、贵州、甘肃、河北、河南等地区，有的县外出劳动力占到全部劳动力的20%以上，汇回的现金超过了本县的财政收入。劳动力净流入的地区有广东、海南、福建、上海、江苏、北京、天津等地区，有的市外来劳动力已占半数以上，成为当地发展经济的主力军。在城镇，劳动力流动也在加大，很多职工不再满足于“从一而终”，而是不断寻求更广阔的就业天地，广东省的一项调查表明，有三分之一的职工想离开本单位，年轻、文化程度高的职工流动的欲望更大。据统计，1994年城镇职工的流动率达7.8%。城乡间的劳动力流动已由过去“从农村到城市”的单向流动模式发展成为双向流动模式。据统计，东北不少林业和煤矿职工承包了“工资田”，收入可观。目前城镇人员到乡镇企业就业的已近千万人，其中广东70万，江苏60多万，山东30多万，北京、广西、湖北、浙江、辽宁、四川、安徽、福建等省也有10多万。还有近20万劳动力输出到国外。虽然上述两类在全部劳动力中占比重还较低，但其所呈现的发展趋势是十分有意义的。

上述劳动事业的发展主要是政府重视劳动工作，积极推进劳动领域改革的结果。“八五”期间，我国劳动领域的改革至少在以下几个方面取得了重要成果：《劳动法》及其配套规章的颁布明确了劳动工作改革的方向，推动并规范了劳动工作的发展；多种形式职业介绍机构的建立，为劳动力资源的有效配置提供了重要的条件;合同制用工制度的推行改变了计划体制下形成的“铁饭碗”制度;城镇职工养老保险、失业保险和医疗保险制度的建立和推广又为劳动力市场的建立和发展提供了重要保证;在劳动、铁路等部门的通力协作下,乡村劳动力的流动也向有计划、有组织、有节制方向发展。适应经济和社会发展需要的社会主义劳动力市场正在形成。

二、当前劳动就业方面存在的主要问题

(一) 劳动力供大于求的基本形势没有改变,就业形势不容乐观 我国是个拥有12亿多人口的国家,劳动力资源十分丰富,但人均占有的自然资源相对较少,而经济又不很发达,在一个相当长的时期内,劳动力供给大于需求的形势不会改变。我国城镇失业率从总体上看虽较低,但也有一部分中小城镇失业率在7%以上,已影响到地区经济的发展和社会的稳定;随着企业改革的深化和产业结构的调整,失业职工也呈上升势头;我国现在理论上还不承认乡村有失业问题,但从实际情况看,乡村已出现一批长期脱离土地而又没有工作和收入的劳动力,只是因户口等条件限制而没有成为失业人员。据测算,我国每年新成长的劳动力约为1000万人,因此供大于求的形势基本没有改变,就业压力仍然很大。

(二) 不充分就业人员大量存在,已成为突出的经济和社会问题 不充分就业是指工作时间没达到一定标准的就业人员。在我国,由于过去人口增长较快和计划经济下追求的高就业,使这个问题相当突出。据测算,目前我国国有企业实际富余人员约占全部人员的三分之一左右;部分城镇集体企业、“三资”企业甚至乡镇企业也都有一部分不充分就业人员;全国经常有500多万职工处于停产半停产状态。机关事业单位中的富余人员,保守的估计也有500多万人,这些人中有的所在单位本身就是多余的,专靠“吃财政饭(财政拨款)”或“吃企业饭(向企业收费)”过日子,有的单位虽有存在的必要,但人员太多,“三个人的活五个人(甚至更多的人)干”,工作任务不饱满,办事效率低。在农村,不充分就业人员(不含季节性生产)在1亿人以上。不充分就业人员的大量存在,增大了企业的人工成本,降低了企业的劳动效率,增加了国家的财政负担,也给社会增加了不安定的因素,它不仅是国有企业发展的一个重要的制约因素,也是我国经济和社会发展的一个突出问题。

(三) 劳动力素质和劳动效率较低 1990年的人口资料表明,我国劳动力的素质有以下几个特点:一是高文化程度的劳动力太少,我国每百名从业人员中,大专及以上文化程度的仅有1.87人,而美国(1981)为32人,日本(1980)14人,韩国(1985)11人,泰国(1980)2.9人。二是低文化程度的劳动力太多。初中及小学文化的占70%,其中小学文化占38%;文盲半文盲占17%。农牧渔业从业人员中文盲半文盲占22.6%。在我国的各行业,专业技术人员都感缺乏,掌握现代专业知识的劳动技能的劳动者就更少。劳动者的素质低,劳动效率也就低。我国劳动者的劳动效率只相当于一般发达经济国家10%左右。其中农业劳动者的劳动效率还不到10%,每一个农业劳动力供养的人口:美国60人,加拿大31人,澳大利亚34人,我国仅为2.4人。再如教育方面,高等学校教师与学生的比例:我国现在是1∶4.1左右,重点学校是1∶3,而德国是1∶10.8,美国是1∶17,日本是1∶19.4,法国是1∶20。劳动效率低,故然与我国劳动力过多有关,但也说明挖掘我国劳动者的劳动潜力,提高我国的劳动效率,是我国经济与社会发展中的一个突出问题。

三、“九五”期间劳动就业形势的展望

“九五”期间我国劳动力供给的大体趋势为:一是新增劳动力比“八五”期间略有减少,由于1980—1985年是我国出生人口相对较少的一个时期,因此1996—2000年达到劳动年龄的人口总数约为9500万人,比“八五”期间约少200万人。二是退出劳动年龄的人口有所增加,1996—2000年,全国退出劳动年龄的达5000万人,比“八五”约多500万人,增长11%。两项合计,“九五”期间新增劳动年龄人口4500万人,平均每年近千万人。

但是,我国劳动就业的主要压力不在于增量而是在于存量。即我国已存在的7亿多劳动力。且“九五”期间我国劳动就业领域还会有以下一新的情况:

一是随着国有企业改革的深化,将有更多的劳动力从企业中分离出来,这些人需寻找新的工作或成为社会失业人员;

二是在经济走上靠提高科技水平以内涵扩大再生产为主的增长道路以后,各类单位将更加严格控制职工人数的增加;

三是农业领域的改革走规模经营的道路已成为历史的必然,随着土地的相对集中,将有更多的农村劳动力离开土地,就地进入非农产业或是进入城镇寻找工作;

四是随着我国还债高峰的逐期到来,国内的资金将更加紧缺,开辟新的就业领域的难度将进一步加大。

同其他市场经济国家一样,失业率将是判断我国经济和社会发展状况的主要统计指标之一。就业工作的好差将在很大程度上决定我国的经济发展和社会稳定状况。但上述情况表明,“九五”期间我国劳动就业的前景是不容乐观的,城乡就业问题将成为制约我国经

济和社会发展的大问题。除了已采取的各项措施以外，还应根据我国资源少劳动力多的重要特点，在以下几个方面开展工作：

(一) 把解决农村剩余劳动力就业问题作为头等大事来抓 这里有三项措施是不容忽视的：一是充分利用现有的耕地，推广精细农业，集约农业，以便在单位土地上吸纳更多的农业劳动力；二是重视挖掘自然资源的潜力。我国农村虽然地少人多，但也还有不少资源尚待开发，据不完全统计我国还有3500多万公顷宜农荒地、7600多万公顷宜林荒山荒坡、2亿多公顷草山草坡、200多万公顷荒水、100多万公顷的沿海滩涂等待人们去开发。如果能开发上述资源的一半，也能吸纳1亿多劳动力。三是大力发展中小城镇，使其成为农村经济文化和社会流动的中心，中小城镇将以其周全的服务功能为农民提供各项服务同时也使大批剩余劳动力有了用武之地。

(二) 在发展高技术产业的同时继续重视发展劳动密集型产业，这类产业应把安置大批劳动力——尤其是低素质的劳动力用为首要任务，国家在资金、税收等方面应给予必要的优惠。

(三) 积极推进劳务出口 我国劳动力的输出量在过去十多年中呈上升趋势，但近年因输出劳动力价格提高和素质降低，已影响到我国的劳务出口声誉和在国际劳务市场上的竞争力。因此应重视发挥我国劳动力多的优势，在提高素质控制价格两个方面多下功夫。以保证劳务出口的增长态势。

(四) 转变观念也是解决就业问题的关键所在 这个问题可从劳动者与政府两个方面分析。从劳动者方面看，我国城镇数百万失业人员与数千万进城劳动力并存的现象充分说明，城镇劳动力的就业观念从总体上说未能跟上市场经济的发展，相当一部分失业人员总希望有一个劳动条件好、工资待遇高且稳定的工作，否则宁可在家失业。从政府方面看，对失业问题的"弊"的方面看得多些，而对"利"的方面看得少些，因而往往把失业率的控制指标降得过低。应当看到，一定量的失业人员是市场经济下劳动力的"蓄水池"，它有利于企业根据生产经营状况及时吞吐劳动力；在劳动力供大于求的情况下，它还有利于企业选择合格的——或高素质的劳动力；对失业人员的就业引入竞争机制，又可以促使失业人员努力提高自己的素质；有失业问题存在也使在业人员产生可能"失去饭碗"的危机感，从而努力做好本职工作，争取职业的稳定和收入的提高。这些无疑是社会进步所需要的。目前发达市场经济对失业率"度"的掌握大体标准是：3%以内的失业率属劳动力供给紧张型，5－7%属劳动力供给宽松型，7%以上为失业问题严重型。我国是社会主义市场经济国家，政府的工作目标是要走共同富裕的道路，把失业率降到最低点应是我们的努力方向。但我国又是一个劳动力资源十分丰富而人均自然资源相对贫乏经济不够发达的国家，把失业率降得过低也是不现实和不必要的。因此一方面要下大力解决好城镇失业问题，另一方面也要对城镇劳动力进行教育，并在失业保险等制度上促进就业观念的转变，还应加快社会保障各项制度的改革，增加劳动力对失业方面的承受能力。可以相信，在我国经济快速发展的同时，经过政府和社会的共同努力，我国的就业前景一定是良好的。

(作者所在单位：国家统计局人口与就业司)

1995年农村劳动力转移情况与问题

范 小 玉

我国是一个劳动力资源十分丰富的国家，如何发挥这一资源优势，使之成为我国经济发展的重要推动力，是关系到我国国民经济健康发展的重要课题。而发挥劳动力资源优势的关键在于合理利用农村劳动力，因为从劳动力资源的地域分布来看，分布在农村的劳动力要占到70%以上。而合理利用农村劳动力的关键又取决于农村剩余劳动力的有效安置，在农村劳动力中占到70%的农林牧渔业劳动力，随着农村劳动力资源的增加和农业劳动生产率的提高，每年大批地从原来从事农业生产中剩余出来。这批农村剩余劳动力既为我国非农产业的发展提供了非常丰富的人力资源，同时又给整个社会形成了巨大的就业压力。

为了掌握第一手资料，国家统计局农调总队对全国29个省份(缺西藏)、13.2万农户、27.8万农村劳动力进行了抽样调查，结果显示，1995年我国从事二、三产业的农业劳动力占农村劳动力总数的27.4%，当年农村剩余劳动力转移的人数占农村劳动力总数的6.8%，转移速度趋缓。

一、1995年农村劳动力转移的基本特征

1995年末，我国乡村劳动力已达到44950万人，比1994年增加295万人，增长0.7%。与上年相比，我国农村

劳动力就业结构虽有变化，但变化不大。农林牧渔业劳动力所占比重为72%，农村二、三产业劳动力所占比重仍不足30%。

造成1995年农村剩余劳动力转移趋缓的原因，一方面是由于国家在1995年提高了粮棉等农副产品价格，从事农业生产有利可图，使得部分从事二、三产业的农村劳动力返回农业；另一方面是由于国家继续采取适度从紧的宏观经济政策，农村二、三产业发展速度减缓，城市的一些工矿企业也不景气，造成农村剩余劳动力转移的出路减少；另外，铁路等交通费用大幅度上扬，劳动力易地转移的成本有所增加。这些因素的综合影响，使得农业剩余劳动力向二、三产业快速转移的势头减缓，其基本特征如下：

1. 从数量上看，农村剩余劳动力转移总量依然较多，但势头趋缓。1995年全国农村剩余劳动力转移到二、三产业的人数占农村劳动力总数的6.8%，比上年下降0.5个百分点。当年从非农产业返回到农业的劳动力占农村劳动力总数的比重为1.4%。净转移劳动力占农村劳动力总数的比重为5.4%，比上年略有下降。

2. 从性别上看，农村剩余劳动力转移仍以男劳动力为主，1995年男劳动力转移占当年农村剩余劳动力转移的比重为70.4%，比上年增加1.7个百分点；整劳动力转移所占比重仍高达93.9%，但比重下降了0.4个百分点。半劳动力转移数量略有增加。

3. 从转移的行业上看，工业、建筑业、商业饮食业和服务业仍是农业剩余劳动力转移的主要行业。1995年剩余劳动力转移到上述行业的占当年农村剩余劳动力转移总数的79.9%。

4. 从素质上看，转移的农村剩余劳动力文化素质和工作技能逐年提高。1995年转移的农村剩余劳动力中，初中文化程度占54.9%，比上年下降0.4个百分点；高中及高中以上文化程度的占14.9%，比上年提高0.9个百分点；受过专业技能培训的占25%，增加0.6个百分点；小学及文盲、半文盲所占比重又有下降。

5. 从转移的区域上看，剩余劳动力转移以本省内为主，但向省外转移继续增加。1995年农村剩余劳动力在本省内转移的占70.6%，比上年减少4.1个百分点；转向外省的占29.1%，增加了3.8个百分点；转移到国外的为0.3%，也有增加。

6. 从转移的走向来看，以向东部转移为主，转向中、西部地区的比重提高了2.2个百分点。1995年农村剩余劳动力转移过程中，转向东部、中部和西部地区的比重分别为72.3%、16%和11.7%。

7. 从东、中、西部转移的速度上看，中、西部地区农村剩余劳动力的转移速度继续加快。1995年，中、西部地区农村转移劳动力占劳动力总数的比重分别为7.6%和7%，均高于全国6.8%的平均水平。东部地区为5.7%。但中、西部地区二、三产业劳动力占其农村劳动力总数的比重仅为20%左右，不仅远远低于东部地区40%的水平，而且也低于全国平均水平5—6个百分点。

8. 分地区看，1995年转移劳动力占劳动力总数比重超过10%的有江西和甘肃省，比重在7—9%之间的省份还有辽宁、安徽、福建、河南、湖北、海南、四川、贵州、青海。当年转移比重较低的地区有上海、云南、新疆。

二、农村劳动力转移中存在的问题

从1995年以及近几年农业劳动力转移情况来看，大体上存在以下几个问题：

1. 大量农民进城务工、经商，在一定程度上起到了拾遗补缺的效果，对促进城市经济的发展发挥了积极作用。但农民大批进城也给交通、治安、卫生以及城镇居民的生活和工作带来较大的困难，特别是与城镇待业人员大量增加存在着矛盾。一方面城镇每年新增约1000万劳动力，另一方面由于企业改革推进，国有企业中尚有3000多万富余职工等待分流或重新安置，使待业人员增加。据1994年全国人口变动情况抽样调查结果，全国城镇人口失业率为3.54%，其中个别省份的城镇人口失业率高达8%。1995年城镇人口失业率继续提高为4%。这就使得农民进城就业的机会相对减少。

2. 农村剩余劳动力的转移，在方式上存在着相当程度的盲目性。虽然劳动力转移的有序性受到有关方面的重视，但由于劳动力市场中介组织不健全，信息传递渠道不畅，导致农村剩余劳动力转移带有较大的盲目性，以致形成众说纷云的“民工潮”，虽然近年来许多地方都在尝试组织好劳务输出，但成效不大，缺乏连续性和持久性。1995年农村剩余劳动力通过有关部门有组织方式转移的占10.3%，通过亲友介绍方式转移的占33.4%，自发方式转移的占56.3%。自发方式转移中的一些人，因种种原因很难找到合适工作，或徒劳往返，或滞留、滋事，既给农民自身造成经济损失，也给运输部门带来压力，给社会带来不安定因素。

3. 农村剩余劳动力转移缺乏制度化保障。在改革开放中，城市出现对农民较为宽松的就业政策，允许农民进城务工和经商，但由于种种原因，进城务工经商的农民没有获得与城市居民平等的就业机会，一旦城市内部就业受到冲击，首先考虑的就是清退农村人口，以致已经转移出的农村剩余劳动力尽管土地收入在其总收入中所占比重很小，宁可负担土地的税费，而任其田地荒芜，也不愿放弃土地。另外，一些地方和单位劳动法规不完善，转移出的农村剩余劳动力的合法权益得不到保护，经常出现被拖欠工资、延长工作时间，甚至人身安全受侵犯的问题。

4. *乡镇企业吸纳农村剩余劳动力减少*。改革开放以来，乡镇企业发展迅猛，给农村经济发展注入了新的活力，同时也给农村剩余劳动力向非农产业转移提供了大量的就业机会。但近年来国家为了治理经济增长过热带来的问题，从宏观上采取了适度从紧的调控政策，企业特别是乡镇企业因此遇到资金紧张、原材料价格上涨等压力，使乡镇企业的高速发展势头有所减缓，吸纳农村剩余劳动力的能力下降。1995年，在本省内转移的农村剩余劳动力，只有30％被安置在本乡乡镇企业就业。有关研究成果表明，1978—1988年我国乡镇企业按可比价格计算的总产值增加额中，89.6％是依靠增加固定资产和劳动力来取得的。但随着我国乡镇企业由劳动密集型向资金和技术密集型方向发展，并且随着有机构成和吸纳劳动力的成本提高，乡镇企业吸纳就业人数的比率将趋于下降。

三、对农村劳动力转移的对策建议

从市场经济的角度看，农民流动是生产要素重新配置的一个因素，即市场机制对劳动力要素的再配置。政府部门应该通过采取加强农业的综合开发，发展乡镇企业和加快小城镇建设等多种措施，就地、就近消化和吸纳农业剩余劳动力。劳动力输出输入地区都要正确处理局部利益和全局利益，眼前利益和长远利益的关系，认真负责地开展工作，要充分发挥农村基层党组织和基层政权的作用，乡镇一级应该有负责劳务输出的管理服务组织，加强管理和指导，帮助农民解决好转移过程中的困难和问题，为此提出以下几点建议：

1. *建立和完善农村劳动力流动机制，培育全国统一的劳动力大市场*。进一步打破城乡二元经济结构，建立有利于劳动力自由流动的新的户籍制度，逐步把城乡居民二重身份的户籍制度变为只有公民一种身份的户籍制度，从而取消农民在居住、就业、文化教育等方面所受到的限制，使有条件、有能力、具有开拓性的农民进城就业。新的户籍制度，对农民在农村中的自由流动也大有益处。这种改革并不排斥某些大城市为缓解增容压力而采取相应措施。

2. *大力发展乡镇企业*。随着农村改革开放的不断深入，我国乡镇企业有了较大发展，成为吸纳农村剩余劳动力的主渠道。因此，要使乡镇企业保持适度的增长速度，继续发挥其吸纳农村剩余劳动力的主渠道作用。要在资金、原料、技术、设备上积极扶持乡镇企业的发展，使乡镇企业的产品逐步适应市场经济竞争机制的要求。在不断提高经济效益的前提下，增加乡镇企业就业人数，扩大乡镇企业的经营规模。要调动各方面的积极性扶持乡镇企业的发展，要重视外出务工经商返乡农民对发展乡镇企业的积极作用。农民外出务工、经商，造就了一大批农村人才，他们不仅为落后的家乡带回城市和经济发展地区的先进技术、市场意识、经营管理方法，还筹措了一定的投资资本，这是发展乡镇企业不可小视的力量。在有些地区，他们已成为部分乡村发展农村经济新的增长点和带领农民增收致富奔小康的“火车头”，促进了乡镇企业的发展。

3. *加快小城镇建设，吸纳更多的农村剩余劳动力*。农村城市化，一大批农民进入城市将是农村发展的必然趋势。我国现有小城镇平均人口2.8万人，如果增加一半，就可吸纳1.2亿人，非常可观。但是，现有的大中城市由于交通、治安等方面原因，又不能无限制地容纳农村剩余劳动力就业。所以可以考虑在充分利用农民的资金和农村剩余劳动力的前提下，在一些地区大力兴建乡镇企业城、农民商城、乡镇工业区，大胆招商引资，吸引大批农民前来务工、经商，在政策方面要给予农民自带资金办企业、经商以优惠和扶持。同时，还需要弱化传统的户籍制度和居住权制度，使小城镇成为农村剩余劳动力和乡镇企业聚集的中心，建立适应市场经济的管理体制，加快小城镇建设的步伐。

4. *努力提高农村劳动力的文化素质*。目前我国农村劳动力中具有小学以下文化程度的约占60％以上，不能适应我国农村经济发展的需要。由于受到文化层次和劳动技能的影响，农村剩余劳动力的转移受到一定阻碍，使转移出去的劳动力大多只能从事简单繁重的体力劳动，而向更深层发展比较困难，在市场经济中缺乏竞争力。提高农村劳动力素质，需要全社会的高度重视。要大力发展农村文化教育事业，加强农民文化技术的培训，把普通教育和职业教育衔接起来，抓好“希望工程”，采取措施防止新的文盲出现。

5. *要引导把农民将外出务工的收入投资于农村二三产业*。按照资本有机构成的变动趋势，今后要发展农村二三产业，增加二三产业劳动力，必须加大二三产业的投资力度，以资金投入扩大二三产业的发展规模，从而推动农村劳动力转移。而资金投入的主体应当是农民。据抽样调查，平均每个外出务工农民每年寄回和带回的收入就有4000多元，但目前农民多将这些资金用于建房等生活消费。有关部门应采取有效措施，引导农民将资金用于生产投入，特别是用于二三产业的投入，从而增强吸纳农村剩余劳动力的能力。

（作者所在单位：国家统计局农调总队）

发展小城镇的独特道路

郑启新

一、国情决定了发展小城镇的道路

世界的发展史表明：一个国家在工业化的进程中，必定会引起经济和社会结构的巨大变化，发生就业者的非农化，发生人口的城镇化。即是劳动力不断由农业转向非农产业，人口不断由农村向城镇集聚，随着城市和农村之间经济格局和人口分布的这种转化，城乡差别日趋缩小，出现城乡一体化的新型社会。非农化和城镇化，既是两个不同的过程，又都是现代化的组成部分，是相辅相成的，尤其是非农化的过程，或迟或早会在一定程度上伴随或导向城镇化，推动城镇建设。这是一切农业国家转向工业文明的一个必然过程。城镇化水平如何，对当代所有的国家来说，已成了经济发展的测量器，社会结构现代化的指示器。

我国还是个发展中国家，长期来城镇化更是大大滞后于工业化的进程。但是从七十年代末期到现在，随着改革开放的步步深入，国民经济的长期高速发展，呼唤和催发着城镇化的配套发展，也成了我国的一个历史潮流。和世界上一些发达国家过去走过的道路不同的是，我国从自己的国情出发，选择了走发展小城镇的道路，对于从农村大量地转移出来的人口，除了让现有的大中城市根据可能的条件容纳一部分人口外，作为主要的流向，是引导向小城镇集聚，复兴原有的小城镇，促使新的小城镇的崛起。小城镇的称谓，本是广大群众从实践中叫出来的，现在已成书面用语，大家的认同，主要是指县城和建制镇。大多数现有的小城镇，本是农村地区的经济、文化中心，有的又是政治中心，其经济活动和服务方向主要是面向农村，但是虽然比之城市规模较小，却也是以非农业居民为主，是具有一定的非农设施的居民聚集区，在经济上更是同城市一样具有非农活动聚集区的功能，可以成为经济现代化的地域载体，和人民生活方式现代化的载体。西方国家早期的城镇化走的是让农民破产，大规模地流进城市的道路，我国的城镇化是建立在农民富裕的基础上，先进入到星罗棋布的小城镇，促使小城镇经过渐进发育的阶段，逐步完善、壮大而崛起，这一条道路，自有我们中国的特色。

我国作出这样的决策，主要的依据有三：

一是，小城镇是我国转移农村人口的一条战略途径 我国是人口大国，农村人口比重又高，耕地资源少，预计到2000年，将富余2.7亿劳动力。如果只靠大中城市来转移，目前我国20万人口以上的城市不到200个，要求每个城市扩大到容纳50万人以上，则要新600个城市才行。这是我们国家的财力和物力很难承受的。而且西方国家过度膨胀的大城市，出现的交通堵塞、住房不足、水资源匮乏、社会冷漠、失业、社会治安不良等等“城市病”，我们更应力求避免。小城镇的容纳量和生活质量就不是这种局促情况，我国现有5万个小城镇，每处吸纳2000人，即可解决1亿人口的转移问题，分流减轻大城市压力。因此，对于我国农村人口的转移，只能是一部分人进入大城市，补充第二三产业，更多的人将依托乡镇企业进入小城镇，这是为我国的国情决定的。

二是，乡村工业的异军突起，为星罗棋布的小城镇奠定了坚实的物质基础 乡村工业的产值已在全国工业产值的“三分天下”中有其一还多，正向“半壁河山”挺进，吸收劳动力达1.2亿人，发展小城镇正可利用现存乡村工业的资源优势。从乡镇企业本身来看，由于它与生俱来的分散性、地缘性和血缘性的特点，占的耕地多，环境污染比较严重，缺乏城市综合服务的支持，目前又面临着搞活经营体制的大中型的挑战，也是极为迫切需要改变一片一片，星星点点的分散状态。现任乡村工业向小城镇集聚，只有作这样的战略转移，才能更上一层楼，实现资源和生产要素的优化配置，创造新的规模效益和集聚效益，转化为现代企业。目前乡村工业吸收劳动力已经有限了，向小城镇集聚后，就可通过商业信息、咨询房地产、一系列的配套服务业等第三产业，来支持乡村企业获得新的发展。

三是，打破我国城乡二元结构的现实选择 我国历史上的户籍制度，其本质是把农民固着于土地上。当时的农业是最重要的产业，是保证国家的粮食供应和政策稳定的基本条件，所以农民一旦流动，粮食就不能保障供应，农民也成为流民，导致社会混乱。现在我国已经实现工业化，有了二、三产业，可以大量地吸收劳动力，农民离开土地，不会简单地成为流民，这是和过去不同的。城乡通开，农村富余的劳动力转移出来，农村人均耕地就会发生变化，使得农业规模经营与小城镇的发展均成为可能。小城镇接近于农村，从农村转移出来的人口居住在小城镇也容易适应，变为居民即可为农产品创造新的增长需求。同时，他们的商品经济意识会大大提高，胆识和进取心会进一步加强，劳动技能和管理水平会得到提高。城镇化又会诱导人们注意智力投资，对未来人口的文化教育水平产生诱导效应。

在改革开放的大背景下，我国的小城镇发展，基本是市场机制运行的结果，它的投资、产业发展、就业道路、居民住宅、基础设施，是靠农民力量实现的，这和过去的政府发动型城镇化有很大的不同。新的小城镇的兴起，大体有四种类型：一是在乡镇企业的基础上发展小城镇，依托老镇开辟新区，或是平地而起，择交通便利之处设立“开发区”，因属外向型的发展，其管理体制一般都具有极高的权威性，办事效率高于老镇老区，这多是发达地区出现的情况，江浙一带就出现了很多种小城镇。温州市改革前只有18个建制镇，现在有130几个了，全市已有42%的农村人口转移出来居住在小城镇上，这些小城镇解决了120万农民的就业问题，集中了全市70%的工业产值。二是以商兴镇。在农产品批发市场和农村各类专业性批发市场基础上发展成小城镇。在商品集散地，人流、物流比较集中的地方发展小城镇，是很有前途的，其经济活动往往会出本县、本省以至延伸到全国和国外。比如苏南吴江市邵泽镇的中国丝绸城，就成了中国四大绸都之一，一年的产值达50亿元。三是，政府招商引资，通过政策吸引兴办农民进入城镇，推动小城镇建设。湖南省怀化市就有一个农民城，黑龙江省肇东市在划出市中心的地盘搞了个由农民出资兴办的利民城。还有浙江省温州市的龙港镇，一座从平地上崛起的新型小城镇，更是全部由先富裕起来的企业家和专业农民自己筹资规划建成，户籍可以自由进出，实现了小政府、大社会的新体制。四是老体制走新路的方式，积极申报“建制镇”和“县级市”，争得更大的发展自主权，充分调动本地资源优势，以及用外引内联方式搞活经济。这些发展模式说明，各地发展小城镇有着很大的冲动，由于农村改革的深化，形成了要么创造新机制，要么变通老体制的改革大势，借用城乡二元结构之间的矛盾来打破城乡的壁垒，不失为是小城镇的加快发展之路。发展小城镇，已成了亿万农民的伟大实践和创举，和世界各国的经历不同，这是我国特有的优势。最近20年来，我国就有近一万个乡获准改为建制镇，进入小城镇行列，几乎平均每年新设置500个小城镇，在同一时期，小城镇人口也由5000多万增长到了超过1亿人。这是一个十分可喜的进展。

二、城镇化滞后的原因和出路

改革开放以来，我国的城镇化进程进入了活跃发展的时期。但是，由于历史造成的偏差，目前我国城镇化水平仅达28%，不要说跟发达国家比(发达国家城镇化水平已达80%左右，有的更高，就是跟印度、巴基斯坦等发展中国家比(发展中国家城镇化水平为40%左右)，我们的差距也是很大的。我国城镇化滞后的原因，有客观原因，也有主观原因，归纳起来有这么七条原因。第一条，我国人口众多，农村人口基数大城市确实难容纳。人口基数是个分母，这个分母一大，解决什么问题都难，推进城镇化也难这是必然的。第二，农业生产水平低，耕地资源奇缺，我们农产品长期供不应求，所以要8亿人搞饭吃。第三，城市经济效益不高，制约了现代化的发展。这三条都是我们中国特有的国情，所以推进城镇化要比别的国家难得多。第四，我国搞了一个城乡经济的二元化结构，把城市和农村完全分割开来了。长期来我们的政策是实行城市搞工业，农村搞农副产品。农村的任务就是为城市提供粮食、副食品和工业原料，国家对几乎所有的农副产品实行统购配给制度，不准农村从事农产品的购销和加工活动。第五，我国在社会领域里也搞了二元化结构。1957年12月中共中央和国务院发布了“制止农村人口盲目外流”的指示，开始用行政手段来限制农村人口迁到城市，把严格控制人口流动作为整个社会主义历史时期的一个重要政策。从此，对城乡居民的教育、就业、保障、供应、福利等，都采取了不同的两种制度。在处理城乡关系上，采取了向工业、向城市倾斜的政策。这种政策越是明显地给了城市很多好处，城市的吸引力就越大，农民就越想进城，国家就越加强这个户口制度，堵的越紧，卡的越严。把城乡分成了两个社会的户籍制度，做工和务农就不单是一种职业的划分，而成为社会上不同地位的身份划分。第六，我们对农村人口城镇化的发展趋势缺乏认识，而把农村人口长期稳定在农村视为社会稳定的标志，视为社会主义制度优越性的表现。而对城市的交通、住房、公共设施等建设，又采取了国家财政包下来的政策，这样的做法，在人们思想上造成一发展城镇就与国民经济的稳定发展是相矛盾的错觉。所以，在我们国家就有人思想上怕城镇的发展，有“恐城症”。第七，从建国以来到改革开放以前，在很长的时期内，我们对发展和建设小城镇的问题，理论上总结概括的不够，缺乏理性的认识。比如，过去总提建设社会主义新农村的口号，这个口号的目标和内容就有局限性。到底什么叫社会主义新农村？是不是要把农村稳定起来，有没有向工业化、城镇化发展的问题，有没有实行城乡一体化的问题，对这些到一定历史阶段必然要遇到的问题，都没有认识清楚。这么一句笼统的口号，把历史进程中的丰富内容一概抹杀了，这种就农村论农村的建设和发展，反映的是一种小农经济的思想观点，实是把城乡看成水火不相容的社会的城乡分割论。我国的历史进程表明：没有农村的工业化和城镇化，也就很难实现农村和农业的现代化。

在我国，有两个突出问题：一个是城镇化滞后于工业化，再一个是，我们推进城镇化的思想认识大大滞后于现实，特别是没有很好地进入到决策思维里面去。后一个问题更为突出，造成的后果更为严重，亟需很好解决。

我国从建国初期开始的大约20年时间里，资源投放就过度地倾斜于重工业、制造业。某些骨干工业，大多安置在中心城市，忽视了轻工业、农业、第三产业以及农村的城镇化，城乡一体化。骨干工业上去了，但是把农村的工业化和城镇化的发展时机贻误了，造成农业生产劳动密集度太高，劳动生产率与工业相差太远，以致农村收入水平增长过慢，长期存在一大批贫困区和贫困户难以改变面貌。这种城乡格局矛盾很多，终于从七十年代开始，促使农村憋出一个乡镇企业来，农民自主、自动出资来办工业。大批的乡镇企业是以“离土不离乡”为原则生长和发展的，其好处是启动成本很低，吸收的就业人数却非常多，技术水平又不高，多半是就地取材搞加工，千家万户都能参加。问题也很大，乡镇企业都是在农村分散地展开，城镇化仍然没有相应进展，村与村，乡与乡产业结构趋同，在低水平基础上竞争，浪费土地，污染环境。工业经济效益区别于农业经济效益的地方，在于工业具有外部效益，乡镇企业封闭在农村中，必然造成巨大的外部不经济，阻碍技术进步和劳动者素质的提高。各地都有很多事实一再证明，分散的农村工业化只是一种合理的过渡模式，不能作为目标模式。推进农村工业化时，只有伴随相应的城镇化，把绝大部分的非农活动置于城镇这种经济空间，共同利用基础建设、公路、电线、上下水道、金融、工商管理，建立公共的服务业和服务机构，才能有广阔的前景。

到现在，人们是不是对城镇化已有了充分的认识呢？不尽然。我可以举个上海的实例：

整个80年代，上海郊区的工业有了很大的发展。大量的农业劳动力已经转向了非农产业。1980年，大农业占农村集体总收入37％，劳动力占67.14％；二、三产业占集体经济总收入的63％，劳动力只占13.11％。到1992年，大农业只占集体经济总收入的9.68％了，劳动力却还是占到30.11％；二、三产业占集体经济总收入的81.32％，劳动力占了69.91％。从产值、劳动力主要集中在二、三产业来看，上海的农村经济已经发生了巨大变化，可以说已从农业社会开始进入工业社会。但是从人口的分布来看却仍然集中在农村。1980年农村人口占郊区总人口的87.93％，到1992年仍然占到82.98％。一方面非农产业有飞快的发展，另方面农村的居住人口却没有多大变化。现在上海农民可以说富裕起来了，年收入人均1600元，已经超过小康水平。整个80年代，上海农村的建房热经久不衰，有90％以上的农户即110多万农户盖了新房。总面积大概是1亿2千万平方米，人均占有的房屋使用面积已由17平方米，提高到了30几平方米，90％以上是二三层楼房。这1亿2千平方米的建房面积，如果按200元一平方米计算的话，总投入为250亿元，这是很大一笔资金。可是，因为有过建设社会主义新农村的口号，这个口号的目标就是建设新农村，所谓“新”只不过是就农村改造农村强调老百姓盖房子是原拆原建，在什么地方拆了还在什么地方建，结果，农民投了那么多钱，盖了那么多房，最后还是形成分散的农村，还是一个小农经济的格局。这样，仍然过多地占用了耕地，而且在这种小农经济格局里的乡镇企业还是很分散，难以利用外部条件，效益很低。这正是用小经济思想来指导和规划农村建设的结果。要是用推进城镇化的思想来指导农村的建设，这么大的投资，几个小城镇都可以建起来了。很可惜的是，整个80年代，又一次错过了推动城镇化的机会。上海还有很多实例，说明现代文明进入不到小农经济格局里去，有些很富裕的村，家家户户住的都是别墅楼，盖的学校不知比城里的学校好多少倍，可是再富也请不到好的教师去，教学质量不行，他那里的学生还是到镇上去上学，不到自己的学校去上学。据嘉定县马陆乡的调查，农民虽然自己盖上了新房却还是向往住到镇上去，有的是因为已在镇上的乡镇企业里工作，有的是向往现代生活，要求共享城市文明。马陆乡已有800户农民到镇上买了商品房，他自己盖的房子还没有用到10年，就要派不上用场了。马陆乡农民的这个动向，说明在城市的郊区推进城镇化更是一个急迫问题。应该看到，我国分散的农村工业化和无序的农村住房建设，已使我们在生态环境、土地资源、经济效益和居民生活质量之后，付出了沉重的代价，这种状况已到了应该扭转的时候。

三、发展小城镇的战略和布局

发展小城镇，是90年代我国农村改革和发展的新要求。在当前社会主义市场经济条件下。如何从实际出发，适应生产力发展的需要，走具有中国特色的城镇化道路，离不开国家的宏观引导。建立宏观引导，就是要把小城镇的发展，置于我国的现代化进程中，置于我国整个国民经济发展和改革的全局中，去认识其地位、作用与发展趋势，制定出明确的发展小城镇的思路和切实的对策。目前，尤需解决以下几个问题：

一是对小城镇的发展，制定总体规划，坚持分类指导的原则　首先要建立宏观的研究，搞清楚小城镇形成的因素，发展的特点和条件，依据我国经济增长速度，生产力布局，农村剩余劳动力数量以及地理环境、资源条件、基础现状等因素，从长远与发展的观点出发，合理确定小城镇的发展速度和布局，制定出符合我国实际情况，切实可行的发展小城镇总体规划。我国幅员辽阔，必定会产生十分显著的城镇化的地区差别，需要有因地制宜的策略。像在东部(沿海)发达地区，因为农村非农化水平已相当高，农民对城镇文明的向往和要求也强烈，就应该加快城镇化的进程，又因为经济发达和人口聚集程度高，对于小城镇分布的密度也可高些了，小城镇的基础设施要有超前的考虑，有利于促使整个经济社会今后的更快发展。东部地区已建立起许多小城镇，要注重内涵建设，加强科技投人，进行技术改造，提高其经济效益和文明程度。至于我国的中西部地区，就得有个渐进的过程，不能急于求成。推进城镇化，一定要有工业化作基础，在城镇化问题上不能搞靠过渡。中西部地区要下功夫加快发展乡镇企业，又要超前地想到城镇化的问题，再不要搞“遍地开花”的工业化，要和城镇化结合起来，以利于推动当地的经济和社会更健康地发展。

二是推进城镇化要持非均衡发展观，先建设好“龙头” 有人确实有这样一种主张，设想把全国现有的5万个镇和乡的所在地都建成为小城镇，企图求得全国的均衡发展，实际上这是做不到的，反会危害我们的经济和社会发展。现在有的县就冒出了“小城镇热”的现象，头脑一热，就要求全县几十个乡镇齐头并进搞“开发区、“工业小区”，急于升格为小城镇。其结果，所建的小城镇规模甚小，和农村的状况差不多，基础设施很不完善，交通不便，信息不灵，很难发展为现代工业的积聚地。大家一哄而上，反而分散了全县的财力和物力，降低了投资效果，达不到预期的期望。过度分散的城镇化，实际上很难避免土地浪费、污染难以治理等“农村病”，事实证明，小城镇的非均衡发展才是客观规律，只有依据这个规律，有重点、有差异、有特点地去安排小城镇的发展，才能事半功倍。对于一个县来说，应选择一个区位最优越的城镇作为增长极，集中县城范围内的各种生产要素的优势，争取在一个不太长的时间内，将其发展为一个真正像样的小城镇，使之成为“龙头”，以带动全县经济社会的发展。这就是说，实现城镇化的策略，首先是推行一个极化过程，把增长极培育起来，再通过它反过来进行扩散过程。一般说，县城或县域首位城镇优势条件较多，使之作为“龙头”，是最佳的选择。我国现有县城1986座，居住着5300多万人，平均每个县城2.8万人，如果把这些县城发展为平均规模20万人口的小城镇，这些城市就可以再吸纳3亿多人口。目前，我国农村已生长出很大一块非农产业，但是它们的布局，具有很大的离散性和随机性，大概75—80％的农村工业是分散地分布在村庄，就需加以集聚，才能发挥更大效益。当然，应该是把技术层次比较高、发展基础比较好的现代加工型乡镇工业和服务面广的第三产业集聚到小城镇。这种集聚，不仅是农村生产资源、技术、人才的集聚，而且要使集聚的企业里的劳动者，由农民变为市民。对于那些外部经济不明显的资源指向型企业和传统加工型企业，包括那些家庭作坊，当然还是分布在村里为好，不过，也应该要求小城镇通过一定的组织形式加强同这些分散的农村非农企业在信息、技术和物资方面的传递机制，小城镇也应在这一领域发挥“龙头”作用。

三是小城镇要讲求规模效益 我国大量的城市规模效益研究表明：城市规模越大，经济效益越好，城市规模级差经济效益是十分明显的，投资的边际效益最大点还在大城市。但是城市大在一定条件下也会出现负效益。大城市生活费用比小城镇高，大城市拥挤现象比小城镇严重等等就是。但是，从社会效益来看，尤其对于解决我国面临的农村剩余劳动多这一爆炸性的社会问题，小城镇又优于大城市。我国走发展小城镇的道路，正是为了兼顾经济效益和社会效益，我们必须讲两点论，不能只讲一点论。小城镇的“小”，也有个适度规模的问题，需要掌握。如果集聚的人口规模太小，首先不利于消费者的集聚效益，因为任何设施或服务项目只有到一定人口规模时才能修建和出现;其次不利于厂商的集聚效益，基础设施的综合利用率低，企业使用这类设施的平均成本将会很高;再如不利于行政费用的节约和城镇景观的改善。

四是要促使交通和通讯有超前的发展 从我国目前城镇化的总体格局来看，其特点是，城镇化滞后于工业化，交通和通讯又严重滞后于城镇化。交通和通讯这个薄弱环节，已成了制约我国城镇化和工业化的瓶颈。而世界各国的经验告诉我们：要保证城镇化和工业化的不断发展，交通和通讯这类基础设施必须超前发展。社会系统的有效性，是由其人流、物流、能源流、信息流、资金流等的速度和质量规定的，而交通和通讯正是它们的载体。要想打破我国交通和通讯滞后的局面，除了国家应作出较大的投资倾斜外，还有一条有效的办法就是改革现有的体制，改变这类基础设施的建设由中央包揽的格局，变为中央、省、市政府和企业共同承担的方式来建设，实行投资主体的多元化。

四、城镇化呼唤有关的制度创新

我国农村的剩余劳动力和人口向小城镇的转移和推进城镇化，这是一场伟大的实践和创举，这里面需要进行一系列的制度创新与之配套发展。

(一) 需要进行小城镇建设体制的创新 我国推进城镇化最突出的问题是面临严重的资金约束。我国传统的城镇建设投资体制是一元的，即所有的城镇基础设施、生产设施乃至居民住房建设，都由国家一手包揽。这种单一的投资体制，已使我国的城镇化严重滞后。现在，农民如果继续坐等政府投资来推进城镇化，就只能更加延缓这个进程，中国农民只能永远被禁固在土地上，实现农村现代化和城乡一体化将变成非常遥远的事。改革开放以来，我国的小城镇建设，除了政府发动型机制外，出现了农民集资建镇的方式，增添了一种民间发动型机制。在前一种方式上，政府是主要的投资者，在后一种方式上，政府主要是调节者。利用市场机制调动农村民间资金，成了推动城镇化的加速器。为了使迁入小城镇的农民不致造成小城镇基础设施的严重不足，应该要求他们支付一定数额的小城镇建设费，所收费用的多少视各小城镇原有的市政建设状况而有所不同，为了使农民迁入小城镇不致造成住房的困难，出现贫民窟，可以向他们筹集住房建设费。至于建立像龙港那样的“农民城”，国家只进行规划，可以要求各种乡镇企业法人实体，农民家庭和其它经济实体进行住房自建、生产设施自建、公共设施集资共建的方法进行。以上的种种民间机制，在各地的实践中均已出现过，它们共有的特点就是，广开集资渠道，走人民的小城镇由人民建的路子。农民集资建城受益最大的是农民，通过市场机制进行的这种农村资金的转移，不是对农民的无偿剥夺，作为城镇化发动主体的转移农民，不仅能获得城镇非农产业最大的边际受益，而且能享受到高于农村文明的城市文明，因此能获得他们的拥戴和吸引他们的积极参与。

(二) 进行户籍制度的创新　现行城乡分割的户籍制度是计划经济体制的产物。主种制度造成了极大的不公平性。农民的子女世代为农民(除少数大学生外)，而市民的子女则永远是市民。市民因为持有非农业户口，享有诸如住房、就业、副食品补贴、社会保障、医疗保险等一系列权利。随着市场经济的进一步发展，户籍制度的改革势在必行。1984年中共中央一号文件提出，允许农民自理口粮自筹资金进入小城镇务工经商。同年10月13日，国务院颁布了《关于农民进入集镇落户问题的通知》，明文规定：“凡申请到集镇务工、经商、办服务业的农民和家属，在集镇有固定住所，有经营能力，或在乡镇企事业单位长期务工，公安部门应准予落常住人口，及时办理入户手续，发给《自理粮户口簿》，统计为非农业户口。这就是最早出现的一项户籍制度方面的重大改革，促使由户籍所形成的城乡堡垒开始有了松动。考虑到目前我国城乡利益的差别和庞大的农村剩余劳动的压力，城市的吸纳能力非常有限，还不可能像西方国家那样让人口在城乡之间完全自由流动，有步骤地先放开小城镇是有道理的。现在的问题是，对于上述自理式的“农转非”，实际上他们并没有享受到与一般市民具有同等的地位，而是同现存的暂时性流动人口没有多少差别，因此这种“农转非”并没有太大的吸引力。今后还应进一步加以改革，完全放开县城和建制镇的户口迁移限制，可申请在小城镇落常住户口，允许自由进出，同时适当放宽向小城市迁移限制，允许获得准城市户口，借以推进我国城镇化和城乡一体化的进程。

(三) 进行农村土地流转制度的创新　在现行土地制度下，集体所有土地除国家征用外，其所有权不能流动，土地使用权形态的流动要通过农户转包和集体调整进行。这种土地制度不利于割断农民同土地的关系，并逐步向市民转化。目前这方面存在的矛盾现象是：一部分已转移到小城镇或外地的农民，鉴于非农就业机会的不稳定性和风险性，把土地作为进可攻、退可守的职业保障。要么只种“口粮田”、“应付田”，要么将土地抛荒，要么利用辅助劳力进行粗放经营。而种田能手却处于“英雄无用武之地”的处境。现在农村中人人有地的“均田制”，造成农业生产规模狭小，农业劳动生产率低下的问题越来越突出。只有促使实行规模经营，才能有劳动力的非农化和人口的城镇化，才能有农业的现代化。这里迫切需要设想一种促使土地使用权流转的制度，以割断农民与土地的联系，促使他们向市民转化，促使土地的合理流动，向种田能手集中，进行农业规模经营。在非农产业发达、农村劳动力大量转移的农村，应在自愿的基础上，通过转包、转让、联合服务等办法允许土地经营权依法有偿转让。也可以设想以土地的使用权作为合作资本，让那些已经转移到小城镇的人口把承包期内的土地使用权、经营权同种田能手合作，并取得合理补偿。

(四) 进行城建用地制度的创新　我国是个资源约束型国家，人口多，耕地资源少，耕地十分宝贵，推进城镇化必须坚持节约耕地的原则。整个80年代乡镇工业和小城镇的发展，各地都发生过大量占用耕地的现象，今后应严加控制，力求避免重蹈覆辙。按一般标准，新建一个小城镇，第二三产业的比重应达70％，交通、照明、上下水、公用设施等应具有一定规模，大概估算，一个农业人口转为城镇人口要占地80—100平方米，以今后10年转移1亿劳动力计算，即需占去耕地1500万亩，这已是必然要付出的很大的代价。如果不能控制在这个范围内，任意流失耕地，就会危害我国的农业基础，危及城乡人民的生存。现在有些地方搞“开发区”、“工业小区”、“农民一条街”、“农民城”一哄而起，有跑马圈地现象，控制这类问题，关键要建立严格的城建用地制度，坚持搞出合理的城建规划再开工建设。

(五) 进行小城镇建设方式的创新　过去，由于长期受到自给自足小农经济生产方式的影响，小城镇的建设方式很落后，亲帮亲，邻帮邻，分散盲目，是其主要特点。随着市场经济的发展，生产的社会化，以及农民个人收入的提高和乡镇企业的繁荣，这种建设方式已经越来越不适应小城镇的发展与建设的需要。小城镇建设方式的创新，主要是应走统一组织、综合建设的路子。把分散的建设组织起来，过渡到由当地的建设社会化服务组织，统一筹划。要把小城镇的基础设施建设，按照有偿使用的原则和市场经济发展的需要，过渡到农民个人、集体、国家多方位投资开发经营，使小城镇基础设施成为商品，进入市场，投资者成为商品经营者。要把小城镇的房地产业发展起来，在小城镇建设商品房，满足转移而来的新居民的需要。

(六) 进行"人口素质"制度的创新 小城镇作为农村地区的经济文化中心，应该拥有高素质的人口，创造高于农村的城镇文明。可以设想，在吸纳进入小城镇的人口时，要建立较高的"门槛"。有的学者曾设计了经济导向、人口素质导向和社会规范导向三位一体的社会综合方案。所谓经济导向，就是要向进入小城镇的人口征收城镇化资金，包括城市建设费、住房建设费、就业安置费等，借以缓解城镇化面临的资金约束这个矛盾。所谓人口素质导向，即是规定只有高文化程度的农民或具有从事非农产业经验的农民才能成为小城镇的居民，以保证非农产业对劳动者素质上的要求，这样做还可带来一个好处，鼓励农民及其子女上学念书，提高文化程度。所谓社会规范导向，即是限制在农村不遵守社会规范的农民流进小城镇。比如，限制违背计划生育者进城，可以有效地鼓励农村居民按照我国的国策，节制生育，把推进城镇化和人口控制结合起来。又比如限制违法犯罪者成为小城镇的居民，这也有利促进农村社会秩序的好转，农民期待转为城镇户口就必须自觉遵纪守法，首先争取做一个好公民。这套方案确有创新之处，有利于提高人口素质和推进整个社会的现代化。

(作者所在单位：国务院发展研究中心)

我国农业用地利用状况、问题与建议

范小玉

土地、劳动力和资金是农业生产的三大要素。近年来，随着农村经济体制改革的不断深入，农业特别是种植业劳动力出现了大量剩余；投入在农业生产的资金也随着农业基础地位的提高而有所增加。而农业用地特别是耕地却随着农村非农产业的高速发展而减少，农业用地非农化日益严重，必须引起各级政府及有关部门的高度重视。

一、我国土地资源状况

土地资源是指在一定技术水平之下，能够利用并取得财富的土地。我国土地资源绝对量大，相对量小，且质量较差。全国国土总面积约为960万平方公里，总量居世界第三位。但人均占有土地面积少，只有世界平均水平的30%。国土总面积的近20%是沙质荒漠、戈壁、寒漠、永久积雪、冰川及岩石裸露的山地等，无法为人类利用。

我国土地资源类型多样，山地显著多于平地。地形错综复杂，山地约320万平方公里，占土地总面积的33%；高原约250万平方公里，占26%；盆地约180万平方公里，占19%；平原约115万平方公里，占12%；丘陵约95万平方公里，占土地总面积的10%。山地地势高，气温低，生长期短，特别是海拔3000米以上的高山、高原占我国土地总面积的25%，其高寒气候不利于发展农林牧业。

我国土地的后备资源潜力不大，耕地后备资源不足。由于我国垦殖历史悠久，质量好的土地后备资源已为数不多，估计今后可供开垦的宜农荒地为3535万公顷，由于受水利、耕作技术等限制，开垦的投入也是巨大的。

二、农业用地利用现状与特点

我国农业土地资源地区分布很不平衡。我国现有可利用或已经利用的农林牧业用地约占土地总面积的70%以上，其分布状况是：90%以上的耕地、林地和水域分布在东南部的湿润、半湿润地区，形成我国的农林业地区；而草地则集中在西北部干旱、半干旱地区，也就是牧区。这就形成了东南部与西北部土地利用方向上的显著差别。这种差别使得我国牧区的生产力还是很低的。

本文所讲的农业用地主要是指耕地、园地、林地、人工牧草地和水产养殖面积。近年来，我国农业用地利用状况大致是：耕地面积逐年减少，利用率不高；农作物总播种面积徘徊不定，总体呈下降趋势；林地面积有一定发展；水产养殖面积、园地和人工牧草地增加较快。

1978年以来，我国农业用地变动情况如下表：

单位：千公顷

年份	合计	耕地	园地	林地	人工牧草地	水产养殖面积
1978	106423	99390	4210			2823
1979	106697	99498	4344			2855
1980	106756	99305	4458			2994
1981	346332	99038	4719	239560		3015
1982	346358	98606	4982	239560		3211
1983	337246	98360	5107	230500		3279
1984	337147	97854	5285	230500		3509
1985	336937	96846	5689	230500		3903
1986	337395	96230	6553	230500		4112
1987	338046	95889	7431	230500		4226
1988	357336	95722	8006	249300		4308
1989	357523	95656	8332	249300		4235
1990	367704	95673	8230	249300	10242	4259
1991	376911	95654	8586	257260	11133	4277
1992	379492	95426	9230	257260	13101	4475
1993	379294	95101	9886	257260	12328	4719
1994	391070	94907	10680	267400	13000	5083

注：本表中有些指标系推算数。

(一) 耕地　全国现有耕地94907千公顷，占农业用地的24.3%。耕地总量居世界第四位，人均耕地仅及世界平均水平的四分之一，且耕地中有三分之一的土地质量较差，没有稳定的农业收入。土地资源的生产力集中在耕地上，我国耕地的现实生产力(生物生产量)约占总农业用地的四分之三，林草用地合计约5亿多万公顷，而现实生产力仅占总农业用地的四分之一，产值仅占十分之一，不仅粮、棉、油等全靠耕地提供，而且全国产肉量的90%以上也由耕地生产的饲料转化，农村所用木材大部分也依赖于农田林网和农田绿化。所以，耕地是我国国土资源的精华所在。

改革开放以来，耕地减少速度虽已趋缓，但1978年以来减少的耕地每年约少产粮食1840万吨。八十年代前期乱占耕地情况严重，仅1985年就比1984年减少了1000多万亩。进入八十年代中后期，国家相继颁布了一系列的土地管理的法律和法规，使得1987年以来的8年间，每年减少耕地数量都控制在350万亩之内。虽然如此，1994年与1978年相比，全国耕地面积仍减少4483千公顷(6725万亩)，相当于减少了一个江苏省现有的耕地面积。若按1994年全国粮食平均单产计算，减少的这部分耕地，每年约少产粮食1800多万吨，这些粮食大约够9000多万人食用一年。

(二) 园地　园地是指种植多年生作物的土地，包括果园、茶园、桑园(柞坡)和热带作物园等，占农业用地的2.7%。

由于经济效益高于种植业，园地面积逐年增加，而且势头很猛。1994年园地面积达1068万公顷，比1978年增长1.5倍。在园地中，果园占60%多，全国都有种植，面积在400千公顷以上的有：河北、辽宁、福建、山东、广东和陕西；茶园约占12%，主要分布在华东、中南和西南；桑园约占18%，面积较多的有：辽宁、江苏、四川、陕西、山东等省；热带作物园约占7%，主要分布在福建、两广、海南、云南。

(三) 林地　林地是指以森林为定着物的土地，占农业用地的68.4%。

由于政府重视，在当今世界森林资源总体呈下降趋势的情况下，我国实现了森林面积和蓄积量双增长。据第四次全国森林资源清查(1989—1993年)和第三次(1984—1988年)相比，森林面积增加803万公顷，森林覆盖率净增0.94%，森林蓄积量平均增长7016万立方米。现在，全国森林面积达到13370万公顷，森林覆盖率达到13.92%，森林蓄积量达到101.37亿立方米。已有广东、福建、湖南、安徽、江西、山东、广西、湖北、浙江九省区消灭了宜林荒地。建立了森林和野生植物类型自然保护区518处，面积达5100多万公顷。1994年全国林业总产值达1800多亿元。

经济林持续快速发展，占造林面积比重增大。在1994年造林面积中，用材林面积为2505千公顷，比上年减少11%，占总造林面积比重41.8%，比上年下降了5.8个百分点。经济林2064千公顷，比上年增长32%，占总造林面积比重34.4%，比上年提高了7.9个百分点。

(四) 人工牧草地，占农业用地的3.3%　《草原法》颁布10年来，草原建设保护取得了很大成就。据有关部门的不完全统计，到1994年底，全国人工草地和改良草地累计保留面积近1300万公顷，草地围栏800万公顷，分别比1985年增长124%和110.5%。19个省、自治区约1.1亿公顷草原落实了不同形式的草原有偿承包责任制。进一步明确了草原管理经营的责、权、利，使长期存在的吃草原"大锅饭"及对草原只取不予、抢牧过牧状况有所好转，取得了较为显著的社会、经济和生态效益。

(五) 水产养殖面积，约占农业用地的1.3%　我国水产养殖发展很快。截止1994年底，全国水产养殖面积达到5083千公顷，比1978年的2823千公顷增长80%，年平均增加141千公顷。水产养殖面积和以淡水养殖为主，而淡水养殖又以池塘和水库养殖为主。1994年淡水养殖面积为4430千公顷，占水产养殖总面积的87.2%；海水养殖面积为654千公顷，占12.8%；在淡水养殖面积中，池塘养殖面积为1738千公顷，水库养殖面积为1477

千公顷，分别占水产养殖总面积的34.2%和29.1%。

养殖品种结构进一步优化。名优特水产品养殖规模明显扩大，集约化程度提高，仅淡水名优特水产养殖面积就达400千公顷。在海水养殖中，对虾池综合利用取得明显成效，150千公顷虾池产对虾6万吨，混养鱼、贝、蟹产量约10万吨，盈利4亿多元，经济效益显著提高。

各地因地制宜，不断加大科学养殖力度，积极推广池塘精养高产高效技术和浅海滩涂及大中水域增养技术，养殖单产不断提高。1994年池塘养鱼亩产228公斤，比1993年提高23公斤；湖泊养鱼亩产42公斤，提高7公斤；海水养殖亩产353公斤，增加3公斤；其中鱼类亩产119公斤，增加5公斤。1994年，因单产提高而增加的产量，占增产总量的59%。这说明养殖渔业走提高单产内涵发展的路子大有可为。

三、农业用地存在的问题

（一）人口对耕地的压力增大 由于人口增加和耕地面积的减少，使得人均耕地面积数量急剧下降。1994年全国人均耕地面积数量由1978年的1.56亩减少到1.18亩，下降了24.4%。全国有三分之一的省、市人均耕地不足1亩，上海、广东、福建、浙江等省和相当一部分市、县人均耕地在0.6亩以下。我国人均耕地拥有量仅为世界人均数的四分之一。

单位耕地面积负担人口数量增加，是人口对耕地压力增大的主要表现。由于人口数量持续增加，耕地面积又逐年减少，这种逆向变化，使人均耕地面积急剧减少，单位耕地面积负担的人口数量迅速增加。1994年，全国平均每公顷(15亩)耕地负担人口12.6人，比1978年的9.68人均加2.94人。分地区看，除了西北和东北地区以及河北、山西、西藏三省区每公顷耕地负担人口低于12人外，其余省份均高于全国平均水平。其中每公顷耕地负担人口最多的分别是：上海46人、广东28.6人、北京27.8人、浙江和福建各为26.2人、天津21.8人。

（二）发展林业，绿化祖国，还任重道远 虽然近几年我国造林绿化工作取得了很大成绩，实现了森林面积和森林蓄积量“双增长”的目标。但必须看到，目前我国现有森林面积占林业总用地面积的比重不大，仅为50%左右。有林地约占国土总面积的13%，总量居世界第八位，但人均占有量只有世界平均水平的11%。据统计，目前由于不合理的人为采伐、乱砍滥伐、森林灾害等原因，使有林地逆转为无林地、疏林地和灌木林地面积每年仍达2400多万亩，逆转数量仍然很大。

（三）草地退化不容忽视 据中国农科院草原研究所资料，全国草地退化面积达6800万公顷，占可利用草地面积的27.5%。宁夏草地几乎全部退化，内蒙古退化草地占可利用草地的39%。就连西藏、青海这样开发利用较差的地方也开始出现退化现象。全国草原及农牧交错地区荒漠化占到全国荒漠化土地的44%。草原盐碱化也在日趋严重。

草原退化，除了不适当开垦、采矿等原因外，主要是超载放牧造成的。我国11片重点牧区适宜载畜量为8400万个，而实际载畜已达1.1亿个以上，超载30%。

随着草地退化，牧草品质开始下降，麦杂草大量蔓延滋生，影响羊毛、驼毛质量，还直接影响到肉、乳味道。与之同时，草群盖度降低，产草量下降。牧畜处在半饥饿状态，畜体瘦弱，个体生产性能降低。我国北方草地与北美草地的初级生产力相差无几，但草地的再生产力只相当于北美的1/27。

（四）重开发利用，轻保护治理，农业用地生产环境受到不同程度破坏 近年来，全国各地普遍存在重视开发利用，忽视整治和保护，使农业用地受到不同程度破坏，土壤肥力下降，生态环境受到影响。主要表现：一是生产条件恶化。1994年全国有效灌溉面积为48759千公顷，旱涝保收高产良田35268千公顷，虽然比1978年有所增加，但占耕地面积比重还很低，农田水利设施薄弱，在很大程度上依靠“吃老本”和“天帮忙”，难以抵御自然灾害的侵袭。土壤肥力下降，土壤养份含量特别是有机质含量逐年降低，全国总耕地面积的59%缺磷，23%缺钾，14%磷钾俱缺。中低产田约占70%左右。另外，随着工业废气、废水、废料排放量增多，化肥农药使用量增加等，污染情况日益严重。据推算，目前受工业“三废”和农药污染的土地近3亿亩，仅农药污染的耕地就占总耕地面积的1/7。二是由于人为和受自然灾害破坏而废弃以及丢荒的耕地较多。据有关部门统计，我国仅因人为因素废弃的土地累计达2亿多亩，其中开矿、烧制砖瓦、燃煤发电等生产活动挖损、压占的废弃土地约5000多亩；兴修铁路、水利、公路等建设活动和农业建设及村庄周围长年废弃的旧坑、塘、建设生活取土区、旧宅基等零星闲散废弃地1.5亿亩左右。目前，沙漠、沙化面积已达153.3万平方公里，占土地总面积的15.9%，预计今后10年沙化面积将以1.32%的速度扩展。

四、充分利用农业用地的建议

农业用地是农业生产不可替代的重要生产要素和自然资源，在当前非农产业迅速发展以及农业向“三高”方向迈进的情况下，各级政府必须处理好国民经济发展与占用农业用地和农业内部结构调整占用耕地的关系，做到既有利于国民经济迅速发展，有利于农业向“三高农业”发展，又能珍惜土地，充分合理地利用土地。

（一）依法保护耕地，遏止耕地锐减势头 严格控制非农用占地，适度开发宜农荒地，降低耕地减少速度。造成耕地减少的原因，除了因灾损毁和农业结构调整占用了一部分耕地外，各类建设占用了大量耕地，尤其值得注意的是一些地区盲目兴办开发区，大量圈占耕地。据有关部门对全国24个省、自治区、直辖市的调查统计，到1992年9月底，全国共有各类开发区1591个，规划面积1.53多万平方公里，在划定的开发区中有80%是耕地，有的高达90%。另外，当前兴起的县改市、盲目扩大城镇用地规模，农村集体土地非法进入市场，一些地方政府领导片面追求开发建设，忽视对耕地的保护，也是造成耕地锐减的原因。

据建设部房地产业司汇总的一份统计资料表明，截止1994年底，全国历年累计的空置房共达3289万平方米。开发区不光国家建，省里建，现在很多地区和县甚至乡、村也在建，由于盲目上马，各方面都不配套，相当一部分已闲置或废弃，浪费了大量宝贵的耕地。因此，必须制定有效的制约机制，严格控制非农用占用耕地，以降低耕地减少速度。

(二) 有计划地调整农业内部结构 根据近几年资料分析，耕地减少的一个重要原因是农业内部结构调整占用耕地。仅1992年退耕造林、改牧面积两项就达297万亩，占当年减少耕地面积的四分之一。另外，还有利用耕地改种果、茶、桑和改挖鱼塘等尚未统计在内。造成这种状况的原因，一是有关部门过于强调调整农业结构，忽视了合理性。二是农民市场信息不灵，容易造成一哄而上盲目改种。三是多年来种粮比较效益差，农民种粮积极性下降。在目前实行市场经济条件下，建议有关部门要把市场信息和正确引导农民的种植意向作为主要工作来抓，减少盲目性。同时，农业结构调整要适度，要有切实可行的计划。凡是用大片耕地改种茶、桑、果和改挖鱼塘的，都要经过审批，尽量利用低矮山地、林地、荒地、滩涂、山沟和河涌来种果和发展淡水养殖。

(三) 挖掘农业用地潜力，充分发挥我国农业用地资源优势 我国农业用地尚有潜力可挖，还有一些未开发利用的土地。据统计，全国有约9000多公顷的草地利用不充分或未被利用，近2亿公顷中、低产草场有待改良或合理利用；可供开垦的宜农荒地约3535万公顷；宜林荒山荒地6303万公顷；内陆水域未开垦的可利用面积259万公顷；海水和浅海滩涂未开垦的可利用面积400万公顷。由于受水利、资金、耕作技术等限制，开垦工作的难度将是很大的。国家应在增加资金投入的同时，充分利用国外、地方、企业和个人的资金，发动各方面力量，促进开垦工作的开展。

(四) 努力提高农业用地产出水平 在人地矛盾日益严重，农业用地不可能大量增加的情况下，除了要珍惜和保护土地，还必须最大限度提高农业用地的利用率，提高其产出水平。目前农业用地的产出水平还较低，1994年平均每公顷林地产出228元的林业产值，每公顷水产养殖面积地产出11005元的渔业产值，每公顷人工牧草地产出16470元的牧业产值。在耕地方面，复种指数仅为156%，基本维持在七十年代水平上。因此建议：1.在结构调整上，将已有一定规模，利用率不高、产出水平低的园地复耕，并从严控制用耕地改种果、茶、桑，改挖鱼塘。2.继续增加投入，改善生产条件，改造中低产田，提高抗灾能力，逐步提高高产稳产农田面积。3.改进耕作制度，推行合理的轮作制度，充分利用冬闲田，提高复种指数，使农业用地发挥最大效益。

(作者所在单位：国家统计局农调总队)

专题分析

改革开放15年来我国经济和社会发展的基本经验

王建　王积业　刘夏平　荀大志　王亚严

1994年，我国的改革和开放已经进入第16个年头。1978—1994年我国国民生产总值年均增长速度高达9.4%。16年的改革开放，使我国国民经济的总体实力显著增强，人民生活得到明显改善，国际地位也获了显著提高。我国经济发展之所以能够取得如此辉煌的成就，是与1979年以来体制从计划走向市场，发展从重型走向轻型，经济从封闭走向开放这三大具有历史意义的转变过程分不开的。

90年代初期，我国的改革、开放和发展正在进入一个极其重要的、新的历史发展时期，出现了一系列不同于80年代的深刻变化。从经济发展看，1991年9月以来，工业增长再现重工业打头的势头并已持续至今。根据国际经验，再经过十几年左右的发展，到2010年，我国就将可以大体上完成工业化的任务，跻身于世界经济强国之列；从体制看，邓小平同志南巡讲话以来，我国以市场为取向的改革已明显进入到要素市场发育阶段，如果说商品市场是市场经济初级形态，要素市场是市场经济的高级形态，则改革进入到要素市场发育阶段，这意味着我国距建立社会主义市场经济的最终目标，已经为期不远了；从对外开放看，以中国即将重返"关贸总协定"为标志，中国产业结构将与世界市场接轨，最终完成从封闭型向开放型经济的转换。总之，由于在90年代初期，我国的改革、开放和发展都进入到一个新的阶段，未来的20年必将是中国经济走向现代化过程中最关键的时期和最后一个阶段。

我国经济发展在过去的15年中虽然取得了举世瞩目的成就，但是在体制、发展和开放方面都有许多重大的矛盾没有完全解决，这些矛盾甚至在累积和发展。我国经济发展新阶段的出现，就是在这些大的矛盾背景条件下产生的。这些矛盾如果在长期规划中处理得不好，则基本上完成工业化的目标就会落空，或是被大大推迟。而处理这些矛盾的基本方针，则应产生于对16年改革、开放和发展过程中正反两方面经验的深刻总结，及其对未来客观发展趋势的准确把握。立足于总结过去，展望未来，我们认为在"九五计划"和长期规划中，必须正确对待如下一些方面的问题。

一、关于发展的地位和发展阶段

(一) 90年代要逐渐突出发展的地位　我国经济在传统体制下走过了30年的历程，集中而封闭的体制被历史证明是不可能引导中国经济走向现代化的，所以需要改革。在整个80年代改革被摆在了首位，这无疑是十分正确的。改革的目标，初期是提出"计划经济为主，市场调节为辅"，以后又提出"有计划的商品经济"和"计划与市场都是覆盖一切的"，直到党的十四大提出要建立"社会主义市场经济"，以市场为取向的改革，可以说是经历了一个从目标不甚明晰到逐步明晰的过程。

从80年代中期开始，在引入市场机制的背景下，经济发展由于进入到一个新的时期，出现了许多不同于以往的特征，由此引起宏观经济运行中许多不稳定现象和产业结构中的新矛盾，并威胁到国民经济的正常发展。

当这些现象出现的时候，许多人认为是双轨并存而产生的现象，因而主张用进一步推动改革的办法来解决，后来的实践则证明，继续推进改革，不仅未能很好地解决保持宏观运行稳定问题，反而进一步激化了发展中的矛盾，最明显的例子就是价格改革和企业改革过程中的情况。所以1986年底，国务院领导同志就提出，要从改革和发展相结合的角度来总结改革8年以来的经验，并且提出要以产业政策为改革和发展的结合点。对发展问题的重视，说明我们已经认识到改革体制并不能解决发展中的全部问题，中国社会生产力的发展和工业化过程，还有着自身的内在发展规律，从生产力发展的自身规律和经济体制的要求出发来考虑推动改革进程，才能把改革顺利推向前进。因为改革并不是最终的目的，而只是促进生产力发展的手段。

虽然在1986年底提出了要把改革与发展结合起来，但是在我国工业化过程中到底面临着哪些来自发展方面的重大矛盾，以及应当采取何种政策，直到今天仍不很清晰。十一届三中全会以来，关于发展道路的转轨和长期发展的战略目标，始终只有一个模糊的目标和要求，例如只提出了“速度比较实在，效益比较好，人民得到较多实惠”，和“分三步走，到下世纪中达到中等发达程度”等。由于只有笼统的发展战略目标而无具体的工业化战略取向，1984年以来尽管经济发展取得了很大成绩，然而却使一些发展中的矛盾非但未能解决，反而不断累积乃至趋于激化。这些经济发展的成绩，在某种程度上可以说是，工业发展以农业为成本；城市发展以农村为成本；沿海发展以内地为成本。90年代，在经济发展进入新阶段的今天，继续沿着这样的发展道路走下去已难以为继了。

随着体制逐渐从计划走向市场，新经济体制的框架在90年代将确立。90年代在继续推进改革的同时，应逐步提高发展问题的地位，重点则应把工作转向加强发展战略的研究和实施方面。从计划工作看，“六五”计划只是强调了以农业为基础、优先发展轻工业，只是从“补课”的角度提出经济发展要求，“七五”和“八五”汲取了1984年以来的宏观经济波动教训，增加了要保持宏观总量平衡的要求，仍未对工业化战略作出准确、清晰的概括。计划的作用就是预见性的作用，如果说“七五”时期我国轻型化的增长阶段还没有结束，那么到“八五”时期重型发展阶段已经来临而仍未明确长期发展中的战略取向，就有些为时已晚了。

工作重点逐步从改革转向发展，就是要求一切从发展的角度出发，包括改革和开放都要从发展的角度考虑。以此为基础来协调改革、开放和发展之间的关系。在明确了工业化战略的前提下，有利于解决发展中的矛盾，有利于促进结构转换与升级的改革开放措施，都应该尽快实施，反之则应重新考虑。

80年代的改革，具有“单项渐进式”的特征，到80年代后期，原有体制中的外围已经基本上扫清，只剩下最后几个“硬核”，因此应一改80年代的做法，采取“配套突击式”的改革，争取在“九五”期间基本上确立社会主义市场经济的框架。

80年代，我国体制处在从计划单轨向计划、市场双轨并行的转换中，90年代将完成从计划、市场双轨向市场单轨转换的过程。由于商品货币关系不断深入发展而政治体制改革相对滞后，权钱交换的腐败现象也滋生蔓延起来，成为经济与社会发展中的毒瘤。在经济体制即将完成从双轨转向单轨的时候，经济体制与政治体制双轨并存的矛盾正在突出出来，如果不能建立一种适合于市场经济体制的政治体制，使权利受到有效的监督和制约，腐败现象就有可能摧毁中国现代化建设的大业。

（二）制定长期规划要立足于对发展阶段的判断

我国改革以来15年的经济发展，大体上经历了两大阶段，一段是1979—1988年以消费需求扩张为特征的“轻型化”发展时期，一段是1989年以来逐渐转向投资需求打头的“重型化”发展时期。轻型化阶段又可以分成1979—1984年期间，以食品消费需求打头的农业超常规增长时期，和1985—1988年间以家用电器进入居民家庭为特征的轻工业高速增长时期。

处在不同的发展阶段，主导经济增长的产业具有明显差别，国民收入的积累、消费和投资的宏观总量特征，也具有极为不同的特征。比如在轻型化时期，由于国民收入大量被用于消费，所以需求扩张以消费为主体，产业增长以农、轻等消费产业主体；而进入到重型化阶段，居民收入大量转换成储蓄，国民经济中的金融剩余率显著提高，需求扩张就发生了从消费为主转向投资为主的变化，产业增长也从轻型特征转换为重型特征。

发展阶段的变化甚至影响到体制特征。我国80年代的改革主要集中在商品市场，由于进入到重型化阶段的金融剩余急剧增加，就把改革推进到要素市场发育阶段；80年代的价格改革始终强调要有比较宽松的经济环境，但却一直没有出现，而在跃过轻型化阶段后，随着消费需求逐渐落潮，终于出现了比较宽松的价格环境，就为最后完成价格改革准备了条件。

大的发展阶段又由若干个小的发展阶段组成，因而具有阶段式发展的特征。1979—1984年农业产值的边际比重从改革前30年的19.4％猛升到35％，轻重工业则分别为34.3％和30.7％；1985—1988年，支撑增长的产业从农业转向轻工业，农业的边际比重下降到20％，轻工业则上升到40.5％；1989—1992年当大的发展阶段转换开始的时候，农业和轻工业比重都出现了下降，重工业则上升到46.1％。改革16年里，我国经济具有“几年上一个台阶”的特征，就是国民经济和工业化过程阶段式发展的深刻反映。

认识和预见大的发展阶段变化，以及由产业结构变化而产生的阶段性发展，应当是制定中长期计划的基本任务。只有从工业化规律所决定的发展阶段与阶段性发展的特征出发，才能使我们不断更新观念，摆脱原有经验的束缚，制定出科学和正确的经济发展计划，才有利于处理好未来时期发展与改革的关系，总量与结构的关系，稳定与增长的关系，才能完整、准确地体现“把握时机，加快发展”和“几年上一个新台阶”的要求。16年中我国所制定的3个五年计划，总的来看制定计划的方针偏重于吸收以往发展过程中的教训，而对未来经济发展的前景展望不足，缺乏对未来经济发展阶段特征的正确判断与描述，计划方法仍停留在提出一个总的经济发展总量与速度目标，然后按此向各方面分解速度和投资的传统方法上面。这是此次长期规划工作应当解决的一个问题。

二、关于长期发展中应处理好的三大关系

(一) 按照工业化发展的一般规律，正确处理好主导产业、基础产业和先导产业的关系 世界工业化历史表明，工业化发展过程实质是以主导产业更替为主要标志的阶段性演变过程。每一工业化发展阶段都有特定的主导产业(群)，并以基础产业的一定发展为前提，同时又都孕育着下一阶段的主导产业，即先导产业。基础产业、主导产业和先导产业三者之间是相互关联、相互衔接的，它们之间的关系主要取决于需求结构、三者间的关联影响和进出口贸易关系。

从建国到改革前30年，我国走过了重工业超前发展的独特的工业化道路。这一道路在大大推动了我国工业化进程的同时，也带来了我国工业化发展先天不足和产业关联循环不平衡的矛盾。1978年改革开放以来，我国对改革前30年重工业超前发展战略做出了符合工业化一般要求的调整：一是大力发展农业；二是加快轻工业发展。发展农业本身不是工业化的进步，但它弥补了我国工业化发展的先天不足。加快轻工业发展，一方面满足了居民消费水平提高的需要，另一方面解决了轻重工业产业关联循环不衔接的矛盾。经过16年发展，我国工农之间、轻重工业之间产业结构不平衡的矛盾大为缓解。

然而，80年代我国的产业结构调整主要是一种静态的、事后的调整，而不是根据工业化阶段性演进的一般规律进行的动态的、有序的主导产业更替。问题在于我国的五年计划和长期规划中，一直缺乏对我国工业化发展阶段、阶段性经济发展重点及其更替等重大问题的分析与把握。如“六五”计划主要是从农轻重比例失调矛盾出发，强调了轻工业发展，而对居民消费水平提高及其所要求的轻工产品升级换代考虑不够；“七五”计划则基于对基础产业和加工工业之间矛盾的分析，强调了基础产业的发展，而对产业结构升级和主导产业发展重视不够；“八五”计划与“七五”计划一样，也是过于强调基础产业发展，对于工业化发展新阶段的到来缺乏应有的预见。结果使计划对经济活动的调节作用日趋减弱，计划与实绩背离越来越大。现在看来，制定“九五”计划和2010年发展规则，必须按照工业化发展的一般规律，正确处理好主导产业与基础产业和先导产业的关系。

90年代，我国经济发展进入了以重化工业发展为主要内容的高速增长时期。这一时期我国工业化发展的主要任务就是提高我国装备工业的水平，用现代工业技术替代传统工业技术，以适应我国居民消费水平由温饱转向小康的需要。在这一时期，尽管仍然存在着基础工业不适应加工工业发展需要的矛盾，但最主要的结构矛盾体现在加工工业内部，即制造业升级缓慢，工业技术水平低下。90年代及今后一个时期，我国以现代基础机械(如数控机床)和重大技术装备为主要内容的装备工业能否有一个长足的发展，是决定这一时期我国经济发展战略的关键。从国际环境看，随着我国恢复在“关贸总协定”的席位，我国经济与世界经济将联为一体，这也要求我们必须尽快提高我国重化工业的技术水平，以提高我国经济的国际竞争能力，以免在国际竞争中被打败。

在大力发展主导产业的同时，90年代还需要注重基础产业的发展，一方面弥补80年代基础产业发展的不足，另一方面适应90年代发展对基础产业的新的要求。

90年代，我国工业化发展，还应根据世界新技术革命的趋势和产业结构演进的一般规律，哺育先导产业，即下一个发展阶段的主导产业。

(二) 加快农村工业化、城市化发展，缓解二元经济矛盾 改革前30年我国实行的重工业超前发展，一方面因强制农业过度向工业提供积累，导致了农业的落后；另一方面又因为发展重工业吸纳劳动力有限，限制了农业剩余劳动力的转移。同时，为了配合重工业超前发展战略，国家实行了严格的城乡隔绝制度，限制农民进城，结果使我国城市化发展大大落后于工业化的进程。这一独特的发展模式造就了相差十分悬殊的二元经济结构：一端是以大工业为主体的发展水平较高的城市经济；一端是主要从事农业生产的落后的农村经济。1978年我国农业与非农产业间的比较劳动生产率相差6.08倍，是世界各国所没有过的。

二元经济是一国工业化过程中的必然伴生现象，如何从二元经济向现代经济转换是工业化的核心内容。由于我国二元经济结构强度过大，这一工业化任务就显得更为艰巨和重大。然而，在改革开放16年中，我们对这个工业化的核心问题始终没有给予应有的重

视。农业的超常规增长和乡镇企业的崛起，虽然有意无意地触及了二元经济问题，并使二元经济矛盾有所缓解，但没有触动导致二元经济矛盾过大的根本问题，以致二元经济矛盾除了在农业超常增长的1978—1984年有所缓解外，在其他时期包括乡镇企业迅速发展时期又有所扩大。

缓解二元经济矛盾根本出路在于大量转移农业剩余劳动力。1983—1984年以后，由于农业超常增长的潜力已基本释放完毕，农民从事非农产业的能力和自由度也大大提高，农业剩余劳动力向非农产业转移的动机明显地增强。原有的城乡隔绝制度虽然在改革中有所松动，但基本上没有什么大的变化。乡镇企业崛起是我国工业化发展在城乡隔绝特定历史条件下的一大创举。但乡镇企业发展继续与城市化发展脱节，则隐含着深层次的矛盾。一是乡镇企业发展与城市化脱节，使以城市为依托的第三产业难以发展起来，大大降低了农村工业化发展对农业剩余劳动力的吸纳能力;二是失去城市依托的乡镇企业难以发挥工业化聚集效应，严重影响了自身的成熟与发展。

80年代中后期，乡镇企业发展遇到的另一个困难是越来越面临城市工业同水平上的竞争。乡镇企业虽然有体制上的优势，但在许多方面具有明显的先天不足。为了提高自身的竞争能力，乡镇企业被迫提高资金装备系数，由此形成了对劳动力的排斥。80年代后期，乡镇企业吸收农业剩余劳动力的势头明显减弱，在某些时期甚至出现了回流现象。这是导致80年代后期我国二元经济矛盾加重的重要原因。

二元经济矛盾加大所引发的农民消费水平低下，农村市场停滞，国民经济供给结构与需求结构错位以及农民不满情绪滋生，构成了80年代末、90年代初我国政治、经济矛盾的主要部分。进入90年代，如果不能有效地缓解二元经济矛盾，由此带来的政治、经济问题，就有可能打断90年代工业化发展的进程。为此，90年代我国经济发展战略层次上需要考虑以下两点:

一是实行城乡双重工业化协调发展，即通过城市工业走向高级化，为农村工业让出传统领域，大大促进农村工业化的发展。

二是加快城市化的步伐，提高对农业剩余劳动力的吸纳能力。城市化发展原则上应以中等城市和大城市为主，因为小城镇城市功能较差。但对不同地区要有所区别。人口密集、经济比较发达的地区，城市化应以中、大城市为主;人口稀疏、经济比较落后的地区，则只能走中小城市化的道路。为了推进城市化进程，必须尽快打破城乡隔绝制度。

(三) 控制区域发展差距，按照市场需求和产业布局的规律调整区域经济结构　从80年代初期开始，我国区域经济布局的指导方针发生重大变化，布局的基本原则不再是满足国防的需要和改变现代生产力偏于沿海的非均衡配置，而是以加快经济成长，提高资源的分配使用效率为中心，向经济相对发达、工业化程度相对较高的地区倾斜，均衡布局战略被倾斜发展战略所取代。战略的更新在五年计划中得到明确体现。“六五”计划提出要在加快沿海地区经济发展的同时，努力发展内地经济，沿海被置于优先地位。“七五”在“六五”提出的沿海内地差别增长的基础上，进一步将我国划分为东中西三大经济地带，并按此梯度形成了发展的重点和序列，从理论和实践上都向前迈了一大步。“八五”计划应该认真总结前10年的经验，在区域经济布局的理论和实践上继续有所发展和创新。但由于各种原因，“八五”计划沿用了“六五”计划的提法，按照沿海和内地的划分规定了若干任务。“六五”、“七五”、“八五”3个五年计划期间，尽管区域经济发展面临的问题有所不同，但从指导思想和战略安排看，“八五”计划确是“六五”计划的复归。这种复归的深刻原因是：在加快东部沿海地区的经济发展方面战略是明确的，政策是配套的，措施是实在和具体的，而在沿海地区如何带动中西部的经济发展，沿海发展与内地发展如何有机联系方面，战略是不明确的，政策和措施既不配套更不实在，特别在产业关联上显得一筹莫展，事实上基本处于无法管理和引导的自发状态。这就导致了各地区普遍繁荣的同时，从全国看重复建设项目过多，产业结构趋同，资源配置不合理等一系列严重问题。不能期望区域经济战略和政策完全解决上述问题，但它却是解决的重要前提和条件，认真分析研究区域经济发展中的主要矛盾，确立区域分工合作的新格局并提出相应政策，已是迫在眉睫了。

我国经济持续十几年的高速增长来自多方面的推动，但倾斜式地区发展战略的实施有着特别重要的作用。在从1979年到1992年的绝大部分时间里，东部地区的经济增长率比中西部地区高出5—10个百分点，经济最活跃的华南地区更是遥遥领先，从地区上看，我国经济的高速增长主要来自东部地区的推动已是不可否认的事实。这一事实的另一面是沿海和内地的差距拉大了，而且这一趋势呈现加速的势头。在1986年，东、中、西三大地带的人均国民收入分别为762元、519元和395元，三者之比为：1：0.68：0.52，东西两大地带的相对差距为48%；到1991年，人均国民收入分别为2283元，1198元，1095元，三者之比变化为1：0.52：0.48，东西两大地带的相对差距为52%。差距拉大有可能激化区域关系，降低资源配置效率，迫使工业化速度放慢。因此区域差距问题将是中国未来发展的关键问题。应该指出，这几年沿海内地差距拉大是以经济加快发展，人民生活水平普遍提高为背景的，是增长速度有快有慢，而不是有增长有停滞造成的，这是我们社会稳定、经济繁荣的基本保障。但从长期看，如果增长速度过分悬殊而导致差距急剧拉大，仍然有可能出乱子。在今后的发展中，沿海内地之间的差距很快缩小或消失，也是不现实的。世界经验证明，在工业化过程中地区间出现差距是无法避免的，有其客观性。我国沿海地区发展快于内地并且还将继续快于内地的根本原因是，沿海的工业化程度高于内地，即使政策优惠被取消，仍能运用已累积起来的技术、资金、人才、市场优势在经济交往中获得更多的利益，这一由生产力的先进性所决定的经济优势显然是短期内无法改变的。差距既不能急剧扩大，又不能很快缩小，适度差距的数量界限在哪里，如何保证适度差距就是必须认真研究和解决的重大问题。

同80年代相比，目前我国经济发展中出现了一些重大变化。东部的资源越来越少，大规模开发中西部资源已进入实施阶段；全面开放格局已经形成，不少内陆省份已获得同周边国家发展对外经贸关系的机会和条件；东部沿海地区工业外向型程度明显提高，1991年沿海19市1省的出口产品产值占其全部工业产值的比重已近20%，其中经济特区高达50%。对外经济联系重于对内经济交往的新机制在一些地方已初见端倪。我们应当高度重视上述变化，资源西移，运距拉大，沿海地区再过多依赖内地就很不经济；而要依靠国际交际解决问题，如工业结构不升级，不更多地以高附加值的工业制成品参与国际贸易，这条路就走不下去。沿海地区代表了我国工业化的水平，90年代以加快结构升级为主要内容的工业化必须由沿海做起，沿海地区也具备这一能力。内地的发展不能自成体系，重走以省为中心的工业化老路，除部分市场指向的消费品工业外，应当充分利用已有的工业基础和丰富资源依托大中城市，根据比较优势原则在比较广阔的区域内考虑形成新的产业系统，并相应与沿海展开互惠合作。内地不再为沿海的发展支付成本，而是在不同的产业及产业的不同层次上，按照市场原则合理分工，共同发展。东中西的划分客观地反映了区域经济发达程度的差别，将会长期存在，但产业发展的空间形态将不受其制约，而应按照市场需要和产业布局的一般规律加以调整乃至重新组合。

三、关于以改革开放促进发展

(一) 体制改革从以发展商品市场为中心转向以要素市场为重点，按照工业化的阶段特点运用市场与计划两种调节手段　70年代末开始的经济体制改革是迄今为止共和国历史上最深刻的变革，改革的本质是要彻底摒弃传统的计划管理体制，建立社会主义市场经济新体制。从改革的过程看，这一战略取向在改革之初并不明确。1984年之前计划经济被看做社会主义的本质特征，市场调节处于辅助地位；"七五"期间召开的党的十三大提出了社会主义经济是有计划的商品经济，但人们对有计划商品经济的理解仍有重大偏差，有人强调"有计划"的一面，有人强调"商品经济"的一面，因而对体制的目标模式仍有重大分歧，这一偏差和由此产生的分歧是"八五"末期重提计划经济与市场调节相结合，并视为经济体制改革基本方向的深刻原因之一。"八五"第二年召开的党的十四大明确提出体现改革的目标是建立社会主义市场经济体制，经过十几年的艰苦摸索，我国的经济体制改革终于有了明确的目标模式，它给在此之前的争鸣和探索画了句号，标志着改革进入了新阶段。

十几年来，尽管对计划与市场关系的认识总是不尽一致，并时有曲折和反复，但从改革的实际进程看，市场机制的作用范围不断扩大，力度不断加强，而计划则呈相反趋势。1980年，国家计委管理的工业指令性计划产品产值占全国工业产值的比重为40%，1985年下降到20%，1993年将下降到7%左右。国家计委负责分配的统配物资1979年为256种，1985年减少到20多种，1993年减少到12种。国家计委负责平衡协调的出口供货商品1980年为900多种，1985年减少到31种，1992年减少到27种，占全部出口商品总额的比重在20%左右。1992年国家物价局和中央有关部门直接管理价格的工业生产资料89种，农产品4种，社会商品零售总额中价格放开的比重已高达90%，这说明，在改革的初期，计划是资源配置的主要机制，随着改革的推进，在配置资源的范围上计划大大缩小了，市场的作用逐渐突出起来。不过这并不能证明在正确处理计划与市场关系方面已经获得成功，事实上，在有效发挥市场与计划的功能，促进经济健康发展上还是很不成熟的。市场与计划两种机制的搭配使用必须以解决工业化过程中不同阶段的主要矛盾为出发点，而我国在这方面缺少深思熟虑的战略安排。这是改革与发展总不能优化结合、市场与计划不能有效搭配的深刻原因。

市场有效配置资源的条件之一是形成既有商品市场，又有要素市场的统一市场体系。我国前十几年改革主要集中在发育、完善商品市场方面。在商品市场中，生产资料市场的发育完善显然迟于消费品市场。目前，还不能说商品市场已经比较发达了，但同要素市场比，已初步形成体系并取得了一些经验，因此，围绕商品市场推动体制转轨是改革的主要特征。

从改革的步骤和市场内部结构的逻辑关系看，这无疑是正确的选择，但同时应该承认，以发育商品市场为主的改革毕竟是程度较浅的改革，难度小，风险小。今后的改革，除了商品市场要进一步完善、规范、有序运行外，改革的重点应转向要素市场的发育和完善，这将是改革新阶段的主要特征。现代经济本质上是货币信用经济，只有商品市场而没有要素市场，国民经济运行中的资源配置就无法真正做到以市场为基础。

建立完善的要素市场是确立市场经济体制的关键，难度和风险都大大增加了。世界经验表明，有序有效运转的要素市场可以有力地促进经济发展。同时，要素市场的巨大波动也能给经济带来灾难性的影响。因此，对宏观调控能力和效果的要求大大提高了。我国以间接管理为主的宏观调控体系正在建立之中，它必须适应这一阶段的特点而加速形成，计划作为重要的宏观调控手段应当充分发挥自己的功能，保证要素的管理和流动由传统方法向市场方式的平稳过渡，纠正要素市场不完善而产生的要素配置失误。计划不应全部介入要素的流动和配置，也不是更多地介入，而是要提高介入的质量，有限介入，在市场失效和见效过缓的几个有关经济发展的最重要方面发挥作用。根据今后加速我国工业化进程的战略安排，这些方面是建立高新技术产业，支援农业发展，对重点国有企业的扶植，骨干基础设施建设，教育和环保。追求全面完美的计划调控往往适得其反，有限介入是提高介入质量的前提。要选准介入的时机。计划介入也要尽可能多的体现市场原则，这应该是中央计划部门首先要明确的。

(二) 适应经济增长方式的转换调整国民收入分配格局，构建市场经济条件下的资金积累机制 改革开放前30年间，国家财政高度集中资金、压低消费实现高积累的收入分配格局，为在低人均收入水平基础上推行优先发展重工业的发展战略提供了保证。十一届三中全会以来，传统发展战略和经济体制双重转轨，国民收入分配格局由以往财政主导的集中统一型转向分散多元化。国民收入初次分配中，企业和居民收入比重提高，政府所得大幅度下降;生产者和消费者储蓄流量扩张，银行在国民收入分配中的地位上升，相应地，积累重心由政府转向企业和居民个人，市场机制进入积累形成过程。国民收入分配格局的调整，使市场配置资源的作用明显增强，并促发了80年代经济增长方式的转换。居民个人收入迅速增加形成的市场需求，对产业结构变动产生巨大拉动作用。同时，投资者和生产者独立选择性增强，为自身收益而追逐市场需求。国民收入分配格局的调整提供了供给与需求的联通机制，促进了市场导向的轻型化产业迅速发展。然而，在国民收入分配格局变动过程中，比例的调整未能伴之以制度的创新和机制的构建，没有建立起资金分配、筹集和使用的合理流程。政府特别是中央政府集中资金比重过低，调节资金分配的功能弱化。企业因产权关系不明晰而自身积累动力不足。金融市场发展滞后，融资渠道狭窄，筹资成本日渐提高。90年代经济增长方式发生重大变化。主导发展的重化工业是资金密集型产业，同时引发的基础设施和基础产业的投资亦十分巨大。在一定意义上讲，90年代重化工业主导发展的增长方式能否顺利实现，取决于能否相应的调整国民收入分配格局，为经济增长提供稳定而足够的积累资金。同时，保持较高的经济增长率不仅要求有更高的资本形成率为基础，还要求筹资成本的提高低于资本产出比率。因此，今后国民收入分配格局的调整重点在于规范分配主体的行为方式，建立起市场经济条件下的积累机制。适应收入分配格局的变化，资金筹集和分配主要通过金融市场完成。而国家财政主要负担调节资金流向和进行收入再分配。通过政策性金融和商业性金融分离，保证结构合理调整和提高资金使用效率。同时，开辟多种资金融通渠道，让投资主体根据市场信号直接进入市场筹措使用资金，降低收入转化为积累的成本。

(三) 产业调整国际化、通过开放国内市场换取结构升级所必须的资金、技术和设备 在过去的十几年中，我国经济发展实现了从封闭向开放的重大战略转折，这一转折是以渐进的方式推开的。1979年对广东、福建两省实行特殊政策并试办经济特区是转折的初步阶段。特区在接触、掌握、传播当代国际最先进的管理方法和技术上确实有明显的示范效应。1984年上半年14个沿海城市对外开放，窗口一下扩大了。在“七五”中期，由于上述这些城市的带动，形成了开放地带，到80年代末，开放城市和开放口岸扩展到内陆省份，至此，从地域上看，普遍开放的格局已形成，实现了开放战略中由点到面最终全方位开放的重大转变。我国的经济发展开始面对两个市场，资源配置的空间扩大了。在开放政策的推动下，外贸进出口总额急剧增加，1994年进出口总额达到2367亿美元，是1980年的6.2倍，年平均增长约14％，超出同期GNP增长约4个百分点。1979—1992年累计实际利用外资988.3亿美元，其中1992年当年达到192亿美元，是1979—1982年利用外资总额124.57亿美元的154％。出口已成为牵动国内经济增长的极为重要的因素，进口也成为弥补国内短缺的经常性手段，而大量外资的流入增加了我国的积累能力，促进了技术更新。

在“八五”初期，我们曾设想，到本世纪末，我国工业制成品出口总额的比重达到70％以上，精加工产品占制成品出口总额的比重达到50％以上。现在看来，第一个指标已经提前达到，由1980年的47.7％上升到1992年的79.9％，而精加工产品占制成品的比重1992年还不到30％。我国的出口结构虽然已不再具有发展中国家的特征，但由于我国的重工化率和科技水平远高于一般发展中国家，因此出口结构仍急待改善。总的讲，执行开放政策十几年来，从贸易、资金、技术、管理四个方面看确实硕果累累，但我们毕竟缺少经验，又处于较低的工业化阶段上，因此主要是借助于劳动力资源丰富、人工成本低的比较优势参与国际经济活动，而需求广阔的市场优越并没有得到充分合理的利用。配额制广泛实施，平均关税水平较高，对国外投资直接全面管理等，所有这些都使得国内市场和工业处在高度保护之下，以市场换技术，特别是换取那些对国内产业升级，建立出口导向型工业有关键作用的技术事实上被束之高阁。产业是贸易的基础，改善出口结构的根本举措是建立起具有国际竞争力的产业体系，否则，就无法形成长期稳定的外汇收入来源。

在80年代末90年代初期，世界经济形势发生了深刻变化，这一变化的主要方面是经济发展的区域化势头强劲和全球性的经济萧条与亚太地区经济的快速发展形成的强烈反差，它将作为主导潮流深刻地影响到今后相当一段时间内世界经济的走势和格局。因此可以肯定地讲，从外部看，我国对外开放的条件明显优于80年代。我们应当在这一大背景下，结合"复关"，更大胆积极地谋划开放战略，实现同国际经济的全面对接。这就要求实现三个转变，即从以创汇为中心转向以加速国内产业结构升级为主导，从强调进口替代转向更加重视出口导向，从主要依靠人工成本低转向主要依靠市场容量大。为保证上述三个转变的顺利实施，要求在以下几个方面相互协调并取得重大进展。(1) 加快开放国内市场，尽快以关税制全面代替配额制，通过降低关税的平均水平和保护的平均分散程度，有步骤地取消对国内工业的保护。(2) 引进不能遍地开花，要优先引进那些对国内产业结构升级和建立出口导向型工业相关的技术和设备。政府对此要实行重点扶植和有效引导。(3) 按照产业联系国际化的构想，将一些产业放到国际上去，而集中人财物发展自己的具有最大比较优势的产业。大国经济有别于小国经济，应该建立自己的比较完整的工业体系，但过度追求完整势必形成事实上的封闭，贻误经济发展的时机。在今后的20年中，上述几方面的工作做好了，我国同工业国家之间的分工就可以更多地由垂直分工转为水平分工，从根本上改变出口结构，大幅度提高精加工产品占全部工业制成品比重的任务也就可以完成了。

四、关于社会公平与社会发展

(一) 以经济公平促进效率提高，同时兼顾社会公平　改革开放15年来，居民个人收入迅速增加，但是城乡内部分配平均主义的状况没有根本改观，同时出现了新的收入分配不公问题。在社会主义市场经济条件下，收入分配的原则首先是效率优先，因此，就要承认资金、技术等生产要素和劳动力一样，要按生产过程中投入的多少获得相应收益。同时，既然多种经济成分并存，经营收入、风险收入、资金收入等非劳动性收入也必须允许存在。而且评价劳动实现的尺度也由市场取代以往的计划，按劳分配原则将更多地体现在企业内部。从市场经济的角度看，收入分配中的经济公平就是等价交换，等量要素投入获取相等收益。公平不等于平均主义，而是机会的均等，即为社会各阶层的人提供大体平等的竞争环境。而追求效率的竞争结果必然是导致收入差距拉大。因此，在某种意义上讲，提高效率以经济公平为条件，以在一定程度和范围内牺牲社会公平为代价。但是，收入差距过大会引起不同收入阶层、成员之间的冲突，导致一部分效率下降，进而影响全社会的收率。在市场经济条件下，经济公平主要由市场解决，社会公平则主要由国家负责实现。目前，我国的收入分配政策，一方面要通过工资、就业、社会保障等制度的改革，创造出平等竞争的条件，鼓励效率优先；另一方面完善要素收入的管理制度，并通过税收政策进行再分配，体现社会公平。在机会均等和平等竞争的条件还不具备的阶段中，更要加强对要素经营者的管理监督，堵住产生非法收入的制度性漏洞。

当前收入分配中的另一个严重问题，是城乡居民收入差距在经历了缩小的过程后又趋向扩大。改革前30年间，我国实行城乡分割的收入分配及福利就业制度，导致城乡居民收入差距过大和城乡经济发展脱节。这虽然有利于迅速推进工业化进程，但是牺牲了社会公平。改革开放以来，城乡分割壁垒有所松动。1978—1985年，城乡居民收入差距趋于缩小，由2.36：1下降为1.72：1，主要是占全国人口80％的农民收入增长速度快于城市居民。这种收入变动使消费品市场出现由城市向农村的梯度转移扩张。1986—1992年，城乡居民收入差距又趋扩大，由1.95：1扩大为2.33：1，接近改革前的水平。伴随收入提高所引起的需求重心转移，城市居民的消费需求迅速转向中高档耐用消费品，农民消费则由于收入增长缓慢而无力升级。实践证明，城乡收入差距缩小，有利于结构合理有序地变动，社会公平促进了经济增长和效率提高；城乡收入差距扩大，导致城乡市场替代断裂和适销品周期过短，不仅造成经济波动，而且使城乡经济发展脱节。城乡居民收入差距过大，工农业劳动生产率差距悬殊固然是重要客观基础，但更重要的是体制性因素，即城市居民高福利待遇、无风险就业的分配制度，农民则不享有这种待遇。这种分配的不公正，使城乡居民在就业、教育、投资等方面存在不平等竞争，阻碍了城乡经济协调发展。90年代我国工业化继续向前推进，根本还在于农村市场的开拓和农村工业化进程的新进展。而这又取决于农民收入的不断提高。因此，应当着手解决城乡收入分配不公平的问题。要对农业采取非市场化的保护措施，提高务农收益。同时，改革城市福利、就业制度，开通城乡劳动力市场，平等竞争择业，保证在城乡居民收入差距逐步缩小的过程中，实现效率与公平的统一。

过去15年中的3个五年计划，考虑居民收入问题主要着眼于居民收入水平提高的幅度，较少考虑如何控制各社会阶层间收入水平的差距问题。在分配机制没有转向以市场为主体的情况下，这样考虑是有理由的。"九五"计划将是第一个基本上在市场条件下实施的计划，在计划内正确处理公平与效率的关系，以及对居民收入水平差距的控制，就应成为适应新体制的计划工作转型内容之一。

（二）实现国民经济稳定高效增长必须充分发挥社会发展的促进作用 改革开放以来，经济发展与社会发展趋于协调，但是，社会发展落后于经济发展的问题依然存在，科学技术转化为生产力的教育面向经济建设缺乏有效的导引机制，社会发展对经济发展的促进作用未能充分发挥出来。90年代，我国经济处在由粗放经营向集约经营转变的过渡阶段，经济发展更多地依靠科技进步和提高劳动力素质。随着恢复"关贸总协定"缔约国地位后国内经济与国际市场逐步接轨，我国经济受国际环境的影响日益明显，必须更多地参与国际竞争，发展民族工业，谋求比较利益。经济的竞争实质上是科学技术的竞争。科学技术的载体是科技人才，而科技人才要靠教育来培养，因此，科学技术的竞争实质是人才的竞争。在这种形势下，科技和教育资源配置的基本要求是，依靠科技进步，通过采用先进技术改造传统产业，实现产业结构升级；发展高新技术产业，抢占国际竞争的制高点，并以此带动国民经济发展，实现产业结构高级化。经济发展加速和结构变动需要大量科技专业人才和熟练劳动力，教育事业应当根据这种社会需求相应发展。除此之外，由于工业化进程所处的阶段性，新增城市污染和工业污染出现加剧之势。在某些地区已对环境造成灾难性破坏。社会发展中的重大问题，直接影响90年代工业化进程的顺利推进，要求国家宏观决策部门不失时机地制定相应的方针政策，以协调社会发展同经济发展的关系。总体上讲，社会发展是要求增加资金投入的事业，必须增加对科技教育、环境保护等项事业的投入。同时，科技转化为生产力就是科技转移扩散并导致产业化、市场化的过程；教育也应根据人才需求相应发展。因此，要通过体制改革，更多地发挥市场机制对社会发展的促进作用。

（作者所在单位：国家计划经济研究所）

1996—2010年中国国民经济和社会发展的分析研究

韩 永 文

全国人大八届四次会议审议批准了世人瞩目的中国《国民经济和社会发展"九五"计划和2010年远景目标纲要》。《纲要》向全国人民展示了未来15年我国改革与发展的宏伟蓝图，提出了具体的发展目标、任务和政策，是组织和动员全国人民推进改革开放和现代化建设，顺利跨入21世纪的行动纲领，为我国现代化建设竖起了一块新的里程碑。

1996—2010年，是我国改革开放和社会主义现代化建设事业承前启后、继往开来的重要时期。在这个时期里，中国将建立起比较完善的社会主义市场经济体制，全面实现第二步战略目标，并向第三步战略目标迈出重大步伐，为下个世纪中叶基本实现现代化奠定坚实基础。作为建立社会主义市场经济过程中的第一个国民经济和社会发展规划，《纲要》的制定要有全新的思路，树立新的经济观念。《纲要》和实施，对推进我国的社会主义现代化建设事业，特别是建立起新经济体制，使我国以崭新的姿态跨入21世纪，具有重大的现实意义和深远的历史意义。

一、改革计划方法，突出宏观性、战略性和政策性

《中华人民共和国国民经济和社会发展"九五"计划和2010年远景目标纲要》，是我国建立社会主义市场经济体制过程中的第一个中长期规划。与以往相比，计划制定和实施的国内外环境、社会经济条件、经济体制都发生了深刻的变化。《中共中央关于制定国民经济和社会发展"九五"计划和2010年远景目标的建议》提出，要把握新时期国内外的经济和科技发展趋势，深入研究经济体制变化的新特点，按照发展社会主义市场经济和现代化建设的要求，更新计划观念，改革计划体制、计划内容和计划方法。国家计划要突出宏观性、战略性和政策性，按照这个要求，《纲要》制定过程中，注意多采用一些新的计划方法，提高社会参与度和对外开放度，体现《纲要》的科学性和民主性。首先从总结经验、研究如何解决国民经济和社会发展中关系

全局的重大问题入手，理清基本思路。采用数学模型等现代计量经济方法与定性分析相结合，为最终决策提供多方案比较。广泛征询国内各方面专家、学者的意见，并委托世界银行驻中国代表处，邀请国外经济学家对中国的经济和社会发展问题提出了咨询意见。

作为引导全国人民团结一致、共同奋斗、跨越世纪的中长期规划，《纲要》应力求突出宏观性、战略性和政策性。作为国家长期发展战略性纲领，《纲要》既需要向社会展示人民和政府的发展意愿，又要提出较强的政策导向。按照这一思路，《纲要》根据《中央建议》的要求和国内外经济和科技发展趋势，以及我国经济体制变化的新特点，按照发展社会主义市场经济和现代化建设的要求，提出经济和社会发展的奋斗目标和指导方针、宏观调控目标，明确改革开放、经济建设和社会发展的主要任务，着重规划事关我国经济发展全局和整体发展的战略、指导方针、重大经济关系和全国生产力布局，提出反映经济、社会发展和结构变化的总量指标，以及若干具有全局意义的重大建设项目，向社会展示政府引导宏观经济和社会发展走向的意图，为市场经济的发展提出引导方向，并通过一系列的政策目标和实施措施引导资源合理而有效率地配置。作为市场经济建设过程中的第一个中长期计划，计划应该对微观经济活动不具有约束力，不干预企业的生产经营决策，通过深化企业改革使企业真正成为自主决策、自主经营、自负盈亏、自我发展、自我约束的法人主体和市场竞争主体，使微观经济活力得以充分发挥。同时，对经济发展中应由政府承担的责任和任务如进行基础设施建设，促进科技教育的发展，提供良好和稳定的宏观经济环境，加强社会发展和环境保护工作等等，尽可能地做出详细而具体的安排计划。计划指标总体上是预测性的、指导性的，具有较大的弹性。这与已往计划的指标过细、项目过多、过于具体以及对微观经济活动作出许多具体规定有明显的不同。

在我国，国民经济计划是国家宏观调控的重要手段之一，国家通过中长期计划发挥对国民经济发展的总体指导和综合协调宏观调控与经济杠杆运用的作用。《纲要》突出宏观性，还应体现在高屋建瓴地提出符合我国现阶段发展特点的宏观调控目标和政策，这些宏观调控目标要求政府的综合经济部门和其他经济、社会发展部门遵照执行。

《纲要》突出战略性，是说应该注意把握我国现代化建设"三步走"的战略部署，在奋斗目标、国民经济和社会发展主要任务、改革开放的部署、跨世纪重大建设项目等方面搞好第二步和第三步战略部署的衔接。着重提出经济和社会发展、改革开放的发展战略，提出经济增长方式转变、科教兴国、可持续发展战略、地区发展战略、以质取胜和市场多元化的对外贸易战略，提高对外开放水平的战略，以及农业、基础设施和加工工业布局的战略方向等等，这些战略将构成《纲要》的基本脉络。

《纲要》突出政策性，是说在提出国民经济和社会发展奋斗目标、发展方针和宏观调控目标的同时，需要研究提出一系列重大经济、科技、社会发展的政策取向，特别是突出地几个方面的大政策。一是保持宏观经济稳定的宏观调控政策，包括财政政策、货币政策、投资政策、物价政策、国际收支政策、人口和就业政策；二是促进产业结构优化的产业政策，包括农业、基础产业、支柱产业、轻纺工业、第三产业的发展政策；三是逐步缩小地区发展差距的地区政策；四是深化改革的政策，包括国有企业改革政策、发展和完善市场体制的政策；五是社会发展事业的各项政策。这些政策，构成了《纲要》比较完整的政策体系，使指导性计划又具有较强的政策操作性。

二、发挥市场配置资源的基础性作用，推动经济增长方式由粗放型向集约型转变

坚持以市场为基础，注重发挥市场配置资源的基础性作用，促进经济增长方式转变，是《纲要》与以往的中长期计划相比，在基本思路上的最大不同，也是《纲要》最突出的特点。今后15年中国经济发展要在坚持抓住机遇、深化改革、扩大开放、促进发展、保持稳定的基本方针下，保持国民经济持续、快速、健康发展。努力做到速度和效益相统一，微观活力和宏观调控相统一，总量增长和结构优化相统一。关键是要坚持以市场为基础，充分发挥市场机制的作用，使经济发展遵循价值规律，适应供求变化，体现竞争原则。国家通过确定奋斗目标和宏观调控目标，指导方针和主要任务，向社会展示政府引导宏观经济和社会发展的走向意图，为市场经济的发展提出引导方向，并通过一系列的政策措施引导资源合理而有效地配置。计划对微观经济活动不具有约束力，不干预企业的生产经营决策，通过深化企业改革使企业真正成为自主决策、自主经营、自负盈亏、自我发展、自我约束的法人主体和市场竞争主体。

发挥市场配置资源的基础性作用，关键是要发挥市场竞争机制，推动微观经济主体提高资源配置效益。而发挥市场竞争机制的作用，就必须依靠经济体制改革，形成有利于节约资源、降低消耗、增加效益的企业经营机制，有利于自主创新的技术进步机制，有利于市场公平竞争和资源优化配置的经济运行机制。积极推进经济增长方式转变，把提高经济效益作为经济工作的中心。"九五"期间要切实在以下七个方面把经济工作的着重点放在转变经济增长方式上，取得明

显成效。一是充分发挥体制改革带来的活力和市场竞争机制，促进优胜劣汰和优化资源配置。在更多的领域中发挥市场机制作用，凡是应当由市场调节的经济活动，进一步放开放活。竞争性产业主要由市场配置资源，基础性产业也要引入市场竞争机制。二是充分发挥现有基础的潜力，提高投入产出效益，除新建一些优化产业结构、提高产业技术水平的重点项目外，能够依托现有企业改造扩建的，就不再铺新摊子。现有企业的改造、扩建，要把着眼点放在增加品种、提高质量、降低消耗、提高技术水平和经济效益上。三是依靠技术进步和提高劳动者素质，增加科技进步在经济活动中的含量。以产业技术为重点，加快科技成果向现实生产力的转变和新产品的开发，加快高技术产业化，培育新的经济增长点。四是实行全面节约战略，在生产、建设、流通、消费等领域，千方百计减少资源的占用与消耗，坚持不懈地反对浪费。五是按照社会化大生产与合理经济规模的要求，优化企业组织结构，打破地区、部门和行业界限，通过联合投资、联合生产和专业化分工协作，发展规模经济。六是加快流通领域改革，提高流通效率。打破各种封锁和垄断，形成统一开放、竞争有序的流通体系。建立公开、公平和公正的市场交易秩序。建立新型流通组织和交易形式，减少流通环节，降低流通费用，提高流通企业的经济效益和社会效益。七是正确运用计划手段和产业政策，引导产业结构优化和生产力合理布局。运用国家掌握的财力、物力和经济调节手段，支持重点建设和重大技术研究开发项目。

转变经济增长方式，还必须依靠科技进步，认真实施科教兴国战略，实现科技教育与经济的紧密结合，因此，要突出强化对实施科教兴国的要求，强调要加速科学技术进步，优先发展教育。要加强科技改革，形成有利于科研成果产品化、市场化的机制。加强农业科学研究和技术开发，注意高技术与常规技术的结合，加快推广成熟、适用的先进技术。提高产业技术开发创新能力，加大新产品开发力度，结合重大工程组织科技攻关，着力解决关键性、共性、基础性的重大技术，通过加强对技术的工程化和系统集成，加快科技成果向现实生产力转化进程。积极发展高技术及其产业。加快科技进步，教育是基础。"九五"期间，应该在重点普及义务教育，积极发展职业教育和成人教育方面狠下功夫，取得明显进展。在加强城乡义务教育方面，要重点加强农村特别是贫困地区的义务教育，在经费、师资和教学手段上，加强对贫困地区的支持。农村义务教育要与把扫除青壮年文盲和提高劳动技能相结合，适时注入社会需要的职业教育内容。在发展职业和成人教育方面，要积极发展高中后的职业教育，使高中毕业生除进入普遍高校以外，逐步接受多种形式的学历教育和职业培训。将成人教育重点放在岗位培训和继续教育上，加强职前、职后和转岗培训教育，提高劳动者素质。

实现经济增长方式转变，无论是发挥市场竞争机制还是依靠科技进步，归根结底是要转变经济体制。"九五"期间的经济体制改革，主要有七个方面的任务。即以建立现代企业制度为目标。把国有企业改革同改组、改造和加强管理结合起来，构造产业结构优化和经济高效运行和微观基础;积极发展和完善市场体系，巩固和完善主要由市场形成商品价格的机制，除少数产品和服务价格由政府管理外，其他产品和服务价格由市场决定，积极培育和规范金融、土地、劳动力、技术、信息等要素市场;按照政企分开的原则，转变政府职能，完善宏观调控体系，使政府的经济管理职能真正转变到制定和执行宏观调控政策，搞好基础设施建设创造良好的经济发展环境上来;改革投资体制，明确各类投资主体的投资范围，规范建设项目的投融资方式和渠道，竞争性项目以企业为投资主体，主要靠市场配置资金，公益性项目主要由各级政府运用财政资金安排建设;基础性项目主要由政府集中必要的资金进行建设，实行项目法人责任制和资本金制度等;坚持和完善按劳分配为主体，多种分配方式并存的分配制度和效率优先兼顾公平的原则，规范和完善分配制度;加快养老、失业、医疗保险制度改革，初步形成社会保险、救济、福利、优扶安置和社会互助、个人储蓄积累保障相结合的社会保障制度;坚持改革开放和法制建设相统一，加快经济立法，做到改革决策、发展决策与立法决策紧密结合，把经济立法放在重要位置。

三、衔接三步走战略，构划跨越世纪的宏伟蓝图

中共中央《建议》高屋建瓴地提出了国民经济和社会发展"九五"和2010年的主要奋斗目标。《纲要》则需要根据《建议》的要求，按照速度和效益相统一，微观活力和宏观调控相统一，总量增长与结构优化相统一的原则，对"九五"和2010年国民经济和社会发展的主要奋斗目标做较为细致的勾画，使其更加具体化、形象化，更贴近人民生活实际，从而构成一幅完整的跨世纪的宏伟蓝图。

这幅宏伟蓝图的框架是:经济总量持续增长，人民生活水平不断提高。按1995年价格计算，国民生产总值从目前的5.765万亿元增加到本世纪末的8.5万亿元，2010年达到17万亿元。人民生活水平实现小康，继而达到比较宽裕，城镇居民人均生活费收入由目前的3893元增加到2000年的5000元左右，农民人均纯收入由目前的1578元增加到1920元。社会主义市场经济体制从2000年的初步建立走向比较完善。国有企业建立

现代企业制度，市场在国家宏观调控下对资源配置起基础性作用。产业结构从进一步完善走向进一步优化。国民经济技术水平和全民族科学文化素质显著提高，2000年，主要工业领域的技术水平接近或达到国际80年代末90年代初的先进水平，2010年接近或达到发达国家下世纪初的水平。2000年基本扫除青壮年文盲，2010年普及九年义务教育。2000年基本消除贫困，2010年地区发展差距逐步缩小。环境和生态破坏加剧的趋势2000年得到基本控制，2010年基本改变环境生态恶化的状况，城乡环境有明显改善。

实现上述目标，我国国民经济的整体素质将会有较大提高，国际竞争力大为增强，社会生产力，综合国力、人民生活水平再上一个大台阶，社会主义精神文明建设和民主法制建设取得明显进展。

1. 人均国民生产总值15年再增长1.5倍多，比1980年增长8·7倍。“九五”期间，我国将在总体上实现人民生活小康水平。这将是全面完成第二步战略目标的最重要标志。小康生活水平是指人民生活实现温饱以后，人民的收入水平、生活质量、消费结构有较大提高和改善，国民收入由低收入水平进入下中等收入水平。2000年，我国人均国民生产总值将达到6650元(按1980年价格计算为2200元)，再经过10年的努力，达到12140元(按1980年价格计算为4020元)，15年将再增长1.5倍多。这样，我国人均国民生产总值30年增长8.7倍，翻3番多。按照小平同志提出的按1980年汇率计算，2000年和2010年人均国民生产总值分别为1460和2680美元，进入世界中下等收入国家水平之后进一步有较大的发展。人们的吃、穿、住、用、行都将有显著的变化。2000年我国人民日均蛋白质摄入量达到72克，人均纤维消费量从4.6公斤增加到5公斤，城镇居民人均住房面积达到9平方米，住房成套率达到70%。农村居民住房质量有较大提高，环境改善，人人享有初级卫生保健，城市居民家庭彩电普及率由88.7%提高到100%，农村家庭彩电普及率由15.5%提高到30%。全国电话普及率由4.6%提高到10%，城市达到25%左右。

2. 国民经济总量比1980年增长12.5倍，15年将再翻1番半，经济实力显著提高。2010年我国国民生产总值将达到17万亿元，在1995年比1980年翻两番的基础上，再翻1番半。届时，我国经济总量在世界上的位次将会由目前的第7位继续前移。我国国民生产总值连续30年保持8.8%的年平均增长速度，这将是世界上绝无仅有的。

目前，我国主要工农业产品产量中的粮食、棉花、煤炭、水泥、棉布、电视机产量居世界第一位，发电、钢、化肥、化纤产量居世界第二位，石油、合成橡胶产量居世界第五位。“九五”期间，上述产品的生产能力和产量还将有较大增长，有些产品产量在世界上的位次还会前移，适应技术进步和市场需求，有些产品结构将有较大调整。预测到2000年，粮食产量达到4.9～5亿吨，棉花450万吨，原煤14亿吨，发电量1.4万亿千瓦小时，原油1.55亿吨，化肥2840万吨，钢1.05亿吨，乙烯420万吨，汽车270万辆，集成电路25亿块，铁路货运量18亿吨，电话交换机总容量1.74亿门。

3. 产业结构进一步优化能力，生产能力大为增强。三次产业结构比重由目前的19.7:49:31.3转变为2000年的14∶52∶34，2010年的10∶50∶40。“九五”期间，农业的基础地位得到巩固和加强，主要农产品稳定增长。基础设施和基础工业制约国民经济发展的矛盾基本缓解。机械、电子、石油化工、汽车和建筑业进一步发展壮大，成为带动经济增长和结构升级的支柱产业。到2010年，产业结构达到工业化国家初期的水平，产业技术水平和经济规模进一步提高。农业的商品化、专业化的程度明显提高，农业基础设施进一步完善，综合生产能力和抗御自然灾害的能力有很大增强。适度规模经营和农工商一体化经营大幅度展开，农业劳动生产率有较大提高。能源、交通、主要原材料工业制约国民经济发展的矛盾基本解决，生产和消费结构得到改善;综合运输体系和现代化通信体系基本形成。机械、电子、汽车、石油化工、建筑业等支柱产业成为推动国民经济成长的主要动力，对提高国民经济整体素质，增强国际竞争力发挥巨大的作用。

4. 国民经济技术水平和全民族科学文化素质将有显著提高。到2000年，科技进步对经济增长的贡献率由目前的不到30%提高到40%以上，对农业的贡献率由目前的35%提高到50%左右。产业技术结构和水平发生重大变化，与发达国家的差距缩小。

“九五”期间，我国将强化科技兴农，实施粮食“种子工程”，将重要农作物用种全面更换一次。提高产业技术进步水平，重点开发70万千瓦水轮发电机组、超临界和联合循环大型火电机组、6万吨乙烯裂解炉、大型船舶。推广钢铁生产高炉喷煤、连铸、连轧技术，2000年，连铸比提高到70%，板管比提高到44%。积极发展高技术，重点加快高速铁路客运和重载、亚微米集成电路和8英寸硅单晶制造、电子自动化、石油钻采、低温核供热、同步数字系列通信、大容量数字程控交换机等高技术的产业化步伐，使6英寸、0.8微米集成电路形成工业化大生产。加强社会发展重点领域的科学研究与技术开发，在计划生育、重大疾病防治、新药创制等方面攻克一批关键技术。继续开展洁净煤燃烧技术、废弃物再生技术等。“九五”期间，我国将重点普及义务教育，积极发展职业技术教育和成人教育。2000年，全国基本普及九年制义务教育，基本扫除青壮年文盲，小学学龄儿童入学率达到99%以上，初中入学率达到85%左右。

5. 建立健全社会主义市场经济体制，市场在国家宏观调控下对资源配置起基础性作用。“九五”期间，以公有制为主体，多种经济成分共同发展的格局得到巩固；大多数国有大中型骨干企业建立现代企业制度；统一、开放、竞争有序的市场体系初步形成；以按劳分配为主体，多种分配方式并存的分配制度进一步完善；适应社会主义市场经济体制的宏观调控体系和法律体系基本确立。2010年，社会主义市场经济体制进一步完善，现代企业制度基本完善；市场体系基本成熟，商品市场发达，要素市场比较完善，市场配置资源的机制得到更全面的发挥；宏观调控体系规范化，对经济总量和结构的调节更加灵敏有效；有中国特色的多层次的社会保障体系基本定型；经济管理的法制化程度达到较高水平。

6. 集中力量建设一批对国民经济和社会发展具有全局性、关键性工程。“九五”期间，重点建设一批具有综合效益的大中型水利工程，增加供水能力400～500亿立方米，力争使各大江河达到防御建国以来发生的最大洪水标准。改造中低产田1400万公顷。建设神黄铁路第二运煤通道等九条大能力干线，4条国道主干线的一些重要路段，“八纵八横”光缆通信干线等。

下个世纪前10年，集中力量建成黄河小浪底、长江三峡等大型水利枢纽工程，基本解决长江、黄河水患，兴利除害；建设南水北调等跨流域调水工程，缓解北方严重缺水的矛盾。着手建设京沪高速铁路，形成大客运量的现代化运输通道。准备或着手建设新的现代化大型钢铁基地，满足国民经济发展对钢铁新品种的需要。集中必要的力量改造和扩建支柱产业中具有竞争优势的骨干企业，向百万辆汽车、千万吨炼油、百万吨乙烯的规模发展。进行新一代集成电路的研制开发工程，在技术上迎头赶上当时的世界先进水平。在有条件的地区进行现代化信息基础设施建设。

四、适应社会主义市场经济发展的需要，加强和完善宏观调控

我国“八五”经济运行的实践证明，进行社会主义市场经济建设，需要加强和完善宏观调控。搞社会主义市场经济，强调市场配置资源的基础性作用，政府经济管理工作将减少直接参与竞争性领域资源配置的活动，而将着重点放在改善和加强宏观调控，稳定和改善经济环境，维护市场经济运行的公开、公平与公正。根据我国市场经济还不完善，经济发展中一些制约因素如资源相对不足，通货膨胀和就业压力较大等问题，《纲要》应从经济增长速度、价格总水平、固定资产投资、财政收支、货币供应、国际收支和人口就业等七个方面提出宏观调控目标和宏观调控政策取向。

1. 保持需求总量的适度增长和需求结构的协调合理，按国民生产总值年均增长8％把握宏观调控力度。继续实行适度从紧的财政政策和货币政策。保持国际收支平衡。保持合理的投资规模，大力调整投资结构。着力加强第一产业，提高农业对国民经济发展的支撑作用，调整和提高第二产业，振兴支柱产业，积极发展第三产业。合理引导消费，形成适合我国国情特点的消费结构和消费方式。保持消费基金合理增长，调节收入分配结构。

2. 保持总需求与总供给的基本平衡，大力增加粮食等紧缺产品的有效供给，缓解结构性供求矛盾，加强流通体制改革，减少流通环节，降低流通费用，加强价格法规建设和价格监督检查，规范市场价格秩序，明显降低物价上涨水平，首先使物价上涨率低于经济增长率。同时，还要考虑继续理顺基础产业的重点产品和服务价格。

3. 从保持合理的投资规模出发，“九五”期间按30％把握全社会固定资产投资率。并继续实行年度投资规模与在建总规模的双重调控，投资规模控制以资金源头控制为主。国家投资集中用于加强农业、水利、能源、交通、通信和支柱产业的重点建设。实行投资的合理分工，中央掌握的建设资金集中用于全国性或跨地区的基础设施、基础产业和支柱产业的重点工程，以及科技、教育、国防等方面的重点建设。地方政府投资主要用于本地区公益性、基础性项目。规定，除预算内资金建设的公益项目外，所有新建项目都必须有资本金和铺底流动资金，建设项目的审批必须以规模经济标准、技术标准和环境保护标准和土地使用计划为依据。

4. 调整国民收入分配格局，强化税收征管，提高财政收入占国民生产总值的比重，以及中央财政收入占全国财政收入的比重。完善税制，统一内外资企业所得税，建立覆盖全部个人收入的分类与综合相结合的个人所得税制。完善分税制，调整地方税制结构，严格控制税收减免，清理整顿预算外收支和财政信用。控制财政支出，调整支出结构，努力做到财政收入增长高于财政支出增长，逐步减少财政赤字，实现财政收支基本平衡。控制国债规模，使年度发债规模保持在合理的界限之内。

5. “九五”期间，狭义货币供应量年均增长18％左右，广义货币供应量年均增长23％左右。实行适度从紧的货币政策，改善金融调控方式，充分运用多种货币政策工具，严格控制货币供应总量，建立统一的、有透明度的货币市场，规范各类金融机构的同业拆借业务，基本放开同业拆借利率。加大对农业的信贷投入，保证国家银行新增信贷总规模的10％用于农业。流动资金贷

款要重点支持产品有市场、有效益的企业，固定资产贷款要保证国家重点建设，严禁挪用、挤占流动资产贷款搞固定资产投资。

6. 按照国际通行规则，采取统一、科学、公开的调节手段促进商品出口和非贸易创汇继续增长，优化进出口结构。继续实行对外借款的全口径计划管理，控制外债余额的过快增长。按照产业政策引导外资投向，优化外商投资结构。到2000年，国际收支中经常项目项下的进出口贸易基本平衡，非贸易往来力争减少逆差；资本项目保持适当顺差。

7. "九五"期间，要继续坚定不移地贯彻执行计划生育基本国策，人口自然增长率年均控制在10.83‰，到2000年把总人口控制在13亿以内。重点做好农村和流动人口的计划生育工作，将农村计划生育工作同发展经济，帮助农民勤劳致富奔小康以及扶贫工作结合起来。积极拓宽就业渠道，统筹规划，不断扩大城乡就业，促进城乡劳动力合理有序流动。五年新增城镇就业岗位4000万个，城镇失业率控制在4％左右，农村剩余劳动力向非农产业转移4000万。引导和组织农业劳动力向农业深度和广度开发，积极发展乡镇企业，增加劳动积累型工程和城乡基础设施建设。建立规范划劳动力市场，促进城乡劳动力合理有序流动。

从总体上说，《纲要》确定的宏观调控目标，对微观经济活动不具有约束力，也不直接干预企业的生产经营决策，但它通过政府的调控政策引导或调整市场配置资源的方向、方式和力度，进而影响企业的生产经营决策。对政府部门特别是司职宏观管理的综合部门则不同，要求他们必须认真执行，从而保证政令统一、政策统一和宏观调控的效果统一。

五、实施可持续发展战略，推进国民经济和社会事业协调发展

"保持社会稳定，推动社会进步，积极促进社会公正、安全、文明健康发展。"是我国物质文明和精神文明建设的重要内容。适应可持续发展的要求，《纲要》应把处理好经济建设与人口、资源和环境的关系，强化经济、科技、教育和社会的协调发展，上升到战略的高度来规划，这是《纲要》思路的另一个突出特点。在"九五"计划和2010年远景目标制定过程中，我国提出了"科教兴国"和"可持续发展"两大新战略，将面向经济建设加快科技进步，优先发展教育提高国民素质，坚持计划生育严格控制人口增长，加强环境、生态保护和合理开发利用资源等问题作为持续发展的核心内容。研究提出了未来15年我国社会发展的战略目标、指导方针，以及包括控制人口，提高人口质量，加快教育发展、加强环境保护和国土整治、消除贫困、建立社会保障体系规划和发展小城镇建设等内容的主要任务和政策。2000年全国人口控制在13亿以内，城镇社会保险的覆盖面达到80％以上，农村中各类保险的覆盖面达到30％以上。以农村为重点，积极发展卫生保健事业，普及初级卫生保健。广播、电视人口覆盖率分别达到85％和90％。于1994年研究提出了《中国21世纪议程》，并决定将其中的主要内容作为《纲要》实施可持续发展战略的重要内容加以落实。根据全国科技大会的精神，研究提出加速科技进步，推进科技成果商品化、工程化的发展方向和政策措施。特别提出了加强社会发展重点领域的科学研究与技术开发要求在计划生育、重大疾病防治、新药创治等方面攻克一批关键技术。继续开展洁净煤燃烧技术、废弃物再生技术、防灾减灾技术等的研究与应用。

我国耕地、水和矿产资源的人均占有量都比较低，今后随着人口增加和经济发展，对资源总量的需求更大，环境保护的难度更大。必须根据国情特点，选择有利于节约资源和保护环境的产业结构和消费方式。坚持资源开发和节约并举，克服各种浪费现象。"九五"期间要依法保护并合理开发土地、水、森林、草原、矿产和海洋资源，完善自然资源有偿使用制度和价格体系，逐步建立资源更新的经济补偿机制。环境保护是我国的基本国策，要坚持经济建设、城乡建设与环境建设同步规划、同步实施、同步发展。健全环境保护的法规体系和管理体系，依法管理和保护环境。加强工业污染的控制和治理，逐步从末端治理转到生产的全过程控制。加快水土流失地区的综合治理和森林植被的恢复发展，控制农田污染和水污染。到2000年，力争使环境污染和生态破坏加剧的趋势得到基本控制，部分城市和地区的环境质量有所改善，工业废水处理率达到83％；废水处理率达到83％，废气处理率达到86％，固体废物综合利用率达到50％，森林覆盖率达到15.5％。统筹规划城乡建设，严格控制城乡建设用地。加快市政共用事业发展。加强村镇基础设施建设，有序发展一批小城镇。

到2000年，基本消除贫困现象，解决6500万贫困人口的温饱问题，既是我国经济和社会发展的主要奋斗目标，也是中国政府在《中国21世纪议程》中向全世界所做的承诺。改革开放以来，我国用了不到10年的时间，基本解决了全国人民的温饱问题。经过15年的努力，使1.8亿多人口脱贫，这是不小的成绩。目前，全国仍有6500万贫困人口，而且大多分布在生存条件差、交通落后、经济不发达的中西部地区和边远山区。据统计，国家重点扶贫的592个县中，中西部地区为510个。大大增加了扶贫工作的难度。为了使这6500万人口在本世纪末脱离贫困，因此《纲要》从加大扶贫工作力度

和支持加快中西部地区经济开发，创造条件缩小发展差距两个角度提出了一系列措施。

切实落实国家扶贫攻坚计划，继续执行扶持贫困地区经济发展的各项优惠政策。各级政府都要增加对扶贫开发的投入，增加中央承担的以工代赈资金。各级地方政府也要严格按照确定的比例落实以工代赈资金。广泛动员全社会关心和支持扶贫开发工作，加强发达地区对贫困地区的支援，巩固和发展各种形式的对口扶持。

积极扶持中西部地区加快改革开放的步伐，加强水利、交通、通讯建设，发挥资源优势，大力发展农、林、牧业及其加工业，开发能源和矿产资源，提高加工深度，使资源优势逐步转化为经济优势。"九五"期间，优先在中西部地区安排资源开发和基础设施建设项目，全国基地性的资源开发项目，国家实行投资倾斜，跨地区的能源、交通、通讯等重大基础设施建设项目，以国家投资为主。引导东部地区资源加工和劳动密集型企业向中西部地区转移。理顺资源性产品价格，提高资源开发收益，增强中西部地区自我发展的能力。随着全国经济的发展和中央财政实力的增强，逐步增加对中西部地区发展的财政支持。提高国家政策性贷款投向中西部地区的比重。引导更多的外资投向中西部地区，国际金融组织和外国政府贷款的60％以上要用于中西部地区。加强东部沿海地区与中西部地区的经济联合与技术合作。鼓励东部沿海地区向中西部地区投资，组织好中西部地区对东部沿海地区的劳务输出。

六、加大产业结构调整的力度，着重解决关系全局的重大问题

作为社会主义市场经济建设过程中的第一个中长期计划，《纲要》不再面面俱到地规划国民经济各行各业的发展，过多过细地规划建设项目，而将保持国民经济持续健康快速发展的重点放在引导和加大产业结构调整力度，着重解决国民经济发展中关系全局的重大问题。"九五"期间，要通过市场机制和国家宏观调控的作用，重点加强农业、水利、能源、交通、通信，振兴支柱产业，发展高技术产业，调整提高轻纺工业，积极开拓第三产业。以建立现代企业制度为目标，把国有企业的改革同改组、改造结合起来，构造产业结构优化和经济高效运行的微观基础，调整区域经济发展的布局结构，创造条件缩小地区间经济发展的差距。

(一) 切实加强农业，全面繁荣农村经济　在我国，农业是国民经济的基础产业，全国人口的80％在农村。农业又是弱质产业，随着工业化进程的加快，传统农业的比较效益下降，农民收入增长缓慢，农民务农的积极性下降，不仅全国实现小康水平的难点在农村，而且随着城市化和工业化步伐的加快，耕地资源逐年减少，生态破坏加剧，农业生产条件不断恶化。这些为"九五"期间的国民经济稳定发展提出了严峻的挑战。同时，也应看到，我国农业发展的潜力还很大，能够立足国内解决自己的吃饭问题。我们还有9亿亩中低产田，通过应用先进技术，增加投入，提高单产的潜力很大。为了农业的稳定发展和粮食增产，多年来党中央、国务院采取了一系列重大政策措施，已经收到了明显的成效。加强农业、重视农业已经是全党和各级政府的共识。只要政策对头，措施得力，努力提高农业的比较效益，调动广大农民的务农积极性，保持农业的稳定增长和农产品稳定增产是能够做得到的。

"九五"期间农业发展的任务是，保证粮棉油等基本农产品的稳定增长，粮食产量达到4900—5000亿公斤；努力缩小工农业产品价格剪刀差，保证农民收入有较快增加，生活达到小康水平，逐步缩小工农差别、城乡差别，巩固工农联盟。为了实现上述任务，"九五"期间：①要继续稳定党在农村的基本政策，深化改革。在完善家庭联产承包为主的责任制和统分结合双层经营体制的基础上，鼓励土地使用权依法转让，在有条件的地方逐步推进土地适度规模经营。鼓励发展多种形式的合作与联合，发展连接农户与市场的中介组织，大力发展贸工农一体化，积极推进农业产业化经营。②继续完善重要农产品价格体系、流通体制和储备调节制度，进一步理顺农产品和农业生产资料价格，增加对农业的投入逐步提高固定资产投资、预算内资金和信贷资金用于农业的比重。鼓励和引导农村集体、乡镇企业和农民增加对农业的投入。③保持耕地面积长期稳定，严格控制非农占用耕地，减少灾害毁损耕地，大力开垦宜农荒地。④加强水利建设，提高防洪、抗旱、排涝能力，坚持开展以农田水利建设为重点的农业基础设施建设，大力推广滴灌、喷灌等节水灌溉技术。⑤加快中低产田的改造，建设稳定的商品粮基地，搞好黑龙江、新疆、吉林等地区的连片开发和两面生产基地建设。⑥加强林业建设。⑦强化科教兴农，突出抓好种子工程。⑧加快农用工业发展。⑨全面发展农村经济，努力提高乡镇企业的素质和水平，引导乡镇企业合理集中，把发展象征企业和建设小城镇结合起来，促进农业剩余劳动力有序转移。⑩ 加大扶贫工作力度。此外，在科技教育、卫生文化等方面也要把农业技术、农村教育、农村卫生事业、农村文化事业放在首位。

(二) 继续加强基础设施和基础工业　"八五"期间，我国的能源、交通、通信建设步伐加快，生产能力提高，对国民经济发展的瓶颈制约有所缓解。但从总体上看，基础设施和基础工业滞后的矛盾仍然十分突出。仍

须继续加强基础设施和基础工业的建设。“九五”期间，要统筹规划，合理布局，集中力量保重点，有计划地建设一批重点骨干工程。

1. 能源工业。 坚持节约与开发并重，把节约放在突出地位，大力调整能源生产消费结构，推广先进技术，提高能源生产效率。以电力为中心，积极发展坑口电站，变输煤为输电；实行流域梯级滚动开发，大、中、小结合的水电发展方针；积极研究和应用远距离超高压输变电技术，促进水电“西电东送”和坑口电站跨区域送电。以煤炭为基础，在保持合理开发强度的前提下，稳定东部煤炭产量，重点加速山西、陕西、内蒙的煤炭开发，建设一批用人少、效率高、效益好的骨干矿井。乡镇煤矿要走扶持、改造、整顿、联合、提高的路子。加强石油、天然气的资源勘探与开发，增加后备储量，保持稳步增产和利用部分国外资源。积极发展新能源。加强节能立法和执法监督，制定节能标准和规范，强制淘汰高耗低效产品，大力推广高效节能产品。

2. 交通通信。交通运输以增强铁路运输能力为重点，充分发挥公路、水运、空运、管道等多种运输方式的优势，加快综合运输体系的建设，形成若干条通过能力强的南北向、东西向的运输大通道。铁路要集中力量打通主要限制口和扩大西南通道，继续建设运煤通道，完善南北通道，强化东北通道，延长西北通道。发展货运重载运输、增开旅客列车，提高行车速度。实行以地方为主，国家为辅的方针，重点抓好公路国道主干线建设，带动整个公路网的完善和配套。发展重载货车、集装箱托挂车和高中档客车。重点建设与运输大通道相联系的煤炭、原油、铁矿石、集装箱、滚装船运输系统。按照统筹规划，合理布局，干支衔接，突出重点，完善配套的方针，集中力量建设大型枢纽机场和省会城市的机场，采用先进技术和装备，加强机场、航管、供油、维修设施建设，提高飞机载运率。

邮电通信建设要积极采用先进技术和设备，坚持高起点，统筹规划，分层负责、联合建设的方针，继续加强长途干线网的建设，对现有微波干线进行数字化改造，建设和完善以程控交换机为主的城乡电话网。国家重点建设国际通信、省际干线和中心城市的邮政电信枢纽，地方投资进行省内干线、市内电话等通信设施建设。

3. 原材料工业。 重点是增加品种、提高质量、降低消耗、搞好资源综合利用，推进企业技术改造，增强竞争能力。新增生产能力以现有企业改扩建为主，走以内涵为主的道路，通过企业改扩建，形成合理经济规模，尽量少布新点。加快淘汰化铁炼钢、平炉炼钢、横列式轧机等落后技术，推广高炉喷煤、连铸、连轧技术，使连铸比、板管材比、综合成才率有较大提高。加快有色金属工业新技术应用的步伐，通过系统的技术改造扩大生产能力，增加品种，重点发展氧化铝和建设新的铜基地，加快有色金属和半导体硅材料新产品的开发。大力发展煤化工、天然气化工、支农化工和精细化工，积极发展支柱产业和其他产业需要的有机化工和无机化工材料。建材工业以调整结构，节能、节地、节水，居民身份证污染为重点，通过对现有企业的改造、扩建，提高单位生产线规模水平，增加优质产品，开发和推广新型建材及制品。限制实心粘土砖的生产和使用。

(三) 振兴支柱产业和调整提高轻纺工业 80年代以来，我国经济的快速增长主要是靠轻纺工业和消费类电子工业以及能源、原材料工业发展带动的。但是，近些年来轻纺工业和消费类电子产品的一般消费趋于饱和，市场容量日趋狭窄。必须选择新的支柱产业，带动总体经济的迅速成长。因此，振兴机械、电子、石化、汽车和建筑业就是必然的选择。“九五”期间，支柱产业要进一步面向市场，激发竞争活力，依靠市场配置资源。同时，要确定有限目标，择优扶强，集中突破，提高技术起点，形成经济规模。机械工业重点是提高电力、化肥、乙烯等大型成套设备的开发和制造水平，改进数控机床等重要基础机械以及液压、起动、密封、仪器仪表等主要机械基础件的性能和质量。电子工业重点是发展大规模集成电路、新型元器件、计算机和通信设备，增强为经济和社会发展提供信息化系统和装备能力。实施集成电路工程，使6英寸、0.8微米集成电路形成工业化大生产，建成8英寸、0.5微米集成电路，投入工业性生产，研究开发0.3微米技术。石油化工重点是发展合成纤维、合成树脂、合成橡胶。提高炼油企业经济规模、产品档次和质量；走以改造扩建现有依稀装置为主的道路，使依稀装置向45万吨以上的规模发展。汽车工业重点是发展汽车零部件、经济型轿车和重型汽车，建立自主的汽车技术开发体系，实行规模经营，以大集团为主，促进汽车工业集中投资和产业重组。建筑业重点是建设城乡居民住房和公共工程，改进和提高设计水平，加强施工管理，提高工程质量。逐步建立建筑业市场体系，理顺建筑产品价格。

(四) 积极发展第三产业 适应人民生活实现小康水平的需要和经济发展结构转换的要求，“九五”期间，我国第三产业应该得到积极的发展，形成合理的规模和结构。要继续大力发展商业零售业，促进商业竞争，降低商品价格；完善农副产品、工业消费品和生产资料批发市场。适应城乡居民消费需求的变化，开拓新的饮食服务领域，提高服务质量；适应城镇职工休闲时间的增加，积极开发和利用旅游资源，加快国际旅游和国内旅游业的发展。加快科技、工程、管理、统计、审计、会计和法律咨询等信息咨询业的发展，促进信息市场健康发展，推进国民经济信息化建设。

(五) 建立现代企业制度，搞好国有企业改革 我国国有企业特别是大中型国有企业是我国社会主义经济的支柱。目前，国有企业的户数只占全部企业户数的18%，但提供的就业岗位占68%，资产总额占61%，销售额占55%，实现利税占60%。由于历史和体制的原因，国有企业在生产经营中积累了许多深层次的矛盾。主要表现是：(1) 经济效益低，亏损严重，工业企业亏损面在三分之一以上。(2) 债务负担沉重。目前，国有企业资产负债率平均达74%左右，企业流动资金几乎全部依靠银行贷款。(3) 富余人员多，社会负担重。据估算，国有企业富余职工约1500万人，占国有企业职工总数的近五分之一。离退休人员的比重加大，企业办社会的负担沉重。彻底解决这些矛盾，从根本上说，必须依靠改革，加快国有企业的市场化进程，对国有企业实施战略性改组。到本世纪末，使绝大多数大中型国有企业初步建立现代企业制度，通过改组改造、联合、兼并、股份合作制、租赁、拍卖等多种形式，放开搞活国有小企业。把优化国有资产分布结构、企业组织结构同优化投资结构有机地结合起来，择优扶强，加快国有企业技术进步的步伐，加快老工业基地的改造。使国有企业在技术开发、产品更新、节能节耗、提高效益等方面迈出更大的步伐。通过产业重组和投资结构的调整，支持一批具有竞争力的企业提高经济规模，包括汽车向40万辆乃至100万辆的规模，炼油工业向1000万吨的规模，乙烯工业向45万吨乃至100万吨的规模发展。电力工业使用大功率高参数的发电机组，煤矿工业发展用人少、机械化程度高、产量大的矿井等。重点建设一批对改变产业面貌有决定作用的大型企业。例如新建和改造化肥工业基地，改造和扩建一批电子工业基地，新建和改造一批大型火电基地，建设光缆通信、卫星通信为支撑的国家基础信息设施，完善铁路干线体系等。这些建设，将使我国国有企业的资产规模不断壮大，技术水平迅速提高，竞争能力不断增强。

(作者所在单位：国家计委长期规划和产业政策司)

实现经济增长方式转变的剖析与研究

国家统计局综合司宏观经济分析课题组

一、改革16年来经济增长方式的变化及特征

所谓经济增长方式，顾名思义，就是指实现经济增长的途径。不同的国家有不同的经济增长方式，不同的经济体制也有不同的经济增长方式，同一国家不同时期的经济增长方式也具有不同的特点，好的适应国情的经济增长方式对一国经济发展具有极其重要的作用。改革开放16年以来，我国的国民经济实现了年均9.8%的高速增长。靠什么方式实现了这种高增长呢?

(一) 高储蓄、高投资、高消耗 1978—1994年，我国的储蓄率一直保持在40%左右，最高的年份达到42.7%。与世界其他国家相比，保持了较高的水平。1992年，储蓄率较高的日本为34%。高储蓄为高投资创造了条件，从而也为高增长奠定了基础。16年来，我国经济正是沿袭了这样一条运行轨迹。根据cobb－douglus生产函数，我们利用历史数据，对经济增长中劳动力、资本和技术进步的弹性进行了估计，并由此计算了劳动力、资本、技术进步对经济增长的贡献情况。改革开放16年来的劳动力、资本及技术进步对GDP增长的贡献率分别为26%、57%和17%，劳动力和资本投入的作用仍占83%。从物耗情况来看，1978年物耗率为52.1%，1993年，上升到62.8%，这说明我们的经济高增长又是靠高消耗获得的。这种高储蓄、高投资、高消耗、高增长流程，在一个人口众多的大国经济起飞阶段，在一个经济发展的首要矛盾是解决物质产品数量不足的国家，带有一定的客观必然性。

(二) 产业结构由重型结构向轻型结构转化 这一时期，我国的产业结构处于一个动态的过程，进行着由重转轻的调整。改革之初，由于历史原因，我国产业结构以重工业尤以军工工业为主，这种产业结构，使社会消费品生产严重不足，短缺现象十分突出，严重制约着经济的顺畅循环和人民物质生活水平的提高。因而从1978年开始，国家及时调整产业发展战略，强化发展农业和优先发展与居民生活密切相关的轻工业。改革16年，农业总产值年均递增6.2%，远高于改革前只有3.3%的水平。轻工业发展更为迅速，年均增长15.5%，同期重工业年均增长11.9%。1994年，在乡及乡以上工业生产增长份额中，轻工业所占份额已达52.4%，比1978年提高了9.3个百分点，工业消费品生产有了极大的发展，市场需求状况发生了转折性的变化，由供应严重不足转到了供应相对过剩。与此同时，与人民生活密切相关的第三产业也有了明显发展，在国内生产总值

的比重由1978年的23.7%上升到1994年的31.8%。正是由于产业结构符合了经济发展阶段的市场需求，使得经济增长得以持续下去，形成良性循环。

（三）所有制结构的多元化 改革开放之前，我国基本是以单一的公有制经济为主。党的十一届三中全会以后，国家在保证公有制经济占主体的同时，积极鼓励发展多种所有制。乡镇企业异军突起，城镇个体、私营企业快速发展，外资企业迅猛壮大，使经济增长以国有经济为主的格局发生了重大变化，非国有经济成为经济高速发展的重要动力源。如1994年国有、集体、城乡个体和其他类型企业产值在整个工业产值中分别占34.1%、40.9%、11.5%和13.6%，而在改革之初，国有经济占比重高达80.8%，集体占19.2%，非公有制经济几乎为零。

（四）外资大量进入，外贸蓬勃发展 进入80年代以来，世界经济形势发生了根本性变化，全球经济一体化成为国际经济的基本趋势。我国在改革开放的16年中，所走过的正是一条逐步打开国门、使国内经济与国际经济接轨，融入世界经济发展潮流的道路。1980年起相继成立了深圳、珠海、汕头、厦门首批四个经济特区(后来又成立了海南省经济特区)，继而开放了沿海十四个港口城市及珠江三角洲、长江三角洲及闽南三角地带等，逐步形成了从沿海到内陆，从沿江到沿边的全面开放格局。从1979年到1994年我国共签订利用外资项目22万多个，实际利用外资金额1810亿美元，其中借用国外贷款811亿美元，外商直接投资及其他999亿美元;同时积极发展对外贸易，促进国民经济发展。1994年，我国进出口总额2367亿美元，比1980年增长6.2倍，年均增长15.1%，进出口总额相当于国内生产总值的比重由1978年的9.8%提高到45.3%。与此同时，积极组织和参与国际交流，学习国外的先进经验和知识，引进人才和技术，多方位、多视角、多层次地吸取人类的文明成果。对外经济的发展，不仅弥补了国内资金、资源的不足，而且对扩大就业、提高技术水平、开拓国际市场起了积极作用。

（五）经济体制改革使市场作用大大增强 经济体制改革是16年来我国经济增长最重要的推动因素，也是现行增长方式的重要组成部分。世界各国的实践证明，在现有的资源条件下，不同的体制对经济增长的作用是不同的，体制性因素已经越益成为经济增长的重要动力。现代市场经济体制是现阶段颇具效率和活力的经济体制，它既包含了刺激微观活力的机制，也包含了可通过财政、信贷等经济手段、市场规划等进行宏观调控的机制，具有较强的适应性。70年代末我国计划经济的坚冰开始融化，市场调节机制被引入社会经济生活，从而大大激活了中国的资源要素。1992年春邓小平同志视察南方所发表的讲话和党的十四大的召开，使中国终于冲破了计划经济的框框，确立了以市场机制为基础的资源配置新模式，即有中国特色的社会主义市场经济体制，从而为市场作用的发挥创造了更大的空间。16年来渐进式的经济体制改革，打破了封闭、僵化的旧体制对生产力的束缚，为我国的经济发展注入了巨大的活力，成为16年经济高速增长的原动力。

二、对现行经济增长方式的剖析

在第一部分，我们已经归纳总结了现行经济增长方式的主要特点，与改革前30年增长模式进行比较，便可以得出这样的结论：现行经济增长方式是对改革前增长方式的一种不完全的扬弃，它仍沿袭了部分老模式的套路，但又注入了许多新的因素。

第一，现行经济增长模式在生产要素的投入和使用方面，仍未摆脱高投入、高消耗的特征，在这一点上，与改革前增长模式没有大的变化。改革开放以来，我们一直强调要提高经济效益，走出一条高效益的经济增长之路，但经过16年的努力，效益的问题却始终未能很好解决。从劳动力、资本、技术进步等对经济增长的贡献率看，改革前后几乎没有大的改观。

第二，在非国有经济作用日益增强的同时，国有经济的机制尚未发生根本性的变化，负盈不负亏，不能优胜劣汰，资源优化组合问题没有很好解决，不仅影响国有经济的活力，也影响整个经济效益的改善，是现行经济增长方式保留传统体制色彩最浓的一块。

第三，改革前走的基本是一条闭关锁国的封闭式经济之路，外经对国内经济的作用十分有限;改革后，打开国门不断加深对外开放的程度，加强国际联系和交往，广取经验，吸引外资、引进技术，积极参与世界竞争，外经对国民经济的作用增大。

第四，产业结构有所调整，合理程度有所提高。农业生产有了较快发展，基本解决了12亿人的温饱问题，但农业的基础地位仍不牢固，现代化水平较低;第二产业继续保持快速发展，工业消费品生产能力大大提高，但基础工业发展相对滞后，加工工业低技术、劣质量、缺规模问题依然突出，建筑业的支柱产业作用仍不明显;第三产业迅猛发展，但仍不够发达，流通领域的问题较多，金融矛盾不少，社会事业还较落后。

第五，城乡分割的二元经济结构有所改变，城市化水平提高。城市人口与乡村人口的比重已由1978年的17.9：82.1，提高到1994年的28.6：71.4。如果考虑非城市户口，而又长期在城市生活工作的流动性，以及部分农村人口极少从事农业生产等因素，则城市化程度还会更高，但农村大量剩余劳动力的问题依然十分突出，城市化进程仍赶不上经济发展水平。

第六，经济体制发生了比较大的变化，正在初步形成适合本国国情的市场经济体制框架，市场机制在资源配置过程中正在发挥着重要作用。但是体制改革远未到位，影响生产力解放和发展的因素仍不少，资源配置非市场化现象仍比较突出。

总之，改革16年来，我国经济增长方式已经发生了许多积极的变化，对我国经济高速发展，起了极大的推进作用。它打破了原有的计划一统天下的格局，引入市场机制，利用价格原则、竞争原则、风险原则和效益原则，发挥每一生产要素的作用，激发每一劳动者的生产积极性，进一步提高全社会劳动生产率水平，进一步解放了生产力。正是由于现行经济增长方式相对改革前已发生了许多积极变化，才使我国经济实现了年均9.8%的高速增长，国民经济总体实力得到加强，企业经济行为正在改变，最明显的是企业再也不是单纯为生产而生产了，有无市场需求逐渐成了企业生产是否成功的标志。在市场需求的导向下，各类产品再也不可能十几年一贯制，更新换代速度加快，技术含量、产品功能、外观设计、内在质量等都有了很大的提高，仅以家用电器、服装、家俱、食品等与人们日常生活休戚相关的商品为例，任何人都不难从中体验出这种变化。可以说，现行的经济增长方式，不仅适应了中国人多的国情，而且也较好的保证了我国渐进式改革的初步成功，初步实现了我国从计划经济体制向社会主义市场经济体制的转轨过渡。如果将我国经济改革和发展与前苏联及东欧诸国经济改革和发展相比较，则更是如此。对此国际舆论也不得不承认，中国正在创造着一个奇迹。

然而，我们也必须清醒地看到，尽管现行的经济增长方式，对推动我国经济高速增长起到了积极的作用。但发展至今，其本身存在的问题和不足已经日渐严重的暴露出来，伴随着经济发展的阶段性变化和经济体制改革的要求，以及国际经济的新趋势，这种增长方式转变的不彻底性、局限性和阶段性已经到了非解决不可的地步。

——经济效益低，资源紧缺的制约日益严重。如前所述，16年来，物质消耗水平越来越高，反映宏观经济效益的综合指标增加值率不断下降。如日本每年消耗的能源总量与我国几乎相当，但其创造的国民财富却比我国高2—3倍。若按照我国目前的单位产品能源消耗水平，2000年我国将要消耗能源18.2亿吨，而届时能源的生产总量仅能达到15亿吨左右。耕地资源的占用也相当惊人，1978年我国人均耕地尚有1.54亩，但到1994年则下降到1.19亩。部分老企业和一些乡镇企业的技术装备水平极低，许多早应淘汰的设备仍在靠高消耗维持运转。加上法律不健全，管理不严，对各种矿藏破坏性开采，浪费资源的例子俯拾皆是。我国本来就是一个人均资源相当稀缺的国家。如人均水资源占有量仅为世界平均水平的25%；人均耕地面积仅为世界平均水平的三分之一。再要走高消耗的老路肯定是难以为继的。

——经济增长的稳定性差，经济波动的频率增大。现行的经济增长方式，尽管创造了较高的增长速度，但经济增长的稳定性较差，16年来共发生了四次经济波动，经济增长率的标准差为6.01，而韩国、印度等国的标准差仅为3.4和4.1。16年来国民经济的发展始终没能摆脱“一松就热，一热就胀，一胀就紧，一紧就冷”的循环链。宏观调控部门总是在被动救火。其主要原因就是现行的经济增长方式的效益不高，资源消耗水平高，加上体制性通货膨胀因素没有完全消除，因而经济加速增长总是伴生高的通胀率。

——国际经济联系更加密切，国际竞争日趋激烈的压力增大。对外开放，在促进国民经济发展的同时，也带来了另一方面的效应，即外国产品、服务纷纷涌入国内市场，对本国经济造成了很大的竞争压力。国际竞争说到底就是经济实力的竞争，就是科技的竞争，就是质量的竞争。

——经济发展新阶段的要求。经过几十年的经济建设，我国经济总量已有了相当的扩大，尤其是加工工业生产能力空前庞大。使我国经济发展已进入一个量与质兼顾的新阶段。量的问题不言而喻，质的问题就是提高经济效益和运行质量，增强经济的竞争力。但是产业结构和企业组织结构低水平、低等级的问题十分突出，严重制约了宏观经济效益和质量的提高。如不加以改变，势必影响经济健康发展。

——环境状况日益恶化。随着人类文明程度的提高，人类给自身所带来的最大的不幸，就是生存环境的恶化，酸雨、沙化、水土流失、环境污染等等，日益危胁着人类的生存。在城市，居民生活水平不断提高的同时，对水质、空气质量、噪声、浮尘、垃圾等的不满程度越来越高;在乡村，由于近几年乡镇企业的快速发展，污染问题也日趋严重，土法采矿、土法冶炼、随时随地排放污水，不仅浪费了资源，也破坏了植被，污染了环境。在过去的十多年中，我国水土流失面积进一步扩展，目前已在160万平方公里以上。1994年，我国的森林覆盖率为13.4%，还不及某些发达国家的一半。北京、上海、沈阳、西安、广州等大城市空气中的悬浮微粒、二氧化硫浓度等，分别超过世界卫生组织卫生标准的3—5倍和1—3倍，被列为世界污染最严重的城市之列。日益频繁的自然灾害已经向我们敲响了警钟!

上述分析说明，现行的经济增长方式，尽管相对改革开放前的经济增长方式有了较大的改变，尽管对实现国民经济的腾飞起到了积极的作用，但是都始终没能消除高投入、高消耗、低效益这一痼疾。在发展过程中所暴露出来的种种弊端，以及今后发展中将会进一步暴露出来的隐患都说明在今后的5年和下个世界初的前十年逐步改变现有的经济增长方式，以保证国民经济持续、快速、健康地发展，以提高我们的生活质量是迫在眉睫，非常必要的。

经过16年的努力，我们仍未能消除旧经济增长方式中高投入、高消耗、低效益的顽症，原因是多方面的。既有历史遗留的客观原因，也有指导思想上的主观原因，更有增长方式本身循序渐进的自然原因。自从党的十一届三中全会确立了改革开放政策以后，党中央、国务院一直致力于避免“大跃进”时的贪大求快的冒进，确立了实事求是的指导方针。但当我们打开国门发现本国的经济竟落后于发达国家几十年时，自觉不自觉的就产生了急于求成的思想，对一个地区和部门领导的考核仅仅注重发展速度指标，而不注意经济效益、经济发展质量。加上改革后并没能割断政府与投资、经营的直接联系，铺摊子、上规模、求速度，就成为各级领导的追求目标，抓效益也往往成了一句空话。从客观上讲，现行经济增长方式的形成，与当时我国的实际情况是分不开的，可以说是当时生产力水平下的必然产物。改革开放之初，由于我国经济基础十分薄弱，科技水平较低，经济增长及产品中科技含量较低，劳动就业压力大，粗放型、外延型是当时经济发展的主要特点，而且处于社会主义初级阶段的中国，要解决10多亿人口的温饱问题，是压倒一切的任务。所以在当时情况下，着眼于经济数量的扩大，在浅层次上调整，只要能刺激生产力水平的提高，只要能尽快发展经济就成了经济工作的方向和目标，经济的效益、质量只能服从于数量。更何况任何一种经济增长模式的完善和发展，都有一个循序渐进的过程，都只能是对原有模式的扬弃。我国经济增长方式也不例外。从根本上说，经济增长方式转变不到位，也与现行经济体制还未完全转到市场经济轨道上有关，特别是国有企业的改革依然滞后，政府职能转变也未到位，市场体系发育更不健全，这必然影响经济增长方式转到提高效益、优化结构为主的轨道上。这说明走低消耗、高效益的经济增长之路不是一蹴而就的，它与经济体制、经济水平、技术水平、人的素质等都密切相关。

三、关于“九五”期间和下世纪前10年经济增长方式的选择及实现途径

纵观世界各国的经济发展历程，由于各国国情和经济发展所处阶段等的不同，其经济增长方式也存在较明显的差异，有的国家长期处于高通胀阴影的笼罩之下，经济低缓徘徊，人们生活改善不大；有的国家经济增长速度不低，但主要是依靠高投入、高消耗来支撑，经济增长质量不高，经济实力没有得到相应的增强；有的国家通过产业结构不断升级换代和科学技术的大力开发应用等途径，实现了高增长与高效益的结合，成功地实现了经济的腾飞；有的国家主要是发达的工业化国家，进入了70年代以来受经济危机、需求不足、成本提高以及基数增大等的影响，相继结束高增长转入中低速增长阶段，但经济增长的质量依然很高，等等。但从成功的工业化国家看，有一个共同的特征，即经济增长方式首先建立在市场经济基础上，经历由资本、劳动多投入到资本多投入、劳动少投入，再到资本、技术多投入，直到技术多投入，实现经济增长的不同发展阶段。

“九五”期间和下世纪前10年，我国经济增长应选择一个什么样的模式呢？为此，我们应先确定一下选择的基本原则和我们所面临的基本条件。

(一) 选择我国经济增长方式的基本原则 选择我国“九五”期间及下个世纪前10年的经济增长方式，既要借鉴世界各国的成功经验，又必须考虑我国国情、资源条件、技术水平、经济基础、经济发展所处特定阶段等多方面因素，趋利避害。总的看，要在立足现实环境和对未来趋势正确分析的基础上，按照邓小平同志提出的有利于增强综合国力、促进生产力发展和改善人民生活水平的总要求，不断促进产业结构的调整升级和国民经济整体素质的提高，使之成为顺利实现第二步、第三步战略目标的成功之路。具体而言，主要应遵循如下几个原则：

1. 实事求是，立足现实经济基础，注意经济增长的渐进性和区域发展的差异性，保持国民经济的持续、快速增长和社会的基本稳定；

2. 有利于充分发挥我国生产要素的比较优势，使市场机制在资源配置和引导生产者行为方面发挥基础和主导作用。与此同时，要继续大力加强和改善宏观调控；

3. 有利于提高经济增长质量和科技含量，实现经济增长逐步由粗放型向集约型的转变，增强我国商品在国际市场上的竞争力；

4. 充分考虑资源对经济发展的制约；

5. 因势利导，将巨大的人口就业压力转化为现实可利用的丰富的劳动力资源优势。

(二) 未来15年我国经济增长面临的环境 从现在起到2010年，是我国经济发展十分重要的阶段，是关系到能否实现我国社会经济发展第二部战略设想和为实现第三步战略目标打好基础的关键15年。从未来15年经济增长环境的各种要素分析，既存在许多有利的因素，也面临许多难点。

从有利方面看，主要有“增长阶段、市场、资金和制度”四大优势：

1. 明显的增长阶段优势。根据发展经济学理论，当一个国家的人均国民收入超过300美元时，意味着开始

进入经济起飞和结构发生迅速变化的阶段，这一经济的起飞过程可以持续20—30年，直到基本完成工业化进程。处于这一发展阶段的国家，可以有更广阔的产业选择空间，可以借鉴国外成熟的先进技术、先进设备和先进的管理经验，加快本国经济的发展步伐。更重要的是，伴随工业化进程的加快，必然相应要求产业结构发生剧烈变动以满足投资、消费等最终需求，这正是经济得以持续、快速增长的动力。进入80年代以来，随着居民温饱问题的解决和短缺现象的基本消除，我国已开始步入这一起飞阶段，在今后的15年内，我国仍将处于这一阶段。

2. 规模更大、层次更高、内容更丰富的广阔市场前景。改革开放16年来，由于摒弃了以重工业自我循环为中心、产品和要素价格扭曲、缺乏竞争和劳动激励的传统重工业优先发展战略，逐步转向以市场需求为导向的新的增长轨道上，形成了以家电耐用消费品为中心的集中消费浪潮。下阶段城镇居民新的消费热点将逐步转向住宅、电话、汽车、高档家电产品以及生活服务性消费等方面;农村居民随着收入水平的提高和消费环境的改善，也将逐步扩大对千元级耐用消费品的需求。投资需求方面，为支持经济的持续、快速增长和缓解短线制约矛盾以及满足产业结构和居民消费结构更新换代的要求，也必然要求保持一个较高的投资率水平。这些都为今后15年经济的发展提供了广阔的市场。

3. 较高的储蓄率为支持经济的高增长提供了重要的资金来源。受居民收入持续增长较快以及中华民族传统节俭美德等多方面因素的影响，自70年代以来我国国民储蓄一直保持在高水平上。1978—1994年我国国民储蓄占国民生产总值的比重高达35％以上，居世界前列。估计这种高储蓄倾向在未来相当长的一段时间内将继续得到保持。

4. 更具效率和活力的社会主义市场经济体制正在逐步完善过程中，制度性因素作用将更为明显。经过10多年的努力，特别是党的十四大明确提出了建立社会主义市场经济体制的总体目标，以及党的十四届三中全会通过的中共中央关于建立社会主义市场经济体制若干问题的决定以后，我国的市场经济体制在逐步建立财政体制、税收体制、金融体制、外汇管理体制、进出口贸易管理体制、价格管理体制、计划管理体制等，迈出了一系列重大步伐，社会主义市场经济体制的基本框架正在逐步完成。

此外，较为稳定的国际国内环境、城乡之间、地区之间发展的梯度推进模式、丰富的劳动力资源都将成为保持和促进整体国民经济在未来15年及更长一段时期内持续、快速增长的重要因素。

从不利方面看，主要存在来自以下几方面的制约:

1. 巨大的人口和就业压力。尽管我国一直在采取控制人口增长的政策，并采取了大量措施降低失业率。但人口基数庞大(已达12亿)，就业水平不高仍困扰着经济的高速发展。目前，我国的城市化率仅为28.6％，远低于处于同一发展阶段的其他国家水平(详见下表)。可以预见，随着我国工业化进程的加快，以及资本、技术有机构成提高后就业弹性的下降，农村剩余劳动力的问题将进一步趋向突出。此外，国有工业企业约三分之一的富余人员，随着企业改革的深化也将需要寻找新的出路。

不同收入(GNP)水平上城市化预测值

人均国民生产总值(美元)	100	200	300	400	500	800	1000
城市人口比重(％)	22.0	36.2	43.9	49.0	52.7	60.1	63.4

钱纳里等著《发展的型式(1950—1970)》

2. 资源约束趋于强化。我国是一个资源大国，但人均资源却十分贫乏。而且随着工业化进程的加快和人口的进一步增加，这一问题会变得越来越突出。耕地面积将继续减少，水资源也会越来越难以满足人们的需要。石油、天然气、黄金、铜、铁矿石等十多种矿产探明储量明显不足，而且正面临开采成本上升、规模收益递减的困难。

3. 出口难度将进一步加大。随着国际竞争的加剧，人民币币值的上升以及劳动力成本的提高，我国以劳动密集型产品出口为主导的传统贸易方式将遇到严峻的挑战，价格竞争优势将明显削弱，加上以区域化、集团化为特征的国际贸易保护主义的抬头，将给我国对外贸易增加难度。

此外，农业、能源、交通等基础产业的掣肘，教育、科技发展滞后以及规模狭小等，都将影响和阻滞国民经济的增长进程。

(三) 今后15年的经济增长方式 根据上述选择原则和我国未来15年经济增长环境有利、不利因素的综合分析，结合吸取世界其它国家经济增长的经验教训，我们认为，未来15年我国的经济增长方式应该是在逐步建立和完善社会主义市场经济体制的基础上，以市场需求为导向，以提高经济效益为中心，以产业结构的调整升级和技术进步为动力，充分发挥我国资金、市场和增长阶段优势，努力提高规模经济效益和外向型经济的质量，促进区域经济协调发展，保护和优化生态环境，走出一条“高增长、低通胀、高效益”的经济增长道路。

这一增长方式的具体内容可归纳为以下几个方面：一是高储蓄，高投资，中消耗，高增长；二是以结构优化为重点，增量上大力加强农业、能源、交通等基础产业和基础设施，改善薄弱环节，增强经济发展后劲；存量上加快调整进程，形成规模经济和高技术含量经济；三是对外经济要从单纯量的扩张转为巩固数量，提高质量；四是继续进行体制改革，进一步激发经济的活力，规范经济行为，消除造成通货膨胀、经济不稳定的体制性因素。

但我们也必须看到，即使是这样一个增长模式，要真正实现也是相当困难的。在转变过程中一定要注意渐进性，需分两个阶段完成，先从数量增长型向数量、质量并重型转变，最后转到质量增长型；由粗放增长型向粗放、集约并重型转变，最后转入集约增长型。与此同时，要选择好转变经济增长方式的现实途径：

首先，应实现指导思想由只求快到快与好兼顾，在好中求快的转变。以往由于国民经济基础薄弱，发展水平过低，国际环境恶劣，因而在指导思想上偏重于追求速度的加快和数量的扩张，以满足并不算高但却是日益增长的社会需求，难以同时兼顾效益和质量。如今，经过46年的建设发展，特别是经过16年的改革开放，经济总量有了很大提高，综合国力有了显著增强，人民生活水平有了大幅度提高，表明经济已有相当基础。加上通过卓有成效的外交努力，争取到了一个相对有利的国际环境，已为我们指导思想上实现经济发展只求快到快于好兼顾、在好中求快创造了必要的条件。求好，就是实现经济结构的全面优化，提高各种资源的利用效率，增强国际竞争能力，减少直至杜绝各种浪费和无效劳动。求快，就是实现整个国民经济在协调、稳定、高效基础上的快速增长。只有这样的增长，才是健康的增长，才是符合客观经济规律和宏观调控目标的增长，才能真正增强国力，立于世界发达国家行列。

其次，应以深化体制改革作为突破口。根据我们分析，继续全面深入地推进经济体制改革是实现经济增长方式转变的关键所在。前16年，我们之所以能够使改革前30年的经济增长方式有所改变，实现了经济的高速增长，靠的就是改革开放。今后15年，要消除经济增长过程中高消耗、低效益的痼疾，也只能靠进一步地深化经济体制改革。我们应当统筹考虑，抓住重点，积极推进，取得改革攻坚阶段的突破，使市场经济新体制尽快到位，以便使经济运行和市场竞争有序化、规范化，从体制上保证新经济增长方式的实现，促进经济增长质量的提高。其中特别关键的是国有企业改革、社会保障体系改革、金融体制的进一步改革和政府(特别是地方政府)行政管理体制的改革等等。

第三，要特别加强法制建设。从某种意义上讲，市场经济是法制经济，而新的经济增长方式的确立是以社会主义市场经济体制为基础的，加强法制建设势所必然。现实生活中，垄断、欺诈等不公平竞争现象，浪费、失职、权钱交易等腐败现象，偷盗、抢劫等犯罪现象，暴富、贫困等分配不公现象，都反映了法制不健全，也必然影响经济增长的高效高质。法制建设不仅要规范各种经济竞争行为，明确政府部门宏观管理过程中应当承担的法律责任，而且要加强执法力度，严厉打击违法乱纪现象，要坚决制止执法部门采取地方保护主义的做法，切实依法办案，将宏观行为与微观行为全部纳入有序轨道，保证经济的健康发展。

从具体操作角度看，除了体制改革这一关键因素外，应当注意把握好如下几方面：

1. 努力实现经济结构的优化。只有实现了结构的优化，才能有又好又快的经济增长方式。而实现结构的优化，关键是抓好两个方面，一是在投资增量上要切实加强农业、交通、能源等薄弱环节，加快改善“瓶颈”制约的矛盾，加强教育、科技方面的投入，提高技术水平；二是在存量上要切实改变企业只生不死的状态，实现社会资源的优化组合，提升支柱产业、传统产业的规模和层次。而实现结构优化的根本保证要靠改革，靠新的利益调节机制，靠市场充分的竞争。

2. 兼顾国际国内两个市场的开发，加强对外经济的管理。努力开拓国际市场是我国经济工作的一个重要目标，也是中国经济融入世界经济一体化潮流的必经之路，但是，中国是一个发展中的大国，有着12亿人口的庞大的国内市场。因而，经济增长方式应有别于一些外向型的小国，要把眼光放在国内市场，以内销为主，兼顾外销。我们凭借国内市场完全能够实现规模经济效益。外商们尚且纷纷看好中国的这块市场，我们绝不能只顾花血本向外挤，却对近在眼前的国内市场视而不见，以至于“肥水尽流外人田”。像美国如此发达的国家，进出口贸易相当于GDP的比重仅15%左右，而我国却达到了45%。我们在大量利用外资、适当增加外汇储备的同时，却没能很好地注意有效地使用国内资金，充分利用国内市场。对外依存度过高，于一个发展中国家是不利的。1995年初墨西哥金融危机已充分说明了这一点。因而，今后要加强对外贸易和引进外资的管理，凡不符合我国产业政策的项目一律不得入境；同时要改变以往为了招来外资而提供过于优惠条件的做法，让外资与内资公平竞争，让出口商品与内销商品享受同等待遇，真正将对外开放从量的扩张转变到质的提高方面来。对“以市场换技术”的政策要加强配套，防止出现市场让出去，而高档技术没进来的不利局面。

3. 继续鼓励居民保持高储蓄率。纵观世界各发达国家和地区，大多数在经济起飞时均实行高储蓄政策。象亚洲“四小龙”与日本一样，高储蓄率是我国经济得以持续稳定发展的原动力之一。在今后15年内，作为一个发展中大国，要想继续实现高速增长，保持高储蓄率是十分必要的。因此，在今后一个时期内，应当继续采取适当的政策，如调整利率使之至少不为负数，逐步降低通货膨胀率，严格控制公款消费，加强个人所得税的征管等，继续鼓励国民的高储蓄率倾向，规范政府的消费行为等，使全国的储蓄率维持在35％以上，以保证经济增长的原动力。

4. 重视和加强科技转化工作。经济增长方式的转换，经济增长中科技含量的提高，最终要看科学技术转化为现实生产力的广度和深度。应当建立相应的制度和法律，强制实现这种转化(包括老企业的技术改造和老产品的更新换代、淘汰技术水平落后低下的企业和产品等)，应采取相应的政策，引导和鼓励科学技术研究，以及科研成果的运用推广；进一步完善科技市场；推进科工贸一体化和科技产业化的发展。

5. 加快人才培养。任何形式的竞争，最终都是人才的竞争。经济增长方式的转换、经济增长质量的提高，归根结蒂要靠人才素质的提高去实现。因此，应当采取多种方式，通过多种渠道加快对人才的培养，在提高全民族科学文化素质的基础上，重点造就一支规模宏大的、掌握最新理论和最先进科技、适应时代发展要求、能够承担民族振兴重任的企业家队伍和行政管理队伍。

确保总量适度增长　加快经济结构调整的情况分析

李晓超

“八五”时期，伴随着宏观经济调控政策的积极灵活操作，经济体制改革步伐的明显加快，一方面，宏观经济总量高速增长，经济结构变化较大，从而进一步提高了我国的经济总体实力，改善了人民生活，强化了经济发展后劲；另一方面，宏观经济总量和结构的运行也暴露出了一些问题，一是经济总量增长不够稳定，二是经济结构变化存在着不合理的方面，这极不利于整体经济持续稳定快速的增长。对此，“九五”时期需要认真研究，努力加以解决。

一、“八五”时期宏观经济总量的变动

“八五”时期，宏观经济总量即国内生产总值，在规模上增长达到了历史最大，在速度上增长为历史最高。这一时期是我国经济高速增长的一个时期。

1. 国内生产总量增长规模达到历史最大。1995年国内生产总值将达57733亿元，“八五”累计国内生产总值将达185507亿元，比“七五”时期累计国内生产总值增加112974亿元，而“七五”累计国内生产总值比“六五”累计仅增加40306亿元。所以，“八五”时期国内生产总值增长规模将达历史最大。

时　期	八 五	七 五	六 五
国内生产总值增加额(亿元)	112974	40306	13901

2. 国内生产总值增长速度为历史最高。1995年国内生产总值增长10.2％，“八五”时期国内生产总值年平均增长11.9％，高于“七五”时期年平均增长7.9％的4.0个百分点，也高于“六五”时期年平均增长10.7％的1.2个百分点，为历史增长最高的时期。

时　期	八 五	七 五	六 五
国内生产总值年平均增长率(%)	11.9	7.9	10.7

3. 国内生产总值增长在世界经济中独领风骚。“八五”时期国内生产总值年均增长11.9％，在发达国家和发展中国家中都是比较高的。同期美国、日本国内生产总值年平均只增长2.0％和1.7％，韩国、新加坡国内生产总值年平均增长分别为6.8％和7.9％，我国的国内生产总值增长在世界经济中是独领风骚的。

“八五”时期经济总量的高速增长，首先是大大提高了我国的整体经济实力，缩小了与美国和日本等发达国家的差距，也缩小了与韩国和新加坡等发展中国家的差距，提高了我国的国际地位和竞争力；其次是明显地改善了人民生活水平，居民消费水平和质量都得到了提高。但经济总量的高速增长，也给经济发展带来了不利的方面，主要是经济持续的高速增长，往往会伴随着价格的上涨，出现严重的通货膨胀。而同时还要看到，目前我国的人均国内生产总值水平仍较低的现实，1994年人均国内生产总值3675元，按汇率折算为437美元。因此，促进整个经济总量的高速增长，仍是我们经济工作的中心，但同时也要把握好经济的增长速度，以防止出现严重的通货膨胀。

二、“八五”时期产业结构的变动

“八五”时期，产业结构发生了较大的变动，第一产业比重持续下降，第二产业比重持续上升，第三产业比重稳中有升。

1. 第一产业比重持续下降，达到了历史最低水平。1995年第一产业增加值将达11365亿元，占国内生产总值比重为19.7%，结果整个“八五”时期的第一产业增加值将达38773.7亿元，占国内生产总值为20.9%，比“七五”时期的26.3%下降了5.4个百分点。从年度上看，第一产业占国内生产总值比重呈下降的趋势。

时　期	1991	1992	1993	1994	1995
第一产业/GDP(%)	24.5	21.8	19.9	21.0	19.7

2. 第二产业高速增长，比重持续上升。1995年第二产业增加值将达28274亿元，占国内生产总值比重为49.0%，结果“八五”时期第二产业增加值将达86763亿元，占国内生产总值比重为46.8%，比“七五”时期的43.2%上升了3.6个百分点。从年度上看，第二产业占国内生产总值比重呈上升的势头。

时　期	1991	1992	1993	1994	1995
第二产业/GDP	42.1	43.9	47.6	47.2	46.8

3. 第三产业稳步增长，比重稳中有升。初步测算，1995年第三产业增加值将达18094亿元，占国内生产总值比重31.3%，整个“八五”时期的第三产业59970亿元，占国内生产总值比重32.3%，比“七五”时期的30.5%上升了1.8个百分点。从年度上看，第三产业占国内生产总值的比重基本稳定。

时　期	1991	1992	1993	1994	1995
第三产业/GDP	33.4	34.3	32.5	31.8	31.3

“八五”时期产业结构呈现出产第一产业比重持续下降，第二产业比重持续上升，第三产业比重稳中有升的变动格局，顺应了我国经济发展正处于工业化阶段的趋势。第二产业推动经济增长是这一阶段的基本特征，只有第二产业特别是工业的快速增长以致达到一定发展阶段，才能武装农业技术装备水平，提高第一产业的发展质量，也才能推动服务业即第三产业的发展。因此，从总体上看，“八五”时期产业结构的变动，基本上是正常的，顺应了我国经济的工业化发展阶段，但第一产业比重的持续下降，以致达到历史最低点的趋势，是值得重视的，应引以高度的关注。

三、“八五”时期分配结构的变动

“八五”时期分配结构变动明显，政府收入持续下降，达到了历史最低水平，集体和个人收入比重持续上升。

1. 政府收入比重持续下降，达到了历史最低水平。“八五”时期政府收入合计22401亿元，占国内生产总值比重12.1%，比“七五”时期的16.9%下降了4.8个百分点，为历史比重最低的一个时期。从年度上看，政府收入占国内生产总值比重是持续下降的。

时　期	1991	1992	1993	1994	1995
政府收入/GDP	14.6	13.1	12.7	11.8	10.7

2. 集体和个人收入比重持续上升，达到了历史最高水平。“八五”时期集体和个人收入合计163106亿元，占国内生产总值比重87.9%，比“七五”时期的83.1%上升了4.8个百分点，为历史上比重最高的一个时期。从年度上看，集体和个人收入占国内生产总值比重是逐年上升的。

时　期	1991	1992	1993	1994	1995
集体和个人收入GDP	85.4	86.9	87.3	88.2	89.3

“八五”时期分配结构的变动，对整个经济已经或将要产生着较大的影响，首先是集体和个人收入比重的持续上升，明显地改善了人民生活，调动了企业生产积极性，活跃了整个经济；其次是大大削弱了财政的宏观调控能力，货币调控能力明显增强。随着政府收入比重的持续下降，集体和个人收入比重的持续上升，一方面财政的调控能力越来越弱；另一方面集体和个人的一部分收入转化了银行资金，从而加强了货币的调控能力；最后是扭曲了分配的正常渠道。政府在收入比重较低的形势下，能维持着庞大的政府机器，主要是相当多的政府部门都存在着不同的收入渠道，扭曲了分配的正常渠道。因此，综合分配结构变动产生的不同影响，为防止宏观调控过度依赖货币政策，为防止非正常收入渠道的泛滥，也为了人民生活能持续不断地改善，提高政府收入比重势在必行。

四、“八五”时期使用结构的变动

“八五”时期使用结构也发生了较大变动，投资高速增长，消费增长相对平稳，进出口保持大体平衡。

1. 投资高速增长，投资比重大幅度提高。“八五”时期前四年全社会固定资产投资为61193亿元，占国内生产总值比重33.0%，比“七五”时期的27.2%上升了5.8个百分点。1991—1999年全社会固定资产投资年平均增长34.3%，比1986—1990年时期年平均增长11.8%，高出22.5个百分点。

年　份	1991	1992	1993	1994	1995
投资增长速度(%)[a]	23.8	42.6	58.6	27.8	18.8
投资/GDP(%)[a]	25.5	29.5	36.1	36.4	33.7
投资增长速度(%)[b]	N	27.3	32.0	18.4	11.0

a: 现价的增长速度或比率;　　b: 可比价的增长速度。

2. 消费保持了一个相对平稳的增长势头。1995年全社会消费品零售总额20598亿元，是1990年的7250亿元的2.84倍，1991—1995年社会消费品零售总额年平均增长23.2%，比“七五”时期的年平均增长13.8%高出9.4个百分点，扣除价格因素，年平均实际增长11.0%，增长相对较为平稳。从年度看，虽然现价消费增长变化较大，但扣除价格因素后，消费保持了一个相对平稳的增长势头。

3. 进出口保持了大体平衡。“八五”时期出口总额累计5183亿美元，年平均增长19.1%，进口总额累计4961亿美元，年平均增长19.9%。“八五”时期出口与进口累计顺差222亿美元。

年　份	1991	1992	1993	1994	1995
社会消费品零售总额增长(%)[a]	13.7	17.7	26.1	30.8	26.6
社会消费品零售总额增长(%)[b]	10.8	12.1	13.1	8.8	10.3

a: 现价的增长速度;　　b: 可比价的增长速度。

“八五”时期使用结构，呈现出了投资高速增长，消费增长相对平稳，进出口保持大体平衡的变化态势，总体上看，有效地拉动了经济的高速增长。但使用结构的变动，也有一些值得注意的方面，一是投资波动较大，增长忽高忽低，变化极不稳定;二是社会库存比重偏高。“八五”时期的社会库存占GDP比重大约5%左右，这一比重虽然是宏观经济调控积极努力的结果，但与市场经济国家在1%左右的比重相比，仍显偏高。这是未来经济发展需要注意的方面。

五、“九五”时期宏观经济调控政策的选择

(一)“八五”时期我国经济发展出现的新情况　“八五”时期经济总量和结构的较大变化，不仅大大加强了我国的综合国力，提高了我国在国际上的地位，提高了人民生活水平，同时还促使了我国的经济发生了很多较为显著的变化，出现了一些新特征，而这些正是“九五”时期宏观经济调控政策所不可回避的现实。

1. “八五”时期经济运行中出现的严重通货膨胀，将对“九五”时期经济发展产生一定的影响。“八五”时期出现的通货膨胀，是比较严重的。一是通货膨胀持续的时间长，到目前，(1995年6月)连续持续上涨已达26个月，超过了1988—1989年连续持续上涨20个月的期限;二是通货膨胀上涨的幅度高，1994年通货膨胀率达21.7%，为历史价格上涨最高的年份;三是通货膨胀主要集中在食品，对居民特别是对低收入居民消费影响比较大。根据目前价格仍居于较高水平及其粘性的特点，估计“八五”时期出现的新一轮通货膨胀，对“九五”时期经济发展将产生一定影响。

2. 失业问题日趋严重，明显表面化，对“九五”时期经济发展产生一定压力。“八五”时期失业问题日趋严重，明显表面化的标志，一是城镇失业率上升。1990年城镇失业率为2.0%，1994年为2.9%;二是农村失业问题表面化，大量农村剩余劳动力涌向城镇的势头一年胜过一年。失业问题日趋严重，明显表面化的现实，对“九五”时期经济发展的压力将是很大的。

3. 我国经济正处于工业化阶段，第二产业推动经济发展将持续一个时期。改革以来我国的工业化程度，虽然有了较为明显的提高，但目前仍处在工业化阶段。一是人均国内生产总值仅为400美元左右，远低于工业化国家的人均国内生产总值6000美元以上的水平;二是工业产品质量和数量，与世界工业化国家相比，还有一定距离，特别是交通和通讯产品人均占有量都还比较低;三是整体经济劳动生产率还比较低，需要工业的快速增长，技术的进步。所以，第二产业推动经济增长仍将持续一个时期。

4. 我国经济已进入消费相对平稳增长时期，投资拉动经济增长仍将持续一个时期。“八五”时期经济的快速增长，促成了居民消费进入一个相对平稳的增长时期，一是城镇居民消费基本饱和。吃穿用都趋于饱和，步入了一个稳步增长阶段;二是农村居民消费虽有潜力，但由于受收入和电力不足的制约，也步入了一个平稳增长时期;三是无论是城镇居民还是农村居民，都存在着消费潜力，如城镇居民的汽车消费，农村居民的电视机消费等，因此居民消费的平稳增长又是相对的平稳增长。消费的相对平稳增长，决定了投资拉动经济增长将持续一个时期。

5. 地区经济发展差距的扩大，对“九五”时期经济健康发展产生一定影响。由于各地的自然条件、交通状况和投资环境的不同，近一个时期特别是“八五”以来，各地经济发展的差距明显拉大。一是东中西差距拉大。二是南中北差距拉大。经济发展差距的拉大，虽然存在着必然的一面，但经济运行中的某些方面已显示，地区经济发展差距的继续扩大，对全国整体经济的发展是不利的。

6. 农业劳动生产率长期维持在较低水平，农业发展面临的问题日趋突出。虽然农业劳动生产率在“八五”时期有所提高，但相对来说仍维持在较低水平。“八五”时期，第一产业劳动生产率年平均提高4.0%，而第二产业年平均提高11.1%。正是由于农业劳动生产率的相对低下，农业收益少，回报率低，才出现农业投入不足，农民务农生产积极性不高，耕地面积下降，以致出现农业生产连年波动等一系列问题。

7. 世界经济对我国经济的影响力度明显加大，已成为活跃、促进我国经济发展的一个重要因素。对外开放的不断扩大，对外贸易的不断发展壮大，使世界经济对我国经济的影响力度明显加大，活跃、促进了我国经济的发展。一是提高了我国的技术装备水平，引进了先进技术；二是提高了我国经济的管理水平，通过管理水平的提高，促进我国经济的发展。

8. 市场经济机制进一步向深度和广度渗透，市场对微观经济主体的作用日益加大。经过“八五”的进一步改革开放，一系列具体措施的实施落实，我国市场经济的份量又进一步加大。企业逐步成为市场经济的载体，生产什么，如何生产，生产多少，都由企业自己决策；居民有了更为广泛的就业和消费选择权。市场经济机制向经济各个层面的渗透，确实活跃了微观经济主体，调动了微观经济主体的生产积极性，但与此同时也出现了市场不稳定、囤积居奇、竞争不规范等问题，这些问题的出现是不利于经济健康稳定发展的。

(二)“九五”经济调控的几个政策性问题 面对上述现实，并考虑到“八五”时期经济总量和结构变动的经济教训，我们认为“九五”时期在总量和结构方面的宏观经济政策，应是确保总量适度增长，加快经济结构调整。

1. 确保经济的适度增长。从过去特别是“八五”时期经济发展的运行轨迹看，在经济快速增长时，往往会伴随着价格上涨，出现严重的通货膨胀，如1992年和1993年连续两年的高增长，结果是1993年和1994年价格的急剧上涨；而在经济缓慢增长时，往往又会出现开工不足，资源的困置。因此，确保经济的适度增长，对经济持续稳定快速发展是至关重要的。

2. 第二产业是经济增长的主要推动力，是“八五”以及“九五”经济发展的一个基本特征，“九五”的经济发展应遵从这一基本事实，以保持经济适度的快速增长，但也不能因此而忽视第一产业特别是粮食的生产，以防止第一产业比重的持续下降。

3. 要下大力气提高政府收入比重，加强财政的宏观经济调控能力，堵塞非正常收入的渠道。政府收入比重持续的下降，最不利的影响，就是降低了财政的宏观经济调控能力，助长了非正常收入、“小金库”的“合理”化。因此，要下大力气提高政府收入比重，加强财政的宏观经济调控能力，堵塞非正常收入的渠道。

4. 要努力降低社会库存比重，提高经济循环质量。与世界各国相比，目前我国社会库存比重还是比较高的，说明我国经济的循环质量还不够高，降低社会库存比重的潜力还比较大。因此，“九五”时期应通过加强资金管理，将企业建立成真正以经济效益为中心的现代企业，来降低社会库存，以提高经济循环质量。

(作者所在单位：国家统计局国民经济核算司)

1996－2010年我国产业结构变化的趋势分析

周才裕　胡春力　王岳平　方向东　吴晓华

一、我国产业结构的现状和矛盾

(一) 产业结构的现状 改革以来，我国产业结构的变化可以分为两个阶段，第一个阶段(1978—1984)为产业结构超常规变化阶段。在此阶段，由于我国经济领域的“拨乱反正”，产业结构的变化表现出与各工业化国家逆向的变化特征，第一产业占国内生产总值份额由1978年的28.4%上升到1984年的33.0%，第二产业由48.6%下降到44.6%，第三产业由23.0%下降到21.9%。

第二阶段(1984年以来)产业结构转入正常变化的轨道，农业缓慢增长，第二产业、特别是第三产业得到较大幅度的发展。1992年第一产业占国内生产总值的比重由1984年的33.0%降为24.3%，第二产业的比重则由44.6%增加到48.1%，第三产业的比重由21.9%上升为27.6%。

总的来说，与改革初期相比，三大产业之间的协调性大大增加。首先，农业生产连续上了两个台阶，过去为满足温饱面临的农业总量不足这一经常困扰经济的矛盾已经基本解决；在此基础上，农业结构也突破了靠种植业单打一的局面，牧、副、渔、林的比重有了较大幅度的提高。第二，工业生产发生了历史性的变化，多数轻工业品，由改革初期供不应求的短缺约束，到80年代末转变为供过于求的需求约束；80年代中后期以来，重工业基础产品比较紧张，但从发展规模来看，已经有了相当实力；重加工业也已突破了过去低水平复制和自我循环的增长方式。通过技术引进，加工制造水平有了较大幅度的提高，轻重工业之间的协调性大大增强。第三，第三产业得到快速发展，1979—1992年年均增长9.9％，快于整个国内生产总值年均增长8.9％的速度。这样的结构承载了经济的高速发展和上台阶，使人们物质和文化生活得到较快提高，三次产业之间的循环的畅通性大大增加，应该说是一个比较好的结构。

(二) 我国产业结构存在的问题

1. 产业之间以及产业内部结构的不协调性依然存在，有的还十分突出。

(1) 农业增长不稳与农业结构升级缓慢。改革开放以来，我国农业有了较大改善，到80年代末期，农业生产对国民经济的制约已大大减弱。但是余地很小，而且从发展来看，要求农业生产数量必须稳步增长。首先，要满足每年1500万左右的新增人口的口粮需求；第二，随着居民消费水平的提高，食物结构逐步由以粮为主向粮肉并重转化，对禽、蛋、奶的需求也将大大增加，消费结构的升级需要转化大量粮食；第三，转移农村大量剩余劳动力，加快农业现代化，和进一步开拓国际、国内两个市场，这样将继续增加对农产品的需求。但是，我国农业仍处于劳动生产率低和生产不稳定的状态。结构调整方面，由于长期缺乏科技积累，农产品加工与社会化服务体系落后，以及自然资源禀性和农业生产的特征等原因，农业内部结构升级缓慢。而且，比较利益不利于农业的投入，强化了农业生产的不稳定性。农业将面临增加产量和调整结构的双重任务，稳定农业需要长期持续的努力。

(2) 基础工业与加工业增长不协调。80年代基础产业增长，维持了国民生产总值8.9％的高速度，通过体制改革，煤炭、电力、钢铁增长也较快，但是供应仍很紧张，特别是相对于相当一部分的加工能力过剩，就显得不协调了，原因是由于投资主体的多元化和增长方式由改革初期以投资推动向以需求带动的转化。80年代，我国高附加值、低进入门槛的加工业空前扩张，而能源、原材料的投资大，周期长，附加价值较低，发展难度较大。

工业发达国家和新兴工业国家的经验证明，工业化中期阶段，是基础产业先行发展的阶段，中间需求对国民经济增长的贡献大大高于最终需求。一般来说，在此阶段，电力和主要原材料生产弹性系数一般大于1。日本电力生产弹性系数1956—1960年为1.43，1956—1970年为1.21，钢的生产弹性系数1955—1960年为2.21，1961—1970年为1.44。我国90年代头2年经济增长的结构变化中，重工业增长加快，基础工业的发展也快于80年代，其生产弹性系数上升。1991—1992年电力生产弹性系数为0.94，钢为0.96，都快于80年代(分别为0.84和0.67)。其他原材料也有较快增长。但是基础产业还未有优先增长的趋向，仍未能满足经济超高速增长的需要，生产资料价格飞速上升，停电拉闸现象十分普遍。

(3) 第三产业数量不足，而且结构不合理，特别是交通运输的制约更为突出，是近期经济增长中的最主要的制约因素。我国第三产业长期发展不足。一是在国内生产总值中所占比重低，1992年为27.6％，远低于中下收入国家50％的平均水平，也低于低收入国家35％的平均水平，难以满足居民生活和国民经济发展的要求，也制约了农村大量剩余劳动力的转移；二是内部结构不合理，主要以传统产业为主，新兴行业和要素市场的发展不足，制约了市场经济发的展，也难以满足居民消费和产业结构升级的需要。其中交通运输发展不足的制约尤为突出。一般来说，工业化时期应该有一个交通运输大发展的阶段，以为工业化大规模发展提供准备。我国却没有经历此阶段，交通运输一直是国民经济的“瓶颈”。80年代货运弹性系数明显下降，货物周转量增长速度与工业总产值增长速度的比值，1979—1983年为0.9，1984—1988年降为0.63，1989—1992年更降为0.23。近几年，由于运输能力跟不上，铁路负荷接近极限，以致于为了保证客运，不得不挤掉一部分货运能力，车皮满足率下降到只有50％—60％，是当前最细的“瓶颈”。

2. 产业素质低下是当前产业结构的突出问题　在我国的产品和服务中，先进的少，一般水平的多。脱销与积压并存，短缺与浪费并存，开工不足与大量进口并存，资金不足与呆滞积压并存。成本高，赢利率低，资金积累能力低。虽然我国以重工业化程度和加工程度表示的工业化高度，大大高于同等发展水平的国家，工业结构与日本60年代中期基本相似，但是，从效益与发展水平来看，差距很大，这些都表明我国的产业素质低下。

(1) 产品和服务结构档次低。我国的产品和服务与发达国家相比，明显地档次低，质量差，品种少，消耗大，成本高。从食品、衣着、一般日用品和新兴消费品、建筑、道路、运输工具、原材料、机电制成品和服务方面，都有一大批重要产品和服务质量不高，竞争力不强，不符合市场需要。我国每万元GNP消耗的能源为日本的4.95倍、法国的4.9倍、美国的1.77倍、印度的1.52倍。发电用煤单耗比日本高26％，比美国高12％。重点企业吨钢能耗为1.608吨标准煤，比日本高1倍。彩电集成电路成品率比日本低一半。轿车和货车的价格比国外高1倍左右，塑料价格比进口高1倍，电子计算机价格也高1倍左右。新兴产品发展慢，比重低。

(2) 技术结构水平低，新兴工业发展较慢。我国的技术水平大约比发达国家落后15—20年。各产业的差距不一。大体是农业、消费品工业差距相对小一些，非机电产品的生产资料工业、交通运输业、服务业次之，差距大的是机械、电子制造业，其中又以基础机械和基础电子业差距最大。

(3) 工艺装备落后。重点企业关键设备达到或接近国际水平的仅占15%，属国内先进水平的占25%，2/3的设备属国内一般水平或国内落后水平；而装备行业的技术装备更为陈旧，其新度系数低于工业69%这一平均水平，机械工业为60%，机床工业为52%；机电一体化比重低，数控机床产量台数比重为1.4%，拥有量比重为5%，远低于发达国家(约分别为30%和80%)。一些新兴工业如微电子工业、机电一体化制造业、新材料工业、生物工程等发展缓慢。

(4) 产业组织结构不合理。我国现有企业全能性的多，专业化组织程度低，规模经济效益差。全能性工业企业约占现有工业企业的80%。大量企业从毛坯到成品都自己干，既不利于主要产品的提高，也不利于新产品的开发。许多行业的生产，必须达到一定的企业规模才能有好的效益竞争力，我们则由于多方面的原因未能达到。这样的企业组织结构就很难发挥大工业生产的优势。

(5) 国有企业结构调整缓慢。我国的国有企业在市场发生重大变化时，难于随之转产和倒闭淘汰，以致造成大量低水平生产重复，高水平企业难于发展。这是由于企业缺乏充分的自主经营、自主投资决策权和有效的约束机制，市场机制不健全，市场体系发育程度低，再加上缺乏优胜劣汰机制，市场导向作用得不到充分发挥，资源不能合理流动等原因造成的。

3. 结构转换压力增大与劳动力素质差的制约将日益加剧　改革以来，我国农村剩余劳动力的转移取得了很大成绩。1992年与1978年相比，第一产业在国内生产总值中的份额下降4.1个百分点，而就业份额下降了12个百分点。但是第一产业的产值与就业份额仍十分不对称，在国内生产总值中的份额为24.3%，而就业份额占到58.5%，农村仍面临大量剩余劳动力的压力。

另一方面，我国工业化正面临一个大的结构变化和广泛的产业技术升级过程，不但农村剩余劳动力要从第一产业向第二、三产业转移，工业内部技术体系也要从落后的作坊式生产、传统的以机械为主的工厂化生产，向大规模、自动化等现代化生产方式转变。这就产生了两个问题，一是我国国民文化教育素质还处于相当低的水平，特别是我们的工业化在国民消费和社会再生产的全过程中还没有形成激励高智力投入的机制，在与产值结构迅速变动相对应的就业结构变化中，劳动力素质差的约束将日益尖锐。二是城市也有大量剩余劳动力，这就构成了我国劳动就业的特殊问题。这也是我国改革开放和经济高速发展的大业中要着重解决的主要问题之一。

(三) 我国工业化所处阶段　衡量处于何种工业化阶段，主要从产业结构、贸易结构、城市化水平、国民受教育水平，科技发展水平和人均国民生产总值等六个方面进行考察，其中最主要的标志有两个：一是产业结构中制造业占国民生产总值的份额，二是人均国民生产总值。从这两个方面衡量，我国工业化已经进入工业化中期阶段。

首先，根据1987年投入产出表计算结果表明，中国制造业占GDP份额为34%，第二产业占GDP份额为46.5%，均超过了中等收入国家的平均水平，即处于工业化中期阶段的起点；工业占GDP的份额1991年为41%，远高于中下收入国家31%的水平，相当于中上收入国家1990年40%的平均水平。

其次，中国1992年人均国内生产总值2043元，按当年汇率计算为370美元。一般公认，按汇率计算低估了发展中国家的国民生产总值水平，再加上我国统计中的漏算部分，我国人均国民生产总值肯定高于370美元。最近世界银行的专家按照购买力平价方法计算，得出中国人均国民生产总值为2460美元，进入中等收入国家行列。考虑我国70%的农村人口大部分刚刚解决温饱，按购买力平价法估算的结果显然高估了我国的实际水平。1979—1992年我国人均国内生产总值增长2.72倍，若1978年我国人均国内生产总值为200美元，则1992年为544美元，若1978年为300美元，则1992年为816美元，因此，中国目前的人均国内生产总值大约在600—700美元左右，估计不会有太大的出入。按这个指标看，我国只是开始进入工业化中期阶段。由于人口众多，我国完成工业化和人均国民生产总值达到中等发达国家水平的时间会比较长。我们将先完成工业化，然后在人均GNP上赶上中等发达国家。从产业结构、贸易结构、国民受教育水平、科技发展水平看，我国处在工业化的中期阶段，城市化水平则滞后一些。

二、产业结构升级的国际比较

总的来看，世界各国的工业化和产业结构升级过程可以归纳为两种模式：老牌发达国家的平稳渐进模式和战后新兴工业化国家(及日本)的倾斜突进模式。我国作为发展中国家，要赶超发达国家，必须采取倾斜突进模式。

倾斜突进模式的主要特点是打破老牌发达国家那种按部就班发展经济、产业结构由低到高顺序渐进的战略，而是根据自己国家的发展特点，按照工业化的要求分阶段地依次选定主导产业，重点倾斜发展，以此在短期带动整个经济飞跃和产业结构升级。战后，日本、西德经济被严重摧毁，但是它们有过去工业化的人才、经验和部分基础，采用倾斜突进模式，很快恢复并走过重化工化阶段。一些发展中国家为了不致与发达国家的差距越来越大，运用"后起优势"，参照发达国家的经验，将一些成熟的科学技术移植过来用于自身的发展。而且战后国际贸易、国际交换的发展，国际经济一体化程度的加深，也为发展中国家的经济发展和结构升级提供了前所未有的条件。因此，某些选择了正确倾斜战略的发展中国家经过20—30年的迅速发展，一跃为仅次于发达国家的新兴工业化国家，产业结构也上升到较高级状态。值得指出的是，倾斜发展战略已是战后发展中国家成功发展的必由之路。与H·钱纳里、S·库兹涅茨等计算的结构标准值相对照，可以看出，凡发展成功的国家，其结构标准值的偏差都较大(但结构偏差大的不一定都获得成功)，凡和标准值相近的国家，经济发展都长期在低收入阶段挣扎。战后发展成功的国家的一个共同特点是工业高增长带动整个经济增长和人均收入的提高，体现在结构上则是工业份额显著高于其他一般国家。产业结构的剧动和突进，是新兴工业化国家(加上日本)由低收入阶段跃居中上收入和高收入阶段这一高速发展时期结构升级过程的主要特点。下面分析一下日本和韩国的产业结构升级过程。

(一) 日本　日本经过战后的重点倾斜发展，短期内实现了产业结构高级化。这一结构升级过程如下：①50年代经济恢复时期，着重恢复并进一步发展能源、原材料工业，重点抓了电力、钢铁、煤炭和化肥等基础产业，开始了重化工业化，为产业结构高级化打下了基础。②60年代经济高速增长时期，大力发展钢铁、机械制造和石油化工等部门。③70年代经济转型时期，重点进行改善劳动环境、扩充社会资本、创造良好生活环境、充实教育等工作，在大力发展第三产业的同时，着重发展消耗资源少的技术、知识密集型企业。④80年代以后，提出"科学技术立国"的新战略，把发展高技术产业提到首位，使产业结构进一步升级，与美、德等同处于世界先进水平。

日本产业结构升级的关键在于重化工业化。日本从战后到70年代都处于重化工业化过程之中，而整个重化工业化又可以分为两个阶段：50年代的能源、原材料工业阶段和60年代的机械、化学工业阶段。前者是重化工业化的开始阶段，并为整个重化工业化打下了坚实的基础。后者是重化工业化的核心阶段，因为机械、化工等工业的技术含量、附加价值、生产率等大大高于其他工业，只有这些部门发展到较高水平，才标志着重化工业化的实现和产业结构的高级化，同时它还能进一步增强社会积累，加速资本形成和促进科技进步，促使产业结构向更高水平发展。下面考察一下日本重化工业化核心阶段的情况。

日本的核心重化工业包括三类：①金属工业；②机械工业：一般机械，运输机械，精密机械，机械要素工业，电气机械，电子机械；③化学工业。其中，钢铁、汽车、家用电器、造船、石油化工等工业，由于生产率上升快、产业关联度高、需求弹性大而成为重化工业化核心阶段的主导产业，不仅自身得以快速发展，而且带动和促进了整个经济增长，并大量出口占领国际市场。整个核心重化工业的发展也迅速，其产值从1950年的10473亿日元上升到1975年的777633亿日元，25年增加了73.3倍，年均增长率高达18.8%。同时，重化工业在整个工业中的比重及重化工业中加工装配型工业的比重迅速提高，重化工业率由1950年的44.2%上升到1960年的56.4%、1970的62.2%。因此，到70年代，日本实现了重化工业化和产业结构的高级化。

日本产业结构升级过程的突出特点是工业份额、尤其是重工业份额比重很高。从统计数据看，日本在1955年(人均收入300美元)、1960年(人均收入500美元)、1970年(人均收入2000美元)，二次产业产值份额分别高于同等收入水平国家的结构标准值20.5%、19.6%和13.1%。

80年代以后，作为最发达工业国家之一，为适应新的国际环境，建立国际协调型产业结构，日本步出重化工业化阶段，以重化工阶段形成的先进技术产业为支点，转向发展更高技术和知识密集型产业，进一步实现产业结构高级化。这一时期日本的主导产业已转为微电子、计算机和光导纤维、光传递机器、光通信系统等光导技术产业，电子材料、光学材料、磁性材料、高温耐热等高性能新型材料，生物工程等新行业。产业结构变动的特点是二次产业的份额开始下降，其产值比重由1970年的43.1%下降到1988年的34.2%，三次产业份额进一步上升，由1970年的50.9%上升到1988年的62.8%。日本也逐步进入了后工业化阶段。

(二) 韩国　韩国工业化和产业结构升级也是典型的倾斜突进方式。韩国从60年代开始其工业化进程，开始时期以劳动密集型的轻纺工业为主导产业，但很快转向以重工业为主，在轻工业发展相对不充分的情况下，重工业强行启动。60年代后期就将钢铁、造船、汽车、石油化工等重工业定为主导产业，经过70年代的大力发展，到80年代基本实现了重工业化。其产业结构由50年代以农业为主，掠过60年代前期轻工业(食品、服装、纤维)为主时期，迅速步入重化工业为主阶段，实现了产业结构的高级化。以金属制品、机械部门在国内生产总值中的比重为例，1967—1971年为8.9%，1982—1986年则上升为27.1%。金属制品、机械工业对经济增长的贡献率也由1967—1971年的7.2%迅速上升到1977—1981年的24.0%和1982—1986年的46.7%。

韩国的产业结构升级战略与日本比较类似，也是通过倾斜发展工业特别是重工业，短期内实现了产业结构的升级换代。同样与相同收入水平的结构标准值比较，韩国60年代初期(工业化初期，人均收入90美元)二次产业产值份额高出结构标准值4.6个百分点;70年代初期(重工业化初期，人均收入300美元)二次产业产值份额高出结构标准值10.1个百分点，重工业份额高出14.2个百分点。

韩国的重工业赶超战略使其产业结构迅速上升到一个较高水平，为其经济发展打下了坚实的基础。80年代以后，韩国是新兴工业化国家中发展后劲最强劲的国家。因而80年代后期开始，韩国凭借其重工业基础，又一次实施赶超战略，将高技术的电子工业作为主导产业，并在少数领域(如半导体)取得长足进步，产业结构正在进一步向高级化方向迈进。

我国走的是跳跃式发展的路，和日本、韩国的情况对照一下，极其相似地都是经过短暂的轻纺工业发展以后，很快进入重化工业阶段。日本由于基础好，战略好，重化工业阶段比较短，共计约20年，韩国也大约20年。我国在搞了30年的优先发展重工业以后，经过10年的轻型化和消费、投资双拉动以后，1991年又出现了重工业打头的局面。今后如何发展? 有人认为，我国又进入了以重化工业发展为主要内容的高速增长时期，主要发展以现代基础机械(如数控机床)和重大技术装备为主要内容的装备工业、基础产业和将成为下一阶段主体的先导产业。1993年4月以来，消费增长加快，轻工业发展速度迅速接近重工业。有人认为，我国进入了新的高消费阶段，以汽车、电话、住房、新兴家用电器为代表的消费品，逐步进入家庭，消费量迅速增长，由此带动产业结构升级而高速度发展。这是两种不同的发展战略。它们的发展阶段不同，一个是重化工阶段，一个是重化工以后的阶段;主导产业不同，一个是以中间产品为主，一个是以最终产品为主;带动的重点不同，一个是以投资为主，以重工业为主，一个是以消费为主。这也反映出我国经济的发展与日本、韩国有较大不同，应当根据我们自己的情况作出判断。

三、1996—2010年我国产业结构变化的总趋势及主导产业的选择

(一) 1996—2010年我国产业结构变化趋势的分析　到2010年，我国的经济仍将是高速度发展。在这个阶段中，我们要使已经进行了30年的重化工业化在2000年左右完成，在此期间要同时对现有企业进行较大规模改造。2000年左右以后，消费拉动突出，将是以四大产业和某些新兴产业带动的产业高级化。完成重化工业化阶段主要是逐步解决包括农业在内的基础产业和基础设施的“瓶颈”约束问题，较大规模地改造老企业问题以及农村剩余劳动力转移、第三产业发展滞后等问题。这些问题的解决，不但能够大大加强经济运行的协调性和稳定性，而且能够为一系列产业提供广阔的规模扩张空间，在规模扩张性投资的带动下使国民经济保持高速发展。

产业高级化主要是适应消费需求升级、改善对外贸易结构、提高国际分工地位，以及追赶战略的要求。由于自然资源约束加剧，市场机制加强，与国际市场对接的加速而使竞争趋于激烈，这将有力地促进产品结构的升级，带动技术装备水平的提高，从而加大资金、技术密集产业的比重。因此，由消费需求的升级和与之相应的设备投资需求的扩大，将成为拉动经济高速增长的主要因素。

结构的变化最终是需求和供给两方面因素作用的结果，因此，结构协调性发展趋势和产业高级化趋势的进展状况也要受此制约。由于收入水平、比较利益、技术障碍以及投资机制等方面的制约，推动这两种趋势的需求和供给在弹性大小上存在差异，即结构协调发展的需求、供给弹性在现阶段更大一些，因此决定了这两种趋势在时序上和作用强度上的差异，从而表现出结构变化的阶段性特征。也就是说，结构变化大体表现为以扩张规模来增强结构协调为主和以产业高级化为主的两个阶段。第一阶段用7、8年或更长一些时间，通过现有产业规模的扩大和产业素质的提高，改变基础产业、基础设施以及第三产业发展滞后的状况;同时有相当数量的农村剩余劳动力转向非农产业，并带动城镇化发展。第二阶段，从本世纪末开始，在需求升级、竞争加剧的背景下，资金、技术相对密集的新兴产业的发展成为带动经济增长的主要动因，产业的技术装备水平和开发创新能力大大提高，国民经济开始走上以内涵发展为主导、以经济效益为动力的轨道。

1. 影响产业结构变化的相关因素的变动趋势

(1) 消费需求的变化趋势　按照居民收入水平和分布的预测推断未来15年消费结构的变化趋势:

有绝对量已相当可观的家庭进入高消费，轿车、住宅等“万元级”高档耐用消费品将陆续进入家庭，并且具有一定的市场规模，但是由于收入差距的拉大，能够继续进入这一消费档次的家庭数量不是很多，因而这个市场对于个别高档消费品来说，难以成为持续性市场。

对于绝大多数家庭来说，消费水平仍保持在“千元级”上。从90年代家庭消费支出的构成来看，最显著的变化是长期消费的增加和消费领域的拓宽。健康和退休保险以及子女教育费用开始纳入家庭支出预算，成为家庭储蓄前三位动机因素;同时，旅游、文艺娱乐、外

出餐饮、接受短期技能培训等需求的迅速增长，说明消费方式的多元化将对服务业提出更高的要求。

对于商品性消费来说，在吃、穿、用等方面的需求量仍保持平稳增长，消费的升级表现为在“千元级”商品的层次上，对品种、质量和档次要求多样化。

总起来说，未来15年的居民消费进入成熟、平稳增长时期。消费眼界的长期化使储蓄率保持一定水平；消费多元化和收入差距的扩大，使排浪式消费很难再次出现；与收入水平相对应，消费将在“千元级”水平上向高档化方向发展。

(2) 投资需求的变化趋势　与经济发展基本格局相一致，未来15年投资需求在以下几个方面形成拉动点：

①受需求的强力拉动和出自降低短线所造成的外部成本的需要，中央和地方政府都表现出发展基础产业、加强基础设施和服务业建设的强烈意向。能源、原材料、建筑业、交通通信业发展具有较大的余地，并且可以在近10年的期间内成为带动国民经济高速发展的主要动力。预计到本世纪末，随着“瓶颈”制约的逐渐缓解、需求结构的升级以及市场竞争的加剧，这些产业将从以扩大规模为主的外延型发展，转向以追求内部效益的质量型发展，对投资的需求进入平稳增长阶段。

②农村剩余劳动力向非农产业的转移是我国实现工业化的必由之路。农村剩余劳动力转移的焦点集中于中、西部地区乡镇企业能否顺利发展。地区间发展不平衡的矛盾，使劳动力转移问题的解决带有更为深刻的内涵和迫切性。由于明显的比较利益和加速地区经济发展的强烈愿望，农村剩余劳动力向非农产业的转移将有加速的趋势，这就形成以规模扩张为主的投资需求的又一大热点。

1992年我国农村剩余劳动力约为1.6亿，本世纪末为3.7亿，到2010年将达4.5亿。如果要转移出一半剩余劳动力的话，平均每年也要安排近1500万人从事非农产业。1992年我国乡镇企业人均固定资产占有额为4512.3元，按此计算，每年用于装备乡镇企业新增职工的投资将达676.8亿元。受资金积累能力的限制，今后乡镇企业的发展将会向装备率较低的第三产业倾斜。

③在推进产业高级化过程中，也将拉动投资需求的增长。从我国产业发展的现状出发，产业高级化发展包含以下内容：第一，用以微电子为代表的现代产业技术改造传统产业；第二，继续完成80年代引进的新兴产业的“深化”任务，发展相关、配套的上游产业；第三，发展即将进入家庭消费的新一代高档耐用消费品如轿车等产业；第四，追踪和发展80年代国际新兴的高新技术产业，如生物工程、新型材料等。由于竞争加剧、需求升级以及弥合供给与需求结构断层的需要，产业升级的趋势在部分产业中已显示出来。但是由于技术储备的不足，科研体制有待理顺，以及技术进步动力不足等原因，在主要是由速度决定效益的现发展阶段，产业高级化发展只能在局部、在一部分产业中获得足够的动力。在2000年以前，产业高级化的任务主要是为上述四项要求打好基础；技术、资金密集产业的比重明显增加将从下世纪开始。因此用于产业高级化的投资需求在2000年以前将是平稳增长，从下世纪开始大幅度增加。

(3) 对外贸易结构的变化趋势　由结构协调性发展和产业高级化发展所带动的经济增长，其基本格局是以内需为主的增长。但是对外贸易对我国经济发展影响巨大，不仅在数量上将继续扩大，还是我国新技术、新材料的主要来源之一，从国际分工来看，某些行业甚至将分别以国外或国内为主，因此，预计未来15年我国经济发展对国际贸易的依存度仍会继续提高，对进口的需求从总体上仍大于出口的可能，国际收支状况仍然是对进口的限制因素，促进扩大出口仍然是国际贸易政策的核心问题。

2. 1996—2010年产业结构变化趋势　根据以上分析，我们预测，2000年以前我国国内生产总值以年均10％的速度递增，2000—2010年以年均9％的速度递增。由于消费增长平稳，可维持较高储蓄率，积累率维持在35％应有可能。到2000年投资额为16130亿元，2010年投资额达38187亿元(以上均按1990年价格计算)。

按此经济增长总趋势，一、二、三次产业之间的关系及各次产业内部将发生以下变化：

(1) 第一产业占国内生产总值的比重在2000年以前缓慢下降，2000—2010年将有较大幅度下降。据我国城市居民消费结构的变化情况，当人均消费额接近2000元时，食品消费支出达到峰值；超过2000元时，恩格尔系数开始下降。我国居民人均收入到2000年达2186元，因此到2000年以前，对食品消费量的增长仍可带动农业以3.2％左右的速度增长。按1990年价格计算的农业产值占国内生产总值的比重，由1992年的24.3％，降至20.4％左右；到2010年，由于需求拉力减弱，农业年增长率下降至2.8％，占国内生产总值的比重降至13％左右。

我国农业要稳定发展难度是很大的。首先，人均耕地面积将由现在的1.24亩，减少到2000年的1.05亩和2010年的0.93亩左右。粮食产量2000年达到49590万吨，按人口13亿计算，人均只有381公斤，还达不到1984年水平；2010年产量57633万吨，按14亿人口计算，人均只有412公斤，而要达到这个水平，必须经过坚持不懈的努力。

农业内部结构将继续向均衡化发展。种植业与林、牧、副、渔业在农业总产值中的比重，1992年为：55.48%、4.65%、27.05%、6.07%、6.75%，2000年将为47%、6%，33%、5%、9%，2010年为40%、8%、35%、6%和11%。

(2) 第二产业在未来17年中一直保持强劲势头，内部结构变化加快，增加值占国内生产总值比重居高不下。到2000年，即以规模扩张为特征的结构协调性发展阶段，第二产业发展速度可达年均11.5%，占国内生产总值的比重有所上升，由1992年的48.1%上升至2000年的52%左右；从本世纪末到2010年，由于产业升级所引起的现代化、大型化设备的大面积更新，仍带动第二产业保持一定速度，但是随着技术投入加大，内涵型增长特点增强，速度比2000年前有所下降，年均增长率为9%左右，增加值占国内生产总值的比重仍维持在50%以上。

第二产业内部结构变动如下：

① 基础工业与经济发展的关系。2000年以前，基础工业仍是发展的重点。2000年到2010年仍要抓紧基础工业的生产建设，以求得与经济的协调发展。到2010年，能源消耗将仍以煤炭为主，但煤炭生产的增长速度将减慢，石油将变为净进口国(如发现特大油田除外)，电力仍将高速度发展，其增速与GNP大致相当，能源消耗与GNP的弹性系数比80年代的0.632还要低。这只有靠技术进步、调整结构、节约使用来解决。钢铁工业、化学工业都将有大的发展，质量有大的提高，品种也将有大的增加，因此原材料的消耗将进一步减少。基础工业与加工业的比例由于附加价值的增加和原材料、燃料消耗的减少，其比例数将低于1991年的28.7：39.6，但两者的关系将基本协调。

② 对主导产业的预见。经济发展中的主导产业的形成有其自身的规律。中央预见的主导产业：机械电子、石化、建筑和汽车，在2000年以前是这四个。2000—2010年，可能会出现一些新兴产业，其中也有的可能成为主导产业。上述主导产业在2000年以前和以后的具体内容会变化。例如，机械电子工业在2000年以前将是以机电一体化的制造设备为主，2000年以后可能是以机电一体化的应用设备为主。

③ 技术结构也会发生很大变化。技术结构变化表现在：第一，设备新度系数将大大提高。轻工业固定资产新度系数将由1991年的0.715，提高到2000年的0.765，至2010年则会提高到0.85以上。重工业固定资产新度系数由1991年的0.695，提高到2000年的0.74、2010年的0.80。第二，由于电子、机电一体化设备等代表现代技术水平的产业得到发展，机电产业占全部工业的比重有所提高。1991年，机械、运输设备、电子及通讯设备、电气机械、仪器仪表等五个部门的净产值占全部工业净产值的比重只有21.67%，到2000年这一比重将达到25%左右，到2010年则会达到30%以上。其中，电子及通讯设备产业的比重将由1991年的0.91%，上升至2010年的10%以上。第三，一些适应需求升级和提高技术装备水平需要的重要设备及制造技术，如大型成套设备、工作母机、计算机、集成电路以及高档耐用消费品的制造工艺装备，达到国际80年代末、90年代初的先进水平。

④ 企业组织结构将发生重大变化。随着市场机制的建立，大而全、小而全的企业组织结构将发生重大变化，这种变化是渐进的，在“九五”前期还不很明显，到2010年将形成以若干个大型企业集团为主干，具有经济规模的、按专业化协作原则组织起来的大中小企业结合的组织体系。在这个体系中，企业拥有充分的自主权，市场导向作用能够较好地发挥，企业的新陈代谢机制得以形成。

(3) 第三产业增长较快，发展滞后的状况大为缓解。初步测算，到本世纪末，第三产业增长率可达11%，到2000年其比重占国内生产总值的30.8%，比1992年提高3.2个百分点；从2000年到2010年，年均增长率将达到12%，占国内生产总值的比重将达到37.5%。交通运输和邮电通信投资增长很大，集中力量建设使交通、通信的紧张状况得到缓和，能适应经济发展的需要，科技、教育事业蓬勃发展，商业、金融业高速度发展，信息业形成产业并得到大的发展。随着体制改革的深入和专业化程度的提高，隐含在第二产业中的社会服务业将会脱离出来，从而增加第三产业的增长份额。在这种情况下，到2010年预计我国第三产业在国内生产总值所占比重将接近45%。

(4) 地区产业结构将发生相当变化，沿海、沿江地区将得到进一步发展，与国际经济接轨，外向型程度加强。内地和欠发达地区得到较大发展，与沿海地区的差距开始缩小。地区倾斜与产业倾斜将结合得更好。

(二) 国家着重支持产业的选择 基础产业和主导产业，在市场经济条件下，多数都由市场调节，只有少数意义特别重大、竞争激烈、自我扩大再生产能力差的产业才需要由国家来扶持。选择国家扶持产业的条件是：

(1) 对国民经济具有重大意义的产业，要从市场需求、产业关联、技术进步、创汇作用、经济效益等几个方面来考虑，主要应从基础产业、主导产业和新兴产业中来选择。

(2) 自我扩大再生产能力差的产业，包括社会效益好、自身效益差的产业，技术难度高、研究试制费用高、投资风险大的产业。

(3) 投资大、周期长的产业。

(4) 根据国家的财力情况，支持的重点要少而集中，支持的目标要明确具体，并有一定的时限。

按照上述原则在2010年以前国家应重点支持的产

业是：农业；煤炭、电力、石油、交通运输、邮电；机床工具、大规模集成电路、电子计算机、基础工艺、基础件、电子元器件、电子材料、特殊金属材料、特殊化工材料等；汽车。

四、加速产业结构调整的政策

推动产业结构加速调整，要依靠市场调节和产业政策，国家对这两个方面都要制定政策加以培育和施行。主要的政策措施有：

(1) 大力培育市场。国内外的经验证明，完备的市场机制是调整产业结构，使之符合经济发展需要的最有效办法。但由于企业体制还未很好改过来，企业的优胜劣汰很难实现，因此，产业结构调整缓慢。在2010年以前要建成比较完善的社会主义市场机制，从商品市场、要素市场到价格体系形成比较完整的系统，从而能够较充分地发挥市场的导向作用。同时企业体制改革的完成，企业成了责权利一体、自主经营、自负盈亏、自我发展的法人。这样就将大大推动产业结构的调整，使之更好的协调发展和走向高级化。

(2) 实行新的管理经济方式——产业政策调控。市场不是万能的，市场离不开强有力的宏观调控。用产业政策来管理经济十分必要。许多发达国家的经验，特别是日本的经验，证明实行强有力的产业政策能把市场调节和政府调控(计划)很好地结合起来，就能运用政府的作用推动基础产业、主导产业快速发展，促进产业结构迅速升级，从而带动整个经济快速健康地发展。产业政策是一个政策体系，是一种新的经济管理方式，它包括产业结构政策、企业组织结构政策、产业技术政策、地区产业政策和实施保障政策。产业政策的制定和实施要通过广大的官、产、学相结合的体系来进行。产业政策有整套的制定和实施机制。我国实施产业政策还仅仅是开始，还有大量艰苦的工作要做。

(3) 建立适应市场经济和产业政策的投融资体系、改革金融体制，实行政策性金融和商业性金融分开，利率、汇率、税率也要分成自由浮动部分和少数的政策调控部分。政策调控部分要以产业政策为核心。

(4) 制定完善的教育、培训制度和社会保障制度。

(作者所在单位：国家计划经济研究所)

我国固定资产投资建设成果的分析

耿 春 普

“八五”时期，建设领域继续贯彻改革开放的方针，加快投资体制改革，为国民经济持续、快速、健康发展作出了新贡献，在调整中取得了新的成果，但也存在一些亟待解决的问题。

“八五”期间，全社会完成固定资产投资63809亿元，比“七五”时期增加43222亿元，增长2倍。通过投资建设新增固定资产45000多亿元。在全社会固定资产投资中，国有单位37653亿元，比“七五”时期增长1.8倍；集体单位10422亿元，增长2.8倍；城乡个人8412亿元，增长86.9%。按计划管理渠道观察，基本建设投资23585亿元，比“七五”时期增加16236亿元，增长2.2倍；更新改造投资10898亿元，增加6920亿元，增长1.7倍。五年建成基本建设项目24.6万个，其中大中型项目约900多个；建成更新改造项目18万个，其中限上项目1000多个。“八五”期间，基本建设新增主要产品生产能力：煤炭开采能力13663万吨；发电装机容量6134万千瓦；原油开采能力4958万吨；炼钢814万吨；新建铁路交付营业里程4743公里；沿海港口吞吐能力13731万吨。大批项目的建成投产，为国民经济的发展和人民生活水平的提高提供了物质条件，为“九五”经济、社会的发展乃至进入2000年经济的腾飞奠定了坚实的基础。

一、投资规模增长呈“马鞍型”，经过调整已基本控制在适度范围内

“八五”头三年，全社会固定资产投资大幅度增长。增长趋势是：1991年为5595亿元，比上年增长23.8%，1992年增加到8080亿元，比上年增长44.4%，1993年为13072亿元，自1993年开始年度投资规模首次突破万亿元大关，成为改革开放以来投资增长幅度最高的年份，达61.8%。由于投资总量过快增长，引起社会总供求关系失衡，物价涨幅过高，经济生活出现不稳定因素。造成投资增长过快的主要原因，一是经过1989、1990年治理整顿，经济关系基本理顺，供需矛盾初步缓解，为投资增长提供了前提条件；二是投资审批权限下放，企业自主权扩大，为投资增长提供了动力；三是在计划经济向市场经济转换的时期，投资宏观调控的措施还不够完备。为防止投资再度失控，1994年初国务院制发了《国务院关于继续加强固定资产投资宏

观调控的通知》。经过贯彻落实，控制了新开工项目，集中资金保证重点建设项目，对房地产、开发区建设进行了清理，加强了固定资产投资贷款管理和项目管理，当年投资规模明显回落，全社会固定资产投资规模为17043亿元，比上年增长30.4%，增幅回落31.4个百分点。1995年继续加强对投资规模的控制，全社会完成固定资产投资20019亿元，比上年同期增长17.5%，其中国有单位投资增长13.3%，投资总量的增长幅度已进入适度区间，对国民经济的良性循环产生了积极的影响。

二、能源工业、运输邮电等重点建设有所加强，一批骨干工程和重点项目建成投产

“八五”期间，国有单位用于能源、交通等基础产业的投资达14217亿元，比“七五”时期增加9598亿元，增长2倍，占全部投资的37.7%，投资比重提高3个百分点。其中能源工业投资达7398亿元，增长1.3倍，但投资比重低于“七五”时期；运输邮电投资达6819亿元，增长3.7倍，投资比重为18.1%，提高7.1个百分点。

建成投产的重大项目和工程有：

煤炭工业：新增煤炭开采能力700万吨的内蒙古霍林河一号露天矿；新增煤炭开采能力300万吨的淮南矿区潘集三号井；大同矿区年煤炭开采能力500万吨的四台沟矿井，是目前我国煤炭行业产量最高的大型现代化矿井；古交矿区东曲平峒和阳泉矿区贵石沟矿井新增煤炭开采能力分别达到400万吨。

电力工业：我国首座超临界大型电站装机容量120万千瓦的上海石洞口第二电厂；装机容量100万千瓦的山西神头二电厂；装机容量70万千瓦的无锡利港电力有限公司和装机容量60万千瓦的吉林长白山水电站二期工程。装机容量121万千瓦的广西岩滩水电站四台机组全部建成投产。我国自行设计、自行建造的30万千瓦机组的泰山核电站的建成投产，结束了中国无核电的历史。

铁道：415公里的川黔铁路全部实现电气化，年输送能力由400万吨提高到1250万吨，对缓解西南地区运输紧张状况将起到重要作用；横贯陕、甘、宁三省，全长498公里的宝中电气化铁路，是九十年代全国铁路大会战中第一条建成的长大干线，它是东起连云港、西至荷兰鹿特丹港的第二条亚欧大陆桥的重要组成部分。大秦铁路二期工程全面投入运营，是目前现代化程度最高，开行重载单元列车的双线电气化运煤通道。我国第一条自行设计、施工建设时速高达160公里的高速铁路——广深准高速铁路正式通车。北京西客站是铁路建设史上规模最大、设备最先进的大型客站，它正以雄伟的身姿迎接八方来客。

交通：营口港鲅鱼圈港区四突堤2个万吨级深水散杂泊位，新增吞吐能力70万吨；宁波港北仑二期工程3—5万吨级深水泊位3个，新增吞吐能力190万吨；吞吐能力1500万吨的青岛港前湾港区一期工程，青岛港黄岛油二期工程4个深水泊位，年吞吐能力1700万吨。

邮电：全长2496公里的沪闽、榕穗光缆工程全线开通；北京利用法国贷款安装19.3万门市话交换机的通信工程和广州电信枢纽2000路端长途电话交换机工程也相继建成。由中、日、美三国共同投资兴建全长1252公里的第一条国际海底光缆——中日海底光缆通信系统已正式开通。

三、房地产业得到长足发展，人民居住条件继续改善

房地产业做为一个新兴行业，在“八五”期间发展较快，1991年—1995年房地产开发投资达8708亿元，平均每年增长83.6%，快于基本建设投资的增长速度。五年实际销售商品房屋29138万平方米，其中商品住宅25497万平方米。1995年房地产开发经营总收入已达1732亿元。

1995年2月国务院正式出台了安居工程实施方案，计划用5年左右的时间，新建1.5亿平方米的安居住宅。建成后的住宅以成本价销售，销售对象主要是中低收入家庭、无房户、危房户和住房困难户。实施安居工程的目的，一方面是为了加快城镇住宅商品化进程，促进住房建设；另一方面是为城镇住房制度改革提供政策示范。目前安居工程已在全国部分大中城市全面铺开，并取得了初步成效。1995年安居工程完成投资99.1亿元，施工房屋面积1392万平方米，超计划3%，竣工面积623万平方米。

“八五”期间全社会住宅投资达14408亿元，占投资总额的22.6%。竣工住宅面积46.4亿平方米，其中城镇14.7亿平方米，农村31.7亿平方米。到1995年底城市居民人均居住面积为8平方米；比1990年增加1.3平方米；农村人均居住面积为21平方米，比1990年增加3.2平方米。

四、投融资市场逐步形成，投资资金多元化格局初具规模

近年来随着金融体制改革的不断深入，继贷款之后，股票、集资、债券等融资手段也开始运用于投资领域。与“七五”时期比较，“八五”时期全社会固定资产投资中的国家预算内投资比重由9.7%下降到3.5%，下降了6.2个百分点；国内贷款比重由21%上升到22.5%，上升了1.5个百分点；利用外资比重由5.7%上升到10.5%；自筹及其他投资比重由63.6%上升到63.5%。由于国家实行了优惠政策，通过各种手段招商引资，所以利用外

资增长较快。1995年利用外资的数量达2296亿元，比“七五”时期利用外资的总和还多。利用外资的方式由“七五”时期的以对外借款方式为主转为以吸收外商投资为主。而且在国家产业政策的引导下，外商投资的产业结构有所改善，资金技术密集型的基础产业项目、高附加值的机电产品、基础设施、原材料工业正在成为外商投资的热点。预算外投资的增加，扩大了投资的资金来源，建立了投资的风险机制，也为投资运行逐步纳入良性循环的轨道提供了条件。

五、存在的主要问题

“八五”时期固定资产投资的增加有力地支持了国民经济的高速增长。但是还存在一些值得注意的问题。

1. 农业投资比重呈下降趋势。1991年至1995年国有单位和集体单位农业与水利投资为1320亿元，占投资总额的比重为2.7%，比“七五”时期农业投资比重下降0.8个百分点。农业投资平均每年的增长速度低于全国平均水平。农业投资的现状与农业的基础地位不相适应，这一状况如继续下去，势必影响整个国民经济的发展。

2. 投资外延化趋势上升。首先是在国有单位投资中更新改造投资比重下降。“八五”时期完成更新改造投资10898亿元，仅占国有单位投资的28.9%，比“七五”时期的29.8%下降了近1个百分点。其次是更新改造投资中新、扩建投资比重上升。1991年至1995年更新改造投资中新、扩建投资达6049亿元，占投资总额的比重为55.5%，比“七五”时期提高4.6个百分点。从年度看，呈逐步上升趋势。1991年为49.2%，1992年为50.1%，1993年为55.1%，1994年为57.4%，1995年为58.5%，成为近年来新、扩建投资比重最高的年份。

3. 投资效果不理想。与“七五”时期比较，“八五”时期反映投资效果的固定资产交付使用率和房屋面积竣工率均呈下降趋势。基本建设固定资产交付使用率由75.4%下降为62.2%，房屋面积竣工率由48.4%下降为44.4%。更新改造也是如此。固定资产交付使用率由78%下降为75.3%，房屋面积竣工率由51.5%下降为48.6%。投资效果系数，即每增加一元投资所增加的GDP的数量，“八五”期间平均水平为0.46，与“七五”时期的平均水平大体相当，但比历史上的投资效果系数最高的“一五”时期平均为1.3的水平低一倍多，比改革开放以来投资效果系数最好的1984年的0.86的水平低得多。

4. 有效的投资宏观调控机制尚未完全建立。“八五”时期正处于计划经济向市场经济过渡的阶段，投资活动在新旧体制交替中运行，有诸多新问题需要探讨、研究解决。如：如何在对外开放中，以不损害国家利益为前提，利用好外资？在资金渠道多元化情况下，如何做到各方面权责利的统一？如何在投资权力下放后，尽快建立投资主体自我约束机制？如何避免各地区间的重复建设、盲目建设，等等。这些问题都是需要宏观调控机制来制约、解决的。

投资领域之所以还存在上述问题，原因是多方面的。首先是投资风险机制没有真正建立起来；其次是缺乏市场经济运行的内在要求——健全的法律制度；第三是实现调控手段不够完善；第四是对经济体制及增长方式的转变需要有一个认识、实践、提高的过程。

“九五”计划和2010年远景目标已经确定，建议领导应围绕“抓住机遇，深化改革，扩大开放，促进发展，保持稳定”的大局，在实行年度投资规模和建设总规模双重调控的前提下，调整投资结构，提高投资效益，在实现“两个转变”中发挥特有的作用。

(作者所在单位：国家统计局)

对1995年抑制通货膨胀成效及1996年市场价格走势的分析

叶　震

1992—1994年，我国经济高速发展，国内生产总值三年平均增长13.2%，成为全球经济发展最快的国家。存在的主要问题是：在经济高速增长的同时，市场零售价格逐年上涨，三年平均上涨13.4%，特别是1994年涨幅高达21.7%。市场价格的大幅度上涨，给1995年的经济生活投下了一个引人注目的焦点。面对严峻的物价形势，中央把抑制通货膨胀列为1995年宏观调控的首要任务和处理好改革、发展、稳定三者关系的关键，并明确提出要确保物价上涨幅度比1994年有明显回落，力争控制在15%左右。

1995年以来，各级政府和各部门遵照中央的统一部署，积极采取各种有效措施，精心调控，谨慎操作，抑制通货膨胀和物价上涨，取得初步成效。国民经济保持了平衡发展，社会总供求基本平衡，物价涨幅逐月回落，全年平均涨幅为14.8%，比上年涨幅下降6.9个百分点，较好地实现了全年商品零售价格涨幅的控制目标。

一、1995年市场价格变动的主要特点

第一，物价涨幅逐月回落 这次物价上涨周期始于1991年。刚开始时比较平缓，零售商品物价上涨率1991年、1992年分别为2.9%、5.4%。1993年3月开始超过10%，1994年2月开始超过20%，同年10月高达25.2%，成为这一轮价格上涨幅度的顶峰，以后涨幅开始逐月回落。1995年全年处于涨幅的回落阶段。零售物价涨幅由1994年12月的23.2%逐月回落到1995年12月的8.3%，平均每月回落1.2个百分点。详见下表:

1995年各月全国商品零售价格比上年同期的涨幅

单位：%

	1月	2月	3月	4月	5月	6月	7月	8月	9月	10月	11月	12月
同比	21.2	19.7	18.7	18.0	17.6	16.0	14.6	12.3	11.4	10.3	9.2	8.3
累计同比	21.2	20.5	19.9	19.4	19.0	18.5	17.9	17.2	16.6	16.0	15.4	14.8

第二，当年新涨价因素明显低于上年 与上年同期比较的商品零售价格涨幅，具有一定的滞后因素。其滞后影响的大小，取决于上个年度价格的涨幅和价格变动的时间。以单项商品为例，其单价如果在上年11月由2元上升至2.5元，上涨25%，在当年虽然价格未调整，但在10月之前的各月中，价格上涨率仍为25%，全年平均上涨20.8%。1994年商品零售价格涨幅中，当年新涨价因素超过80%，滞后因素不足20%。而1995年商品零售价格涨幅中，当年新涨价因素仅占价格总涨幅的30%左右，70%左右是滞后因素，因而居民对价格上涨的实际感受明显低于上年。

第三，农村物价涨幅高于城市，东部地区物价涨幅回落快于中、西部地区 伴随交通条件的改善和市场化程度的提高，城乡之间、地区之间商品价格水平的差距逐步缩小，从而出现原有商品价格水平较高的大中城市和中部、东部地区，物价涨幅的回落速度快于农村和西部地区的情况。1995年全国城市商品零售价格上涨13.5%，其中35个大中城市为12.8%，分别提前4个月、5个月实现了全年商品零售价格控制在15%左右的目标，而全国农村商品零售价格涨幅仍高达16.4%。农村物价涨幅高于城市，除上述因素外，主要是农村市场物价监管力量薄弱，财政补贴效应辐射不到农村。分地区看，东部12省(区、直辖市)比去年同期的平均涨幅为13.5%；中部9省区为15.2%；西部8省区(缺西藏资料)为16.8%。

1995年各省、市、区商品零售价格比上年同期的涨幅

单位：%

	全省(市、区)	城 镇	农 村
全国总计	14.8	13.5	16.4
北京	12.6		
天津	10.6		
河北	15.8	15.2	16.6
山西	15.6	14.5	16.9
内蒙古	16.8	15.4	18.9
辽宁	14.0	13.6	15.0
吉林	14.2	14.0	15.4
黑龙江	14.3	13.7	15.7
上海	13.0		
江苏	14.3	12.5	15.6
浙江	13.5	13.0	14.3
安徽	12.7	13.1	12.3
福建	14.4	14.3	14.7
江西	15.9	15.0	16.9
山东	14.2	13.2	16.2
河南	14.9	13.3	16.5
湖北	16.6	15.1	18.3
湖南	15.5	14.5	16.8
广东	11.6	10.8	12.7
广西	16.4	15.0	17.7
海南	11.3	8.7	15.5
四川	17.0	15.8	18.2
贵州	17.2	15.2	20.1
云南	18.1	16.3	20.1
西藏			
陕西	17.0	15.3	19.4
甘肃	16.5	15.7	18.3
青海	16.3	15.9	16.7
宁夏	15.3	14.7	15.9
新疆	16.7	15.7	18.3

第四，从商品零售价格当年新涨价的商品构成看，由上年以食品价格上涨为主转变为多类商品价格上涨共同推动 与1994年年底比，1995年底的食品价格上涨幅度与全部商品价格上涨的幅度大致相当。高于全部商品零售价格上涨幅度的主要是服装鞋帽、纺织品、中西药品、书报杂志、文化用品及日用品。低于全部商品零售价格涨幅的主要是燃料、建筑装璜材料、家用电器、化妆品等。机电产品和首饰的价格水平低于上年年底。

与1994年同期比，一是食品价格上涨虽然是拉动物价总水平的主要力量之一，但涨势已有所减缓，而且主要是滞后因素所致。1995年，食品零售价格比上年上涨24.7%，比1994年35.2%的涨幅回落了10.5个百分点。

涨幅较高的主要是粮食(34.4%)、肉禽蛋(24.2%)、鲜菜(29.3%)。二是工业品价格涨势增强。服装鞋帽上涨16.8%，纺织品上涨15.4%、书报杂志上涨15.2%。三是农业生产资料涨势强劲，比上年上涨27.4%。

二、1995年抑制通货膨胀目标得以实现的原因及启示

1994年较高的通货膨胀水平对1995年的滞后影响高达9个多百分点，也就是说，要求1995年市场价格的涨幅控制在15%左右，只有不足6个百分点的回旋余地。应该说难度是很大的。但在党中央、国务院的正确领导下，经过各级政府和广大人民群众的共同努力，较好地实现了15%的调控目标。认真总结1995年抑制通货膨胀取得明显成效的原因，对"九五"期间实现低物价上涨率的经济快速增长具有十分重要的意义。

认识统一是治理通货膨胀的先决条件。在经济体制改革时期或者说在经济转型期，在社会经济运行中存在多种亟待解决的问题，角度不同问题的轻重顺序也不同。就通货膨胀而言，在1994年以前尤其是在90年代以前，看法差别较大，有的甚至主张用通货膨胀来促进经济发展。现实存在的问题使人们认识到，在经济体制改革和结构转轨过程中，一定程度的物价总水平上升是不可避免的，但是这种物价总水平上升应该是适度的，过快、过高的物价上涨，特别是由于货币超常增长和需求过度膨胀引发的价格大幅度上涨，则只能搞乱经济秩序，误导资源配置，强化分配不公，引发社会不安定，对于经济的健康发展和改革的顺利进行也是绝对有害的。因此，中央决定把抑制通货膨胀作为1995年宏观调控的首要任务，很快成为各级政府和社会各方面的共识。这是1995年物价水平得到明显控制的重要原因。这应该成为"九五"期间物价控制的基本经验。

多管齐下的调控政策是物价涨幅明显回落的决定因素。针对这次通货膨胀的原因是多方面的、复杂的，各级政府为控制通货膨胀采取了多种措施与手段，实行了综合治理

第一，在宏观上实行适度从紧的财政和货币政策，严格控制固定资产投资规模　适度从紧的财政政策，包括大力增加财政收入，合理控制财政支出和严肃财政纪律等。从头11个月的执行情况看，全国财政收支相抵，支大于收的规模缩小了14%，全年财政赤字控制在预算目标之内。适度从紧的金融政策，包括控制货币发放，调整贷款结构，加强金融监管力度等。1995年，全国金融机构各层次货币均呈增幅回落之势。初步测算，年末M0比上年增长14%，增幅回落10个百分点;M1比上年增长18%，增幅回落6个百分点;M2增长30%，增幅回落4个百分点。全年货币投放明显低于1500元的控制目标。由于从资金源头上强化了控制，固定资产投资规模增幅明显回落，1995年全社会固定资产投资比上年增长18.8%，增幅回落12.6个百分点。这些对抑制通货膨胀起了十分重要的作用。

第二，各地区、各部门普遍建立物价控制目标责任制，在抑制社会需求过快增长的同时，努力增加有效供给　年内实施的省长抓"米袋子"、市长抓"菜篮子"成效显著，主要农产品全面增产，工业生产稳定增长，市场货源充裕，保证了市场供应，促进了市场的稳定。

第三，加强了物价的监督与管理　一是运用法律手段，维护正常的市场秩序，二是在新体制框架尚未建立起来，经济法律手段尚未完善的情况下，采取了必要的行政手段，如行政性限价、财政补贴压价、安排好重要商品调价的出台时间等;三是运用社会手段，如传媒曝光、舆论监督、消费者协会等群众组织监督。

三、1996年市场物价涨幅将进一步回落，但调控任务依然艰巨

1995年尽管实现了14.8%的调控目标，但是14.8%的涨幅仍然属于高位。1996年是"九五"计划的第一年，如果物价涨幅不能进一步回落，无论是对"九五"期间实现低物价上涨率的经济快速增长，还是对深化改革和社会稳定，都将产生重大影响。因此，从宏观调控角度看，1996年宜继续抑制通货膨胀，力争将全年的物价涨幅控制在10%左右。

1996年在抑制通货膨胀的工作中，具有不少有利条件:

首先，十四届五中全会已明显指出，抑制通货膨胀将是"九五"期间宏观调控的首要任务，对于抑制通货膨胀的重要性和必要性，中央及各地、各部门进一步取得共识，1995年的成功调控也取得了一些经验，为此1996年将继续坚持适度从紧的货币和财政政策。这就从指导思想上解决了由于宏观政策不当引发经济过热而带来的通货膨胀的危险。

其次，经济增长、投资增长已回落到适度的增长区间，来自于需求方面的物价上涨压力在1996年将会明显减轻。

第三，1995年市场供应的丰富将会延续至1996年，尤其是农业的丰收大大减轻了这两年以食品价格上涨为主导的对价格上涨的强力推动。1996年各级政府仍将把农业作为经济工作的重要一环来抓，客观上有利于保护和调动农民的生产积极性，为1996年农业的再丰收创造了条件。

第四，近两年新增的生产设施，尤其是能源、交通、电讯设备的投入使用，为1996年增加有效供给提供了有力保证。

第五，1995年国际收支状况较好，外汇储备增加较多，利用国际市场调剂商品余缺的能力增加。

第六，1995年物价涨幅中新涨价的因素仅占30%左右，对于1996年物价涨幅的滞后影响不到3个百分点，调控空间相对上年要更大一些。

尽管如此，1996年要将物价涨幅控制在10%左右，调控任务仍然十分艰巨。

首先，1995年物价涨幅回落的基础并不稳固。因为1995年的物价控制很重要的一条是依靠强有力的行政手段，靠行政压价、财政补贴、推迟出台物价调整项目取得了物价的暂时抑制，如果1996年上述因素不再存在或者力度稍弱，物价仍有可能反弹。以财政补贴为例，一些地方政府，1995年用于价格补贴的支出大幅度增加，长此以往，难以为继。然而不补贴又不行，处于一种两难选择。

其次，推动物价上涨的因素已由需求拉动和成本推动的双重作用转为成本推动为主，但这两种因素仍然可能同时发生作用。一方面，由于原材料价格上涨，工资增加，折旧率提高以及贷款利息的增加，成本的推动因素更为强化；另一方面以投资为代表的需求因素，由于客观要求上项目的愿望仍很强烈，稍不注意，就有可能出现反复。

第三，各方面要求涨价的压力仍然很大，尤其是推迟出台的物价调整项目，在1995年被压制一年后，在1996年物价形势稍好的情况下，要求出台的呼声将更为强烈。铁路货运、邮件和一些省市的地铁、水、电、煤气、城市公交长期入不敷出，难以维持正常经营，纷纷要求调整价格。农副产品供求的结构性矛盾仍然存在，粮食定购价与市场价差距拉大，农民收入增长不快，粮食等重要商品风险基金尚未全部到位，也增加了物价调控的难度。

第四，1996年物价的调控目标虽比1995年低5个百分点，但当年新涨价因素比1995年还要多2个百分点。1996年商品零售价格涨幅中，当年新涨价因素占70%左右。因此，居民的实际感受将更加强烈。

第五，居民的经济和心理承受能力有所减弱。这一轮通货膨胀从1993年3月份起，零售物价涨幅在10%以上的高位上连续已达33个月。这几年居民货币收入增长很快，但很大一部分已成为物价的涨幅所抵消。1995年城市居民生活收入和农民纯收入，在扣除价格因素后，分别只增长5%左右。由于居民的收入水平和收入增长幅度不可能是同步的，平均5%的增长意味着一部分居民实际收入水平是下降的。部分居民对物价上涨的经济承受能力有所减弱。另一方面，由于不少人对物价涨幅的回落与物价水平的回落是完全不同的两个概念不尽了解，加上流通秩序混乱，以次充优、短斤少两时有发生，对物价涨幅长期在高位上运行存有怨气。部分居民对物价上涨的心理承受能力也有所降低。

第六，经济运行和改革过程当中仍存在一些不确定因素。从物价涨幅的变动过程和机制来看，由于商品零售价格涨幅，在1995年12月已回落到8.3%，而且这种回落的趋势还将延续一段时间，1996年各月的商品零售价格的涨幅可能呈“U”型变化，即上半年继续呈逐月缓慢回落的趋势，下半年伴随粮食购销价格调整等因素，再逐月缓慢爬高。如果各方面工作做得好，全年商品零售价格上涨幅度可控制在10%左右。

为保证1996年物价上涨幅度控制在10%左右，进而在“九五”期间实现低物价上涨率的经济快速增长，应充分发挥有利因素，积极地抑制和消除不利因素。治理通胀政策宜以“稳定总量，结构微调，加强管理，深化改革”为主导，从控制需求(主要是投资需求)、增加供给(主要是农产品供给)和加强监管三方面入手，同时科学地把握调价力度和时机。1996年治理通货膨胀和物价涨幅的控制目标就一定能实现。

(作者所在单位：国家统计局)

我国城市化发展情况与问题

张 明 欣

改革开放以来，我国城市化进程处于加速发展阶段。“八五”期末，我国城市达到640个，城市总人口(不包括市辖县，包括部分农业人口)49911.4万人，占全国总人口的比重为41.2%，比1990年高出11.2个百分点，比1985年高出20.2个百分点；按非农业人口计算，城市化水平将近17%，比1990年高出4个百分点，比1985年高出6个百分点。

一、关于“八五”期间我国城市化的几个特点

(一) 城市的数目仍保持较高的增长速度 从1990年到1995年，我国城市由467个发展到640个，增长37%，年平均增长率为6.5%，与“七五”期间年平均增长率基本持平。从行政区级来看，县级市增长较快，由

279个发展到427个，增长53%；从地区分布看，发达的东部沿海地区发展更快，由181个发展到290个，增长60%；从城市规模看，中等城市发展快于大、小城市，由117个发展到192个，增长64.1%。详见下表：

“八五”期间我国城市发展情况

单位：个

年份	城市数	按行政级分类			按地区分类			按人口规模分类			
		直辖	地级	县级	东部	中部	西部	特大城市	大城市	中等城市	小城市
1990	467	3	185	279	181	193	93	31	28	117	291
1991	479	3	187	289	191	194	94	31	30	121	297
1992	517	3	191	323	215	202	100	32	31	141	313
1993	570	3	196	371	247	215	108	32	37	158	343
1994	622	3	206	413	278	231	113	32	41	175	374
1995	640	3	210	427	290	234	116	32	43	192	373

1995年我国东、中、西部地区城市化水平与城市密度

地区	城市化水平(%)	土地面积(万平方公里)		城市人口(万人)	城市人口密度(人/平方公里)	城市密度(个/万平方公里)
		合　计	占全国比重			
全国	16.5	960.0	100.0	20020	20.85	0.67
东部	20.4	129.6	13.5	10350	79.86	2.24
中部	15.2	289.9	30.2	6722	23.18	0.81
西部	10.4	540.5	56.3	2948	5.45	0.21

注：城市化水平是市区非农业人口占全国总人口的比重。

“八五”期间城市人口增长情况

城市规模	城市人口(万人)			增长数(万人)		城市人口增长占全国城市人口增长的%	
	1985年	1990年	1995年	90年/85年	95年/90年	“七五”期间	“八五”期间
全国	11825	15038	20020	3213	4982	100.0	100.0
大城市	6941	8158	9946	1217	1788	37.9	35.9
中等城市	2897	3644	5796	747	2152	23.2	43.2
小城市	1987	3236	4278	1249	1042	38.9	20.9

（二）城市化水平与城市密度，东部沿海地区高于中、西部地区　城市化是一个经济发展过程中的社会现象。我国幅员广阔，人口众多，自然地理条件差异大，经济发展很不平衡，这就决定了中国城市化发展的地区差异。改革开放以来，东部沿海地区商品经济较发达，现代工业发展较快的地区，城市化水平为20.4%，比全国平均水平高4个百分点，而西部地区城市化水平为10.4%，比全国平均水平低6.1个百分点；占全国土地面积仅13.5的东部地区，每0.45万平方公里有一个城市，而占全国土地面积56.3%的西部地区，每4.66万平方公里才有一个城市，东西部密度之差达10倍之多，比“七五”期间拉大了2.3个百分点。详见上表。

（三）在全部城市中，“八五”期间，中等城市人口增加绝对量和比例大于大、小城市，与“七五”期间正好形成反比，体现了我国城市发展坚持实行严格控制大城市规模的方针。详见上表。

(四) 城市群、城市带逐步形成和扩大 随着改革开放和现代商品经济的迅速发展，中心城市辐射作用的日益增强。在我国辽宁中部、京津唐、山东半岛、长江三角洲、珠江三角洲已形成了五大城市群；在沿铁路的京广线、津沪－沪杭线、京哈线、陇海－兰新线、焦枝、枝柳－湘贵线、浙赣－湘黔－贵昆线、宝成－宝昆线逐步形成连带状态的城市带；从1990年在开发上海浦东新区的基础上，又开放芜湖、九江、武汉、黄石、岳阳、重庆、合肥、南昌、长沙、成都等城市，形成了以上海浦东开发区为龙头的沿长江黄金水道的城市带，它已成为我国对外开放和国民经济发展中举足轻重的横向中轴线。这些城市群、城市带的形成，使该地区的城市化水平有所提高。如长江三角洲地区城市化水平为34.2%，高出东部地区近14个百分点，高出全国城市17.7个百分点；又如目前较发达的珠江三角洲地区城市化水平为38.3%，高出东部沿海地区近18个百分点，高出全国城市21.8个百分点，该地区每0.27万平方公里就有一个城市，是我国城市密度最高的地区。

二、"八五"期间城市化发展中存在的问题

(一) 城市化水平较低 由于我国的经济水平不够发达，城市化水平不可能过高。在1950—1990年之间，世界城市人口占总人口的比重由1950年28.4%升到1990年的50%左右。1992年世界上已有70多个国家和地区城市人口占总人口的一半以上，高收入国家的城市化水平已达到78%，中等收入的国家为62%，低收入国家也达到27%。1995年我国城市化水平接近17%，加上建制镇中非农业人口数，城镇化水平为22%，显然都较低。其原因是城市化的发展与现代经济增长同步迈进，人均国民生产总值越大，城市化水平越高。如下表：

城市化水平与国民生产总值的关系(1992年)

	城市化水平(%)	人均国民生产总值(美元)
高收入国家	78.0	22160
中等收入国家	62.0	2490
低收入国家	27.0	390

我国的经济发展，从改革开放以来才获得长足进步。1995年我国创造的国内生产总值达57733亿元，人均国内生产总值4792元，比1990年增加3158元，比"六五"期末增加3936元。但与世界发达国家相比，还有一定差距。

(二) 产业结构不尽合理，第三产业比重偏低 随着城市化的不断发展，以提供"服务"为特征的第三产业的发展相应加快。无论是第三产业就业人数占就业总人数的比重和第三产业产值占国民生产总值比重，在城市发展层次较高的国家和地区都已占50%以上。"八五"期间，1994年，我国城市第三产业就业人数比重仅占27.7%，其中100万人口以上的32个特大城市仅占41.3%；第三产业产值比重为35.3%，其中特大城市为44.2%。充分说明我国城市化水平不高与社会经济发展密切相关。特大城市尚未完成率先产业结构向第三产业倾斜，这是由于长期受"物质生产部门创造价值"的影响，第三产业发展没有得到充分重视的结果，也直接影响城市功能的发挥。

(三) 县改市的速度过快 "八五"期间，177个县改为市，加上"七五"期间145个，致使1985－1995年我国原有的2046县减至1716个。1990年到1995年，县级市由279个发展到427个，增长53%，年平均增长8.9%。这一期间，城市人口由15038万人上升到20020万人，增长33.1%，年平均增长5.9%，低于县级市平均增长3个百分点，而城镇化水平仅增加2.8个百分点，说明城市人口与城市化水平远远低于县改市发展速度。

自70年代末开始的县改市工作本来是经济发展与行政改革相结合的产物，本意是要推动农村城市化的进程。而在执行中不少地方在改市过程中，忽略这一目的。按理县改市后市县同级，二者只有经济发展水平的不同。可现实中多元化差别待遇使市远高于县，诸如可以提高区域层次、增加机构和人员、增加资金和城市建设费、扩大知名度等等，以致出现了追求行政效应而不顾县情实际，盲目扩大县城规模，盲目上项目以及虚报统计数字，"拼凑、创造"建市指标达标等等现象发生。它所造成的城市增长，不是经济发展的必然结果，而是人为的揠苗助长，结果影响县级城市功能的发挥，起不到城市作为经济、科技、信息中心的作用。

三、对今后我国城市化的建议

(一) 从中国的实情出发，稳步推进我国城市化的进程 根据我国12亿人口，9亿农民的特点，城市化的发展，一是要建立在农业发展，农村经济繁荣与农民富裕的基础之上，是城乡经济共同繁荣的产物，城市化的速度只能取决于城乡经济增长的速度；二是农业人口转化为非农业人口，其中很大部分要进入城镇。据有关专家估算，今后10年，我国城市需要安排劳动力6800万人，转移2亿多农村劳动力。根据目前我国的经济状况，现有城市无法承受庞大的农村剩余劳动力。因此，发展小城镇吸纳农村剩余劳动力，实现乡村城镇化，城乡一体化，逐步形成以大中城市为中心，以小城镇为群体的城市化格局，这是我国城市化、现代化的必由之路。

(二) 重视城市规划工作，以提高设市的质量 城市规划是城市建设与发展的龙头，对发展经济、产业结

构调整和城市布局具有超前性、指导性、服务性。城市不能片面的只讲经济效益，也要讲社会效益和环境效益。更要注重对城市个性特点的保护和发展，注重对城市的历史人文景观、自然景观的保护和生态环境保护。要下大力气注重市民的意识修养，以提高我国城市的质量。

(三) 大力发展第三产业，加强城市基础设施建设，增强城市社会服务功能 以超大城市为例，我国200万人口以上的10个城市第三产业产值的比重与就业人数比重远远低于世界上的大城市。

城市	第三产业产值比重(%)	第三产业就业人数比重(%)
上 海	44.8	40.5
北 京	50.3	54.6
天 津	37.9	40.3
沈 阳	48.2	43.1
武 汉	43.2	44.0
广 州	52.2	50.4
哈尔滨	60.6	40.1
重 庆	36.3	34.0
南 京	45.3	41.0
西 安	49.3	44.7
东 京 *	70.0	60.7
纽 约	81.3	72.2

* 1992年数;其他1994年数。

(四) 重视西部地区城市的发展 我国城市发展突出的地域特点是东密西疏。全国45.3%的城市集中在东部沿海地区，中部地区城市聚集规模低于东部，而西部地区更为稀疏;1995年50万人口以上城市共75个，东部地区占50.7%，中部占38.7%，而西部地区仅占10.6%。见下表:

		全国	东部地区		中部地区		西部地区	
			数量	%	数量	%	数量	%
城市合计		640	290	45.3	234	36.6	116	18.1
50万人口以上的城市		75	38	50.7	29	38.7	8	10.6
其中	百万人口以上城市	32	15	46.9	10	31.2	7	21.9
	50–100万人口城市	43	23	53.5	19	44.2	1	2.3
20－50万人口中等城市		192	87	45.3	74	38.5	31	16.2
20万人口以下的小城市		373	165	44.2	131	35.1	77	20.7

严重缺少作为区域发展中心的大城市是西部地区的特点。为此，充实和提高现有的大城市，尤其是位于交通干线的特大城市，如成都、重庆、贵阳、昆明、西安、兰州、乌鲁木齐等。增强其经济实力，充分发挥其资源优势，带动周围中小城市及城镇的发展，以提高我国城市化的整体水平。

(五) 严格执行县改市的建市标准 新的设市标准除原有人口、产值指标外，增加财政和城区基础设施指标，提出自来水普及率不低于65%，道路铺装率不低于60%，有较好的排水系统，强调了市的设置要符合城市体系布局的要求，有良好的地理地质环境条件，明确提出第三产业要占国内生产总值比重20%以上。各级政府应对建市指标制定统一的审批制度，并加强管理。

(作者所在单位: 国家统计局城市社会经济调查总队)

我国城镇居民生活变化分析

王 人 代

改革以来，城镇居民生活发生了巨大的变化，从三个五年计划期间居民生活状况变化分析，各个时期都有不同的特点。“六五”期间是改革的初始阶段，城镇居民收入大幅度增长，物价稳定，市场供应日趋繁荣，短短几年内，城镇居民生活从过去几十年的供给式消费提高到丰衣足食的温饱阶段;“七五”期间新旧体制交叉，物价大幅度上涨，城镇居民收入增长减缓，生活受到一定程度的影响;“八五”期间经过调整，改革向纵深发展，各项改革方案陆续出台，城镇居民生活水平的提高速度空前。据对全国3.5万户城镇居民家庭抽样调查资料，1995年城镇居民人均生活费收入3893元，比1990年增长1.8倍，扣除物价上涨因素，实际增长44.7%，平均每年递增7.7%;人均消费支出3538元，比1990年增长1.8倍，扣除物价因素，实际增长43%，平均每年递增7.4%，是改革开放以来增长幅度最大的一个阶段，为提前实现小康目标打下了良好的基础。

一、“八五”期间城镇居民收入持续增长，年递增率为历史最高

“八五”初期，经济发展稳定，城镇居民的收入增长也较稳。随着改革的深入以及各项改革措施的出台，经济发展速度加快，城镇居民的收入也“水涨船高”。据调

查，1995年城镇居民人均生活费收入3893元，与1990年的1387元相比，四年内翻一番，增长1.8倍，扣除同期价格因素，实际增长幅度仍然高达44.7%，平均每年递增7.7%，已超出历史上增长最快的“六五”时期。

(一) 工资性收入增长仍然是城镇居民收入增长的主要因素 “八五”期间，国家改革工资制度，提高了行政事业单位职工工资，加之许多企业经济效益趋好，职工工资有了相应的增加。据调查，1995年城镇居民人均工资性收入2922元，比1990年增长1.8倍，工资增加额占全部收入增加额的七成。工资性收入比重由1990年的67.5%上升到1995年的68.2%。工资性收入仍然是城镇居民收入的主要来源。

(二) 离退休人员收入大幅度增长 增加的主要原因，一是由于离退休人数的逐年增多。据调查，1995年城镇居民家庭平均每百户离退休人口由1990年的25人增加到33人;二是由于行政事业单位和部分企业提高离退休人员的离退休金和生活补贴。1995年城镇居民家庭人均离退休金收入530元，比1990年增长2.9倍，退休补差收入43元，增长1.8倍，离退休人员生活水平较低的状况得到好转。

(三) 城镇居民其他劳动收入持续增长 随着职工就业渠道的拓宽，职工从事第二职业等其他劳动收入明显增加，1995年城镇居民人均其他劳动收入97元，比1990年增长3.3倍。

(四) 个体劳动收入增长高于职工工资收入的增长幅度 1995年城镇居民家庭平均每百户有5人从事个体劳动。人数比1990年增长66.7%;按家庭人口平均每人个体劳动收入91元，四年增长3.9倍，明显高于工资收入的增长。

(五) 财产性收入增长强劲 随着企业股份制的推行，股票、债券等有价证券发行量增加，城镇居民的金融活动日趋活跃，投资意识不断增强。1995年城镇居民人均购买股票、债券以及储蓄等所得的利息、红利等财产性收入90元，比1990年增长4.8倍。

(六) 由于物价涨幅较高，不少地区和单位增加了对职工的各种补贴，城镇居民的其它收入也有较大增长。

二、消费水平稳步提高，消费结构有所改善

从目前状况分析，“六五”期间城镇居民温饱问题已得到根本解决，“八五”期间城镇居民生活水平在丰衣足食的基础上继续提高，为2000年实现小康打下坚实的基础。

(一) 食品消费质量进一步提高，消费比重逐年下降 调查资料表明，1995年城镇居民人均购买食品支出1766元，比1990年增长1.5倍，扣除物价上涨因素，实际增长31.6%，平均每年递增5.6%。食品支出占消费的比重(恩格尔系数)逐年下降，由1990年的54.2%，下降到49.9%。突破50%(见下表)。

	生活费支出(元)	食品支出(元)	食品比重(%)
1990年	1278.89	693.77	54.2
1991年	1453.81	782.50	53.8
1992年	1671.73	883.65	52.9
1993年	2110.81	1058.20	50.1
1994年	2851.34	1422.49	49.9
1995年	3537.57	1766.02	49.9

据联合国粮农组织提出的用恩格尔系数判定生活发展阶段的一般标准: 60%以上为贫困;50%－60%为温饱;40%－50%为小康;40%以下为富裕。我国城镇居民总体消费水平已接近小康。

城镇居民食品消费质量进一步提高，营养结构又有一定改善，动物性食品比重增加，植物性食品比重减少。1995年居民人均购买动物性食品支出643元，占食品支出的36.4%，比1990年增加2.6个百分点。其中人均购买肉禽蛋37.7公斤，比1990年增加5.4公斤，增长9.8%;而人均购买粮食97公斤，比1990年减少34公斤，下降26%;购买鲜菜118.6公斤，减少20.1公斤，下降14.5%。

随着收入的增加，城镇居民在外就餐成为一种追求的时尚。据调查，1995年城镇居民人均在餐馆用餐支出161元，在食堂用餐支出44元;在饮食业购买成品主副食品支出117元，三项合计共322元，比1990年增长4.8倍，占食品支出的比重为18.2%，比1990年增加10.3个百分点。

(二) 衣着消费增势平稳，成衣化倾向成为主流 近年来城镇居民衣着消费一直保持平稳增长，消费比重一般维持在13%—14%之间。衣着消费中的时装化、名牌化倾向更加明显，中高档服装成为居民消费追求的目标。1995年城镇居民人均衣着消费支出479元，比1990年增长1.8倍，其中人均购买服装5.4件，比1990年增加3.4件，增长1.7倍;人均购买布料2.1米，比1990年减少1.8米，下降46.2%。居民购买服装支出是衣料支出的4.9倍。表明城镇居民衣着消费中更加注重款式、花样，而价格因素则排在第二位。

(三) 耐用消费品拥有量显著增加 1995年城镇居民人均购买耐用消费品支出253元，比1990年增长1.3倍。由于近几年城镇居民家庭住房条件有了很大改善，家庭耐用消费品数量增长较为明显。1995年末平均每

百户居民家庭拥有组合家具46套，沙发床36个，比1990年分别增长1.4倍和1.2倍，四年内增加的数量超出过去的总和。“七五”期间最为抢手的彩色电视机和电冰箱，在“八五”期间得到了充分的满足，1995年末城镇居民平均每百户拥有彩色电视机90台，比1990年末增加31台，增长52.5%；拥有电冰箱64台，增加22台，增长52.4%。九十年代进入城镇居民家庭的新型家用电器的拥有量也迅速增长。1995年末平均每百户城镇居民家庭拥有空调器8台；电炊具84个；沐浴器30台；排油烟机34台；吸尘器10台。

(四) 交通通讯消费方兴未艾 随着经济的快速发展，人民生活节奏的加快，现代化的交通通讯逐步进入居民消费中。1995年城镇居民家庭人均交通通讯支出171元，占生活消费支出的4.8%，其中市内交通费29元，外出交通费35元，分别比1990年增长6.8倍和2.6倍；人均邮电费支出37元，比1990年增长19倍。1995年居民人均购买电话、BP机等通讯工具支出11元；购买摩托车、自行车等交通工具支出38元；出租汽车费支出6元。城镇居民生活中交通通讯消费开始占据重要地位。

(五) 居住消费增长显著 随着居民住房条件的好转以及住房改革的逐步深入，城镇居民居住消费增长显著。1995年城镇居民人均居住支出250元，比1990年增长2.5倍，其中房租支出40元，增长3.3倍，水电燃料费支出147元，增长2.4倍，居住支出占生活消费支出的比重从1990年的5.6%上升到7.1%，增加1.5个百分点。

三、居住条件明显改善

“八五”期间城镇居民家庭居住条件又有很大改善。截止1995年末，有67%的城镇居民住上了单元配套住房，其中58.9%是两居室以上住房；人均居住面积超过8平方米的家庭已达68%，比1990年末增加12.9个百分点；人均居住面积不足4平方米的家庭由1990年的4.4%减少到2.8%。住房设施的改善更为明显，居室内有厕所或浴室的家庭有69.8%，比1990年增加23.2个百分点；有暖气的家庭为36.9%(半数左右的南部居民家庭不需要取暖设备)，比1990年增加8.1个百分点；使用煤气或液化石油气的家庭为66.6%，增加26.1个百分点；独用自来水的家庭为90.9%，增加8.8个百分点；另外还有34.5%的家庭安装了电话；有35.2%的家庭住房归自己所有。

四、目前存在的问题

(一) 不合理收入差距进一步拉大 “八五”期间物价涨势超过了通货膨胀严重的“七五”时期。由于城镇居民总体收入大幅度增长，实际增长幅度又超出生活水平提高最快的“六五”时期。但是不同地区和不同收入阶层的城镇居民收入差距进一步拉大，其中不合理差距占很大成分。收入差距在很大程度上不是由于劳动者之间的自身条件，如学识、能力、努力程度等决定的，而是由于外在条件，如地区、行业、部门的不同，有的甚至靠违法乱纪牟取暴利。这种行业间收入分配不公，行业内部分配平均主义的现象不但不能有效地激励人们的劳动积极性，反而引起人们的不满，产生攀比效应，出现部分地区和单位不考虑自身的经济效益，不择手段乱发钱物，这种不正常现象是造成物价不断上升形成恶性循环的重要原因之一。

(二) 低收入家庭生活水平增长缓慢，部分家庭甚至有所下降，应引起各方面的关注 调查资料表明，1995年占家庭总数10%的最低收入户人均生活费收入1924元，比1990年增长1.5倍，扣除价格因素，实际年递增5.2%；而10%的最高收入户人均生活费收入7547元，增长2.1倍，扣除价格因素，实际年递增为9.8%。两组家庭收入之比由1990年的1∶3.2扩大到1995年的1∶3.9。最低收入户居民生活仅仅维持一般的温饱。一些效益不好的企业职工，特别是关停并转的下岗人员，家庭收入减少，生活出现困难。据调查，1995年最低收入户食品支出的比重(恩格尔系数)高达59.5%，仅比1990年减少0.8个百分点；而在此期间最高收入户食品消费比重由1990年的48.6%下降到40.5%，减少8.1个百分点。按照联合国判定生活发展的标准(见第二部分)，最高收入户已经跨越小康接近富裕水平；最低收入户五年中生活基本上没有提高，仍未达到温饱水平；这种现象应引起有关部门的重视，关心低收入家庭的生活改善，力争在2000年绝大多数居民生活水平超越温饱进入小康。

(三) 居民消费观念变化不大，依然是重物质轻精神 据经济学理论，人们的消费分为生存、享受和发展三个层次。从目前城镇居民消费状况分析，生存消费已完全满足，而在发展和享受消费中，过分注重物质消费而忽视了精神方面的消费，消费层次上不去。据调查，1995年城镇居民人均娱乐、教育、文化、服务等项支出313元，占消费支出的8.8%，其中学杂费和保育费128元，占消费支出的3.6%，文娱用耐用消费品78元，占2.2%；而书报杂志、文娱用品、文娱费三项合计仅69元，占消费支出的2%。1995年城镇居民人均旅游支出仅33元，占消费支出的比重不足1%。高收入阶层是全国消费发展的先驱，从最高收入居民消费结构观察，娱乐、教育、文化、服务支出占消费支出的比重为9.9%，比平均水平高1.1个百分点，但是其中购买耐用文娱消费品支出的比重为4.2%，比全国平均水平高出1.8个百分点，而学杂费、保育费以及书报杂志、文娱费等支出的比重低于全国平均水平。这种重物质轻精神的消费模式说明，尽管城镇居民收入水平提高较快，但消费水平还停留在一个较低的层次，需要从多方面加以引导，真正提高居民的消费质量。

五、展望2000年

到本世纪末人民生活达到小康水平是我国制定的社会主义建设总目标的第二步，从现在起到2000年还有五年多的时间，从目前的经济形势来看，我国正处在一个迅速发展时期，金融、财税、投资、外贸、企业等一系列改革方案陆续出台，我国的经济还有一个大的发展，城镇居民生活水平将会继续提高。提前达到这个目标是大有希望的。

纵观改革以来"六五"、"七五"、"八五"三个时期，城镇居民生活发展变化形成三个不同的模式："六五"时期物价稳定，收入增长显著；"七五"期间新旧体制交叉使物价失控，居民收入增长的绝大部分被物价上涨所抵消；"八五"期间物价涨幅超过了"七五"，居民总体收入实际增长又超过了"六五"，但是收入差距明显扩大，部分高收入阶层收入的大幅度增长与另一部分低收入家庭生活水平相对停滞甚至下降的状况形成反差(见下表)。

各阶段收入增长情况(%)

	"六五"时期 1980－1985	"七五"时期 1985－1990	"八五"时期 1990－1995
收入增长	71.3	80.6	180.5
平均年递增	11.4	12.5	22.9
物价指数	122.6	165.5	193.5
实际增长	39.8	9.1	44.7
实际递增	6.9	1.2	7.7

"九五"时期城镇居民生活水平的发展将会有什么特点呢？"六五"模式不会再现，因为"六五"的大步发展是建立在文革十几年经济停滞的基础上；"七五"模式更不可能重演，前车之辙，后车之鉴；"八五"模式也不理想，过高的物价涨幅不仅给经济发展埋下不少隐患，而且对低收入家庭生活影响太大。根据改革以来物价和收入变化的分析，在收入增长高于物价的前提下，物价涨幅在5％以下，对低收入家庭生活影响较小；在6％—9％的范围内，低收入家庭尚可承受；如果超过10％，中高收入家庭由于收入水平较高，对生活的影响相对较小，而对收入水平仅占高收入家庭1/4的低收入家庭来说，生活将受到很大影响。因此在今后的五年中要加强宏观调控，保持适当的经济发展速度，控制物价和居民收入的稳定增长。

根据有关部门制定的城镇小康标准与目前城镇居民生活现状比较，下面对今后五年内相关指标的实现作预测分析：

(一) 居住水平，小康标准为人均居住面积8—10平方米，住宅成套率为60％　从目前现状看三分之二的城镇居民家庭已达到这个标准，但解决其余三分之一家庭的住房问题，任务仍相当艰巨，需作极大的努力。

(二) 居民收入，小康标准为2380元(1992年制定的目标)　按当时的物价水平折算，1995年的3893元已达到这个目标。今后五年内如果物价水平涨幅控制在8％以下，居民收入年递增率保持在10％以上，到2000年城镇居民人均生活费收入可达6000元。

(三) 消费水平，小康标准为恩格尔系数44％—46％　1995年城镇居民食品消费比重(恩格尔系数)为49.9％，比1990年减少4.4个百分点，随着生活水平的提高，居民消费结构会更趋合理，到2000年将再减少4－5个百分点，降到45％左右。

近年来，住房改革逐步在各地展开，房租提价、个人购房以及住房面积和设施的改善，将会促使住房支出增加，在消费支出中的比重加大。预计到2000年城镇居民住房支出比重可以从目前的7.1％增加到10％左右。

随着改革的深入，居民生活水平的提高，城镇居民消费中教育、文化、娱乐及服务等支出的比重将会上升，大约增加1—2个百分点。医疗保健和交通通讯方面的支出也会增加1—2个百分点。

(四) 社会公平，小康标准基尼系数为0.25－0.3　目前城镇居民收入差距正在逐步扩大，1993年基尼系数已达到0.21。但是目前我国的收入分配中还存在许多不合理因素，脑体倒挂问题依然存在，行业间的收入分配不公和行业内部的分配平均主义并存，使合理的个人收入差距尚未拉开。城镇居民享受的住房、医疗等福利补贴在一定程度上也掩盖了收入差距，这些问题在改革中将会逐步得到解决，基尼系数的扩大是必然趋势，预计到2000年基尼系数达到0.25左右，如果能够加上特殊高收入阶层则可达到0.3左右。

(五) 基础教育水平(九年制义务教育普及率90％)；健康水平(平均期望寿命70岁)；营养水平(人均日热量摄入2600大卡；人均日蛋白质摄入80克；人均日脂肪摄入75克)；闲暇时间(每周五日工作制)；以上七项指标目前已基本上达到制定的标准，提前进入小康水平。

(六) 经济发展水平(人均国民生产总值2273美元)；城市社会化程度(第三产业增加值占国民生产总值的40％)；环境保护(人均绿地面积9平方米)；文化娱乐，(报纸拥有量每三人每日一份)；以上四项指标与现实水平相比还有一定差距，需要全国上下共同努力才能保证小康标准的如期实现。

(作者所在单位：国家统计局城市社会经济调查总队)

房地产业发展形势、存在问题及对策

李振东

我国的房地产业是随着国民经济快速发展和改革开放不断深化逐步发展起来的。随着土地使用制度、住房制度、和城市建设体制改革，以及城乡大规模的住宅建设，逐步确立了房地产业在国民经济发展中的地位，成为我国经济和社会发展中一个重要的先导性、基础性产业，成为人们关注的一个"热点"。

一、"八五"期间房地产业的发展

我国房地产业快速发展主要在"八五"时期。"八五"期间，以邓小平同志视察南方重要讲话和党的十四大为标志，我国国民经济进入了一个持续快速发展时期。经济要发展，国家要建设，自然要建设房屋，使用土地。特别是在社会主义市场经济的条件下，房屋和土地使用权作为"商品"进入市场，使我国的房地产业以前所未有的速度发展起来，房地产市场体系正在逐步形成。房地产业为国家创造了大量的社会积累和财政收入。党中央、国务院十分关心我国房地产业的持续、健康发展，作出了一系列重要决定和指示。通过完善法制、加强和改善宏观调控，我国房地产业已逐步进入平稳的、规范的发展时期，房地产市场自我调节能力有所增强，市场机制开始形成，市场规则逐步完善。

"八五"期间，我国房地产业的成就主要表现在以下几个方面。

(一) 法制建设取得了突破性进展，房地产法规体系基本建立　"八五"期间，我国房地产业立法成果显著。1994年7月，全国人大通过并颁布了我国房地产领域的第一部大法——《中华人民共和国城市房地产管理法》，标志着我国房地产管理法制建设走上了一个新的时期，为依法管理房地产市场奠定了坚实的法律基础。在这五年中，还颁布了一项行政规章和十三个部门规章。(《城市房屋拆迁管理条例》和《城市房地产中介服务管理规定》、《城市房地产转让管理规定》、《城市房屋租赁管理办法》、《城市房地产开发管理暂行办法》、《城市商品房预售管理办法》、《城市新建住宅小区管理办法》、《城市房地产开发企业资质管理规定》、《城市房屋拆迁单位管理规定》、《城市房屋修缮管理规定》、《城市房屋产权产籍管理暂行办法》、《城市公有房屋管理规定》、《城市危险房屋管理规定》、《城市异产毗连房屋管理规定》)。此外，还发布了《房地产估价师执业资格制度暂行规定》、《住宅小区竣工综合验收办法》等多项规范性文件，以及《商品房销售面积计算规则》、《房产测量规范》、《房屋接管验收标准》、《房屋渗漏技术规程》等四项技术规范，并颁发了《商品房屋购销合同示范文本》和《房屋租赁契约》、《房屋买卖契约》。"八五"期间，也是地方房地产管理立法的高峰时期，仅我们收集到的地级以上城市和各省、自治区发布的地方法规和规范性文件就有2000多个。

在执法和司法方面，1995年11月份，进行了《城市房屋拆迁管理条例》的执法检查。通过检查，发现了房屋拆迁执法中存在的问题，对进一步完善房屋拆迁的各项规章，规范房屋拆迁行为起到了积极的作用。此外，在房地产管理法发布后，针对房地产开发经营中存在的问题，我们配合最高人民法院发布了《关于贯彻房地产法实施前房地产开发经营案件若干问题的解答》。各地也加强了执法力度，按照法律、法规的规定建立各项制度，查处违法案件、纠正违法行为。

房地产法规体系基本建立使房地产管理的主要环节做到了有法可依，为住宅建设和房地产业的健康发展创造了良好的上层建筑环境。

(二) 城镇住宅建设稳步发展，城镇居民居住条件有了较大改善　"八五"期间，全国完成城市住宅建设投资8543亿元，竣工住宅10.5亿平方米，住宅竣工面积比"七五"期间增长67%，城镇中有近四分之一的居民在"八五"期间迁入新居。1995年，城镇居民人均住房居住面积达到7.9平方米(使用面积11.8平方米)，比"七五"末期增加1平方米，城镇住房成套率约为55%。5年内共解决近500万户城市住房困难户的住房，大城市已基本完成了2平方米以下的住房"解困"任务。1995年"安居工程"在59个城市正式启动，绝大多数实施城市按国务院的要求扎扎实实开展了工作，取得了有益的经验。特别是哈尔滨、长春、福州、烟台、徐州等城市，效果更为显著。住房合作社、集资建房也有很快发展，拓宽了吸纳社会资金进行住宅建设的路子，加大了个人投资建设住宅的比重。这些举措，既促进了中低收入家庭住房问题的加快解决，也促使住房建设早日进入良性循环，取得了良好的社会效益。各地政府和各级建设主管部门，在加强住宅建设，增加有效供给的同时，在改善住宅使用功能、提高建设质量方面也做了大量工作，取得了显著成效。在“七五”期间进行的济南燕子山小区、天津川府里小区、无锡红梅新村住宅小区建设试点经验的基础上，又有56个城市的65个住宅小区进行了住宅小区建设的试点。全国各省市实行统一规划、合理布局、综合开发、配套建设方针，共建住宅小区1000多个，在住宅的规划设计、使用功能和建造质量方面都有明显改进，探索出一条搞好住宅建设的新路子，带动了全国住宅建设水平的提高。1995年下半年，在北京举办了“中国居住环境建设成就展览会”，江泽民、李鹏、李瑞环等党和国家领导人参观了展览，对住宅建设取得的成就给予了高度评价。

(三) 房地产市场体系初步建立，房地产市场进入了健康发展的轨道 “八五”期间，完成房地产开发投资8400亿元，竣工商品房屋5.3亿平方米(包括拆迁还建和公共配套房屋)，销售商品房屋2.9亿平方米，销售额3524亿元，竣工面积和销售面积分别比“七五”增长123%、120%。1995年，房地产开发完成投资占全社会固定资产完成投资的14.56%，比“七五”末期的1990年提高了9.8个百分点，增量房地产的市场化程度逐渐提高。与此同时，存量房地产的转让日益活跃，房地产租赁、抵押活动迅速发展。相应的房地产交易管理制度基本确立，房地产成交价格申报制度、房地产价格评估制度、商品房屋预售管理制度、房地产抵押登记制度以及房屋租赁登记备案制度的建立，为保护当事人合法权益，保证国家税费收入起到了积极的作用。

房地产中介服务体系不断发育。房地产咨询、评估和经纪代理发展很快。1993年、1994年国家认定了两批共346名房地产估价师，1995年建设部、人事部又在全国范围内举行了首次房地产估价师执业资格考试，经考试合格取得房地产估价师执业资格人员达2898人，在国内外房地产界引起了反响。房地产交易场所发展较快，全国建设配套齐全的房地产固定市场约1500家，改变了前些年交易有市无场的问题，出现了上海、南京、福州等一批功能全、信息多、服务好的固定市场，促进了流通，方便了群众，加强了管理。

“八五”期间，我国的房地产业处于快速发展与从计划经济向社会主义市场经济转轨之中，曾一度因发展过热而对社会、经济带来了一些不利影响。国家本着房地产业的发展必须与经济发展相协调的指导思想，及时对房地产市场进行了宏观调控。通过控制规模、调整结构，使过快的房地产开发投资增幅平稳回落，普通住宅成为开发主体，市场秩序逐步建立。

(四) 产权、产籍管理不断加强 房地产产权、产籍管理是房地产行政管理的基础，也是按照市场经济发展的要求建立房地产产权保障体系的基础。“八五”期间全国房屋总登记工作基本结束，通过总登记，基本摸清了房地产家底，并在此基础上开展了房屋变更登记和验证工作，提高了社会公众对房屋所有权的房权意识，建立了产权登记、变更的工作秩序，保证了产权、产籍资料的及时性、准确性、规范化。通过科学的确权程序、准确的测量权界、完整的房籍资料及产权产籍计算机管理信息系统的开发和推广运用，初步建立起了我国的房地产产权管理体系，为房地产行政管理和市场管理打下了良好的基础。

(五) 确立了有中国特色的物业管理新体制 居住质量、居住文明的提高很大程度依赖于住宅使用过程中的管理。物业管理是房地产社会化管理、服务的先进方式，是促进人类社区可持续发展的有效途径。推行物业管理，既是城市管理体制改革的需要，也是改善人民群众居住生活条件的需要。“八五”期间，通过以新建住宅小区实行物业管理为突破口，确立了经营性的、符合市场经济体制的物业管理新体制。1995年，建设部表彰了88个全国城市物业管理优秀住宅小区(大厦、工业区)，34个全国城市物业管理优秀示范住宅小区。一个适合我国国情，适应社会主义市场经济体制的社会化、专业化、企业化经营型的物业管理新体制正在形成。

二、“九五”期间住宅建设与房地产业的发展目标与思路

我国的房地产业具有广阔的发展前景，房地产业在国民经济中的地位将越来越重要。

经济、社会的发展要求房地产业保持一定的增长速度，为经济、社会的发展提供必要的物质条件。特别是随着城市化进程的加快和乡镇企业的集约化经营，房地产的需求量将不断增长。现在，住房的需求量大，企业的生产、经营用房的需求量也很大。为了满足居民的住房和企业用房的需求，房地产业必须保持一定的增长规模。

从经济体制改革的角度来说，房地产是一种重要的生产要素，在社会主义市场体系的发育过程中，房地产必然实现其价格和价值的统一。第三产业是国民经济中的关键产业，而房地产业又是第三产业中的重要组成部分。在日本国民总资产的评估中，房地产业的价值占37%，仅次于金融业，在国民生产总值中房地产业为钢铁业的两倍，从业人员也是两倍。房地产业开发的高速发展，不仅有效地加大了第三产业在国民经济中的比重，而且还可以带动第三产业其它部分的发展，从而促进我国产业结构的合理化。房地产业的发展还可以增加市场商品的有效供应，启动市场，并带动其它产业的发展。房地产商品的生产和消费，与建筑业、建材、冶金、纺织、化工、机械、仪表、森工等50多个物质

生产部门紧密相关，并直接影响到家用电器、家具、装饰产品以及金融业、旅游、园林、运输业、商业、服务业的发展。根据国外经济学家的分析，房地产商品的销售额每增加一元钱，就可以带动其它商品销售额相应增加1.34元。1994年新建商品房屋的销售额达1018亿元，加上引起相关商品销售额的增长，就形成2400亿元有效消费。同时，房地产业的发展还能提供更多的社会就业机会。1992年6月16日发布的《中共中央国务院关于加快发展第三产业的决定》，已把房地产业列为“投资少，收效快，效益好，就业容量大，与经济发展和人民生活关系密切的”重点行业。

“九五”期间房地产管理工作总的指导思想是，在邓小平同志建设有中国特色社会主义理论和党的基本路线的指引下，以中共中央五中全会提出的实现两个转变来总揽全局，本着“坚持发展、保持协调、突出重点”的原则，继续深化改革、扩大开放，推动住宅建设和房地产业持续健康的发展。为了实现2000年达到小康水平的战略目标，适应经济与社会发展的需要，“九五”期间我国城镇住宅建设房地产业仍应当保持一定的发展速度。我们初步考虑，

(一)“九五”期间住宅建设与房地产业的发展目标为

1. 住宅建设　城镇(非农业人口)人均住房使用面积到2000年达到14平方米(人均居住面积达到9平方米)，解决人均居住面积在4－6平方米以下的城镇家庭的住房困难问题；

建设住宅12亿平方米，平均每年建设住宅2.4亿平方米；

改造现有使用功能不全的住房和危险住房，住房成套率达到70%。提高住宅建设质量，住宅建设工程一次合格率达到95%以上，优良品率达到30%以上。

2. 房地产业　房地产业增加值每年以18%的速率增长，到2000年房地产业的增加值占国内生产总值的比重增加到3.5%；

到2000年，独立核算的房地产企事业单位职工人数达到100万人，全行业从业人员增加到350万人；

商品住宅竣工面积占城镇竣工住宅总面积的比重达到60%；商品房屋占城镇竣工房屋总面积的比重达到40%；

实行社会化、专业化物业管理和修缮的房屋占社会房屋总量比重达到30%。

“九五”期间的工作重点是：促进住宅建设，发展物业管理，培育房地产市场。

1995年九月，江泽民总书记在参观“中国居住环境成就展”时指示，“要大力推动普通标准住宅建设，加快城市市政公用基础设施建设，改善居住环境提高文明程度”。八届全国人大四次会议通过的《关于国民经济和社会发展“九五”计划和2010年远景目标》也指出，“重点建设城乡住房和公共工程，大力开发新型建材及制品”。住宅发展对于经济建设和社会发展来说，有着十分重要的意义。住房问题是当前城镇居民最关心的问题之一，住房需求会在很长时期里维持高位增长。住宅的发展会带动建筑业、原材料工业及轻工、纺织、家电等其它相关产业的发展，这将缓解建筑业开工不足、工业产品滞销的矛盾。因此，确定将住宅作为我国城镇居民本世纪末、下世纪初主导消费品的战略，符合我国的国情，所牵动的国家配套投入较少而效益较大。加快住宅建设，加快住房制度的改革，对于维持社会安定、增加市场商品的有效供给，促进经济持续发展都有着十分重要的意义。

物业管理是房地产业改革发展到一定程度的必然产物。它是随着经济和社会的快速发展，由于新的产权结构、人们对生活居住环境要求的提高等一系列原因而产生的。通过专业化、经营型的管理，解决过去那种“重建轻管”、“建管脱节”的问题，同时也推动行政性、福利型房地产管理体制的改革。抓好物业管理工作，可以改变城镇面貌，改善人们生产生活环境；可以延长建筑物和公用设施的使用寿命、提高其经济价值；可以加强社会治安，有利于安居乐业；可以发展社区服务，实现服务的社会化，增加就业机会；可以提高人们的精神文明素质和现代城市意识。推进物业管理工作，对政府的城市管理体制改革和群众生活质量改善都有重要的作用。推行新的物业管理模式是房地产业继推行房屋商品化、综合开发等生产、经营领域的改革后，房屋管理领域深化改革的重要内容。

党的十四届五中全会提出，建立和完善社会主义市场经济体制是今后15年的战略任务。房地产市场是社会主义市场体系的一个重要组成部分。房地产市场的发育，将有利于产业结构的调整，有利于居民消费结构的调整，有利于市场体系的完善，有利于土地资源实现优化配置，也将有利于使房地产这一巨额财富为国家创造更多的国民经济积累。

(二) 住宅建设和房地产业的发展思路是

1. 优先发展城镇住宅，把有限的人力、物力和财力投入普通住宅建设，不断改善居住条件；重点解决住房困难户的住房问题。

2. 建立以社会资金为主，中央、地方、单位、个人合理负担的住宅建设投资体制；逐步建立以商品化为主要发展方向、政府直接投资主要解决公务员住房和低收入者住房的城镇住房供应体制；坚持综合开发、配套建设的建设体制，推行社会化的住宅小区及各类房屋的物业管理体制。

3. 以科技进步、节约土地、节约能源、减少原材

料消耗为核心，实现住宅建设产业化，逐步建立标准化、工业化、符合市场化导向的住宅生产体制。提高住宅建设投资效益和建设质量，实现住宅建设从粗放型向集约型转轨。

4. 进一步培育房地产市场，提高增量房地产的商品化程度，加快存量房地产的流动，推动房地产资源的优化配置，发展房地产中介服务和物业管理。

(三) 深化住宅建设和房地产业领域的各项改革 为了实现“九五”住宅建设和房地产业的发展目标，我们要不断深化住宅建设和房地产业领域的各项改革。主要是：

1. 深化城镇住宅建设、供应、分配体制的改革。逐步建立国家、城市、企业、个人住房发展基金。国家的住房发展基金主要用于建设中央机关公务员的住房和支持落后地区的住宅建设；地方政府的住宅发展基金主要用于解决地方政府公务员住房和扶持低收入家庭的住宅建设。

逐步建立住宅建设融资体系，国家信贷计划应当对居民住宅的建设实行倾斜，并分别建立商业性贷款和政策性贷款的体制。完善住房金融服务体系，发展居民购、建住宅贷款业务，将居民一次性的住房消费支出分解为长期的、分散的支出，提高居民购、建住宅的支付能力。

加快住房商品化的步伐，鼓励个人投资建造住宅、购买住宅和集资合作建房，继续扶持发展住宅合作社。对个人投资建造住宅和购买住宅，实行优惠政策。

2. 深化房地产业体制的改革。坚持“统一规划、合理布局、综合开发、配套建设”的方针，强化房地产投资的集约利用，提高房地产投资效益。着力提高居住质量、改善居住环境。

房地产开发建设投资在国家固定资产投资计划中应保持合理规模和增长速度。在投资计划管理上，要适应改革开放的新形势，不断加以改进，做到项目和计划指标、用地互相衔接。

要遏制商品住宅价格的无序上涨，清理对住宅建设的各种不合理收费，降低房地产开发成本，提高综合效益。理顺住宅配套建设的资金渠道，建立符合市场经济原则的、与中国国情相适应的房地产价格体系。

3. 加强和改善对房地产市场的宏观调控。建立房地产市场的监测体系，为宏观决策服务，为市场经营服务。

进一步完善房地产市场规则，规范市场行为。要根据房地产法规定的基本制度，完善房地产开发、交易、租赁、抵押、产权登记等方面的规则和制度。

4. 促进房地产的流通，改革存量房地产的资源配置结构。活跃房地产的转让、租赁、抵押，通过流通发挥存量房地产的使用效益。

加快房地产中介服务的发展，提高中介服务水准，建立行业自律制度。

建立房地产估价制度，保障国家的房地产收益和税、费收入，保护交易当事人的合法利益。

积极建立与房地产市场配套的服务体系。发展专业化、社会化的房地产咨询、市场信息、测量估价、各种代理和中介服务等经济组织。专业经纪人和经纪组织要在试点的基础上加以发展，并加强管理和政策指导。

5. 完善房地产产权、产籍登记制度。逐步建立标准化、现代化的房地产产权、产籍档案资料，逐步使房地产产权、产籍资料实现公开化、市场化。适应房地产市场流通的加快和住房制度的改革，提高产权登记的准确性、时效性。

6. 深化房地产管理体制的改革。建立适应市场竞争的运行机制，促进房地产开发、经营、管理的福利型、事业型单位向经营型、企业型转轨，通过改组、改造和加强管理，使国有房地产企业成为自主经营、自负盈亏、自我发展、自我约束的法人实体和市场竞争主体。

转变房地产行政管理机关的职能，实行政、事、企分开，把不应由政府行使的职能转给企业、市场和社会中介组织，建立起精简、统一、效能的管理机构。

三、房地产业发展中需要进一步解决的问题

尽管“八五”期间城镇住宅建设与房地产业有了较快发展，取得了有益的经验，但与经济与社会发展的需要、与市场体系发育的需要、与产业结构调整的需要来比，还不完全适应。总体上讲房地产业还很不发达，还有许多问题亟待解决。主要是：

(一) 要进一步加强和改善宏观调控，保障房地产业健康、协调、有序发展 房地产市场是整个市场体系的重要组成部分，在社会主义市场体系发育过程中，房地产市场的发育是必然的。但是，房地产业的发展不能背离经济发展的客观规律，不能脱离整个国家的经济发展水平和能力，畸形发展不但会窒息整个产业的发展，而且会对国民经济的发展形成障碍。1992年、1993年部分地区房地产过热就有过教训，尽管其根本原因是当时经济过热所拉动的，但也存在一定程度的虚热，房地产开发大量占用资金，对国民经济的正常运行是不利的，对房地产开发自身来说，也明显地表现出资金严重短缺和商品房空置。所以说，房地产业的发展为经济、社会的发展提供了基本的生产和生活资料，但它的畸形发展也会破坏经济结构的均衡性。

房地产业的增长速度必须与市场的有效需求相适应。我国是发展中国家，在发展过程中房地产的短缺会持续相当长的时期，我们必须强调资源的有效利用。以

此来评判房地产增长的合理性，一个很重要的标准就是市场的有效需求。1994年全国商品房屋的空置量达到4208万平方米。占年竣工量17.5%。这个空置量，按发达国家的情况来比较，空置房屋比重不算太高，但对于我国的国情来说，在房地产仍处于高度短缺的状况下，大量的房屋空置不能不引起我们的重视。这一方面已经反映出商品房屋的供应与市场的有效需求相脱节；另一方面也说明前几年房地产过热后，房地产业的发展还需要一个消化期。为此，我们必须积极采取措施解决商品房屋空置问题，并及时控制新的房地产开发投入，尤其是高档房地产项目的投入，把有限的资源投向亟需发展的普通住宅和市政基础设施的建设上来。

通过实施房地产市场的宏观调控，从总体上说，投资增幅平稳地回落，1994年比1993年完成投资增长20%左右，1995年与1994年投资基本持平(投资增长已扣除固定资产投资价格指数)。投资结构中住宅已成为开发的主体，市场行业进一步规范，房地产市场秩序趋于正常。1994年、1995年两年，房地产业基本保持平稳的发展速度。

但我们的宏观调控很大程度依靠行政手段。在经济发展的特殊阶段，采取及时的行政手段，以其反应的快速性适时解决紧迫问题，是完全必要的。但随着市场经济的发育，对市场的调控主要应逐步依靠经济手段和法制。尤其是房地产业的发展，它对经济的发展既具有先导性，同时又比较容易产生"虚热"，一旦处理不好发展和协调的关系，对经济、社会发展的破坏性也很大。这样，就要求不断加强和改善对房地产市场的宏观调控。我们考虑主要从三个方面来加强和改善对房地产市场的宏观调控。

1. 引导投资方向，使普通住宅成为房地产开发的主导产品。我国城镇居民的住房条件近几年虽然有很大改善，但离达到"小康"的住房目标还有一定的距离，住房紧缺并没有根本改变，住房困难情况依然十分突出。1994年，全国城市有400万住房困难户，有19个省、自治区城市居民人均住房面积低于全国平均水平，城市中还有4000万平方米危险住房需要改造，住房成套率还很低。住房建设的任务还很重。

2. 完善房地产法制，以房地产的政策法规和各项制度为保障，建立房地产市场秩序。

3. 建立房地产市场的监测、预警体系。

市场监测是进行宏观调控的依据，这项工作现在还比较薄弱。只有准确地把握市场信息，才能对市场实施及时、正确的宏观调控，才能使企业的投资活动从盲目的市场猜想走向科学的市场决策。

(二) 加快住宅产业现代化，全面提高住宅建设的质量和效益 我国是发展中国家，人口多，而土地资源有限、原材料供应有限、资金有限，最终解决住房问题必须依赖于提高住宅建设的质量和效益。现在，城乡住宅的年竣工面积已接近10亿平方米，完成投资占全社会固定资产投资约30%，由于缺乏系统的、整体的研究和开发，住宅建设仍处于粗放型的生产阶段，整体效益还很不理想，仍处于粗放型的生产阶段，与发达国家相比存在着很大差距。突出表现在住宅建设工业化程度低，住宅建设的工业化、标准化体系尚未形成，住宅施工周期长，劳动生产率只及发达国家的二分之一到三分之一；能源消耗、原材料消耗、土地资源消耗远高于发达国家；87%左右的墙体材料是以消耗土地资源为代价的实心粘土砖，年毁地超过十万亩；一些住宅成品质量低，住宅规划设计水平不高，与住户需求相脱节；住宅部件质量不高、不配套，与住宅建筑的要求不协调；住宅区管理水平低，物业管理才开始起步。

推行住宅产业现代化，即用现代科学技术加速改造传统的住宅产业，以规划设计为龙头，以相关的材料和部件为基础，以推广应用新技术为导向，以社会化大生产配套供应为主要途径，逐步建立标准化、工业化、符合市场化导向的住宅生产体制。逐步实现住宅建设向效益、质量型转轨，提高居住环境质量，提高工程质量，提高住宅建设劳动生产率，改善住宅使用功能，通过住宅这一最终产品的科技进步，带动建筑材料、建筑部件生产的更新换代和技术进步。

住宅产业现代化，涉及住宅(区)的规划、设计、施工以及物业管理，涉及相关的材料和部件，是一项复杂的、庞大的系统工程。为了做好这项工作，建设部决定选择一些省市用3年至5年的时间进行住宅产业现代化的试点工作，区域性地推进住宅产业现代化。试点的主要目标是在这些地区初步形成住宅建设的工业化、标准化体系；缩短住宅施工周期，提高劳动生产率，降低能源、原材料、土地资源的消耗；普遍地应用建筑领域的新技术、新材料、新工艺；合理降低住宅建造成本；并通过试点建立优良住宅部件的认定制度，为住宅产业现代化的技术政策、经济政策提供科学依据。目前这项工作正在进行当中，希望能够得到有关部门和专家的协助和指导。

(三) 建立健全金融服务体系 尽管银行对个人购建住房贷款已试行了一段时间，但总体上说，住宅建设和住房消费的金融服务体系尚未形成，住宅建设没有稳定的资金渠道，居民的购房支付能力也受到限制，住宅建设、消费资金的良性循环还不能真正实现。

我国职工的平均工资收入还不高，要在短期内使大多数职工都具备购买商品住宅的支付能力恐怕是不现实的。解决这一问题的途径，一是提高职工的收入水平，二是依靠金融服务的支持。发达国家和地区金融对房地产的支持重点已从直接地对房地产开发投资的支持转向对居民住房消费的支持，或两者并举。而目前我国金融对个人购房抵押贷款、按揭业务开发面还比较窄，今后需要在这方面下功夫，使居民购买商品住宅由一次性的集中支付变为长期的分散支付，以提高其支付能力。由于房地产业在前一时期出现了一些问题，国家加紧了对房地产开发的信贷控制，这对控制固定资产投资规模，遏制房地产投资无序膨胀，保证宏观经济正常发展起到了一定作用，但从国民经济和社会发展以及加快住宅建设的需要来看，国家还应支持建立住宅建设的资金渠道和金融服务体系。

(四) 逐步建立符合市场经济体制的房地产价格体系 目前社会各界对商品房价格高反响很大，据建设部统计，1990年全国商品房平均销售价格为703元/平方米，而据国家计委等部门去年所作的房地产开发经营快速调查结果表明，1994年全国商品房的平均销售价格为1602元/平方米(1995年上半年为1624元/平方米)，五年间年均增长22.9％。北京、上海、广州、深圳等城市的中档商品住宅价格已上涨到7000－8000元/平方米。

商品房价格上涨过快，所带来的负面影响是十分明显的。一是使投资效率明显降低。1990年每亿元商品房投资施工面积41.7万平方米、竣工面积19.8万平方米，同类指标1994年分别为14.6万平方米和4.8万平方米。二是直接影响商品房销售，造成商品房空置。1994年全国空置商品房面积4208万平方米;1995年6月底，商品房空置4232万平方米，其中住宅空置3214万平方米，占空置商品房总量的76％。在当前房地产总体上处于短缺状态的情况下，商品房的空置问题不能不引起我们的重视。三是影响住房制度改革的进程。目前买房的主体是单位和部分高收入者，对于绝大多数工薪阶层来说，商品房销售价格显然偏高。

一方面商品住宅空置，另一方面数万住房困难户的住房问题亟待解决，因此价格问题已成了制约住宅建设健康发展的主要因素。据世界银行对世界许多国家考察后得出的结论，住房价格与一般家庭年收入之比保持在3：1－6：1之间，居民才有足够的购房支付能力，若高于6倍，就难以形成买方市场。据国家统计局公布，1994年我国居民家庭年现金收入按低、中、高收入分布，分别为2087元、4004元、6270元，平均为4298元;一套55平方米的住宅，按当年商品住宅平均销售价格1464元/平方米计，售价为8万元。即房价相当家庭年收入的18倍以上。加上没有国际通行的住房抵押贷款制度的支持，价格和支付能力的矛盾已直接影响着建成住房的投资效益和人民住房问题的解决。

商品房价格过高，也引起了人们对房地产开发事业的误解，有的甚至指责房地产开发行业是暴利行业。事实上，由于市场不景气，大量商品房滞销，目前房地产开发企业困难很大。据快速调查结果，1994年全国房地产开发企业中有33％亏损;1995年上半年，29个省、自治区、直辖市中有24个出现行业性亏损，亏损企业数占全国房地产开发企业总数的52％。

造成商品房价格居高不下的原因是多方面的，除市场供求关系作用、通货膨胀拉动等因素外，主要原因还在于价格构成本身不合理。据广州市房地产学会就广州市开发项目收费情况所作的调查结果，从申请用地、立项、报建到竣工、销售各环节所涉及的各费项目共62个，其中行政性收费16项，事业性收费24项，国家税收12项，劳务收费10项;各项税费和地价占商品房开发成本的45％—55％。而上海市社科院房地产研究中心就上海市房地产开发项目税费的调查表明，一些垄断性部门和街道、派出所等部门自行推出的各种行政性收费、经营性收费、摊派和变相收费多达115项。北京市某开发项目，占地6300平方米，拟建3万平方米住宅，土地出让金3418万元，征地拆迁补偿费4914万元，前期工程费360万元，小区配套费450万元，大市政费1380万元，四源费243万元，用电权及电贴费219万元，建安工程费3300万元，管理费82万元，两税一费589万元，投资方向调节税748万元，折计成本为5234元/平方米，而其中建安成本仅为1000元/平方米左右，占20％。从总体上看，目前我国城镇商品房价格构成中，各种费用所占比例大致为：土地费用占20％左右，建安工程费占40％左右，市政公用设施费用占20％左右，各种税费占10％—20％。

应该说，随着1992年下半年开始中央加强对房地产市场的宏观调控，商品房价格过猛上涨的势头已有所遏制，但尚没有从根本上得到解决。因此，我们必须从源头入手，着重解决商品房价格构成不合理和购房支付能力不足的问题。

1. 切实解决住宅所承担的地价过高问题。鉴于我国城市土地国有的特点，参照国外经验，以住宅用地成本，可以考虑不一次性进入房价，而是由住宅购买人在使用过程中，按年或月分期支付用地租金。也就是说，把地价一次性支付，专为长期分期支付，这有利于大大降低商品房价格，增强居民购房能力。

2. 区别对待，合理解决市政基础设施和公用配套建筑的费用分摊问题。(1)对于公益性、非盈利性市政设施建设(如道路、交通、给排水等)，以及公共服务设施建设(如学校、医院、体育文娱设施等)，必须从根本上解决资金来源问题。从市场经济国家的一般做法看，这部分投资都是来源于国家征得的税收，通过国家和地方财政支出返还一定额度解决，而不应摊入房价。(2)对于商业性或盈利性基础设施建设，如能源供应(电力、煤气)、通讯设施商业网点等，应由相关企业投资建设，投入的资金通过其营业收入逐期回收，不宜一次性打入房价。尤其是商业网点，在目前商业行业市场化程度已相当高的情况下，其建设投资再以征收商业网点配套费等形势向商品住宅价格中摊派，已明显不合理了。

3. 认真清理行政性收费。行政性收费必须有法律、行政法规或国务院的明文规定，并且要严格执行收费标准，严禁超标准、超范围收费。国务院已明令取消的各种管理费和手续费，各地不得变相设立新的费种。对缺乏法律依据的行政性收费，房地产开发企业有权拒绝。对行政机关因企业拒绝乱收费而在行政审批中设置关卡的，应严肃查处。

4. 加强开发项目的成本管理，提高商品房投资效益。一方面，房地产开发企业本身要强化内部管理，努力节约各项开支，树立向管理要效益的观念。另一方面，政府有关部门也要加强对房地产项目的监督管理，尤其对于安居工程项目等政府扶持的开发项目，必须加强审计，严格控制投资成本，制止乱摊派和各种搭车现象，维护正常的价格秩序。

5. 增强居民购房能力，鼓励住房消费。解决目前商品房价格与居民经济承受力之间的矛盾，不能只是简单地降低房价，在目前我国总体上仍处于低工资的情况下，要求所有居民都买得起商品是不现实的，必须与分配制度、工资制度的改革相配套，加快住房制度改革。同时要加快建立购房信贷服务体系，要通过抵押贷款业务，把大量居民存款吸引到住房消费上来。

当然，商品房价格问题是一个十分复杂的问题，既有历史的原因，也有建立我国社会主义市场经济体制过程中出现的新问题，而这些问题不可能在短期内全部解决，也不是一个部门所能解决的。目前国家计委、建设部等部门正在研究提出方案，以期尽快建立符合社会主义市场经济体制要求的房商品房价格体系，促进住宅建设的持续发展。

从现在起到本世纪末的五年，是我国社会主义现代化建设的关键时期。国民经济快速发展和社会全面进步客观要求我国房地产业也要与其相适应。建设部将按照党中央、国务院的部署和要求，努力工作，开拓进取，使房地产业持续、稳定、健康发展。

(作者所在单位：建设部)

在规范中发展的中国证券市场

李俊晞

一、中国证券市场发展的历史状况

我国证券市场的产生与发展是改革开放与社会经济发展的必然产物。新中国成立到1978年党的十一届三中全会之前，证券市场是被当作资本主义的腐朽事物而严加禁止的。改革开放以后，当国民经济的迅猛发展、外国先进的经济管理体制和运行机制被介绍和借鉴，特别是社会主义市场经济的建立，货币资本、商品期货、企业股份制改造等等与现代市场经济密切相关的经济范畴相继出现，证券市场也随之产生和发展起来。

(一) 股票和债券交易市场的发展状况 我国证券市场最早是从股票和债券交易中产生和发展起来的，自1981年始，到1994年，大体经历了四个阶段。

1. 起步阶段(1981—1988年)。1981年我国恢复发行政府债券——国库券。到1988年，中央政府总计发行了455亿元国库券。作为不流通的政府债券，国库券的发行完全采取行政性派购方式，由各单位和个人非自愿购买，而且不允许转让。因此，这一阶段并不存在规范意义上的政府债券市场;在人们意识中也没有证券市场及证券买卖的观念。但是，在民间出于需要，社会上出现了个人间买卖国库券的现象，在一些地方还形成了地下黑市。虽政府一再严令禁止，但收效不大。同期，在经济体制改革方面，股份制企业试点工作开始在深圳、上海、北京等城市铺开。到1984年8月，经上海市人民政府批准，人行上海分行发布了《关于发行股票的暂行管理办法》，目的是为集体企业拓宽一条新的融资渠道，帮助它们发展壮大。由于股票发行明显涉及到所有权转移问题，当时还不允许国有企业申请股票发行。之后的11月份，上海飞乐音响股份有限公司成立，并向社会公开发行股票50万元，成为我国第一家经政府批准公开发行的股票。其后，全国一些省市也相应开展了企业股份制改造和股票发行的试点工作，为证券市场的建设铺设了基础。但是，这一时期发行的股票仍不允许上市买卖。

针对当时已经开始的企业股票、债券等有价证券的发行工作，1986年1月，国务院颁布《中华人民共和国银行管理暂行条例》，规定了股票、债券管理的主管机关，但未就股票的发行与交易作出任何规定。其后，各地方政府也相继颁布了各自的管理办法，但因中央没有统一规定，而使各地在股票发行的主体资格、发行规模、各地人行的审批权限等方面不尽相同。股份制改造与股票发行试点工作也有向和各类企业迅速扩张的趋势。为此，1987年3月，国务院发出《关于加强股票债券管理的通知》，8月，中国人民银行发出《关于贯彻国务院国发[1987]21号、22号文件的通知》，初步形成对国内股票发行的监管模式。即：(1)股票发行有向社会公开发行和法人投资参股两种方式，及各自发行主体的企业所有制形式；(2)国家体改委负责审批企业的股份制试点；(3)中国人民银行总行及各省级分行负责审批股份公司的股票发行，实行统一管理，分级审批的管理制度。

这一阶段，由于国内股票市场刚刚起步，对股票发行的监督管还缺乏经验，当一部分审批权下放给地方，在缺乏完善的法规制度约束情况下，中央政府难以对各地股份制试点和股票发行进行有效地宏观调控。因而，股票发行和交易处于较为盲目和无序状态。

2. *股票债券交易市场初步发展阶段*(1988—1990年)。1988年国民经济高速发展，基本建设和固定资产投资规模急剧膨胀，受赤字财政政策的影响，财政赤字压力增强，国债发行规模不断扩大，以弥补赤字。但是，由于国库券派认购方式开始受到越来越强的抵制，同时，国库券黑市交易则越来越活跃。面对这种局面，1988年4月，经国务院批准，首先在哈尔滨、沈阳、上海、广州、深圳、武汉和重庆等地开始国库券转让市场的试点。到年底时，国库券转让业务已在全国大中城市铺开。因此，可以说证券市场的产生与发展启蒙于国库券的黑市交易，而得益于国家金融货币政策的调整。与国库券转让的同时，因股份制企业试点的不断扩展，在国家财政金融以保国有企业为主政策的条件下，以非国有企业为主的股份公司，为扩大企业规模，增加资本投入，要求股票上市交易的呼声渐起。而在股份制试点和股票发行相对集中的上海、深圳两地开始出现柜台交易式的股票交易市场，一些以股票交易为营业目的的证券公司也纷纷注册登场。在此情况下，经国务院有关部门批准，上海延中、电真空、豫园，深圳发展银行、万科、金田等12家股份公司的股票进行交易。这一时期，在沪、深两地，因股票交易一夜成为巨富的神话变成现实，以致于全国各地的人涌向沪、深两地炒股、炒股票认购证，形成当时的新经济热点。而在股票交易中，当地政府和股票上市的企业也获益匪浅，以致于搞股份制改造，发行股票，要求成立股票交易所成为许多地方政府和企业的追求目标。因此，这一时期虽然形成了股票交易的二级市场，使我国的证券市场发展又向前迈出一大步，但整个市场的突出特点是混乱无序，投机性极强，而缺乏有效的监督管理和必要的法规制度。

3. *股票进场交易阶段*(1990—1992年)。鉴于沪、深两地股票交易无监管状态已经严重地搅乱了国家的金融秩序，这与国家进行股份制改造和发行股票试点工作的目标背道而驰，为加强对股票市场的集中统一管理，保证试点工作的稳步进行，1990年12月，中国人民银行发布了《关于严格控制股票发行和转让的通知》，将股票的公开发行和上市交易严格限制在上海、深圳两地试点，其他地区不经总行同意一律不得再批准发行新的股票。同时还规定：沪、深两地的股票公开发行一律由该两地人行分行审核并上报总行批准；股份制企业内部股票发行，一律由省、直辖市、自治区和计划单列市分行审批，并报总行备案；内部股票一律不得上市交易。12月19日，经中国人民银行批准，上海证券交易所正式挂牌开业。紧接着，1991年7月，深圳证券交易所正式成立。沪、深两地公开上市交易的股票全部要到交易所交易，场外交易被视为非法而受取缔。因此，这两个交易所的成立开业，标志着中国证券市场的发展已经结束了分散的、混乱无序的场外交易阶段，进人有监管的、集中场内交易阶段。

这一时期，除沪、深两地外，其它城市均被要求取消股票的交易柜台，转向内部发行，面对企业法人和内部职工集资募股。同时，我国还成功地发行了人民币特种股票(B股)并上市交易，开辟了一条新的利用外资渠道。尽管如此，在当时条件下，由于法规制度的不健全，缺乏市场管理经验和有效的监管机构、手段，各地盲目成立定向募集公司，一些地方和企业超范围、超比例发行内部职工股和以法人名义购买股票后分给个人等不规范行为造成"内部股公众化，法人股个人化"等问题。而且受沪、深股票交易获利因素的刺激，投资者纷纷要求股票上市交易，许多地方为此组织了内部股的柜台交易，个别地方还成立了内部股交易中心，将内部股挂牌交易，在被国家有关部门责令关闭后，也有一些转入地下交易。而沪、深两地的股票二级市场上也存在不少问题，如"8.19"深圳抢购认购证风波，在全国引起很大震动。

4. *规范化发展阶段*(1992年10月～1994年)。1992年5月，国务院有关部委联合颁布了《股份制企业试点办法》和《股份有限公司规范意见》，成为规范股份有限公司各种行为的法律依据，起了公司法律的作用。其中关于股份有限公司股票发行的规定，也是对前一阶段发行监管工作的总结。但是在股票发行与交易方面，仍缺乏必要的监督管理，市场的无序化问题也仍很严重。为了加强对证券市场的宏观管理，1992年10月，国务院证券委员会和中国证券监督管理委员会宣告成立，朱镕基副总理兼证券委主任，刘鸿儒任证券委副主任兼证监会主席。证券委和证监会的成立，标志着全国统一的证券市场管理体制的开始形成，中国证券市场也开始进入规范化发展阶段。

1992年12月，为将证券市场纳入全面规范化管理的轨道，实现对证券市场的有效调控，促进其健康发展，国务院发出了《关于进一步加强证券市场宏观管理的通知》，规定了证券委和证监会的主要职责；明确了国务院有关部委和地方政府关于证券工作的职责分工；确定了股票发行、上市的程序；提出了1993年股票发行办法的建议等等。从而确立了证券业管理体系的基本框架，对证券发行、交易的主管部门作了重大调整，初步实现了国家对证券市场的统一监督管理，将股票的发行与交易逐步纳入法制轨道。

1993年，国家首次下达了总额为50亿的股票发行规模，有近180家企业获得股票发行额度，分别于1993～1995年初向社会公开发行，并随后在沪、深证交所挂牌上市，从而使沪深两地证交所的市价规模、上市公司数量、投资者人数和会员数都相应有了较大的增长。

1993年4月，国务院发布《股票发行与交易管理暂行条例》；12月，《中华人民共和国公司法》颁布，并于1994年7月1日正式实施。由此为股份有限公司的建立、股票的发行与交易提供了较完善的法律依据。1994年6月，国家体改委发布《关于立即停止市批定向募集股份有限公司并重申停止审批和发行内部职工股的通知》。其重要意义在于结束了国内股票定向募集的试点，从而消除了因定向募集方式自身存在的不规范、管理混乱引起的乱集资、乱上项目、扰乱国家金融秩序等弊端。《通知》的发布和《公司法》的生效，使社会募集成为除内部职工股发行外股份公司唯一合法的募股方式。

随着市场的规范化进程的逐步深入，我国股份制改革和股票交易市场都有了很大的进展。到1994年底，全国新增股份制企业1.28万家，其中工业类约占总数的48.3％，商业类占31.4％，其它占20.3％。累计发行股票114亿元，筹资365亿元，股票市值达3688亿元，上市公司发展到291家。证券市场管理体系逐步完善，初步形成以上海、深圳证交所为中心的统一的全国证券市场。证券市场中介机构发展迅速，全国有证券机构567家，证券业务部5246家，证券从业人员6.75万，全国股东人数达3800万人。从事证券业务的会计师事务所74家，律师事务所172家，资产评估机构82家。同期，我国累计发行了各类债券6100亿元，其中国债3287亿元。国债券已成为证券市场上重要的交易对象。另外，在利用外资方面，也取得了很大进展，到1994年末共有58家企业发行了B股，筹资达24.5亿美元；有17家企业分别到香港和美国上市。

(二) 商品期货市场的发展状况 80年代后期，随着改革开放的逐步深入，计划经济体制逐步向市场经济体制的转变，分散决策的生产体制与传统的商业流通体制发生尖锐矛盾，供求关系扭曲，价格波动剧烈，社会基础产品，如钢材、粮食、棉花、木材等商品大战此起彼伏，涨多跌少的循环反复出现。为了解决价格调节严重滞后问题，满足供求双方在组织生产和销售时对中长期价格信息的需要，1988年5月，国务院批准进行期货市场试点，到1994年，我国期货市场大体经历了两个阶段：

第一，理论准备阶段，大致时间为1988年到1992年。虽然国务院同意进行期货市场的试点工作，但是，当1988年在讨论我国应否建立期货市场时，许多人都认为在当时的条件下，时机并不成熟，如果冒然进行，势必事与愿违。因此，在1992年以前，商品期货市场试点工作基本上处于理论探讨阶段，而且是一种非全面性的、有目的、有针对性、有系统的理论准备。因此，无论在市场管理体系的建设、法律法规制度的建立方面，还是在具体的市场组织建设，机械的设备、人员的培训等方面，都没有做好充分的准备。当时虽有出台一些政策性文件，但期货市场试点工作基本处于有名无实的阶段，并没有任何实质性的运作。

第二，盲目发展阶段，1992年至1994年。邓小平同志南巡讲话发表后，我国国民经济结束了三年多的调整，整顿时期，进入高速发展阶段。由于在指导思想上、理论上解决了发展市场经济姓资姓社问题，伴随着证券市场试点工作的迅速发展，期货市场的建立也应运而生。但是，由于当时全国都处在经济过热时期，在人们头脑发胀的情况下，股票、债券、期货和房地产交易成为1992年到1993年期间的投资热点和人们普遍关注的热点，在经济利益的驱动下，在理论和实践准备均不很充分的情况下，一些部门和地方的许多人，甚至包括期货市场的主管部门、组织者和管理者在内，要么对期货一知半解，要么一无所知，却竞相兴办期货交易所、设立期货经纪公司，盲目从事期货交易，使期货市场一建立即进入混乱无序的发展状态。到1994年初，全国竟有50余家期货交易所相继开业，接近全世界商品期货交易所数量的总和。不仅如此，当时的商品期货交易还存在着交易场所过分集中，如上海一地就有7家期交所；商品品种有些不适宜进行期货交易，如煤炭、西瓜、水产等也被列为上市品种；各交易所上市品种严重重复，如钢材，全国就有15家交易所同时上市交易；多数交易所缺乏规范化管理制度和专业人才，以致市场的发现价格和套期保值的功能得不到发挥；从事境内外期货交易的公司过多过滥的同时，内部管理混乱，人员素质低下，投机性过强，各种违纪违规事件频繁发生。这些问题的存在，造成期货交易中矛盾纷争不断，诈骗犯罪活动较多，大量外汇流失境外，严重扰乱了金融秩序，进而影响了社会安定与经济的稳定发展。

为了制止期货市场的盲目发展，扭转混乱局面，国务院于1993年11月发出《关于坚决制止期货市场盲目发展的通知》，决定由证券委和证监会负责对期货市场的监管工作。证监会按照国务院关于"加强立法、严格规范、一切经过试验和严格控制"的原则，与国务院有关部门密切配合，对我国期市先后进行了一系列规范整顿，并逐步取得了成效。但是，对期货市场的规范化整顿主要表现在1994—1995年度，特别是1995年取得了较大的成绩。因此，这一部分留待后面再行论述。

二、1995年的中国证券市场

1995年也被誉为中国证券市场的"规范年"。在这一年里，中国证券市场的突出特征是"在规范中求发展，在发展中求规范"。

1995年5月，朱镕基副总理主持召开了国务院证券委第五次会议。根据会议精神，中国证监会于6月举行第一次全国证券、期货监管工作会议，结合证券、期货市场处于试点阶段的特点，明确了1995年及今后一段时期监管工作的方针，即"证券、期货监管工作必须紧密围绕抑制通货膨胀，配合企业改革，坚持先试点后推广、宁肯慢务求好的原则，加大监管力度，完善法规制度，规范市场行为，抑制过度投机，在稳定中求发展。"按照这一方针，证监会会同有关部委代起草了《关于股份有限公司境内上市外资股的规定》(即关于B股的规定并于去年底颁布实施)；出台了《证券经营机构自营业务管理暂行规定》、《证券业从业人员资格管理暂行规定》等一批部门规章和内部规定。另外，《证券交易所管理办法》也在修订过程中。

在规范化发展过程中，对证券市场的监管工作取得了很大的成绩。第一，加大了监管和执法力度，维护了证券市场发展的正常秩序。一年来，证监会与有关部委共同调查处理了22起违规事件，如"327国债期货严重蓄意违规交易事件"、"长虹转配法人股违规上市流通事件"等共有8起违规事件的责任者受到公开处罚并与以公布。第二，理顺了监管体制，形成了在国务院证券主管部门对市场的集中统一领导下的、由地方证券主管部门的区域监管和证券交易所的一线监管为主的体系。第三，逐步扩大监管范围，除对证券发行、交易市场的监管外，还加强了对上市公司市场运作的监管。选择符合国家产业政策、经营管理水平高、经济效益好的企业改制发股，培育了一批具有国际竞争能力的上市公司。第四，监管手段趋向多样化，除给予市场违规者以经济处罚外，又增加了"资格罚"的内容，也即对那些严重违规者给予市场主体资格的限制，直至清除出场、取消市场主体资格的惩处。

在加强规范化建设的前提下，证券市场继续稳步发展，市场规模进一步扩大。去年，国家明确下达了55亿新股发行额度，同时，还严格控制新股发行和上市的节奏，规范发行市场，并开始解决部分历史遗留问题。到1995年底，沪深两地共上市新股24只(见附表1、附表2)。当然，也有不少业内人士和投资者认为，新股上市节奏过快，规模过大，是1995年股市不活跃的重要成因。

附表1: **1995年沪市上市新股情况**

股票名称	流通股数(万股)	发行价(元)	上市日期 月	上市日期 日	上市首日开盘价(元)	全年最高价位(元)	全年最低价位(元)	年成交金额(万元)
中山火炬	2800	8.28	1	24	12.47	19.68	7.55	5546131
青海三普	1350	9.58	2	6	8.50	20.00	6.46	2417244
西藏明珠	2700	3.50	2	17	5.50	25.84	5.50	5973160
厦门厦华	1250	13.38	2	28	11.80	17.70	8.59	1244384
仪征化纤	20000	2.68	4	11	2.90	5.81	2.42	9253580
渤海化工	6898	2.50	6	30	3.12	8.30	3.61	4634130
东方电机	6000	4.10	10	10	12.98	18.30	7.05	2859563
中国嘉陵	5200	1.00	10	13	23.23	20.90	12.52	1993556
北大车行	1881	1.00	10	13	22.98	23.13	7.02	808043
洛阳玻璃	4000	5.03	10	31	16.78	14.60	6.88	1058177
武汉电缆	2500	一期:1.00 二期:2.00	11	15	12.50	13.49	6.88	914660
四川电器	1300	1.00	11	15	12.98	12.80	7.00	416835
亚泰集团	1270	1.00	11	15	17.87	17.15	7.06	344731
山东农药	4950	1.00	12	6	8.28	8.35	5.41	705818
云南保山	1800	1.00	12	8	8.27	9.82	6.40	477819

附表2 **1995年深市上市新股情况**

股票名称	流通股数(万股)	发行价(元)	上市日期		上市首日开盘价(元)	全年最高价位(元)	全年最低价位(元)	年成交金额(万元)
			月	日				
青百	1350	3.50	3	3	5.00	12.51	6.00	496654
深天马	1000	4.50	3	15	9.50	14.99	6.28	775794
深万山	1400	4.95	3	20	10.00	12.10	4.10	662802
深华新	1699	2.50	10	27	15.38	13.45	5.70	465617
川长征	2500	1.00	11	1	10.01	9.10	4.81	324340
桂新力	2000	1.00	11	2	8.20	10.25	5.52	8897
蜀都	3536	2.00	11	28	6.80	7.25	4.71	255098
东北电	3000	5.20	12	13	6.00	6.40	4.60	270004
川长江	1800	2.00	12	20	8.00	8.46	7.26	184111

附表3 **内地上市公司在香港上市(H股)情况**

公司名称	上市日期	发行价	发行量(亿股)	历史最高价	历史最低价
青岛啤酒	93.7.15	2.80	6.47	10.40	1.72
上海石化	93.7.26	1.58	16.80	3.83	1.44
北人印刷	93.8.6	2.08	1.00	7.35	1.22
广船国际	93.8.6	2.08	1.57	5.75	1.78
马鞍山钢铁	93.11.3	2.27	17.33	4.85	1.06
昆明机床	93.12.7	1.98	0.65	7.00	0.88
仪征化纤	94.3.29	2.38	14.00	3.24	1.63
天津渤海	94.5.17	1.20	3.40	1.53	0.50
东方电机	94.6.6	2.83	1.70	4.52	1.94
洛阳玻璃	94.7.8	3.65	2.50	4.48	1.85
庆铃汽车	94.8.17	2.07	5.00	3.43	1.46
海兴轮船	94.11.11	1.46	10.80	1.75	0.47
镇海炼化	94.12.2	2.38	2.38	2.60	1.35
成都电缆	94.12.13	2.80	1.60	2.70	1.00
哈动力	94.12.16	2.58	4.35	2.65	0.98
吉林化工	95.5.23	1.59	9.65	1.93	1.40
东北输变电	95.7.6	1.80	2.58	1.89	1.26
经纬纺机	96.2.2	1.29	1.60	1.47	1.33

注: 表中股价单位为港币。

1995年的中国证券市场，在国家监管力度增强的情况下，投机性受到一定的抑制，规范性得到加强，并取得了较大成绩。其主要特点是:

(一) 市场规模进一步扩大，覆盖面遍及大陆30个省、自治区、直辖市 据统计，截止1995年底，沪深两地证交所上市证券总数达460个，全年累计成交额达64097.45亿元，相当于1994年的2.24倍;上市公司总数达322家，增加了31家;境外上市公司达20家，其中香港18家(见附表3)、美国2家，并有70家企业发行了B股;沪、深证交所会员总数达1086家(沪554家、深532家)，分别比上年增加了4家和36家;沪深两市投资者达700万人和530万人，分别比上年增加16.7%和24.7%;上市公司的总股本增加了约753943万股，其中可流通股约为25025万股;全年股票总成交金额为4029亿元，股票总值达3474亿元(见附表4: 1995年沪、深证券市场发展概貌)。值得一书的是，年初当青海三普、西藏明珠两只股票发行上市后，就把全国上市公司所处地域扩大到了大陆上全部30个省份，我国的证券市场的试点工作也由此从上海、深圳两地推广到全国各地。

附表4　**1995年沪深证券市场发展概貌**

交易所	上市品种		数量	年成交额(亿元)
上海	股票	A股	184	3038.09
		B股	36	58.50
	国债	现货	6	762.73
		期货	14	49686.09
		回购	8	1126.14
	基金		12	305.67
	其它			0.014
深圳	股票	A股	127	915.33
		B股	34	17.04
	国债	现券	6	10.75
		期货	14	7644.70
		回购	7	76.92
	基金		10	204.52
	其它			0.23

(二) 沪、深股市走势平稳，上下震荡幅度明显缩小　与1992—1994年度相比较，上海和深圳股票交易市场的走势在振幅上明显缩小，年最高点较前有所下降，而年最低点较前有所提高，呈牛皮势状态。上证指数年初以637点开盘，最高摸至918点，最低下探524点，年末则以555点收市。年K线为带281点上影线、82点实体、31点下影线的中阴线，上下波幅402点，为上交所建市以来波动最小的一年。同样，由于沪深市场联动的特征影响，深成指数以1257点开盘，最高仅冲至1473点，最低下滑至980点，以987点报收。年K线为上影线216点、270点实体、7点下影线的中阴线，上下波动493点，也是最小波幅的一年。通过技术分析和对市场运作的实际判断，尽管沪深两地的股票市值比1994年平均减少7%，尽管不少券商和股民在交易中亏多盈少，尽管以年收盘指数分析，年、月、周、日线皆为阴线，但跌幅确比1994年相对缩小。大盘在反复探底与反弹的过程中，正在逐步摆脱大熊市的阴影，初步形成均衡市状态。这也说明了1995年国家采取的宏观调控措施，特别是适度从紧的财政货币政策和严肃财经纪律、整顿金融秩序的做法取得了成效。而大市的平稳格局反过来也证明了经济过热问题得到较为妥善的解决。

(三) 投资者理性化程度有所提高，风险意识增强，盲目追风行为有所减少　1992—1994年股市的大起大落教育了众多投资者，也培养了一批专业技术人才。各类炒股技术书籍充盈书市，各种投资技术培训班、讲座比比皆是，广大股民队伍变得日益成熟起来。根据国家经济状况、社会政治状况和政策法规的变化，通过各种技术分析从事股债交易的人越来越多。伴随着证券市场监管力度的加强，市场管理法规制度的健全，中小投资者风险意识和技术水平的提高，少数机构大户操纵股市的现象开始收敛，证券市场也开始从盲目投机转向理性化过程。其表现一方面在于投资者已摆脱了狭隘的地域观念和过度投机观念，在股票交易中，逐步脱离了炒小盘股、炒本地股的习俗，代之以大盘股热、异地股热、绩优股热和低价股热。而另一方面，广大投资者对经济形势和国家经济政策的关心程度明显提高，政策对股市的影响作用越来越强。例如，由于国家加大对交通、能源、高科技、通讯、原材料、基础设施等的政策倾斜，便引起汽车、钢铁、水泥、三峡题材、中西部题材等板块的股价上扬。而由于证监会关于发展机构投资的工作方针和即将出台《投资基金管理条例》所引发的基金热，则表明了中国股市对政策导向的敏感性。至于购并题材的发展，每当有购并消息即引起股民的投资热情，既体现了上市公司通过股市优化配置资产的倾向，也体现了广大股民对有发展前途的上市公司的青睐。

(四) 上市公司在宏观财政货币双紧政策情况下，在微观经济环境较为严峻的状态中，发挥机制作用，稳步开拓进取　1995年，由于通货膨胀压力仍然很强，在经济效益普遍较低的情况下，经济发展速度仍然较快，以致于一方面国家不得不继续实行适度从紧的财政货币政策，另一方面大量企业资金严重不足，周转困难，运营状况较差，在这样一种环境里，与众多的国有企业相比，上市公司再次显示了良好的业绩和竞争能力。据报载，在上市公司中，荟萃了许多行业的骨干企业。这些企业在外部经济环境较差，行业竞争激烈，资金紧张的情况下，发挥自身股份制企业的经营机制的优势，成功地消化了宏观经济环境的不利影响，通过自身的努力，不仅占据了一定的市场份额，而且获得了较好的效益，取得了较大的发展。不完全的统计标明，在上海证交所上市的公司中，各自占本行业十强的比例为78%；全国百家最大零售商业企业的前10名中，上市公司就统揽了9家；国家国有资产管理局评出的“国有企业500强”中，上市公司夺得23家；机械工业部的百家经营规模最大的企业中，上市公司占了14家；而中国企业评价协会评出的“中国最大工业企业500家”中，有上市公司47家。

上市公司突出的经营业绩说明，同样面临着对企业发展有不利影响的外部环境，只要企业机制对头，练好“内功”，企业仍然能够生存，能够发展壮大。从已公布的沪市18家上市公司的业绩指标(见附表5)看，不仅上市公司自身有了较大的效益，也为社会投资者带来丰厚的回报。

附表5　**沪市18家上市公司年报主要指标**

股票名称	主营业务收入(万元)	净利润(万元)	总资产(万元)	股东权益(万元)	每股收益(元)	每股净资产(元)	股东权益比率(%)	净资产收益率(%)
天津劝业	122868.01	4677.38	42857.08	26104.64	0.33	1.84	60.91	17.92
杭百集团	93557.38	4994.00	64435.96	41971.44	0.36	2.99	65.14	11.90
江苏悦达	88438.79	5170.55	80785.53	38189.14	0.42	3.07	47.27	13.54
长春百货	49270.66	2269.02	32170.47	25222.63	0.20	2.27	78.40	9.00
嘉宝实业	48701.33	6153.36	113743.12	48351.14	0.34	2.64	42.51	12.73
东方明珠	39146.95	11372.94	153080.81	71492.31	0.26	1.66	46.70	15.91
中西药业	30822.93	1724.33	59594.05	16199.83	0.31	2.95	27.18	10.64
浙江尖峰	27832.73	3688.24	43606.79	26792.55	0.25	1.79	61.44	13.77
广东梅雁	20955.23	5514.47	51598.54	32763.94	0.63	3.77	63.50	16.83
亚泰集团	17013.19	3570.03	45338.73	10099.10	0.57	1.63	22.27	35.35
浦东强生	15057.39	3039.86	27390.30	22781.49	0.36	2.70	83.17	13.34
申华实业	14539.23	3306.45	74010.03	30074.14	0.28	2.52	40.64	10.99
鞍山信托	14298.61	5058.81	166794.93	30551.75	0.37	2.24	18.44	16.43
天津磁卡	9206.98	2799.99	28117.08	18561.38	0.38	2.54	66.01	15.08
浦东大众	8269.50	4025.21	34086.53	29262.21	0.48	3.50	85.85	13.76
延中实业	7805.39	3005.27	55464.99	23434.78	0.35	2.71	42.25	12.82
棱光实业	6782.90	1418.11	38750.04	10872.54	0.27	2.06	28.06	13.04
亚通股份	6568.80	1598.30	20835.28	12718.61	0.23	1.81	61.04	12.57

当然，由于1995年度宏观、微观经济状况不容乐观，受国家宏观调控大气候的影响，许多上市公司的经营效益下滑，加上统一所得税率、降低关税税率、降低出口退税税率和拖欠企业出口退税等政策影响，也使上市公司受到不同程度的打击。结果，上市公司1995年度分红派息的比例普遍偏低，而且多偏重于送配股，把有限的收益重新投入生产经营和扩大规模。因此，对投资者而言，高回报率下降，收益减少。但如果从发展的眼光看问题，较低的分红派息率也可能意味着将来更多更大的回报。

(五) 基金经过两三年的沉寂，成为1995年度中国证券市场上炒作的热门题材　基金又叫共同基金，国内一般称之为投资基金，是近几年发展起来的一种融资手段。特别是近一两年间，基金得到较快的发展，据统计全国目前已有近百家的投资基金，总资在百亿元左右，其中有50多家已在全国各地的证券交易中心上市，而在沪、深交易所上市的有22家。1995年以前，在沪深交易所上市的基金交投不很活跃，并总是随着大盘的涨落而起伏。因此，人们认为基金仅仅是依附于股市的、缺乏炒作题材的、不吸引投资者任意的"四线股"。

1995年下半年，受国家拟出台《投资基金管理条例》的影响，默默无闻的基金市场被启动，其交易的规模逐步扩大，价位普遍攀升，形成基金与深沪大盘的逆向走势。9月份的第一周，沪市基金成交量超过10亿，深市超过8亿；第二周沪市成交近25亿，深市也超过了16亿。经过一段上升浪的连续推动，基金的价位达到巅峰。基金中的沈阳板块玄升势中后来居上，曾创历史最高价位5.62元。在基金热潮中，沪市的平均价位超过4元，与最初的1.50元相比，涨幅超过250％；同期深市的平均价位在1.80元左右，与前期比上扬约50％。而且这两个百分比均大大高出同期A股的平均涨幅。11月份的交易数据则显示出，仅为沪市A股只数6.56％的挂牌基金，其成交金额却为A股的34.8％。基金给1995年度的投资者以较高的收益，从而受到越来越多的投资者的关注。目前，基金已被提升到作为一个独立市场的高度而为人们所认识，从而为基金的进一步发展奠定了基础。

由于1995年度基金市场交易的火爆，吸引了大批证券市场上的投资者，对传播基金知识也起了积极作用，并促使管理层和理论界对投资基金的理论体系、法规制度和运作管理等方面的问题进行探索与研究。值得注意的是，一些基金经理人、机构投资者和研究人员，已不满足于仅从市场表象和钱龙软件中研究基金的价值和价格走势，着手研究设计出一些专用于基金价格计算的模型和公式，有的还设计出自己的基金专用指数。虽然还不成熟，但为深入研究基金区分于上海、深圳大盘走势的独特个性提供了方便。

（六）积极开拓海外市场，通过在境外交易所上市的方式，拓展融资渠道，吸引外资为我所用 继1993年7月15日，青岛啤酒股票在香港联交所挂牌上市以来，我国已有18家公司在香港上市，2家在美国上市。在香港上市的18家公司都是国内基础产业的主导企业，其中钢铁、电力和化工业占53%；机械、汽车制造业占17.7%；交通运输业占11.8%；通讯及其它行业占17.5%。这些企业在港上市改变了当地证交所以地产、金融、贸易性公司为主的股市结构，充添了新鲜血液，加大了香港股市在国际资本市场的份量，有利于巩固和扩大香港的国际金融中心地位。同时，也加强了香港资本市场与内地经济的交往与合作，有利于保持香港的繁荣和稳定。

另一方面，国有企业能到作为亚太地区金融中心的香港上市，就开辟了一条新的引进外资的形式和通道。不仅有利于企业长期利用外资，而且提高了企业的知名度，有利于企业提高国际市场竞争能力。而就国内证券市场说，因香港股市有比较成熟和完善的法律制度、会计制度，通过两地对在港上市的国有企业的合作监管，将能促进内地证券市场的规范化、制度化建设。更何况，国企到境外上市不仅为国内上市公司提供了示范作用，而且为国有企业转换经营机制，加速国企的市场化、国际化进程提供了示范。

迄今为止，境外上市公司已累计发行H股股票104.705亿股，筹集资金213.184亿港币；发行N股股票24.19亿股，筹资9.6亿美元。境外上市的这批企业都有相当大的规模，经济效益好，出口创汇能力强，在我国经济发展中起着重要的作用。

例如：上海石油化工股份有限公司是中国最大的石油化工企业。4万职工，年原油加工能力530万吨，乙烯产量45万吨，拥有56套主要生产装置，生产六大类石化产品。1995年上半年营业额增至58.5亿元，税后利润12.08亿元。每股盈利0.184元。

镇海炼油化工股份有限公司是中国第3大炼油企业，最大的高级无铅汽油和尿素生产商。年原油加工能力800万吨。拥有中国最大的25万吨级原油泊位，年吞吐量达2千万吨。1995年上半年营业额30.9亿元，比1994年同期增长38%，税后利润2.57亿元，创汇7670万美元。

仪征化纤股份有限公司是世界五大聚酯生产商之一。累计年产各类化纤产品350万吨。待该公司第三期工程建成投产后，将形成年产PTA25万吨、聚酯切片35.7万吨、涤纶短纤维36.4万吨、涤纶长丝2万吨、中空纤维1.6万吨和涤纶短纤维油剂0.2万吨，累计达100.9万吨的综合生产能力，效益也将增加40%以上。

虽然这些大公司在内在都是国民经济的支柱企业，但因香港市场对国内宏观经济形势和国家宏观调控大势把握不准，而大多数境外投资者对国内市场和产业状况及企业运行情况了解甚少，在1995年11月份曾发生对H股的恐慌性抛售。到11月16日，香港恒生中国企业指数连续下跌到684点的历史新低点，与历史最高点比，下跌了54%，被称之为“黑色星期四”。此后，随着国内政策调整措施的明朗化，经济形势发展的影响，上市公司业绩年报的来临，18只H股均走出暴跌的阴影，向上攀升。到1996年1月5日，恒生国企指数已接近900点关口。

（七）沪强深弱的市场基本格局仍未发生根本性变化 深圳股票交易行为早于上海，但当证券交易市场基本形成后，在上市的品种数量和交易规模方面，深市却始终不及沪市。作为工业门类齐全、产业化程度高、社会服务和城市功能较为健全的上海，也是我国老牌的金融中心。上海及其周边地区的人们，无论是金融意识、风险意识、投机意识，还是从事证券买卖的个人素质均高于深圳及其周边地区。这大概是证券市场沪强深弱大格局存在的重要因素。当然，另一个重要原因应该说是国家政策的倾斜。但是，如果不是因为上海具备更为优良的建设证券市场的条件，国家也就不会给予必要的政策倾斜了。

1995年证券市场沪强深弱的基本格局可以通过附表6看出。值得思考的是，从上市品种的数量上看，深市与沪市相比差距并不大；但从交易金额上看，除了基金一项的品种数量与交易金融的差强基本相同外，基金各项均有较大的差异。而从两地市场交易总量上看，沪市的比重差不多是总交易额的6/7，而深市只占1/7略多一点。

附表6　**1995年沪深证券市场比重表**(%)

品种	只数比重		差强	成交额比重		差强
	沪市	深市	(百分点)	沪市	深市	(百分点)
A股	59.2	40.8	18.4	76.8	23.2	53.6
B股	51.4	48.6	2.8	77.4	22.6	54.8
债券	50.9	49.1	1.8	96.7	3.3	93.4
基金	54.5	45.5	9.0	59.9	40.1	19.8
总量	56.8	43.2	13.6	86.1	13.9	72.2

三、1995年的中国商品期货市场

（一）加强对期货市场的监管力度，认真清理整顿期货市场 中国证监会在国务院的大力支持下，经过较为深入广泛的调研论证，顶住来自部门利益和地方保护主义的压力，根据国际期市交易的规范化标准，结合我国的实际需要，于1994年底重新确定期货交易所试点工作，并将50多家期货交易所强制压缩合并为15家，即：上海金属、上海商品、上海粮油、深圳有色、广东联合、海南中商、苏州商品、重庆商品、成都联合、郑州商品、北京商品、天津联合、沈阳商品、大连商品和长春联合。在此基础上，又对各商品交易所逐一进行了规范化管理和会员制的改制改建改造工作。把原来由部门、地方政府或少数企业出资创办的期交所逐步改造成为会员共同出资、共担风险、实行自律管理的非营利性组织，以割断地方和部门与期交所的利益联系。

第二项清理整顿期市的工作是暂停了一批品种的期货交易。为了配合国家加强宏观调控、稳定国内市场的政策需要，证监会先后暂停了钢材、白糖、煤炭、粳米、石油、国债等19个品种的期货交易。特别是去年"2.23国债期货风波"后的暂停国债期货交易，由于措施得当，操作谨慎，不仅没有造成金融动荡，而且在短短10个交易日内就处理完毕800多亿元的巨大持仓量，实现了期市的平稳过渡，确保了社会稳定。

第三项工作是停止以中远期合同交易为名的期货交易。在15家试点期货交易所确定后，一些未被列入试点的期交所和现货批发市场，在部门和地方的支持下，以中远期合同交易为名变相进行期货交易。为防止交易所恶性膨胀、被暂停的品种重新上市问题复发，证监会明令禁止了试点期交所内的中远期合同交易。1995年3月又与内贸部联合发文，停止了其他批发市场的中远期合同交易。

第四项工作是清理境外期货交易和外汇按金交易。由于该两种交易中经济纠纷和犯罪活动大量存在，严重扰乱了金融秩序，造成国家外汇大量流失，证监会停止了期货经纪公司的境外期货交易，并在国务院有关部门配合下，停止了期货经纪公司、非银行金融机构和各类咨询公司开展的外汇期货和按金交易，并严厉打击了地下期货交易。

第五项工作是从1995年3月始实行期货经纪人许可证制度。证监会与国家工商局联合发出《关于期货经纪公司审核、批准和登记的通知》，要求欲做期货经纪的公司必须申报并获得许可证。之后对原有300余家期货经纪公司重新审批和注册，合格者颁发许可证并监督其规范操作；不合格者取消其经营期货经纪业务的资格。同时停止市批新的期货经纪公司，取消了51家中外合资期货经纪公司的期货经纪业务资格。

第六项工作是加强对期货交易的法制化管理。目前《期货法》、《期货交易管理条例》、《期货交易所管理暂行办法》、《期货经营机构管理暂行办法》、《期货经营机构从业人员管理暂行办法》、《境外期货交易管理暂行办法》、《国债期货交易管理暂行办法》、《期货业协会管理暂行办法》等法规有的已经颁布实施，有的在起草中，还有的正准备出台。与此同时，证监会加强了对期货交易的监管力度，对严重违规、违纪的单位处以必要的处罚。自5月下旬起，相继对蓄意违规、操纵市场的广东新时代、无锡国泰、广东金创等期货经纪公司作出取消其从事期货经纪业务资格的决定。10月31日，证监会在《关于长春商品交易所管理混乱、造成恶劣影响进行处理的通报》中决定，长春商品交易所停业整顿6个月。

第七项工作是建立了全国期货市场实时交易监控系统。通过与各期交所的计算机联网，证监会可随时掌握各地交易动态，及时发现交易中的异常情况，提高了监管工作的时效和力度。

第八项工作是加强了行业的自律性管理。在1994年末成立全国试点期货交易所联席会的基础上，又于1995年成立了全国期货经纪公司联席会，为期市推出和执行市场禁入制度起了推动作用。目前，又在积极组建中国期货业协会，为期市的规范化管理与运作提供必要的帮助。

随着期市管理逐步走上规范化、法制化轨道，期市的规模也进一步扩大。1995年，全国15家试点交易所共有会员3000家左右，注册期货经纪公司327家，期货从业人员20万人左右；上市品种中，经正式批准上市的标准化合约9种，试运行合约40种，全年累计交易金额约6万亿元，是1994年的2倍。下面着重介绍一下几种商品期货市场的发展情况：

（二）1995年的中国粮食期货 我国是粮食生产与消费大国。在交易中市场迫切需要在各主要粮食品种中展开套期保值、发现价格和规避风险的期货交易运作。因此，在已有期货品种中，粮食的比重不断增加，其中又以大豆、籼米、绿豆和红小豆表现突出。

1995年，大豆期货价格呈缓升状态。国内大豆期货主要交易场所是上海粮油和大连商品两交易所。以上海为例，1995年度各期货合约价格呈最低价不断抬高，最高价逐期攀升的趋势，从年初大豆S503合约每吨2350元渐至年末S603合约的3000元以上；而远期合约相对近期合约价格的升水状况横贯全年。造成这一趋势的原因主要是：(1)国内产需缺口较大。一是面积减少，从1994年的1.37亿亩减至1995年的1.21亿亩；二是因受灾减产，从1994年的1630万吨降到1995年的1280万吨。而国内需求量估计达1642万吨。(2)养殖业与大豆加工业发展迅猛。一方面豆粕价格上涨带动大豆价格上扬；另一方面大豆深加工价值大于原料形式，产地限制出境，降低大豆以原料形式的商品率。(3)国际市场大豆价格上涨。据预测，1995年全球大豆减产7.3%，总量供给下降。因此，今年大豆收获前，在供给偏紧的情况下，大豆期货价格上行的可能性较大，并可能造成阶段性和季节性多头和空头市场;也可能出现短期冷场或交投清淡的场面。

籼米期货价格则出现较大的振荡。在上海粮油和广东联合交易所先后推出籼米期货合约后，因设计合理、题材丰富、炒作空间大，及有大宗品种的避险保值、价格发现功能，受到人们广泛关注，其行情成为去年粮食期货中的热点，价格走势大起大落。像广联所的籼米合约在10月份曾攀上天价，日成交量创近历史纪录，随后又因一些会员违规被罚和期价大大超过现价，期价反转下跌，随后引起大市狂泻，到年末近期合约价跌至2400元/吨。而上海粮油于10月31日将修订后的籼米合约恢复上市，先抑后扬，交投活跃，年末近期合约价在2700元/吨以上，成为该所的热门品种和主要交易对象。根据去年南方中晚稻普遍增产的形势，今年在国内通胀率下降，国家将适当提高粮食购销价格的情况下，预计籼米期价将可能向上并出现振荡行情。

红小豆期价波浪式盘升。作为小杂粮，红小豆是去年8月在苏州商品交易所开的市。因1994年红小豆大幅度增产，现货积压，致使95系列合约期价从3500元盘落，HD510和HD511合约分别以1980元和2065元交收;只有HD512合约出现回升，收于2805元。相反，1996系列合约期价受1995年新豆大幅减产，春运紧张，严禁新旧红小豆混合交收等利多因素刺激，以及主力机构参与投机，而逐波上冲，价位屡创新高，日成交量破200万斤大关，持仓量长时间处于饱和状态，1996年2月期价已升至4957元/吨。

绿豆期市牛气冲天。从1995年3月份起，绿豆期货价格构成一轮以牛市为总体特征的行情，价格在23400元－40000元－30000元－39500元之间运行。其特征是前半年行情火爆，大起大落，投机频生;后半年在加强了规范化管理和风险控制后，市场相对稳定，维持一定的涨势和热度。

(三) 1995年的中国金属期货 铜铝是金属期货市场上的主要交易品种。1995年的铜铝期价走出一个从起点回到起点的轮回行情。年初随着消费旺季的到来期价上升，并试图冲高到三年以来的最高位，但受获利盘打压折头向下。此时，因国债期市交易暂停，大量资金涌入商品期市，到6月份铜铝价分别冲上32000元和21000元。上海市场最高达32170元和21280元，深圳市场则达到32180元和21300元。其后，因消费商无力承接过高的铜铝价，而厂家受暴利刺激转而入市沽空进行套期保值，平仓回吐已成必然。加上国际市场价格回落，引起国内铜铝价下滑。进入10月份，又受国际市场价格下跌影响，国内价格逐级走低，直逼生产成本价(全国平均价铜为25000元，铝为16000元)。

随后，因有买盘支撑，国际市场价格止跌上扬，国内铜铝价也止步观望，并有一定的反弹。但因市场跌幅过猛，短期内难以恢复，且年底资金普遍紧张，大量现货库存尚未消化，市场只能进入盘整阶段，成交量萎缩，投机者大多退场观望。上海铜的持仓量维持在11～12万吨，铝则从4万多吨下降到8千吨左右的低水平。深圳铜的持仓量只有5.4万吨，而铝保持了一定的持仓量，为2万多吨。

(四) 中国的建材期货 整顿后，建材期货仅保留了胶合板一个品种。受宏观调控政策影响，因国内基建规模缩小，1995年以前的胶合板期价疲软不振。春节后，日本阪神地震后引起胶合板需求大增，国际市场价格上扬，加之美元对日元大幅贬值跌破90元大关等因素刺激，期板9503合约和9505合约价格跳高开市，价格强升，大量投机资金涌入，市场人气高涨。随后的9507合约被带动走出一轮强有力的逼仓行情，以60元的高价进行交割，又引起胶合板的大量进口。下半年在供过于求的情况下，9509合约因沪苏两地期板库存达20万箱左右，在空方的打压下，出现报复性下跌行情，最低曾到30多元，连成本价都不到。其后的9511合约期价也从50多元跌至36.40元。下半年的期板价格均表现不佳，上升乏力，成交量减少。

总之，纵观我国商品期货市场一年来的发展状况，可以看出虽然在市场管理体制和运行机制均不健全的情况下，投机性大于投资性和对商品的供求调剂性，但是，市场自身的发展规律却迫使人们不得不注重这只“看不见的手”，把眼光盯住经济发展的大势、国家的经济政策、市场的供求关系等等影响市场变化的客观因素。期市的价格发现功能和套期保值功能在运行中逐渐显现出来，这无疑是走向社会主义市场经济体制的一个成功的迈进。

(作者所在单位：全国政协经济委员会)

专题统计
(中国东、中、西部地区乡镇企业发展与对比)

中国东、中、西部地区乡镇企业单位增长对比

	1980年乡镇企业单位(万个)	1985年乡镇企业单位(万个)	1990年乡镇企业单位(万个)	1995年乡镇企业单位(万个)	1995年比1980年增长%
全国总计	**142.46**	**1222.46**	**1850.44**	**2202.67**	**1446.17**
一、东部地区合计	66.18	468.95	757.80	874.17	1220.90
东部占全国%	46.45	38.36	41.00	39.69	
北　京	0.53	6.57	10.38	6.28	1084.91
天　津	0.40	2.19	4.83	7.61	1802.50
上　海	0.52	5.08	1.64	1.63	200.13
辽　宁	3.32	35.52	54.28	74.02	2129.52
河　北	11.33	115.95	136.95	179.25	1482.08
山　东	18.75	76.69	143.59	175.19	834.35
江　苏	7.56	49.66	105.84	92.42	1122.49
浙　江	7.80	34.53	49.40	90.22	1056.67
福　建	4.20	25.79	47.20	66.74	1489.05
广　东	8.64	73.65	119.65	144.66	1574.31
广　西	3.13	43.32	75.39	26.51	746.96
海　南			8.65	9.64	
二、中部地区合计	52.39	519.99	729.33	846.32	1515.42
中部占全国%	36.78	42.54	39.00	38.42	
山　西	7.51	32.75	40.70	70.93	844.47
内蒙古	1.62	18.78	29.84	58.98	3540.74
吉　林	1.67	25.25	46.46	65.78	3960.49
黑龙江	2.00	26.09	51.85	62.51	3025.50
安　徽	4.35	89.81	82.39	60.65	1294.25
江　西	4.38	56.60	71.16	106.23	2325.34
河　南	7.08	119.70	191.36	89.54	1164.69
湖　北	11.18	84.07	105.35	146.75	1212.61
湖　南	12.60	66.94	110.22	184.95	1367.86
三、西部地区合计	23.89	233.53	386.31	482.18	1918.33
西部占全国%	16.77	19.10	20.00	21.89	
四　川	11.93	112.23	191.11	252.45	2016.09
贵　州	1.75	30.69	38.29	22.18	1167.43
云　南	2.08	28.07	46.44	84.99	3986.06
西　藏		0.10	0.82		
陕　西	4.20	34.19	61.77	72.22	1619.52
甘　肃	1.82	8.46	21.15	33.95	1765.38
青　海	0.33	3.17	4.14	1.44	336.36
宁　夏	0.57	6.74	8.16	0.60	52.63
新　疆	1.21	9.88	14.43	14.35	1095.83

中国东、中、西部地区乡镇企业人数增长对比

	1980年乡镇企业人数(万人)	1985年乡镇企业人数(万人)	1990年乡镇企业人数(万人)	1995年乡镇企业人数(万人)	1995年比1980年增长%
全国总计	**2999.67**	**6979.03**	**9264.75**	**12862.06**	**328.78**
一、东部地区合计	1767.19	3714.24	4792.02	6553.60	270.85
东部占全国%	58.91	53.22	51.72	50.95	
北　京	31.36	87.00	108.82	98.72	214.80
天　津	30.16	71.85	88.69	104.67	247.05
上　海	69.94	140.99	151.58	139.94	100.09
辽　宁	111.74	254.63	305.09	434.23	288.61
河　北	188.56	530.59	641.22	852.02	351.86
山　东	334.34	657.90	943.90	1439.77	330.63
江　苏	388.62	741.93	896.17	924.71	137.95
浙　江	234.95	465.40	495.49	795.71	238.67
福　建	117.37	203.64	279.16	471.00	301.30
广　东	200.84	420.38	658.33	1072.11	433.81
广　西	59.31	139.93	199.11	182.84	208.28
海　南			24.46	37.89	
二、中部地区合计	883.66	2269.46	3039.71	4191.91	374.38
中部占全国%	29.46	32.52	32.81	32.59	
山　西	88.34	214.78	240.42	407.29	361.05
内蒙古	26.48	66.91	97.62	223.97	734.46
吉　林	37.75	97.40	155.26	213.78	466.30
黑龙江	48.46	110.78	162.21	209.47	332.25
安　徽	86.37	346.24	462.29	595.03	241.59
江　西	83.84	191.91	232.69	440.13	424.96
河　南	160.32	555.69	881.88	716.05	346.64
湖　北	152.70	358.72	388.98	663.65	334.61
湖　南	199.40	327.03	418.36	722.55	262.36
三、西部地区合计	348.82	995.34	1433.02	2116.55	506.77
西部占全国%	11.63	14.26	15.47	16.46	
四　川	172.97	470.14	705.74	1150.72	565.27
贵　州	20.07	98.82	106.95	85.66	326.81
云　南	42.11	109.30	148.44	273.38	549.20
西　藏		1.09	4.39		
陕　西	62.85	177.99	253.53	328.97	423.42
甘　肃	22.60	68.35	129.36	204.26	803.81
青　海	3.76	14.31	14.68	9.31	147.61
宁　夏	5.08	18.56	23.53	14.27	180.91
新　疆	19.38	36.78	46.40	49.98	157.89

中国东、中、西部地区乡镇企业总产值增长对比

	1978年乡镇工业总产值(亿元)	1985年乡镇企业总产值(亿元)	1990年乡镇企业总产值(亿元)	1995年乡镇企业总产值(亿元)
全国总计	**385.26**	**2728.39**	**9581.11**	**68915.23**
一、东部地区合计	252.49	1758.74	6326.58	44292.03
东部占全国%	65.54	64.46	66.03	64.27
北　京	7.20	53.89	226.67	562.42
天　津	8.81	47.63	219.95	1089.10
上　海	16.31	94.60	290.71	1520.21
辽　宁	22.47	136.66	456.95	3317.54
河　北	32.99	182.15	604.64	3729.77
山　东	45.15	249.18	1196.15	9187.06
江　苏	62.56	447.31	1447.16	8890.00
浙　江	21.71	255.97	772.48	7478.16
福　建	6.19	70.20	266.16	2578.03
广　东	23.38	191.96	740.32	4837.65
广　西	5.72	29.19	91.61	988.59
海　南			13.78	113.52
二、中部地区合计	99.95	692.82	2359.61	17510.84
中部占全国%	25.94	25.39	24.63	25.41
山　西	14.50	85.78	206.29	1402.11
内蒙古	2.09	16.70	56.18	635.27
吉　林	5.70	39.19	152.54	641.88
黑龙江	9.65	45.37	149.79	939.94
安　徽	6.43	85.55	314.60	3012.35
江　西	8.05	45.93	156.38	2094.40
河　南	24.48	165.86	666.32	3373.61
湖　北	12.33	112.56	367.74	3033.90
湖　南	16.72	95.88	289.77	2377.40
三、西部地区合计	32.82	276.83	894.92	7112.36
西部占全国%	8.52	10.15	9.34	10.32
四　川	17.26	144.17	474.60	5148.86
贵　州	2.49	18.70	44.49	172.57
云　南	2.72	27.05	96.11	489.74
西　藏		0.27	1.51	
陕　西	4.95	49.81	160.36	719.46
甘　肃	2.69	16.95	72.34	421.48
青　海	0.48	2.92	6.41	16.41
宁　夏	0.65	6.02	13.79	31.21
新　疆	1.58	10.94	25.31	112.65

注: 总产值均按当年价格计算。

中国东、中、西部地区乡镇企业营业收入增长对比

	1981年乡镇企业营业收入(亿元)	1990年乡镇企业营业收入(亿元)	1995年乡镇企业营业收入(亿元)	1995年比1981年增长%
全国总计	**670.4**	**8613.61**	**32142.26**	**4694.49**
一、东部地区合计	458.1	5576.87	22120.58	4728.77
东部占全国%	68.3	64.73	68.82	
北　京	14.3	202.48	477.14	3236.36
天　津	11.1	149.98	628.57	5563.06
上　海	36.2	269.98	1022.47	2724.59
辽　宁	30.3	432.92	1592.49	5155.78
河　北	35.9	574.46	1535.40	4176.88
山　东	65.6	983.08	4704.60	7071.65
江　苏	124.3	1128.04	5237.46	4113.60
浙　江	59.3	670.15	2660.96	4387.19
福　建	18.9	260.45	1077.15	5599.47
广　东	53.4	785.39	2691.68	4940.64
广　西	8.8	105.00	460.07	5128.41
海　南		14.96	32.60	
二、中部地区合计	155.4	2159.74	7505.42	4729.74
中部占全国%	23.2	25.07	23.35	
山　西	17.2	179.81	499.36	2803.49
内蒙古	4.0	63.98	174.35	4258.75
吉　林	9.0	171.00	197.74	2097.11
黑龙江	11.5	145.07	386.54	3260.87
安　徽	12.9	297.76	1605.12	12342.64
江　西	15.0	145.67	627.50	4083.33
河　南	29.5	555.88	1565.48	5206.78
湖　北	24.6	289.04	1647.53	6597.15
湖　南	31.7	309.73	801.81	2429.34
三、西部地区合计	56.9	878.80	2516.26	4322.25
西部占全国%	8.5	10.20	7.83	
四　川	30.4	473.90	1673.31	5404.28
贵　州	2.4	50.50	39.02	1525.00
云　南	6.4	77.45	267.45	4079.69
西　藏		1.75		
陕　西	9.6	167.66	291.73	2938.54
甘　肃	3.3	62.29	143.87	4260.61
青　海	0.8	6.10	11.04	1280.00
宁　夏	0.9	14.15	22.40	2388.89
新　疆	3.1	24.99	67.44	2075.48

中国东、中、西部地区乡镇企业利润增长对比

	1982年利润总额(亿元)	1990年利润总额(亿元)	1995年利润总额(亿元)	1995年比1982年利润增长%
全国总计	**115.51**	**588.03**	**1496.38**	**1195.45**
一、东部地区合计	82.60	341.73	990.28	1098.89
东部占全国%	71.5	58.11	66.18	
北　京	2.97	18.30	20.39	586.53
天　津	1.78	9.73	52.21	2833.15
上　海	6.79	7.07	48.08	608.10
辽　宁	5.00	34.02	94.24	1884.80
河　北	11.75	67.81	136.55	1062.13
山　东	21.06	72.78	257.03	1120.47
江　苏	14.41	24.50	134.21	831.37
浙　江	7.86	20.54	70.98	803.05
福　建	2.41	17.98	45.69	1795.85
广　东	7.75	54.73	108.20	1296.13
广　西	0.82	7.03	19.46	2273.17
海　南		1.64	3.22	
二、中部地区合计	25.88	190.43	444.77	1618.59
中部占全国%	22.4	32.39	29.72	
山　西	5.74	22.88	21.78	279.44
内蒙古	0.61	6.69	11.00	1703.28
吉　林	1.46	13.19	10.36	609.59
黑龙江	1.65	10.09	20.00	1112.12
安　徽	1.90	23.28	110.09	5694.21
江　西	1.71	11.09	40.86	2289.47
河　南	5.54	64.95	123.17	2123.29
湖　北	3.60	17.64	68.69	1808.06
湖　南	3.67	20.62	38.83	958.04
三、西部地区合计	7.03	55.87	61.33	772.40
西部占全国%	6.1	9.50	4.10	
四　川	2.39	20.90	30.82	1189.54
贵　州	0.46	5.10	0.31	−32.61
云　南	0.73	5.20	4.52	519.18
西　藏				
陕　西	1.83	15.27	13.11	616.39
甘　肃	0.57	5.31	8.36	1366.67
青　海	0.18	0.34	0.39	116.67
宁　夏	0.15	1.34	1.09	626.67
新　疆	0.72	2.41	2.74	280.56

1995年中国东、中、西部地区乡镇企业出口情况

	出口企业单位数(个)	年末职工人数(人)	出口产品生产总值(不含税)(万元)	出口产品交货值(万元)	其中:直接出口(万元)
全国总计	**118151**	**10262725**	62352908	**53945472**	**34718539**
一、东部地区合计	99508	9062851	57006327	49814517	32662868
东部占全国%	84.22	88.31	91.43	92.34	94.08
北京	397	109717	502334	421924	325826
天津	1288	225072	1432501	1239074	857694
上海	2236	382000	3706328	3522619	2815810
辽宁	2002	274549	2151683	1804713	1275755
河北	17324	419783	1789248	1287213	620058
山东	15807	1121316	7140205	4986463	3064244
江苏	9651	1585178	15637083	14392053	10733734
浙江	11314	1015147	8398401	7008340	5902449
福建	8099	755721	5061431	4498413	4457224
广东	30577	3103123	10818860	10317945	2410397
广西	585	69708	355499	325880	195628
海南	28	1527	12754	9880	4049
二、中部地区合计	16943	963799	4470474	3525451	1755579
中部占全国%	14.34	9.39	7.17	6.54	5.06
山西	345	39903	308358	280519	196464
内蒙古	758	44553	136385	108941	44274
吉林	604	25007	99026	88540	37838
黑龙江	285	33031	252809	175945	118296
安徽	2307	190011	1005274	688311	283965
江西	3282	89655	344460	264315	119724
河南	5833	244842	866881	663299	253574
湖北	1455	136843	856860	717315	420258
湖南	2074	159954	601321	538266	281186
三、西部地区合计	1700	236075	876107	605504	300092
西部占全国%	1.44	2.30	1.40	1.12	0.86
四川	943	156941	489232	363547	169792
贵州	45	7026	43898	37672	21763
云南	113	13490	90017	53199	19009
西藏					
陕西	253	30199	156905	64787	44473
甘肃	256	15447	33268	29963	15356
青海	43	6346	26615	21206	9249
宁夏	26	3711	14189	13852	7992
新疆	21	2915	21983	21278	12458

1995年中国东、中、西部地区乡镇三资企业情况

	1995年新签协议		1995年客商实际投资金额（万美元）	客商累计投资金额（万美元）
	合同数（个）	客商投资额（万美元）		
全国总计	**16016**	**1120450**	**700428**	**2671039**
一、东部地区合计	14869	1042480	649704	2502802
东部占全国％	92.84	93.04	92.76	93.70
北　京	258	7806	6076	54034
天　津	130	8427	5468	24509
上　海	620	65909	56729	196221
辽　宁	632	58776	37112	102103
河　北	463	30577	14509	45507
山　东	1057	89827	47066	172143
江　苏	1861	274693	121755	588811
浙　江	826	55796	43103	141990
福　建	664	80059	56288	228502
广　东	8053	365978	259515	930628
广　西	296	1748	1099	7735
海　南	17	2884	984	10619
二、中部地区合计	998	65971	40278	126455
中部占全国％	6.23	5.89	5.75	4.74
山　西	27	1505	1539	6455
内蒙古	18	541	484	14361
吉　林	78	4235	4223	9529
黑龙江	75	12476	4115	19837
安　徽	215	13402	6903	13391
江　西	156	9195	6062	16873
河　南	158	14749	6700	25299
湖　北	112	4112	4415	13179
湖　南	159	5756	5837	7531
三、西部地区合计	149	11999	10446	41782
西部占全国％	0.93	1.07	1.49	1.56
四　川	93	5122	6627	20631
贵　州	3	625	625	873
云　南	8	388	378	889
西　藏				
陕　西	26	3687	1211	15239
甘　肃	13	1327	815	2357
青　海	1	48	48	149
宁　夏	2	150	90	859
新　疆	3	652	652	785

1995年中国经营规模最大的1000家乡镇企业

东、中、西部地区分布情况

	企业个数		营业收入	
	个数	比重(%)	收入额(亿元)	比重(%)
全国总计	**1000**	**100.00**	**2400.83**	**100.00**
一、东部地区合计	921	92.10	2206.21	91.89
北　京	25	2.50	43.49	1.81
天　津	39	3.90	131.39	5.74
上　海	49	4.90	112.24	4.68
辽　宁	61	6.10	164.40	6.85
河　北	15	1.50	33.12	1.38
山　东	179	17.90	432.73	18.03
江　苏	298	29.80	668.69	27.86
浙　江	160	16.00	347.84	14.49
福　建	12	1.20	32.99	1.37
广　东	73	7.30	221.68	9.24
广　西	9	0.90	14.44	0.60
海　南	1	0.10	3.20	0.13
二、中部地区合计	57	5.70	139.01	5.79
山　西	12	1.20	35.42	1.48
内蒙古	1	0.10	2.91	0.12
吉　林	2	0.20	6.84	0.28
黑龙江	2	0.20	3.80	0.16
安　徽	16	1.60	36.21	1.51
江　西	2	0.20	3.45	0.14
河　南	11	1.10	28.03	1.17
湖　北	7	0.70	13.61	0.57
湖　南	4	0.40	8.74	0.36
三、西部地区合计	22	2.20	55.61	2.32
四　川	11	1.10	38.76	1.61
贵　州	0			
云　南	5	0.50	8.38	0.35
西　藏	0			
陕　西	3	0.30	4.24	0.18
甘　肃	1	0.10	1.49	0.06
青　海	0			
宁　夏	0			
新　疆	2	0.20	2.74	0.11

1995年中国利税总额最高的1000家乡镇企业东、中、西部地区分布情况

	企业个数		利税总额	
	个数	比重（%）	总　额（亿元）	比重（%）
全国总计	**1000**	**100.00**	**281.02**	**100.00**
一、东部地区合计	898	89.80	253.11	90.07
北　京	28	2.80	6.45	2.29
天　津	48	4.80	17.56	6.25
上　海	74	7.40	20.60	7.33
辽　宁	63	6.30	18.93	6.73
河　北	27	2.70	5.79	2.06
山　东	205	20.50	57.76	20.55
江　苏	194	19.40	48.65	17.31
浙　江	153	15.30	41.24	14.67
福　建	14	1.40	5.50	1.96
广　东	78	7.80	27.16	9.66
广　西	13	1.30	3.13	1.11
海　南	1	0.10	0.34	0.12
二、中部地区合计	71	7.10	20.18	7.18
山　西	13	1.30	5.19	1.85
内蒙古	0			
吉　林	5	0.50	2.32	0.83
黑龙江	5	0.50	0.82	0.29
安　徽	17	1.70	4.72	1.68
江　西	3	0.30	0.37	0.13
河　南	15	1.50	3.75	1.33
湖　北	7	0.70	1.67	0.59
湖　南	6	0.60	1.34	0.48
三、西部地区合计	31	3.10	7.73	2.75
四　川	12	1.20	3.50	1.25
贵　州	1	0.10	0.45	0.16
云　南	5	0.50	1.18	0.42
西　藏	0			
陕　西	6	0.60	1.17	0.42
甘　肃	3	0.30	0.78	0.28
青　海	0			
宁　夏	0			
新　疆	4	0.40	0.65	0.23

1995年中国经营规模最大的100家乡镇企业排列顺序

名次	企业名称	营业收入（万元）	资产总额（万元）	东、中、西部地区分布
1	广东科龙电器股份有限公司	225660	198056	
2	天津尧舜集团公司	210388	156299	
3	江苏华西集团公司	179865	72350	
4	成都市双流高频(集团)公司	169497	40674	西部地区
5	广东美的集团股份有限公司	165000	155100	
6	天津津美集团公司	160507	88027	
7	天津津海集团公司	153979	84634	
8	山东清河集团	150821	172206	
9	大连大实企业集团	134181	90795	
10	江苏鹰翔集团公司	133714	74287	
11	天津万全集团公司	122611	48400	
12	山东新牟国际集团公司	120158	100704	
13	海城市后英镁砂集团总公司	117848	26481	
14	山东罗庄集团总公司	112043	88739	
15	横店集团公司	111797	123997	
16	无锡捷达摩托车公司	109567	21053	
17	山西省清徐暖气片集团公司	108057	57906	中部地区
18	丹徒县龙山鳗业联合公司	100873	42591	
19	山东万通达企业集团总公司	100541	76207	
20	中山嘉华电子(集团)有限公司	98000	38422	
21	金轮集团公司	96028	114305	
22	江苏艺龙集团公司	92106	49788	
23	珠海市中富工业集团公司	88554	77727	
24	山东兰田集团总公司	85301	13613	
25	莱织华实业(集团)有限公司	85267	44379	
26	大连北市集团公司	83017	72513	
27	河南省中原工贸公司	78670	56586	中部地区
28	广州新珠江食品饮料集团公司	76920	53200	
29	浙江万龙企业集团公司	75514	47913	
30	中国春风实业集团	75152	28206	
31	宏祥电器集团	72025	33470	
32	江苏省张家港沙洲纺织印染公司	68678	17271	
33	江苏太湖钢铁集团公司	67731	52488	
34	大连市金州区第一建筑工程公司	66008	16134	
35	江苏三洲冶金集团公司	64709	21529	
36	江苏省三房巷实业集团公司	61597	43010	
37	山东邱家水产集团总公司	60180	41393	
38	山东兴华集团总公司	60163	53832	
39	福建省黎明企业集团公司	60116	33157	
40	天津恒星集团	60040	43976	
41	福建协丰鞋业有限公司	59356	24778	
42	北京韩村河建筑集团总公司	58877	33175	
43	江苏沿山实业集团总公司	58443	23664	
44	浙江升华集团公司	55913	10574	
45	顺德爱德电饭锅制造厂有限公司	54389	43490	
46	上海嘉定工贸总公司	54287	15962	
47	河北唐山半壁店钢铁(集团)公司	54150	97958	
48	上海紫江(集团)公司	53845	58996	
49	上海裕隆实业总公司	53780	28904	
50	江苏雪浪钢铁集团公司	53313	32660	

.续表

名次	企业名称	营业收入（万元）	资产总额（万元）	东、中、西部地区分布
51	临沂市正大实业总公司	53215	11682	
52	山东省临沂市兰田企业集团商贸公司	52630	3184	
53	无锡钢铁公司	52527	34941	
54	绍兴小小企业总公司	52323	83227	
55	四平红嘴集团总公司	52245	78756	中部地区
56	广东兴发铝型材集团公司	52120	39386	
57	临沂市华丰企业集团总公司	52110	16785	
58	大杨企业集团	51244	57762	
59	江苏阳光集团公司	51080	36428	
60	山东大发达集团总公司	50922	42128	
61	华芳实业总公司	50611	25856	
62	无锡县西塘实业总公司	50027	41648	
63	山东丛林集团	49238	58640	
64	江苏春洲旅行车集团	49123	16131	
65	浙江永利实业集团公司	48356	103625	
66	顺德市大良工业发展总公司	47426	74897	
67	幸福集团公司	47125	57606	中部地区
68	顺德市蚬华电器工业集团公司	46788	44962	
69	大连特钢厂	46753	26285	
70	广东省南海罗南陶瓷企业集团	46182	53322	
71	上海凯托纺织制衣(集团)公司	45876	44981	
72	顺德华星实业股份有限公司	45628	23122	
73	中山市星光制锁厂	45581	9629	
74	绍兴县第三建筑工程公司	45496	12246	
75	江苏亚东钢铁集团公司	45380	40743	
76	浙江老凤祥首饰厂	45182	20896	
77	太原赵家堡企业集团暖气片总公司	45000	27192	中部地区
78	上海申马(集团)有限公司	45000	78134	
79	江苏东方丝绸集团公司	44864	6031	
80	中山市隆成日用制品有限公司	44282	15730	
81	广东容声电器股份有限公司	44145	41597	
82	福建省洪山企业集团公司	43704	38608	
83	四川省德阳八角钢铁集团公司	43628	29484	西部地区
84	文登通信电缆集团公司	43559	31225	
85	张家港牡丹集团公司	43519	8907	
86	宁波引发集团有限责任公司	43444	43851	
87	浙江恒逸集团	42765	11338	
88	江苏梁丰食品集团公司	42717	17913	
89	合肥瑶海实业集团公司	42234	22482	中部地区
90	雪豹集团公司	42230	41586	
91	江苏永钢集团	41955	21422	
92	万向集团公司	41598	–	
93	江苏灵丰(集团)公司	41337	39480	
94	合肥东方企业集团总公司	41155	14136	中部地区
95	江苏锦钢集团公司	41006	15452	
96	太仓市电解铜厂	40862	8321	
97	福建省联建(集团)有限公司	40717	36551	
98	鞍山市第八建筑工程公司	40300	13279	
99	江苏永鼎集团公司	40216	18927	
100	浙江天屹集团公司	40110	26591	

注：地区分布栏中，除说明以外，其余均是东部地区。

1995年中国利税总额最高的100家乡镇企业排列顺序

名次	企业名称	利税总额(万元)	东、中、西部地区分布
1	江苏华西集团公司	28940	
2	广东科龙电器股份有限公司	27226	
3	天津尧舜集团公司	27101	
4	横店集团公司	21689	
5	福建省联建(集团)有限公司	21441	
6	广东美的集团股份有限公司	20500	
7	天津津美集团公司	18492	
8	山东万通达企业集团总公司	17860	
9	天津万全集团公司	17211	
10	山西省清徐暖气片集团公司	16408	中部地区
11	天津津海集团公司	16246	
12	山东罗庄集团总公司	15210	
13	珠海市中富工业集团公司	14503	
14	浙江圣达保健品有限公司	14458	
15	成都市双流高频(集团)公司	14455	西部地区
16	丹徒县龙山鳗业联合公司	14192	
17	山东新牟国际集团公司	13921	
18	茉织华实业(集团)有限公司	13256	
19	金轮集团公司	12214	中部地区
20	四平红嘴集团总公司	11981	
21	上海申马(集团)有限公司	11203	
22	山东清河集团	11093	
23	大连大实企业集团	11046	
24	上海裕隆实业总公司	10942	
25	山东邱家水产集团总公司	10808	
26	宁波雅戈尔(集团)股份有限公司	10606	
27	江苏阳光集团公司	10580	
28	广东省南海罗南陶瓷企业集团	10447	
29	万向集团公司	10261	
30	中山嘉华电子(集团)有限公司	9808	
31	山东丛林集团	9097	
32	江苏双良集团公司	9020	
33	无锡捷达摩托车公司	9009	
34	上海海欣股份有限公司	8944	
35	江苏鹰翔集团公司	8719	
36	大连市金州区第一建筑工程公司	8584	
37	上海嘉宝实业(集团)股份有限公司	8504	
38	大连北市集团公司	8416	
39	宏祥电器集团	8064	
40	南海东村陶瓷集团	7865	
41	广州新珠江食品饮料集团公司	7817	
42	佛山市张槎古灶瓷厂	7755	
43	广西皇龙水泥有限公司	7620	
44	天津恒星集团	7616	
45	山东兴华集团总公司	7584	
46	江苏艺龙集团公司	7573	
47	北京世界公园有限公司	7536	
48	文登通信电缆集团公司	7302	
49	上海汽车空调器厂	7237	
50	中国春风实业集团	7061	

续表

名次	企业名称	利税总额（万元）	东、中、西部地区分布
51	浙江永利实业集团公司	7019	
52	上海紫江(集团)公司	6709	
53	大连金华钢厂	6596	
54	山东大发达集团总公司	6574	
55	上海佳丰食品厂	6556	
56	淄博涤纶厂	6553	
57	上海舒乐时装(集团)公司	6500	
58	宁波华茂集团总公司	6475	
59	幸福集团公司	6309	中部地区
60	河南省中原工贸公司	6207	中部地区
61	太原赵家堡企业集团暖气片总公司	6202	中部地区
62	江苏省三房巷实业集团公司	6124	
63	菱花集团公司	5939	
64	临沂市正大实业总公司	5933	
65	四平金士百啤酒集团公司	5769	中部地区
66	顺德爱德电饭锅制造厂有限公司	5758	
67	山东乐华电力器材集团总公司	5728	
68	鞍山市第八建筑工程公司	5708	
69	山东方圆集团公司	5660	
70	济南通讯电缆厂	5641	
71	宁波雅戈尔制衣有限公司	5574	
72	上海霞飞日用化工总公司	5509	
73	山东鲁丽人造板集团有限公司	5493	
74	大杨企业集团	5487	
75	广东梅雁企业(集团)股份有限公司	5484	
76	杭州锦江集团公司	5419	
77	山东华宇企业集团总公司	5272	
78	广东祥兴企业集团有限公司	5269	
79	江苏江阴模具集团公司	5262	
80	浙江东阳磁性企业集团公司	5261	
81	山东亚龙基础工程集团总公司	5248	
82	绍兴小小企业总公司	5223	
83	华芳实业总公司	5164	
84	鞍山九建集团公司	5152	
85	张家港牡丹集团公司	5085	
86	浙江浦峰集团有限公司	5080	
87	安徽省宁国县耐磨材料总厂	5071	中部地区
88	山东省寿光市侯镇福利胶合板厂	5038	
89	山东省临沂市华蒙总公司	4995	
90	鞍山市腾鳌特区福安总公司	4972	
91	顺德市蚬华电器工业集团公司	4929	
92	山西省海鑫钢铁有限公司	4912	中部地区
93	清徐县同戈站暖气片工业公司	4900	
94	杭州老板电器实业公司	4898	
95	广东剑华(集团)公司	4877	
96	江苏省张家港沙洲纺织印染公司	4860	
97	广东康宝电器厂	4856	
98	上海望春花实业股份有限公司	4767	
99	山东宏源集团总公司	4723	
100	葫芦岛市钼选厂	4714	

注：地区分布栏中，除说明以外，其余均是东部地区。

资料来源：1.农业部乡镇企业司:《中国乡镇企业排序1995》 2. 农业部乡镇企业司:《中华人民共和国四十五周年·乡镇企业业绩辉煌》 3.《中国统计年鉴》 4.《中国农业年鉴》 5.农业部计划司:《中国农村经济统计大全》 6. 农业部:《中国农业统计资料》

(戴萍 整理)

北京、上海、天津三直辖市改革开放与经济发展

北京市

国民经济持续、快速增长，综合经济实力进一步增强

1995年，北京市各族人民认真贯彻中央对北京市工作的一系列重要指示，振奋精神，团结奋斗，圆满完成市第九届人民代表大会第四次会议批准的"八五"计划，提前五年实现了翻两番的目标。综合经济实力明显增强，各项社会事业不断进步，人民生活继续得到改善，为"九五"计划顺利实施奠定了雄厚的物质基础。

全年国内生产总值完成1385.1亿元，增长12.1%，保持了自1992年以来连续四年两位数的高增长，提前五年实现了翻两番的战略目标，经济实力又达到一个新的水平。商品零售价格上涨幅度在13%以内，低于全国15%的水平。地方社会固定资产投资完成530亿元，增长19.1%。

(一) 农业的基础地位进一步加强，农业生产经受住了自然和市场两种风险的挑战，主要农副产品产量稳定增长 农业增加值完成82亿元，增长3.8%。粮食总产量达到259.8万吨，超额完成国家计划，蔬菜总产量达到397.3万吨，肉、禽、鱼等副食品产量都有不同程度的增长，有力地保证了居民"米袋子""菜篮子"商品的供应。

农业的生产条件又有新的改善。全市农村机械总动力达到468.1万千瓦，比上年增长1.9%。农业机械化作业耕地面积达到29.0万公顷，占全部耕地面积的88.4%，比上年提高1.2个百分点。播种面积中，机播面积占63.0%，与上年持平；机收面积占47.7%，比上年提高2个百分点。农田有效灌溉面积29.3万公顷，占耕地面积的81.0%，比上年提高0.6个百分点。农村用电量37.5亿千瓦小时，增长58.2%。1995年全市用于农业的投资比上年增长1.1倍。

(二) 工业生产克服了资金紧缺、原材料价格上涨等不利因素，保持了稳定增长 全年完成增加值493.2亿元，比上年增长9.2%。其中轻工业163.4亿元，增长14.4%；重工业329.8亿元，增长6.8%。工业增加值中，国有及国有控股企业345.8亿元，增长7.3%；集体企业95.6亿元，增长12.6%；三资企业69.9亿元，增长25.2%。全市大中型工业企业实现增加值299.7亿元，增长7.5%，其中国有大中型工业企业实现增加值236.5亿元，增长9.7%，基本扭转了近两年来低速增长的局面，在工业经济中继续保持主体地位。

国有工业经济效益有所提高。全市乡及乡以上独立核算工业企业实现利税158.7亿元，其中国有工业实现利税120.5亿元，比上年增长5.4%，占全市工业实现利税的比重达到75.9%，比上年提高6.4个百分点。国有工业经济效益综合指数为106.24%，比上年提高0.61个百分点，高于全市工业4.89个百分点。在总量获得增长的同时，工业结构调整也取得新的进展，汽车、冶金、化工等重点行业、重点企业、重点产品在经济增长中的推动下作用进一步增强；全市全年工业产销率达98.11%，超额完成计划，企业适应市场经济的能力有所提高。

产销结合状况明显改善。全市工业产品产销率逐季上升，全年达到98.11%，比上年提高1.9个百分点。

(三) 市场繁荣活跃，商业网点建设又有新进展 年末全市商业服务业网点达28万个，比上年末增加1.8万个。连锁商业发展成绩突出。全市商业网点中，连锁店达到980个，比上年初增长2倍，其中，经营粮、油、肉、蛋、菜、日用小百货为主的便民连锁店430个，比年初增长5倍。国有定点粮店发挥主渠道作用，粮油储备比较充足，确保了居民生活用粮油供应。年内又有10家大型商场开业，到年末，全市营业面积超过万平方米的商场已有50家。新建各类城乡集贸市场13个，年末达1062个，全年

成交额195.1亿元。成交额超亿元的大型集贸市场达20个。进一步改善了商业布局，方便了群众购物。

生产资料市场发展比较平稳。全市工业品生产资料市场51个，年成交额57.4亿元，木材、钢材等主要生产资料交易量比上年有较大增长。

城市基础设施建设持续发展，重点工程建设进展顺利，城市综合服务功能增强

住宅建设有新的突破，重点工程建设实现预定目标，城市功能得到进一步完善，城乡面貌进一步改观。

全市住宅建设在连续8年竣工突破500万平方米的基础上，1995年又竣工856.5万平方米，创历史最高水平。全年住宅开复工、新开工和竣工面积在全市综合开发总量中分别占69.4%、70%和83.3%，投资结构进一步向住宅建设倾斜。全年共有30片小区开工建设，又有11片小区基本建成。危改工作向城区腹地发展。全年累计在施的危改小区共有85片，其中新开工15片，累计拆除危旧房屋60万平方米，动迁居民19273户，实际安置居民20773户，其中一次性安置7700户。安居工程实施工作继续深入，全年落实国家安居工程贷款7.5亿元。60万平方米的安居住宅建设任务已经落实。加上自建、联建等其他渠道筹建的安居住宅，可为约万户人均居住面积4平方米以下住房特困户解困。

今年北京地区安排的国家重点建设项目7项，建筑面积69.5万平方米；市重点建设项目48项，建筑面积760万平方米。其中北京西站工程建筑面积达45万平方米，在年底实现了通车的目标。"9511"工程顺利实施，实现了高峰用电不再拉闸限电的目标。京通快速路1995年12月27日全程通车。第九水厂二期工程于7月1日前正式向市民增加日供水50万吨，缓和了城市供水难状况。

以国有企业改革为中心环节的各项改革稳步推进

现代企业制度试点工作按计划、有步骤地开展，参加全国百户现代企业制度试点的"化工"、"一轻"、"牡丹"三家企业的试点方案已经确定。本市的165户市级试点企业改革试点方案已有30家经审核批准。与企业改革相配套的养老、医疗、失业等社会保障制度改革步伐加快。本市98%的企业，208万名职工实行了劳动合同制，175万名职工加入大病医疗费用社会统筹，270万名职工和退休人员参加养老保险，221万名职工参加失业保险。

商业流通体制改革在发展连锁经营方面迈出了较大步伐。截止1995年底，全市连锁商业店铺总数达到980家，是年初的3倍，其中以经营粮、油、肉、蛋、菜、日用小百货为主的便民连锁店430家，是年初的6倍。

此外，全市在转变政府职能、科技体制改革、住房制度改革、农村经营体制改革等方面也进行了积极探索，取得了新的进展。

利用外资和对外贸易持续增长，对外开放形成全方位、宽领域、纵深化的新格局

全年新批"三资"企业1552家，协议投资总额为41亿美元，协议外资额达27.4亿美元，实际利用外资19.8亿美元，比上年增长1.5%。年末"三资"企业从业人数达33.2万人，新增就业人数4.5万人。全年投产开业的"三资"企业实现销售收入478.6亿元，比上年增长32.3%；创汇6.7亿美元，增长33.0%。跨国公司和国际知名大公司来京投资增多。在本市投资的跨国公司和国际知名大公司已达247家，其中全球排名前500的大工业公司和服务公司达120家。外资投向基本符合国家宏观调控目标，生产性项目成为外商投资的主体，高档房地产项目和餐饮娱乐项目得到有效抑制。对外开放向金融领域拓展，试办合资银行工作开始起步。全年对外贸易完成进出口额42.3亿美元，比上年增长5.4%，其中进口17.4亿美元，下降8%；出口24.9亿美元，增长17.3%，超额完成了市政府要求出口23亿美元的计划。

对外投资和技术出口有所进展。全年新批海外企业25家，投资额2716万美元，其中我方投资2540万美元，占93.5%；技术出口对外成交10496万美元，比上年增长3.1%。

北京经济技术开发区、北京市新技术产业开发试验区和经市政府批准的区县工业小区已逐步成为对外开放的重要基地，发展前景良好。

科技、教育、文化、体育等社会事业全面发展

全市上下认真贯彻科技兴国战略。1995年召开了北京市科技大会，八大科技工程开始实施，"火炬"、"工业振兴"、"星火"等计划顺利进行。全市已建立和完善了36个科研中试基础，国家批准建立的6个工程技术研究中心已开始发挥作用，为科技产业的发展奠定了较好的基础。全市技术交易发展态势良好，技术交易成交额达41.2亿元，比上年增长10.7%。全年科教文卫事业实现增加值131.2亿元，比上年增长15%。年末全市拥有各类专业技术人员115万人，比上年末增加0.4万人。全市科技经费投入124.0亿元，比上年增长15.0%；研究与发展(R&D)经费支出占国内生产总值的比重为2.5%。全年开展科研项目13000项，推广应用科研成果3000项。科技成果进一步走向市场。全市共有技术交易机构56家，签订技术合同16347项，比上年增长7.4%；技术成交额41.2亿元，比上年增长10.7%；批准专利4025项，比

上年增长3%。科技对经济和社会的促进作用日益提高。

继续落实教育事业优先发展的战略。教育十大工程全面启动，全年教育经费支出23亿元，比上年增长33.7%，进一步改善了办学条件，增强了教育发展的后劲。全年共招收研究生1.2万人，比上年增加1060人，普通高等学校招收本、专科学生5.3万人，比上年增加984人，招收自费生4960人，占全部高校招生人数的9.4%；中等职业技术学校招生9.3万人，比上年增加2.5万人。职业学校与普通高中招生人数的比例为2.07：1。全年培养研究生7596人，其中获得博士学位研究生1491人，获得硕士学位研究生6097人；各类高等教育培养毕业生4.5万人；各类中等职业技术教育培养毕业生5.6万人；成人教育培养毕业生1.5万人。全年学龄儿童入学率99.93%，比上年提高0.01个百分点。同时，教育改革继续深化，教师待遇得到改善，教育质量有所提高。

文化、新闻、出版和体育事业都取得了新成绩。

城乡人民生活进一步改善

全年城镇居民人均生活费收入达5868.4元，扣除物价因素实际增长5.7%；农民人均纯收入达3224元，实际增长6.3%。城乡居民储蓄大幅度增长，到年末，全市城乡居民储蓄存款余额达1254亿元，比年初增加400.7亿元，增长47%。在职工收入普遍提高的同时，采取多种措施多渠道筹集资金8000多万元，用于补助困难企业职工、密云库区移民和山区特困户等，维持了社会稳定。

(北京市政府研究室　高香信)

上　海　市

在这一年中，国民经济持续、快速、健康发展，宏观经济运行稳定性增强，整体经济素质进一步提高，产业结构调整成效明显，浦东新区功能开发积极推进，对内对外开放形成新的格局，城市基础设施建设取得新进展，科技、教育、文化和各项社会事业全面发展，城乡人民生活水平和生活质量继续提高。

国民经济持续、快速、健康发展
整体经济实力不断增强

1995年，上海人民在中共上海市委、市人民政府的领导下，坚持以邓小平同志建设有中国特色的社会主义理论为指导，紧紧把握“统一思想、总揽全局、加强协调、扎实工作”的指导方针，认真贯彻中央加强宏观调控和深化改革、扩大开放的各项政策，正确处理改革、发展、稳定三者的关系，齐心协力、积极开拓、锐意进取，顺利完成了国民经济与社会发展的各项任务。

(一) 国民经济保持高位上平稳增长的格局　1995年，在面临宏观经济环境变化较大的条件下，上海仍然完成国内生产总值2462.8亿元，又比上年增长14.1%，超过了预期目标两个百分点。上海的国民经济已经连续四年保持了14%以上的增长速度，宏观经济稳定性日趋增强。全市人均国内生产总值超过18000元，比上年增加3000多元。

(二) 总体经济效益继续提高　1995年，上海全市地方财政收入完成227.3亿元，按当年价格计算，比上年增长29.6%，高于经济增长速度，也是历年来最高的增速。地方财政收入相当于国内生产总值的比重已由1994年的8.8%提高到9.2%。各区县的经济活力不断增强，区、县级财政收入占全市地方财政收入的比重达到53.7%。全市财政收支平衡，略有结余。这都表明了上海经济运行的整体效益和运行质量又有新的提高。

(三) 产业结构继续优化　1995年，上海继续稳步推进“三、二、一”的产业发展方针，进一步明确了各个产业内部结构调整的方向和发展重点。以金融、商贸、交通通信等为重点的第三产业继续健康发展，其增加值占国内生产总值的比重达到40.1%，又比上年增加了0.6个百分点。第二产业保持快速增长，全年累计完成工业总产值5253.9亿元，比上年增长17.1%。工业结构调整成效明显，产品结构梯度转移加快，汽车、电子通信、电站设备、家电、精细化工和钢铁工业等六大支柱产业在工业经济中的主导地位进一步增强，其占全市工业总产值的比重提高到45.1%，成为上海工业经济“半壁江山”，已经与第三产业一起共同形成了上海经济发展的新增长点。传统工业的技术改造成效显著，围绕高新行业、支柱产业和拳头产品，全年共开发高技术含量、高市场容量、高附加值的新产品2.2万项，全市工业产品已有70%以上达到80年代末国际先进水平。以现代通信、现代生物与医药、计算机与应用等为重点的高新技术产业产值占全市工业总产值比重达到10.6%。农业生产继续保持稳定发展，实施了增加农业投入、改善生产环境等一系列措施，农业总产值比上年增长12.1%，“高产、优质、高效”农业和“菜篮子”、“米袋子”工程建设取得新进展。

(四) 宏观调控得到加强　1995年，按照中央宏观

调控要求，上海严格控制固定资产投资规模，并且取得显著成效。上海从实际出发，分批下达投资计划，严格控制新开工项目，着力调整投资结构和提高投资效益，集中力量继续抓好以道路交通为重点的城市基础设施建设，加快了全市重大工程的建设进度。1995年全社会固定资产投资完成1440亿元，其中地方投资1211.1亿元，比上年增长25%，增幅明显回落。与此同时，上海坚持将抑制物价上涨幅度作为经济工作的首要任务，积极增加供给，努力加强市场物价的调控管理，合理确定比价关系，适时引导市场价格走向，严格控制主副食品的上涨幅度，加强对重要商品和收费项目的价格监控，强化对水、电、煤气、公交等垄断性价格的规范管理，修订并认真实施反暴利规定，加大制裁力度，保护消费者合法权益。经过努力，全年商品零售价格上涨幅度控制在13%，低于全国平均水平两个百分点。

(五) 规范化的市场体系不断完善 在过去的一年里，上海积极配合中国证监会，继续认真细致地做好证券、期货市场的规范化管理，各类市场运作有序，成交活跃。1995年，上海证券市场各类证券成交总额5.16万亿元，比上年增长1.6倍;商品、粮油、金属等交易所全年交易额也达到2.57万亿元。商业改革不断深化，组建大型商贸企业集团，探索内外贸一体化道路，加快商业服务设施的改造建设，进一步促进了消费品市场的稳定和繁荣。目前，全市已组建大型商业集团(公司)53个。发展连锁超市、便民店1700多家。全年社会消费品零售总额970亿元，比上年增长25.9%，剔除物价因素，实际增长11.4%。

(六) 城市面貌又有新变化 重点工程项目建设进展顺利，全市8.45公里的南北高架道路全面建成通车;地铁一号线全线投入运营;奉浦大桥竣工通车。地铁一号线延伸段、延安东路隧道复线、徐浦大桥、沪宁高速公路上海段、延安西路高架工程等加快了建设进程。徐家汇路、武宁南路、长宁路等一批投资少、见效快的区域性道路改建工程相继完成，进一步改善了城市交通设施，提高通行能力。旧区改造取得新进展，全年竣工住宅建设面积超过了1000万平方米。上海博物馆、龙华烈士陵园、内贸中心、新客站商业设施等一批重点项目也全面建成。城市管理得到进一步加强。

努力发展外向型经济　对外开放不断扩大

(一) 浦东开发开放取得重大进展 在深化改革，扩大开放总方针的指引下，浦东新区的经济发展、城市建设继续保持良好的发展势头。1995年，新区共完成国内生产总值412亿元，比上年增长22%。开发小区的功能日渐拓展，陆家嘴金融贸易区已有25幢高楼结构封顶，25幢竣工使用。外高桥保税区封关范围扩大至5.5平方公里，进出口额达到813亿美元，比上年增长46%，金桥出口加工区呈现规模效益，高技术含量、高附加值项目占开发区引进项目的三分之二以上。张江高科技园区当年吸收中外高项目投资超过2亿美元。与此同时，在中央的关心支持下，浦东新区功能性政策的落实取得新进展，已有12家外省市外贸公司落户浦东，外高桥保税区的海关监管办法继续优化。

(二) 引进外资规模扩大、质量提高 1995年，上海坚持合理、积极、有效地利用外资，继续推进对外开放向高层次、宽领域、纵深化方向发展，在坚持数量和质量并举、二产与三产并举、新批项目与现有三资企业增资扩股并举的基础上，重点抓好合理引导外资投向，抓好已签项目建设和在建项目的竣工投产，提高利用外资的效益。1995年全市共新批准外商直接投资合同项目2845项，比上年减少了25.2%，协议吸收外资总额达到105.4亿美元，比上年增加了5.1%。当年实际利用外资金额比上年增长36%。外商投资项目规模扩大、领域拓宽、质量提高。外资项目平均规模比上年扩大106万美元，协议外资1000万美元以上的大项目占全年引进外资总额的74.7%，这些项目涉及机电、轻工、汽车、通信设备、生物医药、计算机等行业，对本市支柱产业的发展和经济运行质量的提高都产生了积极作用。

(三) 对外经贸快速发展 1995年，上海进一步完善和发挥对外贸易的口岸功能，上海口岸全年进出口商品总值48.1亿美元，同比增长32.8%。继续深化外贸体制改革，大力调整进出口商品结构、加快实施外贸出口的“龙头计划”，全方位开拓国际市场，进出口贸易迅速发展。1995年全市外贸进出口商品总值190.6亿美元，同比增长20.5%，其中外贸出口115.8亿美元，同比增长了27.6%。继续保持外贸出口超过同期国内生产总值增长幅度的势头，出口需求对国民经济发展的推动作用日益增强。

现代企业制度改革试点全面启动
各项配套改革继续深化

(一) 改革试点成效明显 全市140家试点企业都已确定了试点方案，试点工作进入实质性启动阶段，运作情况良好。通过优化资本结构，提高经济效益，全市试点企业资产负债率降到69%，国有资产增值率达到12.1%，企业综合经济效益指数达到132。大大超过了面上企业的水平，并且还创造了许多有推广价值的改革模式，涌现了一批实绩显著的优秀企业和企业经营者。

(二) 配套改革进展显著 为保证现代企业制度改革的顺利推进，上海市的《明确试点企业投资主体的意见》等14项配套政策相继出台;工业管理体制改革加快了步伐，授权国有资产试点单位已发展到33家，先后成立了仪电、纺织、机电、冶金等控股(集团)公司，并在规范化运作方面进行了积极的探索;初步形成了以基本保险、补充保险和社会救助为主要内容的社会保障体系,建立了城镇职工养老保险运行制度,全市430万在职职工和179万离退休人员进入养老保险范围;全年为50万人次失业人员提供了失业救助金;医疗保险方案正在深入研究,模拟运行。住房商品化程度又有新的提高。根据国家统一部署,继续深化金融体制改革,组建了上海城市合作银行。为优化财政补贴机制,转换城市公交的经营机制,已经深入研究并推出了上海的公交改革方案。

社会各项事业蓬勃发展
人民生活不断提高

(一)社会各项事业取得了长足进步 年内召开的上海市科技大会,确立了“科教兴市”的战略。科研投入不断增加,全市研究与试验发展经费支出占国内生产总值的比重达到1.5%左右,基本达到发达国家的水平。全年取得重大科技成果1300项,科技成果推广率达到了92.1%。开展了上海与国家部委共建同济大学、上海财经大学、上海医科大学的工作;全年普通高校招收本、专科学生4.4万人,比上年增长6%,高中阶段录取率91%,圆满地解决了初中入学高峰的矛盾。成功地举办了上海国际电影节、国际广播音乐节等重大文化交流活动和国际国内体育大赛。创建全国卫生城市的全国评比继续名列前茅。

(二) 人民生活水平和生活质量又有新的提高 全市职工年平均工资为9242元,扣除物价因素,比上年增长5.2%。居民人均生活费收入为6822元,扣除价格因素,比上年实际增长3.3%;农民家庭人均年纯收入4200元,比上年实际增长3%。城乡居民储蓄存款继续增加,年末全市城乡居民储蓄存款余额1396.1亿元,比年初增加了420.9亿元。已经基本解决了教师中人均4平方米以下的住房困难户,全市人均住房居住面积由上年的7.5平方米提高到近8平方米。全市家用煤气普及率达86%。市区电话交换机容量超过345万门,电话用户达到223万台。

在充分看到取得成绩的同时,上海经济和社会发展还存在着不少问题和矛盾。一是部分企业还不适应激烈的市场竞争,生产经营比较困难,经济效益有所下降;二是物价涨幅回落的基础还不稳固,一部分下岗待业职工和社会特困人员的生活还有困难;三是结构调整中的劳动力转移和再就业矛盾比较突出,城市建设中动拆迁安置难度较大;四是按照经济增长和项目建设的需求,资金供给的结构性矛盾较为突出。对此,要从加快实现经济体制转变和经济增长方式转变入手,通过深化改革逐步加以解决。

(上海市政府研究室 郑祖国)

天 津 市

经济持续快速健康发展

1995年,天津各条战线认真贯彻党中央制定的基本方针,全面落实市委和市人大确定的工作思路和目标任务,进一步深化改革,扩大开放,加大工作力度,“三、五、八、十”四项阶段性目标取得重要进展,国民经济在前两年较快增长的基础上继续快速、健康发展,城乡居民实际生活水平进一步提高,各项社会事业取得新成绩。全年各项主要计划指标都完成或超额完成,“八五”确定的各项目标任务也都圆满完成。

(一) 经济总量快速增长 全年国内生产总值920亿元,按可比价格计算增长14.5%,超过全国平均水平,处于全国发展较快地区的行列。其中,第一产业增长10.5%,第二产业增长14.5%,第三产业增长15.3%。全市财政收入完成117.34亿元,增长22.2%。

1. 农业生产快速发展,生产条件继续改善。全年全市农业增加值56.5亿元,比上年增长10.5%;是九十年代以来增长最快的年份。粮食生产创历史最好水平,全年粮食总产量207.46万吨,增长9%,比历史最高水平的1993年高出3.8%;粮食亩产提高到312公斤。“菜篮子”工程取得新进展,主要副食品生产稳步增长。主要农副产品产量如下:

	单位	产量	比上年增长(%)
粮食总产量	万吨	207.46	9.0
棉　　花	万吨	1.12	20.4
油　　料	万吨	4.01	－0.5
水　　果	万吨	19.92	15.9
蔬　　菜	万吨	434.17	6.5
肉类总产量	万吨	21.23	15.2
禽　　蛋	万吨	24.07	12.9
水 产 品	万吨	15.35	19.4

农业生产条件继续改善。年末全市拥有农业机械总动力532.45万千瓦,比上年增长5.6%;载重汽车2.76万辆,增长5.5%;全年农村用电量32.55亿千瓦小时,增长30%。

2. 工业生产增长较快,经济效益有改善。全年全市工业增加值452.6亿元,比上年增长14.6%;全市工业总产值1910.8亿元,增长23.9%,其中乡及乡以下工业增长16.3%。多种经济类型工业全面发展，全部国有工业总产值(包括"三资"企业、股份制和联营企业中国有部分)增长9.7%，"三资"工业增长32.1%，乡办工业增长27.4%。

工业结构进一步调整。在乡及乡以上工业中，全年重工业总产值615.57亿元，增长10%，轻工业总产值542亿元，增长23.5%。轻重工业比例由上年的44.6：55.4变化为46.8：53.2。"嫁接改造调整老企业"和"二二二工程"取得新进展，重点拳头产品的拉动作用增强，汽车、冰箱压缩机、摩托车、无缝钢管、部分轻纺及家电产品生产增幅较大。

工业经济效益有所提高。全年全市乡及乡以上独立核算工业企业产品销售收入1355.29亿元，实现利税137.63亿元，其中实现利润66.40亿元，分别比上年增长33.8%、28.7%和43.9%，产销率达到98.1%。

3. 建筑业生产进一步发展。全年全市建筑业完成增加值54.8亿元，比上年增长13.1%。全年本市国有建筑安装施工企业完成产值135.03亿元，增长27.2%；房屋建筑施工面积1285.94万平方米，增长17.7%；房屋建筑竣工面积410.16万平方米，增长3.5%。

4. 第三产业发展加快。商品流通规模进一步扩大。全年全市批发零售贸易餐饮业增加值84.5亿元，比上年增长15%。国内商业总购进625.4亿元，增长14.5%，总销售685.99亿元，增长14.9%。零售市场繁荣活跃。全市社会消费品零售总额373.78亿元，比上年增长23.2%，其中吃的商品增长30.8%，穿的商品增长24.6%，用的商品增长14.5%。商品批发交易市场继续发展。全年北洋钢材、钢铁炉料、煤炭、化工、纺织原料、汽车等18个生产资料批发交易市场成交总额978.33亿元；北方食糖、粮食、大胡同百货等15个大型消费品批发交易市场成交总额67.37亿元，比上年增长31.7%。全市物价总水平上涨幅度较上年明显回落，在全国和35个大中城市中继续保持较低水平。全年城市商品零售价格上涨10.6%，城市居民消费价格上涨15.3%。

交通邮电业发展较快。全年全市运输邮电业增加值83.99亿元，比上年增长14.5%。全年货运量(发送量)28061.9万吨。全年货物周转量1900.8亿吨公里，比上年增长5.7%。全年旅客发送量4904.6万人次。全年港口货物吞吐量5786.7万吨，增长24.4%。全年机场货物吞吐量5.7万吨，增长62.9%。全年邮电业务总量完成18.72亿元，比上年增长41.3%。年末全市程控交换机总容量150万门，电话机拥有量135.2万部，增长40.8%。

金融保险业有新的发展。全年全市金融保险业增加值71.8亿元，比上年增长14.5%。年末各种金融机构总数达2333家。金融市场发展较快。全年证券市场交易额1630亿元，调剂外汇总额23.6亿美元。金融形势保持稳定。年末各项存款余额1117.66亿元，比年初增加284.17亿元；各项贷款余额1151.64亿元，比年初增加188.51亿元，存款增加大于贷款增加95.66亿元。保险业继续发展。全年全市保险费收入12.4亿元，比上年增长24.4%。人民保险公司已开办170余种国内、涉外险种，承保财产总额1724亿元。

对外经济成绩显著

(一) 对外贸易进一步发展 全年天津口岸进出口总值217.46亿美元，比上年增长35%，其中进口89.66亿美元，增长20%，出口127.81亿美元，增长47%。天津外贸出口总值29亿美元，比上年增长21.7%，创历史最好水平。其中，外贸专业公司出口13.01亿美元，增长5.8%；工贸公司出口5.98亿美元，增长35.2%；"三资"企业出口10.01亿美元，增长41%，占全市外贸出口的比重由上年的28.8%上升到34.5%。

(二) 利用外资保持好势头 全年全市新签"三资"企业项目1389个，协议外资金额38.51亿美元，比上年增长9.9%。在新签"三资"企业项目中，大项目明显增多，全年签约500万美元以上的项目89个，比上年增长4.7%。截止1995年底，全市累计签约"三资"企业项目已达9410个，协议外资金额达到117.05亿美元。

全年全市实际利用外资21.1亿美元，增长18.9%，其中外商直接投资15.21亿美元，增长49.8%。截止1995年底，全市已累计实际利用外资79.03亿美元。其中外商直接投资37.54亿美元。

(三) 滨海新区建设发展迅速 全年滨海新区实现国内生产总值241.64亿元，比上年增长27.3%，占全市国内生产总值的比重达到26.3%；固定资产投资完成131.92亿元，增长23.2%；工业总产值373.95亿元，增长39.4%。开发区、保税区保持强劲发展势头。天津经济技术开发区国内生产总值比上年增长52.4%，工业总产值增长64%；外贸出口增长65.6%，主要经济指标在全国名列前茅。天津港保税区国内生产总值增长65.3%，外贸出口增长94%。

(四) 对外经济技术合作有新的进展 全年对外承包工程和劳务合作新签合同1019个，合同金额1.12亿美元，完成营业额8118万美元。

(五) 国际旅游继续发展 全年共接待国际旅游人数20.66万人，比上年增长19.5%，其中外国人16.27万人，增长26.2%。

(六) 国内区域经济合作取得新成绩 1995年末全国各地区、各部门来津开设的办事机构已达1341家，兴办经济实体3644家。1995年签订经济联合项目11698项，技术协作项目10630项，吸引外地在津投资协议额40.84亿元，比上年增长22.1%，实际利用内资22.6亿元，增长1.1倍。

固定资产投资适度增长

全年全市全社会固定资产投资完成387亿元，比上年增长22.5%，其中地方全社会投资313.89亿元，增长22.2%。全市国有单位投资326.56亿元，增长23.1%；集体所有制单位投资49.2亿元，增长22.6%；城乡个人投资11.3亿元，增长7.5%。投资结构进一步调整。全年第一产业投资完成2.73亿元，比上年增长34.3%；第二产业完成投资180.83亿元，增长44.5%；第三产业完成投资142.99亿元，增长3.5%。能源、交通、重要原材料等基础产业和基础设施方面的投资占全市投资的70%以上。重点建设得到加强。全市50个重点建设项目完成投资87.6亿元，已有14项竣工投产和交付使用，其余项目也都达到计划要求进度。钢管公司工程正式通过验收；15万辆夏利轿车扩建工程完成，进入联动试车阶段；14万吨乙烯工程实现一次投料试车成功，并打通全流程；蓟县电厂50万千瓦机组并网发电；聚酯一阶段250万吨常减压装置投产；一批城市基础设施项目竣工交付使用。

科技、教育等各项事业进一步发展

（一）科技事业有新发展　积极推进科技兴市战略，科学研究取得丰硕成果，全年科技成果登记552项，申请专利1520项。产、学、研紧密合作，联合开发，迈出可喜步伐，科技成果利用率达71.8%，工业系统新产品产值率达到17.5%。技术市场快速发展。全年全市共签订技术合同10630份，合同成交额12.12亿元，比上年增长27.3%。全年技术出口创汇10240万美元，增长27.7%。新技术产业园区又有较大发展，全年新建企业635家，年末累计企业已达2222家，从业人员4.46万人；全年技工贸总收入61.94亿元，比上年增长49%；总产值58.72亿元，增长47.6%；实现利税7.37亿元，增长2.6倍。

（二）教育事业继续发展　基础教育得到加强，全年新建和改扩建15所中小学。中等教育招生7.67万人，比上年增加4700人，较好地解决了初中毕业生分流问题。市属高等院校招生1.1万人，比上年略有增加。成人教育和职业培训广泛开展，全市成人高校44所，在校学生5.94万人。

（三）文化、体育事业繁荣健康　成功地举办了首届中国京剧节。在全国"五个一工程"评奖中，再次获得满堂红。全年共出版各类杂志总印数4956.7万册，报纸总印数5.32亿份。成功地举办了第43届世乒赛，本市运动员在洲际以上及全国高水平比赛取得可喜的成绩，全民健身运动蓬勃开展。

（四）医疗卫生条件进一步改善　年末全市共有医疗卫生机构3182个，其中医院416个。年末全市医院拥有病床37280张，比上年略有增加。全市拥有卫生技术人员71806人，其中医生33693人。

（五）计划生育工作进一步加快　全年人口出生率为10.23‰，比国家下达的计划低1.77个千分点，死亡率为6.23‰，人口自然增长率为4‰。年末全市常住人口941.83万人，比上年末增长0.7%。年末全市户籍人口为894.67万人，比上年末增加4.11万人。

人民生活继续改善

随着经济发展，城乡居民收入继续增加，生活水平进一步提高。全年全市职工工资总额比上年增长19.5%，全市职工平均工资6459元，增长20.4%，扣除价格因素，实际增长4.4%。据抽样调查，全年城市居民人均生活费收入4626.4元，比上年增长23.1%，扣除价格因素实际增长7.7%；人均生活费支出4064.1元，增长23.1%，扣除价格因素实际增长6.8%。农民人均年纯收入2531元，比上年增长29.4%；人均年生活费支出1717元，增长34.7%。城乡居民储蓄存款大幅度增加，年末储蓄存款余额比年初增加155.40亿元，比上年多增加30.6亿元。其中城镇居民储蓄存款余额比年初增加132.42亿元；农村居民储蓄存款余额增加20.98亿元。

以危陋平房改造和安居工程为重点的住宅建设取得新成绩，城乡居民居住条件进一步改善。全年住宅竣工面积320万平方米，市内六区危陋平房改造竣工283万平方米，居民还迁4.2万户。年末城市人均居住面积达到7.5平方米，农村人均居住面积19.46平方米，均比上年增加0.4平方米。新增住宅供热面积318万平方米，比上年增加5万平方米。市政为全市城乡居民办的20件实事全部兑现。

各项改革进一步深化

企业改革步伐加快　天津结合老城市基地的实际，以全国综合配套改革和优化资本结构试点城市为契机和动力，以加快建立现代企业制度为重点，全面深化国有企业改革。现代企业制度试点取得较大进展，批准新增试点企业64户，试点的企业累计达到106户，80%的试点企业基本完成了公司制改组。国有企业转机建制，企业内部改革进一步深化，到1995年底，全市已有182.4万名职工与企业签订劳动合同，占职工总数的84.5%，90%的企业实行了管理人员聘任制，82%的企业实行了突出与绩效挂钩的内部分配制度。股份制试点和企业集团发展稳妥推进。到1995年底，股份制试点企业累计有30家，渤海化工集团股票上市。发展组建以名优产品、骨干企业为龙头，以资产联结为纽带的跨地区、跨部门的企业集团，全年审批企业集团60家，全市累计批准企业集团190多家。"优化资本结构，增强企业实力”的试点进展顺利，全市国有企业基本完成了清产核资工作，加大了支持企业改革的政策扶持力度，对帮助企业减轻债务负担、补充运营资金采取了一些措施。累计分流、安置下岗职工14.8万人，占全部下岗职工的73%。

老企业嫁接改造调整步伐加快。年内工业系统又有50户国有大中型企业实行了嫁接、改造、调整，累计已达130户，占总数的40%；商业系统年内完成了52家，累计已达45%。

放开放活国有小型企业和集体企业有较大的进展。到1995年底，全市已有6862户小型国有企业和集体企业实行了租赁、股份合作制、风险抵押承包等多种形式的改革。乡镇企业股份合作制累计已达3200多家。

(二) 社会保障制度改革取得重要进展 完成了养老、失业两个“保险条例”的立法工作。城镇企业职工养老保险社会统筹覆盖面进一步扩大，部分集体、三资企业及私营企业纳入了养老保险社会统筹范围。到1995年底，全市参加养老保险社会统筹的在职职工达180万人，参加失业保险的职工达185万人。在塘沽区进行的医疗制度改革试点进展顺利。住房制度改革迈出新的步子，结合危陋平房改造和安居工程，促进公房的出售。

(三) 机构改革扎实推进 基本完成了政府专业主管局改为总公司或集团公司的工作。

(天津市政府研究室　林凤兴)

沿海九省(自治区)改革开放与经济发展

辽 宁 省

国民经济发展概况

1995年，全省各族人民在省委、省政府的领导下，认真贯彻中央“抓住机遇，深化改革，扩大开放，促进发展，保持稳定”的方针，努力克服经济生活中遇到的各种困难，战胜严重自然灾害的影响，在宏观经济环境趋紧的情况下，国民经济保持稳定增长，通货膨胀得到初步抑制，人民生活继续有所改善。全年实现国内生产总值3044.1亿元，按可比价格计算，比上年增长7.8%。其中，第一产业381亿元，增长3.8%；第二产业1577.2亿元，增长8.3%；第三产业1085.9亿元，增长8.6%。主要调控目标基本实现，全面完成了“八五”计划各项任务。

（一）农业生产战胜严重自然灾害，农村经济继续有新的发展 继1994年农业受灾减产，1995年全省局部地区又遭受了百年不遇的特大洪水灾害，给农业生产造成巨大的损失。经过全省军民的奋力抗洪救灾，使灾害造成的损失减少到最低程度，全年粮食产量仍达到1423.5万吨，比上年增产6.5%，玉米、小麦以及经济作物中的棉花、甜菜等产量均有不同程度的增产，水果、蔬菜、蚕茧等也获得较好收成。畜牧、渔业生产持续增长，全年肉类总产量222.4万吨，禽蛋产量102.8万吨、水产品产量197.2万吨，分别比上年增长20.3%、6.7%和17.5%，对保证城乡市场供应、稳定物价起到了重要的作用。农村非农经济继续保持较快的发展，全年农村社会增加值1083.2亿元，比上年增长14.6%，其中农村工业增长29.8%，农村建筑业、运输业和商业增长20.8%。

（二）工业生产稳步增长 全年完成工业增加值1420.5亿元，按可比价格计算，比上年增长9.1%，其中乡及乡以上工业完成增加值1023.9亿元，增长4.7%。全年完成工业销售产值3396.7亿元，比上年增长12.3%。从工业生产的增长结构看，轻工业发展明显快于重工业，由于受消费品市场销售活跃与固定资产投资需求减弱的影响，全年乡及乡以上轻工业完成增加值253.2亿元，重工业完成增加值770.7亿元，分别比上年增长7.3%和3.6%。非国有工业继续保持较快增长，全年乡及乡以上非国有工业完成增加值358.2亿元，比上年增长14.3%；国有工业初步扭转去年初以来生产连续下滑的局面，完成增加值665.7亿元，增长0.2%；出口产品生产形势较好，全年工业完成出口产品交货值432.4亿元，比上年增长38%，占销售产值的比重由上年的10.4%提高到12.7%。产品结构有所调整，一些适销、畅销的耐用消费品、支农产品增长较快，主要能源、原材料产品稳定增长。

（三）国内市场持续活跃 全年批发、零售、餐饮业实现增加值368.1亿元，比上年增长11.5%。消费品市场货源充足，销售较快增长。全年社会消费品零售总额完成1125.6亿元，比上年增长29.3%，扣除物价因素，实际增长13.4%，成为全省经济稳定增长的重要推动力量。目前消费品市场上绝大多数的消费品处于供求平衡或供大于求的状态，居民消费心理基本稳定。特别是国有商业企业在1995年下半年农业遭受严重自然灾害，农副产品价格一度突涨的情况下，积极组织货源，通过定点投放，增加平价粮供应等措施，较好地发挥了稳定市场和平抑物价的调节作用。生产资料市场逐步由销售不畅转向平稳增长。销售量有所扩大，全年批发零售贸易企业生产资料销售额1094.5亿元，比上年增长8.8%。市场体系建设进一步加快。全年新建各类商品市场87处，到去年末，全省城乡集贸市场发展到2849处，全年城乡集市贸易成交额790.9亿元，比上年增长29.7%，相当于全省社会消费品零售总额的70.2%。生产资料市场发展到204处，全年生产资料市场成交额380.6亿元，增长5.6%。金融、证券、人才、劳动力、产权和技术等要素市场稳步发展。

（四）财政金融形势稳定 财政收支在偏紧运行中

保持增长。全年完成各项税收336.6亿元，比上年增长10.5%。完成地方财政收入183.6亿元，地方财政支出269.6亿元，分别增长19.5%和20.6%。金融形势基本稳定。到1995年末，全省金融机构各项存款余额比年初增加586亿元，金融机构各项贷款余额比年初增加460亿元，存款增加额大于贷款增加额127亿元，贷款结构有所调整，短期贷款比重上升，中长期贷款比重下降。全年货币投放比上年少投89.8亿元。存贷差缩小和货币投放减少，这是近年来所没有的，对改善经济环境比较有利。

(五) 居民收入稳定增长，物价涨幅明显回落 全年城镇居民人均生活费收入3307元，比上年增长20.2%，扣除物价因素，实际增长3.5%；农民人均纯收入1757元，增长23.4%，扣除物价因素实际增长1.5%。通货膨胀得到初步抑制，全年商品零售物价指数由上年的上涨20.6%回落到14%，低于全国平均水平0.8个百分点，实现了年初的控价目标。居民消费价格涨幅由上年24.3%回落到16.1%；工业品出厂价格涨幅由19.9%回落到9.9%；原材料、燃料、动力购进价格涨幅由18.2%回落到14.2%。

对外经贸进一步扩大

全年进出口总额109.9亿美元，比上年增长13.4%，其中，出口总额82.6亿美元，增长20.3%。在出口总额中，地方产品出口完成65.6亿美元，增长24.1%。工业制成品出口增长较快，全年工业制成品出口47.9亿美元，比上年增长25%，占外贸出口总额的比重由上年的55.8提高到58%。利用外资质量提高，全年新签利用外资合同2484项、合同金额46.7亿美元，实际利用外资19.1亿美元。外商投资领域正向老工业基地改造和基础设施建设等方面转移，技术含量高、规模大的项目明显增加。对外经济合作和国际旅游业稳步发展。全年对外工程承包和劳务合作新签合同793项，合同金额6.3亿美元，比上年增长12.8%；新签技术出口合同77项，合同金额1.8亿美元，增长38.8%；全年接待外国和港澳台地区旅游人数26.4万人，增长14.2%，旅游外汇收入1.9亿美元，增长13.9%。

固定资产投资规模得到控制，投资结构有所改善

全年基本建设和更新改造新开工5万元以上项目3192个，比上年减少552个。全社会完成固定资产投资874.6亿元，比上年下降1.5%，扣除投资价格因素，实际工作量下降6.1%。投资结构有所改善，有限的建设资金向能源、原材料、交通运输等基础产业和国家与省重点工程项目倾斜。全年基本建设和更新改造投资中，用于能源、原材料工业的投资269.7亿元，比上年增长1.7%，所占比重由上年的47.8%上升到49.8%，用于交通通信投资79.7亿元，比重达到14.7%。全年55个基本建设大中型项目和112个重点更新改造限额以上项目完成投资232.5亿元，占基本建设和更新改造投资的42.9%。全年固定资产投资建成投产项目9300项，竣工住宅房屋建筑面积2430.1万平方米，新增固定资产597.8亿元。观音阁水库竣工受益，沈阳绕城高速公路和沈阳至铁岭高速公路建成通车，营口电厂30万千瓦机组并网发电，东药万吨VC项目，辽化炼油扩建项目，本溪北台球墨铸铁管项目，大化30万吨合成氨项目，鞍钢冷轧装置改造项目等一批重点工程和改造项目竣工投产。

(辽宁省政府办公厅　林乃忠　梅玉凝)

河　北　省

经济与社会发展

1995年，河北省认真贯彻"抓住机遇，深化改革，扩大开放，促进发展，保持稳定"的基本方针，正确处理改革、发展、稳定的关系，国民经济保持了持续、快速发展的好势头。全省国内生产总值完成2846.4亿元，比上年增长13.9%。其中，第一产业实现增加值631.3亿元，增长8.6%；第二产业实现增加值1325.12亿元，增长15.5%；第三产业实现增加值890亿元，增长14.5%。人均国内生产总值达到4439元。

"八五"期间，全省国内生产总值以年均14.6%的速度增长，增长幅度连续五年超过全国平均水平，是建国以来河北省经济发展最快的时期，提前六年实现了第二个翻番。

(一) 农村经济形势喜人，乡镇企业保持了较快发展 全省粮食播种面积10244万亩，比上年增加42万亩。粮食总产量2739.03万吨，增长8.5%，创历史最高水平，全省人均占有粮食量达到425.6公斤。全年粮食亩产261.1公斤，比上年提高13.8公斤。棉花因受气候等条件影响，总产37万吨，比计划少3万吨；油料总产量109.9万吨，增长2.9%；肉类总产量306.5万吨，增长24.5%；禽蛋产量196.9万吨，增长34.3%；蔬菜产量2000万吨；果品总产量44.5亿公斤，增长15%；水产品产量39.6万吨，增长24.8%。全省乡镇企业营业收入完成3040亿元，同比增长30%；上缴税金50.4亿元，增长20%。全省农民人均纯收入达1668.73元，实际增长17.2%。

（二）**工业生产保持稳定增长，交通邮电事业持续发展** 全部工业增加值完成1160亿元，比上年增长15.2%。乡及乡以上工业总产值2500.8亿元，增长18.7%；完成增加值716.3亿元，增长12.7%；实现利税216.9亿元，增长9.5%；工业产品产销率为97.25%，比上年提高0.21个百分点。市场对生产的导向作用增强，适销对路的产品都保持了一定增长，轻、重工业呈均衡增长态势。列入计划的39种主要产品产量，绝大多数完成或超额完成计划。原煤产量7640.68万吨，比上年增长11.5%；钢产量721.36万吨，增长7.43%；钢材产量641.67万吨，增长9.4%；水泥产量2991.24万吨，增长17.8%；平板玻璃产量1938.91万重量箱，增长35.3%。交通运输稳定发展，全省货运总量完成7.4亿吨，与上年基本持平。邮电通信快速发展，光缆通信干线总长度达6230公里；城乡电话交换机全年净增容量124万门，总容量达到337.6万门，电话普及率3.95%，建成了以城市为中心的11个本地电话网，所有市(地)县电话全部进入全国自动电话网。全年邮电业务总量完成35.6亿元。

（三）**固定资产投资适度增长，重点项目建设成绩显著** 全社会固定资产投资额928.7亿元，比上年增长30.9%，扣除价格因素实际增长22.5%。主要特点：一是投资增幅减缓，宏观调控取得成效。二是基础产业和支柱产业继续保持较快增长。在国有及其他经济类型投资中，第二产业增长28.5%，第三产业增长23.1%。三是重点项目建设完成较好。全省共安排重点建设项目128项，其中基建项目81项，技改项目47项，实际完成投资151亿元，年计划竣工或单项投产35个项目，实际建成投产或试生产项目42个。石家庄机场被国务院批准为一类航空口岸机场，于1995年2月18日正式开航；石太高速公路于1995年10月18日全线竣工通车；京深高速公路石安段完成投资10.2亿元；京唐港全年完成投资2.24亿元，1号港池8个泊位全部竣工；黄骅港一期工程已启动开工；京汉广直埋光缆和京太西光缆工程通过验收，全部投入使用。全省当年新增主要生产能力：发电装机111.2万千瓦，港口吞吐能力318万吨，公路里程800公里(其中高速公路112公里)，通信光缆797公里，城乡电话交换机总容量124万门，铁矿石采选各100万吨，维生素C3000吨等。

（四）**市场销售比较活跃，物价涨幅明显回落** 全省社会消费品零售总额达849亿元，比上年增长30.7%。生产资料市场趋向好转，购销与上年基本持平。市场建设取得新进展，全省成交额亿元以上的大型市场由上年的86个发展到115个，成交额达506亿元，占全省集贸市场成交总量的62.7%。过快的物价上涨势头得到遏制，商品零售物价涨幅已由上年的21.4%回落到15.8%，其中城市涨幅为15.2%，农村涨幅为16.6%。

（五）**财政收入增加，金融形势稳定** 全省财政收入210.2亿元，比上年增长15.4%。其中地方财政收入116.7亿元，增长22.5%；地方财政支出188.3亿元，增长17.1%。全年新创亿元县(市)6个，新创8000万元县(市)10个，新创5000万元县(市)11个。年末全省银行及其他金融机构存款余额2505.6亿元，比年初增加599.1亿元，其中居民储蓄存款余额1811.2亿元，比年初增加453.8亿元，是改革开放以来当年新增居民储蓄存款最多的一年。年末全省银行及其他金融机构贷款余额2120.3亿元，比年初增加365.9亿元。全年银行现金收入4014.6亿元，支出3889.5亿元，收大于支，累计净回笼货币125.1亿元。

（六）**科技、教育等各项社会事业进一步发展，人民生活继续得到改善** 全省500项科学技术研究计划、12项重大科技攻关计划均完成计划进度。计划安排的一批高新技术产业化项目取得进展。地方普通高等学校招生3.45万人，地方普通中等专业学校招生9.5万人。唐山、廊坊两市率先实现普及九年制义务教育，全省新增“普九”县(市)32个。139个县(市)全部建立起职教中心。计划生育成效显著，全省人口出生率控制在14‰，人口自然增长率为7.6‰，比计划低3.8个千分点。文化艺术、新闻出版、广播影视、社会科学、医疗卫生、环境保护、体育、外事、侨务、民族、宗教、文物、档案、旅游等各项社会事业都取得了新成绩。城镇居民人均生活费收入3674元，扣除物价因素实际增长5.2%。农民人均纯收入1668.7元，扣除物价因素实际增长17.2%。

1995年，在全省人民的共同努力下，河北省国民经济和社会发展各个方面都取得了令人振奋的成就。第八个五年计划的各项任务已胜利完成。但是，目前经济生活中还存在一些不容忽视的矛盾和问题。一是农业基础仍然薄弱，抗御自然灾害的能力比较低，水利设施年久失修，靠天吃饭的状况还没有根本改变，确保基本农产品稳定增长的基础还不稳固。二是工业结构调整进展缓慢，产品开发和技术创新能力差，国有企业改革滞后，机制不活，工业经济运行质量和总体经济效益水平不高。三是物价涨幅的回落在一定程度上是靠行政性限价、财政补贴压价和延缓出台价格改革措施取得的，涨幅回落的基础不稳固。四是资金供求矛盾突出，企业资金运用效果差，不合理占压较多，拖欠严重，资金紧张现象普遍存在。

对外开放

1995年，河北省矢志不移地坚持“外向带动，‘两环’结合，内联入手，外引突破”，的开放方针，深入实施大经贸和外向带动战略，全省涉外经济活动日趋活跃，有较大幅度增长，对外经贸事业进入了一个新阶段。

（一）对外贸易持续高速增长　全省进出口总额达到39.55亿美元，按同比口径，比上年增长17.02%。其中，进口到货9.1亿美元，同比增长6.13%；出口总值30.45亿美元，比上年增长20.72%。出口总值中剔除原油后，一般贸易、三资企业和易货贸易出口26.72亿美元，比上年增长26.58%。出口总值在全国各省、市、区中继续排第八位。出口增长幅度比国内生产总值的增长幅度高6.82个百分点。进出口总值占国内生产总值的比重为11.57%，其中出口总值占国内生产总值的比重为8.91%，分别比上年下降0.43个和1.33个百分点。1995年外贸出口发展的主要特点是：

1. 出口持续高速增长。1995年，河北省的外贸出口工作同全国一样，遇到了前所未有的严重困难。在形势发展快、困难比较多的情况下，全省对外经贸战线的广大干部职工，解放思想，扎实工作，艰苦拼搏，加快发展。出口在1993年、1994年两年大幅度增长的基础上，1995年继续高速增长。从年初开始至年终，出口增幅始终在20%以上，其中二至八月份的增幅一直保持在30%以上。

2. 出口企业结构显著改善，大外贸格局初步形成。1995年，全省又有52家企业经国家批准获得进出口经营权，到1995年底，全省经国家批准有进出口经营权的企业和单位累计达261家（不含三资企业），其中，省外(工)贸公司30家，市(地)县外贸公司61家，自营进出口生产企业170家；有出口实绩的三资企业达407家，加上省、市外贸公司设立的分公司，全省直接经营进出口业务的企业已近900家。在出口企业数量迅速增加的同时，"四路大军"的出口全面增长，出口比重发生了明显变化。省外(工)贸公司在大批货源企业获得外贸自营权、省内供货大量减少的情况下，出口保持了持续、稳定增长；市(地)县外贸公司、自营进出口生产企业和三资企业的出口不仅实现了高速增长，而且在全省出口中的比重不断提高。1995年，省外(工)贸公司、市(地)县外贸公司、自营进出口生产企业、三资企业的出口分别比上年增长5.28%、80.77%、94.75%、37.23%；占全省出口总值的比重分别为64.51%、7.91%、13.48%、14.1%，与1994年所占比重73.83%、5.27%、8.47%和12.43%相比，出口企业结构得到进一步改善。初步形成了"四路大军"一齐上，省、市(地)、县三级搞出口的大外贸格局。

3. 出口商品结构不断优化。1995年河北省的出口商品结构是：农副产品占11.9%，比上年下降5.48个百分点；轻纺产品占48.88%，比上年上升0.44个百分点；重工业产品占39.22%，比上年上升5.04个百分点。按国际贸易标准分类，初级产品占30.96%，比上年下降8.2个百分点；工业制成品占69.04%，比上年上升8.2个百分点。初级产品减少的主要商品是食品，减少3.88%；工业制成品增长的主要商品是重化工业产品，增长6.45%。1995年全省的出口商品达1300多种。其中，出口金额在1000万美元以上的大宗商品64种，比上年增加19种；出口金额为21.94亿美元，占全省出口总值的比重达72.04%，比上年上升3.89个百分点。1995年全省机电产品出口3.26亿美元，比上年增加0.91亿美元，增长38.72%，占全省出口总值的比重为10.66%，比上年的9.31%上升1.35个百分点。

4. 出口市场逐步向多元化方向发展。在巩固和扩大传统市场的同时，开拓新市场取得了新进展。1995年河北省在马来西亚、荷兰成功地举办了两个大型经贸洽谈会。当年对非洲、南美洲、东盟的出口分别比上年增长78%、15%和8.94%，对新市场出口的比重逐步提高。到1995年底，河北省已同世界上160个国家和地区建立了贸易关系，在47个国家和地区建立海外企业171个，其中贸易企业和机构111个，生产企业60个，形成了比较广泛的外销网络。1995年出口额1000万美元以上的国家(地区)有30个，比上年增加8个，在全省出口总值中占比重较大的国家(地区)为：日本、香港、美国、韩国、德国、新加坡和英国，比重分别为30.89%、14.48%、11.2%、7.86%、5.22%、2.55%和2.42%，与上年相比，比重增加的主要国家为韩国、美国、德国，分别增长2.38%、1.17%和0.85%；比重减少的主要国家(地区)为香港、日本、新加坡和英国，分别减少4.77%、2.49%、0.31和0.29%。

5. 出口创汇大户不断增加。1995年，全省出口额在1000万美元以上的企业共44家，比上年增加17家。44家企业合计出口金额22.74亿美元，占全省出口总值的74.5%。其中，出口额超亿美元的公司有5个：中国化工进出口总公司河北分公司4.72亿美元、河北省纺织进出口(集团)公司3.32亿美元、河北省食品进出口(集团)公司2.02亿美元、河北省进出口贸易公司1.36亿美元、河北省服装进出口公司1.23亿美元。

（二）利用外资取得新进展　1995年，河北省强力推进"两环开放带动战略"，坚持大中小项目并举、高新技术型与劳动密集型项目并举，省市(地)县并举、项目招商与金融融资并举，着重抓好"四个面向"，即面向城市基础设施建设、面向产业结构调整、面向县域经济振兴、面向开发区，引导外资重点投向基础设施、基础产业、高新技术产业和老企业嫁接改造，对外开放开始向多层次、宽领域、纵深化方向发展。本年度全省实际利用外资10.7亿美元，比上年增长44.9%。

1. 直接利用外商投资稳定增长。当年全省新批外商投资项目1266个（其中：中外合资企业992个、中外合作经营企业83个、外商独资企业188个、补偿贸易

3项)，比上年增加193个，增长18%；合同总金额38.39亿美元，其中合同外资金额22.58亿美元，实际吸收外资5.48亿美元，分别比上年增长81.2%、96.4%和4.7%。当年三资企业注册户数1138家，注册资本22.1亿美元，比上年增长52.9%。当年投产开业的三资企业有611家。到1995年底，全省累计审批外商投资项目6573个(其中：中外合资企业5487个、中外合作经营企业331个、外商独资企业611个、补偿贸易122项、加工装配项目22个)，合同总金额146.25亿美元，其中合同外资金额77.03亿美元，实际吸收外商直接投资17.84亿美元。开工投产的三资企业累计达2412家。

2. 利用外商投资的质量有所提高。新批项目中，资金和技术密集型项目增多，大项目增多，生产型、出口型企业增多，国家限制类项目减少，项目平均金额上升，基础产业和基础设施项目成为外商投资的热点。本年度新批外商直接投资项目的平均合同金额为303.24万美元，比上年增加105.83万美元，增长53.6%；平均协议外资金额为178.33万美元，比上年增加71.2万美元，增长66.5%。总投资额在1000万美元以上的大项目达96个，比上年增加43个，占当年外商投资项目总数的7.6%，比上年提高2.5个百分点。当年新批项目中，第二产业项目数和协议外资金额分别占总数的88.5%和86.7%，分别比上年提高11.5个和18.2个百分点，化工、机械、纺织、电子、通讯等行业是外商投资的主要领域；第一产业项目数和协议外资金额占总数的比重仍然偏低；第三产业项目数和协议外资金额分别占总数的10%、11.2%，分别比上年下降10.9个和19.4个百分点。

3. 投资环境得到改善，为进一步扩大开放创造了良好条件。到1995年底，河北已与世界上160个国家和地区开展了贸易往来，与7个国家的9个省(州、道、县)建立了省级友好关系，与一些国家建立了长期稳定的经济合作关系。一批国际著名、实力雄厚的大企业、大公司、大集团与河北不同形式、不同领域的合资合作正在逐步展开。“八五”期间，京九铁路、京石和石太高速公路顺利通车，石家庄民航机场建成通航，京唐港作为一类海运口岸投入运营并实现国际通航，秦皇岛港又有两个新码头建成运营，各市县全部进入全国自动电话网，电力建设已形成千万千瓦级大电网。这些都为扩大对外开放提供了强有力的支撑。软环境建设也有一定改善，特别是社会治安状况总体上较好，增强了外商到河北投资的热情。1995年，外商在冀投资项目中增资、扩股明显增多，并且投资区域向该省内陆地区拓展，反映出外商在河北进一步发展的信心增强。

4. 外商投资企业出口快速增长。1995年全省有出口实绩的三资企业共407家，当年出口4.29亿美元，比上年增长37.33%。增长幅度比全国三资企业出口增长平均水平高2.23个百分点。当年三资企业出口额在全省出口总额中的比重为14.1%，比上年提高1.67个百分点。

(三) 对外经济技术合作在低起点上迈出较大步伐 1995年，河北省又有3家企业和单位经国家批准获得外经经营权。到1995年底，全省经国家批准获得外经经营权的企业和单位累计达13个。本年度全省共签订对外承包工程和劳务合作项目102个，合同总金额3400万美元，完成营业额2700万美元，外派人员2231人次，年末在外人数2140人，分别比上年增长54.5%、68.9%、265%、61.1%和66.4%。

体制改革

1995年，河北省认真学习贯彻江泽民主席关于积极推进国有企业改革的重要讲话精神，正确处理改革、发展、稳定的关系，在巩固和完善财税、金融、外贸、投资、价格和流通体制等宏观领域重大改革措施的同时，以国有企业的转机建制为重点，配套推进其他改革，全省经济体制改革进入更深的层次和更广阔的领域，朝着社会主义市场经济体制的改革目标迈出了更坚实的步伐。

(一) 国有企业改革步伐加快 省委、省政府在组织有关部门深入调查研究的基础上，坚持统筹规划、分类指导、整体推进、重点突破的方针，认真落实全省国有工业企业转机建制规划和深化企业改革方案，围绕提高经济效益这个中心，大力推进现代企业制度建设，转换企业经营机制，把改革和改组、改造、加强管理、开拓市场结合起来，理顺产权关系，加快产权流动重组，使国有企业在转机建制、增强活力方面取得了突破性进展，巩固和增强了公有制的主体地位和国有经济的主导作用。国有企业改革已由过去放权让利为主的政策性调整转入机制转换和制度创新；企业改革的着眼点已由力图搞活每一个企业转为从整体上搞好国有经济；企业改革的推进方式已由单项突进转为改革、改组、改造和企业管理的紧密结合；企业改革的工作布局已由平面推进转为“抓大放小”；企业已由过份依赖政府部门向独立的法人实体和市场竞争主体转变。一是现代企业制度试点迈出了实质性步伐。1995年，河北省列入国家级现代企业制度试点的保定变压器厂、唐山碱厂和华药、耀华、乐凯3个企业集团，按照国务院的统一部署，率先构筑起现代企业制度的基本框架，保定变压器厂在全国百家试点企业中率先挂牌运作，出台了5个配套文件，为全国试点企业提供了具有代表性和典型性的经验；列入省试点的130家企业中有118家的改建制方案得到批准并进入实施阶段，一批配套政策已经出台。二是唐山市的优化资本结构试点，在增资减债、分流富余人员和推进破产等方面都取得了一定进展。三是面上企业的改革不断深化。学邯钢、抓改革、抓管理、增效益活动进一步深入，改革与管理的结合日渐紧密，收效明显，全省已涌现出以邯钢、华药、豪门为代表的一批机制活、发展快、效益好的企业。四是股份制试点不断扩展，全年全省共新改建股份制企业208家，融资12.6亿元;全省已有比较规范的股份制企业767户，运作水平不断提高;当年共争取到A股发行规模2.35亿元，商借深圳B股规模2.5亿元，一批具备条件的公司正在抓紧筹备上市;当年对146户企业进行了兼并、租赁或拍卖，存量资产的流动和重组规模不断扩大。五是“搞好大的、放活小的”的战略性思路得到贯彻。华药、邯钢、唐钢三大集团有限责任公司的挂牌以及全省组建23家大型支柱性企业集团实施方案的确定，标志着河北大公司大集团战略拉开序幕;小型国有企业正在加快放开搞活，承德、新乐、清河、崇礼等市县创造了较好经验，全省已有邱县、新乐、高碑店、泊头等一批县市实现了国有企业无亏损。六是制约企业深化改革的某些因素有所化解。通过实施再就业工程，推进失业保险和养老保险制度改革，加快了社会保险体系改革，为企业分流富余人员提供了一定条件。七是企业家队伍建设取得新进展。随着企业家队伍建设有关法规的出台、学习马恩华活动的开展和唐山、石家庄企业家市场的建成开业，全省企业家队伍建设的相关机制初步形成。

(二) 财税、金融体制改革进展顺利 以分税制为核心的新的财政体制框架基本确立，以增值税为主体的流转税体系运行正常，统一了内资企业所得税和个人所得税。人民银行的宏观调控能力和金融监管能力得到加强，专业银行正加快向商业银行转变，政策性金融与商业性金融加快分离。农业发展银行实行指令性计划管理，专业银行实行贷款限额下的资产负债比例管理，以规模管理为主;交通银行实行以资产负债比例管理为基础的规模经营;城市信用社和信托投资公司实行资产负债比例管理。省农业发展银行于1995年3月29日正式成立，石家庄城市合作银行于1995年10月批准筹建，省计委组建的融资租赁公司于1995年12月正式挂牌运营。1995年，全省各家银行全年新增贷款规模256.8亿元，实际增加贷款285.7亿元。

(三) 社会保障制度改革取得一定进展 巩固发展了城镇职工养老保险的社会统筹，基本确立了在城镇实行社会统筹和个人帐户相结合的养老、医疗保险制度改革思路;失业保险制度改革力度加大，再就业工程开始启动。1995年，全省共参加失业保险的单位2.3万个，覆盖职工386万人;参加国有企业养老保险省级统筹的国有企业和自收自支事业单位17247个，涉及职工320万人、离退休人员54.9万人，均占应参加数的98%以上;参加统筹的集体企业在职职工256万人、离退休人员11.9万人，覆盖面88%;全省有56个县(市)实行了离退休人员医疗费统筹或在职职工大病医疗费统筹，85个县(市)进行了工伤保险制度改革试点。本年度全省重新安置失业和富余职工7.4万名，再就业率达到33.6%，超额完成了年初制定的30%的计划要求。

(四) 流通体制改革不断深化 多种经济成份并存和统一、开放、竞争、有序的流通格局初步形成，在巩固和发展商品市场的同时，要素市场已具雏形。全省年成交额超亿元的市场达到115个，建成全国性、区域性生产资料市场32个;省粮油批发市场主体工程完成，县级粮食批发市场已建成26个，在建44个;改造粮店183个，改造连锁经营店355个，占全省城市市区粮店总数的41.7%。全省全年共建各类人才市场、劳动力市场和职业介绍机构2700个，建成唐、张、石三个区域人才市场和保、沧、秦、衡四个骨干人才市场;实现省内人才流动17970人，培训各类人才9064人，引进省外人才7000多人。全省技术市场管理、经营、法规体系初步形成，技术贸易日趋繁荣;全省省辖市除邢台外，已全部建有常设技术市场，基本形成了省、市、县三级技术交易网络;全省技贸机构达到4338家，全年技术合同交易额8.43亿元。

(五) 住房制度改革全面推开 全省积极推行住房公积金制度，11个市地的房改方案经批准已陆续进入实质性运转，大多数县(市)的房改方案也已出台。全年共筹集各类房改资金近10亿元，城市新建住宅完成850万平方米。

(河北省对外贸易经济合作厅办公室　王健生)

山　东　省

改革开放取得新进展

山东省1995年坚持“抓住机遇，深化改革，扩大开放，促进发展，保持稳定”的基本方针，正确处理了改革、发展、稳定的关系，积极推进经济体制和经济增长方式的转变，努力提高经济运行质量和效益，国民经济保持了较快增长。全年实现国内生产总值5002亿元，比上年增长14%;其中第一产业1010亿元，增长8.9%;第二产业2384亿元，增长15.1%;第三产业1608亿元，增长15.8%。全省国民经济和社会各项事业顺利发展。

1995年，全年坚持以发展为主题，启动改革和开放两大动力，抓住了优化结构、提高素质，增进效益三个关键;深入开展了"管理效益年"活动,总结推广了先进典型,增强了全社会的管理意识和效益观念;讲求实效,以农村和企业改革为重点,着力解决了影响经济发展的热点难点问题;扩大对外开放,充分发挥了外向型经济的带动作用,促进了开放型经济的迅速发展;坚持物质文明和精神文明两手抓,为经济发展创造了良好的环境,保证了改革开放和经济建设的顺利进行。

(一) 进一步加强了农业基础地位,全面发展农村经济 加大了对农业的扶持保护力度,加快建立了集约化、市场化、产业化发展机制,促进了农业向集约化经营转变。

粮棉油等主要农产品稳定增长。1995年全省粮食总产4245万吨,创历史最高水平。棉花总产47.1万吨,油料总产315万吨,肉类总产586万吨。全面划定了基本农田保护区,积极稳妥地调整了农业结构,大力推广了粮经间作和立体种植。大搞了土地资源的综合利用,提高了复种指数和产出效益。大力发展了节粮型畜禽和规模养殖,发展了名优珍稀水产品和淡水养殖。推进了农业科技进步,实施了种子产业化工程,发展了良种繁育基地。多层次多渠道增加了农业投入。

农村发展进一步深化。在坚持家庭联产承包责任制、完善双层经营体制的前提下,积极稳妥地推进了土地流转制度改革,发展了适度规模经营,兴办家庭农场和农业企业。积极发展了贸工农、产供销一体化的经营形式,壮大了集体经济。大力发展了贸工农一体化的龙头企业。在农副产品主产区、集散地集中改造完善了一批综合性和专业化批发市场,增强了辐射带动能力。进一步健全了科技开发体系,形成网络,促进了科研、生产、经营的有机结合。完善了粮食风险基金和副食品价格调节基金、重要农产品的储备制度。

加强了农业基础设施建设和综合开发。把解决水资源短缺和消除水患摆到全局性、战略性位置,加快了河道治理、引黄灌溉和大水库工程建设,着手实施了黄河三角洲开发、"海上山东"建设、黄淮海平原三期工程。加快了粮棉大县和高效农业示范区建设。

积极发展外向型农业。强化了保鲜、加工和储运,提高了名优鲜活和技术密集型产品的出口比重,努力实现农产品出口结构向精深加工和高附加值为主转变。在抓好世行、亚行、国外政府和国际金融组织贷款的同时,拓展了独资、合资、合作等利用外资形式,发展了加工龙头企业和贸工农一体化综合企业,促进了农业利用外资向以外商直接投资为主转变,大搞以工建农、以工补农、以工兴农。建立不同类型的农产品出口基地,提高名优产品的经济批量,促进了外向型农业向基地化和区域化方向转变。在抓好农产品出口、农业利用外资的同时,引导有条件的县市和乡镇,兴办海外、省外农业企业,带动农业劳动力和技术的输出,促进了外向型农业向"三外"并举转变。

促进乡镇企业集约化经营。完善了乡镇企业经营机制,提高了科学管理水平。积极推进规模经营,大力发展了大型企业集团,进行综合经营,带动了大批专业化水平高的中小企业发展。促进了乡镇企业发展与小城镇建设结合,合理布局。加快了乡镇企业技术改造,提高了装备水平。吸引专业技术人才到乡镇企业工作,增强了新产品自主开发能力。鼓励乡镇企业引进国外资金技术,发展加工贸易,兴办三资企业,增强了出口能力。

(二) 推进经济增长方式的转变,提高了经济运行质量,带动了经济结构的优化升级 在强化农业、基础工业、基础设施三大基础,大力发展第三产业的同时,积极推进经济增长方式的转变,深化国有大中型企业改革,高标准改造传统产业,加快培植主导产业和拳头产品,发展大型企业集团,推动了经济结构的优化升级。

深化企业改革,增强了经济发展的内在活力。按照"产权清晰、权责明确、政企分开、管理科学"的要求,实行改革、改组、改造和管理相结合,着力进行了机制转换、资产重组和配套改革。重点抓了国家和省里确定的现代企业制度试点。点面结合,因地制宜,鼓励企业大胆探索。深入开展了"管理效益年"活动,以成本和资产管理为重点,强化了资产的经营管理,提高了营运效益。加强了企业家队伍、技术开发队伍和营销队伍建设。

加快技术进步,带动了传统产业改造。在冶金、化工、建材、纺织、食品、造纸等行业,选择了一批重点产品、重点企业进行重点改造,提高了技术装备水平,形成了经济规模,提高了产品质量,增强了企业竞争能力。把技术开发作为企业技术进步的龙头来抓,引导企业增加开发投入,产学研联合,加速了科技成果转化。围绕重点企业、名牌产品和拳头产品,集中投入,连续投入,促其迅速膨胀规模,形成了一定的市场优势。

培植壮大主导产业和名牌产品,造就了一批大型企业集团。积极培植了石油化工、机械电子、汽车、建筑业等主导产业,认真实施了名牌战略和大集团、大公司战略,以大型骨干企业为龙头,以资产联结为纽带,以扩大名牌产品、优势产品生产规模为目标,按照专业化、社会化、国际化大生产的要求,打破部门、地区、所有制、产业、产品和隶属关系的界限,通过参股、控股、增资、合资、交叉投资、发行股票债券、兼并联合等多种形式和特殊政策支持,政府引导和企业自愿相结合,加快了大型企业集团的发展，促进了生产要素向大型企业集团流动和转移。把创名牌作为提高集团凝聚力和发展规模经济的关键。对重点企业集团，优先安排建设、改造资金和流动资金，优先以债券、股票等形式融通资金，优先安排国有资产授权经营，提高了它们的综合竞争实力。

大力发展了第三产业。重点是搞活机制，突出特色，加快要素市场培植。大力发展了商品流通、金融保险、房地产、信息咨询、旅游、娱乐等行业，建立起了与经济社会发展相适应的第三产业体系，提高了第三产业占国内生产总值的比重，第三产业占国内生产总值的比重达到32.1%，比上年提高1.2个百分点。大中城市繁华地段"退二进三(产业)"、"腾龙换业"，为加快第三产业发展创造了条件。

(三) 实行分类指导，推进了全方位对外开放，促进了区域经济协调发展 东西结合，优势互补，平衡发展，加快了全省开放型经济的全面发展。

实行分类指导，进一步推进了全方位对外开放。发挥青岛在全省经济发展和对外开放中的龙头带动作用，东部地区利用对外开放早、基础好、技术先进的优势，着重提高了对外开放的规模、水平和层次，重视了新亚欧大陆桥桥头堡建设及沿线的开放开发。西部地区抓住国家对外开放和投资重点西移的机遇，加快了对外开放的步伐。充分利用"京九"铁路全线贯通的有利条件，积极规划了菏泽、聊城出口加工区。加快了保税区和各类开发区建设，充分发挥了其示范和辐射带动作用。大力推进对内开放，重点加强了与沿海省市、沿黄经济协作带和环渤海地区的经济技术合作与交流。

优化地区经济布局，促进了区域经济协调发展。促进东西结合，共同发展。东部地区进一步发挥沿海开放优势，重点发展了主导产业、大型集团和高技术产业。西部地区进一步启动内部活力，以改革开放促经济开发，加快了经济发展步伐。省里逐步增加对西部地区的支持。一是培植了西部地区的优势产业，优先在西部地区安排资源开发、加工和基础设施项目。二是逐步增加了财政对困难地区的转移支付数额。三是省直部门、强县、大企业与中西部地区"四方结对、对口支援"，建立了稳固的经济技术协作关系。

(四) 加速实施"科教兴鲁"战略，促进了科技进步和劳动者素质的提高 深化科技改革，增加科技投入，促进了科技与经济一体化发展，提高了技术创新能力和综合科技实力。促使企业成为技术开发的主体，市场成为技术成果转化的主体，使科技与经济建设更加紧密地结合起来。鼓励有条件的企业建立了自己的技术开发机构。科研机构按照"稳住一头、放开一片"的方针，优化了组织结构，合理分流了人才。重点抓了技术开发与推广、发展高新技术及其产业化、加强基础性研究与应用研究、引进技术的消化吸收与创新。加强了知识产权保护。

把教育放在优先发展的战略地位，全面落实了党的教育方针。提倡多种形式的联合办学，发展民办教育，逐步形成了政府办学为主与社会各界参与办学相结合的新体制。进一步强化了普及九年义务教育工作和扫盲工作，把重点放在了农村，大搞"希望工程"，提高了适龄儿童入学率。积极发展了职业教育和成人教育。增加了教育投入，改善了办学条件。

从战略高度重视人才问题。对高素质的企业家、跨世纪学术带头人，作为重中之重，下力气、花本钱进行了培养、引进。在全社会进一步树立了尊重知识、尊重人才的良好风尚，建立和完善了激励和竞争机制，让优秀人才脱颖而出，合理流动，充分发挥了他们的作用。进一步改善了科技人员和广大教师的工作、生活条件。

对外经贸成绩显著

1995年山东对外经贸发展稳定增长，开放型经济的质量和水平又有了新的提高。进出口贸易增长迅速。全省进出口总额达到154.36亿美元，比上年增长41.88%，其中进口完成57.9亿美元，比上年增长54%；出口完成96.46亿美元，占全年出口任务的118.8%，比上年增长36.2%，高于全国平均水平，高于全省国民经济增长速度。在出口总额中，外商投资项目出口41.5亿美元，增长55.9%。基本形成了外商投资企业、省外工贸公司、市地外贸公司和自营进出口生产企业等多路出口大军竞相发展的新局面。

(一) 利用外资有了新的发展 全年新签外资合同额达53.3亿美元，实际使用外资额32.7亿美元。其中外商投资企业合同外资额46.25亿美元，实际使用26亿美元，分别比上年增长2%和5%。当年批准总投资1000万美元以上的外资项目128个，全省平均单个项目合同外资额达到170万美元，比上年增加27万美元。外商投资一、二、三产业的比重趋于合理，分别为3.4%、74.3%和22.3%。整个利用外资工作的层次和水平明显提高。

(二) 对外经济技术合作继续增长 全年新增海外企业93家。新签对外承包劳务项目672个，比上年增长63.5%，合同额3.86亿美元，增长21%，完成营业额1.83亿美元，增长49.5%，外派劳务1.17万人次，增长60.1%，年末在外人数1.62万人，增长57.6%。全省外经事业继续保持了良好的发展势头。

(三) 开发区建设取得了新的成效 青岛、烟台、威海国家级经济技术开发区和省级经济技术开发区，基础设施和配套条件进一步完善，形成了良好的投资环境。新批准外引内联项目942项，其中利用外资项目313项，实际利用外资8.86亿美元。区内已投产企业3108家，新增产值226.8亿元，实现利税22.7亿元，出口7.68亿美元。截止1995年底，各类开发区累计开发面积达到127.9平方公里，累计使用外资20.8亿美元。开发区正在成为全省开放型经济充满活力的增长点。

1995年山东对外经贸工作的主要特点是：

(一) 省委省政府、各市地、各部门重视和支持对外经贸工作，有力地促进了开放型经济的发展 省委、省政府高度重视对外经贸工作，及时协调解决了工作中的一些重大问题，并出台了一系列扶持外经贸发展的政策和措施。在工作指导上，突出了工作重点，抓了典型引路、骨干带动，实施了分类指导。先后召开了外经贸企业经营管理座谈会、全省对外加工装配业务工作会、西部市地开放型经济座谈会和全省外经贸工作座谈会等事关工作大局、影响长远发展的重要会议。确定了31家骨干自营进出口生产企业和30家骨干三资企业，总结推广了30多个单位的典型经验。抓住“京九”铁路即将开通的机遇，部署、规划了菏泽、聊城两个对外加工贸易区，推动了西部开放型经济的发展。各市地积极实施外向带动战略，把开放型经济作为当地经济发展的突破口来抓，加大了工作措施，有力地促进了开放型经济的发展。海关、商检、金融、工商、税务等涉外监管部门及省直各有关部门热情关心、大力支持并积极参与外经贸工作，为开放型经济的发展创造了良好的环境条件。

(二) 增强效益观念，转变增长方式，提高了外经贸运行质量 1995年全省对外经贸工作注重了由数量增长型向质量效益型、从粗放型向集约型的转变，突出强调了“眼睛向内练内功，向强化管理要效益”，广泛深入地开展了“管理效益年”活动，重点抓了以“两价”为主合同管理和资金为主的财务管理，较好地处理了规模和效益的关系，加强指导，强化管理，深入挖潜，经济效益有了明显提高，全省地方外工贸企业综合出口成本比上年有所下降。通过强化监督管理，外商投资企业的经济效益普遍良好，全年共完成销售收入868.5亿元人民币，比上年增长63%，实现利税71.2亿元人民币，增长35.6%。通过整顿对外经营秩序，促使各类外经贸企业的竞争实力和经济效益得到了进一步提高。

(三) 实施“大经贸”战略，改变了传统的经营格局和经营方式 从省到各市地，普遍强化了“大经贸”观念，狠抓了出口队伍建设，高度重视了申报各类企业进出口经营权的工作，1995年又有228家企业获权，使全省各类进出口企业的总数达到580家。同时大力培植三资企业、市地外贸、自营进出口生产企业的发展，强化了新的出口增长点，多路出口大军齐头并进，出口经营格局有了新的变化。三资企业出口占全省出口总值的比重由1994年的36.4%上升到40.7%；市地自营出口占全省出口总值的比重达27.4%，比1994年上升了6个百分点。各外经贸企业开始改变传统的贸易做法，注重了外贸、外资、外经有机融合，经营方式趋于灵活多样。有些部门和企业加大了进口运筹，通过进口大批国内急需物资，既支持了工农业生产的发展，也提高了进出口企业的经济效益；加工贸易实现较大突破，全省对外加工装配业务出口9.5亿美元，比上年增长2.4倍；外贸企业开始探索商品出口与海外投资及对外承包工程劳务合作综合经营的路子，全省服务贸易创汇有了较大增长；海外投资贸易有了新的突破，海尔、潍柴、济钢、轻骑等一大批工业企业开始走出国门，探索跨国生产经营的新路子。

(四) 继续深化改革，增强了外经贸发展的活力 外工贸企业进一步深化了三项制度改革，完善了分配激励机制，大大调动了职工的积极性；积极探索外经贸企业结构性改革措施，在进行大量调研和深入发动的基础上，制定了省级外经贸企业集团化建设的总体方案，并已开始加紧分步实施，集团经营体制开始迈出实质性的一步；现代企业制度试点进一步深化，促进了企业经营机制的转换；改革招商方式，提高了对外招商的针对性和实效性；逐步与国际惯例接轨，成功地举办了一系列境内外大型涉外经贸活动，促进了对外经贸各项事业的发展。

(五) 加快了出口商品结构和市场结构调整，增强了外经贸持续发展能力 提高了工业制成品在出口总额中的比重，工业制成品所占比重达到76%。提高了高附加值、高技术含量产品特别是机电产品的出口比重，提高了农副产品的深加工程度，提高了三资企业零配件的国产化程度。政府各部门和各类企业积极进行了配合，协同作战。外贸企业发挥了客户多、渠道广、信息灵的优势，为全省出口商品结构的调整搞好市场导向。自营进出口生产企业、三资企业，特别是省里列名的骨干名星企业，紧紧盯住国际市场，开发、培育了适应国际市场需求变化趋势的骨干名牌商品。努力提高了机电产品在全省出口总额中的比重，大力实施以质取胜战略，努力提高了产品质量和档次。外贸企业和生产企业建立了出口商品质量管理监测制度，在生产、收购等各个环节严格把质量关。外贸企业与商检等部门密切配合，大力实行了ISO—9000系列标准，使全省出口产品质量进一步得到提高。

充分利用世界经济和产业结构在地区间发生转移的时机，抓住亚太经合组织多边贸易体制的建立和推动贸易自由化的机遇，巩固和发展了港澳、日本、韩国、欧盟、美国等传统市场，重点突破了东南亚、南亚及西南亚市场，着力开拓了拉美、非洲市场，恢复和发展了原苏联和东欧市场，形成了周边国家、发达国家和发展中国家三分天下的市场格局。充分发挥我国驻外机构、海外企业和华侨的作用，组织参加了境内外各种形式的展销活动，发展了新客户，拓展了新市场。

(六) 实施了骨干带动，全面提高开放型经济的层次和水平 一是龙头带动。充分发挥了东部沿海开放城市的龙头带动作用，加强了对中西部地区的经济技术辐射和产业转移。进一步加强了提高东部、发展中部、扶持西部的工作，真正形成了全省对外开放的整体格局和整体优势。

二是骨干企业带动。加大措施，大力培植了外经贸骨干企业，充分发挥了骨干带动的作用。重点抓了31家自营进出口生产企业和30家较大型生产性三资企业的膨胀和发展，培植了出口规模大、经济效益好、发展潜力大的外经贸企业。在资金投入、信贷规模、海外设点、通关报验、出口退税等方面提供了便利和优惠条件，促其扩大了规模，形成了骨干企业、大宗商品带动的新格局。

三是典型带动。按照一个典型一个路子的要求，组织典型单位作了经验介绍，充分发挥了典型的示范效应，运用典型引路，大力发展外向型经济，以外向型经济的发展带动了全省国民经济整体素质的提高。

四是开发区带动。开发区建设重点是引进了大项目、高新技术项目，利用开发区现有的优势，高起点、高标准培育了龙头企业和名牌产品，更好地发挥了其带动和辐射作用。充分发挥了青岛保税区的政策优势，用足用活用好青岛保税区的优惠政策，使保税区的多功能和带动辐射作用最大限度地发挥了出来。

(七) 加大了招商引资力度，进一步提高了利用外资的质量和水平 我国利用外资政策进入了调整时期，吸收外商直接投资由优惠政策导向转向市场导向。吸收外资将主要依靠优越的投资环境、健全的法制、高效的管理与服务、有吸引力的市场来实现。根据政策调整后外商投资的新特点，省里及时制定了新的方略。在招商项目上，围绕省里已经确定的新兴产业和主导产品，选择确定了一批新项目，特别是规模大、档次高、产业关联性强的项目，及时对外进行了发布。在招商区域上，实现战略转移，在继续面向港澳台、韩国、新加坡的同时，重点面向欧美日发达国家，加大了对德、日招商力度。在招商对象上，由吸引中小资本投资向吸引大跨国公司的资金和技术转移，适应了政策调整的要求。瞄准国际上500家大跨国公司，强化了投资促进工作。在招商方式上，突出了实效性，积极探索了新的途径。重点做了已投资外商的工作，抓了三资企业的增资改，减少了大呼隆式的招商活动，更多地搞带项目登门招商，预约招商，专业招商，提高了招商质量和效益。加强了外商投资企业的管理，探索了既符合国际惯例，又能促进外商投资企业发展，既维护外方合法权益，又能保证中方利益的管理制度和办法，通过强化管理，提高了外商投资企业的整体效益。

(八) 抓住援外改革的机遇，扩大了对外经济技术合作 紧紧抓住援外工作改革的机遇，积极选报了一批项目。在项目的选择上，重点选择了一批中小型生产性项目，特别是注重发挥山东省的优势的农业开发、水产、建筑、建材、轻纺、机电、化工等行业方面的项目。在合作的方式上，采取了投资、贸易、对外承包劳务相结合，以我方企业与受援国企业就我援外项目直接开展合资合作为主，全方位开拓了受援国市场。省里积极组织了部分企业到受援国进行项目考察，选择合作伙伴。

继续坚持三外齐抓，三外联动，三外齐上，大力推进了外贸、外资、外经的有机融合，在企业跨国经营、揽大项目、建立大市场、带动大产业方面狠下了功夫，按照“壮大队伍，拓展市场，经贸结合，各业齐上”的方针，提高了对外承包劳务的水平;以规模化和网络化发展为目标，抓了海外企的壮大提高。按“清理、整顿、提高、发展”的原则，重点选择了几家有条件的大中型企业进行跨国经营试点，促进了海外企业的规模经营。

投资环境不断改善

综合运用投资、信贷、财税等经济手段，加强了基础性投资和管理，健全社会服务体系，使山东的投资环境不断得到改善。

(一) 优化了投资结构，加强了投资管理 1995年全省固定资产投资稳定增长。全社会完成投资1310亿元，比上年增长18.2%。其中，基建投资320亿元，增长16.3%;技改投资167亿元，增长13.9%。

投资结构逐步得到优化，投资安排上，主要向农业、基础工业和基础设施倾斜，向技术改造和主导产品倾斜。严格限制了高档房地产项目和豪华楼堂馆所的建设，鼓励一般商品住宅用房的开发建设。集中资金保住重点项目建设，实行了重点项目资金到位责任制。加强和改进了投资的宏观调控与管理，着力解决了项目小型化、资金分散、低水平、重复建设的问题。强化了项目审计和工程监理，提高了概算编制的准确性，控制了工程造价。增强了还款意识，强化了银行信贷资金和省基建基金的收缴管理，实行了收贷挂钩。生产经营项目推行了项目法人责任制，法人对项目筹资、建设、经营、还款全过程负责，政府以产业政策、投资方向税、资本金制度、登记备案制度等办法加强了监控。

(二) 进一步改善了投资硬环境 继续加强了交通、通信、能源、口岸等基础设施建设，全年新增发电装机容量78万千瓦、公路通车里程4018公里、铁路营业里程171公里、港口通过能力492万吨、市话装机容量164万门。全省各类开发区高度重视了配套基础设施建设，水、电、交通、通讯、供气等问题基本得到解决，外商成片开发发展很快。济青高速公路已正式建成通车，济德高速公路已经开工建设，济聊高速公路也已着手筹建，山东半岛环海公路绝大部分已建成通车。"京九"铁路通车后，全省17个市地，除滨州外，将全部开通铁路运输，日照作为欧亚大陆桥的东部桥头堡，加强了基础设施建设。山东通过铁路，西进将直达欧洲，南下将直达香港。青岛、烟台、威海、日照已成为山东及沿黄河流域内陆省份重要的对外开放口岸。青岛、济南国际机场现已开通直达日本、韩国、新加坡、香港的国际航班。山东的投资硬环境已得到了进一步改善。

(三) 大力改善了外商投资软环境 按照国际惯例，改善了外商投资软环境，简化了办事程序，提高了办事效率，保障了外商的合法权益。为推动外商投资软环境的改善，省政府专门召开了全省改善外商投资软环境电视会议和韩国企业投资山东研讨会。在软环境方面，倾注了较大的精力。建立健全各项配套服务体系，加强了服务机构、中介组织的建设和对外开放政策、法规的宣传，特别是加强了国家外经贸政策调整的宣传解释工作。认真听取外商的意见和建议，及时协助解决了外商投资所遇到的问题和困难，坚决制止了"三乱"现象，慎重处理涉外纠纷。努力搞好全方位服务，帮助外商解决了生产经营和生活中的实际困难。注重了培养和选拔涉外经营和管理人才，注重了涉外法规建设，以健全的法制、高效的服务、良好的信誉、严格的管理、日益扩大的市场，吸引了更多的外商投资。

(山东省外经贸委调研信息处 王益方)

江 苏 省

国民经济和社会发展情况

1995年，江苏省认真贯彻"抓住机遇，深化改革，扩大开放，促进发展，保持稳定"的基本方针，以及省第九次党代会精神，正确处理改革、发展、稳定三者关系，国民经济和社会发展取得了新的成就。全年国内生产总值5150亿元，比上年增长15.4%；其中，第一产业增加值845亿元，第二产业2755亿元，第三产业1550亿元，分别增长9.2%、17.5%、14.3%。

(一) 农业生产获得丰收，农村经济全面发展 各级党委、政府进一步加强对农业和农村工作的领导，农村经济全面发展。全年农业增加值845亿元，比上年增长9.2%。粮棉油获得丰收，粮食总产3286.3万吨，棉花56.1万吨，都超额完成年度计划；油料159.6万吨，创历史最高纪录。多种经营继续发展，"菜篮子"工程建设取得较好成绩，农业资源综合开发和水利建设得到加强，黄淮海开发和商品粮棉基地建设进展顺利，全年建设吨粮田100万亩，改造中低产田200万亩。治淮、治太工程进展顺利，泰州引江河开始试挖。乡镇企业的规模和水平进一步提高，有141家企业集团进入全国首批330家乡镇企业集团行列。

(二) 工业生产较快增长，企业联合进展顺利 全年工业总产值完成9401亿元，比上年增长25.3%，其中，乡以上工业产值6365亿元，增长20.9%。工业增加值完成2500亿元，增长17.2%。市场开拓进一步加强，能源、原材料、农用工业等主要产品产量稳定增长，钢材、原煤、发电量、化纤、水泥、化肥、化学农药等均完成或超额完成计划。开发100项重点新产品的计划已经完成。100项重点技术改造项目已经竣工。10个省级大型企业集团的组建和完善工作基本完成，区域经济联合工作取得新进展。建筑业持续发展。

(三) 财政收支正常，金融形势稳定 财政收入增长较快，全年财政总收入完成349.9亿元，比上年增长19.3%，其中地方财政收入172.5亿元，比上年增长26.3%；财政支出251.6亿元，增长25.7%。金融形势稳定，货币投放得到有效控制，全省金融机构各项存款比年初增加924.9亿元，贷款增加537.4亿元，货币投放80.3亿元，比上年少投放60.1亿元。

(四) 投资规模得到控制，重点建设进展顺利 全年全社会固定资产投资完成1649亿元，比上年增长23.9%，其中国有单位投资完成534.6亿元，增长11.9%。按投资种类分，基本建设351.6亿元，增长27.9%；技术改造219.1亿元，增长28.5%。投资结构继续调整，基础设施、基础产业得到加强，100项重点技术改造项目已经竣工。已建成投产和基本建成的重点项目有：射阳港电厂、江阴电厂、南京无线电厂的移动通信、苏州彩电中心的彩电、苏州白洋湾水厂、金陵玻璃厂的平板玻璃等。全年新增发电装机容量50万千瓦，新增城乡局用电话交换机容量192万门。宁沪高速公路、宁连一级公路、宁通一级公路、南京禄口机场及机场高速公路、镇江

921工程等重点项目进展顺利。

（五）市场销售稳中有旺，物价涨幅逐步回落 全年社会消费品零售总额完成1645亿元，比上年增长27.7%。市场供求平稳，大多数农副产品和日用工业品供应充裕。由于加大了物价调控的力度，物价涨幅逐月回落，全年零售物价涨幅比上年回落9.3个百分点，是近两年来物价涨幅回落最大的一年。市场建设得到加强，连锁经营等现代流通形式在全省加快推广。

（六）外贸出口增长较快，对外开放继续扩大 全年外贸自营进出口总额完成165.4亿美元，其中出口115.3亿美元，分别比上年增长28.1%和27.7%。利用外资继续扩大，全年实际利用外资53亿美元，比上年增长18.3%。对外经济技术交流与合作势头良好，全年对外承包工程和劳务合作完成营业额达5.1亿美元，增长38%。苏州工业园区和国家、省级各类开发区建设进展较快。

（七）各项改革进一步深化，企业改革稳步推进 全省进一步深化和完善财税、金融、外贸外汇、投资体制等重大改革。预算管理和地方税制建设得到加强。专业银行商业化步伐逐步加快，华夏银行、浦东发展银行相继在江苏成立了分支机构。企业改革力度加大，省级127家企业建立现代企业制度试点的工作进展顺利，省政府出台了7个配套文件，90%的试点企业已完成试点方案的制定和论证，90家国家和省级试点企业的方案已经批复，进入了实施运转阶段。一批国有大中型企业进行了公司制改组。商品市场、要素市场进一步发展。科技、教育、文化、卫生、社会保障等方面的改革都有新的进展。住房制度改革全面展开，绝大多数市县房改方案已经出台。

（八）科技工作得到加强，教育事业全面发展，坚定不移地实施"科教兴省"战略，科技教育加快发展 制定了全省经济与科技相结合规划，产学研联合和高新技术产业化进程加快。全年开发100项重点新产品的计划已经完成，列入省重点科技计划的213个项目，按计划实施的有204项，占96%。全年实施"八五"重大科技攻关项目44项。11个国家级重点实验室、3个国家级工程研究中心和21个国家、省级企业集团技术中心的建设进展顺利。全省共开发新产品6000多个。各类教育全面发展。全年新增303个乡镇普及九年义务教育，人口覆盖率达95%以上；扫除青壮年文盲23万人，青壮年非文盲率达98%。地方普通高校招生3.31万人，成人教育和职业教育进一步发展。高校招生"并轨"和就业制度改革进展顺利，初步形成了非义务教育阶段缴费上学、自主择业的新体制。

（九）人民生活进一步提高，各项社会事业取得新成就 全省城镇居民人均生活费收入4209元，比上年增加748元；农民人均纯收入2457元，比上年增加626元。积极组织实施了"再就业工程"，全年城镇安排就业人员21.5万人，城镇登记失业率为2%。计划生育工作进一步加强，全省总人口7066.02万人。医疗卫生事业继续发展，全省医院病床总数15.83万张，比上年增加5100张。环保工作得到重视，全年工业废水处理率68%，比原计划提高3.5个百分点；工业固体废物综合治理率80.4%，比原计划提高9.4个百分点。创作了一批有较大影响的文艺精品，成功地举办了第三届全国城市运动会。广播、电视、新闻、出版、旅游、民政等各项事业都取得了新的成就。精神文明建设取得丰硕成果，全省涌现出以张家港市为代表的一批在全国有影响的两个文明建设先进市县。

（十）支持苏北地区经济发展的措施进一步加强 加大了扶贫开发工作力度。南北挂钩工作积极推进，实施了一批合作项目。解决无电村通电的工作进展较快。苏北星火产业开发带建设正式启动。淮北农村改水工作已经明确了目标任务和措施，正认真加以落实。为促进苏北地区尽快将资源优势、区位优势转化为经济优势，已着手制定发展海洋经济和徐连经济带的规划。

实施经济国际化战略　大力发展开放型经济

1995年，江苏省在国家宏观调控的大环境下，认真贯彻省第九次党代会精神，继续深化改革，积极组织实施经济国际化战略，抓住有利时机，大力发展开放型经济。坚持"三外齐抓，三外齐上"的方针，充分利用国际国内两个市场，两种资源，高起点引进和接受国外资金、技术和设备，建立与国际经济接轨的外向型经济运行机制，初步形成全方位、多层次、有重点的对外开放格局，"三外"工作取得了新成绩。

（一）对外贸易迅猛发展 1995年，江苏省对外贸易自营进出口总额达165.4亿美元，比上年增长36.3亿美元，增长28.1%。其中，实际出口总额首次突破了百亿美元大关，达到115.3亿美元，比上年增加25亿美元，增长27.7%，高于全国同期22.9%的增长速度。江苏外贸出口总额仅次于广东(554.1亿美元)和上海(115.8亿美元)，高于山东(96.5亿美元)、福建(93.3亿美元)和浙江(83.8亿美元)，继续保持全国第三的位次。江苏出口增长率在沿海十二个省市中，低于广西(40.2%)、山东(36.2%)和浙江(32.6%)，高于广东(15.3%)、上海(27.6%)、福建(13.3%)，排列第四位。

江苏省在出口规模不断扩大的同时，继续组织实施"以质取胜"和"市场多元化"战略，进一步提高对外贸易的总体水平。

1. 强化质量意识，优化商品结构。近几年，我省各级外贸部门和企业不断增强质量意识，健全和完善出口商品质量保证体系，大力改造传统产品，提高出口商品的加工深度和技术含量，促进产品的升级换代，积极扶持出口拳头商品，注重规模经营。江苏省技术进出口公司原来专营技术引进，1992年从南通迁至南京时，当年出口仅630万美元。此后该公司坚持走内涵扩张之路，把扩大出口规模作为企业生存与发展的首要任务来抓，下大力开发和培植高附加值、高技术含量的出口拳头商品。1995年，该公司在5000万元应退税款未到位的情况下，出口达6000万美元，比上年翻了一番，实现跳跃式增长。目前，全省已有3915个出口企业通过了商检机构的考核，获得了质量许可证和卫生注册证；有130个企业通过了国外管理机构的考核认可，分别取得法国、英国、德国、美国、巴西、日本和捷克等国家的注册证。产品质量经受住了考验，没有出现过大的滑坡，部分出口商品在国际市场上建立了比较好的信誉。1995年，全省出口商品检验合格率已达到98.7%；工业制成品出口比重已达到91.7%，比上年提高了1.5个百分点。其中机电产品出口28亿美元，比上年增长55.5%，大大高于全省出口总额27.7%的增幅。机电产品出口比重，由上年的20%提高到24.3%。

2. *建立国际经贸网络，加大市场开拓力度* 近年来，我省组织了海外企业集团公司，统一协调、管理江苏驻海外经贸企业，初步形成了以海外企业集团公司为龙头，以设在主销市场的省级窗口公司为骨干，重点突出、布局合理的海外经贸网络的基本框架。全省各级外贸企业抓住世界经济回升、市场需求转旺的有利时机，在巩固传统出口市场的同时，重点拓展对东南亚、原苏联、西非和中东各国市场。1995年，江苏省对韩国、台湾、欧盟、东盟、日本等主要国家、地区的出口分别增长69.2%、60.4%、42.2%、41.6%和39.3%，对美国和香港地区的出口分别增长17%和16.7%。目前，江苏省已与世界上180多个国家和地区建立了广泛而稳固的经贸关系。

(二) 利用外资规模扩大 1995年，江苏省继续坚持“积极、有效”的方针，利用外资在量的扩张的同时，项目质量、档次和水平明显提高。主要表现在：

一是新签协议项目虽然减少，但协议外资却大幅度增长 1995年，全省共新签利用外资协议项目4292个，比上年减少920个，下降17.7%，但协议外资总额却达130.2亿美元，比上年增加42亿美元，增长47.5%。外商投资企业仍然是我省引进外资的主体。全省新批外商投资企业4016家，合同外资金额129.7亿美元，比历史上最高的1993年还多29.5亿美元。与上年相比，新批企业数下降19.3%，而合同外资则增加了44.5亿美元，增长52.2%。江苏新批外商投资企业(企业数/合同外资)，仅次于广东(8177家/248.3亿美元)，高于上海(2845家/105.4亿美元)、福建(2728家/89.1亿美元)、山东(27098家/50.4亿美元)、辽宁(2403家/39.7亿美元)，仍居全国第二位。

*二是大项目明显增多，平均规模进一步扩大。*1995年，全省新批总投资1000万美元以上的大项目461个，合同外资83.9亿美元，分别比上年增长51.6%和70.5%。全省新批外商投资企业的平均合同外资已达319.8万美元，比上年增加150.2万美元，增长88.6%。在沿海省(市)中，江苏外商投资企业的平均合同外资仅次于海南(714.9万美元)、上海(370.5万美元)和福建(326.5万美元)，超过广东(303.7万美元)和天津(277.2万美元)，排列全国的位次由上年的第五位上升到第四位。

*三是跨国公司投资增加，技术比较先进的项目增多。*1995年，来自荷兰、美国、日本、德国、韩国等10多个国家地区的世界著名跨国公司在江苏投资的项目107个，合同外资20.5亿美元，分别比上年增长91.1%和1.6倍。跨国公司投资的大多为资金、技术密集型项目，技术先进，产品档次高，市场竞争力强。

*四是外商独资企业明显增多，投资领域进一步拓宽。*1995年，全省共新批外商独资企业964家，合同外资56.7亿美元，分别比上年增长38.3%和1.8倍。外商独资企业的合同外资，占全省总数的比重已达43.8%，比上年增加20.2个百分点。外资投向也逐步从第二产业向一、三产业扩张，从加工工业向农业、基础设施和基础工业等方面转移。

*五是实际利用外资稳步增长，间接利用外资比重上升。*1995年，全年实际利用外资总额(包括对外借款、外商实际出资和其他投资)达52.87亿美元，比上年增加8.19亿美元，增长18.3%。其中外商实际出资(即“三资企业”)47.8亿美元，比上年增加6.04亿美元，增长14.5%；对外借款等间接利用外资则增长73.7%，间接利用外资的比重由上年的6.5%提高到9.6%。

截止1995年底，全省改革开放以来累计批准外商投资企业29570家，合同外资金额达412.8亿美元。全省累计实际利用外资总额169.4亿美元，其中外商实际出资140.2亿美元。外资的大量引进，极大地缓解了我省经济建设资金紧张的矛盾。

(三) 对外经济合作步伐加快 1995年来江苏省对外经济技术合作事业快速发展。全省对外承包工程和劳务合作主要指标均超额完成省政府年初下达的全年目标，创历史最高纪录。据经贸部门统计，全省新签对外承包工程和劳务合作合同700个，比上年增加110个，增长18.6%；新签合同金额达6.68亿美元，完成全年计划的121.6%，比上年增长31.1%；全省实际完成营业额达5.11亿美元，完成年计划的134.5%，增长38%。截止

1995年底，全省境外承包劳务人员达2.18万人，大大高于1.4万人的年度计划，比年初增加2756人，增长14.5%。海外投资事业取得新进展，特别是国有大中型企业和乡镇企业走出国门，实现跨国经营成绩显著。1995年，全省新批境外投资工业企业24个，种植业项目1个，餐饮业1个，第三产业8个，34个项目的总投资1781万美元，其中我方投资902万美元，占总投资的50.6%。截止1995年底，全省改革开放以来累计批准境外投资非贸易企业452个，项目总投资2.09亿美元，其中我方投资1.05亿美元，占总投资的50.1%。其中：国有大中型企业海外投资占20%以上，乡镇企业海外投资约占25%。

近几年江苏对外经济技术合作事业的发展呈现出以下主要特点：

合作领域进一步拓宽。对外承包工程形成以建筑、农林、水电、建材、道路桥梁、石油化工、煤炭等行业的专业优势；劳务合作成为建工、纺织、服装、轻工、电力、机械、船舶、农田水利、地质勘探、海运、渔业捕捞、商业服务等行业优势，一般劳务和高级劳务相结合的多行业、多层次经营格局业已形成；境外投资项目则由以餐饮、种植、缝纫加工业为主发展到以工业、商业、资源开发、医疗卫生、远洋捕捞、工程承包等多行业、多种类的新格局。

合作层次显著提高。近几年，我省对外承包劳务业务已开始实现从“借船出海”到自营承揽项目，从“二传手”到“主攻手”经营转变。1994年至1995年，总承包工程超过1000万美元以上的项目7个，合同额达4.25亿美元，占同期全省合同总额的30%。其中，江苏省第一工业设计院与中机公司合作承包的孟加拉煤矿合同额达1.95亿美元，是近年来我国对外承包的最大工程之一，表明江苏承包企业从项目的勘探、设计到施工、开采等实行总承包的综合经营能力明显提高。

合作市场趋向多元化。目前，对外承包劳务合作的国家和地区已达120多个，境外投资也已发展到70多个国家和地区。近年来，亚太地区特别是东南亚各国的经济持续增长，成为国际经贸的热点地区。1995年，我省在该地区承包劳务签订的合同相当于同期全省总数的51%。同时，还积极开辟独联体和非洲市场，恢复和发展中东市场。

(四) 开发区建设步伐加快　1995年，江苏省各类开发区在所在地党委、政府的支持下，千方百计筹集建设资金，加大投入，加快建设步伐，进一步改善投资环境，以其良好的基础设施、优越的投资条件和齐全的服务功能，正成为全省招商引资的热点区域、对外贸易的生力军和经济发展的新的增长点。

招商引资成效显著，外商投资大幅度增加。1995年，全省各类开发区普遍加强对外招商工作的力度，先后参加了省政府统一组织的香港、韩国、日本和连云港、南京等五次大的招商活动，取得了较好成效。据统计，全省国家级和省级开发区当年共新批进区企业4455个。其中：新批外商投资企业926个，合同外资金额68.7亿美元，与上年相比，企业数增加114个，合同外资增加37亿美元，分别增长14%和1.08倍。开发区新批外商投资企业数和合同外资，分别占全省总数的22.8%和53%；开发区平均每个项目的合同外资达742万美元，大大高于全省319.8万美元的平均水平，比上年增加317万美元，增长74.6%。其中，苏州工业园去年新批外商投资企业52个，合同外资达12.6亿美元，平均每个项目的合同外资高达2425万美元，居全省各类开发区之首；昆山开发区新批外商投资企业84个，合同外资8.97亿美元，平均每个项目的合同外资达1067万美元。1995年全省各类开发区的外商实际出资达21.71亿美元。占全省总数的45.4%，比上年增加5.9亿美元，增长37.3%，大大高于全省14.5%的增长速度。

狠抓现有项目建设，经济效益明显提高。1995年，我省各类开发区在做好招商引资工作的同时，狠抓现有项目的建设，积极发展第三产业，着力提高开发区经济的产出效益。截止1995年底，全省各类开发区建设投产企业已达5984家，其中外商投资企业1029家。区内全部企业当年完成业务总收入762亿元，比上年增长64.1%，其中5个开发区业务总收入超过50亿元，20个开发区超过10亿元。开发区企业自营出口17.8亿美元，比上年增加8.7亿美元，占全省出口增加额的34.9%，增长95.9%，成为我省外贸发展的有生力量。

1995年，江苏省对外开放的不断扩大和开放型经济的快速发展，进一步提高了我省利用国际国内两个市场、两种资源的能力，从而为全省经济注入了新的活力，开辟了新的发展空间，促进了经济的持续、快速、健康地发展，同时也促进了人们思想观念的更新和社会各项事业的发展。

(中共江苏省委研究室　张伟新)

浙 江 省

经济保持持续快速增长势头

1995年浙江省紧紧围绕改革、发展、稳定的大局，努力转变经济增长方式，积极推进各项改革和扩大开放，国民经济继续保持了持续、快速、健康发展的良好势头。

（一）动员全社会力量大力发展农业，粮食生产实现恢复性增长 省委省政府号召全省上下齐心协力，形成合力，横下一条心，打好粮食生产翻身仗。逐级建立了粮食工作分级负责责任制，适当提高了农产品收购价格，恢复了粮肥挂钩办法，增加农用物资供应，加大对农业的投入，积极推进粮田适度规模经营，制止了粮食播种面积和总产量连年下滑的势头。在抓好粮食生产的同时，大力推进农业综合开发，发展多种经营，新建了一批农业商品生产基地，肉、禽、蛋和水产、蔬菜、水果等农副产品产量又有了较大幅度的增加，林牧渔业产值在大农业中的比重已接近50%。

（二）工业生产继续保持快速增长势头 积极调整产品结构，限产压库促销，督促企业加强内部管理，落实企业技术改造政策。着手实施“五个一”工程，努力培育一批大型企业集团、“小型巨人”企业、名牌产品企业、出口创汇企业和高新技术企业，以此推动产业、产品和企业组织结构的调整优化。重点帮助丝绸、纺织等行业和骨干企业解决生产经营中的突出困难。1995工业实现增加值1639亿元，比上年增长18.3%，产销率达到95.0%，比上年提高0.7个百分点。

（三）继续加强重点建设，基础设施的“瓶颈”制约有所缓解 固定资产继续向水利、交通、能源等基础设施倾斜。水利建设出现了近几年少有的热潮，台州金清新闸一期工程等一批水利工程建成并开始发挥效益，太湖流域、“三江”治理工程进展顺利，修复了高标准的浙东海塘116公里。交通设施建设有了较大进展，新增高等级公路1140公里，余杭——上虞段高速公路正式通车，浙赣铁路已全线贯通。通信条件进一步改善，全省电视电话会议网络和公众数据通信网建成开通，成为全国电视电话网覆盖面最广和智能业务开通最早的省份，全省电话机总数达350万台，普及率达8%，模拟和数字移动电话容量达65万户，福杭贵成光缆(浙江段)已铺通。嘉兴电厂、北仑电厂等批大型机组相继并网发电，新增发电能力130万千瓦，全省发电装机总容量达1020万千瓦。

（四）财政收入情况较好，金融、物价形势平稳 1995年，财政总收入达到248.5亿元，比上年增长18.7%，其中地方财政收入116.8亿元，增长23.4%。全省财政总支出180.1亿元，增长17.7%。金融秩序进一步好转，存贷款稳步增长，年末金融机械各项存款余额2623.6亿元，比上年末增长37.1%；各项贷款余额2103.6亿元，比上年末增长28.8%，全省回笼货币103.3亿元，存贷差520亿元。严格各级政府物价指数控制目标责任制，落实生活必需品和服务价格监审制度，物价涨幅得到有效控制，物价指数逐月回落，全年商品零售价格涨幅由上年的21.7%下降为13.5%，控制在了年初确定的14%以内。

（五）城乡市场繁荣，居民生产水平有新的提高 1995年全省社会消费品零售总额达到1395.7亿元，比上年增长36.8%。城乡市场商品丰富，成交活跃，商品市场规模进一步扩大。全省年成交额超亿元的专业市场已发展到271个，其中超10亿元的52个，超100亿元2个。金融、劳动力、技术、房地产和信息等要素市场也有新的发展。城乡人民生产进一步得到改善。1995年城镇居民人均生活费收入达到5718元，农民人均纯收入2966元，扣除物价上涨因素，分别比上年增长4.2%和5.3%；城乡居民储蓄存款新增387亿元，人均储蓄存款已达到3138元。全省多数地区群众生活已达到小康水平。积极实施再就业工程，完善物价补贴和生活困难补助制度，使城镇困难企业职工和低收入居民的基本生活得到了保障。

外贸出口持续增长，利用外资质量有所提高

进出口贸易继续快速增长，全年进出口贸易额达114.6亿美元，增长35.5%，其中出口83.8亿美元，增长32.6%。适应利用外资政策调整的宏观环境，加强对境外大公司的招商外资，协议和实际利用外资金额分别比上年增长31.6%和12%，外商直接投资单个项目平均协议利用外资额也由上年的114万美元提高到177万美元。利用国外贷款也有新的进展，新签协议额9.3亿美元，实际使用2.77亿美元，分别增长2.3倍和22%。对外工程承包、远洋捕捞等也取得较好的经济效益。

以企业改革为重点的经济体制改革取得新进展

确定了100家企业进行现代企业制度试点，并开始

进入实施阶段，一些地方在减轻企业历史包袱、分离社会职能、国有资产授权经营等方面进行了积极的探索。加大了中小企业实行改组、兼并、租赁、股份合作和破产、拍卖的力度。对面上企业实行了资产经营责任制。加快调整企业组织结构，组建和发展企业集团。同时，配套推进国有资产管理、社会保障体制、市场体系建设等改革。在农村，开展了建立土地使用权流转机制、乡村集体资产管理体制、小城镇综合改革等方面的改革试点。

科技和教育事业又有新发展

加强对火炬、星火、丰收等科技开发和推广计划的领导组织，进一步密切了科技与经济的相互联系。全年取得省及省以上科研开发成果奖319项；高新技术产业化当年验收项目达到30项，超过历年累计数，技术进步因素在经济增长中的所占比重已提高到37.1％。教育方面，1995年又有24个县市通过了普及九年义务教育和扫除青壮年文盲的省级验收，现全省已基本完成普及九年义务教育和扫除青壮年文盲任务。高等教育在调整教育结构、改革招生和毕业生就业制度、推进联合办学等方面迈出了新的步伐，职业教育和成人教育继续得到较快发展，教育设施和教学条件得到进一步改善。为解决高校教师住房困难的“高教新村”已开工建设。

社会各项事业全面进步，精神文明建设和民主法制建设取得新进展

文学、戏剧、美术、影视创作和新闻出版形势喜人，推出了一批好作品、好节目，有146项作品和节目在全国评比中获奖。“东海明珠工程”开始启动，群众性文化活动又有了新的发展。落实初级卫生保健规划，有28个县市达到验收标准，城乡医疗卫生条件进一步得到改善。重点地区计划生育工作取得明显进步。全民健身运动在全省展开，体育运动取得了新的成绩。深入开展社会治安综合治理，重点加强了专项整治。进一步加大反腐倡廉力度，查处了一批严重违法乱纪的大案要案。民族、宗教、文物、外事、侨务、台湾事务和人民武装、民兵预备役等工作也都不同程度得到加强和改进。

（浙江省政府办公厅研究室　潘成坤）

福　建　省

国民经济和社会事业持续快速发展

1995年是“八五”计划的最后一年，福建省按照党的十四届五中全会精神，认真贯彻“二十字方针”，深化改革，扩大开放，增创优势，加快发展，全省经济建设再上一个新台阶。

1995年全省国内生产总值2200亿元，“八五”期间年均增长19.3％，经济总量及人均水平居全国的位次分别由1990年的第15位和第12位上升到1995年的第11位和第8位。1995年全省农业增加值480亿元，粮食总产量919.93万吨，水产、水果、肉禽蛋菜等食物总量全面增加，森林覆盖率达57.3％，乡镇企业保持快速发展势头。工业增加值845亿元，五年年均增长30.2％，工业综合效益指数提高，主要行业新上了一批较大型的项目，产品产量增加。第三产业快速发展，1995年增加值达740亿元。财政收入183亿元，五年平均增长26.3％。

（一）城乡人民生活水平不断提高　1995年全省城镇居民人均生活费收入、农村居民人均纯收入分别达4326元和2049元，扣除物价因素，“八五”期间年平均增长7.5％和8.5％。市场繁荣活跃，1995年全省社会消费品零售总额670亿元，“八五”期间年平均增长26.4％。1995年末居民储蓄存款余额795.43亿元，比“七五”末增加612.2亿元。一批贫困县摘掉了贫困“帽子”，三分之二以上的贫困户、近190万人解决了温饱问题。

（二）基础设施明显改善　1995年全省固定资产投资681亿元，“八五”期间累计投资1918亿元，是“七五”的4.5倍。新增电力装机容量300万千瓦，新增沿海港口货物吞吐能力1560万吨，新增城乡电话交换机容量310万门。“先行工程”取得明显成效，贯穿全省的“两纵三横”公路干线扩建改造工程基本完成，国际机场、高速公路和新的出省铁路正在加紧建设，五大防御体系特别是千里海堤加固工程建设顺利推进，城市基础设施建设有较大改观，经济发展的“瓶颈”制约逐步缓解。

（三）社会事业全面发展　提出了科教兴省战略，科技和教育事业在改革中继续前进。科技进步对经济增长贡献率提高到40％。提出了建设教育强省的目标，实施九年义务教育人口覆盖率达到94.5％。计划生育成绩显著，人口自然增长率由17.7‰下降到9.30‰。环境保护工作加强，卫生体育、文化艺术、广播影视、新闻出版、社会科学都取得新的进步。

对外开放进一步扩大 外向型经济迈上新台阶

1995年，在国家宏观调控的经济形势下，福建省把握机遇，继续保持了开放型经济持续、快速、健康的增长势头，对外开放和对外经贸的发展主要呈现如下特点：

(一) 闽东南的开放开发在全国对外开放大格局中继续占有重要地位 改革开放十七年来，福建作为全国最早实行对外开放政策的省份之一，充分运用中央赋予的“特殊政策”、“灵活措施”，抓住机遇，增创优势，加快发展，逐步形成了充分利用国际国内两种资源、两个市场，资源配置优化，市场发育较早，产业结构较为合理的经济发展格局，在全国对外开放总体格局中占有重要地位。1995年9月，在中共十四届五中全会上，闽东南地区与珠江三角洲作为东南沿海经济区，再次摆上了全国开放开发的重要战略地位。这既是中央对福建十七年改革开放建设成就的充分肯定，也是寄予福建的厚望。它说明福建在深化改革、扩大开放中仍然负有率先试验的重任，仍然大有可为。

(二) 对外经贸工作继续位居全国前列 1995年，全省外经贸工作再创佳绩，全年新批外商投资合同项目2728项，合同外资89.06亿美元，实际利用外资40.38亿美元，除项目数比上年下降9.8%以外，其它两项指标分别增长24.1%和8.9%；外贸进出口总额146.68亿美元，其中出口93.26亿美元，进口53.42亿美元，分别比上年增长10%、13.25%和4.7%；新签对外承包工程和劳务合作项目合同6亿美元，实际营业额3.8亿美元，年末在外人数4.08万人。全省主要外经贸指标均居全国前列：外贸出口总额排名全国各省市第5位；外贸进口总额居全国第4位；新批外资合同项目居全国第4位；合同外资金额居全国第4位；外商实际到资数居全国第3位。

外商来闽投资继续呈良性发展势头。截至1995年底，全省已批准投资额千万美元以上的外商投资企业790家，其中超过1亿美元的有18家，平均单项合同外资金额达326.5万美元，居全国前列。外资投向的产业结构中，第一产业占2.3%，第二产业占74.5%，第三产业占23.2%，以生产性项目为主。已开工投产的企业中80%实现了盈利，生产规模进一步扩大。

(三) 清理乱收费成为整顿外商投资“软”环境的突破口 1995年，福建省紧紧抓住优化外商投资“软”环境这一课题，推进全省对外开放向高层次、宽领域、纵深化发展。1995年一开春，省政府即把改善“软”环境工作摆上重要的议事日程，召开了全省改善投资软环境工作会议，对全年改善投资“软”环境工作进行了部署：一是清理乱收费；二是推行和完善外资项目审批改登记制办法；三是开展三资企业的社会治安专项治理；四是制订和完善加快审批、提高效益的办法；五是进一步落实外商投诉条例，切实做好外商投诉的处理工作。8月，省委、省政府再次将“软”环境工作摆上议事日程，召开了全省清理外商投资企业税外费电话会议，部署清费工作，并专门成立了清理外商投资企业税外收费领导小组，对外商反映最为强烈的乱收费问题，分阶段进行全面清理。从9月起至年底，这项工作历时4个多月，共降低了51项收费项目的收费标准，取消18项收费项目，取消或暂停收费金额达7.2亿元，清理幅度高达31%，取得良好的社会效果。在取得阶段性成果的基础上，省政府制订了《福建省涉及外商投资企业行政事业性收费管理办法的通知》和《关于调整涉及外商投资企业税外收费项目的通知》，加快建章立制，防止乱收费的回潮。各地市结合实际情况积极规范收费行为，莆田市实行了一个“窗口”收费和票费分离制度，福州、厦门还积极筹备设立“缴费中心”，三明等地市制发了“明白卡”，以上措施受到广大外商的普遍欢迎。

(四) 闽台经贸合作取得较大突破 1995年初，江泽民总书记发表了《为促进祖国统一大业的完成而继续奋斗》的重要讲话，引起海峡两岸的热烈反响，也为福建带来了加快闽台经贸合作发展的良好机遇。李鹏总理、乔石委员长以及李铁映、宋健等领导同志相继来闽视察，使海内外的舆论视点重新聚焦这块具有发展对台经贸天然优势的热土。李鹏总理在视察福建时，亲自看望了在闽的部分台资企业代表，体现了国家对台胞、台企的高度重视。此后，省领导也通过“9·8洽谈会”等多种场合，举行座谈，认真倾听台资企业的困难和呼声。并通过成功举办“9·9(厦门)海峡两岸商品博览会”、“石狮海峡两岸纺织品博览会”，以及组团上岛进行经贸考察等系列活动，进一步增进了两岸经贸界的相互了解和共识，促进了交往与合作。尽管进入下半年后，两岸关系出现了严重倒退，但是仍有一批重要的台资企业，如中华映管、宗根纺织、中华汽车、统一马口铁等，看好福建的投资市场，在两岸关系的困难时刻，纷纷来闽考察、落户或增资，从而带动了台商来闽投资的进一步增长。1995年台商来闽投资项目达601项，合同台资金额18.19亿美元，比上年增长92.2%。由于大企业巨资注入，台资企业投资福建的平均项目规模，由1994年的150万美元提高到1995年的203万多美元。“八五”期间，全省累计批准台商投资企业3296家，合同台资金额59.45亿美元，分别占改革开放以来总数的79%和87%。截止1995年底，全省累计批准台资企业4170家，合同台资68.14亿美元，实际到资约40亿美元(含第三地)，台资已成为福建仅次于港资的第二大外部资金来源。此外，1995年福建对台贸易也获得较大发展，总额达23.62亿美元，比上年增长1倍多。输台短期渔工劳务1.42万人，比上年增长32%。

(五) 福建投资贸易洽谈会成为福建拓展对外经贸的重要窗口 福建投资贸易洽谈会(简称“9·8国际招商”)是经国家对外贸易经济合作部批准，一年一度在厦门经济特区举行的口岸性国际招商盛会。以国际投资招商为主题，以贸易为辅助，具有博览会的风格。1995

年的洽谈会，欧美等地的投资比重明显上升，国际化色彩更加突出。这届洽谈会共签订外商投资项目2255项，外商投资金额114.25亿美元，贸易成交额12.16亿美元。其中福建省共签订利用外资项目1259项，占1995年全省签约总数的46.2％，利用外资金额达53亿美元，占全年总数的59.5％。借助“9·8”，福建省和厦门经济特区作为全国投资招商和对外贸易重要口岸的地位已初步确立。

改革力度加大

1995年，福建省在正确处理改革、发展、稳定三者关系的基础上，各项改革取得了新的进展，以建立现代企业制度为目标的国有企业整体改革全面展开;社会统筹与个人帐户相结合的社会保险制度改革开始起步;围绕理顺基本经济关系，流通体制改革和市场体系建设有了新突破;在构建社会主义市场经济体制基本框架上迈出了新步伐。改革不仅促进了国民经济持续、快速、健康发展，而且为“九五”创造了良好的开端。

(一) 国有企业改革进一步深化，改革的效果初步显现 着眼于整体搞活国有经济，加快了资产存量的流动与重组。福州市作为国家体改委确定的国有企业综合配套改革试点城市，已制订《国有工业企业综合改革总体方案》，并正式出台了《国有小型工业企业推行股份合作制试点意见》等七个配套文件，综合改革的第一阶段工作已着手实施。福建电子计算机公司作为第一家省属企业破产工作进展顺利，各地还有一批企业进入破产程序。

现代企业制度试点开始起步，国有大中型企业改制、改组、改造、改善同培植支柱产业紧密结合起来。国家确定的福州二化现代企业制度试点，已正式挂牌，进入实际运作;福州人造板厂等9家省定的现代企业制度试点和各地市自定的试点企业，进入方案论证阶段。为培植支柱产业，我省开始实施大公司、大集团的战略，着重研究和选择一批大型国有骨干企业，进行综合改革和改组、改造。实达电脑股份有限公司以增资扩股形式吸收兼并了省计算机外部设备厂，成为全国最大的计算机外部设备的企业集团。

积极探索解决国有企业历史包袱的多种途径。省政府陆续出台了《国有企业解困工作的若干意见》、《省政府关于财税金融方面进一步支持国有企业改革与发展的意见的通知》、《国有企业富余职工安置实施办法》等文件。在分流富余人员方面，各地采取了发展第三产业、扩大生产能力、厂内提前退休、工龄一次性买断等多种方式，探索并积累了有益的经验。

(二) 社会保障制度改革和政府职能转变稳步推进，改革的外部环境有所缓解 社会保险和住房制度改革步伐加快。在社会保险制度改革方面，建立社会统筹和个人帐户相结合的保险制度改革步伐明显加快。《福建省城镇企业养老保险制度改革实施方案》的制定基本完成;《福建省职工医疗保险制度改革方案》初步拟定。成立了省社会保险委员会及办事机构社会保险办公室。全省集体企业职工养老保险由人民保险公司移交给社会劳动保险机构统一管理的前期工作已经完成。在住房制度改革方面，厦门、泉州、漳州、石狮、龙海等地出台了住房公积金制度，提高公房租金;《福建省建立住房公积金制度实施办法》和《福建省住房资金管理暂行办法》已拟定。

政府职能转变稳步推进。一是着眼于分离政府国有资产所有职能和社会经济管理职能，推进国有资产经营管理体制改革。省政府确定了省建工总公司、省汽车集团公司等四家企业集团进行国有资产直接授权经营试点，已完成方案论证;福州二化已完成授权程序。二是根据统一、精简、效能原则，加快政府机构改革，省直机关“三定”(定职能、定内设机构、定人员编制)工作进展顺利。审议通过了7个地市的党政机构改革总体方案，其中福州、泉州的改革方案已付诸实施;县级机构改革正积极展开。

(三) 流通体制改革和市场体系建设迈出新步伐 进一步理顺经济关系，强化宏观调控力度。一是落实和完善粮食、农资、成品油等重要商品的购销体制改革措施。省政府出台了《关于深化粮食购销体制改革、加强粮食工作的通知》，全面落实了粮食工作的分级负责制，对定购粮收购实行价外补贴和粮肥挂钩政策，建立和完善了粮食风险基金和粮食储备制度。政府对农资、成品油市场的调控作用得到加强。二是加快价格立法步伐。颁布了《福建省行政事业性收费管理规定》，厦门市《制止价格欺诈和暴利行为的暂行规定》已进入实施。

市场体系建设进一步推进。商品批发市场的建设与配送、连锁等形式相结合，重视市场功能的完善和发挥。为推进企业存量资产的流动，加强产业结构的调整，省产权交易中心已批准设立。商业企业建立现代企业制度试点工作已开始起步。

(四) 综合改革试点县(市)改革工作向纵深发展，小城镇综合改革试点开始启动 综合改革试点城市和试点县的改革步伐明显加快。省定18个综合改革试点地区是我省建立新体制的先行区，1995年18个县级综合改革试点在国有小型企业改革、国有资产经营管理体制改革和社会保险制度改革、建立贸工农一体化生产经营组织等一些难点问题上进行了积极探索。在农村改革方面，晋江、宁德等地加快建立农村土地流转机制，规模经营出现良好势头。在试点地区的带动下，全省农村股份合作经济已从二、三产业扩展到畜牧业、渔业、种植业等第一产业。据不完全统计，到1995年底全省各类股份合作企业已发展到17000多家，其中近6000多家为股份合作制的农业生产组织，主要为股份合作农场、林场、养殖场和渔业生产实体等。

小城镇综合改革试点开始启动。莆田县江口镇、龙海市角美镇、霞浦县三沙镇已列入国家试点，同时南安市水头镇、水安市曹运镇和福州市郊区鼓山镇已列为省级首批小城镇建设试点。

(福建省政府对外开放事务办公室 *詹朝辉*)

广 东 省

国民经济持续、快速、健康发展

1995年，广东省认真贯彻党中央、国务院关于“抓住机遇，深化改革，扩大开放，促进发展，保持稳定”的基本方针和党的十四届三中全会精神，正确处理好改革、发展和稳定的关系，积极推进经济体制和经济增长方式的转变，实施“科教兴国”战略，提高经济增长的质量和效益，进一步加强和改善宏观调控，保持社会总供需的基本平衡，使全省国民经济保持持续、快速、健康发展。1995年，全省国内生产总值5441亿元，比上年增长15%；人均国内生产总值8020元，比上年增长13.5%。产业结构逐步优化，工业化进程加快，第一、二、三产业增加值在国内生产总值中的比重达到16∶51∶33。

(一) 农业基础地位进一步巩固，农村经济全面发展 各级政府把抓好农业放在经济工作的首位，制定一系列扶持农业发展的政策措施。通过实施“科教兴农”战略，深化农村改革，大力发展“三高”(高质、高产、高效)农业和乡镇企业，大搞农田水利基本建设，层层落实“米袋子”和“菜篮子”行政首长负责制，依法划定基本农田保护区，狠抓查荒复耕和商品粮基地县建设等工作，使农业有了较大发展。去年粮食种植面积3368.3千公顷，比上年增加62.2千公顷；总产1800.2万吨，比上年增加137.6万吨，均超过了省政府下达的责任目标。春夏秋三造粮食全面丰收，平均亩产356公斤，创历史最高水平。“三高”农业逐步向产业化和外向型发展，林、牧、副、渔各业均增产增收。乡镇企业总产值、实现税利和创汇持续大幅度增长。海洋产业加快发展。1995年全省农业总产值1450亿元，比上年增长6%，农业商品率达到72%。

(二) 工业生产持续稳定增长，经济效益有所改善 1995年，全省工业总产值9330亿元，比上年增长25%，其中乡及乡以上工业总产值6734亿元，增长20.1%。全省乡及乡以上工业总产值中，轻工业产值4093亿元，比上年增长21.4%；重工业产值2641亿元，增长17.8%。国有企业增长8.3%，集体企业增长25.2%，其它经济类型企业增长23.1%。大中型工业企业增长16.6%。完成出口产品产值2194亿元，比上年增长27.2%。产销衔接较好。全年乡及乡以上工业销售产值6445亿元，工业产品销售率达95.7%，比上年增长0.3个百分点。1995年，全省广泛开展“质量效益年”活动，着力提高工业增长的质量和效益，全员劳动生产率、资金周转次数、产销率和万元产值综合能耗达到了省政府提出的目标；国家工业综合评价最优500家企业中全省有73家。交通运输、发电量和邮电业务量持续增长。

(三) 投资结构优化，基础设施建设取得可喜成就 1995年，全省认真控制投资规模，着力调整投资结构，集中资金保重点建设，全省固定资产投资完成2420亿元，比上年增长13%，增幅回落18.4个百分点。投资结构继续改善。全年基本建设和更新改造投资中，用于基础设施和基础产业的投资659.39亿元，投资比重为59.9%。其中原材料工业142.38亿元，增长52.7%；交通运输邮电通讯业361.15亿元，增长14.9%；能源工业144.20亿元，下降45.2%。由于注重农业投入，用于第一产业投资11.66亿元(含水利业)，占1.1%，比上年有所增长。重点项目建设进展基本顺利。省30个重点项目完成投资258.50亿元，为年度计划的120.2%。京汉广光缆广东段、广梅汕铁路、海湾大桥、汕头港深水港一期煤码头工程等项目已投入使用。全年新增生产能力和效益主要有：发电装机容量282.3万千瓦；高速公路85公里；一、二级公路2797公里；铁路正线交付营运里程134公里；港口码头泊位45个，年吞吐量653万吨；城乡电话交换机容量254.6万门。经济发展的“瓶颈”制约明显缓解。

(四) 城乡市场繁荣活跃，第三产业加快发展 1995年，全省社会消费品零售总额2300多亿元，比上年增长24.2%，扣除物价因素，实际增长11.3%。市场各类商品供应充裕，零售量均有不同程度的增加。全省批发零售贸易业零售食品、饮料、烟酒类商品比上年增长27.1%，纺织品类增长38.7%。服装、鞋帽类商品增长19.8%，家用电器类商品增长17.6%。市场面积扩大，零售商业网点已达115万个，各类批发、集贸市场4000余个。生产要素市场不断发展和完善，土地、劳动力、技术、信息、运输、证券、房地产、产权、拍卖等交易市场和中介服务业也有不同程度的发展。第三产业增加值达1795亿元，比上年增长12.6%。1995年，我们把控制物价过快上涨作为宏观调控的首要任务，通过“一手抓供给，一手抓调控”，使物价上涨过快的势头得到了控制，物价涨幅逐月回落，全省社会商品零售价格总指数比上年上升11.6%，低于年初提出13%的控制目标。

(五) 财政收支平衡，金融形势稳定 1995年，全省认真执行国家适度从紧的财政货币政策，大力组织收入，调整支出和信贷结构，努力为全省经济社会发展筹措资金。地方财政收入380.4亿元(未计中央财政返还数160亿元左右)，比上年增长28.1%，财政支出521亿元，增长25.3%，实现收支平衡并略有节余。1995年，全省国家银行信贷业务保持了新增存款大于贷款的格局，全年各项存款新增1049.59亿元，各项贷款新增654.34亿元，存款增加额比贷款增加额多395.25亿元。贷款结构进一步调整，在全年贷款增加额中，短期贷款明显增加，中长期货款规模有所收缩；现金收支由净投放转变为净回笼，净回笼比上年回笼136.04亿元。城乡居民储蓄存款大幅度增长，年末全省金融系统城乡储蓄存款余额3884.66亿元，比上年增长40.2%。

(六) 区域经济各具特色，发展步伐明显加快 珠江三角洲在全省经济发展中继续发挥龙头作用，1995年已完成整个经济区的规划工作并转入实施阶段。珠江三角洲经济区去年的国内生产总值增长18%，国内生产总值、地方财政收入、外贸出口总额等指标均占全省近七成。粤东、粤西的发展步伐加快，尤其是基础设施和基础产业建设取得较大进展。50个山区县(区)经济发展势头良好，交通、通信基础设施明显改善，资源型、扶贫型开发成效显著，财政收入、外贸出口、农民人均年纯收入均有较大增长。各项扶贫措施进一步落实，顺利完成了石灰岩贫困地区缺乏生存条件的14.2万人口迁移工作，全省贫困人口由400万人减至80万人。

(七) 人民生活水平和质量有较大提高 1995年，全省农民人均纯收入2699元，城镇居民人均生活费收入6849元，扣除物价因素，分别比上年增长6.5%和3%。全省共安置城镇231万人就业，失业率控制在2.5%以下。社会福利事业有新的发展。全省各类社会福利院床位比上年增长10.5%，收养人数增长6.6%。全省有1223个乡镇建立了社会保障网络设施，城镇社区服务设施及便民服务网点12954个。城乡人均居住面积分别达到10.5平方米和13.7平方米。有22个县(市、区)通过了小康达标验收。

外向型经济迅速发展　对外开放不断扩大

1995年，广东省大力开拓多元化国际市场，据海关统计，外贸进出口总额达1039.72亿美元，其中出口565.92亿美元，分别比上年增长7.6%和12.7%。进出口商品结构进一步优化，工业制成品出口比重提高，机电产品出口快速增长；工业原材料进口增加，钢材及机械设备进口下降。与主要贸易伙伴的贸易额保持增长，非洲、南美、大洋洲等新市场得到拓展。“三资”企业出口增长较快，在对外贸易中所占地位继续上升。

(一) 1995年，全省实际利用外资121亿美元，比上年增长5.7% 全省利用外资工作的质量有所提高，主要表现在：一是外资来源多元化。据不完全统计，前来广东省投资的国家和地区达70多个，德国、法国、芬兰、奥地利、美国、韩国在广东省的投资增加，合同外资金额和实际投入均有较大幅度增长。这些国家进入广东省投资的多以大财团为主，如美国的通用公司、雷曼兄弟公司、所罗门集团、南方电力，日本九大综合商社，加拿大北方通讯，瑞典的爱立信，韩国的现代、三星，德国的奔驰等等已先后在广东省投资设厂。二是外资投向合理，项目规模增大。第一产业利用外资有所突破，增长近7成；第二产业实际利用外资继续增长；第三产业中的房地产业投资热得到了有效的控制，但交通运输、金融保险、文教卫生和社会服务等领域实际利用外资增长一倍以上。外商投资1000万美元以上的项目达400多个，项目平均外资额为277万美元，比上年的226万美元又有较大提高，外商投资的技术、资金密集型项目、基础设施项目得到较大的发展。三是外商投资企业出口增长强劲，企业运作良好。四是“三来一补”业务出现外商长线投资、规模经营趋向，形成专业化相配套的“皮鞋城”、“服装城”、“电子城”、“家电城”等现代化的产业群体；珠江三角洲“三来一补”继续向高层次发展，新签项目70%以上是技术含量较高的。

(二) 1995年，全省经济特区、沿海开放城市和沿海经济开放区保持了良好发展势头，山区市的开放步伐也进一步加快 全省口岸通过能力进一步扩大，至今已拥有一、二类口岸210个，约占全国1/3。海关、边防检查、港务监督、进出口商品检验、动植物和卫生检疫工作努力适应开放的需要。侨务工作围绕经济建设，在招商和联谊、引进侨资和技术人才、落实城镇侨房政策、办好华侨农场等方面做了大量工作。粤港澳之间的合作与交流进一步加强。外事工作认真执行国家对外政策，紧密结合经济社会发展开展多形式、多渠道、多层次的对外交往和交流，礼宾接待和对外宣传工作质量进一步提高，国际友城和友协事业继续拓展，与荷兰乌得勒支省、加拿大不列颠哥伦比亚省建立了友好省关系。旅游业加快了基础设施和景点建设，旅游创汇有较大增加。1995年从广东省入境的国际旅客达3615万人次，比上年增长5.5%；旅游外汇收入23.94亿美元，增长18.9%。

各项改革全面推进

1995年，广东省致力建立社会主义市场经济体制，加快了改革步伐，各项改革牵涉面广、力度强，经过努力，取得了一定的成效。

(一) 建立现代企业制度改革取得进展 企业劳动、人事和分配制度三项改革不断深化，劳动合同制度改革基本完成。全省15279户国有企业清产核资工作已基本结束，国有资产管理、运营及授权经营的改革试点逐步推进。积极推动企业实行公司制改组，并对全省540多家股份制企业进行规范化管理。250家建立现代企业制度试点企业的试点方案正在付诸实施。组建70个综合性大企业集团的初选工作已基本完成。

(二) 财税体制改革迈出重要步伐 1994年中央对省实行分税制财政管理体制改革以来，全省已推行以增值税为主体的流转税新税制，初步规范了企业所得税制度，开始了其他地方税种的改革。建立健全了省、市、县三级国家和地方税务征管机构。财税收入在新体制实施中稳定增长，1995年全省工商税收达661.4亿元，比上年增长25.2％，其中中央库收入341.4亿元，地方库收入320亿元，分别增长20.6％和30.6％。

(三) 投资融资体制改革逐步深入 强化了中央银行金融监管调控职能，国有专业银行加快了商业化改革步伐。规范金融行为的各项措施已在实施。外汇和外贸体制改革进展顺利，汇率并轨平稳。投资体制改革朝着建立法人投资和银行信贷的风险责任方向努力，实行了资金有偿使用和投资项目登记备案制度。

(四) 全省统一管理，政府、企业与个人共同负担的新型社会保障制度初步建立 养老保险实行了社会统筹与个人专户相结合、保险待遇与社会平均工资及个人缴费相联系的新模式，建立起正常的增长调节机制。工伤保险改革进一步完善，失业和医疗保险改革逐步推开。社会保险基金的管理得到加强。

(五) 流通体制改革进一步深化 省组建了贸易委员会，基本理顺了省级国合商业管理体制，并将这项改革推广到全省。组建了一批适应市场经济发展需要的流通企业集团、连锁店和综合商社。进一步建立健全了粮食等重要商品储备调节制度和风险调节基金。价格改革进一步深化，价格调控体系逐步完善。按国家统一部署并结合广东实际及时出台了一些新的价格改革措施，调整理顺了一些明显不合理的价格。

(六) 政府机构改革进展顺利 省级机关“三定”(定职责、定机构、定人员编制)方案已付诸实施，省直事业单位的机构改革方案也已制订。市、县、乡镇机构改革全面铺开。推行国家公务员制度进入实施阶段，各级行政机关工作人员的过渡培训基本完成。

与此同时，广东省农村改革继续深化，农村股份合作制在珠江三角洲等地区积极推开；住房制度改革在提高租金、出售公房和推行住房公积金制度等方面有新进展；土地使用制度改革全面铺开；科技、教育体制等方面的改革不断推进，并取得了可喜的成绩，促进了全省经济的发展。

城乡规划、建设、管理和环保工作取得新成绩

全省设市城市和县城镇以及大部分建制镇都编制或修订了总体规划。村镇建设五年共完成投资1500多亿元，新建成一批农村住宅和公共设施。通过加强管理，城镇及公路两侧的“脏、乱、差”现象有明显改观。环保工作得到加强。全省建立各级环境监测站111个。环境质量恶化的趋势有所缓解，年末共建成烟尘控制区190个，环境噪音达标区81个。建制镇的环卫工作有新的进步。地级市基本建有垃圾处理场，部分地级市建有污水处理厂。全年完成限期治理项目179个，总投资额0.68亿元，城市环境综合整治取得新进展。

科技、教育事业发展明显加快

“科教兴国”战略正在全面实施，综合科技水平显著提高。对科技、教育的投入逐年增加，科教人员工作、生活条件逐步改善。基础科学和应用科学研究水平提高，企业技术开发和农科开发应用迅速发展，专利申请量持续增长，1995年，全省专利申请量和授权量第一次跃居全国首位。知识产权保护逐步加强，科技成果加速向现实生产力转化。高新技术产业发展步伐加快，1995年，全省生产高新技术产品企业达936家，其中，年产值超亿元的有61家，超10亿元的有4家，有9家企业被确定为全省首批重点发展的大型企业集团。全省6个国家级和3个省级的高新技术产业开发区以及珠江三角洲高技术产业带发展势头良好，开始形成一批高新技术产业群体。运用高新技术促进传统产业的改造也取得较好成果。教育事业得到优先发展。全省105个县(市、区)实现了普及九年制义务教育，义务教育人口覆盖率达86.9％；小学、普通中学在校生年均增长分别达到3.4％和7.7％。幼儿教育、特殊教育也有较大发展。珠江三角洲各市、县正在努力普及高中阶段教育。校舍建设取得明显成绩，办学标准有较大提高。各类成人和职业教育加快发展。高等教育实行了多种形式的联合办学新体制。中山大学和华南理工大学已通过进入国家“211工程”预审。

(广东省政府研究室　姚泽源)

广西壮族自治区

国民经济增长速度继续保持快于全国平均水平

1995年，广西壮族自治区充分发挥大西南出海通道的区位优势，加大改革开放力度，国民经济继续快速健康发展，对外贸易发展强劲，各项社会事业取得新的进展。

1995年是广西大灾后的恢复年，但经济增长幅度仍高于全国平均水平。全区国内生产总值1666亿元，比上年增长16.5％，高于全国平均水平6个百分点。其中第一产业增加值489亿元，增长14.4％；第二产业增加值657亿元，增长20.8％；第三产业增加值520亿元，增长12.9％。

(一) 农村经济全面发展 1995年，广西积极调整农作物布局和结构，加大农业综合开发力度，农、林、牧、渔业全面发展。据统计，全区完成农林牧渔业总产值730亿元，比上年增长13.8％；农业增加值489亿元，比上年增长14.4％。农业产业结构进一步趋向合理，1995年实现农业(种植业)产值387亿元，农业在农林牧渔业中占的比重为51.67％，比上年下降1.14个百分点，林牧渔业所占比重由47.19％上升到48.33％，其中畜牧水产业增长较快，比重分别提高1.03和0.65个百分点。全年粮食总产量1553.31万吨，比上年增长11.1％，创造历史最好水平；糖蔗总产量2442万吨，比上年增长10％；油料总产量预计达45.35万吨，比上年增长26.4％；水果总产量267.5万吨，增长20.3％；猪牛羊肉类总产量204.9万吨，增长24.7％；水产品产量101.3万吨，增长33.1％。林业生产在上一年提前实现灭荒达标以后，重点强化森林资源管理，抓紧零星荒山造林，大力发展名特优经济果木林和林产品加工。全年完成造林面积13.02万公顷。在主要林产品产量中，松脂产量24.72万吨，增长2.2％；油桐籽产量5.09万吨，增长2.7％；油茶籽产量8.61万吨，下降12.2％。

农业生产条件继续改善，全区拥有农业机械总动力1075.4万千瓦，比上年增长6.3％；大中型拖拉机1.18万台，下降4.4％；小型拖拉机27.04万台，增长1.8％；农用载重汽车2.44万辆，增长7.5％；化肥施用量(折纯)122.86万吨，增长10％；农村用电量23.C61亿千瓦小时，增长13.7％。

乡镇企业继续保持高速发展势头。我区乡镇企业在连续三年超高速发展之后，1995年仍保持高速增长态势，全年完成乡镇企业营业总收入2500亿元，总产值2300亿元，分别比上年增长69.7％和70.4％。

(二) 工业生产持续增长 1995年，广西工业生产在深化改革中调整产品结构，努力适应市场需求，保持了较快增长。全年完成全部工业总产值1337亿元，比上年增长25％。其中乡及乡以上工业总产值完成790.9亿元，比上年增长17.3％。全年完成工业增加值587亿元，比上年增长23％。主要产品产量比去年有较大增长，其中发电量213.68亿千瓦时，增长17.2％；生铁97.64万吨，增长14.6％；钢87.26万吨，增长10.6％；10种有色金属27万吨，增长30.2％；水泥1966.31万吨，增长15.7％；布2.09亿米，增长20.6％；机制纸及纸板67.36万吨，增长14.4％；罐头26.8万吨，增长35.7％；啤酒23.59万吨，增长16.8％；电视机36.59万部，增长17.7％；硫酸55.39万吨，增长28.8％；小型拖拉机3.28万台，增长71.1％。

1995年广西工业经济运行的特点是：第一、保持平稳发展态势，增长速度比全国平均水平高出1.3个百分点，排在全国各省市区的第9位。第二、轻工业增长快于重工业增长。在乡及乡以上工业总产值中，重工业仅增长11.9％，而轻工业增长23.8％，比重工业高11.9个百分点，这是“八五”期间轻工业第一次快于重工业增长。第三、国有工业增长速度慢于非国有工业增长速度。全年国有工业增长速度为7.7％，低于全区乡及乡以上工业增长速度17.3％的9.6个百分点，集体工业增长速度32.5％，其他类型工业增幅达38％。

(三) 固定资产投资重点向基础设施和基础产业倾斜 1995年，广西固定资产投资完成410亿元，比上年增长7.2％。其中，国有单位固定资产投资完成了270.98亿元。在国有单位投资中，基本建设投资144.87亿元，更新改造投资69.36亿元，分别比上年增长6.4％和10.2％。在投资安排上重点向能源、交通通讯、重要原材料等基础设施和基础产业倾斜，同时也增加了教育、卫生、文化事业的投入。由于投资重点突出，投资于构筑大西南出海通道基础建设的资金增加，用于能源交通的投资55.36亿元，占基本建设投资的比重高达38.2％；用于原材料项目的投资18.72亿元，增长51.7％，比重为12.9％。教育文化事业投资完成12.1亿元，比重8％，增长63.1％。增幅均远高于上年水平。

固定资产投资效果比上年大大提高。全年基建、更改及其他三项投资新增的固定资产合计173.45亿元，比上年增长71.5％，固定资产交付使用率由上年的47.3％上升到76.9％。基建、更改、房地产及其他投资的房屋建设中，全年竣工房屋面积1057.9万平方米，比上年增长14.4％，面积竣工率由上年的26.8％上升到42％。在竣工房屋面积中，住宅建设面积527.27平方米，竣工率由上年的11％上升到47.6％。基本建设与更新改造项目中，全部建成投产3260个，比上年增长9.2％。

重点建设也取得了显著成果。全年列入重点建设计划的项目32个，已建成投产或交付使用的项目有七个，主要是岩滩水电站4号机组，柳州火电厂2号机组，昭平电厂3号机组，天生桥二级水电站3号机组(跨省项目)，钦北铁路、平果铝厂、露塘造纸厂等。全年共形成新的生产能力有：发电装机容量74.35万千瓦，二级公路70余公里，三级公路120多公里，铁路120公里，氧化铝30万吨/车，刨花板1.8万立方米，50万伏超高压输电线路90公里，长途通信干线光缆通信线路约2000公里。以上项目的建成，大大改善了广西电能紧张、通讯紧张的状况，为我区经济建设发展增加了后劲。

(四) 运输邮电业取得新的进展 1995年，广西完成运输业增加值80亿元，比上年增长8.7％。货运量6830万吨，比上年增长4.5％；货物周转量415.54亿吨公里，增长0.6％。其中铁路运量350.99吨公里，增长1.2％；公路运量33.33亿吨公里，增长52.9％；水路运量61.22亿吨公里，下降0.4％；客运量11816.2万人，增长2.4％。全年完成邮电业务总量20.43亿元，比上年增长54.6％。全区完成邮电通信项目299个，新建成传输光缆3675公里，局用电话交换机容量49万门，长途自动交换机5万路端，长途电话业务电路3898路；移动电话交换机容量20万路。到1995年底，全区传输光缆总长已达1万公里，其中干线光缆5760多公里，数字微波线路总长1520公里，全区电话网总容量已达165万门，长途自动交换机容量7.5万路端，长途业务电路2.6万路，开通移动电话交换局11个。全区电话用户已达76.7万户，移动电话10万户，邮路总长度5.2万公里。程控交换、光纤通信，数字传输等各项新技术得到了广泛使用，并实现了全区长途传输干线大通路和数字化，建成了全区数字数据网、数字移动电话网和会议电话网，基本实现了县县通光缆。全区农村电话全部实现自动化，电话普及率已达3％左右。

(五) 城乡市场活跃 1995年广西实现消费品零售总额519.97亿元，比上年同期增长24.8％，扣除价格因素，实际增长7.2％；其中城市消费品零售额235.75亿元，增长29.8％，农村消费品零售额157.94亿元，增长27.3％，扣除价格因素，分别增长12.9％和8.2％。县城消费品零售额126.28亿元，增长13.9％。国有经济实现消费品零售额155.71亿元，增长24.2％，非国有经济消费品零售额364.26亿元，增长25.1％，略高于国有经济消费增长速度。非国有经济消费的快速发展已成为推动广西流通领域经济发展的又一强大动力。

物价接近控制水平，全年零售物价总指数为116.4，但仍高于全国114.8的平均水平。居民消费价格，原材料、燃料及动力购进价格、工业品出厂价格、固定资产投资价格、农副产品收购价格指数分别上涨18.4％，12.9％、17.2％、3.4％和19％。

(六) 财政收入平稳增长，金融货币回笼增多 1995年，广西财政总收入133.41亿元，比上年增长19.2％。其中地方财政收入76.5亿元，比上年增长22.9％；全区地方财政支出137.49亿元，比上年增长11.2％。金融形势平稳，银行存贷款上升，年末全区金融机构各项存款额1159.8亿元，比上年末增长23.5％；各项贷款余额1009.6亿元，比上年末增长17.7％，增幅比上年减少7.5个百分点。

1995年金融改革也取得新进展，进行了广西首家城市合作银行的前期准备工作；成立了柳州、桂林城市信用社联社；农业发展银行组建完成并正式投入运营。

(七) 人民生活水平继续提高 1995年全区城镇居民人均生活费收入4289元，比上年增长20.5％，扣除价格因素，实增1.7％；农村居民人均纯收入1446元，比上年增长30.6％，扣除价格因素，实增11％。

城乡居民居住条件进一步改善。全年城镇建筑竣工住宅面积1488.58万平方米，比上年增加591.58万平方米，农村居民新建竣工住宅面积为2123.73万平方米，比上年减少1181.27万平方米。

城镇职工养老保险和失业保险制度范围进一步扩大。全年安置城镇就业人员17.44万人，年末城镇失业率为2.4％。随着企业改革的不断深化和各项改革措施的逐步到位，社会保障制度逐步完善。全年全区有180万职工参加了社会统筹保险，比上年增加36.1万人。

对外经济贸易稳步增长

(一) 对外贸易额高速增长 1995年广西进出口总额30.58亿美元，比上年增长29％。其中出口总额达22.46亿美元，比上年增长40.2％，进口8.12亿美元，增长5.6％。在出口总值中，一般贸易出口15.84亿美元，占出口总值的70.5％，比上年增长42.8％；三资企业出口3亿美元，占总值的13.3％，比上年增长40.2％；易货贸易出口1.67亿美元，占总值的7.5％，比上年增长0.13％；来料加工出口1.6亿美元，占总值的7.1％，比上年增长66.8％；补偿贸易出口3429万美元，占总值的1.5％，比上年增长115.8％。在进口总值中，一般贸易进口4.18亿美元，占进口总值的51.4％，比上年下降7.8％；三资企业进口1.62亿美元，占总值的19.9％，比上年增长20.8％；易货贸易进口1.40亿美元，占总值的17.2％，比上年下降15.5％；来料加工进口9075万美元，占总值的11.2％，比上年增长427.6％；补偿贸易进口276万美元，占总值的0.3％。1995年进出口贸易呈现如下特点。

1. 大宗出口商品增加。1995年出口额在500万美元以上的大宗商品有63种，比上年增加11种，出口额121347万美元，占出口总值的54.03%。其中出口额在500—1000万美元的商品有菜油、桐油、活鸡、水果、啤酒、咸水蘑菇、茶叶、桂皮、桂油、茴油、松节油、绸缎、布胶鞋、氧化锌、皮劳保手套、瓦楞纸芯、电池、铋、柳制品、钢材、铝合金、锌矿砂、铝材、轮胎等24种，出口金额16763万美元，占出口总额7.46%；出口额在1000—3000万美元的商品有豆油、棕榈油、活猪、棉涤纶布、毛巾、针棉织品、收录两用机、锑、金首饰、生铁、锰铁、硅锰合金、锌，铜合金、鞭炮烟花、竹制品、按木片、鹅鸭绒毛、羽绒服装、轴承合金、锑铝合金、重晶石、氧化锌、柴油机、电话机、电子元器件、滑石等27种，出口金额44467万元，占出口总额的19.8%；出口额在3000万美元以上的商品有服装、香菇、罐头、砂糖、水产品、陶瓷、芒草制品、锡、松香、棉布、硅、水泥等12种，出口金额60117万美元，占出口总额的26.77%。

2. 出口商品结构进一步优化。1995年工业制成品出口增长加快，全自治区重工业产品出口12.34亿美元，占出口总值的55%，比上年增长116.8%；轻纺产品出口7.75亿美元，占出口总值的34.5%，下降8.3%；农副产品出口2.37亿美元，占出口总值的10.5%，比上年增长25.7%。按国际贸易标准分类，工业制成品出口16.63亿美元，占出口总值的74%，比上年增长42%，其中机电产品出口2.85亿美元，占出口总值的12.7%，比上年增加48.1%；初级产品出口5.83亿美元，比上年增长35.3%。

3. 出口市场扩大，对东南亚地区出口加快。1995年出口市场为115个国家和地区，比上年增加3个。其中对港澳地区出口121205万美元，占出口总值的54%，比上年增长36.9%；对欧共体出口19705万美元，占出口总值的8.8%，比上年增长39.1%；对原苏联出口5356万美元，占出口总值的2.4%，比上年增长55.5%；对东盟出口33901万美元，占出口总值15.1%，比上年增长49.8%；对东南亚地区出口33929万美元，占出口总值的15.11%，比上年增长124.9%；对非洲出口922万美元，占出口总值的0.4%，比上年增长61.1%；对北美出口14413万美元，占出口总值的6.4%，比上年增长47.5%。在出口国别中，对东南亚地区出口已超过对欧共体和原苏东地区的出口，出口额占全区出口比重由上年的8.5%提高到15.11%，成为我区第二大贸易合作区域。

4. 进口贸易低速增长，进口商品结构优化。1995年全区外贸进口到货81174万美元，比上年增长5.64%。在进口商品中，成套设备、机械设备、化肥等生产资料进口6.03亿美元，占进口总值的74.3%，比上年增长9.2%；砂糖、小麦等生活资料进口2.08亿美元，占进口总值的25.7%，比上年增长22.2%。按国际贸易标准分类，工业制成品进口50919万美元，占进口总值的62.7%，减少9.4%，初级产品进口30255万美元，占进口总值的37.3%，比上年增长46.3%。进口额在500万美元以上的商品有钢材、化肥、棉花、棕榈油、豆油、菜仔油、砂糖、铜、铝、天然橡胶、纸浆、涤纶、小麦、玉米等14种，进口金额40957万美元，占进口总额的50.46%。

1995年进口商品主要来自39个国家和地区。其中从港澳进口22900万美元，占进口总值的28.2%，比上年增长29.4%；从欧共体进口7059万美元，占进口总值的8.7%，比上年增长43%；从原苏联进口7074万美元，比上年下降51.4%；从东盟进口29398万美元，占进口总额的36.2%，比上年增长22.6%；从东南亚地区进口29399万美元，占进口总额的36.2%，比上年增长22.5%；从非洲进口1356万美元，占进口总额的1.7%，比上年增长231.5%；从北美进口3778万美元，占进口总值的4.9%，比上年增长31.6%。进口额在前10位的市场有香港、越南、泰国、美国、俄罗斯、乌克兰、日本、瑞典、马来西亚、澳大利亚等国家和地区，进口金额68946万美元，占进口总额的84.9%。

(二) 利用外资继续稳步发展

1. 利用外资项目规模扩大。1995年全自治区批准签订利用外资项目合同641项，比上年下降44.8%；合同外资额122632万美元，比上年下降15.6%；实际利用外资金额75405万美元，比上年下降19.5%。其中，批准签订对外借款项目19项，实际利用外资8142万美元，比上年下降18.9%；批准签订外商直接投资项目571个，实际利用外资66952万美元，比上年下降17.9%；批准签订外商其他投资项目51个，实际利用外资311万美元，比上年下降85.4%。但是，全区利用外资项目的规模明显扩大，全年平均每个外商投资项目合同外资额达176万美元，比上年增长30.4%，创历年最高水平。国外大财团来投资的大项目增多，总投资额在1000万美元以上的项目53个，合同外资额66611万美元，占全区合同外资额的54.3%。

2. 投资结构进一步改善。1995年，基础设施、基础工业和支柱产业成为外商投资的热点。在全年批准成立的外商投资企业当中，工业类项目384个，合同外资额63061万美元；建筑类项目23个，合同外资额3555万美元；交通运输邮电类项目10个，外资额7572万美元；农业类项目6个，外资额3854万美元；商业饮食仓储业项目6个，合同外资额1160万美元；房地产公用服务业项目106个，外资额22799万美元；卫生体育福利事业类项目1个，外资额110万美元；教育、文艺、广播电视类项目1个，外资额179万美元；科技服务事业类项目1个，外资额6万美元；其他行业项目41个，外资额15069万美元。其中属基础设施、基础工业方面的项目共425个，占总项目数的66.3%；合同外资金额75037万美元，占合同外资总额的61.6%，投资结构进一步得到改善。

3. 1995年到广西投资的分布在世界的26个国家和

地区，比上年减少4个。投资项目和投资金额最多的来自亚洲。其中，香港361项，合同金额54203万美元，澳门11项，金额1960万美元，台湾省82项，金额6600万美元。外商投资中：越南1项，外资额11万美元，日本18项，外资额2192万美元；泰国7项，外资额244万美元，马来西亚4项，外资额1030万美元；新加坡18项，外资额17271万美元；印度尼西亚2项，外资额1027万美元，韩国6项，外资额156万美元。

其他国家和地区的外商到广西投资的还有德国3项，合同外资额3560万美元；法国1项，外资额625万美元，意大利2项，外资额7716万美元；瑞典2项，外资额20万美元；西班牙1项，外资额58万美元；巴拿马1项，外资额38万美元；阿根廷1项，外资额10万美元；百慕大群岛1项，外资额633万美元；加拿大5项，外资额1805万美元；美国22项，外资额1409万美元；太平洋岛国2项，外资额2566万美元；澳大利亚7项，外资额372万美元；非济1项，外资额91万美元，其他国家2项，外资额10万美元。

4. *外商投资企业筹建投产速度快，经营状况好转。* 1995年底，已开业投产的外商投资企业1679家，共完成生产总值154.2亿元人民币，销售收入143.4亿元，盈利53612万元，筹建投产速度快，经营状况好转。1995年广西在利用外资方式上有了新的突破，来宾电厂B厂BOT项目被国家正式列为全国第一个BOT投资方式试点项目，有力地推动了利用外资工作的开展，拓宽了利用外资渠道。

5. *利用外资弥补了广西建设资金的不足。* 通过利用外资，有力地促进了广西经济的持续、快速、健康发展，弥补了建设资金的不足。“八五”期间全区实际利用外资总额达33.3亿美元，比“七五”增长7.67倍，占同期全区固定资产投资总额的18.1%，加快了一批重点项目的建设，主要有天生桥一级电站、南昆铁路、鹿寨化肥厂、贺县纸浆厂、京南水电站、大埔水电站、西江航运综合治理、红壤开发，速生丰产林，粮食流通领域建设项目和一批卫生项目等。同时，引进了外国的先进技术，设备和管理经验，提高了企业的技术水平，缩小了与世界先进水平的差距，提高了产品质量和档次，增强了在国外市场上的竞争能力，扩大了出口创汇，1995年外商投资企业出口创汇3亿美元，比去年同期增长40.2%，占全年全区外贸出口总额的13.35%。

（三）对外经济技术合作业务有新的发展 1995年签订对外承包工程和劳务合作合同31个，合同总金额7735万美元，比上年下降9.6%；完成营业额8933万美元，比上年下降21.8%，全年共派出各类劳务人员2046人(次)，比上年增长74.1%。主要派往越南、澳门、巴基斯坦、孟加拉、肯尼亚、保加利亚、波兰、马来西亚、新加坡、俄罗斯、香港、老挝等23个国家和地区。年末在国(境)外各类劳务人员1778人。承包工程分布在美国、波利尼西亚、波兰、奥地利、俄罗斯联邦、保加利亚、乍得、日本、泰国、印度尼西亚、香港、澳门、冈比亚、巴布亚新几内亚、缅甸等22个国家和地区。

1995年接受国际组织和双边援助项目9项，金额636万美元。援助资金来源于联合国儿童基金会、人口基金会、澳大利亚、英国、欧盟、日本、美国、世界卫生组织、香港等国际组织、国家和地区。

在海外举办非贸易投资企业4家，中方投资金额141万美元，主要以设备、技术和部分现金出资。非贸易企业分布在泰国、越南和法属波利尼西亚等3个国家。

各项经济体制改革取得新进展

（一）企业改革在探索中前进 1995年，我区开展了建立现代企业制度试点工作，批准了两家新的公司为股份有限公司，批准了4325家公司为有限责任公司。建立了现代企业制度试点联席会议制度，由自治区领导挂帅定期研究企业改革问题。国有小型企业以改、租、并、卖为主要形式的产权制度改革，在上年的基础上继续推进。全年新组建企业集团8家。依法破产企业12家。个体和私营经济进一步发展，至10月底，全区个体工商户已发展到85.6万户，从业人员119万人。

（二）政府机构改革大体完成 1995年，我区党政机关本着转变职能、理顺关系、精兵简政、提高效率的原则，进行了机构改革工作。对一些职能相近、业务重叠的机构进行合并精简，将一些专业经济管理部门改组为经济实体或行业管理组织，区直机关由原来的72个减少为54个，精减25%，区直机关人员由7840人减为5900人，精减24.7%。各地市县的机构改革也在积极进行之中。

（三）流通体制改革进一步深化 供销社按照真正办成农民的合作经济组织和综合性服务组织的要求，以农民入股、扩股为突破口，逐步恢复民办机制。目前社员入股股金总额已超10亿元，已有215个试点企业选举产生了新的领导机构。全国供销合作总社已将我区供销社作为全国供销社改革的示范点。国有小型企业继续推行租赁经营，国有批发企业积极探索批零结合、综合经营新路子。

（四）宏观经济管理体制继续改革与完善 1995年，广西加强对宏观经济运行的监测和预测工作，完善国民经济信息系统，健全季度预测分析制度，定期召开统计新闻发布会，密切跟踪经济形势的变化，及时提出政策建议和应对措施。宏观经济管理体制进一步完善。

社会各项事业进一步发展

（一）科技成果及其产业化取得新成绩 1995年广西科技工作面向经济建设主战场，主动为解决经济热点难点问题作贡献。全年共取得省部级以上登记的科技成果530项，其中属于国际领先1项，国际先进10项，国内领先32项，国内先进233项，区内领先254项，获自治区科技进步奖164项。国家重点工业性试验项目三水铝综合利用试验厂于7月19日正式开工建设，甘蔗机械系列化产品研制已列入国家重点试验项目。农业方面，先后实施了“1600万亩粮食高产增产综合技术开发”、“千万亩水稻节水灌溉技术开发”、“50万亩农田两高一优技术开发”、科技兴牧“133”工程、乡镇企业“十百千万”星火工程，糖业“1105”、“2165”工程等成效显著。工业方面，通过产品更新换代、先导产品观控计划，利用高新技术改造传统产业、改善产业结构和产品结构，形成新的经济增长点。1995年广西高新技术产业产值占全区工业总值的5.48%，列全国第14位，广西的高新技术研究在一些领域处于国内或国际领先地位。

（二）教育事业进一步发展 1995年共招收研究生318人，比上年增长11.6%，普通高等学校招收本、专科生20416人，增长5.8%，各类中等职业技术学校在校生27.66万人(含技术学校学生)，比上年增加10.3%，年末初中在校生174.87万人，小学在校生639.92万人，分别比上年增长12%和1.3%。九年义务教育普及率不断提高，7—11周岁小学学龄儿童入学率达98.5%，小学生入学巩固率达到96.6%。

（三）医疗卫生事业又有新发展 年末全区医院病床数为8.39万张，比上年增加0.65万张，增长8.4%。专业卫生技术人员11.65万人，比上年增加0.31万人，增长2.7%。其中医生5.53万人(含中西医师)，增加0.34万人，护师、护士3.69万人，比上年增加0.21万人。计划生育工作取得较好成效，全区自然增长率11.0‰。

1995年，广西的文学艺术、新闻出版、广播影视、体育、社会福利等方面都取得了新成绩。

（广西外经贸厅办公室　李亦之）

海南省

国民经济在宏观调控中平稳发展

1995年，海南省认真贯彻“抓住机遇、深化改革、扩大开放、促进发展、保持稳定”的基本方针，正确处理改革、发展和稳定的关系，全省经济在宏观调控中平稳发展。特别是在加快农业发展，抑制通货膨胀、压缩投资规模、调整投资结构等方面取得了明显成效，整体经济实力进一步增强。全省国内生产总值完成381亿元，比上年增长7.2%，其中第一产业增长12.2%，第二产业增长5.7%，第三产业增长4.3%。

（一）农村经济持续快速增长，热带高效农业发展迅猛 1995年，我们继续认真贯彻以加工运销为中心、以增加农民收入为目标的方针，不断调整农业经济结构，在稳定发展粮食生产的基础上，大力发展热带高效农业，有力地促进了农业和农村经济的全面发展。农业总产值在连续4年保持两位数增长的基础上，1995年全省农业增加值完成134.3亿元，比上年增长12.2%。其中，农业58.56亿元，增长9.1%；林业29.88亿元，增长9.3%；牧业23.42亿元，增长11.4%；渔业22.46亿元，增长19.6%。全年粮食总产量达212.7万吨，比上年增长3.9%。瓜果菜、水产品及畜牧业生产形势较好，有效供给量增加。其中水产品总量突破43.6万吨，比上年增长12.7%。热作生产势头良好，年末热作总面积达43.8万公顷，干胶产量达24.8万吨，比上年增长7%。农业生产条件进一步改善，机电化水平有所提高。年末全省农业机械总动力176.03万千瓦，比上年增长5.1%；全年化肥施用量17.33万吨，增长9.8%；全年农村用电量1.16亿千瓦，增长3.6%。随着农村经济的发展，农村生产关系继续发生深刻变化，一批企业化生产、规模化经营的农业基地已经形成，外引内联和农民合作经济已成为农村资金投入的主渠道。科技兴农迈出了新的步伐。这些都为海南省农业“九五”期间的持续快速健康发展打下了坚实的基础。

（二）工业生产保持较快增长，交通邮电发展迅速 工业生产克服了各种困难，保持较快增长。全年工业增加值完成53.3亿元，比上年增长16%。轻工业发展较快，全年轻工业增加值34.3亿元，比上年增长21.5%；重工业增加值19亿元，比上年下降2%。在各种经济类型工业中，除国有工业稍有下降外，集体及其他经济类型工业都保持较快增长。国有工业增加值21亿元，下降6.4%；集体工业增加值4亿元，增长15.8%；其他经济类型工业增加值18.5亿元，增长43.7%；农村村办、城乡联营及个体工业增加值9.8亿元，增长25.2%。主要工业产品产量中，电力、钢材、水泥、化纤、摩托车和饮料食品等产品产量增幅较大。由于市场导向作用增强。产销衔接较好，全年工业产品销售率为95%，比上年增加一个百分点。

交通运输和邮电通信业快速发展。全年完成增加值22.54亿元，比上年增长8.4%，其中交通运输业增加值16.22亿元，增长6.8%；邮电业增加值6.32亿元，增长21%。公路、港口、机场等交通基础设施有较大改善。环岛(东线)高速公路全线贯通；港口吞吐能力和船舶总运力增加，船舶航线到达国内沿海主要港口，并与世界30多个国家和地区通航；进出岛航空运输线路及班次不断增加。邮电通信现代化水平不断提高，通信网络规模、通信能力、技术层次等都有较大发展。1995年末，全省邮路达8.7万公里，农村投递邮路19.79万公里，全省共有长途电话电路10499路，电报电路226路，市话交换机总容量达39.99万门，市内电话用户达24.88万户，移动电话用户3.11万户，无线寻呼用户29.03万户。

（三）通货膨胀得到有效控制，物价涨幅明显低于全国平均水平　按照年初省政府提出的坚决抑制通货膨胀，把过高的物价涨幅降下来的要求，我省各地认真采取措施，大力发展生产，增加有效供给，严格控制电力、化肥、石油、粮食、交通运输、邮电通信等基础性价格，整顿流通秩序，加强市场管理，坚决制止乱收费，使物价涨幅明显回落。全年全社会消费品零售总额达110.5亿元，比上年增长17.7%。全年商品零售价格比上年上涨11.3%，比全国平均涨幅低3.5个百分点。海口市在全国32个大中城市中，物价涨幅一直保持最低水平。在基本没有财政补贴的情况下，我们依靠市场价格机制的调节作用，保持了物价的持续回落，这是很不容易的。

（四）固定资产投资规模得到控制，投资结构明显改善　全年全社会固定资产投资完成196.5亿元，比上年下降10%。基本建设投资完成133.3亿元，比上年增长8.2%，其中投向农业、工业、交通电信等基础产业、基础设施的投资额达69.9亿元，占全部基本建设投资的52.4%。在固定资产投资中，投向第一产业5亿元，比上年增长16.3%；第二产业45.6亿元，增长11.5%；第三产业109.3亿元，下降7.4%；住宅建设36.6亿元，下降33.7%。

在固定资产投资下降的情况下，重点工程建设继续得到保证。全省25个重点项目完成投资45亿元，与上年基本持平。东线高速公路一期工程胜利贯通，中部山区大规模的公路改造已完成，天然气南山终端站竣工，聚酯切片厂建成投产，海口美兰机场开工兴建，海南天然气化肥厂、大广坝水利水电工程、亚龙湾旅游基础设施工程等大型项目建设进展顺利。

（五）财政收支平衡，金融形势基本正常　全年财政收入完成46.2亿元，财政支出42.6亿元。其中，地方财政收入完成28.3亿元，比上年增长2.8%；财政支出42亿元，比上年增长5%，收支平衡，略有结余。

1995年，海南省各级金融部门认真执行适度从紧的货币政策，克服困难，积极筹措资金，调整信贷结构，规范金融秩序，稳定了金融形势。年末全社会存款余额达556.41亿元，比年初增长9.1%。国家银行各项存款余额达383.83亿元，增长6.3%；全省城乡居民储蓄存款保持稳步增长的势头，增长20%。全社会贷款余额达554.44亿元，增长17.5%；国家银行各项贷款余额达418.63亿元，增长14.3%，其中短期贷款增长5.9%，中长期贷款增长20%。贷款结构得到一定调整，短期贷款比重上升，长期贷款比重下降。货币投入继续减少，全年货币净投入52.87亿元，比上年减少41.3%。我们还成功地组建了海南发展银行，该行开业以来运作状况良好。全省保险业也得到了稳步发展。全省人民保险公司系统完成国内保险承保额304.27亿元，收取保险费2.85亿元，比上年增长0.7%；付出赔款1.8亿元，增长31.4%。

（六）城乡居民收入稳步增长，生活水平有一定提高　1995年，全省职工工资总额53.38亿元，比上年增长9.9%；全部职工平均工资4934元，增长21.6%。城镇居民人均生活费收入4344元，比上年实际增长10.5%；农村居民人均纯收入达1552元，比上年实际增长5%。城乡居住条件继续改善。全省城镇住户人均住房面积达11.84平方米，农村人均居住面积达23.23平方米，分别比上年增加0.76和2.8平方米。

对外经济合作取得新进展

（一）进出口贸易规模缩小　由于资金紧张、退税指标不足、政策调整、本地产品出口比例小等因素的影响，1995年全省进出口贸易有所下降。全年进出口总值22.56亿美元，比上年下降16.4%。其中出口总值8.3亿美元，下降15.9%；进口总值14.26亿美元，比上年下降16.6%。

（二）招商引资取得新进展　全年与外商新签利用外资协议合同411宗；协议规定外商投资30.9亿美元，比上年增长97.5%；实际利用外资14.62亿美元，增长15.6%，其中外商直接投资10.6亿美元，增长21.3%；利用国外贷款项目22个，实际完成4亿美元，比上年略有增长。利用外资质量也明显提高，来琼洽谈投资的亚洲和欧美大财团增多；项目规模扩大，资金到位率提高；投资结构趋于合理，逐步向热带农业、工业、高新技术、基础产业和旅游业等产业发展。

（三）国际经济技术合作有新突破　首次向乌克兰克里米亚提供物资援助100万元，援建喀麦隆医院72万元；10个技术出口项目成交额为5.1亿美元；接受5个国际无偿援助项目总额达854万美元；新批准设立海外企业13家；外派劳务80人。

（四）旅游业发展势头良好　1995年，海南省紧紧围绕迎接“'96中国度假休闲游重点在海南”这个中心，突出抓好旅游宣传促销，认真落实重点旅游项目建设，较好地举办了国内旅游交易会，旅游业取得了较大发展。全年涉外宾馆接待游客325万人次，比上年增长12.2%，其中国际游客28.5万人次，比上年增长15.2%。旅游外汇收入8096万美元，比上年增长15%。旅游接待服务设施进一步完善，旅游环境进一步优化。亚龙湾中心广场、三亚日出观光高尔夫球场、海口假日海滩、中国城、蓝岛娱乐广场等一批综合性休闲度假项目已建成投入使用。海口、三亚、琼海、琼山、文昌、儋州、通什、万宁等市县的一批新景点、新景区建成。一批具有滨海或温泉特色的度假村建成迎宾。全省评定星级的宾馆酒店36家，其中五星级1家，四星级4家，三星级15家。

经济体制改革继续向前推进

(一) 改革国有资产管理体制，实现国有资产保值增值 近几年，海南省按照建立现代企业制度的要求，加快国有资产管理体制改革和创新的步伐，逐步建立委托运营为主、授权管理为辅的国有资产管理体制。为了更好地把企业国有资产运营推上市场，实现国有资产顺畅流通和保值增值。1995年5月，海南省人大在人国率先颁布了《海南经济特区企业国有资产条例》，以地方立法形式肯定了国有企业的法人财产权，依法界定企业国有资产的所有权和企业法人财产权之间的产权关系，防止因产权不明晰而造成国有资产流失。国有资产委托运营形成的关系受法律保护，出现问题依法处理。

(二) 加强对股份企业的规范管理，保护投资者合法权益 为了加强对股份公司的规范管理和建设，保护投资者的合法权益和社会公共利益，海南省人大于1995年9月颁布了《海南经济特区股份有限公司监督管理规定》，以立法的形式授权省证券办、工商、税务、审计等部门，对股份有限公司依法实施监督管理，促进股份有限公司依法经营、健康发展。

(三) 深化金融体制改革，组建海南发展银行，推广和应用海南银行IC卡 建省以来，海南金融业发展很快，特别是非银行金融机构发展更快。为了优化金融组织结构，提高金融机构的档次，实现规模效益，增加金融机构为经济建设服务的功能，促进经济发展。1995年8月，经中国人民银行批准，在改组合并五家信托投资公司的基础上组建了海南发展银行。海南发展银行成立后，积极拓展境内外业务和国际业务，开辟了广阔的境内外融资渠道，有力地促进海南经济建设和各项事业发展。1995年11月海南省政府颁发了《海经济特区银行IC卡管理规定》，在全国率先开发和应用可跨行使用统一标准的金融IC卡，它的应用将有力地促进海南金融改革，有助于提高全社会的工作效率和生活质量。

(四) 改革旅游管理体制，给境外、国外旅游者以"国民待遇" 为了吸引更多的境外、国外旅游者来海南旅游观光，开拓国际旅游市场，发展海南旅游业，海南省积极推进旅游管理体制改革。1995年8月，海南省人大颁布了《海南省旅游管理条例》，正式规定给境外、国外来琼旅游者以"国民待遇"，即凡是境外、国外来琼旅游者在琼旅游期间一切消费价格与本省居民享用同等待遇。这一改革举措实施以后，在国际社会产生了较大反响，不仅促进了海南旅游业的发展，而且进一步树立了海南改革开放的好形象。

(五) 改革医疗保险制度，完善社会保障体系 1995年7月，海南省人大和省政府先后颁布了《海南经济特区城镇从业人员医疗保险条例》与实施细则，以社会立法形式在全省城镇全部从业人员中实施个人帐户和社会统筹相结合的医疗保险制度。医疗保险制度的建立，与先前出台的养老、失业、工伤等社会保险制度一道，初步形成了对全省城镇劳动者的社会保障网。

各项社会事业协调发展

(一) 科技事业取得成果 全年全省组织实施国家级"火炬""星火"计划项目11项，省级项目22项。获得国家科委立项支持的国家地方攻关项目3项，获国家自然科学基金资助项目10项，省自然科学基金立项21项。1995年度海南省科技进步获奖项目5项。知识产权保护工作加强，全年全省共受理专利申请165件，获受专利权98件。科技成果推广、科技信息情报服务、科技人才培训以及国际科技交流等工作都得到较好开展。科技人才队伍不断壮大，年末全省国有企业事业单位共有各类专业技术人员11.37万人。

(二) 教育事业不断发展 1995年小学适龄儿童入学率达99%，在校生达111.75万人，比上年增加1.52万人；初中适龄少年入学率为64%，在校生27.55万人，比上年增加2.02万人；普通高中在校生4.16万人，比上年增长3%；中专、中师、职中等共招生1.64万人，比上年增长6.3%；普通高等院校在校生1.2万人，比上年增长2.8%；成人高校、中专在校生2.04万人，比上年增长10%。扫盲工作成效显著，全年共扫除文盲2.39万人。学校内部管理体制改革进一步深化，教学质量有所提高。

(三) 文化艺术、广播电视、新闻出版和体育事业繁荣活跃 全省有4个乡被授为全国民间艺术之乡。全省共有各类艺术表演团体196个，共有艺术馆、文化馆、图书馆、档案馆64个，广播电台21座，电视台5座。全年共出版图书437种，2316万册，报纸、杂志46种，音像制品80.2万盒。文艺创作和演出成果丰硕，千里文化长廊建设有较大进展。体育事业取得较好成绩。在全国比赛中，获得2个第一名、1个第二名、3个第三名，3人破4项全国少年田径、举重纪录。群众体育活动活跃，全省各类学校有73.15万人达到国家体育锻炼标准。

(四) 卫生和环保事业取得新进展 卫生事业继续发展，医疗条件进一步改善，年末全省有各类医疗机构1653个，病床位2.24万张，各类专业卫生技术人员3.13万人。加强了防疫和治疗工作，传染病得到有效控制，发病率下降。初保、妇幼卫生、药品监督管理等工作取得成效。环保事业坚持经济建设与环境保护协调发展的基本方针，使综合开发、治理和保护相结合，取得新进展。

(海南省政府办公厅　邢福民)

北京、上海、天津三直辖市与沿海九省(自治区)统计资料
(1995年)

[基本情况]
BASIC STATISTICS

行政区划(1995年底)
ADMINISTRATIVE DIVISIONS IN CHINA (END OF 1995)

单位：个 (Number)

省级单位名称 Provinces Municipalities and Autonomous Regions	地级单位数 Number of Prefectures	#地级市 Cities	县级单位数 Number of Counties	#县级市 Cities	各省市单位数 Number of Cities	市辖区数 Districts Under City Administration
全国 National	**334**	**210**	**2143**	**427**	**640**	**706**
12省级单位合计 Retion	111	97	663	190	290	327
比重(%) Proportion	33.23	46.19	30.94	44.50	45.31	46.32
北京市 Beijing			8		1	10
天津市 Tianjing			5		1	13
河北省 Hebei	11	10	139	23	33	34
辽宁省 Liaoning	14	14	44	16	30	56
上海市 Shanghai			6		1	14
江苏省 Jiangsu	11	11	64	32	43	42
浙江省 Zhejiang	11	10	64	24	34	23
福建省 Fujian	9	7	63	16	23	18
山东省 Shandong	17	14	95	33	47	44
广东省 Guangdong	21	21	78	32	53	42
广西壮族自治区 Guangxi	15	8	80	9	17	28
海南省 Hainan	2	2	17	5	7	3

各地区国有土地使用权出让和划拨情况(1995年)
SUBLET OF STATE-OWNED LAND RIGHT OF USE AND TRANSFERRED BY REGION (1995)

地区 Region	国有土地使用权出让 Sublet of Stated-Owned Land Right of Use						划拨土地使用权 Stated-Owned Land Transferred	
	地块 Number of Land (宗)	面积 Area (公顷) (Ha.)	收入(万元) Revenue (10000 yuan)				地块 Number of Land (宗)	面积 Area (公顷) (Ha.)
			征地费 Impose Land	开发费 Development	出让金 Sublet	其他 Other		
全国 National	**105473**	**43092**	**818848**	**487555**	**1836730**	**734087**	**292285**	**87608**
12省级单位合计 Region	43677	32547	639318	420928	1453852	702262	115479	35240
比重(%) Proportion	41%	76%	78%	86%	79%	96%	40%	40%
北京 Beijing	419	1219	619	1039	368749		3147	5006
天津 Tianjin	181	613			131431		498	1394
河北 Hebei	6295	3497	58859	23677	42723	7379	1207	1291
辽宁 Liaoning	1029	1185	13779	8385	117568	113	509	354
上海 Shanghai	276	719			121132	523970	2914	4292
江苏 Jiangsu	1698	3178	100119	56340	40402	17058	4440	3621
浙江 Zhejiang	13712	3699	222313	173764	214432	49641	54459	4999
福建 Fujian	1661	1272	15782	9610	53485	1591	15749	3267
山东 Shandong	5670	2879	84963	6579	49354	9186	22882	5006
广东 Guangdong	9701	8527	59731	103379	264210	62181	6424	4052
广西 Guangxi	2511	1015	13753	14317	8199	10841	3250	1958
海南 Hainan	524	4744	69400	23838	42167	20302		

注: 本表中未包括补办出让手续的宗地、面积、收入。

a) The area and income excluding appended.

沿海行政区划市、县表(1994年)

ADMINISTRATIVE DIVISION IN COAST (1994)

地区 Region	市县(区)名称
北京市 Beijing	
天津市 Tianjing	地级市: 县级市: 地区(县): 塘沽区　汉沽区　大港区
河北省 Hebei	地级市: 唐山市　秦皇岛市　沧州市 县级市: 黄骅市　丰南市 地区(县): 滦南县　乐亭县　昌黎县　唐海县　抚宁县　海兴县
辽宁省 Liaoning	地级市: 大连市　丹东市　锦州市　营口市　盘锦市　葫芦岛市 县级市: 瓦房店市　兴城市　盖州市　庄河市　普兰店市　东港市　大石桥市　凌海市 地区(县): 大洼县　盘山县　绥中县　长海县
上海市 Shanghai	地级市: 县级市: 地区(县): 宝山区　浦东新区　南汇县　奉贤县　金山县　崇明县
江苏省 Jiangsu	地级市: 南通市　连云港市　盐城市 县级市: 启东市　东台市　海门市　通州市 地区(县): 海安县　如东县　赣榆县　灌云县　响水县　滨海县　射阳县　大丰县
浙江省 Zhejiang	地级市: 杭州市　宁波市　温州市　嘉兴市　绍兴市　舟山市　台山市 县级市: 萧山市　慈溪市　奉化市　瑞安市　平湖市　海宁市　上虞市　乐清市　临海市　余杭市　温岭市 地区(县): 象山县　宁海县　鄞　县　瓯海县　洞头县　永嘉县　平阳县　仓南县　海盐县　绍兴县　岱山县　嵊泗县　三门县　玉环县
福建省 Fujian	地级市: 福州市　厦门市　蒲田市　泉州市　漳州市 县级市: 福清市　宁德市　福安市　晋江市　南安市　龙海市　长乐市 地区(县): 连江县　罗源县　平潭县　同安县　莆田县　仙游县　惠安县　云霄县　漳蒲县　诏安县　东山县　福鼎县　霞浦县
山东省 Shandong	地级市: 青岛市　东营市　烟台市　潍坊市　威海市　日照市　临沂市 县级市: 胶州市　即墨市　胶南市　龙口市　莱阳市　招远市　莱州市　文登市　荣成市　蓬莱市　寿光市　乳山市　昌邑市　滨州市 地区(县): 垦利县　利津县　广饶县　海阳县　长岛县　无棣县　沾化县
广东省 Guangdong	地级市: 汕头市　佛山市　江门市　广州市　湛江市　茂名市　惠州市　深圳市　阳江市　东莞市　中山市　珠海市　汕尾市　潮州市　揭阳市 县级市: 番禺市　新会市　台山市　潮阳市　廉江市　恩平市　澄海市　吴州市　惠阳市　雷州市 地区(县): 斗门县　饶平县　南澳县　惠来县　遂溪县　徐闻县　电白县　惠东县　海丰县　陆丰县
广西 Guangxi	地级市: 北海市　防城市　钦州市 县级市: 地区(县): 合浦县
海南省 Hainan	地级市: 海口市　三亚市 县级市: 琼海市　儋　州　琼山市 地区(县): 文昌县　万宁县　澄迈县　临高县　昌江县　东方县　乐东县　陵水县

续表 **continuesd**

City or County (Region)
Cities at Prefecture Level: Cities at County Level: Region: Tanggu, Han'gu, Dagang
Cities at Prefecture Level: Tangshan, Qinhuangdao, Cangzhou Cities at County Level: Huangye, Fengnan Region: Luannan, Leting, Lichang, Tanghai, Fu'ning, Haixing
Cities at Prefecture Level: Dalian, Dandong, Jinzhou, Yingkou, Panjin, HeLuDac Cities at County Level: Wafangdian, Xingcheng, Fanghe, Gaizhou, ZhuangHe, PaLanDian, DongGong, DaShiQiao, LinHai Region: Dawa, Panshan, Suizhong, Changhai
Cities at Prefecture Level: Cities at County Level: Region: Baoshan, PuDong, Nanhuui, Fengxian, Jinshan, Chongming
Cities at Prefecture Level: Nantong, Lianyugang Cities at County Level: Qidong, Dongtai Haimen, TongZhou Region: Haian, Rudong, Ganyu, Guanyun, Xiangshui, Binhai, Sheyang, Dafeng
Cities at Prefecture Level: Hangzhou, Ningbo, Wenzhou, Jiaxing, Shaoxing, Zhoushan, Taishan Cities at County Level: Xiaoshan, Cixi, Fenghua, Ruian, Pinghu, Haining, SHangyv, Leqing, Linhai, Yuhang, Wenling Region: Xiangshan, Ninghai, Yinxian Quhai, Dongtou, Yongjia, Pingyang, Cangnan, Haiyan, Shaoxing, Daishan, Shengsi, Sanmeng, Yuhuan
Cities at Prefecture Level: Fuzhou, Xiamen, Putian, Quanzhou, Zhangzhou Cities at County Level: Fuqing, Ningde, Fu'an Jinjiang, Nan'an, Longhai Changle Region: Lianjiang, Luoyuan, Pingtan, Tong'an, Putian, Xianyou, Huian, Yunxiao, Zhangpu, Zhaoan, Dongshan, Fuding, Xiapu
Cities at Prefecture Level: Qingdao, Dongying, Yantai, Weifang, Rizhao, Linyi Cities at County Level: Jiaozhou, Jimo, Jiaonan, Longkou, Laiyang, Zhaoyuan, Laizhou, Wendeng, Rongcheng, Penglai, Shouguang, Rushan Changyi, PinZhou Region: Kenli, Lijin, Guangrao, Haiyang, Changdao, Wudi, Zhanhua
Cities at Prefecture Level: Shantou, Foshan, Jiangmen, Guangzhou, Zhanjiang, Maoming, Huizhou, Shenzhen, Yangjiang, Dongguang, Zhongshan, Zhuhai, ShanWei, Chao Zhou, Jei Yang Cities at County Level: Panyu, Xinhui, Taishan, Chaoyang, Lianjiang, Enping, Chenhai Wuchuan, Haiyang, Lei Zhou Region: Baoan, Doumen, Chenghai, Raoping, Nanao, Huilai Suixi, Xuwen, Dianbai, Huidong, Haifeng, Lufeng
Cities at Prefecture Level: Beihai, Bianfeng Qinzhou Cities at County Level: Region: Hepu
Cities at Prefecture Level: Haikou, Sanya Cities at County Level: Qionghai, Danzhou Qiongshan Region: Wenchang, Wanning, Chengmai, Lingao, Changjiang, Dongfang, Ledong, Lingshui

各地区总人口和出生率、死亡率、自然增长率(1995年底数)

TOTAL POPULATION AND BIRTHRATE, DEATH RATE AND NATURAL GROWTH RATE BY REGION (END OF 1995)

本表数字是根据1995年1%人口抽样调查推算的。

Figures in this talbe estimated based on 1% Population Sample Survey in 1995.

地区 Region	年底总人口(万人) Total Population (year-end) (10 000 person)	出生率 Birth Rate (‰)	死亡率 Death Rate (‰)	自然增长率 Natural Growth Rate (‰)
全国 National	**121121**	**17.12**	**6.57**	**10.55**
12省级单位合计 Region	49599			
比重(%) Proportion	41%			
北京 Beijing	1251	7.92	5.12	2.8
天津 Tianjin	942	10.23	6.23	4
河北 Hebei	6437	13.93	6.32	7.61
辽宁 Liaoning	4092	12.17	6.15	6.02
上海 Shanghai	1415	5.75	7.05	−1.3
江苏 Jiangsu	7066	12.32	6.56	5.76
浙江 Zhejiang	4319	12.66	6.75	5.91
福建 Fujian	3237	15.2	5.9	9.3
山东 Shandong	8705	9.82	6.47	3.35
广东 Guangdong	6868	18.1	5.7	12.4
广西 Guangxi	4543	17.54	6.53	11.01
海南 Hainan	724	20.12	5.61	14.51

注: 1.全国总人口包括现役军人数,各地区均不包括。

2. 全国直接推算的总人口数,与分地区推算的总人口数之和相差858万人。

a) Military personnel are included in the national total populations, but excluded in the regional total population.

b) There was a difference of 8.58 millions Population between national total estimated directly and total of regional estimated.

按三次产业分的从业人员

EMPLOYMEES BY TYPE OF INDUSTRY

地区 Region	经济活动人口(万人) Economically Active Population (10 000)	合计(万人) Total (10 000)	第一产业 Primary Industry	第二产业 Secondary Industry	第三产业 Tertiary Industry	构成Percentage (合计total=100) 第一产业 Primary Industry	第二产业 Secondary Industry	第三产业 Tertiary Industry
全国 National	**69660**	**62388**	**33018**	**14315**	**15055**	**52.9**	**23**	**24.1**
12省级单位合计 Region	26570.5	26361.6	11771.9	7570.5	7018.5			
比重(%) Proportion	38%	42%	36%	53%	47%			
北京 Beijing	671.7	669.5	70.7	268.5	330.2	10.6	40.1	49.3
天津 Tianjin	493	489.7	82.8	237	169.8	16.9	48.4	34.7
河北 Hebei	3384.8	3367.3	1729.3	879.2	758.7	51.4	26.1	22.5
辽宁 Liaoning	2066.9	2034	632.7	771.7	629.3	31.1	37.9	30.9
上海 Shanghai	782.4	768	71	395	302.1	9.2	51.4	39.3
江苏 Jiangsu	3786.6	3765.4	1569.2	1271.9	924.4	41.7	33.8	24.6
浙江 Zhejiang	2720.9	2700.7	1154.3	848.1	698.5	42.7	31.4	25.9
福建 Fujian	1578	1567	789.8	371	406.1	50.4	23.7	25.9
山东 Shandong	4660.2	4625.4	2515.7	1159.6	950.3	54.4	25.1	20.5
广东 Guangdong	3686.8	3656.8	1370.4	1047.2	1239.1	37.5	28.6	33.9
广西 Guangxi	2398.1	2382.5	1582.5	282	517.8	66.4	11.8	21.7
海南 Hainan	341.1	335.3	203.5	39.3	92.2	60.7	11.7	27.5

按城乡分的从业人员

(年底)单位: 万人 (10 000 persons)

地区 Region	合计 Total	城镇 小计 Sub-total	国有经济单位 State-Ownec Units	集体经济单位 Urban Collective-Owned Units	联营经济单位 Joint Owned Economic Units	股份制经济单位 Share Holding Economic Units	外商投资经济单位 Foreign Funded Economic Units
全国 National	**62388**	**17346**	**11261**	**3147**	**53**	**317**	**241**
12省级单位合计 Region	26361.6	8080.5	4894.5	1630.9	43.7	175.4	193.3
比重(%) Proportion	42.3%	47%	43%	52%	82%	55%	80%
北京 Beijing	669.5	506	363.6	76.3	3.8	8	18.1
天津 Tianjin	489.7	319.8	202.1	68.3	2.1	6.2	12.9
河北 Hebei	3367.3	793.8	551.4	133.7	1.3	12.7	7.2
辽宁 Liaoning	2034	1167.9	699.7	294.1	6.7	22.1	17.8
上海 Shanghai	768	537.6	341	90.9	4.1	29.1	22.2
江苏 Jiangsu	3765.4	992.4	581.9	277.7	11.9	16.2	18
浙江 Zhejiang	2700.7	603.7	300.3	165.1	3.1	14	12.7
福建 Fujian	1567	418.5	223.1	61.7	2.4	5.8	16.4
山东 Shandong	4625.4	1052.9	678.4	201.9	1	28.7	24.7
广东 Guangdong	3656.8	1137.6	565.5	204.1	5.9	25.7	35.8
广西 Guangxi	2382.5	417.9	293.4	48.7	0.4	5.6	5.7
海南 Hainan	335.3	132.4	94.1	8.4	1	1.3	1.8

EMPLOYMEES BY URBAN AND RURAL

(year-end) (10 000 persons)

年份 地区 Year Region	Urban 港澳台投资经济单位 Overseas Chinese from HongKong, Macao & Taiwan Funded Economic Units	其他经济单位 Other Ownership Units	私营企业 Private Enterprises	个体 Individuals	乡村 Rural 小计 Sub-total	乡镇企业 Township and Village Enterprises	私营企业 Private Enterprises	个体 Individuals
全国 National	**272**	**11**	**485**	**1560**	**45042**	**12862**	**471**	**3054**
12省级单位合计 Region	234.1	8.2	302.2	597.8	18281.1	6553.5	313.2	1591.9
比重(%) Proportion	86%	75%	62%	38%	41%	51%	66%	52%
北京 Beijing	10.6	1.9	7.2	16.5	163.5	98.7	5.3	23.9
天津 Tianjin	7.9	0.1	7.7	12.4	169.9	104.7	8	17.6
河北 Hebei	8.9	0.3	19.1	59.3	2573.5	852	58.4	395.8
辽宁 Liaoning	9.3	0.1	32.6	85.4	866.1	434.2	18.1	69.3
上海 Shanghai	12.4	2.1	28.2	7.5	230.4	139.9	14.6	13.6
江苏 Jiangsu	19.3	1.5	20.3	45.5	2773	924.7	29.7	183.5
浙江 Zhejiang	12.4	0.7	40.8	54.5	2097	795.7	64.5	199.6
福建 Fujian	42.4	0.7	18.5	47.5	1148.5	471	20.9	73.3
山东 Shandong	13.6	0.1	28.6	75.9	3572.5	1439.8	45.1	401.9
广东 Guangdong	94.1	0.5	76	129.9	2519.2	1072.1	41.1	127.9
广西 Guangxi	1.6	0.1	9.4	53	1964.6	182.8	6.6	77.7
海南 Hainan	1.6	0.1	13.8	10.4	202.9	37.9	0.9	7.8

合同制职工人数
CONTRACTUAL EMPLOYEES

(年底) (year-end)

年份地区 Year Region	年末人数(万人) Year-end Figure (10 000 persons)				比重(全部职工=100) Proportion (Total Formal Employees=100)			
	合计 Total	国有经济单位 State-Owned Units	城镇集体经济单位 Urban Collective-Owned Units	其他经济单位 Other Ownership Units	合计 Total	国有经济单位 State-Owned Units	城镇集体经济单位 Urban Collective-Owned Units	其他经济单位 Other Ownership Units
全国 National	**6096**	**4396**	**1149**	**551**	**40.9**	**40.1**	**37.4**	**62.8**
12省级单位合计 Region	3327	2181.8	734.8	409.8				
比重(%) Proportion	55%	50%	64%	74%				
北京 Beijing	172	122.6	24.2	25.2	36.5	34.2	33.6	62.1
天津 Tianjin	106.3	73.3	12.4	20.5	36.7	37.2	19.3	72.2
河北 Hebei	356.2	271.9	64.8	19.5	51	50.8	48.8	64.8
辽宁 Liaoning	423	295	90.6	37.4	41.1	42.9	31.8	67.8
上海 Shanghai	299.8	197.4	43	59.4	63.7	60.9	53.2	90.8
江苏 Jiangsu	606.2	347.4	200.9	57.8	66.2	60.3	73.3	87.8
浙江 Zhejiang	218.1	126.2	66.6	25.3	43.7	42.8	41.1	60.1
福建 Fujian	113.5	68.6	14.2	30.7	33	31.6	23.5	46
山东 Shandong	490.6	328.8	117	44.8	53.5	50.6	58.5	66.7
广东 Guangdong	396.1	230.4	85.8	79.9	43.4	42	42.4	49.8
广西 Guangxi	90	71.8	12	6.1	26.2	25.4	25.2	46.9
海南 Hainan	54.9	48.4	3.3	3.2	51.3	52.2	39.3	55.2

各地区城镇登记失业人数及失业率
URBAN REGISTERED UNEMPLOYMENT AND UNEMPLOYMENT RATE BY REGION

地区 Region	年末登记失业人数(万人) Registered Unemployment					登记失业率(%) Registered Unemployment Rate (%)				
	1980	1985	1990	1994	1995	1980	1985	1990	1994	1995
全国 National	**541.5**	**238.5**	**383.2**	**476.4**	**519.6**	**4.9**	**1.8**	**2.5**	**2.8**	**2.9**
12省级单位合计 Region	212.8	93.2	154.4	198	208.9					
比重(%) Proportion	0.393	0.391	0.403	0.416	0.402					
北京 Beijing	5.4	1.6	1.7	1.9	2.2	1.6	0.4	0.4	0.4	0.4
天津 Tianjin	13.8	2.3	8.1	3.7	3.3	5.4	0.8	2.7	1.2	1
河北 Hebei	15.5	3.6	7.7	21.4	17.5	3.1	0.6	1.1	2.8	2.2
辽宁 Liaoning	44.7	19.7	23.7	31	32.9	5.5	2	2.2	2.5	2.7
上海 Shanghai	20.2	1.2	7.7	14.9	14.4	4.3	0.2	1.5	2.8	2.6
江苏 Jiangsu	21.4	7.2	22.5	20.6	21.2	3.2	0.9	2.4	2.1	2.1
浙江 Zhejiang	13.7	3.4	11.2	18.1	20.2	3.6	0.8	2.2	3.1	3.2
福建 Fujian	17.8	5.8	9	10	11	7	2	2.6	2.4	2.6
山东 Shandong	12.5	23.8	26.2	30.4	34.8	2.3	3.6	3.2	3.1	3.2
广东 Guangdong	35.4	15.6	19.2	26.1	30	5.1	1.9	2.2	2.4	2.6
广西 Guangxi	12.4	9	13.9	14.9	15.6	4.7	2.9	3.9	3.6	3.6
海南 Hainan			3.5	5	5.8			3	3.6	4.2

职工工资总额和指数
TOTAL WAGE BILL AND INDEX OF FORMAL EMPLOYEES

地区 Region	工资总额(亿元) Total Wage Bill (100 000 000 yuan)				指数(上年同期=100) Index (last year=100)	
	合计 Total	国有经济单位 State-Owned Units	城镇集体经济单位 Urban Colletive-Owned Units	其他经济单位 Other Ownership Units	合计 Total	# 国有经济单位 State-Owned Units
全国 National	**8100**	**6080.2**	**1182**	**637.8**	**121.7**	**117.4**
12省级单位合计 Region	4338	3100.6	726.3	510.7		
比重(%) Proportion	54%	51%	61%	80%		
北京 Beijing	382	295.6	46.5	39.9	123.3	119.9
天津 Tianjin	184.8	135.2	26	23.6	120	116.5
河北 Hebei	335.9	276.7	44.1	15.1	116	115.7
辽宁 Liaoning	503.9	374.2	95.4	34.3	114.6	117.2
上海 Shanghai	440.8	314.7	51.6	74.5	123.1	121
江苏 Jiangsu	541.6	369.1	126.6	45.9	120.2	118.1
浙江 Zhejiang	324.3	201.7	90.5	32.1	118.2	115.2
福建 Fujian	196.7	122.8	26.2	47.7	116.7	114.3
山东 Shandong	464.1	357.8	72.3	34	124.5	123.2
广东 Guangdong	734.2	458.9	124.3	151	119.8	114.2
广西 Guangxi	172.3	145.3	19	8	115.1	114.5
海南 Hainan	57	48.6	3.8	4.6	116.8	116.8

注: 各地区数字相加不等于合计数。
a) The National Figures doesn't equal the sum of region.

职工平均工资及指数
AVERAGE WAGE AND INDEX OF FORMAL EMPLOYEES

地区 Region	平均货币工资(元) Average Money Wage (yuan)				指数(以上年为100) Index (preceding year=100) 货币工资 Average Money Wage				实际工资 Average Real Wage			
	合计 Total	国有经济单位 State-Owned Units	城镇集体经济单位 Urban Collective-Owned Units	其他经济单位 Other Ownership Units	合计 Total	国有经济单位 State-Owned Units	城镇集体经济单位 Urban Collective-Owned Units	其他经济单位 Other Ownership Units	合计 Total	国有经济单位 State-Owned Units	城镇集体经济单位 Urban Collective-Owned Units	其他经济单位 Other Ownership Units
全国 National	**5500**	**5625**	**3931**	**7463**	**121.2**	**117.3**	**121.1**	**118.4**	**104**	**100.4**	**103.7**	**101.4**
北京 Beijing	8144	8238	6516	10276	124.9	123.5	130.1	125.6	107	105.7	111.4	107.6
天津 Tianjin	6501	6963	4138	8648	121.2	119.9	122.8	121.8	104	102.7	105.1	104.3
河北 Hebei	4839	5208	3303	5158	115.6	114.9	119.6	105.4	99	98.4	102.4	90.2
辽宁 Liaoning	4911	5452	3346	6274	115	114.4	113.8	109.7	98.5	97.9	97.4	94
上海 Shanghai	9279	9578	6309	11518	125.3	127.1	117.1	119.8	107	108.8	100.2	102.5
江苏 Jiangsu	5943	6441	4621	7137	119.5	117.3	124	122.5	102	100.4	106.1	104.9
浙江 Zhejiang	6619	6952	5702	7813	118.3	115.2	122.1	123.4	101	98.6	104.5	105.6
福建 Fujian	5857	5790	4481	7305	119.8	115.8	123	126.8	103	99.1	105.3	108.5
山东 Shandong	5145	5585	3668	5299	118.6	117.5	122.3	115.7	102	100.6	104.7	99.1
广东 Guangdong	8250	8540	6395	9546	115.9	115.2	114.9	116.2	99.2	98.7	98.4	99.5
广西 Guangxi	5105	5226	4064	6324	114.3	113.5	115.9	119.1	97.8	97.2	99.2	102
海南 Hainan	5340	5230	4632	8214	119	119.9	113.4	110.1	102	102.6	97.1	94.3

各地区国内生产总值和指数
GROSS DOMESTIC PRODUCTS AND ITS INDICES BY REGIONS

本表绝对值按当年价格计算，指数按可比价格计算。
Absolute number are at current prices, indices are based on comparble prices.

地区	国内生产总值(亿元) Gross Domestic Products (100 000 000 yuan)				指数(上年=100) Indices (proceding year=100)			
	1992	1993	1994	1995	1992	1993	1994	1995
12省级单位合计Region	**14593.28**	**19810.5**	**26525.47**	**33615.4**	**1428.6**	**1422.5**	**1389.7**	**1349.2**
北京 Beijing	709.1	863.54	1084.03	1394.89	111.6	112.1	113.5	112.4
天津 Tianjin	411.24	536.1	725.14	920.11	111.7	112.1	114.3	114.9
河北 Hebei	1278.5	1690.84	2187.49	2849.52	115.6	117.7	114.9	113.9
辽宁 Liaoning	1472.95	2010.82	2461.78	2793.37	112.1	114.9	111.2	107.1
上海 Shanghai	1114.32	1511.61	1971.92	2462.57	114.9	114.9	114.3	114.1
江苏 Jiangsu	2136.02	2998.16	4057.39	5155.25	126	120.7	116.5	115.4
浙江 Zhejiang	1365.06	1909.49	2666.86	3524.79	119	122	120	107.5
福建 Fujian	787.71	1133.49	1685.34	2160.52	120.3	125.2	121.7	115.2
山东 Shandong	2196.53	2779.49	3872.18	5002.34	116.9	118.5	116.3	114.2
广东 Guangdong	2293.54	3225.3	4240.56	5381.72	122	122.3	119.1	114.9
广西 Guangxi	646.6	893.58	1241.83	1606.15	118.3	121.2	116	115.3
海南 Hainan	181.71	258.08	330.95	364.17	140.2	120.9	111.9	104.3

各地区国民生产总值和国内生产总值(1995年)
GROSS NATION PRODUCT, AND GROSS DOMESTIC PRODUCTS BY REGIONS

单位：亿元 (100 000 000 Yuan)

地区 Region	国民生产总值 Gross Nation Products	国内生产总值 Gross Domestic Products	第一产业 Primary Industry	第二产业 Secondary Industry	第三产业 Tertiary Industry	国民生产总值比上年增长(%) GNP Percentage Increase Rate of Last Year
北京 Beijing	1395.12	1394.89	81.44	615.17	698.28	12.5
天津 Tianjin	920.11	920.11	63.21	501.22	355.68	14.9
河北 Hebei	2853.02	2849.52	631.34	1322.77	895.41	13.8
辽宁 Liaoning	2793.37	2793.37	392.17	1390.00	1011.20	7.1
上海 Shanghai	2462.57	2462.57	61.68	1409.85	991.04	14.1
江苏 Jiangsu	5155.25	5155.25	848.35	2715.26	1591.64	15.4
浙江 Zhejiang	3524.79	3524.79	559.80	1834.47	1130.52	16.7
福建 Fujian	2191.27	2160.52	479.42	910.56	770.54	15.8
山东 Shandong	4996.87	5002.34	1010.13	2372.67	1619.54	14.1
广东 Guangdong	5381.72	5381.72	868.99	2786.05	1726.68	14.9
广西 Guangxi	1606.15	1606.15	488.97	605.12	512.06	15.3
海南 Hainan	364.17	364.17	130.86	78.64	154.67	4.3

各地区五大行业增加值(1995年)
NET OUTPUT OF VALUE OF FIVE SECTOR BY REGION

单位: 亿元 (100 000 000 Yuan)

地区 Region	农业 Agri-culture	工业 Industry	建筑业 Construc-tion	交通运输仓储邮电通信业 Transporta-tion	商业 Commerce	人均国内生产总值(元) Par Capita GDP (yuan)
北京 Beijing	81.44	503.71	111.46	83.55	174.70	13073
天津 Tianjin	63.21	451.84	49.38	86.14	78.27	10308
河北 Hebei	631.34	1150.49	172.28	179.41	261.69	4444
辽宁 Liaoning	392.17	1233.37	156.63	176.86	339.58	6880
上海 Shanghai	61.68	1298.97	110.88	169.76	269.49	18943
江苏 Jiangsu	848.35	2467.63	247.63	253.52	516.89	7299
浙江 Zhejiang	559.80	1632.37	202.10	204.59	473.35	8074
福建 Fujian	479.42	764.64	145.92	196.53	201.42	6868
山东 Shandong	1010.13	2113.34	259.33	297.71	439.79	5758
广东 Guangdong	868.99	2337.73	448.32	353.17	396.94	7973
广西 Guangxi	488.97	530.51	74.61	93.02	168.97	3543
海南 Hainan	130.86	42.13	36.51	24.54	51.83	5225

各地区国内生产总值结构项目(1995年)
STRUCTURE OF GROSS DOMESTIC PRODUCT BY REGION (1995)

本表按当年价格计算。
At current prices.

地区 Region	国内生产总值(亿元) Gross Domestic Product (10^8 yuan)	劳动者报酬 Payment for Laborer	固定资产折旧 Depreciation on fixed Assets	生产税净额 Net Amount of Production Fax	营业盈余 Business Surplus
北京 Beijing	1394.89	632.08	225.57	224.52	312.72
天津 Tianjin	920.11	422.48	137.40	122.33	237.90
河北 Hebei	2849.52	1643.15	296.37	304.58	605.42
辽宁 Liaoning	2793.37	1323.27	339.87	397.42	732.81
上海 Shanghai	2462.57	880.66	332.29	428.07	821.55
江苏 Jiangsu	5155.25	2578.57	710.45	624.93	1241.30
浙江 Zhejiang	3524.79	1683.28	299.86	404.55	1137.10
福建 Fujian	2160.52	1134.84	233.83	217.17	574.68
山东 Shandong	5002.34	2285.80	655.73	563.20	1497.61
广东 Guangdong	5381.72	2723.38	782.34	795.29	1080.71
广西 Guangxi	1606.15	1207.21	134.50	171.73	92.71
海南 Hainan	364.17	212.62	45.86	44.25	61.44

各地区国内生产总值(1994年)

GROSS DOMESTIC PRODUCTS BY REGION (1994)

本表按当年价格计算，指数按可比价格计算。

Absolute number at current prices, indices are based on comparable prices.

地 区 Region	国内生产总值 (亿元) Gross Domestic Products (100 000 000 yuan)	第一产业 Primary Industry	第二产业 Secondary Industry	# 工业 Industry	# 建筑业 Construction	第三产业 Tertiary Industry	# 交通运输仓储邮电通信业 Transportation Postal and Telecommunications Services	# 商业 Commerce
12省级单位合计Region	**26525.47**	**4364.11**	**13283.26**	**11667.95**	**1615.51**	**8878.1**	**1615.79**	**2593.61**
北京 Beijing	1084.03	74.77	499.84	405.31	94.73	509.42	61.51	146.62
天津 Tianjin	725.14	46.53	404.08	361.27	42.81	274.53	66.55	65.41
河北 Hebei	2187.49	451.91	1053.12	926.36	126.76	682.46	126.94	205.75
辽宁 Liaoning	2461.78	318.95	1259.05	1109.88	149.17	883.78	160.2	287.61
上海 Shanghai	1971.92	48.59	1143.24	1069.31	73.93	780.09	148.44	206.44
江苏 Jiangsu	4057.39	671.94	2186.77	2002.22	184.55	1198.68	187.19	389.41
浙江 Zhejiang	2666.86	443.87	1388.06	1236.74	151.32	834.93	147.17	335.6
福建 Fujian	1685.34	372.58	739.52	629.88	109.64	573.24	139.04	146.83
山东 Shandong	3872.18	775.03	1900.46	1700.31	200.15	1196.69	214.36	325.9
广东 Guangdong	4240.56	694.65	2139.89	1763.48	376.41	1406.02	272.27	305.24
广西 Guangxi	1241.83	357.74	485.57	420.35	65.22	398.52	69.52	130.96
海南 Hainan	330.95	107.55	83.66	42.84	40.82	139.74	22.6	47.84

续表 continued

本表按当年价格计算，指数按可比价格计算。

Absolute number at current prices, indices are based on comparable prices.

地 区 Region	人均国内生产总值 (元) Per Capita GDP (yuan)	构成 % Compostion 第一产业 Primary Industry	第二产业 Secondary Industry	第三产业 Tertiary Industry	指数 Indices 1993=100 国内生产总值 Gross Domestic Products	第一产业 Primary Industry	第二产业 Secondary Industry	第三产业 Tertiary Industry
12省级单位合计 Region	**78877**	**202.8**	**573.8**	**423.4**	**1389.7**	**1273.5**	**1449.5**	1366.6
北京 Beijing	10265	6.9	46.1	47	113.5	102.6	114.6	113.7
天津 Tianjin	8164	6.4	55.7	37.9	114.3	105.3	114.7	115.6
河北 Hebei	3376	21	49.1	29.9	114.9	111.8	116.9	113.7
辽宁 Liaoning	6103	13	51.1	35.9	111.2	102.1	113.8	111.1
上海 Shanghai	15204	2.5	58	39.5	114.3	102.9	114.2	115.8
江苏 Jiangsu	5785	16.6	53.9	29.5	116.5	105.2	122.3	111.4
浙江 Zhejiang	6149	16.6	52.1	31.3	120	104.4	127.5	115.8
福建 Fujian	5386	22.1	43.9	34	121.7	110	134.5	114
山东 Shandong	4473	20	49.1	30.9	116.3	107.3	117.5	120.6
广东 Guangdong	6380	16.4	50.4	33.2	119.1	103.2	126	116.1
广西 Guangxi	2772	28.8	39.1	32.1	116	105.8	130.2	110.7
海南 Hainan	4820	32.5	25.3	42.2	111.9	112.9	117.3	108.1

各地区支出法国内生产总值(1994年)
GROSS DOMESTIC PRODUCT BY REGION(1994)

本表按当年价格计算。
At current prices.

地 区 Region	支出法国内生产总值(亿元) Total Expenditures (10^8 yuan)	总消费 Total Consumption	总投资 Total Investment	货物和服务净出口 Net Export	投资率(%) Investment Rate (%)	消费率(%) Consumption Rate (%)
12省级单位合计 Region	**26600.49**	**12729.62**	**12822.97**	**1047.9**	**622.5**	**578.4**
北京 Beijing	1318.6	396.29	902.63	19.68	83.3	36.6
天津 Tianjin	725.14	323.76	430.9	-29.52	59.4	44.6
河北 Hebei	2147.49	1019.29	884.46	243.74	41.2	47.5
辽宁 Liaoning	2461.78	1239.61	1024.66	197.51	41.6	50.4
上海 Shanghai	1971.92	873.89	1151.61	-53.58	58.4	44.3
江苏 Jiangsu	4000.9	1721.45	2018.95	260.5	49.8	42.4
浙江 Zhejiang	2666.86	1173.68	1185.74	307.44	44.5	44
福建 Fujian	1685.34	936.2	756.34	-7.2	45.3	55.2
山东 Shandong	3810.03	1889.34	1784.62	136.07	46.1	48.8
广东 Guangdong	4239.65	2182.43	1981.07	76.15	46.7	51.5
广西 Guangxi	1241.83	817.21	477.82	-53.2	38.5	65.8
海南 Hainan	330.95	156.47	224.17	-49.69	67.7	47.3

各地区总投资及构成(1994年)
TOTAL INVESTMENT AND IT'S COMPSITION BY REGION (1994)

本表按当年价格计算。
At current prices.

地 区 Region	总投资(亿元) Total Investment (10^8yuan)	固定资产形成 Fixed Assets	存货增加 Goods in Stock	总投资=100 Total=100 固定资产形成 Fixed Assets	存货增加 Goods in Stock
12省级单位合计 Region	**12822.97**	**9899.44**	**2887.53**	**940.1**	**259.9**
北京 Beijing	902.63	519.01	383.62	57.5	42.5
天津 Tianjin	430.9	345.46	85.44	80.2	19.8
河北 Hebei	884.46	704.87	179.59	79.7	20.3
辽宁 Liaoning	1024.66	887.99	136.67	86.7	13.3
上海 Shanghai	1151.61	996.48	155.13	86.5	13.5
江苏 Jiangsu	2018.95	1434.95	584	71.1	28.9
浙江 Zhejiang	1185.74	1006.39	179.35	84.9	15.1
福建 Fujian	756.34	553.97	202.37	73.2	26.8
山东 Shandong	1784.62	1229.55	555.07	68.9	31.1
广东 Guangdong	1981.07	1639.83	341.24	82.8	17.2
广西 Guangxi	477.82	382.59	59.23	80.1	19.9
海南 Hainan	224.17	198.35	25.82	88.5	11.5

各地区总消费及构成(1994年)

TOTAL CONSUMP TION AND ITQS COMPOSITION BY REGION(1994)

本表按当年价格计算。
At current prices.

地 区 Region	总消费(亿元) Total Consumption (10^8yuan)	居民消费 Resident Consumption	农 民 Agricultural Residents	非农业居 民 Nonagricultural Residents	社会消费 Public Consumption	总消费=100 Total=100: 居民消费 Resident Consumption	总消费=100 Total=100: 社会消费 Public Consumption	居民消费=100 Personal Consumption=100: 农民 Agricultural Residents	居民消费=100 Personal Consumption=100: 非农业居 民 Nonagricultural Residents
12省级单位合计 Region	**12729.62**	**9845.48**	**4901.91**	**4943.57**	**2884.14**	**920**	**280**	**561.1**	**636.9**
北京 Beijing	396.29	264.55	66.95	197.6	131.74	66.8	33.2	25.3	74.7
天津 Tianjin	323.76	241.56	55.78	185.78	82.2	74.6	25.4	21.1	76.9
河北 Hebei	1019.29	799.97	505.45	294.52	219.32	78.5	21.5	63.2	36.8
辽宁 Liaoning	1239.61	965.96	302.29	663.67	273.65	77.9	22.1	31.3	68.7
上海 Shanghai	873.89	693.04	139.12	553.92	180.85	79.3	20.7	20.1	79.9
江苏 Jiangsu	1721.45	1350.89	782.19	568.7	370.56	78.5	21.5	57.9	42.1
浙江 Zhejiang	1173.68	975.36	616.7	358.66	198.32	83.1	16.9	63.2	36.8
福建 Fujian	936.2	725.81	499.67	226.14	210.39	77.5	22.5	68.8	31.2
山东 Shandong	1889.34	1321.6	703.25	618.35	567.74	70	30	53.2	46.8
广东 Guangdong	2182.43	1793.72	826.92	966.8	388.71	82.2	17.8	46.1	53.9
广西 Guangxi	817.21	588.47	336.66	251.81	228.74	72	28	57.2	42.8
海南 Hainan	156.47	124.55	66.93	57.62	31.92	79.6	20.4	53.7	46.3

各地区国内生产总值结构项目(1994年)

STRUCTURE OF GROSS DOMESTIC PRODUCT BY REGION(1994)

本表按当年价格计算。
At current prices.

地 区 Region	国内生产总 值(亿元) Gross Domestic Product (1^8yuan)	劳动者报酬 Payment for Laborer	固定资产折旧 Depreciation on Fixed Assets	生产税净额 Net Amount of Production Tax	营业盈余 Business Surplus
12省级单位合计 Region	**26525.47**	**12676.98**	**3160.72**	**3680.62**	**6967.15**
北京 Beijing	1084.03	500.62	178.49	156.29	248.63
天津 Tianjin	725.14	328.69	97.52	95.48	203.45
河北 Hebei	2187.49	1158.47	258.96	231.15	498.91
辽宁 Liaoning	2461.78	1122.59	283.25	378.27	677.67
上海 Shanghai	1971.92	681.8	241.31	355.59	693.22
江苏 Jiangsu	4057.39	1964.18	452.89	547.95	1092.37
浙江 Zhejiang	2666.86	1258.78	257.66	352.19	798.23
福建 Fujian	1685.34	853.13	157.39	189.2	485.62
山东 Shandong	3872.18	1754.43	561.55	582.72	973.48
广东 Guangdong	4240.56	2051.28	550.53	601.79	1036.96
广西 Guangxi	1241.83	807.78	86.86	152.07	195.12
海南 Hainan	330.95	195.23	34.31	37.92	63.49

[固定资产投资和建筑业]

INVESTMENT IN FIXED ASSETS AND CONSTRUCTION

按经济类型分的全社会固定资产投资(1995年)

地　区 Region	总　计 Total	国有经济 State－Owned Units	集体经济 Collective－Owned Units	# 农村 Rural
全国投资总额(亿元)　Total Investment (100 000 000 yuan)	**20019.26**	**10898.24**	**3289.44**	**2367.70**
12省级单位合计 Region	**12772.61**	**6037.64**	**2718.04**	**2005.9**
比重(%) Proportion	**64%**	**55%**	**83%**	**85%**
北　京 Beijing	864.85	518.28	69.42	49.17
天　津 Tianjin	396.55	245.76	58.19	46.06
河　北 Hebei	907.75	411.04	256.17	221.81
辽　宁 Liaoning	865.49	584.87	79.55	43.5
上　海 Shanghai	1597.89	935.92	240.96	133.38
江　苏 Jiangsu	1764.76	583.6	619.94	491.03
浙　江 Zhejiang	1482.62	440.14	506.36	412.02
福　建 Fujian	683.02	306.74	63.92	46.08
山　东 Shandong	1308.62	599.79	403.39	332.35
广　东 Guangdong	2315.83	1108.76	376.33	208.41
广　西 Guangxi	403.15	216.29	36.81	19.48
海　南 Hainan	182.08	86.45	7	2.61
不分地区 Non－Region Classified	644.98	644.98		

续表　continued　　TOTAL INVESTMENT IN FIXED ASSETS BY OWNERSHIP (1995)

地　区 Region	个体经济 Individuals	# 农村 Rural	联营经济 Joint Owned Economic Units	股份制经济 Share Holding Economic Units	外商投资经济 Overseas Chinese Foreign Funded Economic Units	港澳台投资经济 from Hong-Kong,Macao and Taiwan Funded Economic Units	其他经济 Others Ownership
全国National	**2560.24**	**2007.85**	**118.48**	**863.99**	**1555.25**	**673.63**	**59.99**
12省级单位合计　Region	**1443.87**	**1109.1**	**98.58**	**590.95**	**1288.85**	**547.55**	**47.13**
比重(%)Proportion	**56%**	**55%**	**83%**	**68%**	**83%**	**81%**	**79%**
北　京 Beijing	15.07	13.03	3.84	18.27	185.9	52.51	1.56
天　津 Tianjin	13.47	9.36	1.48	12.91	44.32	19.34	1.08
河　北 Hebei	132.29	102.1	1.24	47.9	46.84	10.18	2.09
辽　宁 Liaoning	45.31	31.49	2.57	38.71	90.94	22.25	1.29
上　海 Shanghai	16.1	15.38	29.43	150.17	177.13	31.16	17.02
江　苏 Jiangsu	278.47	241.43	15.82	34.19	169.47	62.97	0.3
浙　江 Zhejiang	333.72	244.48	11.4	81.77	76.76	28.64	3.83
福　建 Fujian	131.42	86.72	5.25	17.48	92.99	61.7	3.52
山　东 Shandong	140.54	113.13	3.56	41.87	79.62	37.55	2.3
广　东 Guangdong	239.81	187.41	17.21	108.85	254.89	197.93	12.05
广　西 Guangxi	90.28	63.05	2.46	16.05	31.49	9.37	0.4
海　南 Hainan	7.39	1.52	4.32	22.78	38.5	13.95	1.69

按资金来源和隶属关系分的基本建设投资
CAPITAL CONSTRUCTION INVESTMENT OF STATE-OWNED UNITS BY SOURCE OF FINANCE AND ADMINISTRATIVE RELATIONSHIP

单位：亿元　　(100 000 000 yuan)

地区 Region	按资金来源分 Source of Funds					按隶属关系分 Administrative Relationship	
	国家预算内资金 State Appropriations	国内贷款 Domestic Loans	利用外资 Foreign Investment	自筹资金 Fund-Raising	其他投资 Others	中央项目 Central Goverment Projects	地方项目 Local Projects
全国National	**491.67**	**1646.24**	**1055.42**	**3121.86**	**899.98**	**2970.67**	**4432.95**
12省级单位合计 Region	**190.6**	**664.58**	**664.36**	**1920.46**	**458.07**	**1209.99**	**2798.95**
比重(%)Proportion	**39%**	**40%**	**63%**	**62%**	**51%**	**41%**	**63%**
北　京 Beijing	65.14	39.28	31.64	133.39	21.27	175.23	96.03
天　津 Tianjin	4.69	36.44	41.27	54.39	7.61	52.3	108.8
河　北 Hebei	13.86	41.76	39.38	148.5	43.62	84.82	206.17
辽　宁 Liaoning	17.43	70.42	58.31	120.09	43.71	131.44	193.44
上　海 Shanghai	14.12	68.19	66.42	295.61	83.28	173.85	378.01
江　苏 Jiangsu	17.39	52.38	37.99	199.9	35.28	82.43	260.62
浙　江 Zhejiang	6.69	44.04	37.4	185.47	4.3	58.93	247.32
福　建 Fujian	7.25	42.25	30.14	83.47	31.63	39.64	174.37
山　东 Shandong	16.11	85.86	63.08	171.21	31.12	125.51	244.49
广　东 Guangdong	17.48	118.43	203.76	411.6	84.2	228.82	665.31
广　西 Guangxi	6.97	43.53	13.9	65.34	23.85	43.58	113.52
海　南 Hainan	3.47	22	41.07	51.49	12.2	13.44	110.87

注：1993年以后的资金来源为财务拨款数。
a) After 1993, Source of funds refers financial appropriation.

按构成和建设性质分的基本建设投资
CAPITAL CONSTRUCTION INVESTMENT OF STATE-OWNED UNITS BY USES OF FUNDS AND TYPE OF CONSTRUCTION

单位：亿元　　(100 000 000 yuan)

地区 Region	投资 Total	按构成分 Uses of Funds			按建设性质分 Type of Construction		
		建筑安装工程 Construction and Installation	设备、工器具购置 Purchase of Equipment and Instruments	其他费用 Others	#新建 New Construction	#扩建 Expansion	#改建 Replacement
全国National	**7403.62**	**4641.13**	**1635.04**	**1127.44**	**3971.94**	**2348.01**	**443.32**
12省级单位合计 Region	**4008.93**	**2514.04**	**874.07**	**620.83**	**2236.82**	**1316.97**	**224.47**
比重(%)Proportion	**54%**	**54%**	**53%**	**55%**	**56%**	**56%**	**51%**
北　京 Beijing	271.26	172.16	53	46.1	117.41	132.24	2.93
天　津 Tianjin	161.1	82.55	47.8	30.75	90.98	61.72	5.79
河　北 Hebei	290.99	183.38	72.26	35.36	159.77	95.07	14.02
辽　宁 Liaoning	324.88	192.99	69.99	61.9	129.52	159.86	10.18
上　海 Shanghai	551.86	326.3	114.73	110.83	329.43	175.03	31.31
江　苏 Jiangsu	343.05	238.27	61.29	43.49	144.98	144.95	34.39
浙　江 Zhejiang	306.25	216.65	44.89	44.71	160.78	88.78	33.26
福　建 Fujian	214.01	155.76	30.36	27.89	143.72	43.43	19.34
山　东 Shandong	370	248.67	80.19	41.14	166.42	162.28	19.27
广　东 Guangdong	894.13	521.04	230.82	142.27	612.89	184.73	43.05
广　西 Guangxi	157.1	106.28	29.14	21.68	92.63	43.42	9.88
海　南 Hainan	124.3	69.99	39.6	14.71	88.29	25.46	1.05

按项目规模分的基本建设投资及项目个数
CAPITAL CONSTRUCTION PROJECTS OF STATE-OWNED UNITS BY PROJECTS SIZE

地 区 Region	项目投资 (亿元) Investment (100 000 000 yuan)		施工项目 (个) Projects under Construction	#大中型 Large and Medium Construction	全部建成投产项目(个) Fully Completed Project Turn Over for Production	#大中型 Large and Medium Construction
	大中型 Large and Medium Construction	小 型 Small				
全国 National	**3196.29**	**4053.07**	**88685**	**1408**	**50512**	**200**
12省级单位合计 Region	**1423.58**	**2578.21**	**37249**	**588**	**19415**	**71**
比重(%) Proportion	**45%**	**64%**	**42%**	**42%**	**38%**	**36%**
北 京 Beijing	73.6	196.44	1285	34	390	2
天 津 Tianjin	97.54	62.19	576	34	280	4
河 北 Hebei	110.51	179.39	5099	56	2962	6
辽 宁 Liaoning	165.89	158.97	2047	65	1047	3
上 海 Shanghai	182.72	369.14	1231	30	406	1
江 苏 jiangsu	96.66	246.31	3869	45	2519	5
浙 江 Zhejiang	59.58	246.67	5494	46	3040	4
福 建 Fujian	84.23	129.65	3045	43	1545	4
山 东 Shandong	128.23	241.19	4993	51	2713	2
广 东 Guangdong	316.62	576.12	4442	87	1819	14
广 西 Guangxi	50.34	106.6	4094	40	2142	7
海 南 Hainan	57.66	65.54	1074	57	552	19

基本建设房屋建筑面积
FLOOR SPACE OF BUILDINGS OF STATE-OWNED UNITS THROUGH CAPITAL CONSTRUCTION

单位: 万平方米 (10 000 sq.m)

地 区 Region	施工面积 Under Construction	#住 宅 Residential Housing	竣工面积 Completed	#住 宅 Residential Housing
全国 National	**41948.29**	**16739.06**	**19929.32**	**9249.25**
12省级单位合计 Region	**21431.93**	**7604.13**	**9390.05**	**3919.48**
比重(%) Proportion	**51%**	**45%**	**47%**	**42%**
北 京 Beijing	1826.9	716.54	538.51	235.64
天 津 Tianjin	402.9	106.88	193.93	56.12
河 北 Hebei	2231.47	1004.56	1176.79	538.78
辽 宁 Liaoning	1831.58	787.23	827.14	465.73
上 海 Shanghai	2190.87	776.21	651.79	317.51
江 苏 Jiangsu	1892.97	540.56	1029.39	352.98
浙 江 Zhejiang	1734.61	455.7	783.16	247.1
福 建 Fujian	981.81	344.22	446.78	183.49
山 东 Shandong	2466.27	798.46	1191.51	465.23
广 东 Guangdong	3851.8	1338.08	1559.29	618.06
广 西 Guangxi	1384.73	538.62	773.62	337.47
海 南 Hainan	636.02	197.07	218.14	101.37

各地区基本建设施工、投产项目个数和新增固定资产

CAPITAL CONSTRUCTION PROJECTS OF UNDER CONSTRUCTION AND PUT INTO USE AND NEWLY INCREASED FIXED ASSETS BY REGION

地 区 Region	施工项目 (个) Project under Construction (unit)	全部建成投产项目 (个) Fully Complete Project Turn Over for Production (unit)	项目建成投产率 (%) Rate of Projects Completed and Put into Use(%)	新 增 固定资产 (亿元) Newly Increased Fixed Assets (100 000 000 yuan)	固定资产交付使用率 (%) Rate of Fixed Assets Transferred and in Use (%)
全国 National	**88685**	**50512**	**57**	**4712.67**	**63.7**
12省级单位合计 Region	**37249**	**19415**		**2587.36**	
比重(%) Proportion	**42%**	**38%**		**42%**	
北 京 Beijing	1285	390	30.4	161.36	59.5
天 津 Tianjin	576	280	48.6	134.66	83.6
河 北 Hebei	5099	2962	58.1	197.58	67.9
辽 宁 Liaoning	2047	1047	51.1	212.17	65.3
上 海 Shanghai	1231	406	33	278.99	50.6
江 苏 Jiangsu	3869	2519	65.1	288.14	84
浙 江 Zhejiang	5494	3040	55.3	188.87	61.7
福 建 Fujian	3045	1545	50.7	99.49	46.5
山 东 Shandong	4993	2713	54.3	277.77	75.1
广 东 Guangdong	4442	1819	41	516.27	57.7
广 西 Guangxi	4094	2142	52.3	140.6	89.5
海 南 Hainan	1074	552	51.4	91.46	73.6

按资金来源和隶属关系分的更新改造投资

TECHICAL UPDATES AND TRANSFORMATION INVESTMENT BY SOURCES AND ADMINISTRATIVE RELATIONSHIP

单位: 亿元 (100 000 000 yuan)

地 区 Region	按资金来源分 Grouped by Source of Funds					按隶属关系分 Administrative Relationship	
	国家预算内资金 State Appropriations	国内贷款 Domestic Loans	利用外资 Foreign Investments	自筹资金 Fund-raising	其他投资 Others	中央项目 Central Goverment Projects	地方项目 Local Projects
全国 National	**38.32**	**803.55**	**321.11**	**1929.77**	**157.89**	**1081.46**	**2217.89**
12省级单位合计 Region	**20.79**	**448.9**	**222.4**	**1159.71**	**93.87**	**505.47**	**1461.65**
比重(%) Proportion	**54%**	**56%**	**69%**	**60%**	**59%**	**47%**	**66%**
北 京 Beijing	3.38	25.3	11.26	116.64	4.48	59.56	97.68
天 津 Tianjin	3.47	21.03	26.12	44.71	5.37	18.82	76.07
河 北 Hebei	2.14	39.96	20	95.73	6.94	46.37	125.19
辽 宁 Liaoning	0.97	48.11	18.92	142.72	6.96	76.37	140.53
上 海 Shanghai	1.67	81.96	46.37	243.13	14.22	59.2	330.01
江 苏 Jiangsu	1.91	57.99	33.98	108.33	7.94	54.84	163.93
浙 江 Zhejiang	0.48	25.32	4.02	60.52	3.48	27.88	70.63
福 建 Fujian	0.67	24.08	5.41	39.43	5.85	16.85	63.69
山 东 Shandong	2.2	56.76	14.83	136.22	11.19	60.53	150.51
广 东 Guangdong	3.48	45.03	39.2	130.24	22.93	65.42	187.93
广 西 Guangxi	0.35	20.46	1.7	40.15	4.2	18.81	49.75
海 南 Hainan	0.07	2.9	0.59	1.89	0.31	0.82	5.73

按构成和建设性质分的更新改造投资
TECHNICAL UPDATES AND TRANSFORMATION INVESTMENT OF STATE-OWNED UNITS BY USES OF FUNDS AND TYPE OF CONSTRUCTION

单位：亿元 (100 000 000 yuan)

地区 Region	投资 Total	按构成分 Grouped by Uses of Funds 建筑安装工程 Construction and Installation	设备、工器具购置 Purchases of Equipment and Instruments	其他费用 Others	按建设性质分 Grouped by Type of Construction #新建 New Construction	#扩建 Expansion	#改建 Replacement
全国 National	**3299.35**	**1343.62**	**1682.2**	**273.53**	**288.19**	**1640.28**	**1179.86**
12省级单位合计 Region	**1967.11**	**834.35**	**961.38**	**171.38**	**214.66**	**929.6**	**685.13**
比重(%) Proportion	**60%**	**62%**	**57%**	**63%**	**74%**	**57%**	**58%**
北京 Beijing	157.24	85.74	54.44	17.06	13.77	66.69	61.65
天津 Tianjin	94.89	39.55	48.32	7.02	16.51	42.66	30.66
河北 Hebei	171.55	56.38	103.4	11.77	15.75	80.62	66.63
辽宁 Liaoning	216.9	90.89	107.2	18.81	8.97	90.61	113.84
上海 Shanghai	389.2	176.22	168.98	44.01	68.6	119.89	158.41
江苏 Jiangsu	218.78	70.4	130.99	17.39	32.91	108.02	72
浙江 Zhejiang	98.51	34.66	56.07	7.77	10.25	59.63	21.96
福建 Fujian	80.53	30.29	45.46	4.78	9.64	49.9	12.81
山东 Shandong	211.04	89.22	104.87	16.95	6.85	118.83	76.66
广东 Guangdong	253.36	126.39	104.43	22.53	27.96	148.6	48.71
广西 Guangxi	68.56	31.19	34.67	2.71	2.58	41.04	21.07
海南 Hainan	6.55	3.42	2.55	0.58	0.87	3.11	0.73

各地区更新改造施工、投产项目个数和新增固定资产
TECHNICAL UPDATES AND TRANSFORMATION PROJECTS AND NEWLY INCREASED FIXED ASSETS OF STATE-OWNED UNITS BY REGION

地区 Region	施工项目(个) Project under Construction (unit)	全部建成投产项目(个) Fully Completed Project Turn Over for Production (unit)	项目建成投产率(%) Rate of Projects Completed and Put into Use(%)	新增固定资产(亿元) Newly Increased Fixed Assets (100 000 000 yuan)	固定资产交付使用率(%) Rate of Fixed Assets Transferred and in Use (%)
全国 National	**55242**	**35267**	**63.8**	**2524.87**	**76.5**
12省级单位合计 Region	**28360**	**17791**		**1445.64**	
比重(%) Proportion	**51%**	**50%**		**57%**	
北京 Beijing	2203	1190	54	101.71	64.7
天津 Tianjin	1195	780	65.3	81.33	85.7
河北 Hebei	2807	1621	57.7	130.81	76.3
辽宁 Liaoning	3029	2159	71.3	177.23	81.7
上海 Shanghai	3447	1949	56.5	248.1	63.7
江苏 Jiangsu	3926	2963	75.5	174.91	79.9
浙江 Zhejiang	2051	1261	61.5	75.83	77
福建 Fujian	1238	690	55.7	54.8	68
山东 Shandong	2979	1926	64.7	157.58	74.7
广东 Guangdong	2933	1567	53.4	187.76	74.1
广西 Guangxi	2447	1619	66.2	55.58	81.1
海南 Hainan	105	66	62.9	6.76	103.2

各地区大中型工业企业更新改造项目个数、投资和新增固定资产(1995年)

NUMBER OF PROJECTS,INVESTMENT AND NEWLY INCREASED FIXED ASSETS THROUGH TECHNICAL UPDATES AND TRANSFORMATION PROJECTS OF STATE-OWNED LARGE AND MEDIUM INDUSTRIAL ENTERPRISES BY REGION(1995)

地区 Region	企业个数 (个) Enterprises	施工项目 (个) Projects under Construction	全部建成投产项目 (个) Fully Completed Project Turn Over for Production	项目建成投产率 (%) Rate of Projects Completed and Put into Use	投资额 Investment		新增固定资产 (亿元) Newly Increased Fixed Assets (100000000 yuan)	固定资产交付使用率 (%) Rate of Fixed Assets Transferred and in Use
					绝对数 (亿元) Value (100000000 yuan)	比重 Percentage		
全国 National	**9659**	**24285**	**14163**	**58.3**	**1824.57**	**100**	**1400.15**	**76.7**
12省级单位合计 Region	**5417**	**12624**	**7531**		**1007.24**	**55.2**	**764.2**	
比重(%) Proportion	**56%**	**52%**	**53%**		**55%**	**55%**	**55%**	
北京 Beijing	285	863	467	54.1	51.21	2.8	30.81	60.2
天津 Tianjin	222	427	274	64.2	44.42	2.4	49.13	110.6
河北 Hebei	655	1342	718	53.5	108.99	6	77.76	71.3
辽宁 Liaoning	529	1775	1101	62	153.23	8.4	124.02	80.9
上海 Shanghai	660	1815	1132	62.4	178.08	9.8	128.93	72.4
江苏 Jiangsu	810	1737	1137	65.5	133.27	7.3	101.09	75.9
浙江 Zhejiang	470	1015	620	61.1	55.38	3	41.88	75.6
福建 Fujian	186	395	190	48.1	29.25	1.6	18.35	62.7
山东 Shandong	844	1614	1016	62.9	138.69	7.6	102.54	73.9
广东 Guangdong	452	847	425	50.2	74.21	4.1	51.82	69.8
广西 Guangxi	287	777	441	56.8	36.67	2	32.52	88.7
海南 Hainan	17	17	10	58.8	3.84	0.2	5.35	139.3

商品房屋销售情况

SALES OF COMMERICAL HOUSES

地区 Region	实际销售商品房屋面积 (万平方米) Floor Space of Actually Sold Commerical Houses (10 000 sq.m)	#住宅 Residential	个人购买商品住宅 (万平方米) Commerical Houses by Private Purchase (10 000 sq.m)	商品房屋销售额 (万元) Sales Value of Commerical Houses (100 000 000yuan)	#住宅 Residential
全国 National	**7905.94**	**6787.03**	**3344.81**	**12577269**	**10240705**
12省级单位合计 Region	**5267.05**	**4628.92**	**2383.37**	**10040371**	**8257701**
比重(%) Proportion	**67%**	**68%**	**71%**	**80%**	**81%**
北京 Beijing	190.17	178.3	34.89	675268	608588
天津 Tianjin	146.58	135.34	52.78	279895	260364
河北 Hebei	207.91	191.2	87.09	225395	192450
辽宁 Liaoning	490.96	421.29	186.1	788104	609012
上海 Shanghai	567.66	536.31	184.69	1460100	1328270
江苏 Jiangsu	798.31	708.89	396.08	1073839	884173
浙江 Zhejiang	866.64	761.55	448.59	1120812	915227
福建 Fujian	350.5	293.87	174.88	631617	436001
山东 Shandong	451.14	386.82	134.97	562667	440836
广东 Guangdong	999.78	849.86	606.53	2972252	2382801
广西 Guangxi	156.84	133.98	74.23	158387	133779
海南 Hainan	40.56	31.51	2.54	92035	66200

各地区按经济类型分的建筑业企业单位数(1995年)
CONSTRUCTION ENTERPRIESES BY TYPE OF OWNERSHIP AND REGION(1995)

单位: 个 (Number)

地 区 Region	总 计 Total	国有经济 State-Owned Economic Units	集体经济 Collective Owned Economic Units	联营经济 Joint Owned Economic Units	股份制经济 Share Holding Economic Units	外商投资经济 Foreign Funded Economic Units	港 澳 台 投资经济 Overseas Chinese from Hong Kong,Marco and Taiwan Fund Econo # NAME?	其他经济 Other Ownership Units
全国 National	**24133**	**7531**	**15348**	**82**	**451**	**312**	**329**	**26**
12省级单位合计 Region	**12316**	**3635**	**7829**	**69**	**248**	**237**	**252**	**25**
比重(%) Proportion	**51%**	**48%**	**51%**	**84%**	**55%**	**76%**	**77%**	**96%**
北 京 Beijing	1332	370	801	7	45	47	47	15
天 津 Tianjin	640	164	441	4	2	12	17	
河 北 Hebei	941	412	506		8	7	8	
辽 宁 Liaoning	2648	568	1999	6	29	28	13	4
上 海 Shanghai	682	220	325	16	1	66	54	
江 苏 Jiangsu	978	406	505	7	16	11	32	1
浙 江 Zhejiang	1089	218	756	8	77	16	11	1
福 建 Fujian	795	170	552	12	17	12	19	2
山 东 Shandong	1113	502	540	2	32	14	23	
广 东 Guangdong	1618	468	1065	6	21	23	26	2
广 西 Guangxi	354	97	257					
海 南 Hainan	126	40	82	1		1	2	

注: 本表为城镇及城镇以上建筑企业数(以下各表同)。

a) Figures for construction enterprises in this table are at township and above level.

b) The same as following tables.

各地区按经济类型分的从事建筑业生产的平均人数(1995年)
ANNUAL AVERAGE EMPLOYMENT IN CONSTRUCTION PRODUCTION BY TYPE OF OWNERSHIP AND REGION(1995)

单位: 万人 (10000 person)

地 区 Region	建筑业平均人数 Average Employment	国有经济 State-Owned Economic Units	集体经济 Collective Owned Economic Units	联营经济 Joint Owned Economic Units	股份制经济 Share Holding Economic Units	外商投资经济 Foreign Funded Economic Units	港 澳 台 投资经济 Overseas Chinese from Hong Kong,Marco and Taiwan Funded Econo-mic Units	其他经济 Other Ownership Units
全国 National	**1497.87**	**824.31**	**631.89**	**2.77**	**27.45**	**5.41**	**4.96**	**0.29**
北 京 Beijing	82.64	55.37	24.76	0.05	1.19	0.59	0.64	0.04
天 津 Tianjin	28.64	24.79	3.58	0.09	0.01	0.09		0.08
河 北 Hebei	76.24	46.2	27.95		1.95	0.09		0.05
辽 宁 Liaoning	117.94	53.58	62.69	0.13	1.09	0.26	0.09	0.08
上 海 Shanghai	58.4	30.72	23.03	0.72	0.71	1.74		1.47
江 苏 Jiangsu	99.62	45.42	51.56	0.23	1.85	0.16	0.39	0.01
浙 江 Zhejiang	63.01	17.24	40.6	0.21	3.84	0.52		0.57
福 建 Fujian	34.23	15.22	17.26	0.25	0.77	0.13	0.23	0.15
山 东 Shandong	66.84	35.32	29.13	0.09	1.91	0.1		0.29
广 东 Guangdong	177.3	62.39	111.08	0.11	2.46	0.7	0.48	0.01
广 西 Guangxi	25.49	15	10.49					
海 南 Hainan	6.4	2.9	3.29	0.2				

各地区建筑业总产值
TOTAL CONSTRUCTION OUTPUT VALUE BY REGION

单位: 万元 (10 000 yuan)

地区 Region	1991	1992	1993	1994	1995
全国 National	**15643293**	**21744411**	**32535297**	**46533226**	**57937454**
12省级单位合计 Region	**8456504**	**12065677**	**19329490**	**28493143**	**36502882**
比重(%) Proportion	**54%**	**55%**	**59%**	**61%**	**63%**
北京 Beijing	1012370	1254417	2106545	3015335	3706600
天津 Tianjin	370606	494585	605935	1238873	1583452
河北 Hebei	840554	1100582	1601928	2136309	2612875
辽宁 Liaoning	1468590	2215285	3186542	3851674	4072948
上海 Shanghai	842994	1176810	997983	3096794	3914166
江苏 Jiangsu	721926	1141847	1946716	3609629	5372145
浙江 Zhejiang	483555	656598	1252329	2212708	3536617
福建 Fujian	267838	373591	852666	1305249	1661711
山东 Shandong	714031	986646	1410939	2064248	2579473
广东 Guangdong	1373034	2165648	4560600	4890276	6358305
广西 Guangxi	285217	397297	686803	849761	928668
海南 Hainan	75789	102371	120504	222287	175922

各地区按经济类型分的建筑业总产值(1995年)
TOTAL CONSTRUCTION OUTPUT VALUE BY TYPE OF OWNERSHIP AND REGION(1995)

单位: 万元 (10 000 yuan)

地区 Region	建筑业总产值 Total Output Value	国有经济 State-Owned Economic Units	集体经济 Collective Owned Economic Units	联营经济 Joint Owned Economic Units	股份制经济 Share Holding Economic Units	外商投资经济 Foreign Funded Economic Units	港澳台投资经济 Overseas Chinese from Hong Kong,Marco and Taiwan Funded Econmic Units	其他经济 Other Ownership Units
全国 National	**57937454**	**36702520**	**18994660**	**122087**	**1415593**	**331920**	**335974**	**6341**
12省级单位合计 Region	**36502882**	**20609703**	**14177970**	**106389**	**981160**	**299790**	**309777**	**6324**
比重(%) Proportion	**63%**	**56%**	**75%**	**87%**	**69%**	**90%**	**92%**	**100%**
北京 Beijing	3706600	2561685	977811	**2286**	63757	45980	53638	1443
天津 Tianjin	1583452	1353329	206828	7012	203	8597	7483	
河北 Hebei	2612875	1995862	586493		25623	2997	1900	
辽宁 Liaoning	4072948	2222768	1767724	8501	46784	19060	3958	2253
上海 Shanghai	3914166	2467269	1107800	38894	100079	107177	92947	
江苏 Jiangsu	5372145	2573628	2597636	9776	134117	19573	37283	132
浙江 Zhejiang	3536617	1136906	2041840	6348	274555	35565	40753	254
福建 Fujian	1661711	975349	625630	11796	22756	5639	11791	1985
山东 Shandong	2579473	1637339	820837	3365	97658	3754	16521	
广东 Guangdong	6358305	2967683	3064985	12354	215628	51362	43327	257
广西 Guangxi	928668	632361	296307					
海南 Hainan	175922	85524	84079	6057		86	176	

各地区建筑业增加值
CONSTRUCTION ADDED-VALUE BY REGION

单位：万元 (10 000 yuan)

地　区 Region	1991	1992	1993	1994	1995
全国 National	**4646909**	**6145665**	**8356309**	13221143	**16686358**
12省级单位合计 Region	**2570715**	**3492183**	**4883459**	8039382	**10360857**
比重(%) Proportion	**55%**	**57%**	**58%**	61%	**62%**
北　京 Beijing	289502	371077	601749	880241	1071808
天　津 Tianjin	90895	112485	155782	364477	463342
河　北 Hebei	250973	311900	428047	622007	753626
辽　宁 Liaoning	453999	626348	830713	1150259	1257086
上　海 Shanghai	211781	297443	222322	682109	874100
江　苏 Jiangsu	217763	319102	485581	905461	1275984
浙　江 Zhejiang	132463	171440	289902	530486	843427
福　建 Fujian	79306	103454	219327	326032	422848
山　东 Shandong	217659	284938	402304	630366	783397
湖　南 Hunan	125647	164501	203282	340530	430640
广　东 Guangdong	389345	586253	824084	1321791	1853664
广　西 Guangxi	89636	115458	176126	237820	283733
海　南 Hainan	217[illegible]1	27784	44240	47803	47202

各地区按经济类型分的建筑业增加值(1995年)
CONSTRUCTION ADDED-VALUE BY TYPE OF OWNERSHIP AND REGION(1995)

单位：万元 (10 000 yuan)

地　区 Region	建筑业增加值 Total Construction Added-Value	国有经济 State-Owned Economic Units	集体经济 Collective Owned Economic Units	联营经济 Joint Owned Economic Units	股份制经济 Share Holding Economic Units	外商投资经济 Foreign Funded Economic Units	港澳台投资经济 Overseas Chinese from Hong Kong,Marco and Taiwan Funded Economic Units	其他经济 Other Ownership Units
全国 National	**16686358**	**11057563**	**5045810**	**27039**	**397458**	**71659**	**76108**	**2207**
12省级单位合计 Region	**9930217**	**5854446**	**3654807**	**22341**	**262719**	**60783**	**68771**	**2191**
比重(%) Proportion	**60%**	**53%**	**72%**	**83%**	**66%**	**85%**	**90%**	**99%**
北　京 Beijing	1071808	755396	272561	780	16807	12021	13736	507
天　津 Tianjin	463342	406008	49652	2552	69	2470	2591	
河　北 Hebei	753626	568445	176587		7375	695	524	
辽　宁 Liaoning	1257086	674283	559584	1078	12986	6048	1397	900
上　海 Shanghai	874100	544517	263542	6858	25244	15835	18105	
江　苏 Jiangsu	1275984	680777	546143	3045	34582	4419	6991	26
浙　江 Zhejiang	843427	277870	484020	1855	62125	8262	9015	69
福　建 Fujian	422848	246410	159916	2667	6422	1470	3177	573
山　东 Shandong	783397	516564	228981	745	32221	1250	3637	
广　东 Guangdong	1853664	947962	819545	2376	64888	8306	9544	116
广　西 Guangxi	283733	210544	73189					
海　南 Hainan	47202	25670	21087	385		7	54	

各地区建筑业企业利税总额
PROFITS AND TAXES OF CONSTRUCTION ENTERPRISES BY REGION

单位: 万元 (10 000 yuan)

地 区 Region	1991	1992	1993	1994	1995
全 国 National	**711127**	**1028527**	**1594867**	**2082680**	**2422400**
12省级单位合计 Region	**430276**	**650550**	**1009251**	**1396626**	**1674065**
比重(%) Proportion	**61%**	**63%**	**63%**	**67%**	**69%**
北 京 Beijing	53731	64405	124387	182159	187381
天 津 Tianjin	11129	16007	31192	39323	54144
河 北 Hebei	43159	53055	77749	90107	103554
辽 宁 Liaoning	81037	117415	171784	178750	140497
上 海 Shanghai	23138	54023	38912	162099	195193
江 苏 Jiangsu	36818	53141	96645	153642	208029
浙 江 Zhejiang	21641	32135	58969	101138	148758
福 建 Fujian	14137	18923	46461	63779	79230
山 东 Shandong	42848	58215	82703	101242	114772
广 东 Guangdong	81823	159554	230269	284167	394706
广 西 Guangxi	16113	18511	43902	30127	37736
海 南 Hainan	4702	5166	6278	10093	10065

各地区建筑业企业利润总额
PROFITS OF CONSTRUCTION ENTERPRISES BY REGION

单位: 万元 (10 000 yuan)

地 区 Region	1991	1992	1993	1994	1995
全 国 National	**284547**	**459745**	**641328**	**725172**	**741983**
12省级单位合计 Region	**190686**	**318501**	**441818**	**570877**	**623501**
比重(%) Proportion	**67%**	**69%**	**69%**	**79%**	**84%**
北 京 Beijing	27690	30984	61432	94385	77857
天 津 Tianjin	2381	3992	14108	6497	10286
河 北 Hebei	16051	23121	28796	26417	26402
辽 宁 Liaoning	39071	55730	78370	63354	18513
上 海 Shanghai	-2027	21147	15971	79876	85316
江 苏 Jiangsu	15351	23998	35880	62598	80113
浙 江 Zhejiang	8675	15216	24098	35975	59357
福 建 Fujian	6154	7652	16901	22312	24957
山 东 Shandong	22739	29670	41662	40597	40985
广 东 Guangdong	43269	96482	102899	128910	190605
广 西 Guangxi	8556	7821	18363	6383	7983
海 南 Hainan	2776	2688	3338	3573	1127

各地区房屋建筑面积
FLOOR SPACE OF BUILDING CONSTRUCTION BY REGION

地区 Region	房屋建筑面积 Floor Space of Building Construction		国有经济企业 State-Owned Construction Enterprises		集体经济企业 Collective-Owned Construction Enterprises	
	施工面积 Under Construction	竣工面积 Completed	施工面积 Under Construction	竣工面积 Completed	施工面积 Under Construction	竣工面积 Completed
全国 National	**89862.8**	**35666.3**	**44562.9**	**15182.4**	**41829.5**	**19262**
12省级单位合计 Region	**57634.4**	**21944.5**	**26012.1**	**8227.7**	**29210.1**	**12919.5**
比重(%) Proportion	**64%**	**62%**	**58%**	**54%**	**70%**	**67%**
北 京 Beijing	4601.9	1592.9	2948	835.6	1474.6	704.8
天 津 Tianjin	1512.1	561.8	1330.9	453.7	161.4	93.1
河 北 Hebei	4058.9	1644.4	2497.4	849.2	1511	768.5
辽 宁 Liaoning	5188.2	2318.6	2504	873.7	2590.4	1394.1
上 海 Shanghai	3812.7	1485.9	2163.1	617.1	1489.8	812.9
江 苏 Jiangsu	8485.3	3478.2	3471	1304	4621.5	2056.6
浙 江 Zhejiang	6509.4	2473.3	1338.1	463.5	4559.4	1783
福 建 Fujian	2942.5	1171.3	1385.8	413.8	1458.2	718.2
山 东 Shandong	3919.2	1534	2016.2	625.6	1674.9	839.3
广 东 Guangdong	14374.5	4843.4	5143.5	1431.9	8702.8	3275.1
广 西 Guangxi	1860	704.3	1035.9	316.3	824.1	388
海 南 Hainan	369.7	136.4	178.2	43.3	142	85.9

人均住房建筑面积
PER CAPITA LIVING FLOOR SPACE

地区 Region	合计 Total	8以下 8 below	9－12	13－16	17－19	20－29	30－39	40以上 over 40
全国 National	**1019746**	**128168**	**172497**	**186981**	**109373**	**235245**	**92676**	**94806**
12省级单位合计 Region	**477706**	**58160**	**77378**	**83831**	**52649**	**110550**	**44943**	**50195**
比重(%) Proportion	**47%**	**45%**	**45%**	**45%**	**48%**	**47%**	**48%**	**53%**
北 京 Beijing	28023	4139	3919	4728	3875	6484	2470	2408
天 津 Tianjin	20737	4799	4494	3769	2836	3362	966	511
河 北 Hebei	32240	3062	4685	6587	4713	8177	2775	2241
辽 宁 Liaoning	57757	8323	14676	12754	6891	10346	2965	1802
上 海 Shanghai	37612	6744	8435	6592	3740	5335	2592	4174
江 苏 Jiangsu	55804	4497	7705	9677	6754	14372	6180	6619
浙 江 Zhejiang	45576	2058	4025	6265	4426	11117	6418	11267
福 建 Fujian	20361	2930	3179	3227	1743	4534	1910	2838
山 东 Shandong	84791	4614	10544	15060	9924	26134	10322	8193
广 东 Guangdong	67753	11639	10431	10395	5323	15422	6532	8011
广 西 Guangxi	22379	4089	4460	4114	2073	4333	1496	1814
海 南 Hainan	4673	1266	825	663	351	934	317	317

[财政收支与物价指数]
PUBLIC FINANCE AND PRICE INDICES

分地区财政收入决算总表 (1995年)
FINAL STATEMENT TABLE OF REVENUE BY REGION (1995)

单位: 万元 (10 000 yuan)

地区 Region	收入合计 Total Revenue	工商税收 Industrial and Commercial Tax	农牧业税和耕地占用税 Agriculture and Animal Husbandry Tax	企业所得税 Enterprises Income Tax	国有企业上交利润 State-Owned Enterprises Profits	国有企业亏损补贴 Subsidies to Loss-making State-Owned Enterprises
全国地方合计National Total	**29855777**	**22038086**	**2780931**	**3666236**	**190492**	**-2810104**
北京 Beijing	1152614	1441288	18076	194059	-21693	-576940
天津 Tianjin	618977	537283	8391	101781		-92304
河北 Hebei	1199520	798228	93523	213609	4422	-68411
辽宁 Liaoning	1843660	1438466	76888	225071	6044	-180230
上海 Shanghai	2195645	2186691	80495	251987	3740	-449464
江苏 Jiangsu	1726399	1299377	164560	205747	3045	-117470
浙江 Zhejiang	1168214	1023745	87331	256699	-2451	-250645
福建 Fujian	1173692	720392	121114	129171	23082	-25291
江西 Jiangxi	641328	390906	80324	53743	9662	-6727
山东 Shandong	1790025	1238744	151585	256396	5963	-84779
广东 Guangdong	3823449	2926273	178084	432036	22161	-175210
广西 Guangxi	794422	463297	124307	88361	13254	-22236
海南 Hainan	285339	184895	41791	21400	877	-7045

续表 continued

单位: 万元 (10 000 yuan)

地区 Region	能源交通重点建设基金收入 Funds for Energy, Transportation & Key Projects	基本建设贷款归还收入 Return Loans for Capital Construction	其他收入 Other Revenue	国家预算调节基金 Budget Adjust Funds	所得税退税 Return Income Tax	专项收入 Special Income	罚没收入和行政性收费 Penalty and Collect Fee
地方合计 Total	**31148**	**5904**	**904642**	**71312**	**-226466**	**1295586**	**1908010**
北京 Beijing	4248		27223	5559	-19424	55632	24595
天津 Tianjin	191		6334	280	-12793	55048	14766
河北 Hebei	1058		28821	3483	-184	51052	73919
辽宁 Liaoning	1592	40	36544	2563	-665	91685	145662
上海 Shanghai	2866		10249	6908	-41960	90322	53847
江苏 Jiangsu	1347		10101	2894	-1343	84492	73649
浙江 Zhejiang	1813		3165	3526	-41710	57090	29651
福建 Fujian	923		87454	3302	-2563	34438	81670
山东 Shandong	1092		27698	3462	-11586	102146	99304
广东 Guangdong	3365		38315	7513	-10835	123926	277821
广西 Guangxi	817	1500	22599	1545	-9013	29874	80117
海南 Hainan	2061		13899	882	-1194	5682	22091

分地区财政支出决算总表 (1995年)

FINAL STATEMENT TABLE OF EXPENDI TURE BY REGION (1995)

单位: 万元 (10 000 yuan)

地 区 Region	支出合计 Total Expenditure	基本建设 Capital Construction	企业挖潜改造资金 Techical Updates of Enterprises	简易建筑费 Simple Construct Fee	地质勘探费 Geological Prospecting	科技三项费用 Three Kinds Spend of Science and Technology
全国地方合计National Total	**48283311**	**4054404**	**3238079**	**83504**	**8351**	**359372**
北 京 Beijing	1544028	134312	86014	1054		13615
天 津 Tianjin	933313	179474	102997	100		9919
河 北 Hebei	1911822	69728	224649	2430	868	12439
辽 宁 Liaoning	2738331	244992	366993	2006	150	35238
上 海 Shanghai	2600023	422608	286008	810		1520
江 苏 Jiangsu	2534881	186948	146168	2405	284	23269
浙 江 Zhejiang	1802909	78306	149483	1346		17782
福 建 Fujian	1715798	191628	66176	6730		13793
山 东 Shandong	2758656	179597	139085	4456	2342	24312
广 东 Guangdong	5256255	722264	381365	1924		37256
广 西 Guangxi	1405892	85162	85516	2926	134	7669
海 南 Hainan	423860	60800	6207	677		1440

续表 1 continued

单位: 万元 (10 000 yuan)

地 区 Region	流动资金 Circulating Funds	支援农业生产 Agriculture Production	农林水利气象部门事业费 Agriculture Administration Expense	工业交通部门事业费 Industry & Transportation Expense	商业部门事业费 Commerce Expense	城市维护费 City Maintence
全国地方合计National Total	**67317**	**1533539**	**1750981**	**569295**	**115444**	**2461337**
北 京 Beijing		25614	21405	17527	5043	82988
天 津 Tianjin		9510	13519	9123	1203	78221
河 北 Hebei		44812	65794	16476	3243	76723
辽 宁 Liaoning	2108	75735	94899	32677	5544	20235
上 海 Shanghai	30000	38092	26297	16931	2465	85265
江 苏 Jiangsu		71727	63448	28762	8618	172909
浙 江 Zhejiang	5715	62938	61058	42012	2565	131022
福 建 Fujian	1180	55496	57003	21828	2277	73629
山 东 Shandong	6856	62922	106328	22414	3587	163339
广 东 Guangdong	3340	149465	140315	38707	4421	314467
广 西 Guangxi		70448	56147	13284	3112	46005
海 南 Hainan		17746	16207	1394	740	13857

续表 2 continued

单位: 万元 (10 000 yuan)

地区 Region	文教卫生事业费 Culture, Education and Health Care Expense	科学事业费 Science Expense	其他部门事业费 Agriculture Administration Expense	抚恤和社会福利救济费 Pensions and Social Welfare Relief	国防费 National Defense	行政管理费 Government Administration
全国地方合计National Total	**12754663**	**446055**	**2512921**	**1146639**	**40200**	**5252350**
北 京 Beijing	383288	23365	57480	48989	600	71190
天 津 Tianjin	212400	7004	22530	15651	542	57248
河 北 Hebei	567301	13156	125862	66978	1709	236027
辽 宁 Liaoning	559732	24585	208359	70948	4219	195738
上 海 Shanghai	572946	37242	70555	25750	786	96216
江 苏 Jiangsu	804314	22623	93156	71309	1802	268755
浙 江 Zhejiang	545312	16319	77131	46241	1602	229257
福 建 Fujian	425367	14497	88064	34310	3052	167037
山 东 Shandong	809785	22551	137471	82636	1780	315337
广 东 Guangdong	1290755	61357	236793	75689	3050	428977
广 西 Guangxi	378285	10325	76597	32028	1953	189004
海 南 Hainan	109872	3580	27777	8044	333	61308

续表 3 continued

单位: 万元 (10 000 yuan)

地区 Region	公检法部门 Public Security and Justice	价格补贴支出 Price Subsidies	支援不发达地区支出 Help Developing Area	其他支出 Other Expenditure	专项支出 Special Expenditure	农业综合开发支出 Agriculture Development Expenditure
全国地方合计National Total	**2777552**	**2636504**	**201775**	**4525841**	**1193447**	**553741**
北 京 Beijing	109075	99970		308254	42597	11248
天 津 Tianjin	46824	25550		83927	52468	5103
河 北 Hebei	105108	111281	3807	91390	44870	27171
辽 宁 Liaoning	155089	89193	476	256140	92164	19111
上 海 Shanghai	152677	88888		548663	83094	13210
江 苏 Jiangsu	138744	111489	4119	168160	80816	65036
浙 江 Zhejiang	104310	43438	6507	99601	56773	24190
福 建 Fujian	86759	96078	9053	248833	31902	21106
山 东 Shandong	124934	133584	2326	262900	94571	55543
广 东 Guangdong	415972	123525	31848	651910	112413	30442
广 西 Guangxi	85979	61148	12946	148464	27108	11652
海 南 Hainan	28322	10838	2268	41906	5139	5405

各地区居民消费价格指数和商品零售价格指数(1995年)
RESIDENTS CONSUMER PRICE INDICES AND RETAIL PRICE INDICES OF COMMODITIES BY REGION (1995)

(上年=100) (preceding year=100)

地　区 Region	居民消费价格指数 Residents Consumer Price Index			商品零售价格指数 Retail Price Index of commodities		
	全省(区、市) Province	城市 Urban	农村 Rural	全省(区、市) Province	城市 Urban	农村 Rural
全　国　National	**117.1**	**116.8**	**117.5**	**114.8**	**113.5**	**116.4**
北　京　Beijing	117.3	112.6				
天　津　Tianjin	115.3	110.6				
河　北　Hebei	115.2	116.1	114.8	115.8	115.2	116.6
辽　宁　Liaoning	116.1	116.1	116	114	113.5	115
上　海　Shanghai	118.7	113				
江　苏　Jiangsu	115.8	116.2	115.3	114.3	112.5	115.6
浙　江　Zhejiang	116.6	117	116.4	113.5	113	114.3
福　建　Fujian	115.2	116.4	114.4	114.4	114.3	114.7
山　东　Shandong	117.6	116.8	117.9	114.2	113.2	116.2
广　东　Guangdong	114	113.1	115.3	111.6	110.8	112.7
广　西　Guangxi	118.4	118	118.6	116.4	115	117.7
海　南　Hainan	113.5	110.6	118.4	111.3	108.7	115.5

各地区居民消费价格分类指数　(1995年)
RESIDENTS CONSUMER PRICE INDICES BY CATEGORY BY REGION(1995)

(上年=100) (preceding year=100)

地　区 Region	居民消费价格指数 Overall Index	食品 Food	#粮食 Grain	衣着 Clothing	家用设备及用品 Household Appliance	医疗保健 Health Care	交通和通讯工具 Traffic & Post	娱乐教育文化用品 Recreation Stationery and Sports Goods	居住 Living	服务项目 Services
全　国　National	**117.1**	**122.9**	**136.8**	**114.5**	**107**	**111.3**	**99.9**	**106.4**	**110.6**	**120.2**
北　京　Beijing	117.3	121.1	135.2	117.5	108.3	102.6	100.3	100.8	113.2	128.3
天　津　Tianjin	115.3	121.5	139.8	107.2	104.4	115.5	98.4	102	116	112.8
河　北　Hebei	115.2	123	147.7	112.8	106.5	109.4	99.8	106	111.5	110.2
辽　宁　Liaoning	116.1	121.9	141.8	115	107.7	110.2	100.1	105.2	106.2	113.9
上　海　Shanghai	118.7	124.4	136.2	109	103.5	108.2	93.4	103.2	120.1	124.7
江　苏　Jiangsu	115.8	120.9	139.8	117.1	106.4	111.1	100.5	107.3	110.9	121.5
浙　江　Zhejiang	116.6	121.7	133.2	114.6	106.5	113.7	98.8	107.8	110.8	121.5
福　建　Fujian	115.2	119.4	132.5	115.4	107.5	109.8	99.5	105	110.7	118.2
山　东　Shandong	117.6	122.2	139.3	115.5	109.3	110.8	101.3	107.1	118.4	120.5
广　东　Guangdong	114	119.3	125.2	112.4	105.9	111.8	99.7	104.1	108.2	118.5
广　西　Guangxi	118.4	127	135	116.2	107.7	114.4	96.9	104.8	111.5	117.8
海　南　Hainan	113.5	115.5	121.5	110.1	110.6	111.9	100.5	109.7	112.2	120.4

各地区商品零售价格分类指数（1995年）

(上年=100) (preceding year=100)

地区 Region	商品零售价格指数 Retail Price Index	食品 Food	#粮食 Grain	#油脂 Oil or Fat	#肉禽蛋 Meat, Pouitry & Eggs	#水产品 Aquatic Products	#鲜菜 Vegetable	#鲜果 Fruit	#干果 Nuts
全 国 National	**114.8**	**124.7**	**134.4**	**116.3**	**124.2**	**114.2**	**129.3**	**120.4**	**124.4**
北 京 Beijing	112.6	122.1	136.6	108.1	121.9	111.1	124.4	129.5	129.9
天 津 Tianjin	110.6	121.5	134.4	114.4	125.2	113.8	124.3	122.2	123.7
河 北 Hebei	115.8	126.7	143.7	119.7	121.1	109.5	128.1	122.3	124.8
辽 宁 Liaoning	114	123.1	137.2	118.6	123.3	110.3	118.5	123.8	115.1
上 海 Shanghai	113	126.9	131.4	108.9	137	115.6	128	120.4	138
江 苏 Jiangsu	114.3	124	136.9	111.6	123.5	115.2	125.7	120.8	127
浙 江 Zhejiang	113.5	124.2	130.8	111.2	124	117.2	136.1	123.5	127.3
福 建 Fujian	114.4	122.7	132.6	108.4	118.7	115.3	135.9	122.6	120.6
山 东 Shandong	114.2	124.1	134	107.6	121.9	111.8	130.6	119.1	122.6
广 东 Guangdong	111.6	119.6	124.3	114	121.9	113.8	125.6	116.8	122.5
广 西 Guangxi	116.4	128.2	133.7	118	127.7	117.2	137.5	122.1	127.7
海 南 Hainan	111.3	116.9	122	122.3	114.4	105	124.7	101.2	127.3

续表 1 continued The classification indices of Consumer price in different regions(1995)

(上年=100) (preceding year=100)

地区 Region	#饮食业 Restaurant	饮料烟酒 Drinking, Tobacco and Liquor	服装鞋帽 Clothing, Shoes and Hats	纺织品类 Textiles	中西药品类 Pharmaceutical	化妆品 Cosmetics	报纸杂志 Newspapers and Magazines
全 国 National	**123.5**	**107.8**	**116.8**	**115.4**	**111.5**	**109.9**	**115.2**
北 京 Beijing	116.5	117	119.3	120.6	102.5	133.2	103.3
天 津 Tianjin	114.4	106.3	106.8	108.3	111.6	111.2	110.4
河 北 Hebei	120.5	104.4	115.5	115.3	110	107.7	113.3
辽 宁 Liaoning	122.3	105.8	115.9	117	110.3	108.9	109.1
上 海 Shanghai	123.9	108.2	112.6	111	112.1	109.2	108.1
江 苏 Jiangsu	121.3	109	118.8	115.8	111.3	109.4	119.7
浙 江 Zhejiang	125.5	104.3	119.5	113.3	112.4	108.2	113.2
福 建 Fujian	126.4	102.4	118.7	113.7	111.2	106	110
山 东 Shandong	123	108.7	116.3	112.8	110.2	115.5	109.5
广 东 Guangdong	118.3	107.8	114.2	115.9	111.4	107.3	115.9
广 西 Guangxi	130.4	111.7	119.3	117.6	113.9	111.3	113.4
海 南 Hainan	123.2	103.1	110.2	123.1	111.8	140	129.4

续表 2 continued

(上年=100) (preceding year=100)

地区 Region	文化体育用品 Cultural, Stationery and Sports Goods	日用品 Daily-Use Articles	家用电器 Household Appliance	首饰 Jewelery	燃料 Fuel	建筑装璜材料 Building and Decoration Materials	机电产品 Mechanical and Electrical Products
全　国 National	**108.9**	**109.7**	**100.7**	**99.4**	**107.2**	**105.7**	**96.6**
北　京 Beijing	109.6	109.5	102.2	99.7	99.4	104	92.4
天　津 Tianjin	111.7	109.1	102.2	97.8	102.7	100.8	95.3
河　北 Hebei	108.5	107.1	101.9	100.2	113.3	108.3	97.1
辽　宁 Liaoning	107.2	108.7	102.3	99.9	105.5	101.5	98
上　海 Shanghai	110.1	117.1	95.1	98.1	118.5	100.8	96.1
江　苏 Jiangsu	108.6	109.3	100.5	99.5	106.2	107.6	97.3
浙　江 Zhejiang	109.7	110.5	100	99	103.6	105	95.3
福　建 Fujian	108	108.2	101	99	106.2	102.9	97.8
山　东 Shandong	106.6	108.1	101.7	101.4	111.8	105.7	97.3
广　东 Guangdong	107.7	107.3	99.1	98.9	105.3	98.7	96
广　西 Guangxi	108.5	108.9	99.7	101	104.4	101.8	96.9
海　南 Hainan	107.5	115.4	101.8	98	105.2	91.9	99.4

各地区服务项目价格分类指数 (1995年)

SERVICES PRICE INDICES BY CATEGORY BY REGION (1995)

(上年=100) (preceding year=100)

地区 Region	服务项目价格指数 Services Price Index	电讯费 Telecommunication	邮费 Postage	交通费 Traffic	洗理美容费 Washing, Haircut	文娱费 Recreation	学杂保育费 Tuition and Children Care	修理及其他服务费 Repair and Other Services	医疗保健服务费 Health Care
全　国 National	**120.2**	**106**	**101.5**	**111.9**	**122.3**	**125.5**	**129.6**	**117.2**	**111.1**
北　京 Beijing	128.3	100.1	100	103.1	120.7	154.3	165.4	112.3	100.6
天　津 Tianjin	112.8	100	100	103.3	124	129.9	105.9	116.7	164.5
河　北 Hebei	110.2	111.5	103.2	108.9	123.3	120.7	106.3	115.3	105.2
辽　宁 Liaoning	113.9	101.6	100.8	108.3	120.9	123.6	116.1	115.5	105
上　海 Shanghai	124.7	117.5	100	116.9	112.3	143.9	131.2	117.8	159.2
江　苏 Jiangsu	121.5	100.6	100.1	111	124.2	123.2	136	120	105.8
浙　江 Zhejiang	121.5	107.2	100.2	110.2	130.4	130.5	126.6	127.4	106.5
福　建 Fujian	118.2	98.1	99.7	122.8	130.7	128.6	121.3	113.6	112.3
山　东 Shandong	120.5	104.9	101.4	111.7	122.9	127.6	127.9	118.2	111.6
广　东 Guangdong	118.5	104	100.9	112.6	119.6	116.3	131.1	114.3	111.3
广　西 Guangxi	117.8	101.3	100	111.6	128.1	124.2	120.3	117.3	104.7
海　南 Hainan	120.4	113.9	111.3	117.3	114.1	122.6	124.2	112.1	118

各地区农业生产资料价格分类指数 (1995年)

AGRICUL TURAL PRODUCER MATERIALS PRICE INDICES BY CATEGORY BY REGION (1995)

(上年＝100) (preceding year＝100)

地区 Region		农业生产资料价格指数 Agricultural Producer Price Index	小农具 Small Farm Tools	饲料 Forage Grass	幼禽家畜 Young Livestock & Fowls	半机械化农具 Semimechanized Farm Equipment	机械化农具 Mechanized Farm Equipment	化学肥料 Chemical Fertilizer	农药及农药械 Application Equipment	农机用油 Oil for Farm Mechanized
全 国	**National**	**127.4**	**120**	**150.3**	**130.4**	**111**	**116.4**	**135.4**	**117.4**	**103**
北 京	Beijing									
天 津	Tianjin									
河 北	Hebei	120.9	115.1	144.8	123.6	108.9	115.8	129.5	119.1	103.8
辽 宁	Liaoning	128.7	111.7	164.2	129.8	110.9	114.8	134.8	109.4	138.4
上 海	Shanghai									
江 苏	Jiangsu	126.9	113.6	146.4	124.9	107.1	113.2	134.6	117.6	99
浙 江	Zhejiang	129.8	115.2	137	133.9	112.1	111.4	140.8	122.7	102
福 建	Fujian	120.2	119.2	128.4	116.4	107.6	112.5	118.6	120	6
山 东	Shandong	133.3	122	173	121.6	117.6	121.3	142.5	120.6	102
广 东	Guangdong	120.3	112.8	130.5	127	104.8	106.3	135	116.8	99.5
广 西	Guangxi	130.1	117.7	131.5	132.2	102.9	118.5	147.1	116.6	101.4
海 南	Hainan	115.7	124.1	132.7	111.2	129.3	106.7	124.1	96.4	87.7

[对 外 经 济 贸 易]
FOREIGN TRADE

各地区进出口商品总值(按经营单位所在地分)
IMPORT AND EXPORT VALUE BY LOCATION OF MANAGE UNIT BY REGION

单位: 万美元 (USD 10 000)

地 区 Region	1993 进出口 Total	1993 出口 Exports	1993 进口 Imports	1994 进出口 Total	1994 出口 Exports	1994 进口 Imports	1995 进出口 Total	1995 出口 Exports	1995 进口 Imports
全 国 National	**19570299**	**9174401**	**10395898**	**23661996**	**12100632**	**11561364**	**28084790**	**14876974**	**13207816**
12省级单位合计 Region	**14915707**	**7414108**	**7521599**	**21127875**	**10605325**	**10522550**	**25211752**	**13112262**	**12099490**
比重(%) Proportion	**76%**	**81%**	**72%**	**89%**	**88%**	**91%**	**90%**	**88%**	**92%**
北 京 Beijing	348464	114118	254346	2927426	834205	2093221	3703378	1024993	2678385
天 津 Tianjin	397768	205737	192031	554529	269121	285408	804359	406407	397952
河 北 Hebei	246152	167916	78236	315682	230266	85416	391792	286578	105214
辽 宁 Liaoning	851980	516834	335146	1023753	605320	418433	1318574	823040	495534
上 海 Shanghai	1450028	656564	793464	1806221	915722	890499	2435732	1296379	1139353
江 苏 Jiangsu	924469	465117	459352	1175685	668450	507235	1630987	978925	652062
浙 江 Zhejiang	673008	432052	240956	898715	608499	290216	1150999	769269	381730
福 建 Fujian	1003808	515636	488172	1218953	643020	575933	1444569	790806	653763
山 东 Shandong	727936	419987	307949	961950	586536	375414	1394352	816017	578335
广 东 Guangdong	7834492	3738838	4095654	9665215	5019850	4645365	10392384	5657344	4735040
广 西 Guangxi	205805	89317	116488	303700	129038	174662	309054	170181	138873
海 南 Hainan	251797	91992	159805	276046	95298	180748	235572	92323	143249

各地区进出口商品总值 (按境内目的地、货源地分)
IMPORT AND EXPORT VALUE BY DESTINATION IN BORDER OR SOURCE OF GOODS BY REGION

单位: 万美元 (USD 10 000)

地 区 Region	1993 进出口 Total	1993 出口 Exports	1993 进口 Imports	1994 进出口 Total	1994 出口 Exports	1994 进口 Imports	1995 进出口 Total	1995 出口 Exports	1995 进口 Imports
全 国 National	**19570299**	**9174401**	**10395898**	**23661996**	**12100632**	**11561364**	**28084790**	**14876974**	**13207816**
12省级单位合计 Region	**16754360**	**7707206**	**9047154**	**20570897**	**10494219**	**10076678**	**24544413**	**12973352**	**11571061**
比重(%) Proportion	86%	84%	87%	87%	87%	87%	87%	87%	88%
北 京 Beijing	940343	270230	670113	1186671	385193	801478	1677123	595847	1081276
天 津 Tianjin	512701	243240	269461	665975	302387	363588	898685	443689	454996
河 北 Hebei	271959	148792	123167	340625	189829	150796	446842	248845	197997
辽 宁 Liaoning	877487	414710	462777	1061835	516032	545803	1313547	707844	605703
上 海 Shanghai	1754856	757683	997173	2015443	993696	1021747	2589750	1313403	1276347
江 苏 Jiangsu	1196385	538941	657444	1324279	695737	628542	1803055	1006203	796852
浙 江 Zhejiang	797838	486071	311767	978612	648205	330407	1273335	827893	445442
福 建 Fujian	991991	483224	508767	1203962	607939	596023	1506561	810656	695905
山 东 Shandong	889218	464006	425212	1139582	650751	488831	1658039	902990	755049
广 东 Guangdong	8072180	3759721	4312459	10105941	5327141	4778800	10852545	5904813	4947732
广 西 Guangxi	238298	103546	134752	324492	133676	190816	336107	163021	173086
海 南 Hainan	211104	37042	174062	223480	43633	179847	188824	48148	140676

各地区外商投资企业进出口商品总值
IMPORT AND EXPORT VALUE OF FOREIGN INVESTMENT ENTERPRISES GOODS BY REGION

单位: 万美元 (USD 10 000)

地　区 Region	1993			1994			1995		
	进出口 Total	出口 Exports	进口 Imports	进出口 Total	出口 Exports	进口 Imports	进出口 Total	出口 Exports	进口 Imports
全　国 National	**6707037**	**2523717**	**4183320**	**8764715**	**3471297**	**5293418**	**10981858**	**4687587**	**6294271**
12省级单位合计 Region	**6317185**	**2446020**	**3871165**	**8317012**	**3366548**	**4950464**	**10463653**	**4557614**	**5907039**
比重(%) Proportion	**94%**	**97%**	**93%**	**95%**	**97%**	**94%**	**95%**	**97%**	**94%**
北　京 Beijing	157953	33890	124063	196928	49256	147672	257567	70939	186628
天　津 Tianjin	170067	60609	109458	290917	101300	189617	499966	198729	301237
河　北 Hebei	64857	16540	48317	81633	27741	53892	98855	32607	67248
辽　宁 Liaoning	276196	116289	159907	376665	162200	214465	500049	237075	262974
上　海 Shanghai	583701	178275	405426	760479	265848	494631	1121591	401810	719781
江　苏 Jiangsu	458195	150378	307817	556809	206638	350171	780884	293600	487284
浙　江 Zhejiang	203327	97787	105540	246146	103339	142807	306361	110982	195379
福　建 Fujian	606225	248904	357321	721677	287056	434621	822886	354323	468563
山　东 Shandong	265510	88896	176614	412085	158898	253187	616403	253751	362652
广　东 Guangdong	3416575	1436698	1979877	4520498	1984452	2536046	5320356	2576243	2744113
广　西 Guangxi	52260	10668	41592	87540	14508	73032	81872	21778	60094
海　南 Hainan	62319	7086	55233	65635	5312	60323	56863	5777	51086

各地区外商投资企业注册登记情况
BASIC INDICATORS OF REGISTERED ENTERPRISES WITH FOREIGN CAPITAL BY REGION

地　区 Region	年底登记企业数(户) Number of Registered Enterprise(year-end)		投资总额(万美元) Total Investment (USD 10 000)		注册资本(万美元) Registered Capital (USD 10 000)		# 外方 Foreign Partner	
	1994	1995	1994	1995	1994	1995	1994	1995
全　国 National	**206096**	**233564**	**49072446**	**63900854**	**31227534**	**39912303**	**19631486**	**25688423**
12省级单位合计 Region	**169444**	**191555**	**42092243**	**54480657**	**26187602**	**33348909**	**16938609**	**22059239**
比重(%) Proportion	**82%**	**82%**	**86%**	**85%**	**84%**	**84%**	**86%**	**86%**
北　京 Beijing	8855	9691	2437846	2881994	1264601	1511539	753749	926890
天　津 Tianjin	7599	8959	958311	1694370	672684	1088166	442075	767332
河　北 Hebei	4653	5368	945897	1227769	640917	819669	313127	426966
辽　宁 Liaoning	9608	11284	2284786	2807930	1435653	1743037	765259	967480
上　海 Shanghai	11123	14487	4419040	6772912	2295485	3602881	1484027	2330897
江　苏 Jiangsu	21204	22950	4055630	5323055	2531032	3240443	1327798	1843872
浙　江 Zhejiang	9889	11237	1818187	2437107	1119747	1480607	586414	816457
福　建 Fujian	14486	16527	2825414	3671488	1777938	2288239	1406210	1854097
山　东 Shandong	15594	17988	2965039	3742467	2021708	2577066	1012222	1328052
广　东 Guangdong	53206	59582	16589299	20462715	10554687	12913175	7512410	9294880
广　西 Guangxi	5027	4876	1256823	1345334	799137	846254	462233	496966
海　南 Hainan	8200	8606	1535971	2113516	1074013	1237833	873085	1005350

实 际 利 用 外 资 额 (按地区分)
FOREIGN CAPITAL ACTUALLY USED BY REGION

金额单位: 万美元;项目单位: 个 (USD 10 000)

地区、部门 Region and Sector	1994			1995		
	总 计 Total	对外借款 Foreign Loans	外商直接投资及其他投资 Direct Foreign Investment and Other	总 计 Total	对外借款 Foreign Loans	外商直接投资及其他投资 Direct Foreign Investment and Other
总 计 Total	**4321284**	**926700**	**3394584**	**4813269**	**1032700**	**3780569**
12省级单位合计 Region	**3114859**	**192854**	**2922005**	**3397239**	**133100**	**3264139**
比重(%) Proportion	**72%**	**21%**	**86%**	**71%**	**13%**	**86%**
北 京 Beijing	137911	754	137157	110648	2649	107999
天 津 Tianjin	116176	14677	101499	158686	6593	152093
河 北 Hebei	52982	642	52340	61333	6665	54668
辽 宁 Liaoning	151471	7457	144014	156838	14377	142461
上 海 Shanghai	258217	10908	247309	300543	11282	289261
江 苏 Jiangsu	378568	2253	376315	532577	13495	519082
浙 江 Zhejiang	115650	624	115026	128968	3162	125806
福 建 Fujian	372328	1010	371318	414908	10518	404390
山 东 Shandong	260143	4901	255242	276497	7599	268898
广 东 Guangdong	1092758	146415	946343	1066967	40956	1026011
广 西 Guangxi	85046	1413	83633	70841	3578	67263
海 南 Hainan	93609	1800	91809	118433	12226	106207

各 地 区 外 商 直 接 投 资 额
DIRECT FOREIGN INVESTMENTS BY REGION

单位: 万美元 (US $ 10 000)

地 区 Region	1994			1995		
	合同数(个) Number of Contracts	协议投资额(万美元) Foreign Capital Through Signed Contracts Agreements (US$10000)	实际投资额(万美元) Foreign Capital Actuallg (US$10000)	合同数(个) Number of Contracts	协议投资额(万美元) Foreign Capital Through Signed Contracts Agreements (US$10000)	实际投资额(万美元) Foreign Capital Actually Used (US$10000)
全 国 National	**47549**	**8267977**	**3376650**	**37001**	**9128153**	**3752053**
北 京 Beijing	2675	453302	137157	1552	273507	107999
天 津 Tianjin	1890	349288	101499	1389	385053	152064
河 北 Hebei	1067	114615	50948	1263	225072	54175
辽 宁 Liaoning	2677	458153	143676	2406	397449	142175
上 海 Shanghai	3779	928541	247309	2628	1029663	289261
江 苏 Jiangsu	4905	785260	376315	4091	1237471	519082
浙 江 Zhejiang	2525	288538	114441	1836	324892	125806
福 建 Fujian	3026	717956	371200	2729	890667	403881
山 东 Shandong	3647	526217	253153	2708	462521	260719
广 东 Guangdong	10552	2379908	939708	8177	2483244	1018030
广 西 Guangxi	909	116209	81506	571	104177	66952
海 南 Hainan	802	122292	91809	389	278077	106207

各地区旅游事业情况

TOURISTS AND FOREIGN EXCHANGE INCOME FROM TOURISM BY REGION

地区 Region	1994 旅游人数(万人次) Total Number of Tourists (10 000)	1994 #外国人 Foreigners	1994 旅游收汇总额(亿美元) Total Foreign Exchange Income from Tourism (US$100 000 000)	1995 旅游人数(万人次) Total Number of Tourists (10 000)	1995 #外国人 Foreigners	1995 旅游收汇总额(亿美元) Total Foreign Exchange Income from Tourism (US$100 000 000)
北　京 Beijing	202.97	160.02	20.09	206.87	166.52	21.82
天　津 Tianjin	16.79	12.89	1.05	20.06	16.27	1.33
河　北 Hebei	14.60	11.88	0.34	16.50	13.59	0.42
辽　宁 Liaoning	23.09	17.66	1.66	26.38	21.46	1.89
上　海 Shanghai	132.18	101.97	8.50	136.79	107.54	9.39
江　苏 Jiangsu	70.22	46.06	2.22	76.77	48.68	2.60
浙　江 Zhejiang	61.27	32.95	1.81	67.27	36.65	2.36
福　建 Fujian	84.45	19.94	4.47	90.64	22.41	4.84
山　东 Shandong	34.94	22.48	1.12	45.09	30.43	1.54
广　东 Guangdong	610.36	107.83	20.13	620.68	122.08	23.93
广　西 Guangxi	43.81	32.23	1.20	41.85	30.74	1.21
海　南 Hainan	24.73	4.85	0.74	28.71	5.75	0.81

各地区按经济类型分的涉外饭店个数　(1995年底)

NUMBER OF TOURIST HOTELS BY OWNERSHIP AND BY REGION (END OF 1995)

单位: 个　　(unit)

地区 Region	涉外饭店 个数 Total	国有 State-Owned	集体 Colective-Owned	私营 Private	联营 Joint Owned	股份制 Share Holding	外商投资 Foreign Funded	港澳台投资 Overseas Chinese from Hong Kong, Macao and Taiwan Funded
全　国　National	**3720**	**2478**	**423**	**48**	**43**	**82**	**393**	**253**
12省级单位合计　Region	**2455**	**1448**	**321**	**44**	**37**	**62**	**344**	**199**
比重(%)　Proportion	**66%**	**58%**	**76%**	**92%**	**86%**	**76%**	**88%**	**79%**
北　京 Beijing	262	141	39	1	1		80	
天　津 Tianjin	48	26	4			1	17	
河　北 Hebei	76	71	1			1	3	
辽　宁 Liaoning	109	60	14		1	5	9	20
上　海 Shanghai	116	78	3		3	7	9	16
江　苏 Jiangsu	204	157	20		1	4	10	12
浙　江 Zhejiang	165	90	34	1	8	15	11	6
福　建 Fujian	110	69	5	1	2	2	13	18
山　东 Shandong	173	137	11	1		4	13	7
广　东 Guangdong	962	506	162	30	11	8	142	103
广　西 Guangxi	95	56	7			5	16	11
海　南 Hainan	135	57	21	10	10	10	21	6

[农 村 经 济]
AGRICULTURE ECONOMY

农村基层组织情况
BASIC RURAL UNITS

地区 Region	乡镇数 (个) Township and Town Governments	#镇数 Town Governments	村民委员会 (个) Village Committees	乡村户数 (万户) Households (10 000 households)	乡村人口数 (万人) Population (10 000 persons)	乡村劳动力 (万人) Social Labor Force by Gender (10 000 persons)	男 Male	女 Female
全国 National	**47136**	**17282**	**740150**	**23282**	**91674.6**	**45041.8**	**24037**	**21004**
12省级单位合计 Region	**15644**	**7884**	**300578**	**9761**	**37342.5**	**18281.1**	**9708.9**	**8572**
比重(%)Proportion	**33%**	**46%**	**41%**	**42%**	**41%**	**41%**	**40%**	**41%**
北京 Beijing	276	102	4086	125	371.4	163.5	82.7	80.8
天津 Tianjin	226	71	3876	113	396.3	169.9	91.6	78.2
河北 Hebei	3202	857	50224	1387	5324.3	2573.5	1388.8	1184.7
辽宁 Liaoning	1235	538	15788	631	2225.6	866.1	491.3	374.8
上海 Shanghai	208	169	2997	135	392.3	230.4	112.1	118.3
江苏 Jiangsu	1982	936	35982	1517	5321	2773	1424.4	1348.6
浙江 Zhejiang	1841	961	43364	1066	3588.2	2097	1146.6	950.4
福建 Fujian	969	582	14923	599	2627.4	1148.5	625.4	523
山东 Shandong	2383	1255	88927	1976	7115.9	3572.5	1910	1662.5
广东 Guangdong	1655	1592	22869	1284	5622.3	2519.2	1301.2	1218
广西 Guangxi	1362	618	14803	828	3881.9	1964.6	1030.9	933.8
海南 Hainan	305	203	2739	100	475.9	202.9	103.9	98.9

注: 乡村人口数是指户口在乡村的常住人口,本指标是按1964年建镇标准划分的,包括后来的新建制镇人口,故本表数字大于人口篇的乡村总人口。

a) Total rural population refers to persons residing and registered in rural areas. This indicator is calculated on the basis of the 1964 town classification standards which includes rural population in what are now established towns. Therefore,the population figures shown here are larger than that is in Chapter 3.

乡村劳动力
RURAL SOCIAL LABOR FORCE

本表分行业劳动力是按从事的主行业划分的，如以农业为主、兼营商业的，仍作为农林牧渔业劳动力。
Labor force in this table is classified by main activity. For example, those engaged primanily in agriculture and secondarily in commerce are classified under farming, forestry, animal husbandry and fishery.

(年底)单位：万人　　(year-end)(10 000 persons)

地区 Region	农林牧渔业 Farming, Forestry, Animal Husbandry and Fishery	工业 Industry	建筑业 Construction	交通运输邮电通讯业 Transportation	批发零售贸易业餐饮业及仓储业 Wholesale, Retail Sale Food Services and Storage	其他非农行业 Other
全国 National	**32334.5**	**3970.7**	**2203.6**	**983**	**1170.4**	**4379.7**
12省级单位合计 Region	**11556.6**	**2473.8**	**1149.1**	**516**	**598.6**	**1987.2**
比重(%)Proportion	**36%**	**62%**	**52%**	**52%**	**51%**	**45%**
北京 Beijing	65.6	45.5	11	7.7	5.9	27.8
天津 Tianjin	80.9	52.5	9.4	9.3	7.3	10.4
河北 Hebei	1715.4	325	157.8	78.2	98	199
辽宁 Liaoning	592.9	84.4	47.4	30.8	38.1	72.5
上海 Shanghai	65.6	106	6.2	3.7	4.7	44.4
江苏 Jiangsu	1541.3	531.8	227.4	92.3	73	307.2
浙江 Zhejiang	1145.9	447.3	99.4	62.9	87.7	253.9
福建 Fujian	777	104.9	69.3	32.8	40.3	124.2
山东 Shandong	2502.2	358	266.8	96.1	111.2	238.3
广东 Guangdong	1342.3	352.4	180.9	70.5	92.2	480.9
广西 Guangxi	1562.9	60	66	25.9	34.4	215.4
海南 Hainan	164.6	6	7.5	5.8	5.8	13.2

注：工业劳动力中包括村及村以下办的工业的劳动力。
a) Industrial Labor force includs workers in enterprises at and below village level.

耕 地 面 积
AREAS UNDER CULTIVATION

本表实有耕地面积数字偏小,有待进一步核查。

Figures for the cultivated areas are under estimated and must be further verified.

地 区 Region	耕地面积 Cultivated Areas	水 田 Paddy Fields	旱地 Dry Fields	年内减少 Decrease in Cultivated Area and	#国家基建占地 Capital Construction	#乡村集体占地 Village Collective	#农民个人建房占地 Peasant Construction
全国 National	**94970.9**	**24850.5**	**70120.4**	**621.1**	**111.9**	**84.9**	**31.6**
12省级单位合计 Region	**30349.4**	**9552.2**	**20797.3**	**213.5**	**58.8**	**30.3**	**10.4**
比重(%)proportion	**32%**	**38%**	**30%**	**34%**	**53%**	**36%**	**33%**
北京 Beijing	399.5	23.7	375.8	2.9	1.5		
天津 Tianjin	426.1	48.5	377.7	1.5	1.1	0.2	
河北 Hebei	6517.3	126.5	6390.7	19.4	8.6	2.6	1.5
辽宁 Liaoning	3389.7	468.6	2921.1	27	2.7	1.3	0.7
上海 Shanghai	290	253.9	36.1	4.8	1.7	2.2	0.2
江苏 Jiangsu	4448.3	2669.7	1778.6	23.7	11.7	2.5	1.7
浙江 Zhejiang	1617.8	1344.9	272.9	22.2	7.5	7.5	2.3
福建 Fujian	1204	972.5	231.5	9.5	3.2	0.4	0.3
山东 Shandong	6696	156.7	6539.3	34.4	10.9	10	2.7
广东 Guangdong	2317.3	1698.7	618.7	35.2	5	2.6	0.4
广西 Guangxi	2614.2	1540.3	1073.9	29	3.8	0.9	0.5
海南 Hainan	429.2	248.2	181	3.9	1.1	0.1	0.1

注: 年内减少数包括因各种原因占用的耕地和因灾废弃而实际减少了的耕地。

a) Decrease in cultivated area include occupation cultivated land for all reason and decreasing accually for natural disaster abandon.

农作物总播种面积
TOTAL SOWN AREAS OF FARM CROPS

单位: 千公顷 (1 000 ha)

地 区 Region	农作物总播种面积 Total Sown Area	粮食播种面积 Grain Crops Sown Area	谷 物 Cereal	油 料 Oilbearing Crops	棉 花 Cotton Crops	麻 类 Hemp Crops	糖 料 Sugar Crops
全国 National	**149879**	**110060**	**89310**	**13101**	**5422**	**376**	**1820**
12省级单位合计 Region	**51436.2**	**37510.1**	**32081**	**3527.5**	**2052.9**	**28.6**	**853.9**
比重(%)proportion	**34%**	**34%**	**36%**	**27%**	**38%**	**8%**	**47%**
北京 Beijing	553.2	434.1	411.4	11.8	3.3		
天津 Tianjin	572.7	443.3	381.8	22.6	17.2	0.4	
河北 Hebei	8720.1	6829.5	5767.2	604.5	700.6	4.9	11.9
辽宁 Liaoning	3623.7	3030.9	2627.9	131.8	31	0.8	30.2
上海 Shanghai	542.1	343.9	331.8	79.4	3.3		1.1
江苏 Jiangsu	7909	5755.2	5237.4	687.4	564.9	2	4.1
浙江 Zhejiang	3923	2814.4	2510.4	309.3	64.5	4.4	11.8
福建 Fujian	2835.1	2017.3	1539.3	118.2		0.8	37.5
山东 Shandong	10837.3	8131.6	6999.3	879.8	666.3	4.7	0.3
广东 Guangdong	5304.3	3472.3	2829.7	347.4		2.7	230.2
广西 Guangxi	5745.7	3662.7	3028.8	284.1	1.8	7.9	454.3
海南 Hainan	870	574.9	415.9	51.2			72.5

主要农业机械和农产品加工机械拥有量
AGRICULTURAL MACHINERY AND MACHINERY FOR PROCESSING FARM PRODUCTS

(年底数) (year-end)

地 区 Region	农业机械总动力 (万千瓦) Total Power of Agricultural Machinery (10 000 kW)	农用大中型拖拉机 Large and Medium Agricultural Tractors (台) (Units)	(万千瓦) (10 000 kW)	小型拖拉机 Mini-Tractors (台) (Units)	(万千瓦) (10 000 kW)	大中型拖拉机机引农具 (部) Large and Medium Tractor-Towing Farm Machinery (units)	小型拖拉机机引农具 (部) Mini-Tractor-Towing Farm Machinery (units)
全国 National	**36118.1**	**671846**	**2404**	**8646266**	**7848**	**991220**	**9579774**
12省级单位合计 Region	**18090.9**	**245532**	**892.7**	**3646708**	**3196.9**	**409766**	**4164852**
比重(%)proportion	**50%**	**37%**	**37%**	**42%**	**41%**	**41%**	**43%**
北京 Beijing	468.1	12228	57.9	42000	40.7	24300	12700
天津 Tianjin	532.5	8156	37.8	33600	30.8	10400	28500
河北 Hebei	4336.4	29040	120.3	915316	841.8	45809	896861
辽宁 Liaoning	1016.9	31436	129.2	130240	117.5	47087	105731
上海 Shanghai	173.4	9143	33.8	15667	13.7	21383	6150
江苏 Jiangsu	2227	23198	88.1	750405	661.5	46908	1277431
浙江 Zhejiang	1641.8	6251	18.2	286842	243.9	2659	231459
福建 Fujian	757.3	3732	13.2	161574	142.9	928	62110
山东 Shandong	4016.5	100914	321.3	668423	560.7	196310	1002672
广东 Guangdong	1669.6	7078	23.9	343982	270.9	5232	284563
广西 Guangxi	1075.4	11770	40.2	270424	248.1	7311	254849
海南 Hainan	176	2586	8.8	28235	24.4	1439	1826

灌溉面积、农用化肥施用量、农村水电及用电情况
CULTIVATED, IRRIGATED AND CHEMICALLY FERTILIZED AREAS, NUMBER OF HYDROPOWER STATIONS AND ELECTRICITY CONSUMPTION IN RURAL AREAS

地 区 Region	灌溉面积 (千公顷) Irrigated Area (1 000 hectares)	化肥施用量 (万吨) Consumption of Chemical Fertilizers (10 000tn)	氮肥 Nitrogenous Fertilizer	磷肥 Phosphate Fertilizer	钾肥 Potash Fertilizer	复合肥 Complex Fertilizer	乡村办水电站 Hyrdopower Station in Rural Areas 个数 Number	发电能力 (万千瓦) (10 000 kW)	农村用电量 (亿千瓦时) Electricity Consumed in Rural Area (100 000 000 kWh)
全国 National	**49281.2**	**3593.7**	**2021.9**	**632.4**	**268.5**	**670.8**	**40699**	**1269.4**	**1655.7**
12省级单位合计 Region	**20201**	**1570.3**	**881.7**	**233.7**	**135.2**	**320.1**	**16318**	**258.3**	**1116.6**
比重(%)Proportion	**41%**	**44%**	**44%**	**37%**	**50%**	**48%**	**40%**	**20%**	**67%**
北京 Beijing	323	18.7	12.7	1	0.1	4.9	40	1.4	20.2
天津 Tianjin	354.7	12.2	7.7	1.3	0.3	2.9			32.5
河北 Hebei	4040	220.7	128.6	39.6	9.4	43.1	120	2	118.5
辽宁 Liaoning	1203.8	103.1	67.3	12.5	4.5	18.7	78	2.3	81.6
上海 Shanghai	287.7	22.8	18.4	3.1	0.5	0.9			52.3
江苏 Jiangsu	3832.8	292.8	176.7	44.1	9.9	62.1	12	0.8	238.2
浙江 Zhejiang	1419	97.5	68.3	12.6	5.4	11.3	2059	38.5	169.2
福建 Fujian	936.5	104.3	51.6	15.8	18.9	18.1	3579	67.6	45.7
山东 Shandong	4662.5	362.3	189.1	53.8	25	94.5	48	1	147.3
广东 Guangdong	1488.3	195.7	99.5	27.2	34.1	34.9	7988	130.1	186.3
广西 Guangxi	1472.1	122.9	54	21.2	25.1	22.7	2353	13.2	23.6
海南 Hainan	180.6	17.3	7.8	1.5	2	6	41	1.4	1.2

各地区农村居民家庭平均每户生产性固定资产原值(1995年底)
ORIGINAL VALUE OF PRODUCER GOODS PER RURAL HOUSEHOLD BY REGION (END OF 1995)

本表为农村住户抽样调查资料。

Figures in this table are from rural household sample surveys.

单位：元 (yuan)

地区 Region	合计 Total	役畜产品畜 Draught Animals and Animals for Livestock	大中型铁木农具 Large and Medium Wood and Iron Farm	农林牧渔业机械 Machinery for Agriculture, Animal	工业机械 Machinery for Industrial Production	运输机械 Machinery for Transportation	生产用房 Buildings for Production	其他 Others
全国 National	**2774.27**	**839.21**	**153.89**	**523.92**	**81.93**	**444.73**	**672.01**	**58.57**
北京 Beijing	4040.29	340.78	20.18	560.09	9.47	2592.52	340.81	176.44
天津 Tianjin	2673.62	614.82	231.41	418.65	31.58	553.97	817.22	5.98
河北 Hebei	2717.75	560.22	109.61	804.76	49.18	791.69	399.92	2.37
辽宁 Liaoning	2530.71	873.95	101.78	420.73	50.7	410.5	666.69	6.36
上海 Shanghai	1524.28	98.47	53.25	97.51	0	166.67	1108.38	0
江苏 Jiangsu	1845.59	221.31	132.47	469.87	84.98	285.82	595.23	55.9
浙江 Zhejiang	5107.66	201.5	204.67	933.98	527.6	779.53	2460.39	0
福建 Fujian	2295.57	668.07	177.92	177.05	91.32	376.72	804.48	0
山东 Shandong	2188.9	661.68	128.42	541.49	48.83	373.67	430.86	3.97
广东 Guangdong	2744.85	657.45	175.41	261.16	64.17	681.26	647.81	257.6
广西 Guangxi	2005.14	791.08	110.73	284.39	98.62	295.08	386.43	38.82
海南 Hainan	3428.36	1680.96	172.16	728.18	54.33	555.56	66.45	170.74

各地区农村居民家庭平均每人经营耕地情况(1995年)
RURAL HOUSEHOLDS PER CAPITA AREA OF CULTIVATED LAND USE BY REGION(1995)

本表为农村住户抽样调查资料。

Figures in this table are from rural household sample surveys.

单位：亩 (mu)

地区 Region	经营耕地面积 Area of Cultivated Land	承包地面积 Land Under Contract	自留地面积 Family Plots	经营山地面积 Area of Hilly Fields	承包山面积 Land Under Contract	自留山面积 Family Polt	#植树造林面积 Afforested Area of Hill Fields	经营水面面积 Area of Water
全国 National	**2.17**	**1.94**	**0.16**	**0.44**	**0.28**	**0.13**	**0.05**	**0.02**
北京 Beijing	0.93	0.85	0.03	0.03	0.03		0.01	
天津 Tianjin	1.87	1.68	0.1					0.03
河北 Hebei	2.02	1.87	0.12	0.08	0.06	0.01	0.02	
辽宁 Liaoning	2.74	2.4	0.29	0.35	0.1	0.23	0.07	
上海 Shanghai	1.04	0.94	0.09	0	0			
江苏 Jiangsu	1.31	1.2	0.1	0.02	0.01			0.04
浙江 Zhejiang	0.91	0.81	0.07	0.65	0.33	0.3	0.09	0.01
福建 Fujian	0.85	0.72	0.08	1.08	0.54	0.43	0.26	0.02
山东 Shandong	1.54	1.41	0.11	0.67	0.32	0.32	0.03	0.04
广东 Guangdong	1.16	1.03	0.08	0.49	0.22	0.23	0.12	0.09
广西 Guangxi	1.2	1	0.1	0.45	0.27	0.1	0.1	0.02
海南 Hainan	1.31	1.08	0.15	0.36	0.24	0.06	0.13	0.01

农、林、牧、渔业总产值及指数

GROSS OUTPUT VALUE AND INDICES OF FARMING, FORESTRY, ANIMAL HUSBANDRY AND FISHERY

本表绝对数按当年价格计算，指数按可比价格计算。

Values in this table are based on current prices, indices are based on comparable prices.

地 区 Region	绝对数(亿元) Gross Output Value of Farming, Forestry, Animal Husbandry and Fishery (100 000 000 yuan)					指数(上年=100) Indices of Gross Output of Farming, Forestry, Animal Husbandry and Fishery (perceding year=100)				
	农林牧渔业总产值 Total	农业 Farming	林业 Forestry	牧业 Animal Husbandry	渔业 Fishery	农林牧渔业总产值 Total	农业 Farming	林业 Forestry	牧业 Animal Husbandry	渔业 Fishery
全国 National	**20340.86**	**11884.63**	**709.94**	**6044.98**	**1701.31**	**110.9**	**107.9**	**104.9**	**114.4**	**119.4**
12省级单位合计 Region	**9982.25**	**5383.65**	**338.65**	**2879**	**1380.96**					
比重(%)Proportion	**49%**	**45%**	**48%**	**48%**	**81%**					
北京 Beijing	164.47	86.84	2.7	68.79	6.14	99	100.7	105.1	94.9	122.3
天津 Tianjin	133.25	85.25	0.85	36.58	10.58	112.4	113.5	99	105.1	133.4
河北 Hebei	1147.83	753.52	23.5	344.18	26.63	111.9	110.5	105.4	114	124.3
辽宁 Liaoning	761.8	391.9	12.92	266.78	90.2	111.5	110	106.5	110.8	117.9
上海 Shanghai	182.47	77.71	0.45	81.48	22.83	111.7	109.3	96	112.2	116.5
江苏 Jiangsu	1686.78	986.15	21.42	475.67	203.54	113.7	112.9	117	110.8	124
浙江 Zhejiang	891.71	481.9	50.02	164.98	194.81	109.8	107.1	106.8	100.9	125.6
福建 Fujian	765.38	340.48	59.24	171.19	194.47	114	111	110.2	114.2	121.2
山东 Shandong	1857.48	931.89	41.81	612.94	270.85	112.5	107.5	103.9	122.8	107.8
广东 Guangdong	1445.48	777.72	46.12	349.11	272.54	108.3	108	105.3	106.9	111.6
广西 Guangxi	743.5	384.17	32.56	270.79	55.97	117.2	114	96.2	125.2	135.9
海南 Hainan	202.1	86.12	47.06	36.51	32.4	112.5	110.4	110.8	112.6	120

主要农产品产量

OUTPUT OF MAJOR FARM CROPS

单位：万吨 (10 000 tn)

地 区 Region	粮食 Grain	谷 物 Cereal	#稻 谷 Rice	#小麦 Wheat	油料 Oil-Bearing Crops	棉 花 Cotton Crops	甘 蔗 Sugarcan	甜 菜 Beetroots
全国 National	**46661.8**	**41611.6**	**18522.6**	**10220.7**	**2250.3**	**476.8**	**6541.7**	**1398.4**
12省级单位合计 Region	**18168.5**	**16558**	**7292.4**	**4348.9**	**824.5**	**150.8**	**4825.3**	**64.6**
比重(%)Proportion	**39%**	**40%**	**39%**	**43%**	**37%**	**32%**	**74%**	**5%**
北京 Beijing	259.8	252.7	16.8	100.4	3.3	0.3		
天津 Tianjin	207.5	195.6	38.9	65.4	4	1.1		
河北 Hebei	2739	2507	90.3	1060.3	109.9	37		12.4
辽宁 Liaoning	1423.5	1343	261.8	63.3	19.8	2.4		50.4
上海 Shanghai	210.4	206.3	158.6	23.8	15.8	0.4	4.9	
江苏 Jiangsu	3286.3	3108	1798.6	892.6	159.5	56.2	22.8	0.6
浙江 Zhejiang	1430.9	1330.2	1218.8	54.1	50	6.2	65.8	
福建 Fujian	919.9	758.7	724.9	18.6	23.3		248.6	
山东 Shandong	4246.4	3761.5	91.2	2060.7	315	47.1		1.2
广东 Guangdong	1734.8	1508.1	1471.6	6.9	71		1591.6	
广西 Guangxi	1508.2	1421.4	1260	2.8	45.3	0.1	2555.7	
海南 Hainan	201.8	165.5	160.9		7.6		335.9	

畜 产 品 产 量
LIVESTOCK PRODUCTS BY REGION

地 区 Region	肉类产量 (万吨) Output of Meat (10 000 tn)	# 猪牛羊肉 Output of Pork,Beef and Mutton	猪 肉 Pork	牛 肉 Beef	羊 肉 Mutton	奶 类 (万吨) Milk (10 000 tn)	绵羊毛 (吨) Sheep Wool (tn)	禽 蛋 (万吨) Poulty Eggs (10 000 tn)
全 国 National	**5260.1**	**4265.3**	**3648.4**	**415.4**	**201.5**	**672.8**	**277375**	**1676.7**
12省级单位合计 Region	**2376.5**	**1719.5**	**1458.3**	**178.3**	**83.1**	**210.1**	**68506**	**974.9**
比重(%)Proportion	**45%**	**40%**	**40%**	**43%**	**41%**	**31%**	**25%**	**58%**
北 京 Beijing	37.6	27	23.9	2	1.1	20.6	368	28.5
天 津 Tianjin	21.2	16.5	12.2	2.8	1.6	11.1	859	24.1
河 北 Hebei	310.7	258.8	187.4	54.6	16.8	38.9	17427	205.3
辽 宁 Liaoning	222.4	173.9	141.6	29.7	2.6	18.3	9603	102.8
上 海 Shanghai	57.8	24.3	23.9		0.4	21.8	81	14.8
江 苏 Jiangsu	305.9	217.8	195.9	5.4	16.5	10.4	2305	175.3
浙 江 Zhejiang	121.2	102.8	100	0.9	1.9	9.2	2219	31.7
福 建 Fujian	126.6	106	102.8	2.1	1.1	6.3		27
山 东 Shandong	585.9	371.7	267.7	64.8	39.2	66.8	35644	317.4
广 东 Guangdong	305.1	194.9	188.8	5.7	0.4	5.7		31.1
广 西 Guangxi	250.2	204.9	195.7	8.4	0.9	0.9		14.7
海 南 Hainan	31.9	20.9	18.4	1.9	0.6	0.1		2.2

水 产 品 产 量

单位: 千吨 (1 000 tn)

地 区 Region	水产品总产量 Total Aquatic Products	海水产品 Seawater Aquatic Products	天然生产 Naturally Grown	人工养殖 Artificially Cultured	鱼类 Fish	淡水产品 Freshwater Aquatic Products	天然生产 Naturally Grown	人工养殖 Artificially cultured	鱼类 Fish
全 国 National	**25171.8**	**14391.3**	**10268.4**	**4123**	**7581**	**10780.5**	**1372.9**	**9407.6**	**10209.4**
12省级单位合计 Region	**19666.5**	**14108.6**	**9985.9**	**4123**	**7309**	**5434.9**	**741.8**	**4935.1**	**5123.1**
比重(%)Proportion	**78%**	**98%**	**97%**	**100%**	**96%**	**50%**	**54%**	**52%**	**50%**
北 京 Beijing	80.5					80.5		80.5	80.5
天 津 Tianjin	153.5	25.8	24.1	1.8	14	127.6	15.8	111.9	125.2
河 北 Hebei	396.1	210.2	160.1	50.1	73.9	185.9	37.9	148.1	178.2
辽 宁 Liaoning	1978.6	1784.3	911.5	872.8	488	194.4	36.7	157.7	187.5
上 海 Shanghai	290.7	162.1	161.8	0.3	134	5.5	123.1	124.3	3.6
江 苏 Jiangsu	2194.7	650.9	567.1	83.8	333	1543.9	254.6	1289.2	1377.4
浙 江 Zhejiang	3180.7	2787	2470.2	316.9	1656	393.7	49.4	344.3	360.4
福 建 Fujian	2572.7	2241.9	1620	622	1344	330.7	35.3	295.4	308.6
山 东 Shandong	3809.4	3273.2	1618.1	1655	1123	536.3	61.4	474.9	521.6
广 东 Guangdong	3543.4	1972.1	1614.2	358	1450	1571.2	73.6	1497.7	1527.7
广 西 Guangxi	1033.7	645.7	498.2	147.5	396	388	46.2	341.8	376.4
海 南 Hainan	432.5	355.4	340.6	14.8	299	77.2	7.8	69.3	76

乡镇企业单位数
TOWNSHIP AND VILLAGE ENTERPRISES

单位：万个 (10 000)

地 区 Region	合 计 Enterprises	乡 办 Township	村 办 Village	农 业 Agriculture	工 业 Industry	建筑业 Construction	交通运输业 Transportation	商业饮食业 Commerce and food Service
全 国 National	**2202.7**	**41.7**	**120.1**	**27.8**	**718.2**	**106.7**	**495.2**	**697.8**
12省级单位合计 Region	**874**	**18.5**	**54.6**	**7.8**	**319**	**34**	**189.1**	**262.4**
比重(%)Proportion	**40%**	**44%**	**45%**	**28%**	**44%**	**32%**	**38%**	**38%**
北 京 Beijing	6.3	0.5	1.1	0.1	1.6	0.2	2	1.9
天 津 Tianjin	7.6	0.3	1.1	0	2.8	0.1	1.7	2.5
河 北 Hebei	179.2	2	5.4	1.1	59.9	5.6	45.7	53.7
辽 宁 Liaoning	74	1.5	4.1	0.7	20.4	2.3	19	27.9
上 海 Shanghai	1.6	0.5	1		1.6			
江 苏 Jiangsu	92.4	3.6	7.3	0.1	48.6	5.2	13.7	20.9
浙 江 Zhejiang	90.2	2.4	4.8	0.1	58.4	0.5	12.4	16.3
福 建 Fujian	66.7	1.5	4.9	1.4	20.5	2.9	13.6	24.2
山 东 Shandong	175.2	2.2	12.7	1.7	54.5	8.6	43	51
广 东 Guangdong	144.7	2.8	10.5	1.8	41.3	7.5	29.7	50.3
广 西 Guangxi	26.5	1	1.5	0.7	7.4	0.8	5.5	10.1
海 南 Hainan	9.6	0.2	0.2	0.1	2	0.3	2.8	3.6

注：1994年乡镇企业局调整报送单位、范围，即生产规模过小，不符合标准的企业不填正式报表。

a) For 1994,samll township and village enterprises not being up to standard do not fill the formal forms for reporting statistics.

乡镇企业职工人数
PERSONS EMPLOYED BY TOWNSHIP AND VILLAGE ENTERPRISES

单位：万人 (10 000 persons)

地 区 Region	合 计 Enterprises	乡 办 Township	村 办 Village	农 业 Agriculture	工 业 Industry	建筑业 Construction	交通运输业 Transportation	商业饮食业 Commerce and food Service
全 国 National	**12862.1**	**3029.4**	**3031.1**	**313.5**	**7564.7**	**1932.5**	**952**	**1677.4**
12省级单位合计 Region	**6553.5**	**1677.2**	**1824.1**	**123**	**4377**	**794.7**	**384.9**	**689.7**
比重(%)Proportion	**51%**	**55%**	**60%**	**39%**	**58%**	**41%**	**40%**	**41%**
北 京 Beijing	98.7	39.7	45.8	2.2	63.5	16.8	4.8	7.7
天 津 Tianjin	104.7	27.2	54.1	0.2	86.4	5.2	4.6	6.9
河 北 Hebei	852	123.1	166.3	15.8	478	121	80.1	122.9
辽 宁 Liaoning	434.2	105.8	128.7	15.5	245.8	61.1	39.6	64.3
上 海 Shanghai	139.9	75.7	62		139.9			
江 苏 Jiangsu	924.7	391	277.4	3.4	734.7	97.4	28.7	48.3
浙 江 Zhejiang	795.7	229.9	152.4	0.9	690.5	47.6	19.6	32.3
福 建 Fujian	471	90.1	107.8	21.4	278.6	53.4	32.3	70.8
山 东 Shandong	1439.8	294.8	459.3	32.2	831.3	258.9	102.4	163.4
广 东 Guangdong	1072.1	229.1	340.5	12.9	724	99.9	53.3	136.9
广 西 Guangxi	182.8	64.5	27.1	14.8	92.3	27.9	14.4	26.5
海 南 Hainan	37.9	6.3	2.7	3.7	12	5.5	5.1	9.7

乡镇企业总产值

GROSS OUTPUT VALUE OF TOWNSHIP AND VILLAGE ENTERPRISES

单位: 亿元 (100 000 000 yuan)

地 区 Region	合 计 Enterprises	乡 办 Township	村 办 Village	农 业 Agricul-ture	工 业 Industry	建筑业 Construc-tion	交通运输业 Trans-portation	商业饮食业 Commerce and Food Service
全 国 National	**68915.2**	**21400.9**	**20310.4**	**1018.1**	**51259.2**	**6336**	**4116.7**	**6185.3**
12省级单位合计 Region	**44292.1**	**14866.1**	**14470.2**	**525.9**	**36218.6**	**2908.5**	**1677.9**	**2961.6**
比重(%)Proportion	**64%**	**69%**	**71%**	**52%**	**71%**	**46%**	**41%**	**48%**
北 京 Beijing	562.4	24.5	264.7	9.4	372	99.3	28.9	52.8
天 津 Tianjin	1089.1	271.8	647.4	0.8	988.5	19.1	31.1	49.6
河 北 Hebei	3729.8	734.6	993.7	41.8	2742.6	300.8	247.8	396.8
辽 宁 Liaoning	3317.5	756.7	1166	100.9	2151.4	362.4	245.9	456.9
上 海 Shanghai	1520.2	875.4	630.5		1520.2			
江 苏 Jiangsu	8890	4547.9	3337.2	20.8	8210.2	344.5	73.2	241.4
浙 江 Zhejiang	7478.2	2320.9	1348.6	6.9	7004.7	233.2	72.9	160.5
福 建 Fujian	2578	616.5	667.8	119.1	1758.6	183.4	184.8	332.2
山 东 Shandong	9187.1	2604.4	3874.9	123	7072	870.9	466.6	654.6
广 东 Guangdong	4837.7	1746.1	1415.9	47.1	3809.3	349.1	201.3	431
广 西 Guangxi	988.6	346.4	113.1	49	535	131.4	113.9	159.3
海 南 Hainan	113.5	20.9	10.4	7.1	54.1	14.4	11.5	26.5

乡镇企业增加值

ADDED-VALUE OF TOWNSHIP AND VILLAGE ENTERPRISES

单位: 万元 (100 000 000 yuan)

地 区 Region	合 计 Enterprises	乡 办 Township	村 办 Village	农 业 Agricul-ture	工 业 Industry	建筑业 Construc-tion	交通运输业 Trans-portation	商业饮食业 Commerce and Food Service
全 国 National	**14595.2**	**4701.5**	**4657.3**	**279.8**	**10804**	**1281.4**	**804.2**	**1265.9**
12省级单位合计 Region	**8435.7**	**3167.7**	**3202.3**	**149.4**	**7004.9**	**516.2**	**236.2**	**460.1**
比重(%)Proportion	**58%**	**67%**	**69%**	**53%**	**65%**	**40%**	**29%**	**36%**
北 京 Beijing	119.1	48.2	55.2	1.6	75.4	18.5	7.8	10
天 津 Tianjin	166	42	93.7	0.1	138.6	3.6	9.2	11
河 北 Hebei	876.7	189.7	252.7	11.7	646.9	66.2	54.7	88.2
辽 宁 Liaoning	632.2	173	266.8	41	471.8	53.3	19.5	44.4
上 海 Shanghai	311	184.4	126.7		311			
江 苏 Jiangsu	1640.9	866.3	607.6	5	1494.2	69.1	20.3	54.6
浙 江 Zhejiang	695.5	436.1	259.3	1.1	641.2	39.2	1.9	11
福 建 Fujian	709.2	155.6	185.9	30.1	455.1	47.9	56.3	102.5
山 东 Shandong	1940.5	600.1	905.5	30.3	1691.3	138.1	26	49.9
广 东 Guangdong	1066.4	385.6	417.5	14.5	935.6	47.5	8.4	40.1
广 西 Guangxi	246.2	79.8	28.4	11.7	129.6	29	28.2	41.4
海 南 Hainan	32	6.9	3	2.3	14.2	3.8	3.9	7

乡村企业主要财务和经济效益指标(1995年)

MAIN FINANCIAL INDICATORS AND RATIOS OF ENTERPRISES RUN BY TOWNSHIP AND VILLAGES(1995)

地区 Region	营业收入 (亿元) Total Operating Revenue (10^8 yuan)	利润总额 (亿元) Total Profits (10^e yuan)	#应交所得税 Payable Income Taxes	实交各种税金 (亿元) Taxes Paid (10^8 yuan)	利税总额 (亿元) Total Pre-tax Profits (10^8 yuan)
全　国 National	**32142.3**	**1775.11**	**278.7**	**1301.7**	**2798.1**
12省级单位合计 Region	**22120.8**	**1190.01**	**199.7**	**913.5**	**1903.7**
比　重(%) Proportion	**69%**	**67%**	**72%**	**70%**	**68%**
北　京 Beijing	477.1	25.13	4.7	18.5	38.9
天　津 Tianjin	628.6	61.46	9.2	23	75.2
河　北 Hebei	1535.4	144.68	8.1	33.5	170
辽　宁 Liaoning	1592.5	117.05	22.8	80.1	174.4
上　海 Shanghai	1022.5	55.34	7.3	41.1	89.2
江　苏 Jiangsu	5237.5	166.78	32.6	198.2	332.4
浙　江 Zhejiang	2661	92.91	21.9	122.6	193.6
福　建 Fujian	1077.2	49.65	4	34.6	80.2
山　东 Shandong	4704.6	328.1	71.1	240.6	497.7
广　东 Guangdong	2691.7	124.39	16.2	104.4	212.5
广　西 Guangxi	460.1	21.09	1.6	15.2	34.7
海　南 Hainan	32.6	3.43	0.2	1.7	4.9

续表 continued

地　区 Region	工资总额 (亿元) Total Wage Bill (100 000 000yuan)	年末固定资产原值 (亿元) Original Value of Fixed Assets (year-end) (100 000 000yuan)	本年提取折旧基金 (亿元) Draw Depreciation Funds (100 000 000yuan)	固定资产净值平均余额 (亿元) Average Balances of Net Value of Fixed Assets (10^8yuan)	年末流动资产 (亿元) Circulating Funds (year-end) (10^8yuan)
全　国 National	**2192.5**	**9122.6**	**1982.8**	**7139.8**	**10966.2**
北　京 Beijing	38.7	177.1	43.1	134.1	262.1
天　津 Tianjin	28.2	174.3	39.7	134.6	247.3
河　北 Hebei	102.5	460.1	89.4	370.6	426.2
辽　宁 Liaoning	81.2	338.1	75.4	262.7	553.6
上　海 Shanghai	64.5	350.4	77.9	272.5	560.9
江　苏 Jiangsu	266.8	1403.5	308.4	1095.2	1909.7
浙　江 Zhejiang	195	872.4	176.1	696.4	1270.3
福　建 Fujian	90.8	321.6	76	245.6	378
山　东 Shandong	237.5	1203.1	258.7	944.4	1427
广　东 Guangdong	295.4	1121.3	244.7	876.6	1208.4
广　西 Guangxi	33.6	126.6	22.7	103.9	119.1
海　南 Hainan	3.6	19.8	2.3	17.5	9.5

［工业经济］
INDUSTRIAL ECONOMY

各地区工业企业单位数和工业总产值(1995年)
NUMBER OF INDUSTRIAL ENTERPRISES AND GROSS OUTPUT VALUE OF INDUSTRY BY REGION (1995)

地区 Region	企业单位数Number of Enterprises 总计 (万个) Total (10 000)	#乡及乡以上 (个) Township Level and Above	工业总产值(亿元)Gross Output Value(100 000 000yuan) 总产值 (当年价格) Total (at current prices)	#乡及乡以上Township Level and Above 1990年不变价格 at 1990 constant prices	(当年价格) (at current prices)
全国 National	**734.15**	**592076**	**91893.75**	**48342.04**	**66390.53**
12省级单位合计 Region	**300.66**	**295529**	**60654.61**	**32972.42**	**43700.48**
比重(%) Proportion	**41%**	**50%**	**66%**	**68%**	**66%**
北京 Beijing	3.43	10712	1908.62	1270.15	1733.98
天津 Tianjin	3.48	11280	2094.01	1314.07	1725.28
河北 Hebei	22.97	26560	3995.72	1780.14	2589.91
辽宁 Liaoning	23.92	32210	4974.9	2340.29	3544.29
上海 Shanghai	4.14	17441	5128.97	3556.28	4703.63
江苏 Jiangsu	45.87	47474	11812.86	6915.51	8987.48
浙江 Zhejiang	65.14	38524	8087.75	3661.97	4497.98
福建 Fujian	21.51	20348	2800.68	1337.2	1747.1
山东 Shandong	41.11	31685	8456.32	4137.81	5686.6
广东 Guangdong	38.68	42680	9535.42	5745.42	7189.25
广西 Guangxi	28.62	14720	1666.1	810.99	1140.21
海南 Hainan	1.79	1895	193.26	102.59	154.77

按经济类型分工业总产值
GROSS OUTPUT VALUE OF INDUSTRY BY OWNERSHIP

本表按当年价格计算。
At current prices.
单位: 亿元 (100 000 000yuan)

地区 Region	国有工业 State-Owned	集体工业 Collective-Owned	城乡个体工业 Individual-Owned	其他经济类型工业 Other
全国 National	**31219.66**	**33622.64**	**11820.57**	**15230.87**
12省级单位合计 Region	**16579.91**	**23976.12**	**7123.19**	**12975.38**
比重(%) Proportion	**53%**	**71%**	**60%**	**85%**
北京 Beijing	1026.46	394.94	18.2	469.02
天津 Tianjin	692.16	673.24	58.73	669.88
河北 Hebei	1446.68	1499.63	673.37	376.04
辽宁 Liaoning	2188.52	1502.11	763.31	520.96
上海 Shanghai	2028.26	949.56	57.42	2093.72
江苏 Jiangsu	2498.02	7090.99	522.24	1701.6
浙江 Zhejiang	1137.27	3732.22	2255.9	962.36
福建 Fujian	503.14	893.47	433.64	970.44
山东 Shandong	2600.54	3865.92	1067.58	922.27
广东 Guangdong	1709.89	2936.14	854.7	4034.69
广西 Guangxi	670.21	419.39	389.57	186.93
海南 Hainan	78.76	18.51	28.53	67.47

乡及乡以上工业企业单位数和工业总产值(1995年)

单位: 个、亿元

地 区 Region	国有企业 State－Owned Enterprises			集体企业 Collective－Owned Enterprises			股份制经济企业 Share Holding Enterprises		
	企业单位数 Number of Enterprises	总产值 Gross Output Value		企业单位数 Number of Enterprises	总产值 Gross Output Value		企业单位数 Number of Enterprises	总产值 Gross Output Value	
		1990年不变价格 At 1990 Constant Prices	当年价格 At Current Prices		1990年不变价格 At 1990 Constant Prices	当年价格 At Current Prices		1990年不变价格 At 1990 Constant Prices	当年价格 At Current Prices
全 国 National	**118000**	**19627.64**	**31219.66**	**413558**	**16337.51**	**19940**	**5873**	**2327.9**	**3182.93**
12省级单位合计 Region	**51370**	**10543.11**	**16579.91**	**196793**	**11733.62**	**14145.2**	**3038**	**1621.37**	**2171.21**
比重(%) Proportion	**44%**	**54%**	**53%**	**48%**	**72%**	**71%**	**52%**	**70%**	**68%**
北 京 Beijing	3079	674.81	1026.46	5181	222.89	238.5	129	19.23	24.49
天 津 Tianjin	2175	427.06	692.16	7026	292.56	363.24	46	44.43	61.78
河 北 Hebei	5345	860.96	1446.68	18456	636.54	767.19	288	63.38	80.22
辽 宁 Liaoning	5351	1246.91	2188.52	24736	679.09	834.82	206	96.84	131.24
上 海 Shanghai	4109	1266.55	2028.26	8471	508.27	581.64	47	283.56	409.04
江 苏 Jiangsu	5639	1723.89	2498.02	36943	3822.83	4787.86	329	201.64	289.57
浙 江 Zhejiang	4637	798.32	1137.27	29514	2086.73	2398.35	666	183.38	276.88
福 建 Fujian	2919	317.41	503.14	11082	220.61	273.53	177	57.48	74.36
山 东 Shandong	6333	1622.47	2600.54	21585	1754.12	2163.79	682	221.06	275.08
广 东 Guangdong	6873	1103.6	1709.89	23556	1277.13	1444.67	297	389.74	461.31
广 西 Guangxi	3855	454.05	670.21	9773	226.25	283.07	145	44.16	62.71
海 南 Hainan	1055	47.08	78.76	470	6.6	8.54	26	16.47	24.53

NUMBER OF INDUSTRIAL ENTERPRISES BY TOWNSHIP AND OVER

(unit)(100 000 000yuan)

地 区 Region	外商投资经济企业 Foreign Funded Enterprises			港澳台投资经济企业 Oversea Chinese from Hong Kong, Macao & Taiwan Funded			轻工业企业 Light Industry Enterprises			重工业企业 Heavy Industry Enter prises		
	企业单位数 of Enterprises	总产值 Gross Output Value		企业单位数 of Enterprises	总产值 Gross Output Value		企业单位数 of Enterprises	总产值 Gross Output Value		企业单位数 of Enterprises	总产值 Gross Output Value	
		1990年不变价格 At 1990 Constant Prices	当年价格 At Current Prices		1990年不变价格 At 1990 Constant Prices	当年价格 At Current Prices		1990年不变价格 At 1990 Constant Prices	当年价格 At Current Prices		1990年不变价格 At 1990 Constant Prices	当年价格 At Current Prices
全 国 National	**17962**	**4514.69**	**5408.48**	**26899**	**4623.19**	**5564.32**	**299374**	**22736.75**	**29211.12**	**292702**	**25605.29**	**37179.41**
12省级单位合计 Region	**14369**	**4033.88**	**4779.24**	**23171**	**4249.1**	**5104.66**	**155361**	**16637.33**	**20715.9**	**140168**	**16335.11**	**22984.57**
比重(%) Proportion	**80%**	**89%**	**88%**	**86%**	**92%**	**92%**	**52%**	**73%**	**71%**	**48%**	**64%**	**62%**
北 京 Beijing	1212	241.5	302.53	895	90.95	114.63	5685	398.82	549.6	5027	871.33	1184.38
天 津 Tianjin	1110	389.14	428.94	762	141.86	154.4	5954	539.86	652.93	5326	774.2	1072.35
河 北 Hebei	596	63.74	94.1	827	93.83	128.96	12457	721.41	939.55	14103	1058.73	1650.35
辽 宁 Liaoning	1045	214.64	259.42	646	80.82	101.46	12578	648.59	864.13	19632	1691.7	2680.17
上 海 Shanghai	1876	888.09	1015.66	1543	311.72	344.82	9951	1625.43	2052.1	7490	1930.85	2651.53
江 苏 Jiangsu	1938	514.49	640.36	2012	508.8	605.29	23975	3560.35	4498.33	23499	3355.16	4489.15
浙 江 Zhejiang	1373	239.73	283.15	1424	278.09	315.63	21738	2293.31	2683.34	16786	1368.66	1814.64
福 建 Fujian	1284	176.42	217.94	4357	542.26	650.5	11863	834.89	1042.21	8485	502.31	704.9
山 东 Shandong	1497	312.58	364.47	1262	201.15	251.01	16934	2039.22	2665.03	14751	2098.6	3021.56
广 东 Guangdong	2154	935.67	1086.54	8776	1951.4	2376.22	26113	3526.98	4148.78	16567	2218.45	3040.46
广 西 Guangxi	187	45.51	70.19	530	30.66	39.15	7134	377.5	521.94	7586	433.49	618.27
海 南 Hainan	97	12.37	15.94	137	17.56	22.59	979	70.97	97.96	916	31.63	56.81

续表1 continued

单位: 个、亿元 (unit)(100 000 000 yuan)

地区 Region	大型企业 Large Enterprises			中型企业 Medium Enterprises			小型企业 Small Enterprises		
	企业单位数 Number of Enterprises	总产值 Gross Output Value		企业单位数 Number of Enterprises	总产值 Gross Output Value		企业单位数 Number of Enterprises	总产值 Gross Output Value	
		1990年不变价格 At 1990 Constant Prices	当年价格 At Current Prices		1990年不变价格 At 1990 Constant Prices	当年价格 At Current Prices		1990年不变价格 At 1990 Constant Prices	当年价格 At Current Prices
全国 National	**6416**	**16333.25**	**25362.96**	**16591**	**8114.89**	**10751.41**	**569069**	**23893.9**	**30276.16**
12省级单位合计 Region	**3642**	**9829.94**	**14743.44**	**10332**	**5696.23**	**7344.32**	**281555**	**17446.25**	**21612.72**
比重(%) Proportion	**57%**	**60%**	**58%**	**62%**	**70%**	**68%**	**49%**	**73%**	**71%**
北京 Beijing	203	676.31	974.21	253	89.31	120.03	10256	504.53	639.74
天津 Tianjin	260	696.64	964.14	487	223.4	281.01	10533	394.03	480.13
河北 Hebei	324	585.61	1045.37	762	239.85	338.05	25474	954.68	1206.49
辽宁 Liaoning	516	1160.66	2018.79	1071	313.62	431.17	30623	866.01	1094.33
上海 Shanghai	479	1862.86	2660.81	823	479.29	613.75	16139	1214.13	1429.07
江苏 Jiangsu	455	1476.83	2079.87	1874	1453.27	1833.79	45145	3985.41	5073.82
浙江 Zhejiang		0.03	0.09	1149	822.37	989.18	37375	2839.57	3508.71
福建 Fujian	67	185.48	276.14	225	175.47	241.32	20056	976.25	1229.64
山东 Shandong	665	1361.32	2176.44	1881	825.08	1090.38	29139	1951.41	2419.78
广东 Guangdong	515	1555.64	2150.23	1263	846.91	1077.37	40902	3342.87	3961.65
广西 Guangxi	136	239.43	349.04	439	189.77	275.12	14145	381.79	516.05
海南 Hainan	22	29.13	48.31	105	37.89	53.15	1768	35.57	53.31

各地区按经济类型分的独立核算工业企业资本金(1995年)

TOTAL CAPITAL FUNDS OF INDUSTRIAL ENTERPRISES WITH INDEPENDENT ACCOUNTING SYSTEMS BY TYPE OF OWNERSHIP AND REGION (1995)

单位: 亿元 (100 000 000 yuan)

地区 Region	资本金合计 Total Capital Funds	#国有经济 State-Owned	#集体经济 Collective Owned	#联营经济 Joint Owned	#股份制经济 Share Holding	#外商投资经济 Foreign Funded	#港澳台投资经济 Ovreseas Chinese from HongKong, Marco and Taiwan Funded
全国 National	**21552.86**	**11168.15**	**4458.05**	**232.25**	**1145.55**	**2220.88**	**2273.28**
12省级单位合计 Region	**13581.21**	**5505.04**	**3210.49**	**190.45**	**740.75**	**1860.62**	**2031.64**
比重(%) Proportion	**63%**	**49%**	**72%**	**82%**	**65%**	**84%**	**89%**
北京 Beijing	679.2	378.91	69.12	6.13	16.11	150.27	57.69
天津 Tianjin	656.11	263.02	174.01	6.32	25	129.7	57.97
河北 Hebei	911.51	556.12	160.86	5.83	32.04	85.97	57.8
辽宁 Liaoning	1317.2	866.02	190.23	6.89	59.43	130.61	61.37
上海 Shanghai	1502.9	704.2	112.54	65.95	165.07	317.76	130.28
江苏 Jiangsu	2064.53	595.26	958.92	37.04	83.27	223.21	164.51
浙江 Zhejiang	1207.39	324.45	563.48	15.7	82.12	119.55	98.1
福建 Fujian	653.12	187.94	68.97	7.19	23.05	92.71	271.94
山东 Shandong	1653.06	804.67	475.41	3.47	56.33	200.44	108.99
广东 Guangdong	2467.43	565.25	355.78	31.26	148.55	374.12	986.56
广西 Guangxi	387.44	227.33	77.74	2.64	24.55	29.57	24.69
海南 Hainan	81.32	31.87	3.43	2.03	25.23	6.71	11.74

各地区按经济类型分的独立核算工业企业资产(1995年)
TOTAL ASSETS OF INDUSTRIAL ENTERPRISES WITH INDEPENDENT ACCOUNTING SYSTEMS BY TYPE OF OWNERSHIP AND REGION (1995)

单位: 亿元 (100 000 000 yuan)

地区 Region	资产合计 Total Assets	#国有经济 State-Owned	#集体经济 Collective Owned	#联营经济 Joint Owned	#股份制经济 Share Holding	#外商投资经济 Foreign Funded	#港澳台投资经济 Ovreseas Chinese from HongKong, Marco and Taiwan Funded
全　国 National	**79233.86**	**47472.06**	**14360.07**	**746.38**	**4382.39**	**5798.22**	**6258.11**
12省级单位合计 Region	**48367.96**	**24031.91**	**10150.83**	**647.64**	**2825.32**	**4891.6**	**5656.95**
比重(%) Proportion	**61%**	**51%**	**71%**	**87%**	**64%**	**84%**	**90%**
北　京 Beijing	2582.63	1681.11	287.46	23.78	40.68	381.65	161.31
天　津 Tianjin	2213.59	1309.55	239.08	29.15	100.47	358.32	176.55
河　北 Hebei	3384.72	2300.11	620.17	15.46	102.01	153.22	158.77
辽　宁 Liaoning	5513.4	3895.77	792.3	41.04	260.26	347.48	170.69
上　海 Shanghai	5590.89	2889.35	493.29	208.11	631.46	958.8	353.53
江　苏 Jiangsu	6768.85	2643.24	2597.64	134.77	309.59	614.37	462.76
浙　江 Zhejiang	4012.93	1441.14	1688.82	52.35	255.78	269.32	289.88
福　建 Fujian	1927.61	771.57	190.83	16.28	91.44	217.69	636.85
山　东 Shandong	5919.28	3436.48	1527.2	9.22	242.83	427.66	264.84
广　东 Guangdong	8669.71	2493.68	1462	106	634.04	1058.35	2896.19
广　西 Guangxi	1477.32	993.66	241.69	6.85	87.22	88.24	56.41
海　南 Hainan	307.03	176.25	10.35	4.63	69.54	16.5	29.17

各地区独立核算工业企业主要指标 (1995年)
MAJOR INDICATORS OF INDUSTRIAL ENTERPRISES WITH INDEPENDENT ACCOUNTING SYSTEMS BY REGION (1995)

单位: 亿元 (100 000 000 yuan)

地区 Region	企业单位数(个) Number of Enterprises	工业总产值 Gross Output Value of Industry	工业增加值 Added-value of Industry	资本金合计 Total Capital Assets	流动资产合计 Total Circulating Funds	流动资产年平均余额 Average Balance Circulating Funds
全　国 National	**510381**	**54946.86**	**15446.12**	**21552.86**	**35560.99**	**33498.65**
12省级单位合计 Region	**264686**	**36194.95**	**9498**	**13581.21**	**22311.86**	
比重(%) Proportion	**52%**	**66%**	**61%**	**63%**	**63%**	
北　京 Beijing	9636	1450.27	459.21	679.2	1190.85	1103.2
天　津 Tianjin	10767	1482.1	397.17	656.11	1011.07	914.2
河　北 Hebei	24376	2240.14	701.48	911.51	1420.59	1339.07
辽　宁 Liaoning	29497	3001.69	830	1317.2	2461.52	2405.02
上　海 Shanghai	16729	3913.05	1072.08	1502.9	2831.51	2639.93
江　苏 Jiangsu	42676	6819.92	1608.14	2064.53	3272.3	3045.03
浙　江 Zhejiang	35256	3526.71	801.27	1207.39	2003.84	1864.67
福　建 Fujian	19166	1558.04	410.29	653.12	878.27	813.89
山　东 Shandong	27392	4784.46	1360.52	1653.06	2542.96	2394.14
广　东 Guangdong	35258	6325.19	1545.17	2467.43	3984.03	3710.98
广　西 Guangxi	12603	964.28	282.87	387.44	602.98	546.05
海　南 Hainan	1330	129.1	29.8	81.32	111.94	108.45

续表 1 continued

单位: 亿元 (100 000 000 yuan)

地区 Region	固定资产合计 Total Fixed Assets	固定资产原价合计 Original Value of Fixed Assets	固定资产净值年平均余额 Average Balances Net Value of Fixed Assets	流动负债合计 Total Circulating Liabilities	长期负债合计 Long-Term Liability	所有者权益合计 Owners Rights and Interests
全　国 National	**38444.3**	**44988.79**	**27423.1**	**35630.4**	**15759.61**	**27482.76**
12省级单位合计 Region	**22604.01**	**25975.01**	**16301.77**	**22044.21**	**8802.74**	**17277.15**
比重(%) Proportion	**59%**	**58%**	**59%**	**62%**	**56%**	**63%**
北　京 Beijing	1170.04	1390.03	842.47	1084.07	427.68	1053.86
天　津 Tianjin	1067.01	1296.68	645.96	912.85	532.99	757.28
河　北 Hebei	1765.68	2031.6	1293.7	1471.39	779.63	1120.66
辽　宁 Liaoning	2755.12	3484.89	1914.88	2644.17	1109.92	1748.14
上　海 Shanghai	2303.37	2626.3	1609.08	2506.71	737.2	2322.29
江　苏 Jiangsu	3017.56	3452.92	2197.6	3231.37	1053.72	2450.79
浙　江 Zhejiang	1759.55	1881.79	1233.87	1974.93	583.25	1437.12
福　建 Fujian	913.34	991.98	677.17	808.93	331.91	775.2
山　东 Shandong	2990.86	3538.92	2204.13	2681.24	1263.1	1954.06
广　东 Guangdong	3925.23	4298.15	3078.67	3977.98	1600.83	3016.46
广　西 Guangxi	775.83	833.27	501.53	634.17	313.82	520.46
海　南 Hainan	160.42	148.48	102.71	116.4	68.69	120.83

续表 2 continued

单位: 亿元 (100 000 000 yuan)

地区 Region	产品销售 Revenue of Product Sales	产品销售成本 Cost of Product Sales	产品销售税金及附加 Product Sales Pre-Tax and Related Payments	产品销售利润 Product Sales After-Tax Profits	利润总额 Total After-Tax Profits	本年应交增值税 Added Value Tax	利税总额 Total Pre-Tax Profits
全　国 National	**52936.21**	**42860.78**	**1056.68**	**7519.32**	**1634.93**	**2331.15**	**5050.3**
12省级单位合计 Region	**34920.56**	**28748.01**	**481.75**	**4698.54**	**1145.03**	**1411.16**	**3058.51**
比重(%) Proportion	**66%**	**67%**	**46%**	**62%**	**70%**	**61%**	**61%**
北　京 Beijing	1590.36	1294.1	26.46	225.05	85.29	81.06	192.97
天　津 Tianjin	1464.71	1211.95	15.67	198.17	66.01	60.46	142.21
河　北 Hebei	2132.28	1714.29	33.48	325.56	82.17	98.34	215.06
辽　宁 Liaoning	2968.27	2451.02	43.21	407.03	4.08	160.29	207.85
上　海 Shanghai	4049.28	3297.41	44.72	600.8	244.85	180.55	484.36
江　苏 Jiangsu	6272.44	5216.58	61.86	817.86	167.55	221.25	451.62
浙　江 Zhejiang	3344.71	2795.54	39.16	424.99	102	121.47	262.88
福　建 Fujian	1469.28	1218.99	28.45	174.95	48.16	53.4	130.54
山　东 Shandong	4406.66	3569.3	87.72	636.31	158.19	187.72	434.26
广　东 Guangdong	6195.84	5147.2	78.89	753.13	171.87	193.37	445.53
广　西 Guangxi	903.13	726.47	19.12	124.38	16.11	48.82	85.01
海　南 Hainan	123.6	105.16	3.01	10.31	-1.25	4.43	6.22

主要工业产品产量
OUTPUT OF MAJOR INDUSTRIAL PRODUCTS

地　区 Region	化　学 纤　维 (万吨) Chemical Fibers (10 000tn)	布 (亿米) Cloth (100 000 000 m)	毛　线 (万吨) Kniting Wool (10 000tn)	呢　绒 (万米) Woolen Piece Goods (10 000 m)	机制纸及纸板 (万吨) Machine-Made Paper and Paperboards (10 000 tn)	缝纫机 (万架) Sewing Machines (10 000)	自行车 (万辆) Bicyeles (10 000)
全　国 National	**352.95**	**260.16**	**51.38**	**66397**	**2812.3**	**970.61**	**4472.25**
12省级单位合计 Region	**286.74**	**170.5**	**45.53**	**55374**	**1625.68**	**879.3**	**4031.15**
比重(%) Proportion	**81%**	**66%**	**89%**	**83%**	**58%**	**91%**	**90%**
北　京 Beijing	3.02	2.45	0.54	1353	10.51	0.21	
天　津 Tianjin	10.25	4.98	0.79	1103	41.42	14.92	576.36
河　北 Hebei	7.13	18.84	10.57	3640	236.98	8.78	29.68
辽　宁 Liaoning	19.82	5.78	0.27	1185	97.47	0.16	112.08
上　海 Shanghai	37.83	8.85	1.68	6425	39.97	375.68	838.75
江　苏 Jiangsu	102.2	48.9	18.53	28212	167.55	67.56	718.2
浙　江 Zhejiang	36.87	32.47	2.71	4797	225.62	249.56	635.72
福　建 Fujian	13.11	3.86	0.56	1311	104.33	5.63	101.8
山　东 Shandong	19.02	30.93	4.68	2012	316.87	12.83	203.65
广　东 Guangdong	33.94	11.65	4.8	5217	288.1	126.92	744.86
广　西 Guangxi	1.85	1.68	0.4	113	95.02	17.05	70.05
海　南 Hainan	1.7	0.11		6	1.84		

续表　1　continued

地　区 Region	合成洗涤剂 (万吨) Synthetic Detergeuts (10 000 tn)	家用电冰箱 (万台) Household Refrigera-tors (10 000)	电风扇 (万台) Electric Fans (10 000)	家用洗衣机 (万台) Household Washing Machines (10 000)	收音机 (万台) Radio (10 000)	录音机 (万台) Recorders (10 000)	电视机 (万台) Television Set (10 000)	#彩　色 Color TV Set	照相机 (万架) Cameras (10 000)
全　国 National	**299.8**	**918.54**	**12966.67**	**952.49**	**8204.55**	**8581.36**	**3496.23**	**2057.74**	**3326.15**
12省级单位合计 Region	**173.38**	**562.39**	**12456.22**	**689.17**	**8153.38**	**8485.3**	**2774.49**	**1587.27**	**3287.38**
比重(%) Proportion	**58%**	**61%**	**96%**	**72%**	**99%**	**99%**	**79%**	**77%**	**99%**
北　京 Beijing	10.67		22.83	10.95	1.38	49.43	67.35	50.16	243.05
天　津 Tianjin	11.95	3.7	5.65	64.3	4.6	18.65	160.82	109.54	36.56
河　北 Hebei	5.29		3.59	0.02			1.59	0.27	
辽　宁 Liaoning	3.9	14.21	18.75	19.86	37.77	0.77	47.62	23.87	
上　海 Shanghai	30.42	128.72	194.46	144.8	156.83	181.38	418.23	111.77	153.23
江　苏 Jiangsu	38.26	11.45	2083.24	90.24	315.74	466.7	475.89	250.72	33.34
浙　江 Zhejiang	5.97	83.12	1673.64	73.36	109.43	55.88	426.23	55.1	26.14
福　建 Fujian	1.59	0.02	22.82	0.23	166.09	277.42	149.26	148.35	0.06
山　东 Shandong	25.76	107.93	332.84	97.89	5.37	0.8	106.9	65.82	67.25
广　东 Guangdong	34.9	213.23	7999.52	187.51	7341.19	7365.29	882.8	763.92	2727.75
广　西 Guangxi	4.37	0.01	98.34	0.01	14.69	68.98	36.59	6.58	
海　南 Hainan	0.3		0.54		0.29		1.21	1.17	

续表 2 continued

地 区 Region	原 煤 (亿吨) Coal (100 000 000 tn)	原 油 (万吨) Crude Oil (10 000tn)	天然气 (亿立方米) Natural Gas (100 000 000 cu.m)	发电量 (亿千瓦小时) Electricity (100 000 000 kWh)	#水 电 Hydro-power	生 铁 (万吨) Pig Iron (10 000tn)	钢 (万吨) Steel (10 000tn)	成品钢材 (万吨) Rolled-Steel Final Products (10 000 tn)
全 国 National	**13.61**	**15004.95**	**179.47**	**10077.26**	**1905.77**	**10529.27**	**9535.99**	**8979.8**
12省级单位合计 Region	**2.99**	**6452.93**	**46.25**	**4989.09**	**572.36**	**5635.89**	**5806.75**	**5866.88**
比重(%) Proportion	**22%**	**43%**	**26%**	**50%**	**30%**	**54%**	**61%**	**65%**
北 京 Beijing	0.1			132.21	3.18	722.28	804.88	629.81
天 津 Tianjin		620.82	7.57	133.65	0.21	168.85	171.57	430.38
河 北 Hebei	0.81	517.02	3.49	607.17	12.63	1214.49	793.25	783.54
辽 宁 Liaoning	0.56	1552.68	21.12	540.08	41.71	1337.08	1335.8	1074.21
上 海 Shanghai				403.42		1048.38	1454.11	1185.89
江 苏 Jiangsu	0.27	101.41	0.19	700.41	0.35	236.45	361.43	787.89
浙 江 Zhejiang	0.01			401.48	78.25	76.5	144.55	266.27
福 建 Fujian	0.11			261.55	154.91	83.59	55.49	91.32
山 东 Shandong	0.88	3006.27	12.85	739.24	0.4	509.77	389.1	278.2
广 东 Guangdong	0.11	650.97	1.03	821.06	131.1	140.95	207.44	247.26
广 西 Guangxi	0.14	3.65		217.29	138.3	96.73	88.78	80.5
海 南 Hainan		0.11		31.53	11.32	0.82	0.35	11.61

续表 3 continued

地 区 Region	水 泥 (万吨) Cement (10 000tn)	金属切削机床 (万台) Metal-Cutting Machines (10 000)	汽 车 (万辆) Motor Vehicles (10 000)	#载重汽车 Trucks	化学农药 (万吨) Chemical Pesticides (10 000tn)	小型拖拉机 (万台) Mini-tractors (10 000)	平板玻璃 (万重量箱) Plateglass (10 000 weight cases)	木 材 (万立方米) Timber (10 000 cu.m)
全 国 National	**47591.22**	**39.49**	**145.27**	**60.92**	**46.88**	**206.3**	**15723.22**	**6045.38**
12省级单位合计 Region	**27972.95**	**35.23**	**77.53**	**23.19**	**33.98**	**121.41**	**9131.71**	**1891.01**
比重(%) Proportion	**59%**	**89%**	**53%**	**38%**	**72%**	**59%**	**58%**	**31%**
北 京 Beijing	574.21	0.28	17.27	6.67	0.03	0.96	524.04	5.26
天 津 Tianjin	200.62	0.14	13.11	2.06	1.69	0.13	196.09	
河 北 Hebei	3154.7	0.21	2.16	0.44	4.05	17.91	2576.94	52.7
辽 宁 Liaoning	1911.03	1.43	2.52	0.66	2.28	1.42	1233.27	150.53
上 海 Shanghai	433.22	1.58	16.27	0.01	1.4		634.63	
江 苏 Jiangsu	3959.05	4.46	12.52	5.98	12.18	28.92	855.99	76.96
浙 江 Zhejiang	3264.82	22.79	1.66	0.53	4.77	10.04	385.69	233.94
福 建 Fujian	1511.17	0.69	0.36	0.25	1.1	5.16	302.42	557.05
山 东 Shandong	5497.09	2.11	1.35	1.32	3.84	39.74	1343.54	41.66
广 东 Guangdong	5317.92	1.02	2.64	0.33	2.02	4.6	854.78	306.71
广 西 Guangxi	1980.47	0.52	7.38	4.94	0.6	12.51	224.32	421.51
海 南 Hainan	168.65		0.29		0.02	0.02		44.69

[运输和邮电通讯业]

TRANSPORTATIONPOST AND TELECOMMUNICATION SERVICES

各地区运输线路长度(1995年底)

LENGTH OF TRANSPORTATION ROUTES BY REGION(END OF 1995)

单位:公里 (km)

地 区 Region	国家铁路 National Railways 营业里程 Railways in Operation	正线延展里程 Mainline Railways Length Completed	内河航道里程 Navigable Inland Waterways	公路里程 Total Highways	有路面里程 Paved	高级 次高级 High and Secondary Grade	中级 Medium Grade	低级 Low Grade	无路面里程 Non-Paved
全国 National	**54616**	**72934**	**110562**	**1157009**	**1043390**	**386827**	**322203**	**334360**	**113619**
12省级单位合计 Region	**15905**	**23372**	**58552**	**416092**	**388457**	**180609**	**92179**	**115669**	**27635**
比重(%) Proportion	**29%**	**32%**	**53%**	**36%**	**37%**	**47%**	**29%**	**35%**	**24%**
北京 Beijing	1020	1606		11811	11682	8359	1577	1746	129
天津 Tianjin	503	904	90	4243	3833	3734	26	73	410
河北 Hebei	3228	5294	75	51630	45881	35159	2135	8587	5749
辽宁 Liaoning	3568	4967	508	43434	42563	18590	8186	15787	871
上海 Shanghai	256	415	2100	3787	3787	2540	1247		
江苏 Jiangsu	747	1294	23803	25970	25385	13921	10046	1418	585
浙江 Zhejiang	938	1374	10592	34121	34121	13186	20935		
福建 Fujian	1024	1037	3888	46574	42437	9641	19180	13616	4137
山东 Shandong	2048	3060	1891	54243	53024	39880	3126	10018	1219
广东 Guangdong	684	1322	10808	84567	77883	22529	13870	41484	6684
广西 Guangxi	219	238	4521	40904	39838	11089	10880	17869	1066
海南 Hainan	1670	1861	276	14808	8023	1981	971	5071	6785

各地区全社会货运量(1995年)

FREIGHT TRAFFIC BY REGION (1995)

单位:万吨 (10 000 tn)

地 区 Region	合 计 Total	国家铁路 National Railway	地方铁路 Local Railway	公 路 Highway	水 运 Waterway
全国 National	**1234810**	**159346**	**6509**	**940387**	**113194**
12省级单位合计 Region	**606090**	**56779**	**3929**	**483356**	**62026**
比重(%) Proportion	**49%**	**36%**	**60%**	**51%**	
北京 Beijing	32150	2974	89	29087	
天津 Tianjin	22257	1942	779	19260	276
河北 Hebei	72535	11391	880	59860	404
辽宁 Liaoning	84057	13073	356	69976	652
上海 Shanghai	29965	1376		24645	3944
江苏 Jiangsu	74712	4413	16	49578	20705
浙江 Zhejiang	58287	1914		45052	11321
福建 Fujian	29193	2456		23720	3017
山东 Shandong	74833	9256	431	63525	1621
广东 Guangdong	93422	5027	653	71158	16584
广西 Guangxi	26066	2678	725	20686	1977
海南 Hainan	8613	279		6809	1525

注:不分地区合计中,包括公路和水运部门的直属企业、民航、管道完成数。

a) In non-region classified,include enterprises directly by highway and waterway,CAAC and pipelines.

各地区全社会货物周转量(1995年)
TURNOVER VOLUME OF FREIGHT TRAFFIC BY REGION (1995)

单位: 亿吨公里 (10 000 000 tn.km)

地　区 Region	合　计 Total	国家铁路 National Railway	地方铁路 Local Railway	公　路 Highway	水　运 Waterway
全国 National	**35730.1**	**12836**	**34.24**	**4694.9**	**17552.2**
12省级单位合计 Region	**8782.9**	**5177.4**	**17.96**	**2229.2**	**1358.4**
比重(%) Proportion	**25%**	**40%**	**52%**	**47%**	**8%**
北京 Beijing	373.9	297.6	0.13	76.2	
天津 Tianjin	342.8	268.3	3.87	40.7	29.9
河北 Hebei	2033.3	1564.6	3.44	397.4	67.9
辽宁 Liaoning	1235.4	1011.4	1.07	221.8	1.1
上海 Shanghai	448.3	48.7		48.6	351
江苏 Jiangsu	996.9	393.5		281	322.4
浙江 Zhejiang	587.2	186.8		245.2	155.2
福建 Fujian	326	145.7		146.6	33.7
山东 Shandong	1041.9	698.6	3.12	330.9	9.3
广东 Guangdong	617.2	249.2	2.85	267.2	97.9
广西 Guangxi	658.1	311.2	3.48	143.4	200.1
海南 Hainan	121.9	1.8		30.2	89.9

注: 不分地区合计中,包括公路和水运部门的直属企业、民航、管道完成数。
a) In non-region classified,include enterprises directly by highway and waterway,CAAC and pipelines.

民用汽车拥有量

地　区 Region	民用汽车总计(万辆) Total (10 000)	载客汽车 Passenger Vehicles (万辆) 辆数(万辆) Vehicles (10 000)	客位(万客位) Seats (10 000)	载货汽车 Trucks 辆数(万辆) Vehicles (10 000)	#普通载货汽车 General Trucks	吨位(万吨) Capacity (10 000tn)	#普通载货汽车 General Truck Capacity	其他机动车 Other (10 000)
全国 National	**1040**	**417.9**	**5213.27**	**585.43**	**568.58**	**2370.93**	**2257.07**	**122.69**
12省级单位合计 Region	**585.53**	**242.37**	**2771.61**	**324.01**	**315.57**	**1272.15**	**1211.64**	**73.72**
比重(%) Proportion	**56%**	**58%**	**53%**	**55%**	**56%**	**54%**	**54%**	**60%**
北京 Beijing	58.94	36.85	428.2	21.03	20.52	69.12	62.93	
天津 Tianjin	26.8	8.94	78.95	17.05	16.64	58.53	56.05	2.99
河北 Hebei	72.64	23.56	329.85	44.46	42.86	226.76	214.29	
辽宁 Liaoning	63.9	25.93	455.54	36.14	34.55	162.76	154.25	2.86
上海 Shanghai	30.71	17	174.84	11.94	11.47	43.98	40.5	0.37
江苏 Jiangsu	51.19	21.99	260.49	27.83	27.02	145.83	140.81	13.82
浙江 Zhejiang	35.92	13.66	143.48	21.73	21.43	78.19	74.85	5.1
福建 Fujian	20.08	8.23	88.63	11.46	11.11	33.76	31.96	0.02
山东 Shandong	76.2	25.34	267.61	48.23	46.89	158.48	147.52	41.36
广东 Guangdong	114.73	44.73	384.56	67.07	66.23	231.02	225.84	5.29
广西 Guangxi	24.9	10.72	111.16	13.23	13.07	49.52	48.76	1.09
海南 Hainan	9.52	5.42	48.3	3.84	3.78	14.2	13.88	0.82

注: 小轿车包括在载客汽车中。

CIVIL MOTOR VEHICLES

地区 Region	公路部门营运 Vehicles by Professional Transport Ur					私人汽车 Private Vehicles				
	合计 (万辆) Vehicles (10 000)	载客汽车 Passenger Vehicles		普通载货汽车 General Trucks		合计 (万辆) Vehicles (10 000)	载客汽车 Passenger Vehicles		普通载货汽车 General Trucks	
		辆数 (万辆) Vehicles (10 000)	客位 (万客位) Seats (10 000)	辆数 (万辆) Vehicles (10 000)	吨位 (万吨) Capacity (10 000tn)		辆数 (万辆) Vehicles (10 000)	客位 (万客位) Seats (10 000)	辆数 (万辆) Vehicles (10 000)	吨位 (万吨) Capacity (10 000tn)
全国 National	**27.49**	**13.73**	**480.61**	**13.11**	**94.56**	**249.96**	**114.15**	**1322.63**	**131.01**	**537.79**
12省级单位合计 Region	**13.19**	**6.11**	**199.81**	**6.63**	**50.6**	**135.02**	**63.66**	**655.5**	**67.12**	**279.49**
比重(%) Proportion	**48%**	**45%**	**42%**	**51%**	**54%**	**54%**	**56%**	**50%**	**51%**	**52%**
北京 Beijing	0.35	0.01	0.5	0.32	2.94	12.76	10	108.8	2.75	8.48
天津 Tianjin	0.36	0.03	1.7	0.3	2.48	4.27	2.64	19.76	1.57	12.15
河北 Hebei	1.43	0.51	20.83	0.9	6.1	26.67	10.47	146.54	12.52	73.89
辽宁 Liaoning	1.18	0.43	21.51	0.73	6.27	13.42	7.7	94.68	5.66	22.37
上海 Shanghai	0.74	0.06	1.78	0.59	5.63	0.8	0.5	1.73	0.3	0.47
江苏 Jiangsu	1.74	0.86	32.76	0.84	7.35	5.22	3.15	28.82	2.05	7.28
浙江 Zhejiang	1.54	0.93	25.49	0.56	3.74	9.61	4.59	48.16	5.02	17.52
福建 Fujian	0.83	0.52	11.9	0.29	1.8	6.35	2.36	21.32	3.95	18.08
山东 Shandong	2.34	0.76	29.21	1.51	11.17	8.15	4.66	49.46	3.44	13.09
广东 Guangdong	1.64	1.31	36.8	0.25	1.9	38.6	15	104.55	23.45	81.35
广西 Guangxi	0.97	0.62	14.89	0.34	1.21	6.51	1.89	21.55	4.59	17.62
海南 Hainan	0.07	0.07	2.44	0	0.01	2.66	0.7	10.13	1.82	7.19

a) Cars has been included in passenger vehicles.

各地区按经济类型分的独立核算公路、水路和港口企业资本金(1995年)
TOTAL CAPITAL FUNDS OF HIGHWAY, WATERWAY AND PORTS ENTERPRISES WITH INDEPENDENT ACCOUNTING SYSTEMS BY TYPE OF OWNERSHIP AND REGION (1995)

单位: 万元 (10 000 yuan)

地区 Region	资本金合计 Total Capital Funds	国有经济 State-Owned	集体经济 Collective Owned	其他经济 Other
全国 National	**6876517**	**5089729**	**953085**	**833703**
12省级单位合计 Region	**5165904**	**3821744**	**564243**	**779915**
比重(%) Proportion	**75%**	**75%**	**59%**	**94%**
北京 Beijing	66613	48151	17863	599
天津 Tianjin	368794	306746	16516	45532
河北 Hebei	269937	226601	32525	10811
辽宁 Liaoning	566571	462873	51571	52127
上海 Shanghai	876577	753858	31722	90997
江苏 Jiangsu	517645	373850	115532	28263
浙江 Zhejiang	313058	219945	61604	31509
福建 Fujian	210223	163612	31238	15372
山东 Shandong	410180	330955	69137	10087
广东 Guangdong	1330246	764826	94717	470703
广西 Guangxi	154762	97797	36898	20067
海南 Hainan	81298	72530	4920	3848

各地区按经济类型分的独立核算公路、水路和港口企业利税总额(1995年)

TOTAL PER-TAX PROFITS OF HIGHWAY, WATERWAY AND PORTS ENTERPRISES WITH INDEPENDENT ACCOUNTING SYSTEMS BY TYPE OF OWNERSHIP AND REGION (1995)

单位: 万元 (10 000 yuan)

地区 Region	利税总额合计 Total Pre-Tax Profits	国有经济 State-Owned	集体经济 Collective Owned	其他经济 Other
全国 National	**513742**	**437318**	**5902**	**70522**
12省级单位合计 Region	**555645**	**490488**	**-2185**	**67342**
比重(%) Proportion	**108%**	**112%**	**-37%**	**95%**
北京 Beijing	3992	3036	997	-41
天津 Tianjin	60332	44952	325	15055
河北 Hebei	18208	31937	-13952	223
辽宁 Liaoning	8389	7387	-2425	3427
上海 Shanghai	176618	160449	3684	12485
江苏 Jiangsu	11850	17497	-7588	1941
浙江 Zhejiang	17801	17338	-2587	3050
福建 Fujian	34590	17326	14388	2876
山东 Shandong	53925	50925	1788	1212
广东 Guangdong	142608	112699	3156	26753
广西 Guangxi	14373	11548	772	2053
海南 Hainan	12959	15394	-743	-1692

邮电业务量

POSTAL AND TELECOMMUNICATIONS SERVICES

地区 Region	邮电业务总量 (亿元) Revenue from Postal and Telecommunications Services (10^8 yuan)	函件 (亿件) Letters (10^8)	包件 (万件) Parcels (10 000)	邮政快件 (万件) Express Mail (10 000)	特快专递 (万件) Special Express (10 000)	报刊期发数 (万份) Newspapers and Magazines Circulation (10 000)	集邮业务 (万枚) Stamp Collecting (10 000)
全国 National	**988.85**	**79.55**	**15641.2**	**45057**	**5562.7**	**21688**	**239250**
12省级单位合计 Region	**695.16**	**46.93**	**8670.5**	**22522.4**	**3553.9**	**9739.5**	**114782**
比重(%) Proportion	**70%**	**59%**	**55%**	**50%**	**64%**	**45%**	**48%**
北京 Beijing	56.13	6.01	832.3	1290.9	269.3	700.9	17312.8
天津 Tianjin	18.72	1.22	147.4	498.7	92.6	323.2	6585.8
河北 Hebei	36.09	3.15	1315	1411	143.9	831.4	7635.7
辽宁 Liaoning	50.08	2.43	483.8	1360.9	214.9	698.3	13977.3
上海 Shanghai	55.7	5.67	952.5	990.5	283.3	761.4	9706.9
江苏 Jiangsu	72.24	5.31	1618.8	2809.3	869.5	1654.8	13190.9
浙江 Zhejiang	63.02	3.87	714.7	1927.4	289.1	828.4	11177.5
福建 Fujian	53.49	3.16	417.5	1563.5	209.7	654.2	8185.8
山东 Shandong	53.71	3.68	592	2071.2	391.1	1179.5	13777.4
广东 Guangdong	204.93	9.85	1177.3	6561.4	687.2	1233.3	9247.1
广西 Guangxi	20.56	2.08	351.4	1348.8	70.3	719.7	1946.5
海南 Hainan	10.49	0.5	67.8	688.8	33	154.4	2038.3

续表 continued

地　区 Region	长途电话 (万张) Long Distance Telephone Calls (10 000 Pieces)	年末长途直拨国际及港澳有权用户(户) Long Distance Direct Dialcalls Abroad,Hong Kong and Macao (year-end) (subscribers)	年末市内电话 (户) Urban Telephones (year-end) (sub-scribers)	住宅电话 (户) Residencia	公用电话 (部) Public Telephone	# 磁卡式 (部) Magnetism Card
全国 National	**1013966**	**17096661**	**32635609**	**23584045**	**692569**	**34965**
12省级单位合计 Region	**675969.5**	**11164067**	**19422377**	**13973182**	**414839**	**17600**
比重(%) Proportion	**67%**	**65%**	**60%**	**59%**	**60%**	**50%**
北京 Beijing	35729.8	408151	1505242	914184	20184	810
天津 Tianjin	13473.1	240573	777090	550307	15924	421
河北 Hebei	45325.5	1333183	1513364	1123842	25151	1419
辽宁 Liaoning	43252.4	901369	1951362	1414892	77713	2711
上海 Shanghai	33588	562373	2232740	1603827	34093	694
江苏 Jiangsu	85936.8	1143130	2265413	1764692	45018	3184
浙江 Zhejiang	56317.1	105180	1666979	1183725	30045	1469
福建 Fujian	38264.8	1064522	1235849	927283	37552	918
山东 Shandong	56786.6	748687	1658335	1205335	31872	1993
广东 Guangdong	231406.2	4261630	3610359	2650503	66107	2727
广西 Guangxi	24369.1	292933	756874	487237	22307	164
海南 Hainan	11520.1	102336	248770	147355	8873	1090

邮电局所数及邮递线路
POSTAL AND TELECOMMUNICATIONS SERVICES FACILITIES

(年底数)　　　　(year-end)

地　区 Region	邮电局所 (处) Post Offices	# 提供邮政全功能服务 All-Round Service	信筒信箱 (处) Letter Box and Post-office Box	邮路及农村投递路线总长度(公里) Length of Postal Routes and Rural Delivery Routes (km)	# 汽车邮路 Highway Routes	# 铁路邮路 Railway Routes
全国 National	**61898**	**11398**	**203011**	**5231930**	**819412**	**183036**
12省级单位合计 Region	**24101**	**4974**	**102737**	**2306397**	**303393**	**81961**
比重(%) Proportion	**39%**	**44%**	**51%**	**44%**	**37%**	**45%**
北京 Beijing	633	77	2371	79765	15495	19626
天津 Tianjin	300	69	1463	59258	7315	5264
河北 Hebei	2538	152	8580	184182	26471	3203
辽宁 Liaoning	2064	852	8281	235214	23128	8489
上海 Shanghai	666	222	4198	193036	11233	15306
江苏 Jiangsu	3218	1104	12395	302648	43766	4198
浙江 Zhejiang	3149	327	14434	195913	22233	4274
福建 Fujian	1864	406	12935	196501	23752	2446
山东 Shandong	4080	1082	14278	324391	37339	8250
广东 Guangdong	3580	524	16069	265392	48153	6568
广西 Guangxi	1503	84	6434	163299	36280	4337
海南 Hainan	506	75	1299	106798	8228	

邮电通信电路
TELECOMMUNICATIONS FACILITIES (YEAR-END)

单位：路 (line)

地 区 Region	长话电路 Long-Distance Telephone Lines	#全自动电路 Auto-wired	#数字电路 Digital	#光缆电路 Light-wire	#数字微波 Digital Microwave	电报电路 Telegram Lines	分组交换电路 Switch-boards Lines
全国 National	**735545**	**717635**	**677672**	**484231**	**173110**	**12250**	**4100**
12省级单位合计 Region	**617697**	**611603**	**582432**	**421563**	**137716**	**5719**	**2924**
比重(%) Proportion	**84%**	**85%**	**86%**	**87%**	**80%**	**47%**	**71%**
北京 Beijing	49262	49054	40898	26769	7542	209	40
天津 Tianjin	24392	24266	21364	12600	8524	110	3
河北 Hebei	33090	32816	28560	17895	10605	546	13
辽宁 Liaoning	90553	87991	88546	57610	29742	385	48
上海 Shanghai	46422	46282	45316	31190	5226	206	30
江苏 Jiangsu	64117	63983	63029	48453	14576	940	261
浙江 Zhejiang	46979	46782	46167	41180	4987	1011	23
福建 Fujian	32424	32269	30297	21670	7707	386	29
山东 Shandong	40634	40459	38900	25718	12856	466	135
广东 Guangdong	157576	155762	150700	117984	28684	943	2100
广西 Guangxi	21905	21698	19718	17019	2225	371	107
海南 Hainan	10343	10241	8937	3475	5042	146	135

邮电通信设备拥有量
TELECOMMUNICATIONS FACILITIES

(年底数) (year-end)

地 区 Region	市话交换机容量 (门) Urban Switchboards Capacity	农话交换机容量 (门) Rural Switchboards Capacity	电话机 (部) Telephones	城市电话 Urban Telephones	农村电话 Rural Telephones
全国 National	**54563481**	**17472402**	**57622616**	**47092615**	**10530001**
12省级单位合计 Region	**31801488**	**13038184**	**37078026**	**28881579**	**8196447**
比重(%) Proportion	**58%**	**75%**	**64%**	**61%**	**78%**
北京 Beijing	2375000		2577577	2577577	
天津 Tianjin	1376300	146193	1391223	1282495	108728
河北 Hebei	2623684	752591	2525807	2066663	459144
辽宁 Liaoning	3219900	680960	3010486	2635277	375209
上海 Shanghai	3457050		2949862	2949862	
江苏 Jiangsu	3821124	2146560	5151260	3570453	1580807
浙江 Zhejiang	2680518	2010030	3957861	2520232	1437629
福建 Fujian	2223696	1309837	2266646	1718147	548499
山东 Shandong	2678352	1280381	3486039	2730308	755731
广东 Guangdong	5698361	4372631	8289923	5515307	2774616
广西 Guangxi	1248503	242953	1049761	929052	120709
海南 Hainan	399000	96048	421581	386206	35375

注：电话交换机容量中不包括用户交换机容量。
a) Switchboard capacity in this table excludes switchboard capacity owned by users.

[国内商业和城乡居民生活]
DOMESTIC TRADE AND PEOPLE'S LIVEIHOOD

各地区批发、零售贸易业网点 (1995年)
NUMBER OF OUTLETS IN WHOLESALE AND RETAIL SALES TRADE BY REGION(1995)

单位：个 (Number)

地区 Region	合计 Total	国有经济 State-Owned	集体经济 Collective Owned	私营经济 Private	个体经济 Individual	联营经济 Joint Owned	股份制经济 Share Holding	外商投资经济 Foreign Funded	港澳台投资经济 Overseas Chinese from Hong-Kong,Macao & Taiwan Funded	其他经济 Others
全国 National	**14961668**	**629513**	**1137198**	**138862**	**12987688**	**21843**	**11937**	**1013**	**1080**	**32534**
12省级单位合计Region	**7289314**	**276537**	**533511**	**97906**	**6341993**	**6165**	**6819**	**823**	**928**	**24632**
比重(%)Proportion	**49%**	**44%**	**47%**	**71%**	**49%**	**28%**	**57%**	**81%**	**86%**	**76%**
北京 Beijing	214931	12170	27530	2940	171230	138	626	95	40	162
天津 Tianjin	140098	5189	11420	116	122766	44	273	117	168	5
河北 Hebei	973097	23096	36641	2324	910821	64	119	3	29	
辽宁 Liaoning	610100	24038	37699	15362	532136	115	528	71	44	107
上海 Shanghai	142851	14466	27567	1615	96968	950	658	85	37	505
江苏 Jiangsu	834103	32608	87094	5483	705793	478	645	25	44	1933
浙江 Zhejiang	843970	20567	50317	13931	757418	310	1101	33	18	275
福建 Fujian	400946	14740	29983	2923	339148	2647	221	65	110	11109
山东 Shandong	1310791	32562	53858	11236	1203389	161	1771	23	28	7763
广东 Guangdong	1099096	70450	126884	34070	863044	907	556	170	350	2665
广西 Guangxi	636893	18966	39323	5106	572808	317	281	83	5	4
海南 Hainan	82438	7685	5195	2800	66472	34	40	53	55	104

各地区批发、零售贸易业人员 (1995年)
NUMBER OF PERSONNEL IN WHOLESALE AND RETAIL SALES TRADE BY REGION(1995)

单位：人 (person)

地区 Region	合计 Total	国有经济 State-Owned	集体经济 Collective Owned	私营经济 Private	个体经济 Individual	联营经济 Joint Owned	股份制经济 Share Holding	外商投资经济 Foreign Funded	港澳台投资经济 Overseas Chinese from Hong-Kong,Macao & Taiwan Funded	其他经济 Others
全国 National	**41515693**	**9541929**	**7591288**	**1080549**	**22460801**	**128529**	**518988**	**26977**	**36426**	**130206**
12省级单位合计Region	**20549124**	**4502325**	**4014935**	**825593**	**10664918**	**63440**	**321330**	**21239**	**26294**	**109050**
比重(%)Proportion	**49%**	**47%**	**53%**	**76%**	**47%**	**49%**	**62%**	**79%**	**72%**	**84%**
北京 Beijing	752626	265111	194183	42924	209530	6464	25981	5461	763	2209
天津 Tianjin	458626	137284	156622	928	148616	1009	10060	2257	1821	29
河北 Hebei	2591781	424867	288429	21607	1845847	528	7319	27	3157	
辽宁 Liaoning	2089317	634995	484008	155828	760560	3128	44031	2556	2261	1950
上海 Shanghai	947762	281503	434680	6576	119052	18264	68177	3345	4220	11945
江苏 Jiangsu	2368854	562625	619380	49899	1080122	6427	42514	1023	1909	4955
浙江 Zhejiang	1792137	251673	280235	136059	1084001	4675	31238	1546	913	1797
福建 Fujian	968150	174465	138001	22599	584626	8239	5513	1225	832	32650
山东 Shandong	3626575	557333	430125	67417	2472895	2799	50775	499	420	44312
广东 Guangdong	3498062	944008	760495	278982	1465864	10298	21282	2136	9181	5816
广西 Guangxi	1200096	193716	199776	17735	774381	1249	12725	447	26	41
海南 Hainan	255138	74745	29001	25039	119424	360	1715	717	791	3346

各地区餐饮业网点(1995年)

NUMBER OF OUTLETS IN CATERING TRADE BY REGION (1995)

单位: 个 (number)

地区 Region	合计 Total	国有经济 State-Owned	集体经济 Collective Owned	私营经济 Private	个体经济 Individual	联营经济 Joint Owned	股份制经济 Share Holding	外商投资经济 Foreign Funded	港澳台投资经济 Overseas Chinese from Hong-Kong,Macao & Taiwan Funded	其他经济 Others
全　国　National	**2493458**	**27269**	**78221**	**18519**	**2359708**	**4314**	**546**	**1287**	**1069**	**2525**
12省级单位合计 Region	**1059160**	**12665**	**40127**	**10709**	**991244**	**771**	**255**	**1019**	**851**	**1519**
比重(%)Proportion	**42%**	**46%**	**51%**	**58%**	**42%**	**18%**	**47%**	**79%**	**80%**	**60%**
北　京　Beijing	39196	1314	7142	1361	29144	27	14	133	53	8
天　津　Tianjin	25562	643	909	11	23893	1		86	19	
河　北　Hebei	158562	857	1840	1395	154448	2	3	9	8	
辽　宁　Liaoning	77606	1127	2615	1210	72459	7	27	119	39	3
上　海　Shanghai	26461	1313	5121	34	19343	193	75	196	94	92
江　苏　Jiangsu	128122	1219	7101	493	119140	21	12	75	58	3
浙　江　Zhejiang	105784	665	2159	219	102651	19	22	34	14	1
福　建　Fujian	60652	507	853	449	57315	372	15	38	30	1073
山　东　Shandong	216472	1524	4269	3045	207188	6	41	62	32	305
广　东　Guangdong	112423	2474	5775	2180	101241	101	25	199	398	30
广　西　Guangxi	98612	866	2268	177	95229	5	12	9	45	1
海　南　Hainan	9708	156	75	135	9193	17	9	59	61	3

各地区餐饮业人员(1995年)

NUMBER OF PERSONNEL IN CATERING TRADE BY REGION (1995)

单位: 人 (person)

地区 Region	合计 Total	国有经济 State-Owned	集体经济 Collective Owned	私营经济 Private	个体经济 Individual	联营经济 Joint Owned	股份制经济 Share Holding	外商投资经济 Foreign Funded	港澳台投资经济 Overseas Chinese from Hong-Kong,Macao & Taiwan Funded	其他经济 Others
全　国　National	**7100962**	**563296**	**686432**	**144902**	**5456207**	**29293**	**23337**	**80477**	**105477**	**11541**
12省级单位合计 Region	**3418308**	**337200**	**405806**	**108228**	**2374121**	**16078**	**12062**	**64954**	**92706**	**7153**
比重(%)Proportion	**48%**	**60%**	**59%**	**75%**	**44%**	**55%**	**52%**	**81%**	**88%**	**62%**
北　京　Beijing	167452	37388	38299	11569	64950	1158	520	9427	3917	224
天　津　Tianjin	71095	12553	12095	90	44376	2		1041	938	
河　北　Hebei	454091	18472	15285	4525	414912	80	161	393	263	
辽　宁　Liaoning	264190	27718	30266	19155	174545	78	1214	7804	3365	45
上　海　Shanghai	164591	38063	64103	340	39816	5515	2940	8765	4362	687
江　苏　Jiangsu	363490	29932	62662	8234	253713	385	773	4580	3177	34
浙　江　Zhejiang	220938	15217	17356	2591	182574	551	465	1823	336	25
福　建　Fujian	155150	6754	8371	2740	126372	1932	876	3056	1955	3094
山　东　Shandong	660512	30441	49564	18205	551197	156	2406	5938	1087	1518
广　东　Guangdong	647464	101366	85229	35724	328043	5428	1640	18347	70266	1421
广　西　Guangxi	203764	15244	21673	2319	161523	438	717	369	1428	53
海　南　Hainan	45571	4052	903	2736	32100	355	350	3411	1612	52

各地区批发、零售贸易业商品购进总额（1995年）
FINAL PURCHASES IN WHOLESALE AND RETAIL SALES TRADE BY REGION (1995)

单位：亿元 (100 000 000 yuan)

地区 Region	合计 Total	国有经济 State-Owned	集体经济 Collective Owned	私营经济 Private	联营经济 Joint Owned	股份制经济 Share Holding	外商投资经济 Foreign Funded	港澳台投资经济 Overseas Chinese from Hong-Kong,Macao & Taiwan Funded	其他经济 Others
全国 National	**36983.57**	**24347.91**	**10033.42**	**293.14**	**490.11**	**1577.63**	**67.6**	**82.07**	**91.71**
12省级单位合计 Region	**24547.72**	**15654.33**	**6844.91**	**230.4**	**470.16**	**1152.65**	**52.77**	**68.93**	**73.56**
比重(%)Proportion	**66%**	**64%**	**68%**	**79%**	**96%**	**73%**	**78%**	**84%**	**80%**
北京 Beijing	2112.99	1696.97	265.33	11.74	27.4	88.36	15.24	1.8	6.15
天津 Tianjin	795.8	553.23	184.5		3.84	44.49	5.37	4.34	0.04
河北 Hebei	1348.42	1006.09	323.93	4.75	0.89	10.56		2.21	
辽宁 Liaoning	1912.25	1368.25	360.43	48.46	16.77	108.95	2.48	4.44	2.48
上海 Shanghai	2570.42	1272.96	925.06	0.66	271.8	87.33	3.49	3.02	6.1
江苏 Jiangsu	4637.2	2357.84	1900.68	17.32	35.39	300.38	2.07	3.93	19.6
浙江 Zhejiang	2885.41	1787.23	809.41	29.5	29.79	215.15	5.43	4.75	4.15
福建 Fujian	1005.74	790.76	130.78	7.58	28.1	38.93	2.78	5.72	1.08
山东 Shandong	2197.25	1494.46	575.87	0.85	9.08	113.01	1.2	0.54	2.23
广东 Guangdong	4234.3	2733.45	1174.2	102.85	44.62	106.56	14.04	37.69	20.88
广西 Guangxi	752.43	519.79	187.1	6.65	2.28	30.32	0.54		5.74
海南 Hainan	95.51	73.3	7.62	0.04	0.2	8.61	0.13	0.49	5.11

各地区批发、零售贸易业商品销售总额（1995年）
TOTAL SALES IN WHOLESALE AND RETAIL SALES TRADE BY REGION (1995)

单位：亿元 (100 000 000 yuan)

地区 Region	合计 Total	国有经济 State-Owned	集体经济 Collective Owned	私营经济 Private	联营经济 Joint Owned	股份制经济 Share Holding	外商投资经济 Foreign Funded	港澳台投资经济 Overseas Chinese from Hong-Kong,Macao & Taiwan Funded	其他经济 Others
全国 National	**40545.3**	**26673.48**	**10803.12**	**325.38**	**595.96**	**1855.24**	**74.86**	**105.05**	**112.19**
12省级单位合计 Region	**26941.75**	**17051.21**	**7452.53**	**253.09**	**574.77**	**1363.08**	**66.81**	**86.66**	**93.59**
比重(%)Proportion	**66%**	**64%**	**69%**	**78%**	**96%**	**73%**	**89%**	**82%**	**83%**
北京 Beijing	2342.75	1887.26	287.28	13.02	18.5	107.74	21.86	1.78	5.3
天津 Tianjin	859.09	591.66	199.9		4.32	50.69	8.35	4.13	0.03
河北 Hebei	1470.17	1105.13	345.52	5.11	0.86	10.95		2.59	
辽宁 Liaoning	2127.3	1528.69	393.18	59.09	14.93	119.72	2.65	4.72	4.32
上海 Shanghai	3032.57	1365.12	1088.36	0.79	380.33	180.16	4.26	6.16	7.4
江苏 Jiangsu	5031.52	2534.35	2075.33	18.85	39.19	332.65	2.66	4.95	23.54
浙江 Zhejiang	3063.82	1890.69	854.98	32.17	32.04	237.44	7.91	4.59	4
福建 Fujian	1074.74	851.45	136.77	7.28	28.24	41.23	2.65	6.22	0.89
山东 Shandong	2384.34	1646.31	597.07	0.85	8.97	126.48	1.36	0.93	2.37
广东 Guangdong	4622.44	2993.9	1261.99	107.65	44.78	116.15	14.26	50.06	33.65
广西 Guangxi	829.95	571.78	203.55	8.23	2.41	37.03	0.56		6.39
海南 Hainan	103.06	84.87	8.6	0.05	0.2	2.84	0.29	0.53	5.7

各地区批发、零售贸易业商品库存总额 (1995年)
INVENTORY IN WHOLESALE AND RETAIL SALES TRADE BY REGION (1995)

单位: 亿元 (100 000 000 yuan)

地区 Region	合计 Total	国有经济 State-Owned	集体经济 Collective Owned	私营经济 Private	联营经济 Joint Owned	股份制经济 Share Holding	外商投资经济 Foreign Funded	港澳台投资经济 Overseas Chinese from Hong-Kong,Macao & Taiwan Funded	其他经济 Others
全国 National	**6705.49**	**4327.24**	**1959.33**	**46.07**	**98.35**	**230.82**	**14.42**	**17.54**	**11.72**
12省级单位合计 Region	**3565.36**	**2211.64**	**1042.64**	**30.14**	**94.61**	**151.48**	**12.14**	**13.74**	**8.97**
比重(%)Proportion	**53%**	**51%**	**53%**	**65%**	**96%**	**66%**	**84%**	**78%**	**77%**
北京 Beijing	347.15	264.1	59.53	1.93	4.31	11.39	3.94	0.98	0.56
天津 Tianjin	132.5	87.33	36.27		0.43	4.81	3.06	0.6	0.01
河北 Hebei	246.47	176.38	66.68	0.87	0.07	1.53		0.93	
辽宁 Liaoning	360.15	252.86	78.77	7.36	4.92	14.92	0.42	0.6	0.29
上海 Shanghai	315.78	128.39	106.42	0.08	66.38	13.46	0.42	0.6	0.03
江苏 Jiangsu	634.1	335.22	255.81	2.18	4.24	34.39	0.45	1.59	0.23
浙江 Zhejiang	349.92	193.12	121.34	2.19	3.53	28	0.57	0.39	0.78
福建 Fujian	134.04	93.81	28.63	1.61	2.77	5.57	0.96	0.62	0.08
山东 Shandong	406.59	255.26	125.18	0.17	2	21.42	0.16	0.2	2.2
广东 Guangdong	485.01	318.29	127.88	12.7	4.91	9.31	1.77	7.14	3.01
广西 Guangxi	131.09	87.8	34	1.04	1.02	5.62	0.19		1.42
海南 Hainan	22.56	19.08	1.73	0.01	0.03	1.06	0.2	0.09	0.36

社会消费品零售总额 (按地区和城乡分)
TOTAL RETAIL SALES OF CONSUMER GOODS BY REGION AND URBAN-RUAL

单位: 亿元 (100 000 000 yuan)

年份 地区 Year Region	社会消费品零售总额 Total Retail sales of Consumer Goods	按地区分 By Region			按城乡分 By Urban and Rural	
		市 City	县 County	县以下 Below County Level	城镇 Urban	乡村 Rural
全国 National	**20620**	**12376.7**	**2919.6**	**5323.7**	**11719.4**	**8900.6**
12省级单位合计 Region	**12251.3**	**7737.9**	**1290**	**3223.4**		
比重(%)Proportion	**59%**	**63%**	**44%**	**61%**		
北京 Beijing	827	598.5	147.9	80.6		
天津 Tianjin	375.6	314.7	24.1	36.8		
河北 Hebei	852.1	435.7	153.7	262.7		
辽宁 Liaoning	1122	911.4	72.9	137.7		
上海 Shanghai	970	766.1	41.9	162		
江苏 Jiangsu	1650	961.7	124.2	564.1		
浙江 Zhejiang	1395.7	765	146	484.7		
福建 Fujian	670.4	361.5	102.9	206		
山东 Shandong	1442.7	839.3	161.8	441.6		
广东 Guangdong	2304.1	1483.8	159.4	660.9		
广西 Guangxi	532.5	235.8	135.8	160.9		
海南 Hainan	109.2	64.4	19.4	25.4		

社会消费品零售总额（按经济类型分）

TOTAL RETAIL SALES OF CONSUMER GOODS BY OWNERSHIP

单位：亿元 (100 000 000 yuan)

地区 Region	国有单位 State Owned	集体单位 Collective Owned	合营 Joint Owned	个体 Individual	其他 Others
全国 National	**6154.1**	**3981.6**	**73.3**	**6253.8**	**4157.3**
12省级单位合计 Region	**3533**	**2524.3**	**63.5**	**3656**	**2474.5**
比重(%)Proportion	**57%**	**63%**	**87%**	**58%**	**60%**
北京 Beijing	338	196.4	9.9	192.8	89.9
天津 Tianjin	89.6	55.3	1.1	99.8	129.8
河北 Hebei	279	140.4	2.4	312.1	118.2
辽宁 Liaoning	262.5	163.3	1.4	407	287.8
上海 Shanghai	409.9	302.8	0.8	55.3	201.2
江苏 Jiangsu	496.8	531.8	8	302	311.4
浙江 Zhejiang	307.3	208.2	5.8	539.1	335.3
福建 Fujian	143.4	96.9	5.3	320.1	104.7
山东 Shandong	424.3	348.7	4.6	428.5	236.6
广东 Guangdong	609.9	394.8	21.7	762.1	515.6
广西 Guangxi	144.7	79.6	0.7	194.9	112.6
海南 Hainan	27.6	6.1	1.8	42.3	31.4

注：1. 1993年以前是社会商品零售总额，1993年以后是社会消费品零售总额。
2. 1993年以后，其他经济包括农对非、私营、股份制、外商投资、港澳台投资经济。

各地区大中型批发、零售贸易业增加值（1995年）

ADDED-VALUE IN WHOLESALE AND RETAILSALES TRADE OF LARGE AND MEDIUM BY REGION (1995)

单位：万元 (10 000 yuan)

地区 Region	增加值合计 Total Added-Value	本年提取的固定资产折旧 Fixed Assets Deprecia-tion Deducted for the Year	本年应付工资总额 Total Wage for the Year	本年应付福利费总额 Welfare Funds for the Year	劳动就业保险费 Insurance from Manage-ment Funds	商品销售税金及附加 Goods Sale Taxes and Added Value	利润总额 Total Profits	管理费用中税金额 Taxes in Manage-ment Cost
全国 National	**20228587.8**	**1054051.9**	**3904369.1**	**587251.6**	**528015.6**	**797561.4**	**13165483**	**191855.1**
12省级单位合计 Region	**13238156.7**	**655731.4**	**2483317.8**	**399279.2**	**366729.2**	**476764.4**	**8737116.9**	**119217.8**
比重(%)Proportion	**65%**	**62%**	**64%**	**68%**	**69%**	**60%**	**66%**	**62%**
北京 Beijing	1713840.8	64926.5	303396.9	43397.9	39553.4	35272.3	1212661.7	14632.1
天津 Tianjin	422782.1	22143.3	92780.3	13723.9	20638.5	8704.6	259929.6	4861.9
河北 Hebei	673591.1	37148.8	136322.6	17945.9	17718.7	13054.9	444826.1	6574.1
辽宁 Liaoning	1079014.7	61553	200343.8	33693	27977.5	24234.4	718641	12572
上海 Shanghai	1873838.4	65405.5	333112.9	54864.7	63068.4	160052.9	1188855.3	8478.7
江苏 Jiangsu	2146098.2	113728.7	459341.6	74534.9	51917	42289.1	1390688.7	13598.2
浙江 Zhejiang	1318254.9	72013.1	233562	37911.8	34668.8	34733	892021	13345.2
福建 Fujian	454689	21021	76642.6	11141.9	13147.3	20981.7	307800.9	3953.6
山东 Shandong	1462842.3	78244.1	258998.5	43374.8	36398.7	51191.2	979412.8	15222.2
广东 Guangdong	1634638.8	94785.8	299820.2	56446.1	44345.5	68437.7	1057482.8	13320.7
广西 Guangxi	404870.8	21634.4	78914.8	10841.8	16321.9	15090	250079.3	11988.6
海南 Hainan	53695.6	3127.2	10081.6	1402.5	973.5	2722.6	34717.7	670.5

各地区大中型餐饮业增加值（1995年）

ADDED-VALUE IN CATERING TRADE OF LARGE AND MEDIUM BY REGION (1995)

单位：万元 (10 000 yuan)

地区 Region	增加值合计 Total Added-Value	本年提取的固定资产折旧 Fixed Assets Deprecia-tion Deducted for the Year	本年应付工资总额 Total Wage for the Year	本年应付福利费总额 Welfare Funds for the Year	劳动就业保险费 Insurance from Manage-ment Funds	商品销售税金及附加 Goods Sale Taxes and Added Value	利润总额 Total Profits	管理费用中税金额 Taxes in Manage-ment Cost
全　国　National	**680175.7**	**52387.5**	**237451.3**	**27410.9**	**21832.8**	**81911.2**	**250195.2**	**8986.8**
12省级单位合计Region	**587126.3**	**42931.8**	**207177.9**	**23653.7**	**18200.2**	**70810.6**	**216178.7**	**8173.4**
比重(%)Proportion	**86%**	**82%**	**87%**	**86%**	**83%**	**86%**	**86%**	**91%**
北　京　Beijing	129740.2	6644.2	59373.7	5705	2797.2	12441.7	42363	415.4
天　津　Tianjin	21197.8	785.4	6809.8	820.3	1601.1	2757.3	8362.2	61.7
河　北　Hebei	12143.7	1235.5	3609.9	442.8	777.2	1698.7	4155.3	224.3
辽　宁　Liaoning	41462.4	4614.3	13432.5	1777.9	506.1	4598.8	15866.7	666.1
上　海　Shanghai	99970.8	6422.2	31172.9	3542	5521.1	8936.3	40396.2	3980.1
江　苏　Jiangsu	64261.5	5042.7	17137.5	2755.2	1042.8	7470.9	30474.9	337.5
浙　江　Zhejiang	33279.7	2528.4	7670.9	1135.5	1406.6	4265.6	15969.6	303.1
福　建　Fujian	11360.6	1365.6	3484.3	372.5	292.3	2009.3	3777.6	59
山　东　Shandong	17386.4	2511.9	4635.2	566	443.5	2392.9	6630.5	206.4
广　东　Guangdong	141560.3	10201.5	55484.5	5993.2	3230.1	22719.9	42186.5	1744.6
广　西　Guangxi	10910.5	654.9	3741.9	394.2	579.5	1117.9	4255.6	166.5
海　南　Hainan	3852.4	925.2	624.8	149.1	2.7	401.3	1740.6	8.7

各地区大中型批发、零售贸易业资本金（1995年）

TOTAL CAPITAL FUNDS OF WHOLESALE AND RETAIL SALES TRADE OF LARGE AND MEDIUM BY REGION (1995)

单位：万元 (10 000 yuan)

地区 Region	资本金合计 Total Capital Funds	#国有经济 State-Owned	#集体经济 Collective Owned	#联营经济 Joint Owned	#外商投资经济 Foreign Funded
全　国　National	**20376567.6**	**14089390.7**	**3672961.8**	**208435.4**	**116444.9**
12省级单位合计Region	**12961697.3**	**8724266.8**	**2328400.8**	**204821.2**	**95998.9**
比重(%)Proportion	**64%**	**62%**	**63%**	**98%**	**82%**
北　京　Beijing	2029658.7	1716603.4	114997.6	57275.8	20249.2
天　津　Tianjin	674615.9	492796.9	59998.1	1571.5	13582.8
河　北　Hebei	555981.5	423198.9	112730.8	1000	
辽　宁　Liaoning	1259302.6	970086.6	132715.4	5987.5	3498.2
上　海　Shanghai	1201975.8	813024.1	215965.8	12165.7	31610
江　苏　Jiangsu	1786355.9	874625.1	651090.3	21762.7	4750.8
浙　江　Zhejiang	1402690.7	759771	363070.9	16582.2	5265.4
福　建　Fujian	527251.6	401249.8	40638.1	14614.8	2656.6
山　东　Shandong	1250956	798766.2	296269.9	4567.3	
广　东　Guangdong	1730204.6	1119812.7	216556.9	68897.3	11781.4
广　西　Guangxi	476260.9	300726.1	122882.6	396.4	
海　南　Hainan	66443.1	53606	1484.4		2604.5

各地区大中型批发、零售贸易业企业资产（1995年）
WHOLESALE AND RETAIL SALES TRADE ENTERPRISES ASSET OF LARGE AND MEDIUM BY REGION (1995)

单位：万元　　(10 000 yuan)

地 区 Region	资产合计 Total Assets	# 流动资产 Circulation Funds	# 固定资产 Fixed Asset	# 无形及递延资产 Intangible and Continuous
全 国 National	**148236211.2**	**107203954.4**	**28044017.1**	**2036754.2**
12省级单位合计Region	**98005379.7**	**71319992.1**	**17591966.7**	**1346204.6**
比重(%)Proportion	**66%**	**67%**	**63%**	**66%**
北 京 Beijing	17803938.9	14173485.8	1763238.8	145996.7
天 津 Tianjin	4262069.6	3346804.8	578552.6	57085
河 北 Hebei	4643562.7	3431564.5	913547.3	44794
辽 宁 Liaoning	8407800.2	6130944.6	1763356.1	121000
上 海 Shanghai	10182671.7	7447135.9	1547298.2	236660.1
江 苏 Jiangsu	13990439.8	9833304.4	3079384.5	150384.3
浙 江 Zhejiang	9382200.3	6695517.5	1854473.8	81718
福 建 Fujian	3492670.1	2439198.9	631969.9	61684.9
山 东 Shandong	10091195.2	6828332.4	2526679.1	176081.5
广 东 Guangdong	12635537.4	8748676.5	2307388.2	209236.2
广 西 Guangxi	2738191.6	1963519.5	563373.1	48755.8
海 南 Hainan	375102.2	281507.3	62705.1	12808.1

各地区大中型批发、零售贸易业企业负债及所有者权益（1995年）
WHOLESAIE AND RETAIL SALES TRADE ENTERPRISES LIABILITY AND OWNERSHIPRIGHTS AND INTERESTS OF LARGE AND MEDIUM BY REGION (1995)

单位：万元　　(10 000 yuan)

地 区 Region	负债合计 Total Liabilities	# 流动负债 Circulating Funds	# 长期负债 Long-Term	所有者权益 Ownership Rights and Interests	# 股 本 Stocks
全 国 National	**117866992.9**	**106157408.1**	**10797502.8**	**30369218.3**	**3209431.7**
12省级单位合计Region	**77488159.9**	**69888525**	**6988048.8**	**20517219.8**	**2397379.9**
比重(%)Proportion	**66%**	**66%**	**65%**	**68%**	**75%**
北 京 Beijing	13933467	11950088.7	1966719.6	3870471.9	219854.2
天 津 Tianjin	3414790.2	3288763.1	119075.3	847279.4	105736.5
河 北 Hebei	4009828.1	3671690.9	316113.9	633734.6	14875
辽 宁 Liaoning	6692991.3	6146925.7	514602	1714808.9	168805
上 海 Shanghai	8231156.8	7338082.2	868794.3	1951514.9	202163.3
江 苏 Jiangsu	11085504.9	9946524	995536.2	2904934.9	523019.7
浙 江 Zhejiang	6949604.8	6369387.2	522061.2	2432595.5	346659.4
福 建 Fujian	2573193.4	2393300.9	173754	919476.7	28816.3
山 东 Shandong	8245131.2	7495782.3	603954.1	1846064	223431.6
广 东 Guangdong	9925380.6	9075552.6	717936.3	2710156.8	456666.6
广 西 Guangxi	2116024.4	1932054.8	159522.3	622167.2	101049.3
海 南 Hainan	311087.2	280372.6	29979.6	64015	6303

各地区大中型批发、零售贸易业企业主要财务指标（1995年）

WHOLESALE AND RETAIL SALES TRADE ENTERPRISES MAJOR INDICATORS OF LARGE AND MEDIUM BY REGION (1995)

单位：万元 (10 000 yuan)

地 区 Region	商品销售收入 Revenue of Product Sales	商品销售成本 Cost of Product Sales	商品销售税金及附加 Product Sales Pre-Tax and Related Payments	商品销售利润 Product Sales After-Tax Profits	管理费用中的税金 Taxs in Management Cost
全 国 National	**237665881.2**	**214504243**	**797561.4**	**11819981.1**	**191855.1**
12省级单位合计 Region	**163385179.1**	**148478497.9**	**476764.4**	**7654956.5**	**119217.8**
比重(%)Proportion	**69%**	**69%**	**60%**	**65%**	**62%**
北 京 Beijing	19010951.7	17255710.3	35272.3	984529.4	14632.1
天 津 Tianjin	6277999.1	5787787.3	8704.6	215025.6	4861.9
河 北 Hebei	8370000	7605394.5	13054.9	402021.6	6574.1
辽 宁 Liaoning	12141160.1	10848159.1	24234.4	640163.4	12572
上 海 Shanghai	19549806.5	17510873.6	160052.9	1042576.6	8478.7
江 苏 Jiangsu	29454917.3	26896100.2	42289.1	1270185.9	13598.2
浙 江 Zhejiang	20512644.5	18995306.6	34733	800427.4	13345.2
福 建 Fujian	6888998.7	6341373.6	20981.7	274398.5	3953.6
山 东 Shandong	15759178.6	14080023.1	51191.2	889889.9	15222.2
广 东 Guangdong	19895168.1	18175151.4	68437.7	874344.8	13320.7
广 西 Guangxi	5051240.6	4572150.3	15090	232338.8	11988.6
海 南 Hainan	473113.9	410467.9	2722.6	29054.6	670.5

居 民 消 费 水 平

PER CAPITA CONSUMP TION

本表绝对数按当年价格计算，指数按可比价格计算。

Figures in this table are at current prices, indices at comparable prices.

地 区 Region	绝对数(元) value(yuan)			城乡消费水平对比(农业=1) Ratio of Consumption of Non-agricultural to Agricultural Residents	指数(上年=100) Index(cPrecedcing year=100)			指数(1978=100) Index(1978=100)		
	全国居民 All Residents	农民 Agricultural Residents	非农业居民 Non-agricultural Residents		全国居民 All Residents	农民 Agricultural Residents	非农业居民 Non-Agricultural Residents	全国居民 All Residents	农民 Agricultural Residents	非农业居民 Non-agricultural Residents
全国 National	**2311**	**1479**	**5044**	**3.4**	**108.7**	**109.6**	**105.7**	**338.3**	**318.5**	**299.3**
12省级单位合计 Region	**28072**	**19132**	**46629**	**31.5**	**1302.4**	**1287.8**	**1297.9**			
北京 Beijing	2505	1757	2927	1.7	107.8	112.7	105.7			
天津 Tianjin	2720	1444	3701	2.6	106.2	104.4	106.5			
河北 Hebei	1258	945	2901	3.1	109.6	107.9	110.8			
辽宁 Liaoning	2397	1348	3704	2.7	108.8	108.9	107.7			
上海 Shanghai	5343	3522	6141	1.7	108.8	106.7	108.7			
江苏 Jiangsu	1926	1467	3382	2.3	111.3	113.5	105.4			
浙江 Zhejiang	2249	1730	4640	2.7	109.8	107	114.5			
福建 Fujian	2320	1965	3857	2	108.6	109.1	103.8			
山东 Shandong	1527	1058	3074	2.9	111.8	109	109.8			
广东 Guangdong	2699	1741	5096	2.9	108.5	108.3	105.3			
广西 Guangxi	1314	896	3483	3.9	111.5	106.1	114.3			
海南 Hainan	1814	1259	3723	3	99.7	94.2	105.4			

注：1. 城乡消费水平对比，没有剔除城乡价格不可比的因素。2. 分地区各项指标为1994年数据。3. 安徽、广东、云南、西藏的数据，没有和三产普查数据衔接。

a) The ration does not eliminate the effect of price differentials between urban and rural areas on consumption expenditure. b) Figures in this table by region are for 1994. c) Figures for Anhui, Guangdong, Yunnan and Tibet did not link up with the first tertiary industry census.

城镇居民平均每人全年家庭收入来源(1995年)

URBAN HOUSEHOLD ANNUAL PER CAPITA SOURCES OF INCOME BY REGION(1995)

单位: 元 (yuan)

地区 Region	可支配收入 Disposable Income	实际收入 Real Income	#生活费收入 Annual Income Available for Living	国有单位职工工资 Wages of State-Owned Staff & Workers	集体单位职工工资 Wages of Collective-Owned Staff & Workers	其他经济类型单位职工全部工资 Wages of Other Ownership Staff & Workers	职工从单位得到的其他收入 Other Income of Staff & Workers from Units	转移收入 Transfer Income
全国 National	**4282.95**	**4288.09**	**3892.94**	**2590.03**	**331.87**	**68.53**	**228.67**	**734.83**
北京 Beijing	6235	6237.91	5868.3	3787.88	222.68	166.89	555.84	1153.05
天津 Tianjin	4929.53	4931.41	4626.4	2771.49	225.83	103.5	259.71	1140.63
河北 Hebei	3921.35	3923.15	3592.46	2671.22	276.17	17.34	150.62	572
辽宁 Liaoning	3706.51	3707.53	3306.51	2157.82	497.16	65.1	146.05	571.94
上海 Shanghai	7191.77	7196.42	6822.2	3217.09	414.97	405.5	355.68	2028.35
江苏 Jiangsu	4634.42	4647.33	4209.05	2402.93	753.85	66.32	208.24	989.41
浙江 Zhejiang	6221.36	6224.62	5718.16	3356.42	723.87	87.5	290.22	1075.37
福建 Fujian	4506.99	4510.53	4023.88	2418.09	372.29	134.7	177.28	799.11
山东 Shandong	4264.08	4265.35	3953.04	2902.18	413.78	28.34	246.79	537.43
广东 Guangdong	7438.7	7445.1	6849.65	3815.8	620.68	471.72	474.55	1076.68
广西 Guangxi	4791.87	4809.43	4288.98	3364.27	204.05	7.88	162.25	565.44
海南 Hainan	4770.41	4803.36	4345.72	3370.09	118.28	5.93	88.33	649.43

城镇居民家庭平均每人全年生活费支出(1995年)

URBAN HOUSEHOLD ANNUAL PER CAPITALIVING EXPENDITURES BY REGION(1995)

单位: 元 (yuan)

地区 Region	生活消费支出 Living Expenditures	食品 Food	粮食 Grain	油脂类 Oil and Fats	肉禽及制品 Meat,Poulty and Related Products	水产品类 Aquatic Products	菜类 Vegetables
全国 National	**3537.57**	**1766.02**	**260.53**	**72.95**	**416.27**	**120.64**	**189.77**
北京 Beijing	5019.77	2436.48	270.42	65.91	563.51	113.09	235.7
天津 Tianjin	4064.1	2117.14	279.27	82.77	445.53	175.82	187.85
河北 Hebei	3161.99	1433.76	238.76	79.84	300.09	64.64	158.06
辽宁 Liaoning	3113.39	1615.29	279.47	67.11	351.83	106.61	208.79
上海 Shanghai	5868.11	3120.33	282.9	83.61	678.92	442.13	279.64
江苏 Jiangsu	3772.28	1957.25	265.49	71.61	481.06	178.74	191.55
浙江 Zhejiang	5263.41	2476.21	266.09	54	502.34	376.06	244.43
福建 Fujian	3848.11	2413.84	447.22	120.91	538.92	290.34	230.99
山东 Shandong	3285.5	1484.39	203.52	51.98	312.05	84.46	148.27
广东 Guangdong	6253.68	3003.05	322.28	89.82	903.06	351.77	302.41
广西 Guangxi	4045.83	2061.47	271.72	84.9	723.07	134.18	186.57
海南 Hainan	3760.29	2228.94	252.68	72.83	727.83	298.79	266.7

续表1 continued

单位：元 (yuan)

地区 Region	衣着 Clothing	服装 Garments	衣着材料 Clothing Materials	鞋帽袜及其他衣着 Shoes,Hats, Socks and Other Clothing	衣着加工服务费 Tailoring and Laundering Service Fees	家庭设备用品及服务 Household Facilities, Articles and Services	耐用消费品 Durable Consumer Goods
全国 National	**479.2**	**288.02**	**58.69**	**118.62**	**13.87**	**296.94**	**175.55**
北京 Beijing	757.2	441.29	96.96	183.94	35.02	442.51	280.77
天津 Tianjin	499.69	296.11	61.94	127.83	13.83	376.4	261.42
河北 Hebei	488.77	259.14	82.8	130.87	15.95	276.8	186.92
辽宁 Liaoning	566.52	334.76	48.23	170.96	12.58	161.29	88.41
上海 Shanghai	561.1	343.55	68.07	127.15	22.34	673.46	463.47
江苏 Jiangsu	483.28	286.01	65.96	114.26	17.05	362.8	220.91
浙江 Zhejiang	605.68	362.32	81.02	137.13	25.2	637.73	421
福建 Fujian	379.16	269.43	31.78	64.69	13.26	213.58	95.81
山东 Shandong	570.83	304.46	108.56	136	21.82	336.34	213.24
广东 Guangdong	421.73	301.98	21.5	92.23	6.02	546.52	340.9
广西 Guangxi	355	223.23	47.46	74.91	9.4	384.18	250.31
海南 Hainan	242.42	180.93	6.35	52.96	2.18	272.47	147.11

续表2 continued

单位：元 (yuan)

地区 Region	室内装饰品 Interior Decorations	床上用品 Bed Articles	家庭日用杂品 Daily Use Household Articles	家具材料 Furniture Materials	家务服务 Household Services	医疗保健 Medicine and Medical Services	交通和通讯 Transportation and Communications
全国 National	**11.47**	**17.54**	**64.91**	**4.6**	**22.87**	**110.11**	**171.01**
北京 Beijing	18.97	24.54	100.06	1.43	16.74	147.76	235.99
天津 Tianjin	11.08	19.07	56.18	0.47	28.19	97.36	221.49
河北 Hebei	11.6	14.93	53.19	1.63	8.52	118.46	215.72
辽宁 Liaoning	8.68	11.28	41.23	3.04	8.63	106.37	118.12
上海 Shanghai	13.61	25.42	93.37	5.68	71.91	112.82	301.46
江苏 Jiangsu	9.35	16.81	81.16	3.05	31.52	73.56	176.31
浙江 Zhejiang	17.17	33.87	75.05	18.45	72.18	196.19	305.85
福建 Fujian	7.82	17.28	56.4	3.84	32.43	57.35	165.6
山东 Shandong	15.88	18.72	71.61	5.33	11.56	107.15	159.36
广东 Guangdong	11.51	34.58	119.78	3.99	35.77	205.39	395.52
广西 Guangxi	10.43	22.33	71.58	6.58	22.95	99.02	211.41
海南 Hainan	6.83	17.71	74.03	10.64	16.15	98.48	114.05

续表3　continued

单位: 元　　(yuan)

地区 Region	交通 Transportation	通讯 Communications	娱乐教育文化服务 Recreation, Education and Cultural Services	文娱用耐用消费品 Durable Consumer Goods for Recreational Use	教育 Education	文化娱乐 Cultural Recreation
全国 National	**83.04**	**87.97**	**312.71**	**77.87**	**165.7**	**69.14**
北京 Beijing	106.99	129	510.78	133.98	203.21	173.59
天津 Tianjin	100.18	121.31	336.14	68.97	181.32	85.85
河北 Hebei	106.88	108.85	262.06	67.18	152.8	42.08
辽宁 Liaoning	53.21	64.91	250.42	44.19	168.71	37.52
上海 Shanghai	146.76	154.7	465.88	143.37	176.29	146.22
江苏 Jiangsu	75.02	101.29	294.76	70.01	145.19	79.56
浙江 Zhejiang	123.97	181.88	422.75	125.3	193.29	104.17
福建 Fujian	66.79	98.82	237.85	52.98	142.27	42.6
山东 Shandong	84.19	75.18	276.58	63.1	147.69	65.78
广东 Guangdong	230.45	165.08	684.1	235.85	313.02	135.22
广西 Guangxi	141.2	70.21	452.25	122.15	253.9	76.19
海南 Hainan	57.23	56.82	375.08	115.95	181.73	77.39

续表4　continued

单位: 元　　(yuan)

地区 Region	居住 Residence	住房 Housing	水电燃料及其他 Water,Electricity,Fuels and Services	杂项商品和服务 Miscellaneous Commodities and Services	个人消费 Personal Consumption	其他商品 Other Commodities	其他服务 Other Services
全国 National	**250.18**	**103.62**	**146.56**	**151.39**	**118.24**	**15.79**	**17.36**
北京 Beijing	227.78	122.57	105.21	261.26	226.23	9.16	25.88
天津 Tianjin	231.74	94.9	136.84	184.14	139.01	17.01	28.13
河北 Hebei	233.28	88.77	144.51	133.15	109.08	8.74	15.33
辽宁 Liaoning	188.95	57.18	131.77	106.43	89.07	10	7.35
上海 Shanghai	365.07	114.03	251.04	268	220.33	29.22	18.45
江苏 Jiangsu	275.23	118.43	156.8	149.09	112.34	17.03	19.72
浙江 Zhejiang	374.65	191.1	183.55	244.34	200.23	16.21	27.91
福建 Fujian	257.14	84.04	173.1	123.6	106.89	10.19	6.52
山东 Shandong	196.79	82.17	114.62	154.05	121.24	20.26	12.55
广东 Guangdong	660.75	325.22	335.53	336.61	251.3	51.63	33.68
广西 Guangxi	325.52	147.03	178.48	156.98	114.03	20.57	22.38
海南 Hainan	253.93	125.84	128.09	174.92	91.47	27.37	56.08

城镇居民家庭平均每百户年底主要消费品拥有量(1995年)

URBAN HOUSEHOLD YEAR-END POSSION OF MAJOR DURABLE CONSUMER GOODS PER 100 HOUSEHOLDS BY REGION(1995)

地区 Region	毛皮大衣 (件) Fur Coats	呢大衣 (件) Woolen Coats	毛毯 (条) Woole Blankets	地毯 (平方米) Carpets (sq.m)	组合家具 (套) Combined Furniture (sets)	沙发床 (个) Soft Beds	沙发 (个) Sofas	大衣柜 (个) Wardrobes	写字台 (张) Writing Desks
全国 National	**44.08**	**204.15**	**139.75**	**132.33**	**46.23**	**36.46**	**210.12**	**88.3**	**88.14**
北京 Beijing	73.6	241.8	131.6	233.2	62.4	66.2	225	100.6	107
天津 Tianjin	47.4	294	143.8	116.2	67.6	43.6	131.4	73.8	58
河北 Hebei	46.24	211.26	135.94	108.2	57.85	43.96	250.24	86.3	90.7
辽宁 Liaoning	43.89	191.44	95.9	226.06	43.25	35.94	113.66	58.09	52.47
上海 Shanghai	19	255.2	169.4	205.2	22.6	20.8	114.6	92.4	53.6
江苏 Jiangsu	31.31	257.18	130.54	138.29	29.68	20.97	152.55	93.6	99.34
浙江 Zhejiang	37.75	213.58	150.33	170.07	28.61	20	170.07	95.5	105.03
福建 Fujian	34.84	163.09	139.06	42.71	42.93	26.5	164.04	85.77	103.51
山东 Shandong	39.89	235.58	162.87	135.7	52.05	47.58	325.68	93.68	99.12
广东 Guangdong	33.21	98.71	177.57	27.03	54.78	50.34	149.98	159.39	125.46
广西 Guangxi	14.06	112.68	99.02	34.02	65	28.6	153.81	103.96	98.12
海南 Hainan	29.9	40.9	122.8	19.5	41.4	34.7	76.4	108.7	100.2

续表1 continued

地区 Region	摩托车 (辆) Motorcycles	自行车 (辆) Bicycles	家用三轮车 (辆) Tricycles	缝纫机 (架) Sewing Machines	洗衣机 (台) Washing Machines	电风扇 (台) Electric Fans	电冰箱 (台) Refrigerators	冰柜 (台) Freezers	彩色电视机 (台) Color TV Sets
全国 National	**6.29**	**194.26**	**3.02**	**63.67**	**88.97**	**167.35**	**66.22**	**2.87**	**89.79**
北京 Beijing	2.4	243.6	9	65	100.4	137.6	104.4	11.8	113.6
天津 Tianjin	7.8	231	12.4	76.4	93.6	122.2	97.6	9	101.8
河北 Hebei	14.28	255.17	5.32	72.28	93.75	163.98	74.56	6.15	92.56
辽宁 Liaoning	3.8	171.26	3.14	48.67	85.04	56.65	66.67	4.2	90.5
上海 Shanghai	0.8	114.6	0.6	73	78.2	215.8	98.4	1.6	108.6
江苏 Jiangsu	6.77	237.46	3.49	69.48	95.35	259.07	69.42	1.93	85.22
浙江 Zhejiang	3.77	229.87	2.98	80.93	84.64	286.62	94.9	0.93	95.76
福建 Fujian	10.43	204.04	1.59	70.75	88.17	243.14	68.33	1.33	90.36
山东 Shandong	8.69	240.93	5.68	70.76	88.6	193.42	76.01	10.85	90.55
广东 Guangdong	22.59	237.7	2.34	83.6	94.01	346.5	74	0.85	104.97
广西 Guangxi	10.01	245.24	3.77	85.2	88.52	315.45	63.94	1.48	78.17
海南 Hainan	13.2	134.4	0	66.6	65.8	171.5	40.2	1.3	90.1

续表2 continued

地区 Region	黑白电视机 (台) Black/White TV Sets	录放像机 (台) Videorecorders	游戏机 (台) Computer Games	组合音响 (套) Stereo Systems	立体声录音机 (台) Stereo Recorders	普通录音机 (台) Ordinary Recorders	照相机 (架) Cameras	钢琴 (架) Pianos
全国 National	**27.97**	**18.19**	**19.49**	**10.52**	**27.52**	**45.31**	**30.56**	**0.72**
北京 Beijing	33.8	54.2	34.2	14.8	46.2	64	86.8	1.6
天津 Tianjin	29.8	33	39.8	12.8	43.6	35.4	52.4	0.6
河北 Hebei	27.74	14.39	21.74	8.92	27.97	48.84	31.43	0.42
辽宁 Liaoning	24.23	18.24	18.05	10.35	19.54	47.76	31.01	1.48
上海 Shanghai	28.8	49	33.6	12.6	45.4	44.4	51.8	2.2
江苏 Jiangsu	39.63	20.57	21.66	10.09	27.85	46.88	28.57	0.52
浙江 Zhejiang	37.15	23.77	23.05	8.81	30	57.42	37.81	0.79
福建 Fujian	30.56	14.1	16.38	12.99	21.04	44.65	19.93	0.63
山东 Shandong	22.5	17.27	21.37	8.1	34.99	47.55	32.25	1.05
广东 Guangdong	17.34	37.72	19.41	31.27	28.55	52.68	37.36	0.61
广西 Guangxi	42.61	14.51	17.79	11.96	28.06	45.74	22.95	0.52
海南 Hainan	12.2	19.4	9.7	13.1	32.9	53.3	15.6	0.6

续表3 continued

地区 Region	其他高中档乐器 (件) Other Medium and High-Grade Musical Instruments	家用冷暖风机 (台) Air Conditioners and Heaters	空调器 (台) Air Conditioners	电炊具 (台) Electric Cooking Appliances	淋浴热水器 (个) Showers	排油烟机 (台) Range Hoods	吸尘器 (台) Vacuum Cleaners
全国 National	**6.95**	**2.88**	**8.09**	**84.14**	**30.05**	**34.47**	**9.95**
北京 Beijing	20.2	3.4	11.8	34	45.4	43	20.4
天津 Tianjin	5.8	2	13.4	21	30.2	43	18.8
河北 Hebei	7.11	2.8	5.67	34.54	26.1	31.29	8.34
辽宁 Liaoning	6.62	3.6	0.09	62.4	30.75	47.1	21.08
上海 Shanghai	5.6	4.2	33.2	160.2	36.6	40.4	36.4
江苏 Jiangsu	5.37	6.19	10.53	111.05	30.8	34.26	13.37
浙江 Zhejiang	8.81	7.15	16.56	94.9	47.28	49.21	16.95
福建 Fujian	7.85	1.29	3.77	125.62	43.24	27.69	2.25
山东 Shandong	8.04	5.05	4.07	49.13	23.93	40.53	9.54
广东 Guangdong	10.05	2.88	41.2	110.16	74.6	59.56	3.34
广西 Guangxi	6.4	0.87	5.71	146.87	45.76	32.68	2.28
海南 Hainan	7.7	1	1.8	135.2	22.2	17.2	1

农村居民家庭平均每人纯收入

RURAL HOUSEHOLD PER CAPITA NET INCOME BY REGION

单位：元 (yuan)

地　区 Region	1978	1980	1985	1991	1992	1993	1994	1995
全国 National	**133.57**	**191.33**	**397.6**	**686.31**	**783.99**	**921.62**	**1220.98**	**1577.74**
北京 Beijing	224.8	290.46	775.08	1297.05	1571.56	1882.58	2400.69	3223.65
天津 Tianjin	178.4	277.92	564.55	1069.04	1309.01	1473.12	1835.71	2406.38
河北 Hebei	91.5	175.78	385.23	621.67	682.48	803.8	1107.25	1668.73
辽宁 Liaoning	165.2	273.02	467.84	836.17	995.1	1160.98	1423.45	1756.5
上海 Shanghai	290	397.35	805.92	1907.32	2225.87	2726.98	3436.61	4245.61
江苏 Jiangsu	152.1	217.94	492.6	959.06	1060.71	1266.87	1831.53	2456.86
浙江 Zhejiang		219.18	548.6	1099.04	1359.13	1745.94	2224.64	2966.19
福建 Fujian	134.9	171.74	396.45	764.41	984.1	1210.51	1577.74	2048.59
山东 Shandong	101.2	194.33	408.12	680.18	802.9	952.74	1319.73	1715.09
广东 Guangdong	182.3	274.37	495.31	1043.03	1307.65	1674.78	2181.52	2699.24
广西 Guangxi	119.5	173.68	302.96	639.45	731.69	892.07	1107.02	1446.14
海南 Hainan				696.22	842.79	991.99	1304.52	1519.71

农村居民家庭平均每人按来源分的纯收入(1995年)

RURAL HOUSEHOLD NET INCOME PER CAPITA BY SOURCE AND REGION(1995)

单位：元 (yuan)

地　区 Region	纯收入 Net Income	基本收入 Basic Income	劳动者报酬 Reward of Labours	家庭经营收入 From Household Business	转移性收入 Transfer Income	财产性收入 Property Income
全国 National	**1577.74**	**1479.49**	**353.7**	**1125.79**	**57.27**	**40.98**
北京 Beijing	3223.65	2935.9	1715.04	1220.86	171.18	116.57
天津 Tianjin	2406.38	2309.91	1012.18	1297.73	41.2	55.27
河北 Hebei	1668.73	1590.98	441.23	1149.75	36.82	40.93
辽宁 Liaoning	1756.5	1647.75	486.17	1161.58	38.15	70.6
上海 Shanghai	4245.61	3917.34	2733.99	1183.35	173.44	154.83
江苏 Jiangsu	2456.86	2366.29	821.85	1544.44	65.01	25.56
浙江 Zhejiang	2966.19	2806.37	1109.76	1696.61	97.37	62.45
福建 Fujian	2048.59	1816.5	520.54	1295.96	113.16	118.93
山东 Shandong	1715.09	1639.54	408.98	1230.56	46.77	28.78
广东 Guangdong	2699.24	2468.88	712.24	1756.64	180.3	50.06
广西 Guangxi	1446.14	1360.16	202.1	1158.06	74.54	11.44
海南 Hainan	1519.71	1361.43	53.57	1307.86	83.97	74.31

农村居民家庭平均每人生活消费支出(1995年)

RURAL HOUSEHOLD PER CAPITA LIVING EXPENDITURES BY REGION(1995)

单位: 元 (yuan)

地 区 Region	生活消费支出合计 Living Expenditures	食 品 Food	衣 着 Clothing	居 住 Residence	家庭设备及服务 Household Facilities, Articles and Services	医疗保健 Medicines and Medical Services	交通和通 讯 Traffic and Communications	文教、娱乐用品及服务 Culture, Education and Recreation Articles and Services	其他商品及服务 Other Commodity and Services
全国 National	**1310.36**	**768.19**	**89.79**	**182.21**	**68.48**	**42.48**	**33.76**	**102.39**	**23.06**
北京 Beijing	2335.62	1183.39	229.5	224.96	196.24	107.27	91.65	246.33	56.28
天津 Tianjin	1548.4	911.43	129.53	212.46	66.45	62.1	37.29	97.84	31.3
河北 Hebei	1104.3	627.43	89.62	165.41	58.15	40.93	33.47	73.04	16.25
辽宁 Liaoning	1471.93	887.11	138.38	169.88	60.12	48.57	35.58	107.28	25.01
上海 Shanghai	3387.04	1491.4	252.31	761.06	284.37	72.56	159.03	256.04	110.27
江苏 Jiangsu	1938.01	1061.42	126.78	344.62	132.95	49.07	52.31	139.18	31.68
浙江 Zhejiang	2378.38	1197.97	157.06	442.3	147.83	103.2	76.5	163.91	89.61
福建 Fujian	1793.68	1093.45	99.17	212.45	83.05	44.39	70.61	148.72	41.84
山东 Shandong	1338.46	748.68	102.03	208.63	73.68	40.25	43.05	106.08	16.06
广东 Guangdong	2255.01	1228	91.31	345.65	140.54	67.51	82.08	245.16	54.76
广西 Guangxi	1202.91	760.26	49.17	139.49	51.98	29.04	27.33	127.69	17.95
海南 Hainan	1080.46	737.21	48.06	92.23	49.15	24.58	16.98	92.54	19.71

农村居民家庭平均每人生活消费现金支出(1995年)

RURAL HOUSEHOLD PER CAPITA LIVING CASH EXPENDITURES BY REGION(1995)

单位: 元 (yuan)

地 区 Region	生活消费支出合计 Living Case Expenditures	食 品 Food	衣 着 Clothing	居 住 Residence	家庭设备及服务 Household Facilities, Articles and Services	医疗保健 Medicines and Medical Services	交通和通 讯 Traffic and Communications	文教、娱乐用品及服务 Culture, Education and Recreation Articles and Services	其他商品及服务 Other Commodity and Services
全国 National	**859.43**	**353.22**	**88.66**	**147.86**	**68.08**	**42.47**	**33.73**	**102.35**	**23.06**
北京 Beijing	2073.57	922.39	229.17	224.85	195.63	107.27	91.65	246.33	56.28
天津 Tianjin	1097.98	486.38	129.38	187.35	66.34	62.1	37.29	97.84	31.3
河北 Hebei	689.98	252.59	87.74	127.8	58.15	40.93	33.47	73.04	16.26
辽宁 Liaoning	942.6	407.89	138.04	120.7	59.53	48.57	35.58	107.28	25.01
上海 Shanghai	2933.53	1065.06	232.88	754.06	283.63	72.56	159.03	256.04	110.27
江苏 Jiangsu	1285.75	478.81	123.42	282.44	128.83	49.07	52.31	139.18	31.69
浙江 Zhejiang	1986.8	821.18	156.95	427.79	147.67	103.2	76.5	163.91	89.6
福建 Fujian	1310.99	652.75	99.01	170.79	82.9	44.39	70.61	148.72	41.82
山东 Shandong	851.91	330.19	99.55	144.72	73.64	40.09	42.44	105.23	16.05
广东 Guangdong	1790.33	794.04	89.73	317.26	139.78	67.51	82.08	245.16	54.77
广西 Guangxi	784.17	369.14	49.17	112.21	51.65	29.04	27.33	127.69	17.94
海南 Hainan	654.58	357.38	48.06	46.19	49.14	24.58	16.98	92.54	19.71

农村居民家庭平均每人主要食品消费量(1995年)

RURAL HOUSEHOLD PER CAPITA CONSUMPTION ON MAJOR FOOD BY REGION(1995)

单位: 公斤

(kg)

地 区 Region	粮 食 Grain	蔬 菜 Veget-ables	油脂类 Edible Oil	猪牛羊肉 Pork, Beef and Mutton	家 禽 Poultry	蛋类及其制品 Eggs and Related Products	水产品 Aquatic Products	食 糖 Sugar	棉 布 (米) Cotton Cloth (m)
全国 National	**258.92**	**104.62**	**5.8**	**11.29**	**1.83**	**3.22**	**3.36**	**1.28**	**0.44**
北京 Beijing	192.79	112.27	8.8	13.5	1.4	5.92	3.65	1.09	1.11
天津 Tianjin	236.85	97.69	6.1	7.66	0.31	6.46	6.07	0.72	0.52
河北 Hebei	209.44	89.04	4.67	5.26	0.22	3.69	1.56	0.68	0.71
辽宁 Liaoning	264.57	193.52	6.91	13.32	1.15	6.52	4.18	0.46	0.47
上海 Shanghai	250.69	72.77	6.35	13.9	4.24	5.64	9.91	2.74	0.5
江苏 Jiangsu	264.79	120.16	8.17	10.5	3.2	7.57	7.3	1.68	0.43
浙江 Zhejiang	264.48	84.89	3.96	13.58	3.6	3.79	11.43	2.47	0.48
福建 Fujian	288.22	105.62	4.57	14.89	4.97	3.05	9.36	2.33	0.4
山东 Shandong	237.58	102.41	5.51	6	0.83	6.24	3.08	1.11	0.83
广东 Guangdong	254.4	112.36	7.17	17.64	7.38	2.98	12.04	2.87	0.11
广西 Guangxi	246.23	117.69	4.49	11.07	3.68	0.88	2.09	1.04	0.19
海南 Hainan	264.99	39.07	2.87	8.04	4.3	0.94	9.16	1.24	0.14

农村居民家庭平均每百户主要耐用消费品拥有量(1995年底)

RURAL HOUSEHOLD YEAR-END POSSESSION OF DURABLE CONSUMER GOODS PER 100 HOUSEHOLDS BY REGION(1995)

地 区 Region	自行车 (辆) Bicyles	缝纫机 (架) Sewing Machines	手 表 (只) Watches	#电子表 Electronic Watches	电风扇 (台) Electric Fans	洗衣机 (台) Washing Machines	电冰箱 (台) Refrigerators
全国 National	**147.02**	**65.74**	**169.09**	**40.44**	**88.96**	**16.9**	**5.15**
北京 Beijing	261.33	67.73	224.93	75.47	122.13	81.47	61.6
天津 Tianjin	233.67	91.83	225.17	70.5	118.67	62	28.5
河北 Hebei	192	85.69	190.62	60.83	94.31	36.4	6.29
辽宁 Liaoning	164.97	73.33	182.43	42.59	25.4	44.97	6.83
上海 Shanghai	256.17	83	262.5	68.17	269.67	63.17	56
江苏 Jiangsu	183.38	63	202.59	27.38	167.59	29.82	9.06
浙江 Zhejiang	196.52	82.04	282.48	32.44	219.59	14.96	21.7
福建 Fujian	128.41	73.9	232.25	35	149.29	16.92	8.79
山东 Shandong	191.9	75.17	147.62	43.43	112.57	11.4	6.93
广东 Guangdong	216.85	74.52	244.19	45.16	266.69	14.88	7.9
广西 Guangxi	159.6	74.55	152.59	9.73	124.02	1.29	0.85
海南 Hainan	102.78	66.53	127.36	38.47	61.11	2.36	1.11

续表 continued

地 区 Region	摩托车 (辆) Motorcycles	收音机 (台) Radios	黑白电视机 (台) Black and White Televisions	彩色电视机 (台) Color Televisions	收录机 (台) Recorders	照相机 (架) Cameras
全国 National	**4.91**	**31.05**	**63.81**	**16.92**	**28.25**	**1.42**
北京 Beijing	12.93	46.13	47.87	71.07	58.27	16.4
天津 Tianjin	9.5	63.83	67.83	51.17	48	5.17
河北 Hebei	6.76	47.24	76.31	22.52	29.05	1.55
辽宁 Liaoning	5.08	41.01	69.21	31.64	35.03	2.65
上海 Shanghai	22.17	39.17	74.17	49.33	36	6.33
江苏 Jiangsu	8.65	42.29	74.79	21.85	32.68	2.29
浙江 Zhejiang	7.04	20.67	66.48	32.85	31.04	3.11
福建 Fujian	17.97	20.38	60.77	31.48	30.66	2.42
山东 Shandong	9.93	53.69	71.74	18.14	25.5	2.21
广东 Guangdong	15.73	36.37	51.85	34.35	49.44	1.98
广西 Guangxi	2.28	16.16	59.38	5.04	23.57	0.45
海南 Hainan	9.44	35.97	16.67	13.47	36.11	0.83

[效 益 指 标]
ECONIMIC BENEFITS ITEMS

各地区社会劳动生产率及指数
SOCIAL LABOUR PRODUCTIVITY AND INDEX BY REGION

地 区 Region	社会劳动生产率(元/人) SOCIAL LABOUR PRODUCTIVITY(yuan/person)					指数(以上年为100) INDEX (last year=100)				
	1991	1992	1993	1994	1995	1991	1992	1993	1994	1995
全 国 National	**3319**	**4037**	**5184**	**6890**	**8505**	**104.2**	**110.3**	**110.6**	**109.5**	**107.5**
北 京 Beijing	9180	10680	13007	16168	20647	108.3	109.7	112.1	112.4	111.6
天 津 Tianjin	7354	8715	11291	14979	18774	104.7	110.3	111.4	112.1	113.5
河 北 Hebei	3494	4066	5267	6563	8543	109.5	112.8	115.3	112.7	111.7
辽 宁 Liaoning	6279	7579	10297	13049	13818	104.9	110.3	114.3	109.7	104.9
上 海 Shanghai	11632	14499	20096	26231	32165	106.5	114.9	117.4	14.4	112.0
江 苏 Jiangsu	4322	5735	8024	10820	13707	112.1	125.3	120.3	116.1	115.1
浙 江 Zhejiang	4212	5229	7227	9963	13067	116.5	117.1	120.5	118.5	106.7
福 建 Fujian	4467	5384	7530	10971	13856	110.8	114.5	121.7	119.4	113.5
山 东 Shandong	4287	5041	6262	8587	10908	112.3	113.3	116.3	114.4	112.3
广 东 Guangdong	5444	6824	9381	12032	14896	115.4	118.7	119.6	116.1	112.1
广 西 Guangxi	2423	2946	3976	5383	6807	111.0	115.4	118.4	113.0	112.7
海 南 Hainan	3889	5702	8047	10096	10858	112.6	136.4	120.1	109.5	102.0

各地区产品质量情况(1995年)
QUALITY SITUATION OF PRODUCTS BY REGION(1995)

单位: % (%)

地 区 Region	产品质量等级品率 Rates of Grade Product			新产品产值率 Rate of New Product	质量损失率 Lose Rate for Quality
	优等品率 Advanced	一等品率 First	合格品率 Passed		
全 国 National	**17.77**	**31.8**	**47.65**	**14.33**	**1**
北 京 Beijing	25.2	33.64	38.71	30	1.53
天 津 Tianjin	19.85	48.27	30.39	10.32	0.52
河 北 Hebei	17.06	34.69	46.54	6.62	0.74
辽 宁 Liaoning	9.81	24.43	65.76	11.63	1.01
上 海 Shanghai	20.52	40.02	39.03	22.28	1.02
江 苏 Jiangsu	16.43	28.46	50.68	14.29	12.15
浙 江 Zhejiang	24.03	27.11	44.67	15.69	0.5
福 建 Fujian	20.75	26.87	52.38	21.86	
山 东 Shandong	18.52	23.6	54.64	21.39	0.81
广 东 Guangdong	10.81	22.72	44.47	10.91	0.54
广 西 Guangxi	14.02	27	58.99	6.06	0.59
海 南 Hainan					

注: 本资料由75个重点工业城市数据汇总而成。

农业主要经济效益指标(1995年)
ECONIMIC BENEFITS ITEMS

地 区 Region	平均每一农业劳动者提供 Each Empioyer in Agriculture Supplyed 农林牧渔业总产值 (元) Gross Output in Agriculture (yuan)	粮食产量 (公斤) Output of Grain (kg)	棉花产量 (公斤) Output of Cotton Crop (kg)	油料产量 (公斤) Output of Oil-Bearing Crop (kg)	糖料产量 (公斤) Output of Sugar Crops (kg)	猪牛羊肉产量 (公斤) Output of Pork Beef and Mutton (kg)	水产品产量 (公斤) Output of Aquatic Products (kg)
全国总计 Nation	**3583.4**	**1433.0**	**14.6**	**69.1**	**243.8**	**131.0**	**77.3**
北 京 Beijing	13466.9	3868.4	3.9	44.7		401.9	119.9
天 津 Tianjin	8933.0	2526.9	13.7	48.8		201.2	186.9
河 北 Hebei	3280.1	1573.4	21.3	63.1	7.1	148.6	22.8
辽 宁 Liaoning	7565.0	2413.3	4.0	33.5	85.5	294.8	335.4
上 海 Shanghai	14246.3	3279.8	5.6	245.8	76.4	379.5	453.2
江 苏 Jiangsu	5936.5	2098.1	35.9	101.8	14.9	139.1	140.1
浙 江 Zhejiang	4159.2	1226.5	5.4	42.9	56.1	88.1	272.6
福 建 Fujian	5481.4	1179.1		29.8	318.7	135.9	329.8
山 东 Shandong	5115.5	1687.8	18.7	125.2	0.5	147.7	151.4
广 东 Guangdong	5617.3	1249.9		51.2	1146.8	140.4	255.3
广 西 Guangxi	2877.8	963.2		29.0	1632.2	130.9	66.0
海 南 Hainan	6936.5	1232.1		46.4	2050.9	127.6	264.0

独立核算工业企业主要经济效益指标(1995年)
ECONOMIC RESULTS INDICATORS OF INDUSTRIAL ENTERPRISES WITH INDEPENDENT ACCOUNTING SYSTEMS BY REGION (1995)

地 区 Region	工业增加值率 (%) Added-Value of Industry/Gross Output Value of Industry (%)	百元固定资产原价实现利税 (元) Pre-Tax Profits/Original Value of Fixed Asstes (yuan)	资金利税率 (%) Pre-Tax Profits Total Assets (%)	产值利税率 (%) Pre-Tax Profits/Gross Output Value (%)	百元销售收入实现利润 (元) Pre-Tax Profits/Sales Revenue (yuan)	工业成本费用利润率 (%) After-Tax Profits Industrial Costs (%)	流动资产周转次数 (次/年) Turnover of Circulating Fund (time-year)
全 国 National	**28.11**	**11.23**	**8.29**	**9.19**	**3.09**	**3.81**	**1.58**
北 京 Beijing	31.66	13.88	9.92	13.31	5.36	6.59	1.44
天 津 Tianjin	26.8	10.97	9.12	9.6	4.51	5.45	1.6
河 北 Hebei	31.31	10.59	8.17	9.6	3.85	4.79	1.59
辽 宁 Liaoning	27.65	5.96	4.81	6.92	0.14	0.17	1.23
上 海 Shanghai	27.4	18.44	11.4	12.38	6.05	7.43	1.53
江 苏 Jiangsu	23.58	13.08	8.61	6.62	2.67	3.21	2.06
浙 江 Zhejiang	22.72	13.97	8.48	7.45	3.05	3.65	1.79
福 建 Fujian	26.33	13.16	8.75	8.38	3.28	3.95	1.81
山 东 Shandong	28.44	12.27	9.44	9.08	3.59	4.43	1.84
广 东 Guangdong	24.43	10.37	6.56	7.04	2.77	3.34	1.67
广 西 Guangxi	29.33	10.2	8.12	8.82	1.78	2.22	1.65
海 南 Hainan	23.08	4.19	2.94	4.82	-1.01	-1.19	1.14

国有独立核算工业企业主要经济效益指标(1995年)
ECONOMIC RESULTS INDICATORS OF STATE-OWNED INDUSTRIAL ENTERPRISES WITH INDEPENDENT ACCOUNTING SYSTEMS (1995)

地　区 Region	工　业增加值率(%) Added-Value of Industry/Gross Output Value of Industry (%)	百元固定资产原价实现利税(元) Pre-Tax Profits/Original Value of Fixed Asstes (yuan)	资　金利税率(%) Pre-Tax Profits Profits/Total Funds (%)	产　值利税率(%) Pre-Tax Profits/Gross Output Value (%)	百元销售收入实现利润(元) Pre-Tax Profits/Sales Revenue (yuan)	工业成本费用利润率(%) After-Tax Profits Industrial Costs (%)	流动资产周转次数(次/年) Turnover of Circulating Fund (time-year)
全　国　National	**32.09**	**9.29**	**8.01**	**11.1**	**2.55**	**3.22**	**1.42**
北　京　Beijing	34.65	13.2	10.95	16.7	6.32	7.72	1.49
天　津　Tianjin	27.53	4.76	5.07	7.71	0.54	0.65	1.32
河　北　Hebei	34.02	8.31	7.29	10.45	2.85	3.57	1.49
辽　宁　Liaoning	28.79	5.05	4.69	7.6	-0.61	-0.74	1.2
上　海　Shanghai	27.4	12.59	9.14	12.09	4.79	5.74	1.42
江　苏　Jiangsu	26.15	9.22	7.66	7.5	1.76	2.16	1.85
浙　江　Zhejiang	25.9	9.35	7.19	8.5	2.47	2.98	1.57
福　建　Fujian	33.53	12.22	10.35	13.58	3.43	4.31	1.66
山　东　Shandong	34.12	9.43	8.69	10.39	2.37	2.95	1.81
广　东　Guangdong	28.06	12.21	8.58	11.5	3.37	4.24	1.47
广　西　Guangxi	30.67	8.89	8	10.04	1.54	1.94	1.57
海　南　Hainan	24.92	3.85	2.94	5.55	-1.76	-2.05	1.04

建筑业企业劳动生产率
LABOR PRODUCTIVITY OF CONSTRUCTION BY REGION
(按建筑业增加值计算)
(In Added-Value)

单位：万元　　(10 000 yuan)

地　区　Region	1991	1992	1993	1994	1995
全　国　National	**4379**	**5155**	**6219**	**9144**	**11140**
12省级单位合计　Region	**4722**	**5613**	**7465**	**9665**	**11990**
比重(%)　Proportion	**108%**	**109%**	**120%**	**106%**	**108%**
北　京　Beijing	4870	5853	7924	11998	12969
天　津　Tianjin	4511	5477	8659	10814	16177
河　北　Hebei	4203	4527	5488	7348	9885
辽　宁　Liaoning	4513	4778	5855	9056	10658
上　海　Shanghai	5498	6886	10043	12842	14967
江　苏　Jiangsu	4583	5830	6973	8008	12808
浙　江　Zhejiang	4375	5373	7021	10038	13386
福　建　Fujian	4775	5640	7326	9488	12354
山　东　Shandong	5479	6237	7626	9519	11720
广　东　Guangdong	5750	6913	5744	10247	10455
广　西　Guangxi	4573	5210	6934	9080	11129
海　南　Hainan	3530	4636	9986	7544	7374

建筑业企业工程质量和技术装备情况
CONSTRUCTION QUALITY OF CONSTRUCTION ENTERPRISES AND MACHINERY OF CONSTRUCTION ENTERPRISES BY REGION

地　区 Region	单位工程竣工个数（个）Number of Projects Completed	单位工程 #优良品 High Quality	房屋建筑优良品率（%）Percentage of High Quality Projects	房屋建筑竣工面积（万平方米）Floor Space of Buildings Completed (10 000 sq.m)	#优良品 High Quality	竣工面积优良品率（%）Percentage of Floor Space of High Quality Buildings	技术装备率（元/人）Per Capita Machinery (Yuan/Person)	动力装备率（千瓦/人）Per Capita Machinery Capacity (kW/Person)
北　京　Beijing	16962	3951	23.3	1592.9	546.5	34.3	5949	3.1
天　津　Tianjin	8891	3958	44.5	561.8	259.5	46.2	6281	4.8
河　北　Hebei	14019	6267	44.7	1644.4	714	43.4	3741	4.4
辽　宁　Liaoning	25913	6253	24.1	2318.6	921.4	39.7	3997	13.4
上　海　Shanghai	14562	3710	25.5	1485.9	410.5	27.6	4568	3.4
江　苏　Jiangsu	24249	9009	37.2	3478.2	1558.6	44.8	4265	3.6
浙　江　Zhejiang	18547	4382	23.6	2473.3	714.9	28.9	5027	3.5
福　建　Fujian	7262	1433	19.7	1171.3	183.6	15.7	5161	3.5
山　东　Shandong	14223	4659	32.8	1534	500	32.6	4470	4.1
广　东　Guangdong	25077	10043	40	4843.4	1617.2	33.4	3355	3.5
广　西　Guangxi	5326	1749	32.8	704.3	114.8	16.3	3792	4.1
海　南　Hainan	1242	334	26.9	136.4	39.6	29	4702	3.2

乡村企业经济效益指标
FINANCIAL RATIOS OF ENTERPRISES RUN BY TOWNSHIP AND VILLAGES

单位：% 　　unit: %

地　区 Region	每百元固定资产原值实现利润（元）After-Tax Profits/Original Value of Fixed Assets	每百元资金实现利润（元）After-Tax Profits/Total Funds	每百元资金实现的利润税金（元）Per-Tax Profits/Total Funds	每百元营业收入实现利润（元）After-Tax Profits/Total Operating Revenue	每百元固定资产原值实现营业收入（元）Total Operating Revenue/Original Value of Fixed Assets	每百元营业收入占用的流动资金（元）Circulating Funds/Total Operating Revenue
全　国　National	**19.46**	**8.84**	**14.07**	**5.52**	**352.34**	**34.12**
北　京　Beijing	14.19	5.72	8.58	5.27	269.39	54.93
天　津　Tianjin	35.26	14.58	18.67	9.78	360.62	39.34
河　北　Hebei	31.45	16.32	19.15	9.42	333.73	27.76
辽　宁　Liaoning	34.62	13.13	19.89	7.35	471.04	34.76
上　海　Shanghai	15.79	6.07	9.67	5.41	291.8	54.85
江　苏　Jiangsu	11.88	5.03	10.03	3.18	373.16	36.46
浙　江　Zhejiang	10.65	4.34	8.79	3.49	305	47.74
福　建　Fujian	15.44	7.1	12.14	4.61	334.91	35.1
山　东　Shandong	27.27	12.47	19.32	6.97	391.05	30.33
广　东　Guangdong	11.09	5.34	9.01	4.62	240.05	44.89
广　西　Guangxi	16.67	8.59	14.13	4.59	363.52	25.89
海　南　Hainan	17.3	11.7	16.55	10.52	164.4	29.14

沿海开放城市选介

沈　阳　市

国民经济持续健康发展

1995年，沈阳市遭受了特大洪涝灾害，发展和稳定都遇到了难题。但是全市仍牢牢把握"抓住机遇，深化改革，扩大开放，促进发展，保持稳定"的大局，坚持两个文明建设互相促进、经济建设和社会事业协调发展。全市国内生产总值达682.6亿元，比上年增长9.9%。三次产业增加值分别为55.4亿元、302.2亿元和325亿元，分别比上年增长10%、8.7%和11.4%。全市农业受灾损失被降到最低限度，农业总产值达101.8亿元，比上年增长10.6%；划归沈阳第三年的康法两县，农村社会总产值比划归前分别增长1.56倍和1.13倍。工业总产值实现1005亿元，按可比价格增长18.2%；轻工业增势强劲，沈阳开发区工业生产增幅达一倍以上，其它开发区以及区街工业、个体私营工业和三资企业发展较快。第三产业的发展取得了长足进步，大灾之年市场供应充足，社会消费品零售总额达290亿元，增长30%；物价涨幅不断回落，完成了控制在全国大中城市中等水平的目标；自营出口创汇6.6亿美元，增长6.6%；新批准三资企业625户，实际利用外资调入额6.5亿美元；地方财政收入完成35.5亿元，实现了当年财政收支平衡。城市基础设施建设的步伐不断加快，81公里的沈阳绕城高速公路已全线通车；辽河鲁家大桥的建成，沈阳至明水公路的修通，缩短了沈阳与康法行车距离；陵东街、长江北街、大什字街等城区道路得到了改造，建成八座人行过街天桥；全市住宅竣工交付使用面积达350万平方米，回迁安置动迁户4.2万户，城市居民人均居住面积增加到6.7平方米；以治理"三废"为重点的环保工作有了新进展，新开河综合整治工程已正式开工。城乡居民生活质量有所提高，城镇居民人均生活费收入达3713元，比上年增长19.9%，扣除物价因素后增长3.3%；城镇特困居民和残疾人得到社会的关心和救助；灾后农民人均纯收入仍达1770元，比上年增长15.3%。城市环境发生明显变化，经国家检查和评比，沈阳进入了全国卫生城的行列，社会治安秩序有所好转，社会主义民主法制建设得到加强；民政部门以及进入全国先进行列的信访部门，为化解社会矛盾作出了贡献，促进了社会的基本稳定。科技、教育、文化、卫生和体育等各项社会事业蓬勃发展，沈阳市被评为全国"科教兴市"先进城市，全年取得科技成果517项，开发投产新产品1650种，实施"百亿工程"促进了高新技术产业化，东大等高校科技园相继建成，沈阳台湾科技工业园也已奠基兴建；全市"普九"工作除康法两县外已经通过国家达标验收，青壮年扫盲达标率已达85%，居全省领先地位；实施"希望工程"，建成113所"希望小学"，居全国城市前列。

1995年，沈阳市着重抓好七个方面的工作

（一）城乡一体，抗洪救灾，把农业损失减少到最低限度　1995年沈阳市遭受特大洪涝灾害，农作物绝收140万亩，农村各业和灾民家庭财产损失严重。面对历史上罕见的洪涝灾害，在辽宁省的支持下，在数千名解放军官兵不畏艰险堵决口、昼夜奋战救灾民、忘我拼搏的帮助下，市委、市政府科学决策，精心部署，依靠专家和群众，城乡一体同心合力，夺取了抗洪抢险胜利。灾后，人民群众遭灾不减志，顽强拼搏，努力恢复生产，发展多种经营，重建家园。通过灾区自力更生、城市对口支援和社会捐赠，灾民生活得到了妥善安排，农副业和乡镇企业生产迅速恢复，损失被降低到最低程度。粮食产量比预期要高，达225万吨，比上年增长11.6%。广大农民顾全大局，遭灾不忘国家和城市，完成了省下达的粮食定购任务。乡镇工业仍保持增长31.6%的速度，并实现了销售收入和利税的同步增长。

(二) 以"优化资本结构"为重点加大了改革力度，资产重组工作有了新进展 沈阳市抓住试点的机遇，努力优化国有企业资本结构，采用多种方式增补资金，处理呆帐、坏帐损失，分离企业办社会的负担，分流富余人员。机械等三家国有资产经营公司试点工作开始运行。加大了企业兼并破产的力度，对三户中型和一户小型企业的破产处理，使破产企业已累计37户，31万平方米场地和近亿元存量资产实现了优势重组，数亿元债务得以解脱。按照新一轮城市综合配套改革的试点方案，全市其它方面的改革也有了新进展。

(三) 在实施名牌产品战略和"造大船"的同时，强化了企业管理 以市场为导向，以产品为龙头，以效益为中心，狠抓技术改造和工商联手，创造、引进了一批名牌产品，经由市政府命名的达57种；在全省新产品评比中，沈阳市获奖产品占全省总数的23%。东药厂的万吨VC技改项目实现一次试车投产成功，堪称全市的技改典范。为实现名牌产品的规模效益，通过"造大船"，对一汽金杯、机床、东药、输变电、长白和星光这六个企业集团(公司)，进行了资产重组。针对部分企业经济效益滑坡的问题，召开全市动员大会，作出了连续三年狠抓企业管理的部署，开现场会推广鼓风机厂整顿管理的经验，使强化管理有了良好开端。

(四) 内外开放并举，强化城市的外向牵动力 在同时加强外贸、外资、外经工作中，重点加大了对日本、美国、韩国和其它国家以及台港澳地区的招商引资力度，成功地举办了辽宁中部城市群八城市参加的'95沈阳国际经贸洽谈会。以沈阳开发区为龙头的各个级别开发区建设成果显著，发挥了扩大开放与国际市场"接轨"的示范作用。对内开放在巩固"六边一线"成果的基础上，又加强了同沿海发达地区的合作，谋求生产要素在国内更多地区的大组合。

(五) 以"迎国检"为契机，加强城市建设与管理，塑造城市新形象 1995年，沈阳市在完成十项城市建设任务的同时，广泛动员全市军民开展创建卫生城的活动。通过解决198个住宅小区配套设施建设和绿化的遗留问题，从严管理环境卫生和交通，取缔占道经营，整顿街路市场，建立示范岗，改善了市容市貌，提高了市民的文明道德水平。

(六) 继续努力构造大市场体系，进一步拓展中心城市的市场功能 在国家有关部门的支持下，新建了国家级的人才和劳动力市场，还新建了中国书刊批发市场，扩建了蔬菜和果品两个中心批发市场、八处集贸市场和三处生产资料市场。引进中资和外资银行工作的开展，加快了金融市场建设步伐。科技、信息、房地产等要素市场的发育，中介组织的健全和经纪人队伍的成长，都有新的起色。

(七) 把抑制通货膨胀作为宏观调控首要任务，改善人民生活，维护社会稳定 在努力实施"米袋子"、"菜篮子"工程，增加有效供给的同时，沈阳市政府采取了健全价格管理目标责任制，建立每周物价调控例会制度，进行超前调控，筹集价格调节基金，加强社会监督和行政监察等措施，在大灾之年使商品零售物价涨幅不断回落，全年平均涨幅降到了13.5%，较好地完成了省下达的控价指标。随着社会保障体系的逐步完善，特困职工生活周转金制度以及"温暖工程"、"再就业工程"的实施，部分缓解了低收入阶层市民的生活困难。由于把动迁户回迁安置、居民供暖等一些涉及群众基本生活需求的问题，作为大事来抓，早作安排，多渠道筹资，层层落实责任制，使一些社会"热点"得到了缓解和化解。通过加强社会治安综合治理，开展各种专项斗争，严厉打击刑事、经济犯罪活动，加强"扫黄打非"工作和对外来人口的管理，有效地促进了治安秩序好转和社会稳定。

(沈阳市政府办公厅　洪波)

沈阳市国民经济主要指标

指　标	单　位	1995年		1994年	
		地　区	市　区	地　区	市　区
年底人口数	万　人	666.79	472.81	662.36	
# 非农业人口	万　人	415.08		410.43	
土地面积	平方公里	12980		12980	
人口密度	人/平方公里	514		510	
年末劳动力资源总数	万　人	—		—	
# 乡村劳动力	万　人	—		—	
国内生产总值	亿　元	682.6		556.3	

续表

指　标	单　位	1995年		1994年	
		地　区	市　区	地　区	市　区
农林牧渔业产值	亿　元	101.5		86.2	
粮食产量	万　吨	215.1		201.67	
蔬菜产量	万　吨	196.13		198.83	
猪牛羊肉产量	万　吨	34.1		29.1	
水产品产量	万　吨	6.5		5.6	
全部工业总产量	亿　元	1005.5		850.9	
# 乡及乡以上	亿　元	99.3		55.8	
客运总量	万人(次)	11227.4		11469	
货运总量	万　吨	13052.1		12958.8	
固定资产投资总额	亿　元	136.9		149.6	
# 住宅	亿　元	—		—	
房地产开发投资额	亿　元	39.7		41.1	
商品房销售额	亿　元	15.4		13.2	
出口贸易总额(海关数)	亿 美 元	3.6		7.7	
进口贸易总额	亿 美 元	4.5		7.8	
利用外资签订协议总数(合同数)	项	666		835	
利用外资签订协议金额	亿美元	11.7		18.2	
实际利用外资金额	亿美元	6.7		8.1	
国际旅游人数	万人(次)	10.4		8.7	
国际旅游收入	万　元	—		—	
地方财政预算内收入	亿　元	35.5		29.6	
地方财政预算内支出	亿　元	45.9		34.5	
银行年末各项贷款余额	亿　元	715.9		583.8	
每万名职工中专业技术人员数	人	—		—	
# 中级职称以上	人	—		—	
城镇居民家庭人均生活费收入	元	—		—	
农村居民家庭人均纯收入	元	3721		3098	

注：表内各项产值均按当年价格计算。

（沈阳市政府供稿）

大 连 市

国民经济健康发展

1995年是大连市人民振奋精神，艰苦拼搏的一年。全市遵循“不求最大，但求最佳”的工作原则，解放思想，奋力开拓，进行具有创造性的工作，促进了全市国民经济和社会各项事业健康发展。

（一）农业生产全面丰收 1995年，大连市围绕确保农副产品有效供给和稳定增加农民收入这两大目标，突出抓好粮食生产和“菜篮子”工程建设，大力发展“一优两高”农业，夺取了农业生产的全面丰收。按1990年不变价格计算，实现农业总产值96.5亿元，现价为136.3亿元，比上年增长19.7%。粮食总产量实现123.4万吨，比上年增长103.5%；水果总产量达80.1万吨，增长32.8%，创历史最高水平；蔬菜总产量达148.3万吨，增长26.3%，市场可供量明显好于去年；肉类总产量达22.6万吨，增长12.8%，水产品总产量达139.7万吨，增长139.7万吨，增长17.5%。

林业生产取得新成果。完成造林面积2.8万公顷，比上年增长50%。“四旁”植树、沈大高速公路绿化、海防基干林带封闭合拢以及园林式村庄、花园式单位建设等均超额完成任务。

农业生产条件持续得到改善。到1995年底，全市拥有农业机械总动力202.54万千瓦；完成机播面积6万公顷，机耕面积4万公顷；化肥施用量48.6万吨。以修复水毁工程为重点，大力开展农田基本建设。全年投入人工6420万个工日，动用土石方1.7亿立方米，新增灌溉面积1.4万公顷，改善灌溉面积2.7万公顷，治理水土流失面积4.3万公顷，4300项水毁工程基本得到修复。

农业科技进步得到进一步推广。全年共引进种、养业新品种48个，使高产、优质品种普及率达到70%以上；推广农业新技术项目42项，水稻抛秧、玉米及花生大面积覆膜、甲鱼工厂化养殖、虾贝混养、粮食作物两茬栽培等项生产规模不断扩大。

（二）工业经济稳步发展 1995年，继续调整、优化产业结构和产品结构，注重抓好困难较大的重点行业、重点企业的生产经营，促进了全市工业经济稳步发展。按1990年不变价格同比口径计算，全市实现工业总产值1065.4亿元(现价为1266.4亿元)，比上年增长32.2%。全年在可对比的66种工业产品产量中，有26种比上年增长，其中，民用钢质船舶增长75.8%，内燃机车增长8.0%。染料增长46.8%，烧碱增长20.1%。

1995年，全市工业经济发展的主要特点：一是产销衔接持续好转。在乡及乡办以上工业中，工业产值和销售产值(均为1990年不变价格)分别为526.3亿元和500.3亿元，均比上年增长16.9%；产销率为96%，比上年提高1个百分点。二是村及村以下工业生产增幅显著。全市完成村及村以下工业产值539.1亿元，比上年增长51.7%，其中村办工业产值318.15亿元，增长34%。三是轻重工业同步发展。全市实现轻工业产值462.8亿元，重工业产值602.6亿元，分别比上年增长32.1%和32.4%。四是外向型工业走势继续看好。乡及乡以上工业完成出口交货值203.9亿元，比上年增长29.8%，其中重工业品出口交货值增长36.7%，结构比重则由上年的59.6%提高到62.8%；外商投资企业完成工业产值139.8亿元，销售产值130.8亿元、出口交货值110.3亿元，分别比上年增长31.6%、22.6%和21.7%。五是国有大中型企业在困境中持续发展。全市国有工业企业完成工业产值197亿元，销售产值191.1亿元，分别比上年增长5.7%和7.2%，产销率达到97.3%；全市大中型工业企业完成工业产值299.8亿元、销售产值290.1亿元，产销率达97.3%。六是乡镇工业仍然保持了较高的发展速度，乡镇工业完成产值669.4亿元，比上年增长35.1%，占全市工业总产值的结构比重达62.8%。

（三）交通邮电事业持续发展 1995年全市交通运输战线完成客运量10749万人次、货运量19785万吨，分别比上年增长3.8%和下降23.3%；完成旅客周转量62亿人公里、货物周转量826.5亿吨公里，分别比上年下降3.5%和增长6.4%。完成港口货物吞吐量6611万吨，比上年增长3.1%，港口旅客运送量646万人次，增长3.5%，完成铁路货物发送量2799万吨、旅客输送量2273万人次，分别比上年下降0.7%和6.8%。完成公路货运量12620万吨、客运量7867万人次，分别下降32.7%和增长6.7%。完成空港货物发送量2.04万吨，旅客载运量79万人次，分别增长19.3%和29.2%。

邮电通讯事业仍保持高速发展。1995年，全市完成邮电业务总量12.5亿元，比上年增长35.9%。函件业务量3977.4万件，其中国际及港澳地区110.8万件，比上年增长23.6%。城乡住宅电话用户达29.9万户，公用电话15653部，分别增长62.6%和93.6%。截止1995年末，全市电话普及率已达12.5部/百人，其中城市为24部/百人；住宅电话普及率已达18户/百户，其中城市为31户/百户。同时，还大力开办了磁卡电话，大容量无线传呼、第二代公众无线电话、电子信函、电子信箱、可视图文、可视电话、会议系统等50余种新业务及增值业务。建成了覆盖全市的电话网，实现了交换程控化及线路传输光纤化、数字化。

(四) 财税金融呈良性发展势头 1995年完成地方预算内财政收入42.92亿元，比上年增长22.5%。其中，市本级完成20.28亿元，增长7.8%；区(市)县级完成15.77亿元，增长33.8%；开发区完成6.8亿元，增长55%，各项税收82亿元，比上年增长20.6%，完成地方预算内财政支出56.31亿元，比上年增长39.2%。其中，用于基本建设和城市维护费12.28亿元，增长30.9%，用于农业、科技、教育的支出8.14亿元，增长20.1%。

1995年，全市金融系统认真贯彻国家关于适度从紧的货币政策，深化金融体制改革，保持了金融信贷平稳运行的格局。各项存款稳定增加，资金来源继续扩大。全市金融系统各项存款余额达675亿元，比上年末增加30.4%，净增157.3亿元。其中城乡居民储蓄存款余额达389.2亿元，净增117.6亿元。各项贷款相应增加。全市金融系统各项存款余额为651.5亿元，比上年末增长21.4%，净增115亿元。金融业的对外开放步伐加快。1995年，大连市又吸收两家外资银行，到年底，全市外资金融机构已达23家，其中外资银行分行增至10家。外资银行存款2.1亿美元，放款7.5亿美元。

对外开放事业再上新台阶

(一) 扩大对外开放，加速全市外经贸事业发展 1995年，全市地方进出口商品总值为68.24亿美元，比上年增长18.5%，其中出口34.6亿美元，增长25.4%。全市自营进出口商品总值41.38亿美元，比上年增长11.7%，其中出口25.24亿美元，增长26.1%。在自营出口商品总值中，外贸专业公司出口8.7亿美元，增长38%，结构比重为34.7%；自营生产企业出口2.05亿美元，增长72.3%，结构比重为8.1%；外商投资企业出口14.45亿美元，增长15.7%，结构比重为57.2%。全市出口商品供货250亿元，比上年增长27.7%，工业制成品特别是机电产品比重继续上升。其中，外商投资企业出口供货156亿元，增长39.5%，占全市总量的62.3%。

(二) 实施外向牵动战略，积极开展招商引资工作 1995年，全市新批利用外资项目1187项，协议外资金额25.5亿美元，分别比上年增长8.8%和8.2%，其中新批外商投资企业1073家，协议外资金额22亿美元，分别增长5.9%和2.4%。截止1995年末，全市累计批准外商投资企业5226家，其中260家已投产(营业)，当年完成产值221.97亿元(现价)，比上年增长27.8%；上缴税金3.8亿元，增长24.3%。良好的经济效益促使大批外商投资企业积极追加投资，全年共追加投资235次，增资额达7.1亿美元，比上年增长138%。截至1995年末，到大连市投资的客商遍布57个国家和地区。项目规模不断扩大。新批项目中，协议外资在1000万美元以上的有77项。

(三) 各对外开放先导区的作用继续得到加强 1995年，外商向开发区直接投资9.93亿美元，又有8家跨国公司进区办厂。国有企业和乡镇企业正在成为招商引资的新生力量，其中市属以上工交企业引进利用外资项目116项，协议外资金额2.8亿美元；乡镇企业引进外资项目282项，协议外资金额3.2亿美元。1995年，外商资金到位率较高，实际利用外资达9.1亿美元。

(四) 国际旅游和对外经济技术合作事业同步发展 1995年共接待港澳台及外国的旅游者13.1万人次，比上年增长10.6%，旅游外汇收入1.3亿美元，比上年增长13.3%。1995年，共签订对外承包工程和劳务合作项目234个，合同金额10925万美元，完成营业额9318万美元。外派各类劳务人员5168人次，年末在外各类劳务人员4130人。截至1995年末，外商驻大连的商社及常驻机构已有1400家。

固定资产宏观调控力度加大，成效显著

(一) 新开工项目减少，投资总量下降，投资效益提高 1995年，全市完成固定资产投资总额230.2亿元，比上年下降6.5%，其中，基本建设投资96.6亿元，下降4.8%；更新改造投资37.1亿元，下降26.6%；房地产开发投资69.5亿元，增长6.3%；其它投资27亿元，下降5.8%。全年施工建设项目922个(不含农村集体投资)，比上年减少31个，下降3.3%。全年新开工项目348个，下降4.1%。其中基本建设项目108个，下降25%，在全市固定资产投资总额中，地方项目投资175亿元，下降10.3%；中央项目投资28亿元，增长26.2%。

(二) 基本建设投资额按产业划分 第一产业完成0.25亿元，增长6.6%；第二产业完成49.9亿元，下降18%；第三产业完成46.5亿元，增长15%。按用途划分，生产性投资46.2亿元，非生产性投资32.4亿元。

(三) 重点工程项目进展顺利 其中，疏港路主干线、大连港大窑湾支线、开发区至金石滩公路、东风水库、浮法玻璃厂等工程已竣工投入使用。胜利广场工程地下主体已平顶，星海湾海岸改造和国际会展中心工程已全面展开，春海热电厂两炉一机设备完成后已正式供热，完成了动物园的搬迁，开始了“引碧入连”(南段)工程第二阶段的建设。

(四) 1995年，全市建成投产(使用)的建设项目有304个，新增固定资产113.6亿元，比上年增长6.9% 形成新的生产能力主要有：纯碱30万吨/年；合成氨30万吨/年，柴油机制造10000台/年；金属切削机床制造200台/年；改建公路54.5公里；新扩建港口码头年吞吐量

70万吨;新建微波电路48公里;市内电话自动交换机14.4万门;长途自动电话交换设备10600路端;城市煤气生产能力32m³/日。

市场繁荣,人民生活继续提高

(一) 市场建设取得新进展 1995年全市新批准的生活资料和生产资料市场建设项目共64项，主要有国际服装商城、兴业农产品批发市场、家具市场、生猪交易市场、肉类综合批发市场、北方粮食批发市场、电子批发市场、建筑装饰材料批发市场等。截止1995年末，全市共有各类市场512处，其中生活资料市场454处，生产资料市场42处，各类要素市场16处。全年各类市场共实现交易额7497.6亿元。

(二) 市场商品货源充足,购销繁荣活跃 1995年，大连市实现社会消费品零售额272亿元，比上年增长45.1%。其中，城乡居民消费品零售额249.7亿元，增长49.3%;社会集团消费品零售额22.3亿元，增长11%。在全市社会消费品零售额中，城市实现253.4亿元，增长45.3%;县和县以下实现18.6亿元，增长43.1%。与此同时，市场物价涨幅逐步回落。由年初的19%降至12月份的7.4%。全年零售物价指数上涨13.6%，比上年降低6.4个百分点。

(三) 生活环境得到绿化及美化，拓展了良好的生活空间 1995年，大连市加大了城市绿化的力度，重点改造了3个广场、5大公园和迎宾路等，市区新建草坪100万平方米，提高了市容环境的整体水平。全市人均公共绿地面积已由上年的5平方米提高到5.5平方米，绿化覆盖率达到37%。

(四) 安居工程以及城市公用设施建设取得新进展 1995年，全市完成住宅竣工配套面积186万平方米，解决特困户住房6000户，实施低洼区改造14处，安置动迁户3650户;发展煤气用户3.05万户;新增供热面积240万平方米，使住宅供热普及率达85%。

(五) 社会保障制度进一步完善 1995年，全市参加基本养老金统筹的单位有11020个，职工97.4万人，离退休人员29.1万人;缴纳保险金13.4亿元，支付10.8亿元。并有108万职工参加了失业保险，92.5万名职工参加了工伤保险。

(六) 城乡人民收入不断提高 1995年，职工年人均工资收入6624元，比上年增加810元。城市居民年人均生活费收入4777元，比上年增长18.2%，扣除物价因素实际增长2.2%;农村居民年人均纯收入2438元，比上年增加505元。

(大连市外经贸委信息中心 赵成武 高福军)

大连市国民经济主要指标

指标	单位	1995年		1994年	
		地区	市区	地区	市区
年底人口数	万人	535	255	532	252
#非农业人口	万人	250	188	246	186
土地面积	平方公里	12574	2415	12574	2415
人口密度	人/平方公里	425	1055	423	1045
年末劳动力资源总数	万人	353	181	353	196
#乡村劳动力	万人	133	36	132	36
国内生产总值	亿元	—	—	528.1	394.0
农林牧渔业产值	亿元	136.3	57.6	102.7	47.2
粮食产量	万吨	123.4	20.7	60.7	12.4
蔬菜产量	万吨	148.3	74.3	117.4	62.0
猪牛羊肉产量	万吨	18.1	6.5	16.0	6.1
水产品产量	万吨	139.7	77.7	118.9	70.8
全部工业总产值	亿元	1240.3	811.6	987.1	689.2
#乡及乡以上	亿元	735.5	593.8	618.3	501.9

续表

指　　标	单　　位	1995年		1994年	
		地　区	市　区	地　区	市　区
客运总量	万　　人	10413	7639	9924	6659
货运总量	万　　吨	17295	14337	23089	19731
固定资产投资总额	亿　　元	237.1	—	246.4	—
#住宅	亿　　元	—	—	—	—
房地产开发投资额	亿　　元	73.3	71.8	65.4	64.1
商品房销售额	亿　　元	32.8	30.3	19.3	18.2
出口贸易总额	亿 美 元	—	25.24	—	20
进口贸易总额	亿　　元	—	16.16	—	17.1
利用外资签订协议总数	项	1187	1038	1091	918
利用外资签订协议金额	亿 美 元	25.5	22.4	3.6	21.7
实际利用外资金额	亿 美 元	9.1	8.6	10.9	10.3
国际旅游人数	万　　人	13.1	×	11.9	×
国际旅游收入	万 美 元	13025	×	11500	×
地方财政预算内收入	亿　　元	42.9	38.5	35.0	31.7
地方财政预算内支出	亿　　元	56.3	48.5	40.4	34.1
银行年末各项贷款余额	亿　　元	677.7	577.3	520.0	434.9
每万名职工中专业技术人员数	人	1965.4	—	1899.5	—
#中级职称以上	人	772.2	—	723.3	—
城镇居民家庭人均生活费收入	元	×	4777	×	4041
农村居民家庭人均纯收入	元	2438	×	1933	×

注：表内各项产值均按当年价格计算。

(大连市外经贸委供稿)

丹　东　市

国民经济持续健康发展，经济实力增强

丹东市在“八五”期间经济实力不断增强，1995年与1990年按可比价格相比，国内生产总值和工农业总产值分别增长76.7％和141.5％，年均递增分别为12.1％和19.3％；全地区财政收入在增支减收因素逐年增多的情况下，年均递增21％，市属三县(市)均已实现超亿元。农业的基础地位得到进一步加强，农村社会总产值增长3.9倍，年均递增37.6％；粮食生产在连续几年遭受严重自然灾害的情况下获得较好收成；主要副食品生产快速增长，自给有余；1995年全市乡镇企业实现总产值、利税总额分别比1990年增长了6.2倍和1.5倍，已成为全市经济增长的重要力量。工业生产克服诸多困难，保持了总产值年均递增21.2％的速度；一批重点技术改造项目竣工投产，工业发展后劲增强。国家和省批准设立的边境经济合作区和开发区的建设已初具规模。对外贸易不断扩大，1995年与1990年相比，全市出口总值增长8.7倍；利用外资、引进技术、劳务出口均有很大发展。固定资产投资比“七五”期间增长近2倍，基础设施建设步伐加快，港口、机场、交通、通信等硬环境建设成果显著，

与人民生活紧密相关的供水、供气、供热和住房条件有所改善，城市面貌发生明显变化。人民生活水平得到改善，城市居民人均生活费收入和农民人均纯收入均有明显增长。城乡市场繁荣兴旺。科技、教育、文化、卫生、体育、新闻出版、广播电视等社会各项事业都有很大的发展。

1995年是“八五”计划的最后一年，也是丹东市在诸多困难的条件下顽强拼搏的一年。全市国内生产总值预计达129亿元，工农业总产值可达到260.8亿元，分别比上年增长8.9%和34.7%。

(一) 农业生产在大灾之年获得好收成，乡镇企业快速健康发展　1995年的农业生产遭受了持续低温、洪涝等自然灾害，经过农业战线广大干部群众的共同努力，仍然取得了较好收成。全市农业总产值23.4亿元，比上年增长8%。粮食总产量达到58.5万吨，比上年增长23.2%。暖棚蔬菜、水产养殖、干鲜果品、草食家畜四大多种经营产业发展较快，其中畜、禽、肉、蛋、奶、蔬菜、干鲜果、水产品产量大幅度增长，水果产量创历史最高水平。一些传统产业稳步发展，柞蚕茧产量比上年增长4.9%；烤烟总产量比上年增长8.7%。植树造林超计划1.1%，在全省第一个实现了造林绿化规划。以修复水毁工程、改造中低产田和小流域治理为重点的农田水利建设有新的进展。乡镇企业保持了强劲的发展势头。全市乡镇企业总产值完成195亿元，比上年增长54%；创利税21.4亿元，比上年增长33.8%。乡镇工业实现总产值153亿元，比上年增长54.1%，已占全市工业总产值的64%。全市乡镇企业固定资产投入达10亿元，比上年增长30%，是历史上投入最多的一年。

(二) 工业经济在困境中保持了发展势头，结构调整步伐加快　在国家加强宏观调控、继续紧缩银根、严格控制贷款规模的情况下，加强对工业经济工作的领导，推进企业改革、改组、改造，努力强化企业管理，在抓好大型企业的同时，积极搞好搞活中小型骨干企业和乡镇工业，全市工业经济呈现出稳定发展的势头。生产持续增长，全口径工业总产值完成237.4亿元，比上年增长38.1%，其中乡及乡以上工业完成108.6亿元，比上年增长15.7%；市属工业完成58.8亿元，比上年增长16.5%。产销衔接有所改善，乡及乡以上工业完成销售收入93.1亿元，比上年增长10.3%，产销率为93.1%；市属工业完成销售收入61.7亿元，比上年增长12.1%，产销率为91%；国有大中型企业完成销售收入41.7亿元，比上年增长7.2%，产销率为96%。技术改造和新产品开发迈出新步伐，全市新开工和续建县区营以上工业技改项目12个，完成投资额3.2亿元。2万吨粘胶短纤维、轻型车底盘生产线改造等12个在建技改项目实施进展顺利，部分项目提前竣工，发挥效益。彩色显示器、汽车音响、电液锤生产线等14个投产技改项目形成较强的生产能力，并取得较好经济效益。开发新产品241种，投产186种，频率合成调谐器、中客底盘等20项新产品形成批量生产，产销状况良好。微机核子秤、机电一体化水技术设备等8个高新技术产业化项目实施情况较好。电子、丝纺、机械等行业通过嫁接、合作和改造，已有一批企业的高新技术产品成为新的经济增长点。

外贸外资外经实现新突破，外向牵动作用增强

1995年，举办了第三届东方丝绸节和'95丹东海外联谊会，进一步扩大招商引资，提高了丹东对外开放的知名度。全市进出口总值达20168万美元，比上年增长60.6%，其中，出口总值达18130万美元，比上年增长66.5%，增长幅度创全省最好水平。实现边境贸易总额10196万美元，比上年增长32.8%，其中边贸出口7784万美元，比上年增长58.7%。利用外资新签合同106项，合同总金额22084万美元。新办三资企业101家，合同总金额21884万美元，协议外资金额14258万美元。已投产三资企业创产值20亿元，实现销售收入18亿元，出口创汇1.5亿美元，分别比上年增长81.8%、100%和109%。边境经济合作区在遭受严重水灾、多数企业停产时间较长的情况下，实现财政收入5900万元，各项税收完成5800万元，社会总产值达到22.5亿元。口岸贸易区全面开工建设；金泉工业区已与韩国仁川广域市签定0.5平方公里工业园地开发意向书；商贸小区M区2万平方米建筑全部竣工。合作区房地产出售出租转让收入1.7亿元，引进项目15个，合同利用外资额3875万美元，注册企业已达826户。

第三产业持续发展，个体私营经济比较活跃

通过重点培育、落实政策、完美管理、强化服务，实现第三产业增加值50亿元，比上年增长8.8%。全地区市场建设投资620万元，新增市场面积1.3万平方米，各类商品市场已达167处，初步形成门类齐全、多层次的市场格局。1995年实现社会消费品零售总额44.2亿元，比上年增长19.1%；城乡集贸市场成交额16.5亿元，比上年增长20.4%。

全市个体私营企业已发展到7.4万户，从业人员达12.8万人，分别比上年增长12.1%和14.6%，一批企业扩大了经营规模。个体私营经济注册资金已达10.9亿元，比上年增长36.8%；创造产值8.3亿元，实现营业额27.2亿元，分别比上年增长65.1%和25.9%；缴纳税金1.4亿元，比上年增长10.9%，已成为丹东经济发展的重要增长点。

完成财政预算任务，保持金融平稳运行

通过强化税收征管、精心调度资金、严格财务管理、控制财政支出，全地区全口径财政收入首次突破10亿元大关，达到117525万元，比上年增长21.8%，其中市本级完成46472万元，比上年增长10.6%，县(市)区完成71053万元，比上年增长30.5%。全地区财政支出完成106183万元，比上年增长25%，其中市本级支出完成37341万元，比上年增长16.8%，全地区财政实现收支平衡、略有节余。

金融部门千方百计筹措资金，扩大信贷资金来源，调整信贷结构，1995年全市金融机构存款余额达118.7亿元，比年初增加25.4亿元，其中，城乡居民储蓄存款余额94.2亿元，比年初增加22.5亿元；贷款余额126.3亿元，比年初增加16.3亿元，存贷差显著减少，支持了重点建设和经济发展，并促使金融业向良性循环方向发展。保险事业在稳定社会、发展生产中起到了重要作用。

基础设施建设取得新成果

1995年，在市本级财力比较困难的情况下，千方百计加强城市建设，下力量改进城市管理，一批重点基础设施相继建成并投入使用。大东港开辟了国际集装箱运输业务；民航机场新开通丹东至温州、成都航线；完成了城市电力扩容任务；华能丹东电厂建设已累计完成工作量4亿元，为大规模建设奠定了良好的基础。邮电业务总量完成2.1亿元，比上年增长39.9%，新增程控电话装机容量4万门。公路建设投资1.7亿元，共完成路基改造104公里，新建和改建油路196公里、桥梁36座2045延长米，特别是建成丹东最大的洋河大桥，实现了沿海大通道丹东段全线贯通。公路货运量完成2717万吨，客运量完成2397万人次，分别比上年增长3.7%和4.7%；港口运输完成吞吐量134万吨，比上年增长60.2%。市区住宅施工面积100万平方米，竣工55万平方米。

在全省“清洁月”、“绿叶杯”和全国“十佳卫生城市”达标竞赛活动中，丹东市名列受检城市前茅。基本控制了环境污染危害，鸭绿江口湿地升级为省级自然保护区。三个县(市)加大城建力度，积极完善各项基础设施，城镇面貌均有较大改善。

(丹东市外经贸委　孙绍童)

丹东市国民经济主要指标

指　标	单　位	1995年		1994年	
		地　区	市　区	地　区	市　区
年底人口数	万　人	238.1	68.1	236.6	67.3
#非农业人口	万　人	94.0	55.9	92.4	55.1
土地面积	平方公里	14910	563	14910	563
人口密度	人/平方公里	160	1210	159	1195
年末劳动力资源总数	万　人	164	47.0	160.5	46.4
#乡村劳动力	万　人	66.4	6.4	99.1	6.5
国内生产总值	亿　元	125.8	63.7	108.3	49.2
农林牧渔业产值	亿　元	34.6	2.5	29.4	2.1
粮食产量	万　吨	58.5	1.4	47.5	1.7
蔬菜产量	万　吨	93.9	16.1	74.0	14.5
猪牛羊肉产量	万　吨	7.8	0.7	6.6	0.5
水产品产量	万　吨	9.6	0.1	8.3	0.1
全部工业总产值	亿　元	224.4	82.0	182.5	78.4
#乡及乡以上	亿　元	121.3	74.3	108.9	67.0
客运总量	万　人	3181	1617	3182	1623
货运总量	万　吨	3288	1068	3193	1036
固定资产投资总额	亿　元	27.4		19.0	

续表

指　标	单　位	1995年		1994年	
		地　区	市　区	地　区	市　区
#住宅	亿　元	6.5		6.0	
房地产开发投资额	亿　元	7.8	5.7	6.7	4.8
商品房销售额	亿　元	4.1	2.6	2.1	1.3
出口贸易总额	亿　元	43.3	×	29.7	×
进口贸易总额	亿　元	16.0	×	11.6	×
利用外资签订协议总数	项	106	84	144	104
利用外资签订协议金额	亿　元	12.3	9.9	8.0	6.4
实际利用外资金额	亿　元	2.0	1.2	1.8	1.2
国际旅游人数	万　人	0.8	×	6662	×
国际旅游收入	万　元	582	×		
地方财政预算内收入	亿　元	6.4	3.2	5.2	3.1
地方财政预算内支出	亿　元	10.6	5.5	8.5	4.7
银行年末各项贷款余额	亿　元	95.3	60.3	84.7	53.4
每万名职工中专业技术人员数	人	1475	1440	1417	1359
#中级职称以上	人	500	490	414	375
城镇居民家庭人均生活费收入	元	×	2778	×	2447
农村居民家庭人均纯收入	元	1951	×	1616	×

注：表内各项产值均按当年价格计算。

（丹东市政府供稿）

葫　芦　岛　市

国民经济取得显著成就

1995年葫芦岛市国内生产总值实现126.1亿元，比1990年增长83.6%，比上年增长10.1%；农业总产值实现25亿元，比1990年增长46.2%；比上年增长14.7%；工业总产值实现178.6亿元，其中乡及乡以上工业总产值首次突破百亿元大关，实现106.9亿元，分别比1990年增长1.6倍和80%，比上年增长28%和18.7%；第三产业增加值实现38.2亿元，比1990年增长1.97倍，比上年增长12.3%；地方财政收入实现5.13亿元，按可比口径比1990年增长88.1%，比上年增长25.8%；城镇职工人均工资达到4244元，农民人均纯收入达到1629元，分别比1990年增长1倍和1.4倍，比上年增长19.5%和29.3%；"八五"期间，全社会固定资产总投资106.7亿元，其中地方完成47.3亿元。

（一）农村经济跃上新台阶　"八五"期间，葫芦岛市随着农业生产条件的进一步改善，农业综合生产能力显著提高。1995年，粮食总产达到9.73亿公斤，创历史最高水平；蔬菜面积达到35万亩，其中保护地发展到5万亩；果树总株数发展到8070万株，跃居全省第一位，水果总产达到42万吨，居全省第二位；海水筏式养殖达到1.5万台筏，开发滩涂10万亩，水产品产量8.5万吨，比1990年增长1.5倍，比上年增长40.6%；完成植树造林168.5万亩，森林覆盖率达到33.4%；畜牧业生产步入规模经营轨道，肉、蛋、奶总产量达到17.2万吨，比1990年增长1.5倍，比上年增长20.2%。大力实施了"171"扶贫计划，基本解决了贫困地区群众的温饱问题。乡镇企业高速发展。1995年实现总产值132.4亿元，其中工业总产值实现

98.6亿元，分别比1990年增长6倍和5.6倍，比上年增长44.4%和38.5%。

(二) 工业生产持续快速发展 “八五”期间，葫芦岛市累计完成工业固定资产投资73亿元，实施基建、技改工程450项，开发新产品215种，比“七五”期末新增产值100多亿元。工业产销状况明显改善。1995年乡及乡以上独立核算工业企业实现销售产值184.6亿元，比上年增长32.7%；产销率达96.2%，比全省平均水平高出2个百分点；实现利税12亿元，比上年增长3.5%。资金利税率达到7.84%。

(三) 市场体系不断健全，第三产业蓬勃兴起 1995年共新建和改造大中型商业网点37座，城乡集贸市场144处。市场总营业面积达到224万平方米，比1990年增长1倍。贸易、物资、供销系统，充分发挥主渠道作用。1995年社会消费品零售总额达到40.7亿元，集市贸易成交额达到26.8亿元，分别比1990年增长1.3倍和5.25倍，比上年增长25.2%和33.7%。积极培育和发展了金融、科技、劳动力市场等新兴第三产业。粮食部门为平抑市场粮价，保障低收入居民基本口粮供应做了大量工作。全市商品零售物价涨幅回落到13.3%，低于全省和全国平均水平。

(四) 财政状况持续好转，金融保险事业发展壮大 1995年完成各项税收15.58亿元，比1990年增长1.33倍，比上年增长19.8%。进一步加强了预算约束和预算外资金管理，为实行第二预算体制做好了准备。不断加大了审计监督力度，5年共完成各类审计1385户。1995年各项存款余额达到107.2亿元，分别比1990年增长1.9倍和2.6倍，比上年增长19.2%和17.3%。保险机构保险总金额达到740亿元，赔(给)付保险金3.24亿元。

各项改革全面深化

1995年，葫芦岛市在农村进一步巩固、完善了以家庭联产承包为主的责任制和双层经营体制，农村经济开始向适度规模经营和产业化迈进。农村社会统筹养老保险覆盖面达到总人口的三分之一。在城市，以转换企业经营机制为中心，同步深化了各项配套改革。积极而稳妥地配合省进行了化工总厂的现代企业制度试点；大力推进了以企业集团、股份制、股份合作制和公有民营等为主要形式的产权制度改革，改革面达30.9%；百分之八十的城镇职工同企业签订了劳动合同。市及各县(市)区普遍创办了劳动力市场和人才交流机构；实行了城镇职工社会统筹养老、工伤、失业保险，覆盖面分别达到91%、69.4%和80%；在全省率先实施了住房制度改革，公有住宅出售率达到80%；乡以上政府机构改革“三定”工作基本完成；平稳推进了财税、计划、金融、投资、外贸、物价、土地使用制度等各项改革。

对外开放迈出新步伐

五年来，葫芦岛市创办了6个省、市级经济技术开发区和度假区；争取葫芦岛港国轮外运取得新进展；完成了更改市名，加大了宣传力度，增进了国内外对葫芦岛市的了解，增强了对外商的吸引力。“八五”期间实际利用外资1.3亿美元，批准成立三资企业102家。经过积极争取，葫芦岛市获得了外贸出口自营权，拥有自营权的企业达到7家。1995年外贸出口供货总值实现15.5亿元，比1990年增长4倍；自营出口创汇达到9598万美元，比上年增长2倍。与20多个国家和地区建立了经贸关系，与墨西哥查帕拉市结成友好城市。在国内与河北省秦皇岛市结成友好城市。

城市建设成就显著，基础设施获重大改善

葫芦岛市在“八五”期间，完成城建总投资19亿元，建设和改造新老城区各类建筑面积380万平方米，老区、新区和龙港区三位一体的大市区初具规模，市区建成区总面积达到39.7平方公里，比1990年增长46%；龙湾2号小区被评为国家级优秀住宅小区；建设和改造城市道路63条、95公里，各种桥涵28座、立交桥6座；乌金塘水源工程的快速建成，使城市日供水能力达到11.5万吨，比1990年提高3.5倍；基本建成了以炼化总厂为供热源的城市集中供热系统，供热面积达到215万平方米。深入开展了以“绿叶杯”竞赛为主题的城市综合整治和管理活动。完成五里河污染治理一期工程，二期工程进展顺利，沿河带状公园初具规模。主要污染源得到有效控制。完成交通建设总投资5亿元，改造路基1552公里，新建桥梁361座，新铺黑色路面463公里，晴雨通车里程达到1746公里。葫芦岛港扩建前期工作基本完成，绥中港2个码头主体竣工。

完成通信建设总投资4.6亿元，乡以上通信传输实现光缆化，交换实现程控化，长途区号缩位，电话由4位升至7位，全网交换机总容量达到17.3万门，比1990年增长6.4倍，城乡电话普及率达到每百人3.95倍。

科教事业加速发展

坚持不懈地开展了“科教兴农”和“科技兴企”活动，“八五”期间共取得各类科研成果270项，有11项达到国际先进水平，科技进步份额达到38.96%。省级农业科技示范区建成并投入运转。1995年，葫芦岛市获得辽宁省科普工作先进集体之荣誉。坚持把教育放在优先发展的战略地位。占全市总人口56.3%的地区实现了“普九”教育，基本扫除了青壮年文盲。幼儿教育、特殊教育、职业教育、成人教育都有新发展。

(葫芦岛市政府办公室　郑守义　王彦东)

葫芦岛市国民经济主要指标

指　　标	单　　位	1995年		1994年	
		地　区	市　区	地　区	市　区
年底人口数	万　人	261.11	86.71	258.12	85.36
# 非农业人口	万　人	68.19	66.53	41.41	40.20
土地面积	平方公里	10343	2271	10343	2271
人口密度	人/平方公里	252.45	381.81	249.56	375.87
年末劳动力资源总数	万　人	192.22	59.59	189.24	68.47
# 乡村劳动力	万　人	132.63	47.98	130.16	47.09
农林牧渔业产值(现价)	万　元	425664	114185	315855	91910
粮食产量	万　吨	97.26	24.77	81.08	22.57
蔬菜产量	万　吨	61.80	38.74	59.00	31.00
猪牛羊肉产量	万　吨	8.57	2.56	8.58	2.18
全部工业总产值(现行价格)	万　元	1969333	1618948	1810404	1428951
# 乡及乡以上	万　元	1595964	1409185	1450657	1231417
全部工业总产值(1990年不变价格)	万　元	1237517	815260	1250157	902507
客运总量	万　人	1694.6	965.62	1813.09	1016.34
货运总量	吨	4252	2215.42	4501	2325
固定资产投资总额	万　元	162953	123965	195276	156124
# 住宅	万　元	24198	21442	33705	31610
房地产开发投资额	万　元	29359	28549	15145	10276
商品房销售额	万　元	11945	11342	14357	11371
地方财政预算内收入	万　元	51315	14275	55138	42425
地方财政预算内支出	万　元	92507	21317	84255	56784
# 科学事业费支出	万　元	27744	8851	17968	8288
# 教育事业费支出	万　元	15715	4462	12510	4877
银行年末各项贷款余额	万　元	876938	538336	760708	447392
高等学校数	个	0	0	0	0
高等学校在校学生数	人	0	0	0	0
每万名职工中专业技术人员数	人	1737	1355	1851	1775
# 中级职称以上	人	399	312	372	214.1
影剧院	个	22	19	22	19
公共图书馆	个	7	4	7	4
卫生机构数	个	293	116	285	119
# 医院	个	155	44	152	44

(葫芦岛市政府供稿)

朝　阳　市

国民经济稳步健康发展

1995年，是朝阳市加快推进富民升位进程的重要一年。全市围绕富民升位的战略目标，解放思想，开拓进取，实事求是，努力消除不利因素的影响，使全市国民经济保持了健康发展态势，各项社会事业取得了新成就。全年全市实现国内生产总值109亿元，按可比价格计算比上年增长2.1%，比“七五”末期的1990年增长101.2%，其中：第一产业增加值37.9亿元，比上年下降6.3%；第二产业增加值42亿元，增长2%；第三产业增加值29亿元，增长4.1%。

（一）农村经济取得新成就　全市进一步加强了对农业和农村经济工作的领导，强化了农业的基础地位，按照市场经济和现代农业的要求，大力调整优化农村产业结构，加快“农业五大开发”的步伐，在遭受春旱、霜冻等自然灾害情况下，农业和农村经济又取得了可喜成果。1995年全市完成农村社会总产值165.9亿元，比上年下降8.2%，比“七五”末期的1990年增长391.6%，其中农业总产值70.3亿元(以1990年不变价计算为37.9亿元)，按可比价格计算比上年增长2.9%，比1990年增长110.2%。在农业总产值中，种植业产值41.5亿元，比上年下降6.6%；林牧渔业产值24.7亿元，增长10%。农业商品产值完成42.8亿元，商品率由1990年的45.1%提高到60.2%。农村非农行业产值95.6亿元，比上年下降21%，比1990年增长522%。粮食产量达13.99亿公斤，比上年下降12.9%，比1990年增长30.6%，为历史上第二个高产年；棉花产量达1.3万吨，比上年增长17.2%，比1990年增长88.7%；甜菜产量达18.8万吨，比1990年增长96.9%；蔬菜产量达150.1万吨，比上年增长11.3%，比1990年增长107.1%；水果产量达13.8万吨，比1990年增长222.5%。肉、禽、蛋、奶等畜产品产量和牲畜存栏均比上年增长，其中：猪牛羊肉产量达17.2万吨，比上年增长8.6%；禽蛋产量达7.4万吨，比上年增长9.9%；1995年末存栏猪133.1万头，比上年增长7.7%；羊存栏103万只，比上年增长38.1%；大牲畜存栏66.5万头，比上年增长6.2%。1995年渔类总产量642.9吨，比上年增长8.6%。科技兴农、霜期农业和科技兴牧的发展，对于提高全市农业劳动生产率和农业经济效益以及农民收入水平起到了明显促进作用。

山区建设和农田基本建设取得显著成果，全市水土流失治理面积已达到1228万亩，占水土流失总面积的83.3%，对于增强农业发展后劲、夺取农业丰收起到了保证作用。

乡镇企业稳步发展，主要经济效益指标明显提高。全市完成乡镇企业总产值111.8亿元(1990年不变价)，总收入116.1亿元，总利润12.1亿元，分别比“七五”期末的1990年增长429.9%、442.5%和245.7%。

（二）工业经济运行状态基本正常　全市积极适应市场竞争的新形势，大力深化企业改革，推进企业改组、改造，强化企业管理，使全市的工业经济在艰难的环境中保持了基本正常的运行状态。1995年完成工业总产值144.28亿元(1990年不变价格为108.88亿元)，按可比价格计算比上年下降15%，比1990年增长152.6%，其中乡以上工业完成103亿元，比上年下降2.8%，比1990年增长93%。在乡以上工业中，国有工业一直保持了增长势头，集体工业下降幅度较大，1995年国有工业完成产值75.7亿元，比上年增长6.9%，比集体工业高28.3个百分点。国有大中型企业的增长速度为6.5%，高于全市平均增长水平。县以上工业保持了适度增长，1995年完成产值85.1亿元，比上年增长3.5%，其中市直工业增长较快，比上年增长11.4%。乡镇工业下降幅度较大，比上年下降28.6%，占全部产值减少额的109.4%。预算内工业企业盈亏相抵后实现利润1.44亿元，仍居全省前列。

企业产权制度改革稳步前进，市县工业企业累计已有168户进行了产权制度改革，比上年增加20户，改制面达70%。建立现代企业制度试点工作取得积极进展，列入省试点范围的朝阳重型机器厂组建了朝重(集团)有限责任公司。企业改组迈出新步伐，通过企业兼并、组建企业集团和以大帮小的联合与协作，优化了生产要素配置，改善了企业组织结构。继续深入开展了强化企业管理活动，一些企业的经营管理水平明显提高。企业技改工作得到加强，全市完成技术改造投资6.3亿元，重点技改项目进展顺利，一些项目已按期竣工投产。

建筑业生产略有增长。1995年全市县以上企业施工产值为8.4亿元，比上年增长5%，其中国有企业施工产值5.5亿元，与上年持平。

（三）城乡市场繁荣活跃　1995年社会消费品零售总额实现33.9亿元，比上年增长26.2%，扣除价格上涨因素，实际增长9.8%。分城乡看，农村消费品零售额实现14.1亿元，增长34.5%；城镇消费品零售额实现19.8亿元，增长20.9%。非国有商业在流通领域中的比重不断增大，全年消费品零售额实现23.8亿元，比上年增长31.7%，比重由上年的67.2%上升到70.2%，而国有商业则由32.8%下降到29.8%。集贸市场发展迅速，市场网络进一步扩大，购物环境进一步改善。全市集贸市场已发展到268处，其中，综合集贸市场251处，专业市场17处。1995年城乡集贸市场成交额达14.3亿元，比上年增长45%，占全社会消费品零售额的比重由上年的36.9%上升到42.2%。市场物价涨幅有所回落。1995年商品零售物价指数涨幅由上年的19.2%回落到14.9%，居民消费品价格指数涨幅由22.6%回落到19.1%，分别高于全省0.9个和3个百分点。

(四) 财政收入稳定增长 1995年，朝阳市积极适应分税制财政体制，进一步加大财税改革力度，较好地保证了新体制的平稳运行，实现了当年财政收支平衡。全市各级财税部门，积极按新税制组织税收，加大税收征管力度，较好地组织了财政收入。1995年完成地方财政收入5.4亿元，比上年增长42.9%(可比口径为4.8亿元，增长25.8%)。全年国税系统完成各项税收6.6亿元，比上年增长129%；地税系统完成各项税收4.1亿元，增长44.2%。认真贯彻《预算法》，按照保证重点、压缩一般的原则，合理调整支出结构，严格控制不合理开支，保证了财政资金的合理使用。1995年共完成财政支出12亿元，比上年增长19.8%。

(五) 城乡居民生活稳步提高 1995年末职工工资总额比上年增长11.9%，城市(市区)居民人均生活费收入2780元，比上年增长20.9%；农民人均纯收入1553元，比上年增长17.2%。

外经外贸继续稳步发展

全市进一步深化外贸体制改革，积极发展出口创汇，努力拓宽利用外资渠道，外向型经济总量不断扩大，经济外向度不断提高。1995年完成出口商品供货总值8.8亿元，比上年增长15.3%；出口创汇2137万美元，比上年增长1.2倍。利用外资工作取得新成绩，全市新批三资企业24户，新增协议利用外资额3571万美元，三资企业总数累计已达119户，开工营业46户。

对外经济技术合作进一步扩大，工程承包、劳务输出、境外办企业和对外联络建设取得新进展。1995年接待来自世界五大洲30多个国家和地区的来访及经贸活动人员684人次，比上年增长43.4%。

城乡基础设施进一步改善

1995年，朝阳市继续加快了城乡基础设施建设和改造的步伐。坚持建设与管理相结合，不断推进城市建设与改造，加大城市管理力度，市容市貌发生了新的变化，城市服务功能进一步增强。中心城市建设取得新进展，与改善城市景观密切相关的凤凰山风景区和环城绿化带两大工程进展顺利，新开工的市体育场等5项重点基础设施和公用设施工程按计划启动实施，8项续建工程已有6项竣工并交付使用。住宅小区和城市道路建设以及其他市政设施建设均有新进展。通过深入开展城市管理年活动和城市爱国卫生运动，大力加强城市环境综合整治，城市管理水平不断提高。所辖的两市三县的城市(镇)和农村小城镇面貌也有较大改善。

交通运输业稳步发展。新建黑色路面130公里，完成路基改造277公里。客运中心建成并交付使用，服务功能大大增强。1995年公路总里程比上年增长9公里，达到5189公里，比"七五"期末净增256公里。全市民用汽车拥有量2.11万辆，比上年增长0.12万辆。1995年公路货运量完成2990万吨，比上年增长0.6%；客运量完成2684万人，增长12.9%。

邮电通信业继续快速发展。全市邮电业务收入和邮电业务总量均完成1.1亿元，分别比上年增长43.6%和35.6%。邮路总长度2272公里，比上年增18公里。全市电话放号31439户，比上年增长83%，占全省第二位，其中新增市话用户17672户，比上年增长48.2%。建成电话村141个，电话村总数占全省第一。

(朝阳市政府办公室 周治玉)

朝阳市国民经济主要指标

指标	单位	1995年		1994年	
		地区	市区	地区	市区
年底人口数	万人	328.17	42.68	326	42
#非农业人口	万人	79.45	27.19	78	26
土地面积	平方公里	19698	555	19698	555
人口密度	人/平方公里	167	769	165	757
年末劳动力资源总数	万人	213.87	28.16	237	29
#乡村劳动力	万人	159	6	176	7

续表

指　　标	单　　位	1995年		1994年	
		地　区	市　区	地　区	市　区
国内生产总值	亿　元	109	35	106	33
农林牧渔业产值	亿　元	70.3	5.6	59	5
粮食产量	万　吨	140	5	161	5
蔬菜产量	万　吨	150	24	135	25
猪牛羊肉产量	万　吨	17	1	16	1
水产品产量	万　吨	1	—	—	—
全部工业总产值	亿　元	144.28	76.3	167	68
#乡及乡以上	亿　元	85	45	104	50
客运总量	万　人	2408	1021	2765	1119
货运总量	万　吨	3405	828	3578	719
固定资产投资总额	亿　元	12	4	16	8
#住宅	亿　元	3	2	4	3
房地产开发投资额	亿　元	2	1	2	1
商品房销售额	亿　元	1.3	0.7	1	0.5
出口贸易总额	亿　元	—	—	—	—
进口贸易总额	亿　元	—	—	—	—
利用外资签订协议总数	项	24	10	41	24
利用外资签订协议金额	亿　元	0.4	0.3	0.4	0.3
实际利用外资金额	亿　元	0.7	0.7	1.2	1
国际旅游人数	万　人	0.7	0.7	0.4	0.4
国际旅游收入	万　元	150	150	120	120
地方财政预算内收入	亿　元	5.4	2.5	8.9	4.1
地方财政预算内支出	亿　元	13.6	6.5	10.2	3.8
银行年末各项贷款余额	亿　元	95	34	80	21
每万名职工中专业技术人员数	人	1746	1847	1713	1727
#中级职称以上	人	553	678	542	677
城镇居民家庭人均生活费收入	元		2780	—	2300
农村居民家庭人均纯收入	元	1553	2419	1325	2266

注：表内各项产值均按当年价格计算。

（朝阳市政府供稿）

唐 山 市

“八五”期间经济和社会发展取得巨大成就

“八五”期间，唐山人民在邓小平同志建设有中国特色社会主义理论和党的基本路线指引下，坚持“抓住机遇，深化改革，扩大开放，促进发展，保持稳定”的基本方针，解放思想，更新观念，齐心协力，真抓实干，圆满完成了“八五”计划的各项目标任务，全市经济和社会发展取得了巨大成就，为今后加快发展奠定了坚实基础。

综合经济实力进一步增强，人民生活水平明显提高 全市国民生产总值在1994年提前6年实现翻两番的基础上，1995年达到485亿元，比上年增长16.6%，比1990年增长1.3倍，年均递增18.5%，超“八五”调整计划6.5个百分点，比“七五”时期高9.4个百分点。工农业总产值达到969.0亿元，比上年增长20.7%，比1990年增长1.8倍。大口径财政收入26.6亿元，比上年增长26.8%，比1990年增长1.3倍，年均增长18.1%。城市居民人均生活费收入4157元，比上年增长8.8%，比1990年增长1.6倍；农民年人均纯收入2254元，比上年增长42.7%，比1990年增长1.8倍。城乡居民储蓄年末余额达到220亿元，比年初增加54亿元，比1990年增长2.2倍。全市有7个县(市)、4个区、2个国营农场、85%的乡村基本达到小康标准。

农业基础地位进一步加强，农村经济全面发展 坚持把农业放在整个经济工作的首位，以小康建设统揽农村工作全局，以发展“两高一优”农业和乡镇企业为重点，大力发展有优势有特色的农村区域经济，促进了全市农业和农村经济的持续健康发展。1995年农业总产值达到228亿元，比1990年增长98.1%，年均递增14.7%。粮食生产连续五年获得丰收，1995年总产达到324.7万吨，比1990年增长19.3%。油料总产20万吨，比1990年增长31.2%。棉花生产保持稳定。蔬菜总产514万吨，比1990年增长1.3倍；共完成造林面积1.64万公顷，干鲜果品总产达到59万吨，比上年增长14.7%，比1990年增长2.8倍；肉类总产51万吨，禽蛋产量18万吨，分别比上年增长16.6%和20.6%，分别比1990年增长1.5倍和1.8倍；水产品总产达到22万吨，比上年增长29.9%，比1990年增长1.2倍。农副产品商品率由1990年的63%提高到73%。乡镇企业快速发展，成为全市工业的“半壁江山”。总产值达到546.3亿元，比1990年增长6.7倍，年均递增50.3%；其中工业产值426.9亿元，比1990年增长7.35倍，年均增长52.9%，占全市工业总产值的比重由1990年的29.2%上升到1995年的57.6%。实现利税40.7亿元，比1990年增长2.6倍，年均递增29.4%。

工业发展速度加快，整体素质和效益不断提高 紧紧围绕提高工业运行质量和效益，不断加大结构调整力度，积极推进企业技术进步和经营机制的转换，强化企业管理、生产调度和协调服务，保证了全市工业生产的正常运行和经济效益的提高。1995年工业总产值达到741.3亿元，比上年增长19.9%，比1990年增长2.1倍，年均递增25.5%。其中乡及乡以上工业产值457.8亿元，比1990年增长1.2倍，年均递增17.5%。乡以上轻工业120.7亿元，重工业337.1亿元，分别比1990年增长1.1和1.3倍，年均递增分别为16.5%和18.0%。原油、天然气、机制纸及纸板、合成氨、水泥等主要产品产量年均增长均在10%以上。工业经济效益不断提高。全市乡及乡以上独立核算工业实现利税35.9亿元，比1990年增长2.9倍，年均增长31.3%。全员劳动生产率11220元/人，工业经济综合效益指数达到81.25%。工业企业累计完成技术改造投资比“七五”时期增长1.4倍，主要技术装备水平有了较大提高。累计开发鉴定市级以上新产品918项，投产新产品1350项，新产品产值、实现利税分别比“七五”时期增长4.5倍和3.4倍。

固定资产投资保持适度增长，投资结构进一步优化 以国家产业政策为导向，与国民经济发展相适应，大力加强基础产业和基础设施建设。五年全社会固定资产投资累计完成428.2亿元，其中，国有和集体单位技改投资99.7亿元，分别比“七五”时期增长2.9倍和2.4倍，新增固定资产337.2亿元，比“七五”时期增长2.7倍。京唐港一号港池、唐钢二期扩建、启新水泥厂改造、潘家口蓄能电站、唐山涤纶厂二期扩建、唐山陶瓷厂引进50万件卫生瓷项目、万门程控电话等一大批重点项目全部建成或基本建成投产，经济发展实力和后劲明显增强。

实施外向带动战略，双向开放迈出新步伐 以京唐港和海港开发区建设为“龙头”，以外资、外贸、外经为重点，外引内联，双向开放，全方位、多层次的开放格局基本形成。京唐港和海港开发区建设取得突破性进展，成功地实现了与北京市联合建港。一号港池8个泊位基本建成，形成了660万吨吞吐能力，打开了唐山走向世界的黄金水道。港口运营突破300万吨。海港开发区累计完成投资2亿元，修建了总长17公里的7条主次干道，年供水1500万吨引水工程、万门程控电话、11万伏变电升压改造等相继完成，基础设施日趋完善，具备了大规模开发建设的条件。港区各类注册企业125家，总投资4.8亿元，其中已有89家开业经营。利用外资规模不断扩大，领域进一步拓宽。五年实际利用外资4.57亿美元，其中直接利用外资2.76亿美元，分别比“七五”时期增长15.8倍和13倍。累计投产三资企业283家，1995年实现产值36.7亿元，占全市工业产值的12%。利用国外贷款项目达到27个，合同金额2亿美元。1995年全市出口商品收购值完成77亿元，比上年增长54.1%，比1990年增长6.5倍;出口创汇2亿美元，比上年增长75%。出口商品品种已由过去的170多种增加到404种。全市已批准设立境外代表处和境外企业7家，输出劳务人员532名。以京津为重点的对内经济技术合作不断扩大，共达成各类经济联合协作项目2148项，引进市外资金31.5亿元。

各项改革全面推进，建立社会主义市场经济体制取得突破性进展 以唐山被列为全国城市综合配套改革试点市和优化资本结构试点市为契机，制定了唐山市综合改革总体方案和与之相配套的专项改革方案，全市改革形成了整体推进，重点突破的良好态势。以建立现代企业制度为目标，狠抓了以产权制度改革为重点的企业改革，并取得实质性进展。31家国有企业建立现代企业制度试点进入实施阶段，股份制企业发展到170家，对1600多家边小微亏企业实行了转租卖破，60%乡村两级企业进行了股份合作制改造，以产权纽带为主的企业集团发展到61个。城镇职工养老、失业保险等社会保障制度改革和城镇住房制度改革不断深化。商品市场不断发展完善，生产资料、金融和人才等要素市场建设迈出较大步伐。尤其是中国唐山企业家市场的建立，在全省乃至全国产生了较大影响。国有资产管理和运营体系开始建立。计划、财税、金融、外贸、投资等重大改革顺利实施。非公有制经济得到迅速发展。随着改革的深入，符合社会主义市场经济发展要求的管理体制和运行机制正在形成。

城乡建设步伐加快，人民生活环境和质量明显提高 以建设现代化大城市为目标，围绕与经济发展相配套的重点项目和与群众生活密切相关的热点工程，集中城建资金办大事。五年共完成房屋竣工面积3155万平方米，其中城镇住宅886万平方米，分别比“七五”期间增长133.7%和37.8%。城镇人均居住面积增加到8.9平方米，农村人均住房面积为23.2平方米。完成了启新立交桥、唐山新火车站、引滦入唐市区供水二期等一批重点城市基础设施项目建设，城市功能进一步完善。新增日供水能力33.1万吨，扩大供热面积293万平方米，新增煤气用户2.6万户，自来水普及率、热化率、气化率均保持全国同等城市领先水平。围绕农村奔小康，加强了县城和村镇建设。基本实现了乡乡通油路，村村通公路。电话普及率城市达到每百人18.3倍，农村每百人1.45部，分别比1990年增长6.1倍和4.5倍。

财政收入稳定增长，金融运行平稳 全市地方财政收入16.17亿元，比上年增长43.4%，比1990年增长39.6%。银行系统各项存款余额达217.7亿元，比年初增加53.7亿元，比1990年增加1.7倍;各项贷款余额达199.9亿元，比年初增加32.2亿元，比1990年增加1.6倍。

城乡市场繁荣活跃，市场建设取得重大进展 全市社会消费品零售总额达到131.4亿元，比上年增长25.0%，比1990年增长1.7倍。城乡集贸市场交易额达到89亿元，比上年增长65.8%，比1990年增长4.3倍。投资6670万元，改扩建较大型市场20个。1995年，全市城乡集贸市场达471个，比1990年增加121个;年成交额超亿元的市场已发展到12个。

科技教育对经济发展的推动作用明显增强，各项社会事业蓬勃发展 五年共取得市级以上科技成果583项，其中达到国内国际先进水平的432项，比“七五”时期分别增长28.4%和59.4%。推广应用市级以上科技成果414项，推广应用率达到58.5%。高新技术开发区进区企业达到160家，有45家企业投入生产经营。科技进步对经济增长的贡献率达到35%，比“七五”末提高10个百分点。教育事业长足发展。提前五年实现了基本普及九年义务教育和基本扫除青壮年文盲，成为全省“双基”教育率先达标市。中小学入学率、巩固率、毕业率均保持全省领先水平，高考升学率连续五年在全省名列前茅。职业技术教育和成人教育取得突出成效。高等教育有新的发展。人口增长得到有效控制。到1995年底，全市总人口为679.5万人，自然增长率为3.77‰，计划生育率达到99.6%，已连续7年被评为全省计划生育先进市。文化、卫生、体育等工作创出新水平。

社会主义精神文明建设取得丰硕成果 群众性创建全国双拥模范城、全国卫生城和文明城市活动扎实而富有成效，先后被评为国家级双拥模范城，全国卫生城和省级文明城市。特别是成功地承办了第二届全国城市运动会和第三届中日韩青少年体育交流大会，向国内外展示了唐山经济、社会发展水平和全市人民的精神风貌，对全市精神文明建设发挥了巨大的推动作用。

（河北省唐山市政府办公厅　徐树利）

唐山市国民经济主要指标

指标	单位	1995年		1994年	
		地区	市区	地区	市区
年底人口数	万人	679.46	157.87	675.85	156.68
#非农业人口	万人	168.50	112.40	163.68	110.02
土地面积	平方公里	13472	1090	13472	1090
人口密度	人/平方公里	504	1448	502	1437
年末劳动力资源总数	万人	382.45	98.73	392.59	101.92
#乡村劳动力	万人	259.45	25.24	256.38	24.86
农林牧渔业产值	万元	2276647	152825	1643050	115852
粮食产量	万吨	324.71	21.08	304.34	20.27
蔬菜产量	万吨	513.85	48.90	384.19	44.16
猪牛羊肉产量	万吨	34.97	1.91	32.63	1.84
全部工业总产值(现行价格)	万元	7413319	2980830	6329921	2708080
#乡及乡以上	万元	4578174		4055687	2204895
全部工业总产值(1990年不变价格)	万元	5199668	1885329	4798737	1808297
客运总量	万人	3000	1679	2972	1017
货运总量	吨	129500000	46400000	134780000	59540000
固定资产投资总额	万元	1336130	692445	1045934	483581
#住宅	万元	232194	93857	160319	
房地产开发投资额	万元	56778	40166	27007	16623
商品房销售额	万元	28370	19247	23895	17306
地方财政预算内收入	万元	161672	92181	112778	62431
地方财政预算内支出	万元	216252	114224	162924	83246
#文教科学卫生事业费支出	万元	71950	25483	61439	22202
#教育事业费支出	万元	47108	14029	41925	13344
银行年末各项贷款余额	万元	1998502	1187521	1659628	967588
高等学校数	个	4	4	4	4
高等学校在校学生数	人	10750	10750	9788	9788
每万名职工中专业技术人员数	人			2240	1957
#中级职称以上	人			458	484
影剧院(含开放礼堂)	个	77	54	80	47
公共图书馆	个	14	4	14	4
卫生机构数	个	1204	462	1200	460
#医院	个	495	86	495	85

(唐山市人民政府办公厅供稿)

秦皇岛市

国民经济持续健康发展

1995年是“八五”计划的最后一年，秦皇岛市260万人民在市委、市政府的领导下，深入贯彻党中央“抓住机遇，深化改革，扩大开放，促进发展，保持稳定”的基本方针，以建设“经济强市”和“精神文明强市”为目标，全面推进各项改革，扩大对外开放，国民经济保持了持续、快速、健康发展的好势头。全市国内生产总值达179.6亿元(现价，下同)，比上年增长13.8％。其中，第一产业增加值31.4亿元，增长6.4％；第二产业增加值69.8亿元，增长17.5％；第三产业增加值78.4亿元，增长12.9％。“八五”期间全市国内生产总值平均每年增长16.9％，人均国内生产总值达到6930万元，高于全国、全省平均水平；工农业总产值年均增长24.6％；财政收入年均增长27.1％；五年累计固定资产投资204亿元，投资率由1990年的26.3％提高到1995年35.6％。

农业和农村经济在连续几年稳步发展的基础上，实现了新的更大增长

农业总产值完成57.2亿元，比上年增长11.8％。市政府出台了一系列保农和支农的政策措施，加之自然条件较好，农业生产在夏粮获得大丰收的情况下，秋粮再获丰收，全年粮食总产量达98万吨，增长16.6％，创历史最高水平。高效农业的“五大工程”进一步落实。高效农田比上年增长41.8％；果树“双低”改造完成5.7万亩；牛羊饲养量分别增长13.4％和25.9％；浅海贝类养殖增长40％；完成节水灌溉工程3210项，新增和改善灌溉面积13.2万亩，改造中低产田3万亩。乡镇企业继续以较快速度发展。乡镇企业投入力度加大，到位资金7亿多元，乡镇企业总产值、乡镇工业产值、上缴税金分别增长30.2％、20.3％和24.4％。小康建设迈出新步伐，全市申报小康达标村比年度规划增加40％。在时间紧迫、任务相当繁重的情况下，卓有成效地组织了桃林口水库库区6个行政村9600多人的移民动迁工作。

工交生产保持较快增长，工业经济运行质量进一步提高

工交生产在十分困难的条件下，保持了持续、快速、健康发展的好势头。全部工业总产值完成185.7亿元，增长24.5％，其中乡及乡以上工业产值130.8亿元，增长15％。采取积极措施开拓市场，全年产销率达到98.7％，继续保持全省第一。地方国有工业企业，特别是一些亏损大户的扭亏工作取得可喜成绩。通过开展学邯钢等活动，全年大中型企业节约管理费3530万元，单位成本下降创效益8758万元。年内有4项产品创省名牌，2项产品达到省拳头产品标准。秦皇岛港煤四期工程开始建设，全年港口吞吐量达8382万吨。新开河地方港新建两个5000吨级泊位，使投入运营的生产性泊位达到4个。京秦高速公路批准建设，开始前期工作。全市邮电业务总收入2.3亿元，市话交换设备容量达到19.1万门。

以国有企业改革为重点的各项改革继续深化

全市23家现代企业制度试点单位，已有15家总体方案经省、市有关部门审批完毕，开始进入实施阶段。全年新发展股份制企业127家，股本总额1.96亿元。着手实施大公司、大集团战略，谋划了玻璃行业六厂一院的加强联合。兼并合并、先售后改、公有民营、资产量化、托管经营、拍卖租赁、实施破产等多形式的产权制度改革取得新进展。企业内部改革不断深化。

农村改革进一步完善。落实了土地承包期30年不变的政策，完善了土地流转制度，加快了“四荒”拍卖步伐。农村股份合作制经济组织发展到1589个，股本总额2.34亿元。各级各类社会化服务组织达1.47万个。

各项配套改革逐步深化。1249家企业18万职工参加了养老保险统筹。在生育、工伤保险和大病统筹改革方面进行了有益的探索。二步房改顺利实施。

财税、金融、投资和外贸体制改革整体推进。科教体制改革逐步深化。结合机构改革，政府职能有了一定的转变。

对内对外开放步伐加快

利用外资成效显著。全年新批外商投资企业138家，总投资5.25亿美元，合同利用外资2.99亿美元，增长115.3％；实际利用外资1.07亿美元，增长38.9％。利用外资的新特点，一是投资规模较大，平均单个项目总投资达380万美元；二是老企业嫁接改造项目较多，共批准嫁接改造项目52项，合同外资金额7028万美元；三是外商出资比例较高，新批项目的合同外资占注册资本的70.2％；四是外商投资结构进一步改善，生产性项目在新批项目中占85％以上。投产三资企业经济效益较好，建成开业的219家三资企业完成工业产值40.9亿元，占全市乡及乡以上工业产值的比重达31.8％，大多数企业获得较好的经济效益，其中，产值超1000万元的企业达

37家，利税超100万元的企业19家。

各类园区开发建设取得新进展。市开发区完成固定资产投资7.8亿元，比上年增长100%；实际进入外资6149.5万美元。山海关开发区大配套基本完成，实现了三年打基础的目标。北戴河、南戴河两个园区的开发建设速度也明显加快。

大项目建设得到积极推进。成立大项目协调领导小组，及时为重点项目筹措资金，协调解决建设中的实际困难和问题，确保了总投资1.86亿美元的中日合资浅野水泥项目获批并开工兴建，鹏泰面粉食品等几个大项目按期或提前投产，戴卡(二期)、福胜(二期)等一批续建和在建项目建设速度加快。

建立稳定的出口商品货源基地，优化出口商品结构，全社会出口商品供货值达到19亿元，比上年增长40.4%。出口创汇突破1亿美元大关，达到1.18亿美元，其中一般贸易创汇3182万美元，比上年增长67.47%；三资企业出口8635万美元，增长45.52%。全市出口创汇额在100万美元以上的骨干产品达18个，其中有6个产品超过500万美元。全市经国家批准有进出口经营权的企业已有13家，比上年增加7家。为打开外经工作局面，已组建了"国际经济技术合作公司"。

对内开放工作取得了显著效果。全年共签订内联项目234项，总投资23.94亿元，协进资金11.66亿元，到位资金4.46亿元。兴办"中中外"企业23家。

消费市场繁荣，物价涨幅明显回落

着力抓好"菜篮子"工程。加强基地建设，规模养殖场户比上年增长79.6%，肉蛋菜奶和水产品产量均超额完成了年度计划。加强市场建设，特别是加强了直销市场建设，完成投资1750万元。建立健全了生产发展、物价调控、粮食和副食品风险基金等制度，并采取了一系列稳价措施。积极组织购进，增加重要商品储备。全年商品市场繁荣，物价涨幅由上年的25.8%回落到16.8%，回落了9个百分点。

财政收支实现当年平衡，金融形势平稳

努力促产开源，增收节支，财政形势进一步好转。完成财政收入13.6亿元，增长14.8%，其中地方级收入完成8.23亿元，增长16.4%，实现当年财政收支平衡。在积极推进产权改革中，加强了国有资产管理。银行存款余额122.8亿元，贷款余额107.6亿元，分别比年初增长29%和26.3%。

重点项目建设进展快，固定资产投资稳定增长

全社会固定资产投资完成64亿元，增长24.9%，其中基建投资完成33.2亿元，增长43.7%；技改投资完成12.9亿元，增长28.8%。年初，筛选确定30个重点项目，完成投资30.4亿元，狠抓了左右经济发展的电厂二期、耀华500吨浮法、浅野水泥等重中之重项目。

城市规划、建设和管理得到加强，城市承载能力进一步提高

加强城市规划，在总体规划指导下，进一步完善了三区规划和各项专业规划。年初确定的安居工程、道路改造、水厂扩建、医院改造、新建学校等22件实事，16件已按期或提前完成，3件完成计划进度，其它因客观原因正在积极争取或有所调整。建筑市场管理整顿成效明显，工程质量合格率100%。城市建设综合开发率超额完成年度计划。广泛深入地开展了市容环境综合整治活动，在全省"燕赵杯"竞赛中实现了"五连冠"，被评为全国地级市容貌综合整治优秀城市。城市供水、供气、供热和公交事业基本保证了生产、生活的需要。加强了建设用地审批，对违法占地、违法建设及时进行了查处。

科教兴市迈出新步伐

科技工作的226项计划得到落实，投入科技经费449万元。省重大科技攻关项目超厚玻璃和防油涂布白板纸填补了国内空白。科技成果转化率达到55%，获直接经济效益1.57亿元，创汇1183万美元。技术贸易机构发展到275家，技术合同成交额5237.8万元。民营科技型企业技工贸总收入和利税大幅增长。

教育事业有新的发展。加强和改进了德育工作，涌现出一大批德育工作示范校。市直中学下放城区管理工作已起步实施。"普九"工作再上新台阶，昌黎、抚宁提前一年达到"普九"要求。积极为教师办实事，新建教师住房309套。全市教育经费总支出比上年增长13.8%；投入资金8000万元，新建、改建、扩建校舍150多所，总建筑面积20万平方米。勤工俭学纯收益4700万元，比上年增长15.3%。成人教育、职业教育、高等教育、社会办学等各项工作都有新的进展。

人民生活继续改善

城市居民生活费收入达4754万元，增长19.1%，农民人均纯收入1893元，增长35.1%。妥善安排了受灾群众和困难户的生活。开展扶贫攻坚，使14741户56147人脱贫，超额完成了省下达的解决2.2万人温饱问题的任务。

市九届人大四次会议批准的《秦皇岛市国民经济和社会发展"九五"计划和2010年远景目标》中提出，"九五"期间，全市国内生产总值年均增长16.5%，到2000年，达到385亿元，比1980年翻三番半以上，人均国

内生产总值及主要经济技术指标增幅走在全省前列。1996年是“九五”计划第一个年头，开好局，起好步，对全面实现“九五”各项奋斗目标，具有十分重要的意义。根据党的十四届五中全会和中央经济工作会议精神，确定1996年全市经济工作总的指导思想是：坚持党的基本理论、基本路线和基本方针，继续实施科教兴秦、开放带动和以港兴市三大主体战略，积极推进经济体制和经济增长方式两个根本性转变，抓好农业和国有大中型企业两大重点，启动百件大事，扎扎实实打好“九五”第一仗，实现农业、工业、开放、城建和流通领域的新突破，促进国民经济持续、快速、健康发展和社会全面进步。

根据上述指导思想，本着积极可靠、留有余地的原则，同时考虑与“九五”计划的衔接，提出了1996年国民经济和社会发展主要计划目标：

国内生产总值230亿元，比1995年增长16.5％。其中，第一产业37亿元，增长9％；第二产业93亿元，增长21％；第三产业100亿元，增长14％。

农业总产值68亿元，增长10％；粮食总产量95—100万吨；乡镇企业总产值160亿元，增长33％，其中乡镇工业产值97亿元，增长35％。

工业总产值240亿元，增长20％，其中，乡及乡以上工业增长14％。

全部财政收入15.5亿元，增长13.8％。金融机构各项存款增加额35亿元，各项存款增加额26亿元，其中银行存款增加额25亿元，贷款增加额20亿元。

全社会固定资产投资84亿元，增长31.3％，争取89亿元，投资率38％左右。社会消费品零售总额59.6亿元，增长18％。社会商品零售物价上涨幅度控制在10％左右。外贸出口总值1.68亿美元，增长42％；实际利用外资1.78亿美元，增长66.4％，争取达到2.15亿美元。

城市居民人均生活费收入5470元，增长15％；农民人均纯收入2270元，增长20％。

实现上述目标的主要措施，一是把农业放在发展国民经济的首位，大力繁荣农村经济，壮大县域经济实力；二是紧紧围绕“两个根本性转变”，努力提高工业经济增长的质量和效益；三是优化投资结构，保持适度的投资规模；四是加强城市基础设施建设，进一步增强载体功能；五是广泛筹集资金，搞活资金融通；六是培育完善市场体系，积极发展第三产业；七是加速实施“开放带动”战略，开创对内对外开放新局面；八是继续实施“科教兴秦”战略，促进社会全面进步；九是加强宏观管理，保持物价基本稳定；十是坚持“两手抓、两手都要硬”的方针，进一步加强社会主义精神文明和民主法制建设，维护社会稳定。

（秦皇岛市人民政府办公室　苏斐华　白焕新）

秦皇岛市1995年大事记

1月1日　河北省政府正式批准我市设立北戴河经济技术开发区。该开发区位于北戴河风景旅游区以北6公里处，京哈公路两侧。面积3平方公里，分两期开发，其中首期开发1.8平方公里。以重点引进高科技、高附加值、低能耗、无污染工业项目为主。

2月16日　秦皇岛浅野水泥有限公司合同签字仪式在北京人民大会堂举行。该公司由日本水泥株式会社、日本丸红株式会社、河北省建设投资公司、秦皇岛港务局和抚宁县水泥开发公司共同投资兴建，项目总投资16.2亿元人民币，设计能力为年产高标号水泥138万吨，是我省建材系统最大的利用外资项目。该项目全部采用国际90年代先进技术和设备，计划1997年建成投产。国务院副总理邹家华、河北省省长叶连松等出席了签字仪式。

4月16～18日　国务院特区办主任胡平来我市考察。重点考察了市开发区、山海关开发区、秦皇岛港及部分三资企业，对我市进一步加快对外开放提出了要求。

4月24日　德国林根市政府访问团来我市访问，我市与林根市签订建立友好城市和加强双方经济技术合作意向书。

5月8日　市政府发布《秦皇岛市地方国有工交企业实行经营者职务效益工资的暂行办法》。

5月18日　比利时东佛兰德省副省长波尔·威廉一行来我市访问考察。

5月18～23日　’95河北省对外经贸洽谈会在石家庄举行，我市共签订利用外资项目合同44项，总投资9620万美元，协议利用外资4660万美元。

5月29日　我市与黄山市结为友好城市。

6月12～14日　秦皇岛市首届乡镇企业招商洽谈会在北戴河举行，国内外客商近千人参加洽谈，共达成合作项目73个，总投资3.19亿元，引进资金2亿元，其中利用外资18个。

6月25日　市委书记陈来立率本市代表团赴上海考察访问。通过对口洽谈，两市达成合作项目26项，并与上海市政府签订了进一步加强两市经济技术合作会谈纪要。

7月1日　本市卢龙县与唐山市迁安县交汇处的青龙河特大公路桥竣工通车。自此，102国道全线贯通。

7月18日　秦皇岛野生动物园开园。该园占地5000余亩，计有珍稀野生动物80余种1000多头(只)，是目前全国规划面积最大的野生动物园。

8月22日　新加坡内阁资政李光耀及随行的新加

坡经贸代表团抵秦，开始进行为期2天的访问考察。

8月25日 为期4天的秦皇岛市第七届“北戴河之夏”经贸洽谈会结束。共签订利用外资项目合同51项，总投资9598万美元，协议利用外资4571万美元，还签订意向书35份。

9月3日 亚洲铁人三项赛(中国站)暨全国铁锦赛在北戴河举行。

9月4日 本市成立京秦高速公路建设指挥部。

9月7日 泰国正大集团一行20人来我市考察。

9月8日 鹏泰(秦皇岛)有限公司投产。该公司由中国粮油食品进出口总公司驻港机构与泰国正大集团共同投资在我市山海关开发区独资兴办，总投资7193万美元，生产高等级面粉、非油炸方便面食品等。

9月19日 本市境内的沿海公路全线贯通。

10月20日 我市山海关港一期工程举行开工典礼。

11月20日 河北省秦皇岛企业家市场开业。

11月28日 本市与辽宁省葫芦岛市结为友好城市。

12月28日 市委召开八届三次全委(扩大)会议，原则通过关于制定《秦皇岛市国民经济和社会发展“九五”计划和2010年远景目标》的建议。

(白焕新)

秦皇岛市国民经济主要指标

指标	单位	1995年		1994年	
		地区	市区	地区	市区
年底人口数	万人	259.96	62.80	257.11	55.83
#非农业人口	万人	58.28	43.38	55.67	41.25
土地面积	平方公里	7523	363	7523	363
人口密度	人/平方公里	346	1730	341.77	1538.02
年末劳动力资源总数	万人	181.84	40.82	179.91	36.29
#乡村劳动力	万人	105.20	10.30	103.81	7.43
国内生产总值	亿元	179.60	100.13	139.30	—
农林牧渔业产值	亿元	57.47	5.15	42.70	3.45
粮食产量	万吨	98.01	4.06	84.08	3.94
蔬菜产量	万吨	107.44	21.44	94.17	14.76
猪牛羊肉产量	万吨	11.11	0.61	9.62	0.37
水产品产量	万吨	3.97	1.43	3.39	1.21
全部工业总产值	亿元	187.81	115.47	146.69	95.77
#乡及乡以上	亿元	136.48	108.99	109.38	88.20
客运总量	万人	852.70	679.30	911.80	743.30
货运总量	万吨	1353.00	1139.00	1244.00	979.00
固定资产投资总额	亿元	64.05	51.85	51.26	39.71
#住宅	亿元	2.35	2.17	8.31	6.44
房地产开发投资额	亿元	7.72	6.78	7.49	6.05
商品房销售额	亿元	4.43	4.13	3.84	3.68

续表

指 标	单 位	1995年		1994年	
		地 区	市 区	地 区	市 区
出口贸易总额	亿美元	1.18	—	0.78	—
进口贸易总额	亿美元	0.40	—	0.08	—
利用外资签订协议总数	项	138	—	131	—
利用外资签订协议金额	亿美元	2.99	—	1.39	—
实际利用外资金额	亿美元	1.07	—	0.77	—
国际旅游人数	万 人	3	—	2.13	—
国际旅游收入	万 元	1402	—	1375	—
地方财政预算内收入	亿 元	8.23	6.31	7.07	5.07
地方财政预算内支出	亿 元	11.19	8.08	9.53	5.28
银行年末各项贷款余额	亿 元	107.64	71.86	85.13	63.02
每万名职工中专业技术人员数	人	1066	612	997	726
# 中级职称以上	人	520	307	444	344
城镇居民家庭人均生活费收入	元	4754	4754	3990	3990
农村居民家庭人均纯收入	元	1893	2487	1401	1928

注：表内各项产值均按当年价格计算。

(秦皇岛市人民政府办公室供稿)

沧 州 市

1995年改革开放和经济发展情况综述

1995年，沧州市委、市政府认真坚持党的基本路线，全面实施强县战略、骨干带动战略、外向带动战略、非公有制经济突进战略，团结实干，奋力拼搏，一心一意上经济促发展，使全市的改革开放和现代化建设都取得了新的成绩，圆满完成了1995年和“八五”计划所确定的各项任务。

经济发展速度加快 全市国内生产总值完成226亿元，比上年增长17.3%。其中：第一产业增加值完成61.8亿元，增长21.7%；第二产业增加值完成的100.7亿元，增长18%；第三产业增加值完成64.1亿元，增长13%。农业获得丰收，粮食总产达到300万吨，比上年增长26.1%，创历史最高水平；油料6万吨，比上年增长8.4%；水果48万吨，比上年增长11.1%；其他除棉花因灾减产外，蔬菜、畜牧、水产等也都保持了较快的增长。乡镇企业总产值达393亿元，比上年增长43.1%；实现利润40亿元，增长38.5%；上交税金4.5亿元，增长22%。工业稳定发展，全市工业总产值完成350亿元，比上年增长28.3%，其中乡及乡以上工业企业总产值完成167亿元，增长23.3%。财政收入增长较快，全年完成财政收入12.28亿元，比上年增长21.7%。城乡市场较为活跃，全市社会消费品零售总额完成63.34亿元，比上年增长24.95%，商品零售物价上涨幅度为15.5%。金融形势比较稳定，全市年末各项存款余额达到227.4亿元，比年初增加55.3亿元；贷款余额172.3亿元，比年初增加33.5亿元。

各项改革全面推进 1995年是沧州市改革力度最大，成效最为明显的一年。一年来，在工业改革方面，坚持以搞活现有企业为重点。一是重点实施并完成了被列入河北省30户现代企业制度试点的市化工厂股份制改造、组建集团和国有资产授权经营，取得了河北省A股上市的额度，完成了发行股票的全部准备工作。列入河北省130户试点的市运输总公司、物资工贸集团、河北华芝电池股份有限公司、泊头齿轮油泵厂等，已全部按进度要求完成方案论证、审批，并投入运营。二是狠抓了股份制试点。对原有股份制企业按照《公司法》的要求进行了规范，对长期不能运行的试点企业取消了资格。三是搞活小企业。坚持因厂制宜，一厂一策。全年县以上企业新增股份合作制32家，新增租赁试点20家，破产8家，同时引进外资嫁接改造16家，切块搞活9家，兼并20家。在农村改革方面，坚持以活化农村经济为目标。一是积极发展农村合作基金会。到年底，全市已有15个县市区251个乡(镇)的2831个村建起了合作基金会和基金站，聚资总额达到8.6亿多元。二是广泛推行股份合作制。把股份制机制引入到种植、养殖、农业开发、水利建设等农业和农村经济的广大领域。以点带面，普及发展。到年底，全市农村股份合作企业和经济实体已发展到11840个，股金总额9.7亿元，年总产值达60多亿元。三是大力推进土地适度规模经营。制定了《沧州市集体所有制土地使用权流转管理办法》，并在全市重点推广了股份合作制综合开发、两田制与三田制、大户承包与家庭农场、"四荒"拍卖等四种土地适度规模经营形式，有力地促进了土地使用权流转。在市场建设上，坚持"因地制宜，合理布局，多方兴办、统一监管"的方针，发动全社会多方面力量兴办市场，大力发展地方名、优、特产品为龙头的专业批发市场、农副产品和工业品批发市场、蔬菜批发市场，年内全市新改扩建并已投入使用的年成交额超5000万元的市场14个，超2000万元的市场25个。

全方位大开放的格局初步形成 成立了由市委、市政府主要领导挂帅，市五大经济综合部门一把手为成员的开放工作领导小组，及时制定了《沧州市对外开放实施意见》和《沧州市1995年—2000年对外开放发展规划》。年初召开了专门会议，对对外开放工作进行动员和部署，明确了1995年全市对外开放工作的总体思路：即突出一个重点(抓项目)；抓好两个工程(黄骅大港和化工城建设)；办好八件大事。在这个基础上，落实了对外开放目标管理责任制，严格考核、兑现奖惩。在环境建设方面，除集中精力做好港、路、水、电、讯等基础设施建设外，还认真抓了城市的绿化、美化和环境卫生，提高接待服务水平，更重要的是实行了项目终审制，完善了联合办公制度，做好全程一站式服务。同时，多次组织参加大型的招商引资活动和商品出口洽谈会。到年底，全市对外贸易收购总额完成11.4亿元，比上年增长28.3%；创汇6860万美元，增长35.8%。年内新批三资企业合同86个，合同利用外资6169万美元。全市正式投产的272家三资企业，销售收入完成21亿元，同比增长79.8%；实现利税总额0.96亿元，同比增长29.5%。全市4个省级技术开发区累计批准进区项目230个，项目总投资32.3亿元，已建成投产的163家企业，当年完成产值1.7亿元，实现利税279.3万元，创汇129万美元。

经济发展后续能力显著提高 为了保证全市各项战略目标的实现，沧州市在资金比较紧张的情况下，始终把增投入、上项目当做头等大事。1995年，全社会固定资产投资完成59.58亿元，比上年增长30.2%，全年新增电量指标2057万千瓦，新修道路946公里，新增电话装机容量3.3万门。全市人民瞩目的港、城、库三大工程都已起动建设。3.5万吨级黄骅大港项目，5月份国家正式批准开展前期工程后，下半年大港的引堤、护岸、取土填方等准备工程全面开工。与此同时，还完成铁路专用线8公里，其他如大港配套设施建设、地方港设计方案、临港产业开发等也在加紧谋划设计之中。化工城建设项目，自从年初被化工部批准建设全国第三座化工城以后，沧州市及时制定了《沧州市化工城建设规划》，提出了目标，确定了标准。具体实施过程中，一方面抓"三龙"促"三区"，一方面抓"龙头"带项目。年初确定的11个总投资36亿元的大型化工项目中，投资8.6亿元的TDI项目已经开工，25项辅助工程已完工。蓄水能力1.5亿立方米的大浪淀水库工程已完成了清基、引渠及部分建筑工程，其他闸、涵、桥等配套工程也已全部完工，1996年可正式投入使用。

城镇建设进展较快 按照全市城市建设总体规划，城市建设迈出了新的步伐。全年新修市区道路11.3万平方米，新铺地下排水管道6743米，完成商品房建筑18万平方米。城市管理工作正向法制化、规范化的轨道迈进，市容市貌有了明显的改观，被省政府命名为省级卫生城。县级市、县城及建制镇的建设也取得了较大进展，城镇综合服务功能明显增强。

精神文明建设和民主法制建设进一步加强 1995年，沧州市各级政府坚持不断地加强思想政治工作，开展多种形式的爱国主义、集体主义和社会主义教育活动，从而有效地增强了全体干部群众坚持党的基本理论、基本路线的自觉性。各级政府牢固树立群众观点，始终把人民群众的利益放在第一位，自觉地接受人大的监督，重视人民政协、民主党派和各界人士的参政议政，提高了决策民主化、科学化水平。一年来，市政府共办理人民代表建议167件，政协提案167件。同时，还对全市群众普遍关注的亏损企业职工生活费问题，生产资料和生活必需品涨价过猛问题，中小学乱收费问题等十个热点问题进行了专题调查，并逐个加以解决。认真做好救灾扶贫工作，重视和加强信访工作，强化了社会治安综合治理，先后开展的"春季攻势"、"扫黄打非"和农村社会治安综合治理等专项斗争，查处了一批大案要案，为全市的改革开放和经济建设提供了良好的社会环境。

社会各项事业健康发展，人民生活进一步完善 科技工作坚持科技为经济服务的方针，全年共完成科技攻关项目和星火计划项目27项，其中达到国际先进水平的1项，国内先进水平的1项。教育体制改革步伐加快，办学条件进一步改善，全年投入资金1亿多元，新建校舍3.9万平方米，改造维修校舍4330间，新建教职工宿舍5万平方米。文化、卫生、体育、计划生育等方面的工作也都紧紧围绕经济建设这一中心，努力开展工作，取得了理想的效果。人民生活水平有了很大改善。1995年，全市城镇居民人均收入达到3743元，比上年增长29.1%；农民人均纯收入1736元，比上年增长54%。随着小康建设的力度加大，广大农村人民群众消费水平和生活质量不断提高。部分县、乡达到了小康水平。

总之，1995年沧州市改革开放和全市国民经济及社会各项事业都取得了很大成绩，保证了“八五”期间全市经济的全面发展和社会的较大进步。

纵观“八五”，沧州市会欣慰地看到自己：(一) 经济实力明显增强。全市国内生产总值平均增长15.5%，高出全省平均增速1.1个百分点，提前七年实现了国内生产总值比1980年翻两番的目标。财政收入比“七五”末增长93.7%，人均财政收入由“七五”末的107元增至197元。(二) 经济结构明显改善。三次产业比重由“七五”期间的31：40：29调整为26：44：30，工农业内部结构调整初步形成了沧州特色。(三) 经济发展后劲明显提高。“八五”期间，全市全社会固定资产投资累计完成181亿元，相当于“七五”期间的三倍，一大批重点项目建成投产并发挥了效益。(四) 基础设施建设和城镇建设明显加强。水、电、路、讯长足发展，其中交通、通讯事业处于全省领先水平；中心城市、县级市、县城、建制镇的格局基本形成，配套设施、综合服务和辐射带动作用有较大加强。(五) 各项改革取得明显进展。通过贯彻《企业法》和《国有企业转机建制条例》，加快了企业经营机制的转换和产权流动重组。各项配套改革全面推进，改革的积极效应正逐步显现出来。顺利地完成了地市合并这一重大行政体制改革。以转变职能、精减机构为主要内容的政府机构改革全面展开。随着各项改革的不断深入，全市国民经济市场化程度不断提高，符合市场经济发展要求的管理体制和运行机制开始形成。(六) 对外开放步伐明显加快，在“两环”开放带动战略的指引下，全市各方面涉外活动日趋活跃，多形式、多领域的联合与合作广泛展开，从而有力地促进了全市经济结构的调整和经济素质的提高。(七) 随着经济的发展，全市人民的生活水平明显提高，各项社会事业全面进步。

(沧州市人民政府办公室　邹双林　陈哲)

沧州市国民经济主要指标

指　标	单　位	1995年		1994年	
		地　区	市　区	地　区	市　区
年底人口数	万　人	639	40	633	39
#非农业人口	万　人	89	29	84	28
土地面积	平方公里	14053	202	14053	202
人口密度	人/平方公里	455	1980	450	1921
年末劳动力资源总数	万　人	385	24	374	23
#乡村劳动力	万　人	256	5	251	5
国内生产总值	亿　元	226	31	170	24
农林牧渔业产值	亿　元	117	2	81	1
粮食产量	万　吨	300	4	238	4
蔬菜产量	万　吨	91	9	69	8
猪牛羊肉产量	万　吨	18	0.2	12	0.1
水产品产量	万　吨	6.3	—	5.7	—
全部工业总产值	亿　元	371	59	279	49
#乡及乡以上	亿　元	175	54	128	46
客运总量	万　人	3588	1340	2600	971
货运总量	万　吨	3925	249	3542	224
固定资产投资总额	亿　元	24	15	24	11

续表

指　　标	单　　位	1995年		1994年	
		地　区	市　区	地　区	市　区
# 住宅	亿　　元	5	3	5	3
房地产开发投资额	亿　　元	2.3	1.7	1.8	1.1
商品房销售额	亿　　元	1.5	1.1	1.5	1.2
出口贸易总额	亿 美 元	0.7		0.5	
进口贸易总额	亿　　元	—	—	—	—
利用外资签订协议总数	项	99	26	102	37
利用外资签订协议金额	亿 美 元	1.6	0.4	1.7	
实际利用外资金额	亿 美 元	0.3	0.1	0.4	0.1
国际旅游人数	万　　人	0.4		0.4	
国际旅游收入	万　　元	130		96.3	
地方财政预算内收入	亿　　元	7.5	1.9	5.9	1.6
地方财政预算内支出	亿　　元	11.8	3	9.5	2.5
银行年末各项贷款余额	亿　　元	172	51	101	33
每万名职工中专业技术人员数	人	1282	829	1277	1027
# 中级职称以上	人	356	276	340	274
市区城镇居民家庭人均生活费收入	元	3743		2863	
农村居民家庭人均纯收入	元	1736		1227	

注：表内各项产值均按当年价格计算。

（沧州市人民政府办公室供稿）

青　岛　市

建设发达型农业的指导思想

总的指导思想是适应青岛市建设现代化国际城市战略目标的总要求，加快城乡一体化进程，以市场为导向，以效益为中心，以富民为目标，深化改革，扩大开放，调整结构，优化布局，加大投入，推广科技，深化改革，加快传统的依附型农业向现代化、外向型高产优质高效型农业转变。用20到30年的时间，逐步把全市农业建设成布局合理、结构优化、技术先进、管理科学、总量较大、质量较高、效益较好的发达型农业。

建设发达型农业的主要任务

一是要确保农产品稳定增长，增加粮、棉、油、菜、肉、蛋、奶、水产品等主要农产品的有效供给。二是要利用区域和资源等优势条件，积极发展出口产品生产，建设农业出口创汇基地和外向型农业示范区，增加农产品出口创汇，提高在国际市场上的竞争力。三是确保农民收入稳定增加，发展规模化生产，集约化经营，产业化组织，促进非农产业和高效农业，降低成本，提高效益，努力增加农民收入，不断提高农民生活水平，加快农村奔小康的进程。

建设发达型农业的目标

一是农业总量、经济实力、人均占有量、农民人均纯收入位居全省或者全国前列，农业总产值、增加值、粮食总产、农民人均纯收入年均增加7％、6％、5％

和8%，到2000年分别达到180亿元、115亿元、325万吨和4500元。二是农产品科技含量和质量进一步提高。到2000年，主要农产品优质品率达到80%以上，科技含量达到60%以上。三是农业综合效益提高。土地产出率，劳动生产率、农产品商品率、农产品加工增值率、外向度都要提高到一个新水平，农产品商品率达到85%，农村经济外向度由1994年的10%达到25%以上。四是产业、产品、经济结构在高层次上实现优化，农业内部种植业与经济作物之间、农林牧副渔业之间结构合理，农村经济一、二、三产业协调发展。

建设发达型农业应遵循的原则

(一) 要坚持以市场为导向，以效益为中心的原则，实现商品农业向市场农业的转变，促进高产优质高效农业的发展。

(二) 坚持农业发展结构、速度、效益相统一的原则，在稳定增加粮食总产的前提下，合理调整优化产业结构，农业生产要提高效益，增加农民收入，在结构合理，效益提高的基础上保持稳定的发展速度。

(三) 坚持扩大开放，发展外向型农村经济的原则，充分发挥青岛外向型城市的功能和优势，促进农副产品和农村劳务出口，扩大技术引进，推动农业和农村顺应国际经济大循环的潮流，使农业和农村的开放跨上高层次和高水平。

(四) 坚持走农村工业化、农村城市化的道路，推动城乡一体化。

(五) 坚持加快农业开发与可持续发展相协调的原则。保持农业生产率稳定增长，提高食物生产和保障食物安全，发展农业和农村经济，必须保护和改善农业的生态环境，合理、永续地利用资源，特别是生物资源和再生能源，以满足逐年增长的国民经济和人民生活需要。

建设发达型农业的战略措施

(一) 坚持基本经济制度，完善生产经营方式。重点围绕家庭农场、专业公司＋农户方式和在原有村集体经济框架上通过股份合作等形式建立的新型农村经济组织，选择生产经营方式。

(二) 搞好结构调整和布局。

因地制宜，突出特色，按照沿海、城郊、平原、山区四大格局进行总体布局。沿海要围绕“建设海上青岛”的战略，发展水产养殖、捕捞及加工业，大力发展蓝色农业，建设发达的沿海渔业经济。城郊要围绕青岛市及五个县级市近郊，建设好“菜篮子”工程，发展鲜活产品的生产、储藏、加工，发展白色农业，建设发达的城郊农业经济。在远郊的平原和山区，要大力发展绿色农业和立体农业。

(三) 加强农业建设与开发，增强发展后劲。

一是要加强水利、技术、农机、气象等农业基础设施建设，提高农业生产抵御自然灾害的能力。二是要搞好国家级粮食大县、商品粮基地、油料基地和农产品加工、出口基地建设，培育农业和农村经济新的增长点。三是要加强支农工业、市场体系等农业生产支持保障体系的建设和完善，保证农业生产健康稳定发展。

(四) 加强农业综合开发，扩大农业生产能力。

要抓好以中低产田改造、山丘区开发，庭院经济开发为重点的三大开发，以增产粮油和农民收入为中心，立足资源开发和利用，对山水林田路进行综合治理。

(五) 大力发展农村科技教育事业，加快农业和农村经济的科技进步。科学技术是第一生产力，必须使农业生产和农村经济发展真正转移到依靠科学技术上来。

(六) 拓宽农业资金来源渠道，加大投入力度。

(七) 完善农村社会服务体系。

(八) 发展乡镇企业，推动农村工业化、城市化，加快城乡一体化步伐。

(九) 政府宏观调控机制。

政府在规划和政策制定、重大项目和重要项目的投资、审批、农业风险基金建立和管理、农业保护措施的制定实施和农业重大关系的协调等多方面进一步加强宏观调控的职能和力度。重点是：一要加大依法治农力度，逐步把农业生产纳入法制化轨道。二要建立健全农业保护体系，建立粮油肉主要农产品储备制度，提高吞吐能力，稳定市场供应；建立生产风险基金制度和价格保护制度，保护农民的利益。三要加强对农业的组织领导。要提高认识，始终把农业放在整个经济工作的首位抓紧抓好。要认真贯彻执行促进农业发展的有关政策，注意研究新情况，解决新问题，保证农业继续稳定发展。

(青岛市人民政府办公厅　王　磊)

淄博市

1995年对外经济贸易概况

综述 1995年，在国家一系列对外经贸政策调整的影响下，对外经贸工作面临着严峻的形势。全市各级对外经贸部门及时转变观念，理清思路，抓住关键，加大措施力度，促进了对外经贸工作持续、健康、快速地发展。

出口创汇继续保持增长势头。全市自营出口创汇1.36亿美元，完成年计划的150.68%，同比增长88.69%。其中市属外贸公司出口创汇4341.51万美元，完成年计划的190.42%，同比增长99.04%。自营出口生产企业出口创汇10854.63万美元，完成年计划的114.02%，同比增长41.98%。其他企业完成1289.94万美元。全市三资企业出口创汇17867万美元，同比增长18.9%，其中直接出口创汇7216万美元，同比增长66.4%。主要特点是：以国际市场为导向，全市形成了自营企业、三资企业、外工贸企业、外贸公司等四路大军共同出口创汇的新局面；出口产品的档次不断提高，出口产品中工业制成品已占很大比重，据统计，1995年工业制成品占93%；出口产品的市场不断扩大，在继续巩固传统市场的同时，向欧美等远洋国家和地区的出口额有明显增长。全市出口产品已发展到60多个国家和地区。全年共签发原产地证522份，金额1816.5万美元。

利用外资的项目数和合同外资额下降，实际利用外资增加，到位率提高。全市审批三资企业159家，同比下降17.6%，合同利用外资2.75亿美元，同比下降14.1%，实际利用外资1.85亿美元，同比增长4.33%。主要特点是：项目单体规模增大，平均每个项目利用外资173.2万美元，比1994年增长4%；大项目增加，总投资500万美元以上的项目33家，分别占全年项目数和利用外资额的20.8%和66.9%；工业项目和利用外资额占主导优势，分别占90.6%和92.5%；技术密集型项目增多，一批技术密集程度较高的项目如医用愈合膜、离子膜烧碱、贵金属制剂、高压硅胶电瓷等项目落户本市；来自发达国家的投资比重增大，159家三资企业中，欧美国家投资的有50家，外资额占44.7%，一批大财团如泰国正大集团、日本三井物产、英国摩根集团、德国西门子等知名公司都先后来淄博市进行过投资洽谈。1995年，到本市投资的国家和地区计22个。

全年对外承包工程和劳务输出合同额318.3万美元，完成营业额89.38万美元，外派劳务199人次，期末在外259人。主要特点是：外派劳务已开始被人们普遍接受，并且外派劳务已由普通劳务向高级劳务转变，1995年已向新加坡派出39名高级劳务，开始形成一条比较稳固的渠道。关岛、塞班岛、中东的外派劳务也有新的进展。1995年，利用外国政府贷款提报备案9个项目，其中6个经国家外经贸部批准实施。

全市各外向型工业加工区建设速度加快。全年基础设施投入1.64亿元，新批进区利用外资项目27个，出口创汇5194万美元。主要特点是：各加工区加大投入，优化投资环境，走自我积累，滚动开发的路子，科学规划，创造优势，招商引资，招贤纳才，加工区建设走上了良性循环发展的路子。

对外加工贸易有较大进展。据海关统计，1995年，全市对外加工贸易共签发备案合同779份，合同进料值1.77亿美元，分别比1994年增长31%和182%，其中，来料加工26份，进出口总额3622.94万美元，工缴费收入345.68万美元。为加快这项业务的开展，制定规划措施。制订了《淄博市人民政府关于大力开展加工装配业务的意见》，引导企业深入开展加工装配业务。选择了60个项目，主要包括轻纺、轻工、机电等，有20个被列入山东省对外发布项目。

坚持全方位实施外向带动战略 1995年，按照市委、市政府的要求，我们始终把实施外向带动战略放在首位来抓，层层深入动员，统一思想认识，明确任务目标，紧紧围绕发展开放型经济这个主题，采取切实有效的措施，加快发展步伐。根据形势发展，及时召开对外经贸工作会议，分析形势，研究对策，善于在国家宏观经济参数的经常性变动中，把握时机，趋利避害，在机遇与挑战中创造发展优势，促进了对外经贸的健康发展。

1995年，全市外经贸继续走“三外”联动，“三外”齐上，发展“大外经贸”之路。外贸出口抓好外贸公司、自营生产企业、外工贸公司和三资企业四支队伍，实现出口创汇和经济效益的同步增长。为壮大自营力量，经国家外经贸部批准，使12家企业获得了自营进出口权。进一步深化外贸企业改革，以转轨建制，建立现代企业制度为目标，深化“三项”制度改革，深入开展“质量管理效益年”活动，企业活力增强。加强外贸和工农技贸商银等方面结合，提高了外贸企业对其它行业的渗透能力和促进功能，外贸企业已开始由粗放型经营向集约化经营转变。利用外资工作适应国家政策调整，拓宽融资渠道，多层次全方位利用外资，外商投资项目已由数量型增长转向质量效益型增长。本着市区结合、政企结合、境内外结合、多种经济成分结合、招商贸易结合的原则，加强区域性招商与小型专业化招商及办好各类洽谈会，招商方式灵活。全年共组织经贸出国团组222批705人次。实行分工负责制，强化目标考核，加强对三资企业的管理，进一步增强服务意识，提高工作效率，创造良好的投资环境。外经工作坚持“经贸结合，联合发展”的思路，积极推进对外承包工程和劳务合作，输出劳务到国外承包工程已形成新的经济增长点。

调整结构，转变经济增长方式 按照中央五中全会精神，狠抓结构调整，促进对外经贸向更高层次、更高水平发展。外贸方面加快出口产品结构调整，大力扩大高附加值、高创汇、高技术含量的大宗商品出口。抓好出口市场结构调整，在巩固传统市场的同时，全面推进市场多元化，积极开拓周边国家、发达国家和拉美市场。抓好贸易方式调整，运用灵活贸易方式，加快加工贸易、投资贸易的发展，积极开拓进口业务。利用外资方面实现招商地区结构的调整，由港澳台韩及东南亚国家和地区转向欧美等国家和地区。调整外商投资产业结构，重点吸引国外大财团、大商社举办大项目、高新技术项目和适应淄博市经济发展的资源开发项目。外经方面，以工程承包带动劳务输出，实现外经与外贸外资的有机融合。

抓住机遇，充分用足用好国家政策 1995年，国家对外经贸政策的调整力度比较大。根据国家政策调整情况，及时召开会议，与海关、商检、税务等部门协调配合，调整策略，在政策中找“含金量”，找出路，用足用好现有政策。1995年，是沿海开放地区为发展出口创汇农业享受进口减免关税和增值税优惠政策的最后一年，这期间积极动员各有关经贸公司赶上“末班车”，免税办理农用进口物资8.3万吨，有效地支持了创汇农业的发展。利用外资的政策方面，开放初期的以经济开发区为特征的区域优惠政策和以减免税收为促进手段的产业优惠政策逐步消减，赶在政策消减之前，集中办理了一批外商投资企业。国外政府贷款项目从1996年开始征收关税和增值税，1995年，用足用好国家政策，为企业集中办理了9个贷款项目，全年到货916万美元。

优化投资环境，改善对外商投资企业的管理与服务 随着国家对外商投资企业优惠政策的调整，投资环境对招商引资有着决定性的影响。对此，根据省政府改善外商投资软环境电视会议精神专题召开会议，要求在继续改善投资硬环境的同时着重改善投资的软环境，在提高办事效率的同时积极主动地为外商投资者提供优良的前后期服务。主要包括为外商投资者介绍合作伙伴，代办项目立项等审批手续，承办租赁或购买厂房、生产资料和销售产品，推荐培训管理专业技术人才，招聘工人等。还在进出口、报关、报验、运输、结汇等方面提供服务。针对各企业不同情况，采取不同措施，对新签合同抓紧落实中方投资，切实保障合同中我方已承诺的出资等责任条款，取信外商。对各方已投资的在建项目，协调各方关系，争取早日建成投产，对已开业投产的企业，尊重企业自主经营权，基本保障了外商投资企业处在良好的法制环境和投资环境中，促进了外商投资企业规模效益的提高。外商投资者在合资(合作)企业的收益率高于国内一般企业，1995年有33家企业增资，增资额5637.1万美元，占总量的20.5％。为增强对外商的吸引力，扩大对外影响，'95陶琉节期间，组织举办了淄博外商投资企业恳谈会，对22名外商和港澳台侨给予表彰奖励，授予13名外商和港澳台侨“淄博市荣誉市民”称号。成立了淄博国际商务信息中心，为开放型经济开辟了一条新的信息咨询服务渠道。

采取措施，加快各类开发区的建设与发展 1995年各类开发区因地制宜，外引内联，全面规划，继续加大投入强化基础设施建设，滚动发展，具备了长远发展的基础条件。在改善基础设施建设的同时，各开发区加强软环境建设。加强统一管理，进一步建立健全内部管理体系，简化项目进区程序，促进咨询、律师、会计、资产评估等中介机构的进一步发展，开发区内已培育起国际贸易，物资专业批发、金融、人才劳务、信息、房地产交易、商业贸易和科技等八大市场要素，各开发区依靠自身优势，优化产业结构，广开招商渠道，实施全方位引资。目前，开发区内的香港工业园、淄博基金工业园、韩国工业城、兆峰陶瓷工业园、科技产业化园区等大型合资连片开发项目已开始步入实施阶段。CD祝唱盘、高档镀膜玻璃、激光分析仪、潜油电泵等高技术含量项目已上马投产。各开发区提出“人才就是资本，招贤就是招商”的口号，不拘一格招才纳贤。同时各开发区鼓励科研开发，与华中理工大学、北京大学、中科院等院校和科研所建立了广泛的协作关系，成立了16家科研所，为开发区的建设与发展注入了根本动力。为加强开发区的管理，及时召开开发区例会调度，融通情况，协调关系，提供信息服务，促进了开发区实现区域经济由顺态演进向跳跃式开发的转变。

(淄博市对外经济贸易委员会　赵炳文)

淄博市国民经济主要指标

指　　标	单　　位	1995年		1994年	
		地　区	市　区	地　区	市　区
年底人口数	万　　人	393.94		390.56	
# 非农业人口	万　　人	121.95		115.68	
土地面积	平方公里	5938		5938	
人口密度	人/平方公里	663.4		657	
年末劳动力资源总数	万　　人			229.72	
# 乡村劳动力	万　　人	142.97		143	
农林牧渔业产值	万　　元			375.28亿	
粮食产量	万　　吨	167.76		161.36	
蔬菜产量	万　　吨	176.57		167.24	
猪牛羊肉产量	万　　吨	11.01		11.83	
全部工业总产值(现行价格)	万　　元			968.65亿	
# 乡及乡以上	万　　元			480.91亿	
全部工业总产值(1990年不变价格)	万　　元			737.53亿	
客运总量	万　　人	965.3		979.7	
货运总量	吨	3194万		3024.1万	
固定资产投资总额	万　　元	116亿		109.83亿	
# 住宅	万　　元				
房地产开发投资额	万　　元			4.6亿	
商品房销售额	万　　元				
地方财政预算内收入	万　　元	10.73亿		9.46亿	
地方财政预算内支出	万　　元	13.41亿		12.23亿	
# 文教科学卫生事业费支出	万　　元			37994	
# 教育事业费支出	万　　元				
银行年末各项贷款余额	万　　元	207.22亿		171亿	
高等学校数	个	3		3	
高等学校在校学生数	人	6712		5478	
每万名职工中专业技术人员数	人				
# 中级职称以上	人				
影剧院	个	14		7	
公共图书馆	个	9		9	
卫生机构数	个	842		804	
# 医院	个	195		205	

(淄博市对外经济贸易委员会供稿)

东 营 市

1995年经济和社会事业持续健康发展

1995年，全市上下坚持改革、发展、稳定的方针，突出经济建设这个中心，团结实干，奋力拼搏，促进社会事业的不断进步，巩固发展安定团结的政治局面，胜利完成了"八五"确定的主要任务，为"九五"计划和2010年远景目标的实施奠定了基础。

(一) 以经济效益为中心，经济运行质量明显提高 1995年，按照省政府的统一部署和市政府的要求，全市农业、工业、财金、经贸等战线以经济效益为中心，深入开展"管理效益年"活动，层层制定目标措施，狠抓各项具体任务的落实，使这一活动取得了明显的成效，促进了国民经济持续稳定增长。1995年全市实现国内生产总值217.47亿元，比上年增长9.7%。工农业总产值达169.36亿元，比上年增长6.8%。第三产业增加值达24.28亿元，同比增长10.4%。努力增加农业投入，大搞农业综合开发，狠抓农田水利基本建设，加快农业产业化步伐，促进了农业和农村经济的全面发展。全市开发荒碱地7.5万亩，改造中低产田8.3万亩。农副产品加工龙头企业发展到125个，各类专业村发展到395个。1995年全市农业总产值实现23.36亿元，同比增长9.7%；粮食总产88.56万吨，增长1.2%；棉花总产2万吨；林、牧、副、渔各业全面增长，"双高一优"农业蓬勃发展。深化企业改革，加大技改力度，加快重点项目建设，狠抓扭亏解困，工业生产运行质量和效益明显提高。全市工业总产值完成146亿元，同比增长6.3%，其中地方工业总产值61亿元，增长17.2%。工业企业产品销售率达到98.35%，其中地方92.01%。乡镇企业继续保持较快的发展势头，实现总产值97.5亿元，比上年增长44.7%。强化税收征管，大力组织财政收入，从紧从严控制支出，工作成效显著。全年实现财政收入5.29亿元，完成年度预算的117.12%，比上年增长28.83%；财政总支出完成7.47亿元，完成年度预算的106.61%，比上年增长33.08%。金融系统广大干部职工积极参与支持地方经济建设，到去年末，各项存款余额109.8亿元，各项贷款余额81.6亿元，分别比上年增长38%和9.3%。流通企业以深化内部改革为动力，深入开展"管理效益年"活动，逐级落实扭亏增盈目标责任制，狠抓企业管理，经济效益明显回升。全年社会消费品零售总额实现35.69亿元，增长22.7%。全年外贸出口创汇达到1612.6万美元，比上年增长94%，其中自营出口创汇完成709.6万美元，比上年增长128%。全年新增三资企业37家，实际利用外资1862万美元。个体私营经济健康发展，全市个体工商户达到31280户，私营企业768家，从业人员占总人口的比重位居全省前列，上缴税收占地方财政收入的10%。完善价格调控管理体系，严肃物价纪律，强化监督检查，整顿市场秩序，全年物价涨幅控制在了15%以内。

(二) 以改革促发展，在发展中深化改革 以建立现代企业制度以目标，学习借鉴外地经验，结合我市企业实际，实行"因企制宜，一企一策，一厂一法，多形式推进"，推动了企业改革的不断深化。列入省、市现代企业制度试点的企业2家；全市股份制企业已发展到139家，股本金总额15亿元，增量股本6亿元；乡村两级股份合作制企业发展到366家；全市企业集团发展到36家，资产总值36.6亿元；33家经营不善的企业被优势企业兼并，18家亏损严重的企业实行了破产，346家中小企业实行了租赁、拍卖或嫁接改造等形式的改革。农村和农场改革稳步推进。在稳定和完善家庭联产承包责任制和统分结合双层经营机制的基础上，抓住"三黄"农业开发的机遇，积极推行土地适度规模经营，完善服务体系，推动了"双高一优"农业的进一步发展。社会保障制度改革有了新的进展。农村养老保险和社会保障体系建设向前推进，深化科技体制改革，加快了科技经济一体化进程。全市厂办科研机构发展到67家，从业人员700多人；民营科技企业405家，技术贸易机构447家；技术合同成交额达到1.46亿元，通过技术市场转化的科技成果达268项；科技进步对经济增长的贡献率达到45%。教育改革不断深入，全市5个县区的中小学校已全部完成"四制"改革。计划、财税、金融等宏观调控制度的改革运行良好。人事制度、劳动就业、医疗卫生、统计制度等各项改革继续推进。

(三) 加强基础设施建设，经济发展环境进一步改善 1995年，全市完成固定资产投资92.76亿元，比上年增长14.1%，其中地方21.5亿元，增长25.7%。全市地方新增蓄水能力3000万立方米。东港一级汽车专用公路建成通车；东营港初步建成了一个3000吨级泊位码头，并被列为国家一级对外开放口岸；西城三路改造工程顺利完成；城市建设和管理水平不断提高，创建卫生城工作通过了省级验收；各项通讯工作工程按期或提前完工运行，通讯条件大为改善。基础设施的日益完善，有效地改善了投资环境，为今后经济社会发展创造了重要条件。

(四) 社会事业进一步发展，民主法制建设不断加

强 发挥科技第一生产力的作用，加快科技成果转化，进一步提高了科技进步对经济社会发展的推动作用。全年共组织实施科技计划项目197项，项目完成率达到90%，科技成果推广应用率达70%。认真抓好各类教育，进一步提高了教学质量和办学效益。坚持"三为主"工作方针，计划生育工作取得新成绩，全市人口自然增长率控制到6.34‰。积极开展齐鲁杯城市"三上"活动，努力创建省级卫生城市，城市"三上"和省级卫生城市均已顺利通过检查验收。土地管理、环境保护工作进一步加强。民政、外事、任务、旅游、市政、信访、文化、体育、广播电视、档案、无线电、史志、气象、民族宗教、人民武装等各项社会事业都有了新的发展。民主和法制建设进一步加强，促进了政府工作的民主化和科学化。搞好法制宣传教育，强化社会治安和油区治安，提高执法水平促进了依法治市和依法行政，维护了社会稳定。坚持"两手抓、两手硬"的方针，加强党纪、政纪和法制监督，大力加强精神文明建设，在全市广泛开展了向孔繁森等英模人物学习的活动，深入开展了反腐倡廉、廉洁自律、社会公德和职业道德等方面的教育，弘扬艰苦创业的时代精神，使社会主义精神文明建设得到进一步加强。

(五) 城乡人民生活有了新的提高 1995年全市人均国内生产总值达13260元，比1990年增长2.14倍，"八五"期间年均增长25.7%；农民人均纯收入达到1636元，比1990年增加1067元，增长1.9倍；职工平均工资达到6960元，其中地方职工平均工资3800元，分别比上年增长26.7%和17.2%。城乡居民年末储蓄存款余额达到73.3亿元，比1990年增加58.3亿元。

(东营市人民政府办公室 田和友)

东营市国民经济主要指标

指 标	单 位	1995年		1994年	
		地 区	市 区	地 区	市 区
年底人口数	万 人	164.11	68.08	162.11	66.20
#非农业人口	万 人	49.34	38.68	45.90	36.24
土地面积	平方公里	7893	3294	7893	3294
人口密度	人/平方公里	207.92	206.68	205.38	200.97
年末劳动力资源总数	万 人	120.46	56.24	119.34	56.15
#乡村劳动力	万 人	71.58	15.52	71.05	15.91
国内生产总值	亿 元	229.26	182.036	191.5	158.5619
农林牧渔业产值	亿 元	48.7046	12.6654	24.5286	6.6925
粮食产量	万 吨	88.56	19.43	87.49	19.30
蔬菜产量	万 吨	61.98	8.98	53.03	8.55
猪牛羊肉产量	万 吨	6.1327	1.756	4.0271	1.1268
水产品产量	万 吨	8.559	3.8455	7.5103	3.471
全部工业总产值	亿 元	291.4524	231.9587	289.234	243.2418
#乡及乡以上	亿 元	262.3539	229.4051	264.0408	239.2749
客运总量	万 人	388.57	274.27	482.4	379
货运总量	万 吨	1355.0	796.0	1396.4	847.4
固定资产投资总额	亿 元	88.9244	86.0606	80.1068	78.62
#住宅	亿 元	5.6434	5.0851	5.3033	5.0501
房地产开发投资额	亿 元	0.9667	0.8330	1.0163	0.9702

续表

指标	单位	1995年		1994年	
		地区	市区	地区	市区
商品房销售额	亿元	0.5480	0.4828	0.3930	0.3730
出口贸易总额	亿元				
进口贸易总额	亿元				
利用外资签订协议总数	项	37	23	44	16
利用外资签订协议金额	亿元	1.7762	0.7769	3.7466	2.2070
实际利用外资金额	亿元	0.82	0.1743	2.075	1.5944
国际旅游人数	万人	0.0608		0.0689	
国际旅游收入	万元	10292		174.3	
地方财政预算内收入	亿元	6.5917	4.8756	4.1322	3.2941
地方财政预算内支出	亿元	7.4655	5.4375	5.6098	3.9614
银行年末各项贷款余额	亿元	72.5073	54.1336	66.9376	55.455
每万名职工中专业技术人员数	人				
# 中级职称以上	人				
城镇居民家庭人均生活费收入	元		5666		4446
农村居民家庭人均纯收入	元	1636	1606	1265	1273

注：表内各项产值均按当年价格计算。

(东营市人民政府办公室供稿)

潍　坊　市

坚持"四突出"方针不断提高对外开放水平

改革开放以来，潍坊市委、市政府连续多次召开规模大、层次高的全市对外开放会议，从强化全员开放意识入手，重点解决影响对外开放的深层次问题，努力营造全民开放、全方位开放的大气候，增强加快对外开放的紧迫感。在对外开放工作的指导思想上，由以前的"三外并举、外资突破"逐步转变为近年来的"四突出"方针，实现了以注重扩大外延上规模到注重优化结构、提高效益上水平的跨越。

截止到1995年底，全市累计批准利用外资项目2330个，合同外资额34.36亿美元，外商实际投入14.79亿美元，其中审批三资企业项目2027个，外商实际投入11.8亿美元。对外贸易实现了由传统收购供货向自营进出口的转变。自营出口创汇额从1991年起步时的324万美元，猛增到1995年的2.43亿美元，增长了近7倍。自营进出口企业由1991年的1家，到1995年底发展到69家，自营进出口产品覆盖到全球62个国家和地区。国际经济技术合作方面，几年来，输出劳务近3000人次，签订对外承包劳务合同额逾6000万美元，海外企业进军到世界各地，到1995年底已兴办各类海外企业106家。

"四突出"方针，简要概括就是：在利用外资上，突出"大、高、新"；在对外贸易上，突出发展自营进出口；在对外经济技术合作上，突出兴办海外企业和对外承包劳务；在拓宽对外合作渠道上，突出风筝会和鲁台经贸洽谈会这两会。

第一，突出"大、高、新"，提高利用外资的档次水平　"大"就是面向大客户，兴办大项目。实践证明，真正要实现利用外资由数量增长型向质量提高型的转变，必须同国际上的大财团、大商社、大的跨国公司合作，吸引他们到潍坊投资，举办大的项目。这些大客户注重的是潍坊市良好的投资环境和自身长远发展，不象部分投资规模小的客商，只图一时政策优惠。1994年，同日本、韩国、美国等国家和地区的20多家大公司、大财团进行了密切的合作，当年兴办利用外资项目473个，合同外资额10.76亿美元，实际使用外资4.51亿美元，批准总投资过千万美元的大项目37个。1995年，全市批准利用外资项目392个，合同外资额8.84亿美元，居全省第二位，实际使用外资5.14亿美元，居全省第三位。1995年一年就与日本住友、丸红、伊藤忠、日商岩井，泰国正大集团、盘谷银行，韩国鲜京·三星，新加坡佳通集团等进行了经贸合作，并接待了新加坡贸工部长率领的政府及企业代表团，共审批总投资过500万美元的大项目38个。"高"就是高起点、高水平对老企业进行嫁接改造，加快老企业的技术进步和产品更新换代。这一直是全市利用外资的重点，工作中把握的原则是不管企业规模有多大，效益有多好，只要外商愿意，对我有利，就大胆地搞，思路是改旧的，上新的，建大的。如寿光造纸集团股份有限公司在一家老企业的基础上通过利用外资，引进先进的2640长网纸机，使产品质量大大提高，其高档纸远销20多个国家和地区，企业效益居全国同行业之首。目前，该厂正在积极与外商合作，实施投资3000万美元、新上年产3万吨铜板纸项目。潍坊亚星化工集团的前身是潍坊化工厂，在化工行业不景气的情况下，大胆引进具有当代国际先进水平的德国氯化聚乙烯生产技术，高起点技术改造，使一个几乎被市场经济淘汰的老企业，一跃成为国内外瞩目的氯化高聚物生产、科研基地。"新"就是不断开辟利用外资的新领域。针对第一产业、第三产业利用外资相对偏少的问题，几年来，在不断扩大工业利用外资的同时，努力提高农业利用外资的比重，进一步拓宽第三产业利用外资的领域，办好农业生物技术开发园区，带动农业利用外资的发展，引导外资向金融、交通、港口、旅游服务、信息咨询第三产业项目转移，利用外资的领域进一步拓宽。

第二，突出发展自营进出口，积极参与国际竞争 近年来，潍坊市抓住外贸体制改革带来的机遇，把发展自营进出口作为建立"大经贸"格局，扩大对外开放，加快外向型经济发展的重要措施来抓，全市自营进出口有了迅猛发展，一年一个新台阶。1993年全市自营进出口企业有12家，出口创汇2003万美元，1994年自营企业达到32家出口创汇8661.9万美元，1995年自营企业猛增到69家，出口创汇2.43亿美元。潍坊市的做法主要是：一是狠抓出口队伍建设，1994年为21家企业争取到了自营进出口权，1995年提报要权企业50家，经过多方努力，有37家企业被授予自营权，使全市获权企业累计达到69家，形成了一支由外贸专业公司、自营进出口企业、三资企业并驾齐驱的对外贸易大军。二是积极培植货源，提高产品档次，优化产品结构。近年来，潍坊市建立并巩固了一批各具特色、规模较大的农业出口创汇基地，如肉食鸡、烤烟、蔬菜、花生等，并注重搞好精加工、深加工，加大产品附加值。工业品出口，抓了以重点骨干企业为龙头的机械、电子、海洋化工、纺织服装，新型建筑五金等十大出口创汇产品，大力提高工业制成品尤其是机电产品的出口比重，到1995年，全市工业制成品创汇额已占出口总值的80％，其中机电产品占19.6％，均为历史最好水平。三是努力开拓国际市场，扩大销售渠道。通过组织本市的经贸活动和参加全省、全国的经贸活动，积极拓展产品覆盖面，建立广泛的销售网络，到1995年底，全市自营产品已打入62个国家和地区。四是以进养出，做好进出口结合文章。让企业看到不光出口创汇有效益，把好国内国际两个市场需求变化，积极主动用好进口权也能增效益。如潍坊化纤厂1995年进口木浆6700吨，棉短绒700吨，大力开展来料加工业务，利用进口价格优势，既扩大了出口，又创造了效益。

第三，突出办好海外窗口企业，大力发展对外承包劳务 外经工作是对外经贸工作的重要组成部分，在"大经贸"战略中具有举足轻重的地位。潍坊市以提高对外经工作重要意义的认识为突破口，增强加快发展外经工作的紧迫感、责任感。承包劳务方面，主要抓了市场开拓，增辟渠道，壮大队伍。在进一步巩固扩大韩国、日本、东南亚市场和中东市场的同时，积极向周边国家和地区以及南太、南美、非洲市场开拓，取得了较好效果。在参加各类经贸洽谈会，举办各类招商引资活动，出口考察推销时，把招揽承包劳务业务作为一项重要内容，充分挖掘各方面的潜力，增加业务量。在组建好各县市区对外承包劳务专业队伍的同时，加强全市优势行业的联合，形成拳头，一致对外。1995年还为潍坊建筑安装工程公司争取到了对外承包工程承包经营权，使全市有权企业增加到2家，改变了孤军作战局面。1994年，全市对外承包劳务合同额为2347万美元，完成营业额435万美元，外派劳务1001人次，1995年签订对外承包劳务合同额3148.6万美元，完成营业额1163万美元，外派劳务1301人次，分别比上年增长34.2％、167.4％和30％。到1995年底，全市累计在世界17多个国家和地区承揽了对外承包劳务项目，项目领域法及建筑工程、机械维修、农业种植、医疗保健、饮食服务、电子计算机软件等20多个行业。

近年来，潍坊市海外企业发展很快，1994年为62家，到1995年底达到106家，分布在美、日、俄、新、加、越等十几个国家和地区，既有工业项目，也有农业种植项目、服务行业项目，还有部分贸易性公司及国内外企业驻外代表处。海外企业为潍坊市产品。企业开拓国际市场，参与国际竞争起到了积极作用。如潍坊柴油机厂先后在印尼、孟加拉、菲律宾、尼日利亚、马来西亚、奥地利等建立了10余家经销服务中心，迅速扩大了潍坊柴油机厂产品的市场占有量，出口额连年大幅增长。潍坊昌艺桐木制品有限公司在美、日兴办了3家窗口企业，不仅扩大了产品外销，还为公司引回了外资和项目，办起了两家合资企业。

第四，突出两会阵地，拓宽对外合作渠道 自1984年起，潍坊市就先声夺人，在全国率先举办了“风筝牵线、文化搭台、经贸唱戏”的国际风筝会，到1995年已连续举办了12届，还是有了风筝会，才使潍坊市的名声走向了世界，使世界走进了潍坊。一届又一届的风筝会，结识了大批客户，通过他们又引来了源源不断的新客户，国外的资产、技术也随之涌入，潍坊的产品借机打入国际市场。

1994年，潍坊市举办了首届鲁台经贸洽谈会。鲁台会是山东省人民政府主办，潍坊市承办的大型对台经贸活动，旨在扩大海峡两岸经贸交流，推动全省利用台资再上新台阶。从1995年起，鲁台经贸洽谈会改在每年的4月份，与国际风筝会同期举行，以风筝会的知名度壮大鲁台会的声威，以鲁台会的成果丰富风筝会的内容，相互促进，共同提高。第二届鲁台会到会台商外商1503人，其中台胞850人，签订利用台资、外资项目合同、协议336个，其中合同150个，合同台资外资额4.43亿美元，贸易出口成交1.05亿美元，签订外派劳务合同协议3个，外派565人。风筝会与鲁台会正成为潍坊市扩大对台、对外合作的主阵地。

在办好两会的同时，我们每年还要参加青岛交易会、广交会等大的经贸活动，有针对性地选派出国团组进行招商引资、贸易展谈，拓展对外合方渠道。目前已有30多个国家和地区来潍坊投资，自营贸易伙伴达62个国家和地区，国际经济技术合作伙伴达50多个国家和地区。

(潍坊市对外经济贸易委员会　范忠智)

潍坊市国民经济主要指标

指　标	单　位	1995年		1994年	
		地　区	市　区	地　区	市　区
年底人口数	万　人	820.8074		816.9	
#非农业人口	万　人	120.0444		106.6	
土地面积	平方公里	1.59万		1.59万	
人口密度	人/平方公里	516.2		514	
年末劳动力资源总数	万　人				
#乡村劳动力	万　人				
农林牧渔业产值	万　元				
粮食产量	万　吨	534.97		552.6	
蔬菜产量	万　吨	559.92		559.4	
猪牛羊肉产量	万　吨	41.31		32.6	
全部工业增加值(现行价格)	万　元	222亿			
#乡及乡以上	万　元	161.44亿			
全部工业总产值(1990年不变价格)	万　元				
客运总量	万　人	2308.3万		2028万	
货运总量	吨	6186.3万		5431.3万	
固定资产投资总额	亿　元	121.5		102.3	
#住宅	亿　元	4.98			
房地产开发投资额	万　元				
商品房销售额	万　元				
地方财政预算内收入	亿　元	16.07		24.22	

续表

指 标	单 位	1995年		1994年	
		地 区	市 区	地 区	市 区
地方财政预算内支出	亿 元	20.77		16.46	
# 文教科学卫生事业费支出	万 元				
# 教育事业费支出	万 元				
银行年末各项贷款余额	亿 元	254		212.6	
高等学校数	个	3		3	
高等学校在校学生数	人	6434			
每万名职工中专业技术人员数	人				
# 中级职称以上	人				
影剧院	个	15		15	
公共图书馆	个	11		11	
卫生机构数	个	1014		1007	
# 医院	个	282		282	

(潍坊市对外经济贸易委员会供稿)

烟 台 市

大力推行社会服务承诺制度

近几年来，烟台市委、市政府在转变政府职能、加强行风建设方面进行一系列探索的基础上，积极稳妥扎实的推行社会服务承诺制，对改进机关工作、密切联系群众，起到了积极的作用。这项工作虽然开展时间不长，许多方面还不够完善，但已收到明显效果，受到市民欢迎，引起各方面关注，得到上级有关部门的肯定。最近，建设部、国务院纠风办在烟台召开的社会服务承诺制度经验现场会上推广了烟台市的经验。

（一）适应市场经济要求，狠抓社会服务承诺制度 如何转变政府职能和行业作风，适应社会主义市场经济的要求，推动全市经济和社会事业更快更好地发展，这是多年来烟台市一直在认真探索解决的问题，尽管做了大量的工作，也取得了一定的成效，但总达不到预想的效果，群众也不满意。一些行业不正之风并没有从根本上得到解决，一些执法监督部门和公用事业单位仍然是群众意见比较集中的地方，市长公开电话、人大代表建议、政协委员提案和人民群众来信来访中，反映社会服务方面问题的仍占很大比例。特别是由于部分一线工作人员的不负责任，使企业市民在日常生产生活中遇到的困难和问题不能及时得到解决，为什么一再强调要转变机关作风，提高服务质量，树立文明风尚，却总有一些不文明的事情发生？为什么喊为人民服务几十年了，某些部门、某些公用事业单位、某些工作人员就是摆不正自己的位置？为什么行风时好时坏，总是跟着领导的认识走，抓一抓好一些，一松手更差劲？经过深刻反思，他们认为，行风建设是政治工作，需要教育，需要灌输，需要搞一些活动，但行风建设是伴随着经济工作和业务活动而展开的，从这个意义上说，行风建设也是经济工作，它也要按经济规律办事。特别是在建设社会主义市场经济的过程中，在市场经济条件下，经济管理部门和经济活动单位要把精神文明建设和物质文明的建设很好结合，就必须抓住关键，抓住根本，寻求和建立一种适应市场经济条件下行风建设的新机制。这种机制不受人的情绪和感情的左右，它在经济活动中能够自动地调节人们之间的相互关系，启发人的内在动力，规范和约束人的行为，形成良好的职业道德和行业风气。由于过去行风建设目标没有定位在适应社会主义市场经济的要求上，所以，在工作对象上，抓基层群众多，抓机关干部少，缺乏号召力。工作中往往只对下发号施令，靠行政命令推着群众干，而忽视了党政机关自身的建设，忽视了党政机关和各级干部在行风建设中的带头示范作风，致使机关中一些群众意见较大的问题没有得到切实解决，影响了党政机关的整体形象，群众心里不服气，使党政机关在行风建设中缺乏应有的号召力和带动力；在工作内容上，虚功做得多，实功做得少，缺乏吸引力。行风建设中，空对空的说教搞得不少，大呼隆的表面文章做得不少，扎扎实实地解决实际问题却不够。致使行风建设多年来没有大的突破；在工作措施上，柔性的多，刚性的少，缺乏约束力。往往只有一般号召，只靠思想道德约束，而经济手段、行政手段、法制手段跟不上。始终没有形成一种制度化的有效的机制，保证群众对行风建设能够实施有效的监督，保证行风建设的各项任务都能落到实处。

为了解决这些问题，最近几年，烟台市进行了一系列新的探索。从1993年开始，在全市开展了“做文明市民、建文明城市”的文明月活动，在党政机关实行了“两公开一监督”、“一条龙服务”制度，开展了“民主评议行风”、“企业评议政府部门”活动，对促进行业作风的转变起到了较好的作用。1994年初，市建委、市规划局从行业特点出发，推出了“社会服务承诺制度”。这个制度的基础内容可概括为：公开办事内容、办事标准和办事程序，确定办事时限，设立监督机构和举报电话，明确赔偿标准，未实现承诺的责任者要按规定承担应负的责任或给予赔偿。这个制度把“承诺”这个商业经贸概念引用到社会管理和公众服务领域中来，借助于经济的手段、法律的手段来管理社会。很显然，它是一种社会公约，是一种具有契约性质的服务机制。这个制度一实行，建委系统各方面的工作发生了显著的变化，受到群众的普遍欢迎。过去市长公开电话的投诉涉及建委系统的占80％以上，实行承诺制后这个比例下降了30％多。市委、市政府认为，社会服务承诺制度具有鲜明的时代特征，它不仅是一项适应发展社会主义市场经济要求，提高机关工作效率的工作制度，而且是社会主义市场经济条件下，加强精神文明建设的一个很好的切入点和突破口，它能够比较好地解决精神文明建设中的一些难点问题。为此，市委、市政府于1995年5月作出决定，在邮电、电业、交通、工商等12个部门、70多个单位推广市建委系统的经验。根据市委、市政府的决定，这些部门和单位都专题进行了研究，组织干部职工认真学习承诺制的基本知识，在统一思想认识、搞好调查分析的基础上，很快出台了各自的承诺制方案，并付诸实施。为了保证承诺制的健康发展，1995年4月份，又成立了由市委、市政府领导同志组成的领导小组，组建了推行社会服务承诺制度办公室，负责承诺制的审查、督导、协调工作。同时，又召开了推行社会服务承诺制经验交流会议，并新增加了公安局等一批推行承诺制的部门，使社会服务承诺制在更大范围内推开，为全市精神文明建设的健康发展注入了新的活力。

(二) 抓住关键环节承诺，努力形成行风建设新机制 实践中深深体会到，推行社会服务承诺制度，必须站在精神文明建设的全局，着力在探索建立加强行风建设的新机制上下功夫。并主要做了三项工作：

一是把承诺制的重点定位在党政机关和公用事业单位上，使行风建设由“推”变“带”。 党政机关和各级干部不仅要做行风建设的组织者、倡导者，更要成为精神文明建设的实践者、示范者，这是新的形势提出的迫切要求。在实行承诺制过程中，首先选择那些与人民群众直接打交道、工作范围与社会方方面面密切相联的部门和单位，把它们作为重中之重来抓，努力使这些部门和单位成为全市各行各业的表率，走在行风建设的前列。对掌握一定权力的政府职能部门，着重要求实现管理与服务的有机统一，强调秉公执法，廉政高效，寓管理于服务之中。对一些垄断性行业，着重要求严肃行业纪律，端正行业风气，增强服务社会的自觉性、主动性。对面向社会大众的服务部门和单位，着重要求优质规范服务，把市民满意不满意、高兴不高兴、答应不答应，作为衡量工作好坏、承诺水平高低的重要标准。在此同时，还狠抓了为人民服务宗旨教育，引导各级干部克服“承诺制是自己跟自己过不去”等错误认识，进一步增强公仆意识，解决好世界观、人生观、价值观的问题，自觉地把权力还原为责任和义务。广泛开展了“创建文明机关、争做文明干部、树立文明形象”活动，进一步加强了机关内部管理，从思想道德建设、语言行为规范、工作质量效率、工作环境秩序四个方面，加强和改进机关工作，为承诺制的实施创造良好的条件。市委办公室带头拟定实施了《文明用语、仪容仪表、服务程序规范》，给机关工作带来了新气象。市级机关工委组织开展了“怎样做一个合格的机关干部”演讲比赛，40多个单位的同志参加了这一活动，对机关干部进行了生动形象的教育。现在，机关上下呈现出全心全意服务基层、服务社会、服务群众的良好风气，对全市行风建设，产生了巨大的示范和带动作用。

二是把承诺制的着力点定位在群众关心的热点、难点问题上，使行风建设由“虚”变“实”。 在推行社会服务承诺制度时，首先把解决群众关心的热点、难点，问题作为工作的着力点，努力做到高起点承诺、高效率承诺、高质量承诺，增强了行风建设的实效性。高起点承诺，就是把承诺的重点放在人民群众最盼望解决的难事、急事上，放在最容易出问题的环节上。只要是应该承诺，而且经过努力能够办到的事情，就积极承诺，承担起应负的责任和义务。比如，城市的交通、供水、供电、供暖等问题，与群众的生活息息相关，与社会的方方面面密切相联。而这些行业难点问题又比较多。在实行承诺制过程中，首先抓住这些行业和单位公开承诺。公交公司服务质量差的问题，过去一直是市民反映的热点，市民向市长公开电话投诉，最多时一个月达280次。实行承诺制后，公交公司的服务质量明显提高，两年中投诉市长公开电话仅有63次。拉路限电，过去一直是企业和市民意见很大的问题，实行承诺制后，电业局千方百计克服困难，创造条件，实现了市区限电不拉路。高效率承诺，就是规定承诺服务的时限，提高服务效率。过去群众常常抱怨电话装机难、查修难、推诿扯皮，拖拖拉拉的现象比较严重。实行承诺制后，市邮电局作出承诺，用户交钱后，在10天内保证装机，出现通讯故障，3天内查修完毕，非电缆原因的障碍保证在24小时内排除。市邮电局还为装机员和查修员每人配备了一辆摩托车、一个BP机，并给每个人印制了服务名片，名片上除有自己的联系电话外，特别标有主管部门、投诉部门的电话号码，这样既方便群众随时传呼，又加强了对工作人员的监督。高质量承诺，就是对承诺的内容、具体细节既有定性要求，又有定量要求，可操作性强。市管道煤气公司从每个岗位、每个环节抓起，制定了六大员、14个工种的岗位责任制，围绕承诺的内容列出18个单项，开展优质服务竞赛，评选服务明星，全公司的服务质量明显提高。过去居民订报刊常常出现短缺现象，无人负责。实行承诺制后，市邮电局规定，一旦出现短报少刊和错投情况，都要复印一份送给用户，投递员还要对订户实行经济赔偿。据不完全统计，实行社会服务承诺制以来，因服务方面的原因，市邮电局主动赔偿客户2569元，深受客户的好评。由于实行了高起点、高效率、高质量承诺，人民群众在生产、生活中遇到的难题得到了及时解决，亲身感受到了党和政府的温暖，增强了参加精神文明建设的主人翁责任感，全市行风建设呈现出崭新局面。

三是把承诺制的立足点定位在建立监督制约和保障机制上，使行风建设由“软”变“硬”。服务承诺的责任能否如期如实地履行实施，需要有效的监督制约机制加以保障。在这方面主要做到了三条：(1)最大限度地向群众公开承诺，自觉接受群众监督。各承诺部门和单位，通过报刊、电台、电视台等传播媒体和举行新闻发布会、设置宣传栏等形式，把承诺制的内容、标准和程序向群众广泛宣传，让群众知道在某一领域、某个范围内，自己拥有哪些权利，应当享受哪些方面的服务。这样，就把自己放到了背水一战的位置，使各部门、各单位都有了必须兑现承诺的压力。(2)在各承诺部门和单位建立内外结合、上下结合，专兼结合的网络体系和配套的规章制度体系，实现社会约束和自我约束的同步运行。市电业局公布了《电业职工十二不准》和《领导干部六不准》，聘任了90名城市用户监督员和100员农村用电监督信息员。市建委系统建立内外监督网络63个，聘请义务监督员712人，制定与承诺内容相衔接配套的规章制度404项。市工商局还推行了干部岗位轮换制度，对长期在权力比较集中的岗位上工作的10名科长和17名干部进行了移职交流，并明确提出，本局人员无论谁违反了服务承诺的规定，在严肃处理当事人的同时，都要上追一级责任，形成了一级抓一级、一级带一级的局面。(3)认真受理群众投诉，狠抓违约处罚。各承诺部门和单位，对监督发现以及群众投诉的问题，都能做到认真查处，保护了监督人员和群众的积极性。市煤气公司3名职工给用户安装热水器时接受了宴请，公司接到群众举报后，给予这几名职工扣罚半年奖金、记行政大过一次的处理，并责成有关领导带他们一起上门道歉，偿还120元饭费。据统计，仅市建委系统先后受理各种涉及承诺内容的投诉1331件，处结率达97.5%，满意率93%以上，有4起投诉获得赔偿，被市民投诉后受到处罚的有60多人，其中受除名处分的26人。各部门、各单位监督制约机制的形成，有效地保障了社会服务承诺制的顺利实施，由此也逐步找到了加强行风建设的切实手段，为从根本上解决精神文明建设这一手软的问题，开拓了新的路子。

（三）巩固扩大承诺制效果，推动行风建设向纵深发展 社会服务承诺制度在烟台市虽然只实行了两年的时间，但已经充分显示了很大优越性和旺盛的生命力，为进一步加强行风建设展示了良好的前景。

一是强化了干部全心全意为人民服务的公仆意识和群众的主人意识。承诺制的实行，引起了机关干部和职工思想观念上的深刻变化。管理监督部门和公用事业单位的干部职工进一步明确了应当为谁掌权、为谁服务，摆正了权力与义务、服务与被服务的关系，有效地解决了权力与义务的错位问题。象煤气、自来水、邮电、电力等行业都是垄断经营，权力容易变成资本，一些人也因此容易产生“官老爷”心态。承诺制的实行，把“板子”交给了群众。这个“板子”不是过去那种批评、教育的“小板子”，而是罚款、下岗、除名这样的“大板子”。群众手中有“板子”，这些部门和单位就不得不转变观念，把过去颠倒了的公仆与主人的关系颠倒过来。过去是群众有事求上门，还脸难看、事难办，现在不仅是一个电话就马上办，而且是主动走访上门、服务上门。路面井盖丢失、摔伤行人，是老百姓非常头痛的事，市建委连续两次召开现场会专题研究解决，向社会公开承诺：凡是井盖丢失，12小时内必须修补好，并组织科技人员研制生产了钢纤维防盗水泥井盖，从根本上解决这个问题。承诺制的实行进一步增强了广大群众的主人意识。实行社会服务承诺制以后，依法维护自己的合法权益，自觉参与社会事务、主动替政府分忧解难，已经成为许多群众的自觉行动。从市长公开电话可以看出，群众对城市建设方面的建议明显增多。有的市民发现违章乱建乱盖，影响市容时，当即打电话投诉，并协助城管、规划部门将其拆除。还有一位老人家里有个记事本，上面密密麻麻记满了投诉部门的电话和有关承诺内容的剪报。当他投诉居民楼附近的路灯不亮，很短时间内维修人员赶来修好后，感慨万分地说，“政府为咱老百姓办实事，咱也得为政府分点忧”。看到楼下没有信报箱，他便自己动手做了一个，每天为十几户居民义务分发邮件。他还主动当起了义务治安巡逻员，成了人人称道的“老雷锋”。象这样的人和事，还有好多。广大市民切实感受到自己是国家和社会的主人。

二是承诺制促进了职业道德建设和行业作风的好转。社会服务承诺制的实行，从规范、约束、管理、培养四个方面，把职业道德建设和行风建设的要求落到了实处，使忠于职守、爱岗敬业、关心集体、遵章守纪、文明服务、团结互助的美德得到弘扬。许多基层干部反映，承诺制是加强职业道德建设和行风建设的好载体、好抓好。市规划局实行承诺制以前，存在着对工程审批卡、压、拖，对违法建设管束不力等问题，实行承诺制后，所有审批管理项目无一超出承诺期限，没有接到一起建设单位投诉。市邮电局全面提高服务质量，实现了从“客户求我”到“我求客户”，从“满足客户需求”到“感动客户用邮用电”，从“上级满意”到“上帝满意”的三个转变。市环保局去年曾拒批了一个有污染的项目，为了使当地经济免受损失，他们又主动上北京、跑天津，不辞劳苦，帮助这个地方考察了一个新项目。现在许多部门和单位都在从行业特点出发，进一步梳理修订各自的规章制度、行业规范、文明用语、服务禁语，使全市的职业道德建设和行风建设步入了规范化、制度化的轨道。

三是承诺制带来了良好的社会风尚和和谐的人际关系。实行社会服务承诺制度解决了大量的社会热点、难点问题，理顺了群众情绪，化解了社会矛盾，进一步净化了社会风气和社会环境，“关心他人、助人为乐”，“拾金不昧、讲究公德”，“扶危解困、见义勇为”的社会新风进一步发扬光大。譬如出租车行业，过去时常发生一些宰客骗客、辱骂殴打乘客的现象。实行社会服务承诺制度以后，这种状况得到了根本的转变，全行业涌现出了大量的好人好事。仅1995年电台、报纸就刊发、刊登表扬出租车司机的稿件230多篇。在震惊全国的烟台“5.23”大追捕中，面对持枪歹徒，在场的近千名市民没有一个退缩，与公安干警一起前赴后继，英勇搏斗，有15名市民中弹受伤，路过现场的10多辆出租车自发加入追捕罪犯和运送伤员的行列，展示了烟台人民舍利取义、不畏强暴的良好道德情操和精神风貌。

四是承诺制调动了各级抓精神文明建设的积极性。过去，精神文明建设长期存在忽冷忽热的现象，在一些地方和单位，说起来重要，做起来次要，忙起来不要。不少同志也觉得精神文明建设不好抓、不会抓、不愿抓。承诺制的实行，使精神文明建设的内容得到了细化、量化，调动了各级尤其是一把手坚持两手抓、两手硬方针的自觉性。各级都把精神文明建设摆到了更加突出的位置，进一步加大了精神文明建设的力度。市委、市政府把精神文明建设和经济社会事业的发展，作为一个统一的目标来规划，设立了精神文明建设奖励基金，1995年以来市财政拨出了5千多万元专款，用于文化设施建设。各承诺部门和单位也都拿出了相当数量的资金，改善服务设施和服务条件。现在，许多部门和单位，都在进一步完善和提高承诺制，一个人人关心、重视、支持行风建设的局面逐步在全市形成，为全市精神文明建设的更快、更好发展奠定了坚实的基础。

烟台市下一步推行社会服务承诺制，将继续坚持积极、稳妥、扎实、持之以恒的方针，进一步巩固完善、规范、提高、拓宽领域、延伸发展，力求在深度和广度上突破。具体要分三个层次推进：第一个层次，已经实行承诺制的14个部门，要进一步完善提高。要集中一段时间，对前段运行情况普遍进行一次回头看，逐项逐条梳理检查，看看承诺内容是否科学，服务标准是否合理，运作程序是否严密，处罚办法是否兑现。要选择一些主要服务对象征询意见。在此基础上，进行一次再论证、再修订，使之更加规范完善。第二个层次，凡是适合搞承诺制的部门和单位，要创造条件尽快推行。最近，市委、市政府已发了通知，要求在14个部门实行承诺制的基础上，今年再增加10个部门，6月底前出台，其他有条件的部门也要在这方面进行积极的探索，可以一个部门和单位整体上搞承诺，也可以在某项工作和某个环节上搞承诺。要从部门和单位职能特点和社会实际需要出发推进这项工作。同时，要把承诺制的实施范围由市直延伸到县市区。第三个层次，所有部门都要以推行承诺制为契机，进一步加强机关建设。要通过推行承诺制，举一反三，完善各项工作制度，在机关建设上争取有新的突破。要把承诺精神体现在工作中，加强思想教育，搞好内部管理，转变工作作风，提高办事效率和服务水平，推动党风、政风和社会风气的进一步好转，真正通过抓“承诺”促落实、促发展、促稳定，开创全市两个文明建设的新局面。

（烟台市对外经济贸易委员会　王宝欣）

烟台市国民经济主要指标

指　标	单　位	1995年		1994年	
		地　区	市　区	地　区	市　区
年底人口数	万　人	634.88	148.61	631.63	145.54
# 非农业人口	万　人	191.57	80.09	199.73	79.10
土地面积	平方公里	13746	2644	13746	2644
人口密度	人/平方公里	462	562	460	550
年末劳动力资源总数	万　人	463.51	85.07	475.28	72.78
# 乡村劳动力	万　人	358.08	54.95	371.09	49.88
农林牧渔业产值	万　元	2459471	368502	1997993	276110
粮食产量	万　吨	304.76	37.79	288.54	37.38
蔬菜产量	万　吨	239.04	30.12	221.88	27.89
猪牛羊肉产量	万　吨	179064	29175	159089	25012
全部工业总产值(现行价格)	万　元	10482758	2856302	12286930	3393329
# 乡及乡以上	万　元	5130288	1661914	5062486	1626863
全部工业总产值(1990年不变价格)	万　元	—	—	9947736	2726632
客运总量	万　人	3613	—	3726	1923
货运总量	吨	5734	—	4719	2459
固定资产投资总额	万　元	353782	164227	711650	386387
# 住宅	万　元	30680	16588	125816	97304
房地产开发投资额	万　元	124567	104397	119871	100341
商品房销售额	万　元	74238	45964	54286	40692
地方财政预算内收入	万　元	142732	113259	113259	54203
地方财政预算内支出	万　元	194018	99033	79111	42722
# 文教科学卫生事业费支出	万　元	66082	30521	59660	22903
# 教育事业费支出	万　元	42446	17436	39471	12728
银行年末各项贷款余额	万　元	3454946	1634276	2857301	135877
高等学校数	个	4	3	4	3
高等学校在校学生数	人	13611	10370	12844	9846
每万名职工中专业技术人员数	人	3340	3936	3184	3558
# 中级职称以上	人	870	1178	465	540
影剧院	个	67	25	70	9
公共图书馆	个	11	3	12	3
卫生机构数	个	1085	489	1143	745
# 医院	个	254	61	248	52

(烟台市对外经济贸易委员会供稿)

威　海　市

1995年国民经济和社会事业发展情况

1995年，威海市各级党委、政府和广大干部群众在邓小平同志建设有中国特色社会主义理论和党的基本路线指引下，坚持"两手抓"两手都要硬"的方针，牢牢把握全党全国工作大局，正确处理改革、发展、稳定的关系，使全市两个文明建设取得了很大成绩。1995年，全市国内生产总值达到356.2亿元，按可比价格计算，比上年增长20.3％，建市8年平均递增24.3％；财政收入11.7亿元，其中地方财政收入7.6亿元，增长35.3％，年均递增24.5％；农民人均纯收入2524元，增长18.1％，年均递增16.6％；城镇居民人均生活费收入4612元，增长18.1％，年均递增20.7％；城乡居民储蓄余额118.4亿元，增长31.7％，年均递增31.4％，人均4872元。几项主要经济指标的增长幅度及人均占有水平连续多年位居全省前列。1990年被评为全国第一个"国家卫生城市"，1992年跨入全国综合经济实力50强和投资硬环境40优城市的行列；1992年和1994年两次被授予"全国双拥模范城"称号；1995年被评为全国造林绿化十佳城市。

经济工作情况　在农业和农村工作上，一是狠抓粮食生产，确保产量稳定增长。全市建立了185万亩的基本农田保护区，粮食生产自1989年以来先后三次受到国务院嘉奖，1995年全市粮食总产达到125.6万吨，比上年增长5.1％。二是大力发展"一工(乡镇工业)两水(水产、水果)"三大优势产业，促进农村经济全面繁荣。乡镇工业已成为农村经济的重要支柱，1995年乡镇工业实现产值457.9亿元，比上年增长31％；水产品总产量连续多年居全国地级市之首，1995年总产量达到174.5万吨，增长13.9％；果品总产量逐年大幅度增长，1995年达到75.3万吨，增长21.1％。农村经济总收入1995年达到528亿元，增长27.7％。三是积极推进农业产业化，千方百计增加农民收入。围绕水产、水果、蔬菜、畜牧、粮油等主导产业，已建起具有一定规模和辐射能力的龙头企业130多家，带动了市场经济的发展，促进了农民收入的增加，全市有三分之二以上的村达到了小康水平。

在工业上，以搞活大中型企业为重点，以推进"两个根本性转变"为主攻方向，着力实施"三大战略"，全面提高经济运行质量和效益。一是实施了"骨干膨胀"战略。通过狠抓结构优化和科技进步，使一批骨干行业、骨干企业得到壮大和发展。1995年产值过亿元的企业达到100家，比上年增加18家；利税过千万元的企业68家，增加14家，其中过亿元的4家。二是实施了"科技驱动"战略。通过运用新技术、新工艺对传统产业、行业进行技术改造，建设一批高新技术生长点，促进产业结构不断升级。培植了程控交换机、电子电话机、高速传真机、电脑软磁盘、通讯光缆等一批技术含量较高的主导产业和产品，全市高新技术企业发展到28家，高新技术产品达到40种，认定高新技术生长点5个。三是实施了"名牌效益"战略。通过组织企业开展"单打冠军赛"，努力开发质量信誉好、市场占有率和知名度高的名牌拳头产品，提高市场竞争力。目前已形成地毯、钓鱼杆、小型木工机械、皮革、轮胎等一批过硬的骨干拳头产品。其中小型木工机械、钓鱼杆分别占全国产量的75％和60％，全国70％的三星级以上宾馆使用了威海地毯。全市有500多种工业产品打入了国际市场。"三大战略"的实施，促进了全市工业持续快速健康发展，1995年全市完成工业增加值142.7亿元，比上年增长24.8％；镇以上工业实现利税35.8亿元，增长22％。全市已形成了以机械、电子、化工、轻工、纺织、建材等六大行业为支柱的门类较为齐全的工业生产体系。

在第三产业上，按照建设大市场、发展大贸易、搞活大流通的要求，在全面发展交通运输、邮电通讯、商业流通、服务信息业的同时，一方面，着力加强市场建设，全市共兴建面积5000平方米以上，集商业、贸易、吃住、娱乐于一体的大型商业设施30多处，建起专业批发市场15处，综合贸易市场163处，各类商业网点3万多处；资金、人才劳务和房地产等要素市场也有了很大发展。另一方面，重视加强旅游风景区和旅游服务设施建设，形成了以威海市区为中心，三山(圣经山、乳山、铁槎山)、两点(刘公岛、成山头)、一条线(千公里海岸线)的总体旅游格局。1995年共接待海内外客人408万人次，回笼货币8亿元，创汇2000万美元。全市社会消费品零售总额达到86.5亿元，比上年增长25.8％，扣除物价因素，实际增长11.1％；第三产业增加值达到96.5亿元，增长17.1％。

经济体制改革情况　农村改革，重点抓了三个方面：一是不断完善土地使用制度。在稳定以家庭联产承包责任制为主的双层经营体制的基础上，在条件成熟的地方，积极稳妥地依法实行土地使用权有偿转让，促进土地向种田大户和科技能手集中。目前全市已有偿转让土地50万亩，租赁荒山荒滩4万亩，实行土地适度规模经营的农户8450多个。二是对经济比较发达的村改革管理体制，推行企业化管理。目前全市实行这种管理的村达到500多个。三是建立健全农村社会化服务体系。全市县乡村三级共建立各种服务组织8479个，有60％左右的村可以实行生产环节全过程服务。企业改革，重点是实施“抓大放小”战略。对大中型企业，有计划地进行现代企业制度试点和股份制改造；对小微亏企业彻底放开，实行多种形式的经营。目前，已在12家大中型企业进行了建立现代企业制度的试点工作；建立股份制和股份合作制企业405家，组建企业集团157家，其中省级集团28家；对小微亏企业实行兼并111家，租赁320家，拍卖28家。计划、投资、财税、金融、外贸、外汇、价格、流通等各项改革也都按照上级的统一部署稳步推进。

对外开放情况 在扩大对外开放、发展外向型经济上，突出抓了三个方面：一是大力实施“借韩兴威”战略。充分利用与韩国邻近的区位优势，通过兴办韩国工业园、举办中韩经贸洽谈会、建立韩国商品市场和开展三来一补项目等多种形式，积极发展与韩国的经济交流与合作。去年全市批准利用韩资项目1315个，累计达到2471个；合同韩资额1.47亿美元，累计达到3.78亿美元；对韩贸易出口创汇3.5亿美元，占全市外贸出口总值的42.2％。二是积极实施市场多元化战略。在巩固发展与韩国、日本、新加坡、香港等周边国家和地区贸易关系的基础上，1995年又开拓了欧美、非洲、中东、南美、独联体等远洋贸易市场，全市外贸出口总值达到8.28亿美元，其中自营出口达到2.26亿美元，分别比上年增长75.9％和1.26倍；外派劳务1924人次，期末在外人数达到3076人；创办海外企业7家，总数达到22家。三是进一步加快开发区建设。坚持以工业为主、以吸引外资为主、以出口创汇为主，狠抓了两个国家级开发区和六个省级开发区建设，使之成为全市对外开放的窗口和高层次招商引资的载体。目前，威海经济技术开发区已批准进区项目1332个，总投资69.7亿元；威海高技术产业开发区共引进项目770个，总投资101.4亿元。六个省级开发区招商引资的势头也很好。四是努力改善投资环境。市政府出台了优化投资环境，改善涉外服务的“15”条意见，由各涉外部门对照落实，一抓到底；同时在外商投资服务中心的基础上设立了外商投诉中心，具体受理外商投诉案件，中心成立以来，共受理各种涉外案件40余起，绝大部分得到圆满解决，坚定了外商投资威海的信心，全年共批准利用外资项目1569项，合同外资额30016.5万美元，实际利用外资20518万美元，比上年增长24.2％。到1995年底，全市已累计批准利用外资项目4107项，合同外资额20亿美元，实际利用外资6.5亿美元，开工三资企业810家。

基础设施和城市建设情况 在基础设施建设上，按照优化投资环境、增强综合服务功能的要求，重点抓了港口、码头、交通运输、邮电通讯和能源等重点工程建设。全市现有商港6个、渔港100多个。在威海老港区建成了万吨级泊位码头；在新港区建成了5万吨级油码头和2万吨级煤码头；开通了威海至香港、澳门、日本等国家和地区的货运航线。建成了连接青岛的威青全封闭汽车专用路威海段和通往烟台的威烟高等级公路；沟通内地的运输动脉桃威铁路已正式开通。威海机场经过二期工程改造和配套设施建设，可起降各种大中型飞机，已开通至北京、广州、海口、哈尔滨、重庆等地的航线。建成了邮电枢纽工程、无线自动寻呼和移动通讯工程及与韩国的边境直达通讯工程，全市城乡均开通了国际国内程控直拨电话。总设计能力为205万千瓦的威海电厂一期工程2×12.5万千瓦机组已投产发电。在城市建设上，按照建设现代化城市的目标，坚持不懈地抓了规划、管理和各项配套建设。到1995年底，威海市区旧城改造完成98％，城市绿化覆盖率达到36.7％，气化率达到95％，垃圾无害化处理率达到90％，连续8年在全省城市卫生评比中名列第一，并从1991年起连续3年夺得山东省城市规划、建设、管理“三上”竞赛“齐鲁杯”，1993年威海市和所辖的荣成市被国家建设部授予“城市环境综合整治优秀市”称号。1995年威海市和荣成市又荣获”齐鲁杯”特别奖，文登市、乳山市夺得“齐鲁杯”，实现了全市夺杯一片红。

科技教育事业发展情况 在科技工作上，始终坚持“经济建设依靠科学技术，科学技术面向经济建设”的方针，大力实施“四兴一高”工程，促进了科技与经济的紧密结合和科技成果向现实生产力的转化。全市拥有各类科研机构172家，科技人员8万多人，1995年组织实施各类科技计划639项，获得省以上重要科技成果24项，获得省、市科技进步奖和星火奖87项。科技成果转化率达到85％以上，科技进步对经济增长的贡献率达到50％。在教育工作上，全面实施《教育法》及《中国教育改革和发展纲要》，不断深化教育改革，改善办学条件，优化教育结构，提高办学质量。全市现有各类学校1960多处，其中高等学校9处，中等专业技术学校88处，已于1993年在全省率先普及九年制义务教育，高中段教育普及率达到85％，职业技术学校在校生占整个高中段学校在校生的60％，90％以上的新增劳动者和在岗青壮年职工受到比较系统的职业技术教育或岗位培训，劳动者素质有了很大提高。

精神文明建设情况 市委、市政府围绕加大精神文明建设的力度，突出了“四抓”：一是抓“三学”。在党员干部群众中广泛开展了学孔繁森、王廷江、韩素云的“三学”活动，并与本地涌现出来的段志军、王海鹰等先进模范人物的学习活动有机结合起来。二是抓教育。在广泛开展政治思想教育、“五爱”教育、革命传统教育和职业道德、社会公德教育的同时，突出抓了800名县处级领导干部学习的“重点工程”、20万名基层党员干部学习的"基础工程"和50万名青年学习的"希望工程"。三是抓活动。开展了工业企业职工"创星级"、农村评"三户"、窗口服务行业优质和承诺服务、军民双拥共建及创建文明系统、文明单位、文明市民等五大活动，促进了全市整体文明水平的提高。四是抓投入。1995年市里投资3000多万元，重点建设了甲午战争博物馆、图书馆和市工人文化宫、妇女儿童活动中心、老干部活动中心、青少年活动中心及部分新闻宣传设施，精神文明建设的硬环境明显改善。

(威海市对外经济贸易委员会　于海平)

威海市国民经济主要指标

指　　标	单　　位	1995年		1994年	
		地　区	市　区	地　区	市　区
年底人口数	万　　人	243		241.97	
#非农业人口	万　　人	43.25		35.34	
土地面积	平方公里	5436		5436	
人口密度	人/平方公里	447		445	
年末劳动力资源总数	万　　人	170.65		171.70	
#乡村劳动力	万　　人	142.27		147.05	
国内生产总值	亿　　元	356.2		282.43	
农林牧渔业产值	亿　　元	127.13		101.48	
粮食产量	万　　吨	125.56		119.48	
蔬菜产量	万　　吨	69.8		53.1	
猪牛羊肉产量	万　　吨	8.51		7.24	
水产品产量	万　　吨	174.49		153.14	
全部工业总产值	亿　　元	705.81		594.32	
#乡及乡以上	亿　　元	520.41		443.83	
客运总量	万　　人	1177.5		1045.9	
货运总量	万　　吨	1552.2		1355	
固定资产投资总额	亿　　元	37.71		40.84	
#住宅	亿　　元				
房地产开发投资额	亿　　元	7.32		10.74	
商品房销售额	亿　　元				
出口贸易总额	亿　　元	68.89		39.01	
进口贸易总额	亿　　元	37.35		25.15	
利用外资签订协议总数	项	1569		916	
利用外资签订协议金额	亿　　元	24.91		40.15	
实际利用外资金额	亿　　元	17.03		13.71	
国际旅游人数	万　　人	8.21		7.03	
国际旅游收入	万　　元	16600		5687	
地方财政预算内收入	亿　　元	7.58		5.60	
地方财政预算内支出	亿　　元	10.44		8.28	
银行年末各项贷款余额	亿　　元	165.00		122.23	
每万名职工中专业技术人员数	人				
#中级职称以上	人				
城镇居民家庭人均生活费收入	元	4612		3905	
农村居民家庭人均纯收入	元	2524		2138	

注：1. 表内各项产值均按当年价格计算。

2. 因我市市区1995年重新归划，各项指标均与1994年衡量标准不统一，所以市区指标不作比较。

(威海市对外经济贸易委员会供稿)

滨 州 市

国民经济持续健康发展

1995年，滨州市委、市政府动员和组织全市人民统一思想，团结一致，努力奋斗，始终坚持狠抓"四位一体"，整体推进目标，促进了全市国民经济的较快发展和社会各项事业的全面进步。

滨州市1995年实现国民生产总值，比上年同期增长27%，工农业总产值增长19.7%，其中工业总值增长28.6%，利税增长15.1%，财政收入增长14.6%，其中地方财政收入增长23.3%，社会消费品零售增长18.8%。主要是认真贯彻执行中央"抓住机遇，深化改革，扩大开放，促进发展"的基本方针，按照"八五"打好基础起好步，"九五"加快发展上台阶的总体发展思路，全面实施外向带动战略，为欠发达地区摆脱贫困闯出了一条新路子。

"八五"期间，滨州市实施外向带动战略，为经济发展跨入"快车道"打下了良好基础。首先，基础设施明显改善。交通事业有了新的发展，1995年完成公路建设240公里，公路通车里程达1000公里;5万门程控电话业务已开通;城市绿化覆盖率达到30.2%。其次，工农业良性发展。农村经济通过调整产业结构，基本形成集贸工农于一体的多种经营主导型的格局;乡镇企业发展迅速，已发展到20581家，其中有两家已跻身于全国500家最佳效益乡镇企业。通过深化改革、强化管理，加大技术改造投入，现已形成化工、机械、纺织、造纸印刷、医药、建材、食品等七大主导行业和一批名优特拳头产品。

对外开放加快实施外向带动战略

滨州市位于山东北部，是联接京津、华北和东部经济发达地区与西部能源基地的主要交通枢纽，再加上国家发展战略的西移，使这片热土更增添了吸引力。1995年新批外资项目18个，总投资0.47亿美元，实际利用外资0.32亿美元，外资出口交货值比上年增长23.2%，自营出口创汇3.2亿美元，是上年的1.1倍。全市批准三资企业56家，合同利用外资额1.2亿美元。外向带动战略对农村经济的发展产生了很大促进，特别是畜牧业和种植业的发展尤为突出，全年多种经营总收入，比上年增长35%。

全面实施外向带动战略，是滨州市实现"九五"规划和2010年远景目标的主旋律。1996年——2010年是关键的15年，在此期间，农业上要强化基础地位，促进结构升级，发展高产、优质、高效农业，建设集约化、规模化、专业化的现代化农业示范市。发展乡镇企业，全面实施龙头、名牌、科技、外向带动战略，走高标准、集团化发展的路子，并搞好农业综合开发，实施农业生态工程。工业上要继续扩大规模，优化结构，坚持高起点，新建扩建和内涵挖潜相结合，努力扩大工业整体规模和企业总体规模，积极调整优化产业、产品和企业组织结构，实施企业技术进步、集团化经营、名牌产品、设计创新、科学管理、外向带动六大战略，形成一批具有较高影响力和产品竞争力的大型企业或企业集团。进一步加强交通、邮电、能源等基础设施建设，为经济发展创造良好的环境。树立大经贸观念，全面发展外向型经济，建立与国际经济接轨的运行机制，努力扩大出口创汇。加快利用外资步伐，加强对外经济合作。重点引进国内外先进成果和技术，促进经济与科技的高度融合，推进国民经济各领域的科技进步。

为实现国民经济的快速发展，一是需要大规模资金投入，资金从哪里来？最有效的途径就是向开放要资金，积极创造条件引进外资。二是切实加强对外向型经济发展的领导，共创对外开放大业。三是用足用好用活国家的政策。滨州市根据国家涉外政策的调整，制定并出台了一系列《招商引资优惠政策》。四是要加快培植外向型经济生长点，努力扩大出口创汇，发挥全市农业资源优势，尽快培植一批农副产品出口生产加工基地。同时加强工业嫁接改造，提高工业品质量和档次，积极推行ISO9000国际标准，形成外资、外贸、外经"三外"一齐上的新格局。

滨州市被誉为黄河三角洲上的一颗明珠，被评为首批国家级卫生城市，1995年获得山东省"齐鲁杯"城市三上活动的最高荣誉和全国城市环境综合治理优秀城市奖。在新的历史条件下将成为加工、商贸中心、开放于一体的新兴城市。

(滨州市对外经济贸易委员会　孙剑锋　乔长敏)

滨州市国民经济主要指标

指标	单位	1995年		1994年	
		地区	市区	地区	市区
年底人口数	万人		57.95		56.89
#非农业人口	万人		16.44		14.93
土地面积	平方公里		1142		1042
人口密度	人/平方公里		507.44		545.96
年末劳动力资源总数	万人		34.15		33.18
#乡村劳动力	万人		19.59		19.56
国内生产总值	亿元		327147		—
农林牧渔业产值	亿元		147443		114085
粮食产量	万吨		28.47		27.36
蔬菜产量	万吨		58.18		57.22
猪牛羊肉产量	万吨		36963		27473
水产品产量	万吨		9085		—
全部工业总产值	亿元		741383		561492
#乡及乡以上	亿元		320498		263658
客运总量	万人		441.00		402.00
货运总量	万吨		349407		332100
固定资产投资总额	亿元		34994		32374
#住宅	亿元		4844		6654
房地产开发投资额	亿元		2513		1279
商品房销售额	亿元		740		967
出口贸易总额	亿元		3.20		2.60
进口贸易总额	亿元		0.72		0.41
利用外资签订协议总数	项		18		10
利用外资签订协议金额	亿元		0.47		0.31
实际利用外资金额	亿元		0.32		0.23
国际旅游人数	万人		—		—
国际旅游收入	万元		—		—
地方财政预算内收入	亿元		17493		9472
地方财政预算内支出	亿元		22497		22387
银行年末各项贷款余额	亿元		19.80		15.62
每万名职工中专业技术人员数	人		—		—
#中级职称以上	人		6149		5766
城镇居民家庭人均生活费收入	元		4087		—
农村居民家庭人均纯收入	元		1362		—

注: 表内各项产值均按当年价格计算。

(滨州市人民政府供稿)

南 京 市

坚持加快发展战略，国民经济运行保持良好发展态势

1995年是“八五”计划的最后一年，南京市认真贯彻关于“抓住机遇、深化改革、扩大开放、促进发展、保持稳定”的工作方针，进一步加强和改善宏观调控措施，努力克服前进中的困难，使国民经济继续呈现积极健康发展的好势头。全年国内生产总值达580亿元，按可比价计算比上年增长12%以上。

(一) 农村经济全面加强，农业生产喜获丰收 1995年，南京市战胜了建国以来长江第三次大洪涝和持续干旱等自然灾害，农业生产获得大丰收。全年粮食总产量达168.5万吨，比上年增长9.5%，水稻亩产首次突破千斤大关；油料总产量14.6万吨，比上年增长32.5%；棉花总产量7万担，比上年增长6.1%；粮、棉、油折合的总产量超历史最高纪录。

多种经济发展迅速，农、林、牧、渔业产值全面提高，全年不变价总产值达42亿元，比上年增长10.9%。其中，农业产值22.1亿元，增长11%；林业产值0.7亿元，增长12.9%；畜牧业产值15.4亿元，增长11.3%；渔业产值3.8亿元，增长5%。全市新增菜地1.8万亩，使常年性蔬菜地增加到7.5万亩，已达到国务院规定的城市人均3厘菜地的标准。

乡镇工业继续保持高速增长，全年完成产值380亿元，比上年增长45%。乡镇工业产值已占全市工业总产值的40%，五年内翻了三番。

(二) 工业生产快速增长，地方工业二次创业 去年，市政府强化了对工业经济的领导组织力度，提出了振兴地方工业的发展思路，出台了一系列政策措施，形成了全市上下齐心协力、努力实现地方工业第二次创业的局面。全市乡及乡以上工业企业完成产值818亿元，比上年增长24.4%；工业产销几乎同步，产销率达96.4%；工业经济效益有所提高，全年综合指数为106%，比上年提高7.2个百分点；全市独立核算工业企业利税总额达84亿元，比上年增长23.3%；技改投入进一步增加，企业发展后劲得到增加，全年共完成技改投资52亿元，比上年增长30%。

从经济结构看，国有工业企业生产速度稳步提高，完成产值422亿元，增长17.2%；非国有工业的发展继续超前，全年产值达396亿元，增长33.2%，全市大中型工业企业完成产值472亿元，增长15.4%，全年建筑安装企业完成工作量83亿元，增长43.1%，年内竣工的各类房屋面积突破400万平方米。

(三) 第三产业蓬勃发展，增加值比重不断提高 1995年全市第三产业在原有多层次、多渠道、多形式发展的基础上已形成了良性发展局面，第三产业增加值占国内生产总值比重上升到40.3%。全市第三产业单位超过13万个，从业人员110万人。全年社会消费品零售额超过240亿元，增长27%以上，创历史最好水平。

科技发展成效显著。1995年为“南京科技年”，为加快全市科技产业化进程，该市成立了由116家大企业、高校科研单位与政府部门联合组建的“南京科技与产业发展促进会”，出台了加快科技进步的若干政策措施。年内“2151”科技工程全面启动，全年完成50项利税超百万元的科研生产联合项目；139家高新技术企业实现产值78亿元、利税15亿元；“十大科教兴农标志工程”有了突破性进展，水稻旱育、抛载、稀植技术实施面积达107.7万亩，占水稻总面积的40%以上，在全国处于领先地位；民营科技企业已有1600家，全年技工贸收入超过20亿元，成为该市经济新的增长点之一。1995年，该市被国家科委和全国人大科教文委员会联合评定为全国科教兴市先进城市。

商业基础设施建设得到加强。全年在建商业大中型项目18个，面积达55万平方米；新增各类市场50多个，累计逾520个。

邮电通信事业快速发展，全年完成邮电业务总量11亿元，比上年增长23.1%，增装电话12万户，公用电话4500部，移动电话32844户，长途电话8000条。到1995年末，市话交换机总容量达100万门，在全国省城中名列前茅。

运输业稳步发展。去年全市客运周转量完成78.6亿人公里，增长2.5%；货运周转量完成377亿吨公里，增长7%。

(四) 财政形势发展较好，金融形势稳定正常 1995年，南京市进一步稳定新税利，广辟财源，财政收入持续较快增长，全年达65亿元，比上年增长21.4%。其中地方财政收入为29.39亿元，比上年增长31.35%。金融机构大力组织各种存款，合理有效投放贷款，年末各项存款余额达658亿元，比年初增加169亿元，其中城乡居民储蓄为268.2亿元；各项贷款余额465亿元，比年初增加96亿元。

抓住机遇再上台阶，改革开放获得了较大成绩

改革迈出新步伐，1995年，南京市继续大力推进国

有企业改革，全市围绕转换企业经营机制和探索建立现代化企业制度，加快改革步伐，20家试点企业中已有6家挂牌运行。年内完成了“跃进”、“熊猫”等5家省级重点企业的组建衔接工作，新组建“东风”、“伯乐”、“机床”等7家市级重点企业集团。中小企业实行“卖、租、包”的近200家，实行股份制的超过300家。工业企业继续开展“转机制、抓管理、练内功、增效益”活动，企业管理水平有了新的提高。

1995年该市各类要素市场进一步发育，初步形成了生产资料、金融、技术、人才、劳动力、信息、房地产和产权交易等要素市场网络体系。

综合配套改革进展加快。1995年该市积极推进政企分开和国有资产授权经营管理的试点，政府机构改革方案已正式上报，全市首次开展了局级干部招聘活动，城镇养老保险和社会统筹制度进一步健全，职工养老保险已扩大到所有企业和自收自支事业单位，农村已有126个乡镇、16.4万人参加了养老保险，有5615家企业，110万职工参加了失业保险，13000多名特困企业职工得到了待岗救济，“再就业工程”开始，全年共安置下岗人员1.2万人，城镇待业青年3.3万人。以“售、租、建、管”为主要内容的房改方案亦在实施之中。

开放实施大战略。过去的一年，南京市实施大开放战略，把全方位扩大开放摆在突出的位置上，促进了“三外”工作的全面发展。主要抓了如下几项工作。

首先抓了提高外贸企业适应市场变化的能力，正确处理规模与效益的关系，及时提出以经济效益为中心，规模服从效益，以规模带效益，以效益促规模，做到自负盈亏的保证经济效益的前提下扩大出口，不搞亏损出口。其次抓了严格加强外贸企业经营管理，狠抓扭亏工作。第三努力提高三资企业、自营生产(物资、商业)企业和县级外贸公司在全市出口总额中所占比重。第四加大招商引资力度，努力提高利用外资的质量和水平。先后组织或参与了香港、省、市及赴欧洲等经贸招商活动;依据国家“指导外商投资方向暂行规定”，制定了南京市指导外商投资的补充规定。第五集中精力抓千万美元以上的大项目，带动了全市经济的发展和腾飞。到1995年底，全市共批准投资总额在1000万美元以上的企业151个，占项目总数的4%;投资总额38亿美元，占全市投资总额的48%。1995年已投产的千万美元以上的企业24家，占投产企业数的1.5%，产值占三资企业总产值的38.9%，销售额占39.1%，利润占73.7%，纳税占60.7%，出口占33.6%。第六认真进行三资企业的年度检查，切实加强统计工作。及时掌握和了解三资企业的情况，帮助企业解决一些难题。全市区、县、局中已有41家建立了计算机系统，初步形成全市利用外资的统计网络。第七拓宽对外承劳务的渠道，已形成在外研修和民间劳务等多种形式并存的新格局。

由于目标明确，措施得力，1995年，南京市三外工作取得了较好成绩。

对外贸易大幅度增长。全年外贸进出口总额10.6亿美元，比上年增长33.7%;境外来宁旅游观光人数达22.5万人次，旅游外汇收入3.9亿元;口岸外贸运量700万吨，比上年增长31.4%，创历史最好水平。

利用外资质量明显提高。全年共批准外商投资企业663家，实际利用外资4.15亿美元，全部项目平均利用外资规模达186万美元;开业投产534家，出口创汇2.52亿美元，同比增长47%，涉外税收7.6亿美元，增长62%。截止去年年底，该市实际利用外资13.4亿美元，投产开业2126家。

对外劳务承包稳定增长。1995年对外劳务承包工程和劳务合作完成营业额6485万美元，同比增长43.6%。新批准境外非贸易企业(机构)4家，累计已在41个国家和地区兴办境外企业(机构)68家，协议投资总额3289万美元，其中中方投入1837万美元。

经济开发区建设取得新成绩。全市9个省及省级以上开发区已累计开发20.85平方公里，投入开发资金12.8亿元，进区企业已达1406家，其中三资企业433家。1995年实现技、工、贸总收入87.9亿元，创利税12.8亿元，出口创汇8953万美元。高新技术开发区内欧洲科技工业园、台湾科技工业园已经国务院和有关部门批准，“一区多园”的新格局正在逐步形成。

基础设施建设先行，城市建设和管理取得较大进展

1995年，南京市改善了投资环境，加大了城市建设和管理的力度，全市共拓宽改造道路12条，总长14公里。宁连公路南京段竣工通车;沪宁高速公路南京段和绕城公路二期工程均提前完成年度计划。禄口机场完成飞行区场道混凝土10万平方米，航站楼主体结构和全部土石方工程。全市在建和准备开工的高层建筑133幢，面积322万平方米，年底已有21幢竣工。新街口广场改造进展顺利，成为全市重要的标志性景点;鼓楼广场南北向隧道工程基本建成;上海路、太平门、中华路和雨花路等道路改造工程当年施工、当年完成。

去年全市共完成固定资产投资179亿元，比上年增长50%，列入国家计的10个重点大中型基建项目累计完成投资29亿元，比上年增长81%。110千伏珠江、集庆、樱驼输变电工程已经开工;邮电主要运转流程已全部实现计算机化;新增3万路长途程控交换机，总容量达8万路端。

1995年为迎接全国卫生城市的检查评比，该市加大了市容卫生长效管理力度，重点开展了禁放烟花爆竹、强化干道保洁、加强建筑工地管理、拆除违法搭建、清理居民楼道院落、取消占道经营的大排档、推行垃圾

袋装化、整顿农贸市场和推进美化亮化等工作。同时，按照国家卫生城市标准，加强环境综合治理，城市卫生的整体水平上了一个新台阶，在全国第三次卫生城市检查评比中获得第4名。

全市社会事业协调发展，人民群众的生活水平继续提高。

教育事业稳定发展。1995年，全市进一步加强对教育工作的领导，新出台了建立人民教育基金会等政策措施，15个区县全面实施九年义务教育，覆盖率达100%;城区基本普及高中阶段教育，在全省处于领先地位。

医疗卫生事业发展加快。全市有医疗机构1501个，病床19019张，专业卫生技术人员3.84万人，其中医生1.63万人，护师、护士1.09万人。

文化体育事业进一步繁荣。1995年出版报纸46种，发行8.5亿份;杂志271种，发行6000万册。年末全市拥有广播电台10个，对国内广播节目18套;拥有电视台2个，节目套数4套。

作为第三届全国城市运动会的主赛场城市，1995年新建和改造一批体育场馆。南京代表团在第三届城市运动会上，获得奖牌79枚，其中金牌35枚，夺取了金牌、奖牌、总分和体育道德风尚奖数四个第一，获得了体育竞赛和精神文明双丰收。群众性体育活动更加活跃，全市各级各类学校达到国家体育锻炼标准的学生人数占应测适龄学生总数的95.2%。

1995年，本市以平抑市场物价、改善居住条件为重点，全面实施了物价控制目标责任制，强化了对基本生活必需品和服务价格的监审管理。经过各方面的共同努力，1995年全市平均零售物价上涨幅度为11.2%，居民消费价格上涨幅度为15.1%，分别比上年下降了10.1个和11.4个百分点，在全国35个大中城市和全省11个城市中均处于较低水平。去年全年职工工资总额100亿元，比上年增长15.1%;职工平均货币工资6800元，增长15.9%。全市农民人均纯收入2471元。全年住宅竣工面积268万平方米，共有1.8万拆迁户和2047户困难户迁入新居。目前，全市居民人均居住面积为8.1平方米，住房成套率达78%。

(南京市人民政府对外开放办公室　司开明)

南京市1995年10件大事

一、全市人均国内生产总值突破1万元，城乡经济总量跃上新的台阶。

二、全国第三届城市运动会在该市成功举行，南京市体育代表团获得“四个第一”的优异成绩。

三、《南京城市总体规划》获国务院批准，该市据此对城区行政区划成功地实施了重大调整。

四、以贯彻省委17次常委会精神和“迎城运”、“迎创建”为契机，城市基础设施建设和市容管理取得了新的重大进展。

五、南京市住房制度改革正式启动。

六、市委提出制定南京“九五”计划和2010年远景目标的建设;确立了1998年农村全面实现小康、2005年基本实现现代化的奋斗目标。

七、南京市被评为“全国科教兴市先进城市”，'95南京科技年活动成果丰硕。

八、以建立现代企业制度、组建企业集团为重点的企业改革取得新的进展。

九、南京市首次面向社会公开招聘局级领导干部。

十、南京市电话本地网程控交换机容量突破100万门。

(南京市人民政府对外开放办公室)

南京市国民经济主要指标

指　标	单　位	1995年		1994年	
		地　区	市　区	地　区	市　区
年底人口数	万　人	520.75	263.34	518.28	261.49
# 非农业人口	万　人			253.81	
土地面积	平方公里	6516		6515.74	947.31
人口密度	人/平方公里	799		795	2760
年末劳动力资源总数	万　人			424.78	
# 乡村劳动力	万　人			140.27	
国内生产总值	亿　元	580			
农林牧渔业产值	亿　元	42			

续表

指标	单位	1995年		1994年	
		地区	市区	地区	市区
粮食产量	万吨	168.5		153.93	
蔬菜产量	万吨			109.00	
猪牛羊肉产量	万吨	18.5		11.97	
水产品产量	万吨	7			
全部工业总产值	亿元				
# 乡及乡以上	亿元	818		808.5018	
客运总量	万人	78.6亿人公里		7917.6万人	
货运总量	万吨	377		10364.8	
固定资产投资总额	亿元	179		154.3635	
# 住宅	亿元				
房地产开发投资额	亿元	62		35.9487	
商品房销售额	亿元				
出口贸易总额	亿美元	8.08		5.52	
进口贸易总额	亿美元	2.58			
利用外资签订协议总数	项	663		948	
利用外资签订协议金额	亿美元	12.4(合同外资)			
实际利用外资金额	亿美元	4.15		3.65	
国际旅游人数	万人次	22.5		24.25	
国际旅游收入	亿元	3.94		3.54	
地方财政预算内收入	亿元			22.6556	
地方财政预算内支出	亿元			25.1587	
银行年末各项贷款余额	亿元	465			
每万名职工中专业技术人员数	人				
# 中级职称以上	人				
城镇居民家庭人均生活费收入	元	4620			
农村居民家庭人均纯收入	元	2471			

注：表内各项产值均按当年价格计算。

(南京市人民政府对外开放办公室供稿)

连 云 港 市

国民经济保持持续、快速、健康发展的好势头

1995年，连云港市紧紧抓住经济建设这个中心，克服困难，锐意进取，在前两年快速发展的基础上，国民经济继续保持快速增长的好势头。全年实现国内生产总值155亿元，比上年增长32.9%，实现工农业总产值455.87亿元，增长77.6%，完成财政收入9.86亿元，增长43.8%。

农业生产获得丰收，农村经济蓬勃发展　全市坚持“以农兴工，以工带农，多轮齐转，全面驱动”的农村经济发展路子，稳定粮棉油生产，积极实施龙头带动战略，大力发展多种经营，促进了农村经济的快速发展。全市实现农业总产值62.14亿元，比上年增长17.4%。粮食总产217.06万吨，增长10.5%，棉花总产4.29万吨，增长22.5%，粮棉单产、总产均创历史最高水平。圆满地完成了国家下达的粮食定购和棉花收购任务。多种经营全面发展，实现产值43亿元，增长21.5%，占农业总产值的比重上升到69.2%。全年水产品产量20.85万吨，增长35.3%。贸工农一体化的龙头企业不断发展壮大，全市

以农副产品加工和贸易为主的产值超千万元的龙头企业已达120家，有力地促进了蔬菜、紫菜、水产、畜禽等商品基地上规模、上水平，带动了创汇农业的加快发展。宜林荒山绿化有了新的进展，平原绿化达到国家先进市标准。农业投入不断加大，粮棉大县专项贷款、黄淮海开发及利用世行贷款加强灌溉农业项目、治淮工程和省水利重点工程等项目得以实施。被江苏省政府评为农业先进市和水利先进市。基本农田保护区划定工作全面完成，复垦土地1.3万亩。乡镇工业快速发展，在连续两年产值翻番的基础上，又实现产值和效益同步翻番。乡村两级工业完成产值156.73亿元，增长150.5%，销售收入133亿元，增长136%，实现利税10亿元，增长79.5%。乡镇工业产值已占到全部工业产值的68%。全市有过半数的乡镇(50个)工业产值过亿元，有223个村工业产值过千万元。

工业生产持续快速增长，运行质量得到改善 全年实现工业产值343.05亿元，按可比价较上年增长83.3%，是十多年来增速最快的一年，乡及乡以上独立核算工业企业销售收入、利税分别增长57.5%和25.6%，实现了产销同步增长。企业在竞争激烈的经济环境中把开拓市场扩大营销摆在突出位置，认真制订营销策略，建立健全营销网络，组团参加各类大型展销会，取得了较好的成效。产业结构和产品结构调整力度加大，全市35个重点工业企业、25项重点新产品开发项目、13项重点竣工技改项目和22项重点调度技改项目，作为发展工业经济的重中之重得到重点加强，取得了较好的成效。新产品开发步伐加快，实施新产品开发项目242项，有19项新产品被确认为国家级重点新产品。产品质量有所提高，有4个产品被省确定为江苏省名牌产品。全市工业企业还狠抓扭亏增盈工作，建立了全市工业企业扭亏增盈基金，通过重点投放，使一批企业有了不同程度的减亏或增利。积极探索困难企业的解困路子，先后对5个特困企业给予政策扶持，帮助企业逐步走出困境，使部分企业的亏损状况开始好转。

商贸流通等第三产业迅速发展，财税金融工作取得较好成绩 城乡市场购销两旺，全年实现社会商品零售总额58.04亿元，增长28.4%；城乡集贸市场成交总额60亿元，增长1.5倍。全市新建市场28个，累计建成成交额超亿元的专业批发市场11个。个体私营经济稳步发展，私营企业达2018家。全市财税部门加大征收力度，狠抓开源节流，较好地完成了财政收支任务，市县两级全部实现当年财政收支平衡，所辖赣榆、东海、灌云三个县和连云港经济技术开发区的财政收入都突破亿元大关。金融机构存款、贷款持续增长，各项存款余额95.78亿元，比上年增长27.7%，各项贷款余额100.37亿元，比上年增长19%。保险事业有了新的发展，全市承保金额有较大幅度增长。抑制通货膨胀取得成效，全年零售物价指数涨幅控制在13.2%。

开放型经济取得新的成绩，经济体制改革有了较大进展

“三外”工作进展较快，开发区建设取得新的成绩 全市外贸出口供货总额30.84亿元，自营出口总额2.03亿美元，分别增长30.8%和64.6%。出口商品结构逐步得到优化，工矿产品出口值占到出口总值的58.9%，比上年增长27.4个百分点。利用外资工作有了新的进展。新签利用外资合同项目310项，其中三资企业279家，增长28%。实际利用外资9394万美元，增长12%。外经工作继续保持良好的势头，完成营业额3262万美元，年末在外人数2400人，分别增长28.1%和63.3%。劳务输出已扩展到韩国、美国、日本、毛里求斯等25个国家和地区。成功地举办了'95中国江苏亚欧大陆桥经贸恳谈会，扩大了连云港在国内外的影响。连云港经济技术开发区建设有了新的进展，全区工业总产值完成18.1亿元，增长80%；新批三资企业83个，增长59.6%；实际利用外资3015万美元，增长40%；自营出口总额6100万美元，增长85%；固定资产投资完成5.64亿元，区内投资环境进一步改善。

陆桥运输有了新的突破，港口口岸工作取得较好成绩 11月份，成功地进行了集装箱整列过境运输，标志着陆桥运输进入了一个新的阶段。全年组织过境运输40批次，上桥箱量达3136标箱。《关于连云港发展成为国际集装箱枢纽港的研究》通过了专家初步评审。连云港港口全年吞吐量完成1716万吨，增长8%，其中外贸完成1064.7万吨，增长26.1%，集装箱吞吐量完成65492标箱，增长30.1%。

对内联合领域进一步拓展，南北挂钩工作力度不断加大 全年共签订经济技术协作项目349个，新投产开业项目286个，引进资金3.11亿元。先后组织了近40批市级团组共200人次，分赴北京、上海、广东、河南、四川、陕西等省市开展招商引资活动，建立了一批新的合作关系。把南北挂钩、对口协作作为加快自身发展、实现南北双方优势互补的战略举措，加强领导，狠抓落实，新签订南北挂钩项目213项，协议总投资4.71亿元，客方投资1.69亿元，其中已投产170项，总投资2.77亿元。各县区、市有关部门组织三百多名乡镇干部和企业厂长赴苏南地区学习培训，新建友好关系77对，输出劳务5万多人。

各项改革稳步推进，社会保障体系逐步完善 企业改革步伐加快，现代企业制度试点工作已陆续展开。批准设立有限公司267家。实行“先售后股”改革的企业35家，实行公有民营和股份合作改组改制的企业300多

家。共有12家优势企业兼并13家劣势企业，实施企业破产3家。组建省、市级企业集团9家。流通体制改革进一步深化，市粮食系统已有47家粮店实行连锁经营。供销、商业系统的连锁经营正在逐步展开。城镇住房制度改革方案顺利实施，财税体制改革、金融体制改革取得了一定成效，机构改革正在积极稳妥向前推进。社会保障体系日臻完善，保险的社会化程度进一步提高。有4146个机关企事业单位参加社会养老保险，参保人数28.1万人，社会覆盖面达98%。有1622个单位参加职工失业保险，参保人数22.9万人，覆盖面达96%。农村社会养老保险取得了新的进展，参保人数已达82万人。

城乡建设步伐大大加快，人民生活质量明显改善

交通、通迅等基础设施建设得到较快发展　全年共完成固定资产投资33.08亿元，其中全民基本建设投资18.14亿元。宁连一级公路连云港段完成投资2.51亿元，部分路段和新沂河大桥竣工通车。完成了204、327、310国道部分路段的拓宽改造工程。新修县乡公路黑色化路面120公里，乡村砂石路面466公里，村道170公里。东陇海铁路新海绕行线路基、桥涵土建工程进入收尾阶段。港口建设完成投资1.84亿元，墟沟港区两个1.5万吨级泊位建成并通过国家验收，使港口具备2180万吨吞吐能力。海上运输新开通了连云港至广州杂货班轮、连云港至新加坡集装箱班轮和连云港至大连客货滚装运输班轮。连云港至大连客货班轮的开通，结束了连云港乃至江苏无海上客运航班的历史，在连云港与东北地区之间架起了一座海上交通的桥梁。民航开辟了至武汉等地新的航线，增加了航班，全年运载旅客近10万人次。邮电通讯事业发展迅速，龙河广场通信楼、邮政枢纽楼基本建成，全市城乡电话交换机总量已达23.1万门，市话普及率达每百人18.5部，全市村通电话率达50.2%，建成数字移动通信网。电力事业稳步发展，东海22万伏变电所交付使用，市区城北变电所主体工程完成，城市配电网得到初步改造。

城乡建设事业迈出较大步伐　围绕创建省级卫生城市的目标，千方百计筹措资金，加大市政设施投入，强化城市环境综合整治，市区完成市政基础设施投资1.2亿元，较上年增长2倍。新建、扩建了朝阳西路、海棠北路、花果山景区路等13条主次干道。投资980万元新建了钓鱼山垃圾卫生填埋场。市第三水厂一期工程按期完工。城区新增绿地28.05公顷，绿化覆盖率达25.1%。旅游风景点建设进一步加强，新开发的渔湾风景区、连岛海滨浴场吸引了大批游客。旧城改造和新区开发取得新的成绩。全市房地产开发施工面积达85万平方米，竣工31万平方米。全市建筑业完成施工产值18亿元，外出施工人数8.55万人。土地管理得到加强，城市规划进一步规范，调整了东西连岛开发控制性规划，编制了一批地段详细规划、专项规划和部分乡镇规划。加大了违章建筑的查处力度，加强了城市市容管理，沿街建筑梳妆打扮、亮化美化工程取得一定成效。环境保护工作加大了执法力度，加强了蔷薇河、石梁河水库饮用水源的保护，烟尘、噪声污染得到了控制。顺利通过了省级卫生城市的检查验收。三县县城和村镇建设也取得了较好成绩。

人民群众生活水平明显提高　城镇居民人均生活费收入达到4090元，增长16.9%；农民人均纯收入达2171元，增长49%。城乡居民储蓄增加幅度较大，年末存款余额达57.45亿元，比上年增长34.3%。新建安居房面积12万平方米。新增管道煤气用户1400多户。全市通过多种渠道新安排城镇待业人员8800人。多方筹集扶贫资金6884万元，使一部分贫困户、贫困村走上了脱贫致富道路。

改革开放和经济建设辉煌发展的“八五”时期

“八五”期间，是连云港市历史上发展最快的五年，改革开放、经济建设和各项社会事业都取得了新的成绩，全面和超额完成了“八五”计划提出的各项任务，为“九五”和今后十五年的更大发展打下了坚实的基础。

综合经济实力显著增强　全市国内生产总值五年平均递增25.3%，按可比价计算，年均增长14.1%，比“七五”高出10.5个百分点；人均国内生产总值由1507元提高到4330元，年均增长23.5%。工农业总产值和地方财政收入年均递增分别为27.7%和19.9%。经济结构进一步优化，全市三次产业的比重，由1990年的43.7：28.6：27.7调整为34.7：41.4：23.9，初步实现了以农业经济为主向以工业经济为主的转变。

对外开放程度有了较大提高　五年来，累计实际利用外资3.02亿美元，比“七五”增长3.79倍。目前全市共有三资企业1089家。外贸自营出口规模不断扩大，对外经济合作领域逐步拓宽，开发区建设有了明显变化，横向经济联合、南北挂钩协作取得较大进展。

经济体制改革和各项配套改革稳步推进　农村家庭联产承包责任制和双层经营体制得到巩固，社会化服务体系进一步完善。企业改革逐步深化，企业自主权得到进一步落实，现代企业制度改革开始起步。个体私营经济有了较快发展。住房制度改革进一步深化，社会保障体系逐步建立。财税、金融、外贸、外汇、投资等宏观经济管理体制改革顺利实施。

基础设施建设步伐加快　“八五”期间，全市完成城镇集体以上固定资产投资近100亿元，是“七五”的2.3倍。先后完成了拦海大堤、庙岭港区二期工程、云台山

隧道、民航机场二期扩建、五灌河整治、朝阳中路、朝阳西路、人民东路、花果山道路、第三水厂、程控电话扩容和市话本地联网等一批重点项目。临洪翻水站续建、宁连一级公路连云港段、东陇海铁路复线、墟沟港区一期工程等一批重点项目已开工建设。连云港市已被评为全国投资硬环境“四十优”城市之一。

各项社会事业取得长足进步 科技在经济增长中的贡献份额不断增加。“八五”末，全市工业、农业增长中科技进步贡献率分别达30％和50％，高于“七五”平均水平。教育事业发展迅速，义务教育全面实施，普通高中和职业高中入学率不断提高，成人教育和高等教育的办学规模逐步扩大。文化、卫生、体育、广播电视等事业都有较大发展，精神文明建设取得新的成绩，人民生活水平显著提高。

（连云港市人民政府办公室 *颜世友 刘兆吉*）

连云港市国民经济主要指标

指标	单位	1995年		1994年	
		地区	市区	地区	市区
年底人口数	万人	359.63	57.15	356.23	55.92
#非农业人口	万人	70.54	41.61	67.84	40.11
土地面积	平方公里	6424	881	6424	881
人口密度	人/平方公里	568	689	563	674
年末劳动力资源总数	万人	246.74	42.98	239.36	41.69
#乡村劳动力	万人	137.27	9.08	139.83	8.82
国内生产总值	亿元	155.16	51.77	116.63	40.92
农林牧渔业产值	亿元	114.52	8.73	81.72	6.16
粮食产量	万吨	217.06	10.63	196.36	9.4
蔬菜产量	万吨	146.56	19.67	125	16
猪牛羊肉产量	万吨	15.04	0.62	12.65	0.65
水产品产量	万吨	20.85	3.54	15.41	3.26
全部工业总产值	亿元	285.04	102.85	174.98	71.45
#乡及乡以上	亿元	167.21	89.48	121.48	67.05
客运总量	万人	3616	3244	3705	3561
货运总量	万吨	4947	4398	2743	2710
固定资产投资总额	亿元	46.71	28.77	30.97	17.17
#住宅	亿元	1.69	1.09	0.95	0.47
房地产开发投资额	亿元	3.96	3.42	3.31	3.16
商品房销售额	亿元	1.52	1.45	0.21	0.15
出口贸易总额	亿美元	2.03		1.23	

续表

指标	单位	1995年		1994年	
		地区	市区	地区	市区
进口贸易总额	亿美元	0.57		0.55	
利用外资签订协议总数	项	310	192	245	164
利用外资签订协议金额	亿美元	2.79	2.33	2.05	1.77
实际利用外资金额	亿美元	0.94	0.75	0.84	0.71
国际旅游人数	万人	0.45	0.42	0.39	0.37
国际旅游收入	万元	2497	2327	2081	1974
地方财政预算内收入	亿元	6.37	3.90	3.89	2.70
地方财政预算内支出	亿元	9.46	5.47	6.53	3.56
银行年末各项贷款余额	亿元	87.07	54.12	73.50	45.32
每万名职工中专业技术人员数	人	1974	1627	1881	750
# 中级职称以上	人	486	505	456	392
城镇居民家庭人均生活费收入	元	—	4090	—	3500
农村居民家庭人均纯收入	元	2171	2408	1457	1611

注：表内各项产值均按当年价格计算。

（连云港市人民政府办公室供稿）

淮阴市

经济发展概况

1995年，淮阴市坚持既定的工作思路，突出重点，狠抓落实，卓有成效地开展各项工作，完成或超额完成了全年的各项主要指标，经济和社会发展迈出了新的步伐。全市国内生产总值282.5亿元，比上年增长14.1%；财政收入17.9亿元，增长24.1%；农民人均纯收入1654元，增长41.4%，扣除价格因素，实际增长13.4%。

农村经济全面增长 进一步明确了加快步伐奔小康的思路和主导产业、骨干项目、关键性措施。在稳定发展农业生产中，把着力点放到提高单产和效益上，农业获得全面丰收。去年，全市粮食总产612万吨，油料总产33.5万吨，均超过历史最高水平。棉花总产4.5万吨，是历史上第三个丰收年。在大力组织多种经营生产中，突出发展“两专一基”，通过结构调整和项目带动，逐步引导规模发展，形成基地乡镇121个，专业村1153个，专业大户17.6万户。发展农副产品“龙头”加工、贸易企业200多家，河蟹育苗、温控养鳖、山区林果拓植等项目成效显著，全市乡镇工业总产值192亿元，利税总额15亿元，分别比上年增长45.7%和36.4%；完成技改投入13.8亿元，增长43.8%；南北挂钩新发展横联项目607个。进一步保护和促进个体私营经济健康发展，全市个体工商户发展到21.8万户，比上年增长11.5%。全市年内新增在外务工人数达50万人，比上年增长12%。

工业经济加快发展 完成工业产值359亿元，比上年增长30.5%，其中乡及乡以上工业实现产值236亿元，增长22.7%；实现销售收入223亿元，增长34.6%；产销率94.4%，比上年提高2.6个百分点。千方百计抓投入，完成技改投入25亿，比上年增长25%，12个重点技改项目当年基本竣工或投产，18个重点调度项目已有10个提前开工建设。稳步推进抓管理，市直工业狠抓以内部分配为重点的企业管理，逐厂实施分配方案，反复督促检查，取得了较好的效果。市直工业企业中浮动工资比例达到60%以上，调动了干部职工的积极性。突出重点抓大户，集中力量扶持了一批利税大户，经济效益明显提高，乡及乡以上独立核算工业实现利税20.5亿元，增长11%。

同时，一厂一策帮扶困难企业，扭亏工作取得较好成效。

财政金融状况有所改善 大力培植财源，加强征管力度，财政收入增长较快，财政支出得到有效控制，全年财政支出16.8亿元。近七年来第一次出现收大于支，实现了当年财政总体平衡，并消化老赤字5000万元。继泗阳、泗洪、宿迁三县(市)之后，又有沭阳县财政收入超亿元。乡镇财政建设得到加强，财政收支平衡乡镇达275个，占总数90%，比上年净增174个。金融机构各项存款持续增长，年末余额135亿元，比年初净增32亿元，其中储蓄存款保持较快的增长势头，比年初净增26亿元;通过多种渠道共投入资金41.7亿元，其中贷款24亿元，比上年增长25.9%;在增加投入的同时，积极盘活存量，优化信贷结构，共清收盘活不良信贷资产9.7亿元。保险业有所发展，年保费收入近2亿元。

内外贸易持续增长 通过外购外销、深购远销、大购大销和多种形式的促销手段，促进了内贸大幅度上升，全年社会消费品零售总额100.6亿元，增长28%;供销、商业、粮食、物资四大系统实现销售130亿元，增长21.9%。商业设施建设步伐加快，新增网点面积8.2万平方米，新建商品市场29个。外向型经济保持了良好的发展势头。注重加快县级"三外"发展，11个县市均有了进出口经营权，全市产品出口扩大到57个国家和地区，远洋贸易占出口总额的比重达81%，自营出口7024万美元，增长67.5%，实际利用外资5737万美元，增长33%，外经营业额1690万美元，增长122%，年末在外劳务906人，增加1.35倍。

各项社会事业不断进步 重视加强科技工作，积极推进技术进步，全年开发新产品320项，投产200项，培育一批高新技术企业，洪泽、宿迁两县(市)被授予全国科技工作先进县，新增26个省级科技示范乡(镇)。各级各类教育健康发展，新增90个乡(镇)实施九年义务教育，实现面达到90%;金湖、涟水职中通过国家验收，市和泗洪、洪泽、淮安职业技术教育中心先后开工建设，职中与普通高中的招生比例达到1.5：1，各类实用技术和岗位培训达92万人;认真贯彻《教育法》、《教师法》，狠抓教师工资兑现工作，绝大多数地区教师工资拖欠问题基本解决。群众文化活动日趋活跃，市群艺馆建成并投入使用，新增22个省、市级先进文化乡(镇)。医疗卫生条件得到改善，建成了市三院病房楼、妇产儿童医院门诊楼，完成30个乡镇卫生院改造任务，计划免疫基本达到了规定目标，碘缺乏病防治工作进展顺利，新增农村改水受益人口20万人。大力开展"创建"活动，市区及宿迁、淮安两市达到省级卫生城市的创建标准。市体育健身世界完成了主体工程，成功地承办了7次国家级和省级体育比赛。计划生育工作得到加强，人口出生率控制在13‰以内。环保工作取得新的成绩，建立健全了淮河、洪泽湖污水联防监测网络，并完成了一批治污工程。民政福利设施有新改善，防灾减灾工作成绩显著。

精神文明和民主法制建设得到加强 全市上下广泛开展树形象、兴淮阴活动，以及创建文明单位、文明村镇、文明户和军民共建、拥军优属等活动，涌现出一批精神文明建设先进集体和模范人物。市及宿迁、盱眙、金湖等县(市)被命名为省双拥模范城。社会治安综合治理取得成效，开展有声势、有实效的"双打"、"双禁"等专项斗争，刑事犯罪得到有效遏制，案件发生率比上年有所下降。全面完成了"二五"普法任务。深入开展反腐败斗争，集中查处了一批大案要案，对群众反映的不正之风进行了专项治理，有效地控制了"三乱"现象。狠抓了控减农民负担工作。加强了物价监督和管理，大力控涨治乱，全年商品零售价格涨幅控制在13%以内，低于年初确定的目标。

(淮阴市人民政府办公室 徐应生 孙健)

淮阴市国民经济主要指标

指 标	单 位	1995年		1994年	
		地 区	市 区	地 区	市 区
年底人口数	万 人	1030.18	47.03	1021.16	45.66
# 非农业人口	万 人	130.08	27.30	123.73	26.09
土地面积	平方公里	19548	347	19548	347
人口密度	人/平方公里	527	1355	522	1316
年末劳动力资源总数	万 人	588.15	31.25	583.00	31.13
# 乡村劳动力	万 人	477.25	11.24	400.24	11.31
农林牧渔业产值(90不变价)	万 元	1440328	25909	1220619	23397

续表

指标	单位	1995年		1994年	
		地区	市区	地区	市区
粮食产量	万吨	613.00	11.00	543.20	10.31
蔬菜产量	万吨	322	14	376	26
猪牛羊肉产量	万吨	43.75	0.81	36.17	0.77
全部工业总产值(现行价格)	万元	3517060	684673	3138981	632371
# 乡及乡以上	万元	2698383	657698	2294914	611157
全部工业总产值(90年不变价)	万元	2753273	540353	2747841	494953
客运总量	万人	3753	981	3969	213
货运总量	万吨	4444	2063	4398	1208
固定资产投资总额	万元	451272	166204	402681	180832
# 住宅	万元	38991	20172	25192	9877
房地产开发投资额	万元	15835	9039	14037	7127
商品房销售额	万元	12518	6394	9187	4675
地方财政预算内收入	万元	74694	20794	49672	14950
地方财政预算内支出	万元	168821	33664	152553	27709
# 文教科学卫生事业费支出	万元	69322	9990	64458	7135
# 教育事业费支出	万元	50111	4577	46277	3835
银行年末各项贷款余额	万元	1530359	363542	1294479	388700
高等学校数	个	2	2	2	2
高等学校在校学生数	人	5430	5430	5079	5079
每万名职工中专业技术人员数	人	1666	1787	1614	1825
# 中级职称以上	人	410	509	412	517
影剧院	个	17	6	13	2
公共图书馆	个	13	1	13	1
卫生机构数	个	1090	177	1092	178
# 医院	个	353	17	354	17

(淮阴市人民政府供稿)

盐城市

概况

1995年是盐城市"八五"时期经济发展速度最快、质量最高的一年。全市完成国内生产总值324亿元，比上年增长23.5%；比1990年增长192.7%，年递增24.4%，比"七五"年均增速高6.4个百分点，比全省高5.4个百分点，比全国高11.8个百分点。完成工农业总产值735亿元，比上年增长40.3%；比1990年增长209.7%，年递增41.9%，比"七五"年均增速高11.2个百分点。完成财政收入15.6亿元，比上年增长27%；比1990年增长161.8%，年递增32.4%，比"七五"年均增幅高10个百分点。经济结构发生了重大转变，三次产业在国民经济中的比重由"七五"期末的45：33.5：21.5转变为37：38：25。经济运行中存在的主要问题是：经济整体素质和运行质量仍有待提高；工业的结构性矛盾突出；县际之间的发展差距有所扩大。

农业 进一步推进科技进步和强化投入，克服了自然灾害等诸多不利因素，取得了好收成。全年粮食总产439.5万吨，比上年增长5.9%，占全省第3位；棉花总产19.5万吨，增长29.1%，仍居全省第一位；油料总产18.5

万吨，增长14%。多种经营产业化进程加快，继续保持了在全省的领先地位。全年实现产值92.6亿元，增长24%，占农业总产值的55%。生猪出栏552.2万吨，增长31.9%，羊出栏388.7万只，增长30.7%，家禽出栏13405.7万只，增长57.1%；水产品43.9万吨，增长32.0%，其中特种水产品产量增长较快。

工业 大力实施“创名牌、上规模、建支柱”的发展战略，全年呈高速平稳增长态势。完成工业增加值109亿元，比上年增长34.9%；完成乡及乡以上工业销售收入304亿元，增长40.8%，增幅比全省平均水平高12.3个百分点，产销率达92.5%；实现利税19.2亿元、利润6.9亿元，分别增长23.5%、29%；人均利税3742元，增长19.5%，工业经济效益综合指数达83.6，比上年增加7.6分。已有35个产品的规模、市场占有率等单项指标获全国同行业或全省单项冠军。全年开发新产品508项，其中省以上新产品380项，新产品产值率达18%。

固定资产投资 基础设施和基础产业投资加大了力度，投资结构有了明显改善。全年完成乡镇和城镇集体以上投资63.36亿元，比上年增长29%。其中：乡以上技改投入43.55亿元，增长26.3%；完成1000万元以上的技改项目144个。

外贸 外资 外经 完成出口商品供货值115.1亿元，比上年增长55.2%；其中自营出口1.53亿美元，增长125.5%。全年实际利用外资8151万美元，增长63.1%。全市已在海外13个国家兴办企业17个，项目投资总额624万美元，累计外派劳务2360人次，营业额近5000万美元。

市场 金融 实现全市社会消费品零售总额106.2亿元，比上年增长27.8%。物价涨幅有所回落，全年商品零售物价指数为114%，比省定控价目标低0.4个百分点。年末全社会各项存款余额达194亿元，比年初增加56亿元；各项贷款余额182亿元，比年初增加40亿元。

运输 邮电 全年完成货运量6971万吨，货运周转量78.25亿吨公里，客运量4938万人次，客运周转量38.85亿人公里。实现邮电业务资费总量3.57亿元，比上年增长46.4%。建成了193个乡镇电话自动化交换点，全市实现了交换程控化、传输数字化。

社会事业 全面实施了教育促小康工程和农科教综合改革，取得了一定成效，职业高中与普通高中招生数之比为1.2：1。全市实施各类科技开发项目228项，其中，省以上火炬计划项目24项，市以上星火项目156项，建立了5个省级星火技术密集区和8个省级星火支柱产业。新闻、广播、电视事业继续发展。文化事业登上了新台阶，举办了纪念抗战胜利50周年大型文艺演出，新创作了一批现代淮剧，加强了文化市场管理。体育事业有所发展，有4个县(市)成为全国体育先进县(市)，48个乡镇成为省级体育先进乡镇，新建了体育中心。全年获省以上比赛奖牌476枚，其中金牌165枚。卫生事业取得新成绩，市区已达到省卫生城市标准，一批县城和小城镇达到了市级创建标准；各种传染病发病率明显下降。

人口 人民生活 年末全市总人口783.53万人，人口出生率为10.46%。计划生育率达93%。市区居民人均生活费收入3944元，增长20.6%；农民人均纯收入2081元，增长40%，农村小康实现程度已达80%以上。城乡居民存款余额达138.6亿元，增长45.3%。人均储蓄1769元，比上年增加548元。

盐城海关开关

3月29日，盐城海关隆重举行开关典礼和揭牌仪式。盐城海关原为南京海关驻盐办事处，始建于1992年5月。它的开关，是改善该市投资环境的关键之举，标志着盐城对外开放进入了新的阶段。

盐响光缆通信工程正式投入运行

5月26日，国家二级通信干线、盐城至响水光缆通信工程，通过了由省邮电管理局组织的验收，并正式投入运行。该工程总投资1548万元，线路全长199.37公里，是我省1994年度投资规模最大的长途通信工程。它的建成，为建设盐城至淮阴、盐城至连云港光缆干线打下了基础。

“盐城市协和科学园区”协议书签字

8月14日，副市长冯永农与台湾CMTS机构集团商务代表洪拱辰分别在关于建立“盐城市协和科学园区”的协议书上签字。该园区位于盐城经济开发区，东至通榆河，南到新城路，西至串场河，北至聚亨路，规划面积4.725平方公里。它是外商在盐城市成片开发的零的突破。

加快培植大型企业集团

8月，为推进企业横向联合、发展规模经济，市委、市政府联合下发了《关于加快培植大型企业集团推进经济联合的意见》，规划到本世纪末，重点在工业方面培植50个企业集团，其中，年销售收入在50亿元的5—6个，达30亿元的8—10个，达10亿元的10—12个，达5亿元的25个。同时在交通、建筑、流通、农业等方面培植年销售收入达5亿元的企业集团50个。

“飞球”机床销往30多个国家和地区

盐城市机床厂“飞球”牌名牌产品，其CDJK和CDK数控车床分别获得第6届中国新技术、新产品博览会金奖和银奖，产品畅销全国，远销北美、西欧、东南亚、中东等30多个国家和地区。

全市实现村村通电

9月29日，我市最后一个无电村阜宁县古河乡张村配电室电箱合上了电源总闸。自此，盐城市已实现了村村通电，全市扶贫通电工程取得了阶段性成果。

荣获"全国科技兴市先进城市"称号

9月。全国第三次科教兴市工作会议，授予盐城市与无锡等30个城市"全国科教兴市先进城市"称号。至此，全市已建有5个全国科技先进县(市、区)、一个国家级社会发展综合实验区、25个省科技先进乡镇。

召开全市科学技术大会

10月26日至27日，为推进盐城经济大发展、促进社会全面进步注入强大动力，市委、市政府隆重召开了盐城市科学技术大会，全市科技工作者代表和各级领导干部1000多人出席会议。会议贯彻了党中央、国务院的《决定》和全国、全省科技大会精神，总结交流了"八五"以来盐城市实施科教兴市战略的经验，表彰了科技先进集体，重奖了狄文枝等50名有突出贡献的中青年专家和科技人员，研究确定了盐城市"九五"期间科技进步的奋斗目标和关键性的政策措施。这次大会，是盐城市建市以来规模最大、影响最大的一次战略性、全局性的科技盛会。

(盐城市人民政府研究室　陈华鲁)

盐城市国民经济主要指标

指标	单位	1995年		1994年	
		地区	市区	地区	市区
年底人口数	万人	783.53	142.17	780.74	139.69
# 非农业人口	万人	138.42	40.54	134.46	37.99
土地面积	平方公里	14983	1728	14983	1728
人口密度	人/平方公里	523	823	521	808
年末劳动力资源总数	万人	562.18	102.02	541.99	99.73
# 乡村劳动力	万人	286.21	45.40	285.72	44.78
农林牧渔业产值(现价)	万元	2737737	404865	2072635	328223
粮食产量	万吨	439	64	415	59.83
蔬菜产量	万吨	242	28	202	31
猪牛羊肉产量	万吨	38.85	7.16	29.72	5.83
全部工业总产值(现行价格)	万元	5201043	1606513	4189452	1315273
# 乡及乡以上	万元	3703284	1103227	2990801	928095
全部工业总产值(1990年新规定)	万元	4514769	1379397	—	—
客运总量	万人	4938	3022	3537	2231
货运总量	万吨	6971	4139	6058	1468
固定资产投资总额	万元	681715	257367	528523	226748
# 住宅	万元	20974	7331	16394	6391
房地产开发投资额	万元	65004	39899	43396	30834
商品房销售额	万元	41792	25128	25253	17288
地方财政预算内收入	万元	90313	30638	63941	23096
地方财政预算内支出	万元	150733	48044	132711	38888
# 文教科学卫生事业费支出	万元	66653	16052	63023	14586
# 教育事业费支出	万元	45440	9974	44590	9400
银行年末各项贷款余额	万元	1688745	534262	1262298	403291
高等学校数	个	3	3	3	3
高等学校在校学生数	人	6930	6930	6409	6409
每万名职工中专业技术人员数	人				
# 中级职称以上	人				
影剧院	个	21	5	23	4
公共图书馆	个	8	1	8	1
卫生机构数	个	855	213	864	214
# 医院	个	249	36	253	37

(盐城市统计局供稿)

南　通　市

国民经济持续快速增长，经济运行质量有所提高

1995年是实施国民经济和社会发展“八五”计划的最后一年。“八五”期间，是该市建国以来经济发展最快、经济结构变化最大、物质财富积累最多、城乡居民收入增幅最高的时期。与1990年相比，1995年国内生产总值增长2.6倍，按可比价计算年均递增15.5%；财政收入增长1.15倍，年均递增16.5%；固定资产投资完成额增长8.3倍，年递增68.8%；职工人均年工资和农民年均纯收入分别增长1.95倍和2.04倍，城乡居民储蓄存款余额增加3.29倍；三次产业各占比重由31.9∶45.0∶23.1变为23.3∶50.4∶26.3，实现了其排序由“二、一、三”向“二、三、一”的战略调整，标志着已处在工业化中期阶段。

1995年全市完成国内生产总值460亿元，按可比价比上年增长23.2%，其中一、二、三产业增加值分别为107亿元、232亿元、121亿元，比上年分别增长17.5%、24.6%和25.6%。全年财政收入27.2亿元，比上年增长19.7%。

第一产业全面发展。1995年全市农林牧副渔业实现总产值120.77亿元，比上年增长21.1%，再创历史最好水平。种植业主要农作物全面丰收，粮食总产329.95万吨，棉花总产10.28万吨，油料总产24.82万吨，分别比上年增长3.9%、15.3%和13.7%。多种经营实现产值77亿元，比上年增长34.4%；其在农业总产值中的比重已达63.6%，比1990年上升17.3个百分点；涌现出一批产加销、贸工农一体化企业。乡村工业、农村建筑业和农副产品流通等第三产业蓬勃发展，有力地促进了农村综合实力的增强。全市已建成21个农业亿元乡镇、71个农业千万元村；农村平均小康指数达到88，有105个乡镇提前实现小康。

第二产业快速增长。工业经济坚持以改革促发展，以扶强带解困。全市乡镇以上工业完成总产值603.7亿元，比上年增长24.2%；增幅各月落差不大，产销率达到95%，经济增长的抗波动能力有所增强。轻重工业的发展比较协调，其产值增长率分别为25.1%和22.5%。企业技术进步继续加快，完成技改工作量53亿元，比上年增长31%，相当于“七五”投入总和的2.1倍；开发各类新产品980项、鉴定投产354项。工业经济效益有所好转，乡镇以上工业实现利润总额比上年增长5.9%；仅占全市独立核算企业3.7%的大中型企业所创产值和利润分别占到三成和五成；三资企业、乡镇企业等一大批非国有工业的速度与效益同向较大幅度增长。建筑业在国家继续压缩基建规模的形势下奋力拼搏，再创佳绩。全年完成施工产值223.8亿元，施工面积4101.4万平方米，竣工面积1899.5万平方米，全员劳动生产率比上年增长44.4%。建筑市场日益扩大，分布在上海、新疆、山东、北京、南京、大庆等地的建筑队伍均超万人以上；对外建筑劳务输出分布于21个国家和地区，其中包括首次成建制地进入香港市场参与新机场建设。承接的高、大、难工程比上年明显增多，全年在施工的高层建筑有765幢，其中30层或100米以上的105幢。涌现了上海浦东江苏大厦、无锡华光珠宝城、青岛金都花园、南京长江大厦等一批标志工程；又有1项工程获得全国建筑工程最高荣誉——鲁班奖，31项工程分别获得上海“白玉兰杯”奖和江苏“扬子杯”奖。

第三产业加快发展。全市第三产业增加值占国内生产总值的比重比上年增加1.2个百分点。市场建设成效显著，全年投资6.58亿元，新建、扩建商品市场173个；590多个各类市场中实现年交易额超亿元的有21个，其中叠石桥绣品市场高达13亿元；人才、劳动力、技术等生产要素市场也已初具规模。金融保险、信息咨询、房地产、会计审计等新兴第三产业获得程度不等的发展，金融机构的存款、贷款余额年末比年初分别增长38%的27%。商业网点的规模和档次不断提高，新建了文峰大世界、中鑫商城等大型商厦，购物环境日益完善。全年完成社会消费品零售总额166.2亿元，比上年增长28.3%。个体私营经济不断为第三产业注入新的活力。1995年个体私营企业零售总额达43.2亿元，农民街建设新增落户数达1.5万。全市个体、私营工商户累计14.65万户25.3万人，注册资金19.3亿元，经营行业已从传统的商业、饮食业拓展到汽车运输、文化娱乐等各种服务业，活动范围已逐步由市内向市外扩展，有的已走向边境贸易或到国外办企业。

招商引资力度继续加大，开放型经济大跨度发展

1995年，南通上下继续坚持外向带动战略，加大招商引资力度，使开放型经济持续大跨度发展。

对外贸易大幅增长。全年实现自营进出口总额16.79亿美元，占全市国民生产总值的比重达30.46%，其中外贸自营出口13.64亿美元，名列全省第二。出口商

品结构进一步改善，工业制成品出口比重上升到92.5%；其中机电产品出口3.22亿美元，占外贸出口的23.2%，比上年提高4.2个百分点。

利用外资保持良好势头。全年新批外商投资企业498家；合同利用外资15.3亿美元，是上年的2.7倍；实际利用外资4.13亿美元，比上年增长42.3%。利用外资质量明显提高，投资总额500万美元以上的大项目累计200多个，其中1995年新批的有79个；出现了已办三资企业竞相增资、滚动发展的喜人局面，70多个项目新增合同外资2.74亿美元。利用外资的领域进一步拓宽，已由过去传统的轻纺工业发展到电子、化工、船舶、港口等近20个行业，农业开发、商业流通等领域的外商投资开始起步，基础设施项目取得突破性进展，年内新批的7个能源项目和4个港储运输项目，平均合同外资金额1670万美元。外商投资的国别已达40多个，日本的东丽、帝人、丸红、富士通，韩国的甲乙纺织，英国的帝国化工等国际上著名的大公司、大商社相继到南通投资兴业。外商投资企业的生产经营状况普遍良好，经济效益显著。已开业投产的三资企业盈利面超过80%，实现利税和自营出口创汇分别为12.34亿元和7.33亿美元，分别比上年增长32.1%、29.73%；有17家企业实现利税超千万元，9家企业出口创汇超千万美元。

外经合作持续发展。1995年新签对外劳务合同额1.41亿美元，实现劳务营业额8777万美元，新派劳务5420人，分别比上年增长85%、40%、17%，新办境外企业10家，外经工作主要指标继续列全省之首。外经合作领域已形成建筑、纺织、捕捞等多行业并举的格局；外派劳务国别比上年增加7个，达到42个国家和地区。

开发区建设大步推进。全市各级各类开发区已投资27.9亿元，累计开发土地面积39.44平方公里。1995年新批进区三资企业102家，合同利用外资8.71亿美元，占全市合同外资总额的一半以上。国家级的南通经济技术开发区经过前些年的基础建设，已转入功能开发的新阶段，显示出强劲的辐射带动作用；1995年完成工业产值41.16亿元，出口创汇2.9亿美元，实现利税3.45亿元，均比上年有较大增长。7个省级开发区和3个市级开发区实行基础开发和项目开发并重，日益成为区域经济的新生长点。

外事旅游进一步拓展。目前已与日本丰桥、和泉及英国斯旺西市正式缔结为友好城市，与美国泽西市结友工作正在抓紧之中。与国外大财团、商社、政府机构之间的联系日益扩大，除多领域、深层次地发展经贸合作外，教育、文化、卫生等方面的对外交往也明显增多。1995年新批涉外饭店四家，旅游交通及配套设施继续改善，全年接待境外游客近3万人，旅游业创汇超过千万美元。

城乡建设成绩显著，环境面貌明显改观

1995年，全市上下围绕实现“一年一个样，三年大变样”目标，把城市建设与管理作为改善投资环境、提高人民生活质量的重要战略举措，全力加以实施，使城乡面貌焕然一新。

城市规划及其实施力度加大。市和县(市)两级政府按照近期与长远结合、扩大外延与充实内涵结合、体现传统特色和突出时代气息结合的原则，对老城区的改造和新城区、中心城镇、小城镇的建设统筹规划，确定了城市总体规划布局；全市建制镇和乡镇总体规划的修编工作也基本完成。坚持量力而行，以骨架道路和形象工程为重点的城市基础设施建设加快推进。市区工农路、外环东路、姚港南路、外环北路、通吕三号桥、南大街、七彩城等一批体现城市形象的重点工程开工建设；兴建在建骨干道路60公里，面积达194万平方米；打通了老城区的主要道路卡口，缓解了市区交通矛盾。6县(市)结合旧城改造普遍加大了建设力度，都拉开了中心城镇道路骨架，新建道路70.4公里，新城雏型基本形成。

交通邮电事业发展加快。南通机场至北京、广州、厦门、深圳、大连等地多条航线营运状况良好，全年接送旅客数和货邮吞吐量分别为12.5万人次和1994.7吨，比上年增长38.7%和41.8%。金通公路、宁通一级公路南通段和328国道改道等重点工程进展顺利。全年改建公路343.35公里，改建桥梁35座/1119.6延米；公路交通完成客货运量2647万人次和690万吨，实现营业总收入7.85亿元。港口开发继续推进。南通港务局狼山港区二期工程两座吞吐量10万标箱的集装箱专用码头主体工程完工，全市现有万吨级泊位26个，市区的江海港区已成为长江沿线重要的食糖、油品、液化气、化工原料等物资的中转基地。全市港口群货物吞吐量连年突破2500万吨。南通港货物吞吐量1995年达到1609.6万吨，比上年增长8.2%，其中集装箱吞吐量8.72万标箱，比上年32.3%。邮电通信事业快速增长，全市邮电业务总量完成6.14亿元，比上年增长30.6%。南通邮政枢纽工程、海门2.5万门程控交换机等重点项目建设提前完工，无线寻呼、移动电话用户增幅较高，话机普及率达5.1部/百人，已建成一市六县(市)大本地电话网，实现了电话号码七位制。

城镇居民生活条件有所改善。全市6县(市)中心城镇及市区在旧城改造中拆迁近1.7万户163万平方米，当年安置率超过60%。市区新建解困房14万平方米，改造危房6万平方米，住宅施工面积达56万平方米。城镇供水、供气等公用事业稳步发展。全年新增管道煤气用户1万户、管道液化气用户5000户，市区“两气”使用率达

到77.4%。新建、扩建自来水厂6个，市区日供水能力有所提高，农村饮用自来水人口新增14.6万人。环境保护工作继续得到加强。已筹建城市垃圾无害化处理中心；完成47个老污染源限期治理项目；新建项目环境治理“三同时”执行率达93%。开展“创卫生城市、当文明市民”活动，加大城市建设监察大队执法力度，强化城市综合管理，使市容市貌明显改观。市区和4县(市)通过省级卫生城市评审，海门、启东被评为全国卫生城市。

科教兴市喜结硕果，社会事业再迈新步

南通人文历史悠久，科教事业发达，曾以中国人自办的第一所师范学校、博物苑、纺织学校、刺绣学校、戏剧学校、聋哑学校等“六项第一”载入史册。在改革开放推动下，各项社会事业迅速健康发展。1995年被评为全国“科教兴市”先进市。

科技事业迈出新步伐。科技投入力度加大，市本级科技三项费用占财政支出的比例达到1.26%，比上年增加271万元。全年组织实施省以上火炬、星火计划和成果推广计划项目42个，投资规模达3.18亿元。新确定的国家级和省级高新技术产品分别为64项和67项。实现技术贸易额6850万元，比上年增长19%。

各级各类教育健康发展。全市九年制义务教育和青壮年扫盲任务已基本完成。基础教育办学规模和社会效益稳步提高，素质教育成绩显著，高考成绩的总均分、上线率等6项名列全省第一。启东中学毛蔚同学在世界物理奥林匹克竞赛中荣获金牌。职业教育成为新优势，高等教育、学前教育和特殊教育继续加强。全市4所普通高校和5所成人高校在校生达1.21万人；职业学校已有63所，中等职业技术学校与普通高中招生之比达1.2∶1；中小学在校生比上年增加6万人，达92万人；城镇学前儿童入园率达100%，农村幼儿三年制入园率达80%以上；残疾儿童入学率达94.1%。

文化、新闻、广播、电视事业日益兴旺。坚持“两为”方向和“双百”方针，创作了一批人民群众喜闻乐见的文化艺术作品。

医疗卫生条件得到改善。全市经部省评审通过的爱婴医院已有24家。已有50%的县(市)、区提前完成了“2000年人人享有初步卫生保健”的目标；80%以上的乡镇卫生院实现了无危房；新建乡村水厂27座，农村自来水普及率达到51.6%。

体育事业取得新成绩。组织实施《体育法》和《全民健身计划》促进了群众性体育活动蓬勃发展，又有海门、如皋两县(市)被评为省级体育先进县(市)。全年先后向国家级、省级集训队输送优秀体育后备人才30名。南通籍体育选手先后在世界中学生田径锦标赛中获4枚金牌，在全国性比赛中获12枚金牌，在省级比赛中获32枚金牌，并破2项省记录。

(南通市政府办公室　陈鸿庆　胡际春)

南通市1995年大事记

1月12日～13日　东北至长江三角洲地区陆海通道中德专家组一行29人，由德国AEG公司哈普莱西特先生和中国铁道部计划司，对陆海通道南通过江方案进行了研究，同时勘察了现场。专家们认为南通的区位优势突出、开发潜力很大，并打算对南通铁路的过江方案作深入研究。

6月28日　南通港通过了全国卫生港考核鉴定，成为全国内河港中第一个全国卫生港。

10月中旬　分别来自纽约、罗马、维也纳的联合国计划开发署、联合国粮农组织和工业发展组织的官员，专程来到南通市第四建筑安装工程公司，向公司总经理王祝君颁发了荣誉证书，以表彰该公司在联合国有关工程建设中取得的优异成绩。

5月9日　日本名古屋银行向南通捐建“双吉亭”奠基仪式举行，名古屋银行行长加藤千磨和南通市对外友协会长李明勋等出席奠基仪式。同日，南通市外经委和日本名古屋银行借座南通大饭店举行庆祝双方经济合作协议签订10周年纪念活动。南通市市长杨任远授予加藤千磨先生荣誉市民证书。

5月18日　南通远洋船务公司是中国远洋运输(集团)总公司南通船厂与中远(香港)集团有限公司合资经营的大型船舶修理企业，已拥有一艘全国最大的15万吨级“南通”号浮船坞和一座15万吨级、一座10万吨的修船码头以及水陆配套完善的修船设施。该公司喜庆8万吨级“远通”号浮船坞建成投产，至此，中远南通船厂已形成“两船坞，两泊位”的生产规模，可同时承修万吨巨轮9至10艘，年修能力达100艘。

2月20日　化工部部长顾秀莲专程抵通，为南通华洋液化气工程竣工剪彩。自此，南通每年可直接接运、中转、储存民用石油液化气30余万吨，丙烯、丁烯等液化气30万吨，成为国内最大的进口液化气中转、集散地。

9月11～13日　于呼和浩特市召开的全国科教兴市工作会议上，南通作为30个全国科教兴市先进市之一受到表彰，并获“全国科教兴市先进城市”奖牌。

(陈鸿庆　胡际春)

南通市国民经济主要指标

指　　标	单　　位	1995年		1994年	
		地　区	市　区	地　区	市　区
年底人口数	万　人	784.24	60.90	782.43	60.20
#非农业人口	万　人	211.61	43.41	203.47	42.23
土地面积	平方公里	8001	224.00	8001	224.00
人口密度	人/平方公里	980		978	
年末劳动力资源总数	万　人	549.70	52.40	563.1	50.9
#乡村劳动力	万　人	383.33	13.58	388.49	13.50
国内生产总值	亿　元	466.53	91.03	345.17	70.01
农林牧渔业产值(90价)	亿　元	120.93	2.97	99.69	2.36
粮食产量	万　吨	330	9	317.7	8.29
蔬菜产量	万　吨	143	9	135	8
猪牛羊肉产量	万　吨	19.57	0.54	17.10	0.40
水产品产量	万　吨	38.83	0.49	32.5	0.97
全部工业总产值(90价)	亿　元	717.93	168.23	708.71	160.77
#乡及乡以上	亿　元	543.83	152.78	566.78	146.01
客运总量	万　人	8291	6032	5447	4084
货运总量	万　吨	5832	2821	5364	1562
固定资产投资总额(集体以上)(城镇)	亿　元	87.67	41.29	51.05	25.15
#住宅	亿　元	—	—	—	—
房地产开发投资额	亿　元	22.98	11.12	8.66	5.04
商品房销售额	亿　元	10.39	4.85	6.62	3.74
出口贸易总额	亿美元	13.06	13.06	7.45	7.45
进口贸易总额	亿美元	8.70	8.70	7.30	7.30
利用外资签订协议总数	项	498	109	426	154
利用外资签订协议金额	亿美元	15.30	10.09	5.10	3.57
实际利用外资金额	亿美元	4.13	2.22	2.90	1.93
国际旅游人数	万　人	2.96	2.66	2.39	2.39
国际旅游收入	万　元	—	—	—	—
财政预算内收入	亿　元	27.27	10.02	22.90	8.80
财政预算内支出	亿　元	17.31	5.51	14.67	4.21
银行年末各项贷款余额	亿　元	264.23	—	204.99	—
每万名职工中专业技术人员数(全民集体)	人	142757	42844		
#中级职称以上	人	44374	17875		
城镇居民家庭人均生活费收入	元	—	4923		4434
农村居民家庭人均纯收入	元	2547	—	1820	

注：表内各项产值均按当年价格计算。

1. 工业产值1995年与1994年不可比。
2. 专业技术人员统计口径不全。
3. 农民人均收入市区没有抽样调查。

(南通市人民政府供稿)

无锡市

1995年无锡市社会、经济发展基本情况

改革开放以来，无锡社会经济持续快速发展，1995年，全市国内生产总值完成761.11亿元，比上年增长15.4%(按可比价格计算)；人均国内生产总值17751元，居江苏省首位；全社会用于经济和社会发展的固定资产投入完成226亿元；财政收入完成48.2亿元，其中地方财政收入21.5亿元，分别比上年增长15.7%和19.5%，财政支出19.6亿元。无锡的经济增长幅度、经济总量在全国大中城市中继续位居前列。

农业生产获得丰收，多种经营稳定发展 农业总产值完成40.33亿元，增长9.6%；粮食总产153.5万吨，增长6.1%；"菜篮子工程"在前几年大力狠抓的基础上，进一步扩大和完善，全市千头猪场总数已达到5个，肉、菜、鱼、禽、蛋、奶、水产等多种经营主要产品基本满足了锡城市民的需要。流域性重点水利工程大部分完成竣工验收，农田水利基本建设按计划实施，土地资源得到进一步保护，全年共完成土地复垦、复耕2.6万亩。

城乡工业产销增长，运行质量有所提高 工业增加值完成423亿元，增长13.3%。全市工业利润实现61.7亿元，增长34.3%，综合经济效益指数达131.19，比上年提高16个百分点，乡以上工业产销率达到95%，全市工业增加值全员劳动生产率达到3万元，提高25.9%。

第三产业加快发展，所占比重稳步提高 第三产业增加值完成266.99亿元，增长21.1%，增幅继续保持高于第一、第二产业的增幅，占国内生产总值的比重达到35.3%，比上年提高2.6个百分点。社会商品零售总额达到207.7亿元，增长28.2%。市级以上各类市场累计已达312个，全年成交额超亿元的市场43个，其中超10亿元的市场12个。目前全市有12家连锁公司、128家连锁店，大大方便了市民生活的需要。

对外开放规模扩大，开放水平大幅提高 全市出口商品供货总额完成474亿元，增长49.1%，自营出口创汇12.47亿元，增长42.1%，全市拥有进出口自营权的工贸企业已达108家，产品销往105个国家和地区，出口创汇超500万美元的企业达到15家。全市新批外商投资项目451个，累计4313个，合同利用外资17.7亿美元，累计60亿美元，实际利用外资10.9亿美元，累计31.4亿美元，来无锡市投资的国际著名大公司、大财团达40多家，有16家企业进入我国500家最大外商投资企业行列。全市投入开发区基础设施建设资金14亿，累计达44亿元，新批进区项目83项，累计1030个，开业累计441个，当年完成工业产值100亿元，实现利税6亿元，出口创汇2.1亿美元，是全市出口创汇的生力军之一。

各项改革继续深化，各项措施扎实有效 以现代企业制度试点为重点的企业改革进展顺利，37家试点企业中，有27家进行了股份公司、有限责任公司改制，面上企业公有民营、股份合作、租赁承包等多种形式的改革也逐步推开，全市新组建各类企业集团38家，累计319家，18家"四化"(规模化、国际化、多元化、现代化)集团销售收入比上年增长5.7%，占全市工业企业的销售收入和利润的比例分别已达30%和70%。乡镇企业改革加快步伐，有一半以上的乡镇企业进行了各种改制，新增股本和拍卖回收资金20亿元。

城乡环境大力改善，生活质量得到提高 基础设施建设资金投入22.6亿元，是"八五"期间投入最多的一年，基本形成市区交通内环、外环框架，全市乡(镇)主要交通干道基本实现路面黑色化。住宅竣工面积86万平方米，城镇居民人均居住面积超过8平方米，住房成套率达到60%以上，基本解决了人均4平方米以下居民住房的困难问题，农民人均生活用房面积达38.6平方米。全市有3个小区被评为全国优秀住宅管理小区。农村新增自来水受益人口11.2万人，受益率提高到67%。居民燃气气化率达到80%。全市每百人拥有电话机15部，市区新增有线电视用户3万多户，累计达14万户。在经济发展的基础上，城乡人民生活继续得到改善，全市职工年工资性收入平均达到7192元，增长18.2%，农民人均纯收入3976元，增长27.2%。全市192个集体经济薄弱村中有一半改变面貌，为2.3万名失业人员和困难企业职工发放救济金1204万元。

科教事业稳步前进，精神文明落到实处 1995年，无锡市荣获全国"科教兴市"先进城市称号，这是本市连续12年实施"科教兴市"战略的结果。实施省级以上"火炬计划"项目32项。累计162项，经省认定的高新技术企业30家，累计68家。教育现代化工程全面推开，办学条件得到较大改善，全社会对教育的投入达到8.8亿元，比上年增长9.4%，市政府决定用三年时间筹资3亿元，全面改善市区中小学办学条件。目前初中升高中的学生比例，市区达92.2%，三市(县)达72%以上。同时，全市职业技术教育办学水平继续走在全省前列。

(无锡市人民政府办公室　丁佑民)

无锡市国民经济主要指标

指　标	单　位	1995年		1994年	
		地　区	市　区	地　区	市　区
年底人口数	万　人	429.19	107.48	428.32	96.07
#非农业人口	万　人	180.77			
土地面积	平方公里	4650			
人口密度	人/平方公里				
年末劳动力资源总数	万　人	237.98		241.17	
#乡村劳动力	万　人	248.42			
国内生产总值	亿　元	761.11		607.24	
农林牧渔业产值	亿　元	46.36		39.49	
粮食产量	万　吨	153.54			
蔬菜产量	万　吨				
猪牛羊肉产量	万　吨				
水产品产量	万　吨	7.82			
全部工业总产值	亿　元	1687.58		1394.10	
#乡及乡以上	亿　元	1041.11			
客运总量	万　人	4756		3438	
货运总量	万　吨	1210		1362	
固定资产投资总额	亿　元	225.98		177.73	
#住宅	亿　元	23.6			
房地产开发投资额	亿　元	45.6			
商品房销售额	亿　元				
出口贸易总额	亿　元	12.47			
进口贸易总额	亿　元	3.89			
利用外资签订协议总数	项	647			
利用外资签订协议金额	亿　元	17.73			
实际利用外资金额	亿　元	10.89			
国际旅游人数	万　人	17.17			
国际旅游收入	万　元				
地方财政预算内收入	亿　元	21.46			
地方财政预算内支出	亿　元	19.6			
银行年末各项贷款余额	亿　元	331.44			
每万名职工中专业技术人员数	人	0.04			
#中级职称以上	人				
城镇居民家庭人均生活费收入	元	5324			
农村居民家庭人均纯收入	元	3976			

注：表内各项产值均按当年价格计算。

（无锡市人民政府供稿）

苏 州 市

“八五”是苏州变化最大的五年

“八五”期间，苏州人民抓住机遇，积极进取，全面完成了“八五”计划确定的国民经济和社会发展的各项任务，改革开放和现代化建设取得了重大进展。这五年是苏州发展最快的五年，是各方面变化最大的五年，也是成效十分显著的五年。

国民经济持续快速健康发展，综合实力明显增强　全市国内生产总值按可比价年均递增22.1%，财政收入年均递增20.2%，全社会固定资产投资年均递增42.5%，经济实力上了一个大台阶。在耕地面积减少、五年三遇大灾的情况下，主要农作物总产稳定，粮棉油年均单产比“七五”增长一成以上。工业经济总量迅速扩大，结构和素质得到改善，装备水平有了较大提高，特别是相继实施的“新兴工程”和“振兴工程”，使传统行业的改造步伐加快，新兴产业迅速发展，高新技术产业所占比重不断上升。第三产业呈现多层次、多形式、多领域发展的好势头，年均增长超过了国内生产总值的增长幅度，三次产业的比例已由“七五”末的17.3：61：21.7调整到8.9：60.1：31。全市提前两年完成了“八五”计划的主要经济指标，各市(县)都进入了全国综合经济实力百强县的前列。

对外开放成绩显著，大开放的新格局基本形成　全市紧紧抓住开发开放上海浦东、实施沿江经济发展战略的机遇，坚定不移地实施开放带动战略，充分发挥区位优势，组织生产力布局沿长江、沿上海、沿沪宁交通干线、沿湖的“四沿”格局展开，促进了开放型经济的蓬勃发展。全市自营进出口总额累计完成120亿美元，是“七五”的31倍；利用外资大幅度增长，项目档次明显提高，投资领域不断扩大，累计实际利用外资69.4亿美元，是前5年的58倍，平均单项合同外资从1990年的85万美元增加到628万美元；外经合作范围进一步拓展，工程承包和劳务输出创汇营业额5年累计完成2.2亿美元，是“七五”的10倍。

基础设施建设取得突破性进展，城镇面貌发生明显变化　全市交通、通信、港口、电力等基础设施建设全面展开，312、318国道等骨干道路相继改造，二级以上公路由1990年的434公里增加到621公里，增长43%。张家港、常熟、太仓等港口建设取得重大进展，形成了“以港兴市”的新态势；常熟电厂一期工程建成，光福机场开通，太湖大桥通车，邮电通信实现交换程控化和传输光缆数字化，有效地改善了投资大环境。市区5年用于城市建设的投资是“七五”的8倍，新建改造城市主次干道270公里，特别是建成了干将路等一批重点工程。在全面保护古城风貌的前提下，加快了新区、园区开发建设和旧城改造，使城市形态发生了历史性变化，形成了“东园西区、古城居中”的一体两翼新格局。

城乡居民收入持续增加，人民生活得到改善　全市城镇职工人均工资收入从1990年的2450元增加到1995年的6927元，农民人均纯收入从1193元增加到3756元，均增长2倍左右，扣除物价上涨因素，实际收入仍有一定提高。城乡居民人均储蓄存款从1990年的1300元增加到1995年的5175元，增长3倍。城镇待业率控制在1.5%以下。市区人均住房使用面积为13.1平方米，农村90%以上的农户住上了楼房。

向基本现代化目标迈进起步良好

1995年，是“八五”的最后一年，也是苏州人民朝着市第八次党代会提出到本世纪末实现基本现代化目标迈进的第一年，全市形成了想现代化、干现代化的浓厚气氛，编制了《苏州市国民经济和社会发展“九五”计划暨基本现代化总体规划纲要(草案)》、《苏州市区“九五”发展实施计划》、《苏州市农村基本现代化实施纲要(草案)》，并开始组织实施。

这一年，在宏观经济环境偏紧，各方面矛盾和困难比较多的情况下，全市上下迎难而上，奋力拼搏，努力适应变化了的新形势，不断增强经济抗波动能力，较好地完成了年初确定的各项任务。全市完成国内生产总值903亿元、财政收入53.86亿元，分别比上年增长25.3%和20.1%。物价上涨过快的势头得到有效控制，商品零售价格指数为113.3%。

农业夺得全面丰收　克服了冻害、伏旱、农资紧缺等不利因素，粮棉油获得全面增产，全年粮食总产265.7万吨，水稻亩产连续6年超千斤、超历史；棉花总产4万吨，增长11.9%；油菜籽总产14.5万吨，亩产144公斤，分别增长63.2%和55.3%，超额完成了粮油定购任务。多种经营总收入增长二成左右，基地建设和贸工农一体化有了新的突破。加强了耕地的保护和合理利用，划定了25.3万公顷一级和4.1万公顷二级基本农田保护区，复垦复耕土地、开发长江滩涂1565公顷。标准化农田建设和丰产示范上了新水平，水利建设超额完成计划，农机化程度进一步提高。积极稳妥地推进了农业适度规模经营，规模经营总面积3.5万公顷，占责任田的

29%。"菜篮子"工程建设取得较好成效，市区新建了330公顷蔬菜基地、900只大棚、10个园艺场，菜地面积达到人均20平方米(3厘)的标准。

工业经济稳定增长 实现了工业经济的持续增长，改善了经济运行质量。全市完成工业增加值500亿元，增长23.6%。乡以上销售收入增长21.7%，产销率达到95.7%，利税总额增长10.9%。加大了生产力布局和产业结构、产品结构、企业组织结构调整的力度，结合利用外资，加快改造传统产业，大力发展高新技术产业，加强基础原材料工业建设。发展规模经济、实施名牌战略的指导思想进一步明确，企业集团加快发展，较好地发挥了骨干支撑作用。扭亏增盈工作取得阶段性成果。新兴、振兴工程的投资力度、完成工作量和竣工项目都是历年来最好的。乡镇企业主动调整发展思路，积极改变传统的经济增长方式，重组优势，增强活力，继续发挥了在全市经济中的生力军作用。乡村两级工业销售收入1300亿元，利税82亿元，分别占全市工业的72.5%和76.6%。

第三产业持续发展 全年完成第三产业增加值280亿元，增长33.3%。市场建设取得新的进展，新建了产权、农副产品、服装等22个规模较大的专业市场，全市累计已建有各类市场742个，年成交额450亿元，其中超亿元的市场50个，超50亿元的市场4个。中国东方丝绸市场在全省率先突破100亿元，苏州商品交易所交易额在全国期货交易市场试点单位中名列前茅，苏州物贸集团基本形成了生产、贸易、金融相结合的综合商社式企业，常熟招商城第一批大型骨干商品市场进一步壮大，还建设了一批现代化的商业设施，发展了一批超级市场和连锁商店。全市社会消费品零售总额242.3亿元，增长24.6%。金融、保险、旅游、房地产业稳步发展。各项存款余额和贷款余额分别比年初增加133.5亿元和87.3亿元，城乡居民储蓄存款增加93.5亿元，货币回笼好于往年。技术开发、会计审计、证券交易、信息咨询、人才交流等新兴三产行业加快发展，便民服务业正在兴起。

开放型经济保持良好的发展势头 外贸、外资、外经克服了许多新的困难，在高基数上实现了新的发展。全市完成自营进出口总额49.98亿美元，增长44.6%，其中出口31.7亿美元，增长41.1%;合同外资56.5亿美元，增长22%，实际到帐外资23.3亿美元，增长6.9%;外经合作完成创汇营业额6000万美元，增长41%。全年接待海外旅游者33.7万人次，服务贸易收入7236万美元，分别增长16%和26%。苏州市又与罗马尼亚图尔恰县、韩国全州市结为友好城市。

各项改革进一步深化 坚持以企业改革为中心环节，积极探索国有资产经营管理体制的改革，先后在机械、纺织、医药等系统和苏钢集团、国际经济发展控股集团公司进行了资产授权经营试点。开展了建立现代企业制度的试点工作，32家省、市试点企业的清产核资和产权界定工作基本结束，有11家已进入实际运作。面上企业进行了股份制、股份合作制、租赁经营、先租后股、风险抵押承包、公有民营、兼并拍卖等多种形式的转机建制工作，新组建股份有限公司和有限责任公司815家，企业集团43家。制定了苏州市城镇企业职工养老保险方案，再就业工程付诸实施，市区安置下岗、失业人员1.5万人。土地使用制度和住房制度改革深入展开，居民购房平稳有序进行。预算外资金管理体制改革积极推进。城区按照"发展定向，功能定位"的要求深化改革，促进了经济的发展，增强了社区服务功能。

社会事业取得新的成绩 积极推进科技进步，187项科技成果获省、市科技进步奖，21名有突出贡献的优秀科技人员得到了奖励，30家企业进入了高新技术企业行列，累计已有102家。苏州被列为全国6个农科教结合示范区之一。知识产权保护、国外智力引进、科技普及、哲学社会科学研究都取得了新的成绩。城乡教育综合改革迈出了新的步子，一批学校和乡镇列人教育现代化工程试点。普及高中段教育和中等职业技术教育步伐加快，初中毕业生升学率达到72%，幼儿教育和成人教育得到加强，有3.8万人参加了外语和计算机应用能力等级考试。血防工作全面达到国家标准，传染病发病率大幅度下降，农村初级卫生保健和农民大病统筹医疗全面推行，农村自来水普及率达到81%。计划生育工作取得新的成效，6市(县)都达到省先进标准。全民健身计划开始实施，完成了全国第三届城市运动会苏州赛区的任务。

以创建为重点的城镇管理和基础设施建设力度加大 创建国家卫生城市的活动在全市城乡广泛展开，范围之广，投入之多，力度之大，都超过了往年，城镇面貌发生了显著变化。张家港市保持了国家卫生城市的殊荣，市区和昆山市再次荣获全国卫生城市称号，吴江和常熟市首次进入全国卫生城市行列，有四分之一的乡镇实现了市级卫生镇的创建目标。各级政府进一步重视环境保护，城市环境综合整治连续保持全国先进，阳澄湖水资源保护工作受到重视，新增城市公共绿地40万平方米，各市(县)和郊区都进入了全国平原绿化先进行列。市政府在市区兴办的10个方面的实事工程基本完成，建成齐门立交桥，拓宽改造新市路、杨枝塘路和皮市街，新建改建主干道候车亭102个;白洋湾水厂二期工程竣工和供水低压区管网改造，缓解了高峰用水的矛盾;新增管道煤气和液化气用户1.7万户，城市燃气率上升到81%;北码头低洼地区的改造正在抓紧实施;新建城市住宅83万平方米，改造修复危房8.6万平方米，物业管理得到加强，国家安居工程建设进展较快，城区旧街坊安居解危工程正式启动。一批重点基础设施项目加快推进，沪宁高速公路苏州段提前贯通，苏沪机场路苏州段建成通车，204国道苏州段改建完成，苏南运河整治二期工程竣工、三期工程全面启动。太仓港、常熟港被国务院批准为一类口岸。邮电通信成功地组建了两个区号的电话本地网，程控交换机总容量突破100万门，城乡电话普及率每百人14.7部，市区28部。

各级各类开发区建设大步推进

目前，苏州已拥有中新合作苏州工业园区和4个国家级开发区、10个省级开发区，以及一批各具特色的乡镇经济小区，它们作为全市对外开放的"窗口"、利用外资的载体、经济发展新的增长点、体制改革的试验区和现代化建设的示范区，开发建设的步伐加快，聚集和辐射功能明显，综合优势正在日益显现。现在，开发区利用外资已占全市总额的60%，国际著名跨国公司、专业公司和财团的投资项目大多在开发区落户。1995年5月，江泽民总书记考察了工业园区，亲笔题词:"加快建设苏州工业园区，为发展中外经济技术互利合作积累新经验"。根据题词要求，工业园区开发建设高标准、大规模展开，开发建设呈现出"快(启动进度、动迁安置、基础设施建设)、高(规划水准、项目层次)、多(投人资金、外资项目)、新(管理体制、运行机制)"的特点，进展速度超出了预料。69家企业签订了进区协议，累计合同外资14.5亿美元，到帐外资3亿美元，平均单项投资达到2770万美元，已有15家企业开工建设。园区结合国情和苏州实际，借鉴新加坡管理经验的工作稳步推进，规划建设、环境保护管理办法经省批准实施，初步建立起了"对外接轨，对内接口"的管理体制。

苏州新区按照高新技术产业区、经济聚集区、现代化新城区三位一体的要求，快速推进项目建设和功能开发，基础设施日趋完善，各项社会事业逐步配套，已有120多家外资企业尤其是50多家跨国公司进入该区，现代化新城区的格局初步形成，全区开始进入收获期。张家港保税区充分发挥港口和政策优势，招商引资有了新的进展，1995年又有63家企业进区，完成进出口贸易额2.4亿美元，转口贸易、保税、仓储三大功能日益增强。昆山经济技术开发区加快第二次创业进程，建设规模、项目质量、经济效益同步发展，新兴产业迅速崛起，工业产值已占昆山全市的一半以上，带动了整个城市建设和周边乡镇的发展。苏州太湖国家旅游度假区加快基础设施、项目、景点、功能和市场的开发建设，基本形成了沿太湖观光公路、桥岛风光区和水上风情区，潜在的旅游资源正在变成现实的经济优势。在建设国家级开发区的同时，一批乡镇经济小区，在前几年快速发展的基础上，开发建设继续向前推进。

(苏州市人民政府　徐洪斌　张季峰)

苏州市国民经济主要指标

指　　标	单　　位	1994年		1995年	
		地　区	市　区	地　区	市　区
年底人口数	万　　人	571.43	105	572.91	105.74
#非农业人口	万　　人	161.98	76.63	168.85	78.05
土地面积	km^2	8488.42	392.3	8488.42	392.3
人口密度	人/km^2		4126	675	2695
年末劳动力资源总数	万　　人	324.45	60.59	469.68	87.00
#乡村劳动力	万　　人	227.5	17.44	230.96	17.56
农林牧渔业产值	万　　元	724557	42838	786455	48560
粮食产量	万　　吨	262.88	14.88	265.67	14.35
蔬菜产量	万　　吨	89.69		98.26	12.92
猪肉产量	万　　吨	9.1	0.9	10.43	1.38
全部工业总产值(现价)	万　　元	24020805	3326153	19627448 *	2926016 *
#乡及乡以上	万　　元	15264996	2565273	13289362 *	2377935 *
全部工业总产值(90不变价)	万　　元	24329172	3212115	19143871 *	2860950 *

续表

指　标	单　位	1994年		1995年	
		地　区	市　区	地　区	市　区
客运总量	万　人	9642		18945	8857
货运总量	万　吨	6898		8581	1670
固定资产投资总额	万　元	1556178	621281	1962892	467432
# 住宅	万　元	297830	127111	337381	149746
房地产开发投资额	万　元	400268	215599	586461	339282
商品房销售额	万　元			239640	94354
地方财政预算内收入	万　元	448510	144816	538593	165238
地方财政预算内支出	万　元	199574	64939	247333	77545
# 文教卫生事业费支出	万　元	70509	18536	82863	20943
# 教育事业费支出	万　元	46151	11685	55008	12871
银行年末各项贷款余额	万　元	3173061	1043993	4240700	1501900
高等学校数	个	9	7	8	6
高等学校在校学生数	人	22361	18630	22616	18906
每万名职工中专业技术人员数	人				
# 中级职称以上	人				
影剧院	个	163	13	165	13
公共图书馆	个	7	1	7	1
卫生机构数	个	1487	633	1486	633
# 医院	个	210	32	210	33

(苏州市人民政府供稿)

张　家　港　市

综合经济实力在全国百强县(市)位居前列

1995年，地处长江黄金水道的张家港市坚定贯彻中央关于"抓住机遇，深化改革，扩大开放，促进发展，保持稳定"的方针，全力实施"外向带动、规模优势，以质取胜"的发展战略，扎实苦干，开拓创新，全市经济和社会发展继续迈出大步。全市实现国民生产总值191亿元，比上年增长25%;财政收入11.88亿元(含海关代征)，比上年增长22%;工农业总产值614亿元，比上年增长23%。

农业　全市用于农业的投入达1.27亿元，形成丰产方(带)12万亩、永久性渠道12.1万米，农业机械化普及率达70%，农业社会化服务体系扩大到95%以上的村。农业"910工程"建设项目全部完成。全年粮食总产29.83万吨，其中夏熟总产10.19万吨，麦子单产285.4公斤;秋熟水稻总产18.8万吨，亩产601.1公斤，单产首次突破600公斤。油料总产1.04万吨，皮棉收购总量1.54万吨，比上年增加858吨，亩售皮棉103.6公斤，单产首次突破"双纲"，亩售皮棉连续两年位居全省第一。多种经营全年完成13个重点项目建设，建成5000头猪场9个、万羽禽场22个、各级各类蔬菜副食品基地266个。全市林牧副渔总产值(不变价)6.6亿元，多种经营总收入26.7亿元，净收入14.7亿元，分别比上年增长8%、30%和16.7%。上市肉猪21.7万头，水产品总量1.48万吨，发放苗禽716万羽，养羊15万只，蔬菜总产1770万公斤，产出鲜蛋700万公斤。农田水利基本建设，全市共筹集水利资金2000万元，疏浚四级河道751公里，完成土方836.8万立方米。标准设施化农田累计已达25115亩，在苏州市水利综合评比中获第一名，并被命名为江苏省水利建设先进单位。全年共划定永久性保护农田53万亩，复垦整治土地11000亩，围垦长江滩涂7680亩，被评为省土地复垦先进单位。

工业 全市村以上工业实现产值(老口径)579亿元，比上年增长25.3%，其中市属工业产值120亿元、镇村工业产值459亿元，分别比上年增长25.5%和25.2%。实现销售收入(老口径)433亿元，比上年增长19.6%，销售产值产销率达97.3%。实现工业利税总额32亿元，比上年增长14.8%。有46家企业进入中国乡镇企业之最和中国千家最高利税总额乡镇企业行列。全员劳动生产率比上年增长7.71%。全年实际完成投资工作量46.7亿元，有561个项目竣工投产。有200家企业全部或大部引进国外先进设备，引进设备用汇达1.1亿美元。全市形成沙钢集团、牡丹汽车集团、华纺集团等17家规模型重点企业。全市累计开发新产品1282种，新产品产值占工业产值的比重比上年提高4个百分点。有7家企业被评为省级高新技术企业，74种产品被认定为高新技术产品。牡丹牌汽车、海狮牌洗涤机械、菊花牌味精等3种产品被评为江苏省著名商标。强进牌螺纹钢、浮山牌塔机、鸡鸣牌人造棉等7种产品被评为江苏省名牌产品。

第三产业 全年完成三产投资工作量20.7亿元，比上年增长38%。新批办三产合资企业66家;新批办的6家专业及要素市场，已有3家建成并投入运营。妙桥中国羊毛衫商城、市集贸市场被评为全国文明市场。国际购物中心、金厦商城、万家超市、南方商厦等一批有一定规模档次的商场相继建成开业。馨苑度假村成为全国第一家由乡镇举办的四星级涉外旅游饭店。旅游业完成了香山风景区总体规划和东渡苑二期工程规划。香山寺庙、永庆寺山门、鉴真东渡纪念馆等10个项目竣工并对游人开放。"张家港一日游"各景点全年共接待市内外游客75万人次。全市实现第三产业增加值66.5亿元，比上年增长44.5%，占国民生产总值的比重达34.8%，比上年增加4个百分点;三产从业人员达14万人，占社会劳动力总数的31%。

对外开放 三外总量在全省继续保持领先地位。全市外贸出口在全国乡镇企业出口创汇百强县(市)中荣登榜首。自营进出口总额10.11亿美元，比上年增长35%，其中市外贸(集团)公司自营出口2.21亿美元，比上年增长84%，自营进口9716万美元，比上年增长68%，进出口总额在全省各县(市)中继续居首位;三资企业自营出口3.03亿美元，自营进口3.49亿美元;已批准的10家自营生产企业自营出口3663万美元，自营进口339万美元，分别比上年增长340%和146%。新批办三资企业179家，合同外资10.1亿美元，注册外资6.25亿美元，到帐外资6亿美元。外商投资项目平均投资额由上年的589万美元提高到764万美元，投资额在3000万美元以上的大项目有20个。全市涌现出规模大、效益好的明星三资企业10家。全市新办海外企业2家，承接海外工程5534万美元，完成营业额4243万美元，在外劳务人员421人。张家港保税区全年新批进区企业170家，投资总额2.12亿美元，到帐3.01亿美元。区内外共动工兴建各类工程项目15个，连同上年结转的9个项目，实际完成投资工作量5.5亿元。张家港(省级)经济开发区基础设施建设累计投资已达7000多万元，基本实现了2平方公里内的"五通一平"。新批进区企业12家，累计批准进区企业48家，总投资10.1亿元。合同利用外资8564万美元。沿江开发区全年引进项目5个，累计进区项目12个，总投资超过1亿美元，到帐3690万美元，并围垦长江滩涂6000余亩。南城开发区的基础设施配套工程全面铺开。

企业改革 按照"抓住大的、搞活中的、放开小的"工作思路，加快了产权制度改革，沙钢、华昌两家集团公司建立现代企业制度的省级试点工作顺利开展。全年新批建省级企业集团26家，累计达74家;有19家企业被农业部批准为首批全国乡镇企业集团。在全省率先开展了以资产重组为核心的行业集团组建工作，全市共组建牡丹汽车集团、永钢集团、华芳集团等25家行业性集团。按照"产权出售、全员入股、转制经营"为主，兼并、拍卖、租赁、风险抵押、承包经营为辅的原则，对全市61家小微亏企业进行了转制，进一步提高了企业整体素质和经济效益。

城镇建设 市区(含港区)拓宽改造了通运路、北门路等17条道路，浇筑水泥路面13.5万平方米，铺设人行道板4.4万平方米、排水管道35.28公里。新装路灯1168盏。竣工国泰大厦、城北小学、美食街、街心公园等120多个建筑工程，面积42万平方米。新建第三水厂已完成50%的工作量。新增绿地30万平方米。交通运输，完成了204国道辅道摊铺工程、新沙锡路北段改造和南二环路建设工程。东二环路路面完成了沥青封闭。新建市区候车亭12只，新建、改建农桥113座。邮电通信，市区完成了22局4000门紧急扩容，开通了青年路分局2.6万门程控电话，市话容量已达5万门，农村程控电话交换机总容量达9万门。全年移动电话信道数达629个。长途程控交换机容量达3000门。新增城乡电话用户2.2万户、公用电话1100部，建成电话村35个，港区镇成为全省第一个电话镇。电力设施，新建1个220千伏、3个110千伏、1个35千伏变电站，沙洲变18万千伏安主变扩建工程也如期完成。全年供电量达18.3亿千瓦时，比上年增长8.84%。城市管理，全市全面禁放烟花爆竹，市区摩托车禁通范围扩大到二环路以内，建成区烟尘控制覆盖率和噪声达标区覆盖率分别达到100%和41.5%，市区生活垃圾袋装化和禁吸游烟活动得到有效落实，顺利通过了国家卫生城市和全国城市环境综合整治优秀城市复查考核，分别被省建委、国家建设部列为“城市现代化，乡村城市化”建设试点市，并出席了联合国第二次人类居住最佳范例大会。

科教工作 全年新建各类科研所30家，累计达141家。申请专利突破100件，累计有69项科技成果获市级以上科技进步奖，其中3项被列入省级重点科技成果项目。全年被列入国家级和省级“星火”计划项目7项、省级“火炬”计划项目5项，实施国家重点科技成果推广项目2项，开发省级新产品102只，完成国家级新产品试制计划16项，在中国高新技术博览会上获金牌7只、银牌6只。全市新办技贸机构63家，累计达167家，审批民营科技企业33家，累计达63家，有10家企业进入了全国民营科技工贸总收入百强企业行列。全年累计技术合同登记368项，成效额达6547万元。全市农业、工业技术进步贡献率分别比上年提高了4.6个和3个百分点。教育现代化工程全面实施。全市用于改善办学条件的投资超过1亿元，新扩建校舍10.3万平方米。用于改善教师待遇的经费达3500万元，新建教工住宅2万平方米。教育质量不断提高，全市小学生入学率、巩固率达100％，初中生入学率、巩固率达99.6％。幼儿学前三年教育入园率由上年的91％提高到93.4％，被省推荐为“全国幼儿教育先进市”。初、高中会考合格率、优秀率和初中升学率为苏州各市之首。各类高校录取率达83.2％。梁丰高级中学高考成绩综合评估，列全省99所重点中学前茅。

人民生活 1995年，全市城镇职工人均收入7178元，农民人均纯收入4726元，分别比1990年增加2倍和2.2倍。先后获农业部“农民收入先进市”和“乡镇企业先进市”表彰。1995年年末城乡储蓄存款余额51.19亿元，人均储蓄存款6020元，分别比1990年增加3.8倍和3.7倍。城镇居民人均住房面积达18.5平方米，农民人均住房面积达49平方米。全市共建公寓房3600套、41万平方米。

“八五”回顾

国民生产总值年均增长47％，比“七五”提高30.2个百分点。财政收入年均增长23％。按1990年不变价格计算，工农业总产值年均增长43.55％。“八五”期末工业固定资产原值超过140亿元，是“七五”期末的6倍，其中引进先进技术设备用汇超过4亿美元；三次产业比重由1990年的18：63：19调整到1995年的6.2：59：34.8；全市形成了保税区、张家港(省级)经济开发区、沿江开发区、南城开发区和各镇工业小区“五区联动”的全方位大开放格局，外向型经济始终保持强劲的发展势头。五年累计自营进出口总额达18.2亿美元，年均增长2.5倍，五年共批办三资企业1200家，合同外资30.4亿美元，到帐外资16.7亿美元，分别比“七五”增长14倍、47倍和81倍。累计兴办海外企业67家。城镇建设按照“城市现代化，城乡一体化”的目标全方位推进，港口码头、交通、通信、电力等基础设施建设步伐明显加快，城镇管理水平不断提高，1992年到1994年，连续被评为全国卫生城市、全国城市环境综合整治优秀城市、国家卫生城市；科技与经济结合成效明显。1995年科技进步在工业经济增长中的贡献份额达53％，比1990年增长33.3个百分点，五年累计列入省、国家“星火”、“火炬”计划项目25项，开发省级以上新产品近500只，获得市级以上科技进步奖200项。“八五”期间，全市为发展教育累计投入5.2亿元，比“七五”增加3.7亿元。文化、卫生、体育等社会事业得到进一步发展。

(张家港市人民政府办公室　吴振达 王国强)

张家港市1995年大事记

1月11日～12日 冰岛共和国议长萨洛梅·索格尔斯多蒂尔率领下的冰岛议会代表团考察访问张家港市。

2月26日 张家港市召开对外开放工作会议，会议进一步明确全市扩大开放、加快经济国际化进程的指导思想和工作重点，动员全市各级、各部门、各条战线强化开放意识，拓宽开放思路，加快全市经济国际化进程，推动现代化建设顺利进行。

5月13日 中共中央总书记、国家主席、中央军委主席江泽民视察张家港市。江总书记赞扬张家港市两个文明建设取得的显著成绩，并亲笔题写了“团结拼搏、负重奋进、自加压力、敢于争先”张家港精神的16个字。

5月28日～30日 张家港市第三届出口商品与投资洽谈会在国贸大厦举行。来自美国、德国、法国、澳大利亚、日本和台湾、香港等22个国家和地区以及上海、福建、江苏等省市的700余名中外客商参加了洽谈会。

7月21日 日本鹿儿岛县中木野市市长富永茂穗率中木野市访华团一行七人对张家港市进行为期3天的正式访问。

8月7日～10日 以徐锡宝副市长为首的张家港市政府代表团一行五人出访澳大利亚，并同澳大利亚维多利亚州波特兰市签订了缔结友好城市协议书和友好经济合作、贸易往来备忘录。

9月12日～17日 ′95张家港市秋季商品交易会在国贸大厦隆重举行。3000多名中外宾客云集港城，洽谈贸易。

9月14日 由日本昆仑会捐资80万日元兴办的“张家港市昆仑日语培训班”，在张家港市教师进修学校开学。

10月11日 第三届全国综合经济实力百强县(市)新闻发布会在张家港市召开。张家港市由上届全国综合经济实力百强县(市)第四位跃居第二位。

10月18日～21日 中共中央宣传部、国务院办公厅在张家港市召开“全国精神文明建设经验交流会”。

(王国强)

张家港市国民经济主要指标

指标	单位	1995年		1994年	
		地区	市区	地区	市区
年底人口数	万人		85.05		84.88
#非农业人口	万人		13.84		12.70
土地面积	平方公里		777.8		777.8
人口密度	人/平方公里		1093		1091
年末劳动力资源总数	万人		34.48		35.04
#乡村劳动力	万人		32.96		33.60
农林牧渔业产值	万元		202574		172177
粮食产量	万吨		31.46		30.57
蔬菜产量	万吨		15.30		12.28
猪牛羊肉产量	万吨		1.68		1.66
全部工业总产值(现行价格)	万元		6597834		4976647
#乡及乡以上	万元		4457150		3086423
全部工业总产值(1990年不变价格)	万元		5699091		4907953
客运总量	万人		900.65		807.50
货运总量	吨		2814500		2778200
固定资产投资总额	万元		678878		580270
#住宅	万元		94340		69947
房地产开发投资额	万元		61592		27350
商品房销售额	万元		21631		10060
地方财政预算内收入	万元		73734		51427
地方财政预算内支出	万元		35238		22284
#文教科学卫生事业费支出	万元		11702		9810
#教育事业费支出	万元		8422		6754
银行年末各项贷款余额	万元		551729		431130
高等学校数	个		1		1
高等学校在校学生数	人		1372		1356
每万名职工中专业技术人员数	人		3315		2683
#中级职称以上	人		612		599
影剧院	个		30		30
公共图书馆	个		30		30
卫生机构数	个		130		130
#医院	个		31		31

(张家港市统计局供稿)

江 阴 市

国民经济持续快速、健康、协调发展

1995年是实施"八五"计划的最后一年。据统计，江阴市国内生产总值达203.16亿元，比上年增长22.89%。其中，第一产业增加值11.26亿元，同比增9.11%；第二产业增加值122.71亿元，同比增19.01%；第三产业增加值69.19亿元，同比增33.34%。全年完成财政收入8.88亿元，同比增18.19%。"八五"期间，全市总人口增为113.72万人，5年净增3.42万人；国内生产总值增长4.54倍，年递增40.82%；人均国内生产总值增长4.33倍，年递增39.76；财政收入增长1.53倍，年递增20.44%。在经济总量迅速扩大、综合实力显著增强的同时，经济结构得到优化，第三产业比重持续上升，产业技术构成进一步改善，为全市到本世纪末基本实现现代化打下坚实基础。

1995年，江阴市经济工作在宏观形势继续趋紧的情况下，致力于化解突出矛盾，调整投资结构，提高经济运行质量。全市完成工农业总产值638.78亿元，比上年增长24.79%，比1990年增长5.72倍。

农业基础地位进一步巩固 以"高质、高产、高效、创汇"为目标，发展规模经营，建设现代化农业。1995年粮食生产获得全面丰收，水稻亩产561公斤，三麦亩产266公斤，分别比1990年增长11.09%、21.36%；在耕地减少的情况下，粮食总产达4.5亿公斤，仍高于1990年。以蔬菜、生猪等副食品基地建设和特种养殖为重点的多种经营稳步发展，年产值达40.08亿元。年末有千头养猪场40个，其中2个超5000头；市镇村三级副食品基地217个，乡区蔬菜地2865亩。全年生产猪肉2.25万吨、家禽1095万羽、鲜蛋1.06万吨、水产品1.62万吨，均有较大增长。农业基础设施建设进一步加强。1995年水利建设总投资达1.12亿元，完成水利总土石方1085万方。修筑防洪石驳岸15.3公里，疏浚三级河道143条，新建、改建防洪闸17座，新建、改建机电排灌站128座，翻建地下渠道88.4公里，建水利农桥72座，修筑机耕路260公里。新增大中型农机具400多台套，年末拥有农业机械总动力80.39万千瓦，比1990年增长91.68%。农村用电量达14.96亿千瓦时，比1990年增长1.78倍。年内改造中低产田3万亩，建设稻麦良种繁育基地2.26万亩、高产示范区2万亩；规模经营面积达6.7万亩，占全市商品粮面积的73%。规划建立了农田保护区，全年复垦土地3521亩。已有261个村建成农业标准化综合服务站，占全市行政村总数的49.6%。

工业经济运行质量提高，保持快速有效增长势头 1995年，工业部门主动适应国家宏观调控，继续加大投入，加快结构调整，拓展国内外市场，工业经济整体素质进一步提高。全年完成工业产值(1990年价)626.19亿元，比上年增长24.99%，比1990年增长4.87倍，年增长率42.47%。其中市属工业53.36亿元，比1990年增长1.54倍；镇办工业290.03亿元，比1990年增长5.27倍；村办工业257.19亿元，比1990年增长6.53倍。三级工业产品销售收入439.26亿元，产销率94.35%；实现利税总额31.94亿元。全市完成工业增加值116.49亿元，比上年增长19.34%，比1990年增长3.95倍，年增长率37.69%。大中型骨干企业迅速崛起。全市有大型企业19家，中型企业37家。其中，23家企业被确定为"国家级乡镇企业"，13家企业被确定为"全国大型工业企业"。有119家厂、村工业产值超亿元，93家利税超800万元。全市完成技改投入36亿元，22项在建重点项目进展良好，其中11项已竣工投产，重点企业阵营扩大，发展后劲增强。年内开发新产品180种，新产品率为14.4%。工业产品标准覆盖率，国有企业达95%，镇办企业达92%，村办企业达90%。

建筑行业生产经营稳步上升 全市完成建筑业增加值6.22亿元，比上年增长13.03%。建筑企业完成房屋施工面积333万平方米，房屋竣工面积187万平方米。按总产值计算，建筑行业全员劳动生产率为4.91万元/人。

第三产业持续发展 全市第三产业增加值占国内生产总值的比重达34.06%，比上年提高2.6个百分点，比1990年提高17.03个百分点。其中，交通运输、邮电业完成增加值8.76亿元，比上年增长27.69%。交通运输系统完成货运总量1007万吨，货运周转量150757万吨公里；旅客发送量888万人次，客运周转量28250万人次公里。江阴港全年物资吞吐量达525.66万吨，其中进出口集装箱完成4970标箱。完成邮电业务计费总量2.33亿元，比上年增长37.43%。全市批发零售贸易业增加值35.61亿元，比上年增长32.72%。完成社会消费品零售总额44.47亿元，比上年增长24.46%；农村集市贸易成交额68.86亿元，比上年增长85.62%。全市有各类专业市场30个，成交总额70亿元，有11个市场成交额超亿元，其中食品城超20亿元，金三角建材市场、纺织市场超10亿元。祝塘江南商城、长泾东亚呢绒市场等一批新兴市场建成开业。金融、保险、拍卖、信息、旅游、咨询、科技、文化、娱乐等产业正在发育完善。产权交易中心、省拍卖典当行江阴分行均已挂牌营业;市区新建综合商场国际购物中心竣工开业。财政收入稳步增加。在1995年全市财政收入中,地方财政收入3.85亿元,比上年增17.76%;地方财政支出3.37亿元,比上年增11.32%,收支基本平衡。金融情况良好。信贷投资突出建设重点,结构进一步优化。年末各项存款余额80.39亿元,比上年增长38.05%;各项贷款余额63.06亿元,增长22.77%。全年货币净投放15.54亿元,比上年多投放0.59亿元。保险服务领域不断拓宽,全市保险业务收入达1.06亿元,增长44.59%;保险赔款支出5089万元,增长40.93%。

开放型经济向高层次发展 1995年,全市外贸供货总值158.26亿元,比上年增长51.23%,比1990年增长12.60倍;各镇外贸供货值均超亿元。自营出口2.82亿美元,比上年增长51.6%(1990年尚无自营出口);自营出口直销市场已达48个国家和地区。新办三资企业94家,累计1174家;实际利用外资3.01亿美元,累计8.09亿美元。新增项目平均合同利用外资374.6万美元,外商平均出资比例为68.8%。新增项目投资规模超千万美元的有29个,其中2个超1亿美元。年内全市间接利用外资4870万美元,居省内前列。新办境外企业5家,累计45家。完成工程承包和外经合作合同营业额1394万美元;劳务输出200人次。驻外办事机构建设进一步加强。

开发区建设进展顺利 江苏省江阴市经济开发区进一步完善基础设施,理顺体制,落实各项配套政策,强化服务功能,致力于办大项目。全年新批进区项目20个,总投资10.35亿元;累计进区项目113个,投资总额达41.08亿元。区内项目实际到帐外资8548万美元,累计到帐外资1.75亿美元。投资总额1.5亿美元的兴澄钢铁有限公司项目全面施工建设。区内高新技术工业园建设顺利通过省政府验收。

稳步推进企业改革,完善配套设施

1995年,江阴市继续以建立社会主义市场经济体制为目标,深入推进各项改革,取得了显著成效。

企业改革的各项基础工作扎实有效 市委、市府制订了《关于进一步深化企业改革的意见》,并出台相应的配套政策,为全市改革工作提供依据。清产核资工作全面展开,市属单位和镇村集体资产的"家底"基本摸清。专项清理应收款和清理机关办三产工作取得成果。此外,26个建制镇土地分等定级估价成果通过省级验收,在国内处领先水平。

企业改革取得较大进展 贯彻实施《劳动法》,市属企业实施劳动合同制工作基本完成。现代企业制度试点进展顺利,由原有3家省级试点企业扩大到在5家市级企业试点。至年末,全市有各类股份制企业集团1080家,其中股份有限公司6家,集体参股的有限责任公司504家。新建省级企业集团5家、市级企业集团8家,累计分别达到55家和57家。有500多家企业实行风险抵押承包;700多家企业实行租赁并转、公有民营或转为私营。

完善社会保障体系等配套改革同步跟上 城镇职工养老保险基本普及;乡镇企业职工养老保险投保率达40%。农村住院医疗统筹保险率达95%。各镇逐步建立会计、法律等事务所,加强对集体资产的监控管理。深化城镇住房改革的政策出台。机关改革准备工作基本就绪。南闸镇被确定为国家级小城镇综合改革试点。

加快基础设施建设,提高城市管理水平

城乡现代化建设规划修订完善 调整修订了江阴市城市发展总体规划,并获省政府正式批准。按照"城市现代化、集镇城市化、城乡一体化"的要求,开始修编新的市域规划、镇域规划和村庄建设规划,为全市城乡现代化建设提供蓝图。

基础设施建设取得突破性进展 电力建设获得重大突破。夏港电厂2台12.5万千瓦机组投入运行。新建110千伏和220千伏变电所各1座,累计分别为13座和3座。交通条件进一步改善。投资7200多万元的云顾路全线竣工,并通过省级验收;澄杨线改建完成土路基工程,并铺设13公里主干道水泥路面;镇澄线二期改建工程开工,完成三板块路面5.5公里。全市村道黑色化率升至75%。江阴长江公路大桥建设进展顺利。港口码头建设步伐加快。港务局2.5万吨级码头改造完成;石庄2.5万吨级液化气专用码头即将投入使用。年末,江阴港有泊位46个,包括公共码头23个、货主码头23个,其中万吨级以上泊位20个,1000~5000吨级泊位20个,1000吨级以下泊位6个,码头总长度4870米。仓储运输建设加快。口岸机构进一步完善,圆满完成各项独立查验任务。

城市公用事业有新发展 全市配备公交车辆108辆,其中城区20辆;营业出租车184辆。新开通程控电话4万门,累计12万门,通讯网络基本完备。市内电话普及率达33.1%。城区自来水日供水能力升至24万吨;澄东5镇引用长江水工程全面开工建设。

城市现代化管理水平不断提高 以创建全国现代化绿色城市和全国优秀城市为目标,实施八大特色工程,切实加强城市管理,城市面貌进一步改观。集镇现代化建设工程全面推开。周庄、璜塘、长泾、山观、利港、青阳等6镇分别被列为国家建设部和江苏省小城镇建设试点。顾山、石庄等镇坚持高标准规划和建设,市镇面貌显著改观。

进一步加强环境保护,环境质量提高 市府根据国家环境保护法规,结合实际情况制定政策,加大执法力度,城市环境综合整治有步骤地由城区向乡镇推进。烟尘控制区建设已在城区初建成效,控制范围面积已

达24.5平方公里。限制开山采石，全面开展保护山林资源工作。城乡绿化工作取得新成绩，全年植树造林202万株。年末城区绿化面积达996公顷，比上年增加372公顷。城区绿化覆盖率达40.6％。

注重发展科教事业，不断提高人民生活质量

加快实施科教兴市战略 市府制订了《江阴市“九五”科技发展计划和2010年发展规划》，先后颁布《关于实施科教兴市战略，加速科技进步的若干政策措施》和《关于加强科技队伍建设的若干意见》。1995年组织实施省以上各类科技计划项目72项，其中国家火炬计划2项、星火计划4项；引进国家高科技项目1项、国家重点科技成果推广项目2项。新批省高新技术企业7家，累计18家，居全省县级第一。获各级科技成果奖116项，其中省级16项。

教育事业进一步发展 市府先后颁布《关于〈中国教育改革和发展纲要〉实施意见》和《现代职业教育制度改革实验方案》，并拟定具体的发展计划。各镇均制订以教育现代化为中心的“九五”教育事业发展计划。全年教育总投入达2.3亿元。年末有各类学校在校学生16.81万人，其中小学10.33万人，初高中5.57万人，大中专0.45万人；有各类教职员工1.16万人。学龄儿童入学率100％；小学毕业生升学率100％；初中毕业生升学率73％；普通高中毕业生升学率50.12％。3～5周岁儿童入园率85％；18～21周岁青年接受高等教育的比例为7％。加强重点学校和示范学校建设。市职业高中通过国家级重点职中验收；南菁中学就地改造工程实施；经济开发区内建成高标准的市第二实验小学。形成和完善了普教、职教、成教和地方高教“四位一体”的教育网络。

人民生活得到明显改善 1995年全市农村居民人均纯收入4283元，比上年增长26.53％，比1990年增长3.17倍；城镇居民人均生活费收入6138元，比上年增长21.26％，比1990年增长2.02倍。城镇职工平均工资6998元，比1990年增长2倍。全年安排就业2453人，年末城镇待业率为1.01％。全市私营企业及个体从业者共5.39万人，比上年增长25.93％。城乡居民储蓄存款大幅度增长，年末余额达43.8亿元，比上年增长38.85％，比1990年增长2.78倍。城镇居民平均住房面积21.3平方米；农民人均住房面积51平方米。全市饮用自来水人口比例上升到63.3％；有12个镇建立液化气贮配站，城区居民普遍使用液化气。全市有社会办敬老院、福利院31家；社会福利企业281家，安排1.55万名残疾人员就业。全市50个集体经济薄弱村中有36个脱贫；450户挂钩扶贫户中有351户脱贫。

(江阴市地方志编纂委员会办公室　*严伯英*)

江阴市1995年10件大事

一、12月29日 中共江阴市委八届十一次会议通过《江阴市国民经济和社会发展“九五”计划与2010年远景目标的建议》，要求到本世纪末，把江阴建设成现代化的中等港口城市。

二、江阴市加大规模企业培植力度，1995年有8家企业规模居全国同行业之首；23家企业跻身农业部公布的“国家级乡镇企业集团”之列，在全国2000多个县(市)中名列第一。在国家经贸委等5部委公布的“全国大型工业企业”中，江阴市13家企业入围，占江苏省入围乡镇企业1/4强。其中进入“大一级企业”的乡镇企业全省为6家，江阴市占前五名，江苏阳光集团、双良集团、沿山集团、华西集团和江阴市第九毛纺厂荣登“龙虎榜”。

三、1995年，江阴市乡镇企业持续快速健康发展，尤其外向型经济发展迅速，被农业部评为“全国乡镇企业先进县(市)”、“全国农民收入先进县(市)”；被农业部、外贸部评为“全国乡镇企业出口创汇百强县(市)”(列全国第四名)。

四、7月2日 江阴最大的地方基础设施建设项目——夏港电厂2台12.5万千瓦机组正式投入运行，并创同类机组建设全国最高水平。

五、4月19日 江阴市被文化部、人事部命名为“全国文化模范市”，是江苏省唯一获此项荣誉的县(市)。

六、1995年，全市推行农村住院医疗保险制度，入保率达94％，共筹集保险基金1031万元。84万农民开始享有住院医疗保险待遇，摆脱了“因病致贫”、“因病返贫”的困境。

七、江阴市在“双创”工作中，城市环境水准再上新台阶，顺利通过国家卫生城市复查和全国优秀城市评比检查。

八、1995年，江阴市完成白屈港二期拓浚及套闸等工程；基本建成投资2800万元、面积5618亩的6个农业现代化示范区；水利企事业年销售总收入达5.10亿元。被水利部、人事部命名为“全国水利先进集体”，被水利部评为“全国水利经济先进集体”。

九、9月28日 江阴市华西村跨地区开发的第一个“外省华西村”，在黑龙江省肇东市五站镇正式建立，首期垦荒造田工程基本完成。同年，由华西村无偿提供资金、技术、管理，在宁夏银川地区再造一个“华西村”，就地移民6000人，此项工程已全面启动。

十、11月8日 上海浦东发展银行江阴支行正式挂牌营业。

(*严伯英*)

江阴市国民经济主要指标

指标	单位	1995年		1994年	
		地区	市区	地区	市区
年底人口数	万人		113.72		113.36
#非农业人口	万人		31.84		24.47
土地面积	平方公里		983		983
人口密度	人/平方公里		1156		1153
年末劳动力资源总数	万人		64.21		63.94
#乡村劳动力	万人		49.18		54.94
国内生产总值	亿元		203.16		165.32
农林牧渔产值	亿元		22.08		18.51
粮食产量	万吨		45.08		41.83
蔬菜产量	万吨		14.09		13.60
猪牛羊肉产量	万吨		2.36		2.52
水产品产量	万吨		1.62		1.64
全部工业产值	亿元		647.81		499.12
#乡及乡以上	亿元		365.01		272.79
客运总量	万人		888		800
货运总量	万吨		1007		1068.7
固定资产总投资	亿元		52.87		43.25
#住宅(市属)	亿元		3.17		1.41
房地产开发投资额(市属)	亿元		4.44		1.36
商品房销售额(市属)	亿元		2.02		0.96
出口贸易供货总值	亿元		158.62		104.64
进口贸易总额	亿美元		0.91		0.05
利用外资签订协议总数	项		94		153
利用外资签订协议金额	亿美元		4.01		3.28
实际利用外资金额	亿美元		3.01		2.39
国际旅游人数	万人		0.42		0.34
国际旅游收入	万元		(缺)		(缺)
地方财政预算内收入	亿元		8.88		7.51
地方财政预算内支出	亿元		3.60		3.03
银行年末各项贷款余额	亿元		63.06		47.50
每万名职工中专业技术人员数(市属)	人		3289.90		3066.38
#中级职称以上	人		752.66		607.12
城镇居民家庭人均生活费收入	元		6138		5062
农村居民家庭人均纯收入	元		4283		3385

(江阴市统计局供稿)

杭州市

工业经济保持高速发展态势

1995年，杭州市认真贯彻关于“抓住机遇，深化改革，扩大开放，促进发展，保持稳定”的工作方针，正确把握和处理改革、发展、稳定三者关系，经济建设、社会发展取得新的成就，国民经济保持了良好发展势头。全年实现国内生产总值767亿元，按可比价计算，比上年增长21%。

1995年全市工业系统坚持以市场为导向，抓好产品结构的调整，依靠深化改革和科技进步，大力推进技术改造，工业生产呈现快速平稳发展的态势。全市工业销售产值1657.12亿元，比上年增长32.5%。乡及乡以上工业销售产值974.19亿元，增长21.0%，其中国有经济工业348.04亿元，增长16.0%；集体经济工业466.88亿元，增长20.9%；其他及三资经济工业159.27亿元，增长33.9%。

乡及乡以上工业中，实现轻工业销售产值566.54亿元，比上年增长17.8%；重工业销售产值407.38亿元，比上年增长25.6%；市属工业销售产值368.18亿元，比上年增长15.9%。产品销售衔接良好，全市工业产品销售率95.82%，其中市属工业产品销售率97.57%。

国有大中型工业企业主导和骨干作用得到进一步发挥。占全市乡及乡以上工业企业数5%的大中型工业企业实现销售产值和税利所占比重分别达到47.2%和69.1%。

技术开发取得明显成效，产品档次进一步提高。全市共开发“四新”产品1.3万项，其中新产品1300余项，新产品产值率达到12.2%，技术改造项目实施进展顺利，26项“八五”重点技改项目绝大部分建成投产发挥效益，成为工业生产新的增长点。

按照市场需求，通过增加适销产品和限制平滞产品的生产，产品结构情况有所改善。80种主要工业产品中，比上年增长的有47种，下降的33种。其中支农产品、原材料、能源类产品增长较快；化学农药比上年增长41.3%，农用水泵增长20%，发电量增长20.8%，钢材增长15.7%，焦炭增长43.5%。轻工产品因市场需求平稳，部分产品产量有不同程度的下降。

农业的基础地位得到进一步的加强

1995年全市把巩固农业基础地位，打好粮食翻身仗，作为经济工作头等重要的大事来抓。全市完成粮食播种面积536.55万亩，扭转了连续两年下滑的局面。全市粮食生产虽受连续低温阴雨和洪涝灾害的影响，但总产量仍达到175万吨，与上年基本持平。蔬菜基地面积得到巩固和扩大，江干区蔬菜基地保护区基本划定；丁桥镇和西湖、拱墅、乔司新的蔬菜基地基本建成并开始发挥作用。生猪、禽蛋、水产品等基地养殖业得到较快发展，全市菜篮子商品数量充足，品种丰富，价格较为稳定，基本满足需求。“一优两高”农业有了新的发展。农田水利基础设施建设进一步加强，对农业的投入进一步增加。乡镇企业继续保持较快的发展势头。农村各项改革得到深化，粮食规模经营进展加快，产业化进程良好，乡镇企业转制工作积极稳妥地推进，农村集体资产管理工作有了加强。农村经济进一步发展，实现农业总产值99.57亿元，按可比价格计算，比上年增长5.4%。西湖区、江干区、拱墅区和萧山市、余杭市、富阳市、临安县等7县(市、区)进入全省首批小康县行列。

农业生产条件进一步改善。农业机械化程度继续提高，年末拥有农业机械总动力220万千瓦，比上年末增长8.4%；大中型拖拉机997台，增长6.4%；小型拖拉机5.50万台，增长4.4%；农用载重汽车7667辆，增长24.8%。农村用电量338825万千瓦小时，比上年增长22.2%；新增、恢复和改善灌溉面积2.84万公顷(42.60万亩)，年末全市有效灌溉面积17.77万公顷(266.55万亩)，占全部耕地面积的91.6%。

乡镇企业转制工作积极稳妥地推进，经济保持较好的发展势头。全市乡镇企业总产值1100亿元，实现税利55亿元，分别比上年增长49.0%和7.8%，成为全市经济发展新的增长点。

第三产业稳步发展

1995年全市完成第三产业增加值280亿元，按可比价格计算，比上年增长16.5%。市场繁荣稳定，商品供应充裕。全市社会消费品零售总额260亿元，比上年增长26.7%。国合商业积极开拓市场，扩销增效，发挥了主渠道作用。市场建设步伐加快，全市新建市场43个，年末累计已有各类市场553个，年成交额435.27亿元。年成交额超亿元的市场49个，超10亿元的市场有12个。生产要素市场也有较快发展。

旅游资源开发、旅游设施建设和旅游市场的管理得到加强，旅游业务回升。成功地举办了'95杭州西湖国际游船节，旅游事业有新的发展。全市接待境外游客44

万人次，比上年增长7.3%；市区接待境外游客36万人次，比上年增长6.7%。其中接待外国人增长5.0%；港澳同胞增长18.5%；台湾同胞增长6.6%。全市旅游外汇收入1.28亿美元，比上年增长24.6%，其中市区1.26亿美元，增长24.6%。全市接待国内游客2500万人次，比上年增长8.7%，其中市区2150万人次，增长4.9%。

对外开放和开发区建设取得较大成绩

外向型经济继续保持良好的发展势头，外贸出口持续增长。全市出口商品供货总值232.23亿元，比上年增长32.6%。外贸自营出口9.68亿美元，增长30.8%。出口商品的国家和地区进一步扩大，出口商品结构继续改善，高附加值、技术含量高的商品有较大增加，出口值在100万美元以上的大宗商品已达169种。

利用外资进入相对平稳阶段，利用外资的质量和水平进一步提高。全市新批外商直接投资企业427家，协议外资9.02亿美元，实际利用外资4.27亿美元。由国外大公司、大集团等投资在1000万美元以上的项目有30家，总投资7.90亿美元，占当年批准总投资额的58.0%，全年平均每个外资项目总投资达320万美元，比上年提高14.5%。

杭州经济技术开发区、杭州高新技术产业开发区、杭州之江国家旅游度假区和萧山经济技术开发区四个国家级开发区的基础建设已初具规模，已有319家进区企业开业投产，招商引资工作取得明显进展。四区全年新批准外商直接投资企业62家，协议利用外资3.9亿美元，分别占全市的14.5%和43.3%，实际利用外资0.96亿元，占全市的22.5%，成为外商投资的重点和利用外资增长最快的地区，较好地发挥了在全市开放型经济发展中的窗口和基地作用。省级经济开发区的建设也取得了较快的进展。

财政金融形势比较稳定

1995年，全市完成财政总收入55.13亿元，比上年增长13.8%，其中地方财政收入23.04亿元，比上年增长16.8%，市区地方财政收入13.5亿元，增长15.7%。财政支出结构基本合理，市区当年财政收支平衡，并略有结余。

金融运行态势平稳。存款继续增加，备付能力增强，年末全市金融机构各类存款余额707.96亿元，比年初增加202.02亿元；贷款余额567.21亿元，比年初增加121.38亿元。贷款投向优化，较好地保证了有市场有效益的工业生产、农副产品的收购和重点建设项目资金的需要。货币回笼好于上年，当年货币净回笼83.50亿元，比上年增长48.3%。

保险业务进一步发展，投保的种类和范围扩大。1995年全市有10487户企业参加财产保险；17.73万户参加家庭财产保险；204.81万人参加人身保险。全年保险费收入9.31亿元，保险赔款4.08亿元。

城市建设步伐进一步加快

城市建设继续快速推进，城市基础设施建设进展顺利。为适应经济发展和人民生活水平提高的需要，全年用于道路、供排水、电力及公用事业等基础设施建设的投资额35.92亿元，比上年增长26.1%。1995年凤起路(环城西路——新华路)、文晖路(上塘路——绍兴路)、文三路(莫干山路——上宁桥)、德胜路(东新路——上塘路)、湖墅南路(环城北路——密渡桥)、建国南路改建工程和机场路整治工程均已竣工。复兴路改造工程进展较好。抗咸供水一期工程已完成工作总量的70%，钱江水厂已经建成。中河南端二期综合整治工程开始启动。供气建设有新的进展，实施杭钢焦炉余气与杭州管道煤气并网运行，提高了供气能力，供电建设继续发展，日益改变着城市的面貌。

城市公用事业迈开新步伐。年末市区公共交通营运线路已增至90条；营运线路总长912.57公里，比上年末增加42.28公里；营运公共汽车和电车1063辆，比上年末增加45辆，公共汽车和电车客运量4.09亿人次。全年售水总量27740万吨，其中生活用水18336万吨，分别比上年增长7.1%和13.2%，最高日供水已达98.93万吨，比上年增长4.3%。生活用电40675万千瓦时，比上年增长14.0%。年末，市区使用液化气和管道煤气的居民户达到33.76万户，比上年末增长19.3%。

城乡人民生活水平继续得到改善

1995年，杭州市政府把努力提高人民生活水平和生活质量作为促进经济发展和保障社会稳定的重要宗旨和内容来抓。据城乡居民家庭抽样调查，市区居民年人均生活费收入为6095.88元，农民年人均纯收入为3012元，扣除价格上涨因素，分别比上年增长4.5%和5.9%。市区住宅竣工面积149.6万平方米，并开工建设10万平方米安居工程。约有2.5万户居民搬入了新居。同时各级政府注意解决贫困地区和城镇低收入群众的生活困难。去年人代会提出的政府为民办实事的10件事得到较好完成，群众生活环境有了新的改善，生活质量有了新的提高。

(杭州市人民政府办公厅　宋建新　钱荣南)

杭州市国民经济主要指标

指标	单位	1995年		1994年	
		地区	市区	地区	市区
年底人口数	万人	597	143	592	141
# 非农业人口	万人	191	121	186	118
土地面积	平方公里	16596	430	16596	430
人口密度	人/平方公里				
年末劳动力资源总数	万人			484	126
# 乡村劳动力	万人			332	15
农林牧渔业产值	万元	995700		812473	
粮食产量	万吨	175		175	
蔬菜产量	万吨	154	24	145	24
猪牛羊肉产量	万吨			144968	12542
全部工业总产值(现行价格)	万元	17290000		12520000	
# 乡及乡以上	万元	9740000		8544639	
全部工业总产值(1990年不变价格)	万元				
客运总量	万人	15400		10999	
货运总量	吨	95310000		130470000	
固定资产投资总额	万元	2130000			
# 住宅	万元			208610	127794
房地产开发投资额	万元	491800		320532	
商品房销售额	万元			150817	84821
地方财政预算内收入	万元	230400	135000		
地方财政预算内支出	万元	249000			
# 文教科学卫生事业费支出	万元			76384	30177
# 教育事业费支出	万元			46142	15862
银行年末各项贷款余额	万元	5670000			
高等学校数	个	19	18	19	18
高等学校在校学生数	人	63000		59109	58068
每万名职工中专业技术人员数	人				
# 中级职称以上	人				
影剧院	个	136	16	149	16
公共图书馆	个	10	3	10	3
卫生机构数	个	1712	883	1717	882
# 医院	个	414	72	416	72

(杭州市政府办公厅供稿)

宁 波 市

经济社会发展取得新进展　工业经济快速增长

1995年，是实施“八五”计划的最后一年。一年来，宁波市紧紧把握“抓住机遇、深化改革、扩大开放、促进发展、保持稳定”的基本方针，正确处理改革、发展、稳定的关系，围绕建设社会主义现代化国际港口城市的宏伟目标，锐意进取，开拓创新，国民经济和各项社会事业都取得明显的成就，城乡人民生活质量继续改善。初步统计，全市实现国内生产总值638.5亿元，按可比价格计算，比上年增长19.7％，人均国内生产总值首次突破1万元大关，达12173元，全市财政收入53.1亿元，比上年增长26.4％，综合经济实力有新的提高。

全面实施工业“320”工程，坚持以市场为导向，抓好产品结构的调整，依靠深化改革和科技进步，大力推进技术改造，工业生产呈现持续快速发展的态势。全市工业共完成总产值1703.7亿元(现行价)，按可比价格计算，比上年增长47％。在全部产值中乡及乡以上工业完成总产值872.47亿元，增长27.6％。各种经济成份全面发展，国有工业完成产值242.87亿元(含国有控股)，增长12.5％；集体工业完成产值500.1亿元，增长23.8％；其他经济类型工业完成产值129.49亿元，增长76.2％。轻重工业协调发展，轻工业完成产值486.35亿元，增长28.8％；重工业完成产值386.11亿元，增长25.9％。

技术开发取得明显成效，产品档次进一步提高。全市共开发新产品3016种，新产品产值率为11.7％。新增市级名牌产品28只，累计已达40只。国有大中型企业主导和骨干作用得到进一步发挥，占全市乡及乡以上工业企业数2.2％的大中型工业企业实现销售收入和税利所占比重分别达到36.7％和49％。

经济效益有所改善。全市乡及乡以上工业企业完成销售收入616.6亿元，增长29.8％，实现利税总额61.5亿元，增长16.3％。产品质量稳定提高率达到95.4％。预算内工业企业亏损额比上年减少42％。

农村经济进一步发展，农业投入增加，农田水利建设得到加强，粮田规模经营进展加快

全市第一产业实现增加值85.7亿元，比上年增长7.5％，占国内生产总值的比重为13.4％。“一优两高”农业有新的发展，综合生产能力进一步提高，农林牧渔业呈现较好的发展势头。全市农林牧渔业总产值67.1亿元，比上年增长16.8％，其中种植业产值27亿元，增长7.8％；林业产值2.2亿元，增长15.2％；牧业产值11.2亿元，增长2.8％；渔业产值19.7亿元，增长41.2％。“菜篮子”商品数量充足，多数农副产品有效供给增加。农业基础设施继续改善，全市完成大小水利工程6000多处，新增灌溉面积19万亩，改造中低产田10万亩。农业机械化程度继续提高，年末拥有农业机械总动力205万千瓦，比上年增长7.7％。全年农村用电量27亿千瓦小时，比上年增长12.9％。化肥施用量12.3万吨，比上年增长10.3％。

交通运输、港口建设取得新突破

1995年是宁波市实施交通年的第一年，也是交通建设的丰收之年。一年来，全市用于交通设施建设的总投资达9.3亿元，新建公路106公里，改建高级、次高级路面122公里。甬江隧道、宁镇一级公路、甬余夫线余姚段和江北段主车道、329国道白沙至掌起段、34省道鄞县至奉化段和桑州岭隧道等相继建成通车，明显改善了宁波地区的交通状况。全市完成社会货物运输量9524万吨，其中铁路507.4万吨、公路7843万吨，水路1173万吨，民航0.5万吨；社会旅客发送量1.97亿人，比上年增长10.7％，其中民航客运发送量45.76万人，增长43％。

宁波港货物吞吐量跃上新台阶，全港完成货物吞吐量6853万吨，位居我国大陆沿海港口第四位。北仑港首次接卸30万吨特大型矿船“大凤凰”轮，由此跨入全球十个能接卸30万吨级矿船的深水良港行列。

邮电通信事业快速发展

全年完成邮电业务总量10.42亿元，比上年增长36.6％。年末电话交换机总容量达74.97万门。全年新发展电话用户13.92万户，全市电话用户数达到41.78万户，电信业务已从传统的电话、电报发展到移动电话、无线寻呼、可视图文等20多种项目。至年末，移动电话用户达到4.71万户，新增2.79万户；无线寻呼15.78万户，新增4.46万户。

经济体制改革进一步深入

按照“产权清晰，权责明确，政企分开，管理科学”的要求，选择30家企业进行现代企业制度试点。积极探索实施大集团、大公司战略，规范公司制企业，加大面上中小企业改革力度。全市累计组建股份有限公司56家、企业集团180多家、被兼并企业200多家，有1535家老企业利用外资进行改造。同时积极稳妥地开展了国有企业资产债务重组和国有、集体资产管理体制改革

试点。社会保障制度改革继续推进，养老保险覆盖范围不断扩大，年末参加统筹的职工和离退休人员达到56.8万人。全市建立社会保障网络93个。住房制度改革稳步实施。以推进适度规模经营和乡镇企业转换经营机制为重点，农村改革进一步深化。政府机构改革取得进展，专业经济管理部门转体开始起步。

外向型经济发展势头良好，外贸出口持续增长

全年累计外贸自营进出口额34.79亿美元，比上年增长38.4%，其中出口23.68亿美元，比上年增长35.3%。宁波口岸全年进出口总额52.15亿美元，比上年增长39%，其中出口总值23.28亿美元，增长38%。

利用外资实现规模、质量双增长。全年共批准设立外资企业496家，总投资17.49亿美元，合同利用外资11.9亿美元，实际利用外资3.99亿美元，分别比上年增长49%和11%，每个项目平均规模由上年的189万美元提高到353万美元。一批跨国公司落户宁波。至年末，全市已累计批准三资企业3263家，总投资76.76亿美元。全市试投产、在建和待建千万美元以上项目134个，总投资43.62亿美元。

对外经济合作进展良好，宁波市的外经总量规模已占全省的一半。全年累计完成对外劳务承包合同营业额6234万美元，比上年增长89%。年末在外劳务人数5671人，比上年增长39%，劳务输出地已达28个国家和地区。批准筹建境外企业及办事处31家，批准外商在甬设立办事机构34家。

“两区一岛”开发建设又有新的进展。经济技术开发区新批三资企业44家，总投资8.21亿美元，协议利用外资6.75亿美元，实际利用外资1.36亿美元。

宁波保税区累计批准设立企业1614家，其中，外商投资企业260家，总投资3.5亿美元。

大榭岛开发区全年共批准设立企业1033家，总投资20.09亿元。

国际旅游业取得新发展。全市接待境外游客8.05万人次，比上年增长10%。

城乡市场繁荣，人民生活水平进一步提高

市场建设步伐加快，培育发展市场体系取得成效。全市累计已有各类商品市场616个，年成交总额274.6亿元。其中年成交额超亿元的市场有37个。一批设施先进的大型商场竞相崛起，各类连锁超市网点达60家。购物环境大为改善。

消费品市场繁荣活跃，市场货源充裕，社会消费品零售额稳定增长。全市社会消费品零售额达225亿元，比上年增长39.2%，扣除物价上涨因素，实际增长23.6%。在社会消费品零售总额中，城市消费品零售总额128.6亿元，比上年增长34.3%，县及县以下零售额96.5亿元，增长46.4%。国有、集体、个体商业全面发展。国有商业商品零售额45.73亿元，比上年增长7.1%；集体商业零售额42.78亿元，增长14.9%；其他商业零售额123.9亿元，增长54.1%。高档、耐用消费品和家用电器销售量有较大幅度增长。全年电冰箱售量比上年增长51%，洗衣机增长50.3%，空调器增长40.7%，热水器增长57%，脱排油烟机增长18.2%，摩托车增长14.6%。城乡居民收入稳步增长，生活质量继续提高。市区居民人均生活费收入6804元，比上年增加1177元，增长20.9%，扣除同期物价上涨因素，实际增长1.5%。全市农民人均纯收入3350元，比上年增长24.8%，扣除物价上涨因素，实际增长8.4%。城乡居民居住条件继续改善。年末城镇居民人均居住面积8.58平方米，住房配套率由上年末的68%提高到71.5%；农村居民人均生活用房面积33.6平方米。

金融保险业进一步发展

年末全市金融机构存款余额462.4亿元，比年初增长49.9%，其中储蓄存款首次突破200亿元大关；贷款金额399.2亿元，比年初增长43.3%。

全市拥有保险公司3家，全年保险费收入6.75亿元，比上年增长12.1%。

重点工程建设进展顺利

全年完成全社会固定资产投资总额255亿元，增长38.1%，增幅比上年回落5个百分点。

固定资产投资继续向重点项目、城市基础设施和第三产业倾斜。城市基础设施完成投资29.6亿元，比上年增长2.7倍，第三产业投资完成120.08亿元，增长40.8%。重点工程取得实质性进展，17项在建重点项目当年完成投资14.05亿元，为年计划的123.4%。浙江腈纶厂建成投产，60万吨水泥粉磨站、正大粮油、兴洋毛毯、35万吨白板纸等项目进展顺利。

城市面貌发生显著变化

1995年宁波市继续加快城市基础设施建设和旧城改造步伐。市区完成了中山路、百丈街、中兴路、环城西路等干道的拓宽改造，新建了中兴东二路，并对中山东路、江厦街、长春路、兴宁路等主要街道实施整修和绿化，使市容市貌有了较大的改观。城市供水、供气能力进一步加强。全市年供水总量2.6亿吨，市区自来水日生产能力达到58万吨；液化气用户达到13.4万户，居民液化气使用率达到73.9%。

环境保护工作取得新进展。市区有19个废水治理工程基本完工，市区烟尘控制区建设达100%，并通过省级验收。市区噪声达标面积为28.03平方公里，覆盖人

口36.9万人，占市区建成区面积的47%。完成三江六岸清障绿化1万平方米。人均公共绿地面积2.7平方米，建成区绿化覆盖率为22.4%。

科技、教育事业有新的发展

按照"科教兴市"战略，出台了《关于加速科学技术进步的若干意见》和《宁波市科技发展"九五"计划和2010年长期规划》。坚持科技面向经济建设主战场。全年实现新兴产业产值62亿元，利税9.3亿元。有12个火炬计划项目通过验收，实现新增产值2.87亿元。全市共安排市级以上科技计划项目360项，其中国家级62项。取得市级以上科技进步奖76项，这些成果大部分已在生产上推广应用，并取得了明显的经济和社会效益。科技队伍继续扩大，全市拥有各类专业技术人员15.6万人，每万人拥有专业技术人员289人。专利工作发展迅速，有330件科技发明获中国专利权，专利实施率达50%以上。技术市场稳步发展，全年签订技术合同1534份，合同成交额达1.1亿元，比上年增长34.5%。

全市有各级各类全日制学校4186所，在校生89.2万人，比上年增长2.3%。普通高等教育在校生规模继续扩大。全市有普通高等学校4所，招收本、专科学生3169人，毕业生2521人，增长12.9%；在校学生9764人，增长17.7%。年末有成人高等学校5所，普通高校举办夜大学3所，在校学生1.1万人。全市现有普通中等专业学校21所，在校学生1.8万人，有普通中学389所，在校生25.7万人。小学1945所，在校学生41.3万人。应届高中毕业生升学率为60.9%，比上年上升8个百分点。学龄儿童入学率99.8%。新建希望学校49所，结对扶助学生4500人。全市有幼儿园1712所，在园(校)幼儿15.2万人，幼儿入园78.8%。

(宁波市人民政府办公厅　陈健胜)

宁波市国民经济主要指标

指　　标	单　位	1995年		1994年	
		地　区	市　区	地　区	市　区
年底人口数	万　人	526.20	114.24	522.85	113.15
#非农业人口	万　人	115.30	63.21	112.68	61.20
土地面积	平方公里	9365	1033	9365	1033
人口密度	人/平方公里	562	1106	558	109.5
年末劳动力资源总数	万　人	459.0	161	411.2	117.4
#乡村劳动力	万　人	363.3	110	286.2	39.5
农林牧渔业产值	万　元	671329	82239	574494	76097
粮食产量	万　吨	172.8	31.2	172.51	31.40
蔬菜产量	万　吨	144.62	20.55	162.65	19.53
猪牛羊肉产量	万　吨	9.11	1.94	8.34	1.84
全部工业总产值(现行价格)	万　元	17036899		11374120	3669965
#乡及乡以上	万　元	8724681		6554753	2652610
全部工业总产值(1990年不变价格)	万　元	15724680		10696334	2731704
客运总量	万　人	19716	8931	18014	10059
货运总量	吨	95505000	44070000	86800000	48940000
固定资产投资总额	万　元	2641914	1313195	1846000	907546
#住宅	万　元	371719	207777	632829	433661
房地产开发投资额	万　元	715949	519313	504616	371556
商品房销售额	万　元	283073	163625	204298	120341
地方财政预算内收入	万　元	247947	148321	177597	98396
地方财政预算内支出	万　元	353819	231440	250553	145946

续表

指标	单位	1995年		1994年	
		地区	市区	地区	市区
#文教科学卫生事业费支出	万元	78438	28386	68340	25189
#教育事业费支出	万元	46771	15395	40425	13162
银行年末各项贷款余额	万元	2501791	1389276	1933978	881806
高等学校数	个	5	4	4	3
高等学校在校学生数	人	9764	8798	935	771
每万名职工中专业技术人员数	人	1963	2055	1230	1287
#中级职称以上	人	427	502	272	323
影剧院	个	5	4	5	4
公共图书馆	个	9	3	9	3
卫生机构数	个	1257	600	1257	600
#医院	个	345	73	345	73

(宁波市统计局供稿)

温 州 市

国民经济持续快速发展，综合实力上了新的台阶

1995年，温州市全面实施并大力推进“二次创业”，国民经济在快速轨道上运行，经济质量有了较大提高，基础设施建设大步推进，社会各项事业蓬勃发展，为实施跨世纪奋斗目标奠定了坚实的基础。

(一) 农业特别是粮食生产稳定增长 针对1994年17号强台风给农业生产带来的灾害，全市各地克服重重困难，加强农业基础设施建设，集中力量修复水毁工程，全年共投入水利经费3亿多元，县(市、区)财政安排了3900多万元，乡村群众自筹1.7亿元，劳动积累工5667万工，先后开工兴修水利工程10463处，已完工9931处，其中水毁工程开工7073处，已修复6843处;修建堤塘210公里(含标准塘172公里)，为夺取农业丰收奠定了基础。全年农林牧渔业产值71.99亿元，比上年增长15.3%。农业生产状况好转，粮食生产获得全面丰收。实现春粮、夏粮、晚秋粮“三熟三增产”，全年粮食总产147万吨，比上年增产15.2%，全面完成省、市粮食生产计划。建成了一批畜禽基地，基本保证了市场供应，全市肉类产量9.21万吨，比上年增长6.9%，年末生猪存栏80.61万头。渔业有较大幅度增长，全年水产品总产量34.81万吨，比上年增长25.9%。乡镇企业继续高速发展，工业总产值487.4亿元，增长49.3%。产值超亿元的乡镇企业比上年增加一倍。土地规模经营迅速扩大，全市10亩以上经营大户发展到1.5万户，经营面积达30.18万亩，分别增长28.2%和34.5%。

(二) 工业增长质量提高，规模经济发展势头趋好 确定了提高工业经济增长质量的近期目标，研究制定了发展规模经济的总体方案。坚持以改制、改组、改造和加强企业管理为重点，积极推进工业经济上规模、上档次、上水平。全年实现工业增加值203.1亿元，比上年增长22%。年产值或销售额超亿元的企业近30家。全市工业经济效益考评综合得分比全省平均水平高18.6分，居各市(地)首位。工业发展水平有了新的提高。全市实施技改项目2496项，竣工投产1803项，完成投资额27.9亿元，超过了前40年投资额的总和。在此同时，企业在强化质量意识、改善经营管理、提高组织程度等方面有了较大进步，企业集团发展到108家，乡以上工业企业固定资产已由“七五”期末的24亿元上升到73亿元。“358”质量立市工程取得阶段性成果，全市培育和涌现了一批具有较强市场竞争能力的优势企业和名牌产品。重点考核的184种工业产品质量稳定提高率达92.5%，出口商品商检合格率提高到98.8%。乡及乡以上工

业产品质量抽检平均合格率为90.2%，高于全省平均水平4.3个百分点。经济增长方式开始实行战略性转变，经济整体素质明显提高。第三产业发展加快，在国民经济中所占比重由27.9%提高到31.7%。

（三）基础设施建设步伐加快，城市管理得到加强 在城市建设市场化的推动下，全市基本建设高强度投入，重点项目建设加快，全年开工和完工的重点工程项目37个，完成投资额13.6亿元，相当于"八五"前4年完成投资总和的1.14倍。机场大道、车站大道、城南大道中东路、黎明东路、新城大道、新村路、西水东引一期、东向水厂扩建、双屿等9个110千伏输变电工程、电视电话会议系统及A、B网移动电话扩容等项目相继竣工投入使用。金温铁路温州段开始铺轨，瓯江二桥进入全面建设。高速公路湖雾岭隧道、三插溪水电站、金溪电站等项目正处在施工高峰。火车客站、城西输变电、北溪水电站等项目已进入施工准备的实质性阶段。珊溪水利枢纽工程可行性研究报告和温州电厂二期工程项目建议书已获国务院批准。龙湾调峰电站及七里港一期、汽车南站等项目前期工作进展顺利，与此同时，城镇管理逐步规范化、经常化，建立了"两级政府，三级管理"的辖区覆盖式管理新体制，在全市开展"请把垃圾带回去"活动，主要道路的沿街店户普遍实行"一店一桶一袋"制，努力提高城市文明施工水平，根治大街小巷的游医和乱张贴广告现象，增加市政公用设施投入，提高市民城市卫生意识和都市意识，市容市貌得到明显改善。

（四）财政收入持续增长，金融形势稳定 全年财政收入26.49亿元，比上年增长22.2%，其中地方财政预算内收入13.71亿元，增长24.1%。地方财政预算内支出20.53亿元，增长10.7%。金融存款大幅度增加，贷款结构有所改善，用于支持重点建设项目、产业结构的调整和有市场、有效益的企业等方面的贷款增多。全年新增金融存款73.72亿元，年末金融存款余额272.07亿元，比年初增长37.2%，其中城乡居民储蓄存款142.05亿元，增加43.42亿元，全年金融新增贷款49.62亿元，年末金融贷款余额167.54亿元，比年初增长42.1%。资金存贷顺差扩大到107.7亿元。

（五）城乡市场繁荣活跃，人民生活显著改善 流通领域秩序得到整治，市场体系进一步完善，市场购销两旺。全年消费品市场成交额248.31亿元，比上年增长80.2%，其中成交额超亿元市场38个，比上年增加11个。全市个体工商户发展到22多万户，"菜篮子"工程建设得到加强，副食品市场供应充裕。常年一、二线蔬菜基地发展到近3万亩。人民群众生活有了显著改善和提高。1995年，城镇居民人均生活费收入达到6732元，比上年增长31.7%，农民人均纯收入达到2801元，增长40.1%；城乡居民人均储蓄存款达到2035元。城镇人均住房面积10.2平方米，农村人均生活用房28.4平方米。居民生活消费结构发生明显变化，家庭耐用消费品拥有量快速增长。全市多数地区群众生活已达到小康水平。山区、海岛扶贫工作得到加强，全市先后投入资金7.5亿元，组织开发7300多个扶贫项目，又有174.6万贫困地区的群众，基本解决了温饱问题。

改革开放获得重大突破，成为经济和社会发展最基本的推动力量

坚持市场取向的经济体制改革，初步形成了以市场调节为主的运行机制，生产资料已基本实现由市场配置。农村改革在不断完善家庭联产承包责任制和统分结合的双层经营体制的基础上，又在改进农产品购销体制、建立土地使用权流转机制和推进股份合作制规范化方面取得新的突破。国有企业和城乡集体企业改革继扩大经营自主权、建立和完善承包经营责任制之后，积极推行资产经营责任制，进行建立现代企业制度试点和国有、集体资产管理体制改革试点，开始进入制度创新阶段。在壮大公有制经济的同时，从本市生产力发展状况出发，继续鼓励发展多种经济成份，形成了以公有制经济为主体、股份合作经济为骨干、个体私营经济占有较大份额的所有制格局。加快培育市场体系，重点发展了金融、劳动力、房地产、技术和信息市场，建立了一批市场中介服务机构，有力地促进了市场配置资源基础性作用的发挥。社会保障制度改革有了新的进展，已有13.1万职工参加了养老保险。根据中央的统一部署，深化了财政、税收、金融、外贸、计划和投资等管理体制改革。着手进行政府机构改革。积极推进住房制度改革，参加公积金的职工已达29.1%，其中市本级达到58.2%，住房商品化进程加快。

开放型经济发展加快，总体水平有所提高。全市进出口贸易总额达3.3亿美元，其中出口2.8亿美元，分别比上年增长49.2%和50.2%。新签利用外资协议159项，实际利用外资额比上年增长20%，引进一批规模较大、技术含量较高的项目。一些海外著名大公司开始投资兴办实业。与国外城市间结好活动和对外工程承包、劳务合作等对外交流与合作也有了较大的发展。

各项社会事业取得全面进步

深化科研机构和科技管理体制改革，积极组织实施攻关、火炬、星火、丰收等计划和活动，一批重点科技攻关项目取得阶段性成果，全年通过市级以上鉴定的科技成果125项。科技经济一体化进程逐步加快，科技进步对经济增长的贡献率达到37%。加快教育改革和发展步伐，全市已初步形成适应经济发展需要，普教、职教、高教等各类教育较为完善的教育体系。九年制义

务教育人口覆盖率达84.8%，小学毕业生升学率达98%，各类大中专院校录取人数1.5万多人，创历史最高水平。青壮年非盲率达91.1%。大社会办大教育的格局进一步形成，办学条件明显改善，教师的住房条件和工资福利待遇得到较大提高。在文化、广播电视、新闻出版方面，深入开展"五个一工程"活动具有地方特色的文化艺术活动日趋活跃;广播电视节目制作质量有了提高，全市广播、电视人口综合覆盖率分别达到83.4%和90%。初级卫生保健取得预期成效，已有188个乡镇基本达标。积极开展爱国卫生运动，初步建立了县、乡、村三级医疗卫生保健网络，城乡医疗卫生条件进一步改善。开展全民健身运动，体育事业在普及中有了新的提高，温籍体育健儿在世界比赛中获得金牌2枚、银牌2枚，在亚洲及洲际比赛中获金牌6枚、银牌3枚、铜牌3枚，在全国比赛中获金牌13枚、银牌19枚、铜牌31枚。完成了温州体育馆、温州医学院扩建、温州大学扩建、温州师院扩迁建、温州卫校迁建一期、温州医学院附一医扩建、温州二医和中医院综合病房大楼、育英儿童医院、瑞安和平阳人民医院综合楼等一大批项目，改善了社会事业发展的条件。

当前，温州已制定并开始实施历史上最辉煌的跨世纪发展纲领，全市人民决心在市委、市政府的领导下，齐心协力，扎实工作，努力把一个经济持续发展，社会全面进步，充满生机、活力和希望的崭新的温州带入21世纪。

(温州市政府办公室　叶建中)

温州市1995年大事记

1月1日　温州市城市管理新体制正式运行。

1月7日　温州市基本农田保护区规划成果通过省验收。通过规划，至2000年，全市基本农田实现划区保护耕地面积为256.5万亩。

4月27日　市安居工程——下吕浦、黄龙住宅新区建设拉开帷幕。两个住宅区总占地面积119公顷，规划建筑面积141.85万平方米，建成后可供2.2万多户、约9万人居住。

5月19日　以常务副市长蒋云峰为团长的'95温州经贸洽谈代表团前往新加坡、马来西亚参加经贸洽谈会。共签订合同、协议和意向书45项，总投资额达1.0868亿美元，其中协议利用外资5122万美元，外贸出口成交额达1526万美元。

6月14日　金温铁路温州西站东浃中桥提前35天竣工并通过验收(12月8日，金温铁路温州段正式铺轨)。

6月25日　以日本国石卷市副市长宇佐美颢一为首的石卷市友好代表团来我市访问，两市签署了1995－2004年友好交流协议。

8月1日　宽60米，总投资约4000万元的新城大道竣工通车。

8月8日　"西水东引"及东向水厂扩建一期工程建成通水。结束了城市供水依赖温瑞塘河的历史，改善了城市供水水质。

9月9日　市气象台海洋气象业务系统通过省验收。该系统投入资金148万元，建成省地县三级通信网络和气象卫星、气象雷达数据处理系统及海洋气象预报工作站，大大提高了我市对灾害性天气的监测、预报能力。

10月1日　温州市首座环型立交桥——车站大道黎明立交桥及车站大道主车道竣工通车。车站大道全长4.2公里，总投资2.85亿元，是横贯市区东部的重要交通主干线。黎明立交桥占地16亩，总投资为5500万元。

11月8日　温州30万千瓦燃气轮机联合循环电厂中外合作建设和经营意向书在上海签订。项目总投资1.65亿美元，其中引进外资约1亿美元。

12月4日　温州市与西班牙瓦伦西亚大区阿利坎特市正式结为友好城市。

12月8日　市体育馆落成。体育馆面积23195平方米，耗资7000万元。

12月28日　城南大道中段竣工通车。城南大道是兼容生活性及交通性的城市东西向主干道，其中段全长1000米，宽50米。

12月29日　经国家口岸办、国家民航总局批准：温州至澳门国际(地区)航线正式通航并举行首航仪式。

(温州市档案馆)

温州市国民经济主要指标

指　标	单　位	1995年		1994年	
		地　区	市　区	地　区	市　区
年底人口数	万　人	697.89	113.31	692.4	112.25
# 非农业人口	万　人	111.24	46.19	107.53	44.97
土地面积	平方公里	11784	1082	11784	1082
人口密度	人/平方公里	592	1074	588	1037

续表

指　标	单　位	1995年		1994年	
		地　区	市　区	地　区	市　区
年末劳动力资源总数	万　人	429.47	79.91	410.19	79.07
#乡村劳动力	万　人	384.29	43.02	331.03	42.77
国内生产总值	亿　元	407.49		296.78	
农林牧渔业产值	亿　元	71.99	9.58	53.14	7.42
粮食产量	万　吨	147	16.61	127.63	14.25
蔬菜产量	万　吨	75.83	14.09	66.59	12.25
猪牛羊肉产量	万　吨	7.87	1.23	7.36	1.05
水产品产量	万　吨	34.81	0.71	27.65	0.6
全部工业总产值	亿　元	748.98	284.73	523.61	194.21
#乡及乡以上	亿　元	316.37	151.16	233.7	108.76
客运总量	万　人	12135	1890	16993.5	7396.1
货运总量	万　吨	3336	543	3888	1853
固定资产投资总额	亿　元	1288227	680196	914253	443558
#住宅	亿　元	786543	336081	462455	88504
房地产开发投资额	亿　元	381195	297494	217146	155344
商品房销售额	亿　元	134536	78039	62180	40161
出口贸易总额	万美元	27651	21057	18412	11284
进口贸易总额	万美元	5557	5557	3707	3707
利用外资签订协议总数	项	159	91	201	99
利用外资签订协议金额	万美元	11449	8550	12497	7700
实际利用外资金额	万美元	7351	5121	6118	4207
国际旅游人数	万人次	2.8		2.3	
国际旅游收入	万　元	7785.1		4342.7	
地方财政预算内收入	亿　元	137074	60245	110437	49532
地方财政预算内支出	亿　元	205293	71772	162871	53789
银行年末各项贷款余额	亿　元	1675436	1201075	708646	360863
每万名职工中专业技术人员数	人	766	628	729	470
#中级职称以上	人	184	208	167	180
城镇居民家庭人均生活费收入	元		6732		5116
农村居民家庭人均纯收入	元	2801		2000	

注：表内各项产值均按当年价格计算。

(温州市统计局供稿)

嘉　兴　市

对外贸易持续快速增长

1995年，嘉兴人民在建设有中国特色社会主义理论指导下，经过艰苦奋斗，国民经济和社会事业发展取得了重大成就。全市国内生产总值达334.4亿元，按可比价格计算，比上年增长了20.4%；工农业总产值达到871亿元(90价)，比上年增长35.6%；财政收入18亿元，比上年增长12.5%。

嘉兴在发展国民经济中，特别注意充分利用地处沿海经济开放地区的优势，实施外向带动战略，积极发展外向型经济。1995年，全市抓住外贸改革的有利时机，克服种种困难，在对外贸易，利用外资和开展对外经济交往等方面继续取得了可喜的进展。

1995年，按照市场经济的发展规律，在培育和发展本地区外贸货源市场的同时，积极开拓国际市场，以国际市场来带动嘉兴产品出口。全年共实现外贸进出口总额6.14亿美元，其中进口总额1.4亿美元，比上年增长277%；出口总额4.7亿美元，比上年增长29%。一是巩固和发展“三路”(专业外贸进出口公司、自营进出口生产企业、外商投资企业)出口创汇大军的阵容和规模。到1995年年底，嘉兴共有进出口公司12家，自营进出口生产企业28家，外商投资企业140多家参与对外贸易，在出口总额中，专业进出口公司继续保持出口创汇主力军地位，完成出口额1.95亿美元，比上年增长47%；自营进出口生产企业有了突破性的进展，实现出口额5540万美元，比上年增长46%；外商投资企业实现出口2.3亿美元，比上年增长18%，成为嘉兴市出口创汇迅速崛起的一支生力军。二是出口商品结构进一步改善，出口商品品种增加。初步完成了出口从农副产品为主到工业制成品为主的过渡，并以优势出口商品为中心，开发和培植了一批具有地方独特优势的出口龙头商品，以扩大国际市场占有率为目标，形成了一批具有坚实出口货源的基地，使嘉兴出口商品的质量和水平得到不断提高，增强了嘉兴商品在国际市场上的竞争力。全市出口商品品种达28大类，260多个品种，比上年增加了7大类50多个品种，农副产品的比重从1990年16%下降到6%，工业制成品的比重从1990年的84%提高到94%，畜产、纺织、服装、轻工、黑色金属等产品出口都有较大幅度的增长，特别是机电产品的出口比上年增长了184%。三是加大了市场多元化的力度。一年来，嘉兴市先后组织参加了华东出口商品交易会、春季广州出口商品交易会，以及赴澳大利亚、美国、日本和香港等国家和地区的经贸洽谈会，充分运用各种机会和信息，广交朋友，广开商路，在巩固现有的港、美、日、欧共体等四大传统市场的基础上，积极拓展东南亚、东西欧、独联体，以及中东、非洲、南美和广大发展中国家的市场，正在逐步形成广阔而稳定的国际营销网络。到1995年底，出口国家和地区已达到80个。四是加大改革力度，拓展对外贸易新的增长点。1995年，嘉兴市积极鼓励有条件的外贸进出口企业向集团化、实业化、国际化、代理制的方向发展；鼓励和帮助更多的大中型生产企业获得自营进出口权；支持出口额在500万美元以上的外商投资企业发展规模经营，实行了多层次拓展对外贸易新的增长点。

利用外资的整体水平有新的提高

1995年，嘉兴市加快基础设施建设步伐，积极致力于改善投资环境，多层次、多渠道、多形式、全方位地开展对外招商，并注重于引进项目的高、大、新。同时，加强对引进项目的后期管理，使企业获得较好的经济效益。一是广泛对外宣传嘉兴经济发展成就、投资环境和优惠政策，调动全社会招商引资的积极性，采取“以外引外”即以外商吸收外商，“以大引外”即以大企业、大项目吸引外商，“以优引外”即以优秀的人才素质、优秀的企业和优秀的项目吸引外商等方法，要求有关部门、企业利用各种机会、各种渠道和商路寻找投资合作者。同时，大力改善外商投资的综合环境，加强政府的协调和服务工作，抓好优惠政策的兑现工作，努力提高引资的成功率。二是加强对外资投向的引导，做到引进外资的数量和质量并举，并逐步由数量上的扩张向质量上的提高转变。引导外资投向主导产业，投向能源、交通、电力等基础设施，投向原材料、创汇农业，促使利用外资与嘉兴的产业结构调整结合起来。在政策导向上，积极鼓励外商独资经营，鼓励外商多投资、多增资。在合作伙伴上，鼓励与国际大财团、大公司合作。在合资合作产品上，鼓励与国际名牌接轨，以引进资金、先进技术、科学管理来促进我市的经济发展。三是建管并重，切实加强对外商投资企业的管理，促进企业整体素质的提高。1995年，嘉兴市注重抓好外商投资企业的开业率、资金到位率、出口创汇率和销售利税率的提高，并重点抓好资金到位率和出口创汇率。市级有关职能部门相互协调、相互配合，认真帮助企业解决自身难以解决的困难，切实保护外商投资企业的合法权益，以企业的效益优势来调动外商来嘉兴投资的吸引力。到1995年底止，全市累计有600多家企业开业投产，年产值达106.8亿元，占全市工农业总产值的13％，比上年增长70％，销售额83.2亿元，上交国家税收1.4亿元，盈亏平衡后利润达2.85亿元。通过一年的努力工作，1995年全市新批外商投资企业167家，项目总投资4.85亿美元，协议利用外资3.6亿美元，有42个国家和地区来嘉兴投资兴业。与往年相比，呈现了以下特点:(一)新批外商投资企业项目数下降，但协议利用外资总额增长，1995年新增外商投资企业数量比上年减少176％，协议利用外资总数且比上年增长19％。(二)平均单个项目协议外资额和外方资金到位率上升。1995年平均单个项目协议外资达215万美元，比上年的88万美元增长144％；外方资金到位率达48％，比上年高出17个百分点。(三)外商独资企业多，高新技术和基础设施项目多、大项目多。全年外商兴办独资企业38个，占新批项目总数的22.8％；协议利用外资2.06亿美元，占新批项目协议利用外资总数的57.2％。高新技术项目和基础设施项目22个，占新批项目总数的13％。总投资在500万美元以上的项目有22个，其中超过1000万美元的项目15个；超过2000万美元以上的项目有5个。上述投资特点是嘉兴市历史上从未有过的，表明嘉兴市在提高引进外资的质量、档次和规模上已初见成效，为嘉兴的经济注入了新的活力，也为嘉兴的经济发展打下了基础。

外经工作继续稳步发展

对外经济技术合作作为外向型经济的重要组成部分，是外贸、外资工作的深化和拓展，针对嘉兴市对外经济技术合作方面起步较迟，基础较为薄弱的实际，1995年，我们从提高认识着手，注重思想发动，进行通盘规划，围绕为外贸出口服务，做了扎扎实实的工作。(一)发动各部门、各企业像抓好对外贸易，利用外资一样，努力转变观念，形成共识，制订目标，落实措施，真抓实干。一年来，新办了境外项目4个。截止1995年底，全市已累计批准兴办境外企业22家，在美国、澳大利亚等国家建立了窗口。(二)利用嘉兴特色行业的技术和劳务优势，把兴办境外企业与对外劳务输出有机地结合起来。市有关部门和企业，在境外寻找合作伙伴，设立窗口的同时，相继输出了一批劳务人员。(三)通过嘉兴在境外的窗口，沟通了嘉兴与国外的贸易和技术合作的渠道，及时向国内提供了有效的贸易、技术信息，已经成为扩大出口、招商咨询、拓展劳务工程、售后服务维修等贸易与信息相结合的窗口。

开发区建设已经成为发展外向型经济的新的增长点

全市8个开发区按照既定规划，抓紧基础设施建设，加大招商力度，踏上了一个新的台阶。(一)招商引资有了新的突破。开发区建设作为各地经济发展新的增长点，列入了各级政府的重要议事日程，各有关部门从各方面帮助和支持开发区开展招商引资工作。全年全市开发区共批准进区项目318个，总投资32.09亿元，其中引进外商投资企业34家，总投资3.31亿美元，比上年增长32.8％，协议利用外资2.92亿美元，比上年增长70.8％，并出现以下“二多”特点：一是外商投资的大项目多，协议利用外资1000万美元以上项目13个，占全市1000万美元以上项目的86.67％，最大的外商投资项目协议利用外资达近1亿美元，而且填补了嘉兴的行业空白；二是外商独资项目增多，各开发区全年引进的34个外商投资项目中，有17个是外商独资项目，特别是1000万美元以上的项目全部是外商独资项目。(二)基础设施建设在高标准的基础上有了明显的改善。一年来，各开发区努力开拓融资渠道，用几个“一点”，即银行贷一点款、发行一点债券、机关职工内部集一点资、工程承包者带一点资等办法，千方百计筹措了一些建设资金，解决了部分开发资金的缺口。全年共投入基础设施建设资金达2.64亿元，比上年增长82.1％，道路、给排水都按照现代化高标准进行了施工；电力、通讯设施立足长远，超前设计、超前规划，并对开发区进行了环境的美化，使开发区的形象有了很大的改变，不少开发区已经呈现出城市新区的风貌。到1995年底止，全市开发区已完成基础设施和配套开发面积约10平方公里，投入基础设施建设资金4.81亿元，为吸引更多的外商前来嘉兴投资打下了扎实的基础。(三)开发区自身的经济实力得到进一步增强。为了更好地解决开发区招商引资等所需经费。以及开发区的滚动开发，各开发区都建立了自己的经济实体，包括建立开发区贸易公司、房地产公司，以及工厂，兴办了合资企业，这些自身的经济实体已经成为开发区建设的一支生力军，对促进开发区建设起了积极的促进作用。

（嘉兴市人民政府办公室　史纯粹　杨建强）

嘉兴市国民经济主要指标

指　　标	单　　位	1995年		1994年	
		地　区	市　区	地　区	市　区
年底人口数	万　人	326.39	76.72	324.46	76.05
#非农业人口	万　人	66.81	24.01	63.97	22.76
土地面积	平方公里	3915	968	3915	968
人口密度	人/平方公里	834	793	829	785
年末劳动力资源总数	万　人			225.38	60.10
#乡村劳动力	万　人	155.54	31.08	161.44	32.58
国内生产总值	亿　元	334.41	74.98	255.99	56.23
农林牧渔业产值	亿　元	83.61	19.72	72.87	16.85
粮食产量	万　吨	177.93	48.88	173.43	47.59
疏菜产量	万　吨				
猪牛羊肉产量	万　吨	13.21	4.02	12.50	3.73
水产品产量	万　吨	6.7	1.68	5.44	1.65
全部工业总产值	亿　元	921.35	192.76	659.29	142.49
#乡及乡以上	亿　元	540.54	119.55	415.6	95.44
客运总量	万　人	5097		3818	
货运总量	万　吨	4726		3703	
固定资产投资总额	亿　元	111.78	27.64	86.13	20.54
#住宅	亿　元				
房地产开发投资额	亿　元	9.85	4.58	5.97	
商品房销售额	亿　元				
出口贸易总额	亿美元	4.7	1.84	3.65	1.39
进口贸易总额	亿　元				
利用外资签订协议总数	项	167	45	343	107
利用外资签订协议金额	亿美元	3.6	1.31	3.02	1.16
实际利用外资金额	亿　元				
国际旅游人数	万　人				
国际旅游收入	万　元				
地方财政预算内收入	亿　元	18.16	6.14	16.02	5.38
地方财政预算内支出	亿　元	8.62	2.74	7.59	2.4
银行年末各项贷款余额	亿　元	171.54	55.27	138.63	44.11
每万名职工中专业技术人员数	人				
#中级职称以上	人				
城镇居民家庭人均生活费收入	元		6203		5084
农村居民家庭人均纯收入	元	3248	3366	2806	2919

注: 表内各项产值均按当年价格计算。

(嘉兴市人民政府办公室供稿)

绍 兴 市

国民经济快速发展 工业农业稳步前进

1995年，绍兴市紧紧把握住"抓住机遇、深化改革、扩大开放、促进发展、保持稳定"的工作大局，努力转变经济增长方式，提高经济运行质量，国民经济登上了一个新的台阶，各项社会事业取得了新的进展。全市国内生产总值410亿元，比上年增长22%，其中第一产业增长4%，第二产业增长22.6%，第三产业增长18%。

农业取得较好收成，农村经济健康发展 按照省委、省政府的要求，横下一条心，打好粮食翻身仗。实行粮食工作分级负责制，制定各项重农支农政策，增加对农业的投入，大力引进粮食新品种，推广新农机和轻型栽培技术，健全土地使用权流转机制，粮田适度规模经营面积扩大到35万亩，建立了10个现代农业园区和3097个连片丰产示范方。经过努力，全年粮食总产量达到174.25万吨，比上年增产5.69万吨，扭转了绍兴市持续四年的粮食生产滑坡局面，实现了恢复性增长。优高农业稳步发展，"菜篮子"工程建设初见成效。名优茶和名优水产品产量增长较快，名优茶产量居全省第一位，新昌县被评为全国"名茶之乡"。各地利用山、水、滩、涂资源，推进农业综合开发，新发展产供销结合、贸工农一条龙经营的各类农业龙头企业185家，实现农业增加值56.6亿元，增长4%。市区继续实施"新兴工程"，着力抓好蔬菜、特种水产、生猪等五大基地建设，取得了明显成效。

农业生产条件继续得到改善，全市已建立起包括财政拨款、社会集资、银行信贷、劳动积累等多元化的投入机制，增加了对农业的投入。全市投资4.79亿元，以河道"三清"、骨干水利工程和小型大规模农田水利建设为重点，掀起了建国以来第三次水利建设高潮，一批重点水利工程相继竣工，发挥效益，抗御自然灾害的能力有了提高。

工业经济快速增长，运行质量有所改善 1995年，我市工业积极转变经济增长方式，致力于推进改革机制、改组结构、改造技术、改善管理"四改一体"，继续保持了较快的增长势头，运行质量较好。实现工业产值943.97亿元，比上年增长41.8%。10家企业开展现代企业制度试点，新组建经省批准的股份有限公司2家，一批新办企业以有限责任公司形式组建，股份合作制企业继续完善和扩大，新组建企业集团47家。企业技改力度加大，完成技改投入40亿元，增长20%。市区以科技进步为动力，加快实施"中兴工程"、"巨轮工程"和"优新工程"，经济结构调整取得新进展。"中兴工程"实施项目66项，建成或部分建成投产44项。6万吨聚酯切片工程、平板荧光显示屏项目、重型宽幅瓦楞纸箱技改项目竣工投产，使我市以轻纺工业为主和以加工型、低附加值为主的产业产品结构有所改善。乡及乡以上工业10项经济效益考核综合得分居全省第二位，市直预算内国有工业企业继续保持无亏损。全市建安产值超过150亿元。上海市评出75只建筑工程"白玉兰杯"，我市建筑企业承建的得了24只。我市建筑业走向国际市场的工作也已实现了零的突破。

财政金融形势稳定，城乡市场繁荣活跃 金融、财税部门认真执行适度从紧的财政货币政策，加大宏观调控力度。财税部门加强税收、预算支出和预算外资金管理，打击各种骗税逃税行为，积极涵养税源，拓展财政信用渠道，促进了全市财政收支基本平衡。完成财政总收入20.6亿元，增长12.8%；其中地方财政收入9.52亿元，增长13.1%，市本级2.6亿元，增长13.04%。金融部门大力组织存款，调整信贷结构，积极支持重点建设和市区乡街企业，存款、贷款、货币净回笼都有较大幅度增长，保持了金融形势的稳定。

把抑制通货膨胀作为宏观调控的首要任务，严格物价控制目标责任制，着力抓好"菜篮子"工程，加强市场管理，使市场物价平稳回落。市区物价上涨幅度为12.9%，比年初预期的调控目标低2.1个百分点。国合商业开拓经营领域，发展规模经营，大力组织货源，丰富市场供应，较好地发挥了稳定市场、平抑物价的主渠道作用。全市社会消费品零售总额115.88亿元，增长29.3%。专业市场规模优势继续得到发挥，新建、扩建市场52个，各类专业和集贸市场成交额380亿元，增长92.8%。

对外开放进一步扩大，外向型经济持续发展

全市外贸体制改革进展顺利，外贸出口快速增长。1995年，全社会完成外贸出口值135.21亿元，增长41.9%，外贸收购值与全市国内生产总值的比例达到33.5%；自营出口4.49亿美元，增长45.6%。出口国家和地区增加到85个。

利用外资的质量和档次不断提高。新批三资企业181家，项目总投资5.6亿美元，合同利用外资3.02亿美元，实际到位1.21亿美元，分别比上年增长16.3%、30.1%和8%。单个项目平均规模309万美元，比上年增加67万美元；其中投资1000万美元以上的项目15

只。外商投资领域已扩大到电子、通讯、农业、能源、交通，其中用于基础设施和基础产业项目的总投资达1.98亿美元，占总投资的35.4%，促进了我市产业结构的调整。新办境外企业8家，通过承建海外工程带动劳务输出取得突破。

5个省级经济开发区建设取得新进展。绍兴经济开发区严格按照国家级经济技术开发区的标准进行建设，重点实施“基础设施，地面形象，经济扩张”三大工程，进展较快。投资1.05亿元，加快道路管线等基础设施建设，“祭禹一号工程”建成，延安路、舜江路全线贯通，基础设施建设拓展到5平方公里。一批重点工程竣工投产，新引进项目33个，总投资8.1亿元，其中外资项目5个，合同利用外资3341万美元。柯桥、上虞、嵊州、诸暨经济开发区注重基础设施建设，加大招商力度，也取得了较大进展。

基础设施建设加快步伐，城市面貌日益改观 杭甬高速公路绍兴市段及市区连接线建成通车，上三线汽车专用道嵊州4.7公里双辐、上虞、新昌段26.7公里单幅通车，104国道市区至柯桥段全线拓宽，省道绍大线、绍甘线局部地段拓宽，上虞港一期工程进展顺利。引进程控电话10万门，建成移动通讯B网一期工程和市区黄帽子磁卡电话网。8个110千伏和220千伏输变电工程投入运行，完成市区住宅用电一户一表改造2万多户。市区建成了全省第一个城市基础设施“四自”工程昌安立交桥，拓建了中兴南北路、鲁迅东路，完成了4个环岛建设，西郭水厂日供水10万吨扩建工程竣工。

加强精神文明建设，发展社会各项事业 坚持“科教兴市”战略。实施科技计划308项，获省科技进步奖21项；列入省级以上计划的新产品157只，通过鉴定57只；超额完成“515”星火工程计划；引进国内外先进技术，大规模地进行技术改造，主要行业和企业技术装备水平明显提高。多渠道筹集资金，加快一批重点学校的改造，办学条件进一步改善。教育质量普遍提高，全面实施九年制义务教育，嵊州市通过了省“两基”验收。大力发展职工技术教育，涌现了一批省、市重点职中。绍兴大学(筹)的建设迈出实质性步伐。

加快发展社会各项事业。举办了'95兰亭书法节、首届艺术节，以“五个一工程”为龙头的文艺创作取得了积极成果。市台广播电视信号覆盖全市主要地区，有线电视网建设较快，市区有线电视入户率达95%。狠抓医德医风建设，加强初保工作，完善城乡医疗网络，服务质量和医疗水平有所提高。积极推行“全民健身计划纲要”，进一步活跃群众性体育活动。加快市区社会事业的硬件建设，市体育中心一期、市人民医院住院楼二期竣工，市广电中心结顶。全市计划生育率达到98.88%，人口自增率降至6.83‰，有104个乡镇开展了新家庭活动；孕前管理水平提高，绍兴县、越城区通过省考核验收。

大力推进精神文明建设。成功地组织了'95浙江省暨绍兴市各界公祭大禹陵活动。在城乡广泛进行爱国主义和社会主义教育。以创建国家卫生城市为目标，“三轮”创建活动取得阶段性成效。再次荣获全国卫生城市称号。依法加强环境保持，积极推进“碧水工程”建设，市区实施“双禁”，使生活环境质量得到有效改善。

(绍兴市人民政府 明嘉 孟达 卫标)

绍兴市国民经济主要指标

指标	单位	1995年		1994年	
		地区	市区	地区	市区
年底人口数	万人	424.70	30.63	421.83	30.07
#非农业人口	万人	65.05	21.17	62.58	20.53
土地面积	平方公里	7901	101	7901	101
人口密度	人/平方公里	538	3033	534	2977
年末劳动力资源总数	万人	318.90	—	313.00	—
#乡村劳动力	万人	207.63	6.30	211.99	6.28
国内生产总值	亿元	410.00	—	307.81	41.66
农林牧渔业产值	亿元	83.27	2.67	68.20	2.32

续表

指　　标	单　位	1995年		1994年	
		地　区	市　区	地　区	市　区
粮食产量	万　吨	174.24	3.94	168.56	4.66
蔬菜产量	万　吨	90.88	3.80	90.87	5.00
猪牛羊肉产量	万　吨	11.63	0.39	11.42	0.29
水产品产量	万　吨	4.56	0.40	4.33	0.40
全部工业总产值	亿　元	1065.78	112.07	770.17	90.89
#乡及乡以上	亿　元	569.67	89.80	423.21	75.04
客运总量	万　人	9966	1166	9546	1084
货运总量	万　吨	6667	509	6378	628
固定资产投资总额(国有＋城镇集体＋其它)	亿　元	53.79	21.20	54.22	26.95
#住宅	亿　元	2.57	0.39	2.93	0.51
房地产开发投资额	亿　元	18.22	4.97	13.16	4.71
商品房销售额	亿　元	9.62	3.30	9.14	3.72
出口贸易总额	亿　元	—			
进口贸易总额	亿　元	—			
利用外资签订协议总数	项	181	20	198	36
利用外资签订协议金额	亿美元	3.02	0.51	2.31	0.44
实际利用外资金额	亿美元	1.30	0.45	1.12	0.25
国际旅游人数	万　人	—			
国际旅游收入	万　元	—			
地方财政预算内收入	亿　元	9.52	2.60	8.42	2.30
地方财政预算内支出	亿　元	10.96	2.46	10.02	2.03
银行年末各项贷款余额	亿　元	102.89	38.59	85.70	30.65
每万名职工中专业技术人员数	人				
#中级职称以上	人				
城镇居民家庭人均生活费收入	元	—	6025	—	4957
农村居民家庭人均纯收入	元	3183	—	2485	—

注：表内各项产值均按当年价格计算。

(绍兴市人民政府供稿)

舟　山　市

1995年经济建设取得新成就

1995年，地处黄金海岸的舟山市坚持以改革为动力，全面实施“开发海洋、振兴舟山”的发展战略，集中精力做开发海洋文章，充分发挥渔、港、景海岛资源优势，促进了海岛经济持续、快速、健康发展。全市实现国内生产总值72.8亿元，比上年增长18%，工农业总产值137亿元，比上年增长15%，地方财政收入2.17亿元，比上年增长28%。

海洋渔业再上台阶 渔业是舟山主要的传统优势产业。1995年，舟山市坚持以开拓外海远洋捕捞为主，开发滩涂近海养殖并举的发展路子，渔业生产呈现了前所未有的发展势头。全市渔业总产量达到98万吨，总产值47亿元，均比上年增长18%，创历史最高水平。由于渔业经营机制的转变，渔民生产投入的热情高涨，群众渔业一年投入扩大再生产资金达12亿元，新建和改建钢质渔轮1100余艘。目前全市294千瓦以上钢质渔船已达1500多艘，比1990年增加37倍。一批先进的渔具渔法、保鲜冷藏、助渔导航设备广泛应用，渔业生产力水平明显提高。渔业新资源、新渔场进一步得到开发，渔业生产结构日趋合理。1995年，全市地方渔业适应外海生产的147千瓦以上渔船达2570艘，外海捕捞总产量占全市海洋捕捞量的53.2%。尤其是远洋渔业有了新的突破，已有100余艘渔船在西非、中南太平洋、印尼、日本海和北太平洋等国外海域进行捕捞，远洋捕捞产量达9.0万吨，处于全国领先地位。海水养殖取得新进展，全市海水养殖面积达到3814公顷，产量2.38万吨，分别比1990年增长54%和1.3倍，在养殖品种上形成了鱼、虾、贝、藻全面发展的格局；在养殖方法上创造了塘养、涂养、网箱养、精养、轮养、立体养多样化养殖方式。

工农业生产稳步增长 全市现有各类工业企业5500余家。初步形成了具有海岛特色的水产品加工，船舶修造、机械、建材、纺织、电子、海洋生物药品等工业门类，工业在全市国民经济中的主导地位进一步确立。1995年，全市完成工业产值79亿元，比上年增长16.1%。通过实施“抓两头、转中间”工业经济发展方针，培育了一批重点骨干企业。金鹰纺织机械集团公司等12家销售产值超亿元，利税超千万元的“亿千”企业，进一步上规模、上水平、出效益，成为全市工业经济的排头兵和领头雁，其产值达16.8亿元，占全市全部工业的21.3%，利税1.78亿，占全市乡及乡以上独立核算工业的52.5%。个私工业快速增长，总产值达17.7亿元，比上年增长58.6%。金海螺杆有限公司等三家企业被列入全国500家最大私营企业行列。在重点抓好两头的同时，通过改制改组、技术改造，调整产品结构等多种途径，扶持放活了一大批中小型企业，整个工业经济运行质量有了提高。全市完成工业性项目技术改造投资4.5亿元，比上年增长60%。开发市级新产品512只，新产品产值率7.2%。评出14项产品为舟山首批名牌产品。工业产品质量稳定提高率达到88.9%，乡及乡以上全员劳动生产率15445元/人。

农业以“一优两高”为目标，在稳定粮食生产的同时，积极发展开发创汇农业。全市全年粮食种植面积30.5千公顷，比上年增长5.3%，粮食总产量14.5万吨，超额完成年度计划，农业总产值9.5亿元，比上年增长20.2%。农业规模经营又有新的发展，10亩以上种粮种棉大户达到893户。开发创汇农业已初步形成水果、蔬菜、畜禽、茶叶、蚕桑、淡水鱼、蚌蛛7大类40多个农产品生产基地。以蔬菜为主的农产品出口达1万余吨，农业出口创汇650万美元。定海白泉速冻蔬菜、大猫养头等成为出口创汇的主要产品。

港口开发进程加快 港口开发给舟山的发展带来了蓬勃生机。1995年，舟山市进一步加大了工作力度，港口开发建设继续呈现良好的发展态势。全市港口货物吞吐量，首次突破千万吨大关，达到1005.7万吨，其中定普港883万吨，分别比上年增长44.6%和54%。至1995年底，全市已经开发和计划开发的港口项目18个，港口开发到位资金累计达到9925万美元，已利用外资4079万美元。1995年，兴中岙山石油转运一期扩建工程提前三个月竣工投入运行，一年中共靠泊油轮138艘次，中转石油65.8万吨。老塘山首和矿砂中转储运项目，8月份建成投产后已接卸矿砂22万吨。兴中岙山二期、中威富兴成品油项目顺利完成年度施工计划。嵊泗马迹山矿砂中转基地项目，经国家计委批准立项，并进入前期施工准备阶段，东海平湖油气田岱山原油中转库项目，可行性报告已获批准，其子项目所需850米岸线已办理审批手续。华光成品油基地等项目即将开工。舟山港正在向全国大港迈进，已展示诱人的前景。口岸开放进一步扩大，兴中岙山石油转运基地码头已获国务院批准将正式对外籍船舶开放，从而结束了舟山港一船一报，外轮不能直接靠泊的历史。1995年舟山口岸外贸进出口船只达到2160艘次，比上年增加23.43%。港口开发，带动了舟山海洋运输业的发展，1995年全市海上货运周转量89.07亿吨公里，比1990年增长3倍。海运业已走出海岛，北达丹东，南抵香港、新加坡，东至日本。

海岛旅游业蓬勃发展 作为海洋开发现实优势的舟山旅游业，继续取得令人注目的发展。1995年，全市接待境内外游客280万人次，比上年增长37.7%，其中接待境外游客4.26万人次，比上年增长26%。旅游收入7.84亿元，增长30.8%，旅游外汇收入1958万美元。以“海天佛国”普陀山，“南方北戴河”嵊泗列岛两个国家级和岱山、桃花岛两个省级旅游风景名胜区为重点的旅游景点进一步得到开发。定海古文化，鸦片战争遗迹等人文景观的开发已着手进行。推出了情人岛度假村，帆板冲浪、沙滩沐浴，海上垂钓等充分反映海岛独色的旅游项目，丰富了观赏游览内容。旅游接待条件明显改善，1995年底，全市拥有旅游涉外饭店20家，其中星级宾馆2家，省级涉外饭店3家，总床位1500余张。旅游交通更加便利，新开辟了舟山至上海的车渡通道，增开了普陀山至上海、定海经嵊泗至上海的豪华高速客轮。主要风景区的基础设施进一步改善，新建了水泥公路，铺通了舟山本岛至普陀山的跨海输水管道和海底电缆。旅游经营机构进一步健全，全市直接从事旅游经营的旅行社发展到20家，配有各类导游250余名。客源市场有了较大幅度的拓展，通过宣传促销和旅游交易活动，已与境外120多个国家地区的旅行机构，国内近千家旅行社建立了业务关系。

开放型经济发展迅速 发展开放型经济是海岛经济发展的必然选择。1995年，舟山外经外贸外资和经济开发区建设取得明显进展。全市地方自营进出口总值达2.1亿美元，比上年增长37.7%，其中自营出口额1.7亿美元，增长39%。“借权”出口企业发展到21家，自营出口生产企业出口规模不断扩大，舟山水产联合公司出口创汇达2804万美元，名列全省自营出口生产企业之首。出口商品结构改善，工业品出口比重上升，占全市出口总额的21%，鲜活水产品出口比上年增加60%。利用外资质量明显提高，全市新批利用外资合同项目33个，实际利用外资2812万美元，比上年增长21.1%，新登记外资投资企业30家，平均计划投资额509万美元，比上年增加31%。外商投资领域由工业伸展到港口开发、渔业和第三产业。外资投资企业生产经营情况良好，全年总产值10.62亿，销售收入12.93亿，分别比上年增加140.75%、168.34%。对外经济技术合作领域不断拓展，新签订对外劳务合同76份，合同金额1169万美元，输出劳务1798人次，完成营业额297.5万美元。新办境外企业5家。对外交往进一步扩大，又与日本气仙沼市、加拿大纽芬兰市建立了友好交流关系，与法国马塞市签订了合作交流意向。经济开发区建设有了实质性进展。全市四个省、部级经济开发区，在继续抓好发展规划、基础设施的同时，加快了开发步伐。其中舟山经济开发区，已引进企业74家，批准投资项目57个，计划总投资2.78亿元，实现已完成1.41亿元。1995年，完成工业产值达到1.2亿元，比上年增长50%，实现利税425万元。东港经济开发区全年完成采石填海135万立方米，造田31公顷，“六通一平”基础设施建设超额完成年度计划，招商引资初见成效，已转让土地17公顷，收回土地出让金5337万元。

市场建设初具规模 随着经济发展和流通体制改革的不断深入，一批颇具海岛特色的批发市场和专业市场蓬勃兴起，初步构架起以水产品市场为龙头，专业市场为骨干，农贸市场为网络的市场体系。正在建设中的舟山水产品中心批发市场被农业部、内贸部定点为全国四大水产品批发市场之一。其一期工程已建成五个500吨级码头，11000平方米陆地建筑等配套设施，拥有海面锚泊交易区面积近10万平方米。1995年，水产品交易量达7.9万吨，交易额6.3亿元，水产品远销国内20多个省市及日本、韩国、香港等国家和地区。该市场建成后，将形成26亿元年交易额的市场规模。普陀的展茅鱿鱼市场、朱家尖虾米市场从初始群众自发形成已发展到相当规模，1995年市场成交额分别达到7800万元和8100万元，客商遍及全国各地。集贸市场建设步子加快，各类市场的数量、档次、效益都有新的突破。投资4200万元的南珍农副产品交易市场于1995年底建成，设施、规模在省内处于一流。定海商城小商品市场成交额不断上升。1995年，全市已拥有集贸市场108个，成交额达15.7亿元。船舶交易市场、废旧钢铁市场、木材市场等生产资料市场进一步得到发展。金融、证券、期货、人才、劳动力、技术、房地产等要素市场不断发育、完善和规范。

基础设施建设步子加大 1995年，舟山市狠抓基础设施建设，着力为今后发展打基础，增后劲。在资金短缺的情况下，通过调整投资结构，外引内筹，集中财力物力，区分轻重缓急，重点向基础设施项目倾斜，保证了重点基础设施建设项目的顺利实施。1995年，共安排重点基建项目14个，计划投资6.79亿元，实际完成投资5.22亿元，到位资金5.46亿元，分别为年度计划的76.9%和66.2%。安排市政府实事项目12个，计划投资6780万元，实际完成投资5560万元，到位资金5770万元，分别为年度计划的81%和84.2%。舟山嵊泗至上海芦潮港车客渡码头，鸭老线公路一期，市程控电话四期扩容工程，定海乡镇程控电话工程，市一百大楼等项目相继竣工投入运营。嵊泗中心渔港防浪堤建设，岱山中心渔港一期工程，定海沿港路及人民南路拓宽改造工程如期完工。舟山民航机场已进入施工高潮，累计完成投资1.07亿元，为工程批准的总概算2.6亿元的42%，可于1996年底按计划竣工。岑港水库工程完成土石方23.4万立方米，占整个工程土石方的38%。2×12.5万千瓦电厂主体工程已上马启动。白峰至鸭蛋山大吨位车渡及码头改造，三二九国道舟山段改造，环岛公路、定马公路、市汽车客运中心进入全面施工。定海人民北路改造，新城区扩建、竹山公园建设进度加快。全国重点水产品批发市场舟山水产品中心批发市场二期工程正在抓紧建设。龙山6万吨级大型船坞工程已经开工。列入“九五”计划的朱家尖海峡大桥已完成预可行报告，并着手前期准备工作。这些重点项目的建设，将进一步改善舟山投资环境，为舟山的长远发展打下了基础。

(舟山市人民政府办公室　周健民　杨先烘)

舟山市国民经济主要指标

指标	单位	1995年		1994年	
		地区	市区	地区	市区
年底人口数	万人	98.28	67.81	97.99	67.51
#非农业人口	万人	23.24	17.54	22.53	16.9
土地面积	平方公里	1371	988	1371	988
人口密度	人/平方公里	717	686	715	683
年末劳动力资源总数	万人	73.52	50.41	71.97	48.23
#乡村劳动力	万人	48.76	32.35	45.04	30.29
国内生产总值	亿元	73.49	50.85	59.70	41.17
农林牧渔业产值	亿元	57.62	33.69	46.26	27.33
粮食产量	万吨	14.52	12.46	14.57	12.56
蔬菜产量	万吨	11.61	9.58	13.57	11.53
猪牛羊肉产量	万吨	0.93	0.73	0.93	0.71
水产品产量	万吨	98.00	53.94	83.00	46.88
全部工业总产值	亿元	79.35	64.18	65.05	50.77
#乡及乡以上	亿元	59.30	48.55	52.79	41.90
客运总量	万人	6034	4883	5628	4397
货运总量	万吨	2221	1780	1788	1366
国有固定资产投资总额	亿元	6.78	5.52	13.17	11.06
#住宅	亿元	0.49	0.41	3.89	3.28
房地产开发投资额	亿元	8.11	7.09	4.20	3.73
商品房销售额	亿元	4.39	3.80	2.62	2.36
海关出口贸易总额	亿美元	1.53	—	1.17	—
海关进口贸易总额	亿美元	3.88	—	1.38	—
利用外资签订协议总数	项	33	31	49	42
利用外资签订协议金额	亿元	1.03	1.01	0.80	0.73
实际利用外资金额	亿元	0.28	0.24	0.23	0.22
国际旅游人数	万人	4.26	4.21	3.39	3.33
国际旅游收入	万美元	1958	1865	400	400
地方财政预算内收入	亿元	2.17	1.59	1.70	1.22
地方财政预算内支出	亿元	4.63	3.14	3.81	2.65
银行年末各项贷款余额	亿元	33.63	25.72	26.87	20.57
每万名职工中专业技术人员数	人	944	956	941	931
#中级职称以上	人	257	276	211	228
城镇居民家庭人均生活费收入	元	6202	6202	5086	5086
农村居民家庭人均纯收入	元	3592	3512	2778	2662

注：表内各项产值均按当年价格计算。

(舟山市人民政府供稿)

福 州 市

加强宏观调控，把握经济工作基本点

1995年，福州市坚持以经济建设为中心，抓住经济工作的基本点，采取一系列有力措施，及时发现并有效地解决经济和社会发展中的突出问题，促进全市经济运行继续朝着宏观调控的方向迈进，国民经济持续、快速、健康发展。全市国内生产总值达503.69亿元，比上年增长23%，其中第一产业增加值101.62亿元，增长12.5%；第二产业增加值195.05亿元，增长28.7%；第三产业增加值207.02亿元，增长21.1%；其他各项主要经济指标均完成或超额完成年度计划任务。

(一) 坚决控制物价上涨，物价涨幅逐月回落 1995年，福州市继续把控制物价上涨、抑制通货膨胀作为宏观调控的首要任务，实行控价目标责任制，切实负起稳定物价的责任，并将重要商品的控价指标层层分解落实到各级各有关部门。花大功夫抓好“菜篮子”和“米袋子”工程建设，增加有效供应总量。“菜篮子”工程真正实行市长、县(市)区长、乡(镇)长、村长(主任)“四长”负责制，稳定副食品产销扶持政策，增加财政投入，大力加强副食品基地建设，建成琅岐岛副食品基地一期工程，新建菜地5000多亩，改造菜地3000多亩。加强市场建设，努力培育发展多种市场主体，搞活市场流通，并采取经济、法律和必要的行政手段，加强市场管理，规范市场行为，稳定市场物价。1995年物价涨幅逐月回落，尤其在9月份以后，月物价平均涨幅均控制在10%以内，全市市区商品零售物价总指数为114.4，实现了年初提出的控价目标。

(二) 严格控制投资规模和新开工项目，重点项目建设取得新进展 1995年完成全社会固定资产投资160亿元，比上年增长16%，增幅比上年回落22个百分点。大力调整投资结构，集中力量保重点、保续建、保重中之重、保竣工投产项目的建设。年初确定的市属25项重点建设项目完成投资27.76亿元，完成年度计划的107.4%。投资情况好于往年，是“八五”期间投资额最大、完成最好的一年，建成和基本建成的项目也是“八五”时期最多的一年。连江山仔水利枢纽一期工程、二环路二期工程主车道、祥板污水处理厂、110kV秀山输变电工程、104国道福州段拓宽工程、内河整治一期工程等12个项目建成或基本建成。

(三) 强化农业基础地位，农村经济全面发展 切实从加强领导、政策扶持、资金投入、减轻农民负担等方面入手，有效地调动了农民的生产积极性，推动了农业生产和农村经济的繁荣和发展。1995年农业总产值165.12亿元，比上年增长12.5%，粮食生产稳定增长，实现播种面积、总产、单产“三增加”。粮食总产量达135.11万吨，比上年增长2.5%。农业综合开发取得新进展，肉、禽、蛋、奶等畜产品产量增加；水产品总量80.44万吨，居全国省会城市首位。乡镇企业持续快速发展，1995年乡镇企业总产值479.09亿元，比上年增长40.7%；实现利润23.97亿元，税金13.12亿元，分别比上年增长23.9%和32.1%。

(四) 以提高效益为中心，工业生产速度与效益同步发展 狠抓企业内部经营管理，加强和改善企业成本管理、资金管理、营销管理、质量管理，提高企业整体素质。加强扭亏增盈工作，落实一厂一策扭亏，全面完成省下达的控亏目标。工业结构进一步得到调整，1995年，全市工业完成技改投资10亿元，其中国有企业完成8亿元，新产品开发项目完成120项，创产值15亿元，增长4.2倍。1995年，全市工业总产值620亿元，比上年增长29%，其中乡及乡以上工业完成总产值381.39亿元，比上年增长20%，实现销售产值368.5亿元，产销率达96.6%，产销衔接良好。国有工业经济运行质量和效益有所提高。

(五) 财政收入稳定增长，金融运行平稳、正常 积极开拓具有地方特色的新的经济增长点，努力培养地方财源体系，强化税收征管，确保各项税收及时足额入库。1995年实现预算内财政总收入37.8亿元，同口径比增20.8%。坚持适度从紧方针，进一步调整支出结构，严格控制财政支出，全市实现财政收支平衡，略有节余。金融机构存、贷款余额继续保持较快的增长，1995年末全市金融机构各项存款余额397.88亿元，比上年增长34.3%；各项贷款余额236.68亿元，比上年增加30%；1995年银行现金净回笼20.64亿元。

积极把握发展机遇，进一步扩大对外开放

福州市立足毗邻台湾省的区域与人文优势，凝聚各方力量，扩大对外开放，增创经济发展优势。

(一) 加大招商引资力度，进一步提高利用外资的质量和层次 充分利用闽东南区域加快发展的有利时机，着力改善投资软硬环境，认真组织和参加了各种形式的境内外招商活动，成功举办了'95福州国际招商月活动，为福州市全年利用外资工作奠定了良好基础。1995年，利用外资的质量和效益都有明显的提高。

全市新批外商投资项目678项;协议外资32.27亿美元,比上年增长46.3%,居福建省第一位;外商实际到资11.51亿美元,比上年增长18.6%,利用外资出现增资项目多、工业项目比重提高、大项目增多的新特点。新批和增资后总投资达千万美元以上的项目46项。大财团和世界跨国公司投资增多,一批大项目投产,为福州市工业经济的发展增添了新的活力。1995年完成三资工业总产值220亿元,占全市乡以上工业总产值的比重达57.8%。各类开发区、投资区、保税区保持良好的发展势头,继续成为外商投资的热点区域。

(二) 进一步加强对台工作,积极拓展榕台经贸合作与交流 制订颁发了《关于贯彻江泽民总书记对台工作重要讲话的实施意见》,认真贯彻落实台湾同胞投资保护法,根据中央"同等优先,适当放宽"的对台经贸原则,出台了《福州市保护台湾同胞投资权益的暂行规定》,鼓励台胞在榕投资,同时还设立了台商投诉中心,举办了台资企业现场办公会和台商接待日等活动,积极为台商排忧解难,促使对台招商的吸引力有了进一步的提高,实现福州市对台工作的新跨越。1995年新批准台资企业167家,协议台资16.78亿美元,比上年增长4.5倍,占协议外资总额的52%。

继续深化改革,各项改革平稳推进

1995年相继推出42项改革措施,提出了重点推进国有企业改革,配套进行社会保障制度改革、国有资产管理体制改革、培育生产要素市场和土地使用制度改革,抓紧县、乡综合改革试点和行业综合改革试点,即"一个重点、四个配套、二个试点"的改革方向。国有企业改革围绕转机建制,实施"抓大放小"战略,对25家重点骨干企业在资金、电力、技改等方面予以倾斜,成功地组建了天宇、福抗集团,委托营运国有资产。对一批产品无销路、发展缺乏后劲的工业企业实行"关停并转租",对7家企业关停,8家企业并转租,1家小型国有企业试行产权全额置换,改制为股份合作制企业。商业流通企业完成2家集团组建工作,开办了25家连锁店。

大力推进社会保障制度改革,养老保险覆盖面不断扩大,参保企业达2388户,在职职工达30.24万人,离退休人员10.35万人。失业保险覆盖面扩大到市内所有城镇企业,已参保企业2422家,职工33.43万人,为79家停产半停产企业2.2万名职工发放救济金1272万元。农村养老保险逐步拓展,129个镇设立了社保机构,11万名农民参加投保,共收取保费1000多万元。

土地使用制度改革逐步深化,全年共出让土地125幅、3291亩。同时,住房制度改革在推行住房公积金制度、提高租金标准、确定公房售价等方面也取得进展。

整治和改善城市环境,人民生活水平继续提高

增加城市绿化覆盖率,加强环境保护工作。1995年,市区新增园林绿化地面积71.42公顷,建成区绿化覆盖率达21.4%,人均公共绿地面积5.05平方米。城市环境保护工作得到加强,内河污染等治理工作正在抓紧进行。与此同时,集中力量整治群众反映最强烈、最不满意的"假冒伪劣产品"、"盗窃抢劫"、"公款吃喝"三个热点、难点问题,取得明显的成效。

福州市在经济和社会发展的基础上,人民生活水平不断提高。1995年全市职工平均工资5665元,比上年增长18%。据抽样调查统计,1995年城市居民人均生活费收入4835元,农民人均纯收入2303元,分别比上年增长18.5%、27.9%。1995年,城市居民人均居住面积增长到9平方米,农村农民人均生活用房面积提高到23.2平方米。

(福州市政府办公厅综合科)

福州市国民经济主要指标

指标	单位	1995年		1994年	
		地区	市区	地区	市区
年底人口数	万人	562.27	137.52	555.47	135.48
#非农业人口	万人	140.34	98.29	141.92	95.23
土地面积	平方公里	11968	1043	11968	1043
人口密度	人/平方公里	470	1319	464	1299
年末劳动力资源总数	万人	332.81	93.68	322.55	89.58
#乡村劳动力	万人	212.61	23.00	211.09	23.30

续表

指标	单位	1995年		1994年	
		地区	市区	地区	市区
国内生产总值	亿元	501.17	241.76	384.75	194.94
农林牧渔业产值	亿元	164.84	17.80	137.62	27.27
粮食产量	万吨	135.11	7.11	131.77	7.05
蔬菜产量	万吨	161.45	25.27	143.79	26.56
猪牛羊肉产量	万吨	17.70	3.69	15.82	3.67
水产品产量	万吨	80.44	3.79	75.46	6.85
全部工业总产值	亿元	582.26	278.42	469.10	251.58
#乡及乡以上	亿元	401.25	234.33	316.90	189.34
客运总量	万人	9527.50	2069.67	9441.62	2651.15
货运总量	万吨	8163.55	2448.55	8567.70	2162.50
固定资产投资总额	亿元	174.75	113.03	137.71	80.34
#住宅	亿元	51.13	41.71	54.23	44.35
房地产开发投资额	亿元	54.50	45.38	47.07	36.93
商品房销售额	亿元	27.56	23.74	20.08	17.47
出口贸易总额	亿美元	29.21	—	23.41	—
进口贸易总额	亿美元	12.28	—	11.06	—
利用外资签订协议总数	项	678	509	722	514
利用外资签订协议金额	亿美元	32.27	24.09	22.06	16.89
实际利用外资金额	亿美元	11.25	7.38	9.18	4.21
国际旅游人数	万人	12.77	—	12.97	—
国际旅游收入	万美元	—	—	2.14	—
地方财政预算内收入	亿元	25.82	17.77	20.99	14.86
地方财政预算内支出	亿元	27.45	17.38	21.82	13.67
银行年末各项贷款余额	亿元	203.21	156.46	155.05	118.60
每万名职工中专业技术人员数	人	916	639	895	605
#中级职称以上	人	220	210	210	197
城镇居民家庭人均生活费收入	元	4286	—	3618	—
农村居民家庭人均纯收入	元	2803	—	1801	—

注：表内各项产值均按当年价格计算。

(福州市统计局供稿)

厦门市

国民经济保持快速健康发展

1995年，厦门市继续抓住机遇、增创优势、开拓前进，努力推进各项改革进程，较好地完成了年度国民经济计划任务。宏观调控取得明显成效，通货膨胀得到有效抑制，人民生活继续改善。1995年全市实现国内生产总值250.2亿元，按可比价格计算，比上年增长24.67%。其中第一产业增加值15.79亿元，第二产业增加值125.48亿元，第三产业增加值108.93亿元，分别比上年增长5.45%、34.1%和15.4%。

(一) 农业生产稳步发展 1995年农业总产值25.72亿元，按可比价格计算，比上年增长6.04%。其中种植业产值增长2.9%，牧业产值增长19.6%，渔业产值增长2.45%，主要农作物单位面积产量普遍提高，实施"菜篮子"工程取得成效，肉、禽、蛋、菜产量都取得较大的增长。农业生产条件进一步改善，农田水利建设得到加强，1995年末全市有效灌溉面积38万亩，占耕地面积的85%。农村经济实力明显增强。1995年全市实现农村社会总产值105亿元，比上年增加31亿元。乡镇企业完成总产值91.5亿元，比上年增长48.5%。

(二) 工业生产快速增长 1995年全市工业继续坚持以市场为导向，以提高经济效益为中心，抓住机遇，调整生产结构，积极培植新的经济增长点，取得了产值与效益同步增长。全年全市完成工业总产值384亿元，比上年增长32.5%，其中乡及乡以上工业实现产值349亿元，比上年增长33.6%。国有工业实现产值59亿元，增长24%，集体工业产值20亿元，增长22.7%，三资工业产值270亿元，增长36.5%。一大批三资工业的投产达产，成为工业经济的重要增长点和强劲的后续力量，加快了工业生产的外向型步伐。三资工业产值占全市乡及乡以上工业产值的比重由上年的68.5%提高到73.2%。全年乡及乡以上工业产品出口交货产值占现价工业销售产值的比重达45.8%。预算内国有工业产品销售收入增长17.1%，利润总额增长9.2%，税后企业留利增长18.7%，实现国有企业无经营性亏损。

(三) 市场繁荣，购销两旺 全年社会消费品零售总额92.3亿元，比上年增长36.4%。剔除物价因素，实际增长20.3%。全市商业仍以批发零售贸易和集市贸易为主，全年批发零售贸易额52.4亿元，比上年增长22.1%，占全社会消费品零售总额的56.8%，集市贸易额20.3亿元，增长57.5%，占22%。控价目标得到圆满完成，物价涨幅逐月回落。1995年全市商品零售价格指数由年初的122.5%回落至年末的105.4%；居民消费价格总指数也由120.3%回落到106.3%；1995年全市商品零售价格指数为113.6%。

(四) 财政收入大幅度增加，信贷金融运行良好 1995年厦门市地方级财政收入和中央税收返还共计31.6亿元，其中地方级财政收入21.6亿元，比上年增长36.5%；财政支出25.7亿元，比上年增长35.8%。

1995年全市金融机构年末各项存款余额286.4亿元，比上年末增长32.5%，同期各项贷款余额为260.8亿元，增长25%。由于商贸繁荣和旅游休闲热带来的新契机及房改后的公房出售，1995年全市净回笼现金达16.6亿元，比上年增长5.17倍，创下年度现金回笼历史的最高纪录。

发展对外贸易，积极利用港澳台资及外资

1995年厦门市外贸进出口总额达60.33亿美元，比上年增长6.77%。其中：出口总额34.79亿美元，增长2.6%；进口总额25.54亿美元，增长13%。进出口商品结构调整初见成效，机电产品有较大增长，全市机电产品出口比上年增长20.4%。三资企业的进出口继续上升，全年完成额为25.14亿美元，占全市进出口总额的比重由上年的40.54%提高到41.7%，与市属地方外贸公司一同成为厦门市外贸的主力军。

1995年，厦门市共批准港澳台商及外商投资项目505个，合同资金达20.62亿美元，比上年增长10.59%。新开业企业505家，年内实际利用港澳台资和外资金额达13.22亿美元，比上年增长6.45%，实际到资率64.2%，又比上年提高1个百分点。港澳台商及外商投资呈现以下几个特点：一是工业项目和房地产项目比重下降。二是吸收的投资以港、台地区为主，港资占项目数的75.5%，投资金额占75.3%。三是新企业履约率、开工率、到资率仍保持较好水平，分别达到86%、100%和64.2%。四是现有三资企业增资扩产幅度大，1995年有73家三资企业增资扩产，新增投资4.52亿美元，分别比上年同期增长25.8%和161.7%。五是大项目、高新技术项目增多。1995年港澳台商及外商投资千万美元以上项目有30项，投资总额达6.44亿美元。截止1995年底，厦门市已累计批准港澳台商及外商投资项目3487项，投资总额131.65亿美元，协议引资107.2亿美元；已开业投产2381家，客商实际到资50.2亿美元，有23个国家和地区的投资者在厦门安家落户。据调查，有82.6%的港澳台资及外资企业生产经营良好，80.2%的企业自报有盈利，有15%企业的产品供不应求，拟在1996年增加投资扩大生产规模的企业有92家。1995年全市三资工业产值274亿元，占全市工业总产值的73%；三资企业进出口总值25.6亿美元，占全市的45%，三资企业已经成为厦门特区经济发展的主要力量。

努力改善投资环境

1995年，厦门市坚持控制固定资产投资规模，调整投资结构，投资向重点基础设施和效益好的重点项目倾斜，全年全市基本建设投资41.4亿元，比上年增长16.02%。其中工业项目投资17.87亿元，比上年增长41.9%，交通运输邮电通讯业投资12亿元，增长30.3%。一批基础设施和重点工程项目建设取得重大进展，建设成果较为显著。金尚路、同集路、集灌路、第二条钟鼓

隧道、中山路路面改造等相继建成并投入使用；特区供水一期、东渡联检大楼、杏林污水处理厂建成启用；嵩屿电厂一期1号机组建成发电，机场二期扩建工程和港口建设等重大基础设施项目建设进展顺利。全市全年基本建设投资施工项目120个，当年建成投产47个，项目建成率为39.2%。全市通过基本建设新增固定资产15.3亿元，比上年增长8.9%。全市通过基本建设及更新改造新增年生产能力主要有：啤酒3万吨，钢质标准集装箱2.48万标箱；新增市内电话交换机10.7万门；新建微波电路2.47公里；新增火力发电30万千瓦，11万伏以上输电线路18公里；新增城市道路长度36.95公里；新增城市污水处理能力1万吨/日；城市供水能力增长25.11%，城市自来水普及率达98%；全市有11.8万户居民已使用煤气或液化石油气，城市气化率达90.1%；城市绿化覆盖面积比上年增长48.6%，园林绿地面积、公共绿地面积分别增长53.1%和47.2%；建成区绿化覆盖率达33.17%；人均公共绿地8.98平方米。

努力改善投资软环境。1995年厦门市围绕市场经济、对外开放、改善投资环境方面制定了《厦门市企业登记管理条例》、《厦门市制止价格欺诈和牟取暴利的暂行规定实施细则》、《厦门市专利产品认定管理办法》、《厦门经济特区外国人“特区旅游签证”管理规定》、《厦门市台湾同胞投诉受理暂行办法》、《厦门市改进行政机关作风和提高办事效率的规定》等一批法规、规章和规范性文件，从法制上改善厦门的投资环境。尤其是《厦门市改进行政机关作风和提高办事效率的规定》，提出了对政府机关及其工作人员的勤政要求，对违规行为的行勤处理等，规定了各行政机关公开职责及办事程序、机关工作人员佩牌上岗、投诉受理、告诫和监督检查等办法。明确将行政机关工作人员的工作作风、办事效率情况与公务员考核相挂钩，违规行为与告诫、辞退、行政处分和通报批评相联系。许多部门结合《规定》的实施，采取了一系列简化办事程序、提高办事效率的改革措施，大大改善了厦门市的投资软环境。

深化改革扩大开放

（一）深化国有企业改革，抓好了全国现代企业制度百家试点企业之一的厦门海燕实业总公司和市定的企业试点工作　面上的国有企业改革，主要是做好建立现代企业制度的各项基础工作，进行了清产核资和产权界定工作。在成立工业国有资产投资公司的基础上，成立了经贸国有资产投资公司，将企业国有资产分批授权委托国有资产投资公司营运。组建了国有资产管理局，实行政企分开，企业所有权与经营权分离。大力推进城镇集体企业股份合作制，改革二轻和建安集体企业的资产管理体制，对国有企业和国有控股企业进行了分类定级，取消企业行政级别，对企业厂长、经理实行聘任制和年薪制，企业的分配与效益挂勾。加快了老企业的改造步伐，利用旧城改造和企业搬迁，对一些企业进行了改造、调整、转产等，推动了企业的技术进步。

（二）培育市场体系，建立产权交易中心和证券交易中心，培育债券、股票等资金市场　强化了对一级土地市场的管理，规范土地出让办法，抓好了土地开发项目的清理，促进了房地产业的健康发展和土地有效利用。完善了人才市场和劳动力市场，促进国有企业富余人员的分流和农村剩余劳动力的有序流动。

（三）确立了新一轮县区财政体制、调动了县、区发展经济的积极性　深化投融资体制改革，继续推行法人投资责任制，提高融资能力和投资效果。

（四）推进了社会保障制度改革　重点是落实职工失业、养老、工伤保险制度的改革，并扩大了范围，推进农村社会养老保险制度改革，积极推行职工医疗改革的试点，制定了方案。

（五）进一步扩大对外开放　一是围绕改善投资软环境，从法规上明确要求各部门公开办事程序和办事时限，简化手续，提高办事效率。工作人员要挂牌上岗，接受社会监督，在监察局设立了办事效率投诉中心。同时，各部门围绕改善投资环境，采取了一系列改革措施。海关、商检等口岸部门设立了东渡联检中心。二是围绕降低投资成本，厦门市政府清理了对三资企业的乱收费，取消或降低76个收费项目，调查处理了30起涉及800多万元的违规收费，维护了投资者和群众的合法权益。同时，出台了《厦门市行政事业性收费管理办法》，实行收费许可证及年审制度、企业税外收费监督卡制度，使收费管理走上法制化、规范化轨道，切实减轻了企业的负担。三是努力办好现有外商投资企业，切实加强对外商投资的协调和服务工作，积极为他们排忧解难，维护投资者的合法权益，争取更多已开业的外资企业增资扩产和已批准登记企业的到资开业。四是拓宽招商引资渠道。积极办好了第九届“9·8”福建投资贸易洽谈会和“9·9”海峡两岸商品博览会以及“11·28”中国经济特区、浦东开发区外商投资企业产品展销会，引进了一批大型骨干企业。五是突出加强对台工作。充分发挥对台区位优势，大力开展对台经济交流与合作。在引进台资方面，继续实行了“以台引台、以港引台、以侨引台”的策略，贯彻落实台胞投资“同等优先、适当放宽”的政策和《台胞投资保障条例》，使台商投资继续发展。1995年新批台商投资合同157项，台商合同投资3.55亿美元，翔鹭涤纶纺纤等一批规模较大、技术档次较高的项目已相继投产。至1995年底，累计引进台资项目1269项，合同台资25.26亿美元，台资企业工业产值已占全市工业产值的30%。在对台贸易方面，通过台资企业的原材料进口和产成品的出口，扩大了厦门市对台间接贸易，同时一些台湾原料商、经销商、代理商相继进入厦门象屿保税区和保税生产资料市场，对台直接贸易也有较大的发展。

（厦门市政府办公厅综合处　沈灿煌）

厦门市国民经济主要指标

指　　标	单　　位	1995年		1994年	
		地　区	市　区	地　区	市　区
年底人口数	万　　人	121.36	66.96	119.42	65.49
#非农业人口	万　　人	52.90	47.23	50.60	45.86
土地面积	平方公里	1516.12	555	1516.12	555
人口密度	人/平方公里	801	1206	788	1181
年末劳动力资源总数	万　　人			85.38	54.14
#乡村劳动力	万　　人	38.61		40.38	12.88
国内生产总值(当年价，下同)	亿　　元	250.5		189.09	161.73
农林牧渔业产值	亿　　元	25.66		20.23	9.33
粮食产量	万　　吨	19.17		19.68	4.47
蔬菜产量	万　　吨	38.41		31.61	10.82
猪牛羊肉产量	万　　吨	3.49		2.89	1.11
水产品产量	万　　吨	8.65		8.27	5.22
全部工业总产值	亿　　元	400.52		286.20	243.83
#乡及乡以上	亿　　元	375.53		258.54	226.07
客运总量	万　　人	1575.09		1651.21	1361.42
货运总量	万　　吨	2340.35		2105.73	1745.73
固定资产投资总额	亿　　元	135.34	—	95.25	—
#住宅	亿　　元	37.42	—	32.78	—
房地产开发投资额	亿　　元	59.88		26.66	25.50
商品房销售额	亿　　元	16.06		9.51	9.07
出口贸易总额	亿美元	34.79	—	33.91	—
进口贸易总额	亿美元	25.54	—	22.60	—
利用外资签订协议总数	项	505		692	621
利用外资签订协议金额	亿美元	24.49		24.35	
实际利用外资金额	亿美元	13.22		12.41	12.41
国际旅游人数	万　　人	25.44		23.04	—
国际旅游收入(外汇)	万美元			4574	—
地方财政预算内收入	亿　　元	21.63		14.17	12.67
地方财政预算内支出	亿　　元	25.66		18.83	17.10
银行年末各项贷款余额	亿　　元	260.82		212.48	196.78
每万名职工中专业技术人员数	人	746.52		741.23	757.99
#中级职称以上	人	199.11		196.10	206.62
城镇居民家庭人均生活费收入	元	—	6353.52	—	5114
农村居民家庭人均纯收入	元	2664.96	3358.58	2058.52	2569.06

注：表内各项产值均按当年价格计算。

（厦门市政府供稿）

漳 州 市

综合经济实力明显增强

1995年漳州市实现国内生产总值220.9亿元,"八五"期间年递增23.5%,比"七五"时期高出14.6个百分点,提前7年翻两番。财政收入持续增长,1995年财政收入15.35亿元,"八五"期间年递增24.4%,实现收支平衡。

农业重点发展特色产品

1994年,经国务院批准,漳州被列为国家级外向型农业示范区,建设内容以良种繁育推广,优质农产品开发,加工、贮藏、保鲜为主。1995年,全市抓住这一机遇,高起点地实施示范区项目,积极引导发展农业和农村经济的产业化,逐步形成"十大产业",即水果、蔬菜、食用菌、水产品、禽畜、林竹、花卉、加工保鲜、包装、流通业。

(一) 积极发展创汇农业 1995年,全市农副产品及其加工产品提供出口货源总值达12亿多元,产品直接销往美国、法国、加拿大、日本、韩国等30多个国家和台湾及港澳地区。目前全市已建成福建省最大的10个创汇农业生产基地,建立8个对台农业合作示范区和12个引进、试验、消化新品种的基地,截至1995年底,全市从36个国家和地区引进850个农产品良种,批准"农"字号三资企业457家,实际利用外资2亿美元。全市拥有1200多个花卉品种。距市区5公里的南郊百花村,不仅成为旅游胜地,而且成为闽南花木供应的主要基地。

漳州市以盛产水仙花而著称于世。每年有1000多万颗水仙花登场应市,其中大量销往美国、日本、东南亚各国及台湾、港澳地区。

(二) 合理利用山地 漳州市有山地面积8000平方公里,其中,丘陵地约有2956平方公里,近年来,全市致力开发山地,十分注重经济效益、社会效益和生态效益。按规划开发利用山地。在山顶上造林、山腰里种果、山脚下栽竹。实行"林果竹业一起上,绿化致富一齐抓。"并制定了一系列鼓励山地开发的优惠政策,从税收、贷款、苗木等实行适当倾斜,掀起了大办"绿色企业"热潮。截至1995年,全市水果种植面积210万亩,年总产量近百万吨,面积和产量均居全省第一位。

广大农民以国内外市场为导向,广植名、优、特、稀水果,有久负盛名的漳州芦柑、清代贡品"平和琯溪蜜柚"和世界四大名柚的"坪山柚"、"文旦柚"等,并大种优质龙眼、早熟枇杷、早晚熟荔枝、晚熟芦柑等,并提高了漳州水果在海内外市场的竞争力。

(三) 发挥海洋资源优势 漳州市属的龙海、漳浦、云霄、东山、诏安县(市)临海,海岸线长680公里,沿海滩涂、浅海面积6.6万多公顷,可供养殖的面积3.5万多公顷。

近年来漳州引进外资,建成养虾池、养鳗鱼池和淡水鱼塘4.5万亩,还创办了一批配套的育苗、保鲜工厂,逐步建成富有闽南沿海特色的水产创汇基地。通过引进外资和先进技术设备,对虾养殖已从育苗、成虾、饲料生产到冷冻加工系列配套的规模生产,尤其是被国家列入星火计划项目的斑节对虾育苗和养殖已于五年前获得成功。形成了大规模的斑节对虾育苗、养殖基地。此外,引进日本先进养殖技术兴办的东山湾水产增殖中心,已于1995年首次成功地育出100多万尾鰤鱼苗,可培育成商品鰤鱼2万尾以上。

东山湾内还出产龙虾、鹰爪虾、长毛对虾、斑节对虾等海珍品。鱼类有银鱼、黄鲷、鲻鱼、青鳞鱼等几十种。贝类养殖和野生的有扇贝、缢蛏、翡翠贻贝等。藻类有紫菜、海带等。

工业经济效益提高

改革开放以来,漳州工业坚持走改革、改造、开放、开发的路子,初步建成了以名、优、特产品为龙头,以骨干企业为依托,以乡镇企业为基础,具有地方特色的轻型工业体系。现在,全市主要工业生产行业有食品、纺织、机械、建材、制罐、医药等15个门类,生产1000多种产品。其中蘑菇罐头占世界流通量的1/10,芦笋罐头占全国总产量的60%,风油精占全国销量的一半以上,易拉罐产量居全国第二位,多年来,"国宝神药"片仔癀创汇居全国同行业之冠。

(一) 不断深化企业改革 努力增创国有企业新优势,壮大国有经济取得成效,1995年全市预算内工业企业增加值增长20.5%,实现税利4.3亿元,比上年增长17.1%,其中上缴税收1.97亿元,比上年增长7.5%;实现利润2.31亿元,比上年增长26.8%。工业企业围绕"提高经济效益"这个中心,积极推行企业人事、用工、工资三项制度改革。全市有40多家国有工业企业实行干部聘任制和劳动优化组合,25家国有工业企业推行岗位技能工资和岗位结构工资制,30多家国有工业企业推行全员劳动合同制,以激发干部、职工生产经营积极性。为了使企业生产经营上规模、产品上档次、效益上水平,增强企业在国内外市场的竞争力,近年来,先后组建了片仔癀集团、三龙集团等企业集团。南靖、长泰水泥厂与外商合资，改制一步到位。全市还有4家国有工业企业比照三资企业的管理办法进行试点，有11家国有工业企业按照乡镇企业的管理办法转换机制，有14家国有工业企业实行国有民营，都获得成效。

(二) 1995年全市花大力气抓好35家国有重点工业企业的生产经营 特别是抓好适销对路的关节轴承、柴油机、建材、制糖、蘑菇罐头等产品的生产。

同时以引进外资、引进技术和补偿贸易的形式，引进具有国际先进水平的生产线30多条，机器设备300多台(套)，改造老企业，开拓新产业，开发新产品近400种。

漳州罐头食品总厂，采取补偿贸易形式，引进3台快速封口机，封口速度比原来增长4倍，提高了产品质量，尔后又从国外引进两条电阻缝焊自动制罐生产线和1条底盖自动生产线，提高了生产能力。

为改造老企业还引进美国易拉罐、澳大利亚精梳毛纺、日本精编毛毯、彩印多层复合包装生产线和意大利的瓷压坯机等关键设备、先进工艺，增强了工业产品在国际市场的竞争力，加快了食品、包装、纺织、机械、建材、电子等支柱产业的形成，促进产业和产品结构的调整。

经贸合作得到加强

漳州敞开大门，面向世界，着力发展外向型经济。1995年全市合同外资额14.4亿美元，比上年增长2.4倍，增幅居福建第一;实际利用外资3.6亿美元，比上年增长18.4%。新批1000万美元以上的项目38个。马口铁、浮法玻璃等上亿美元的大项目开始落户漳州。三资工业产值占全市乡以上工业总产值的44%，比“七五”期间提高29个百分点;涉外税收首次突破亿元大关。

(一) 拓展对台经贸合作 漳州与台湾隔海相望，是台胞的主要祖籍地。祖籍漳州的台胞有700多万。漳州市充分发挥这一优势，加强对台经贸往来，广泛吸引台商来漳州投资兴业。“八五”期间，全市批准台资项目547个，实际利用台资5.2亿美元。1995年全市对台小额贸易1764万美元，居福建省第一位。

1995年漳州市与台湾统一实业公司签订总投资1亿美元的马口铁项目，是漳州历年来引进最大的台资项目和工业项目。漳州市为了更好发挥漳州这一对台工作前沿基地和窗口的作用，在调查研究、科学论证的基础上，提出下列六大举措，即把招商局中银漳州经济开发区辟为对台投资区，把东山辟为对台贸易区;开辟漳州·海峡两岸农业高科技区，组建对台农业营销中心，创办漳州闽台农学院。

(二) 创造良好投资环境 近年来，全市大力加强港口码头、公路交通、邮电通讯、电力、供水等基础设施建设。在抓好硬环境建设的同时，还不断完善软环境建设。在充分利用国家赋予的优惠政策的基础上，漳州市制定了《关于成片土地开发的暂行规定》和《关于外商投资项目联合审批意见》等，为鼓励外商投资提供全方位服务。同时还健全外商投资服务中心，实行“一幢楼”办公制度，简化手续，努力提高办事效率，以快捷、高效的服务吸引外商。客户到漳州投资兴业，审批资料到齐后一周内可得到企业批准证书。

城镇基础设施建设不断加强

近几年来，漳州实施“对接特区、以港兴市”的发展战略，国家一类口岸东山港正式对外轮开放，漳州港1号码头3.5万吨级泊位码头已经建成，即将投入使用，将为隔海相望的厦门港分流货物，起互补作用。目前，漳州680公里海岸线已拥有52座码头，其中有8个外运港口、码头、开辟了香港、澳门、新加坡、菲律宾航线，建立了一支外运船队，东山港与香港的客运航线也于1995年夏季开通。从1994年开始至今已拓宽改造横贯漳州南北的水泥路324、319国道，往返闽粤赣间交通要冲的漳州更为便捷。兴建的漳州市区第二自来水厂第一期日供水7.5万吨已于1995年盛夏时节建成供水，从根本上解决了漳州市区的用水问题。龙海第二水厂也已建成，漳浦第二水厂正在兴建。电力建设也在抓紧进行，云霄220KV和下洲、颜厝、榜山、平和、华安等5个110KV输变电工程正在抓紧施工，华安浙溪3×5000千瓦和长泰高层、南靖海河、峰头水库右岸等3个4000千瓦水电站工程建成于1995年底发电。漳州市的邮电已实现电话程控化、传输数字化、无线寻呼自动化，全市10个县(市、区)电话已统一并网，市话号码升为七位，可与186个国家和地区直拨通话。

(漳州市政府发展研究中心　林水土)

漳州市国民经济主要指标

指　标	单　位	1995年		1994年	
		地　区	市　区	地　区	市　区
年底人口数	万　人	432.22	36.27	429.45	35.82
#非农业人口	万　人	66.81	36.27	65.89	35.82
土地面积	平方公里	12607	12.6	12607	12.11
人口密度	人/平方公里	343	1371	340	1351
年末劳动力资源总数	万　人	241.87		224.72	
#乡村劳动力	万　人	169.12		170.3	
农林牧渔业产值	万　元	1247340	31766	953996	28801
粮食产量	万　吨	147.31	2.03	144.65	1.93
蔬菜产量	万　亩	866080	66678	818686	66230
猪牛羊肉产量	头	2285885	160726	2058351	103281
全部工业总产值(现行价格)	万　元	3195768		2107163	
#乡及乡以上	万　元	1652358	432592	1179412	403872
全部工业总产值(1990年不变价格)	万　元	2493600	553347	1937637	489795
客运总量	万　人	250391		244182	
货运总量	万吨公里	592104		518813	
固定资产投资总额	万　元	463050	148595	409640	126328
#住宅	万　元				
房地产开发投资额	万　元	89000		46000	
商品房销售额	万　元				
地方财政预算内收入	万　元	153542	60179	122451	48350
地方财政预算内支出	万　元	126281		101333	
#文教科学卫生事业费支出	万　元				
#教育事业费支出	万　元	50000		33100	
银行年末各项贷款余额	万　元	627948		541560	
高等学校数	个	2	2	2	2
高等学校在校学生数	人	2645		2562	
每万名职工中专业技术人员数	人				
#中级职称以上	人				
影剧院	个				
公共图书馆	个	10		10	
卫生机构数	个	456		453	
#医院	个	149		148	

(漳州市政府供稿)

泉州市

国民经济持续、快速、健康发展

“八五”期间，是泉州市经济发展取得辉煌成就，综合经济实力跃上大台阶的五年；是加快建立社会主义市场经济体制，对外开放向高层次、宽领域、纵深化发展的五年；是政治保持稳定，社会全面进步的五年。1995年，泉州市的国内生产总值、工农业总产值、工业总产值、乡镇企业总产值、社会消费品零售总额、农民人均纯收入等多项指标位居全省首位。

1995年实现国内生产总值507.5亿元(当年价，下同)，按可比口径，比1990年增长5.1倍，年均递增43.4%。经济总量大幅度提高，晋江、石狮、南安三市进入全国百强县行列，在1995年福建省经济发展“十强县”和“十佳县”中，泉州市的晋江、南安、石狮、惠安、永春等五县榜上有名。

(一) 农村经济全面发展 1995年农业总产值98.8亿元，比1990年增长64.1%，年均递增10.4%。粮食产量年均稳定在110万吨左右。农业综合开发取得明显成效，农林牧副渔全面发展，“八五”期间食物总量比“七五”期间增加150万吨。造林绿化“三五七”工程通过省验收。全市已有一半的乡镇和70%的行政村基本实现小康，晋江、石狮两市全面实现小康。

(二) 工业生产持续增长 1995年工业总产值693.2亿元，比1990年增长8.7倍，年均递增57.5%。产品质量有较大提高。经济效益逐步增长，乡及乡以上工业主要经济指标综合评分连续3年名列全省首位。乡镇企业快速发展。乡镇企业总产值连续3年保持全省第一，1995年比1990年增长13.5倍，年均递增70.8%；“八五”期间上缴税金和发放工资总额均比“七五”期间增长约6倍。晋江市被评为全国乡镇企业先进县市。乡镇企业已成为泉州市国民经济的重要支柱和最具活力的经济增长点。

(三) 财政收入跃上新台阶 1995年财政收入26.45亿元，按可比口径，比1990年增长3.24倍，年均递增33.5%。所辖的8个县(区、市)财政收入全部实现超亿元。

(四) 金融运行状况良好 至1995年底，金融系统各项存款余额比1990年底增加177.8亿元，贷款余额增加121.7亿元，城乡居民储蓄存款增加121亿元。

(五) 城乡规划建设得到加强 中心城市和各县(市)的城市总体规划及时得到修订、调整、村镇规划取得较大进展。名城保护建设步伐明显加快，各县(区、市)城市、村镇面貌焕然一新。

(六) 市场繁荣，人民生活水平进一步提高 1995年全社会消费品零售总额172亿元，比1990年增长3.54倍。抑制通货膨胀成效显著，1995年全市零售物价指数113.1%，低于全省平均水平。1995年农民人均纯收入2768元，城镇居民人均生活费收入4791元，扣除物价因素，分别比1990年增长84.7%和41.4%。石狮、南安两市均被评为全国农民收入先进县市。

综合配套改革全面推进

1993年，泉州市被批准为全国综合配套改革试点城市；1994年，《泉州市综合配套改革试点总方案》和7个专项改革方案在北京通过论证。

(一) 企业改革进一步深化 共组建企业集团90家、股份有限公司7家、有限责任公司370多家。有120多家城镇集体企业实行规范化股份合作制，190多家国有、集体企业嫁接外资。

(二) 国有资产经营管理体制改革取得较大突破 先后成立国有资产管理委员会、国有资产投资经营公司和国有资产管理局，在探索国有资产经营管理，促进国有资产保值增值方面取得新的进展。

(三) 社会保障制度改革逐步推行 养老保险已向社会统筹和个人帐户相结合的模式转换，失业、工伤、医疗、农村保险改革都有实质性进展。

(四) 财税体制改革顺利实施 积极稳妥地推进新税制和分税制改革，调动了各方面的积极性，为经济发展提供了财力保障。

(五) 金融体制改革稳步推进 各专业银行试行资产负债比例管理和风险管理。成立城市信用社联社。

(六) 农村改革向纵深发展 进一步完善联产承包责任制，加强农民社会化服务体系建设，发展和规范农村合作基金会，逐步推行农业适度规模经营和耕地股份合作制。

(七) 市场体系不断健全 一批功能齐全、辐射能力强的工业品和副食品批发市场群体正在崛起。劳动力、人才、技术、房地产和产权交易市场逐步建立并不断完善。

(八) 机构改革迈出实质性步伐 市级党政机关机构改革基本完成。外贸、投融资、劳动工资、人事、住房等体制改革都取得较大的进展。

对外开放进一步扩大

(一) 利用外资成效突出 已投产开业的外商投资

企业由1990年底的631家发展到1995年底的3310家，投产企业总产值增长12.5倍。历年累计协议外资65.5亿美元，实际利用外资26.6亿美元。已开工的18个外商成片土地开发区进展情况良好。

(二) 对台经贸稳步拓展 台资企业由1990年底的80家发展到1995年底的660家，历年累计协议台资6.61亿美元。1995年对台小额贸易比1990年增长14倍。

(三) 对外贸易迅速扩大 1995年出口商品总值15.15亿美元，比1990年增长4.6倍。

(四) 内联经济稳步增长 内联经济实体由1990年底的125个发展到1995年底的902个，五年累计引进外地资金30.74亿元。

(五) 涉外旅游业和对外友好往来得到发展 “八五”期间，共接待投资考察、文化交流团队1900多个，境外游客144.5万人次，先后与4个外国城市缔结友好城市关系。

(六) 侨务工作进一步加强 海外乡亲情系桑梓，继续用不同方式关心支持家乡经济建设和社会事业。“八五”期间，泉州市的海外侨胞、港澳台同胞共捐资16.3亿元兴办家乡社会公益事业。

基础设施和重点项目建设取得重大进展

“八五”期间，全社会固定资产投资完成450亿元(不含利用外资)，其中基础设施建设完成投资94亿元。“海、陆、空”立体交通网络基本形成。公路“先行工程”硕果累累，以市区为中心，国道324线和通往各县(区、市)的一批公路干线拓宽改造任务基本完成；泉州晋江机场主体工程基本完工，已完成校飞试航；漳泉肖铁路已铺轨至惠安县；一批大中小型码头建成并投产，1995年港口货物吞吐量达680万吨，比1990年增长近7倍。电源和输变电线路建设速度加快，基本满足了社会经济发展的需要。新建了一批自来水厂，相应改造了输水网络。邮电通信发展迅速，程控电话和无线寻呼总容量均达100万门，其规模分别跃居全国地市第二位和第一位。

(泉州市政府办公室　**蔡伟忠**)

泉州市国民经济主要指标

指标	单位	1995年 地区	1995年 市区	1994年 地区	1994年 市区
年底人口数	万人	625.92	52.14	612.63	51.31
#非农业人口	万人	74.93	21.79	71.91	20.78
土地面积	平方公里	10866	529.60	10866	529.60
人口密度	人/平方公里	576	984	564	969
年末劳动力资源总数	万人	294.83		309.55	28.03
#乡村劳动力	万人	249.1	15.77	256.20	16.01
国内生产总值	亿元	518.96	84.54	384.30	62.60
农林牧渔业产值	亿元	98.84	6.84	76.31	5.60
粮食产量	万吨	113.6	6.33	111.47	6.24
蔬菜产量	万吨	71.89	8.66	65.93	
猪牛羊肉产量	万吨	16.19	0.88	13.73	
水产品产量	万吨	50.96	1.72	44.13	1.43
全部工业总产值	亿元	693.2		541.19	87.42
#乡及乡以上	亿元				
客运总量	万人				
货运总量	万吨				
固定资产投资总额	亿元	84.46		77.35	20.94
#住宅	亿元	—		6.39	0.71
房地产开发投资额	亿元	13.86		9.46	2.62
商品房销售额	亿元	11.67			
出口贸易总额	亿元	15.15		10.08	
进口贸易总额	亿元	—	—	—	—
利用外资签订协议总数	项	606		802	197

续表

指　　标	单　　位	1995年		1994年	
		地　区	市　区	地　区	市　区
利用外资签订协议金额	亿美元	13.33		13.20	3.57
实际利用外资金额	亿美元	7.65		7.24	1.39
国际旅游人数	万　　人	34.82		30.87	
国际旅游收入	万　　元	—		—	
地方财政预算内收入	亿　　元	16.77		13.26	4.03
地方财政预算内支出	亿　　元	20.24		17.09	5.21
银行年末各项贷款余额	亿　　元	129.61		97.40	27.61
每万名职工中专业技术人员数	人				
#中级职称以上	人		5200		
城镇居民家庭人均生活费收入	元	4791	2885	3934	4287
农村居民家庭人均纯收入	元	2768		2148	2263

注：表内各项产值均按当年价格计算。

(泉州市政府供稿)

晋　江　市

国民经济快速发展，经济结构逐步合理

1995年是“八五”计划的最后一年，晋江市在宏观经济适度从紧的大环境中，继续保持全市经济和社会持续、快速、协调发展的良好势头。全市国民生产总值(1990年不变价)128.01亿元，比上年增长29.3%，“八五”期间年均增长58.74%，比“七五”高出42.7个百分点；人均国民生产总值13067元(1990年不变价)，比上年增长27.59%，“八五”年均增长55.7%；三次产业结构比例由1990年的19.3：56.5：24.2调整为4：56：40。工农业生产总值(1990年不变价)230.67亿元，比上年增长34.7%，“八五”年均增长58.55%，比“七五”高出41个百分点，其中工业总产值222.21亿元，比上年增长35.64%，“八五”年均增长65.17%；乡镇企业总产值(现行价)270.38亿元，比上年增长40.24%，“八五”年均增长73.87%；财政总收入5.46亿元，比上年增长24.18%，“八五”年均增长29.4%。

(一) 农业基础地位进一步加强　认真落实稳定发展农业的方针，始终把发展农业放在国民经济的首位，坚持以“奔小康115工程”统揽农村各项工作，以“培育农村市场，增加农民收入，优化农业结构，强化基础产业，深化体制改革，推进平衡发展”为指导方针，以项目引进、基地建设和农产品深加工为重点，加快传统农业的升级转型。1995年农业和农村工作持续稳定发展，粮食生产基本稳定，食物总量大幅度增加，农业综合开发有新的发展，土地规模经营有实质性的突破，农业基础设施得到改善，乡镇企业保持较快发展速度，农村经济实力增强，农民收入增加，“小康”建设顺利推进。1995年全市农业总产值8.46亿元(1990年不变价)，比上年增长14%；粮食总产量15.37万吨，比上年增长2.2%；水产品总产量11.56万吨，比上年增长12.4%；全市农村经考核验收基本达到“小康”标准，村财政平均收入42.28万元，有8%的村超100万元。加大农业投入，市镇两级共投入5967万元，其中市财政3738万元，比上年增长25.86%。农田水利建设完成投资2943万元，加固处理险病水库2座，千亩以上海堤加固达标31.73公里，工程造林面积4833亩，水土保持强化治理面积2048亩，增强了防灾抗灾能力。“菜篮子”工程建设步伐加快，“四五”高优基地初具规模，已建千头猪、万只禽基地40个；连片种植百亩以上蔬菜基地40个；万株果林基地50个；大吨位钢壳渔轮73艘。

(二) 工业经济整体素质进一步提高　1995年，晋江市实施“抓拳头、创名牌、上规模、带行业”的工业发展战略，以“转型、升级、接轨”为主要途径，认真组织实施“六五”规模工程，并取得初步成效。陈埭、安海、青阳3个镇工业产值超25亿元；62个村乡镇企业产值超亿元；303个企业产值超千万元，其中24个超5000万元、7个超亿元。加快工业小区建设，实行统一规划、合理布局、同步开发、协调发展，鼓励新办的技术、资金密集型企业、出口创汇型企业向工业小区适度集中，发展规模经营的骨干企业群体，强化企业集约化管理，逐步形成规模效益。1995年新组建企业集团11家(总数达30家)；新批

乡镇企业220家。目前全市企业拥有先进设备3万多台(套),固定资产总值60多亿元。认真实施质量兴市"九五工程计划",深入开展打假活动,坚持以质量取胜的方针,促进产品的更新换代。重点行业、重点产品综合抽查合格率从1991年的59.1%提高到78.6%,1995年获农业部名牌产品奖8个,福建省政府授予名牌产品奖3个。

(三) 城乡市场繁荣活跃,人民生活水平继续提高 培育健全市场体系,加快建设一批起点高、辐射广、功能全的专业市场,充分发挥各种专业市场和商贸市场的主渠道作用,积极拓宽国内、边贸、国外三大市场,继续发挥10万供销大军和6000多个销售点的积极作用,扩大流通网络。继续采取"政府搭台、企业唱戏"的办法,有计划地组织企业开展国内外贸洽展活动。1995年社会消费品零售总额48亿元,比上年增长34.2%。全年商品零售物价总指数平均为113.6%,比1994年降低了7.9个百分点。城乡居民收入大幅度增加。1995年农民人均纯收入4321元,比上年增长28.68%,"八五"期间年均增长33.7%,扣除物价因素"八五"期间年均实际增长28.45%;城乡居民生活费收入6289元,比上年增长25.05%,"八五"期间年均增长26.8%,扣除物价因素"八五"期间年均实际增长21.55%。城乡居民储蓄继续增长。1995年末城乡居民储蓄存款余额34.32亿元,比上年末增长54.3%,"八五"期间年均增长36.8%。至1995年底,经考核验收已全部达到"小康"标准。

外向型经济有新发展

大力发展外引内联,在扩大利用外资渠道和领域的同时,突出对台经贸交流。1995年新批外商投资企业211家,总投资额34.8亿元,其中合同外资3.53亿美元。历年累计批准外商投资企业1987家,总投资额177.3亿元,其中合同外资23.94亿美元,现投产企业1313家。1995年三资企业总产值110.88亿元,比上年增长38.1%;商品出口总值70.03亿元,比上年增长35.12%,比同期国民生产总值增长幅度高出5.82个百分点。安平、福埔、东海安三大成片土地开发区逐步形成规模;一批大项目如晋江万时红纺织工业城、安平人造金刚石厂、恒安工业城等加快建设。积极引进国有大中型企业以股份制形式创办规模大、竞争力强的大型企业,加强资金、科技横向协作,全方位、宽领域、纵深发展。累计发展内联企业150家,吸引外地资金6.5亿元。边境贸易、对台贸易都有新的发展,1995年,全市收到港、澳、台同胞捐资达1.14亿元,比上年增加7.37%,居全省首位。

改革为构建社会主义市场经济体制打下基础

(一) 农村改革向纵深发展 强化农业用地管理,推行土地使用权流转等措施,积极推进耕地适度规模经营。有15个村推行"双田制",20个村推行土地股份合作,45个村实行土地调整试点,60个村开展土地转包,耕地流转面达10%。全市承包耕地20亩以上的种粮专业户有406户,并成立了种粮专业协会。建立了市、镇、村三级农业社会化服务网络。加强农村合作基金会的规范管理。

(二) 配套改革稳步推进 进一步深化企业改革,推行规范化的股份合作制,转换企业经营机制。初步建立了国有资产管理运行机制,对国有资产进行清产核资。深化金融体制改革,试行资产负债管理和风险管理,1995年末各项存款余额46亿元,各项贷款余额25.6亿元,分别比上年增长42.3%和35.33%。建立多层次社会保障体系,养老保险已向社会统筹和个人帐户相结合的模式转换。外贸、投资、劳动工资、人事、住房等改革都取得较大的发展。

(三) 平抑市场物价成效明显 认真实行控价目标责任制。大抓"菜篮子"工程建设,进一步巩固和发展蔬菜、肉禽蛋、水产品等主要副食品生产基地,抓好粮食收购、采调、储备和供应工作,加强市场价格管理和监督,增加有效供给。1995年商品零售物价总指数比上年下降7.9个百分点。

以建市三周年庆典为契机,加快城市建设步伐

(一) 城市建设初具规模 重新调整编修市区总体规划,着手编制道路、排水、抗震、绿化等专项规划。市区三纵四横道路网络基本形成。晋江体育馆、青少年宫、妇幼活动中心、晋江大剧院、市标、文化广场、街心公园、帝豪大酒店等一批重点工程和公共活动场所投入使用。改造市区供水管网5300米,新铺管道2500米,改造市区供电网络,完成市区垃圾一期工程,完成殡仪馆搬迁。市区绿化覆盖率达21.3%,人均公共绿地4.77平方米。建立了城监、交警、市容、环卫、园林、市政维修6支队伍,并依法行使监督管理职能。全市15个镇和136个中心村完成村镇建设总体规划的编制和调整工作,并开始组织实施。

(二) 基础设施日臻完善 泉州晋江机场扩建工程已完成投资1.77亿元,占总投资的77%,1995年11月28日顺利进行试验性飞行。深沪码头交工验收投入使用并发挥效益,二期万吨级码头工程列入国家"九五"计划,围头万吨级闽台贸易码头开工建设。总长159.9公里的市域骨干公路完成投资5亿多元,主要路段全线贯通。全市现有110KV输变电站9座和装机容量4.6万千瓦的柴油机发电厂1座,在建220KV、110KV输变电站各1座,全年供电量近15亿度。全市程控电话总容量达到25万门,装机10万多门、无线寻呼7万多户、移动电话1万

多户。市域引水工程加快施工步伐，全市城乡自来水日供量11.16万吨。

（三）市场体系建设加快 巩固和发展磁灶陶瓷建材市场、陈埭鞋业原辅材料市场、华洲水产品市场。建成安平糖烟酒市场、银利商场、华洲福联轻纺原材料市场和小商品市场。动工兴建安海糖烟酒综合市场、晋南服装原辅材料市场，福埔SM国际广场建设速度加快。大力拓展国内外市场，引导并组织企业参加荷兰博览会以及厦门、武汉、昆明等地举办的商品交易展销会。1995年11月份还成功地举办了'95晋江全国百货零售企业穿着精品交易会。初步建立了劳动力、人才、技术、房地产、产权市场及中介组织。

（晋江市计委 吴清辉）

晋江市国民经济主要指标

指标	单位	1995年		1994年	
		地区	市区	地区	市区
年底人口数	万人		97.7687		96.35
#非农业人口	万人		10.7635		10.28
土地面积	平方公里		649		649
人口密度	人/平方公里		1506.45		1484.61
年末劳动力资源总数	万人		53.7		53.51
#乡村劳动力	万人		46.76		46.65
国内生产总值	亿元		154.56		118.14
农林牧渔业产值	亿元		16.2932		13.3463
粮食总产量	万吨		15.374		15.05
蔬菜产量	万吨		10.92		10.02
猪牛羊肉产量	万吨		3.21		2.33
水产品产量	万吨		11.56		174.2831
全部工业总产值	亿元		237.98		174.2831
#乡及乡以上	亿元		57.9342		4.4149
客运总量	万人		904.98		802.14
货运总量	万吨		121.72		105.34
固定资产投资总额	亿元		16.9756		10.4694
#住宅	亿元		1.4009		0.5457
房地产开发投资额	亿元		2.3494		1.1718
商品房销售额	亿元		1.0932		0.5262
出口贸易总额	亿元		70.036		51.83
进口贸易总额	亿元				
利用外资签订协议总数	项		211		264
利用外资签订协议金额	亿美元		3.53		3.7
实际利用外资金额	亿美元		3.31		3.98
国际旅游人数	万人		6.2979		5.6246
国际旅游收入	万元				
地方财政预算内收入	亿元		5.4588		4.3598
地方财政预算内支出	亿元		3.3433		2.9068
银行年末各项贷款余额	亿元		25.61		19.60
每万名职工中专业技术人员数	人				66.9
#中级职称以上	人				30
城镇居民家庭人均生活费收入	元		6289		5029
农村居民家庭人均纯收入	元		4321		3358

注：表内各项产值均按当年价格计算。

（晋江市政府供稿）

广　州　市

国民经济和社会发展成就

广州是我国经济改革试验区的中心城市和对外开放的窗口。改革开放以来，国民经济和社会各项事业不断取得巨大成就，国民经济呈现出全面、快速、协调、健康发展的好势头。1995年，是广州市执行第八个五年计划的最后一年，主要经济和社会发展指标完成或超额完成了年度计划及“八五”计划，综合实力上新的台阶。1995年全市国内生产总值1252.71亿元，比上年增长16.5%，其中：第一产业增加值73.54亿元，比上年增长6.5%；第二产业增加值578.62亿元，比上年增长18.5%；第三产业增加值600.55亿元，比上年增长15.2%。第一、二、三产业增加值占国内生产总值的比重分别为5.87%、46.19%和47.94%。人均国内生产总值1.9万元，比上年增长14.41%。

（一）农业和农村经济保持了良好的发展势头 1995年，广州市农、林、牧、副、渔业全面发展。全年农业增加值73.54亿元，比上年增长6.5%；农业总产值126.81亿元，比上年增长9.27%，其中：种植业产值67.37亿元，林业产值1.07亿元，畜牧业产值36.96亿元，副业产值2.87亿元，渔业产值18.54亿元。农业商品化程度有所提高，农业商品率83%。乡镇企业保持了较快的发展势头，继续发挥了农村经济的支柱作用。1995年，全市乡镇企业总产值691.31亿元，比上年增长33.49%。

1. 农业生产结构调整步伐加快，优质、高产、高效的“三高”农业有新发展。1995年，粮食总产量97.9万吨，比上年增长3.93%。其中优质稻谷种植面积占水稻种植总面积八成以上，比上年提高了4.11个百分点。“菜篮子”工程建设加快，蔬菜总产量215.8万吨，比上年增长10.95%；肉类总产量27.11万吨，增长7.11%；水产品总产量18.78万吨，增长16.68%；“三鸟”出栏量121.15亿只，增长7.18%；生猪出栏量153.89万头，增长5.37%；年末生猪存栏量107.60万头。糖蔗、水果、蛋类总产量分别为75.43万吨、31.80万吨和3.4万吨，则比去年分别减少33.96%、10.26%和8.92%。

2. 农业投入增加，生产条件有所改善。其中：农业生产资金投入(市财政拨款)3.18亿元，比上年增长53.26%：冬修水利资金(含区、县级市、镇投入)9.8亿元，比上年增长3.5倍。至1995年末，全市拥有农业机械总动力4.19亿瓦，比上年增长3.23%；农业载重汽车2.08万辆，增长4.53%；农用电话25.11万部，增长37.82%；农村用电量37.6亿千瓦小时，增长1.34%。

（二）工业和建筑业生产持续增长 1995年全市工业增加值495.87亿元，比上年增长19.61%；工业总产值1856.13亿元。比上年增长21.77%。在全市乡及乡以上独立核算工业企业中，国有企业增加值比上年增长4.36%；集体所有制企业增加值比上年下降1.34%，其他经济类型企业增加值比上年增长21.08%，其中三资企业增加值比上年增长22.79%；大中型工业企业增加值比上年增长7.35%。1995年，广州市工业出口产品产值405.13亿元，比上年增长20.68%。

1. 重工业增长快于轻工业增长。1995年，乡及乡以上轻工业增加值239.73亿元，比上年增长15.02%；重工业增加值165.70亿元，增长18.14%；轻、重工业增加值占全市乡及乡以上工业增加值比重分别为59.13%和40.87%。

2. 企业技术改造取得新成绩，宏观经济效益有所改善。1995年，市属工业系统技术改造投资额36.50亿元，比上年增长47.18%；完成技术改造项目226项。全市乡及乡以上独立核算工业企业经济效益综合指数为134.68%，比上年提高了8.22个百分点。

3. 建筑业稳步发展。全市建筑业增加值82.75亿元，比上年增长12.19%。房屋施工面积(不含镇、村房屋施工面积)3211.68万平方米，比上年增长3.17%；房屋竣工面积746.9万平方米，比上年增长1.36%。

（三）固定资产投资规模得到控制 1995年，全社会固定资产投资额648.53亿元，比上年增长23.36%，这一增幅比上年的增幅回落了17.43个百分点。其中：基本建设投资额253.17亿元，比上年增长61.28%；更新改造投资额96.88亿元，比上年增长24.51%。

（四）交通运输和邮电业有新的发展 1995年，全市铁路、公路、水运、航空等专业运输部门货运总量2.67亿吨，比上年增长1.13%；货运周转量3962.76亿吨公里，比上年增长11.01%；全市港口货物吞吐量8305万吨，比上年增长2.28%；客运量16442万人，则比上年下降5.00%；旅客周转量280.96亿人公里，增长27.54%；广州白云机场旅客吞吐量1256万人次，比上年增长17.38%。南方航空公司新增航线29条，飞行班次比上年增长13.02%。

邮电通讯事业发展迅速。1995年邮电业务总量46.46亿元，比上年增长45.25%；市话交换机新增容量30.6万门，年末总容量达到131万门，比上年增长30.48%；市话到达户数100万户，比上年增长34.77%；无线寻呼机用户新增15.58万户，年末总用户数达74.9万户;移动电话用户新增15.58万户,年末总用户数达27.42万户。市话普及率达到40/百人,在全国十大城市中居前列。国际长途电路达5267路,比上年增长38.39%。国际特快专递可通达202个国家和地区。全年国际和港澳台邮电业务总量7.91亿元,比上年增长10.57%。

(五) 消费品市场繁荣畅旺,市场物价逐步回落 1995年,全市社会消费品零售总额546.83亿元,比上年增长22.01%,扣除价格因素,实际增长11.22%,增幅高于往年。其中农村消费品市场增幅高于城镇消费品市场增幅。分别为20.96%和31.19%。

由于物价调控措施得力,全年商品零售价格总水平比上年上升9.7%,是1993年以来升幅首次回落到一位数以内,居民消费价格总水平比上年上升13.5%。

对外经贸有较大发展

1995年全市进出口总额95.25亿美元,比上年增长20.38%,其中出口总额62.04亿美元,增长21.68%;进口总额33.21亿美元,增长18.03%。保持了贸易顺差。进出口商品结构继续改善,一批骨干出口商品和出口企业逐步形成。三资企业在对外贸易的比重进一步提高,占全市出口总额的47.23%。出口市场不断扩大,在巩固港澳市场的同时,扩大了东南亚、日本、南美、北美、欧共体、北欧等市场贸易。

(一) 利用外资稳定发展 1995年实际利用外资额22.53亿美元,比上年增长10%。其中外商直接投资额21.44亿美元,增长18.21%。全年利用外资新签合同项目虽有所减少,但平均每个项目规模有所扩大。来穗投资的跨国公司、大财团有所增加。至1995年末,已登记注册在穗的三资企业达7825家,比上年增加964家。对外承包工程和劳务合作新签合同792个,合同金额3324万美元,比上年增长31.23%。对外承包劳务年末在境外人数2567人,则比上年末减少18.35%。

(二) 旅游业稳步发展 1995年主要涉外宾馆共接待旅游人数964.62万人,其中国际旅游者170.67万人。

(三) 经济技术开发区取得较大发展 1995年广州经济技术开发区实现工业总产值140.96亿元、外贸出口总值4.26亿美元、利润11亿美元,分别比上年增长1.04倍、29.6%和60.58%。

金融体制改革步伐加快,区域性金融中心的作用明显增强

至1995年末,全市金融机构总数已达2528家,平均每2500多人拥有1家,在国内大城市居领先地位。外资金融机构在广州设立代表处和营业性机构48家,其中外资银行分行13家,外资保险公司2家。年末金融机构各项存款余额达1886.89亿元,比上年末增加293.61亿元,增长33.62%。货币净回笼53.03亿元,则比上年略为减少。证券交易市场、金融同业拆借市场、外汇调济市场、票据贴现市场、产权交易市场等金融市场进一步扩大。

保险事业迅速发展,保险机构增加到60个。全市各类险种承保总额10059亿元,比上年增长32.93%。全市有3.21万户企业参加财产保险,有71.34万户居民参加了家庭财产保险,有443.61万人参加了人身保险。

城市建设成绩显著

1995年城市建设投资总额59.72亿元,比上年增长4.35%。城市建成区面积扩展到259.05平方公里。至年末,城市道路总长度1809公里,比上年增加5公里,道路总面积1983万平方米,增加16万平方米,排水管道长1534公里,增加15公里;公共汽(电)车营运车辆3202量,比上年增长14.85%;客运量7.79亿人次,增长4.85%。

城市供电量132.91亿千瓦小时,比上年增长9.10%;售水量12.34亿立方米,增长13.89%;液化石油气销售量21万吨,比上年增长1.91倍;市区居民燃气普及率由上年的85.52%提高到本年的86.6%。公用、环卫设施和园林绿化建设取得新成绩,城市绿化覆盖率24.1%。在全国37个重点城市环境综合整治定量考核评比中,广州市连续6年居前10名。

(广州市政府研究室 张 锋)

广州市国民经济主要指标

指标	单位	1995年		1994年	
		地区	市区	地区	市区
年底人口数	万人	646.71	385.38	637.02	380.31
#非农业人口	万人	395.28	316.67	387.24	311.38
土地面积	平方公里	7434.4	1443.6	7434.4	1443.6
人口密度	人/平方公里	870	2670	857	2634
年末劳动力资源总数	万人	567.08	382.96	558.70	376.09

续表

指　标	单　位	1995年		1994年	
		地　区	市　区	地　区	市　区
#乡村劳动力	万　人	153.49	41.62	147.14	35.38
国内生产总值(当年价)	亿　元	1243.07	896.21	976.18	707.11
农林牧渔业产值(当年价)	亿　元	126.81	42.66	103.42	37.54
粮食产量	万　吨	97.90	14.13	94.52	14.24
蔬菜产量	万　吨	215.80	94.21	194.50	92.52
猪牛羊肉产量	万　吨	11.02	4.71	10.54	4.48
水产品产量	万　吨	18.78	4.57	16.09	4.32
全部工业总产值(当年价)	亿　元	1722.49	1106.68	1492.15	992.11
#乡及乡以上	亿　元	1408.01	1021.16	1251.90	924.97
客运总量	万　人	16107	13246	17307	14119
货运总量	万　吨	26992	22403	26461	21942
固定资产投资总额	亿　元	618.25	473.60	525.71	376.87
#住宅	亿　元	169.63	123.71	184.75	127.19
房地产开发投资额	亿　元	209.11	170.25	189.45	137.61
商品房销售额	亿　元	94.49	65.87	63.36	46.17
出口贸易总额(海关数)	亿美元	218.38		172.11	
进口贸易总额(海关数)	亿美元	188.73		186.67	
利用外资签订协议总数	项	2564	1572	2907	1222
利用外资签订协议金额	亿美元	68.57	55.45	70.97	53.91
实际利用外资金额	亿美元	22.53	13.65	20.48	12.15
国际旅游人数	万　人	170.67		203.08	
国际旅游收入	万　元				
地方财政预算内收入	亿　元	97.08	83.49	62.87	53.48
地方财政预算内支出	亿　元	111.24	94.96	73.74	61.85
银行年末各项贷款余额	亿　元	1312.15	1031.71	984.48	785.00
每万名职工中专业技术人员数	人	2856	2737	2775	2791
#中级职称以上	人	975	1044		
城镇居民家庭人均生活费收入	元		8553		7188
农村居民家庭人均纯收入	元	4483		3670	

注：表内各项产值均按当年价格计算。　　　　(广州市政府研究室供稿)

深　圳　市

“八五”期间的巨大成就

“八五”时期是深圳发展史上的一个辉煌时期，改革开放和现代化建设取得了巨大成就。1995年与1990年相比，全市国内生产总值翻了两番，由171.67亿元增加到796亿元，年均递增30.4%；镇及镇以上工业总产值(1990年不变价)由209.12亿元增加到900.12亿元，年均递增33.9%；进出口贸易总额由54.71亿美元增加到387.70亿美元，其中出口贸易总额由29.96亿美元增加到205.27亿美元，按可比口径年均递增20.3%；社会消费品零售总额由71.45亿元增加到300.39亿元，年均递增33.3%；地方预算内财政收入由21.70亿元增加到88.02亿元，年均递增39.1%。全社会固定资产投资五年累计922.18亿元，建成了一批事关深圳发展全局的重大基础设施，全市日供水能力达到268.2万吨，发电装机容量254万千瓦，电话交换机总容量126.7万门，城市基础设施和城市功能日趋完善。在经济快速发展的同时，各项改革取得重大突破，初步建立起了社会主义市场经济体制框架，对外开放水平进一步提高，五年累计实际利用外资61.92亿美元，比"七五"期间增长1.68倍。"八五"时期深圳改革和发展的巨大成就，为深圳实施"九五"计划和实现经济新的腾飞奠定了坚实的基础。

1995年，深圳市正确处理改革、发展、稳定三者的关系，按照江总书记提出的"增创新优势，更上一层楼"的要求，进行第二次创业，各项工作都取得了新成绩。

国民经济持续、快速、健康发展

1995年，深圳的发展进入了由主要依靠政策支持向提高整体素质、增创新优势转变的调整适应期，在克服了种种困难的情况下，国民经济继续保持了快速、健康发展的良好势头。全市国内生产总值比上年增长23.0%，工业总产值增长24.5%，工业产销率达97.4%。进出口贸易总额增长10.8%，其中出口总额增长12.1%。旅游外汇收入6.36亿美元，增长30.3%。地方预算内财政收入增长18.3%。年末金融机构各项存款余额1202.92亿元，比年初增长29.4%，各项贷款余额786.34亿元，增长22.1%，全年净回笼货币71.58亿元。以"菜篮子"工程为重点的"三高"农业和创汇农业稳步发展，全年农业总产值(1990年不变价)9.01亿元，比上年增长1.0%。商品零售价格总指数110.8%，涨幅低于上年5.6个百分点，低于全国调控目标4.2个百分点。在经济快速增长的同时，产业结构进一步优化，产品质量和经济效益进一步提高。一、二、三产的比重调整为1.9：52.1：46.0，高新技术产品产值225.8亿元，占工业总产值的比重由17.2%提高到20.5%，工业经济效益综合指数142.73%，提高0.48个百分点；产品质量监督抽查合格率为89.25%，提高4.77个百分点。

城市基础设施和重点项目建设进展顺利

1995年，在资金偏紧的情况下，深圳市合理控制固定资产投资规模，集中人力、物力、财力保重点，全市固定资产投资完成275.80亿元，比上年增长19.4%，其中基本建设投资完成140.12亿元。37个重点项目年度总投资64.9亿元，完成计划的95%。北环快速干道、梅观高速公路、梅林联检站、市内道路整治、污水排海一期等主体工程相继竣工。南山热电余热利用工程建成投产。深圳河治理、罗湖低洼地防洪排涝、南环快速干道和龙岗干线系统、平湖铁路编组站、梧桐山第二隧道工程等进展顺利。西部电厂、妈湾电厂2座220千伏变电站及其配套工程、超薄浮法玻璃、低温常压液化石油气储存、邮电通信枢纽中心等项目，都完成了年度计划。福田中心区开发进度加快。

改革开放取得新突破

为了更好发挥改革开放的"试验场"和"窗口"作用，深圳继续在改革的深层次问题上大胆试验，重点突破，1995年又取得了重要进展。

(一) 建立现代企业制度和加强国有资产管理取得新成效 一是调整了企业组织结构。对经营范围相近的企业实行合并重组；对规模小、效益差的企业，通过兼并、合并、转让等方式进行优化组合；对资不抵债、扭亏无望的小企业实行破产。同时，清理整顿市属一级公司的下属企业，取消四级公司，缩短企业管理链条。二是建立现代企业制度的试点工作进展顺利。在28家试点企业的基础上，新增了5家企业，并完成了一批企业的改制工作。三是强化了企业约束机制。建立了产权代表报告制度，在6家企业进行了委派财务总监的试点，在13家市属国有企业建立了监事会，规范了企业内部监管行为。四是加强了国有资产的基础管理。对50家大中型企业进行了资债核查，强化企业财务管理和对国有资产营运的监管，进一步理顺了"三个层次"的国有资产管理体制。

(二) 口岸管理体制改革在全国领先一步 深圳作为全国口岸管理体制改革的试点城市，按照国务院批准的《深圳口岸管理体制改革试点方案》的要求，以实现"边检管人、海关管物"和"监管有效、效率提高"为目标，在理顺口岸管理体制、简化查验方式、减少收费项目、建立计算机查验网络等方面取得了进展，为全国口岸体制改革提供了有益经验。同时，改革了"一水两监"的海上安全监督管理体制，实行了港务管理职能与港监管理职能的分离。大鹏海关与盐田国际集装箱码头有限公司签订合作备忘录，简化与国内18个港口进出口集装箱转关运输手续，推动盐田港向国际中转大港迈进。

(三) 社会保障体系日趋完善 将社会保险管理局与医疗保险管理局合并，成立了新的社会保险管理局，进一步理顺了社会保险管理体制。建立了住院基本医疗保险、综合基本医疗保险、特殊医疗保险和补充医疗保险四个层次的医疗保险体系，综合医疗保险实行社会统筹与个人帐户相结合，促进了医疗保险制度的顺利推行。建立了基本养老金与物价指数挂钩的正常调整机制，保障了退休职工的基本生活。实施再就业工程，为1.1万多人解决了就业和再就业问题，居民失业率控制在3%以内。

(四) 财税管理体制改革进一步深化 改革完善各项征管制度，税收工作的重点开始转移到征管和加强基层工作上来。通过合理划分地税局与国税局的征管范围，实现了各收各税。还分别制定了地方税收、国家税收征管体制改革方案和市区财政体制改革方案，按照登记、征收、稽查三大系列完成了机构设置调整，加快了税收征管现代化、规范化进程。

(五) 金融体制改革步伐加快 加快了专业银行向商业银行的转变，对各家银行实行资产风险管理。各种类型的金融机构健康发展，组建了全国第一家城市合作商业银行，成立了全国第一家金融电子结算中心，金融体系进一步健全。理顺了证券管理体制，降低了市场收费标准，实现了B股交易的中央清算。

(六)转变政府职能有新进展 进一步简政放权，在部分政府职能部门进行了改革试点，强化了政府在规划、计划方面的引导作用，提高了在市场经济条件下管理、调控经济的能力。为完善社会监督体系，对社会中介组织进行了改革，将注册会计师协会与社会审计协会合并，解决了原来审计行业存在的"两师、两所、两会"长期分割、法规不统一、管理不协调的问题。

深圳市还制定了《深圳市户籍制度改革暂定规定》。

综合投资环境进一步改善

1995年为了进一步提高对外开放的水平，深圳市采取了一系列措施，大力整治经济社会秩序，加强社会治安综合治理，促进了综合投资环境的改善。

(一) 治理"三乱"取得阶段性成果 将治标和治本相结合，重在治本，重点清理了公路、供水、供电、邮电等系统的乱收费，向企业、农民和中小学生乱收费、乱摊派、乱拉赞助的行为。对全市的行政事业性收费项目进行了清理，采取了"收支两条线"、"票款分离"和"两证一簿"等治本措施。全年共清理乱收费项目432项，乱收费金额7018万多元，并取消和纠正乱收费项目417项，使"三乱"现象基本得到了遏制。

(二) 外商投资程序进一步简化 在对外商投资实行联合审批和核准登记的基础上，设立了深圳市外商投资服务中心，集中27个与外商投资有关的管理服务部门联合办公，实行"一条龙"服务，提高了工作效率和服务效能。还在罗湖口岸开设投资者优检通道，为外商人出境提供方便。上述措施对吸引外资起到了促进作用，1995年，全市协议利用外资35.97亿美元，比上年增长20.4%，实际利用外资17.35亿美元，为历史最高水平。

(三) 环境综合治理初见成效 为基本解决和有效控制环境方面存在的主要问题，全面进行了环境综合整治。城市卫生状况有了明显改善，水源保护得到加强，水土流失引起各级重视，防洪排涝能力大大提高。道路交通状况有了改善，安全生产死亡事故次数和死亡人数均比上年下降。绿化美化水平有新的提高，保持了国家卫生城市的光荣称号，被国家评为环境综合整治优秀城市。

实施科教兴市战略取得成效

市委、市政府颁布了《关于推动科学技术进步的决定》，提出了"科教兴市"的目标任务及政策措施，有力推动了科技和教育的发展。

(一) 科技作为第一生产力，与经济的结合更加紧密 一是高新技术产业发展迅速。形成了包括计算机、通信、微电子、新材料、生物工程、机电一体化、激光等7个领域的高新技术产业群。认定高新技术企业63家，高新技术项目67个，其中列入国家级的项目44个。民办科技企业发展到355家。科技成果开始由数量型向质量型转变，新开发的111项科技成果中有97项达到国际国内先进水平。二是科技投入增加。165个重点科技开发项目，共获科技开发经费、自筹和银行贷款12.8亿元。成立了市高新技术产业投资服务有限公司，为28家企业的35个高新技术项目担保贷款1.2亿元，开辟了企业融资的新渠道。企业技术改造工作进一步加强，1995年完成技改投资7.9亿元。三是技术市场日益活跃。建立了科技成果电脑信息库、技术经纪人队伍和科技成果智力交易专业市场，无形资产评估所完成各类评估项目29项，资产评估值25.47亿元。四是社会公益性和技术储备性科研事业有新的发展。科技发展对提高全市经济整体素质显示出越来越重要的作用。

(二) 教育优先发展的战略地位继续巩固和加强 市财政加大了教育投入，市教育发展基金已募集资金2.3亿元。全市新开办幼儿园16所，新增中小学学位1.14万个。各类教育全面发展，基础教育开始由"应试教育"模式向"素质教育"模式转变，在中小学双语教学试验、高中教育结构改革及完善中等学校招生考试制度等方面取得成效。高等教育质量提高，职业教育、成人教育在为特区培养高素质的劳动者方面发挥了积极作用。

(深圳市政府办公厅综合处)

深圳市国民经济主要指标

指　　标	单　　位	1995年		1994年	
		全　市	特区内	全　市	特区内
年底常住人口数(含户籍和暂住人口)	万　　人	345.12	151.18	335.51	147.53
#非农业人口	万　　人				
土地面积	平方公里	2020	327.5	2020	327.5
人口密度	人/平方公里				
年末劳动力资源总数	万　　人	244.92		223.05	
#乡村劳动力	万　　人	110.04		107.64	
国内生产总值	亿　　元	795.70		615.19	
农林牧渔业产值	亿　　元	23.27		22.48	
粮食产量	万　　吨	0.53		0.52	
蔬菜产量	万　　吨	14.72		14.19	
猪牛羊肉产量	万　　吨				
水产品产量	万　　吨	3.74		2.82	
全部工业总产值	亿　　元	1226.49		1063.74	
#乡及乡以上	亿　　元	1054.21		959.92	
客运总量	万　　人	8261		8326	
货运总量	万　　吨	3542		2586	
固定资产投资总额	亿　　元	275.82		230.96	
#住宅	亿　　元				
房地产开发投资额	亿　　元	103.04		79.48	
商品房销售额	亿　　元				
出口贸易总额	亿美元	205.27	96.33	183.09	88.82
进口贸易总额	亿美元	182.42	92.34	166.74	84.89
利用外资签订协议总数	项	1638		2223	
利用外资签订协议金额	亿美元	35.97		29.86	
实际利用外资金额	亿美元	17.35		17.30	
国际旅游人数	万　　人	185.37		186.39	
国际旅游收入	万美元	63633		48821	
地方财政预算内收入	亿　　元	88.02		74.40	
地方财政预算内支出	亿　　元	93.40		74.62	
银行年末各项贷款余额	亿　　元	786.34		642.14	
每万名职工中专业技术人员数	人				
#中级职称以上	人				
城镇居民家庭人均生活费收入	元		11117.72		9619.10
农村居民家庭人均纯收入	元	4517		3692	

注：表内各项产值均按当年价格计算。

(深圳市政府供稿)

珠　海　市

经济建设取得显著成就

1995年是“八五”计划的最后一年，也是珠海市和经济特区经济建设和社会各项事业在不断克服困难中开拓前进、取得显著成绩的一年，经济建设和社会发展各项指标在完成“八五”计划的基础上，获得全面发展。

1995年，全市实现国内生产总值(现价)195亿元，比上年增长21.5%，是1990年的4.9倍，年递增33.2%，人均国内生产总值18473元，比上年增长10.35%，是1990年的2.4倍，年递增27.73%；工农业总产值(1990年不变价，下同)353.52亿元，比上年增长24.8%，是1990年的5倍，年递增38.9%；财政收入15.2亿元，比上年增长15.3%，“八五”期间年递增36.7%；社会零售商品总额80.6亿元，比上年增长13.6%；全年新签利用外资合同总额23.31亿美元，合同利用外资16.67亿美元，比上年分别增长34.4%和31%；外贸出口和进口总额分别为21.15亿美元和16.87亿美元，分别比上年增长42.2%和53.9%；城乡居民储蓄余额126亿元，比上年增长40%。

工农业生产全面增长

1995年，全市完成工业总产值344亿元，比上年增长25.5%，是1990年的4.8倍，年递增41.9%；实现销售产值308.7亿元，出口产值142亿元，分别比上年增长26.8%和16.6%，产品销售率达95.8%，比上年提高了2个百分点。工业企业进一步走集团化、规模化和多元化经营的道路，有力地促进了工业生产的快速增长。格力、丽珠等一批大型骨干企业较好地发挥了主力军的作用，带动了一大批配套企业及相关行业的发展。高新技术在工业生产中发挥的作用和产生的效益日趋明显。全市经广东省科委认定的企业达29家，“火炬”项目70个，“星火”项目53个，列入国家“863计划”项目5个，高新技术产品超过200种，生产企业130家，总产值48亿元，约占全市工业总产值的15%；全年技术出口金额达903.5万美元；申请专利212项，比上年增长16.5%，授权量74项，使全市累计专利授权量达1400项，居全省前列。全市科技进步对经济增长的贡献率由1990年的34%提高到40.92%。国家级高新技术开发区、南方软件工业园和微电子产业基地建设有了新进展，增强了工业发展的后劲。

农业生产和农村经济稳步发展。各级政府层层落实“米袋子”和“菜篮子”行政首长负责制，加强了对农业的投入，狠抓查荒复耕工作，鼓励农民大力发展“三高”农业，使农业生产夺得丰收。实现农业总产值9.52亿元，比上年增长4.4%。全市粮食播种面积26.4万亩，总产量9.27万吨，分别比上年增加2900亩、增长9.7%，被省评为粮食生产先进单位。甘蔗总产量109万吨。蔬菜总产量12万吨，市区自给率35%；肉、蛋自给率达到33%和70%；水产养殖面积20.53万亩，比上年增加1.5万亩，总产量6.53万吨。水利建设成效好，维修了一批水库、水闸，加固了近200公里海堤。农村改革不断深化，股份合作制进一步推广和完善。农村经济逐步向集约型转变。全市农渔村经济总收入119.5亿元，比上年增长15.6%；镇村企业总收入81.48亿元，利润5.34亿元，分别比上年增长3.4%和5%；组建了17个集团公司；亿元村和亿元镇分别增至14个和12个。农村投资环境进一步改善，加快了城市化进程。

多方筹集建设资金获得明显收效

1995年，珠海市继续把解决资金问题作为全年工作重点之一，多次召开专门会议研究筹资方法，提出了一系列解决资金问题的办法和措施。一是加快改革旧的投资体制，改变坐等依靠政府投资的旧观念，企业生产的投入与流动资金，主要通过发挥企业自身的积极性，依靠企业自己解决；二是加快土地开发和基础设施的投入回收，积极做好基础设施的股权转让工作，尽快形成固定资产的良性循环；三是以积极进取精神加快部分企业股权转让工作；四是继续大力开展外引内联，盘活存量资金，切实解决资金短缺问题；五是除市的重点工程的小区配套工程外，市政府投资现有工程全部暂停施工，以缓解资金压力；六是要求各县区、企业充分利用市赋予的权利，积极筹集资金，努力调解、处理好本地区、本单位所欠工程款问题；七是拓宽城市增容费征收渠道；八是要求各企业争取依靠银行等金融机构的支持解决资金困难；九是充分发挥市筹集资金工作领导小组的作用；十是继续办好和充分发挥全市驻外机构、企业在对外融资、引资方面的作用；十一是多办股份合制企业；十二是资金使用要保证重点，同时注意勤俭节约。上述措施的实施，由于路子对头，符合实际，收效明显，较好地缓解了生产建设资金紧张状况，有力地保障了全市工农业生产稳步发展。

固定资产投资回落，重点工程进展顺利

根据国家加强宏观调控、压缩基建规模的要求，珠海市确定了集中保证重点工程建设需要的方针，进一步压缩和缓建大批基建工程，1995年完成固定资产投资90.5亿元，比上年减少8％，投资方向进一步向基础产业和基础设施倾斜，确保了全市重点工程顺利开展。除了“八五”期间先后建成了长达40多公里的高等级的珠海大道及6座大型桥梁、西区大型供水首期工程、洪湾电厂等一大批战略性基础设施外，于1995年5月份顺利建成了具有现代化水平的珠海机场，通航后开辟的多条空中航线产生了良好的社会效益和经济效益，揭开了珠海交通发展史新的一页。珠海港两个2万吨级码头建成并于1995年4月份开始生产性试航，促进了油库区的开发建设，使之成为外商投资热点；湾仔避风塘的整治工作按计划进行，基本具备了船舶避风能力；广珠铁路的前期工作已全部完成，并做好了开工准备；在上级领导和有关部门的支持和指导下，伶仃洋大桥前期工作取得了新进展。

在1995年建成投产的113个基建项目中，新增固定资产24亿元，新增加的主要生产能力和工程效益有：发电机组容量13.97万千瓦，输电线路长度32.01公里，变电设备能力14.30万千伏安；新建公路3.80公里，投入使用的民航机场跑道1条（4100延长米），候机楼1座，面积96280平方米；市内电话自动交换机102000门，长途自动电话交换设备10000路端；中学学生席位8822个，小学学生席位2150个；城市自来水管道100.31公里，城市污水日处理能力4.40万吨。商品房的开发建设初步走上健康发展的轨道，房价稳中略降，全年成交额13.9亿元，比上年略有增长。

各项改革工作成果丰硕

（一）建立现代企业制度的基础性工作取得新进展 通过实施《企业法》、《公司法》和《转机条例》，进一步落实了企业的经营自主权。经过落实《企业财务通则》和《企业会计准则》，规范了企业的财务管理。认真实施《劳动法》，全面实行全员劳动合同制，至1995年底全市94％以上的职工与用人单位签订了劳动合同，基本实现了劳动制度改革的目标。在前两年试点的基础上，清产核资工作全面铺开，有2000多家独立核算企业完成了这一工作，基本摸清了全市企业的家底，为理顺产权关系，建立现代企业制度打下了扎实的基础。列入省、市现代企业制度改革试点的24家企业，已有11家的试点方案得到省、市批准。以资产重组为主的企业改革步伐加快，市政府采取一系列措施，积极帮助珠光、格力、丽珠、华丰、百货等5家集团企业，制定和实施扩展计划，组建大型企业集团，使其规模和效益进一步扩大和提高。对全市73家股份制企业的法人结构、财务管理制度、经营机制等进行了一次普查和整顿，强化了股份制企业的规范管理。

（二）对国有和集体资产经营管理体制的改革进行了探索 市政府批准实施了“资产管理体制改革方案”和“组建首批资产经营公司方案”，并成市资产管理委员会，开始了国有资产管理机构和首批资产经营公司的筹备工作。对基础设施建设，试用“政府投入——形成物业——出让部分股权回收资金——再投入”的模式，使投入资本在流动中增值，在滚动中出效益；对部分企业按优化组合的原则，实行资产改组，盘活了存量资产；有计划地将一些中小型企业转为民营，鼓励优势企业兼并劣势企业，具备条件的企业嫁接外资进行改制和改造，搞活了国有和集体经济。

（三）政府机构改革工作进一步推进 全市机构改革的总体方案已得到省委、省政府的批准。推行国家公务员制度的工作有新进展，各级行政机关工作人员的过渡培训已基本完成。

（四）金融、财税、计划和投资体制改革不断完善 先后成立了珠光财务和中国太平洋保险公司珠海办事处，并投入正常运作。城市信用社得到发展，已由1991年的3家发展到目前的14家，总股本达2.42亿元，总资产28亿多元，各项存款余额25亿元，贷款余额9.4亿元，对缓解全市资金困难起到了积极作用。进一步理顺了国税、地税机构分设后的各种关系，明确了职责范围，实施各收各税；完善了增值税专用发票管理，在全市1442家企业建立了专用发票计算机防伪税控系统。计划体制改革方面，主要实现了“两个转变”，即：在规划制定上由仅限于珠海转变为从实施“珠三角”战略中规划珠海，在职能上由过去的“分钱分物”转变为“研究战略、宏观调控、总量平衡和制定产业政策、培育市场、协调服务”等。投资体制改革方面，重点改变了“政府筹划企业照办，企业花钱政府负债”的旧体制，实现投资主体由政府向企业实体的转移，实行谁投资谁负责，谁管理谁收益、谁贷款谁还债的投资机制。对新开工项目，全面推行了项目法人负责制，坚持先成立企业，后开工建设。

（五）社会保障制度改革取得新成绩 《广东省珠海经济特区职工社会保险条例》得到全面贯彻落实，实行了社会统筹与个人专户相结合，养老保险待遇与企业、个人的缴费水平和缴费年限挂钩，社会保险的覆养面不断扩大，全市参加“三项保险”的总人数达46万人次，比上年增长17.2％。保险基金的管理基本走上正轨。社会保障能力大为增强，离退休金、养老和工伤保险金、失业救济金的发放标准大幅度提高。此外，按照省的统一部署，结合珠海市的实际，制定了“城镇房改实施方

案"及其实施细则，为全面推进房改工作打下了基础。

外引内联发展迅速，外贸出口大幅度增长

1995年，全年新签利用外资合同总额23.31亿美元，合同利用外资16.67亿美元，比上年分别增长34.4％和31％；实际利用外资6.8亿美元。全年新增"三资"企业412家。"八五"时期实际利用外资累计达25亿美元，年递增56.3％。外商投资呈现投资规模大、出资率高、跨国公司和大财团较多等特点。外向型经济得到壮大，全市三资企业完成工业产值205.79亿元，占全市工业总产值的59.8％，比上年增长32.1％。全年外贸出口总额21.15亿美元，比上年增长42.2％，进口总额16.87亿美元，增长53.9％。"八五"时期外贸出口累计62.84亿美元，年递增34.1％，比"七五"时期增长2.9倍。内联工作在困难条件下，加强服务，主动为企业牵线搭桥和排忧解难，取得了较好成效，使全市内联企业达到3500多家，投资额逾百亿元，出现了如金鑫集团那样年经营额达18亿元的大型商贸企业，成为全市经济发展的重要力量。与此同时，民营和个体经济也得到迅速发展。

第三产业继续发展，人民生活稳步提高

第三产业的发展取得令人可喜的发展。一是市场繁荣，商贸兴旺，物价涨幅明显回落。全市实现社会商品零售总额80.6亿元，比上年增长13.6％。市场建设步子加快，新建了12个商品零售市场和两个农副产品批发市场，使全市人均占有市场面积达0.4平方米，比全省人均0.2平方米多1倍。在积极拓展"珠货"国内市场的同时，充分发挥国有大型商业企业的龙头作用，举办各种商品展销会，大力发展连锁店和自选、平价商场，搞活了商品流通，为平抑物价起到了重要作用。居民消费品价格和零售物价指数分别上升11.8％和10.2％，比上年回落了11个和9.8个百分点。二是旅游业有新进展。通过成功举办第二次国际汽车赛和开辟海岛旅游热线，拓宽了旅游市场，扩大了客源，全年共接待境外过夜游客37.1万人次，创汇2.7亿美元，接待境外过夜游客和旅游外汇收入，连续6年排在全国第7位和第5位，被列为全国旅游发展重点城市。圆明新园、国际赛车场和"国际航空航天博览会"场馆等的建设正在抓紧进行。三是交通运输和邮电通讯事业取得新发展。城市公汽交通建立了良好的营运机制，成功地实行了无人售票和IC卡自动收费。全年完成社会客运量1.2亿人次，货运量3020万吨，港口货物吞吐量1112万吨、集装箱吞吐量27万个标准箱，比"七五"期末分别增长63.7％、75.7％、4.8倍和2.2倍。珠海机场通航后，航线迅速增加到21条，每周航班达90班次，半年内进出旅客就达27万多人次。全年累计完成邮电业务总量7.33亿元，比上年增长27.46％；新建城乡电话交换机容量9.6万门，总容量达到33.46万门，移动通信系统总容量增加到6.2万门；全市人均电话普及率达到37.49％，户均电话普及率达到96％。

人民群众的生活水平和生活质量有较大提高。1995年全市农渔民人均纯收入2740元，城镇居民人均生活费收入10704元，分别比上年增长21％和16.2％，"八五"时期实际年递增分别为2.8％和12.7％。城市居民生活环境质量继续保持良好水平，在1995年全省城市环境综合整治定量考核中，珠海市实现"五连冠"。全年共安置32632人就业，失业率控制在2.5％以下。"安居工程"进展顺利，全年共建干部职工住房1500套。斗门县通过了小康达标验收。

（中共珠海市委办公室　黄惠强）

珠海市国民经济主要指标

指标	单位	1995年		1994年	
		地区	市区	地区	市区
年底人口数	万人	户籍人口	63.24		60.66
#非农业人口	万人		—		
土地面积	平方公里		—		
人口密度	人/平方公里		—		
年末劳动力资源总数	万人		—		
#乡村劳动力	万人		—		
国内生产总值(现价)	亿元		195		168.29
农业产值	亿元		9.52		9.12
粮食产量	万吨		8.63		7.85
蔬菜产量	万吨		12.01		10.17
生猪饲养量	万头		32.73		30.99

续表

指标	单位	1995年		1994年	
		地区	市区	地区	市区
水产品产量	万吨		6.89		6.27
全部工业总产值	亿元		322.2		260.31
#乡及乡以上	亿元		279.5		230.12
客运总量	万人次		12000		11700
货运总量	万吨		3020		2878.16
固定资产投资总额	亿元		90.54		98.58
#住宅	亿元		—		
房地产开发投资额	亿元		—		
商品房销售额	亿元		13.9		
出口贸易总额	亿美元		21.5		14.88
进口贸易总额	亿美元		16.87		10.96
利用外资签订协议总数	项		476		528
利用外资签订协议金额	亿美元		23.31		
实际利用外资金额	亿美元		6.81		7.63
国际旅游人数	万人		37.1		41.89
国际旅游收入	亿美元		2.7		1.17
地方财政预算内收入	亿元		15.2		13.2
地方财政预算内支出	亿元		16.5		13.9
银行年末各项贷款余额	亿元		183		153.6
每万名职工中专业技术人员数	人		—		
#中级职称以上	人		—		
城镇居民人均生活费收入	元		10704		9208.8
农村居民人均纯收入	元		2740		2254

注: 表内各项产值均按当年价格计算。

(中共珠海市委办公室供稿)

汕头市

国民经济平稳发展

1995年汕头市的经济建设以提高经济质量和效益为中心，积极推进各项改革，使国民经济保持平稳发展，固定资产投资增幅和物价涨幅明显回落，宏观调控达到预期目标。1995年全市国内生产总值261.3亿元，按可比口径比上年增长23.0%，其中第二产业增加值112亿元，增长33.7%，第三产业增加值117.3亿元，增长14.4%。一、二、三产业结构比例为12.2：42.9：44.9，第三产业居首位。

(一) 农业 1995年，全市层层落实稳农保粮责任制，增加农业投入，推进科技进步，农业基础地位得到加强，整体效益提高。全市农业总产值33.98亿元，比上年增长10.4%；农业增加值32.00亿元，增长9.5%。粮食增产，单产刷新历史纪录。全年粮食播种面积139.63万亩，总产量72.13万吨，比上年增长4.4%。粮食面积和总产均超额完成广东省下达的工作责任制考评指标。优质稻面积比上年增11.3%。粮食耕地年亩产1170公斤，稻谷年亩产1068公斤，分别比历史最高的年份增加25公斤和16公斤，继续保持“吨粮市”和“吨谷市”称号。“三高”农业继续发展、“菜篮子”工程建设规模扩大。

主要农产品产量如下：

	1995年	比上年增减%
粮食	72.13万吨	4.4

其中:稻谷	53.19万吨	4.7
大豆	0.18万吨	−10.0
花生	0.97万吨	−11.8
蔬菜	112.07万吨	13.6
水果	12.03万吨	−13.5
其中:柑桔	4.97万吨	−32.2

林业生产继续巩固绿化达标成果,果茶上山有较大发展。畜牧业、水产业生产全面增长,主要产品产量如下:

	1995年	比上年增减%
肉类总产量	8.04万吨	11.4
其中:猪肉	4.55万吨	5.3
禽肉	3.42万吨	19.2
生猪饲养量	95.88万头	3.2
家禽饲养量	2877.21万只	7.9
禽蛋产量	1.11万吨	15.6
水产品产量	23.96万吨	19.3
其中:海水产品	20.81万吨	20.3
淡水产品	3.15万吨	12.9

农业生产条件继续改善。1995年末全市拥有农业机械总动力54.6万千瓦,全年农用化肥施用量(折纯)5.88万吨,农用塑料薄膜使用量0.12万吨,农村用电量3.44亿千瓦时,比上年增长26.9%,有效灌溉面积61.69万亩,占耕地面积83.4%。

农村经济全面发展,乡镇企业快速增长。全市乡镇企业总收入244.7亿元,比上年增长46.1%,农村工业、建筑业、运输业、商业、餐饮业等非农产业占农村经济的比重由上年的73.8%上升到76.6%,提高2.8个百分点。

(二) 工业和建筑业 1995年汕头市工业部门以建立现代企业制度为突破口,不断深化企业改革,以市场为导向,调整产业结构,努力克服资金困难、成本上升、负担加重等不利因素的影响,工业经济保持平稳发展。

工业生产稳步增长。全年完成工业增加值94.33亿元,比上年增长38.4%。工业总产值367.5亿元,增长29.7%,其中乡及乡以上工业产值210.34亿元,增长19.9%,乡级以下工业产值157.16亿元,增长45.6%。在乡及乡以上工业产值中,非国有工业增长明显加快,国有工业增长3.8%,集体工业增长25.2%,其他经济类型工业增长22.4%。产值结构仍显示轻工业为主的特点,轻工业产值148.66亿元,增长25.7%,重工业产值61.68亿元,增长7.8%。大中型工业企业产值34.28亿元,增长37.5%。全年完成工业出口交货值75.24亿元,占同口径工业销售产值比重为37.7%。适应市场需求,一批工业项目投产,产品结构有所调整。

主要工业产品产量如下:

	1995年	比上年增减%
布	2941万米	0.7
机制纸及纸板	12445吨	−68.3
原盐	2.57万吨	12.7
塑料制品	25.04万吨	23.5
感光胶片	46万平方米	−20.7
照相纸	60.49万盒	147.1
配混合饲料	34.26万吨	13.0
发电量	12.95亿千瓦时	11.3
聚苯乙烯树脂	7.43万吨	16.8
聚酯切片	1.50万吨	−10.2
聚酯片基	0.28万吨	12.0
磁带(折6.3毫米)	102.46万米	20.5
化学原料药	609吨	−9.1
中成药	1384吨	−44.6
印制电路板	9.05万平方米	49.1
日用玻璃制品	1.40万吨	12.9
烧碱	0.33万吨	26.9
电视机	5.13万台	−6.9
半导体分立器件	70045万只	24.3
超声波仪器	3095台	143.3
液晶显示器	1.20万平方米	222.0

技改引进和新产品开发有所进展。1995年,汕头市经委系统工业企业组织实施技改项目64项,技改竣工项目26项。完成投资6.09亿元,开发新产品134项,其中投产108项,推出新花色品种1392个。在新产品开发中,通过技术鉴定认可27项,其中片材级聚脂切片、CTS−8005超声探伤仪等5项达到国际先进水平,有10项达到国内先进或填补国内空白,10项达到省内先进水平。

工业企业改革取得成效。有6户列为省市两级建立现代企业制度的试点企业,已有3户改组为有限责任公司或股份合作制;市直19户重点亏损企业实行不同形式的调整重组;改革工业管理体制,依照公司法成立有限责任公司有新的进展;建设工业城,发展规模经济,企业上档次、上水平、上效益步伐加快。

企业经济效益有所提高。全市独立核算企业1707家,其中盈利企业盈利总额6.00亿元,比上年增长16.1%;亏损企业608家,亏损面35.6%,亏损总额3.73亿元,增亏12.3%。盈亏相抵后盈利2.27亿元,增长22.7%。企业上交税金总额8.31亿元,增长21.0%。实现利税总额10.58亿元,增长21.3%。工业综合经济效益指数87.92%,比上年提高9.6个百分点。

建筑业在调整中继续发展。全年建筑业增加值

17.67亿元，比上年增长3.5%。房屋建筑施工面积1826.20万平方米，增长23.2%；房屋竣工面积553.80万平方米，增长5.9%。

(三) 商业和市场物价 城乡消费品市场货源充裕，需求减弱，销售平缓。1995年，全市社会消费品零售总额115.19亿元，比上年增长26.4%，扣除价格因素，实际增长13.8%。

各种经济类型的消费品零售额中，国有经济零售额24.53亿元，比上年增长18.3%；集体经济零售额19.13亿元，增长25.6%；私营、个体经济零售额65.23亿元，增长91.0%，所占比重由上年55.2%提高到56.6%。农民对非农业居民的零售额11.06亿元，增长85.9%。在各类消费品中，工业产品供大于求，农副产品紧而不缺，较为旺销的是名优家电、服装、食品、化妆品类，旺淡季不明显，居民消费心理稳定。

市场规模扩大，交易额增加。各类现代综合市场、专业市场、商业城、大商场迅速崛起。全市新、改、扩建市场32个，面积25万平方米，其中特区新建大型专业市场3个。1995年末城乡集贸市场已增至196个，贸易成交额51.09亿元，增长35.6%，其中城镇26.4亿元，增长35.8%；农村24.69亿元，增长35.4%。

1995年，各级政府把抑制通货膨胀作为经济工作的首要任务来抓，努力抓好"米袋子"、"菜篮子"供应，各项物价调控和监管措施逐步到位。物价涨势逐月回落，全年市区商品零售价格上升11.1%，低于省提出13%的监控目标。物价涨幅虽明显回落，但仍居二位数，尤其是食品类价格涨幅较高。

(四) 金融和保险业 1995年，汕头市金融系统通过整顿金融秩序，融资渠道进一步拓宽，金融业保持平稳发展态势。年末国内金融机构各项存款余额295.32亿元，比年初增加79.49亿元，增长36.8%，其中城乡居民储蓄存款增加52.88亿元，企业存款增加14.53亿元；各项贷款余额263.48亿元，比年初增加58.11亿元，增长28.3%，其中短期贷款增加32.3亿元，中长期贷款增加2.56亿元。1995年现金收支相抵后净回笼45.12亿元，比上年增加38.61亿元。金融市场继续发展。全市各类证券交易机构12家，有价证券成交额、股票成交额下降；融资中心资金拆借成交额80.00亿元，比上年增长33.3%；在国家汇率新体制下，外汇市场成交量12.92亿美元。外汇业务机构(含外资银行)34个，各项外汇存款余额3.08亿美元，比上年略为减少。

保险业快速发展。全市保险业各类保险承保总额突破千亿元大关，达到1313.29亿元，比上年增长40.5%。保险业务不断扩大。1995年全市有2094户企业和981户居民家庭参加财产保险，79.76万人次参加各种人身保险，各类保险费总收入2.83亿元，比上年增长16.3%。全年共处理各类赔款给付1.31亿元。

对外贸易和外资利用

对外贸易继续增长。全市外贸部门克服了资金、汇率、退税和成本等方面的困难，采取各项积极措施，开拓国际市场，增加出口，1995年出口总值26.00亿美元，比上年增长18.1%，其中贸易出口13.66亿美元，增长5.2%；三资企业出口9.62亿美元，增长34.7%；"三来一补"出口2.72亿美元，增长43.2%。在出口总值中，远洋贸易出口比重提高3.3个百分点，工业制成品出口增多。据海关统计，1995年进口总值22.45亿美元，比上年减少5.3%。

实际利用外资进一步扩大。1995年新签利用外资协议(合同)512宗，协议(合同)规定客商投资额13.35亿美元，实际利用外资8.96亿美元，比上年增长15.8%，其中外商直接投资额占89.6%。随着各开发区启动运作，招商活动的开展，利用外资档次质量提高。利用外资协议(合同)减少，但平均项目投资额增长22.1%；投资向基础设施和基础产业倾斜；大财团、跨国公司来汕落户增多。

固定资产投资

固定资产投资规模得到初步控制，增幅回落。1995年，全社会完成固定资产投资120.35亿元，比上年增长23.0%，增幅比上年回落10.1个百分点。其中，国有单位投资88.01亿元，增长42.6%；城乡集体单位投资20.44亿元，下降17.8%；城乡居民个人投资11.90亿元，增长5.6%。在国有单位投资中，基本建设投资50.03亿元，增长62.8%；更新改造投资7.17亿元，下降31.7%；房地产投资23.43亿元；其他投资7.38亿元，增长135.8%。在城乡集体单位投资中，城镇投资11.12亿元，下降4.5%；农村投资9.32亿元，下降29.5%。

(一) 投资结构改善 能源、交通、邮电通讯等基础设施建设得到加强，城镇集体以上完成投资额44.05亿元，增长27.1%，占同口径投资比重44.4%，其中，能源投资19.82亿元，增长7.5%；交通邮电通讯投资24.23亿元，增长49.5%。

(二) 重点建设项目实现历史性突破 关系经济发展后劲的广梅汕铁路、海湾大桥、华能汕头电厂2×30万千瓦机组、汕头深水港一期工程、广澳深水港3.5万吨级泊位、深汕高速公路汕头段、大学路和南区河浦大道八大重点工程相继竣工或投产，同时还完成一批续建和新建基础设施项目。

(三) 投资效益明显 国有单位和城镇集体单位新增固定资产73.70亿元，新增加的主要生产能力或工程效益有：发电机组容量9.15万千瓦，变电设备能力26.15万千伏安，输电线路(11万伏及以上)长度72.2公里，市内自动电话交换机16.42万门，长途自动电话交换设备2.39万路端，城市道路扩建长度191.94公里，新建独立公路桥梁4座，新建改建公路17.73公里，医院病床206张，学生席位18542个，城市自来水管道长度5.08公里，港口年吞吐量20.01万吨。

城市建设和运输业

1995年，汕头市以创建国家卫生城市为目标，城市建设日新月异，供电、供水、供气、邮电通讯、城市道路、环境进一步改善，城市功能日益完善。

(一) 旧城改造和新区建设有新的推进 全年住宅竣工面积181.72万平方米，其中广厦新城、安居工程首期和华新住宅区建成住宅楼4096套，30.17万平方米；旧城区改造，竣工交付使用住宅楼70幢，35万平方米。

市区用电量14.96亿千瓦时，增长10.4%；市区日供水能力72万吨，供水总量16687万吨，增长8.9%；市区供液化气总量4.97万吨，增长3.5%，居民家庭用气普及率85.0%。

市政建设全年完成固定资产投资12.30亿元，增长2.07倍，建成区面积扩大1.5平方公里，至1995年末达到87平方公里，建成泰山路等20条主要路段，新建道路面积162.2万平方米，年末实有道路长度346.5公里，下水道排水管长度537.2公里，污水日处理能力2.3万吨。东区路桥建设进展顺利，泰山路等4条道路，中泰立交桥主线，珠池—泰山立交桥及铁路周边珠江路等4条道路已全面完成，贯通火车站和海湾大桥。市内公共交通有较大改善。新增2条线路，1995年末实有标准运营公共汽车142辆，比上年增长34.0%；出租车2689辆，增长8.7%。

(二) 环境保护及绿化工作有新进展 大气环境质量达到国家二级标准，饮用水质达标率98.7%。市区已建成环保监测站3个，21个烟尘控制区，面积达82.65平方公里，烟尘控制区覆盖率95%，工业固体废物综合治理率达100%，建成区绿化面积2686公顷，绿化覆盖率30.9%，城市环境噪声等效声级58.9分贝，比上年下降0.5%。市容市貌有较大改观，1995年跨进全国卫生城市之列。

(三) 运输业取得较大突破 路、桥、港交通网络完善。全市新建、改建公路122.7公里，实现村村通车；广梅汕铁路全线贯通；汕头机场国内国际航线已增至40条，汕头港口拥有5个万吨级泊位，与40个国家和地区的160个港口通航。全市运输能力明显增强。

全市完成运输量和吞吐量如下：

	1995年	比上年增减%
货物周转量	12.25亿吨公里	13.4
公路	8.56亿吨公里	14.1
水路	3.6亿吨公里	11.8
民航	0.09亿吨公里	12.5
旅客周转量	23.04亿人公里	3.5
公路	16.61亿人公里	-1.5
水路	0.73亿人公里	-27.0
民航	5.7亿人公里	29.5
空港旅客吞吐量	196万人次	22.5
港口货物吞吐量	1000万吨	-5.6
其中:汕头港	716万吨	1.1
港口集装箱吞吐量	13.5万标准箱	31.1

(四) 邮电通讯业高速发展 1995年，全市邮电通讯装备建设更新换代加快。已建成卫星通讯地面站(开通武汉、天津线路)、VSAT小型卫星应急系统、同步数字系列光纤通讯，采用比较先进的5号交换机等装备，通讯网络进一步完善。全市邮电业务总量13.17亿元，增长39.7%。新发展城乡电话用户10.61万户。全市电话交换机装机容量69.28万门，比上年增长28.5%，拥有长途电话电路总数17826路端，增长21.7%，实现村村通电话。年末全市实有电话机总数56.11万部，移动电话用户7.67万户，其中新开的数字移动电话用户7587户，全市电话普及率每百人15.9部，比上年增加3.9部，市区电话普及率34.1%，移动电话普及率5.4%，居全国城市前列。

(原载1996年2月26日《汕头日报》，本刊有删节)

江　门　市

1995年江门市直18家已转制的企业基本实现“三多”(政府多收、企业多利、职工多得)的事实，生动地说明了国有企业走出困境的根本出路在于改革。这18家转制企业全年的利润总额19967万元、职工人均收入10713元、上交利润3895万元，分别比前年增加6%、6.2%和21.9%。

1995江门市把企业转制工作作为搞活国有经济的头等大事来抓。为了更好地做好转制工作，首先把工作着重点放在帮助干部和职工更新观念上，明确了资产的流动不等于流失，推行股份制并不是削弱公有制，转制与私有制有根本的区别。使大家意识到，旧的国有企业体制已经不适应社会主义市场经济的客观要求，它的弊端日益显露出来，严重阻碍了生产力的发展；现在所进行的企业体制改革，从根本上讲，是从生产关系上为经济发展提供有效的保证和注入新的活力，是企业生存、发展的根本出路；企业转制，现在不主动转，今后也会被迫转；抓住了转制，也就抓住了发展机遇。

江门市直企业的转制工作起步较早，形式多样，已做了积极有益的探索，为全面推进企业改制打下了基础。他们结合实际采取多种做法，有的是上市公司改造(如江门甘蔗化工厂)，有的是嫁接外资改造转制(如江门市浮法玻璃厂、江门洗衣机厂、江门饼厂)，有的组建有限责任公司，有的组建股份合作制(也称民营企业)，还有江门毛纺厂实行租赁承包，江门陶瓷厂等进行企业兼并，江门塑料厂实行托管经营，江门汽油机厂、农机厂、化工设备制造厂等企业进行易地改造。通过一系列改革，促使一批国有企业的存量资产、债务得到重组，内部机制得到完善。改制解放和发展了生产力，使国有企业走出了困境，焕发勃勃生机。江门甘蔗化工厂改组上市后，短短3年时间，利润从1509万元增加到7600万元，利税突破亿元，生产经营规模及综合经济实力跃上新的台阶，被评为全国“上市公司100强”、“国有企业500强”和“行业税利十强”企业；江门市浮法玻璃厂嫁接外资改造转制后，争取到外资1亿美元建成第二条生产线，生产规模迅速扩大，管理水平也得到提高。江门洗衣机厂引进外资2.6亿元进行改制，使“金羚”(名牌洗衣机)又添新的经济增长点。通过扩股增资，以“三让”(股权、市场、利益)手段换来“三得”(资金、技术、发展)的做法使市直骨干企业实现了跳跃式的发展。市粉末冶金厂1994年由国有企业改组为职工持股的有限责任公司，转制后企业自我约束和激励机制明显加强，管理水平上了新台阶，短短一年时间，生产快速增长，税利成倍增加，实现产值1.2亿元、税收393万元、利润213万元，分别比上年增长33.5％、118.8％和476.6％，企业充满生机和活力。

为适应企业转制后国有资产的有序流动，江门市积极探索国有资产管理的新模式，以建立政企分开、政资分离的国有资产管理新体制，形成“市资监委——工业资产管理公司——工业企业”三个层次的工业资产管理体制。在上层，实现资产管理与资产经营职能的分开；在下层，实现了国家终极所有权与企业法人财产权的分开，明确了企业法人财产权，调整了政府与企业的关系，逐步实现了政企职责分开，解决了原来长期存在的国有资产多头管理又无人负责的状况，体现了在市场经济条件下，政府管好所有权、放开经营权、强化监督权、行使宏观调控权的发展要求，从而为国有资产的保值增值提供了可靠的制度保证。工业资产管理公司还积极为企业排忧解难，1995年共调剂资金3800万元、引进外汇借款250万美元、提供贷款担保4000万港元，缓解了部分企业流动资金奇缺的燃眉之急。市工业资产管理公司在实践中证明，产权流动不等于流失，相反还会使国有资产套现、保值和增值，该公司在一年多里已收到或认购的国有企业转为股份合作制企业的赎卖金就有3000万元。

企业改制，需要进一步搞好相关的配套改革。江门市经委除理顺产权关系、办好资产管理公司、选好领导班子外，还着力建立社会保险补充体系，组建了工业保险管理公司。该公司的成立，解除了企业职工对转制后的顾虑。同时也解决了转制后富余人员的安置和离退休人员的养老、医疗保险费用等问题。1995年，该公司运作半年，就为特困企业解决部分厂内待业员工的工资发放问题，年终公司的盈利全部用于转制企业和其他困难企业的补助，共有3500名职工受益。

(江门市政府办公室　谭作瑜)

江门市国民经济主要指标

指　标	单　位	1995年		1994年	
		地　区	市　区	地　区	市　区
年末人口数	万人	371.81	40.15	386.70	38.92
#非农业人口	万人	133.08	30.77	129.27	29.26
土地面积	平方公里	9500.00	180.00	9500.00	180.00
人口密度	人/公里	391.00	2231.00	388.00	2162.00
劳动力资源数	万人	243.11	27.05	237.99	26.52
#乡村劳动力数	万人	169.88	8.51	147.57	8.03
国内生产总值	亿元	371.00	86.00	306.00	69.00

续表

指　　标	单　　位	1995年		1994年	
		地　区	市　区	地　区	市　区
农林牧渔业产值	亿元	98.68	3.73	82.22	2.88
粮食产量	万吨	139.17	0.85	137.02	0.91
蔬菜产量	万吨	98.53	9.01	88.46	6.84
猪牛羊肉产量	万吨	8.69	0.63	8.51	0.62
水产品产量	吨	342933.00	13006.00	296879.00	10612.00
全部工业总产值	亿元	726.59	138.21	609.98	126.98
其中：乡及乡以上	亿元	539.02	125.96	485.25	113.05
客运总量	万人	5247.00	2590.00	4836.00	2584.00
货运总量	万吨	2572.00	311.00	2564.00	319.00
固定资产投资总额	亿元	102.36	23.28	90.07	25.29
其中：住宅投资	亿元	47.31	10.44	21.04	8.48
房地产投资	亿元	42.27	12.65	21.57	10.44
商品房销售	亿元	18.23	3.92	12.34	4.93
出口总值	亿美元	19.54	6.65	19.30	7.30
进口总值	亿美元	12.78	4.00	11.63	3.81
签订利用外资合同	宗	382.00	95.00	547.00	124.00
签订利用外资协议额	亿美元	7.87	1.48	8.98	2.95
实际利用外资	亿美元	6.37	1.73	5.41	1.61
国内旅游人数	万人次	138.78	25.06	152.12	31.84
国际旅游人数	万人次	28.54	7.45	34.03	10.06
地方财政收入	亿元	15.97	4.71	13.49	3.77
地方财政支出	亿元	18.66	5.37	16.89	4.48
银行各项贷款余额	亿元	182.60	65.19	145.93	49.42
每万名职工专业技术人员	人	2085.00	1095.00	1886.00	978.00
其中：中级以上	人	338.00	302.00	322.00	311.00
城镇职工人均工资	元/年	7508.00	8342.00	6655.00	7764.00
农民人均纯收入	元/年	3063.00	4692.00	2546.00	4122.00

注：表内各项产值均按当年价格计算。

(江门市统计局供稿)

佛　山　市

经济建设再创佳绩

1995年，佛山市国民经济和社会各项事业都取得新的成绩，全市国内生产总值520.73亿元，比1994年增长15.7％(绝对值按当年价，增长率按可比价计，下同)，其中第三产业增加值177.87亿元，增长16.4％，占国内生产总值的34.2%。人均国内生产总值1.69万元，增长13.2%，工农业总产值达1273.4亿元，比上年增长19.6%。市区和各市的工农业总产值(预计数)分别是:佛山市区320.12亿元(含市直、城区、石湾区);顺德市385亿元;南海市369.7亿元;三水市125.65亿元;高明市61.58亿元。

(一) 工业生产持续、平稳增长，优势企业不断增多 1995年，全市完成工业总产值1178.81亿元，比上年增长19.8%，其中乡及乡以上工业总产值为881.23亿元，比上年增长15.8%，在总计中轻工业产值约占66.3%，重工业产值约占33.7%。产品产销率达95.1%。工业产品出口持续快速增长，工业产品出口产值198.04亿元，比上年增长25.8%，出口产值占总产值比重达23.3%。通过大力调整行业结构，加大科技投入，涌现出一批产值超亿元甚至超10亿元的大中型企业，全市现有工业企业约3万家，产值超亿元的企业超过200家，其中超10亿元的8家。一批企业的主导产品产销量居全国同行前列，仅市直工业中，主导产品产销量居全国首位的企业就超过15家。

(二) 农业和农村经济蓬勃发展 1995年，全市进一步加强了农业和农村工作，合理调整农业结构，大力发展“三高”农业和乡镇企业，使农业和农村经济蓬勃发展。农村经济总收入835.05亿元，增长26.5%。农业总产值94.6亿元，比上年增长15.9%。农村人均纯收入4226元，增长26.1%。佛山市已成为广东省农村首批小康达标市之一。

粮食生产逐年滑坡的局面得到扭转，出现了粮食播种面积、亩产、总产量同步增长。全年粮食播种面积125.56万亩，比上年增加2.71万亩，亩产366公斤，增加7公斤，总产量45.95万吨，增加2.2万吨。林、牧、副、渔全面发展，全市水产养殖面积62.8万亩，水产品总产量33.59万吨，生猪饲养量243.73万头，“三鸟”饲养量9723.1万只，禽蛋产量1.19万吨;蔬菜播种面积78.2万亩，总产量135.25万吨。

乡镇企业保持稳定发展，主要经济指标有较大幅度增长。1995年，全市乡镇企业实现总产值613.08亿元，增长26.42%，实现税利49.84亿元，增长1.49%。营业收入超亿元的乡镇企业68家，其中超10亿元2家;税利超千万元企业30家，其中超亿元的2家。

(三) 市场繁荣活跃，第三产业不断发展 重视市场建设，不断完善市场体系，形成了一批规范化、现代化、层次高的商业网点。1995年发展各类市场27个，目前全市拥有各类市场233个，市场面积140多万平方米。1995年全市社会消费品零售总额207.5亿元，比上年增长23.5%，扣除物价因素后实际增长12.1%。其中城乡集市贸易成交额69.08亿元，增长33.6%。全市评出全省文明市场15个，全国文明市场4个。

对外经济贸易快速增长，开放领域逐步扩大

充分发挥利用地处沿海、邻近港澳的地理优势，积极、合理、有效地利用外资。1995年新签利用外资合同3438项，合同利用外资20.5亿美元，实际使用外资10.8亿美元，增长14%。截止1995年底，全市历年签订外资合同40331项，合同利用外资108.8亿美元，实际使用外资总额达41.5亿美元。到佛山市投资的国外大企业、知名跨国公司日益增多，投资领域和合作方式趋于多样化。全市共批准成立三资企业4245家(其中1995年批准成立的三资企业497家)，已投产开业的2358家。

出口经营规模不断扩大，1995年，全市出口值超千万美元的企业达96家，超3000万美元的企业有19家，先后与世界98个国家和地区建立了远洋贸易。1995年全市进出口总值52.2亿美元，比上年增长15%，其中出口总值35.2亿美元，增长19%。在出口总值中，一般贸易出口14.7亿美元，三资企业出口19.4亿美元，“三来一补”出口1.2亿美元。

基础设施建设取得丰硕成果

1995年，在经济大环境偏紧的情况下，集中资金确保重点建设，一批基础设施重点工程项目相继完成。交通方面，完成投资15.16亿元，新(改)建公路111.5公里，全市公路通车总里程达2819公里(其中高速公路39.4公里，一、二级公路共801.8公里)，每百平方公里公路密度达73公里。佛山机场已开通北京、桂林、杭州、南京、济南、福州、昆明等近20个大中城市的班机。全市干流航道为1123公里，支流航道为1361公里，顺德容奇港、南海平洲港、高明港可直通香港。通讯方面完成投资12亿元，新增城乡程控电话交换机30.2万门，电话装机总容量达108万门，成为全国率先实现电话装机容量超百万门的地级市之一;新建移动电话交换机18万门，总容量达28万门;电话普及率达每百人25部。能源方面，新增发电装机容量145.7万千瓦，到1995年底，全市电力装机总容量达194.6万千瓦，初步形成一个线站布局合理、设备先进的现代化电网。

科技事业得到较快发展

高新技术产业初具规模，并初见成效。国家在佛山市建设的高新技术产业开发区全区(含顺德小黄圃园)面积10平方公里，已开发土地5.64平方公里，区内逐步形成设施优良的支撑服务体系。到1995年底，批准进区的企业30多家，已投产的10多家。1995年全区完成产值9.72亿元，比上年增长25.5%。到1995年末，全市共认定高新技术企业57家，高新技术企业集团试点3家，国家

级企业技术中心2家，省级企业工程技术研究开发中心13家。民营科技企业发展到68家。高新技术产品产值达65亿元，占全市镇以上工业总产值7.4%。

1995年，全市列入“火炬”计划项目19项，其中国家级7项，省级12项；列入“星火”计划28项，其中国家级6项，省级22项。高新技术产业化工作重点是创建生物工程基地，创办智能机器人企业，促进软件、光信息、医疗保健器械、环保产业的发展。全年获得科技奖励项目94项，其中获省科技进步奖12项，获市科技进步奖82项。获得科技成果85项，其中达到国际先进水平的6项，国内首创或达到国内先进水平的55项。

城乡一体化进程加快，人民生活水平进一步提高

全市城镇建成区面积达到138.5平方公里，其中佛山市区建成区达30.5平方公里，比1978年扩大了近3倍。《佛山市城市总体规划修编纲要》，1994年已经市人大审议通过并逐步实施。1995年，全市35个镇完成总体规划修编，规划质量和水平有较大提高。城乡环境大大改观，市区和顺德、南海分别获得1995年度全国城市环境综合整治优秀地级和县级市称号。人民居住条件和环境质量不断提高。全年城镇新建住宅竣工面积196.52万平方米，农村新建住宅竣工面积342.92万平方米，分别增长25.5%和1.6%，城镇人均居住面积达15.32平方米。大气环境质量达到国家二级标准，饮用水源水质达到国家地面水环境质量Ⅱ类标准。佛山市荣获1995年度全国城市环境综合整治优秀地级市称号，并作为中国城市基础设施综合发展最佳实例，代表我国622个城市参加联合国人类住区最佳范例国际研讨会。

1995年，全市职工人均工资9455元，增长12.2%；农村人均纯收入4266元，增长26.1%。1995年末，全市城乡居民储蓄存款余额481.17亿元，比上年增长36.5%，其中城镇居民储蓄存款283.63亿元，增长45.6%；农村居民储蓄存款197.54亿元，增长25.3%。

(佛山市政府办公室　赵克贵)

佛山市国民经济主要指标

指　标	单　位	1995年		1994年	
		地　区	市　区	地　区	市　区
年底人口数	万　人	311.06	44.13	305.69	42.8
#非农业人口	万　人	138.64	38.28	134.63	36.85
土地面积	平方公里	3814	77.8	3814	77.8
人口密度	人/平方公里	808.53	5587	801.57	5501.29
年末劳动力资源总数	万　人			204.97	30.79
#乡村劳动力	万　人			122.11	4.06
农林牧渔业产值	万　元	946086	25479	728049	23097
粮食产量	万　吨	45.95	1.49	43.1	0.4
蔬菜产量	万　吨	135.25	2.54	127.42	2.6
猪牛羊肉产量	万　吨	11.84	0.98	12.45	1
全部工业总产值（现行价格）	万　元	11788100	3175600	9623500	2714900
#乡及乡以上	万　元	8812300		7384700	2416900
全部工业总产值（1990年不变价格）	万　元	10395700	2799900	8737100	2517800
客运总量	万　人	5626		4077.80	
货运总量	吨	82580000		71375000	
固定资产投资总额	万　元	1569200	428100	1705000	551400
#住宅	万　元				

续表

指　　标	单　　位	1995年		1994年	
		地　区	市　区	地　区	市　区
房地产开发投资额	万　　元	438222	145300	183600	86900
商品房销售额	万　　元	273292	24677	2429100	1732900
地方财政预算内收入	万　　元	255951	73879	208000	62100
地方财政预算内支出	万　　元	364692	117946	290500	97400
#文教科学卫生事业费支出	万　　元			88300	23500
#教育事业费支出	万　　元	63131	14355	54200	14100
银行年末各项贷款余额	万　　元	6401900		2486800	886700
高等学校数	个	2	1	2	1
高等学校在校学生数	人	5932	3242	5505	3247
每万名职工中专业技术人员数	人				
#中级职称以上	人			16209	8655
影剧院	个	89	6	77	5
公共图书馆	个	6	2	6	2
卫生机构数	个	699	289	682	292
#医院	个	81	16	81	16

（佛山市政府办公室供稿）

湛　江　市

国民经济稳定发展

1995年，湛江市完成国内生产总值300亿元（当年价，增长速度按不变价计算，下同），比上年增长18％；工农业总产值483.2亿元，增长21.7％。

“八五”时期，是湛江市经济社会发展最快，成效最大的时期，1995年与1990年相比，国内生产总值增加一倍，年均递增15.1％，比“七五”期间提高2.6个百分点，人均国内生产总值5019元，比1990年增长82％，年均递增12.7％。国内生产总值、人均国内生产总值翻两番的目标分别于1993年和1995年实现。第一、二、三产业在国内生产总值中的比重从“七五”期末的42.1：25.8：32.1变为26.2：41：32.8。各项主要经济指标的完成均超过了计划要求，增长速度也大大高于“七五”时期及以前各个五年计划时期。

（一）工业、交通　工业生产持续稳定增长，提前一年实现“八五”计划目标。1995年全市工业总产值336.6亿元，比上年增长21.7％，比“七五”期末增长1.9倍，年均递增24.2％，比“七五”期间提高0.5个百分点。工业总产值中，国有企业增长7.3％，集体企业增长28.2％，其他经济类型企业增长11.7％。工业产品销售率为93.8％，工业产品出口产值持续上升，企业技术开发步伐加快。全市开发新产品，新技术项目231项，投入资金7.2亿元，全年完成投产的新花色品种910种。全市建筑企业增加值20.5亿元，比上年增长15.6％。

全市水陆货运量41181万吨，客运量40916万人（次），分别比“七五”期间增长52.2％和50.8％。港口吞吐量2271万吨，其中湛江港1728万吨，分别比1990年增加496万吨和218万吨；民航已开通18条航线，每周班机增加到110班；邮电业务量6.4亿元，比上年增长29.5％。

（二）农业　农林牧副渔全面增产增收。粮食种植面积460万亩，增加16.6万亩；总产129.8万吨；达“八五”

时期最好水平，增长25.8%。糖蔗种植面积216万亩，总产924万吨，增长13.4%。造林面积10.8万亩，林业产值2.3亿元，增长0.4%。畜牧业产值26.9亿元，增长19.1%，肉类总产量27万吨，增长17.7%。水产品总产量40.2万吨，增长8.6%。全年农业总产值146亿元，增长20.2%，年均递增7%。“八五”期间全市共投入水利建设资金8.3亿元，完成土石方6350万立方米，恢复灌溉面积696万亩，新增灌溉面积16万亩。

(三) 乡镇企业 实现了超常规、跳跃式发展。全市有乡镇企业9.25万个，从业人员41.2万人，分别比上年增长3.5%和6.7%。企业总收入215亿元，增长51.5%；总产值204亿元，增长50.7%，“八五”期间年均递增38.7%，比“七五”期间高4.7个百分点。1995年实现税金4.43亿元，比上年增长34.5%；利润14.7亿元，增长29.3%。

(四) 城乡基本建设 投资结构不断优化，基础设施建设取得重大进展。全社会固定资产投资86亿元，比上年增长18.9%，增幅回落9.1个百分点。“八五”期间，累计全社会固定资产投资271亿元，比“七五”期间增加192.8亿元，年均递增28.2%。投资进一步向基础产业和基础设施倾斜。新扩建码头泊位25个，吞吐能力从1990年的1823万吨增加到2107万吨，新增公路里程1185公里，全市公路里程达6625公里，电话普及率提高到5.4%，城乡电话交换机总容量52万门，实现城乡电话一体化，程控化。广湛高速公路湛江东段、民航机场、湛江火车站三大工程克服资金筹措的困难，进展基本顺利，其中火车站大楼已封顶。湛江电厂一期工程已建成投产，发电装机容量60万千瓦。市区建成面积58平方公里，比“七五”期末增加11平方公里。

(五) 财政·金融 全市地方财政收入11.1亿元，另外，中央返还约9.4亿元，比上年增长21.6%；财政支出20.9亿元，增长28.9%。按分税制前的体制计算，“八五”期间财政收入年均递增25.35%，比“七五”期间高6.69个百分点。

银行贷款规模减少。全市金融机构存款余额216亿元，增长15.8%；贷款余额210.9亿元，增长16.1%；货币净回笼23.1亿元，增长87.8%。各类财产承保额662.8亿元，比上年增长102.8%；保险公司处理保赔案件2.26万件，支付赔款金额1.25亿元，综合赔付率为64.9%。

(六) 商业·物价 第三产业在产业结构中所占的比例上升，增加值从1990年的30.7亿元增加到198.5亿元，年均递增16.7%。全市社会消费品零售总额123亿元，增长22.8%。城乡集市贸易成交额66.3亿元，增长30%。市场物价涨幅明显回落，实现了全年商品零售价格总指数比上年上升13%(其中城市11.5%)左右的调控目标。

对外经济贸易与对内经济合作

湛江口岸全年进出口总额28.27亿美元，比上年增长22%。其中，出口6.38亿美元，进口21.89亿美元。1995年全市外贸出口总额3.62亿美元，比上年增长1.66%，是1990年的1.5倍，年均递增20.2%。出口国家达65个，比上年增加18个。“八五”期间，全市进出口贸易总额累计20.39亿美元，年均递增18.82%；实际利用外资总额累计6.54亿美元，比“七五”期末增长3.8倍，年均递增36.9%。全市有三资企业1451家，比1990年增加1159家。

湛江经济技术开发区完成工业总产值48.5亿元，比上年增长38%；出口创汇1.07亿美元，增长41%，实际利用外资8536万美元，增长6%。东海岛和海安经济开发试验区基础设施建设进一步加强。

与周边地区的横向经济技术联合不断发展壮大。1995年末，全市有横联企业1236家，带入资金30亿元，就业人数49769人。其中，1995年新增企业146家，注册资金3.5亿元。市横联企业来自全国20个省、市和自治区。外地省、市和企业来湛设立办事处162家。

体制改革继续深入

(一) 企业改革状况 全市1919户国有，县以上大集体及三资企业，基本完成全员劳动合同制度改革，全面实施劳动合同制的企业和职工人数均占总数的98%，基本建立新型的劳动用工制度。全市629户国有企业清产该资工作已基本结束，底子基本摸清。省、市确定的30户试点企业(其中省试点企业14户)已批准25户的方案，正在组织实施。全市共组建企业集团80户。

(二) 财税金融体制改革顺利实施 建立健全国税和地税机构，逐步建立与新体制相适应的税收征管新格局，税收收入持续增长。全年工商税税收达273120万元，比上年增长26.23%，其中中央库收入189179万元，地方库收入83941万元，分别增长37.5%和20.7%；上划中央“两税”收入增幅24.5%。投资体制朝着建立法人投资和银行信贷的风险责任方向发展，国有专业银行向商业银行转变的步伐加快。

(三) 社会保障制度改革进一步发展 建立了统一的社会保险机构，养老保险覆盖面达99.6%。与1994年相比，参加社会保险统筹的单位从4319家增加到5762家，参加社会保险的在职职工和离退休人员分别从29.6万人和5.9万人增加到37.4万人和6.6万人。

此外政府机构改革和推行国家公务员制度的工作进入实施阶段，各级行政机关工作人员的过渡培训基本完成。

(湛江市政府研究室)

湛江市国民经济主要指标

指　标	单　位	1995年		1994年	
		地　区	市　区	地　区	市　区
年底人口数	万　人	603.8	121	593.8	118.1
#非农业人口	万　人	137.6	51.5	131.2	49.2
土地面积	平方公里	12471	1460	12471	1460
人口密度	人/平方公里	484	828	476	809
年末劳动力总数	万　人	298.2		326.4	
乡村劳动力	万　人	231.1		229.8	
农林牧渔业产值	万　元	1467000	198000	1047000	145900
粮食产量	万　吨	129.8		103.1	
蔬菜产量	万　吨	110.4		101.8	
猪牛肉产量	万　吨	18.6		16.1	
全部工业总产值(现行价)	亿　元	336.6	179.3	262.6	134.7
国内生产总值	亿　元	300.5	125.3	226.7	88.5
水产品产量	万　吨	40.1		37	
乡及乡以上工业总产值	亿　元	233.9	165.2	193	121
客运总量	万　人	9206		8329	
货运总量	万　吨	8729		8329	
固定资产投资总额	亿　元	86	52.8	72.3	46.09
#住宅	亿　元	8.1	3.3	4.2	
房地产开发投资额	亿　元	15.5	3.36	9.25	
商品房销售额	亿　元				
出口贸易总额	万美元	36219		36262	
进口贸易总额	万美元				
利用外资签订协议总数	项	148		217	
利用外资签订协议金额	万美元	51531		58915	
实际利用外资金额	万美元	18541		19755	
国际旅游人数	万　人	1.34		1.887	
地方财政预算内收入	亿　元	11.09		9.12	
地方财政预算内支出	亿　元	20.77		16.2	
银行年末各项存款余额	亿　元	216.7		186.7	
每万名职工中专业技术人员数	人	1367		1349	
#中级职称以上	人				
城镇居民家庭人均生活费收入	元	6325		5560	
农村居民家庭人均纯收入	元	1901		1456	

注：表内各项产值均按当年价格计算。

(湛江市政府研究室供稿)

肇 庆 市

国民经济持续、快速、健康发展

1995年，肇庆市国民经济在快速发展的基础上，仍然保持了较快的发展速度，经济增长的质量和效益都得到提高，社会各项事业取得新的进步。全市国内生产总值(绝对值为当年价，对比按1990年不变价，下同)达232.03亿元，比上年增长23.6%。其中第一产业增加值73.77亿元，增长10.7%；第二产业增加值90.66亿元，增长27.9%；第三产业增加值67.6亿元，增长30.1%。

(一) 农业基础地位进一步加强，农村经济全面发展 各级政府认真贯彻落实中央和省关于加强农业和农村工作的一系列方针政策，切实加强对农业的领导，把发展农业放在经济工作的首位。多方筹措资金，增加投入，1995年市本级败政对农业投入占当年败政正常支出的12.8%；全市投入"三高"(高产、高质、高效)农业基地建设资金达4.5亿元；用于农田水利、商品粮基地建设和良种良法推广资金5.09亿元，比上年增加3000万元。切实保护耕地，加强基本农田保护区的管理，全市农作物播种面积比上年增加14.63万亩。重视粮食生产，落实粮食生产目标责任制，扩大粮食种植面积，开展粮食创高产活动，使粮食生产获得大丰收，粮食亩产和总产创历史最高水平。1995年粮食播种面积365.11万亩，比上年增加2.08万亩；粮食亩产372公斤，比上年增加34公斤；粮食总产135.85万吨，比上年增加13.24万吨。肇庆市连续两年被评为省粮食工作先进单位。"三高"农业基地建设有较大发展。到1995年底止，全市累计"三高"种植业、林业、渔业基地分别为51.3万亩、488.8万亩和9.78万亩。农、林、牧、副、渔业全面发展，全市农业总产值达108.75亿元，比上年增长11.1%。全市乡镇企业总产值199.25亿元，比上年增长35.8%；税金和利润分别比上年增长44.5%和10%。

全市投入水利建设资金2.91亿元，完成土石方工程1824万立方米，维修加固围堤239公里，治理水土流失面积57.33平方公里。

(二) 工业生产快速发展，总体经济效益提高 各级政府坚持以工业为主战场，抓改革增活力、抓资金促生产、抓管理创效益。1995年，全市工业总产值307.03亿元(当年价，下同)，比上年增长30%。其中乡镇以上工业企业总产值241.44亿元，比上年增长27.8%。工业产品出口产值达66.28亿元，比上年增长31.2%。通过开展"质量效益年"活动，落实质量效益目标责任制，工业企业的总体经济效益有所提高。全市乡镇以上独立核算工业企业综合经济效益指数比上年增加14.9个百分点，盈亏相抵后利润增长11.9%，全员劳动生产率比上年提高32%。规模工业初步形成，全市已建成"三个一"(产值1亿元、税利1千万元或创汇1千万美元)企业54家，"三个五"(产值5千万元、税利5百万元或创汇5百万美元)企业36家。其中市直"三个一"企业19家、"三个五"企业11家。形成了一批有一定规模、有一定竞争能力的企业和产品。蓝带集团已跻身全省最大的50家工业企业，风华高新科技股份有限公司被列入国家1000家重点联系企业。肇庆市的独石电容、肌苷、乙基麦芽酚、气动元件等产品的产销量及蓝带啤酒的单位利润居全国同行业首位。端华牌片状电容、星湖牌味精、金叶牌不锈钢复合底锅、华林牌脂松香、中环牌真空泵被评为广东省第一批名牌产品。

(三) 财政收支情况良好，金融形势稳定 按照省的部署，不断完善分税分级财政管理体制，两套税务机构分设独立运作，加强税收征管，超额完成任务。1995年，国税系统完成收入7.83亿元，地税系统完成2.7亿元，分别比上年增长15.5%和28.3%。财政收入超额完成全年计划任务，收入增幅高于支出增幅。全市1995年地方财政收入6.09亿元(未计中央财政返还数)，比上年增长19.8%，财政支出11.78亿元，比上年增长15.7%。财政工作坚持做到开源节流、增收节支、量入为出，已连续十年财政收支平衡，略有节余。金融工作通过进一步整顿金融秩序，改善金融服务，大力吸收存款，盘活资金，各项存贷款增加。1995年末全市金融系统各项存、贷款余额为144.37亿元和136亿元，分别比上年末增长23.9%和27.2%。人民保险业务有新发展。保险公司业务收入比上年增长14.4%。

(四) 城乡市场繁荣，物价涨幅回落 大力发展城乡市场，切实保障有效供给。抓好"米袋子"、"菜篮子"工程，加强了市场、商场的建设和管理，逐步形成一个多渠道、多成份，统一、开放、竞争、有序的市场环境，城乡市场繁荣兴旺。1995年，全市拥有各类工业品批发和零售市场63个，城乡集贸市场210个，市场总面积达121万平方米，人均市场面积0.25平方米。社会消费品零售总额70.17亿元，集市贸易成交额26.96亿元，分别比上年增长17.7%和27%。个体私营企业有新发展，为搞活流通发展经济作出了贡献。落实行政首长价格控制目标责任制，"一手抓供给，一手抓调控"，使物价涨幅有较大幅度的回落。1995年，全市社会商品零售价格总指数升幅10.5%，比上年升幅回落8.7个百分点，比全省的物价升幅水平低1.1个百分点。

(五) 人民生活水平提高，农村脱贫奔小康步伐加快 经济发展使人民生活水平不断提高。1995年，全市职工人均年工资收入6343元，农民人均纯收入2451元，分别比上年增加14.1%和35.9‰。1995年，城乡居民储蓄存款余额达98亿元，比上年增长31.4%。农村集体经济不断壮大。全市原有集体经济年纯收入不足3万元的贫困管理区532个，到1995年底只剩下106个。中心区域的农民生活已基本达到小康。

(六) 旅游业有新发展，第三产业增长速度加快 进一步发挥我市是国家级历史文化名城和风景旅游名城的优势，推动旅游业发展。加强了景区、景点的规划和建设。完成了七星岩景区勘界立碑、颁发土地使用证工作，对保护、开发、建设星湖风景名胜区起到积极作用，受到了国家建设部的肯定。东方禅林等一批新的景区景点项目正加紧建设。七星岩旅游度假区建设有新进展。强化旅游业、旅游市场的整顿管理，促进了旅游业总体接待水平和服务质量的提高。1995年，全市接待旅游人次比上年增长2.1%；旅游创汇比上年增长7%。第三产业发展速度加快，比上年增长30.1%，高于同期国内生产总值增长速度6.5个百分点，呈现出良好的发展势头。

利用港澳台和外资领域拓宽，外贸出口保持增长

肇庆市的外经贸工作，继续发挥基础设施日益完善的有利条件，举办各种形式的招商引进活动，实行境内境外“双引进”策略，进一步扩大了从港澳台和东南亚、欧美洲等地引进外资领域，从第二产业逐步拓展到一、三产业和基础设施建设。利用外资保持较大幅度的增长，1995年，全市实际利用外资额3.56亿美元，比上年增长22.8%，比全省增长水平高16个百分点。其中镇级“双引进”项目共271宗，引进人民币3.57亿元和8801万美元。全市外贸出口总值达8.41亿美元，比上年增长15.5%，比全省增长水平高2.8个百分点。

基础设施建设成绩显著，城市建设步伐加快

1995年全社会完成固定资产投资72.24亿元，比上年增长5.2%。全社会新增固定资产62.73亿元，增长21.6%。公路建设方面：完成国道、省道公路改造工程投资额8.28亿元，新铺水泥路100公里，油路改建水泥路137公里，新(改)建桥梁21座1049延米。近三年，全市完成高等级公路改造600多公里，公路密度由1990年的26.4公里/百平方公里提高到38.3公里/百平方公里，1995年全市公路总里程达5602.2公里。特别是连结全市各县(市)区的500公里大环市水泥路的开通，大大改善了山区交通状况。能源建设方面：四会白沙电站基本建成发电，江口、高塘电站正在按计划施工。1995年全市拥有发电装机容量58.33万千瓦，比上年增长41.7%；供电量18.8亿千瓦时，比上年增长12.6%；实现村(管理区)通电率100%，户通电率98%。邮电通信建设方面：新增城乡电话交换机容量11.5万门，总容量27.5万门；全市实现了电话交换程控化、传输数字化，开通了移动电话；全市电话普及率5.3部/百人(城区为19.2部/百人)。全市邮电业务总量4.05亿元，被列为“全国邮电百强市”。

城市建设取得新成绩。城乡规划修编工作全面展开，中心区域总体规划和各县(市)区总体规划的修编和调整工作已基本完成。90%的建制镇完成了建设规划修编工作，有些地方还进行了专项规划和村级规划。肇庆城区10项重点工程进展顺利。建设四路已经开通，城东公园已建成开放，江滨堤路二期工程、安居工程、端州二路扩建工程、跃龙涌西段覆盖续建工程和南岸垃圾场配套工程等正在按计划施工。城市公共交通有了明显的改善。各县(市)区的城镇建设步伐加快，新建了一批城镇公用设施，改善了生产和生活环境。环保工作进一步加强，废水、废气处理率分别达到75%和93%，城区大气和西江、星湖水质得到保护。城乡管理水平进一步提高，“南粤杯”、“岭南杯”竞赛达标活动深入开展，效果良好。逐步加强城市管理的立法工作，治理“脏乱差”初见成效，在全国卫生城市评比中得到了国家和省检查组的好评。

各项改革力度加大，成效显著

各级政府根据上级部署，结合肇庆市实际，加大改革力度，加快改革步伐，继续实行“重点突破、全面推进”的工作方针，使各项改革取得显著成效。

(一) 重点抓好国有企业改革 按照“产权清晰、权责明确、政企分开、管理科学”的现代企业制度的要求，进行制度创新，以改革产权制度为核心，多层次、多形式地转换国有企业经营机制。制订了一系列有关深化企业改革的政策措施，有关经济口成立了企业改革领导小组，加强对企业改革的组织领导。按照“抓大放小促中间”的方针，先易后难，因企(业)施策，分类推进。对大型骨干企业，采取股份制、集团制和一厂多制等形式，促其向大公司、大集团的方向发展，肇庆市经委系统已组建29个工业企业集团；中型企业主要改组为有限责任公司，对经营者实行资产经营责任制，促企业上规模、上水平、上效益；对小型企业则不拘一格，放开搞活；对困难企业，通过兼并、联合、租赁、易地改造等改革措施，帮助减卸历史包袱和分流富余人员，使其走出困境。截至1995年底，全市经委系统189家国有工业企业已完成转制的有155家，占总数的82%，并组建了

肇工发展有限公司，开展了国有资产授权经营的试点。肇庆市企业改革的做法和成效，得到了广东省的肯定。

(二) 财税、商贸、农村等体制改革顺利进行 市、县级分设国家和地方税务局后，运转正常，财税收入增加。流通企业改革力度加大。商贸系统组建了一批企业集团，全市90％以上的原国合商业门店实行了国有民营等多种形式经营责任制，部分企业进行了产权制度改革，开展了建立现代企业制度的试点工作。外贸企业进行内部改革，努力适应外经贸的形势变化和政策调整。农村改革不断深化。大力发展股份合作制，促进了"三高"农业和乡镇企业的发展。

(三) 各项配套改革不断完善 劳动合同制度改革基本完成，全市国有、集体和三资企业已有98％的职工与企业签订了劳动合同。建立健全社会保险制度，设立市、县级社会保险事业局。制定肇庆市企业和机关事业单位职工养老保险办法，建立了个人缴纳养老保险费和补充养老保险调节基金制度，扩大养老、工伤、失业、女工生育保险的社会覆盖面。至1995年底，全市参加社会保险的在职职工人数达21.3万人，离、退休人员4.16万人。1995年，全市社会保险额达1.2亿元，社会保险待遇支付率达100％。加强了国有资产管理，逐步健全市、县级管理机构，对国有企业进行了清产核资和产权登记，全市已清产核资的企业达1192家，产权登记1109家。住房制度改革取得了阶段性成果。建立了住房公积金制度，调整了住房租金。机构改革工作逐步展开。市级机构改革方案已经省批准，正在进入具体实施阶段，各县(市)区制定了方案，经批准后可逐步实施。

(肇庆市政府体改委　卢嘉权)

肇庆市国民经济主要指标

指标	单位	1995年		1994年	
		地区	全市	地区	全市
年底人口数	万人		355.97		351.61
#非农业人口	万人		89.39		87.41
土地面积	平方公里		14856		14856
人口密度	人/平方公里		240		237
年末劳动力资源总数	万人		203.29		197.24
#乡村劳动力	万人		149.69		146.55
国内生产总值	亿元		232.03		184.30
农林牧渔业产值	亿元		108.75		85.59
粮食产量	万吨		135.85		122.61
蔬菜产量	万吨		113.48		88.73
猪牛羊肉产量	万吨		16.58		15.63
水产品产量	万吨		13.57		11.83
全部工业总产值	亿元		307.03		241.09
#乡及乡以上	亿元		236.66		189.01
客运总量	万人		3330		4856
货运总量	万吨		2902		5342
固定资产投资总额	亿元		72.24		68.65

续表

指标	单位	1995年		1994年	
		地区	全市	地区	全市
#住宅	亿元		17.09		12.22
房地产开发投资额	亿元		8.41		9.15
商品房销售额	亿元		3.72		3.64
出口贸易总额	亿美元		8.41		7.28
进口贸易总额	亿元				
利用外资签订协议总数	项		401		669
利用外资签订协议金额	亿美元		12.72		8.63
实际利用外资金额	亿美元		3.56		2.90
国际旅游人数	万人次		10.22		16.35
国际旅游收入	万美元		5341		4462
地方财政预算内收入	亿元		6.09		5.08
地方财政预算内支出	亿元		11.78		10.18
银行年末各项贷款余额	亿元		92.62		69.84
每万名职工中专业技术人员数	人		2327		2195
#中级职称以上	人		452		483
城镇居民家庭人均生活费收入	元		4852		4133
农村居民家庭人均纯收入	元		2451		1803

注：表内各项产值均按当年价格计算。

(肇庆市政府供稿)

南 海 市

1995年国民经济主要指标实绩

1995年，全市国民经济和社会发展计划的各项主要指标均已顺利完成或超额完成。社会总产值474亿元，比上年增长29%；国内生产总值175亿元，比上年增长24.9%；国民收入138.6亿元，比上年增长19.8%；工农业总产值(1990年不变价)352.7亿元，比上年增长38.5%。其中工业总产值336.7亿元，比上年增长40.8%；农业总产值16亿元，比上年增长2.5%；外贸收购总值18.44亿元，比上年增长8.8%；外贸出口总值7.69亿美元，比上年增长5.7%；实际利用外资2.54亿美元，比上年增长46.8%；中央、省、市三级预算内财政收入18.98亿元，比上年增长29.3%。其中市预算内财政收入7.59亿元，比上年增长24.8%。

社会消费品零售总额71.6亿元，比上年增长43.6%；城镇职工人均货币收入9781元，比上年增长13.64%；农民人均纯收入4703元，比上年增长21.65%；全市人民币各项存款余额272.85亿元，比上年末增长28.3%；年末城乡居民储蓄存款183.61亿元，比上年增长35.2%。全市人均储蓄存款1.78万元(未含外币储蓄11.08亿港元)；农村人均住房面积为39.2平方米，城镇人均住房面积为24.7平方米。

农村改革和经济发展情况

1995年，南海市切实加强对农村工作的领导，继续从市直机关，各镇(区)抽调工作队，深入农村基层，进一步加强农村基层组织建设，巩固、完善、提高以土地为中心的农村股份合作制。在全面推行农村股份合作制的基础上，对农村股份合作经济组织的运作和农民股权流动方面进行了积极的探索，使股份合作经济组织的运作向制度化、规范化、市场化方向迈进了一步，农民股权流动方面取得了新的突破。与此同时，进一步加强对农业生产的领导，增加对农业的投入，大力发展“三高”农业。1995年全市四级农业投入共1.96亿元，比上年增长38.7%。对划定的43万亩一级农田保护区进行了巩固和完善，并积极实施“六大基地一大市场”的农业发展工程。1995年全市粮食种植面积达49.2万亩，其中优质谷种植面积44.6万亩，占水稻总面积的90.6%。优质水产养殖面积达3.1万亩，无公害蔬菜面积达5千亩，各类水果花卉面积达3万亩，“三高”农业产值占农业总产值的70%。农村经济体制改革的深化，基层组织建设的加强，“三高”农业的推广，有力地促进了农村经济的发展。1995年，农村经济迈出了新的步伐，尤其是一批管理区的企业集团，大胆突破地域和层次的界限，多元化发展规模经济，使农村经济闯出了新的局面。1995年全市农村经济总收入达356.3亿元，比上年增长35.8%，其中农业收入25.36亿元，比上年增长28.2%。全市总收入超20亿元的镇(区)有8个，其中超30亿元的镇(区)有西樵、南庄、大沥、盐步4个；总收入超亿元的管理区有75个，占管理区总数的31.25%，其中超4亿元的管理区有黄岐、大榄、罗南3个；管理区财政收入100万元以上的有178个，占全市管理区总数的73.9%，其中超千万元的管理区达38个。1995年，南海市被农业部评为全国乡镇企业和蔬菜生产先进市。

工业企业改革和发展情况

1994年以来，南海市认真贯彻中央关于转换企业经营机制，建立现代企业制度的精神，大力推行“大转让、大拍卖、大联合、大发展”的方针，稳步推进企业转制工作。到1995年底，市直工业企业已转制的有13家，占企业总数的26%，正在实施转制的有10家；镇属企业已转制的309家，占企业总数的50.5%。企业转制大致有规范化企业股份制、企业内部股份制、资产拍卖与赎买、产权转让、租赁经营、合资合作经营、风险抵押承包等形式。通过转换企业经营机制，使大批国营、集体企业初步建立起与市场经济相适应的现代企业制度，逐步实现了自主经营、自负盈亏、自我约束、自我发展，从而提高了企业的效益。1995年市直工业实现产值49.49亿元，销售收入48.71亿元，利税2.95亿元，均实现了比上年稳步增长的发展要求。乡镇企业实现工业总产值265亿元，比上年增长37.9%，保持持续增长的势头。1995年在国家农业部的评选中，有广东兴发铝型材集团等13家企业入选“95中国最大经营规模乡镇企业1000家”行列；有官窑中美玩具厂等5家企业入选“95中国行业最大经营规模乡镇企业前10名企业”行列；有罗南陶瓷企业集团等26家企业入选“95中国最高税利总额乡镇企业1000家”行列；有兴发牌铝型材、佳适牌铝合金轮毂等16个产品获“广东省乡镇企业名牌产品”称号，占全省同系统名牌产品总量的17.8%。目前，该市工业经过调整改造，逐步形成了以建筑陶瓷和水泥为主的非金属矿物制造业、金属制品业、化纤纺织服装业、有色金属加工业、电器机械制造业、皮革制品以及工艺美术制品等七大支柱行业体系。与此同时，该市积极扶持引导民营经济的发展。到1995年底，全市个体私营企业发展到5.4万多户，从业人员22.3万人，注册资金21亿元，分别比上年增长12%、22.5%和61%。民营经济已成为全市国民经济的重要组成部分和新的生长点。

城市基础设施建设情况

近年来，南海市以建设现代化都市为目标，对全市的总体规划进行了修编，初步完成了由“城乡一体化规划”和“市中心城区总体规划”两部分构成的全市总体规划的修编工作，在科学规划的基础上，交通、能源、通讯、市政等基础设施建设进一步加快。

(一) 交通建设方面 有南海特色的“五纵四横”公路网正稳步推进。1995年全市投入7.25亿元，新建地方公路176.5公里。其中东西、南北主干道基本实现了双幅路面通车，南庄过境公路全部完工，西樵过境公路和三山公路已开通；东西二线正在加紧建设；建成并开通了五丫口大桥和三山西桥；在建的有紫洞大桥、下安大桥、联星立交桥、官山大桥等。目前，全市有各级公路950公里(不算国道和省道)，公路密度为82.5公里/百平方公里。运输方面，三山港国际货柜码头第二期工程即将动工；九江港的开发建设进入规划设计阶段。原有的北村、平洲、大沥等口岸也得到进一步的改造和配套完善。目前，全市共有港口、码头、货物起运点9个，年吞吐能力达630万吨，运送出入境旅客能力可达100万人次。全市拥有机动车27.4万辆，比上年增长15.6%，其中汽车4.3万辆，摩托车22万辆，拖拉机1万辆。

(二) 电力建设方面 1995年总投入11亿元，比上年增长71.8%，地方办电新增装机容量16.94万千瓦。目前，全市共有发电装机容量53.4万千瓦，在建50万千瓦。电网建设1995年新增主变容量48.4万千伏安。目前，全市拥有110千伏安变电站28座，220千伏安变电站4座，输变电能力进一步增强。1995年全市用电总量35.48亿千瓦时，比上年增长8.8%。其中本市自发电20.4亿千瓦时，比上年增长14%，全市人均用电量3444千瓦时，全市已实现敞开供电。

(三) 邮电通讯方面 1995年全市总投入4.43亿元，新增程控电话装机容量10万线，新增电话用户3万户。到当年底，全市拥有程控电话装机容量30万线，长途程控交换设备9600路端，程控电话用户13.6万户，移动电话用户30417户，电话主线普及率每百人16.2户，无线寻呼用户13万户。1995年全市邮电营业额达4亿元，居全国和广东省前列。

(四) 市政公用事业方面取得新的进展 城区管道燃气1995年如期开通；南海第二水厂的首期工程(日供水能力25万吨)、桂城水厂第三期扩建工程(日供水能力20万吨)正加紧建设；南海垃圾处理厂也动工在即；岗公园进入建设施工阶段。

(五) 第三产业发展情况 近年南海市按大市场、大流通、大商业的要求，加快发展第三产业。首先是大力发展集贸市场和各类专业市场，1995年全市投入市场建设资金4.97亿元，比上年增长6倍多，新建集贸专业市场19座，建筑面积23万平方米。目前全市建筑面积1000平方米以上的专业和集贸市场增加到90座，总建筑面积78.3万平方米，人均拥有市场面积0.7平方米。1995年，全市专业和集贸市场总成交额达140多亿元，比上年增长43%。商业、饮食服务业网点发展到3万个。此外，证券、房地产、人才、技术、劳务等生产要素市场健康发育，信息市场正在积极开拓，包括集贸市场、生产资料市场、工业品专业市场、生产要素市场的市场体系日趋完善。

金融业在宏观调控中有新的发展。1995年末全市各项存款余额达272.85亿元，贷款余额达213.74亿元，分别比上年末增长28.3%和41.9%；保险业承保金额380.58亿元，比上年增长4%。全市平均每1500多人就有1个金融网点。

此外旅游业建设步伐进一步加快。1995年全市共接待国内外游客210万人次，旅游业收入3.1亿元，分别与上年增长19.3%和14.8%。

基础设施的发展，市场体系的完善，促进了全市三大产业的协调发展，第三产业在该市国民经济结构中的比重不断提高。1995年全市第三产业实现增加值达63.2亿元，比上年增长24.3%，占国内生产总值的36.2%。目前，全市从事第三产业的单位已发展到3.6万多个，从业人员16.5万多人，占全市劳动力总数的28%。

外经外贸发展情况

1995年通过采取积极有效的措施，不断完善投资和贸易环境，拓宽投资领域，进一步优化出口产品结构，努力开拓多元化市场，发展多元化贸易，全市外经外贸工作取得平稳的发展，利用外资稳步增长。1995年实际利用外资2.54亿美元，比上年增长46.8%。到年底，全市共有三资企业1087家，“三来一补”企业805家。三资企业总产值73亿元，出口值4.3亿美元，分别比上年增长32.7%和7.8%；对外加工实收工缴费4823万美元，比上年增长20.2%。对外贸易逐步向集团化、多元化、全方位和直接贸易的方向发展。目前全市直接远洋出口发展到55个国家。1995年全市外贸收购总值18.44亿元，自营出口3.2亿美元，分别比上年增长8.8%和3.2%。提供商品出口企业有2000家，其中年出口超百万美元的企业有146家，超千万美元的企业有25家。全市口岸进出口货物144.7万吨，比上年增长46.95%；出入境旅客31.1万人次，比上年增长4.6%。

(中共南海市委办公室　蔡镜常)

南海市国民经济主要指标

指　　标	单　　位	1995年		1994年	
		地　区	市　区	地　区	市　区
年底人口数	万　人	103		101.55	
非农业人口	万　人	36.3		35.72	
土地面积	平方公里	1150.51		1150.51	
人口密度	人/平方公里	895		863	
年末劳动力资源总数	万　人	64.6		59.0	
#乡村劳动力	万　人	45.5		45.8	
国内生产总值	亿　元	178		140.1	
农林牧渔业产值	亿　元	33		15.6(90价)	
粮食产量	万　吨	18.4		18	
蔬菜产量	万　吨	60.4		57	
猪牛羊肉产量	万　吨	8.24		9.28	
水产品产量	万　吨	7.43		7.1	
全部工业总产值	亿　元	398		239.1(90价)	

续表

指　　标	单　位	1995年		1994年	
		地　区	市　区	地　区	市　区
#乡及乡以上	亿　元	220		116.4	
客运总量	万　人	1876		1405	
货运总量	万　吨	3773		2656	
固定资产投资总额	亿　元	58.8		53.4	
#住宅	亿　元	21.58			
房地产开发投资额	亿　元	8.8		2.69	
商品房销售额	亿　元				
出口贸易总额	亿　元	7.68(美)		7.26(美)	
进口贸易总额	亿　元	3.90(美)		4.14(美)	
利用外资签订协议总数	项	151		208	
利用外资签订协议金额	亿　元	5.93(美)		6.39(美)	
实际利用外资金额	亿　元	2.54(美)		1.73(美)	
国际旅游人数	万人　天	210		176	
国际旅游收入	万　元				
地方财政预算内收入	亿　元	7.59		6.08	
地方财政预算内支出	亿　元	9.75		7.27	
银行年末各项贷款余额	亿　元	274.77		150.6	
每万名职工中专业技术人员数	人	2.1		1.7	
#中级职称以上	人	4825		4638	
城镇居民家庭人均生活费收入	元	9780		8607	
农村居民家庭人均纯收入	元	4533		3866	

注：表内各项产值均按当年价格计算。

(中共南海市委办公室供稿)

南　宁　市

国民经济持续发展，人民生活进一步改善

1995年，全市国内生产总值达170.38亿元(当年价)，在区辖市中位居第一，按可比口径比上年增长16.23％。其中，第一产业增加值28.49亿元，增长11.22％；第二产业增加值64.94亿元，增长17.06％；第三产业增加值76.95亿元，增长17.48％。

(一) 农业全面增产丰收，乡镇企业快速发展　粮食总产量达77.91万吨，比上年增产3.21万吨，增长4.29％，创历史最高水平。农业综合开发完成农田水利基本建设项目42项，投资1680万元，改善灌溉面积26.5万亩；新种各种水果19.32万亩；实施60万亩粮食综合增产技术项目、28万亩高产高效粮田栽培技术推广项目和15万亩中低产玉米综合增产技术示范项目；冬闲田开发47.37万亩，冬菜平均亩产1803公斤，亩产值1306.66元。1995年的“菜篮子”工程全面提前完成，常年蔬菜基地在稳定2.8万亩的基础上，新开发0.6万亩；五里亭蔬菜批发市场和石埠、苏卢、老口等农贸市场已建成并投入使用；扩建3个种鸡场，出栏鸡苗750万羽；超额完成2000箱网箱养鱼，达4200箱；5个万头猪场已建成投产，并基本建成2个机械化屠宰场。全年蔬菜总产量达64.13万吨，比上年增长7.27％；肉类总产量11.09万吨，增长7.25％；生猪存栏106.41万头，出栏100万头，分别增长3.83％和7.41％；家禽出栏2078万羽，增长7％；鲜鱼产量3.62万吨，增长7.42％；水果产量31.16万吨，增长14.31％，较好地满足了市场的需求。

乡镇企业方面。全年总收入达111亿元，比上年增长72.2％；总产值达90亿元，增长77％；上交国家税金2.1亿元，增长28％；实现利润5.4亿元，增长32.7％。

(二) 工业稳步增长，经济运行质量良好　1995年

工业增加值55.73亿元，全社会工业总产值完成173.1亿元(现价)，比上年增长18.94%。其中：乡及乡以上工业完成产值145.22亿元，增长16%；技术改造累计下达221项，完成投资8.75亿元，增长22%；新产品开发完成140项；工业销售产值达136.6亿元，增长21.87%；产品质量稳定提高率全年累计为91.35%，比上年提高0.64个百分点；1995年1－11月，经济运行效益综合指数为89.21%；资金利税率为10.35%；成本费用利润率为2.53%；劳动生产率为21844元，比全区平均水平高2992元；流动资金周转次数约为1.69次；增加值率为32.24%。

(三) 固定资产投资完成良好 1995年全社会固定资产投资完成41.1亿元，比上年增长32.2%，其中基本建设投资完成17.9亿元，增长25.2%；更新改造投资完成9.8亿元，增长25.3%，创历史最高水平。

(四) 商贸流通活跃，市场建设步伐加快 1995年，全市完成社会商品零售总额89.8亿元，比上年增长27.2%；社会消费品零售总额完成83.68亿元，增长25.6%。

为了进一步抓好商业网点和市场建设，全年共审批立项建市场项目11个，完成总投资6500万元，面积10.9万平方米。朝阳商业城、裕丰商厦等一批规模大、档次高、功能全的综合商厦建设进度加快；梦之岛购物中心、大热门购物中心、利客隆大型仓储式商城等大型商场建成开业，取得了良好的经济效益和社会效益。

(五) 财政税收增加，金融形势良好 1995年全市地方财政收入和支出分别为9.12亿元和9.55亿元，比上年增长24.15%和8.14%。其中，市本级财政收入4.88亿元，支出4.63亿元，分别增长24.18%和15.61%；全市工商税收入16.25亿元，增长8.41%(其中，国税系统收入13.2亿元，增长16.97%；地税系统收入3.05亿元，完成年任务的115.53%)；全市金融机构1995年末各项存款余额206.36亿元，比年初增加52.59亿元；各项贷款余额110.76亿元，比年初增加22.70亿元；全年货币净回笼达44.28亿元；全年保险费收入1.82亿元，赔款支出0.67亿元，为维护全市的社会稳定，促进经济发展作出了积极贡献。

(六) 城乡人民收入增加，生活继续改善 全市1995年初确定的改善人民生活的15件实事已基本完成。城镇居民人均生活费收入5048元，同比增长23.16%，农民人均年纯收入1560元，同比增长16.33%。城乡居民储蓄存款余额111.15亿元，同比增长40.47%。全市社会商品零售价格总指数上涨幅度已降为14.9%，实现了国务院提出的全国商品零售物价上涨幅度控制在15%的预定目标。

对外开放取得新进展，外向型经济发展较快

1995年全市对外贸易进出口总额为8.97亿美元，比上年增长43.65%。其中进口1.29亿美元，增长21.13%；出口7.67亿美元，比上年增长48.31%。进出口相抵，顺差6.37亿美元。其中，市属进出口总额1.15亿美元，增长40.79%；进口2740万美元，增长21.1%，出口8765万美元，增长48.31%。全年新签三资企业合同88个，外商协议投资2.36亿美元，实际利用外资1.83亿美元，增长32.2%；市属建成投产的三资企业有226户。全年三资企业总产值达19.3亿元，比上年净增8.3亿元，增长75.8%；利税达9556万元，增长59%；出口达2910万美元，增长15.4%。海外承包工程和对外劳务合作也有较大发展，海外承包工程完成工程量921万美元，派出劳务112人次；国际劳务合作完成营业额454万美元，派出劳务169人次。全年共签订经济技术协作项目201项，其中实施175项，实现产值23162.8万元，实现税利2537.6万元，引进国内资金3.45亿元，为全市企业协助进出口各类物资6256吨。

开发区建设取得新成绩。1995年南宁市出台了加快高新技术产业开发区发展的两个政策性文件，制定了配套优惠政策，健全了管理机构，为把高新技术产业开发区办成南宁的特区创造了条件。高新技术产业开发区全年批准入区企业35家，技工贸总收入5.5亿元，实现工业总产值4.5亿元，出口创汇200万美元，完成基本建设投资21164万元。经济技术开发区全年用于基础设施的投入3983万元，批准入区项目15个(其中工业项目8个)，投资总额6.24亿元。南宁华侨投资区和大沙田开发区也都取得了新的进展。邕宁沿海经济走廊全年引进41个项目(亿元以上项目5个)，协议投资超过10亿元，其中外资项目21个，合同利用外资1.44亿美元，实现了跨跃式发展。

以搞活企业为中心，以建立社会主义市场经济体制为目标的各项配套改革全面推进

1995年，南宁市作为国家综合配套改革试点联系城市这一有利条件，以搞活企业为中心，以建立社会主义市场经济体制为目标，制定和实施了《南宁市建立社会主义市场经济体制综合配套改革试点总体方案》，各项配套改革的力度不断加大 一是出台了《南宁市建立现代企业制度实施方案》，确定了8户试点企业。二是出台了《南宁市1995年清产核资方案》，通过查清家底，为投资体制改革、优化重组国有资产和企业产权制度改革提供了依据。三是按照已出台的《南宁市国有中小型企业实行产权有偿转让暂行办法》，在租赁承包、国有民营、“退二进三”等方面取

得了突破性进展。四是改革投资体制，组建了市投资开发公司、市国有资产工业投资经营公司和市城市建设投资发展总公司。五是加快了社会保障制度改革的步伐，目前，全市参加养老保险的单位已达1826个，养老保险金的综合收缴率已达91.73%；职工待业保险统筹已达95%；参加工伤保险的单位678个，占应投保单位的95%。六是农村改革进一步深化，农村社会化服务体系不断巩固和完善，农村规模经营、集约经营的路子不断拓宽；各类农村股份合作制企业和实体已达408个，股份合作资金总额达2.7亿元。七是出台了《首府南宁深化住房制度改革实施方案》，积极稳妥地推行了住房公积金制度，并加快了分步提租、集资建房和出售公房的步伐，为实现住宅商品化创造了条件。

科技在经济建设中的作用不断增强教育基金增加。

1995年共实施各类科技项目115项，总投资达1.4亿元。全市获得自治区级科技进步奖9项、市级科技成果奖43项。同时，高新技术产业化进程加快，技术市场日趋繁荣，农村科技工作在依靠科技进步促进农村经济发展方面取得了较大的成绩。

1995年在市区安排教育基建项目60个，总投资5650万元，增拨达标专项经费500万元，教学仪器设备费800万元，大大改善了市区中小学校的教学条件。五城区“两基”达标全部通过省级验收。两县一郊的“两基”工作也有较大发展，有13个乡(镇)通过市级评估验收。教学质量不断提高，中考、高考都取得了好成绩。多元化办学体制正在形成，职业教育和农村成人技术教育健康发展。

城市基础设施建设发展迅速，管理加强，面貌明显改观

(一) 从加快构筑西南出海大通道枢纽出发，南宁市进一步加快了城市建设步伐 1995年建设项目达29项，投资总额8.56亿元，一批城市基础设施建设取得了突破性进展。一是城市快速环道加快了进度：白沙大桥、白沙大道、滨湖路南段、滨湖路中段已建成通车；明秀西路排水工程已完成；明秀路东段改扩建、西乡塘路扩建、南站路东段、滨湖路北段等工程取得了新进展；清川大桥6个主墩已抢至帽梁标高，大桥下构工程基本完成，两岸引桥桩基础已施工。二是市政公共设施有了新的发展：望州路、南建路、友爱北路等进出城道路相继扩建、改造并已竣工通车；东葛路延长线、竹排冲桥和南湖区锦春、桂春、汇春、金洲、金浦5条路已建成；青山路、五一西路、长湖路中段、茶花园路修筑进度加快；陈村水厂首期日产20万吨工程已完成厂房及设备安装；国有公共交通新购公交车60辆，大力推行无人售票，改善了经营服务，扭转了持续多年的亏损局面；新建成城南生活垃圾卫生填埋场、12个垃圾中转站和12座公厕；完成改造小街小巷12条；10个重污染源治理基本完成，油毡厂搬迁完成并已在新址投产；朝阳溪(西平桥至大坑口)首期截污工程拆迁安置取得重大进展，1996年可开工建设；埌东污水处理厂的建设已得到国外的贷款。三是城市综合开发水平有新提高：明秀小区成为全国文明示范小区；望仙坡国家建设试点小区、新兴苑、北湖和二桥南安居小区等均进入实施阶段；2000套经济适用房和500套解困房将陆续封顶。四是房地产开发势头良好。新成立开发企业75家，其中外资22家，内资53家；总注册资本6.7亿元人民币，其中外资3.9亿元，内资2.8亿元。新开工房地产单体项目100项，总建筑面积104万平方米。1995年5月份举办的城市建设暨房地产项目洽谈会签约20个项目，成交额4.36亿元。

(二) 邮政电信事业有了新的发展 邮政方面新开办了6个邮政代办点和邮储代办点；新增邮运车辆82辆；成立了速递局；引进信函自动分拣设备一套，初步实现了信函自动分拣；引进商业信函封装设备及微机选址系统并投入使用；实现了邮储市内联网，开办了4个自动化营业窗口；开通了区内最长的南宁至梧州自办快速汽车邮路一条。电信方面投入了5亿元建设资金，现有市话总容量已超过22万门；移动电话总容量达3.34万门；BP机号码6位升7位，总容量达20万门；南宁卫星地球站已于1995年8月份开通北京、上海、武汉、广州、沈阳等方向的通信；邕宁、武鸣、横县、宾阳四县电话已顺利并入南宁市电话网，全市邮政电信的规模和技术层次实现了新的飞跃。

(三) 城市环境综合整治取得突破性进展 城市环境质量不断改善，园林绿化有了新的进展：新建成狮山、金花茶、新秀三个公园，1996年元旦前夕已对游人开放；新增了一批街道小游园、绿地，主要街道行道树补种已完成。1995年9月广西自治区建委首次授予南宁市“广西城市环境综合整治优秀城市”称号。10月全国城市卫生检查团检查后也给予了高度评价，肯定南宁市的城市建设和管理上了一个新台阶，多项考核内容有了突破性进步：园林绿化指标高于全国平均水平；供水业三项指标达到并优于国家考核标准；市政工程建设和施工工地文明管理成绩显著。1995年南宁市被评为“全国卫生城市”和“全国城市环境综合整治优秀城市”，市长也被评为“全国城市环境综合整治优秀城市优秀市长”。

(南宁市政府　李应适)

南宁市国民经济主要指标

指　　标	单　位	1995年		1994年	
		全　市	市　区	全　市	市　区
年底人口数	万　人	273.19	121.96	268.66	118.12
#非农业人口	万　人	103.49	86.31	99.59	82.94
土地面积	平方公里	10029	1834	10029	1834
人口密度	人/平方公里	272	665	268	644
年末劳动力资源总数	万　人			161.37	76.7
#乡村劳动力	万　人	90.66	19.64	89.64	19.24
农林牧渔业产值(现价)	万　元	427906	119756	372063	98443
粮食产量	万　吨	77.91	12.12	74.69	11.38
蔬菜产量	万　吨	64.13	20.98	51.95	18.93
猪牛羊肉产量	万　吨	7.78	1.81	7.04	1.61
全部工业总产值(现行价格)	万　元	1730823		1341785	990095
#乡及乡以上	万　元	1452219		1171195	912178
全部工业总产值(1990年不变价格)	万　元	1290647		1085108	803516
客运总量	万　人	4545		3835	2869
货运总量	万　吨	3342		3457	2690
固定资产投资总额	万　元	410510		310598	256877
#住宅	万　元			76813	67799
房地产开发投资额	万　元	127007		77100	70082
商品房销售额	万　元			31488	30508
地方财政预算内收入	万　元	91237		73435	55052
地方财政预算内支出	万　元	95519		85824	60435
#文教科学卫生事业费支出	万　元	26170		23018	12917
#教育事业费支出	万　元			15567	7814
金融机构年末各项贷款余额	万　元	1107552		880566	719427
高等学校数	个	12	11	12	11
高等学校在校学生数	人	30391	29327	27846	26984
每万名职工中专业技术人员数	人			932	817
#中级职称以上	人			327	321
影剧院	个	18		23	10
公共图书馆	个	4		6	4
卫生机构数	个	714		712	532
#医院	个	93	45	93	45

注：1995年度为快报数。

(南宁市统计局供稿)

北　海　市

以工业年为主题，国民经济全面发展

1995年北海市提出了大干“'95北海工业年”的号召，同心实干，知难而进，广筹资金以保证生产建设需要，缩短战线以确保建设重点，争取项目以增强发展后劲，加强管理以提高经济效益，抗灾救灾以及时恢复生产，深化改革以理顺各种关系，狠抓稳定以利团结奋进，实现了国民经济的持续、快速、健康发展，全市国内生产总值首次突破百亿元大关，达到100.10亿元，比上年增长18%，人均国民生产总值7517元，比上年增长15.9%，三次产业结构调整为28：37：35，更加趋于合理。

（一）“工业年”实现预定目标　1995年，全市工业总产值首次突破百亿大关，达到101.6亿元，比上年净增31.3亿元，增长23.7%。乡镇以上工业企业增加值9.5亿，增长9.9%。技改工作基本完成准备项目8亿元，在建项目7亿元，完成投资3亿元，建成投产2亿元的计划。工业产品结构得到调整，花色品种和新产品增加。通海集装箱厂等具有港口城市特色的新建大型企业陆续投产，填补了北海工业的空白。电厂、化纤厂、炼油厂等几个重大骨干项目的前期工作取得较大进展，为北海工业的明天带来了曙光。

（二）农村经济全面发展　1995年，全市农业总产值达到48.38亿元，比上年增长20.5%，农业增加值实现28亿元，比上年增长17%；主要农产品产量均有所增长，粮食总产量达到37.82万吨，比上年增8.06%；甘蔗总产量126.16万吨。畜牧业发展较快，肉类总产量9.59万吨，增长17.38%。水产养殖与捕捞有新的发展，水产品产量达到41.73万吨，水产养殖面积达到37万亩，分别比增27.5%和3%。农业综合开发呈良好势头，水产养殖基地、蔬菜基地和水果基地建设进展顺利。乡镇企业快速发展，营业总收入达到232亿元，总产值达到215亿元，分别比上年增长86.71%和88.67%。

（三）交通运输和邮电业步入新的发展时期　1995年社会货运量达1158万吨，增长21.5%；社会客运量1855万人，比增54.97%；港口吞吐量246万吨。邮电业务总量1.89亿元，增长31.4%。

（四）市场繁荣活跃，旅游业持续发展　相继建成了北海水产品市场等16个市场，基本形成了以市区和廉州镇为中心、各乡镇为依托的市场网络，市场效应进一步发挥，全年社会消费品零售总额实现21.56亿元，比增15.9%。列为全国11个国家旅游度假区之一的北海，旅游业走上规范发展轨道，全年接待国内外游客128万人，比增28%，其中海外游客0.51万人；旅游总收入1.2亿元，比增20%。

（五）财政、金融、物价等情况良好　1995年，全市财政收入达到7.2亿元(含中央返还部分1.38亿元)，比上年增长8.05%，财政支出7.96亿元，增长15.7%；金融业稳步发展，1995年末全市金融机构各项存款余额74.01亿元，比年初增长1.70亿元;各项贷款余额71.63亿元，比年初增加6.78亿元；全年净投放货币8.97亿元，比上年减少12.14亿元。保险业稳步发展。市场物价涨幅逐月回落，全年商品零售物价涨幅控制在13.4%以内。

（六）科技事业迈出了新的步伐　全社会科技意识不断增强，完成制订了《北海市科技发展“九五”计划和2010年规划纲要》，科技队伍进一步壮大，科研成果产业化进程加快，一批技术含量较高的科技型企业建成投产和正在建设中。全年共安排实施市级以上科技计划项目58项，比增15%，项目投资达2.59亿元，比增43%。95年获市级科技进步奖的项目18项、广西区科技进步奖1项、广西区星火科技进步奖1项、广西区重奖研制推广科技成果1项。智能脑黄金、海藻活性碘、鱼油多烯药物、天然淡泉水、奇珠牌系列保健饮料产品等重点科技项目迅速实施，产生了良好的经济效益和社会效益。北海市在95年广西自治区“十百千万”星火工程实施验收评比中荣获一等奖，有21个企业达到科技型企业集团、龙头企业、科技型企业标准；民营科技企业健康发展，新审批民营企业8家。

（七）城乡人民生活进一步改善　全年职工工资总额6.9亿元，比增11%；城镇居民年人均生活费收入5653元，扣除物价因素，比增0.4%；农民年人均纯收入2320元，比增7.5%；城乡居民储蓄余额48.7亿元，比年初增4.4亿元；重视抓好控制物价上涨工作，全年物价指数控制在14.8%以内，零售物价指数控制在13.4%以内；人均居住面积增至8.52平方米，居住条件进一步改善。

对外开放进一步扩大

（一）利用港、澳、台资和外资工作取得新成绩　在广西'95香港招商会上，北海市签订协议、意向、合同30个，项目总金额4.07亿美元，外资额达3.08亿美元，其中签订合同15个，合同总金额8205万美元，合同外资额7254万美元，居广西各地市之首。在国家有关部门的支持下，全市利用国外政府及商业贷款进行异地扶贫、机场、港口、供水等项目建设，进展顺利。加强了对现有外商投资企业项目的管理和服务工作，使“三资”企业逐步走上健康发展的轨道。1995年，在困难较多的情况下，全市共审批外商投资企业项目56个，合同投资额1.98亿美元，其中外资额1.02亿美元；实际利用外资2.32亿美元。

(二) 外贸出口跃上新台阶 外贸取得了令人注目的成绩，另外，边贸也有一定的发展，对越边地贸口岸对外开放筹备工作进展较快，边贸进出口货物增加。1995年，全市进出口总值达4亿美元，增长12.0%，其中自营出口总值3745万美元，增长4.2%；三资企业出口2662万美元，增长58%。

(三) 横向经济联合与协作进一步加强 1995年，由于受大环境的影响，北海市的横向经济联合与协作面临着重重困难。经过艰苦细致的努力，北海内联工作保持了良好的势头，全年引进内联企业296户，注册资金4.5亿元，内联项目12个，投入资金1.78亿元，新增设外地驻市办事处26家。积极参与了西南五省七方第十一次协调会项目洽谈会，组织了协调代表在北海的参观考察活动；通过参加全国少数民族自治区首府城市五市八方市长联系会、西南经济区市长联系会等一系列会议和洽谈活动，与区内外签订意向合作项目53个，协议资金达3.3亿元，广泛宣传了北海的地缘优势、投资环境、建设成就以及发展前景，提高了北海的知名度和吸引力。

(四) 以北海市工业开发区为代表的开发区建设迈出了坚实步伐 在资金紧张的情况下，各开发区克服种种困难，规划建设步伐进一步加快，基础设施、主体设施建设积极进行。一些项目建成或正在建设中。攀钢集团北海钢管有限公司等一大批骨干企业的建成投产，已成为全市新的经济增长点。已破土动工的北海扶贫工业园，首批进驻企业6家，资金超亿元，把利用国外贷款、引进苏南先进技术、先进管理经验和资金、项目、人才与实施扶贫攻坚工程三者有机结合起来，探索出一条资源要素优化配置的新路子。

投资环境进一步改善

(一) 基础设施建设有重大进展，投资硬环境进一步完善 在资金严重短缺的情况下，北海市及时调整基础设施建设项目，按照集中资金、确保重点的原则，以港口为中心，确保了港口二期工程、钦北铁路、进港铁路、机场扩建、城市主干道、供电、供水、排水、通讯等重点项目的建设。1995年全社会固定资产投资完成25.8亿元，其中基本建设投资11.95亿元，房地产投资3.7亿元。机场3200米新跑道基本建成。钦北铁路通车，并开通了3趟始发列车。北铁一级公路通过验收。南北公路合浦至中站段实现砼路面改造。新港二期工程2万吨和3.5万吨两个泊位完成主体工程并初步投入使用。北郊水厂主体工程基本完成。供电、通信、市政工程建设等均有较大进展。调整了市辖区行政区划，市区面积由275平方公里扩大到957平方公里，市区建成区面积由26.5平方公里增加到28平方公里，扩大了开发建设的空间。城市环保工作也取得较大进展，被国家环保局确定为全国18个环保示范候选城市之一。

(二) 投资软环境得到进一步改善 为树立北海改革开放的新形象，北海市制订了《北海市鼓励发展横向经济联合的决定》、《北海市鼓励外商投资的规定》等，进一步完善了“低门槛”政策。1995年，研究出台了“亮证收费”等一系列工作制度，致力提高工作效率、改进工作作风、提高服务质量，加深了与外来企业的感情，增强了他们进入北海、扎根北海的信心。另外，全市的精神文明建设、民主与法制建设、社会治安工作也取得了显著成绩。

切实加强政府部门自身建设，转变工作职能和工作作风，提高了办事效率；认真开展反腐倡廉的一系列工作，认真纠正行业不正之风；加大社会治安综合治理力度。保障了社会稳定，人民安居乐业。通过加强投资软环境建设，初步树立了北海风光秀丽、宁静祥和、充满经济活力和现代意识的沿海开放城市形象。根据由中华全国工商业联合会信息中心、日本《日中经济新闻》社等单位合作进行的中国内地188个地级和地级以上城市投资环境调查评价结果，北海市被列为投资者主观感受十佳城市之一。

各项改革稳步推进

(一) 国有企业改革进一步深化 积极推进了珍珠公司等10家试点单位现代企业制度试点工作；完成了市电机厂职工负债经营形式的转制工作；较成功地完成了中国有色七冶北海公司对市汽车修理厂的兼并工作；国有资产管理体制改革与企业产权制度改革同步推进的模式得到上级的首肯。完成了新力公司A股上市工作，使新力公司成为北海首家、广西第二家上市公司。积极探索了解除国有企业历史包袱的途径、政企分开的途径，组建了合浦珍珠集团等3家企业集团。

(二) 社会保障制度改革取得突破性进展 进行了养老保险改革的调查摸底工作和测算工作，制订了《北海市城镇劳动者养老保险制度改革方案》及四个配套文件，积极开展了社会保障制度综合配套改革工作，目前，《北海市社会保障管理体制改革方案》已通过并正在组织实施。

(三) 农村改革进一步深化 大力发展农村股份合作制和农合基金，积极开展了小城镇综合改革试点的前期准备工作。完成了基本农田保护区划定工作，稳定了农业基础。

(四) 建筑业的改革取得了新进展 继1994年自治

区把北海市列为建筑业改革试点城市之后，1995年5月又将北海市列为全国15个建筑市场综合管理试点城市之一。

(五) **宏观管理体制改革进一步深化和完善** 金融体制改革进一步深入；财税体制改革平稳过渡；机构改革稳步推进，在环保局等四个部门开展了国家公务员制度试点。

另外，城镇住房制度改革进一步推进；市场体系逐步完善；对股份公司、期货公司的监督管理进一步加强。

(北海市政府办公室 陈建群)

北海市国民经济主要指标

指标	单位	1995年		1994年	
		地区	市区	地区	市区
年底人口数	万人	134.09	47.93	132.24	24.37
#非农业人口	万人	33.47	17.84	31.69	13.55
土地面积	平方公里	3777	957	3777	275
人口密度	人/平方公里	355	501	350	886
年末劳动力资源总数	万人	93.30	39.97	78.30	26.95
#乡村劳动力	万人	62.95	19.61	62.75	6.8
国内生产总值(当年价)	亿元	100.10	49.14	76.86	32.86
农林牧渔业产值(当年价)	亿元	48.37	20.01	35.69	8.09
粮食产量	万吨	37.82	5.53	34.80	0.90
蔬菜产量	万吨	29.39	8.83	21.96	3.22
猪牛羊肉产量	万吨	5.17	1.90	4.53	0.65
水产品产量	万吨	41.73	28.18	32.73	18.39
全部工业总产值(当年价)	亿元	101.60	44.28	73.51	30.57
#乡及乡以上	亿元	46.68	33.36	37.03	22.23
客运总量	万人	1840	1301	1197	99
货运总量	万吨	1197	726	953	208
固定资产投资总额	亿元	25.81	16.36	34.75	23.49
#住宅	亿元	7.72	3.55		
房地产开发投资额	亿元	3.69	3.49	4.45	4.11
商品房销售额	亿元	0.87	0.82	6.14	6.14
出口贸易总额	万美元	8260		7548	
进口贸易总额	万美元	31395		27634	
利用外资签订协议总数	项	56	40	236	213
利用外资签订协议金额	万美元	19836	16007	56711	52727
实际利用外资金额	万美元	23184	20477	30125	29058
国际旅游人数	万人	0.51	0.50	0.59	
国际旅游收入	万美元	159	157	117	
地方财政预算内收入	亿元	5.87	4.45	5.33	3.86
地方财政预算内支出	亿元	7.96	5.87	6.88	4.57
银行年末各项贷款余额	亿元	71.63	54.65	72.31	52.80
每万名职工中专业技术人员数	人				
#中级职称以上	人				
城镇居民家庭人均生活费收入	元		5653		4969
农村居民家庭人均纯收入	元	2396	2577	1948	

注：表内各项产值均按当年价格计算。

(北海市政府供稿)

海　口　市

“八五”期间综合经济实力显著增强

“八五”期间，海口市以经济建设为中心，以改革开放为动力，突出建立和发展社会主义市场经济，经过全市人民的共同努力，实现了国民经济和各项社会事业持续、快速、健康发展，为“九五”和今后15年的发展奠定了比较坚实的基础。五年内，国内生产总值年均增长23%，1995年达93.77亿元，是1990年的2.83倍；财政收入年均增长45.1%，1995年达14.2亿元，比1990年增长5.4倍；全社会固定资产投资累计完成323.45亿元。

（一）全市工业总产值年均增长27.2%，1995年达46.8亿元（1990年不变价格），是1990年的3.3倍　罐头厂、制药厂、咖啡厂、饮料厂等一批老企业，通过改革和改造，已从过去的一般中小型企业一跃成为全国行业的重点企业；新建成了聚脂切片厂、帘子布厂、汽车冲压件厂、石英砂地板砖厂等一批大中型骨干企业，形成了新的生产能力，还有13万吨啤酒厂、10万吨马口铁厂、子午线轮胎厂等一批在建的骨干项目，将使工业发展增加新的后劲。全社会货物周转量年均增长116.3%，1995年达到221.14亿吨公里，比1990年增长46.4倍；港口货物吞吐量年均增长16.8%，1995年达到964万吨，比1990年增长1.2倍。

（二）农业总产值年均增长6.9%，1995年农业总产值达1.36亿元（1990年不变价格），比1990年增长39.5%　尤其是以“菜篮子”工程为主体的城郊型农业成绩显著，1995年全市蔬菜总产量达10.03万吨，肉类总产量7677吨，水产品总产量10676吨，禽蛋总产量2563吨，分别比1990年增长91.5%、90%、105.4%和9倍。全市乡镇企业总产值年均增长103%，1995年达到12亿元，比1990年增长5.15倍。已有六个乡镇产值超过亿元。农村集体经济发展壮大，全市农村股份合作制发展到32家。

（三）第三产业迅猛发展，已成为全市经济发展的重要支柱　第三产业增加值年均增长23.2%，1995年达64.13亿元，先后建立了果菜、粮食、农副产品、生产资料等一批批发市场和房地产、证券、期货、人才、劳务等一批高档次有形市场；建成了生生百货、乐普生商厦、望海楼第一百货商场、龙珠免税商场等一批初具规模的商业零售市场。全市商业饮食和服务网点成倍增加，一批高档宾馆、酒店投入运营。旅游是海口经济发展的新兴产业，1995年全市接待国内外游客150万人次，旅游营业收入10.3亿元，分别比1990年增长3.1倍和14.9倍。

（四）全市社会商品零售总额年均增长31.8%，1995年达49.90亿元，比1990年增长2.98倍　通过加强物价监管力度，增加市场有效供给，控制物价过快上涨成效显著，“八五”期间海口市物价上涨平均水平低于全国平均水平0.7个百分点，1995年成为全国35个大中城市零售价格涨幅最低的城市，比35个大中城市平均水平低4.1个百分点。

（五）全市商品进出口总额年均增长14.6%，1995年达到12.58亿美元，比1990年增长97.7%　其中全市自营出口创汇年均增长129.6%，1995年达到9353万美元，比1990年增长2.86倍。

（六）人民生活水平明显提高　1995年，全市职工平均工资达到8205元，比1990年增加5284元，扣除物价上涨因素，实际年均增长7.8%；城市居民人均生活费收入达6670元，比1990年增加4807元，扣除物价上涨因素，实际年均增长13.2%；郊区农民人均纯收入3013元，比1990年增加1232元，年均增长11.1%。1995年末，城乡居民储蓄存款余额达113.9亿元，比1990年末增长6.1倍，年均递增47.9%。居住条件改善，城镇居民人均居住面积从1990年的6.0平方米增加到10平方米，农民人均居住由1990年11平方米增加到20平方米。市政府并兴建4000套解困房，实施安居工程，解决城市居民住房问题。随着城市基础设施的改善，人民群众吃水难、行路难、乘车难、买菜难等问题已逐步得到解决。人民群众的生活质量、生活环境明显改善。

改革开放取得显著成效

“八五”期间，海口市面临新的发展机遇和重大挑战，始终把改革开放作为推动全市经济、社会快速发展的根本动力，不失时机地实施了一系列改革开放重大举措：开放粮食市场，放开商业流通，全方位实行价格改革；大胆引用国际通行有效做法，企业和项目审批制改为登记制；改革传统税务征管制度为申报制；着重有形市场建设，形成了覆盖全市包括生产资料、农副产品、粮食和房地产、证券、人才、劳务、技术、投资服务等门类齐全的市场体系；全面推行社会保障制度，实行退休、养老、工伤、医疗等社会保险制度的改革；转换企业经营机制，制定落实《企业法》和《条例》具体措施，大胆进行国有企业的联合、兼并、转产等改革办法，实行企业股份制和组建大型企业集团；进一步完善“小政府，大社会”体制，颁布“市区两级分权方案”，简政放权，充分发挥区级政府作用。实行政企分开，转变政府职能，拆关撤卡，提高办事效率，推行“一条龙”服务窗口制，强化为企业服务。所有这些改革开放的举措，使全市形成了社会主义市场经济的基本框架，有力地推进了对外全面开放和经济、社会持续、快速发展。现在海口市已拥有各类企业2万多家，其中外资企业5000多家，外资企业产值占全部工业总产值的24.2％。“八五”期间实际利用外资27.53亿美元，吸引内地资金210亿元人民币，一批基础设施项目利用国外政府贷款取得了突破性进展。

“八五”期间城市建设成绩斐然

“八五”期间，海口市城市建成区面积由25平方公里扩大到40平方公里，城市建筑总面积增加2倍。金融、金盘、港澳、海甸岛东部、美舍河、滨涯湖等开发区已具规模，现代化滨海城市的面貌已开始展现在世人面前。对城市道路进行新建、扩建，其中市区干道完成87条、133.9公里，改造市区小街小巷1000多条、92.7公里，建成了南大立交桥和19座人行天桥，城市交通明显改善。全市日供水能力从1990年的20万吨提高到50万吨；铺设污水管网78公里，建成小型污水处理厂2个，日处理30万吨的污水厂也已开始建设；扩建、新建14个变电站所。城市整体供水、排水、供电、交通、通信等基础设施得到很大改善。特别是邮电通讯事业发展迅速，1995年全市邮电业务总量6.26亿元，比1990年增长8.8倍。新增程控电话31万门，电话普及率达42.5％，位居省会城市前茅。

城市绿化取得突破性进展，五年植树113万株，种花木105万株，铺草坪183万平方米，市区绿化覆盖率达37.7％，人均公共绿地达到8.3平方米。万绿园、金牛岭公园和滨海公园向社会开放，给椰城更添光彩。随着城市建设的展开，海口市着力开展市容环境综合整治，市容市貌、城市环境发生很大变化，1992、1995年连续两次被评为“全国卫生城市”、“全国城市环境综合整治优秀城市”和“全国市政建设优秀城市”。

教育与科技事业有长足发展

“八五”期间是海口市对社会各项事业投资最大的五年，也是全市社会事业取得重大进步的五年。重点发展教育，五年政府用于教育总投入达6.06亿元，占同期财政支出的17.5％。全市新建校舍21.16万平方米，教师住宅14.4万平方米，全市中小学面貌发生了根本变化。在全市开展基本普及九年义务制教育达标活动，振东、新化两区已通过验收，秀英区争取今年达标。从硬件和软件两个方面，教学水平得到很大提高。1995年全市小学入学率达到100％，小学毕业升学率达98.5％，初中毕业升学率达到83.5％以上，高考入围率达到58.5％。同时，成人教育、职业教育、社会力量办学也有很大发展。“八五”期间，科技事业有明显进步，1995年全市科研和科技开发机构发展到63家，各类专业技术人员达到1.15万人，比1990年增长2.77倍。五年取得科技成果97项，40项获专利授权，50项获科技进步奖。

(海口市政府办公室　娄东风)

海口市国民经济主要指标

指　　标	单　　位	1995年		1994年	
		地　区	市　区	地　区	市　区
年底人口数	万　　人	48.3		46.29	
#非农业人口	万　　人	38.56		36.47	
土地面积	平方公里	245		236.4	
人口密度	人/平方公里	1971		1958	
年末劳动力资源总数	万　　人	43.09		42.99	
#乡村劳动力	万　　人	4.39		4.4	
国内生产总值	亿　　元	93.77		88.29	
农林牧渔业产值	亿　　元	2.95		2.59	
粮食产量	万　　吨	1.13		1.08	
蔬菜产量	万　　吨	10.03		6.70	
猪牛羊肉产量	万　　吨	0.54		0.29	
水产品产量	万　　吨	1.07		0.96	

续表

指　　标	单　位	1995年		1994年	
		地　区	市　区	地　区	市　区
全部工业总产值	亿　元	71.86		59.00	
#乡及乡以上	亿　元	68.88		55.98	
客运总量	万　人	4135		4376.5	
货运总量	万　吨	2662		1954.5	
固定资产投资总额	亿　元	62.09		96.09	
#住宅	亿　元	18.45		28.14	
房地产开发投资额	亿　元	24.84		36.36	
商品房销售额	亿　元	8.30		1.56	
出口贸易总额	亿　元	2.32		1.96	
进口贸易总额	亿　元	10.27		17.10	
利用外资签订协议总数	项	286		619	
利用外资签订协议金额	亿　元	9.57		12.11	
实际利用外资金额	亿　元	6.13		7.10	
国际旅游人数	万　人	3.51		2.93	
国际旅游收入	万　元				
地方财政预算内收入	亿　元	10.93		13.01	
地方财政预算内支出	亿　元	8.01		8.97	
银行年末各项贷款余额	亿　元	79.75		66.18	
每万名职工中专业技术人员数	人				
#中级职称以上	人	3178		2526	
城镇居民家庭人均生活费收入	元	6670		5736	
农村居民家庭人均纯收入	元	3013		2671	

注：表内各项产值均按当年价格计算。

(海口市政府供稿)

三　亚　市

国民经济发展概况

1995年，三亚市全年国内生产总值20.14亿元，(现价下同)比上年增长8.5％，其中第一产业增加值6.19亿元，增长15.7％；第二产业增加值7.64亿元，减少4.3％；第三产业增加值6.31亿元，增长17.1％。农林牧渔业总产值5.78亿元，比上年增长16.5％；工业总产值5.30亿元，比上年增长18.6％；社会消费品零售额6.31亿元，比上年增长19.6％；外贸出口5603万美元，增长1.4％；利用外资1.61亿美元，增长26.0％；涉外宾馆接待旅游过夜人数102.99万人，增长16.2％；旅游收入4.9亿元，其中涉外宾馆营业收入3.5亿元，增长18.2％；固定资产投资完成25亿元，比上年减少34.4％；地方财政收入1.94亿元，增长3.5％；职工年平均工资6049元，增长22.5％；农民年人均收入1679元，增长33.4％。

“八五”时期，国民经济呈快速增长。按1990年不变价计算，1995年国内生产总值14.56亿元，比“七五”期末增长214％，年递增25.7％；其中第一产业增加值4.65亿元，比“七五”期末增长84.8%，年递增13.0%；第二产业增加值4.89亿元，比“七五”期末增长389%，年递增37.40%；第三产业增加值4.97亿元，比“七五”期末增长356%，年递增35.5%。“八五”期间全市固定资产投资累计95.57亿元，比“七五”计划累计数增长10倍。“八五”期间地方财政收入、银行存款余款、社会商品零售总额、外贸进出口总值、旅游人数等分别年均递增35.9%、34.9%、19.5%、27.0%、23.5%。

农业 全市继续增加对农业投入，在积极发展粮食生产的同时，重点发展热带高效农业，狠抓蔬菜、热作、水果、畜牧、水产品养殖等生产基地建设，农业全面增长。全年农林牧渔业总产值5.78亿元，增长16.5%，其中农业总产值2.079亿元，增长13.4%；林业总产值1.56亿元，增长6.3%；牧业产值8968万元，增长43.8%；渔业产值1.24亿元，增长19.7%。在种植业中，除糖蔗停种、油料下降外，粮食、蔬菜、水果等主要农产品均有增长。粮食总产75653吨，增长8.0%；其中稻谷总产65486吨，增长16.6%。油料372吨，皆为花生，减少2.9%。蔬菜157537吨，增长16.8%。水果34451吨，增长143.1%。热带作物生产快速发展，至1995年末种值面积34.1万亩，增长3.8%；其中橡胶种植面积29.1万亩，增长2.5%。全市干胶产量11063吨，增长5.2%；椰子1189万个，增长31.7万个；槟榔2488吨，增长21.0%；腰果101吨，增长8.6%。林业生产稳定发展，全年完成造林面积22220亩，森林覆盖率达到46%。畜牧业生产快速发展，猪牛羊肉总产量9603吨，增长38.8%；猪牛羊出栏总量149867头，增长30.7%，全年水产品总产量30179吨，增长21.4%，其中海水产品产量29386吨，增长19.5%；淡水产品产量793吨，增长178.2%。农业生产条件进一步改善，1995年末全市农业机械总动力9.58万千瓦，增长33.1%，其中耕作机械1.23万千瓦，增长11.8%；农用排灌机械1.8万千瓦，增长16.1%；渔业机械0.51万千瓦，增长2.0%。农用化肥施用量1.95万吨，增长31.8%；全年农村用电量1587万千瓦小时。农田基本建设逐步加强，农田有效灌溉面积11万亩，增长10.0%。乡镇企业发展迅速，全年乡镇企业总产值6.04亿元，增长53.0%。

（二）工业 1995年工业生产保持稳定增长。工业总产值5.30亿元，增长18.6%。其中国有企业产值1.58亿元，减少38.5%；集体企业产值1.23亿元，增长92.1%；其它所有制企业产值3.39亿元，增长98.0%。主要工业产品产量：发电量11794万千瓦小时，增长40.5%；原盐产量1.2万吨，减少7.7%；水泥产量18.65万吨，增长11.7%；花岗石板材1.68万平方米，增长38.8%；木材0.08万立方米，减少27.3%；自来水供应量3041万吨，增长38.4%。国有工业经济效益有所好转，技术进步取得成效，共计开发项目2项，累计完成投资6842万元，其中外汇240万美元。重点工业项目15万吨水泥生产线已建成投产；与港商合作的金银首饰加工项目投产；金杯汽车项目部分投产；椰纤维项目进口设备正在安装；新开发的汽车倒车仪被国家经贸委列为“九五”重点开发新产品。

（三）交通运输 1995年全市货物运输量745万吨，增长10%；旅客运输量完成1080万人次，增长3.9%。全年货物周转量51137万吨公里，增长14.0%，其中铁路1701万吨公里，减少5.8%；公路48401万吨公里，增长14.3%；水运840万吨公里，增长22.6%；民航货运195万吨公里，增长10.5倍。全年旅客周转量117321万人公里，增长62.0%，其中铁路3329万人公里，减少32.3%；公路73950万人公里，增长13.1%；水运441万人公里，减少27.5%；民航客运39601万人公里，增长24.7倍。港口货物吞吐量44万吨，减少45.7%。

（四）邮电通讯 1995年完成邮电业务总量7369万元，比上年增长37.3%；年末市内电话发展到17974部，全年新增用户730户；年末农村电话1529部，全年新增用户1349户；电话普及率为4.46部/百人；1995年末移动电话用户2297户，全年新增用户725户；年末无线寻呼用户14449户，全年新增用户2867户；年末电话交换机总容量达25320门，比上年增长15.1%。发展农村公用电话100部、市内公用电话109部、磁卡电话55部，使全市公用电话达到447部。完成藤桥、榆林、海坡、新风路局共2.4万交换设备的安装，完成天涯——海坡等七个光缆线路及三个传输设备工程，建成一批乡镇邮电大楼。

（五）商业物价 城乡消费品市场继续活跃，1995年社会消费品零售额6.31亿元，比上年增长19.6%；扣除价格因素，实际增长5.1%。其中市区消费品的零售额5.24亿元，增长27.6%；乡镇消费品的零售额1.07亿元，减少8.2%，扣除价格因素实际分别增长11.9%和减少19.5%。城乡集市贸易成交额4.95亿元，增长65.6%，扣除价格因素实际增长44.4%。从经济类型看，公有制企业零售额下降，个体和其它经济类型企业零售额大幅度增长。全年国有企业零售额1.12亿元，减少32.4%；集体企业零售额1741万元，减少36.4%；以私营企业为主的其它经济企业零售额3.08亿元，增长62.7%。个体零售额1.94亿元，增长33.6%。

1995年市场物价上涨得到有效控制，涨幅逐月回落。但物价总水平涨幅仍然偏高。各类价格比上年上涨幅度为：社会零售物价指数12.3%，其中食品类15.2%，饮料、烟酒类11.3%，服装、鞋帽类13.7%，纺织品类14.7%，中西药品类15.5%，化妆品类14.9%，书报、杂志类11.5%，日用品类11.2%，家用电器类9.1%；农业生产资料价格指数17.8%；居民消费价格指数13.5%；农贸市场农产品价格指数12.8%。

（六）财政·金融 1995年地方财政收入1.94亿

元，比上年增长3.52%；地方财政支出2.55亿元，增长7.3%。一年来财税部门强化了税收征管，查补偷漏税1318万元，补征个人和单位出租房屋税收500多万元。1995年末全市存款余额38.92亿元，比上年末增长7.1%，其中国家银行存款余额22.86亿元，比上年末增长9.9%；年末全市贷款余额40.27亿元，比上年末增长19.5%；其中国家银行贷款余额25.99亿元，比上年末增长14.4%；全年国家银行货币净投放6.57亿元，比上年减少21.2%；年末城乡居民储蓄存款余额20.08亿元，比上年末增长8.7%。1995年完成国内保险承保额21.16亿元，比上年增长40.3%；收取保险费2885万元，比上年增长26.6%；付出赔款1216万元，比上年增长45.8%。

固定资产投资得到调控，城镇基础设施建设加快

固定资产投资　宏观调控效果明显，固定资产投资规模缩小。投资结构更趋合理，资金的投向以重点项目和基础设施为主，房地产投资继续降温。1995年全市完成固定资产投资23.74亿元，比上年减少37.7%。其中基本建设完成投资15.76亿元，比上年减少32.9%；更新改造完成投资0.73亿元，比上年减少68.4%；房地产投资5.97亿元，比上年减少45.6%；城乡集体、个体和其他固定资产投资1.28亿元，比上年减少3.8%。一、二、三产业和住宅建设投资情况是：第一产业投资0.72亿元，比上年增长215.4%；第二产业投资4.46亿元，比上年减少46.4%；第三产业投资12.96亿元，比上年减少43.8%；住宅建设投资5.6亿元，比上年减少14.4%。三次产业和住宅的投资比重分别是：第一产业占3.03%，比上年提高2.43个百分点；第二产业占18.79%，比上年降低3.02个百分点；第三产业占54.59%，比上年降低5.85个百分点；住宅投资占23.59%，比上年提高6.44个百分点。第一产业投资得到加强。

（一）重点工程项目进展较快　投资6.4亿元兴建的大中型项目崖13－1天然气田海南基地已完成，并正式向香港供气，1996年可向南山电厂、八所化肥厂供气；15万吨水泥生产线、青田水厂一期工程已建成投产，赤田水库灌溉工程、投资9000多万元兴建的亚龙湾中心广场已完成，中国'96休闲游在此处拉开了帷幕；日商投资3亿多元兴建的三亚国际高尔夫球场已建成营业；南都国际大酒店、中亚大酒店、明珠海景酒店等一批上档次的宾馆已建成营业；16000门市话扩建工程、亚龙湾高尔夫球场、南中国休闲会馆、珠江花园酒店、台亚航空广场、太平洋石油码头等一批大项目也正在加紧建设。

（二）市政建设进一步加快　市政道路投资3.5亿元兴建完成东河西路、榆林路二期工程、月川路西段、三亚湾路、旧机场路段、创业路、西河西路二期工程、新风路西段，扩建了田独至亚龙湾出口路，新建道路总长36838米。团结路完成主车道和地下管线的铺设。

（三）全年房屋施工面积达128.66万平方米，其中住宅68.98万平方米；房屋竣工面积46.91万平方米，其中住宅34.44万平方米；新增固定资产16.71亿元，固定资产交付使用率70.4%。

（四）进一步加强环境保护工作　《三亚市城市环境保护规划》已通过专家评审和市政府审批。对18家企业下达限期治理污染任务，已有9家完成、2家转产。对街头露天卡拉OK等娱乐场所和建筑施工噪音及宾馆发电机噪音严格管理。天涯水泥厂、三川水泥厂分别投入360万元和100万元进行烟尘治理。市里还重点抓好风景名胜区和自然景观的保护工作，清理违法采石点87个、砖厂2个、鱼塘6口、违章建筑3处、沙场2个。审批建设项目78个，环保投入1184万元。征收排污费120万元。抓好红沙污水处理厂筹建，已完成选址、规划、征址、拆迁、可行性研究和环境影响评价等工作，并被列入"中国21世纪发展议程"的第一批优先支持项目。全市自然保护区7个，其中国家级自然保护区1个，自然保护区总面积11665公顷。全年工业废水处理率10%；工业废气处理率73%；工业粉尘回收率90%。全市还完成道路绿地21.9公里，街头小游园绿地3800平方米，滨海绿化4.5公里约15.7公顷。

外贸及外资利用情况

外贸进口减少，出口略有增长。1995年进出口总额5677万美元，比上年减少13.4%，其中出口总额5603万美元，比上年增长1.4%。出口产品基地建设取得进展，市轻纺进出口公司在广西梧州创办年出口500万美元的丝绸织染厂，市五矿进出口公司在福建福州创办年出口150万美元的草柳织编厂，建成投产。市贸易局和市进出口商会组织有关企业到越南、泰国、新加坡等国考察并洽谈设立办事处或公司。积极参与边贸活动，开辟东南亚市场，搞活出口创汇。

（一）外引内联健康发展　1995年实际利用港、澳、台资和外资持续增长。批准港、澳、台商和外商企业25家，合同规定投资总额4590万美元，实际利用港、澳、台资和国外资金1.61亿美元，增长26.0%；实际利用国内外省资金15.1亿元人民币，增长16.0%。全市认真做好招商项目的前期准备，推出重点招商项目76个。香港中纬投资集团、香港和邦投资集团、法国地中海俱乐部、韩国大宇财团等相继到三亚市投资。台商在三亚市新办台资企业22家，合同投资658万美元。由荷兰政府贷款的禽畜一条龙生产线和奥地利政府贷款的污水处理厂等项目的建设均进入实际操作阶段。

（二）经济技术开发区建设进展顺利　荔枝沟工业

区调整完善了规划，完成市政设计，沁园大道动工兴建，对外项目招商取得进展，美国莎巴集团、海富制药厂等对该工业区有投资意向；梅山化工区、南山出口加工区前期工作顺利，项目招商取得突破性进展，中国海洋石油总公司投资的天然气大化肥厂拟选址在梅山化工区；亚龙湾国家旅游度假区已建成亚龙湾中心广场、亚龙大道、滨海大道及部分配套设施，一批酒店、度假村等陆续建设。

(三) 旅游业兴旺 至1995年度全市拥有涉外宾馆酒店43家，比上年末增加7家，年末涉外客房数4657间，比上年末增加951间，床位数9093张，比上年末增加1380张，全年涉外宾馆共接待旅游过夜人数102.99万人，比上年增长16.2%。其中国际游客48800人，增长9.5%，国内游客981194人，增长16.6%。全年旅游外汇收入501万美元，比上年增长7.3%，涉外宾馆营业收入3.5亿元，增长18.2%。全市接待国内外游客226万人次，旅游业收入4.9亿元。

(三亚市政府办公室 王怀中)

三亚市国民经济主要指标

指标	单位	1995年		1994年	
		地区	市区	地区	市区
年底人口数	万人	43.7		42.7	
#非农业人口	万人	26.7		26.3	
土地面积	平方公里	1919		1919	
人口密度	人/平方公里	228		223	
年末劳动力资源总数	万人				
#乡村劳动力	万人				
国内生产总值	亿元	21.1		19.1	
农林牧渔业产值	亿元	5.8		5.0	
粮食产量	万吨	7.6		7.0	
蔬菜产量	万吨	15.8		13.5	
猪牛羊肉产量	万吨	1.0		0.7	
水产品产量	万吨	3.0		2.5	
全部工业总产值	亿元				
#乡及乡以上	亿元				
客运总量	万人	1080		1039	
货运总量	万吨	745		677	
固定资产投资总额	亿元	23.7		38.1	
#住宅	亿元	5.6		6.5	
房地产开发投资额	亿元	6.0		11	
商品房销售额	亿元				
出口贸易总额	亿元	0.56		0.55	
进口贸易总额	亿元				
利用外资签订协议总数	项	27		62	
利用外资签订协议金额	亿元	1.9		1.4	
实际利用外资金额	亿元	1.6		1.2	
国际旅游人数	万人	4.9		4.5	
国际旅游收入	万元	4161		3872	
地方财政预算内收入	亿元	1.9		1.8	
地方财政预算内支出	亿元	2.6		2.4	
银行年末各项贷款余额	亿元	26.0		21.6	
每万名职工中专业技术人员数	人				
#中级职称以上	人				
城镇居民家庭人均生活费收入	元				
农村居民家庭人均纯收入	元	1679		1259	

注：表内各项产值均按当年价格计算。

(三亚市政府供稿)

举 措 与 经 验

(海岸城市专题介绍)

北京市实施八大科技系统工程

史 言

中共中央、国务院发布的《关于加速科学技术进步的决定》,明确提出了科教兴国战略,这对实现我国现代化和中华民族的振兴有着十分重要的意义。北京作为首都,在全国科技发展的总格局中居重要的战略地位。北京市的科技工作要更好地为党政军领导机关服务,为日益扩大的国际交往服务,为国家教育、科技、文化和卫生发展服务,为市民的工作和生活服务。这也是北京市各项工作都必须遵循的重要指导思想。根据中央《决定》和一系列指示精神,北京市全面贯彻科教兴国战略,加大科技进步推动经济和社会发展的力度,制定并开始实施八大科技系统工程。这八大科技系统工程的主要内容:

(一) 高新技术产业化工程 大力发展高新技术及其产业。到本世纪末,形成以电子信息、生物工程和新医药、光机电一体化及新材料等四大新兴产业为主导的高新技术产业群,使其成为21世纪北京经济发展的支柱产业。以北京新技术产业开发试验区为高新技术产业的重要试验基地,逐步完善一区多园的管理体制,培育、扶持骨干科技企业和企业集团,使其在建立现代企业制度上率先突破,在转化科技成果,开发高新技术产品上发挥主导作用。有条件的国有工业企业通过重组资源,向高新技术转化。争取到本世纪末下世纪初,形成一批产值超亿元的高新技术产品,有较强自主创新能力、在国民经济中有影响的10大企业集团,以及3至4个产业规模达几十亿元、上百亿元的支柱产业。同时,采取有力措施加强现有产业基地的建设和北大生物城、清华科技园等新基地的规划与建设,并逐步形成高科技产业带,在首都和京津冀与环渤海经济区域发展中做出新贡献。

(二) 现代化农业科技工程 充分利用现代科学技术成果,掌握现代经营管理方法,进行规模化、专业化、集约化、企业化生产经营,节约并保护好水土资源,实现经济效益、社会效益和环境效益的统一。到本世纪末,科技进步对农业的贡献率由现在的50%提高到60%。加强农业基础性研究和生物技术等现代高技术的研究开发及应用。围绕"菜篮子"和"米袋子"工程的发展重点,组织规模化试验和示范基地建设,近期重点抓好"三高"科技农业试验示范区、蔬菜和果园等示范基地。大力加强先进适用技术的推广,促进科技成果转化。进一步推动农科教结合,建立健全培训体系。

(三) 现代科技推动传统产业改造工程 围绕支撑北京经济发展的支柱产业及支柱行业的发展,加强关键技术、共性技术的研究。"九五"期间,将在先进制造技术、商业自动化技术和节能新技术等领域取得重点突破,大力推进工业技术和国际化质量认证工作,提高企业经营管理水平。大中型企业、企业集团要逐步成为技术开发、成果转化和科技投入的主体。建立健全科技开发机构,加强中间试验和工业化试验,加速高新技术的应用和产品开发的进程。积极引导、支持和帮助国有工业企业和乡镇企业与科研单位、大专院校及科技企业(集团)建立多层次、多种形式的联合与合作,形成更为紧密的科研生产联合组织。

(四) 信息服务与咨询产业化工程 对信息服务与咨询业,在政策、法规、税收、信贷、信息提供、技术支撑等方面,予以扶持和引导。认真组织好国家发展咨询产业试点城市的工作。发挥科技咨询业协会学术交流与行业管理的双重职能,引导咨询机构成为独立、客观、公正的智囊机构。

(五) 国民经济信息化基础工程 以"三金"(金桥、金卡、金关)工程为主导,建设高水准的、连通国内外的信息基础设施。"三金"工程建设将以工程带动产业和技术发展,以产业和技术进步支持工程建设,面向政府行政、工商、金融行业、科研教育事业、外贸和农村经济,以及市民日常生活,并按其不同的要求建立网络,提供信息服务。同时,发展和完善全市数据网络,建立国民经济与社会发展基础数据库,有计划地进行信息化知识、技能的培训教育等基础性工作。

(六) 城市管理现代化科技工程 在水电气热供应、交通、通信、城市防灾等领域,随着系统网络化规模的扩大,以安全、高效、节约为中心,建立城市宏观管理系统。采用先进的信息技术、控制技术和高效节能的产品与装备,逐步实现系统控制自动化,管理、服务信息化、智能化。重点做好地理信息系统和全球卫星定位技术在城市建设与管理中的应用;建立水电气热的管理网络系统,实现公用设施管理现代化;完善交通指挥、控制与实施监视系统,优化市区道路行车组织方案;建立健全城市灾害预测和应急报警及对策指挥系统,提高减灾防灾抗灾的能力。

(七) 社会发展科技工程 以人口、资源、环境为重点,加强社会发展领域的科学研究与技术开发,加强环境生态、社会安全、城乡建设等领域里的科技攻关,建立一批以科技为先导的示范工程。大力推广节能、节水及资源综合利用技术和污染治理技术;推动环境保护、劳动保护、资源综合利用和社会公益事业等领域里的产业发展。加强医学卫生领域的科学研究与科学管理。加快重点医学院校和学科建设,做好以常见病、重大疑难病和传染病为重点的防治技术研究,促进全市三级卫生保健网的发展,实现"一网多用"的功能。搞好社会发展综合实验区试点,使之成为科学技术促进社会经济协调发展的试验、示范窗口。

(八) 跨世纪科技人才工程 认真实施《中国教育改革和发展纲要》,发挥首都高等教育和其他各类教育在培养科技人才方面的主渠道作用,对专业技术人员进行继续教育。加速选拔培养一批跨世纪的中青年科学技术带头人和科技骨干。到2000年形成以百名学术和技术带头人为核心,千名科技骨干为主体的高水平中青年科技人才队伍。坚持在重要学术、技术岗位的实践中培养造就跨世纪的学术和技术带头人。在工人、农民、青少年中倡导推动技术革新和发明创造活动,从中选拔培养科技人才。建立科技人员奖励基金,对做出成绩的科技人员予以表彰奖励,特别突出的予以重奖。从政策上倾斜,使科技人员的收入增长快于全社会平均收入的增长水平。

天津市搞活大中型企业的举措

林凤兴

天津市是中国老工业基地,拥有众多的大中型国有老企业,这些老企业为国家做出过重要贡献,如今它们老化、陈旧,有的亏损严重,其出路何在? 1993年初,天津市政府就此作出响亮地回答: 用8年左右时间,以改革为动力,把国有大中型企业嫁接改造调整一遍。通过嫁接改造调整,企业要达到产品上档次,生产上规模,管理上水平,效益上台阶,机制实现转换的标准。这是国有大中型企业搞活存量,优化结构,提高经济效益,焕发青春的战略举措。

一、嫁接、改造、调整的作用

两年来,嫁接、改造、调整工作有了很大进展,取得了显著的成效。天津全市共有国有大中型企业748户,到1995年底,进行嫁接改造调整的已达329户,占总数的44%。通过嫁接改造调整,发展了一批高技术、高水平的产品,带动了工商业的发展,使一些濒于破产的企业获得了发展的生机,使一些长期亏损的企业扭亏为盈,使一批闲置的资产重新发挥了作用。达标企业产品、生产、管理、效益都上了一个新台阶,建立了新的企业经营机制。

(一) 嫁接改造使老企业注入新的活力 1995年,天津市工业系统国有大中型企业利用外资项目签约30项,实现嫁接改造企业19户,合同投资总额6.18亿美元,协议外资额3.25亿美元,利用外资继续保持良好势头。

嫁接改造使濒临破产的企业起死回生。天津照相机厂嫁接改造前产品落后,五年亏损,通过与韩国三星航空产业株式会社合资组建"天津光电子有限公司",产品技术含量和性能质量都发生了质的飞跃,80%出口远销美国、西欧,新推出的三倍变焦相机达到国际先进水平。

嫁接改造使实力强的企业更上一层楼。天津油墨股份有限公司是天津工业系统第一个实行股份制的企业,产品在国内处于领先地位,竞争能力较强,但从居安思危和攀登世界一流出发,和日本东洋油墨公司合资组建了天津东洋油墨(第一)有限公司,新建了天津东洋油墨有限公司,成为国内规模最大,设备和产品领先世界的企业。

嫁接改造使天津工业整体发生变化。合资企业在一部分行业已成为生产、效益的主体，并占有举足轻重的地位。1995年工业系统合资企业产值已占总产值的36％，其中属于大中型企业的57户嫁接企业占合资企业产值的57.6％。通过嫁接合资带动了一批中小企业的发展，仅为本田摩托车、雅马哈电子琴、奥的斯电梯等3家企业配套的天津厂家就有206家，配套产值5.64亿元。

(二) 技术改造使老企业增加发展后劲 1995年，天津工业系统国有大中型工业企业技改项目112项，完成年度投资额17.5亿元，验收项目58项，总投资23.2亿元，新增产值22.5亿元，新增利税2.7亿元。通过技术改造完成改造一遍的有28户，实现工业产值24.7亿元，利税2.3亿元。两年来累计通过技术改造完成嫁接改造任务的60户企业，1995年实现产值、利税分别占全市工业系统预算内企业的51％、67％，绝大部分是盈利企业。

(三) 兼并调整使老企业优化资产结构 1995年，天津工业系统通过兼并调整改造国有大中型3户，总资产1.1亿元，总负债9000万元，资产负债率81.8％，享受减免息1400万元。仪表三厂、仪表六厂和自动化仪表成套设备厂调整合并组建自动化仪表集团公司，转让仪表六厂的黄金地段及出租厂房，获一次性资金960万元和年360万元的租赁费，用于集团企业新的技术改造项目，使企业优势互补，形成新的企业格局。包装印刷公司兼并了第二制本厂，增大了包装印刷集团公司核心层的实力和整体竞争实力。

二、推动嫁接、改造、调整工作的作法

(一) 成立专门推动领导和工作机构 市属有关委、局成立了领导小组和办公室，各有关企业层层建立了目标责任制，责任落实到专人，定期考察。各委编制了八年国有大中型企业嫁接改造调整规划及近期实施方案。各单位坚持把对国有大中型企业的嫁接、改造、调整列入重点工作之一，作好改革、改组、改造与加强企业管理相结合，有力地促进了企业嫁改调工作的开展。

(二) 选择重点企业，积极推进现代企业制度试点 企业改革是嫁改调工作的动力。工业系统选择49户属于嫁接、改造、调整的大中型企业纳入现代企业制度试点。试点企业结合自身实际对试点内容大胆探索，搞了6种结合方式，即：与组建企业集团结合、与存量资产转让结合、与调整企业资产负债结构结合、与利用外资结合。从而把改革与嫁改调有机结合起来。

(三) 突出重点，加大利用外资工作的力度 利用外资是嫁改调工作的重要途径。天津在利用外资嫁接改造老企业的工作中突出了三个重点。一是着眼于大项目，特别是着眼于在技术和规模上能够带动行业发展的大项目，力争快谈判、快立项、快签约。二是着眼于为困难企业谋出路和利用外资尚未有突破的行业。三是着眼于行业发展规划，有目的地与大跨国公司、大财团联手。从而，较好地推广利用外资嫁接改造企业的工作。二轻局电冰箱公司是有名的亏损停产企业，为使企业走出困境，积极寻找合作伙伴，与南韩乐金电子株式会社正式签订了合同，吸引外资近5000万美元，项目设计产值13.9亿元，利税1.32亿元，预计1997年可投产见效。

(四) 多渠道争取资金，把技术改造与改革、改组和加强企业管理紧密地结合起来 1995年天津争取到国家各项专项贷款19亿元，比上年增加1.5亿元，有80％用于国有大中型企业的技术改造。按照国家经贸委技术改造要加大改革力度，加大投资力度的要求，经过项目企业和银行的共同努力，有21个企业列入国家"双加"项目计划。在技改工作中还加大了协调服务的力度，对嫁改调企业的技改项目重点倾斜支持，1995年完成投资达产项目180项，都取得了良好的经济效益，实现产值54.3亿元，利税8.6亿元。

(五) 发展企业集团，搞好企业的兼并调整 在国有大中型企业的调整中，天津突出了以骨干企业为依托，以名牌拳头产品为龙头发展企业集团实现资产重组，优化资产结构。结合工业局的管理体制改革，组建了天钢集团和天铁冶金集团。纺织行业结合企业制度试点，以国有大中型企业为依托组建若干企业集团。在实现盐碱联合重组渤海化工集团方面也取得了实质性进展。

(六) 配合企业嫁改调工作，开展产品配套工作 工业系统围绕汽车、移动通讯机、录像机、摩托车、冰箱压缩机等12种重点拳头产品组织开展产品配套工作，召开了全市工业产品配套工作会议，多次组织三资企业产品配套现场办公会，取得很好的成效。1995年完成新增配套产值12.4亿元，平均国产化率提高到58％。工业系统开展配套服务的厂家已达80余户，配套产品近百种。

辽宁省横跨世纪的三大战略

田鹏颖

1995年，辽宁省明确提出了全省经济和社会发展的根本思路：**加速发展社会主义市场经济，实施结构优**

化、外向牵动、科教兴省三大战略，坚持城乡、大小、多种所有制三个结合，力争用15年左右的时间，实现“第二次创业”的宏伟目标。这“三大战略”纵览全局，横跨世纪，是全省4000万人民集体智慧的结晶，是迎接新世纪、建设新辽宁的行动纲领。

结构优化战略就是继续强化农业基础地位，加速发展第三产业，重点优化第二产业，以提高经济效益为中心，面向国内外两个市场，坚持“两高一深”(即采用高新技术改造传统产业，大力发展高新技术产业，搞好资源、原材料深加工)方针，逐步把辽宁建成全国重要的新型原材料工业基地、重大技术装备基地和高新技术产业基地。到2000年，第二产业增加值达到2565亿元，年均递增10.2%，石化、冶金、电子、机械四大支柱产业增加值占全省工业增加值的比重由41%提高到51.6%，力争在技术水平、产品质量、经济规模、经济效益等方面，在全国占有一定优势，并带动轻工、纺织、建材、医药等行业的改造和发展，大力发展建筑业，扶持新兴环保产业;计算机及软件、现代通信、机电一体化、新材料、精细化工、生物制药6大领域20类高新技术产品的产业化步伐加快，初步奠定全省未来新兴主导产业的基础;择优扶持的30户大型骨干企业和企业集团实力壮大，在国内外市场具有一定形象和竞争力;非国有工业提高水平，快速发展，再造一批大中型企业;实施名牌战略，形成一批科技含量高、市场占有率高的拳头产品;煤炭、有色金属矿山、军工等行业在国家有关部门的帮助下，改造、调整、转产将取得重大进展。

外向牵动战略，就是把对外开放摆在牵动国民经济发展的战略地位，坚持抓开放、促改革、促改造、促调整、促发展;坚持外资、外贸、外经同时发展，推进开放向高水平、宽领域、纵深化方向发展;以搞好国有大中型企业为重点，以促进老工业基地改造调整为内容，带动国民经济运行质量和效益的提高;继续抓好以大连为“龙头”，以沈阳等中部城市群为腹地的对外开放，同时，加快以锦州为“窗口”的辽西地区的开放，逐步形成“三点一面”的外向型经济发展的新格局。本世纪末在利用外资，引进技术上，以搞好国有大中型企业为重点，坚持“以存量吸引增量，以市场换技术”的原则，围绕石化、冶金、电子、机械4大支柱产业及骨干企业、重点产品的改造调整和发展，加大招商引资力度，改进招商引资办法，直接利用外资32亿美元，实现800户大中型企业的“嫁接”改造，开业投产三资企业10000家。在对外贸易上，以扩大石化、机电、轻纺和创汇农业四个方面产品出口为重点，形成100种年创汇1000万美元以上的“龙头”产品，到2000年地方产品出口创汇达到100亿美元。在对外经济技术合作上，实行“一包两带”，以工程承包带动劳务和成套设备出口，到2000年工程承包总额达到9亿美元，外派工作和劳务人员达到4.5万人。

科教兴省战略就是坚持科学技术是第一生产力的思想，把教育摆在优先发展的战略地位，深化科技、教育体制改革，进一步发挥广大科教人员的积极性和创造性。到本世纪末，初步建立与社会主义市场经济相适应的新型科技、教育体制和运行机制，使经济增长逐步走上依靠科技进步和提高劳动者素质的轨道。加速科技成果向现实生产力转化，使科技进步贡献率提高到50%;围绕经济与社会发展中的重点、难点问题，组织实施一批重大科技攻关项目;跟踪世界先进水平，在发展具有辽宁省特点和优势的高新技术产业方面取得较大进展;在一些重要技术领域和学科、专业，培养出一批具有较高学术造诣的中青年学科带头人，建成一批高水平的重点实验室和工程技术(研究)中心。科普工作不断加强。初步确立适应未来发展需要的现代化教育体系，完成《辽宁省教育改革和发展纲要》提出的战略任务，巩固普及九年义务教育，国民人均受教育程度提高到9年;大力发展城乡多形式、多层次的职业教育，积极发展以岗位培训为重点的成人教育，提高企业职工和农村青壮年劳动力的文化、科技素质;推进高等教育体制改革，优化结构，提高质量，支持有条件的高校进人国家“211工程”，加速推进跨世纪人才国际交流与合作工程，使社会急需的应用型、复合型、外向型等各类人才基本满足需求。

“三大战略”辩证统一，不可偏废。“优化结构”是核心，“外向牵动”、“科教兴省”都必须紧紧围绕结构优化这个核心来进行。结构不合理，特别是第二产业内部结构不合理，是制约辽宁经济持续、快速、健康发展的直接原因，经济结构不合理，是辽宁经济特别是工业经济尤其是国有大中型企业效益下滑的同义语。改变这种状况，必须大力调整、优化经济结构。换言之，优化经济结构，是振兴辽宁老工业基地必须首先解决的问题，因而在“三大战略”中，“优化结构”是核心，是外向牵动和科教兴省的目的和归宿。“外向牵动”是条件，任何事物的存在和发展都必须具备内在的“根据”和外在“条件”，没有“条件”，“根据”也就失去了价值。“外向牵动”就是充分利用对外开放这一基本国策，扩大开放范围，拓宽开放领域，提高开放水平，以开放促调整、促改革、促改造、促发展，抓住了“外向牵动”，也就为“结构优化”和“科教兴省”创造了契机和条件。“科教兴省”是先导。科学技术是第一生产力，经济建设和社会发展必须依靠科学技术。科技进步、经济繁荣和社会发展从根本上说取决于劳动者素质的提高，而劳动者素质提高的基础在教育，没有科教兴省，没有科技，没有人才，所谓外向牵动，所谓优化结构，就失去了充分、必要的依托。所以，三大战略相互依存，相互制约，相得益彰，共同统一于重振老工业雄风，焕发老工业基地青春的第二次创业的伟大实践中。

大连市1995年重点抓好的18件实事

高 福 军

1995年，大连市从全市社会、经济发展实际出发，着眼城市环境效益、社会效益及经济效益，集思广益，精心安排，加大工作力度，重点抓好及落实十八件实事，取得明显成效。

（一）加大引资力度，扩大出口创汇 全年新批利用外资1187项，协议外资金额25.5亿美元。外资自营出口创汇25.2亿美元。完成赴韩国、新加坡、马来西亚、美国、加拿大、中东、日本及深圳招商活动，六次招商累计成交项目168项；协议外资金额5.1亿美元。开通了大连——大阪的空中航线，大连——澳门空中地区航线，使大连空港国际和地区航线增加到7条；新开通大连——仁川海上客货班轮国际航线。

（二）加速国有工业企业结构调整 嫁接改造老企业56户，完成合资合作项目116项，协议外资2.8亿美元；技改投资完成26.5亿元；全市搬迁改造共启动43户企业，已有15户企业完成搬迁工作，其中大型企业两户；瓦轴、大连铁路分局等9户企业现代企业制度试点已投入运作；全年兼并企业30户，实行国有民营15户。国有工业所办第三产业营业收入完成10亿元，比上年翻一番；国有工业增加值增长2.4%，利税增长10%，产销率为97.33%出口交货值完成47.1亿元，增长37.1%。

（三）增加农业投入，稳定粮食生产 全市新安排支农资金7700万元，其中市本级新增2900万元，县（市）区新增4800万元。开展了以修复水毁工程为重点的农田基本建设，4300项水毁工程全部修复。强化耕地资源的挖潜改造，新增农田灌溉面积20万亩，新增粮食播种面积1万亩。粮食总产量达123.4万吨。地方水产品产量完成了128.9万吨，产值达44.3亿元，分别比上年增长20.4%和44.9%。全市新栽名优果树1277.5万株，比计划增长1.13倍，水果总产量达到80.1万吨。

（四）乡镇企业快速健康发展 乡镇企业总产值达到1225.4亿元；利用外资282项，其中1000万美元以上项目10项；协议外资3.2亿美元；出口产品交货值完成104.7亿元；上缴税金8亿元。新办股份制和股份合作制企业1010家；新增“龙镇”10个，“虎村”40个。

（五）严格控制物价水平，抓好“菜篮子”工程 新增50个物价检查组，并落实了“菜篮子”、“米袋子”价格管理责任制。《大连市价格监督检查条例》、《大连市价格违法案件审理程序有关规定》和《大连市价格违法行为处罚细则》已发布实施。增加副食品价格调节基金1300万元。粮油准备充分，供应及时。全市全年零售物价总指数控制在13.6%以内，在全国35个大中城市中，排在第19位。5个规模化猪场一期工程竣工投产，新增商品猪7万头。新建蔬菜保护地4.6万亩。全市新建集贸市场55处，改扩建市场47处，分别超计划175%和135%。国家内贸部、辽宁省和大连市共同建设的大型粮食批发市场已于1995年9月开始营业，完成在国内处于领先地位的第三粮库机械化粮库建设；肉类批发市场已建成投入使用，预计年成交额4亿元。

（六）大力发展现代商业，繁荣区街经济 全市开超级市场25处，各类连锁店112个；利用外资29项，协议外资1.2亿美元。青泥洼桥商业城改造工程已竣工；青泥洼桥、天津街等繁华商业区的重要商场营业时间普遍延至21时；完善了服务项目，在全市商业系统推广百货大楼“15条龙”系列服务经验。服装批发商城已破土动工。在建成的三个大型生产资料市场中，机动车交易市场成交额12.3亿元、木材市场成交额8.9亿元、保税区生产资料市场成交额2.4亿元。市内四区实现利润比上年增长18%左右；上缴税金7.6亿元，增长30.5%。新发展个体工商户5.7万户，新增私营企业5943户。全市社会消费品零售额达272亿元，比上年增长45.2%。

（七）“引碧入连”三期供水工程全面展开 “引碧入连”三期供水工程经国家批准全线开工，北段16个项目破土动工；南段新建及扩建的两个净水厂主体工程及市内配水管线已开工，“引碧入旅”一条管工程已竣工。

（八）东西两段疏港路全线贯通 总长18.6公里的疏港路东西两段及主辅道路全线通车。打通、整治了西南路、西北路；完成香炉礁立交桥路面维修；整治马栏河、自由河工程开工。

（九）全面完成“普九”任务，抓好几大文教卫生设施建设 市内四区及旅顺几区、金州区、长湾县、开发区的“普九”工作已经辽宁省政府验收合格，北三市（瓦房店市、普兰店市、庄河市）的“普九”工作为基本合格。投资4亿元，建筑面积24万平方米的大连大学新校园已竣工投入使用。口腔医院主体工程已封顶，正在进行装修和配套建设。新的自然博物馆已开工建设，原动物园搬迁安置已完成，森林动物园建设已初具规模。全市新增电话用户12.4万户，安装公用电话7427部。

（十）三年消灭低洼棚户区 实现低洼区改造14处，搬迁安置3650户。完成住宅竣工配套186万平方米，维修改造险房6.5万平方米。完成安居解困房6000户。

（十一）改善公交车辆车况，整顿车容车貌 全市1995年共更新公交车辆258台，其中新式无人售票车170台，绞接式无轨电车48台，新型双层巴士40台。车辆整容和大中修完成1618台（次）。新建50个公交车站候车棚，全部完成了有轨电车路面覆盖。加强了出租汽车管理，完善了规章制度，加大稽查力度，开展了评"十佳"、"十差"竞赛活动，普遍提高了服务水平。

（十二）搞好城市垃圾除运改革 推广了袋装垃圾上门收运办法，取消了主次干道敞口垃圾箱1370个，更换加盖垃圾桶1200个，新增30台密封挤压垃圾车。

（十三）改造五大公园和两个广场，抓好城乡绿化 五大公园与两个广场改造完成年度任务。城市植树完成31万株，栽植各种花卉800万株，新增草坪100万平方米，人均公共绿地已达5.5平方米，完成绿化美化城市小区15个。农村绿化投入完成6453万元，比上年增加5成，其中，市本级850万元，增长66.67％，各县（市）区投入1814万元，各乡镇投入3789万元。四旁植树1012万株，高速公路两侧绿化1720公顷，海防基干林带封闭合拢158.5公里，新建园林式村庄101个，花园式单位541个。

（十四）抓紧重点工程建设 星海湾会展中心主体封顶，正进行设备安装和室内外装修。西太平洋石化公司500万吨合成氨工程试车成功，东风水库已竣工。大窑湾疏港路新建及扩建工程竣工并正式通车。春海热电厂已完成"两炉一机"安装，并部分投产供热。站前不夜城工程地下主体已平顶。大化煤气三期工程完成前期准备工作，新增燃气户3.05万户。马栏河污水处理厂动迁工程基本完成。

（十五）加快开发区建设步伐 全年，开发区新批外商投资企业141家，投资总额14.9亿美元，协议外资额0.93亿美元。基础设施投资完成7.43亿美元。工业总产值完成125亿元，出口创汇实现11.5亿美元。引进合同金额1000万美元的项目25个。5号路单幅路面全线贯通，拓宽动迁工程全部结束，绿化工作正在进行中；3号路已完成4公里双道路面，目前正抓紧打通高城山遂道；8号路已全线通车；湾里净水厂正在进行地上建筑物土建施工；湾里污水处理厂部分单体工程结束，正在做进口设备安装准备工作；燃气厂正进行可行性论证。

（十六）保税区加紧运作 1995年，保税区共批准三资企业项目113项，协议外资金额5301万美元。基础设施投资完成3763万元。1.43平方公里的保税区二期工程于1995年5月如期破土动工。

（十七）启动科技兴市"百亿"工程 全年实现新增产值28亿元。实施重点科技攻关56项，重大科技开发280项。高新技术产业园区引进高新技术项目13项，协议外资3000万美元；完成技工贸收入20亿元。七贤岭产业化基地基础配套工程已基本完成，由家村产业化基地配套工程正进行规划设计。

（十八）抓紧金石滩国家旅游度假区项目引进和建设开发 金石滩引进项目12项，协议外资8456.2万美元，完成基础设施建设2.28亿元。高尔夫球场于1995年10月对外正式营业。旅游码头水下工程及岸上护堤已经完成，基本具备船舶靠泊条件。

关于邯郸钢铁总厂管理经验调查报告

国家经贸委、冶金部

河北省邯郸钢铁总厂（以下简称邯钢）是1958年建设的老厂。1990年，邯钢与其他钢铁企业一样，面临内部成本上升、外部市场疲软的双重压力，经济效益大面积滑坡，当时生产的28个品种有26个亏损，总厂已到了难以为继的状况，然而各分厂报表中所有产品却都显示出盈利，个人奖金照发，感受不到市场的压力。造成这一反差的主要原因，是当时厂内核算用的"计划价格"严重背离市场，厂内核算反映不出产品实际成本和企业真实效率，总厂包揽了市场价格与厂内核算用的"计划价格"之间的较大价差，职责不清，考核不严，干好干坏一个样。为此，邯钢从1991年开始推行了以"模拟市场核算、实行成本否决"为核心的企业内部改革，加大了企业技术改造力度，加强了企业内部经营管理，坚持走集约化经营的道路，使效益大幅度提高，实力迅速壮大。5年来实现的效益和钢产量超过了前32年的总和，邯钢已由过去一个一般的地方中型钢铁企业跃居全国11家特大型钢铁企业行列。

一、抓住“成本”这个“牛鼻子”不松手，抓住“成本否决”这个关键不留情，抓住“效益”这个中心不动摇，是邯钢管理经验的关键所在

(一) 关于“模拟市场核算”的具体作法。一是确定目标成本，由过去以“计划价格”为依据的“正算法”改变为以市场价格为依据的“倒推法”，即：将过去从产品的原材料进价开始，按厂内工序逐步结转的“正算”方法，改变为从产品的市场售价减去目标利润开始，按厂内工序反向逐步推算的“倒推”方法，使目标成本等项指标真实地反映市场的需求变化。二是以国内先进水平和本单位历史最好水平为依据，对成本构成的各项指标进行比较，找出潜在的效益，以原材料和出厂产品的市场价格为参数，进而对每一个产品都定出“蹦一蹦能摸得着”的目标成本和目标利润等项指标，保证各项指标的科学性、合理性。三是针对产品的不同情况，确定相应的目标利润，原来亏损但有市场的产品要做到不赔钱或微利，原来盈利的产品要做到增加盈利。对成本降不下来的产品，停止生产。四是明确目标成本的各项指标是刚性的，执行起来不迁就、不照顾、不讲客观原因。如邯钢二炼钢分厂，1990年按原“计划价格”考核，该分厂完成了指标，照样拿了奖金，但按“模拟市场核算”实际亏损1500万元。1991年，依据“倒推”方法确定该分厂吨钢目标成本要比上年降低24.12元，但分厂认为绝对办不到，多次要求调整，总厂厂长刘汉章指出：这一指标是根据市场价格“倒推”出来的，再下调就要亏损，要你们吨钢成本降低24.12元，你降低24.11元也不行，不是我无情，而是市场无情。于是，该分厂采用同样的“倒推”方法，测算出各项费用在吨钢成本中的最高限额，将构成成本的各项原材料、燃料消耗、各项费用指标等，大到840元一吨的铁水，小到仅占吨钢成本0.03元的印刷费、邮寄费，逐个进行分解，形成纵横交错的、严格的目标成本管理体系，结果当年盈利250万元，成本总额比上年降低了2250万元。1994年，该分厂的总成本比目标成本降低3400万元，超创内部目标利润4600万元。

(二) 关于“实行成本否决”的具体作法。一是将产品目标成本中的各项指标层层分解到分厂、车间、班组、岗位和职工个人，使厂内的每个环节都承担降低成本的责任，把市场压力及涨价因素消化于各个环节。实行新经营机制的第一年，总厂28个分厂、18个行政处室分解承包指标1022个，分解到班组、岗位、个人的达10万多个。目前全厂2.8万名职工人人身上有指标，多到生产每吨产品担负上千元，少到几分钱，人人当家理财，真正成为企业的主人。二是通过层层签订承包协议、联利计酬把分厂、车间、班组、岗位和职工个人的责、权、利与企业的经济效益紧密地结合在一起。三是将个人的全部奖金与目标成本指标完成情况直接挂钩，凡目标成本指标完不成的单位或个人，即使其他指标完成得再好，也一律扣发有关单位或个人的当月全部奖金，连续3个月完不成目标成本指标的，延缓单位内部工资升级。四是为防止成本不实和出现不合理的挂帐及待摊，确保成本的真实可靠，总厂每月进行一次全厂性的物料平衡，对每个单位的原材料、燃料进行盘点。以每月最后一天的零点为截止时间，次月2日由分厂自己校对，3日分厂之间进行核对，在此基础上总厂召开物料平衡会，由计划、总调、计量、质量、原料、供应、财务等部门的负责同志参加，对分厂报上来的数据与盘点情况进行核对，看其进、销、存是否平衡一致，并按平衡后的消耗、产量考核各分厂目标成本指标完成情况，据以计发奖金。除此之外，每季度还要进行一次财务物资联合大检查，由财务、企管等部门抽调人员深入到分厂查帐。帐物不符的，重新核算内部成本和内部利润；成本超支，完不成目标利润的，否决全部奖金。5年来，全厂先后有79个厂(次)被否决当月奖金，有69个分厂和处室被延缓工资升级时间。

(三) 调整内部机构设置，保证内部管理新机制的高效运转。一是精减机构，1990年到1995年总厂和分厂的管理科室从503个减到389个，管理人员从占职工总数的百分之十四减到百分之十二。二是充实和加强财务、质量管理、销售、计划、外经、预决算、审计等管理部门，进一步强化和理顺了管理职能。实行模拟市场核算和成本否决，对财务工作提出了更高的要求，先后在原料、销售、外经等处室增设了财务科，作为财务处的派出机构，以加强内部经济核算工作。为加强财务集中管理，强化全厂资金调度，将各分厂处室的财务科归由总厂财务处统一管理。为强化质量管理，将原来主要负责产品质量监督的质量监督处扩编为质量管理部，配以总支建制，使其得以有效地对全厂质量工作负责，实行从原材料进厂检验到工艺过程监督和产品发出后质量跟踪“一条龙”管理，并突出抓好原料入厂关，堵塞物料进厂中弄虚作假的漏洞。严把工序操作关，促进了产品质量的提高。三是实行“卡两头，抓中间”的管理方法。一头是严格控制进厂原材料、燃料的价格、质量。仅此一项，从1992年以来总共降低成本9000万元；另一头是把住产品销售关，建立集体定价制度，确定最低销售价格；抓中间就是抓工序环节的管理，不仅抓生产过程中的“跑、冒、滴、漏”，而且将各项技术经济指标进行横向比较，以同行业先进水平为赶超目标。在1991年和1994年两度市场疲软中，许多钢厂产品滞销，库存增加，邯钢却靠物美价廉始终保持着较高的市场占有率。1995年产销率达百分之百。

二、有效推进了企业经营机制和增长方式的转变，大幅度提高了企业的经济效益，是邯钢管理经验的成效所在

(一) 推进了由计划经济体制向市场经济体制的转变。“模拟市场核算”，使企业内部核算的“价格”与市场的实际价格接轨，分厂、车间、班组和职工个人，通过以目标成本指标为核心的新的内部考核指标体系，直接感觉到了市场压力，为适应市场的变化，他们从简单的算帐开始，逐步面向市场，寻求发展。企业的经营目标，由过去片面追求产量、规模转向追求效益，企业的经营重心，由过去的重生产转向重市场营销，使企业由以生产为中心转向以效益为中心，把降低成本作为提高企业竞争力和效益的主要手段。

(二) 推进了增长方式由粗放经营向集约经营的转变。一是通过全员、全过程的成本管理，最大限度地发挥了资产存量的效能。1995年邯钢主体设备43项技术经济指标，有百分之六十五进入同行业的前三名。其中，转炉利用系数比同类企业高出一倍。二是精心计算投入产出，合理有效地利用资源。目前邯钢的吨钢能耗已处于同行业先进水平，年节能90万吨标准煤。三是推动了技术进步。以不断的技术进步促进降低成本，降低成本也为企业技术改造积累了资金，生产经营和技术改造进入了相互促进的良性循环。技术改造紧紧围绕降低成本、提高效益进行，决策更加科学合理。一方面围绕制约生产能力的薄弱环节进行配套改造，使企业综合生产能力得到了充分发挥。另一方面，以降低成本、提高质量和效益为目标，积极采用新工艺、新技术，在全行业第一个实现全连铸。“八五”期间生产性投资为24.76亿元，吨钢投资不足2400元，仅相当新建同类钢厂所需投资的三分之一；全员实物劳动生产率从41吨钢增加到74吨钢，增长了百分之八十，基本实现了增钢不增人，新增的钢产量主要是通过采用百分之百的连铸、部分炉外精炼、百分之九十以上的产品一火成材轧制等先进技术和工艺实现的，体现了结构优化、节能降耗。同时，坚持从实际出发、量力而行的原则，较好地处理了技术先进性和效益合理性的关系。自己研制改造7台连铸机，性能达到进口设备的标准，投资却比引进设备节省了一半。

(三) 促进了企业内部管理工作。一是把各方面的工作统一到了降低成本、提高效益的目标上，增强了企业的整体功能。二是职工对计量、检测、定额及原始记录更加认真，班组建设、标准化操作等企业的基础管理工作进一步加强，企业的管理体制也按照市场经济的要求不断调整和完善。三是企业的管理重心，从实物管理转向价值管理。从投入开始就进行价值量的计算，产供销等各环节都以成本、效益为中心运作，资金管理和财务管理成为企业管理的中心，从而使成本管理成为全员、全过程的管理。

5年来，邯钢坚持走集约化经营的道路，大幅度提高了经济效益，进入了低投入高产出的良性循环。1991年到1995年的5年间，产品销售收入由10.2亿元增加到50亿元；上缴税款由1.6亿元增加到4.3亿元；实现利润由0.5亿元增加到7亿元，平均年递增率达百分之九十三点四；钢产量由110万吨增加到215万吨；总资产由27.83亿元增加到76.4亿元，净资产由10.42亿元增加到46.9亿元，资产负债率从百分之六十二点五四下降到百分之三十八点六。

邯钢的实践证明，国有企业适应建立社会主义市场经济体制要求，必须在转换经营机制的基础上转换经营方式，切实转变经济增长方式，这样才能充分挖掘企业的内部潜力，提高企业的整体素质和市场竞争力。邯钢的作法为国有企业实行从传统的计划经济体制向社会主义市场经济体制、从粗放经营向集约经营两个具有全局意义的根本性转变提供了借鉴经验。

(原载《经济日报》1996年1月25日)

正确处理六个关系加快秦皇岛的发展

白 焕 新

秦皇岛市是1984年国务院确定的全国14个沿海开放城市之一。对外开放以来，特别是“八五”期间，始终坚持“打基础、求发展”方针，国民经济持续快速发展，综合经济实力明显增强，对外开放成效显著，投资环境日臻完善，为实施“九五”计划奠定了坚实基础。到本世纪末，秦皇岛将初步建立起社会主义市场经济体制，国内生产总值比1980年翻三番半以上，人均国内生产总值及主要经济技术指标增幅走在全省前列，在建设外向型、高科技、大规模的现代化工业港口城市中迈出决定性步伐，初步建成全省两个文明最好，人民生活质量最高的花园式城市，跨入经济强市和精神文明强市行列。为确保这一宏伟目标的实现，市政府提出，要积极推动两个根本转变，继续实施“科教兴秦、开放带动和以港兴市”三大主体战略，坚持“城乡一体、外向带动、

科技先导、产业振兴”四个着力点，正确处理以下六个方面的关系：

一是解放思想和加快发展的关系 秦皇岛市近年来的改革开放和现代化建设所取得的显著成就，是思想不断解放的结果，但与沿海先进地区相比，差距是显而易见的。我们同处沿海，同时起步，条件各有优劣，同样享受国家的优惠政策，人家在发展上快于我们，说到底还是个思想观念、思想解放的问题。人家说的我们说不出；人家想的我们想不到；人家已做过多年的，我们感到新鲜；人家在“八五”期间做过的事情，我们还认为“超前”，人家在“九五”期间着力抓好的，我们有的还在犹豫。思想解放是个常说常新的话题，我们现在继续讲解放思想、更新观念，是发展的需要。秦皇岛市要发展要进步，就得继续解放思想，更新观念，把思想解放做为加快发展的先导，以思想大解放促进经济快发展。

二是内涵发展与外延发展的关系 秦皇岛市的经济发展中，经济规模偏小，经济总量不大仍然是比较突出的矛盾，在今后相当长一段时间内，我们要在投资结构上治“散”，在增长方式上治“粗”，在经济效益上治“低”，不能笼统地限制发展速度、限制上新项目，高效益、高质量的速度越快越好，高产出、高科技的项目越多越好。不然，很难立于河北之林，很难立于中国之林，更谈不上走向世界。

三是发展国民经济和发展社会事业的关系 坚持发展是硬道理，更快更好地把经济搞上去，增强经济实力，社会发展才有坚实基础。因此，“九五”期间，我们对经济和社会发展要统筹兼顾，在集中精力搞好经济建设，大力增加总体经济实力的同时，根据具体情况和不同的发展阶段对社会事业做出合理安排，使之协调推进，共同发展。

四是发挥优势和弥补劣势的关系 港口、旅游、区位是本市的三大优势，但其中都有制约因素。因此，就秦皇岛市来说，不仅有个发挥优势、强化优势的问题，而且也有个利用人的因素，去克服和弥补劣势的问题。要看到优势中的劣势成份，不能躺在优势上高枕无忧。也要从劣势中看到有利因素，不能一味强调劣势而悲观失望。资源是经济发展的必备条件。我们要增强主动性，借助市场最大限度地发挥资源优势，决不能用狭隘的地域眼光看待资源优势，以至造成有资源优势反而利用不好，发展不快的被动局面。

五是打基础和快发展的关系 打基础是一个历史的过程，从这个意义上讲，打基础的工作永远不会完结。我们的责任是为官一任，发展一方；我们的思维、眼光却不能只重眼前，不顾长远，只看一方，不顾全局。要有全局的、整体的、长远的眼光，不求急功近利，不做表面文章，不搞冷一阵、热一阵。为了更好更快的发展，为了积蓄发展后劲，扎扎实实地做好打基础的工作。过去求发展时期需要打基础，现在快发展时期仍需要打基础。

六是经济工作中抓人与抓物的关系 做什么工作都要以人为本。人才是经济建设和各项事业发展的第一要素。“九五”期间，要实现大跨越、求得快发展，就要有高素质的班子，高素质的队伍，高素质的人才。要讲政治，在全市人民中大力倡导锐意改革、团结拼搏、枪挑重担、争创一流的可贵精神。要尊重人才，引进人才，培养人才，合理使用人才。制订吸引人才、智力的优惠政策和平等竞争的用人政策，创造人才辈出的良好环境，促使人才资源转化为发展资源。

沧州市建设现代化化工城的三大措施

邹双林　陈　哲

1995年初，国家化工部和河北省正式确定联合建设沧州化工城，使沧州成为全国继吉林、泸州之后的第三座现代化化工城。

沧州市建设化工城具有较强的资源优势、区位优势、产业优势和人才优势。这里土地辽阔、资源丰富、交通通讯事业发达。全市现有土地1.4万平方公里。辖区内有大港、华北两大油田。其石油地质储量为15亿吨，年产量1212万吨；天然气地质储量为282亿立方米，年开采量7.7亿立方米。95公里的海岸线上，有着极为丰富的盐业资源，现有盐田总面积48万亩，年产量达150万吨。沧州地处“两环”(环京津、环渤海)交汇地区，交通条件十分优越，京沪、京九两条铁路和104、106、205国道及京杭大运河纵贯南北，307国道和正在建设中的神黄铁路横贯东西。另外还有沧州至保定的省级干道，有沧河、沧盐、沧黄等公路，形成了纵横交错、四通八达的铁路公路网。目前，黄骅港已建成两个码头：一是两个1000吨级泊位的煤码头和杂货码头，设计年吞吐量75万吨；二是两个3000吨级码头。3.5万吨级黄骅大港工程的引堤护岸、取土填方等前期工程正紧张有序地进行，建成后的黄骅大港将是河北、河南、山西、陕西、内蒙等部分地区的最为便捷理想的出海口。化学工业早已成为沧州市的支柱产业，现已具备较好的基础和规模。目前，全市有年处理原油150万吨的沧州炼油厂。年产合成氨30万吨、尿素48万吨的沧州化肥厂。年产烧碱8万吨、树脂6万吨的沧州化工厂以及沧州农药化工厂、有机合成化工厂、染料化工厂、黄骅氯碱厂等大小化工企业600多家，固定资产30多亿元。1995年，全市乡及乡以上化工企业产值达39.3亿元，实现利税6.5亿元，分别占全市工业总产值的25.7%和44.2%。现已形成了基本化工原料、化学肥料、农药、有机化工、日用化工、橡胶制品以及化工机械等18个行业。其产品聚氯乙烯树脂占全省同类产品总量的58.5%，烧碱占35.8%，化学肥料占17.3%。沧州市的化学工业起始于1913年泊头火柴厂建立，60至70年代得到较大的发展，至今已积累了丰富的经验，也培养锻炼了一大批技术管理人才。同时，建有专门培养化工人才的中等专业学校——沧州工业学校，还有15所职业中学，这些学校不断地调整发展自己以适应全市化学工业的发展，为全市的化学工业培养了或正在培养着大批专用人才。

按照《沧州市化学工业发展规划》的要求，到2000年，沧州市的化工产值将达到75亿元，利税总额20亿元。其主要化工产品，烧碱15万吨，尿素48万吨，甲苯二异氰酸脂2万吨，聚氯乙烯5万吨，塑料制品8万吨，原油加工量400万吨。为确保这个目标的如期实现，将重点采取以下三项措施：

一是上项目抓技改，形成大的化工集团　“九五”期间，沧州市将集中精力，下大功夫抓“三龙”促“三区”，以“龙”带项目，以“区”造优势。逐步形成几个大的化工集团。

抓“三龙”，就是以沧州炼油厂为“龙头”，上设施，搞技改，增能力，重点抓好250万吨常减压装置、100万吨延迟集化装置、20万吨重整装置、80万吨加氢精制装置、聚丙烯装置等10个总投资超14亿元的项目。以沧州化肥厂在建的总投资8.6亿元的TDI项目的“龙头”，抓好与之配套的年产1万吨的聚氨脂涂料，年产1万吨聚氨脂高档建筑防水材料，年产1000吨聚氨脂硬质、半硬质泡沫塑料，年产5000吨聚氨脂材料，年产1000吨聚氨脂胶粘剂、氨纶等项目。以沧州化工厂为“龙头”，建设氯碱工业基地，突出抓好与TDI配套的烧碱、盐酸、聚氯乙烯的生产能力的扩大；与沧州炼油厂改造相结合，以该厂的丙烯为原料生产环氧丙烷、丙二醇和聚迷；与TDI产品配套进行深加工，生产聚氨脂系列产品。同时，相应发展医药化工、农药化工、染料及中间体。

促“三区”，就是通过上项目促进三个化工区的尽快形成和完善。一是位于市区东北12公里处的石油化工区。这里位置优越，发展余地大，且区内有12万平方米的中国化工部器材库，建设中的TDI及后续项目，正在谋划中的30万吨乙烯项目均在该区之内。二是黄骅氯碱工业区。这里地处朔港铁路附近，距建设中的黄骅大港较近，可借助便利的运输条件，发挥附近33个盐场的优势，依托现有的黄骅氯碱厂，逐步形成氯碱工业区。三是黄骅滨海地带综合化工区。这里距黄骅港、黄骅电厂、扬埕水库较近，有较好的运输条件和较完善的基础设施，依托3000吨级化工码头，采取更加优惠政策，吸引国内外客商，上一些大进大出的化工项目，逐步形成深加工化工机械综合区域。

二是强化产品开发，多出“拳头”产品　首先，维护好现有的“拳头”。目前，铁狮牌尿素、200#溶剂油、90#和70#汽油柴油、液化气、聚丙烯、烧碱、树脂、液氯、盐酸等30多个产品分别获省部级以上优质产品的称号，畅销全国20多个省市自治区和东南亚等国际市场。要保持其声誉，首先，就要改变过去评价产品质量标准的“符合”观念，树立满足用户需求的“服务”观念；改变单一目标的质量管理方法，建立健全以产品质量为中心的整体质量保证体系，大力推进全面质量管理，使质量工作溶于企业的生产经营系统之中，从而强化企业保“拳头”的质量基础。其次，树立科技创新意识，在化工城建设中，我们将着力培植技术创新机制，通过加强同京津及省大中专院校和科研单位的联系，加强与先进地区的“横向联合”，进一步发展具有较大规模的化工教育、科研、设计等配套行业，逐步加大技术开发的投入，引进先进技术和专门人才，促进化工产品升级换代、推陈出新。第三，实施名牌战略。按照市场需求，结合本地实际，不断扩规模上水平，培养名牌产品，靠名牌占领市场，靠名牌振兴化工行业，靠名牌建设经济强市。

三是依托交通优势，建立化工大市场　沧州交通十分便利，随着化工城的建设，将进一步研究、培育、发展和完善化工市场，通过发展高档次、大跨度、多功能的大型化工市场，进而与国内、国际市场接轨。具体将从三个方面做起。首先，坚持大规模高档次。适应社会主义市场经济形势发展的需要，从规划设计到建设施工，都坚持高标准、高水平、高质量。其次，整体配套、功能齐全。既搞好市场设施的硬件建设，同时又注意搞好市场经济所需的政策、法规建设；不仅考虑到业务经营，同时还要考虑到交通、通讯、仓储及其他生活服务等。第三，坚持大跨度、广辐射。冲破地域界限、地方保护等传统观念的束缚，努力把沧州建设成为华北地区第一大型化工产品集散地。不断增强市场的吸收和辐射功能。

潍坊市大力发展自营进出口　积极促进对外开放

贾延庆

近几年来，潍坊市紧紧抓住外贸体制改革带来的机遇，把发展自营进出口作为建立"大经贸"格局，扩大对外开放，加快经济发展的关键措施来抓。实行政府大力组织，企业积极参与，部门协调配合，培植骨干起步的综合措施，积极帮助企业争取自营进出口权，努力创造条件，让企业把权用足用活，做到争取一个，成功一个，使企业自营进出口有了长足的发展，一年一个大台阶。1993年自营进出口企业发展到12家，创汇2003万美元;1994年达到32家，创汇8661.9万美元;1995年达到69家，创汇2.43亿美元。企业自营进出口业务的开展和扩大，一方面优化了企业产品结构，扩大了生产规模，降低了生产成本，提高了企业经济效益。另一方面，促进了企业与国际市场的接轨，使更多的企业参与国际市场的竞争，加快了对外开放的进程。潍坊市在发展自营进出口工作中的主要做法是:

一、坚持骨干带动，努力扩大自营进出口队伍

发展自营进出口，首先必须建立一支强大的队伍。潍坊市从自身实际出发，按照"抓住抓好大的，放开放活小的"的指导思想，在壮大自营进出口队伍中，重点抓了三个方面的工作。一是积极培植骨干，壮大企业规模。潍坊市把壮大自营进出口队伍的重点放在壮大企业规模上，打破行业隶属关系、所有制界限，通过联合、兼并、控股、租赁、有偿转让等多种形式，促使存量资产向优势企业、优势产业流动，不断膨胀企业规模。具体工作中，重点实施了"双十"工程，即组建完善海洋化工、同心、华光、化纤、烟草、巨力、诸城外贸、山东兴华、医药、亚星十大企业集团，形成柴油机、轻型运输车、通讯设备、电子出版及办公自动化系统、海洋化工产品、氯化聚合物及制品、新型建筑材料、高支高密织物及装饰布、服装、医药及保健品等十大名优拳头产品。对外贸企业，坚持走"三化"建设的路子，牢固树立实业兴贸的思想，从单一经营转向多元化、实业化、规模化经营，不断发展壮大外贸企业的实力，增强出口创汇能力，累计兴办外贸自属企业130多家，由于把工作的着重点切实放到了工业企业集团及外贸专业公司上，在较短的时间内，迅速涌现出了一批出口创汇大户。1995年，出口创汇在500万美元以上的企业达到11家，过千万美元以上的企业达到7家。十大企业集团出口创汇额达9800万美元，占全市自营出口创汇总额的40%。二是依靠集团带动，形成整体优势。对于不具备自营进出口条件的中小企业，采取兼并联合的形式组成集团，开展自营进出口业务，做到搭船出海。如潍坊柴油机厂生产的"同心牌"柴油机在东南亚地区享有较高的声誉，出口产品供不应求。而潍坊市机械行业的纺织机械厂、华丰机器厂、山潍拖等企业，因为规模小，产品更新换代慢，难以进入国际市场，针对这一现状，经市政府研究决定，以潍坊柴油机厂为基础，组建潍坊同心(集团)公司，依靠潍柴的技术、人才和管理优势，对集团内企业进行全方位改造提高，并借助潍柴的销售网络和销售力量，把这些企业的产品推向国际市场。同心集团成立后，经过两年的改组、改造、调整，原来的几个企业生产经营实现了国际化。原华丰机器厂年出口195、495发动机达21000多台，创汇近400万美元。原纺织机械厂通过在孟加拉、巴基斯坦包建纺织厂，迅速打开了市场，1995年与孟加拉签署了1500万美元的纺织成套设备出口项目。三是争取一个，成功一个，发挥群体效应。对已争取自营进出口权的企业，不论规模大小，都从培训人才、建立渠道、增加投入入手，积极鼓励、支持其发展、扩大进出口业务，努力做到争取一个，成功一个，见效一个。目前，全市除部分新批权企业外，其它有自营进出口权的企业基本上全部开展了进出口业务。

二、用足用好自营进出口权，积极占领国际市场

为了把自营进出口权用足用好，尽可能地占领国际市场，潍坊市在进行企业组织结构调整，壮大企业规模的同时，重点抓了以下三点:

一是坚持以进养出　在国内市场原材料价格上升的情况下，鼓励企业坚持两条腿走路，大胆从国际市场上引进质优价廉的原材料，以保证出口产品的正常生产，形成以进养出，进出结合，大进大出的良性循环。如潍坊化纤厂去年进口木浆6700吨，棉短绒700吨，大力开展来料加工业务，每吨木浆、棉短绒分别比国内价格低700元、300元。既保证了粘胶长丝的出口生产，又提高了企业效益。1995年该厂出口创汇达到1749万美元，比上年增长145%。诸城外贸集团公司在国内饲料原料价格上涨幅度较大的情况下，从国外进口了16.5万吨玉

米，解决了饲料不足的问题，保证了肉食鸡生产出口，出口创汇3800万美元。1995年诸城市进出口总额达到4750万美元，比上年增长32.5％。

二是坚持以质取胜 质量是企业的生命，为使企业在竞争日趋激烈的国际市场上站稳脚跟，潍坊市把功夫主要用在提高企业产品质量上，走以质取胜的路子。一方面结合开展管理效益年活动，从严格制度入手，加强企业质量管理，保证出口产品质量。潍坊第二印染厂的十笏园牌印染布之所以70％以上出口，占领了东南亚和日本市场，1995年出口创汇达到2300万美元，靠得就是加强企业内部管理，确保产品质量和企业信誉。另一方面，围绕国际市场需求，积极引进先进设备，改造老企业，提高产品档次。潍坊亚星化工集团公司在企业非常困难的情况下，大胆从德国引进氯化聚乙烯整套生产设备，使企业跨入全国500家最大化工企业行列，生产能力居亚洲之首，产品出口美欧、非和东南亚10多个国家和地区。1995年出口创汇500多万美元。再是引导企业按照国际质量认证标准组织生产。目前，同心集团已取得ISO9000系列质量认证。其它获得自营进出口权的企业，也正在积极创造条件，争取获得认证。

三是坚持以多求活 在贸易形式上，坚持灵活多样，一般贸易、易货贸易、"三来一补"多种方式齐头并进。在出口产品上，坚持多品种，多规格。在抓好大型工矿产品的同时，积极开展农副产品深加工，尤其抓好名、优、稀、特、新产品的出口，全市出口产品已达19大类，近600个品种。在出口市场上，坚持多元化战略，稳定老客户，开拓新客户，尽可能多地占领国际市场。鼓励有条件的企业到境外兴办装配型、资源开发型的涉外企业，组建跨国公司，把自己的产品和技术推向国际市场，全市在境外兴办海外企业累计达105家。目前，全市自营出口产品已打入东南亚、日、美、欧洲、非洲、中东等60多个国家和地区。

三、强化服务，为企业走向国际市场创造良好的环境

企业走出国门进入国际市场是一次艰难的跨越，要保证跨越成功，单靠企业自身的力量是不够的。为给企业走向国际市场创造良好的环境，潍坊市主要做了三个方面的工作：

一是加强协调服务 市里成立了专门班子，由分管的副市长靠上抓这项工作。从企业申报进出口权开始，直至完成第一批进出口业务，一切手续都是由这个班子与企业一起办理的。无论哪个环节遇到困难和问题，市政府主要领导都及时召集各有关部门到现场办公，就地解决。

二是发挥政府协调、组织职能，积极开展多种经贸活动，为企业进入国际市场牵线搭桥 1995年，市里组织了六次大型经贸活动，每次都由市主要领导带队，企业参加。特别是组织了全市有自营进出口权的企业赴香港举办了出口商品携样订货会，签订出口合同2058万美元，同时，结识了大批香港及东南亚地区的客户。全市还先后派出372个团组，分别到世界20多个国家和地区洽谈经贸合作。在国内，除积极组织企业参加国家和省里举办的广交会、哈交会、青交会以外，集中精力组织举办了潍坊国际风筝会和第二届鲁台经贸洽谈会，取得了丰硕的经贸成果。

三是发挥职能部门的作用，支持企业开展自营进出口业务 潍坊市涉外经贸部门针对企业涉外人才短缺的情况，采取单项培训和综合培训等方式，定期举办涉外经济人员培训班，为企业培训专业人才。潍坊海关在企业中积极开展"海关信得过企业"活动，先后评出36家"信得过"企业，并在全市设立了25家保税集团、保税工厂和保税仓库。税务部门帮助争取出口退税审批权和退指标，对企业出口退税给予倾斜照顾。金融部门集中资金规模，对在全市经贸发展中起着举足轻重作用的骨干企业、骨干产品给予重点倾斜，收到了扶持一个龙头，带起一串企业的良好效果。通过一系列支持、保护、服务措施的落实，全市上下形成了一个领导重视、部门配合、全社会关心支持自营进出口企业发展的良好氛围。

连云港市乡镇企业强劲发展的具体措施

刘 兆 吉

概况 1995年，连云港市乡镇企业主动适应宏观趋紧的经济形势，在困难中抓机遇，在发展中抓提高，走"以农兴工、以工带农、多轮齐转、全面驱动"的发展路子，在前两年快速发展的基础上，基本实现利税、固定资产投入和产值销售同步翻番，继续保持了强劲的发展势头，全市乡镇企业的整体水平跨上了一个新的

台阶。全年完成乡镇企业总产值(1990年不变价)263.2亿元，比上年增长147.6％，其中乡镇工业总产值完成229.7亿元，比上年增长166.2％，占全市工业总产值的70％，占全市工农业总产值的60％以上，全市乡村两级工业总产值累计完成149.6亿元，比上年增长140.1％，乡镇工业在全市经济总量中“三分天下有其二”的格局已经形成，成为迅速扩大全市经济总量的重要支柱；乡村工业营业收入135.3亿元，比上年增长139.9％，营业收入千万元以上企业157个，其中5千万元以上企业12个；利税总额9.7亿元，比上年增长73.2％，利税过百万元企业111个，全员劳动生产率4.8万元，比上年提高25％，是近几年来的最好水平。1995年，全市乡镇企业单位数已达63659个，年末职工人数达39.5万人，其中乡镇工业单位数为30262个，年末职工人数为26.6万人，乡镇企业拥有工程技术人员已达9739人。

投入与技改 1995年，连云港市乡镇工业始终坚持“发展是硬道理，投入是硬着子”的指导思想，千方百计筹措资金，加大投入力度，全年乡村两级工业新增投入20.9亿元，比上年增长84.6％。在投资方向上，不断加大科技投入的含量，加快技术改造和技术进步，迅速提高产品质量和技术水平，扩大企业规模，兴办了一批起点高、规模大、技术新、效益好的项目。全年乡村工业完成技改项目1800项，其中星火计划项目15项，科技含量较高的项目40项，开发市级以上新产品15个。由于投入力度的进一步加大，科技含量的不断提高，不仅加速提高了全市乡镇企业的技术装备水平和产品档次，更为乡镇工业的进一步加速发展积蓄了后劲，奠定了坚实基础。

发挥资源优势 连云港市农业资源丰富，海洋资源、矿产资源以及经济腹地后备资源开发利用的潜力很大。1995年，连云港市乡镇工业主动适应宏观经济形势的发展变化，充分发挥自身优势，依托本地资源、开放、劳力、口岸等优势，面向国际国内两个市场，在资源的开发利用上求突破，形成了一条符合本地实际的“以农兴工、以工带农、多轮齐转、全面驱动”的发展路子。一是把乡镇企业的发展建立在丰富的资源基础上，依托资源优势发展乡镇企业，把农业作为乡镇工业发展的直接条件，通过资源的开发、加工、增值，推动资源优势向经济优势转化，农工互补，相互促进，相得益彰。二是兴办投入少，成本低，资金需求量小，加工技术和管理要求相对较低的资源加工型企业，避开乡镇工业起步阶段的许多不利因素，使全市乡镇工业实现了加速起步和快速发展。三是坚持多轮齐转，全面驱动，充分发挥集体、外资、私营企业的内在活力，使县、乡、村、联户、个体一起上，把乡镇企业的发展直接与千家万户农民联系起来，由少到多，由小到大，由低到高，滚动发展，较好地解决了乡镇工业的起步问题，并为今后的进一步加快发展积累了资金，奠定了基础。通过调动方方面面积极性，立足资源优势，发展深加工，实施、以农兴工，以工带农”的发展战略，连云港市乡镇工业大上农产品、海产品、矿产品、建材等多层次的资源加工型项目，加快了由资源优势向经济优势的转移。1995年，进一步围绕农副产品、海产品和矿产资源搞深加工，开发生产了农产品深加工、海产品深加工、水晶石英制品、花岗岩板材等资源加工系列产品，以贸工农一体化、产加销一条龙为主要形式，以龙头企业为重要载体，直接把农民、农业带进广阔的国内外市场，促进了农业的持续、稳定发展。目前全市已拥有2000多家食品、蔬菜、果品、海产品、紫菜等九大类资源加工型企业，产值占全市乡镇工业的70％以上。全市沿海乡镇利用优势以开发养殖促加工增值，围绕养殖、捕捞上项目，利用加工增值促开发，实现了海产品循环增值，提高了综合经济效益。资源加工型企业现已成为全市乡镇企业的一大特色，成为全市乡镇企业迅速扩大经济总量的重要支柱。

典型带动全局 连云港市在乡镇企业发展过程中十分重视学习外地的先进经验，同时更加重视培育和总结推广本地的典型，用看得见、摸得着、可比性大、可学性强的典型经验带动全市发展乡镇企业，产生了较好的示范导向作用。以如意食品有限公司大力发展龙头企业带动千家万户走向市场总结出“如意的路子”，引导全市乡镇工业在起步时期走上了一条依托农副产品资源优势发展乡镇企业的路子；以赣榆县沙河镇大力发展个体私营经济为典型推广“沙河的经验”，引导乡镇企业逐步从无到有，从小到大地加快发展；以赣榆县宋口镇从本地实际出发创造条件加快发展提出“宋口的速度”，引导乡镇企业选准能人、走对路子，促进经济薄弱地区在短期内迅速崛起，增强了后进地区发展工业的信心；以东海县浦南镇依托城区加大乡镇工业发展力度推出“浦南的方向”，引导乡镇工业发展较好的地区上规模、上水平。通过总结推广各具特色的典型经验，起到了对各个方面、各个层次的引导和推动作用。以典型引路，实行分类指导，对乡镇企业较发达的乡镇，坚持高起点、高效益、高增长、外向型、上规模的发展要求；对乡镇企业居中游的乡镇，坚持抓关键、抓骨干、建群体、加快发展的方针；对乡镇企业发展比较后进的乡镇，坚持抓住乡办、突出村办、促进户办，小步快跑的方针。通过推广典型，学习先进，分类指导，全市在县区之间、乡镇之间形成了你追我赶、竞相发展的局面，全面推动了乡镇工业的快速发展。

发展规模经济 1995年，连云港市乡镇企业在坚持大中小并举、多层次驱动的同时，特别注重引导有条件的乡镇和企业上规模、上水平，积极扶持一批优势产业和优势产品，促进乡镇企业整体水平的提高。一是组建一批企业集团，1995年初步组建了45个企业集团，成员企业680家，拥有固定资产4.8亿元，产值21亿元，占全市乡村工业产值的10%；二是创立一批名牌产品，实施名牌战略，使名牌产品比重不断提高，近几年全市乡镇工业已拥有市级以上优质产品70多个，1995年又新增15个，产值达38亿元；三是发展壮大一批龙头企业，1995年龙头企业发展到52家，产值突破15亿元；四是新建一批高投入、高产出企业，不断提高企业装备技术水平，在原有基础上，1995年扩大并新上30个科技含量较高的项目，新增产值3.5亿元；五是新办一批三资企业，1995年全市乡镇企业新办三资企业112家，到目前乡镇企业累计兴办三资企业305家，实际利用外资1519万美元；六是兴建一批开发小区，把小区开发与小城镇建设有机结合起来，进行科学合理的规划，兴办了浦南、黄川、驼峰、海头、大岭、宁海、板浦等一批初具规模的工业小区，既优化了生产力布局，促进了规模经济发展，又为加速农业人口向非农转移，加快农村城市化和奔小康进程打下坚实基础，1995年全市开发小区已发展到50个，进区企业507家，完成产值18.8亿元。通过发展规模经济，1995年全市有过半数的乡镇企业产值过亿元，其中过5亿元的15个，过3亿元的11个；有223个村工业产值过千万元，其中有1个村工业产值过亿元，39个村工业产值过5000万元；出现了一批产值过5000万元的骨干企业，东海县景裕肥料公司、灌云县兴云毛绒有限公司产值均达近亿元；形成了紫菜、肥料、毛绒、硅系列产品等一批在国内、省内有较大影响的规模产业和产品。规模经济带动了相关产业的大发展，推动了全市乡镇工业总量的迅速扩大和经济运行质量的明显提高。

扩大外引内联 近几年连云港市兴办的乡镇企业中，各种形式的外引内联项目约占总数的90%，特别是一些发展较快的乡镇、规模较大的企业、档次较高的产品，大多数是依靠外引内联发展起来的。1995年全市乡镇工业新办三资企业112家，合同利用外资3473万美元，实际利用外资1255万美元，乡村工业企业出口产品交货值11.8亿元，比上年增长110.3%，自营出口1.1亿元，比上年有较大提高。内联工作也有了新的突破，全市新办内联企业84家，引进资金1.5亿元，南北挂钩项目285个，引进资金1.2亿元，目前全市已有紫菜、食品、服装、工艺品、硅制品等上千种产品销往日本、韩国、美国、西欧、东西亚和香港等20多个国家和地区。通过全方位加大外引内联力度，在借助外力上下功夫，使乡镇企业经济外向度明显提高。

产权制度改革 1995年，连云港市乡镇企业有近700家实施了股份合作制，500多家实行了公有民营，200多家小微亏企业进行了拍卖、兼并、转让、租赁，同时以支柱产业、重点企业和拳头产品为纽带，组建具有一定实力和竞争力的企业集团45家。以产权制度改革为核心的企业机制转换，不仅在一定程度上明晰了乡镇企业的产权关系，缓解了资金紧张矛盾，而且使乡镇企业的活力明显增强，亏损面大幅度下降，为企业带来了新的生机。

连云港市举办苏北四市经贸恳谈会

颜世友 刘兆吉

’95江苏陆桥经贸恳谈会是由江苏省政府主办、连云港市政府承办、徐州淮阴盐城三市协办的首次大型陆桥经贸活动，是江苏省委省政府发挥连云港桥头堡优势，扩大苏北地区对外开放，形成全省对外开放新优势，实施经济国际化和区域共同发展战略的重要举措。这既是苏北四市联合协作共谋发展的一次盛会，也是陇海兰新地带共同利用陆桥走向国际市场的一次尝试。恳谈会历时五天，于9月16日降下帷幕。声势之隆，规模之大，档次之高，在海内外引起很大反响。这次恳谈会办出了特色，体现了水平，扩大了影响，收到了实效，具有一些显著的特点：

规模大，规格高 整个恳谈会期间，来自美国、加拿大、英国、法国、德国、荷兰、意大利、日本、韩国、新加坡、印度、泰国、以色列、澳大利亚、肯尼亚、玻利维亚、香港、澳门、台湾等35个国家和地区的外商1019人参加了恳谈会。与会的国内客户达5000多人，参会人数达到6万人次。山东、安徽、河南、陕西、甘肃、新疆、四川、江苏、北京、云南等10个省区12个地市的经贸部门、大企业、科研单位在会上设置了摊位。陕西、蚌埠、淮北、宝鸡、开封、武威、酒泉等省地市派出了以副市长、副专员或省经贸委副主任带队的代表团参会，充分反映了桥头堡的独特魅力和沿桥地带乃至全国利用大陆桥走向国际市场的强烈愿望。出席这次恳谈会开幕式的有国务委员兼国家科委主任宋健、国务院副秘书长杨景宇、江苏省省长郑斯林、副省长季允石、王荣炳、省政协副主席陈邃衡、地矿部副部长张宏、建设部副部长林殷才、轻工商会副会长傅立民、国家环保局局长解振华、国务院法制局局长史敏、安徽省副省长王秀智、山东省副省长张瑞凤、河南省副省长张洪华等中央和部省领导同志，以及印度、以色列、美国、新西兰、丹麦、英国驻上海领事馆总领事或副领事。由于参会人员的级别高，使这次恳谈会抬高了规格，增添了光彩。

影响深远 这次恳谈会在国内外引起了较大的反响。恳谈会前，有50多家国内外报刊、杂志、电台、电视台播发了300多篇稿件，对恳谈会进行了宣传报道。先后收到国外友好城市、国际上知名财团和商社、国家有关部委和总公司等海内外各界发来的贺电、贺信200多份。经过近几年来卓有成效的工作，中哈两国政府恰好于恳谈会开幕前夕的9月11日下午在北京正式签署了《关于利用连云港装卸和运输哈萨克斯坦过境货物的协定》。

成效显著 这次恳谈会预定的各项业务指标全部超额完成，连云港市各项指标一举夺魁，充分显示了苏北四市外向型经济发展的实力和潜力，也突出展现了大陆桥东桥头堡的功能和地位。据统计，参加本届恳谈会的展品多达22个大类、11000多个品种，参加洽谈的项目达800多个。恳谈会期间，共签订利用外资项目428个，总投资10.2亿美元，协议外资额5.62亿美元，其中连云港市签订235项，总投资5.67亿美元，协议外资额3.6亿美元，分别占到总量的54.9%、55.5%和64%；共签订外经项目39个，外经合同额6103万美元，对外签约人数2648人，拟设境外企业8个，其中连云港市签约29项，合同额5556万美元，签约人数1693人，境外企业8个，分别占到总量的74.4%、91%、64%和100%；共计外贸出口成交2.04亿美元，进口订货1858万美元，进出口合计总额2.22亿美元，其中连云港市出口7645.9万美元，进口1398.1万美元，进出口合计9044万美元，分别占到总量的37.6%、75.2%和40.7%；共签约内联项目185个，总投资8.53亿元，协进资金额5.4亿元，其中连云港市签约182项，总投资8.5亿元，协进资金额5.39亿元，分别占到总量的98.4%、99.6%和99.8%；国内购销总额达17.53亿元，其中连云港市6.6亿元，占37.6%。此外，大会期间名特优产品销售额达200多万元。在陆桥运输方面，连云港外运公司分别与日本扇兴公司、日新公司、哈萨克斯坦铁路对外服务公司、韩国东亚TRANS海运公司等签订了轮胎、危险品等陆桥过境货物运输合同。

'95中国江苏亚欧大陆桥经贸恳谈会的成功举办，不仅显示了连云港市作为新亚欧大陆桥东桥头堡的独特魅力，而且证明连云港市有能力承办大型经贸活动，为今后独立举办经贸恳谈会提供了较为全面的经验。

南通市中小企业改制取得实质性进展

陈鸿庆　胡际春

南通市以"先售后股，资产重组"为主要形式的中小企业产权制度改革正在全面推进，并取得突破性进展。截止1996年6月底，全市已有2904家中小企业按"先售后股"新体制运行，加上运用其它形式的258家，改制企业已占到乡以上独立核算中小企业总数的49.53%；出售净资产达9.35亿元，占到全市中小企业净资产总额的23.34%，聚积股本总额达14.21亿元。职工当股东的崭新运行机制，使上述企业20多亿元存量资产得以盘活，企业发展后劲明显增强。

南通市企业改制工作主要呈现以下五个特点。

(一) 集中力量，全力推进 企业改制涉及生产要素的重新组合和利益格局的重大调整，任务艰巨，难度很大。为了集中力量，全力推进，南通市将1996年定为"改革年"，把企业改制作为"九五"开局第一年的第一位任务，实施"一把手负责制工程"。市里成立了由市委书记和市长挂帅的企业改制工作领导小组，各县(市)和企业主管部门也都建立了专司企业改制的指挥部和工作班子，全市从市、县(市)、乡(镇)三级机关抽调精兵强将7000多人，组成工作团、督导组，深入到2000多家企业帮助进行方案论证，协调解决矛盾，指导改制工作。各级各部门党政一把手根据市里的统一部署和要求，努力当好"体改委主任"，亲自抓总体部署，抓力量配置，抓典型剖析，抓面上发动，抓组织实施，抓政策协调。同时，全市上下把中小企业改制上半年达到40%、全年基本完成的目标任务层层分解落实，挂图作战，严格考核，从领导体制和责任体系上保证了企业改制的顺利开展。为了促进企业改制的有效实施，南通市还注重加强对"先售后股"等形式的业务指导和人员培训。据初步统计，1996年上半年全市各级各部门共举办培训班300多期，受训者达10万人次。除了抓好对工作组成员和企业负责人的培训工作外，有的县(市)和部门对抽调出来的参与资产评估工作人员的专业培训尤为重视，实行经过严格的专业考试合格后方可上岗操作。

(二) 以点带面，周密部署 为了保证中小企业大面积改制不出大的偏差，南通市从1995年9月起，分别在各地和市属各系统选择了多种类型的256家企业先行试点，经过几个月的探索实践，完成了试点任务。在认真总结试点经验的基础上，对面上的推广工作作了周密的部署，充分估计改制工作各阶段、各环节上可能会碰到的问题，对企业改制的工作部署、形式选择、组织指挥等都进行了比较详尽的安排，尤其重视政策措施的激励作用。市里按照"三个有利于"要求，坚持从实际出发，研究制定了《关于推进企业重组整体搞活市属工业的若干意见》、《关于市属企业"先出售后改制"的政策要点》等文件，对改制企业的资产评估、股份认购、人员安置和分配、资本金的收缴与管理等问题作了相应的政策规定；各县(市)区结合各自实际，也出台了一些便于操作的政策措施。该市还将企业改制工作与扭亏解困、抓大扶强等有机结合起来，实行统一部署，先后排出市属45家困难企业和30家骨干企业，实施市级机关挂钩帮促，并建立了财税金融部门与部分市属企业的定点联系制度。与此同时，注重舆论先行，动用各种舆论工具，有针对性地开展一系列较大规模、较大声势的宣传教育活动，通过召开动员大会、组织参观学习、交流典型经验、进行理论宣讲等，层层发动，层层统一思想，使企业改制的意义、要求、做法等家喻户晓，形成了良好的改革氛围。

(三) 从难入手，攻坚碰硬 南通市现已实行改制的企业中，有相当一部分原先是资不抵债的困难企业。这些企业基础差，改制难度大，然而不改革就没有出路。因而市有关部门和各县(市)迎难而上，把企业改制作为一场硬仗来打，从困难企业改起，敢啃硬骨头，使一些濒临破产企业重现生机。从已完成或基本完成"先售后股"改制的中小企业来看，资产负债率普遍较高。市属39家企业中，列入1996年度特困企业的有6家；经资产评估后资不抵债企业为14家；加上按政策规定作必要剥离和扣除后出现资不抵债并实行零资产出售的企业数达24家。这些困难企业改制的突破，为全市中小企业改制的全面推进清除了障碍，奠定了良好基础。

(四) 因企制宜，形式多样 南通市在中小型企业改制中，以出让所有权为首选方式，条件不具备的先让渡经营权。市委、市政府提出，市属净资产500万元以下的工业企业和净资产300万元以下的流通企业都属于"放小"范围。然而，在"放小"改制形式的选择上，坚持从实际出发，不搞一刀切。各地各部门按照明晰产权、明确责权的要求，在实践中创造了因企制宜的诸多形式，使中小企业改革的道路越走越宽广。如对一些资产总量较大、人均净资产较多的企业，普遍采取售租结合、部分出售和存量折股、增资扩股等方式进行改制；对资不抵债、停产半停产企业，主要实行抵贷返租、分立改组、兼并联合、破产重组等措施。与此同时，把"放小"与"抓大"结合起来，采取租赁、承包、托管、委托经营等形式向优势企业让渡经营权，促进中小企业公有资产保值增值。

(五) 严格把关，保质保量 南通市在企业改制推进过程中，坚持量质并重，讲求实效。一方面采取定期汇报、现场交流、考核评比等形式抓进度、赶目标，在全市形成了你追我赶加速改制的生动局面；另一方面，注重严格把好清产核资、资产评估、产权界定、股权设置、债务处理、出售定价、存量回收等关口，实行规范操作，防止改制流于形式，确保运行效果。如在企业资产清核评估中，做到既不让公有资产流失，又考虑企业与职工的承受能力，进行实事求是的处理，对不实资产按规定程序由有权部门实施核销；在动员职工踊跃认购的同时，要求经营者多持股、持大股，并鼓励社会法人、自然人积极参股，对特种行业规模较大、效益较好的企业，组织相关部门集体论证改制方案，坚持国家和集体占有一定比例的股份。与此同时，南通市还把建立新的治理结构作为企业改制的重要环节着力来抓，积极探索既体现党管干部原则又让股东充分行使权利的有效途径。注重发挥党组织在企业改制中的监督保证作用；提出董事会、监事会领导成员必备条件和标准；对少数既经营不善又不肯改制、在职工中没有威信的领导班子通过考察测评实行先调整后改制。"两会"成员在民主推荐候选人的基础上由企业股东大会直接选举产生，使新领导班子与职工更贴心。从实际运转效果来看，职工股东的选举投票是比较慎重的，企业原任领导当选率为90%左右。

企业通过改制开始呈现出活力和生机，对经济发展产生了积极而深刻的影响。主要表现为以下四个方面：

1. 企业运行机制得到改善，出现了良好的发展势头。据对1996年改制试点的9家市属工业企业统计，上半年实现利税736万元，比上年同期增长50.2%，原来的4家亏损企业全部扭亏为盈。原为特困企业的市针织厂，上半年实现销售收入比上年同期增长38.7%；实现利税140.4万元，同比增长14.6倍。通州市恒兴乡16家乡镇企业中15家改制后，上半年实现产值7839万元、销售收入4679万元、利税322万元，同比分别增长41%、45%和50%。

2. 企业领导班子结构得到优化，产生了一批搞活企业的新"领头羊"。从改制企业的董事会、监事会成员的构成看，年龄结构、文化结构、专业结构、能力结构等普遍得到改善。29家已完成"先售后股"改制的市属企业当选的156名董事会成员中，有71人是新进入领导班子的，他们当中大多年富力强，文化层次高，富有开拓精神和良好的经营素质，已有不少新的领导成员开始在企业发展中崭露头角。

3. 企业生产要素得到优化组合，增强了经济发展后劲。大多数企业通过改制、职工认股，盘活了存量资产，带动了增量投入，如全市改制企业出售收回存量资金9亿多元，增量投入4亿多元，加大了自有资本比重，提高了资本运营水平，必将展现资本增值的更好前景。

4. 广大干部职工经受了一场生动的加速两个根本性转变的教育，全市经济工作的组织程度和运行质量有所提高。广大干部职工在改革实践中更新了观念，增长了才干，经受了锻炼，从而增强了推动企业经济发展的整体合力。

海门市三星镇家庭绣品工业蓬勃发展

陈鸿庆　胡际春

南通市下属的海门市三星镇是江苏省百家名镇之一。全镇面积30.32平方公里，人口3.33万。改革开放以来，在党的富民政策的光辉照耀下，三星镇以服装绣品为主的民营经济迅猛发展。目前，全镇11000多农户19000多个劳动力中，从事个体私营经济的就有9400多户，16640多人。坐落于叠石桥的绣品市场已成为全国最大的绣品专业批发市场，被誉为“绣品王国”。它始建于1982年，1992年由三星镇和海门市工商局联合投资2400万元进行改造，兴建了占地面积52亩，建筑面积2.5万平方米的全封闭三层室内交易市场，集交易、办公、仓储、运输于一体，12个经营区拥有固定摊位4000个，经营绣品达100多种，畅销全国200多个大中城市和独联体、澳大利亚、匈牙利、韩国、新加坡等各国和香港地区。市场成交额1995年达15亿元；1996年上半年为11.5亿元。三星镇依托大市场，“家家机器响，户户绣花忙”。1995年家庭工业实现产值接近全镇工农业总产值的一半，达到4.7亿元；1996年上半年家庭工业产值比上年同期又有较大增长，达2.5亿元。

该镇家庭绣品工业主要有以下四个特点。

一是产品开发市场化　三星镇的农民抓住人们追求生活美的特点不断开发新产品。这里的绣品业原先以生产枕套为主，近年来随着人们经济收入的增加，家家户户普遍购置了电视机、洗衣机等家用电器，三星镇的一些农民便在这上面积极动脑筋，头脑灵活的家庭工业户主首先设计生产了电视机套、电风扇套，绣上花草图案，投放市场后效果不错，消费者争相购买。一人得益，众人效法，生产这样产品的农户逐步增多。随后又开发了床罩、窗帘、沙发坐垫、靠背等绣品。现在，三星的绣品不仅品种多，质量也越来越高，使用面料也越来越考究，而且新品推出的周期越来越短，数量越来越多。

二是生产手段现代化　随着服装绣品业的不断发展，个体工业户的生产手段已由过去的简单手工操作、半机械化向机械化、自动化方向发展。近年来，大量的先进设备进入家庭。目前全镇拥有每台价格达30多万元的多功能电脑绣花机200多台，另外还有电动绣花机5010台，再加上行车、打裥车、蜈蚣边车、超声波压边车等，全镇民营经济的机械设备总值达7000多万元。

三是分工协作专业化　过去，从进料、生产到销售，大多是独家完成。现在原料采购、生产加工产品销售等都已形成专业分工。拿生产加工来说，分工很细。一条床罩，从原料到成品要经过绣花定型、拷蜈蚣边和拼装等七八道工序，现在一般一户只做其中一道工序，流水作业，这样大大提高了产品质量和劳动效率。人手不够，他们就从外地引进。目前全镇拥有来自外地的各类劳动力3000多人，其中仅绣花女工近2000人。

四是产品销售国际化　三星镇的个体户除已在全国三四十个大中城市的一流商场租赁柜台直接销售外，还千方百计把产品打进国际市场。近年来，全镇已有十二个工商户通过各种途径，把价值300多万美元的绣品推出国门，销往国外。

三星镇家庭工业之所以发展迅猛，究其原因主要有如下几点。

首先是靠明晰的工作思路　由于人文地理等因素的影响，三星人历来就有较强的商品经济意识。同时，领导部门积极扶持民营经济的发展。在政策导向上，对民营经济实行开放、鼓励和支持的政策，做到放开经营主体，放开经营范围、放活经营方式；在发展项目上，提出了“大的进乡镇企业，小的让家庭经营”，有意识地保一块、放一块。比如家庭工业起步时，镇上原有的一些绣品项目就有意识地让给个体工商者生产经营。

其次，靠有力的组织领导　镇党政领导为了让全镇人民尽快富起来，提出了“一业(工业)两体(集体、个体)比翼齐飞”的发展方略，扶持集体工业规模上档次、上水平。在具体运作上，该镇早在1988年就成立了民营经济办公室，被赋予与镇工业公司同等职权，实行对全镇家庭工业的统一扎口管理。其主要职责有搞好规划、协调矛盾、业务指导、经营服务、收好管理费等。与此同时，还积极帮助家庭工业户解决资金、技术、流通等方面困难。

此外，还创造了良好的经营环境 镇里十分重视交通和流通对促进生产的巨大作用。早在80年代中期就投入100多万元修建环镇公路，目前全镇已形成了四通八达的公路网络。同时，为了促进家庭工业产品加快流通，全镇建立了供销经理部，实行镇建总厂、村建分厂、厂户挂钩，为个体生产经营者提供营业执照、商标、办理托收存付、代开发票、组织资金融通等；并在全镇办起了10多个托运站，与全国各大车站、码头建立了托运联系，做到“一票到底，走遍全国”，使该镇每年生产的100多万条床罩、400多万套被套等源源不断地运往全国各地及海外。

以家庭绣品工业为主体的民营经济的迅猛发展，大大增强了三星镇的综合经济实力，大大加快了全镇人民的致富步伐。1995年全镇实现国内生产总值3.5亿元，农民人均年收入3423元。目前，该镇流传这样一首顺口溜：“万元户不算富，三万五万才起步，十万八万算小富，几十万元真正富”。据不完全统计，全镇存款万元以上的农户有9779户，其中10万元以上的有1895户，50万元以上的有79户，100万元以上的有24户。经济的发展推动了各项事业的发展，农村小康在这里已成为现实。与此同时，民营经济的发展还为国家作出了重要贡献，该镇上缴给国家的个体税收连年超过300万元，1995年达到387万元。

江阴市全面实施“绿色城市”和“农村园林化”计划

严　伯　英

江阴市在1994年被授予“全国卫生城市”和“全国平原绿化先进县(市)”的基础上，大手笔再书文明港城新篇章，1995年起全面实施与国际接轨的“现代化绿色城市”和“现代农村园林化”建设工程计划，借以实现孙中山先生早在1912年莅澄视察时提出的“让全国文明从江阴发起”的宿愿。

深入开展“共建卫生城，同育文明人”系列活动，让超前的高标准规划变成全市人民的共同行动。在“人人都为国家卫生城市献一份爱”、“让江阴文明从我开始”活动中，10万市民投入《江阴市民文明行为规范》大讨论，文明公德素质大提高；各界市民组织“建设现代化绿色城市志愿队”，数千青少年志愿者义务上街，与20多支专业监察管理分队一起值勤；繁华的人民中路建成“无吸烟、无垃圾、无摊位”的文明示范街；城市生活垃圾实现袋装化，新建600座垃圾收集房取代楼道垃圾箱，成为居民新村的“蓝房子景观”。城市管理纳入法制化、规范化轨道，美化环境面貌、强化城市管理、优化市民素质、净化社会风气、树立江阴形象的意识深入人心。创建活动由城区推向乡镇，带动全市各镇的文明面貌大改观，全市28个镇中有22个被省、市命名为“文明卫生镇”。

建设三环绿化带，跨上创建工作新台阶。江阴市把1995年定为“绿化、美化、净化年”。市委、市府因地制宜，制定了“新老城区全面推进，重点突破形成特色，一次规划分步实施”的城市绿化方针，对公共绿地、居民绿地和风景区绿地进行全面规划，加快滨江、沿河、傍路、环城的绿化步伐，展开一批“绿色大工程”。沿老城区护城河为主地带，已建成8.3公里长的内环绿化带；年内铺设草坪30万平方米、种植10万株花木，营造起占地400公顷、全长21公里的绿带，形成环绕54平方公里城市规划区的二环绿化带；城区外围的黄山、香山、定山、花山、崎山、凤凰山等丘陵山地，经3～5年造林铺绿，将构成三环绿化带。城内以马路道旁绿化、公共环境绿化和庭院立体绿化为重点，构成“泥不见天、四季常青、三季有花、处处见景”的澄江绿化景致。据统计：城区人均占有绿地面积已达8.5平方米，绿化覆盖率达40.5％；居民饮用自来水达100％；100％的冲水式厕所，100％的垃圾袋装化；城市污水处理率为50.07％，烟尘控制区面积为24平方公里。规划5年内达到新加坡的美化绿化和文明卫生的水准。

启动“现代化农村园林化”建设工程。市府聘请扬州大学、南京农业大学专家规划设计了全市的城乡一体化造绿工程。计划投资3000多万元，植树百万株，造景点百处，铺设草坪5万平方米，沿4条公路主干线两侧百米以内形成全长120公里的花园林带；在已有327个绿化达标单位和17个园林化单位的基础上，再建100个市级绿化达标单位和园林化单位；28个镇均各有10亩以上的镇区“绿岛”及数处植物景点；全市建成20个现代化花园式示范村，绿地覆盖率达30％以上；以8个千亩现代化农业示范区为龙头，植树150万株，新建农田林网1.5万亩，完善农田林网3万亩。全面做好“城镇插绿，景点增绿，石宕复绿，山坡披绿，村庄改绿，田园添绿”工作。1995年，江阴市又获“全国造林绿化百佳县(市)”和“全国绿化先进单位”称号。

江阴市已制定“九五”期间投资亿元造林绿化的目标:农田林网率达95％以上，村庄绿化覆盖率达30％，山地绿化率100％;城区绿地面积达920公顷，人均绿地将达到13.8平方米，建成全国一流的“现代化农村园林化”、“城乡一体化”的绿色城市。

江阴市大力建设小康文化实施“一二三”家庭读书工程

严　伯　英

江阴市委、市府决定在全市城乡实施“一二三”家庭读书工程，即从1995年起，经过倡导推广，全市到2000年有70％左右的家庭拥有1架书橱、2份报刊、300册健康向上的图书。此项活动得到广大群众的热烈响应，并受到中共中央宣传部、国家文化部和省、市各级领导的关注。《人民日报》、《解放日报》作专题报道，并分别配发了《小康农家缺什么?》、《文化也要奔小康》的评论文章，在省内外引起强烈反响。

目的和意义　江阴市1994年国内生产总值165.32亿元，人均1.46万元。据江苏省统计局按国家统计局《农村小康综合评价指标体系》测算结果，江阴市已全面实现小康。但另一方面，农村文化建设仍相对滞后，尤其是家庭文化建设薄弱。有些农民“钱袋饱了，脑袋空了”。家中只见酒柜，不见书柜;只备麻将，不备书报。据1995年初对全市28个镇中20个镇摸底调查汇总情况，在24.6万个家庭中，有书柜的占6.7％;订阅2种以上报刊的占8.1％;家庭藏书300册以上的占3％，100～300册的占9.5％，100册以下的占51％，基本无书户占36.5％。针对这一现状，倡导实施“一二三”家庭读书工程，是加快农村小康文化建设，特别是促进家庭文化建设的一项基础性工程，其目的在于倡导科学的、健康的、文明的生活方式，在全市形成、家家有好书，户户都学习，人人求知识，个个讲文明”的新风尚。

发展规划和依据　市委、市府在深入广泛地进行调查研究的基础上，拟定了发展规划:力争1995年有15％的家庭首先实现“一二三”目标，1996年达到30％，1997～1999年间每年增加10％，争取2000年有70％的家庭达到这一目标。确定这一规划的依据:(1)群众的读书需求。随着经济和社会的高速发展，要求知识更新和增加知识量的速度相应加快，群众需求读书的迫切性和积极性越来越高，这是建设“一二三”工程的内在动力。(2)家庭成员构成及相应的藏书结构。目前全市家庭平均人口为3.5人，家庭人数一般有3～5人，由二代或三代人组成。藏书基本上是由共用的政治类、文艺类及工具类图书，学习课本及辅导读物，成年人的专业性书籍及个人爱好的书籍等几个部分组成。一般家庭拥有300册藏书，即可基本满足全家人日常阅读的需要。(3)家庭经济承受能力。添置1架书柜，订2份报刊，购300册书籍，约需开支2500元左右。按6年达标计算，一个家庭每年需投资400余元。按1994年全市农村居民人均纯收入3385元，城镇居民人均生活费收入5062元，大多数家庭有能力支付这笔开支。(4)人口的文化程度。据1990年人口普查资料，全市有文盲及半文盲人口约17万人，占总人口的15％，其中绝大部分在农村，以老年人和妇女为多。根据这一情况，加上少数家庭经济状况较差等其它因素，估计到2000年之前仍会有20～30％的家庭难以实现目标。因此，规划目标定为70％是切实可行并有一定余地的。

组织和措施　在江阴市精神文明建设委员会统一领导下，成立“一二三”家庭读书工程领导小组。由市委宣传部牵头，市教委和市工、青、妇组织及各新闻单位参与配合，市文化局负责具体组织实施。各镇相应成立工程领导小组。市镇两级党季、政府把此项工作列人重要议事日程，拟订逐年发展规划，并组成工作班子，负责日常指导和服务工作。为确保工程如期完成，采取以下措施:(1)统一认识，广泛发动。市委、市府首先统一好各级领导的思想认识，责成其切实抓好工程建设，并要求各级干部带头落实。同时以各种宣传手段大造舆论，市委宣传部、市文化局把6月份定为读书工程宣传月。文化局专门下发《关于组织下乡挂钩定点联系工作的通知》，组织文化系统干部分工定责，抓好面上的发动和落实工作。市教委和工、青、妇组织专门发文进行布置，争取家喻户晓，人人自觉投入。(2)在实施步骤上，确定以骨干带头、典型引路、以点带面、逐步推进的工作思路。在面上，以文化素质较高、藏书读书用书效果较好的干部、教师和科技工作者为排头兵，起好带头作用;以尊重人才、发展经济成效较高的单位和自学成才、科技致富的专业户为表率，起好榜样作用;以在校学生为第二梯队，列为重点引导对象，分层次逐步推进。在点上，以领导干部思想认识高、集体经济基础好、读书用书气氛浓的自然村或企事业单位为突破口，率先实施并达到“一二三”目标。(3)订立制度，组织活动。市镇两级都把工程建设列入各单位、部门精神文明建设年度考核目标。有关系统和条线把工程达标与评选“文明单位”、“五好家庭”、“优秀青年”等活动相结合，作为评选条件之一。对定组织对达标家庭的评审验收，并颁发证书，在此基础上进行全市十佳藏书家庭评选。举办读书征文比赛会、家庭读书交流会、读书致富座读会、大中学生回乡讲演会以及各种知识竞赛活动，并在各种表彰、奖励会上增加赠书、奖书的形式，全面加强舆论导向。(4)各方配合，搞好服务。市图书馆指定培训辅导科负责，深入厂、村开展辅导、培训。市、镇文化馆站积极做好引导和服务工作。新华书店、供销社图书部门积极组织货源，设立“一二三”图书专柜，并成立小分队定期下村进厂送书。邮电部门为群众提供方便，增加破季破月订阅报刊的服务项目。宣传、新闻单位及时组织专题报道，宣传典型，激励先进。(5)加强管理，净化市场，确保“一二三”工程健康发展。有关部门严于执法，加大扫黄打非力度，整顿图书市场，特别加强对个体书报亭和地摊书市的检查，坚决清除非法出版物，禁止有害书刊流通。

广大群众在积极参与读书工程建设的同时，也反映了一些意见：企盼作家多写些群众所喜爱的各种实用性较强的科技读物；希望国家文化出版部门调整出版政策，以利于多出版一些适合农村读者需要的书刊；也希望有关部门努力降低书报成本，减轻读者经济负担。

推进宁波市工业企业科技进步的主要措施

陈健胜　王国方

随着我国社会主义市场经济体制的不断完善和对外开放的不断扩大，市场竞争日趋公正、激烈，作为企业发展的根本动力，加整企业的科技进步已刻不容缓，对此，全市上下应有清醒的认识，必须把科技放在超前发展、优先发展的战略地位，加强科技的宏观管理力度，采取一切必要的措施，推动并支持企业加速科技进步步伐，使我市的工业经济走上持续快速发展的轨道。

一、推进企业技术进步，加快企业技术改造步伐

技术进步是一个系统工程，有着完整的内涵。技术进步一方面要依靠国内技术的发展、开发和转移，着力于解决“经济建设必须依靠科学技术，科学技术必须面向经济建设”这一科技体制改革问题。另一方面，技术进步要依靠国外技术的引进、消化和吸收，并将其改进和创新，以形成自己的知识产权。而技术改造则是利用技术开发与技术引进这两个技术资源，对现有企业的技术、工艺、材料及装备进行改造，从而开发出新产品，提高质量，满足市场需求，最终达到提高经济效益的目的。因此，技术改造在企业技术进步中具有重要地位，它在一定程度上集中体现了技术进步的成果，技术改造是企业技术进步的实践表现，是科技成果转化为现实生产力的必由之路，推进企业技术进步，必须切实抓好企业改造工作。

(一) 搞好技术改造规划　结合市“九五”计划的编制工作，对重点行业、重点产品、重点企业的技术改造状况进行摸底调研，以市场为导向，提高效益为目标，进一步理清技术改造的工作思路，制订好“九五”技术进步发展纲要和“九五”技术改造规划。

(二) 抓好一批项目　要结合技术改造规划编制，提出一批适合我市行业、企业发展特点的技术项目，筹建技术改造项目储备库。要逐步改变过去搞技改统统由企业报项目，自下而上层层转报，最后上边定了下边干的传统做法。建立重大技术改造项目招标制度，由市里按国家产业政策、产品结构调整和我市产业、行业发展目标，提出一批重大建设项目，面向企业招标，然后集中力量、集中资金进行建设。

(三) 集中力量扶优扶强，抓好重点技改项目　按照“集中扶优”的工作思路，突出重点，集中力量抓好重点行业，特别是一些重点企业的技改工作，每年滚动抓一批投资在亿元以上重点技术改造项目，通过抓重点，带一般，全面推进企业技术进步。

(四) 加快新产品开发　在市场经济条件下，企业要在市场竞争中占有一席之地，关键在于如何使产品适应千变万化的市场需求和环境。推进企业技术进步的目的也在于提高企业现有产品的技术含量、整体水平和竞争能力。开发新产品应注重企业内外结合，采取多形式、多渠道办法。一是加强与国内科研院所、大专院校的联系与合作，引进技术和产品。二是引进国外智力，聘请国外专家帮助企业开发产品。三是进行新产品开发招标。赴国外采购有一定技术含量、适合我市企业生产的产品样品，公开招标，进行仿制、改造和创新。四是积极推进名牌产品战略的实施，围绕培育、开发名牌优势产品，推进产品技术含量和档

次的提高，形成宁波名牌产品体系。

二、以建立现代企业制度为契机，深化科技体制改革，建立起推进企业技术进步的运行机制

随着我国经济体制改革的不断深入，企业技术进步的体制环境发生了根本性的变化。在市场经济条件下，企业既是市场竞争的主体，要不断提高竞争的实力和水平，也是技术进步的主体，要加速推进企业技术进步，增强参与市场竞争的能力。当前，在深化企业改革，建立现代企业制度过程中，必须着力促进科学技与经济的紧密结合，塑造企业技术进步的主体地位，创造企业技术进步的外部体制环境。

(一) 促使企业成为科技开发和科技成果吸收、转化的主体 西方一些发达国家普遍重视企业的技术研究和开发活动。1987年世界经济合作与发展组织大多数成员国中，研究开发活动的一半或一半以上是由工商企业完成的。美、英、比利时等国的比例大约为2/3。而我国的企业缺乏科技开发和推进技术进步的内在动力。因此，必须通过深化改革、建立现代企业制度，从机制上解决这一问题。企业搞科技开发，一要解决认识问题。历史的经验，国内外成功企业的实践都证明，谁重视企业的科技开发，谁就能在激烈的市场竞争中取胜。推进企业技术进步，需要进一步加强宣传教育，并建立起相应的工作责任制，使企业经营者真正意识到科技开发在企业发展中所起的作用，真正把企业技术进步列入企业改革和发展的重要议事日程，切实关心和重视企业的技术进步。二要强化企业的科技开发机构。要加强大中型企业科技开发和成果吸收、转化功能，必须结合企业的改革、改组和改造，通过扶优扶强，引导企业建立相应的科技研究开发机构，特别是要有选择地在一些大型企业和企业集团中，建立科技开发中心，重点实验室和中试基地，增强企业自身的科技开发和成果吸收、转化的能力，塑造企业技术进步"孵化器"的功能。当前随着科技体制改革的深入，科研院所纷纷走向市场，这就为推进科技与经济的结合，研究机构与企业的结合创造了非常有利的条件。因此，要引导企业在转制过程中，积极主动抓好"产、学、研"结合，多方式、多途径，促进企业与科研院所的联合，有条件的企业可吸纳科研机构加盟，或成建制转入企业，成为企业的技术开发中心。也可通过联营、参股、控股等形成建立科技型企业或集团，或由企业与科研院所、大专院校合建技术中心或联办中试基地，联合开发技术和产品，形成合力，实现优势互补，进一步提高企业的技术进步能力。

(二) 促使企业成为科技投入的主体 目前世界上多数国家，尤其是发达国家，企业已经成为科技投入的主体，企业的科技研究与开发的投入已基本与政府相当。而我国企业对科技的投入大约只占科技总投入的23%左右。因此，推进企业技术进步一个相当重要的任务，就是要使企业用于科研研究和开发的投入逐步增加，使之成为科技投入的主体。当前，一是要在进一步增加政府对科技投入的同时，要坚持和完善企业从产品销售收入中提取技术开发经费制度。要结合新的财税体制，进一步研究企业增加技术开发费用的提取政策，并建立督促企业提足，用好技术开发费的有关制度。二要引导、鼓励企业眼睛向外，通过多种途径引进、筹措技术开发资金，增加企业对技术研究开发的投入。三要通过企业转制，国有资产的重组调整，成立有限责任公司、股份公司，促使企业兼并联合等途径，盘活企业资产存量，对盘活的存量资产要确定一定比例用于增加企业对技术开发的投入。

(三) 加快发展技术市场，为企业依托市场推进技术进步创造条件 深化经济体制改革，建立现代企业制度，推进企业技术进步，一方面要求企业走向市场，成为市场竞争和科技成果开发、利用、消化、吸收的主体。另一方面，也要求为企业走向市场创造一个好的环境，条件。技术市场是重要的生产要素市场，是大力解放和发展科技第一生产力、加速科技成果向现实生产力转化的桥梁和纽带。推进企业技术进步，促使企业成为科技主体，必须花大力气加速培育和发展技术市场。一是要结合"九五"计划和科技规划的制定，提出全市技术市场发展计划，确定我市技术市场发展目标、重点和任务。二是规范技术市场秩序，加强法制建设，使技术市场运作规范化、法制化，切实保障技术成果所有者的合法权益。三是要加强技术市场的基础设施建设和技术信息网络的建设，建立技术经营双向信息渠道和网络。四是要根据技术市场的特有规律，大力培养一大批懂技术、活动能力强的高级技术经纪人才；五是要进一步加强对外科技合作与交流，为我市企业与全国高等院校和科研院所的技术贸易活动创造条件。

三、构筑与市场经济相适应的技术进步调节保障体系

建立与社会主义市场经济体制相适应的、有效的实施技术进步目标的调节保障体系是推进企业技术进步的一项重要任务，调节保障体系应从以下几方面着手进行。

(一) 技术进步的投资政策 推进企业技术进步需要一定数量的资金投入来保证。据统计，80年代中后期以来，发达国家对技术研究与发展经费与国民生产总值的比重一般都在2.5－3.8%之间，我国的研究开发经费投入比例不到1%，宁波市政府科技投入一块1993年

这一比重约为0.046%，差距很大。因此，必须进一步加大投入力度，切实改变这种状况，一是增加政府投入的力度。在保证财政每年用于科技的经费支出高于财政收入增长的同时，进一步加大投入力度，逐步提高研究开发经费占国民生产总值的比重。目前至少应逐步缩小与国内同类城市投入的差距，达到中上水平。二是运用市场经济手段，多渠道、全方位融资、筹资。组织筹建各类投资基金，如风险投资基金、高新技术开发基金等。发行重点技改专项债券，争取设立企业财务开发公司、信用社，增强大中型集团的融资能力；利用外资引进技术和资金对老企业进行嫁接改造。通过上述途径，增强对企业技术进步的资金投入。三是优化技术进步优势企业的资本结构，通过"贷改投"，冲销历史形成的呆帐、死帐，增加政府投入等多种途径，帮助技术进步优势企业摆脱包袱，降低负债水平，轻装上阵。

(二) 技术进步的税收政策 税收政府在推进企业技术进步方面有着十分重要的作用。要针对税收体制改革后的新形势，认真研究如何发挥税收的调节作用，支持企业推进技术进步。一是对市里的重点扶持企业和重点技术改造项目在一定期限内，实行新增增值税25%部分先征后返还，免征所得税，用于支持企业技改和发展。二是对国家级、省级和市级新产品，经鉴定投产后，分别不同年限返还新增增值税的25%，并在一定期限内，用于企业进行技术开发。三是对技术改造项目，除新增土建面积按每平方米36元征收公用设施配套以外，免征其它各种税费。四是对企业进行技术转让及相关的技术服务、咨询、培训所得，年净收入在30万元以下的免征所得税。五是对企业推进技术进步和发展高新技术所需引进的设备、仪器和仪表、原材料、零部件给予关税减免优惠。

(三) 技术进步考核奖励政策 为了使企业技术进步工作落到实处，有必要建立一套较为规范的考核、奖励体系，对有关工作责任部门进行考核，并根据考核结果给予相应的奖惩，不仅要考核企业的经济指标，而且应把新产品产值率、技术进步投入与销售收入的比例、工程技术人员占职工总数比例、技术进步对企业发展的贡献因素等，作为重要考核指标，促使企业推进技术进步。与此同时，建立相应的奖励制度，奖励在新产品开发、新技术开发和推广、技术改造、技术引进消化吸收过程中取得显著成绩的企业和有关人员，对先进技改项目和新产品，可在项目和产品新增税后利润中按一定比例提取奖金，奖励有功人员；对推进企业技术进步有突出贡献的人员进行破格晋升技术职称，授予各种荣誉称号；对经国家和省、市批准建立的企业技术中心和厂办科研机构，可提取税后利润的20%作为奖励，基金，奖励有突出贡献的科技人员。通过考核、奖励、调动、激发企业和广大科研人员的积极性，推进企业技术进步。

四、加强人才培养，努力提高职工技术素质

人才是科技第一生产力的开拓者，是企业兴衰的决定性因素。通过科技进步促进企业的发展，必须有一支数量多、技术精的科技队伍和一支高素质的职工队伍，而制约我市企业科技进步的关键因素恰恰在于我市科技人员数量少，高级科技人才则相对更少，职工队伍技术素质有待进一步提高。因此，必须下决心采取多种途径切实加快企业科技队伍建设，一是充分重视人才，发挥科技人员的积极性和创造性，要建立起吸纳人才、留住人才，使人才脱颖而出的机制。重奖有突出贡献科技人员，更要使大批企业的一线科技人员的收益与其贡献挂钩，提高科技人员的待遇和生活水平。二是要加速培养人才。结合工作要求，选送有培养前途的技术骨干去大专院校深造学习，攻读学位，必要时也可送出国门深造，力争为企业培养一大批现代企业知识的技术和管理人才。工作中要放手让中青年科技人员承担重大的科研项目，使他们在工作中早日成才，同时大力搞好在职技术培训，实施再教育工作，广泛开展群众性的技术革新活动，提高企业职工的整体技术素质。三是要十分重视大量引进外地优秀科技骨干，积极鼓励留学回国人员到我市企业工作，在引进外资的同时，积极与国外开展技术合作，引进国(境)外智力推进企业技术进步。四是要积极运用竞争机制，努力创造优秀科技人员成长和拔尖人才脱颖而出的环境和条件。

绍兴市推进"四改一体"搞活国有企业

纪根立

绍兴市直现有预算内国有工业企业24家，其中大型企业7家，中型企业8家。1995年，24家企业资产总值47.47亿元，实现产值35.76亿元、销售24.93亿元、利税2.41亿元，已连续三年无一亏损。

绍兴市直国有工业企业之所以能保持良好的发展势头，一个很重要的原因是，市政府始终坚持"发展"这

个硬道理，以转变经济增长方式、提高经济运行质量为核心，坚定不移地走改革机制，改组结构、改造技术、改善管理的“四改一体，联动推进”的新路子，着力做好五篇“优化”文章。

(一) 优化机制 前些年，市直预算内国有工业企业中也出现过一些亏损，分析原因，关键在于企业经营机制不活。我们在调查研究的基础上，确定以建立现代企业制度为目标，有步骤地改革市直国有工业企业的机制，因厂而异，培植新的机制，做到一厂一制。具体工作中，及时总结绍兴丝织厂“三项制度”改革的成功经验，出台了《关于推进股份制试点的意见》，对绍兴蓄电池厂等几家中大型企业进行股份制改组，对绍兴瓷厂等3家企业进行股份合作制改造。同时，对新建、改建、扩建的项目，原则上都按“新项目、新机制”组建股份制。投资1.28亿元的平板荧光显示屏项目，是国家“八五”录像机引进技术消化吸收专项关键配套项目，投入大，时间紧，难度高，市政府用改革的思路，由绍兴钢铁总厂、浙江涤纶厂和绍兴电子管厂分别投资组建成有限责任公司，不仅有效解决了资金困难，而且产权明确，责任明确，提前于去年4月20日顺利投产，填补了我国电子工业生产平板荧光显示屏的空白。

(二) 优化结构 针对前几年市直国有工业企业小而散的状况，市政府把兼并重组、营造“航空母舰”作为优化结构的主要措施，进一步提高了生产要素的配置效率，促进了经济增长方式的转变和经济运行质量的提高。运作上，立足于发展，把优势企业的扩张需求和劣势企业的闲置资产盘活相结合，做到优势互补，各得其所。浙江海尔曼斯自行车集团公司1994年兼并了生产工艺相近，仅一墙之隔，占地40余亩的绍兴电镀电筒厂后，加速了年产30万辆中高档自行车技改项目的实施，当年自行车产量达到117万辆，比上年净增10万辆，经济效益也有了大幅度提高，创利润850万元，比上年增长75.7%。该企业被评为全国“质量效益”双佳企业。绍兴轧钢厂兼并了地处郊区的二轻造船厂，把在本厂区难以实施的650开坯项目放在船厂建设，既发展了生产，又保护了城市环境。浙江漓铁集团公司以购买方式兼并了“一塑”厂后，该公司利用其厂房设备，新上10万门程控交换机技改项目，扩展电子衡器厂，办起了传感器分厂，收到“破一发三”的效果。几年来，市直国有工业企业中先后有8家亏损、微利企业被兼并，盘活了3635.23万元存量资产，重新安置职工2600余人，一批优势企业从中得到了发展的空间，达到了发展与扭亏双重目的。组建集团是市直国有工业企业发展的方向。这几年相继建立了中国黄酒集团公司、浙江海尔曼斯集团公司、浙江漓铁集团公司、绍兴机床集团公司等企业集团，扩大了市场的覆盖面和占有率。1994年，市酿酒总公司与沈永和酒厂强强联合，组建成中国黄酒集团公司，既避免了相互压价倾销的低层次竞争，又保证了投资1.3亿元的黄酒自动化生产线改造工程的实施，形成了规模优势，集团的产值、利税大幅度增加，一跃成为市直国有工业企业中首家超5000万元的税利大户。

(三) 优化产品 这几年，市政府加大投入，加快技改，优化产品，优化增量，培植了一批新的经济增长点。市区国有工业企业共投入技改资金17.8亿元，一些传统行业得到了全面改造，一些新兴产业迅速发展。市直国有工业企业还根据市场需求，开发、调整、优化产品，提高产品的市场竞争能力。绍兴丝绸印花厂原来生产的是以涤丝为原料的低档产品，效益不理想。在调查了国内外丝绸市场后，转产以真丝、高密支防雨绒为原料的系列高档产品，70多只产品在国际、国内获奖，80%以上的产品畅销欧美、日本等60多个国家和地区，经济效益保持全国领先地位。

(四) 优化管理 管理也是生产力。这几年大力推进企业内部改革，加强企业管理。市直预算内国有工业企业全部实施“三制”改革，许多企业划小了核算单位，实行“一厂多制”、“一业为主、多业并举”。绍兴钢铁总厂、蓄电池厂等企业实行岗位技能工资后，初步打破了管理上的“大锅饭”。市纺丝总公司下属9家企业，精简科室三分之一左右，压缩管理人员180余人，其中丝绸印花厂的管理人员仅占职工总数的4%，搬掉了人事制度的“铁交椅”，实行逐级聘任、竞争上岗，收到了提高效率、增加效益的双重功效。绍兴丝织厂实行全员劳动合同制后，端掉了用工上的“铁饭碗”，261名富余职工下岗从事“三产”，占全厂职工人数的12.7%，劳动生产率大幅度提高，1994年人均达12.8万元，上交利税2562万元，效益在全国同行中排名第一。从1992年开始，对具备条件的企业积极探索在工资总额增长幅度低于实现利润增长、职工工资增长低于劳动生产率增长的前提下，由企业自主决定分配的“两低于”试点及计税工资试点，进一步完善了工效挂钩办法，拉开了企业之间、职工之间的分配差距，极大地调动广大群众的生产积极性。

(五) 优化班子 好企业必须有个好班子，好班子必须有个好厂长。几年来，我们把培养建设一支企业家队伍放在重要位置。对企业经营者做到“多换思想少换人”，保持企业领导班子相对稳定。在领导体制上，大部分企业实行厂长、书记一人兼，党政一肩挑，集中精力抓好企业两个文明建设。平时，教育经营者发扬奉献精神，引导和鼓励他们对经济收入、事业发展和政治进步的多重目标追求，并以党校为阵地，分期分批举办培训班，对企业经营者普遍进行了“两则”、税制改革、市场营销和产品质量等政策与业务知识培训。同时有意识安排他们到外地考察，开阔眼界。还开展一年一度的十佳经营厂长(经理)评选活动，激励厂长(经理)创佳绩、争上游。实践证明，有了这支素质较高的企业家队伍，为保持市直预算内国有工业企业的持续、快速、健康发展奠定了良好的基础。

厦门市“八五”对外贸易发展的特点

沈灿煌

一是企业的自主经营、自负盈亏的经营机制得到进一步完善 应改革而生的厦门地方外贸企业，一开始就被推上自主经营、自负盈亏的路子。因此，在全国率先实行干部聘任制、用工合同制，业务人员自由组合，实行承包经营、划小核算单位。在分配上奖金上不封顶，下不保底，按劳分配，多劳多得，使企业的分配制度和用工制度得到进一步完善。

二是进出口商品结构得到合理的调整 针对国家进出口贸易政策的调整，厦门外贸企业相对国内其他地区的外贸企业超前调整商品结构，有意识地向国家引导的商品结构上调整，不断提高深加工产品、高附加值产品、机电产品出口的比重和生产资料及机器设备进口的比重。“七五”期间，厦门农、副、土产产品出口占70%以上，主要出口石材、水产品、罐头、土产品;进口生活消费品占60%以上。“八五”期间厦门工业制成品出口占70%以上，机械、轻工、电器产品出口的比重不断上升;生产资料和机器设备的进口占70%以上。

三是突出多种经营、增强出口创汇能力 在经营上率先改革经营格局，探索多种经营、综合运筹发展外贸的新路子。在国家计划外只能经营三类出口商品，厦门市重点开发新、小商品出口，“拾遗补缺”，同时，为使企业立于不败之地，企业大都通过综合经营以分散企业风险。多数企业实行进出口结合、内外贸结合、贸工农结合、长短线结合，经营范围涉及贸易、投资、金融、房地产、运输、旅游、信息、咨询服务等各领域，形成企业集团取得综合的经济效益。

四是开拓多元化市场，形成自己的营销网络 厦门原有的市场主要集中在港澳地区，“七五”期间对港澳地区贸易额占60%以上，而“八五”期间，厦门外贸企业注重多元化市场的开拓，纷纷到境外开办企业和贸易机构，建立自己的营销网络，发展远洋贸易和转口贸易。对港澳地区的贸易额比重逐渐缩小，仅占30%，同时对台的小额贸易发展成对台直接贸易。1995年厦门出口国别和地区达128个，远洋贸易额占总贸易额47%。

五是树立“大经贸”的观念，积极扶植各类对外贸易出口创汇增长点 厦门市政府把对外贸易尤其是出口创汇作为特区外向型经济发展的重要突破口，进一步深化特区外贸管理体制改革、按照国家赋予厦门特区及计划单列城市的政策，按照企业从事进出口业务的条件和要求，逐年批准设立了一批进出口结合、工贸结合的地方外贸企业。同时，一批有出口能力的生产骨干企业拥有进出口经营权，直接参与国际市场竞争。此外，还有一些作为内地设在特区“窗口”的内联企业也被赋予进出口权。大批三资企业的投产，形成了一批新的增长点，带动了厦门对外贸易的发展，促进了经营观念和经营方式的转变。“八五”期间象屿保税区的建立，为厦门的对外贸易带来了一个新的契机，使厦门逐步形成了多层次、多渠道，充分发挥各自优势的对外贸易新格局。

六是对外贸易的地位和作用进一步加强 “八五”期间厦门对外贸易带动了特区许多方面的发展并取得了相当可观的经济效益，成为厦门特区举足轻重的行业;得到了社会各界的普遍关注和共识。对外贸易的发展得到政府的支持和扶植，得到了海关、商检等口岸部门及财政税务、银行、外管等各方面的大力支持帮助和密切配合，各部门为外贸企业的经营和发展创造了一个良好的经营环境，创造了一个发展、生存的空间。

漳州市发展新兴产业——花卉

林水土

被国务院列为国家级外向型农业示范区的漳州市，农业综合开发朝着“高科技、高产业、高效率、高创汇”的目标，向新的领域进军。新兴的花卉种植业正在漳州兴起，年成交额4000万元，且保持迅猛发展的良好势头。集花卉培育、盆景创作基地和花卉销售市场为一体的闽南花卉中心在漳州兴建。

闽南花卉中心以设立在漳浦县马口的漳州林业组培中心为依托，从市区南郊的龙海九湖镇至漳浦县长桥镇，沿国道324线开发长50公里，两侧纵深各300多米的花卉品种带。首期兴建一个长10公里，面积1000亩的花卉栽培、盆景创作示范小区，已吸收22家境内外客商与示范小区签订租征用地2655亩、投资6499万元(已到资980万元)的协议人其中有19家客商已进区动工兴建有关设施，并培育各种绿化苗木50万株。

漳州市为了促进闽南花卉中心尽快形成规模，在统一规划、地租优惠、补贴扶持、让利花农、注册开户、部门服务等方面制定了优惠政策。目前，除漳州市属县(市、区)花农大户来这里拓展花卉业外，还有台湾、福州、厦门、漳平等地的客商陆续前来洽谈投建花卉项目。

花卉产业有着广阔的发展前景。经贸界行家预测，今后最有发展前景的10大行业中，花卉产业被列为第二位。目前，全世界花卉年产值1000亿美元以上，年国际贸易额近200亿美元，出口利润高达25％至40％，然而，随着科技不断进步，花卉品种将会不断创新，经营花卉也日益现代化，表现在育种生物化学化，花卉生产工厂化，运销更加快速，包装更加轻巧精美，市场竞争日趋激烈。

漳州素称“花果之城”，富有南亚热带绮丽风光，这里四季如春，雨量充沛，肥水充足，土地肥沃，终年鲜花盛开。尤其是漳州的水仙花被列为全国10大名花之一，驰名中外。花农们总结500多年来的育花经验，使漳州水仙成为“活的艺术珍品”而赢得海内外顾客。漳州还有建兰、素心兰、报岁兰、红梅、腊梅、三角梅、玫瑰、月桂、瑞香、七里香、夜来香、五宝茶花等1200多种花卉。设立在漳州境内的福建省热带作物研究所引进国内外花卉1800多个品种，极大地丰富漳州市花卉种源，可为漳州花卉产业的发展提供优良种苗。目前，漳州已有各种花卉种植面积4000多亩，年生产、销售额达4000多万元。设立在水仙花乡龙海九湖镇的花木公司和几家经营花卉的专业户，还空运漳州鲜切花，直销北京、上海、无锡等地，年营销额都在100万元以上。

由于漳州是发展花卉产业的黄金宝地，台商在漳州市属的漳浦县万安农场租地200亩，引进、种植“晚香玉”，喜获成功。有的台商还到漳州内陆山区的南靖县南坑乡，利用当地丰富的兰花资源，投资培育兰花，前景象花儿一样美好。上海虹华园艺公司与设立在漳州郊区的福建省热带作物研究所联营，拟建立50亩鲜切花生产基地。

当前漳州市除了巩固和发展水仙花生产基地外，还出现经营百花专业村，如九湖百花村，家家户户养花为业，数百名卖花姑娘南下深圳，北上首都北京及东北各地，近到厦门、芗城、泉州、三明各市，经销1000多种花木，年营销也在1000万元以上。为加速花卉业的发展，漳州市有关部门以生产、经营花卉的专业村、专业户和国营农场为依托，重视兴办花卉良种引种繁育基地，优化花卉品种，兴办花卉市场，帮助花农及时捕捉国内外花卉市场信息，以带动千家万户开发花卉生产，使漳州市的花卉产值形成以亿元计数的规模型的新兴产业。

附　　录

附录1　台湾省主要社会经济指标
MAIN SOCIAL AND ECONOMIC INDICATORS OF TAIWAN PROVINCE

附录 1－1　面积和人口主要指标
MAIN INDICATORS OF AREA AND POPULATION

项　目　Item	1990	1991	1992	1993	1994
面积　(万平方公里) Area　(10 000 sq.km)	3.6	3.6	3.6	3.6	3.6
年底人口数　(万人) Year－End Population　(10 000)	2040.1	2060.6	2080.3	2099.5	2117.8
男　Male	1054.1	1064.0	1073.5	1082.4	1090.7
女　Female	986.0	996.6	1006.8	1017.1	1027.1
出生率　(‰) Crude Birth Rate　(‰)	16.6	15.7	15.5	15.6	15.3
死亡率　(‰) Crude Death Rate　(‰)	5.2	5.2	5.3	5.3	5.4
婴儿死亡率　(‰) Infant Mortality Rate　(‰)	5.9	5.4	5.6	5.3	5.7
妇女生育率　(‰) Fertility Rate　(‰)	62.0	58.0	57.0	57.0	55.0
人口自然增长率　(‰) Natural Growth Rate　(‰)	11.4	10.5	10.2	10.3	9.9
结婚率　(‰) Marriage Rate　(‰)	7.1	8.0	8.2	7.6	8.1
离婚率　(‰) Divorce Rate　(‰)	1.4	1.4	1.4	1.5	1.5
平均期望寿命　(岁) Life Expectancy at Birth　(Year)	73.8	74.3	74.3		
男　Male	71.3	71.8	71.8	71.6	71.8
女　Female	76.8	77.2	77.2	77.6	77.7
人口的年龄构成　(%) Age－specific Distribution　(%)					
0－14岁　0－14	27.1	26.3	25.8	25.1	24.4
14－64岁　14－64	66.7	67.2	67.4	67.8	68.2
65岁及以上　65 and Over	6.2	6.5	6.8	7.1	7.4
非农户人口占　Non－agricultural Population As　(%)					
总人口比率　(%) of Total Population　(%)	78.8	79.5	80.3	80.0	81.1
人口密度(人/平方公里) Population Density(Persons/sq.km)	563.9	569.5	575.0	580.3	585.3

附录 1-2 劳动力和就业状况
LABOR FORCE AND EMPLOYMENT

项目	Item	1990	1991	1992	1993	1994
劳动力总人数 (万人)	Labor Force (10 000)	842.3	856.9	876.5	887.4	908.1
男	Male	526.3	535.5	546.0	549.7	559.5
女	Female	316.0	321.4	330.4	337.7	348.5
就业人数 (万人)	Employment (10 000)	828.3	843.9	863.2	874.5	893.9
男	Male	517.5	527.4	538.0	542.2	551.1
女	Female	310.8	316.5	325.2	332.3	342.8
就业人数部门构成(%)	Distribution Employment by Industry (%)	100.0	100.0	100.0	100.0	100.0
农、林、渔、猎业	Agriculture,Forestry,Fishing and Hunting	12.8	12.9	12.3	11.5	10.9
采矿业	Mining and Quarrying	0.2	0.2	0.2	0.2	0.2
制造业	Manufacturing	32.0	30.9	30.0	28.4	27.8
电、煤气、水	Electricity,Gas,Water	0.4	0.4	0.4	0.4	0.4
建筑业	Construction	8.2	8.5	9.0	10.1	10.8
商业	Commerce	19.7	20.5	20.5	20.7	21.0
运输、仓储和通信业	Transport,Storage,Communications	5.5	5.5	5.2	5.3	5.3
金融、保险、不动产和产业服务	Financing,Insurance,Real Estate and Business Services	4.3	4.3	4.9	3.2	3.2
公共行政、社会和个人服务业	Public Administration,Community, Social and Personal Services	16.8	16.8	17.5	18.0	20.3
失业人数 (万人)	Unemployment (10 000)	14.0	13.0	13.2	12.8	14.2
失业率 (%)	Unemployment Rate (%)	1.7	1.5	1.5	1.5	1.6

附录 1-3 国民生产总值
GROSS NATIONAL PRODUCTS

年份 Year	国民生产总值 Gross National Products			人均国民生产总值 Per Capita Gross National Products	
	新台币亿元 (NT $100 000 000)	比上年增长%② Annual Growth Rate %②	亿美元 (US $100 000 000)	新台币元 NT $	美元 US $
1989	40293	8.0	1526	201402	7626
1990	44120	5.5	1641	218092	8111
1991	49278	7.6	1837	240909	8982
1992	54409	6.2	2163	263420	10470
1993	59705	6.0	2262	286385	10852
1994	64545	6.1	2439	306846	11597
1995①	69824	5.9	2636	329522	12439

注: ① 初步数。② 按1986年价格计算。

Note: ① Preliminary Figure. ② At 1986 Constant Prices.

附录 1-4 国民生产总值支出构成

EXPENDITURES ON GROSS NATIONAL PRODUCTS

单位: 新台币亿元 (NT $100 000 000)

年份 Year	国民生产总值支出总额 Expenditures on GNP	消费 Consumption	库存增加 Change in Stocks	固定资本形成 Gross Fixed Capital Formation	商品及劳务输出净额 Net Exports of Goods and Services	国外要素所得净额 Net Factor Income from Abroad
1989	40293	26898	299	8553	3036	904
1990	44120	30458	−16	9475	2304	1050
1991	49278	33945	288	10430	2378	1171
1992	54409	38111	506	12078	1289	1033
1993	59705	41709	706	13708	1003	968
1994	64545	45528	427	15331	816	963
1995①	69824	51621	517	16087	1599	747

注: ① 初步数。

Note: ① Preliminary figure.

附录 1-5 国内生产总值及部门构成

GROSS DOMESTIC PRODUCTS BY KIND OF ECONOMIC ACTIVITY

单位: 新台币亿元 (NT $100 000 000)

年份 Year	国内生产总值 Gross Domestic Products	农林牧渔业 Agriculture Forestry, Hunting and Fishing	矿业 Mining and Quarrying	制造业 Manufacturing	水、电、煤气业 Electricity Gas & Water	建筑业 Construction	商业 Whole Sale Ratail Trade Restaurants and Hotels
1989	39388	1896	175	13802	1163	1770	5669
1990	43070	1742	181	14504	1218	2055	6493
1991	48107	1739	186	16188	1315	2291	7429
1992	53378	1832	275	17079	1484	2700	8478
1993	58745	1978	349	18068	1625	3168	9409
1994	63765	2276	210	18492	1683	3386	9788

续表 continued

单位: 新台币亿元 (NT $100 000 000)

年份 Year	运输仓储及通信业 Transport, Storage & Communications	金融保险不动产及产业服务 Finance Insurance Real Estate Business Services	社会服务及个人服务 Community Social and Personal Services	政府部门 Government Services	私人非盈利部门 Private Non-profit Services to Households	家庭服务 Domestic Services of Households	减:银行服务费 Less: Imputed Bank Sevice Charge	加:进口锐 Plus: Import Duties
1989	2406	6943	1893	3843	133	216	2415	1292
1990	2593	7979	2178	4613	137	248	2940	1220
1991	2897	8861	2518	5349	147	291	3420	1250
1992	3267	9991	2924	5903	164	342	3926	1472
1993	3649	11348	3334	6387	177	399	4387	1622
1994	4177	13295	4731	6778			4935	1607

附录 1－6 农业生产指数

INDEX OF AGRICULTURAL PRODUCTION

(1991年＝100) (1991＝100)

年份 Year	总指数 Total	种植业 Crops	林业 Forestry	畜牧业 Livestock	渔业 Fishery
1981	78.6	103.6	302.3	53.2	74.0
1985	88.4	102.8	254.6	71.61	85.8
1990	98.5	97.6	102.4	91.7	108.6
1991	100.0	100.0	100.0	100.0	100.0
1992	97.2	96.4	60.4	102.4	94.4
1993	103.7	102.8	62.7	106.9	102.5
1994	100.4	98.8	47.6	112.9	90.4

附录 1－7 主要农产品产量

OUTPUT OF MAJOR CORPS

单位: 吨 (ton)

年份 Year	稻谷 Rice	小麦 Wheat	玉米 Maize	大豆 Soy Beans	土豆 Potato	茶叶 Tea	甘蔗 Sugarcane	烟叶 Tobacco
1970	2462644	3664	57416	65174	34145①	25000	5990729	20800
1980	2353590	2839	115114	25934	28093②	30000	8851347	19747
1988	1844785	2957	321194	14641	42590	23557	6767465	20206
1989	1864590	3039	328543	10956	40834	22130	6627793	18484
1990	1806596	2932	339436	8140	31189	22299	5580953	18528
1991	1818732	3581	321322	8333	36097	21380	4536231	20686
1992	1627854	4326	338804	8562	49198	20164	5857553	16393
1993	1819774	4921	346210	12715	36583	20515	4803309	17427
1994	1678776	4440	397115	12007	36390	24486	5503571	18526

续表 continued

单位: 吨 (ton)

年份 Year	芒果 Mango	香蕉 Banana	菠萝 Pineapple	柑桔 Citrus Fruit	牛奶 Cow's Milk	蛋类(万个) Eggs(10 000)	水产品 Fish Catches
1970	21091	461829	338191	209115	16123	105566①	613152
1980	90989	214323	228804	374383	47740	252496②	936334
1988	127543	228725	228127	559526	173407	383636	1360867
1989	122192	198442	230738	568659	182421	423801	1371681
1990	112531	201440	234629	528941	203830	445465	1455495
1991	144730	196663	241477	544251	225656	428932	1316651
1992	123834	195970	226279	526599	246281	514641	1329535
1993	216745	212748	277263	506731	278476	537173	1423971
1994	191497	184287	252234	467980	289574	567333	1242571

注: ① 为1971年数。② 为1981年数。

Note: ① Data refer to 1971. ② Data refer to 1981.

附录 1-8 工业生产指数
INDEX OF INDUSTRIAL PRODUTION

(1991年=100) (1991=100)

年份 Year	总指数 General	矿业 Mining	制造业 Manufacturing	电、煤气、水 Electricity Gas & Water	建筑业 Construction
1988	89.88	140.84	90.42	80.14	90.24
1989	93.27	125.30	93.71	85.38	96.00
1990	93.06	109.96	93.02	91.35	96.60
1991	100.00	100.00	100.00	100.00	100.00
1992	104.48	95.86	103.95	106.34	117.13
1993	108.34	94.94	106.38	116.11	150.16
1994	115.61	95.33	112.60	125.22	186.04

附录 1-9 主要工业产品产量
OUTPUT OF MAJOR INDUSTRIAL PRODUCTS

年份 Year	棉布 (亿米) Cotton Fabrics (10^8m)	聚胺丝织物 (亿米) Nylon Fabrics (10^8m)	塑料皮布(亿米) Plastic Leather Clothes (10^8m)	电风扇 (万台) Electric Fan (10 000)	收录音机 (万台) Sound Recorder (10 000)	自行车 (万辆) Bicycle (10 000)	电冰箱 (万台) Refrige rator (10 000)	电子计算器 (万台) Electronic Calculator (10 000)
1988	12.77	8.74	5.31	2765.55	1185.97	771.71	44.73	6826.35
1989	13.60	11.41	5.53	2971.78	1048.43	757.40	42.14	6927.60
1990	12.87	14.01	6.13	2602.86	879.13	779.50	36.72	5001.43
1991	11.78	15.90	7.01	3032.65	928.35	836.19	38.88	3513.82
1992	10.92	16.72	7.12	2683.89	715.54	768.93	39.55	1820.81
1993	9.57	17.85	7.49	1903.97	619.33	786.71	45.98	1288.32
1994	9.70	21.10	7.32	1754.75	643.25	753.74	47.11	1063.06

续表 1 **continued**

年份 Year	微型电脑 (万台) Desktop Computer (10 000)	电话机 (万台) Telephone (10 000)	彩色电视机 (万台) Color T.V. (10 000)	照相机 (万台) Camera (10 000)	煤 (万吨) Coal (10 000 tn)	天然气 (亿立方米) Natural Gas (10^8 cub.m)	发电量 (亿千瓦小时) Electric Power (10^8 k.W.h)
1988	227.10	1832.42	374.32	901.77	122.55	11.57	716.43
1989	228.01	1652.24	371.28	890.27	78.44	11.58	802.63
1990	249.80	1399.24	240.31	1176.10	47.21	11.29	861.23
1991	295.96	1121.44	245.64	1216.38	40.26	9.28	946.10
1992	294.06	1097.52	174.46	1024.25	33.48	8.72	1005.29
1993	322.60	890.15	142.35	693.48	32.81	8.26	1099.11
1994		671.48	148.24	785.54	28.51	8.67	1189.17

续表 2 continued

年 份 Year	摩托车 (万辆) Motorcycle (10 000)	棒 钢 (万吨) Steel Bar (10 000 tn)	水 泥 (万吨) Cement (10 000 tn)	制成材 (万立方米) Lumber (10 000 cub.m)	聚氯乙烯 (万吨) PVC (10 000 tn)	平板玻璃 (万标准箱) Sheet Glass (10 000) Std.Case)	纸板 (万吨) Paper Board (10 000 tn)	小汽车 (万辆) Car (10 000)
1988	107.94	389.25	1728.08	89.25	77.93	748.38	216.15	26.53
1989	110.20	487.12	1804.32	85.74	80.54	710.45	227.42	31.26
1990	105.53	575.41	1845.84	69.74	92.10	781.87	250.88	35.18
1991	117.41	630.47	1939.86	75.78	97.84	850.35	285.60	39.79
1992	134.50	733.09	2146.37	56.50	104.26	938.07	295.04	42.83
1993	148.71	845.94	2397.08	39.88	107.85	916.11	283.66	38.75
1994	163.33	843.21	2272.17	37.81	111.37	1048.98	304.55	40.60

附 录1－10 能 源 生 产 和 消 费

PRODUCTION AND CONSUMPTION OF ENERGY

项 目	Item	1989	1990	1991	1992	1993	1994
供给量总计	**Total Supplied**						
(亿升标准油)	**(100 000 kl oil equivalent)**	**524.0**	**578.3**	**580.3**	**635.6**	**674.3**	**710.6**
供给量比重(%)	Distribution of Supplied (%)	100.00	100.00	100.00	100.00	100.00	100.00
煤炭	Coal	24.22	23.60	23.38	25.46	27.30	27.37
石油	Petroleum	56.53	54.88	53.55	52.98	52.62	51.57
天然气	Natural Gas	2.68	3.89	5.60	5.07	4.99	5.76
水力发电	Hydraulic Power	3.17	3.51	2.36	3.26	2.47	3.11
核能发电	Nuclear Energy Source	13.40	14.12	15.11	13.23	12.62	12.19
消费量总计	**Total Consumption**						
(亿升标准油)	**(100 000 kl oil equivalent)**	**486.3**	**513.6**	**553.4**	**585.6**	**623.1**	**659.5**
分部门消费比重(%)	Distribution of Consumption (%)	100.00	100.00	100.00	100.00	100.00	100.00
运输	Transportation	14.10	14.46	15.60	17.02	17.46	17.67
工业	Industry	59.35	59.35	58.06	57.05	56.34	56.42
农业	Agriculture	2.86	2.83	2.54	2.34	2.28	2.17
住宅	Resident	11.54	11.55	11.77	11.70	11.86	11.55
商业	Commerce	3.38	3.80	4.10	4.39	4.69	4.76
其他	Other	6.36	6.49	6.48	6.03	5.88	6.18
非能源消费	Non－energy Use	1.51	1.52	1.45	1.45	1.49	1.25
平均每人能源消费量	Per Capita Energy Consumption						
(千升标准油)	(kl oil equivalent)	2.41	2.52	2.65	2.77		
国内能源价格指数	Domestic Energy price Index						
(1986年＝100)	(1986＝100)	83.81	88.74	96.84	94.58		

附录 1－11 新建房屋建筑面积

FLOOR SPACE OF NEW BUILDING CONSTRUCTION

单位: 万平方米 (10 000 sq.m)

年份 Year	总计 Total	住宅用 Residential	商业用 Stores & Mercantile	工业用 Industrial	机关学校用 Office & School	其他用 Other
1988	2977	1489	478	640	197	172
1989	3126	1506	607	624	180	209
1990	3128	1242	969	547	156	213
1991	3200	1324	947	478	222	229
1992	3692	1667	1011	505	233	277
1993	4754	2178	1264	539	443	330
1994	5816	2858	1536	440	436	546

附录 1－12 铁路和公路客货运量

RAILWAY AND HIGHWAY PASSENGER AND FREIGHT TRAFFIC

年份 Year	铁路 Railway				公路 Highway			
	客运量 (万人) Passengers Traffic (10 000 P)	客运周转量 (万人公里) Turnover Volume of Passengers (10 000p－kms)	货运量 (万吨) Freight Traffic (10 000 tn)	货物周转量 (万吨公里) Turnover Volume of Traffic Freight (10 000tn－kms)	客运量 (万人) Passengers Traffic (10 000 P)	客运周转量 (万人公里) Turnover Volume of Passengers (10 000p－kms)	货运量① (万吨) Freight Traffic① (10 000 tn)	货物周转量① (万吨公里) Turnover Volume of Traffic Freight① (10 000tn－kms)
1984	13059	845813	2989	249289	208736	3078919	19055	919078
1985	13127	830929	2973	229984	210636	3141871	18973	922338
1986	13178	831632	2865	236546	208034	3048684	20022	935941
1987	13437	845851	3121	249021	200761	2973980	22672	1058642
1988	13232	823304	3040	227804	188878	2812120	24028	1134033
1989	12797	814490	3087	211150	175419	2640236	24439	1149393
1990	13239	832257	2805	187726	162081	2616896	24580	1154312
1991	13778	862101	2626	196114	156093	2608701	25430	1181376
1992	14987	935740	2819	213996	148096	2496918	26796	1221989
1993	15803	955227	3058	201778	141396	2406272	30167	1286684
1994	16099	951518	3125	200693	131381	2195168	31340	1309140

注: ① 仅为民营汽车公司数。

Nate: ① Data only refer to private truck companies.

附录 1－13 邮电业务量

TELECOMMUNICATION SERVICES

项目	Item	1989	1990	1991	1992	1993	1994
省内电信	Domestic						
电报 (万封)	Telecommunications(10 000 Message)	63.23	36.57	21.60	0.70	0.37	0.29
长途电话(万次)	Long Distance Calls (10 000 Calls)	2453003	2454171	2814447	3272631	3927117	4212077
市内电话(万户)	Subscribers Number of city(10 000)	582	630	685	742	795	850
海外电信	International						
电报 (万封)	Telecommunications(10 000 Message)	6.20	7.42	7.15	7.28	6.11	4.80
电话 (万分钟)	Telephone (10 000 Minute)	18386	24193	29762	36685	44231	50185
邮政(投递数)	Postal Services (Pieces Delivered)						
函件 (亿件)	Correspondence (100 000 000)	19.52	19.85	20.08	20.12	21.10	22.16
包裹 (万件)	Parcels (10 000)	1055.4	1127.3	1327.0	1614.7	1527.0	1699.0

附录 1－14 商品进出口贸易总额

TOTAL IMPORTS AND EXPORTS

年份 Year	按新台币计算(百万元) (NT $1 000 000)			按美元计算(百万美元) (US $1 000 000)		
	进出口总额 Total	出口额 Exports	进口额 Imports	进出口总额 Total	出口额 Exports	进口额 Imports
1984	2075558	1204697	870861	52415	30456	21959
1985	2024866	1223019	801847	50828	30726	20102
1986	2424077	1507044	917033	64044	39862	24182
1987	2821479	1707608	1113871	88662	53679	34983
1988	3154905	1731804	1423101	110340	60667	49673
1989	3133520	1747800	1385720	118569	66304	52265
1990	3274586	1802783	1471803	121930	67214	54716
1991	3731557	2040785	1690772	139039	76178	62861
1992	3864258	2047963	1816295	153477	81470	72007
1993	4273778	2239032	2034746	162152	85091	77061
1994	4717662	2456011	2261651	178398	93049	85349

附录 1－15 商品进口来源和出口去向
IMPORTS AND EXPORTS BY REGIONS OR COUNTRIES

单位：新台币百万元 (NT $1 000 000)

项目	Item	1988	1989	1990	1991	1992	1993	1994
商品进口来源	**Imports(Major Origin)**							
德国	Germany	63146	70535	72957	81099	98882	111419	126819
澳大利亚	Australia	38277	43187	44655	54272	51872	55302	58935
美国	United States	372621	318143	338914	379787	398159	441301	47811
加拿大	Ganada	27340	26479	22543	27917	29754	29488	
香港	Hong Kong	55140	58979	38914	52332	44990	45635	40612
泰国	Thailand	9792	10352	12066	15767	20809	25693	29376
菲律宾	Philippines	6944	6352	6351	6330	7696	9641	
沙特阿拉伯	Saudi Arabia	35445	36579	41527	45235	36930	39688	
新加坡	Singapore	21203	23485	37923	38914	42764	49302	63909
荷兰	Nerthland	25780	17597	19631	21604	22009	26479	30380
意大利	Italy	18626	20882	21966	21389	25263	34358	
英国	United Kingdom	31899	24587	30944	30262	34269	31449	40519
法国	France	18617	21005	30370	30702	35369	33436	
比利时	Belgium	8126	7982	10583	10754	10219	16269	
马来西亚	Malaysia	27031	23500	27014	37872	46171	51185	61647
韩国	Korea,Rep.	25774	32878	36119	46960	58048	67001	79868
日本	Japan	424630	425032	430579	507066	549101	612342	656816
印度尼西亚	Indonesia	17565	18690	24871	33224	35520	42931	
商品出口去向	**Exports(Major Destination)**							
德国	Germany	66922	67972	85843	103775	90537	92113	85807
澳大利亚	Australia	38769	40480	34338	36218	35894	38160	43075
美国	United States	669983	633155	583028	597742	592382	620796	642392
加拿大	Canada	45224	46424	41714	43502	41317	40368	
香港	Hong Kong	159449	185501	229865	332747	387519	485870	561311
泰国	Thailand	21514	29225	38194	38733	45499	53125	64398
菲律宾	Philippines	17168	20473	21765	22721	25720	27112	
沙特阿拉伯	Saudi Arabia	17989	14730	12297	16455	14149	14016	
新加坡	Singapore	48030	52067	59136	64428	62965	76053	88810
荷兰	Nerthland	43065	41759	49785	58236	55190	55649	62655
意大利	Italy	23827	23009	26364	27545	26934	20141	
英国	United Kingdom	54427	55403	53122	55548	55419	57129	57348
法国	France	26799	28675	30323	36250	31432	28251	
比利时	Belgium	13449	12208	13050	14159	14274	14445	
马来西亚	Malaysia	12873	18258	29655	39209	40226	44011	58683
韩国	Korea,Rep.	26178	29880	32513	34557	28921	33511	45927
日本	Japan	250393	239492	223439	246339	223571	236182	269734
印度尼西亚	Indonesia	18058	24575	33443	32359	30545	33789	

附录 1－16 出口与进口商品分类

COMPOSITION OF EXPORTS AND IMPORTS

单位: 百万美元 (US $1 000 000)

年份 Year	出口 Exports				进口 Imports			
	出口额 Total	农产品 Agricultural Products	农产品加工 Processed Agricultural Products	工业产品 Industrial Products	进口额 Total	原材料 Agricultural & Industrial Raw Materials	资本货物 Capital Goods	消费品 Consumer Goods
1984	30456	507	1324	28625	21959	17270	2991	1698
1985	30726	492	1387	28847	20102	15458	2837	1807
1986	39862	627	1951	37284	24182	18270	3632	2279
1987	53679	690	2559	50430	34983	25906	5614	3463
1988	60667	824	2497	57347	49673	36598	7391	5684
1989	66304	478	2579	63247	52265	37696	8561	6008
1990	67214	432	2579	64204	54716	38542	9586	6588
1991	76178	525	3046	72608	62861	45501	10532	6828
1992	81470	509	2975	77987	72007	49868	12868	9271
1993	85091	471	3013	81607	77061	54143	13006	9913
1994	93049	460	3348	89241	85349	60301	13611	11438

附录 1－17 旅 游 人 数

VISTOR ARRIVALS AND INTERNATIONAL TOURIST

单位: 万人 (10 000 persons)

项 目 Item	1988	1989	1990	1991	1992	1993	1994
总 计 Total	**193.5**	**200.4**	**193.4**	**185.4**	**187.2**	**185.0**	**212.7**
华 侨 Overseas Chinese	23.8	23.6	22.1	22.5	22.4	24.9	27.1
外国人 Foreign Tourist	169.7	176.9	171.3	162.9	165.0	160.1	185.7

附录 1－18 消 费 物 价 指 数

CONSUMER PRICE INDICES

(1991年＝100) (1991＝100)

年份 Year	总指数 General Index	食品类 Food	衣着 Clothing	居住 Housing	交 通 Transportation	医药保健 Madicines and Medical Care	教育娱乐 Education and Entertainment	杂 项 Miscellaneous
1984	86.72	87.88	105.40	84.38	97.95	83.81	70.80	96.93
1985	86.58	85.95	104.05	84.70	98.78	86.24	73.70	97.10
1986	87.19	87.95	101.10	84.58	94.79	85.95	76.33	97.09
1987	87.64	89.07	99.30	85.01	93.10	86.50	77.79	96.08
1988	88.77	90.35	100.74	85.60	91.76	86.78	82.13	96.31
1989	92.68	95.97	100.08	89.40	92.43	91.63	85.98	97.46
1990	96.51	99.17	100.12	94.54	94.44	95.40	92.51	98.92
1992	104.47	108.65	101.03	103.50	98.90	104.12	105.23	100.73
1993	107.54	112.18	98.13	107.47	99.59	106.48	111.68	101.70
1994	111.94	119.43	97.61	111.95	99.98	109.02	117.52	103.87

附录 1－19 财 政 收 入
NET REVENUE OF TREASURY

单位：新台币百万元 (NT $1 000 000)

项 目	Item	1989	1990	1991	1992	1993	1994
总 计	**Total**	**1382533**	**1203171**	**1438686**	**1710802**	**1894369**	**1924197**
经常性收入小计	**Sub-total of Current Revenues**	**890664**	**1053410**	**997536**	**1218653**	**1352986**	**1441922**
直接税	Direct Tax	350821	481863	437676	533161	546966	585402
一般间接税	Indirect Tax	278931	312950	310832	375950	436421	477376
专卖收益	Revenue from Monopoly	47666	52921	60113	58513	62109	64703
财产利息收入	Revenue from Profit of Public Properties	3886	3916	5949	7582	17290	11854
企业所得	Surplus and Revenue of Public Enterprises	128210	121418	94835	141045	166471	184914
各项费用收入	Fees	24863	25364	23846	34403	51123	44194
罚款和赔款收入	Revenue from Fines & Indemnities	9770	11467	13815	18757	21760	25383
捐赠收入	Receipts from Donations and Contributions	442	584	620	1016	1051	425
工程受益费收入	Special Assessments	1190	1488	895	1311	1455	860
杂项收入	Miscellaneous Revenues	44885	41441	48955	46915	48339	46811
资本收入小计	**Sub-total of Capital Revenues**	**491869**	**149760**	**441150**	**492149**	**541384**	**482274**
财产售卖收入	Sales of Public Properties	25500	36532	37511	38088	41039	34911
财产收回	Return of Properties	5402	2457	14655	828	22309	25921
财产增值	Value Increment of Properties	9	2	229			
公债收入	Receipts from Loans	117397	15831	145003	312903	340886	108327
借贷收入	Proceeds from Issues Public Debts	313138	72885	136605	89133	99609	231135
移用以前年度盈余	Moving Budgetary Surplus of Prior Year	30422	22053	107146	51197	37540	82680

注：本表按财政年度计算。

Note: This table refers to financial year.

附录 1－20 财 政 支 出
NET EXPENDITURES OF TREASURY

单位：新台币百万元 (NT $1 000 000)

项 目	Item	1989	1990	1991	1992	1993	1994
总 计	**Total**	**1239554**	**1166747**	**1416625**	**1696117**	**1859294**	**1913742**
经常性支出小计	**Sub-total of current Expenditures**	**577967**	**702812**	**823187**	**919058**	**1025405**	**1163298**
一般行政支出	General Administration	79513	102714	126104	156900	170915	186284
防务支出	National Defense	177805	202347	219436	224357	243328	305185
教育科学文化支出	Expenditures on Education,Science and Culture	130261	154488	184662	205906	221226	247170
经济发展支出	Economic Development	50538	49178	49334	62831	69437	71578
社会安全支出	Social Security	119017	165394	199043	223213	242880	266954
债务支出	Obligations	10701	16755	33398	33936	63894	75179
杂项支出	Miscellaneous	10132	10611	11177	10537	12334	10948
资本性支出小计	**Sub-total of Capital Expenditures**	**661587**	**463935**	**593438**	**777059**	**833899**	**750444**
一般行政支出	General Administration	17786	23073	27174	41448	38046	29785
防务支出	National Defense	10103	8627	7663	15041	10182	16635

续表

项　　目	Item	1989	1990	1991	1992	1993	1994
教育科学文化支出	Expenditures on Education, Science and Culture	76747	71460	103382	117550	127733	135027
经济发展支出	Economic Development	490847	253103	272753	398990	476214	396502
社会安全支出	Social Security	32550	38307	40138	69844	77119	84351
债务支出	Obligations	32202	69229	141012	134186	102988	87375
杂项支出	Miscellaneous	1351	137	1315		1607	769

注: 本表按财政年度计算。
Note: This table refers to financial year.

附录 1－21　公债发行情况
GOVERNMENT BONDS

单位: 新台币亿元　　(NT $100 000 000)

年份 Year	台湾省中央级 Tai Wan Provincial			地方省级 Sub-Provincial Gov't			院辖市级 Municipal Gov't		
	发行额 Issues	偿还额 Redemptions	余额 Outstanding	发行额 Issues	偿还额 Redemptions	余额 Outstanding	发行额 Issues	偿还额 Redemptions	余额 Outstanding
1987	460	144	1051	50	12	137	43	10	120
1988	645	182	1514	87	15	209	30	16	134
1989	440	256	1698	124	18	315	101	20	214
1990		424	1274	134	28	421	3	25	193
1991	1745	418	2602	269	56	633	76	27	242
1992	2250	341	4511	200	81	752	54	43	252
1993	2100	475	6135	200	151	801	73	38	287
1994	1480	514	7102		150	651		61	225

附录 1－22　主要金融指标
PRINCIPAL FINANCIAL INDICATORS

年份 Year	货币供应额 (新台币亿元) Money Supply (NT $ 100 000 000)	流动性负债 (新台币亿元) Liquid Liabilities (NT $ 100 000 000)	储备货币 (新台币亿元) Reserve Money (NT $ 100 000 000)	存款 (新台币亿元) Deposits (NT $ 100 000 000)	放款与投资 (新台币亿元) Loans & Investments (NT $ 100 000 000)	利率 (年息%) Rediscount Rate (% annum)	汇率 (新台币/美元) Exchange Rates of Selling (NT $/US $)
1988	19505	53439	8145	50744	33774	4.500	28.22
1989	20688	62383	10789	59439	43907	7.750	26.17
1990	19319	70092	10806	64946	50497	7.750	27.11
1991	21653	84030	11805	75991	61590	6.250	25.80
1992	24345	97950	13023	91161	78972	5.625	25.47
1993	28064	113551	13922	104806	93828	5.500	26.72
1994	31485	128829	15461	119579	10958	5.500	26.26

附录 1－23 股 票 交 易
TRANSACTIONS OF LISTED STOCK

单位: 新台币百万元 (NT $ 1 000 000)

年份 Year	上市股票 Listed Stock				股票成交额 Total Trading Value	股票指数 (1966年＝100) Stock Price Index (1966＝100)
	公司数(家) Number	种类(种) Kind	总面值 Total Par Value	总市值 Total Market Value		
1988	163	171	343579	3383280	7868023	5202.21
1989	181	190	421300	6174164	25407963	8616.14
1990	199	213	506425	2681911	19031288	6775.32
1991	221	234	616707	3184028	9682738	4928.83
1992	256	286	735569	2545302	5917079	4271.63
1993	285	325	890513	5143626	9056717	4214.78
1994	313	354	1071103	6501682	18812112	6252.99

附录 1－24 入 学 率 和 教 育 经 费
NET ENROLLMENT RATE AND PUBLIC EXPENDITURES ON EDUCATION AT CURRENT MARKET PRICE

单位: % (%)

年份 Year	净入学率 (6－21岁) Net Enrollment Rate (age 6－21)					15岁以上人口识字率 Percentage of Literates 15 Years of Age and Over	教育经费 Public Expenditure on Education	
	总计 Total	义务教育 (6－14岁) Compulsory Education (age 6－14)	初等教育 (6－11岁) Primary Education (age 6－11)	中等教育 (12－17岁) Secondary Education (age 12－17)	高等教育 (18－21岁) Higher Education (age 18－21)		总计(亿新台币) Total (NT $ 100 000 000)	占国民生产总值% As % of GNP
1980	69.13	94.78	97.56	70.98	11.07		741.13①	4.26
1983	71.81	95.43	96.70	76.14	12.40	89.42	1109.42	5.58
1984	72.60	95.65	96.29	78.11	12.57	89.89	1111.21	4.95
1985	75.07	95.65	96.30	78.29	13.88	90.38	1239.15	5.06
1986	75.01	95.95	96.75	81.50	14.23	90.82	1378.99	5.14
1987	75.97	96.09	96.97	82.39	14.82	91.24	1480.48	4.77
1988	77.18	96.40	97.96	82.88	15.95	91.66	1683.83	4.88
1989	76.66	96.77	97.74	83.88	17.18	92.02	2005.50	5.28
1990	78.62	97.12	98.04	85.44	18.93	92.42	2452.80	5.80
1991	79.58	97.97	98.70	86.19	21.01	92.85	3009.65	6.49
1992	79.35	97.03	98.92	86.46	23.47	93.16	3532.86	6.80
1993			99.31	87.43	25.61	93.41	4034.14	7.07
1994			98.36	88.59	26.26	93.74	4061.25	7.09

注: ① 为1981年数。

Note: ①Data refer to 1981.

附录 1－25 科技人员数和科研开发经费

NUMBER OF SCIENTISTS,ENGINEERS AND TECHNICIANS AND EXPENDITURES ON R & D

年份 Year	科技人员数(人) Number of Scientists,Engineers and Technicians Engaged in Research and Experimental Development (Headcount)			科研开发经费 Expenditures for Research and Experimental Development		占科研开发经费比重(%) As % of Expenditures for Research and Development	
	总计 Total	科学家和工程师 Scientists & Engineers	技术员 Technicians	总计 (新台币亿元) Total (NT $ 100 000 000)	占国民生产总值% As % of GNP	政府经费 Government	民间经费 Private
1982	23262	18386	4876	169	0.89	58.2	41.8
1983	29893	18580	11313	192	0.91	61.2	38.8
1984	36526	22354	14172	224	0.95	63.3	36.7
1985	36710	24600	12110	254	1.01	63.6	36.4
1986	41913	27747	14166	287	0.98	60.1	39.9
1987	50254	32863	17391	368	1.11	50.8	49.2
1988	52096	35437	16659	438	1.21	56.6	43.4
1989	57903	39742	18161	548	1.36	47.7	52.3
1990	65582	46071	19511	715	1.62	45.8	54.2
1991	69017	46173	22844	818	1.66	52.1	47.9
1992	70473	48356	22117	948	1.74	52.2	47.8
1993	76140	52420	23720	1036	1.74	49.5	50.5

附录 1－26 医院、病床和医务人员情况

MEDICAL FACILITIES AND HEALTH PERSONNEL

年份 Year	医疗机构 (所) Number of Medical Care Facilities (Hospitals)	平均每一机构服务人数 (人) Population Served Per Medical Care Facility (persons)	病床数 (床) Beds (Beds)	每万人病床数 (床) Beds Per 10 000 Populations (Beds)	从业医务人数 (人) Health Personnel (persons)	每万人拥有医务人员 (人) Health Personnel Per 10 000 Population
1983	11951	1556	57419	30.88	52648	28.10
1984	12013	1559	62467	33.10	57404	30.19
1985	12323	1553	74081	38.71	66278	34.42
1986	12037	1608	80991	41.63	69339	35.64
1987	12199	1613	86328	43.88	77246	39.27
1988	12215	1629	88572	44.50	83045	41.72
1989	12267	1639	86693	43.12	85599	42.57
1990	12902	1578	89151	43.80	91153	44.79
1991	13661	1505	92785	45.14	96921	47.15
1992	14468	1434	96090	46.30	102977	49.62
1993	15048	1392	100326	47.90	109384	52.23
1994	15738	1342	103489	48.99	113921	53.93

附录 1-27 家庭设备普及率

PERCENT OF FAMILIES OWNING OF HOUSEHOLD APPLIANCES

单位: 户/百户 (households/100 households)

年份 Year	彩色电视机 Color T.V. Set	冰箱 Refrigerator	空调 Air Conditioner	洗衣机 Washing Machine	电话机 Telephone	汽车 Automobile	家用电脑 Family Computer
1982	83.12	94.33	17.16	70.52	67.65	7.23	
1983	87.79	95.44	19.72	73.68	74.35	9.30	1.46
1984	90.41	96.13	22.91	75.49	79.63	10.38	1.94
1985	92.31	96.67	23.95	77.84	82.12	11.91	2.32
1986	94.42	97.11	25.45	79.49	85.25	13.63	2.92
1987	95.78	97.41	28.66	81.33	87.20	15.54	3.55
1988	97.34	97.93	34.29	83.97	89.11	19.21	3.95
1989	97.80	98.25	41.74	86.82	91.51	24.90	5.42
1990	98.26	98.37	47.26	88.79	93.08	29.07	6.77
1991	99.16	98.96	52.37	89.53	94.75	33.67	9.57
1992	99.30	98.93	56.14	90.38	95.13	38.94	11.76
1993	99.25	99.14	60.69	91.51	96.00	41.05	13.56
1994	99.36	99.14	64.01	92.31	96.53	45.54	15.29

附录2 香港主要社会经济指标
MAIN SOCIAL AND ECONOMIC INDICATORS OF HONG KONG

附录 2－1 人口主要指标
MAIN INDICATORS OF POPULATION

项　目	Item	1990	1991	1992	1993	1994
年中人口数　(万人)	Middle－Year Population　(10 000)	570.5	575.5	581.2	591.9	606.1
出生率　(‰)	Brith Rate　(‰)	12.0	12.0	12.3	12.0	11.9
死亡率　(‰)	Death Rate　(‰)	5.2	5.0	5.3	5.2	5.0
婴儿死亡率　(‰)	Infant Mortality Rate　(‰)	6.2	6.4	4.8	4.8	4.5
人口自然增长率(‰)	Rate of Natural Increase　(‰)	6.8	7.0	7.0	6.8	6.9
结婚人口　(对)	Marriage Population　(Couples)	47168	42568	45702	41681	38264
离婚人口　(对)	Divorce Decrees　(Couples)	5551	6295	5650	7454	7735
平均期望寿命　(岁)	Life Expectancy at Birth(Years)					
男	Male	74.6	75.1	74.8	75.2	75.8
女	Female	80.3	80.6	80.5	80.7	81.2

附录 2－2 劳动力行业构成与失业状况
LABOR FORCE AND EMPLOYMENT

项　目	Item	1990	1991	1992	1993	1994
劳动力总人数(万人)	**Total　(10 000)**	**274.8**	**279.9**	**279.3**	**287.3**	**297.3**
男	Male	174.8	175.3	176.6	181.3	186.1
女	Female	100.0	104.6	102.7	106.0	111.1
按行业分类　(人)	Labour Force by Industry　(Persons)					
农业、渔业	Agriculture and Fishing	23500	22400	19000	17600	
采矿业	Mining and Quarrying	600	400	400	300	
纺织和服装	Textiles and Wearing Apparel	232420	307800	267800	239700	
制造业	Manufacturing	437200	421200	398000	3757000	
电、煤气、水	Electricity,Gas and Water	18700	18200	20100	19300	
建筑业	Construction	229100	230000	237800	230400	
批发、零售、旅馆	Wholesale and Retail Sale,Restaurants and Hotels	713000	744900	762600	816200	
运输、仓储和通信	Transport,Storage and Communications	272300	278100	299600	321400	
金融、保险、不动产和产业服务	Financing,Insurance,Real estate and Business Services	210200	231400	234900	272400	
其它服务业	Other Services	514900	539400	564100	572000	
失业人数　(人)	Unemployment　(Persons)	36600	50300	54600	56900	572000
失业率　(%)	Unemployment Rate　(%)	1.3	1.8	2.0	2.0	1.9

附录 2-3 国内生产总值
GROSS DOMESTIC PRODUCTS

年份 Year	国内生产总值 Gross Domestic Product			人均国内生产总值 Per Capita GDP	
	亿港元 (HK $100 000 000)	比上年增长%① Growth Rate%①	亿美元 (US $100 000 000)	港元 HK$	美元 US$
1988	4550	8.0	526	80855	9430
1989	5239	2.6	592	92128	10570
1990	5825	3.4	682	102121	11950
1991	6685	5.1	782	116166	13580
1992	7793	6.3	893	134102	15380
1993	9002	6.4	1161	152079	19618
1994	10227	5.4	1319	168729	21766

注: ①按1990年价格计算。
Notes: ①At 1990 constant market prices.

附录 2-4 国内生产总值支出构成
EXPENDITURES ON GROSS DOMESTIC PRODUCTS

单位: 百万港元 (HK$ 1 000 000)

年份 Year	国内生产总值 Gross Domestic Product	个人最终消费支出 Private Consumption	政府最终消费支出 Government Consumption	固定资本形成 Gross Fixed Capital Formation	库存增加 Change in Stocks	商品出口 Exports of Goods (f.o.b.)	减: 商品进口 Less Imports of Goods (c.i.f.)	劳务出口 Exports of Services	减: 劳务进口 Less Imports of Services
1988	455022	254682	30008	116129	14132	493069	501174	110982	62806
1989	523861	287677	36253	136204	3463	570509	565219	127147	72173
1990	582549	330459	43283	153776	5728	639874	645200	142321	87692
1991	668512	391098	51470	177729	4098	765886	782042	161087	100814
1992	779335	451670	64070	213808	8187	924952	958462	189352	114242
1993	900153	515535	72746	245933	3859	1046250	1075710	218091	126551
1994	1022733	592703	83052	296505	28475	1170013	1254427	252992	146580

附录 2-5 国内生产总值部门构成
COMPOSITION OF GROSS DOMESTIC PRODUCTS BY KIND OF ACTIVITY

单位: 亿港元 (HK$ 100 000 000)

年份 Year	国内生产总值 Gross Domestic Product	农业和渔业 Agriculture and Fishing	采矿业 Mining and Quarrying	制造业 Manufacturing	电、煤气、水 Electricity, Gas and Water	建筑业 Construction
1988	4550.2	14.2	2.3	900.4	102.0	206.6
1989	5238.6	13.9	2.2	961.7	108.6	257.4
1990	5825.5	14.3	2.1	983.5	126.1	302.2
1991	6685.1	14.4	2.2	972.2	135.2	346.6
1992	7793.4	14.7	2.1	997.6	156.4	373.4
1993	9001.5	16.1	2.0	925.8	175.9	430.9
1994	10227.3	16.0	2.5	885.4	221.7	498.6

续表 continued

单位: 亿港元 (HK$ 100 000 000)

年份 Year	商业、饭店、旅馆 Wholesale,Retail Sale and Import/Export Trade,Restaurants and Hotels	运输、仓储、通信 Transport,Storage and Communications	金融、保险、不动产和产业服务 Financing,Insurance Real Estate and Business Services	房屋所有权 Ownership of Premises	社团服务和个人服务 Community,Social and Personal Services
1988	1097.9	400.1	828.1	434.2	610.0
1989	1247.5	446.5	973.0	515.3	701.2
1990	1407.2	529.3	1131.3	592.6	813.3
1991	1632.8	606.0	1433.0	688.7	942.9
1992	1907.6	712.3	1789.2	809.4	1107.0
1993	2244.4	789.8	2144.2	914.7	1302.3
1994	258.70	929.3	2487.5	1113.9	1489.3

附录 2-6 制造业生产指数
INDICES OF MANUFACTURING INDUSTRY

(1986年=100) (1986=100)

年份 Year	总计 Total	食品、饮料和烟草 Food,Beverages and Tobacco	服装(不包括针织品和鞋类) Wearing Apparel, (Except Footwear and Knitting)	纺织品(包括针织品) Textiles (Including Knitting)	造纸和印刷 Paper Products and Printing	化学品、橡胶非金属矿产品 Chemicals, Rubber,Plastic and Non-Metallic Mineral Products
1984	91	80	91	77	86	88
1985	87	93	84	80	86	88
1986	100	100	100	100	100	100
1987	116	108	115	114	126	107
1988	123	122	114	111	153	104
1989	124	127	116	117	167	95
1990	123	142	113	115	182	90
1991	124	147	110	120	201	85
1992	126	155	111	125	235	81
1993	125	159	113	116	265	73
1994	125	161	113	115	272	66

续表 1 continued

(1986年=100) (1986=100)

年份 Year	塑料产品 Plastic Products	基本金属、金属制品和非电气机械 Basic Metals and Fabricated Metal Products Non-Electrionic Machinery	电子电气产品、专业设备及光学仪器 Electrical and Electronic Products,Machinery, Professional Equipment and Optical Goods	家用电子电气产品 Consumer Electrical and Electronic Products	电子电气机械及零配件 Machine, Equipment,and Apparatus, Parts and Components	其它 Others
1984	89	93	90	95	94	119
1985	87	89	89	86	94	89
1986	100	100	100	100	100	100

续表 2

年份 Year	塑料产品 Plastic Products	基本金属、金属制品和非电气机械 Basic Metals and Fabricated Metal Products Non－Electrionic Machinery	电子电气产品、专业设备及光学仪器 Electrical and Electronic Products,Machinery, Professional Equipment and Optical Goods	家用电子电气产品 Consumer Electrical and Electronic Products	电子电气机械及零配件 Machine, Equipment,and Apparatus, Parts and Components	其它 Others
1987	106	116	126	136	132	109
1988	101	138	145	136	158	114
1989	88	126	147	131	166	105
1990	76	113	149	133	164	104
1991	70	111	153	132	178	99
1992	65	106	156	127	205	97
1993	55	96	160	117	231	88
1994	45	95	165	117	239	84

附录 2－7 制造业企业指标 (1993年)
MAIN INDICATORS OF MANUFACTURING INDUSTRY (1993)

项目	Item	企业数(个) Number of Establishments	从业人员(人) Number of Persons Engaged	雇员工薪(亿港元) Compensation of Employees (HK$ 100 000 000)	总产出(亿港元) Gross Output (HK$ 100 000 000)	增加值(亿港元) Value Added (HK$ 100 000 000)	固定资产新增值(亿港元) Gross Additions to Fixed Assets (HK$ 100 000 000)
制造业合计	**Total**	**34382**	**504888**	**518.8**	**3118.2**	**911.5**	**104.0**
食品	Food	734	20361	22.6	112.6	40.0	5.2
饮料	Beverages Industries	16	4128	6.8	38.3	16.0	1.1
烟草	Tobacco Manufactures	4	1260	2.7	37.9	13.6	1.3
成衣	Wearing Apparel	4703	129992	106.5	571.2	160.1	6.4
皮革及皮革制品	Leather and Leather Products	214	2304	2.0	13.2	3.3	0.2
鞋(不包括橡胶鞋和塑料鞋)	Footwear,Except Rubber, Plastic and Wooden Footwear	121	815	0.4	1.3	0.5	
纺织品(包括针织品)	Textiles(Including Kintting)	3619	81996	85.0	492.5	131.8	10.8
木及木制品(不包括家具)	Wood and Cork Products, Except Furniture	478	2199	1.7	10.4	2.6	0.1
家具	Furniture and Fixtures,	475	1984	1.5	6.2	2.2	
纸和纸制品	Paper and Paper Products	1235	12932	15.0	96.3	27.4	5.9
印刷出版	Printing,Publishing and Allied Industries	4688	40628	46.5	210.0	90.7	11.2
化学和化学制品	Chemicals and Chemical Products	684	7360	9.5	71.0	19.7	1.9
石油和煤制品	Products of Petroleum and Coal	4	119	0.3	3.1	1.1	0.3
橡胶制品	Rubber Products	96	539	0.5	2.1	0.8	0.1
塑料制品	Plastic Products	2374	22465	21.1	110.3	38.0	4.4
非金属矿产品	Non-Metallic Mineral Products,Except Products of Petroleum and Coal	224	3557	5.4	47.4	10.8	2.6

续表

项　目	Item	企业数(个) Number of Establi-shments	从业人员(人) Number of Persons Engaged	雇员工薪(亿港元) Compensa-tion of Employees (HK$ 100 000 000)	总产出(亿港元) Gross Output (HK$ 100 000 000)	增加值(亿港元) Value Added (HK$ 100 000 000)	固定资产新增值(亿港元) Gross Additions to Fixed Assets (HK$ 100 000 000)
基本金属	Basic Metal Industries	176	2874	4.3	66.6	8.7	5.6
金属制品	Fabricated Metal Products, Except Machinery and Equipment	4612	32597	30.4	178.9	54.6	6.6
机械设备及零配件	Machinery,Equipment,Appartus Parts and Components,Not Elsewhere Classified	4845	34391	35.7	180.4	64.1	2.8
电子零部件、家用电器、电子玩具	Electronic parts and Components,Electrical Appliances and Houseware and Electronic Toys	258	25995	31.2	194.9	70.9	15.9
办公设备	Office,Accounting and Computing Machinery	158	13383	15.5	193.5	34.2	4.3
通信设备	Radio Television and Communication Equipment and Apparatus	113	6609	7.6	70.6	12.1	1.2
专业和科学、测量和控制设备	Professional and Scientific, Measuring and Controlling Equipment,Not Elsewhere Classified,and Photographic and Optical Goods	1124	19454	19.2	202.2	35.9	3.5
运输设备	Transport Equipment	570	14624	26.2	58.9	36.5	8.6
其它	Other	2708	22271	21.4	148.4	36.1	4.2

附录 2-8 电力、煤气和水消费量
CONSUMPTION OF ELECTRICITY,GAS AND WATER

年份 Year	电　力(万亿焦耳) Electricity(terajoules)					煤气(万亿焦耳) Gas(terajoules)			水(百万立方米) Water (1 000 000 cub.m)
	民　用 Domestic	商　用 Commer-cial	工业用 Industrial	街道照明 Street Lighting	出口大陆 Export to China	民　用 Domestic	商　用 Commer-cial	工业用 Industrial	
1984	10817	24609	18543	196	2663	3476	3174	257	627
1985	11519	26793	18819	208	3780	4036	3669	273	637
1986	12808	29180	21391	213	4350	4593	4123	327	703
1987	14022	32403	23979	222	4904	5254	4930	399	750
1988	15711	34818	24876	228	5186	6127	5680	440	808
1989	17075	38097	25178	239	6371	6943	6218	510	845
1990	19037	41582	24934	248	6470	7596	6877	583	873
1991	20586	45245	25051	259	11019	8133	7404	701	884
1992	21716	47971	24194	271	17866	9152	8232	823	889
1993	24092	53131	22309	278	16201	9657	8652	889	915
1994	25827	57508	21437	282	6327	10606	9202	919	923

附录 2-9 房地产企业的经营概况
MANAGEMENT OF REAL ESTATE ENTERPRISES

单位：百万港元　　(HK$1 000 000)

年份 Year	企业数(个) Number of Establishments	从业人员(人) Number of Persons Directly Engaged	雇员工薪 Compensation of Employees	各种燃料、电、水和维修等服务消耗 Consumption of Sundry Supplies Fuels Electricity & Water & Maintenance Services	其他经营支出 Miscellaneous Operating Expenses	房地产开发利润 Gross Margin of Real Estate Development	服务和租金收入 Service & Rental Income	增加值 Value Added	总盈余 Gross Surplus	固定资产增值 Gross Additions to fixed Assets
1984	3285	24762	1063	1042	4265	6090	8522	13171		3295
1985	3652	28913	1298	1180	4230	6217	10149	14087	10001	-808
1986	3699	31728	1582	1339	4793	8727	10596	16819	12075	915
1987	4123	33307	1759	1495	4718	13906	11807	22589	18223	4738
1988	4814	37992	2493	1840	5778	20068	16198	32196	26675	5281
1989	5522	40393	2691	2170	8172	23028	21830	39869	31051	10364
1990	6388	40410	3355	2541	9336	25359	26595	45837	34869	5941
1991	7415	50754	4436	3049	11776	28128	30521	50795	37183	8689
1992	7598	50549	5212	3692	11647	39572	33122	63671	50998	25085
1993	7899	53616	6821	4148	13597	51173	37913	79066	61808	26767

附录 2-10 居民住房占有情况
HOUSING CONDITIONS OF URBAN AND RURAL RESIDENTS

单位：户　　(Number of households)

项　目	Item	1971	1976	1981	1986	1991
合计数	**Total**	**846670**	**990290**	**1237643**	**1445689**	**1580072**
自有住房的户数	Owner-Occupier	152874	229620	345026	506926	673067
一户独租住房的户数	Sole Tenant	384897	459140	545158	657818	719954
主要为一户租用的住房户数	Main Tenant	50160	42090	48634	24353	12209
部分租用住房户数	Sub-Tenant	170992	143240	145382	73570	41505
合租住房的户数	Co-Tenant	34866	46570	68910	85274	63683
免费住房的户数	Rent free	52881	34980	30534	31486	16969
由雇主提供住房的户数	Provided by Employer (Including All Staff Quarters)		34650	53999	66262	52685

附录 2－11 运输服务企业指标(1993年)
INDICATORS OF TRAFFIC SERVICES ENTERPRISES (1993)

单位: 百万港元 (HK$1 000 000)

项 目	Item	企业数(个) Number of Establishments	从业人员(人) Number of Persons Engaged	雇员工薪 Number of Employees	经营费用 Operating Expenses	营业收入 Business Income Receipts and Other	固定资产增值 Gross Assets Additions to Fixed	增加值 Value Added	营业面积(1 000 平方米) Floor Area (1 000 sq.m)
合计	**Total**	**41650**	**201906**	**26352**	**138551**	**191581**	**13917**	**53216**	**6396**
公路客运	Land Passenger Transport	18216	51180	4728	7727	18013	3956	11603	1364
公路货运	Land Freight Transport	14868	45583	3428	8214	14292	903	6910	135
公路运输服务企业	Supporting Services to Land Transport	139	3836	438	1762	2877	79	1270	1424
海洋运输	Ocean and Coastal Water Transport	517	17643	3618	9809	19297	2825	9731	1848
内河水运	Inland Water Transport	944	7105	829	2295	4017	529	1577	81
水运服务企业	Supporting Services to Water Transport	2755	13888	1711	6286	9188	641	3334	632
空运	Air Transport	63	22333	6600	18851	33103	4150	11711	371
与运输有关的服务企业	Services Incidental to Transport	4149	40338	4999	83609	90794	835	7080	540

附录 2－12 空运和水运
TRAFFIC OF AVIATION AND WATERWAY TRANSPORT

项 目	Item	1988	1989	1990	1991	1992	1993	1994
飞机 (架)	Aircrafts (Number)							
到达	Arrivals	43507	47140	52886	54863	60488	67548	71643
起飞	Departures	43517	47160	52896	54855	60490	67544	71681
远洋船只	Ocean－Going Vessels							
入港	Arrivals							
数量 (只)	Number	16411	17763	18847	21178	26052	32781②	36721②
注册净吨位(千吨)	NRT① (1 000 ton)	98041	107637	112325	119111	134682	149626②	161834②
出港	Departures							
数量 (只)	Number	16365	17785	18824	21217	25939	33372②	37028②
注册净吨位(千吨)	NRT① (1 000 Ton)	97756	107859	112158	119302	134529	150282②	161699②
内河船只 (只)	River Vessels (Number)							
入港	Arrivals	9862	10180	10444	11219	12737	25062	34715
出港	Departures	9861	10184	10445	11220	12740	25069	34715
水翼艇 (只)	Hydrofoil Vessels (Number)							
入港	Arrivals	26506	28513	30057	30631	33165	24972	25036
出港	Departures	26503	28514	30073	30635	33171	24973	25040
气垫渡船 (只)	Hoverferries (Number)							
入港	Arrivals	5987	5377	4825	4471	7097	5803	3432
出港	Departures	5985	5367	4822	4462	7097	5802	3429
商船 (只)	River Trading Vessels (Number)							
入港	Arrivals	52577	50216	54141	57280	67343	76775②	92048②
出港	Departures	52500	50412	54262	56879	67040	75999②	91279②

注: ① NRT＝注册净吨位。② 1993年起远洋运输船只的概念被重新定义。

Notes: ① NRT＝net registered tons. ② Ocean－going Vessels have been redefined since 1993.

附录 2-13 国 际 货 运
NATIONAL FREIGHT TRAFFIC

单位: 万吨 (10 000 ton)

项 目	Item	1988	1989	1990	1991	1992	1993	1994
远洋船	By Ocean-Going Vessels							
卸货	Discharged	4426	4579	4624	5290	5842	6823①	7667①
装货	Loaded	1706	1886	1977	2355	2580	2787①	3427①
内河船	By River Vessels							
卸货	Discharged	601	548	603	672	1199	1178①	1617①
装货	Loaded	406	355	326	442	539	1026①	1391①
空运	By Air							
卸货	Discharged	29	31	35	37	42	51	61
装货	Loaded	41	42	45	48	53	63	69
铁路运输	By Railway							
卸货	Discharged	173	175	185	174	154	125	115
装货	Loaded	48	45	37	39	37	37	35
公路运输	By Road							
卸货	Discharged	353	410	456	550	642	731	753
装货	Loaded	322	386	450	549	574	569	561

注: ① 1993年起远洋运输船只的概念被重新定义。

Notes: ① Ocean-going Vessels have been redefined since 1993.

附录 2-14 新增机动车辆登记数
NEW REGISTRATION OF MOTOR VEHICLES

单位: 辆 (Number of vehicles)

年份 Year	总计 Total	二轮摩托 Motor Cycles	私人小汽车 Private Cars	出租车 Taxis	小公共汽车 Light Buses	货车 Goods Vehicles			
						轻型 Light	中型 Medium	重型 Heavy	专用货车 Special Purpose Vehicles
1984	22158	1010	6569	2332	1875		9494		
1985	29452	1028	11119	2277	1236	10306	2251	6	41
1986	34330	1100	13816	2391	689	12815	2321	52	23
1987	47367	1601	19967	2897	497	17572	3663	84	27
1988	49713	2070	24281	2911	666	13987	3765	260	19
1989	52679	3189	28097	3673	874	11902	3223	194	49
1990	53496	3278	28926	3880	747	10855	3434	155	70
1991	54748	4018	31131	3928	836	8459	4254	111	41
1992	68450	3911	41878	3065	727	11630	5323	266	33
1993	64997	4124	41480	2338	771	10087	4175	223	34
1994	56299	4372	36634	2041	686	6863	3426	277	27

附录 2-15 商业、旅店服务业企业指标(1993年)

INDICATORS OF WHOLESALE,RETAIL ENTERPRISES AND HOTEL SERVICES(1993)

单位: 百万港元 (HK$ 1 000 000)

项目 Item		企业数(个) Number of Establishments	从业人员(人) Number of Persons Engaged	雇员工薪 Compensation of Employees	经营费用 Operating Expenses	物品的购置 Purchases of Goods for Sale	库存变动 Changes in Stocks	销售额和其他收入 Sales and other Receipts	增加值 Value Added	固定资产增值 Gross Addition to Fixed Assets	营业面积(千平方米) Floor Area (sq.m 1 000)
合计	**Total**	**192981**	**1088880**	**112973**	**203757**	**1827336**	**25147**	**2239842**	**235052**	**30520**	**26501**
批发企业	Wholesale	23302	91594	7006	10265	148414	2156	170008	14139	1704	2085
零售企业	Retail	57521	226132	16212	33643	175276	2780	236912	30942	1544	4201
进出口贸易公司	Import/Export	99861	506030	65496	137045	1480478	20045	1754460	156385	23336	14928
饭店	Restaurants	10816	220652	18769	16318	21280	155	60276	22823	2857	2492
旅馆	Hotels	1458	42699	5301	6384	1846	10	17721	10450	1046	2671
小计	**Sub-Total**	**192957**	**1087107**	**112783**	**203656**	**1827294**	**25146**	**2239378**	**234739**	**30487**	**26377**
政府和非盈利机构	Government and Nonprofit Institutions										
批发和零售贸易企业	Wholesale & Retail Trades	6	846	90	18	23	1	148	99	3	56
旅店和招待所	Restaurants and Hotels	18	927	99	83	20		315	214	30	68
小计	**Sub-total**	**24**	**1773**	**189**	**101**	**42**	**1**	**464**	**314**	**33**	**124**

附录 2-16 商品进出口贸易总额

TOTAL IMPORTS AND EXPORTS

单位: 亿港元 (HK$ 100 000 000)

年份 Year	商品贸易总额 Total	商品进口额 Imports Value	商品出口 Domestic Exports		商品转口 Re-exports		商品贸易平衡 Merchandise Trade Balance
			金额 Value	比上年增长% Annual Change %	金额 Value	比上年增长% Annual Change %	
1984	4448.1	2233.7	1379.4	32.1	835.0	48.3	-19.3
1985	4665.7	2314.2	1298.8	-5.8	1052.7	26.1	37.3
1986	5524.8	2759.6	1539.8	18.6	1225.5	16.4	5.8
1987	7560.0	3779.5	1952.5	26.8	1828.0	49.2	0.9
1988	9918.7	4988.0	2176.6	11.0	2754.1	51.0	-57.3
1989	11332.9	5627.8	2241.0	3.0	3464.1	26.0	77.3
1990	12824.1	6425.3	2258.8	1.0	4140.0	20.0	-26.6
1991	15448.7	7789.8	2310.5	2.0	5348.4	29.0	-131.0
1992	18802.5	9553.0	2341.2	1.0	6908.3	29.0	-303.4
1993	21188.5	10726.0	2230.3	-5.0	8232.2	19.0	-263.5
1994	24207.2	12507.1	2220.9	-0.5	9479.2	15.1	-807.0

附录 2－17 商品主要进口来源和出口去向

IMPORTS AND EXPORTS BY REGIONS OR COUNTRIES

单位: 亿港元　　　　(HK$ 100 000 000)

年份 Year	商品主要进口来源 Imports(Major Origin)					商品主要出口去向 Domestic Exports(Major Destination)				
	中国大陆 China	日本 Japan	台湾 Taiwan	美国 United States	新加坡 Singapore	中国大陆 China	美国 United States	联邦德国 Federal Republic of Germany	新加坡 Singapore	日本 Japan
1984	557.5	526.2	173.5	243.8		112.8	613.7	96.0	26.3	
1985	589.6	533.5	209.0	219.0	112.8	151.9	576.9	80.8	22.3	44.8
1986	816.3	564.0	239.8	232.0		180.2	642.2	110.9	27.9	
1987	1173.6	719.1	333.4	322.4		278.7	728.2	149.4	38.8	
1988	1556.3	930.1	443.6	413.5	184.6	380.4	728.8	162.4	52.2	114.4
1989	1966.8	932.0	515.9	462.3		432.7	721.6	157.6	58.0	
1990	2361.3	1033.6	580.8	517.9	261.2	474.7	663.7	179.9	78.0	120.8
1991	2933.6	1274.0	745.9	588.4	315.3	544.0	628.7	193.2	87.9	116.7
1992	3543.5	1661.9	870.2	705.9	390.9	619.6	646.0	159.6	103.6	110.0
1993	4021.6	1780.3	939.7	794.2	478.4	633.7	602.9	139.7	113.4	96.8
1994	4708.8	1950.4	1073.1	893.4	619.7	610.1	614.2	128.1	122.3	104.6

附录 2－18 商品转口的主要来源和去向

RE－EXPORTS BY REGIONS OR COUNTRIES

单位: 亿港元　　　　(HK$ 100 000 000)

年份 Year	商品转口主要来源 Re－Exports(Major Origin)					商品转口主要去向 Re－Exports(Major Destination)				
	中国大陆 China	日本 Japan	台湾 Taiwan	美国 United States	韩国 Republic of Korea	中国大陆 China	美国 United States	日本 Japan	联邦德国 Federal Republic of Germany	英国 United Kingdom
1984	281.1	187.0	51.1	85.2	23.1	280.6	121.1	46.3	10.9	9.8
1985	346.3	225.0	95.6	94.7	36.7	460.2	147.1	54.9	16.1	12.3
1986	516.0	185.8	86.8	104.1	36.0	408.9	223.6	66.8	28.2	24.9
1987	842.7	246.0	126.8	135.9	61.9	601.7	324.5	97.7	57.6	42.7
1988	1315.3	377.1	212.1	191.5	130.5	949.0	494.8	174.2	89.8	64.2
1989	1882.7	390.0	269.6	223.3	112.8	1034.9	720.3	222.7	135.0	89.2
1990	2404.1	422.8	302.8	244.9	116.1	1109.1	877.5	243.8	234.1	121.1
1991	3156.9	572.2	416.9	265.9	150.2	1533.2	1108.0	295.7	320.7	146.6
1992	4037.8	849.7	544.4	321.1	193.9	2121.1	1485.0	331.0	374.7	205.9
1993	4740.1	1099.5	646.5	374.2	216.9	2745.6	1803.5	441.6	408.0	245.4
1994	5458.3	1219.4	720.6	436.8	274.4	3228.4	2100.8	547.5	416.2	273.2

附录 2-19 政府财政收入
GOVERNMENT REVENUE

单位: 百万港元 (HK$ 1 000 000)

项目	Item	1990/1991	1991/1992	1992/1993	1993/1994	1994/1995
政府总收入	**Total Government Revenue**	**89523.8**	**114699.9**	**135310.9**	**166602.2**	**174998.4**
营业收入	Operating Revenue	81400.2	99972.9	119255.4	139757.8	147117.8
直接税	Direct Taxes					
所得税及利得税	Earnings and Profits Tax	36340.6	44869.5	55061.4	65438.8	74295.4
间接税	Indirect Taxes					
赌税	Bets and Sweeps Tax	5884.2	7109.9	7818.3	10082.4	9352.0
企业税	Entertainments Tax	135.8	140.8	14.4	0.7	
旅店税	Hotel Accommodation Tax	269.2	265.9	314.1	375.4	445.4
印花税	Stamp Duties	5938.6	9569.0	13409.1	17975.8	12713.5
机场税	Air Passenger Departure Tax	718.0	1120.3	1255.1	1382.7	488.0
港口和隧道税	Gross Harbour Tunnel Passage Tax	197.4	200.3	201.1	203.4	203.4
关税	Duties	5729.3	6844.0	7215.7	7113.1	7582.5
一般稽征	General Rates	3038.9	3493.6	4423.5	4461.0	5156.4
车辆税	Motor Vehicle Tax	2053.8	3437.1	4940.0	4191.7	4662.3
专利税和特种税	Royalties and Concessions	816.0	885.9	1135.7	1378.6	1653.2
其他收入	Other Revenue					
各种罚款	Fines,Forfeitures and Penalties	652.0	885.5	891.6	1122.5	1519.5
财产和投资	Properties and Investments	1341.0	1572.5	1821.0	2265.6	2103.1
贷款、偿还、捐赠和其他收入	Loans,Reimbursement,Contributions and Other Receipts	2172.0	2777.5	3798.8	3755.2	4048.0
公用事业	Utilities	5616.8	6649.7	7173.9	7996.9	8391.6
各种小帐	Fees and Charges	5992.0	7169.8	8014.8	8627.1	9561.7
利息	Interest	4504.6	2981.6	1766.8	3386.9	4941.8
资本收入	Capital Revenue	8123.6	14727.0	16055.5	26844.4	27880.6
直接税	Direct Taxes					
不动产税	Estate Duty	655.7	683.2	1025.0	1186.0	1459.1
间接税	Indirect Taxes					
出租车牌费	Taxi Concessions	136.4	302.4			632.9
其他收入	Other Revenue					
土地转移	Land Transactions	241.4	412.2	266.9	264.1	393.9
其他	Others	240.8	85.6	233.4	88.0	118.0
各种基金	Funds					
基建工程储备基金(工程帐户)	Capital Works Reserve Fund (Works Account)	4002.5	9074.4	8957.3	19111.8	20192.6
基建工程储备基金(储备帐户)来自债券发行收入	Capital Works Reserve Fund (Reserve Account) – Proceeds from the Issue of Bonds		1098.3	2519.2	2.7	
资产投资基金	Capital Investment Fund	2340.7	2468.2	2367.7	2764.3	2799.5
贷款基金	Loan Fund	506.1	602.7	686.0	823.3	952.7

附录 2－20 政府财政支出
GOVERNMENT EXPENDITURES

单位: 百万港元 (HK$ 1 000 000)

项 目	Item	1990/1991	1991/1992	1992/1993	1993/1994	1994/1995
政府总开支和股票投资	**Total Government Expenditures and Equity Investments**	**85556.7**	**92191.4**	**113332.0**	**147438.1**	**164155.3**
营业开支	Operating Expenditure	61468.8	71677.1	85023.4	96958.5	106619.9
经常开支	Recurrent Expenditure					
工资	Personal Emoluments	23442.8	25286.5	25851.9	28702.4	32076.9
与职员有关开支	Personnel Related Expenses	2396.4	3182.6	3275.1	3410.3	3580.3
退休金	Pensions	2541.1	3401.5	4435.9	5285.0	6254.6
部门支出	Departmental Expenses	4552.3	4781.7	4437.1	4909.6	5568.0
其他费用	Other Charges	9711.7	10939.3	11770.0	13904.3	15633.0
各种补贴	Subventions					
教育	Education	8736.7	9728.2	10921.1	12295.3	13859.2
卫生	Medical	2273.6	5452.2	11181.3	13251.4	15546.7
社会福利	Social Welfare	1253.5	1586.7	1824.0	2026.8	2273.6
大学及专科	University and Polytechnic	3400.3	4356.8	5613.6	6826.0	8049.7
职业培训	Vocational Training Council	705.7	814.0	901.4	1097.0	1278.9
其他杂项	Miscellaneous	1363.6	1243.8	1380.8	1483.3	1901.0
其他非经常开支	Other Non－Recurrent	1091.1	903.8	3430.7	3767.1	598.0
总资本支出和股票投资	Total Capital Expenditures and Equity Investments	24087.9	20514.3	28308.6	50479.6	545.8
资本支出	Capital Expenditures					
厂房、设备与工程	Plant,Equipment and Works	759.7	746.5	628.9	466.3	226.6
防卫费用协定	Defance Cost Agreement	16.0	11.5	11.9		183.2
各种补贴	Subventions					
教育	Education	157.5	126.9	173.2	188.9	
卫生	Medical	22.9	141.6	126.2	385.0	
职业培训	Vocational Training Council	12.9	15.5	13.3	8.3	11.6
其他杂项	Miscellaneous	189.6	131.9	509.8	533.3	573.7
债务偿还	Debt Repayment				1200.0	2400.0
基金	Funds					
基建工程储备基金	Capital Works Reserve Funds (Works Account)/Public Works					
非经常开支	Non－Recurrent	15641.0	16405.4	19676.1	34085.6	28159.5
资本投资基金(投资股票)	Capital Investment Fund(Equity Investments)	6214.3	1793.8	6060.7	12234.1	18584.9
贷款基金	Loan Fund	1074.1	1141.2	1108.5	1378.1	6818.0

附录 2－21　证　券　交　易　(年底数)

SECURITIES EXCHANGE AND STOCK PRICE INDEX (YEAR－END)

项　目 Item		1988	1989	1990	1991	1992	1993	1994
证券交易额①	Total Stock Exchange	199481	299147	288715	334104	700578	1217213	1137414
(百万港元)	Turnover① (HK$1 000 000)							
股票价格指数	Index of Share Prices							
恒生指数	Hang Seng Index							
(1964年7月31日＝100)	(31.7.1964＝100)	2556.72	2781.04	3027.47	3471.54	5545.97	7695.99	945352
分部门指数	Sectoral Sub－Indices							
金融	Finance	1625.69	1808.10	1906.92	2304.06	4643.61	6282.81	7988.80
公用事业	Utilities	3486.63	3198.71	3840.58	4448.91	6689.14	8993.74	10708.04
财产	Properties	3847.90	4535.15	4874.47	5843.30	9215.66	12362.49	16556.57
商业和工业	Commerce and Industry	2317.96	2686.98	2797.00	2981.10	4379.31	5733.18	7331.10
香港指数②	Hong Kong Index②							
(1986年4月2日＝1 000)	(2.4.1986＝1 000)	1684.70	1834.45	1987.88	2506.60	3107.40	4551.33	4788.49

注: ① 1986年前数字为4家证券交易公司合并前的总交易数。② 1992年4月后改称“所有普通股指数”。

Note: ① Figures prior to April 1986 were total trading of the four stock exchange companies before the amalgamation.
② It has been renamed All Ordinaries Index.

附录 3 澳门主要社会经济指标
MAIN SOCIAL AND ECONOMIC INDICATORS OF MACAO

附录 3-1 人口主要指标
MAIN INDICATORS O POPULATION

年份 Year	人口总数 (人) Total (Persons)	自然增长率 Natural Growth Rate (‰)	出生率 Crude Birth Rate (‰)	死亡率 Crude Death Rate (‰)	婴儿死亡率 Infant Mortality Rate (‰)	结婚率 Crude Marriage Rate (‰)	离婚率 Crude Divorce Rate (‰)
1990	339510	16.1	20.5	4.4	8.4	5.4	0.3
1991	363784	15.6	19.4	3.8	7.5	5.7	0.5
1992	380850	14.1	17.9	3.9	7.3	5.8	0.5
1993	395304	12.2	16.2	4.0	8.6	8.8	0.5
1994	410531	11.9	15.2	3.3	6.2	6.8	0.6

附录 3-2 国内生产总值支出构成
EXPENDITURES OF GROSS DOMESTIC PRODUCT

年份 Year	国内生产总值 (现价) (万澳门元) Gross Domestic Product (At Current Market Prices) (MOP 10 000)	私人消费 Private Consumption Expenditure (%)	政府消费 Government Consumption Expenditure (%)	固定资本形成 Gross Domestic Fixed Capital Formation (%)	库存增加 Change in Stocks (%)	出口净值 (出口减进口) Trade Balance (%)
1990	2789554	31.97	8.09	20.72	-0.33	39.54
1991	3211818	32.48	9.09	24.41	0.31	33.71
1992	4025895	30.40	8.00	29.20	-0.02	32.42
1993	4615388	30.45	8.03	30.86	-0.03	30.70
1994	5184276	30.75	8.23	31.24	-0.03	29.80

附录 3-3 工 业 概 况
INDUSTRY

单位: 人;万澳门元 (Persons;MOP 10 000)

年份 Year	企业数 (家) Number of Enterprises	就业人数① Persons Engaged①	采矿业 Mining and Quarrying		制造业① Manufacturing①		电力、煤气、水 Electricity,Gas & Water	
			就业人数 Persons Engaged	增加值 Added Value	就业人数 Persons Engaged	增加值 Added Value	就业人数 Persons Engaged	增加值 Added Value
1990	2277	65664	36	974	64609	375840	1019	57247
1991	2069	61219	37	1442	60124	380833	1058	61481
1992	1914	55012	37	1739	53902	390105	1073	76192
1993	1790	50386	40	2689	49260	356621	1086	90098

注: ① 未包括水泥制造业在内的某些行业部分资料。

Note: ① Information concerning some branches of activity,namely cement production activity was suppressed for confidentiality reasons.

附录 3-4 能源平衡表
ENERGY SUPPLY AND CONSUMPTION

单位：万亿焦耳 (Terajoules)

年份 Year	进口 Import					出口 Export		
	总计 Total Energy	轻柴油 Gas Oil and Diesel	重油 Fuel Oil	电力 Electricity	汽油 Gasolene	总计 Total Energy	轻柴油 Gas Oil and Diesel	重油 Fuel Oil
1990	13975	3564	8274	327	752	20	…	…
1991	14029	4073	7781	350	760	22	…	…
1992	14843	3696	8695	379	915	30	…	…
1993	16522	3626	10198	451	1010	45	…	…
1994	17916	4040	10974	504	1098	41	…	…

续表 1 continued

单位：万亿焦耳 (Terajoules)

年份 Year	出口 Export		库存变化 Stocks Change	内部总消费 Gross Internal Consumption	能源转化 Transformation of Electricity Generation	电厂自耗和输电流失 Distribution and Transmission Loss	总消费量 Final Consumption
	电力 Electricity	石油气 L.P.G.					
1990	9		252	13704	-4461	149	8953
1991	7	13	-592	14597	-4409	162	9861
1992	14	14	-44	14906	-4370	197	10156
1993	29	16	155	16455	-5258	151	10857
1994	34	7	459	17563	-5626	193	11542

附录 3-5 新建楼房
NEWLY BUILDINGS COMPLETED

单位：平方米 (Sq.m)

年份 Year	总计 Total		住宅 Residential		商业、服务业 Commercial/Offices		工业 Industial		其它 Others	
	数目(栋) Number	总面积 Gross Floor Area	数目(栋) Number	总面积 Gross Floor Area	数目(栋) Number	总面积 Gross Floor Area	数目(栋) Number	总面积 Gross Floor Area	数目(栋) Number	总面积 Gross Floor Area
1990	255	1056671	204	651160	7	42381	7	125060	37	238070
1991	198	1260050	164	885536	7	88350	9	125534	18	160630
1992①	184	1198633	155	946495	5	80685	4	73258	19	98195
1993①	206	1427298	171	1078813	11	137003	5	45340	19	166143
1994①	142	1140882	105	656816	17	336458	5	67828	15	79781

注：① 从1992年起统计口径有所调整。

Note: ① Statistical Indicators have been redefined since 1992.

附录 3－6　进口商品分类
IMPORTS BY CATEGORY OF COMMODITES

单位：百万澳门元　(MOP 1 000 000)

年份 Year	进口额 Import		食品、饮料 Food and Beverages		燃料 Fuels and Lubricants		工业、交通用 Industry and Transport		消费品 Consumer Goods Not Otherwise Specified	
	绝对值 Value	%	绝对值 Value	%	绝对值 Value	%	绝对值 Value	%	绝对值 Value	%
1990	12343	100.00	1108	8.98	576	4.66	9150	74.13	1499	12.15
1991	14832	100.00	1298	8.75	659	4.44	10626	71.64	2214	14.93
1992	15685	100.00	1461	9.31	666	4.25	10918	69.61	2636	16.81
1993	16138	100.00	1572	9.74	739	4.58	11014	68.25	2781	17.23
1994	16925	100.00	1790	10.58	793	4.69	11429	67.53	2907	17.18

附录 3－7　出口商品分类
EXPORTS BY CATEGORY OF COMMODITES

单位：百万澳门元　(MOP 1 000 000)

年份 Year	出口额 Export		食品、饮料 Food and Beverages		燃料 Fuels and Lubricants		工业、交通用 Industry and Transport		消费品 Consumer Goods Not Otherwise Specified	
	绝对值 Value	%	绝对值 Value	%	绝对值 Value	%	绝对值 Value	%	绝对值 Value	%
1990	13638	100.00	127	0.93	2	0.01	2297	16.85	11213	82.21
1991	13326	100.00	170	1.28	3	0.02	2529	18.98	10624	79.72
1992	14080	100.00	253	1.80	3	0.02	2738	19.45	11078	78.68
1993	14236	100.00	392	2.75	4	0.03	2993	21.02	10838	76.13
1994	14854	100.00	395	2.66	2	0.01	2920	19.66	11525	77.59

附录 3－8　商品进口来源
IMPORTS BY SOURCES OF COMMODITES

单位：百万澳门元　(MOP 1 000 000)

年份 Year	欧洲 Europe	非洲 Africa	美洲 America		亚洲 Asia				大洋洲 Oceania
			总计 Total	美国 USA	总计 Total	香港 Hong Kong	日本 Japan	中国大陆 China	
1990	1221	38	683	634	10253	5210	1423	2194	148
1991	1384	40	740	686	12437	5166	2574	3192	231
1992	1588	27	874	808	12963	5160	2824	3204	232
1993	2118	36	1061	934	12703	4818	2549	3429	220
1994	2782	142	1249	1156	12594	5137	2165	3186	158

附录 3－9　商品出口去向
EXPORTS BY REACHES OF COMMODITES

单位：百万澳门元　(MOP 1 000 000)

年份 Year	欧洲 Europe	非洲 Africa	美洲 America		亚洲 Asia				大洋洲 Oceania
			总计 Total	美国 USA	总计 Total	香港 Hong Kong	日本 Japan	中国大陆 China	
1990	5271	51	5175	4931	2937	1770	421	616	204
1991	5514	16	4464	4228	3216	1743	206	1123	115
1992	5242	18	5231	4983	3509	1763	184	1402	80
1993	5044	5	5110	4757	4014	1785	161	1886	63
1994	4962	8	5846	5522	3976	1660	140	1887	62

附录 3－10 旅游人数和构成
TOURISTS AND ITS COMPOSITION BY SOURCES

单位：人 (Persons)

年份 Year	总计 Total	香港 Hong Kong	德国 Germany	澳大利亚 Australia	加拿大 Canada	中国大陆 China	美国 USA
1990	5942210	4803754	19273	35142	22968	2266	71739
1991	6080268	4950584	22693	31574	22354	11611	68708
1992	6219432	4931501	30724	33685	23682	21979	71758
1993	5987637	4604201	39597	32263	23337	161884	74056
1994	5958764	4570529	36469	32035	22833	157025	78349

续表 1 continued

单位：人 (Persons)

年份 Year	法国 France	日本 Japan	马来西亚 Malaysia	英国 United Kingdom	新加坡 Singapore	泰国 Thailand	其它 Others
1990	14930	449530	33944	86759	29025	68182	304698
1991	13647	421225	28822	88866	28351	69010	322823
1992	16499	421333	28028	93490	28029	67789	450935
1993	16232	335890	28695	92458	25791	66319	486914
1994	16950	348110	24799	95897	24785	70499	480484

附录 3－11 旅馆情况
HOTEL

年份 Year	旅馆总数 (家) Total	房间数(间) Existing Rooms(Average)			房间利用率(%) Room Occupancy Rates(%)		
		酒店 Hotels	别墅 Inns	公寓 Boarding Houses	酒店 Hotels	别墅 Inns	公寓 Boarding Houses
1990	98	3963	58	986	78	57	35
1991	98	3902	76	937	79	55	34
1992	98	4990	76	818	67	54	32
1993	101	6329	76	715	60	49	30
1994	103	7119	77	679	58	41	27

附录 3－12 消费物价指数
CONSUMER PRICE INDEX

(1988年10月－1989年9月＝100) (10.1988－9.1989＝100)

年份 Year	总指数 Total	粮食 Foodstuffs	住房① Housing① Expenses	燃料及电力 Fuel and Light	服装及鞋类 Clothing and Footwear	耐用消费品 Durable Goods	交通 Transport and Vehicles	服务 Services	杂项 Miscellaneous Goods
1992	127.40	129.72	115.65	123.81	109.41	103.82	129.78	141.42	119.64
1993	135.94	138.92	125.74	128.42	111.79	104.92	137.24	155.75	127.21
1994	144.44	148.90	129.95	128.93	115.17	107.14	147.36	169.50	133.35

注: ① 不包括房租。

Notes: ① Excluding rent.

附录 3－13 政府预算收支

GOVERNMENT BUDGETARY REVENUES AND EXPENDITURES

单位: 万澳门元 (MOP 10 000)

年份 Year	收入 Total Revenues			支出 Total Expenditures		
	总计 Total	日常收入 Recurrent Receipts	资本收入 Capital Receipts	总计 Total	日常支出 Recurrent Rayments	资本支出 Capital Payments
1990	416009	328354	13210	416009	231449	130582
1991	577767	456011	31650	577767	327669	169924
1992	678532	540493	41050	678532	427573	154671
1993	935797	789576	7400	935797	586234	211441
1994	1104767	922171	3140	1104767	703269	222843

附录 3－14 海外资产负债(年底数)

OVERSEAS ASSETS AND LIABILITIES(YEAR－END)

单位: 百万澳门元 (MOP 1 000 000)

年份 Year	对外资产 Assets Abroad					对外负债 Liabilities Abroad			海外资产净值 Net Foreign Assets
	总计 Total	黄金白银外汇 Gold, Silver and Foreign Currency	外地银行资产 Other Assets with Banks Abroad	对外贷款 External Credit	对外投资 Foreign Financial Invest-ment	总计 Total	银行短期负债 Short Term Liabili-ties with Banks	银行中长期负债 Medium/Long Term Liabili-ties with Banks	
1990	38138	322	22922	10216	3894	20102	17488	610	18037
1991	48620	366	33942	9201	4850	22401	18879	648	26220
1992	51802	454	38505	5291	6693	19697	17089	336	32106
1993	65050	503	31485	7959	23727	36787	33355	452	28263
1994	64117	535	37982	6752	18802	31534	27296	701	32583

中國社會經濟文化交流協會

中国社会经济文化交流协会是经中华人民共和国民政部批准成立的全国性社会团体(社团登记证第1400号),具有法人资格。

我国改革开放以来,在经济建设取得巨大成就的同时,文化、学术和对外交流也出现了新的发展。有鉴于此,我国社会、经济、文化界知名人士,于1989年发起组织了这个民间社会团体。协会的宗旨是团结和组织社会、经济、文化界人士开展学术文化活动,推动我国现代化事业,增进国际联谊与交往,推进海峡两岸关系,为改革开放服务。

协会的主要任务是: 1.开展民间国际交往和海峡两岸人员交往; 2.进行社会经济文化的调查研究; 3.发展学术文化交流; 4.编辑、出版图书、报刊、音像资料; 5.举办展览、演出和学术讲座; 6.培训人员; 7.开展咨询服务活动和信息交流; 8.承办政府有关部门和社会团体委托的事务。

协会人才荟萃,在国内外有广泛的联系和影响,自成立以来,已先后召开过数次国际学术会议,对中国文化与人口问题,农村发展与人口产业转移,亚太地区经济科技发展,周边国家和地区民间贸易等问题进行研讨。通过这些活动,与一些国家和地区建立了联系。举办过中国古现代钱币展览,鸦片战争150周年爱国主义教育展览等数次大型展览会;与台港澳以及美国、意大利、法国、韩国等对口社会团体进行了联系与互访;举行过一些重大国际问题的座谈讨论等活动。面向海内外的大型出版物《中国黄金海岸年鉴》,年出一卷,为深化改革和扩大开放作出了积极贡献。

中国黄金海岸年鉴编辑部组成人员

总　编　辑　罗涵先（兼）

副总编辑　贺人瑞　陈紫云　李俊晞

编　　辑　郑思敏　张凤英　阎木珍　黄　培　胡建刚

特约撰稿人、特约通讯员

(按姓氏笔画顺序)

丁佑民　无锡市办公室秘书
于海平　威海市外经贸委办公室秘书
王益方　山东省外经贸委调研信息处副科长
王健生　河北省外经贸厅办公室科长
王　磊　青岛市政府办公厅干部
王玉兰　丹东市对外贸易经济合作局综合处处长
王怀中　三亚市政府办公室综合科
王国强　张家港市政府办公室副总干事
王鲁博　淄博市外经贸委综合科科长
王翼飞　常州市政府工贸科科长
王宝欣　烟台市外经贸委秘书
叶春生　广西外经贸厅办公室副主任
田和友　东营市政府秘书科科长
司开明　南京市政府对外开放办科长
史纯粹　嘉兴市政府副秘书长
冯安群　深圳市政府办公厅综合处处长
卢嘉权　肇庆市政府体改办副主任
孙进玉　潍坊市外经贸委办公室主任
刘敬东　锦州市外经贸委综合处处长
朱斌华　东莞市政府经济研究室
邢福民　海南省政府办公厅调研室主任科员
乔长敏　滨州市外经贸委办公室主任
吴清辉　晋江市计委科员

张伟新　中共江苏省委研究室信息处副处长
张季峰　苏州市政府办公室秘书
李应适　南宁市政府副秘书长
陈喜山　湛江市政府研究室副主任
陈建群　北海市政府办公室秘书
陈鸿庆　南通市政府办公室研究室主任
陈华鲁　盐城市政府研究室科长
陈健胜　宁波市政府办公厅处长
闵忠礼　营口市外经贸委办公室主任
宋建新　杭州市政府办公厅处长
佟百复　葫芦岛市政府副秘书长
沈灿煌　厦门市政府办公厅综合处副处长
苏斐华　秦皇岛市政府副秘书长
严伯英　江阴市政府地方志办公室副主任
杨玉龙　济南市外经贸委信息处秘书
邹双林　沧州市政府办公室综合科科长
林乃忠　辽宁省政府办公厅研究室主任
罗亚辉　北京市政府研究室综合处调研员
林水土　漳州市政府研究室综合科科长
林凤兴　天津市政府研究室处长
林进炎　广州市政府研究室秘书
季明嘉　绍兴市政府办公室副主任
郑向民　中山市政府调研科副科长
郑祖国　上海市政府研究室干部
范　然　镇江市政府办公室副主任
范忠智　中共潍坊市外经贸委党委副书记
周兆昌　温州市政府办公室副主任
周治玉　朝阳市政府办公室科长
周健民　舟山市政府办公室主任
洪　波　沈阳市政府综合一处调研员
赵成武　大连市外经贸委信息中心科长
赵克贵　佛山市政府办公室调研科科长
姚泽源　广东省政府研究室副主任
娄东凤　海口市政府办公室秘书科秘书
徐应生　淮阴市政府办公室主任

徐树利　唐山市政府办公厅干部
徐洪斌　苏州市政府副秘书长
徐国平　湖州市政府办公室副主任
章年盛　钦州市政府秘书长
黄小梅　福州市政府办公厅综合调研科主任科员
黄文昌　阳江市政府内联外引投资办公室副主任
黄惠强　中共珠海市委办公室信息科主任科员
詹朝辉　福建省政府特区办公室干部
蔡伟忠　泉州市政府办公室秘书
蔡镜常　中共南海市委办公室主任
谭作瑜　江门市政府办公室副科长
潘成坤　浙江省政府研究室主任
潘能强　合浦县政府办公室主任
颜世友　连云港市政府办公室副主任

董事单位介绍

中国人民建设银行
信托投资公司

中国人民建设银行信托投资公司外景

中国人民建设银行信托投资公司一九八七年经中国人民银行批准成立，是中国人民建设银行全资直属，具有独立法人资格的非银行金融机构，是面向国内和国际金融市场，从事金融信托投资业务的全国性大型国有金融企业。公司的注册资本金五亿七千万元人民币，1995年末总资产人民币88.4亿元；员工326人，其中具有高中级职称的占21.78%。公司经营管理规范、业务品种齐备、服务体系健全，不仅拥有多层次的国内业务联系网络，而且发展了广泛而深厚的国际金融合作关系。主要国内业务有：信托委托存贷款业务、信托委托投资业务、房地产投资与开发业务、代理财产保管与处理业务、经济担保和信用鉴证业务、有价证券业务、金融租赁业务、代理收付业务、资信调查业务、经济咨询服务；主要国际业务有：境内外外汇借款与境内外汇放款业务、发行和代理发行外币有价证券业务、买卖和代理买卖外币有价证券业务、境内境外外汇信托存放款投资业务、自有资金外汇投资业务、外汇担保和鉴证业务、国际融资租赁业务以及中国人民银行批准经营的其它金融业务。

总经理：李庆振

总经理致辞

"已见红花发，复闻绿草香"。

建设银行信托投资公司在发展的阳光雨露滋润下、在改革的风风雨雨的洗礼中已经走过了九个年头，正在步入蓬勃向上的少年时代。

1995年是公司成立以来获得快速发展并取得历史最好成绩的一年。在信托业规范调整和激烈竞争中，公司坚持"安全、管理、改革、发展"的工作方针，稳健经营，截止1995年底，公司资产总额为人民币88.4亿元，比1994年净增23.9亿元，增长幅度37%，增长额为历年最高。实现利润7500万元，比1994年增长47%，增幅为历史最高。资本利润率达15%，资产利润率达1%，人均创利达26.6万元。在同行业中效益和资产质量名列前茅。基本实现了资产与效益同步增长，管理、改革、发展三者协调推进，公司综合实力再上新台阶。

在回首过去一年的时候，我们衷心感谢热情支持并精诚合作的社会各界朋友及海内外全体同仁，并对你们致以良好的祝愿！

1995年，公司努力改善资产质量，优化业务结构。大力发展了委托、证券和保管箱等中介服务业务。到1995年底，公司委托贷款余额41亿元，比上年度增长86％，推销保管箱达3700个，新增2761个，比上年度增加280％，证券业务交易量达到843亿元，一级市场业务取得突破性进展。国际业务占公司业务比重由年初的4％增加到年末的6.5％。公司严格按照人民银行的要求，实施资产负债比例管理办法，进一步调整了资产负债结构，使资产与负债在总量与结构上日趋合理，资产质量进一步提高。在现有业务稳健经营的同时，公司面向市场，进行了超前性研究开发，为下一步拓展新的业务奠定了基础。

党的十四届五中全会为我们展现了美好的前景。展望未来，我们信心百倍。踏着中国社会主义市场经济体制建立的步伐，合着我国资本市场深化发展与金融创新的节拍，在新的一年里中国年轻的信托业将在更加广阔的空间中规范发展。可以预期我们公司也将取得更大的成就。我们将继续与社会各界朋友和国际信托业界同仁携手合作，协力创造中国信托业的辉煌，共同为中国经济的改革和社会主义事业不断发展贡献应有的力量。

公司总经理 李庆根

公司领导

李庆振　(中)
何加武　(右)
李文棠　(左)

中国人民建设银行信托投资公司营业大厅

公司投资的中山火炬高新技术实业股份有限公司办公大楼

主要业务成就

公司成立以来，积极发展信托投资本业，目前的主体业务有信托存贷款、委托贷款、信托投资、国际业务、证券业务、保管箱业务等等。

1995年公司业务辐射延伸到全国各省、市、直辖市(西藏除外)，与近百家金融机构和协作单位建立了稳定的合作关系，加强了与大中型企业的资金合作，为客戶提供全方位的金融服务，赢得了广大客戶的信赖，信托、委托存款余额比上年增长了20%。

根据中长期发展规划，1995年公司以扩大负债规模，调整资产结构，发展了委托、证券、保管箱等中介业务为重要经营目标，为把公司办成国內一流的信托投资企业奠定了坚实的基础。

信托贷款成就:

1995年公司稳健发放贷款，在降低贷款逾期率，提高信贷资产质量，保证贷款按期回收等方面，取得了一定的成绩，截至1995年12月底，回收贷款本金30,762万元，其中回收年初逾期贷款11,880万元，回收各类贷款利息57,481,732.43元，回收固定资产贷款1,392万元，回收流动资金贷款25,117万元，回收租赁本金4,134万元。全年发放贷款23个项目，总额26200万元，重点扶持了沿海开放城市的经济建设。

委托贷款成就:

委托业务是公司的主业之一，1988年开办此项业务，1995年正式成立委托业务部，现已形成了以委托贷款为主，以委托投资、保理业务为辅的中介业务结构。

在多年实践中，公司建立了整套行之有效的管理制度和操作规程，积累了丰富的项目管理经验。充分发挥委托业务的代人理财优势，加强了项目管理的科学化、规范化；牢固树立服务意识，持久开展流动银行服务，向委托人定期报告项目管理情况，及时反映项目存在的问题；针对不同项目情况采取不同的管理方式，提高了服务质量，消除了委托人的后顾之忧，取得了较好的经济效益和社会效益。

1995年，公司根据市场发展需要及时扩大了委托业务的覆盖面。至年底，委托资产规模达到44亿元，较上年增长83％；其中，全年新发放委托贷款项目75个，共计20亿元，公司的委托业务跃上了一个新台阶；委托资产遍及全国29个省、市、自治区，主要分布于能源、交通、原材料等行业和部门，有力地支持了国家重点建设；提高了委托资产质量，加强了委托贷款的本息回收工作，共回收本息68337万元，本、息实收率均达到77％以上，有效地维护了委托人的利益，保证了国有资产的有偿使用和保值增值。

投资业务成就:

至1995年底，公司投资项目累计30余个，包括股权、契约、证券等多种投资形式，涉及工业、商业、金融业、高科技等多种行业，主要分布在北京、上海、广东、海南等经济发达地区，投资金额达2.36亿元，投资项目资产增值较快，投资收益率逐年提高。1995年，公司本着“安全、流动、效益”的经营原则，进一步优化投资结构、规避投资风险，为投资类资产的保值，增值做了大量工作，并积极支持一批社会知名度较高、经济效益较好的参股企业在海内外上市。在进一步优化公司资产结构方面取得了实质性进展。

公司与日本国际证券株式会社业务合作签字仪式

公司外汇贷款项目－广东金曼集团股份有限公司

国际业务成就:

公司国际业务范围包括外汇存款、借款、放款、投资、证券、担保、咨询等外汇中介业务。1995年，公司外汇资产比上年增长了44.8%，资产质量及资本利润率得到了稳步提高，位居国内同业前列。公司参加建设银行首家银团贷款，支持广东省番禺市电力开发公司南沙电厂项目，支持全球对日最大的鳗鱼出口商——广东金曼集团股份有限公司。公司与日本国际证券株式会社签署了业务合作协议，积极开展外国政府软贷款的转贷及境外银团贷款的工作。在外汇有价证券业务、国际合作投资、境外借款等方面也作出了有益的尝试。

证券业务部北京营业部营业大厅

证券业务成就:

公司证券业务部下属有北京、上海、深圳、包头四个营业部和呼和浩特证券代办处。1995年禀承稳健的经营作风。坚持依法经营，取得了令人瞩目的业务成绩。全年共完成证券交易量843亿元，其中现券128亿元、国债期货661亿元、股票及其它54亿元;取得财政部国债一级自营商资格，全年累计承销国债4亿元，圆满完成了北京化工集团公司“北京乙稀”2000万元债券和华北制药股份有限公司增资配股的承销工作;年末又以主承销商身份承销华北电力集团公司电力建设债券3.5亿元，有力地支持了国家重点建设项目北京“9511”工程;与一批符合国家产业政策、市场前景良好的国有大中型企业和上市公司建立了稳固的合作关系。

公司对证券业务实行公司化管理，建立了以财务稽核管理体系、风险投资管理体系和综合管理体系为主要内容的管理模式。形成了健全而富有活力的内部管理机制。在国债市场和投资银行业务方面积累了丰富的经验，形成了具有自身特色的业务结构和强大市场开发能力。目前，证券业务部员工总数达164人，其中博士2人，硕士24人，大学本科57人，大专以上学历员工占员工总数的81%。

公司证券业务作为“窗口”之一，积极发展同海外同行的交流与合作，先后与美林证券、摩根·斯坦利、国际证券株式会社等一批国际知名券商建立起长期稳固的业务合作关系，在国际金融证券领域赢得了卓越的信誉，树立了良好的企业形象。

保管箱业务:

保管箱业务是我国近年来悄然兴起的新的金融中介服务项目。公司积极开发这一新品种，从世界生产银行金库的三大厂家之一——日本“富士精工”保安设备公司购进全套保管箱设备。箱內可以存放古玩字画、有价证券、遗嘱秘方和文件资料等，为个人和单位提供安全保密的出租保管箱服务。保管箱库有先进的报警、消防系统，实行昼夜二十四小时监控，防范管理措施如同银行金库，确保客戶的财物万无一失。

九五年，公司认眞总结经验，强化管理，转变经营观念，不断提高服务质量，完善服务手段，保管箱出租率有了明显的提高。截至年底，保管箱净出租达3800个，净出租数比上一年增长2.8倍。公司的保管箱业务不仅在北京公众中树立了良好的形象，也在金融界产生了很大的影响和示范作用。

在新的一年里，公司将继续努力，管理和服务工作将再上新台阶，努力为客戶提供更优质的服务。

公司保管箱库

青岛代理处:

公司青岛代理处位于山东省胶东半岛的青岛市，是1993年5月经青岛市人民银行批准设立的非银行金融机构，主要在青岛代理总公司办理经中国人民银行批准的国内金融信托业务。1995年是代理处在经过金融体制调整后抓住机遇、稳步发展的关键一年，全年实现利润400万元。代理处狠抓制度建设，全面提高企业管理水平，降低经营成本，改善资产结构，确保资金安全，提高经济效益，以稳健经营的企业形象，在青岛金融界站稳了脚跟。

海南代表处:

公司海南代表处地处我国第二大宝岛海南岛的省会海口市，主要经营委托投资、信托存贷款、长期投资、合作投资、融资及实物租赁、证券投资、房地产开发、期货代理、典当、工程装修、贸易、批发交易等业务，初步形成了以金融信托业务为中心，全方位、多行业拓展的业务构架。1995年代表处在资产质量和效益上下大力气，努力盘活资产存量，积极筹资，强化管理，培训队伍，开发出一些市场占位较高、有特点、有发展潜力、能够成为公司长期发展支撑点的实业项目。

广东番禺南沙电厂项目银团贷款签字仪式

企业文化建设

1995年公司的企业文化建设取得了令人瞩目的成就。公司始终遵循“服务、奉献、发展”的企业理念，以“提高员工素质，规范行为准则、服务广大客戶，创造优良业绩”为核心，完善企业管理，加强队伍建设，规范业务操作，提高服务质量。公司以优质服务为职责，以客戶满意为荣誉，以客戶意见为财富，以客戶批评为耻辱。在过去一年里，公司着重培养员工的敬业精神和团队意识，上上下下精诚协作，努力拼搏，使企业建设和业务发展又创佳绩。在新的一年里，公司将加大企业文化建设力度，为客戶提供优质服务，为员工建立发展空间，为国家创造最佳效益，为社会作出眞诚奉献。

公司前景展望

中国经济两大转变、经济国际化趋势和国企改革的深化为金融信托业提供了良好的发展契机。面对快速变化的经济金融环境和日益激烈的同业竞争，公司将以“保证安全、深化改革、规范管理、积极开拓、提高效益”为工作指导思想，1996年和“九·五”规划期间，公司在巩固和发展现有业务的基础上将积极发展更具信托本业特色的业务；努力扩大市场份额，争创同业一流，把企业的业务发展推上一个新台阶。

为了保证公司健康、快速发展，公司将进一步改革人事管理制度、内部分配制度，加强市场机会和风险管理的研究，加快新业务研究与开发的步伐，努力把公司办成具有国际管理水平的现代金融信托企业。

As China is in the process of transition from centrally-planned economy to market economy and change of the mode of economic growth, Chinese economy will develop smoothly in the wave of the worldwide development, and the systems of state-owned enterprises will be market-oriented greatly.These will provide rich development opportunities for the financial trust industry. To face arresting competition in the industry and rapid changes of economic and financial environments, the corporation will take "most safety,more reforms, standardized management, active pioneering and high profitability" as the guidelines. From 1996 to the year of 2000, the Ninth Five-year Plan period, while consolidating and developing the current businesses, the Corporation will actively promote businesses with the characteristics of real trust industry, will strive to expand the market shares and become a top enterprise in the trade and bring its operations into a new stage.

In order to ensure a smooth and rapid development, the corporation will make further efforts to reform the personnel management system and income distribution system, grasp the market opportunities and enforce risk management and speed up the research on development of new operations so as to make the corporation a modern financial trust enterprise in the line with international management.

北京龙德行有限责任公司

北京龙德行有限责任公司(简称龙德行)是经北京市工商局批准,按《中华人民共和国公司法》规定组建的,其性质为有限责任。它是自主经营、独立核算、自负盈亏具有法人资格的经济实体。公司自有资产为人民币5.5亿元。股东会是公司的权力机构,董事长殷俭先生为公司的法定代表人。

北京龙德行有限责任公司董事长兼总裁　殷俭

龙德行的宗旨是：发扬龙马精神，在中国的土地上自强不息，奋斗生存。激励每个员工成为企业的股东是龙德行事业发展的最高境界。

龙德行的子子孙孙热爱自己的祖国，将毕生精力奉献于繁荣祖国和建设龙德行的事业之中。

公司成立至今，在社会各界的大力支持下，全体员工本着求实、高效、进取的精神，努力工作，创立了可观的业绩。

副董事长　陈　实

副总裁　黄仲文

副总裁兼龙德行大厦总经理

冀　松

副总裁　程宏宇

副总裁　许连成

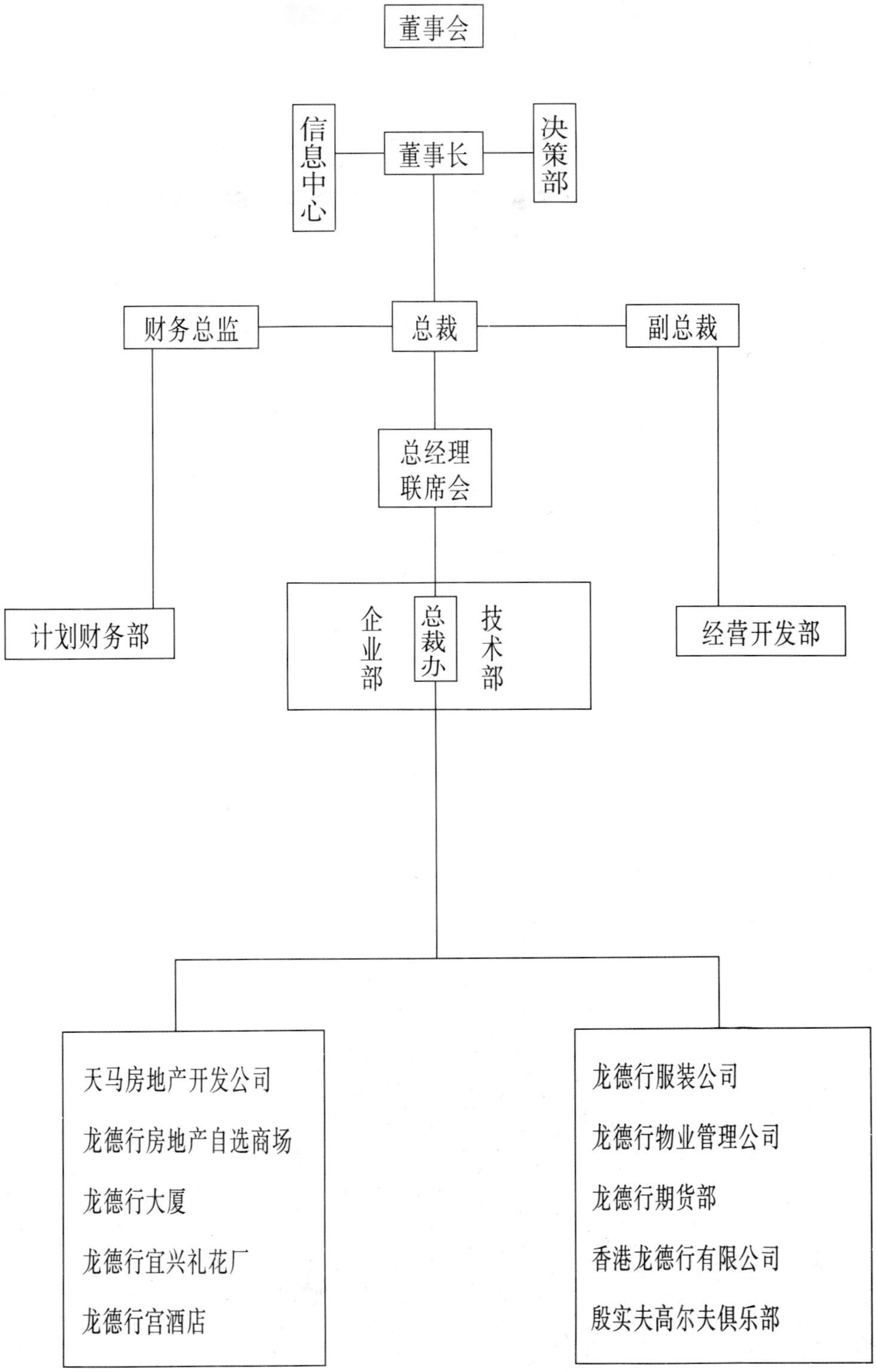
董事会
信息中心
董事长
决策部
财务总监
总裁
副总裁
总经理联席会
计划财务部
企业部
总裁办
技术部
经营开发部
天马房地产开发公司
龙德行房地产自选商场
龙德行大厦
龙德行宜兴礼花厂
龙德行宫酒店
龙德行服装公司
龙德行物业管理公司
龙德行期货部
香港龙德行有限公司
殷实夫高尔夫俱乐部

龙德行大厦一期工程建筑面积约为15000平方米，大厦内设有商务中心、美食宫、俱乐部、商场等服务设施。大厦二期工程已在筹备之中。

天马房地产开发公司

天马房地产开发公司成立于1993年，注册资金为人民币1000万元，主要从事国内外房地产开发、销售、出租和房地产咨询等业务。

公司设置开发部、工程部、概预算部、设计部、拆迁部、销售部、财务部、办公室等七部一办，另有沙子口小区开发部。

公司至1996年主要开发了沙子口约20万平方米的危改小区项目及龙德行宫酒店项目。

龙德行宫酒店

龙德行宫酒店总面积8000平方米，是集客房、娱乐、餐饮为一体的综合性酒店，该酒店目前正在建设中，预计1997年投入经营。

北京殷实夫乡村俱乐部有限公司

“北京殷实夫乡村俱乐部有限公司”位于怀柔县风光秀丽的雁栖湖东侧。该俱乐部的主要功能为：国际标准十八洞72杆的世界锦标赛高尔夫球场，国际会议酒店，数百栋酒店式别墅和会员别墅，大型康乐中心及美食中心。

龙德行宜兴礼花厂

龙德行宜兴礼花厂位于江苏省宜兴市，主要从事烟花及大型礼花的生产，总投资人民币500余万元，厂区占地面积2.4万平方米，年产值人民币500多万元，利税人民币150万元。

龙德行服装公司

龙德行服装公司占地约4000平方米，厂房及办公面积合计约5000平方米。办公设备、流水线及服装款式等均采用国际名厂产品及名牌产品，以加工、生产、营销高档服装及时装为主。

龙德行房地产自选商场

龙德行房地产自选商场是由北京龙德行有限责任公司主办，北京市城乡建设综合开发办公室、北京电视台等多家协办的多功能化、规范化、国际化的房地产机构，商场以物业类型全、涵盖区域广、交易安全、作业规范诸多特点成为京城一独具特色的“精品超市”。

龙德行物业管理公司

位于龙德行大厦之中，主要承担大厦的设备保养及维修、电力配置、上下水和冷暖气供应和相应社区管理等。

龙德行期货部

龙德行期货部是北京商品交易所的全权会员，有多位长期从事期货交易、富有经验的经纪人，我部除自营外，还为客户代理期货交易，从各个角度指导并协助客户进行正确的运作。

香港龙德行有限公司

该公司是龙德行在香港设立的全资公司，以融资、投资为主，兼营贸易等商业性业务。

杭州市近江村

近江村党委书记、村委会主任　近江集团董事长、总经理　王文松

杭州市江干区四季青镇近江村，原是一个人均年收入不足200元的贫困村。改革开放后，在以王文松为首的村“两委会”的带领下，广大党员、群众历经10多年艰苦创业、励精图治，成功地走上了脱贫致富的阳光大道。1995年，这个面积不到1.5平方公里，农业人口不足1千的小村，创造出集体收入5亿元，人均劳动收入突破1万元的奇迹，一跃成为远近闻名的小康示范村。

“八五”期间，特别是邓小平南巡谈话发表后，近江村抓住紧临城市、交通便捷的有利条件，在搞好农副业的规模化、科学化生产的同时，腾出土地用于兴办二三产业，促使村级经济以年平均增长50%的幅度飞速发展。目前，村里已拥有农工商企业80多家，同时通过“筑巢引鸟”等方式，引进人才，引进设备，引进高科技项目，在化工、轻工、电子等行业，开发出耐磨涂料、步进电机和重仅50克的微型摄像机等一批部级、省级新产品，有的还打入了国际市场。因而，近江村被誉为杭州市郊的“小硅谷”。

而今的近江村，已成为一个拥有2亿元固定资产的浙江近江集团，而且凭借其资金足、实力强的优势，新近又创办了家具、皮革、建材和农副产品等大型专业市场，兴建了具有星级水平的宾馆、饭店，组建了浙江省首家股份制的杭州皇后飞车艺术团。在这块热土上，政通人和，家庭和睦，高楼大厦随处可见，村民们开始住上了高层公寓，90%以上的农户装上了电话，过上连城里人都为之羡慕的小康生活。村址：杭州市秋涛路475号。

近江村办公楼

由近江村投资兴建的一幢幢新楼，在秋涛路两侧拔地而起

近江村民开始告别昔日的农家小院，纷纷搬入村里建造的村民公寓

近江村牌坊

杭州近江化工总厂

杭州近江化工总厂是一个统领10余家分厂，年产值达1.6亿元的新型化工产销联合体，现为浙江近江集团的核心层企业，并跻身于"浙江省重点骨干乡镇企业"的行列。

长期来，"近化"以科技为依托，市场为导向，研制开发出一大批适销对路的新产品，形成了以耐磨涂料、阳离子染料、有机硅等高技术含量产品为主导，带动油墨油漆、稀释剂、松香水、内外墙涂料、日用化工、镜片专用树脂等八大类60余种产品全面发展的经营模式。其中保俶牌KCM防水耐磨涂料系列属国内首创，享誉全国市场；阳离子染料远销西欧、东南亚等国际市场。厂长：王文松　厂址：杭州市秋涛路近江路

近江化工总厂

近江化工总厂有机硅生产车间

杭州近江化工总厂技术人员正在对进厂原料和出厂成品进行严格检验

杭州近江化工总厂部分产品

杭州近江大酒店

杭州近江大酒店位于钱塘江之滨，是由浙江近江集团投资兴建，杭州华侨饭店租凭经营的涉外酒店。

杭州近江大酒店内部按三星级标准设计布局，现拥有标准客房125间、床位250个，西式酒吧、中式餐厅、卡拉OK包厢、歌舞厅、健身房、棋牌房、桑那室、冲浪室、按摩室、美容室、商务中心和大小会议室等设施一应俱全，装修豪华，舒适怡人，是旅游下榻、康复度假和举办喜庆宴会和各种会议的理想场所。总经理：赵国春，地址：杭州市近江路8号

近江村充分发挥近郊优势，大力发展旅游、餐饮等第三产业，图为具有三星级标准的近江大酒店外景

杭州近江大酒店
购物中心

温馨、幽雅的近江
大酒店餐厅

洁净、舒适的近江
大酒店客房

杭州华东家具市场

杭州华东家具市场系隶属于浙江近江集团的大型专业市场之一。

该市场首期启用营业用房2万平方米，四个营业展厅荟集了包括港澳在内的全国120余家明星企业的家具精品，是目前杭州市规模最大、品种最多、购物环境最佳的家具专业市场。为适应市场发展需要，二期工程1万平方米营业用房正在动工兴建。总经理：郑小林，地址：杭州市秋涛路473号

杭州华东家具市场外景

展销大厅一角

家具市场组建的长跑队在街头作宣传

杭州华东建筑装饰材料市场

杭州华东建材市场是由浙江近江集团与杭州建材物资公司共同创办的另一家规模宏大的专业市场。市场主楼10层，总建筑面积2万平方米，主要经营国内外中高档墙纸、石材、吊顶、油漆、涂料、木制品、卫生洁具、水道阀门、装饰五金等10多个系列、2000余种产品，年营业额近2亿元。总经理：海　增，电址：杭州市秋涛路475－1号，

展销大厅一角

展销商品之一

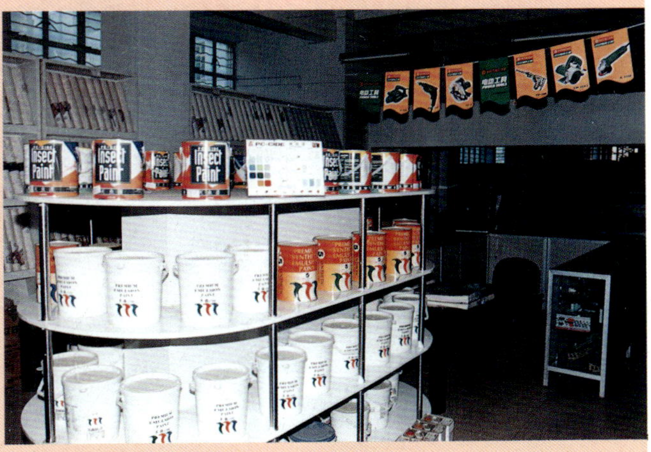

杭州华东建筑装饰材料市场外景

展销商品之二

杭州华东皮革城

杭州华东皮革城是浙江近江集团与浙江皮塑工业公司联合创办的大型专业市场。市场总投资3600万元，经营范围遍及皮装、箱包、皮鞋及原辅材、皮机、皮化等，以门类齐全、品种繁多、经营规范而著称，是目前浙江乃至华东地区皮革制品的主要集散地之一。总经理：任国钧，地址：杭州市秋涛路491号

华东皮革城里顾客盈门

二楼营业厅的自动扶梯

杭州华东皮革城外景

顾客正在挑选皮衣

神 州 风 采

社会、经贸、企业优秀单位选介

大连市蓬勃发展的对外经贸事业

大连市对外经济贸易委员会
党委书记、副主任　李泊洲

大连市对外经济贸易委员会是大连市政府对外经贸行政管理职能部门，肩负指导、协调全市对外经贸工作的神圣使命，始终站在全市对外开放的前沿。

1984年，大连市计划单列，享有省级管理权限，实行进一步对外开放政策，经过全市人民及外经贸战线广大干部职工的共同努力，投资环境日臻完善，对外经贸事业蓬勃发展。1995年，全市各类外贸公司及具有外贸经营权的自营生产企业已发展到92家，出口创汇队伍日益壮大。全年自营进出口商品完成41.4亿美元，比上年增长12%。其中自营出口25.24亿美元，比上年增长26.1%。全市400多种出口商品远销日本、美国、西欧和香港等90多个国家和地区。招商引资成果显著。1995年，全市新批利用外资项目1187项，协议外资金额25.5亿美元，分别比上年增长9%和7%。截止1995年末，全市实有外商投资企业5226家，协议外资金额82.7亿美元，累计利用外资31.6亿美元。日本的佳能、东芝、小野田，美国的辉瑞，法国的道达尔等一大批跨国公司在连安家落户。对外经济技术合作日益扩大。1995年，新签订对外承包工程和劳务出口合同234项，合同金额10925万美元，营业额9318万美元。至年底，全市已累计在世界22个国家和地区兴办生产型企业61家，总投资3624万美元。随着大连市知名度的不断提高，境外客商竞相来连考察、洽谈，并设置各种办事机构。截止1995年末，外国企业驻连办事机构已达1395家，成为全国外商最集中的五个城市之一。

实施外向牵动战略，扩大开放，再创辉煌是大连市外经贸工作理想之所在。愿海内外各界朋友来连观光、考察、洽谈经贸合作事宜，共享我市对外开放成果，推动双方经贸事业上升到一个更高的境界。

温州市房产管理局在改革中阔步前进

局党组书记、局长吴权书

党的十一届三中全会以来，温州市房管局抓住房地产经济体制改革的有利机遇，积极转换房地产经营管理机制，于1980年率先推行住宅商品化，逐步建立起与社会主义市场经济相适应的房地产管理新体制。

10多年来，市房管局逐步拓展管理范围，使房屋买卖、租赁、抵押等房地产经济活动全部纳入市场管理的范畴。1985年至1994年共办理民间房地产交易签证、立契手续11974件，征收交易管理费2340万元，协助地方财政征收契税4294万元。1992年初开展房屋租赁管理工作，至1994年底已征收出租非住宅房屋租金增值调节费(土地收益金)2000多万元。房地产经纪机构(人)从无到有，到1994年已发展到124家，从业人员213人，在房地产交易活动中发挥了积极的作用。

房地产产权产籍管理逐步实现规范化、标准化、科学化。1989年开展房屋所有权总登记工作，截止1994年底已确权发证92054件，计1182.66万平方米，占市区房屋总面积的84.4%。1993年开始对房产档案资料实行微机管理，共配置微机7台，已输入各类房产档案资料7万多件。

积极推行住宅商品化。采取国家投资、集资(合作)建房、公建私助、私建公助、建造商品房出售、鼓励私人建房等多种形式，先后开发了灰桥、蒲鞋市、洪殿等16个住宅小区，拓宽了望江东路、百里东路、环城东路、鹿城路、黎明路、人民路等主干街道及沿街房屋。累计新建住宅400多万平方米，80%为个人出资购买。到1995年市区居民人均居住面积达到10.2平方米。

重视解决居民住房困难问题。1979年开始解困工作，采取居民民主评议、政府审批、有偿解困的办法，到1989年先后建房8万余平方米，解决住房困难户1500多户。1990年到1993年共建3万余平方米解困房，市区500多户人均居住2平方米住房特别困难户的住房问题基本解决。1994年开始，加大有偿解困工作力度，着手解决人均居住4平方米以下住房困难户的住房问题，至今已解决1200户。

大胆运用价值规律，对直管公有非住宅用房实行租赁经营。从1984年起，对沿街住宅改使用功能为营业用房的，一律实行协议租金；1986年到1994年的8年间，对出租的非住宅公房的租金进行三次政策性调整，租金从原来的每平方米0.25元提高到26.80元。1995年5月，温州市房管局以《中华人民共和国城市房地产管理法》的实施为契机，对市区商业繁华地段20多条街巷上的880多间计8800多平方米直管公有营业房进行市场租金投招标试点工作，平均租金达到了每平方米214元，最高达480元，从而迈出了房地产经营市场化改革的重大步骤，在全国率先开创了公有营业房招标租赁之先河。为温州市房地产业的振兴，城市建设和居民住房解困、解危积累了资金。

锐意改革、团结合作的温州市房管局领导班子

温州市是浙江省住房解困先进城市，温州市房管局是全国住房解困先进单位。图为温州市房管局投资建设的'95居民解困房。

温州市房管局下属的温州物业管理总公司对市区“伯爵山庄”成为温州市物业管理的示范小区，被列为温州城市建设风貌旅游景点之一。图为国家建设部房地产业司负责人(右二，女)参观“伯爵山庄”住宅小区。

浙 江 海 鸿 集 团 公 司

浙江海鸿集团公司，是一家集远洋捕捞，水产加工、医药化工、营养食品、渔需物资、电子机械、工贸结合为一体，并拥有自营进出口权的国家大型企业。资产总值8787万元，其中固定资产5066万元，自有权益资产3724万元，占地面积45000m²，建筑面积32000m²；现有生产规模：水产加工4000多吨，医药化工100吨，休闲食品3000多吨，渔需物资15000吨，远洋捕捞3000多吨。

公司有两大当家拳头产品：《东海牌》冻生系列虾仁，1990年荣获省优质产品，1995年又荣获“中国乡镇企业名牌产品”。《老爸牌》系列营养休闲食品，1995年获“浙江省地方工业名牌产品”。上述两个产品在1996年6月又荣获国家科委等四个国家级科研单位授予“科技成果金奖”。

近几年，综合经济指标连续两年排列全市第二，曾获国家农业部“企业‘七五’技术进步奖”；国家农业部和外经贸部联合连续五年授予“出口创汇大户先进企业”；省工商局授予“浙江省重合同守信用先进企业”；省商检局连续六年授予“出口商品一类管理企业”；省农业银行授予“94企业资信等级AAA级”。

董事长兼总经理　郭加明

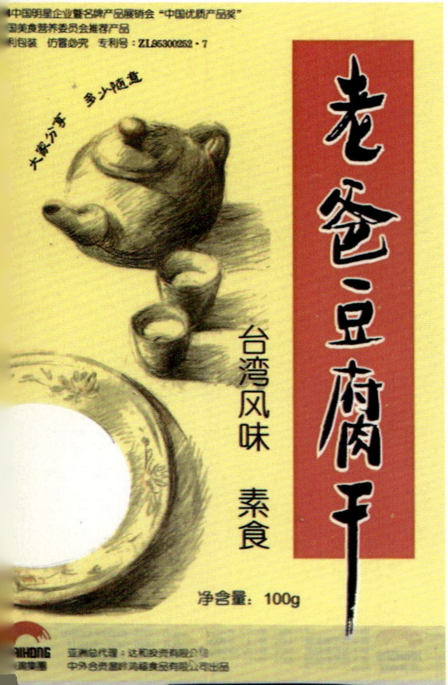

《东海牌》冻生虾仁

温州新世纪发展股份有限公司

温州新世纪发展股份有限公司是温州市政府为加速“第二次创业”发展交通能源等基础设施而创立的股份制企业，注册资本1亿人民币，公司设在人民路锦园大厦17、18楼。

该公司于94年11月25日成立，近两年来，它以交通、能源基础设施建设为龙头，以控股、参股、联营为方式，组建了新世纪房地产开发有限公司、温州市石油能源有限公司、新世纪物资有限公司、新世纪出租车公司、雁荡山矿泉水饮料厂、新世纪国际贸易公司、中日合资新世纪高山建设工程有限公司、温州财团有限公司、温州大东经贸发展公司、温州市房地产交易中心等，逐步发展成集工程、房地产、金融证券、租赁、运输、仓储、旅游、餐饮和国内外贸易为一体的多效益集团化公司。

董事长、总经理　张跃

新世纪高山建设工程公司设备

新世纪公园

温州三维集团公司

董事长兼总经理　张国华

正在兴建中的公司新区一角

名优产品——炭黑、苯酐、二丁酯

座落在浙江南部、瓯江之滨的温州三维集团公司，是温州市骨干企业集团。公司建有3000吨/年苯酐、12000吨/年炭黑、6000吨/年增塑剂、5000吨/油漆涂料、1000吨/年造纸助剂等生产装置及1500KW余热发电站和3万轻吨/年拆船基地。公司主导产品苯酐和炭黑自80年代初一直保持部优、省优称号，陆续出口东南亚国家和港台地区，在同行业中享有较高声誉。

多年来，企业先后跃居中国500家最大化学工业企业、全国化工100家大中型最佳经济效益企业和浙江省100家最佳经济效益工业企业行列，被化工部评为产品质量信得过企业、产品质量好企业、清洁文明工厂，并连续4年被市政府授予领导班子集体功、优秀厂长(经理)金鹿奖等荣誉称号。

“三维”的精神是开拓进取——依靠科技进步，发挥人才优势；创新发展——面向多维世界，着眼立体竞争。

“三维”的宗旨是坚持实业与经营并举、内贸与外贸结合、二产与三产相依的综合开发，全面发展的经营方针。

公司目前正以总投资1个亿，征地110亩的15000吨/年新工艺炭黑生产线和“三维”新区的省重点项目工程，在龙湾浦州兴建之中，展示了“九五”的大启动和“三维”的未来。

日新月异的南宁市

广西壮族自治区的首府南宁市，在改革开放的大潮中辟波斩浪，奋勇向前，以日新月异的面貌令世人刮目相看。

素有“南国绿城”之称的南宁市，是全区政治、经济、文化、科技、教育、金融、信息的中心，现辖两县、一郊和5个城区，总面积10029平方公里，总人口273.18万人，其中市区人口121.86万人。南宁市是全国经济体制综合改革试点城市之一，也是全国优化资本结构的试点城市，又是被国务院批准的进一步对外开放，实行沿海开放城市政策的城市。1991年已跻身于“中国城市综合实力50强”。到1994年，便提前6年实现了国内生产总值翻两番的目标。1995年全面完成了“八五”计划，全市国内生产总值达170.38亿元，在广西区辖市中位居第一。

南宁市人民公园一角

南宁市民族大道东段

南宁市朝阳路

南宁市——“全国城市环境综合整治优秀城市”

南宁市委、市政府围绕“改善南宁市的投资环境，提高市民生活质量”的战略方针，不断加大首府城市环境综合整治的力度，在全市范围内进行广泛、深入的发动，经过不懈的努力，取得了城市环境综合整治等方面工作突破性的成效。去年9月被广西区建委首次授予该市“广西城市环境综合整治优秀城市”的荣誉称号。10月9日至12日，全国卫生检查团对该市进行考核检查，对该市城市环境综合整治工作给予高度的评价。1996年1月被国家建设部授予“全国城市环境综合整治优秀城市”荣誉称号，授予南宁市市长宋福民“全国城市环境综合整治优秀城市市长”荣誉称号。

宋福民市长(中)被评为“全国城市环境综合整治优秀城市市长”

南宁市青秀山风景区的天地秀色

南宁市城区一角

南宁市——全国卫生城市

南宁市被全国爱卫会授予“全国卫生城市”称号。市长宋福民(中)获奖后留影

“南宁是我家，卫生靠大家”。南宁市委、市政府动员全社会的力量投入到创建全国卫生城市中去，解决了许多市容环境卫生方面的老大难问题，推动了城市市政环境卫生基础设施建设，广大市民同多年来形成的不卫生陋习作斗争，讲文明、讲卫生，环境意识和卫生意识大大增强。通过创卫生城的“攻坚战”，该市主要干道道路整修一新，大街小巷卫生清洁、道路畅通、秩序井然，市区一年四季树常青、花常开、果常熟。今年1月，荣获全国爱卫会授予的“全国卫生城市”称号。

南宁市南湖公园一角

南宁市新民立交桥

南宁市民生路街边游乐园

南宁市创建全国城市环境综合整治优秀城市

1995年12月，中共中央政治局常委、全国政协主席李瑞环到南宁视察，对南宁市的城市建设给予高度评价

南宁市建设委员会主任、城建局局长陈瑞贤

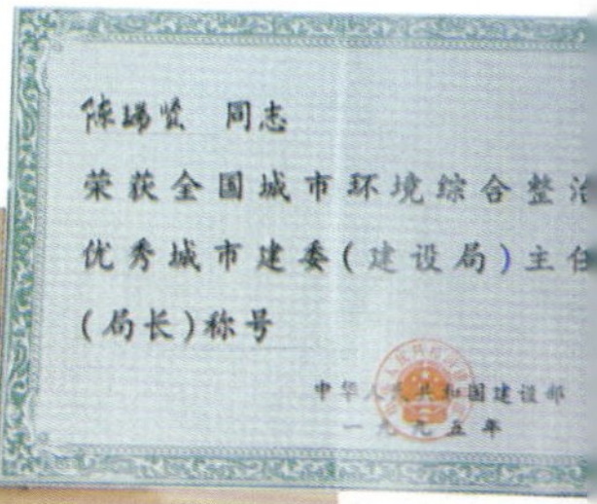
陈瑞贤 同志
荣获全国城市环境综合整治
优秀城市建委（建设局）主任
（局长）称号

南宁市把创建全国优秀城市与构筑祖国大西南出海通道紧密结合起来，多渠道筹集资金，逐年加大城市基础设施的投入，加快了城市发展步伐。其创建全国城市环境综合整治优秀城市的主要做法：一是明确目标，层层落实，实行“三级工作目标责任制”。半年考核，年终总评。对一年完不成工作目标的给予黄牌警告，对连续两年完不成工作目标的，建议由组织部门调整责任人的工作岗位或免去其职务。二是突出重点，统筹安排，加快城市基础设施硬件建设。该市以建设大西南通道枢纽为目标，以建设城市快速环道为主导，积极改善城市市容市貌和群众生活环境为重点，采取以项目带土地开发的改革举措，旧区改建与新区开发相结合，取得了城市环境综合整治突破性的进展。三是增加投入，综合整治，提高城市环境卫生水平。首先在环卫设施的建设上增加投入，几年来仅环卫的总投资就达5760万元。在环卫管理上将统一管理，改革为分城区建站管理，形成条块结合，以块为主，齐抓共管的管理体制。三是健全体制，治理重点，全民动手，改善城市环境。制订了治理规划，建立工作目标责任制，采取普通治理和重点治理相结合的办法，促使环境保护和园林绿化工作年年有起色。四是完善法规，充实队伍，促进城市建设监察规范化。

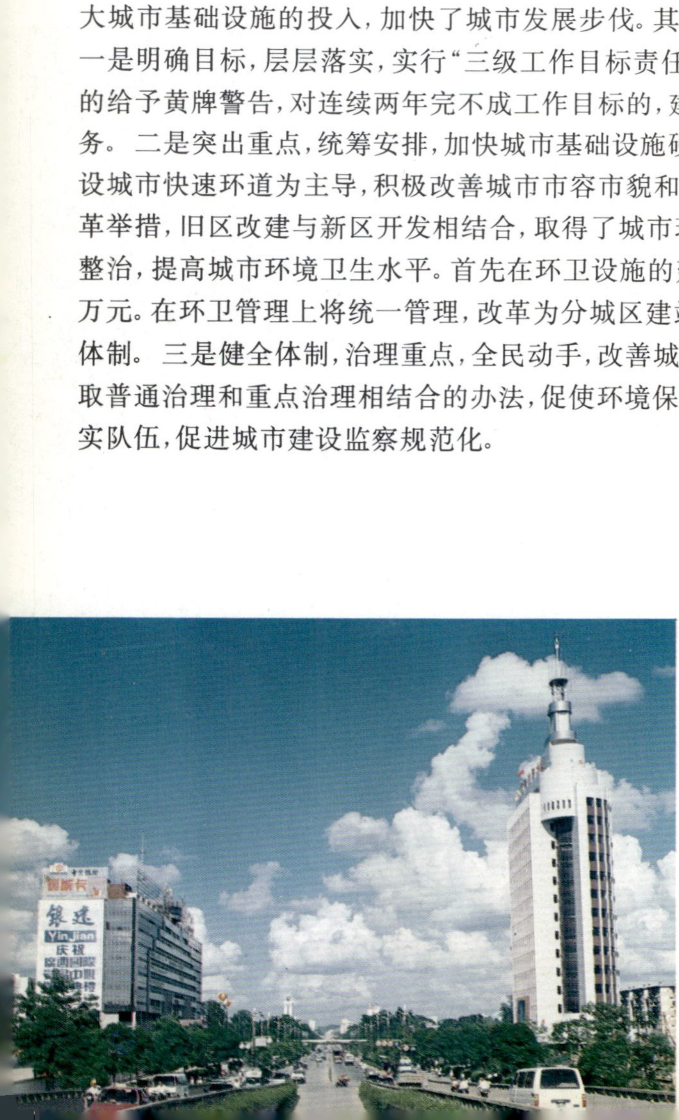

1993年以来，南宁市先后投资22.5亿元进行市政公用基础设施建设，新建了十八条城市道路

南宁市林业建设成就

南宁市副市长苏如发(分管林业)视察龙眼生产基地

林业局的领导与石门森林公园领导小组成员讨论公园建设总体规划

南宁市1993年完成了全市宜林荒山的造林任务，提前两年实现了全市造林灭荒达标;1996年通过自治区绿委会绿化达标检查验收。八五期末，全市有林地已达到460.87万亩，比“七五”期末有林面积382.4万亩增加了78.47万亩。其中，营造的工程林达62.55万亩。全市森林覆盖率达到36.3%，全市蓄积量达到1102万立方米。同时还加大了林政资源管理的力度，“八五”期间比“七五”期间全市乱砍滥伐木材数量下降了26.7%。

速生丰产林基地一角

南宁市保护野生动物协会在“爱鸟周期间”，收集了400多种动物标本向市民展出。

南宁市乡镇企业蓬勃发展

南宁市乡镇企业在连续取得大幅度增长的基础上，1995年全市乡镇企业全年总收入达111亿元，比上年增长72.2％；总产值达90亿元，增长77％；上交国家税金2.1亿元，增长28％；实现利润5.4亿元，增长32.7％。

南宁市乡镇企业重点企业北湖水泥厂于1976年建成投产以来，规模不断扩大，产品质量不断提高，1995年，全厂总产值达2326.36万元，营业收入完成1670.10万元，实现利润432.80万元，上交税金83.90万元。

北湖水泥厂邓树桥厂长深入车间指导工作

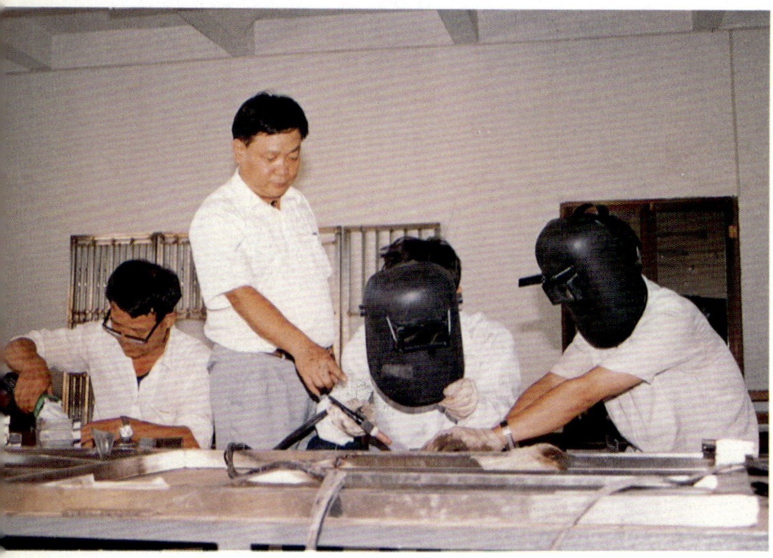

北湖水泥厂和邕星水泥有限公司外景

北湖水泥厂多次被评为国家、自治区、南宁市先进企业，1990年通过了国家水泥质量认证，产品远销新加坡、泰国、马来西亚、文莱、越南等国家和台湾、香港地区，受到国内外用户的好评。1993年荣获农业部颁发的"全国1000家最佳经济效益乡镇企业"的称号。

北湖水泥厂在以水泥生产为主的同时，坚持"一业为主，多种经营"的发展方针，先后组建了中外合资企业广西南宁邕星水泥有限公司和南宁市万家宝金属制品有限公司，成立了北湖木螺钉厂，南宁市国家特种锁厂和纸制车间，产品有不锈钢制品、电烘箱、彩色工艺品、各种防盗锁、元钉、木螺钉和纸袋及纸制品。销往区内外市场和国际市场。

中房集团南宁房地产开发公司

中房集团南宁房地产开发公司是国家一级房地产开发企业，广西房地产开发十强企业，也是广西壮族自治区首府南宁市成立最早、规模最大、实力最雄厚的国有房地产开发骨干企业。公司成立以来，共实现总投资额6亿多元，完成开发建设商品房总面积近150万平方米，建成住宅小区6个，住宅71227套，总长近10公里的城市道路4条，大型公建6座及一大批市政公用基础配套设施。社会、环境和经济三大效益显著，为南宁市的城市建设和发展立下了汗马功劳。

在过去的一年里，随着改革开放的深化和扩大，公司两个文明建设不断上新的台阶。1995年公司的各项主要经济技术指标创造了历史最高水平，全年完成开发工作量19275.6万元；施工面积22.81万平米；竣工面积10.16万平米；商品房销售收入7625万元，实现税利1769万元。

在坚持以房地产开发为主业的同时，公司还执行“一业为主，多种经营”的发展方针，目前中房南宁公司拥有10个子公司，3个控股公司，此外，还在泰国曼谷与泰商成立了一家合资公司。

1995年公司还分别被评为全国、全区房地产行业精神文明建设先进单位。由公司开发建设和实施物业管理的明秀小区，被国家建设部评为全国城市物业管理优秀住宅小区和南宁市“双拥”模范小区。

中房集团南宁房地产开发公司领导班子。左起第六人为公司党委书记、总经理周湘甫

公司筹资兴建的南宁市外环快车通道——白沙大道

公司下属多种经营的民族商场

公司总部所在地南华大厦

南宁市房产业开发总公司

南宁市房产业开发总公司创建于一九九二年九月，为南宁市政府直属企业，二级房地产开发资质。总公司内部管理机构设置齐全，专业技术力量雄厚，是南宁市经济实力较强的房产业开发公司之一。

公司成立以来，在市委、市人民政府的领导下，在有关部门的大力支持下，经过全体职工的共同拼搏，各项业务得以顺利地进行，并取得了可喜的成绩。首项开发工程是湖滨小区，已竣工交付使用。国家建设部住宅试点小区——望仙坡小区已进行开发建设，首期工程电信大楼、银海大厦及部分商品楼、农民住宅共16000m²楼房已竣工交付使用。560户的永和解困小区，是1995年南宁市人民政府为民办十件实事之一，已按时竣工交付使用。共和路168号综合商住楼也即将竣工。公司正在开发建设的新兴苑小区是南宁市四个安居工程小区之一，已于去年年底动工，今年竣工40000m²，再新开工40000m²，争取把新兴苑小区建成南宁市一流水平的安居小区。

永和解困小区一角

总公司正在开发建设的新兴苑小区

望仙坡小区一角

总公司领导班子成员和工程技术人员一起研究工作

南宁市地产业开发总公司

南宁市地产业开发总公司直属南宁市人民政府领导，是实行企业化管理的事业单位，公司是实行独立核算，自主经营，具有独立法人资格的经济实体，公司自1992年九月成立以来，全体员工发扬“团结、创业、求实、进取”的公司精神，圆满完成了市政府交给的各项目标任务，创造了良好的社会效益和经济效益。尤其是近两年来，公司锐意改革，逐步完成了机制的转换，从1995年实行目标管理责任制到1996年实行全员聘用制及岗位目标责任制的管理方法，大大激发了公司全体员工的工作积极性和创造性，为公司的发展注入了新的活力。

公司的职能是：(1) 实施部分土地使用权转让；(2) 对政府出让和划拨的土地进行初开发，并根据规划要求进行“五通一平”工作；(3) 经营开发房地产业务；(4) 兴办第三产业。1995年公司在南宁市南湖区开发1872亩土地，取得较好的效益。几年来为政府积累资金累计达2.4亿元，为首府的建设作出了贡献。

南宁市地产业开发总公司将一如既往，热诚欢迎社会各界朋友来南宁投资开发，共创大业。

公司总经理邵遂智(中)，副总经理钟立德(右)，王合义(左)正在研究土地开发方案

公司建设的南宁市土地局办公大楼已竣工使用，在“邕城杯”建筑质量评比中获三等奖

公司参与开发的7.6平方公里的南宁市南湖新区已成为一片热土

浙江省黄岩罐头食品(集团)公司

浙江省黄岩罐头食品(集团)公司创建于1991年11月，是以黄岩罐头食品厂、黄岩外贸食品厂、黄岩百乐食品厂、黄岩桔林食品厂、黄岩远东食品厂、黄岩广益食品厂、黄岩永固制罐厂以及中外合资黄岩冠华精密弹簧有限公司等十几家工厂组成的大型集团公司。

集团公司现有职工1812人，其中各类专业技术人员178人，占地面积为152606平方米，建筑面积为115178平方米，主要生产六大类22个品种的产品。一是以糖水桔子为主的系列水果罐头；二是以香菇为主的系列蔬菜罐头；三是以粒粒橙及其半成品为主的系列果汁饮料和半成品浓缩汁；四是以整桔和芋头为主的系列产品；五是以油炸风味豆腐干为主的系列豆制品；六是罐用系列顶开园罐。年产各类罐头3.5万吨，速冻蔬菜1000吨、饮料3000吨、半成品浓缩汁1000吨、豆制品500吨。糖水桔子、清水马蹄、糖水枇杷曾多次获北京国际博览会银质奖和部优、省优产品称号。产品销往日本、美国加拿大、法国、中东、东欧共同体和港澳等国家和地区；内销产品销往全国31个省、市、自治区(包括台湾省)。

集团公司1995年销售2.5亿元，销售利润2500万元，上交税收1000万元，创汇2000万美元，为提高产品质量、改善经营管理，集团公司下属各分厂都加大了产品开发和技改力度，出口合格率达99.43%，于国内同行业领先水平。董事长、总经理：吴晓冬。

浙江广厦建筑集团

浙江广厦建筑集团是以建筑业为主，集房地产、工业、商业、文化影视和金融等六大产业于一体化的省级企业集团。拥有总资产5亿元，员工1500余名，技术人员900余名，95年总产值10亿余元。是“中国建筑业优秀企业”、“全国企业形象最佳单位”，具备国家二级总承包资质及一级建筑资质。

总裁
董事局主席　楼忠福

公司承建的上海真北公寓

公司办公楼：广厦大厦

葫芦岛市连山区锦郊乡

乡党委书记曹永和与乡长孙景元研究远景发展规划

农村蔬菜保护地

省质量优胜单位、“小巨人”企业——锦郊乡建筑工程公司

葫芦岛市连山区锦郊乡位于葫芦岛市郊，乡政府座落于市内。全乡辖13个村，总面积为54.4平方公里，是一个交通便利，科技进步，农工商全面发展的发达乡镇。

党的十一届三中全会以来，锦郊乡发生了翻天覆地的变化，1995年全乡实现社会总产值63,362万元，乡村企业实现产值37,522万元、企业利润2,818万元，粮食总产量11,245吨。全乡财政收入达到9,958万元，人均收入2,750元。

在物质文明建设的同时，锦郊乡狠抓精神文明建设，全乡有5个单位被评为市级文明单位，有4个村被评为区级文明单位。1987年跨入省级文明乡行列，乡党委被评为先进党委。

葫芦岛经济技术开发区

中共葫芦岛经济技术开发区工委书记任树印

葫芦岛经济技术开发区管委会主任陈德良

从山海关沿京哈公路东行百余公里，在举世闻名的葫芦岛市，一座新兴的现代化海滨城区已初具规模，这就是经辽宁省人民政府批准设立的经济技术开发区——葫芦岛经济技术开发区。

葫芦岛经济技术开发区位于渤海北部海滨，辽东湾西部的一座半岛。该岛因三面环海，一面毗邻陆地，形似葫芦而得名。它介于秦皇岛港、锦州笔架山港口之间。全区总面积近120平方公里，辖两镇七个街道办事处，总人口12万人。

葫芦岛经济技术开发区是一个以冶炼、造船、化工、机械为主的海滨工业城区。区内交通发达，公路、铁路、海运、空运构成了立体运输网络。锦葫公路与京哈公路相联，疏港铁路与沈山线接轨，东距锦州桃园机场30公里，葫芦岛港可停五万吨以下货轮，是我国北方天然不冻良港。全区海岸线长54.5公里，盛产各种水产品，水果品类多，许多品种驰名中外。区内矿产资源、天然气储量尤为丰厚。

该区是一个风景秀丽的海滨旅游区。境内有两个水清沙白的海滨浴场和五座秀丽的公园。区内历史人文景观颇丰，张学良别墅、筑港纪念碑等遗址，至今保存完好。区内通讯设施十分完备，起步区基础配套设施齐全，形成为集经济开发区与行政管理于一体的特殊城区。

葫芦岛经济技术开发区的蓬勃发展将如日中升，已成为海内外客商投资热土。

海路运输

开发区远眺

上海济川房地产开发有限公司　海南济川房地产开发有限公司
江苏泰兴济川摩托车有限公司　上海济川航空运输代理有限公司

董事长
总经理
张晓东

上海济川国际广场

上海济川房地产开发有限公司在上海浦东新区投资1.5亿，开发建造24层总面积逾38000平方米的济川国际广场，凭借临近杨浦大桥与陆家嘴金融贸易区的有利地理位置，成为浦东开发区内一颗耀眼的明珠。之后又大手笔在浦东花木开发区置地23亩，营造适合上海工薪阶层的济川花园。

海南济川房地产开发有限公司在海南的开发更体现了济川精神：在最恶劣的大环境下济川也能做出最好的业绩。

1994年组建的江苏泰兴济川摩托车有限公司向实业化、工业化迈进了一大步，现在，济川摩托车公司的产品在江浙沪及周边省市取得了良好的信誉与销售业绩，企业正在不断壮大与发展。

1996年组建的上海济川航空运输代理有限公司凭借与各大航空公司不断建立的良好关系和员工的忘我工作，使济川在这一领域迅速站稳了脚跟，公司业务取得了突飞猛进的发展。

海南海泰广场